民事手続法の現代的課題と理論的解明

徳田和幸先生古稀祝賀論文集

弘文堂

徳田和幸先生

謹んで古稀をお祝いし

徳田和幸先生に捧げます

執筆者一同

はしがき

徳田和幸先生は、2017年1月に古稀をお迎えになられました。私たち編者は、徳田先生から多大な学恩を賜った者として、玉稿をお寄せくださった執筆者の方々とともに、ここに徳田先生の古稀をお祝いし、この論文集を献呈いたします。

徳田先生は、民事訴訟、人事訴訟・家事事件、倒産処理、民事執行・民事保全等、民事手続法分野の多岐にわたる手続に関し、数々の秀でたご業績を残してこられました。徳田先生のご著作では、あらゆる疑問を疎かにしない真摯な学問的姿勢と批判的精神を源として、豊富な外国法および立法史の研究に裏付けられた重厚な議論が展開されており、そのお仕事は学界や実務界にとって極めて貴重な存在となっています。

ご研究の初期には、「フランス民事訴訟における防禦権理論」、「法領域における手続権保障」等のご論文（『フランス民事訴訟法の基礎理論』〔信山社・1994年〕所収）において、フランス法における対審主義理論および防禦権理論の研究に基づき、裁判所は当事者の予測していない法適用を行う場合には、これを指摘して当事者に意見陳述の機会を与えて不意打ちを防止するという意味で手続権を保障すべきであるとする精緻な主張を展開されました。その後、学界では、当事者権・弁論権や法的観点指摘義務に関する議論が盛んになりますが、これらの議論を文字通りリードされた徳田先生のご研究は、画期的な意義を有しています。また、多数当事者訴訟、相続関係事件、株主代表訴訟等に関しても、多数のご論文や判例評釈を発表され（『複雑訴訟の基礎理論』〔信山社・2008年〕所収）、比較法と立法史研究の厚い基盤の上に展開された解釈論は、現代的課題を解決するための道筋を示すものとして、大きな影響力を持ち続けています。

徳田先生には、倒産処理法の分野でも数多くのご著作があり、とりわけ、博識に裏打ちされた入門書である『プレップ破産法』（弘文堂・初版1997年）は、多くの読者を倒産処理法の世界へといざなう役割を長きにわたって果たし、版を重ねています（第6版2015年）。

さらに、徳田先生は、法制審議会部会の委員または幹事として、民事訴訟法、倒産処理関係各法、人事訴訟法および民事執行法の制定または改正に携わってこられました。法律案策定過程での徳田先生のご議論は、前述の学問的姿勢を貫きつつ、これからの社会で民事手続法が果たすべき役割を真剣に追究されるもので、実際の立法に大きく貢献したところです。

以上の徳田先生のご業績にかんがみ、私たちは、民事手続法の各種の分野における現代的な課題を対象として、学理的に強固な基盤の上に解決の道筋を示す論文集を編纂して先生の古稀をお祝いしたいと考えました。そして、わが国の民事手続法学を代表する第一線の研究者の方々が珠玉の論考をお寄せくださり、その趣旨を実現することができました。本書の題名を『民事手続法の現代的課題と理論的解明』としたのは、徳田先生のご業績と本書の内容をよく表すものと思われるからです。

趣旨にご賛同くださり、ご多忙な中、素晴らしいご論文をお寄せくださった執筆者の方々に心より感謝しております。また、本書の編集にご尽力いただいた弘文堂編集部の北川陽子さんと中村壮亮さんに厚くお礼を申し上げます。

2017 年 2 月

編者
山本克己
笠井正俊
山田　文

目　　次

第５編　上訴・再審

第６編　家事・相続関係事件

第７編　執行・保全

第８編　倒産手続

●執筆者一覧（五十音順・敬称略）

青木　　哲（あおき・さとし）　神戸大学大学院法学研究科教授

今津　綾子（いまづ・あやこ）　東北大学大学院法学研究科准教授

上田　竹志（うえだ・たけし）　九州大学大学院法学研究院准教授

内山　衛次（うちやま・えいじ）　関西学院大学法学部教授

大濱しのぶ（おおはま・しのぶ）　慶應義塾大学法学部教授

岡田　幸宏（おかだ・ゆきひろ）　同志社大学法学部教授

垣内　秀介（かきうち・しゅうすけ）　東京大学大学院法学政治学研究科教授

笠井　正俊（かさい・まさとし）　京都大学大学院法学研究科教授

加波　眞一（かなみ・しんいち）　立命館大学大学院法務研究科教授

川嶋　四郎（かわしま・しろう）　同志社大学法学部・大学院法学研究科教授

金　　　春（きん・しゅん）　同志社大学法学部准教授

越山　和広（こしやま・かずひろ）　龍谷大学大学院法務研究科教授

酒井　　一（さかい・はじめ）　名古屋大学大学院法学研究科教授

坂田　　宏（さかた・ひろし）　東北大学大学院法学研究科教授

佐藤　鉄男（さとう・てつお）　中央大学大学院法務研究科教授

杉本　純子（すぎもと・じゅんこ）　日本大学法学部准教授

杉山　悦子（すぎやま・えつこ）　一橋大学大学院法学研究科准教授

園田　賢治（そのだ・けんじ）　同志社大学大学院司法研究科教授

高田　賢治（たかた・けんじ）　大阪市立大学大学院法学研究科教授

髙田　昌宏（たかだ・まさひろ）　大阪市立大学大学院法学研究科教授

堤　　龍弥（つつみ・たつや）　関西学院大学大学院司法研究科教授

鶴田　　滋（つるた・しげる）　大阪市立大学大学院法学研究科教授

勅使川原和彦（てしがはら・かずひこ）　早稲田大学法学学術院（大学院法務研究科）教授

中島　弘雅（なかじま・ひろまさ）　慶應義塾大学大学院法務研究科教授

中西　　正（なかにし・まさし）　神戸大学大学院法学研究科教授

中西　　康（なかにし・やすし）　京都大学大学院法学研究科教授

名津井吉裕（なつい・よしひろ）　大阪大学大学院高等司法研究科教授

萩澤　達彦（はぎざわ・たつひこ）　成蹊大学法科大学院教授

長谷部由起子（はせべ・ゆきこ）　学習院大学大学院法務研究科教授
畑　　瑞穂（はた・みずほ）　東京大学大学院法学政治学研究科教授
八田　卓也（はった・たくや）　神戸大学大学院法学研究科教授
林　　昭一（はやし・しょういち）　同志社大学大学院司法研究科教授
菱田　雄郷（ひしだ・ゆうきょう）　東京大学大学院法学政治学研究科教授
日比野泰久（ひびの・やすひさ）　名城大学大学院法務研究科教授
日渡　紀夫（ひわたし・のりお）　京都産業大学法学部准教授
福本　知行（ふくもと・ともゆき）　金沢大学人間社会研究域法学系准教授
堀　　清史（ほり・きよふみ）　岡山大学大学院法務研究科准教授
堀野　　出（ほりの・いづる）　九州大学大学院法学研究院教授
本間　靖規（ほんま・やすのり）　早稲田大学法学学術院教授
水元　宏典（みずもと・ひろのり）　一橋大学大学院法学研究科教授
山田　　文（やまだ・あや）　京都大学大学院法学研究科教授
山本　和彦（やまもと・かずひこ）　一橋大学大学院法学研究科教授
山本　克己（やまもと・かつみ）　京都大学大学院法学研究科教授
山本　　弘（やまもと・ひろし）　神戸大学大学院法学研究科教授
我妻　　学（わがつま・まなぶ）　首都大学東京大学院社会科学研究科法曹養成専攻教授
渡部美由紀（わたなべ・みゆき）　名古屋大学大学院法学研究科教授

凡　例

判旨等の中における〔　　〕は、引用者注であることを示す。
法令・判例の表記方法は、大方の慣例に従った。
判例出典・判例集・雑誌等の表記は以下のような略語を用いた。

●判例集

民録	大審院民事判決録
民集	最高裁判所民事判例集
高民	高等裁判所民事判例集
下民	下級裁判所民事判例集
集民	最高裁判所裁判集民事
東高民時報	東京高等裁判所民事判決時報
家月	家庭裁判所月報
裁時	裁判所時報
金判	金融・商事判例
最判解民事篇	最高裁判所判例解説・民事篇
判時	判例時報
判自	判例地方自治
判タ	判例タイムズ

●雑誌等

NBL	NBL
金法	旬刊金融法務事情
自正	自由と正義
重判解	重要判例解説
ジュリ	ジュリスト
曹時	法曹時報
戸籍	戸籍時報
判評	判例評論
法協	法学協会雑誌
法教	法学教室
法時	法律時報
法セ	法学セミナー
ひろば	法律のひろば
民商	民商法雑誌
民訴	民事訴訟雑誌

リマークス	私法判例リマークス
争点［旧版］	三ケ月章＝青山善充編・民事訴訟法の争点［旧版］（有斐閣・1979）
争点［新版］	三ケ月章＝青山善充編・民事訴訟法の争点［新版］（有斐閣・1988）
争点［第3版］	青山善充＝伊藤眞編・民事訴訟法の争点［第3版］（有斐閣・1998）
争点	伊藤眞＝山本和彦編・民事訴訟法の争点（有斐閣・2009）
百選	中田淳一＝三ケ月章編・民事訴訟法判例百選（有斐閣・1965）
続百選	新堂幸司編・続民事訴訟法判例百選（有斐閣・1972）
百選［第2版］	新堂幸司＝青山善充編・民事訴訟法判例百選［第2版］（有斐閣・1982）
百選Ⅰ Ⅱ	新堂幸司＝青山善充＝高橋宏志編・民事訴訟法判例百選Ⅰ・Ⅱ［新法対応補正版］（有斐閣・1998）
百選［第3版］	伊藤眞＝高橋宏志＝高田裕成編・民事訴訟判例百選［第3版］（有斐閣・2003）
百選［第4版］	高橋宏志＝高田裕成＝畑瑞穂編・民事訴訟法判例百選［第4版］（有斐閣・2010）
百選［第5版］	高橋宏志＝高田裕成＝畑瑞穂編・民事訴訟法判例百選［第5版］（有斐閣・2015）

第　1　編

訴訟の当事者

当事者特定責任の諸問題

上田竹志

Ⅰ　はじめに

訴え提起に際して、提訴の意欲をもつ利害関係人（以下、「提訴意欲者」）は、裁判所・訴訟物・権利保護形式・原告および被告を特定する。この際、提訴意欲者は通常、当事者適格および実体適格をもつ（以下、「正当な」と表現する）者を原告・被告として特定したいだろう。しかし、当事者特定のための情報収集は、提訴意欲者の処分権能が伴う自己責任に属し、その失敗の不利益は提訴意欲者が負う。

それでは、この自己責任の程度は規範的にコントロールされているのか。言い換えれば、提訴意欲者が当事者特定を行うにあたり、自己責任に対応する手段や権能が用意されているとか、これだけの調査を行えば特定の誤りは不問に付される[1)]、反対にそれをしなければ、当事者特定を誤った場合に不利益を負っても仕方ないといった、行為規範ないし行動規範としての指針はあるのか[2)]。これが本稿の問題意識である。

紙幅の都合上、引用文献が最小限度にとどまることをお詫びする。

1）　ただし、たとえば加害者不明の不法行為など、義務者を把捉不能なために訴訟に至らない、最後まで正当な当事者が明らかにならない（少なくとも被告は義務者ではない）ため請求棄却に終わるケースは相当数あるだろう（逆に、正当な当事者を誤ったまま請求が認容された不当判決も考えられるが、こちらは是正が期待できる）。そのようなケースは制度上暗数となり、把捉が困難である。また、そのような困難を、民事訴訟制度上の当事者特定のみで救済すべきというわけでもない。
2）　井上治典・実践民事訴訟（有斐閣・2002）57頁。

Ⅱ　問題の概観

実際の個別事例においては、提訴意欲者が当事者特定を誤った場合、裁判所が、提訴意欲者の誤りを救済したりしなかったりする。救済する場合には、表示の訂正や当事者変更等の手段が用いられ、救済しない場合には、単に請求棄却や訴え却下となる。この判断の分岐に際して、裁判所は何を判断基準とするのか。とりわけ、提訴意欲者の事情や行為態様が、裁判所の判断に影響を及ぼし得るのか。仮に何らかの影響があるならば、提訴意欲者の当事者特定責任の軽重を判断する何らかの規範的要素が観念されていることになる。反対に、裁判所が提訴意欲者の行為態様や事情に意を払わない場合（訴訟経済のみから救済の有無を決したり、正当な当事者の手続保障のみを重視する場合を含む）、当事者特定責任の程度が不相当に重くなることもあり得、裁判を受ける権利の実質的保障という観点からは問題が生じ得る。

ところで、伝統的に当事者確定の領域とされていたこの問題について先行研究をみると、相対的ではあるが、判例研究が多いという印象をもつ（本稿も、判例分析を試みる）[3)]。なぜ、判例研究が多いのだろうか。なぜ当事者特定ないし確定の問題を考えようとすると、判例のあり方に目が向きやすいのか。以下は推測の域を出ないが、いくつかの理由を想定することはできよう。

第1に、多くの先行研究が指摘するところだが、伝統的な当事者確定論とりわけ当事者確定基準（意思説・行動説・表示説）のどれが正統かという問題構成と、判例に現れる法的価値判断との間に乖離があり、単純な確定基準の当てはめが一種の知的パズルに堕するおそれがあったため、裁判所がどのような判断基準に基づいて個々の事件処理の妥当性を図ろうとしているかを現象記述することが、規範理論にとっても一つの関心事となり得たと思われる。

第2に、当事者確定問題を当為問題として語る際の困難が挙げられる。とりわけ、伝統的な当事者確定基準論の通説たる表示説は、提訴時における確

3）　中村英郎「当事者の確定」綜合法学1巻6号（1958）74頁、坂原正夫「当事者の確定（一）（二・完）」民商71巻5号67頁、72巻1号53頁（1975）、上野泰男「当事者確定基準の機能─死者名義訴訟の場合」名城大学創立三十周年記念・法学篇（1978）133頁、納谷廣美「当事者の確定」法律論叢46巻5＝6号（1974）25頁、松原弘信「当事者の表示の訂正と任意的当事者変更（一）」熊本法学80号（1994）83頁。

定基準の明確性という運用上の利点以上の優位性を見出せず（しかも実質的表示説においては、右利点は失われる）、何らかの訴訟法上の正義を実現するために、当事者確定基準がいかにあるべきかという議論は希薄だった。また、具体的な紛争状況における提訴意欲者の行為指針（〜すべし）を、表示説や意思説等といった当事者確定基準から導き出すことは困難だった。

これに対して近時では、当事者の処分権能を重視した説（新意思説）[4]や、手続保障と行動説とを結びつける説（規範分類説・新行動説）[5]が、当事者特定・確定と何らかの手続的価値との連関を説き、また具体的な紛争状況の斟酌を一定程度可能にするように思われる。しかしここでも、問題の内実に今一歩踏み込むと、本稿の問題意識（提訴時に何ができ、何をすべきか）との関係では、なかなか議論が難しいことが分かる。

(1) **提訴意欲者の情報収集権**　まず、権利論的アプローチについて考える。当事者特定は提訴意欲者の権能に属するが、権能行使に困難を感じる場合、二次的な権利ないし暫定的実体権[6]によってその実現を実質的に保障することが考えられる。ただ、そのような二次的権利は、手続の進行度に影響されない情報収集手段を提訴意欲者に与える可能性があるものの、「誰が原告／被告であるかを誰かに情報開示請求する権利」なるものを仮定すると、ごく限られた場合にしかこの権利が機能しないように思われる。すなわち、原告特定情報を被告や第三者に開示請求するのはほとんどの場合意味をなさず、被告特定情報も、ごく限られた局面[7]でしか開示請求権構成が可能でない（誰が被告かを被告に情報開示請求するというのも、ほとんどの場合意味をなさない）。

(2) **提訴意欲者の合理的意思解釈**　提訴意欲者の合理的意思解釈による問題の解決[8]は、後述 (3) の評価規範による解決におけると同様の問題を生じさせ得るほか、提訴意欲者の処分権能の保障と裁判所による事後的な意

4） 松本博之＝上野泰男・民事訴訟法［第8版］（弘文堂・2015）100頁〔松本〕。

5） 新堂幸司「訴訟当事者の確定基準の再構成」民事訴訟法学の基礎（有斐閣・1998〔初出1974〕）163頁、坂原正夫「当事者の確定―新行動説の提唱」石川明先生古稀祝賀・現代社会における民事手続法の展開（下）（商事法務・2002）171頁のほか、松原弘信「当事者確定の基準と当事者確定理論の守備範囲について」熊本法学75号（1993）209頁および同教授の一連の労作を参照。

6） 長谷部由起子「提訴に必要な情報を得るための仮処分」竹下守夫先生古稀記念・権利実現過程の基本構造（有斐閣・2002）473頁。

7） その一例であるプロバイダ責任制限法4条1項につき、長谷部・前掲注6）、堀部政男監修・プロバイダ責任制限法 実務と理論（商事法務・2012）。

8） 松本＝上野・前掲注4）101、103頁〔松本〕。

思解釈との間に、方法論上の相剋が生ずるおそれがある。

(3)　評価規範による調整　規範分類説における評価規範（正当な当事者は誰か、その者に手続保障が与えられたかを重視）について考えると、正当な当事者が誰かはまさに提訴意欲者が提訴時に調査する事項そのものであって、いかにそれを調査するかこそが問題なのだし、その者に手続保障が与えられるかは手続開始後の事情であって、いずれも提訴時における提訴意欲者に「～をすべし」と命じるものではない。行動規範という観点からみる限り、評価規範は常に行為規範ないし行動規範として解釈可能で、そこに分離や不一致はないが、規範分類説の用意する評価規範は、提訴後に解明され、または生じる事実に依拠した事後的救済の漠とした可能性を示すに過ぎない。しかし、評価規範とは通常、訴訟手続内での事案解明や手続経過を評価材料にするのだから、この問題は評価規範一般に当てはまる問題といえそうである。

(4)　紛争主体特定責任　当事者確定理論の領域で、紛争関係人間の水平的な行為責任の分配を基調とした行為規範の定立を目指す紛争主体特定責任説が提唱されている[9)]。ただこの説は、詳細が未だ明らかでないことと、利益衡量論と同様、裁判所にとっても当事者にとっても事案が解明されていない段階で規範として機能しがたいという問題がある[10)]。ただ、具体的事案や手続経過と無関係に、あるいは少なくとも行為時の不完全な主観的認識に基づいた、その時その場で次の一手が打てるような当事者特定責任分配の法理が可能であれば、なお検討の余地があろうか。これは、行為規範ないし行動規範一般に当てはまる問題といえそうである。

ここまでをまとめると、当事者特定問題は、当事者の裁判を受ける権利の実質化という問題を重視する限り、全責任を原告に課して本案の問題あるいは当事者適格の問題に解消することが不当と思われるけれども、かといって解釈論の通常のアプローチは、当事者特定問題に対して適切な思考枠組を提供しきれていないように思われる。このような事情もあって、まずは判例研究から、当事者特定をめぐる種々のケースの現状と、何らかの規範的要素を概観し、そこから規範の一般化を試みようという考え方が導かれやすいので

9）　佐上善和「当事者確定理論再編の試み」立命館法学1980年2＝6号531頁など。
10）　新堂幸司・新民事訴訟法［第5版］（弘文堂・2011）142頁、松原・前掲注5）222頁。

はないかと推察されるのである。

そこで、本稿では従来の判例研究からやや視点を変えて、当事者特定責任の観点から、これまでの判例を分析したい。本稿でさしあたり問題とするのは、提訴意欲者がなぜ当事者特定を誤ったか、当事者特定に際してどの程度の行為を尽くしたか、それを裁判所がどのように評価したかである[11)]。

Ⅲ　当事者特定に関する判例・裁判例の状況

1　概　　観

当事者特定を誤ったことが明らかになり、裁判所の判断中にその旨の言及があった事例は、筆者の調査の限り118件ある（本稿末尾の判例一覧）[12)]。ただし、行政主体を当事者特定（しようと）した事例・氏名冒用訴訟などは一部のみを扱い、網羅性がない。また、個々の事件における事情の抽出、救済の有無および発覚時期等については、筆者の単純な誤りや主観による歪みが含まれるおそれも多々あることを、あらかじめお詫びする。

判例全体を概観すると、提訴意欲者が原告または被告の特定を誤った場合、表示の訂正をはじめとする何らかの方法で救済がなされる確率は68.6％（81件）である。

118件中、原告特定関連が38件、被告特定関連が80件である。通常、前者より後者が、提訴意欲者の情報収集がより困難であることを反映するものであろうか。しかし、ならば原告側誤りの方が救済に対して厳格とも思えるが、実際の救済率は原告側（68.4％）・被告側（68.8％）で差がない。

2　当事者特定を誤る理由

提訴意欲者が当事者特定を誤る理由を、ある程度類型化可能なレベルでまとめると、12程度の要素を抽出することができた。なお、同一事件で複数の理由が競合しているケースも多いため、以下の事件数の和は事件総数と等しくない（カッコ内は事件数、救済率）。

---

11)　佐上善和「紛争主体の特定」井上治典＝伊藤眞＝佐上善和・これからの民事訴訟法（日本評論社・1984）38頁。

12)　先行する判例研究（前掲注3））に多くを負う。なお、複数審級の判断が示されているものは1件にまとめた。

ア　消滅時効や提訴期間の関係から、時間的切迫が推測できる（12件、83.3%）

イ　従前の取引等で仮名・通名や別法人を利用していた（12件、76.9%）[13]

ウ　原告が承継人で、従前の法律関係に知悉していないと推測できる（5件、80.0%）

エ　当事者が多数であり、全員の遺漏ない特定が困難と推測できる（4件、75.0%）

オ　類似した商号や、類似した氏名の親族など、紛らわしい（10件、100.0%）

カ　法的知識の不足や、複雑な法律関係が関連する（8件、37.5%）

キ　登記簿や訴訟記録等を参照し、その記載に従って特定を行った（21件、71.4%）

ク　商号変更・合併・本店所在地移転等で、法人特定が困難となった（9件、100.0%）

ケ　交通事故や不法占有など、当事者特定に純然たる事実関係が関わる（4件、75.0%）

コ　手形記載等、被告側が何らかの先行表示行為を行った（13件、84.6%）

サ　代理人として行動する者が存在した（12件、83.3%）

シ　訴訟内で発覚した事情に基づいて訴状訂正／当事者変更を行ったが、それが誤っていた（8件、87.5%）

当事者特定を誤る何らかの事情が認定されているケースは76件、救済率は77.6%である。これに対して、何らの事情も認定されないケースは42件、救済率は52.4%である。わざわざ何らかの事情が認定される以上、裁判所の判断が提訴意欲者の救済に傾くことは想像に難くないが、事件類型上、通常の判決文記載からも推測できる事情（アウエキケコ等）も含まれており、必ずしも単純に断じ切れない部分がある。

事情が複合した場合には救済率が概ね上昇する傾向にある（単一の事情の場合の救済率が74.5%、二つの事情の競合で80.0%、三つで85.7%、四つ以降は100%）。

---

13)　52事件は、1件中2名の共同原告がそれぞれ通名を使用し、片方の訂正が認められ、片方が認められなかったため、救済・非救済双方にカウントされた。

ただ、複合率（ここでは、任意の事情が他の一つ以上の事情と複合する割合を指す）が事情ごとの救済率に影響を与えているわけではないようである。たとえば、救済率が極端な事情（100%）のオ・クは、いずれも複合率70%台で平均並みである。他方で、複合率が100%のウは救済率が80.0%、複合率0%のエも救済率は75.0%であり、救済率に大きな差はない。

各事情は、その内容に応じて発覚時期に若干の偏りがある。しかし、特定の事情の発覚時期が偏っているために救済率に影響を与える、という現象はないようである。たとえば、ウやサは、裁判確定後に発覚する例が多いが、救済率は上述の通り平均並みである。

以上から、当事者特定を誤る何らかの事情なり理由が提訴意欲者にあれば、それが裁判所の判断に影響を及ぼしていること、すなわち提訴意欲者の当事者特定責任に対してなんらかの規範的判断が行われていることが推測できると思われる。ただし、本稿で行った事情の抽象化のレベルが、救済率の上下の決め手を把握する上で適切か、また何が優先され、どのような要素の複合が有意味かなどは、個々の事件をみると必ずしも判然としない。

以下、簡略だが分析を試みる。分析に際しては、救済率からみてほとんどの事情において、救済されなかった事例が例外となるため、「当該事情があるにもかかわらずなぜ救済されなかったのか」に着目する。

ア）救済例では、消滅時効完成間近の提訴のほか、租税債権に対する配当異議訴訟（執行記録の記載に引きずられたと推測される）が目を惹く。非救済例の2件中1件は（77事件）、旧会社更生法に基づく更生債権確定訴訟において、職務分掌されていない更生管財人の一部を誤って被告とした事例である。専門性が高い手続においては、アやカのような事情が認められないということか（79、84事件では、同じく専門性の高い審決取消請求訴訟において訂正を認めるが、状況が異なるか）。もう1件（90事件）は、原告が最後まで特定を誤ったため請求認容の余地に乏しかった特殊な事例である。

イ）仮名等の使用であれば訂正や変更を認める傾向が強い。非救済例のうち2件は、提訴当初に真の原告が登場せず（動機は、社会的体裁（67事件）や税金対策（89事件）など）、関連会社や使用人が登場し、訴訟開始後におそらく本案との関係で本人への訂正を求めた事例である。ただ、社会的体裁を気にして第三者の実名を仮名として表示したにもかかわらず、訂正が認められた事件もある（11 事件）。

ウ）唯一の非救済例（9 事件）は、原告も家督相続人だが、被告も提訴前に死亡していた死者名義訴訟において、いわゆる欠席判決の効力が相続人に及ばないとされた事例である。発覚時期（後述 H）が影響したとも推測される。（他方、20 事件は死者名義訴訟の欠席判決の効力が相続人に及ぶとされた事例である。相続人が答弁書を提出した行動が斟酌されたか、死者の氏名が屋号として通用していた可能性も考えられることから、むしろイに引きつけて考えられた可能性もある。）

エ）唯一の非救済例は 48 事件（原告の遺漏）だが、39 事件（類似事件における被告の遺漏）の裏返しのようなところがあり、原告・被告間で結論を異にすべき事情もみあたらない。48 事件も訂正を認めてよいように思われる。

オ）筆者の整理の限り、救済率が 100% に達する特異な事情である。自然人氏名や法人商号が紛らわしいという事情は、通常は被告について生じるが、原告法人商号について生じた例もある（13、87 事件）。

カ）救済率の低下に寄与すると強く推測される要素であるが、子細にみると、当事者適格の範囲について難しい判断を求められた事例（17 事件）から、原告の請求が法的に不明瞭な事例（116 事件）まで含まれ、一般化は難しい。

キ）非救済例 5 件中 2 件（9、19 事件）は、死者名義訴訟が判決確定後に発覚した事例である。残りの内 2 件（58、90 事件）は、手形訴訟・行政主体を被告とした配当異議訴訟だが、他の裁判例とあまり整合しておらず、疑問が残る。残る 1 件（91 事件）は、生存していれば 120 歳に達する者を、不動産登記の記載に従って被告特定した事例である（救済例の 63 事件は、登記簿記載の人物が実在しなくとも、仮名としての特定を許容する。また、102 事件は登記簿に記載された者が建物所有者でなくとも、実体法上建物収去土地明渡義務を負うとする）。

ク）救済率 100% の事情である。原告特定が誤っていた場合まですべて救済されているが、各事件でそれなりの事情が複合している（43 事件は複合していないが、提訴後に原告宗教法人設立手続が無効となった特殊な事例である）。

ケ）交通事故加害者や不法占有者などの特定については、提訴意欲者の調査手段が乏しいことも考えられる。非救済例の 76 事件は土地占有者特定に関する主観的追加的併合の事例だが、原告が印紙追貼を拒んだという事情が結論に影響した可能性がある。

コ）多くは手形振出人記載が誤っていたり、配当異議訴訟における債権届出に引きずられたケースであり、提訴意欲者に帰責すべき事情は乏しい。非救済例は手形訴訟の58事件（上述の通り、疑問が残る）、被告側氏名冒用（契約も氏名冒用か）が推測される105事件である。

サ）不在者財産管理人がそのまま相続人となったり、法定代理人と本人を取り違えたりというケースが多い。非救済例はすべて、氏名冒用訴訟や死者名義訴訟が判決確定後に発覚した事例（7、25事件）である。

シ）訴訟手続中に現われた情報に混乱させられて表示訂正や当事者変更の申立てをしてしまった例などは、概ね救済されている。非救済例の90事件の特殊性は既に述べた。

おおまかにみれば、個々の裁判例には若干のブレがあるものの、ア～シの各事情（カは例外か）があって、かつ救済を認めないような特段の事情がない限り、裁判所は提訴意欲者の救済にやぶさかでないとの姿勢をみて取ることができそうである。特段の事情の典型は、訂正／変更を認めても本案を認容する余地に乏しい事件や、後述**3**のように、正当な当事者に手続保障が与えられないまま手続が進んだ場合などである。

ただ、個々の事例をつぶさにみると、ア～シの各事情の中にも、相当に多様な事実関係が含まれ、一般化は難しいように思われる。一例として、イ（仮名や通名の使用）では、他人が使用する名（仮名含む）を第三者が流用することは許されない（52事件。法人につき66、67事件も参照）とするが、他方で他人の実名を仮名として使用しても、後に訂正・変更が認められる例もある（11、59事件。法人につき22、84事件も参照）。他方、事情としてはコに分類したが、105事件は兄弟間の被告側氏名冒用と推測される事例で、訂正が認められなかった。52事件においては、共同原告の一人が取引上用いていた仮名を、他の共同原告が原告特定にあたって使用したという分かりづらさが、裁判所の判断に影響したようにも思われる。105事件は、手続がまだ督促異議の段階だったことから、従前の手続を活かす余地が乏しいことも関連するか。他方で3事件は、仮名によって原告が特定されていると判断されたが、原告が実名と仮名を同一訴訟内で使い分け、それが控訴審まで明らかにならなかったことがマイナスに評価されてもおかしくなかったであろう。

では、以上の様々な事情に対して、これは考慮すべきであるとか、これは考慮すべきでないといった規範的判断が、解釈論の側からできるものであろうか。思うに、ここで問題となっているのは、裁判を受ける権利の実質化（を、場合によっては一般条項等を媒介に一般的規範として具現化する営為）と、その裏面にある、当事者漁りとも評し得る不当な濫訴の拒絶（を、場合によっては一般条項等を媒介に一般的規範として具現化する営為）との境界線を引く、ないしその中間領域をコントロールすることである。これはいずれも、訴訟制度の社会的正当性の担保にかかわる領域であって、通常の規範的正統性の議論に乗りづらい領域である[14]。

そう考えると、裁判所による当事者特定責任の社会的正当化の営為の積み重ねが、上述の提訴意欲者の事情と裁判所の判断との相関関係に表れたということになる。この領域の全体を、通常の規範的正統性の言説で包摂するのは困難であろう。それゆえに解釈論の次元では、規範的正統性の次元においても言及可能な状況を限定した上での権利論的アプローチ（暫定的実体権や、当事者の手続保障を重視する後述3は、その例である）や、評価規範アプローチ（それが提訴意欲者の行為規範ないし行動規範として機能しがたいことはすでに示した）などが前面化することとなる。

この正当性担保の営為全体に対して解釈論としていかにアプローチするかは、判例研究方法論等も含めた、すぐれて基礎理論的問題と考える。この問題の本格的検討は、別稿に譲りたい。

3　発覚時期と裁判所の判断

正当な当事者の手続保障を重視し、かつ正当な当事者の手続保障と提訴意欲者の再訴の煩を止揚する手段に乏しい現状を前提とすると、訴訟手続の冒頭で特定の誤りに気づけば手続の後戻りは小さく、提訴意欲者の救済は容易なはずである。反対に、訴訟手続が相当程度進めば、たまたま正当な当事者に手続保障が与えられていたという事情がある場合を除けば、手続の後戻り

---

14)　私見では、変更後の新当事者の手続保障が十分に保障されれば、提訴意欲者の事情如何で任意的当事者変更を禁止する規範的な理由はないと考えるが、再訴の煩を事実上のサンクションとしつつ、提訴意欲者が当事者特定責任を尽くしたことを政策的に当事者変更の要件とすることまで否定するものではない。

は大きく、救済は困難になると予測される。したがって、発覚時期が後れれば後れるほど、提訴意欲者の救済率は低下するという結果が予測される。

そこで、分析結果をやや細かくみてゆくと、以下のようになる（カッコ内は件数、救済率）。

A　訴え提起前に種々の事情が提訴意欲者に発覚していた場合（8件、50.0%）

救済の必要性は低いともいえる。訂正を許されなかった事件には、行政主体が自身の特定を誤った例（34事件）、被告特定が2度訂正され、その一部が認められなかった例（24事件）、前出67、89事件（イ非救済例）がある。

B　訴状送達前（6件、83.3%）

ほとんどが訂正・変更を認める。被告に不利益がないなど、実質的な価値判断を付するものもある。唯一訂正が許されなかった例（47事件）は、裁判所の補正命令に対する原告の対応に問題があった可能性がある。

C　訴状送達後、第1回口頭弁論期日前の発覚（9件、77.8%）

救済率はBに比べて下降するが、訂正が認められなかった2件の内1件は前出77事件（ア非救済例）、もう1件は行政機関と行政主体を取り違えた例（74事件）であり、行政事件訴訟法15条との対比でも疑問が残る。

D・E　口頭弁論開始後、弁論の冒頭で本案前の抗弁等によって特定の誤りが発覚した場合（D：21件、85.7%）、本案につき弁論が進んだ後での発覚（E：18件、72.2%）

Dの救済率の高さが気になるが、発覚時期不明のケース（30件、50.0%）のほとんどがD・Eに含まれると思われ、実際のD・Eにおける救済率は、もう少し低いものであろう（推定でDが70%前後、Eが60%前後）。なお、DとEおよび発覚時期不明の事例を統合すると、計69件、66.7%となる。

F・G　第1審本案審理終了後、第2審開始前に特定の誤りが発覚した場合（F：3件、100.0%）、第2審開始後に特定の誤りが発覚した場合（G：12件、83.3%）

F時点での発覚は、すべて救済されているが、件数が少なく一般化は難しい。3件中1件は訴訟係属中に失踪宣告がなされたため遡って死者名義訴訟とされた特殊な例（78事件）、1件は表示の訂正に加えて第1審への差戻しを命じた死者名義訴訟（8事件）、残る1件は第1審口頭弁論終結後に被告死亡が発覚したため、原告が訴状訂正に加えて弁論の再開を申し立てた（相続人との間でもう一度本案弁論をやり直したと推測される）例である（73事件）。

G時点での発覚も救済率が高い。中身をやや詳しくみると、表示訂正後に第1審での再審理が予定される例（15事件。10事件も含むか）、被告側が異議を述べなかった例（33事件）、被告側法人格濫用の例（81事件）の他、全く無関係の第三者が当事者特定されたのではなく、法人と代表者・行政機関と行政主体・通称と実名等・法人とその支部等の取り違えがなされたに過ぎず、正当な当事者に対する手続保障があったといえなくもない例（3、18、40、50事件）などが含まれる。FとGを統合すると、計15件、86.6%となる。

H　裁判確定後に当事者特定の誤りが発覚した場合（11件、54.5%）

事後処理は裁判（判決・仮処分を含む）の効力を正当な当事者に及ぼし得るか否かの択一的選択になる。正当な当事者（特に被告側）に対する手続保障を重視する限り、原則として裁判効の拡張は困難であり、救済率の低さもやむを得ないだろう。原告特定の誤りに対する救済率（66.7%）に対して、被告特定のそれ（50.0%）の低さが際立つのも、この点から説明できようか。

以上、発覚時点に着目した救済率の推移は、D・EとF・Gをまとめると、F・G>B>C>D・E>H>Aとなっている。提訴意欲者の帰責性が高いと思われるA、およびF・Gの突出を除き、正当な当事者の手続保障と提訴意欲者の救済率が逆相関の関係にあるとの推測が許されそうである。

では、F・G時点の救済率の突出をどう考えるか。同時点の救済率がBよりもなお高いのが気になるが、BやCは件数が少ない上に特殊な非救済例を含んでいるため、厳密な比較はあまり意味がなく、問題をD・EとF・Gの逆転に絞るべきであろう。そこで考えると、F・G時点での処理として、表示の訂正ないし当事者変更と、原審差戻しなど弁論のやり直しがセットになったと思われる例（8、10、15、73事件）が注目される。表示の訂正と差戻しは理論的に直結しないが、訴状送達の瑕疵を判決理由に加えることで、手続を第1審の冒頭からやり直すことができ、これによって、従前の訴訟を無駄にせずかつ正当な当事者に対して完全な手続保障がなされる。これに対して、第1審の途中で特定の誤りが発覚した場合（D・E時点）に、第1審の冒頭まで手続を巻き戻す方法は必ずしも明らかでない。わが国においては、任意的当事者変更論が活発化しなかったために[15]、表示の訂正に処理手段が集中し（後述**4**）、同一審級内で訴訟状態を承継しない簡易な当事者特定の是正手段が用意されていない。D・E時点とF・G時点の救済率の奇妙な逆転は、このような制度の不備にも原因の一端があるとの推測が成り立ちそうであり、簡易な任意的当事者変更を認めることが望ましい[16]。

4　救済方法

当事者特定の誤りを救済する手段は実務上多様であり、その分布は救済例81件中以下のようになっている。

a　表示の訂正　52件
b　当事者の変更　9件
c　訂正／変更を行わないまま、当事者の特定が果たされていると評価ないし解釈　6件
d　裁判効の拡張（執行力、保全処分の効力等を含む）　5件
e　実体法上の権利義務帰属　3件
f　その他（主観的追加的併合や訴訟承継の許容、有権代理人による事後的追認、誤った訂正申立ての却下など）　6件

15）わが国の通説（複合行為説）を基礎づける兼子一「訴訟承継論」民事法研究第1巻（酒井書店・1940）11頁は、1920年代ドイツ学説において有力だったKisch説を採用したものだが、ドイツにおける複合行為説の隆盛はその一時期に限られ、その前後においてドイツでは訴え変更説および特殊行為説が有力であった（近時の訴え変更説は、特殊行為説の理論的功績を受けて修正され、両説の差異は縮小している）。ドイツ学説については、鈴木重勝「任意的当事者変更の系譜」早稲田法学35巻3＝4号（1959）185頁、上野泰男「死者を被告とする訴えにおける表示の訂正」大阪市立大学法学雑誌18巻4号（1972）122頁、飯塚重男「任意的当事者変更」上智法学論集5巻2号（1961）195頁、*Herbert Roth,* Gewillkürter Parteiwechsel und Bindung an Prozeßlagen, NJW 1988, 2977; *Roland Nagel,* Der nicht（ausdrücklich）geregelte gewillkürte Parteiwechsel im Zivilprozess, Nomos 2005. ただし、現在のドイツの任意的当事者変更論は、訴訟状態の承継という効果ありきで議論を出発させるところがあり、筆者の立場からは直ちに左袒しがたい。

16）上田竹志「任意的当事者変更について」民訴60号（2014）171頁。近時は、任意的当事者変更の柔軟化が主張される。三木浩一ほか・民事訴訟法［第2版］（有斐閣・2015）100頁〔垣内〕、川嶋四郎・民事訴訟法（日本評論社・2013）871頁、新堂・前掲注10）844頁など。なお、任意的当事者変更や主観的追加的併合の手段が整備されれば、事実審終了前の提訴意欲者の救済率は、手続段階にかかわらずほぼ一定となることが予想され、かつそれが望ましいと考える。

上記手段はいずれも、提訴時における提訴意欲者の当事者特定責任を軽減する事実上の効果をもたらす。ただし、軽減の態様は手段によって異なる。

最も効果が大きいと思われるのはｅであり、法人格否認の法理に関する事例（81事件等）もここに含まれる。たとえば102事件に従えば、建物収去土地明渡請求訴訟の提訴意欲者は、登記記載事項を信頼すればよく、記載の誤りによる不利益は、それを放置した者に帰せられることになろう17)。

また、上記手段中、ａ・ｃ・ｄは、遡及的に当事者確定を操作することで、当該手続の冒頭から正当な当事者が特定されていたという擬制を用い、当事者特定・確定を手続静態的に捉える点でおおむね共通している（もっともｃは、当事者特定の識別可能性のみが争われた事例も含む）。この点で、提訴意欲者の当事者特定責任軽減効果はｅに近接するが、ｅが提訴意欲者の事情や発覚時期と無関係に提訴意欲者の救済を保障するのに対して、ａ・ｃ・ｄは訴訟上の諸事情に応じて救済が左右され得るという不安定さがある。

ｂ・ｆは、遡及的な擬制を用いず、訴訟法律関係を訴訟係属中に動態的に変更することで問題を処理する。

すでに縷説したように、当事者特定をめぐる問題状況は多様であり、単なる誤記の訂正にとどまる事例はむしろ少数である。訂正／変更前後を通じた当事者の関係も、同一人物や同一法人、親族、本人と代理人、死者と相続人、取引上の通名と本名、法人とその従業員または代表者、関連法人、名称が類似するだけの別法人、行政機関や個人と行政主体など、実に多様である。この多様な問題状況に対する手段として、最もよく用いられている表示の訂正のみによると、従前の訴訟状態を訂正後の当事者にすべて承継させるという大きな効果を生ずるか（実質上の遡及的当事者変更であり、必然的に要件の厳格化を伴おう）、訂正が認められず請求棄却／訴え却下に帰するかの二者択一しかなくなる。訴訟法上の手段としては貧しく、結果として、提訴意欲者の抱える多様な事情への応答を困難にするおそれがある。訴訟法上のきめ細かな手当てとしては、ｂやｆを伸ばしてゆくべきであろう。

---

17)　やや外れるが、前出の63事件は、登記名義人が実在しなくても被告特定として足りるとした事案であり、匿名訴訟の契機を含む。最二小判平成23年6月3日判時2123号41頁（上田竹志「判批」リマークス45号（2012）102頁）も参照。

Ⅳ　おわりに

本稿の結論をまとめると、①判例・裁判例上、裁判所は当事者特定に関する提訴意欲者の事情をある程度斟酌して、特定の誤りを救済している。したがって、当事者特定責任の社会的正当性担保は少なくとも意識されている。しかしその内実は、一般的抽象的なレベルでは抽出できても、判断の実相に迫るような一般化は難しい。裁判所が実践する営為をいかなる形式および内容で解釈論へと反映させるべきかは、筆者の今後の課題としたい。

②他方で、正当な当事者に対する手続保障の要請は裁判所によって顧慮され、手続が進行するにつれて提訴意欲者の救済率は低下する。ただし、救済率の低下には一部逆転現象がみられ、これは訴訟状態の承継を伴わない簡易な救済手段が、解釈論によって用意されていないためと推測される。

③また、判例・裁判例上みられる救済手段は多様だが、その多くは手続静態的な解決に傾斜しており、効果も過大である。事案の多様性にきめ細かな対応が可能な手段を整備すべきと思われる。

②③から、さしあたり、簡易な任意的当事者変更の必要性が導出できると思われる。

得られた裁判例の傾向については、なお分析の余地が大きいと思われるが、筆者の能力上の限界から、以上で本稿を閉じることとする。

【付記】

当事者論に巨大な御学績を打ち立てられた徳田和幸先生の古稀祝賀としてはまことに貧しい論考であり、汗顔の至りであるが、お祝いの気持ちだけお受け取りいただければ幸いである。

本稿は、JSPS 科研費（課題番号 24530093）の研究成果の一部である。

判例一覧

カッコ内の符号は、「誤りの発覚時期／特定を誤った対象／救済方法（×は救済せず）／特定を誤った理由（―は理由なし）」の順である。各符号の意味は、本文を参照されたい。

(1)　大判昭和3・8・8民集7巻899頁（？／被告／a／―）
「庵原郡長A」から国へ訂正申立て。
(2)　大判昭和5・11・29民集9巻1102頁（？／被告／a／キサ）
抵当権実行開始決定後に債務者死亡が発覚。
(3)　大判昭和7・11・18法律新報312号11頁（G／原告／a／イウ）
死者名義訴訟（当該原告は、他の共同原告の法定代理人として、仮名も使用）。
(4)　大判昭和8・7・15法律新聞3591号9頁（D？／被告／a／サ）
死者名義訴訟。相続人の後見人が訴状送達を受けた。
(5)　東京地判昭和9・4・5法律評論23巻民訴234頁（？／原告／a／ア）
死者名義訴訟（提訴直前の死亡）。
(6)　大判昭和9・7・11裁判例（8）民173頁（H／被告／d／ア）
死者を債務者とする仮差押登記後、同不動産の抵当権者が優先債権確定訴訟を提起。
(7)　大判昭和10・10・28民集14巻20号1785頁（H／被告／×／サ）
氏名冒用訴訟。判決確定後、被冒用者が再審提起。
(8)　大判昭和11・3・11民集15巻12号977頁（F／被告／a／サ）
死者名義訴訟。死者被告の妻が同居者として訴状を受領。
(9)　大判昭和16・3・15民集20巻3号191頁（H／被告／×／ウキ）
死者名義訴訟。訴状および判決書が公示送達後、相続人が再審提起。
(10)　東京高判昭和25・10・4下民1巻10号1577頁（G／被告／a／オシ）
被告法人と同所在地の別法人の代表者を特定し、右代表者が控訴提起。
(11)　東京地判昭和25・12・11判タ10号64頁（A／原告／a／イ）
原告が弟の名を別名として表示。被告が否認したため本名へ訂正申立て。
(12)　神戸地判昭和26・2・15下民2巻2号212頁（D？／原告／a／―）
訴訟提起後まもなく、訴状の原告表示を、「X」から「Z法定代理人X」へ訂正申立て。
(13)　東京地判昭和26・9・17下民2巻9号1096頁（A／原告／c／アオクシ）
法人代表者が仮処分決定を得た後、法人を原告にして本案訴訟を提起し、後に訂正。
(14)　大阪地判昭和27・10・27判タ28号69頁（B／被告／a／―）
死者名義訴訟。補正命令の後、相続人に訴状を送達。
(15)　京都地判昭和27・12・16下民3巻12号1785頁（G？／被告／a／サ）
死者名義訴訟。不在者の妻を財産管理人として提訴後、不在者の死亡が判明。
(16)　最一小判昭和28・4・23民集7巻4号396頁（G／原告／f／―）
死者名義訴訟。不在者の父が財産管理人として提訴後、不在者の死亡が判明。
(17)　仙台地判昭和28・7・27下民4巻7号1035頁（A？／被告／b／カサ）
遺産の共有権確認訴訴訟の被告を、相続人受遺者（訴訟代理人A）から遺言執行者Aへ変更。
(18)　東京高判昭和29・3・18高民7巻2号220頁（G／被告／a／―）

処分取消訴訟係属中、請求を損害賠償に変更するとともに、被告を国へ変更。

(19)　神戸地判昭和29・5・7下民5巻5号665頁（H／被告／×／キ）
死者を被告とする土地所有権確認判決確定後、相続人が土地所有権確認等訴訟を提起。

(20)　名古屋地判昭和29・5・13下民5巻5号694頁（H？／被告／d／イウコ）
死者名義訴訟。相続人が自己の名で答弁書を提出したが、出廷せず請求認容判決確定後、相続人に対して再度提訴。

(21)　大阪地判昭和29・6・26下民5巻6号949頁（D？／被告／a／キクコ）
手形振出人法人が登記簿上存在せず、代表者個人を被告とした後、商号変更や本店移転が発覚。

(22)　大阪高判昭和29・10・26下民5巻10号1787頁（D／被告／b／オ）
「豊商事株式会社」から「株式会社豊商事」へ訴状訂正申立て。

(23)　東京地判昭和31・3・8下民7巻3号559頁（D／被告／a／キクコ）
手形振出人法人が登記簿上存在せず、代表者個人を被告とした後、商号変更が発覚。

(24)　神戸地判昭和31・5・8下民7巻5号1151頁（A／被告／×／―）
損害賠償請求訴訟において、被告を警察部長から警察本部長、県へと繰り返し訂正。

(25)　横浜地決昭和31・6・8下民7巻6号1511頁（H？／原告／×／サ）
競落許可決定確定後、競落人死亡（相続人が手続関与）が発覚したため、債務者が再審申立て。

(26)　東京地判昭和32・7・9行裁例集8巻7号1312頁（D／被告／c／カ）
行政機関を被告とした旧地方自治法上の代位訴訟において、原告が被告は個人であると主張。

(27)　東京高判昭和32・7・17東高民時報8巻7号135頁（B／被告／a／ア）
控訴状の被控訴人記載を誤り、控訴期間経過後に補正申立て。

(28)　東京高判昭和32・7・18下民8巻7号1282頁（D？／原告／a／カサ）
訴状の原告表示を、「中華民国駐日大使A」から「中華民国」へ訂正。

(29)　長崎地判昭和33・1・30判時143号28頁（D／被告／a／エ）
係争地につき仮処分決定を得て本案訴訟を提起したが、共同被告の一人の氏名記載が欠落したため訂正申立て。

(30)　東京地判昭和33・7・30判時162号21頁（E？／原告／f／シ）
原告表示をX個人から、「有限会社Z　代表者清算人X」へ訂正申立て。

(31)　大阪地判昭和33・8・9行裁例集9巻10号2119頁（D／原告／×／―）
所得金額決定取消請求訴訟提起前に原告が死亡。相続関係不明。

(32)　広島高裁岡山支判昭和33・8・29高民11巻7号446頁（D？／被告／a／アオ）
国に対して損害賠償請求訴訟提起後、消滅時効経過後に被告を「日本国有鉄道」へ訂正。

(33)　東京地判昭和33・9・3下民9巻9号1736頁（G／被告／b／―）
控訴審において、控訴人被告（個人）の主張に従い、訴えを法人に対するものへ変更。

(34)　山口地判昭和34・3・31判時192号24頁（A／原告／×／―）
原告表示を「阿知須ラジウム温泉右管理者a」から「阿知須町右代表者町長b」へ訂正申立て。

(35)　名古屋高判昭和34・5・20下民10巻5号1051頁（D／被告／a／キコ）

配当表変更異議訴訟の被告を、交付要求の名義に従って税務署長／区長と表示した後、国／市へ訂正申立て。

(36)　福岡高決昭和34・10・13下民10巻10号2171頁（C？／被告／b？／キコ）

被告死亡が発覚し、原告が被告表示の訂正申立てをしたが、裁判所が重ねて補正命令。

(37)　福岡地判昭和34・10・19下民10巻10号2199頁（E？／被告／b／コシ）

氏名冒用による手形振出が手形訴訟提起後に発覚し、冒用者へ被告表示訂正申立て。

(38)　最一小判昭和34・11・19民集13巻12号1500頁（C／被告／a／アオ）

控訴状の被控訴人記載を誤り、控訴期間経過後に補正申立て。

(39)　青森地裁八戸支判昭和34・12・21訟月6巻1号62頁（E？／被告／a／エ）

所有権確認訴訟において、共同被告の一部につき死亡が発覚し、訴状訂正申立て。

(40)　東京高判昭和36・9・12東高民時報12巻9号181頁（G／被告／a／キサ）

訴状記載の被告団体名称が通称であることが判明し、被告表示訂正を申立て。

(41)　名古屋高判昭和36・11・28高民14巻9号628頁（H／被告／f／オキクコサシ）

手形振出人（Y法人　代表者a）記載に従って被告を特定したところ、Yと同名法人Zの代表者b（aの兄弟）が出廷。代表者をbと訂正し、和解成立後、aが期日指定申立て。

(42)　大阪高判昭和37・1・30ジュリ250号判例カード205（G？／原告／c／シ）

原告N組合、代表者Hの訴訟において、第1審判決文はHを選定当事者と表示したが、控訴審において原告が、Nが民訴46条（現29条）の適用を受ける社団と主張。

(43)　東京地判昭和37・2・3ジュリ250号判例カード207（？／原告／a／ク）

原告宗教法人が、提訴後に法人設立手続無効となったため、宗教団体と表示訂正。

(44)　横浜地判昭和37・11・2下民13巻11号2225頁（H／被告／d／サ）

死者を相手方とする仮処分に対して、相続人が仮処分異議の訴えを提起。

(45)　最一小判昭和37・11・8集民63号95頁（D？／被告／a／―）

組合支部を被告とする訴訟の係属中に、被告を組合へ訂正。

(46)　福岡高決昭和37・11・8下民13巻11号2253頁（H／原告／d／―）

妻名義で不動産の競落許可決定を受けた後、妻が執行抗告。

(47)　大阪地命昭和38・3・7下民14巻3号362頁（B／被告／×／―）

自然人被告への訴状送達が不能のため住所の補正を命じたところ、被告を国へと訂正申立て。

(48)　大阪高判昭和38・4・5判タ144号103頁（E？／原告／×／エ）

所有権確認等訴訟において、共同原告の一部につき死亡が発覚し、訴状訂正申立て。

(49)　大阪高判昭和38・5・30ジュリ282号3頁判例カード461（G／原告／×／―）

控訴審判決言渡し後に、提訴前の原告死亡が発覚し、相続人が上告。

(50)　最二小判昭和38・6・14集民66号511頁（G？／被告／a／―）

宗教法人を被告に解職行為取消請求訴訟を提起し、裁判所が被告を宗教法人の機関と解釈。

(51)　名古屋地判昭和38・9・4金法354号5頁（D？／原告／a／イ）

手形訴訟において、銀行取引で用いていた仮名で原告表示し、後に本名へ訂正。

(52)　大阪高判昭和39・3・23判時389号66頁（E？／原告／a・×／イ）

手形訴訟において、銀行取引で用いていた仮名で原告表示し、後に本名へ訂正。

手形訴訟において、他人が用いる銀行取引上の仮名で原告表示し、後に本名へ訂正。

(53)　奈良地判昭和39・3・23下民15巻3号586頁（C？／被告／b／ケ）
占有者に対する建物収去土地明渡請求訴訟において、弁論終結後に被告を自然人から法人へ訂正申立て。
(54)　大阪高判昭和39・5・30判時380号76頁（？／被告／a／―）
被告表示を「Z町長Y」から「Z町右代表者町長Y」へ訂正。
(55)　大阪地判昭和39・10・19判タ168号171頁（？／被告／×／―）
訴訟提起前に被告が破産宣告を受けていたため、被告を破産管財人へ訂正申立て。
(56)　大阪地判昭和39・10・30判タ170号248頁（？／被告／a／キクコ）
手形振出人法人Z（代表者Y）が登記簿上存在せず、被告を「ZことY」とした後、Yが応訴し、「Z代表者Y」と訂正申立て。
(57)　名古屋簡決昭和39・11・18下民15巻11号2759頁（H／原告／d／ウサ）
不在者財産管理人との間で民事調停成立後、失踪宣告（調停申立前にみなし死亡）。財産管理人が調停調書に基づく執行申立て。
(58)　大阪高判昭和39・12・22金法402号15頁（？／被告／×／キコ）
手形振出人法人が登記簿上存在せず、代表者個人を被告とした後、法人所在地が発覚。
(59)　大阪地判昭和40・5・31判タ178号160頁（B／被告／b／イコ）
他人名義を冒用して振り出された手形につき、冒用者を被告に手形訴訟提起、後に被告を被冒用者へ訂正。
(60)　最二小判昭和40・12・14集民81号789頁（？／被告／b／―）
行政訴訟において、被告を刑務所長から矯正管区長へ変更。
(61)　東京高判昭和41・5・26東高民時報17巻5号102頁（E／原告／a／―）
任意団体Z（代表者X）が提起する訴訟で、原告表示をXから「Z代表者X」へ訂正申立て。
(62)　最一小判昭和41・7・14民集20巻6号1173頁（C／被告／f／コ）
提訴後、訴状送達前に被告が死亡し、相続人が受継申立てを行ったが、上告審で相続人が受継無効を主張。
(63)　津地判昭和41・9・22下民17巻9＝10号836頁（E／被告／c／キ）
登記簿記載に従って、実在しない者の名を被告表示の上、移転登記訴訟を提起。
(64)　東京地判昭和42・1・25判時481号115頁判タ205号162頁（E／原告／a／イ）
Xが、銀行取引上の仮名Aを用いて原告表示した後、「AことX」へ訂正申立て。
(65)　東京地判昭和42・3・28判時484号56頁（E／原告／a／イ）
原告を「A商店　代表者AことC」、「B商店」、「A商店ことB商店　代表者AことC」へ順次訂正。
(66)　東京地判昭和42・5・9判タ209号209頁（？／被告／×／―）
被告法人表示を、本店所在地および代表者同一の別法人へ訂正申立て。
(67)　東京地判昭和42・5・29下民18巻5＝6号583頁（A／原告／×／イカ）
任意的訴訟担当の担当者から被担当者へ訂正。
(68)　大阪地判昭和42・7・13判タ213号169頁（？／被告／×／カ）
在監中に受けた暴行に基づく損害賠償請求訴訟で、被告を看守個人から国へ訂正申立て。
(69)　大阪高判昭和43・12・19判時557号245頁（G／被告／×／―）

Y法人（代表者Z）の従業員が無断で契約締結し、「YことZ」が被告となった訴訟で、冒用の事実がZに発覚。

(70)　東京地判昭和44・4・25判タ235号247頁（E／被告／a／ケ）

Y車とZ車が接触してXに傷害を負わせた交通事故の損害賠償請求訴訟で、当初被告表示は不明、後にYへ訂正。

(71)　東京地判昭和44・6・11ジュリ444号170頁判例カード224（？／原告／×／—）

仮差押え申立てに際して債権者が仮名を用い、仮差押異議において本名へ訂正申立て。

(72)　東京高判昭和44・8・7下民20巻8号571頁（？／被告／c／—）

控訴状に共同原告の一人が記載漏れ、後に追加訂正申立て。

(73)　東京高判昭和45・1・20下民21巻1＝2号9頁（F／被告／a／—）

被告死者名義訴訟。第1審終結後、原告が相続人へ被告表示補正の上、弁論再開申立て。

(74)　千葉地判昭和45・7・14下民21巻7＝8号1050頁（C？／被告／×／—）

被告を「千葉県公安委員会」から「千葉県」へ訂正申立て。

(75)　名古屋高判昭和45・11・26判例集未登載（？／被告／×／キ）

滞納処分差押登記抹消手続請求訴訟において、登記権利者表示に従って被告を大蔵省と表示。

(76)　大阪地判昭和46・3・24判時640号79頁（D？／被告／×／ケ）

主観的追加的併合に際して、印紙追貼を要しないと主張。

(77)　京都地判昭和46・5・10判時648号89頁（C／被告／×／アカ）

更生債権確定請求訴訟において、管財人の一人を被告記載漏れ。後に訂正申立て。

(78)　東京高判昭和46・10・29高民24巻3号412頁（F？／原告／e／—）

不在者財産管理人が提起した訴訟係属中に、不在者につき失踪宣告。

(79)　東京高判昭和48・6・29判タ298号252頁（C？／原告／a／アク）

審決取消請求訴訟で、原告につき旧商号を表示、出訴期間経過後に訂正申立て。

(80)　名古屋高判昭和48・7・24判時721号38頁（？／原告／a／キ）

原告（旧名A、現B）が自己を「B　C会社業務執行社員Aこと　同B」と表示。

(81)　最二小判昭和48・10・26民集27巻9号1240頁（G／被告／e／オク）

仮処分債務者Yが商号変更の上、旧商号と同一商号のZ社を設立。債権者がZを被告特定。

(82)　東京地判昭和48・12・21民集32巻1号118頁（？／原告／a／—）

原告が戸籍の変更に伴い、姓の表示を訂正申立て。

(83)　名古屋地豊橋支判昭和49・8・13判時777号80頁（E？／被告／×／—）

Z市長Yに対する損害賠償請求訴訟を提起し、後に本件訴訟の被告はZであると主張。

(84)　最三小判昭和51・3・10判時806号19頁（E／被告／a／アオシ）

提訴後、被告法人が商号を変更したと勘違いして訴状訂正した後、誤りに気づいて再訂正。

(85)　最二小判昭和51・3・15集民117号181頁（？／原告／f／—）

原告訴訟代理人が原告死亡を知らず訴え提起の後、相続人が承継申立て。

(86)　岐阜地大垣支判昭和53・6・15判時928号96頁（D／被告／b／—）

被告死者名義訴訟。

(87)　大阪地判昭和53・6・20無体財産権関係民事／行政裁判例集10巻1号237頁（E／

原告／a／オ）

同一商号を用いる「旧々A」「旧A」「A」のうちAが訴訟を提起し、後に原告表示を補充。

(88)　名古屋地判昭和53・6・29下民29巻5＝8号410頁（C／被告／a／ウキ）

建物収去明渡請求訴訟において、占有者の一人が提訴前死亡、相続人に対して訴状を再送達。

(89)　東京地判昭和53・12・11判タ378号114頁（A／原告／×／イ）

金融業者Zの使用人X名義で貸付を行い、訴訟の原告もXと表示後、「XことZ」と訂正申立て。

(90)　名古屋地一宮支判昭和54・6・29税務訴訟資料115号1頁（？／被告／×／アキシ）

配当異議訴訟および損害賠償請求等訴訟の被告を、「税務署長A」からA個人へ訂正申立て。

(91)　東京高判昭和54・8・30判時943号60頁（？／被告／×／キ）

登記簿記載に従って、生存していれば120歳に達する者を被告に、移転登記訴訟を提起。

(92)　千葉地佐倉支判昭和55・5・14訟月26巻9号1524頁（D／被告／a／―）

被告が提訴直前に死亡したため、相続人へ表示訂正の後、訴状を再送達。

(93)　神戸地判昭和56・6・30判時1011号20頁（D？／被告／a／―）

被告を組合支部と表示した後、組合へと訂正申立て。

(94)　東京地判昭和60・12・12判タ597号61頁（？／原告／×／―）

XがY株主総会で受けた被害につき損害賠償請求訴訟提起後、株主がXではなくZであることが判明し、原告をZへ変更申立て。

(95)　那覇地判昭和60・12・24判例地方自治32号71頁（？／被告／×／―）

漁業権存在確認請求訴訟の被告を、県知事等から県へ訂正申立て。

(96)　名古屋高金沢支判昭和61・11・5判時1239号60頁（？／被告／×／―）

損害賠償請求訴訟の被告を県知事と表示の後、控訴審で本訴における被告は県であると主張。

(97)　最三小判昭和62・7・17民集41巻5号1402頁（E／被告／×／―）

主観的追加的併合に際して、印紙追貼を要しないと主張。

(98)　京都地判平成元・2・21判時1324号88頁（？／被告／a／ク）

損害賠償請求訴訟に際して、被告の旧商号を訴状表示の後、訂正申立て。

(99)　東京地判平成2・9・27労働判例570号31頁（？／被告／×／―）

大蔵省造幣局を被告とする訴訟提起後、被告を国へ変更申立て。

(100)　金沢地七尾支判平成2・10・29判タ777号217頁（？／被告／a／キ）

仮差押決定取消請求訴訟を提起後、債権者死亡が発覚し、被告表示を相続人へ訂正申立て。

(101)　名古屋地判平成2・12・7判タ761号257頁（E？／原告／×／―）

主観的追加的併合に際して、印紙追貼を要しないと主張。

(102)　最三小判平成6・2・8民集48巻2号373頁（E／被告／e／キ）

建物売却後も登記簿上所有権者となっていた者を被告に、建物収去土地明渡請求訴訟を提起。

(103)　東京地判平成6・12・6判時1558号51頁（D／被告／a／オ）

除名処分無効確認訴訟の被告表示を、「A 同盟中央本部」から「A 同盟」と訂正。

(104)　東京地判平成 10・4・28 判例集未登載（？／被告／×／―）

特許出願取下無効確認訴訟の被告表示を、特許庁長官 Y から国へと変更申立て。

(105)　横浜地判平成 11・11・10 判時 1720 号 165 頁（D／被告／×／コ）

督促異議において債務者 Y の兄弟 Z が出廷し、実質上の債務者が Z と主張したため、被告を Z へ訂正申立て。

(106)　金沢地判平成 14・3・6 判時 1798 号 21 頁（？／原告／×／―）

公害訴訟の原告の一部が死亡しており、相続人への表示訂正等もされなかった。

(107)　千葉地判平成 14・3・13 判タ 1088 号 286 頁（D／原告／f／キ）

X 支配人 A が訴訟代理人として訴訟提起後、X が弁護士 B を選任し、B が A の訴訟行為を追認。

(108)　東京高判平成 14・10・31 判時 1810 号 52 頁（A／原告／c／イ）

原告が自らを「大統領」と表示して訴訟提起。本名の判明後も、表示の訂正はなかった。

(109)　前橋地判平成 16・1・22 判例集未登載（E／被告／a／ケ）

振り込め詐欺の加害者に対する不当利得返還請求訴訟において、当初被告氏名のみ記載、後に住所を補充する訂正。

(110)　神戸地判平成 18・4・20 判例地方自治 288 号 66 頁（B／被告／a／―）

不動産取得税等返還請求事件の被告を、行政機関から行政庁へ訂正申立て。

(111)　福岡高判平成 18・7・18 判タ 1226 号 154 頁（H／被告／×／―）

死者に対する仮差押え決定を得た後、相続人に対して本案訴訟を提起。

(112)　大阪地判平成 20・11・28 判時 2036 号 93 頁（E／原告／×／カ）

マンション管理組合の提起する訴訟につき、原告表示を「X 組合　代表者 B」から「X 組合 Z 部会長 B」へ訂正申立て、予備的に「X 組合　代表者 A」へ変更申立て。

(113)　名古屋高金沢支判平成 23・4・27 金法 1983 号 60 頁（？／原告／a／エ）

数百人いる共同原告のうち 2 名が提訴前に死亡。相続人へ表示訂正申立て。

(114)　さいたま地判平成 23・5・30 租税関係行政／民事判決集平成 23 年 1〜12 月順号 23-33（D／被告／a／アキコ）

配当異議訴訟の被告を、税務署から国へ訂正申立て。

(115)　東京地判平成 24・10・29 判例集未登載（B／被告／a／ア）

被告の姓の変更が提訴後に判明し、訂正申立ての上、訴状を再送達。被告は、再送達時には時効消滅が完成したと主張。

(116)　東京地判平成 25・5・31 判例集未登載（？／被告／×／カ）

損害賠償請求訴訟において、地方自治体職員を被告として追加申立て。

(117)　東京地判平成 25・12・6 判例集未登載（C／被告／a／イ）

書籍著者の筆名を被告表示の後、当該被告から訴訟委任状の提出があり、訴状再送達の上、被告氏名／住所を訂正。

(118)　宮崎地判平成 27・1・28 判例集未登載（？／被告／a／―）

怠る事実の確認訴訟の被告を、「A 町　代表者町長 Z」から「A 町長 Z」へ訂正申立て。

当事者適格の機能領域

本間靖規

Ⅰ　はじめに

Jubilar 徳田和幸教授は、「給付訴訟における当事者適格の機能について」と題する論考の中で、給付訴訟においては、自己の給付請求権を主張する者が正当な原告であり、その義務者と主張される者が正当な被告であるとの原則に例外はないとする近時の学説に対して、「しかしながら、その主張された権利関係において請求権者または義務者たりえない者であっても当事者適格を有すると解するのであれば、給付訴訟においては、いわゆる第三者の訴訟担当や固有必要的共同訴訟の局面は別として、一般的には当事者適格を訴訟要件として問題とする意味はないのではないか」との疑問を呈し、給付訴訟において当事者適格が問題とされた裁判例、学説を分析ないしは考察する。その結果、訴訟要件としての当事者適格は無益・不必要な訴えを排除し、被告を応訴の負担から解放する本来の機能からすると、主張された権利・法律関係において給付請求権者・義務者たりえない者は当事者適格を有しないと解する余地があるのではないかと結論づけている[1)]。筆者は、この興味深い問題に関して主張されている例外否定説（通説）と例外的訴え却下説（徳田説）のうち[2)]、いずれの見解が妥当であるのかの問題もさることながら、な

1）　徳田和幸「給付訴訟における当事者適格の機能について」複雑訴訟の基礎理論（信山社・2008〔初出 2005〕）316 頁、332 頁。
2）　学説の名称・用語については、徳田・前掲注 1）324 頁による。

ぜこの問題に関して見解が分かれるのか、それはいったい何に由来するものなのかにより興味を惹かれる。そこで以下では、主として後者の問題について私なりの検討を行うことにする。

Ⅱ　給付訴訟における当事者適格の機能に関する裁判例と学説の概観

1　裁判例

徳田教授の取り上げた裁判例を参考にし、なおかつ例外的訴え却下説に対する批判への徳田教授の応接をみながら問題を多少なりとも明らかにしたい。なお、本稿は判例学説の総合的研究を目的とするものではなく、その種の研究は既に存在していることから、判例については考え方が分かれる典型例にとどめることをお許しいただきたい。問題となるのは、原告の立てた請求が原告の指定する被告との関係において、明らかに成り立たないことがみて取れるとき、原告適格ないしは被告適格がないとして訴えを却下する方が妥当な場合があるかである。

原告適格に関する判例として、①最判昭和41年11月25日（民集20巻9号1921頁）を取り上げる。本件は、甲乙2筆の土地についてA部落民のX_1らがY村を相手に入会権の確認を求める訴えを提起したものである。甲土地はもともとAが地券名義を有しており、乙土地はB名義の地券が存在していたところ誤謬訂正でA名義に変更されていたが、いずれも未登記の状態であったものを昭和30年に、Y村がA名義で保存登記をしたうえ、昭和16年の国民学校令による学区廃止によりYが承継したものとしてYに移転登記がなされた。そこでX_1らは、第1次請求としてX_1らに対する持分330分の1の移転登記手続請求、第2次、第3次請求として上記移転登記の抹消登記手続を請求したが、第1審でいずれもX_1らの請求棄却となったため、控訴審で請求を拡張し、X_1らの入会権の確認を求めた（第4次請求：共有の性質を有する入会権の確認、5次請求：共有権の性質を有しない入会権の確認）。控訴棄却。そこでX_1らが上告したところ最高裁は次のように判示して上告を棄却した。「職権をもつて調査するに、入会権は権利者である一定の部落民に総有的に帰属するものであるから、入会権の確認を求める訴は、権利者全員が共同してのみ提起しうる固有必要的共同訴訟というべきである（明治39年2月5日大審院判決・民録12輯165頁参照）。この理は、入会権が共有の性質を有するものであると、共有の性質を有しないものであるとで異なるところがない。したがつて、X_1らが原審において訴の変更により訴求した『本件土地につき共有の性質を有する入会権を有することを確認する。若し右請求が理由がないときは、共有の性質を有しない入会権を有することを確認する』旨の第4、5次請求は、入会権者全員によつてのみ訴求できる固有必要的共同訴訟であるというべきところ、本件右請求が入会権者と主張されている部落民全員によつて提起されたものでなく、その一部の者によつて提起されていることは弁論の全趣旨によって明らかであるから、右請求は当事者適格を欠く不適法なものである。本件土地をX_1らが総有することを請求原因としてYに対しその所有権取得登記の抹消を求める第2次請求もまた同断である」。「さらに、X_1らの本件第3次請求は、本件土地がA財産区の所有に属することを請求原因として、Yに対しその所有権取得登記の抹消を求めるものである。そうとすれば、本請求の正当な原告はA財産区であつて、X_1らは当事者適格を有しないものというべきである。本訴もまた不適法である。」と判示した。立てられた請求との関係でX_1は原告たる資格を有しないとする判旨後段の「さらに」以下が当面重要なテーマであるが、近時は、前段部分も議論の対象となっていて本稿の関心からは興味深いものがある（この点については本稿で詳論できない）。

被告適格に関して、②最判昭和34年6月16日（民集13巻6号718頁）は、農地の買収・売渡処分の効力を争って国（買収・売渡処分の無効確認、土地所有権が上告人X_1らに属することの確認）、知事（買収・売渡処分の無効確認、土地所有権がX_1らに属することの確認、各登記の抹消請求、各登記嘱託の無効確認）に対し提起された訴えに関するものである。判旨は、原審が、本件土地の買収・売渡処分の無効を前提として土地所有権の確認を求める本件において知事が被告たる適格を有しないとしたのは正当であるとした。農地買収・売渡処分の無効を前提とする所有権確認、登記抹消請求は私法上の権利関係であるから私法上の請求と解する通説に立てば、これについては処分庁である県知事ではなく、権利関係の帰属主体である国を被告とするのは当然であることを背景とする判示であると思われる[3]。③東京高判昭和62年7月15日（判時1245号

3頁）（10頁）は、横田基地の騒音公害をめぐる国を被告とする種々の請求のうち、米軍機の発着等の停止を求める訴え（差止請求）に関して、「本件における侵害行為者は、横田基地を管理し、かつこれを本拠として活動している米軍であって、第三者である被告ではない。従って、本訴のいわゆる差止請求の部分のうち、主位的請求の趣旨は、……それが直接的に米軍の行為の停止を求める趣旨であるならば、被告は被告適格を欠くことになるから、この点で右請求は不適法として却下されるべきことになる」と判示した4)。

2　学　　説

例外否定説が通説である5)。例外的訴え却下説を明示的にとっているのは徳田教授のみになりつつある6)。徳田教授は、この見解を支持する理由とし

3）　白石健三・最判解民事篇昭和34年度86頁、88頁。

4）　徳田教授（前掲注1）321頁）も指摘するとおり、この判決は最判平成5年2月25日判時1456号53頁で、不適法却下ではなく、主張自体失当として棄却された。裁判例については、徳田・前掲注1）論文の他、中野貞一郎「当事者適格の決まり方」民事訴訟法の論点Ⅰ（判例タイムズ社・1994）93頁、福永有利「給付訴訟における当事者適格」民事訴訟当事者論（有斐閣・2004）337頁、被告適格に関して、後藤勇「給付訴訟の被告適格」民事実務の研究（判例タイムズ社・1996）431頁参照。なお、比較的近時の最高裁判例として、最判平成23年2月15日判時2110号40頁は、法人格のない社団であるマンションの管理組合Xが、区分所有者Yらがマンションの共用部分に管理組合の承諾なしに改造工事等を行ったとして、原状回復（工作物の撤去）、管理規約で定められた違約金相当の損害金の賠償等を求めて訴えを提起したところ、原審がXの訴訟追行（訴訟担当）資格を否定して、訴えを却下したのに対し、「給付の訴えにおいては、自らがその給付を請求する権利を有すると主張する者に原告適格があるというべきである。本件各請求は、Xが、Yらに対し、X自らが本件各請求に係る工作物の撤去又は金員の支払を求める権利を有すると主張して、その給付を求めるものであり、Xが本件各請求に係る訴えについて、原告適格を有することは明らかである」と判示して破棄差戻しをしたものである。本判決は、例外的訴え却下説と例外否定説の違いを表すものではない。原審は、本件でXの訴訟上の地位が訴訟担当に基づくものと考えて、これが肯定されるかを問題とし、最高裁は、訴訟担当を根拠とするものではなく、自己の権利の主張と理解すべきとの前提に立っての判示であるからである（八田卓也「本件判批」リマークス44号（2012）124頁参照）。なお、法人格のないマンションの管理組合の被告適格を肯定した最判昭和61年7月10日判時1213号83頁に代表されるように現在の判例は、例外否定説に立つものと解される（徳田教授もそのように解している）。

5）　注4）に掲げた中野貞一郎、後藤勇、福永有利の見解はいずれも例外否定説に立つ。その他、上田徹一郎・民事訴訟法［第7版］（法学書院・2011）227頁、新堂幸司・新民事訴訟法［第5版］（弘文堂・2011）290頁、伊藤眞・民事訴訟法［第4版補訂版］（有斐閣・2014）183頁、高橋宏志・重点講義民事訴訟法（上）［第2版補訂版］（有斐閣・2013）247頁、松本博之＝上野泰男・民事訴訟法［第8版］（弘文堂・2015）261頁〔松本〕、小島武司・民事訴訟法（有斐閣・2013）239頁、兼子一ほか・条解民事訴訟法［第2版］（弘文堂・2011）161頁〔新堂幸司＝高橋宏志＝高田裕成〕など。

6）　徳田・前掲注1）、中野貞一郎編・現代民事訴訟法入門［新版］（法律文化社・1998）53頁〔徳田和幸〕、池田辰夫編・新現代民事訴訟法入門（法律文化社・2005）〔徳田和幸〕、池田辰夫編・アクチュアル民事訴訟法（法律文化社・2012）67頁〔徳田和幸〕。かつては、その他に、斎藤秀夫・民事訴訟法概論［新版］（有斐閣・1982）182頁、小山昇・民事訴訟法［5訂版］（青林書院・1989）

て、以下のように批判に応えている[7]。①例外的訴え却下説は、実体適格(Sachlegitimation）と当事者適格を混同するものであり、訴えの有理性の顧慮も欠けているとの批判[8]に対しては、「当事者適格としては、給付請求権を主張する者と義務者と主張された者が真に権利者・義務者であるかという本案についての実体適格・事件適格を問題にしているわけではなく、その前提として原告の主張自体から当事者とされている者が原告・被告となるべき者かどうか、とくに原告・被告となるべきでない者が当事者となっていないかを問うものであるから、両者は概念上は区別されているのではないかと思われる。また当事者適格は、特定の訴訟物との関係から具体的・個別的に定められるものであるから、主張された法律関係との関連が問題となることは避けられない」。「有理性についても、原告の訴えが訴訟要件を具備する場合であっても、請求がその主張自体において理由がない（すなわち有理性がない）場合には、それだけで判決をするのに熟する（民訴243条1項）から、事実主張の真否に立ち入るまでもなく、主張自体理由なしとして請求棄却すべきであるということを意味するとすれば、訴訟要件たる当事者適格との関係で原告の主張内容を問題とすることは、有理性とは別に考えることができる」とする。②例外的訴え却下説の却下基準が不明確であるという批判[9]に対しては、「却下基準が不明確であることは、すべての給付訴訟において当事者適格を肯定することを直接に導くことにはならない」とする[10]。③原告の主張自体から、給付請求の主体たりえないと判断することは、給付請求権の存否について本案判断をすることに他ならず、そうとするとその場合、訴え却下判決をするのは不合理であるとの批判[11]に対しては、「主張された法律関係において給付請求権者・義務者たりえないとの判断が本案の判断そのものであると解するかどうかは、前述の当事者適格と実体適格・事件適格との関連

94頁、兼子一ほか・前掲注5）〔旧版〕〔新堂幸司〕（1986）113頁などがあった。なお、石川明・判評274号（1981）29頁（判時1016号175頁）は、①たとえば国家賠償請求の訴えを私人に対して提起するなど、主張された権利関係がその性質上当事者間に絶対的に成立する余地のない場合、②訴状における請求の理由と被告の記載との間に明白な矛盾が存するなど、請求の理由からみて被告に適格がないことが明らかである場合に当事者適格が否定されるとしている。

7）　徳田・前掲注1）327頁以下。

8）　中野・前掲注4）104頁。

9）　福永・前掲注4）346頁。

10）　徳田・前掲注1）329頁。

11）　中野・前掲注4）104頁、福永・前掲注4）348頁、後藤・前掲注4）443頁。

と同様の問題であると考えられるが、やはり本案判決をするための要件として判断される対象と本案判決の対象と概念上は区別されうるのではないかと思われる。訴え却下判決が不合理であるかどうかも、この点に関する理解の仕方によるであろう」とされる[12]。④訴権の濫用の場合を除けば、原告の法解釈や事実認識に誤解があっても、原告がそのような訴えを提起するときは、原告の主観における紛争の存在のみならず、客観的にも紛争があると解すべきであるから、当該当事者に本案判決をすべきであるとの批判[13]に対しては、「このような考え方によれば、給付請求権はその主体たる当事者と一体的なものと理解されることになるから、給付訴訟においては、(狭義の)訴えの利益があれば、当該当事者間に本案判決をする必要があるかはとくに問題にする必要はなくなるものと思われる」とする[14]。

結局、通説によれば、通常の給付訴訟では当事者適格は機能しないと解することになるが、訴訟要件としての当事者適格は、本来、無益・不必要な訴えを排除し、被告を応訴の負担から解放しようとする機能を有しているのであるから、限定的ではあってもその機能を活かす余地を残すべきではないかというのが徳田説の基本的な考え方である[15]。

このやりとりで筆者の興味を惹くのは、特に①③における実体適格と当事者適格との関係である。前者は本案要件、後者は訴訟要件であるにもかかわらず、例外的訴え却下説はこれを混同しているとの批判の背景には、暗黙のうちに当事者適格を訴訟追行権と同視し、実体適格とは異なるものであるとの思考が働いている。たしかに現行ドイツ法においては、訴訟追行権(Prozessführungsbefugnis)[16]と実体適格(Sachlegitiomation)の峻別が確立され、その混同は慎まれている。しかしそれは長い学説史上の議論の末に確立したもの

---

12) 徳田・前掲注1)329頁。

13) 福永・前掲注4)349頁。なお、後藤・前掲注4)444頁も同旨。

14) 徳田・前掲注1)330頁。

15) この点に関して、高橋・前掲注5)249頁は、そもそも第三者の訴訟担当から発見された概念であることからすると、当事者適格が機能しない訴訟類型(一般の給付訴訟)があっても差し支えがないのではなかろうかとする。この考え方においては、当事者適格=訴訟追行権が基盤にあると思われる。

16) Prozessführungsbefugnisは資格、権能を表す概念である。したがってこれを訴訟追行権と訳すことには問題がないわけではないが、そのことを踏まえた上で本稿では従来の用語法である訴訟追行権を用いる。なお、後に言及するHellwigにおいては、Prozessführungsrechtやこれを欠く場合のProzessführungsmachtの用語がみられ、またかつてはProzesslegitimation(legitimatio ad processum)とされることもあったが、ここではこれらの概念には立ち入らない。

であり、日本が民事訴訟法学の草創期に参照したドイツの19世紀後半から20世紀初頭においては、その議論は揺れ動いていたことがいくつかの研究で既に知られている[17)]。ドイツにはない日本の当事者適格という概念は、どのような内容や機能をもつものとして作り上げられてきたのか。日独の訴訟物論の違いを超えて、漠然と当事者適格をドイツの訴訟追行権限に当て嵌める議論で足りるのかがあらためて問われなければならないように思われる。

Ⅲ　当事者適格・訴訟追行権・実体適格

1　当事者適格

兼子一（『民事訴訟法体系』158頁）は、「主観的訴権利益」の見出しの下、当事者適格を「請求の当否即ち訴訟物である権利関係の存否について、何人が当事者となった場合に、本案判決で確定するのが必要且つ有意義であるかの問題」としたうえ、「客観的に本案判決の必要があるとしても（解決に値する紛争は存在しても）、その訴えの原告は自らこれを求める資格を欠きあるいはその被告を相手としてこれを求めるのは無意義である場合は、結局原告にはかかる訴えについての訴権は認められないことになる。このように、訴訟物についての利害関係人として、その存否を確定する判決を受ける適格を当事者適格と呼び、あるいは訴えの目的を達成するために、当事者として訴訟を追行できる権能として訴訟追行権といい、係る適格もしくは権能を有する者をば、その訴訟物についての正当な当事者と称する」とする。そして正当な当事者とは、「一般には、訴訟物である権利関係の存否の確定について、法律上の利害の対立する者である。必ずしも、その権利関係の主体とは限らないことは、確認の訴えは、他人の権利の存否についても、認められる場合のあることからも判る（往時は、当事者適格は訴訟物たる権利関係の帰属者と同意義に考えられた）。そこで通常の場合は、請求そのものとの関係で判明するから問

17)　松原弘信「民事訴訟法における当事者概念の成立とその展開（1）～（4・完）」熊本法学51号（1987）85頁～55号（1988）28頁、福永有利「ドイツにおける当事者理論の変遷」前掲注4）民事訴訟法の論点Ⅰ2頁以下、中村宗雄「訴訟追行権の系譜的考察」民事訴訟法学の基礎理論（敬文堂・1957）115頁、上野𣳾男「当事者変更総論（上）（下）」判タ313号26頁、314号46頁（1975）、鶴田滋「固有必要的共同訴訟における実体適格と訴訟追行権」松本博之先生古稀祝賀・民事手続法制の展開と手続原則（弘文堂・2016）125頁、128頁、*Lüke,* Die Prozessführungsbefugnis, ZZP 76, 1963, S. 1, *Diederichsen,* Die Funktion der Prozessführungsbefugnis, ZZP 76, 1963, S. 401, など参照。

題が少ない」。「給付の訴えでは、原告は自己の給付請求権を主張し、その義務者を被告と名指せばよい（この場合は、当事者適格は、本案と同一問題に帰する）」とする。当事者適格に関する上記の理解は、基本的に、その後の学説に受け継がれて現在に至っている[18]。

兼子説の特徴としては、まず、形式的当事者概念を前提にして、形式的当事者のうち訴訟追行権を有する者を正当な当事者とするドイツの議論を踏まえていることが挙げられる。その結果、訴訟追行権を有する当事者＝正当な当事者＝当事者適格者との図式が立てられている。ドイツの議論を踏まえるのであれば、ドイツにはない当事者適格という概念がなぜ使われなければならないのかの疑問が生じるが[19]、この点については後に触れる。ここでは兼子説が、当事者適格と訴訟追行権を同義と取り扱っているにもかかわらず、当事者適格を訴訟物たる権利関係の存否について、何人が当事者となることが本案判決をするのに有意義かの問題としていることである。すなわち当事者適格は訴訟物との関係で決まる個別的な事柄であるとするのであるが、このような問題意識と訴訟追行権の関係を確認する必要があるように思われる。また当事者適格に有意義性を与えることは、本稿の関心からすると当事者適格を機能させるとの発想につながるのではないか。さらに、兼子説は、正当な当事者は、必ずしも権利関係の主体とは限らないとして、他人の権利の確認が許されることをその証左としているが、同時に括弧書きで往時において当事者適格は権利関係の帰属者と同意義に考えられたとしている。これは実体適格を有する者をもって当事者とする実体的当事者概念がとられていた時代には、実体適格の存在が正当な当事者を基礎付けるものであったが、形式的当事者概念が採用されるに至って、正当な当事者から実体適格が切り離されるようになったことを表現しているものと理解することができる。すなわち当事者適格（＝訴訟追行権）の問題から実体適格が切り離されるべきことを意味している。このことは、給付訴訟の当事者適格を「自己の給付請求権を

18) 三ケ月章・民事訴訟法（有斐閣・1959）184頁、同・民事訴訟法［第3版］（弘文堂・1992）228頁、小山・前掲注6）93頁、新堂・前掲注5）283頁、高橋・前掲注5）239頁、上田・前掲注5）226頁、伊藤・前掲注5）181頁など。

19) 松本＝上野・前掲注5）259頁〔松本〕は、訴訟追行権と実体適格の峻別の観点から、本案要件である実体適格と混同を招くおそれのある当事者適格という用語に代わって、訴訟追行権の用語を用いるべきであるとする。

主張し、その義務者を被告と名指せばよい」として当事者適格を実体適格から区別する立場をとっていることからも窺われる。訴訟追行権と実体適格の関係も再確認しておく必要があろう。前述のようにすでに先行する業績によって研究がなされてきたところであるが、私なりに、本稿であらためてドイツにおける訴訟追行権と実体適格の関係を検討して、日本における当事者適格論を考察することにする。

2　訴訟追行権

訴訟追行権は、主張された係争権利ないしは法律関係に関して、自己の名前で訴訟を追行する権能を指す。本案の理由具備性の前に審理・判断されなければならず、これを欠く場合には訴えは不適法却下される、すなわち訴訟要件に属する。

普通法から近代法への移行、すなわちアクチオの分解過程において、まず登場したのが実体的当事者概念であった。そこでは実体的な権利ないしは法律関係の主体が当事者とされた。Wach によれば、「当事者は、その名において、その計算において訴訟を追行し、その利益において権利保護が求められる主体である。当事者が当事者であるのは、法廷に持ち込まれた事件の(Res in iudicium deducenda sive deducta)、すなわち訴訟物を構成する実体的な法律関係の積極ないしは消極的な主体であるからである」[20]。しかしこの見解では、訴訟に出てきた者が当事者であって初めて本案の審理が行われるべきところ、その者が当事者であることを確定するために実体的な権利関係について審理する必要があり、これが認定された後に本案の弁論に入るという不合理な循環が生じることになる。これを回避するために、実体的な権利の存在と主体的な正当性（権利の帰属性）が区別された[21]。そしてやがて当事者としての正当性は、権利の実際の存在ではなく、訴えの理由すなわち係争法律

20）*Wach*, Handbuch des Deutschen Civilprozessrechts, 1885, S. 518f., 松原・前掲注 17）(1) 115 頁参照。

21）*Heintzmann*, Prozessführungsbefugnis, 1970, S. 3 によれば、当事者として訴訟に現れる者は、本案弁論の前に、実体的権利に関するその主体的正当性を証明しなければならない。たとえば、原告が彼に譲渡された債権を訴求する場合、彼は、債権の存在自体ではなく、第三者から債権の譲渡を受けたことを証明しなければならない（legitimation ad processum. 訴訟適格の問題）。その証明ができると彼は当事者となり、その後、本案の弁論において、権利が実際に存在することが明らかにされる。

関係の主体であることの主張のみが意味をもつとの見解が出現する[22]。これによれば、訴求された権利の主体は原告ではなく、第三者であることが、訴えの理由から明らかになる場合、原告は当事者ではないことから、訴えが却下される。同じように原告の主張書面から被告がおよそ義務者たりえないことが判る場合には、訴えは却下される[23]。

実体的当事者概念は、1877年のCPO制定を経て次第に形式的当事者概念に替えられていくことになる[24]。形式的当事者概念、すなわち自己の名で権利保護を求める者を原告とし、その者によって権利保護が要求される者を被告とする概念を採用すると、かつて実体的当事者概念が有していた被告ないしは原告の保護機能、訴訟追行資格のない者による訴訟行為への対応義務から相手方を解放する機能が失われることになる。そこで形式的当事者概念を採る場合のかような保護機能を担うことになったのが訴訟追行権であった[25]。その意味で訴訟追行権は形式的当事者概念を採用したが故に必要なものとして登場した概念である[26]。訴訟追行権は、本案判決要件のみならず本案弁論要件とされた。訴訟追行権の意味するところは、訴えが適法で、被告が本案への不対応による不利益を受けるのは、形式的当事者が正当な当事者、すなわち訴訟追行権を有する当事者である場合のみであるとすることにある。実体的当事者概念と同様、本案弁論要件の審理に際して、主張された権利の存在ならびに主張された権利帰属性（Rechtszuständigkeit）も正当とみなされ、これに基づいて形式的当事者が訴訟追行権を有するかどうかが調査される[27]。このように審理されその存在が確認される必要のある訴訟追行権の役割は、実体的法律関係の主体ではない者が当事者となる場合、これに一定の制限を掛けること、すなわち民衆訴訟の排除にある[28]。訴訟追行権の機能は、形式

---

22)　*Wetzell,* System des ordentlichen Civilprozesses, 3. Aufl., 1878, S. 156.

23)　*Heintzmann,* a. a. O.（Anm. 21）, S. 5ff.

24)　その過程については、松原・前掲注17）参照。

25)　これを当事者概念そのものにより、解決しようとする見解として、機能的当事者概念を提唱した、*de Boor,* Die Lehre vom Parteiwechsel und vom Parteibegriff, 1941, S. 50ff が挙げられる。この見解については、松原・前掲注17）(3) 87頁に詳しく紹介されている。

26)　*Grunsky,* Prozeßstanndschaft, 50 Jahre Bundesgerichtshof Festgabe aus der Rechtswissenschaft, 2000, S. 109（111）は、訴訟追行権を形式的当事者概念の子（ein Kind）と表現している。

27)　*Heintzmann,* a. a. O.（Anm. 21）, S. 6.

28)　*Lüke,* a. a. O.（Anm. 17）, S. 13, *Diederichsen,* a. a. O.（Anm. 17）, S. 401, *Schuman,* Prozessermächtigung und Beklagtenschutz, FS Musielak, 2004, S. 460.　なお、訴訟追行権という概念を完全に放棄して、この概念による訴訟上の規律を、権利ないしは義務の実体法上に組み込むべきとの見解

的当事者概念の導入によって切り離された実体法との関係を再び取り戻し、係争法律関係の主体であることの主張を要求することによって第三者がこれについて訴訟を追行することを防ぐことにある。たとえば第三者が債務者に対して債権者への支払を求めて訴えを提起した場合、第三者が他人の権利について自己の名で訴訟追行することが例外的に認められる場合を除けば、訴訟追行権の欠如により訴えは却下される。

訴訟追行権をもって正当な当事者の基準とする場合、何が訴訟追行権を基礎付けるのかが問題となる。その根拠を問うことは特に訴訟担当など第三者が権利者に代わって訴訟追行する場合に先鋭化された問題となるが、権利者と主張する者が自ら当事者（原告）として訴えを提起する場合にも問われるものである。訴訟追行権の基礎をどこに求めるかについては、ドイツにおいて古くから議論のあるところであり、それが日本の議論に影響を与えてきた。ドイツの議論についての詳細は先行研究に委ね、本稿では概略を紹介するにとどめる。この議論の嚆矢となったのは、訴訟追行権概念の定着に確固たる基礎を与えたHellwigの管理権（Verwaltungsrecht）説であった[29]。Hellwigは、管理権の中に、①法律行為など実体法上の行為と、②管理権に属する財産に関する権利の訴訟上の追求、すなわち訴訟追行権が含まれるとした[30]。係争権利や法律関係に関する管理権を訴訟追行権の基礎とすることによって、権利を有しない第三者の訴訟追行を排除することができる。また管理権が複数の共同権利者に共同して帰属する場合には、実体的権利に関する訴訟追行権もまた共同してのみ行使することができる[31]。この管理権をHellwigは、質権や用益権のように母権から派生する権利ではなく、絶対権（sui generis）、

がある。*Grunsky,* Grundlagen des Verfahrensrechts, 2. Aufl., 1974, S. 266f., *ders,* Die Prozessführungsbefugnis des Beklagten, ZZP76, 1963, S. 49. 訴訟追行権の機能する場面を否定して、すべて本案の問題に還元するこの見解は、本稿の関心からも注目に値する見解であるが、ドイツでは訴訟追行権と実体適格を混同することになることやこれでは民衆訴訟を排除できないとして批判され、追随者をみない。

29）Hellwigの管理権説とそのドイツにおける批判については、堀野出「管理処分権に関する一考察」香川法学21巻3＝4号（2002）209頁参照。管理処分権と当事者適格の関係について、三木浩一ほか・民事訴訟法［第2版］（有斐閣・2015）374頁も参照。

30）*Hellwig,* Lehrbuch des deutschen Zivilprozessrechts 1, 1903, S. 317., 於保不二雄「授権について」財産管理権論序説（有信堂・1954〔初出1933〕）54頁もこれを引用している。なお、現在の日本の民法学における於保説の評価については、堀野・前掲注29）229頁以下参照。

31）*Hellwig,* a. a. O. (Anm. 30), S. 320.

独立した権利とみている[32]。被告の側に関していえば、給付訴訟においては、全財産が執行の対象となる義務者（人的債務者 Verpflichtete）が被告となり、個別財産への執行の事案では当該財産の管理権を有する財産の主体が被告となる。管理権が複数の者に合手的に（gemeinsam zur gesamten Hand）帰属する場合には、債権者は、共同財産への執行を欲する限り、全員を相手に訴訟を行わなければならない[33]。Hellwigのいう管理権は、実体法上の処分権と結びつくものと理解されることから管理処分権説ということができる。もっとも訴訟係属中の係争物の譲渡後の譲渡人の訴訟追行（ZPO265条）など管理処分権説では説明がつかないものについては、これを法律に基づく例外と位置付けることになる[34]。この管理権説は、学説において一定の支持を得たが[35]、周知のように後に鋭く批判される。ここでは、批判説として日本の学説にも大きな影響を与えたHenckelのみを取り上げる。Henckelは、まず、原告の訴訟追行権は、訴訟追行に関する当事者の利益と給付訴訟では主張された権利に関する処分権限にその基礎を有する。また被告の訴訟追行権は、金銭請求の場合、原告の利益が、彼によって被告として名指された者に対して向けられることと、被告が少なくとも主張された請求権のための責任財産に関して処分権を有することを前提とする。訴訟追行権の要件としての原告の利益は、原告の固有の財産に基礎を有する。その利益は、当該対象財産の維持に利益を有する被告に向けられる。請求棄却に向けての被告の利益は、原則として、被告固有の財産に基礎を有する。かくして、攻撃ないしは防御の利益

---

32)　*Hellwig,* a. a. O. (Anm. 30), S. 323., *ders,* Anspruch und Klagrecht, 1900, S. 302f.　本文のように理解された絶対権としての管理権は、法律の規定にのみ基づきうるものであって、私人が任意に作り出すことのできない権利であるとする（Lehrbuch, S. 323）。

33)　*Hellwig,* a. a. O. (Anm. 30), S. 329.　この叙述には、訴訟追行権と実体適格が入り混じった説明が含まれているように思われる。しかしHellwig自身は、同書の中で、「本書で訴訟追行権と名付けたものは、通常、実体適格（Sachlegitimation）、あるいは特に積極適格（Aktivelegitimation）と呼ばれる」と指摘した上で、後者を判決がなされる権利の主体的帰属の問題として区別している（156頁、316頁）。しかしその後、*Hellwig,* System des deutschen Zivilprozessrechts 1（以下ではSystemと略す）, 1912, S. 161において、両者を同義と解する議論に還っている。なぜなら実体適格がHellwigとは異なる意味で（正当な当事者を表す意味と解される。筆者注）確固たる地位を得ているからであるとする（System, S. 161）。松原・前掲注17）(3) 66頁参照。

34)　*Hellwig,* a. a. O. (Anm. 30), S. 328.

35)　*Nikisch,* Zivilprozessrecht, 2. Aufl., 1952, S. 119.　興味深いのは、Nikischにおいても、訴訟追行権は実体適格とも呼ばれているが、用語法としてこれは正確ではないことが指摘されている点である。なお、関係財産を基準とする点でHenckelに影響を与えたde Boorも基本的に管理権説に立つ（Anm. 25, S. 56f）。

が基礎付けられる原告の財産と被告の財産は、利益財産（Interessenvermögen）と名付けられる。それは、自由に処分可能な、責任の観点から一つの統一体（eine Einheit）をなす財産である[36)]。Henckel は、このような基準を立てて訴訟追行権の統一的説明を試みている[37)]。

訴訟追行権の基礎を係争権利ないしは財産に関する実体法上の管理権ないしは管理処分権にあるとする見解は現在でも一定の支持を得ている[38)]。もっとも係争法律関係の主体であると主張する者同士の訴訟においては、通常、訴訟追行権が問われることはない。これが問題となるのは他人に属する権利を第三者が自己の名で訴訟追行する場合（訴訟担当）や共同権利者の一人の訴訟追行においてである[39)]。前者については、権利主体に代わって第三者のみが訴訟追行権を有する場合（verdrängende Prozessstandschaft）と権利主体と並んで第三者に訴訟追行権が与えられる場合（parallele Prozessstandschaft）に分けて議論されている。

3　実体適格

実体適格（Sachlegitimation[40)]）は、現在では、訴訟追行権と明確に区別される概念である。訴訟追行権が訴えの適法性の要件であったのに対し、実体適格は、理由具備性（Begündetheit）の要件である。請求はさまざまな理由で理由具備なしとして棄却されるが、そのうち権利義務の帰属主体性の欠如、すなわち権利義務が当事者にではなく第三者に帰属するとの理由で棄却される場合を指す[41)]。原告が自己の権利ないしは法律関係を主張する限り、訴訟追行権の問題を問われることはなく、他の訴訟要件が整っている限り、あとは実体適格ないしは他の理由具備性、本案の審理が残るのみである。しかしこ

---

36)　*Henckel*, Parteilehre und Streitgegenstand im Zivilprozess, 1961, S. 105ff., 松原・前掲注 17）(4) 27 頁、上野・前掲注 17）(上) 36 頁、(下) 52 頁。

37)　松原・前掲注 17）(4) 27 頁、上野・前掲注 17）(下) 52 頁以下、福永・前掲注 17）70 頁以下参照。

38)　*Lüke*, a. a. O. (Anm. 17), S. 12 は、Kohler の創始にかかる訴訟担当と Hellwig の管理権説とは、その後の議論に決定的な視点を提供したとする。*Stein/Jonas/Jacoby*, Kommentar zur Zivilprozessordnung, 23. Aufl., vor §50, 2013, S. 953.

39)　*Rosenberg/Schwab/Gottwald*, Zivilprozessrecht, 17. Aufl., 2010, S. 227.

40)　事件適格とも訳されるが、本稿では、中野・前掲注 4）95 頁に倣い実体適格という訳語を用いる。

41)　*Rosenberg/Schwab/Gottwald*, a. a. O. (Anm. 39), S. 227.

のような理解は一朝一夕にできあがったものではなく、時を経て確立したものである。実体適格に関する歴史的経緯についてはすでに優れた研究があるので[42)]、本稿では、主として日本の民事訴訟法学の確立に貢献した草創期の学説に影響を与えたドイツ学説を取り上げる。そもそも実体的当事者概念が採られていた時代においては、法律関係の帰属主体であることが正当な当事者の基準であった。そこでは実体適格こそが正当な当事者の要件となっていた。このような状況に変容をもたらしたのは、形式的当事者概念の登場である。これを受けて訴訟追行権概念の確立に寄与したHellwigは、同時に、Lehrbuchにおいて訴訟追行権と実体適格を鋭く区別した[43)]。それまでは訴訟追行権の定義で理解される内容を実体適格で説明することが行われていた。そこから現在のように両者の峻別を当然とするに至るまでには、かなりの時間を要した。現にHellwig自身、後の教科書であるSystemでは、両者の峻別の提案を撤回するかのような叙述をして逡巡をみせているのである[44)]。さらに本稿の関心との関係で注意すべきは、普通法からの移行過程において、実体適格に今日でいう訴訟追行権と同様の訴訟法上の意味を与えようとする見解が後を絶たなかったことである。たとえばSeuffertは、BGB施行後の1902年の段階で実体適格を訴訟物について訴訟を追行する権能として叙述している[45)]。Steinもまた、実体適格を訴訟の基礎にある実体的権利関係を処分する権限を意味する処分権（Dispositionsbefugnis）と同視している[46)]。このことは、実体適格の法的性質をめぐる議論を経たのちに初めて、訴訟追行権という概念が確立する環境が醸成されたことを意味する。もっとも前述のように、訴訟追行権の概念自体は、実体適格とは切り離された形で、係争物の譲渡や破産管財人ないしは遺言執行者の管理権に関する規定が定められ、Kohlerが訴訟担当の概念を創始したことに伴って作り出されたものである[47)]。

42）　松原・前掲注 17）、福永・前掲注 17）が詳細である他、鶴田・前掲注 17）128 頁にその簡略な要約がなされている。

43）　*Hellwig,* a. a. O. (Anm. 30), S. 156f

44）　注 33）参照。

45）　*Seuffert,* Kommentar zur Civilprozeßordnung, 8. Aufl., 1Bd., 1902, §§ 51, 52, Anm. 7, S. 78f.

46）　*Gaupp/Stein,* Civilprozessordnung, 8/9. Aufl., 1906, S. 145.

47）　*Diederichsen,* a. a. O. (Anm. 17), S. 404ff 以下にこの間の経緯が詳細に記されている。

4　訴訟追行権と実体適格との関係

上述のように、訴訟追行権は、形式的当事者概念の採用とともに民衆訴訟の排除のための概念として必要とされた。実体法とは切り離された当事者概念に再び実体法と関係する概念が持ち込まれたことになる。そのことは、訴訟追行権の根拠を実体法上の管理権ないし管理処分権（Henckelの中間的解決、すなわち訴訟上の利益と実体法上の処分権をもって訴訟追行権を基礎付ける見解も含めて）に求めることに端的に表れている。その分だけ実体的当事者概念の完全な切り離しは行われなかったことになる。実体的当事者概念となじむ実体適格をもって正当な当事者とする見解が形式的当事者概念の採用後もなお、しばらくは完全に消え去ることがなかったのは、訴訟追行権と実体適格が構造上は結びつく余地が残っていたからのように思われる。しかし前者を訴訟要件、後者を本案要件として取り扱う以上、その違いを明確にする作業が必要となる。そこで訴訟追行権の肯定のためには、実体的権利、義務の単なる主張で足りるとの見解が支配的となった。そしてその主張の内容が、これに関する審理の結果認められない場合には、実体適格の欠如のゆえに請求棄却になるのか、訴訟追行権のためのいわば仮装の実体権の主張が不当であることが判明したとして不適法却下になるのかは、訴訟要件の優位性の問題とも絡む問題であって、ただちに棄却に結びつくとの結論を得るにはそれなりの理論的説明を要する。すなわち有理性を欠く場合には、ただちに請求棄却できるというのが、ドイツでも、また日本でも有力な見解であるが[48]、理論的には問題がないわけではない。Diederichsenは、およそ一般的に訴訟追行権の存否を実体法を基準にして判断することに問題があるとして、権利保持者の訴え提起においては訴訟追行権を問うことをやめ、第三者が他人の権利に関して訴訟追行する場合（訴訟担当の場面）にのみ限定して訴訟追行権を職権で審理すべきとの見解を主張しているのも[49]、上記の問題を意識してのことである。なお、訴訟担当ないしは職務上の当事者の事案である破産管財人に対する訴訟について、Aが破産宣告を受けたBに対する債権について、誤

48）*Henckel*, a. a. O. (Anm. 36), S. 153. 中野・前掲注４）104頁。有理性と当事者適格の関係について、加波眞一「請求の有理性審理と訴えの利益（2・完）」北九大法政論集22巻3＝4号（1994）37頁は、有理性を欠く場合の処理として訴えの利益に結びつけて却下することができるとするが、本稿ではあくまでも訴訟追行権との関係のみを検討の対象としている。

49）*Diederichsen*, a. a. O. (Anm. 17), S. 417, 423.

って、Bの破産管財人ではなく、Cの破産管財人を相手に訴えを提起した場合の処理として、被告の側の訴訟追行権の欠如を理由として訴えは却下されると考えられている点は注目に値する[50]。破産管財人は、破産財団についてのみ管理処分権に基づいて訴訟追行権を有するのであって、それ以外の場合には、訴訟追行権が否定されることに基づく。

Ⅳ　当事者適格の機能領域

1　当事者適格の由来[51]

当事者適格に関する論考の嚆矢として、雉本朗造「民事訴訟ニ於ケル『正当ナル当事者』ナル観念及ヒ其訴訟法上ノ地位ヲ論ス（Die richtige Partei ― Sachlegitimation u. Prozessführungsrecht）」がある[52]。雉本は、当事者適格という用語を用いているわけではないが、「正当ナル当事者」の見出しの下、後の当事者適格論を展開しているといえる。雉本は、「訴訟をなす権能」を当時のドイツの議論を渉猟して論じているが、これを表すドイツ語としては、Sachlegitimation（ないしはProzesslegitimation）を当てている。論文の副題には、これとProzessführungsrechtを並べているが、両者の区別は明確ではなく、同義のものと考えている節がある。もっともSachlegitimationは、訴訟成立要件（Prozessvoraussetzungen）にではなく、権利保護要件に属するとして、その欠缺の場合、本案判決がなされるとする（58頁）[53]。また管理権（管理権説が通用しないZPO265条の問題も含めて論じられている）との関係で正当な当事者を判断する見解が紹介されている。雉本の引用している文献として、Hellwigをはじめ、Wach, Seuffert, Gaupp/Steinなどが挙げられているが、今でこそ、Hellwigは訴訟追行権と実体適格の区別を提唱した学説と評価できる

50)　*Diederichsen,* a. a. O. (Anm. 17), S. 420に挙げられている例である。

51)　松本＝上野・前掲注5）261頁〔松本〕、松本博之「民事訴訟における係属中の係争物の譲渡」民事訴訟法の立法史と解釈学（信山社・2015）258頁の示唆を受けている。鶴田滋「判決効拡張・訴訟承継における承継人概念」法時88巻8号（2016）26頁も参照。

52)　雉本朗造・民事訴訟法の諸問題（有斐閣・1955）31頁（本稿ではこれを引用する）。初出は、法学新報19巻2号、5号、7号、11号（1909）で、同・民事訴訟法論文集（寶文館・1928）1頁にも収められている。

53)　訴権との関係が問題となるが、本稿ではこれに立ち入らない。斎藤秀夫・民事訴訟法概論〔新版〕（有斐閣・1982）35頁以下、富樫貞夫「権利保護請求権説の形成」熊本法学4号（1965）1頁参照。

ものの、全体としては、当時まだ両者の明確な区別は確立していない時期にあたる（Hellwig 自身にも揺れがみられた）。逆にいえば、雉本にはその時代のドイツの議論の状況がそのまま反映されているといえる。次に、兼子一「訴訟承継論」において次のように論じられている[54]。「訴訟の承継の原因が生じたりや否やは、他の関係に於いて争いが果たして法律的に存在するや、又は更に進んで何れの当事者の主張が理由ありや等に関する判断とは無関係に考えられるべきである。何となれば之等が究極的に明確にせられた瞬間には争いは存在せざる事となるか、或いは終局的に解決されて居るのであって最早訴訟承継の余地はないのである。随って訴訟の承継の原因には、一先づ原告の主張に随って争いの存在を仮定し、その争いに対し原告は如何なる立場から関係しているのか（所謂原告の適格 Aktivlegitimation の問題）、如何なる点で被告を相手として居るのか（被告の適格 Passivlegitimation の問題）を見、両者何れかの側のこの関係が訴訟中に第三者に移転したか否かを考察する必要がある。この点は、従来所謂正当なる当事者（richtige Partei）、当事者の適格（Sachlegitimation）、乃至訴訟追行権（Prozessführungsrecht）と称せられていた問題であって、訴訟の承継はありと仮定せられる此等の関係の移転であると謂い得るのである」（50 頁）。ここでは Sachlegitimation を「当事者の適格」とし、訴訟追行権と同義のものと位置付けている。また、「訴訟追行権或いは当事者適格とは訴訟物を構成する一定の私法上の法律関係に関し、自己の名を以て訴訟を為す権能と解されている。かかる権能は通常実体上の管理権に基因し、且実体上の管理権は原則として権利帰属者に在るのである」（52 頁）。ここでも実体適格と訴訟追行権の峻別以前のドイツにおける議論状況の反映をみることができる[55]。

近時のドイツにおいては、19 世紀前半における訴訟追行権と実体適格の関係の不透明を克服して、前者を訴訟要件（本案判決ないしは本案弁論要件）とし、後者を本案要件とする峻別論が浸透していることは前述のとおりである。

54） 兼子一「訴訟承継論」民事法研究第 1 巻（酒井書店・1950）1 頁以下。初出は法協 49 巻 1＝2 号（1931）。兼子は、実体適格と訴訟追行権を同義のものとみたため、いずれかの概念のみを用語として使用することをせずに当事者適格という日本独自の包括概念を作り出したのではないかと推測する。

55） 加藤正治・新訂民事訴訟法要論［第 4 版］（有斐閣・1952）115 頁においても「当事者適格（Sachlegitimation）」とされている。また、ドイツにおいても実体適格の用語の使い方については、長らく混同の状態にあったことについて、*Nikisch*, a. a. O. (Anm. 35), S. 119 参照。

また「正当な当事者」の基準としての訴訟追行権の根拠をどこにみいだすかについては、管理処分権説で処理できるものと処理できないものをひとまとめにして統一基準を追求するか、処理ができないものについてカズイスティッシュに根拠を考えるか議論が分かれている[56]。

2　ドイツの議論状況からみた徳田論文の評価

原告が権利保持者（Rechsinhaber）であると主張し、その相手方として名指された者が被告になる限り、正当な当事者の問題は生じない（顕在化しない）とするのが、ドイツでもまた日本においても通説、判例といえる。そこでは特に無益な訴訟から被告を保護する必要性はないと考えられている[57]。その限りで例外的訴え却下説を採る徳田説に分が悪い。しかしドイツにおいて訴訟追行権が真に意味をもつのは、むしろ第三者による訴訟であることに鑑みて、訴訟担当ないしは職務上の当事者について検討する必要がある。これと関連する判例として、最判昭和43年6月13日（民集22巻6号1149頁）がある。事案は、①Y_1の元妻であるXが自己の所有名義の土地上にあるY_1所有の建物収去土地明渡しならびにY_1・Y_2（Y_1の先妻の子）共有の樹木等の撤去、当該建物に居住しているY_1・Y_2・Y_3（Xの義母）に対する当該建物からの退去、さらに②本件建物明渡し済みに至るまでの賃料相当損害金の支払いなどを求めて訴えを提起したものである（X・Y_1間の子であるZ_1らが当事者参加しているが省略する）。ところで、本件訴えの提起前、Y_1は破産宣告を受けていたにもかかわらず、第1審、第2審ともY_1の破産宣告に触れることなく、Xの請求の大部分を認容する判決を言い渡した。そこでY_1らが上告。最高裁は、Y_1に関して破産宣告があったことを職権で調査し、Y_1に対する①請求を破棄して第1審に差戻し、②請求については訴えを却下した。その理由は、①について「破産宣告の時に破産者が有する一切の財産は破産宣告により破産財団に属し、その管理及び処分する権利は破産者にはなく、破産管財人に専属することは、法の明定するところであるが、破産者が破産宣告後取得した新財産は破産財団に属しないのであるから、破産者の所有に属するも

56）*Heintzmann,* a. a. O. (Anm. 21), S. 9.

57）中野・前掲注4）103頁は、徳田説に対する批判の中で最もドイツの支配的見解を忠実に反映させたものといえる。

のとしてその財産に関する訴訟が、破産者を相手方として提起された場合には、その訴訟の対象となっている財産がいつ破産者の所有になったかを明確にして、その財産が破産者に属するかどうかを明らかにしたうえで、その財産に関する訴訟について、破産者が当事者となる適格を有するかどうかを判断すべきである」にもかかわらず第1審、第2審ともこれを怠り請求の当否について判断したのは違法である。②については、賃料相当損害金のうち破産宣告前に生じたものは、破産債権に当たるから、破産債権届出の方法によってのみ債権行使が可能であるところ、本件訴えに及んだものであるから、他の点について検討を加えるまでもなく、本件訴えは却下すべきものであるとした。本稿の関心からは①が重要である。特定の財産に関する訴え提起においては、当該財産の管理処分権が誰に帰属するかの問題が先決であり、これを欠く場合には訴えが却下されるとの論理を明らかにしたものであるからである[58]。ここでは、ドイツでみた議論、すなわち、原告の訴訟追行権の基礎（破産財団に属する財産に関する訴訟かどうか）を問題にしたうえで当事者適格の判断により決着を付けている。このことは、このような事案においては訴訟物たる法律関係の主体であることの主張では足りず、訴訟追行権の根拠に立ち入った当事者適格の判断が必要な場面が存在することが端的に示されている。

V　残された問題

まず、当事者適格という概念が、訴訟追行権と実体適格との混同を招いてきたことから、この用語遣いを避けて、訴訟追行権に統一すべきとの見解[59]にどのように応えるかが問われる。日本の財産訴訟における当事者適格は、ドイツにおける訴訟追行権＝正当な当事者と重なる部分が多く、当事者適格に代えて訴訟追行権を用いることは可能であろう。当事者適格の根拠を実体

58)　この観点からは、大阪高判平成2年11月27日判タ752号216頁も興味深い。Xは、破産宣告を受けるに先立って、自動車事故に基づく受傷による保険金請求を、自由財産に属するものとして請求していたところ、第1審は、本件保険金請求権は破産財団に属し、Xには当事者適格がないとして訴えを却下した。Xが控訴したところ、大阪高裁は控訴を棄却して第1審の判断を是認した。青木哲「給付訴訟における権利能力のない社団の当事者適格と本案の問題について」伊藤眞先生古稀祝賀・民事手続の現代的使命（有斐閣・2015）16頁、20頁注32）参照。

59)　松本＝上野・前掲注5）262頁〔松本〕。

法関係から切り離す日本独特の議論も、結局は正当な当事者の判定基準をめぐるものであるから、訴訟追行権に移行することに問題はないと思われる。しかし他方で、ドイツにおける訴訟追行権とは大きく違う部分も存在する。たとえば、会社訴訟においては、対抗要件を備えない株主の訴え提起を原告適格の問題として捉えることが普通に行われている[60]。このように通常事件であれば本案の審理内容に属する事項を当事者適格の問題として取り込む実務をどのように評価するかに係るが、当事者適格のもつ膨らみは、訴訟追行権に解消できない問題を含むように思われる。もちろんこれを是正する方向での解釈が可能であり、またそれが適正であるとして実務に方向転換を迫ることは考えられてよい。また、そもそも会社法に原告・被告を定める規定が置かれているが、これを当事者適格を定めたとみるべきかが問題となる。当事者適格とした場合、そこに込められた意味に膨らみが生じ得るからである[61]。この点はなお検討を要する。

次に訴訟追行権は判決効（の拡張）と切り離された問題であるところ、これを結びつける議論をどのように評価するかが問題である。最判昭和 44 年 7 月 10 日（民集 23 巻 8 号 1423 頁。銀閣寺事件）は、誰に判決効を及ぼすことが関係当事者間の紛争を根本的に解決する手段として有効適切な方法かを当事者適格の判断基準としているが、このような発想は、ドイツ流の訴訟追行権と相容れない面をもつ。逆にいえば、日本型当事者適格だから可能な議論ともいえるのではないであろうか。私見はこれに疑問をもっている。また対世効の正当化根拠として当事者適格を位置づける議論にも疑いをもつ[62]。

以上の考察からすると当事者適格で把えてきた問題を訴訟追行権に限定する松本説に私見は親近性をもつことになるが、なお当事者適格論の全体的な考察を要すると思われる。

最後に、訴訟追行権を論じる際には、事案類型的考察を不可欠とするのがドイツの論文にみられる方法であるところ、本稿ではその部分が欠落してし

60）　さしあたり、本間靖規「株式価格決定申立てと個別株主通知―手続法の視点から」法時 84 巻 4 号（2012）44 頁、48 頁参照。

61）　高橋・前掲注 5）247 頁は、形成訴訟における原告の法定は、原告そのものを定めた実体規定であり、原告適格ではないと解することもできるとする。私見も当事者適格を訴訟追行権とみる見地からこの方向に傾く。

62）　本間靖規「対世的判決効拡張と手続保障」手続保障論集（信山社・2015）312 頁。

まった。残された多くの問題と合わせて、他日を期すしかない。

【付記】

徳田和幸先生から受けた学恩は計り知れない。先生は、筆者の傍近くでつねに議論をリードする存在である。そのような先生に献げる論考としてははなはだ拙劣なもので恐縮するばかりであるが、先生にこれからもご指導いただき精進を重ねていきたい。

民事訴訟法29条の適用効果と法人格のない社団の当事者適格

堀野 出

Ⅰ 問題の所在と本稿の考察対象

1 民事訴訟法29条をめぐる議論状況

民事訴訟法29条は、代表者の定めのある法人でない社団につき「その名において訴え、又は訴えられることができる」と定め、その当事者能力を肯定している。そのための要件については議論も一応の落ち着きをみせているのに対し[1)]、29条が適用され社団が当事者となった場合の効果をめぐっては、周知のとおり、固有適格構成と訴訟担当構成とのあいだで対立がある。固有適格構成は、兼子一・新修民事訴訟法体系[2)]以来の考え方であり、団体が原告または被告となるときは、訴訟上、法人である団体と同様に扱いその

1） 民事訴訟法29条の要件については、判例は、最判昭和39年10月15日民集18巻8号1671頁により、団体としての組織が備わっていること、多数決の原則が採られていること、構成員の変動にかかわりなく団体が存続すること、代表の方法、総会の運営、財産の管理など団体としての主要な点が備わっていることを要求することで定着している（財産の管理の意義について、最判平成14年6月7日民集56巻5号899頁参照）。また、学説では、伊藤眞・民事訴訟法［第4版補訂版］（有斐閣・2014）121頁による4要件、すなわち、対内的独立性（代表者の定めがあり、現にその者が代表者として行動していること）、対外的独立性（構成員の加入脱退にかかわりなく、団体としての同一性が認められること）、内部組織性（「規約」の定めがあり、総会などの手続により構成員の意思が団体の意思形成に反映されていること）、財産的独立性（構成員のものとは切り離された、団体独自の財産が存在すること）が求められることで一応の定着をみている。
2） 兼子一・新修民事訴訟法体系［増訂版］（酒井書店・1965）111頁。

結果としてこれらの団体に権利義務が帰属するかのように判決することも差し支えないとし、この意味で、「当事者能力を認めることは、個別的事件の解決を通じて、権利能力を認めることに帰する」とする。当事者能力を認めることにより事件適格（実体適格）までも肯定する考え方であり、権利主体構成とも呼ばれる[3)]。これに対し、訴訟担当構成は、法人格のない社団には形式的には権利義務は帰属し得ないがゆえに、構成員全員に総有的に帰属する権利関係を、構成員からみれば第三者である社団が代わって行使するものと説明するものである[4)]。判例は、固有適格構成を採用していないと一般的にはいわれているが、そのように断定してよいかは必ずしも明らかではなく、詳しくはⅢ1で後に分析する。

2　法人格のない社団が訴訟にあらわれる場合の権利義務関係の分類

上記の効果論は、29条が適用されて法人格のない社団に当事者能力が肯定される場合の一部にのみ妥当するものに過ぎないこと、言い換えれば、29条が適用され当事者能力が認められる社団とそれにより訴訟に持ち出される権利義務関係にはヴァリエーションがあることが意識されなければならない。すなわち、以下の四つの場合である。

A類型：社団構成員全員に総有的に帰属するケース
B類型：社団構成員全員に共有的に帰属するケース
C類型：社団構成員各人に個別的に帰属するケース
D類型：構成員以外の第三者に帰属するケース

このうち、従来の民事訴訟法理論が29条との絡みで念頭に置き考察の対

3）　八田卓也「入会集団を当事者とする訴訟の形態」法時85巻9号（2013）23頁、畑瑞穂「権利能力のない社団による不動産登記手続請求」法教422号（2015）17頁、19頁などによれば、29条の文脈で訴訟担当構成と対比されるのは権利主体構成であり、これと固有適格構成とは異なる意味で用いるべきとする。固有適格を用いるのは、たとえば債権者代位訴訟での債権者の訴訟上の地位を説明する際に用いられるそれ（福永有利・民事訴訟当事者論（有斐閣・2004）156頁：第三者が固有の利益をもって他人の権利義務を訴訟上行使する場合）を表す場合に限定すべきという趣旨である。

4）　坂田宏「当事者能力に関する一考察」法学68巻1号（2004）1頁、山本克己「入会地管理団体の当事者能力・原告適格」法教305号（2006）104頁、下村眞美「法人でない社団の当事者能力」法教363号（2010）10頁など。

象としてきたのは、紛れもなくA類型である。学説判例においてこのことは認識されてはいると思われるが、よりその認識を浸透させるべきであろう。

この関係で、法人格のないマンション管理組合の原告適格を認めた、最判平成23年2月15日（判時2110号40頁。以下、「最判平成23年」と略称する）は区分所有建物の共用部分に関する争いであり、本来はB類型の事案であるから固有適格構成と訴訟担当構成の理論的対立が当事者適格の理論構成に影響するような事案ではなかったこと、また、近時の裁判例である最判平成27年9月18日（民集69巻6号1711頁）は、マンション建物の共用部分について生じる不当利得返還請求につき、集会決議または管理規約により管理組合のみが行使権者として定められているときは各区分所有者は当事者としてかかる請求をなしえないとした例であるが、上記分類に従えば、そこでの事案における権利義務関係もB類型に該当するケースであり、当該権利関係につき法人格のないマンション管理組合が訴え出たとしても、同様に、固有適格構成・訴訟担当構成の対立が効果についての結論を左右するものではないことに注意すべきである[5]。

3　本稿の考察対象

以上を前置きして、本稿では、これまでの29条をめぐる議論の中心であった、争われる権利義務関係が構成員全員に総有的に帰属するケース（A類型）について、そこでの社団の当事者適格についての判断枠組み・判断構造を分析し検討することにしたい。

Ⅱ　固有適格構成と訴訟担当構成

1　理論構成による効果の相違

固有適格・訴訟担当の両構成は、一般論として、請求の立て方、社団構成員の特定表示、社団構成員に対する判決効といった局面において、結論とその説明に相違が生じるといわれている。

5）　この点については、堀野出「法人格のない社団をめぐる権利義務関係と当事者適格の規律」松本博之先生古稀祝賀・民事手続法制の展開と手続原則（弘文堂・2016）109頁以下において、民事訴訟法29条の適用が許される場合はそれにより本案の問題（事件適格）が肯定されるケースに限られないことを指摘している。なお、区分所有法上の当事者適格については、後掲注12）も参照。

⑴　**請求の立て方**　当事者である社団の請求をめぐっては、固有適格構成によれば、社団自身を給付の名宛人とする判決をすることにとくに説明を要しない。社団が被告である場合の相手方の社団に対する請求の立て方も同様である。訴訟担当構成に立てば、社団が原告である場合の受領権者および被告である場合の給付義務者は構成員全員となるのが素直であるように考えられるところ、社団を名宛人にすることが許されるか、が問われることになろう。

⑵　**構成員の特定表示**　社団構成員の特定表示については、訴訟手続にかかるコストの軽減のためにも個々の特定表示を要求することを緩和するのが望ましいであろう。固有適格構成であれば個々の構成員の特定表示が必要ではないことに説明は不要であるが、訴訟担当構成を採る場合には、訴訟物の特定のためにも、権利主体である構成員各人の特定表示が必要となるのが原則となる。それゆえ、訴訟担当構成においてはこれをいかなる理由でどこまで緩和することが許されるか、が問われることになろう。

⑶　**構成員に対する判決の効力**　法人格のない社団が当事者となって受けた判決の効力が社団構成員に及ぶかは、固有適格構成と訴訟担当構成のいずれによるかによって、最も相違する点であるといわれている。固有適格構成においては、拘束力が生じることは論理必然ではなく、拘束力を肯定するのであれば、相応の理論的工夫が必要となる。訴訟担当構成であれば、民事訴訟法115条1項2号が適用され、理論的明確性を伴いつつ、この点を説明しうるといわれる。

しかし、訴訟担当構成にいう訴訟担当は法定訴訟担当の一種とはなろうが、構成員に総有的に帰属する権利が争われているかぎり、当事者能力が肯定される場合に当事者適格（訴訟担当資格）が否定されることは想定し難く、当事者能力はあっても当事者適格が否定される可能性のある通常の法定訴訟担当とは性質や意味合いがやや異なることになる点には注意を要する。つまりは、ここでの訴訟担当とは、115条1項2号に厳密に当てはまるものではないのであり、そうである以上は、いずれの構成をもってしても、構成員が判決効に拘束されることを肯定するのに、例外的な説明を施さなくてはならない点は共通することになる。

⑷　**構成員の個人責任**　判決効拡張を肯定するのであれば、金銭給付訴

訟において被告である社団が敗訴判決を受けて確定した場合でも、その敗訴判決の効力は構成員に及ぶことになろう。しかし、構成員に判決の効力が及んでいても社団固有の財産（＝社団構成員の総有財産）のみが判決によって確定された社団債務の引当てとなるのであり、構成員がその個人財産をもって責任を負うこと（構成員の個人財産も社団債務の引当てとなること）はないのが実体法のルールである[6)]。すなわち、この場合に構成員を拘束する判決効（既判力）とは、社団債務（構成員全員に総有的に帰属する債務）の存在を争えないという内容のものである。ただ、訴訟担当構成を採る場合には、固有適格構成では論理必然ではない、個々の構成員にも判決効が及ぶという効果がストレートに生じると考えられているから、構成員の個人財産が社団債務の引当てになること（個人責任）を肯定しやすくなるかのように、つまりは、訴訟担当構成のほうが構成員に不利に作用するかのようにみえる。たしかに、給付訴訟における通常の被告側の訴訟担当の例であれば、被担当者である給付義務者の個人財産もが引当てになることが想定される余地もあるが[7)]、社団構成員の個人財産と社団の財産（＝社団構成員の総有財産）は区別されるべきである。訴訟担当構成を採り、その結果として判決効が及ぶからといっても個人財産が引当てにならないとの帰結がされるのは、民事訴訟法29条をめぐる訴訟担当構成にいう「訴訟担当」の意味内容が特殊であることによるものであろう[8)9)]。

6） 最判昭和48年10月9日民集27巻9号1129頁。

7） ただし、実際問題として、法人格のない社団の問題を離れた一般論として、被担当者の固有財産の引当てまでが問題となるような金銭給付訴訟における被告側の訴訟担当の例があるとしても、相当に稀ではなかろうか。

8） 高田裕成「民法上の組合の当事者能力」福永有利先生古稀記念・企業紛争と民事手続法理論（商事法務・2005）1頁、28頁以下は、民法上の組合の債務をめぐって、組合に民事訴訟法29条が適用されるとの前提に立ち、かつ29条の意義として訴訟担当構成を採った場合においても、組合員からの授権の内容として、その個人責任について授権がないかぎり、組合員は組合の敗訴判決により確定した組合債務につき個人責任を負うことはないとする。

9） 判決効の文脈で構成員の個人責任に言及がされるのも、民法上の組合が29条の議論の主な対象とされ念頭に置かれてきたというこれまでの背景によるところが大きい。これは本質的には、実体法（民675条等）がどう規律するかの問題であって、判決効拡張の問題とは別問題である。実体法のルールとして構成員の個人責任を肯定している場合はあり、そうした場合には、判決効拡張の規律とは別に、当然ながら社団の債務について構成員個人が責任を負うことになる。これは民法上の組合の債務をめぐっては古くから議論があるところであるが（訴訟・執行手続との関連における詳細は、青木哲「民法上の組合の債務と強制執行（1）」法協121巻4号（2004）436頁以下などを参照）、建物の区分所有者に所有権が共有的に帰属する区分所有建物の共用部分について、区分所有者個人が責任を負うものとされるのも、訴訟法の規律のみでは肯定しがたいが、実体法（区分所有53条）が認めているところである。

2　他の類型との整合性・一貫性

A類型のみでなく、BないしD類型も視野に入れた場合には、訴訟担当構成は、全ての場合を通じて社団の訴訟上の地位を訴訟担当者として統一的に説明しうるという利点がある。とくに、A類型における訴訟担当構成が展開される契機となった最判平成6年5月31日（民集48巻4号1065頁。以下、「最判平成6年」と略称する）での入会地管理団体など、構成員との関係が複雑な社団の訴訟上の位置付け（入会地管理団体の構成員が入会集団と合致するかどうかが定かでない面があること[10)]）に、訴訟担当構成であれば煩わされなくて済む面がある[11)]。

ただし、そうした利点・単純明快さは反面で、A類型とB類型の事案の区別を流動化させ、A類型の特性を顕在化しにくくさせるデメリットにつながり、場合により、B類型の事案をA類型のものと混同させかねない弊害をもたらす。最判平成23年における共用部分についての法人格のないマンション管理組合による訴訟の実態は、固有適格構成か訴訟担当構成かにかかわらず、社団の訴訟上の地位は訴訟担当者以外に考えられないものであるが、このことは、訴訟担当構成から眺めるのみでは看破し難いであろう。

また、固有適格構成に基づいて処理をするのであれば、後述するように、社団が権利者として原告となる給付訴訟では、社団自身を受領権者として扱ってよく、そうすべきと考えられるが、訴訟担当構成では受領権者は社団構成員全員になろうから、社団（代表者）への給付を命じる扱いをすることに

---

10)　本件事案における入会地管理団体の地位（入会集団との同一性）については、分析が一致していないところである。高橋宏志・重点講義民事訴訟法（上）［第2版補訂版］（有斐閣・2013）、山本弘「権利能力なき社団の当事者能力と当事者適格」新堂幸司先生古稀祝賀・民事訴訟法理論の新たな構築（上）（有斐閣・2001）884頁以下、山本（克）・前掲注4）109頁以下参照

11)　なお、建物区分所有法57条ないし60条に基づいた区分所有者の共同の利益に反する行為に対する差止め等の請求を管理組合法人がすることは許されているが（区分所有57条1項、58条1項、59条1項、60条1項）、のみならず法人格のない管理組合がすることも許されてよい（ただし、共同利益相反行為については、法人格のない管理組合には当事者適格を認めるべきでないとする見解もある。東京地方裁判所プラクティス委員会第1小委員会「マンションの管理に関する訴訟をめぐる諸問題（1）」判タ1383号（2013）46頁）。管理組合法人が提訴する場合、その訴訟上の地位については、固有適格による（管理組合に創設的に差止請求権等の権利が帰属するものとする）考え方と、区分所有者に帰属する権利を管理組合が57条以下の定めに基づき法定訴訟担当者として提訴するとみる考え方が対立しているが（稲本洋之助＝鎌野邦樹・コンメンタールマンション区分所有法［第3版］（日本評論社・2015）325頁参照）、管理組合法人が提訴したケースを法定訴訟担当により説明する場合には、法人格のない管理組合の提訴についても、訴訟担当構成による説明が馴染むようにみえるが、固有適格構成によったからといって説明に困難を生じるわけでもない。

説明を要することになる[12]。

さらに、社団構成員以外の第三者の権利義務を社団が訴訟に持ち出すことになるD類型においては、訴訟担当構成には難点が生じる。例えば、社団が債権者代位訴訟の債権者たる地位に就く場合では、訴訟担当構成（法人格のない社団への権利帰属を否定する構成）を貫くのであれば、社団の地位は、債務者の第三債務者に対する債権を行使する第三者であり、かつ代位債権が総有的に帰属する構成員全員に対しても訴訟担当者（第三者）であることが説明の前提になるのであるから、「社団自身が代位債権者であるから」という説明は自己矛盾を孕むことになる。結果として、訴訟担当構成により債権者代位訴訟の社団の地位を説明するには、相当に技巧的かつ晦渋な説明を施す必要が出てくるが、果たしてそのような説明をしてまで訴訟担当構成を貫徹すべきかには疑問ももたれるところである。社団が純然たる訴訟担当者であるD類型においては、固有適格構成による方がスムーズな説明ができよう。

Ⅲ　A 類型該当事案の処理のあり方

1　判例の傾向

A類型に該当する事案をめぐっては、最判昭和 55 年 2 月 8 日（判時 961 号 69 頁。以下、「最判昭和 55 年」と略称する）において、血縁団体が自身の不動産所有権確認を求めた訴えにつき請求棄却判決がなされ、前記最判平成 6 年において、入会地管理団体に構成員全員に総有的に帰属する入会地の所有権確認を求める訴えの原告適格が認められており、これらの例から、判例においては、固有適格構成は採用されていないと一般には説明されている。

しかし、より広く事例を参照すれば、同じく不動産所有権に基づく請求で

---

12)　山本克己「民法上の組合の訴訟上の地位（2）」法教 287 号（2004）78 頁、名津井吉裕「法人でない社団・組合をめぐる訴訟と当事者能力・当事者適格」法時 85 巻 9 号（2013）35 頁、38 頁参照。
なお、区分所有建物の共用部分について生じた損害賠償金および不当利得返還金、損害保険契約に基づく保険金は区分所有者に分割して帰属するところ、その請求および受領については、区分所有法平成 14 年改正により、管理者（区分所有 26 条 2 項）、管理組合法人（同 47 条 6 項）に権限が認められるに至っている。これは、B類型でありながらも、受領権者を訴訟担当者自身にする立法措置が採られているというにすぎず、これらの請求や受領が法人格のない管理組合によりされたときにも、社団自身の名でなされることになりはするが、必ずしも固有適格構成が妥当しているがゆえにそのような扱いになるわけではない。

あっても明渡請求や妨害排除請求などは、訴訟上は社団を権利義務の帰属主体と同様に扱って差し支えなく、実際にそのようになされた例も少なくない（賃貸借契約に基づくものであるが、地域団体による建物明渡請求につき社団を名宛人とした請求認容判決がされた例として、最判昭和 42 年 10 月 19 日民集 21 巻 8 号 2078 頁など参照）[13]。また、最判平成 22 年 6 月 29 日（民集 64 巻 4 号 1235 頁。以下、「最判平成 22 年」と略称する）は、社団が債務者でありその所有にかかる不動産が社団債権者により差し押さえられたケースにつき、社団を債務者とする債務名義と、これへの当該不動産が社団構成員全員の総有に属することを確認する旨の債権者と当該社団および登記名義人間の確定判決（その他これに準ずる文書）の添付が、申立てに際し必要でありそれで足りる旨を判示しているが（仮差押えの場合につき、最決平成 23 年 2 月 9 日民集 65 巻 2 号 665 頁）[14]、「社団の財産＝構成員の総有財産」の枠組みで差押えが許されているし、また、債務名義が確定判決である場合を想定すれば、社団を債務者とする債務名義とは固有適格構成により形成されるものであろう。さらに、マンション管理組合に関する最判平成 23 年も、そこでの請求の処理が妥当であったかはともかくとして、社団自身を名宛人とした給付請求を否定してはおらず、これらの例では固有適格構成の扱いが維持されているとの評価が可能である。

2　検　　討

以上のことからすれば、A 類型をめぐる判例には、固有適格構成と訴訟担当構成のいずれともみうる二面性があることが指摘できよう。それに比して、B 類型（およびC、D 類型）においてはこのような二面性は想定し得ないことからすれば、B 類型との区別・対比により当事者適格の規律に際しての A 類型の特質もはっきりしてくるものと考えられる。すなわち、A 類型に

---

13)　高橋宏志・民事訴訟法概論（有斐閣・2016）9 頁参照。

14)　ただし、登記名義人が執行債務者と扱われないまま強制執行を受忍すべき地位に置かれる点には注意が必要であるとの指摘がされている。この根拠について、青木哲「不動産執行における執行債務者と所有者の関係について」民訴 58 号（2012）147 頁、同「権利能力のない社団における構成員の総有不動産に対する金銭執行の方法」金法 1918 号（2011）75 頁参照。また、山本弘「法人格なき社団をめぐる民事手続法上の諸問題（2）」法教 375 号（2011）141 頁、151 頁は、社団債権者と社団の間でも構成員の総有に属することを確認する判決が必要とされる理由について、この所有関係を執行債権者である社団債権者と社団との間で確定しても、買受人に対して事後的に登記名義人の所有権の主張を封じる効果はないことからすれば、説明が足りない旨を指摘する。

いう構成員の総有とは、権利能力のない社団に権利が帰属し得ないことの裏返しとしての意義を有する面があり、「構成員全員の総有＝社団の所有」と扱ってよい場合である[15]。このうち、社団への所有権の帰属の側面は固有適格構成と整合し、構成員全員への総有的帰属の側面は訴訟担当構成と整合するが、両者の相違は、同じ権利義務関係を社団側・構成員側のいずれからみるかの説明の相違と評することができ、理論的に相反するものではないという視座の設定が可能であろう。換言すれば、両構成の技術的対立は二律背反的な対立ではないといえるのであり、29 条適用の結果についても、いずれか一方の構成を形式的かつ厳格に維持することにより他方の利点長所を損なうような議論をすることは望ましくなく、むしろ、いずれの構成によっても同じ結論を説明できる方向で収斂していく理論的対立であるといえ、将来的にはそのような方向で解消されていく対立であろう。それゆえ、以下での本稿の論旨は、いずれの構成が妥当であるかに力点を置くものではなく、いずれによっても同じ帰結を説明しうることを論証するものとなる。

固有適格か訴訟担当かの構成により相違が出てくるとされる、社団を名宛人とする請求の扱い、構成員の特定表示の要否およびその緩和、構成員に対する判決効の拡張、といった点の規律においても、最終的な結論は相違しにくいものと考えられる[16]。以下では、かかる視座から具体的な検討を行いたい。

⑴　**請求の立て方**　こうした視座でみれば、訴訟担当構成の最も大きな功績の一つは、A 類型に該当する場合でも、社団が訴訟において特定の権利関係を自身のものとしてしか主張できないわけではなく、構成員全員の権利関係として主張することが許されることを明らかにした点にあると考えられる。そして、この点が明らかにされた現在の民事訴訟法理論においては、社団が自身のものとして特定の権利関係を主張している場合でも、それは社

---

15)　ただし、山本弘・前掲注 10) 874 頁以下は、A 類型に該当するケースの社団であっても、そのなかにはさらに性格の異なる二類型が存在することを指摘している。入会団体でいえば、その財産の処分は構成員の総意に基づかなければならない古典的な入会団体と、その解体過程において登場するような構成員の契約ないし合同行為によって成り立った入会地管理団体であり、この両者では、構成員の「総有」の意義とそれに関係する社団の意思形成の扱いにおいて差異があるとされる。
16)　畑・前掲注 3) 17 頁、19 頁は、いずれと構成したところで、本来は構成員の総有に属するはずの権利義務につき社団（代表者）が訴訟追行する実質に変わりなく、理論構成の違いに意味をもたせる必要はない、と考える方向も検討されてよい旨を指摘する。

団構成員全員に総有される権利関係の主張の趣旨を含むもの[17)]と広く扱ってよいし、そう扱うべきであろうから、この種の訴えにおいてとくに問題となる、不動産所有権の確認を求める訴えにおける請求の立て方として、法人格のない社団が争われる権利関係を自己のものとして主張している場合であっても、その主張を失当とすべきではない。不動産所有権確認訴訟において、権利能力がない社団を名宛人とすることに消極的になるのは、権利能力のない社団に権利が帰属する旨を宣言しなくてはならないこと、さらには、かかる権利の帰属を宣言したとしてもそれを示す公示方法が伴わないこと等にあると推察されるが、そうした理由により看過しがたいのであれば、社団自身に所有権が帰属する旨の請求を構成員全員に総有的に帰属する旨の請求として読み替えて判決をすることが許されてよいと考えられる[18)]。このような扱いを肯定する際の障壁となるのが前記最判昭和55年であるが、当該判決のもつ先例としての意義は再検討の必要があるように考えられる。当該判決の事案は、社団の所有と構成員の総有を同義と扱うことができることを前提とすると、構成員への総有的帰属を認める判決をすることができた例であるが、当該判決では、社団の主張内容によれば構成員の総有を主張している趣旨は認められない（そのためには構成員の範囲の特定が要るがそれさえなされていない）との理由により請求棄却がされている[19)]。かかる扱いは構成員の範囲さえ特定されていなかった当該事案自体の事情に照らしてはじめて、その処理としてはやむを得ないといえるものの、類似事案に対するそのリーディングケースとしての意義は、その後の判決群に照らしてみても、相応に減殺されてよいように思われる。

以上に対し、金銭給付訴訟や明渡請求訴訟では、構成員の権利関係は法形

---

17)　青木哲「給付訴訟における権利能力のない社団の当事者適格と本案の問題について」伊藤眞先生古稀祝賀・民事手続の現代的使命（有斐閣・2015）3頁、25頁参照。また、高橋・前掲注13）9頁も参照。

18)　社団を名宛人とした請求を維持している場合には、裁判所による補正命令の対象とし、それによる是正の機会を与えてよいであろう。

19)　判決理由では、傍論として、「社団が、門中構成員の受託者としての地位に基づき本件土地が構成員の総有であることの確認を求めることはできるが、社団の請求はかかる趣旨を含まないし、またかかる趣旨を含むとすれば構成員の範囲を特定すべきであるが、本件ではその特定を欠いており、請求は失当である」と述べられており、個々の構成員の特定表示のみでなく、構成員の範囲さえ特定されていないことが構成員を名宛人とする判決ができなかった理由とされているようにも読めるところである。

式的には隠してよく、給付先は（構成員全員と同じ意味での）社団自身で足り、給付訴訟においてはかかる扱いにもとづく判決（社団への給付を命じる判決がされること）が許されてよい。訴訟担当構成を貫いて給付先を構成員全員としたところで、代表者が受領権限を有するのが通常であろうし、この扱いは社団への給付の場合と同様であることからすれば、構成員全員に対して給付を命じるメリットは少ないことも理由となろう[20]。

⑵　構成員の特定表示　請求および判決における構成員の特定表示は、いずれの構成によっても緩和されて差し支えない。社団を名宛人とする請求・判決を許す固有適格構成ではこの点を説明する必要はないが、訴訟担当構成によってもこれが果たされるのは、代理ほど本人（被担当者）の顕名が要求されないことのほか、実際上の煩雑さを回避する以上の理由はなく、されども、多数人が訴訟の主体となりうる場合にはこのような回避の利益は法的保護に値するものと思われる[21]。

ただし、全く特定が要らなくなるというわけではなく、訴状や判決書において逐一氏名等の特定表示をすることが緩和されるというに過ぎず、固有適格構成においても、後述する判決効を構成員に及ぼすことを肯定するのであれば、後発紛争が生じた際に拘束力が生じているかの判定に必要な程度の特定は必要となる。そうした特定の方法が問題となるが、少なくとも構成員名簿により特定が可能な状態であることは必要となろう[22]。

⑶　判決効の規律　前述のとおり、いずれの構成によるべきかをめぐって最も問題となるのは、社団が当事者となった訴訟の判決効に構成員も拘束されるか、されると考える場合にそれをどのように説明するかという点である。社団の提訴の後、社団構成員全員が同一の権利関係について提訴に至ることは実際は考えにくいにせよ、理論的には対応しておかなければならない

---

20)　前述のとおり、裁判例における扱いとも合致するところである。そのように解しないかぎり、法人格のないマンション管理組合が自身への給付を求めた最判平成23年の事案においても、共用部分に関わる金銭給付請求権の性質・帰属主体を論じる以前に、主張自体失当としなければ首尾一貫しないのではないかと考えられる。

21)　登記実務において、煩雑さの回避のため構成員全員が登記名義人とならなくてもよい扱いがされているのとある意味で共通する。

なお、純然たる訴訟担当の場合における被担当者の特定表示の緩和の必要性と根拠については、山本克己「信認関係として見た法定訴訟担当」法学論叢154巻4＝5＝6号（2004）257頁以下参照。

22)　名津井吉裕「法人でない社団の受けた判決の効力」前掲注5）松本博之先生古稀祝賀591頁。

問題である。兼子理論のように、このような場合にはその訴訟限りで構成員の権利帰属主体性を否定するのであれば問題は生じないが[23]、かかる扱いに消極的になるのであれば、社団と構成員全員とを訴訟上は別主体として認めることになるから、社団による訴訟とは別に起こされうる構成員全員による訴訟の規律の必要が生じる[24]。あるいは、仮にその訴訟限りで構成員の権利帰属主体性を否定したとしても、各構成員が使用収益権の確認や所有権に基づく妨害排除等を求める訴えを個別に提起し、その前提問題として構成員の総有権の主張がされる可能性は現実論としても消し去ることはできず、これを封じておく必要があること[25]は避けて通れない課題である。

この問題をめぐっても、社団により社団の権利として主張がされたときは、社団の立てる請求の趣旨（およびそれに含意されている趣旨）としては社団構成員への総有的帰属の主張を含むものと扱うべきであるから、社団を名宛人とする判決においては表面には出ないにせよ、社団構成員の総有関係の存否も既判力を伴って判断されるものとする扱いが許されてよい。つまりは、構成員全員に総有的に帰属するのと同一の権利関係が社団により主張されそれについて判断されるという構造を伴うことになるから、社団が原告となる訴訟の請求棄却判決の確定により、そこで訴訟物となった権利関係につき、構成員はその総有に帰するものではないとの主張を封じられるし、また、社団のものとして主張された権利関係とは別のものとして、構成員が総有するものであるとの主張も封じられることになる、と扱うことが可能であろう[26]。

固有適格構成に基づく場合には、以上の帰結につき理論的根拠の提示が必要となるが[27]、厳密には、民事訴訟法115条1項1号（の特殊な場合）ということになろう。この一方で、訴訟担当構成による場合でも、前述したとおり、ここでの社団の訴訟担当が、当事者能力が認められる限りにおいて、（代表者の権限が不足すると判断されることはあっても）当事者適格が否定されることはな

23）　かかる兼子理論の枠組みについては、高田・前掲注8）17頁、名津井・前掲注12）41頁を参照。

24）　ただし、松本博之＝上野泰男・民事訴訟法〔第8版〕（弘文堂・2015）252頁〔松本〕は、社団構成員に判決効が及ばないことは当然であり、やむを得ないとする。

25）　山本弘・前掲注14）143頁参照。

26）　以上のことは、社団側の請求が認容されたケースであるが、最判平成26年2月27日民集68巻2号192頁が、社団の受けた判決の効力が構成員に及ぶとする判示内容とも調和する。

27）　固有適格構成による場合には、信義則や反射効（名津井・前掲注12）41頁）が生じるとして、個々の構成員に対し総有財産でないとする主張を封じうるとの指摘もされている。

いという点において、115条1項2号にいう通常の訴訟担当に精密に当てはまる事案ではなく、その特殊な場合であることに照らせば、いずれにせよ、どこかに特殊性を織り込んだ説明を施さなければならないことに変わりはない[28)]。換言すれば、訴訟担当構成を採用したからといって、従来の民事訴訟法理論体系に納まりやすいというわけでもない。

訴訟担当構成の枠組みのみで考えた場合には、例えば、社団構成員全員による総有権の確認が求められた訴訟で棄却判決が確定した後に、社団が同一不動産につき自身の所有権確認を求める訴訟を提起した場合に、社団名での請求が維持されているときには、主張自体失当であるとして請求棄却することになり、この帰結は判例（前記最判昭和55年）にも整合的である。しかし、法人格のない社団の社会活動、取引活動を広く法的にも容認しておきながら、社団が自己の名で自己に財産権の帰属することの確認を求めたときに、請求棄却という結論は同じであるにせよ、それ自体が法的に失当（およそ帰属しえない）という理由によるよりは、社団により持ち出されている権利関係がすでに構成員全員による訴訟で決着済み・判断済みのものとして既判力により棄却することが素直ではないかと考えられる。社団構成員全員による総有権確認請求が棄却され確定した後に、社団が同一不動産につき自身の所有権確認を求めたときは、そこでの請求に構成員の総有的帰属を求める趣旨が含まれているがゆえに、既判力により請求棄却となると考えるべきであろう。また、前記最判昭和55年の位置付けとしては、前述のとおり、当該判決において社団の請求の趣旨が構成員全員への帰属を含む趣旨であるかどうかが検討されたうえで、構成員の範囲の特定さえ十分にされていないがゆえにそのような趣旨とは解せないとして請求棄却がされている点[29)]に、学説理論としてもより注意を向けるべきであろう。

なお、以上の問題に民事訴訟法115条1項1号により対応することは、実

---

28)　なお、構成員への判決効拡張に関し、勅使川原和彦「他人に帰属する請求権を訴訟上行使する『固有』の原告適格についての覚書」前掲注17）伊藤眞先生古稀祝賀417頁、435頁は、115条1項2号のみならず、請求の目的物の所持者（民訴115条1項4号）として構成員を把握しうる余地を示唆する。もちろん、このように解することには、社団を被告とする金銭給付訴訟の債務名義により構成員全員に属する財産を社団財産として差し押さえることを許容した、最判平成22年（および前記最決平成23年2月9日）との整合性が課題となろう。

29)　前掲注19）参照。当該事案での判決としては、権利主体（訴訟物）につき特定不十分として却下するのが妥当であったといえようか。

質的当事者概念を観念することにつながる余地がある。私見としては、この点は肯定されてもよいと考えているが、ただ、形式的当事者概念を貫いても、社団を名宛人とする請求の趣旨として、構成員全員に帰属する権利関係の確認や構成員全員への給付を求める趣旨を含んだものとみうるのであるから、以上の帰結を導くに際し形式的当事者概念を変容する必要まではないであろう。

(4)　**構成員の個人責任**　金銭給付訴訟で社団が被告に据えられ請求認容の確定判決が出された場合については、いずれの構成を採ったところで、構成員に判決効は及ぶものの、その意義は社団債務を争えないというにとどまり、その訴訟で確定された社団債務の引当てとなるのは構成員の総有財産のみである（構成員の個人財産が引当てにされるかという問題は、前述のとおり、判決効拡張とは別問題である）。

Ⅳ　不動産登記手続を求める訴えにおける扱い

法人格のない社団がその実質的所有にかかる不動産の登記手続を求める訴訟を提起する場合においては、訴訟物は、構成員全員に総有的に帰属する登記手続請求権であるが、こうした事例には、訴訟上は社団自身に同請求権が帰属するのと同じ適格を社団が有するものとして対応してよい。ただ、そう考えるにしても、社団のものと扱われる登記手続請求権は、不動産登記法が社団名義での登記を許しておらず、社団名義への登記手続請求はなしえないがゆえに、社団が社団自身に代わる代表者名義への登記手続請求をなしうるものと構成することになる。そして、本稿の枠組みからは、社団のものとしての登記手続請求権の主張には、構成員全員に総有的に帰属する登記手続請求権が主張されている趣旨が含まれているものと扱いうるところ、構成員全員が訴訟当事者となることおよび構成員全員の名義での登記は、民事訴訟法および不動産登記法は禁止してはいないものの、実際上は困難であるがゆえに、社団（または代表者）が原告となり構成員全員への名義に代わる代表者名義への登記手続請求をなしうることとなる。

この分野における先例である、最判昭和47年6月2日（民集26巻5号957頁）は、社団構成員全員に帰属する登記手続請求権が社団の代表者により行使されることが許された例[30]（また、前記最判平成6年は、入会地管理団体の構成員全員に帰属する登記手続請求権の行使の権限を付与された（代表者以外の）構成員に訴訟上の権利行使を許した例）であり、最判平成26年2月27日（民集68巻2号192頁。以下、「最判平成26年」と略称する）は、構成員に総有的に帰属する不動産の所有権登記を代表者名義にするための移転登記手続請求について社団が原告となることを認めた例であるが、これらの帰結は、上記の枠組みに納まるものであり、固有適格構成（社団への帰属）、訴訟担当構成（構成員全員への帰属）のいずれかを排除するものではない。

なお、固有適格構成（権利主体構成）に立つ兼子理論は、法人格のない社団は「……法人でない以上登記能力はないから、登記請求などはできない」ことを帰結しており[31]、登記手続請求権については社団の固有適格を肯定しがたい旨を指摘するが、これは当時の29条（旧46条）をめぐる議論の対象が本稿にいうA類型に限られていたこと、それゆえ、社団自身を名宛人とする請求および判決が可能か否かの枠組みのみで社団を当事者とする訴えの適否が結論付けられていたことに起因するものであり、そうした点に照らせば、最判平成26年の帰結が固有適格構成（兼子理論）と整合しえないわけではないとの指摘が可能である。

V まとめ

最後に以上述べたところを、判例にあらわれた具体的事案にそってまとめることにする。

1 金銭給付請求訴訟、不動産明渡請求訴訟等の給付訴訟

これらの給付訴訟においては、社団を名宛人とした直接給付を判決において認めて差し支えない。前記最判昭和42年10月19日等はこの限りで問題はないと考えられる。固有適格構成に則れば必然的な処理であり、この帰結

30） この判決において登記請求権が構成員全員から代表者へ信託的に譲渡されたとする構成はあくまで理論構成上の擬制であることについては、名津井吉裕「不動産登記請求訴訟における権利能力なき社団の当事者適格」法教409号（2014）60頁以下を参照。

31） 兼子・前掲注2）111頁。

は訴訟担当構成によっても説明できなくはないが、訴訟担当構成によった説明をする必要性は乏しく、とくに扱いを修正する必要はないと考えられる。

2　不動産所有権の確認請求訴訟

本稿でたびたび言及してきた、前記最判昭和55年2月8日は、社団自身への所有権の帰属が主張され、社団自身の所有権の確認が求められた事案において、主張自体失当として請求棄却された事例であるが、本稿の立場からは、このような理由付けによる棄却は首肯しえないことになる。当該判決の位置付けとしては、前述のとおり、構成員全員の総有権確認請求の趣旨が含まれているか否かを検討している判決理由の傍論部分（構成員全員への所有権の帰属の確認が求められているとみるには構成員の範囲の特定が十分ではないとされている部分）の意義を再評価すべきであり、そこに留意することなく、事案の事情から離れて一人歩きしている感がある結論部分については、そのリーディングケースとしての意義を減殺すべきである。

前記最判平成6年5月31日は、社団構成員への所有権の帰属が主張され、構成員全員の所有権確認が求められた事案において[32]、入会地管理団体の原告適格が認められて請求が認容された事例であり、この限りで問題はない[33]。なお、当該判決の結果とは逆に、社団により構成員全員の総有権の確認が求められた訴訟で棄却判決が確定した後に、社団が同一不動産につき自身の所

32)　なお、最判平成6年は、所有権（総有権）確認を求める訴訟での代表者の権限について、「当該入会団体の規約等において当該不動産を処分するのに必要とされる総会の決議等の手続による授権を要するものとするのが相当である」としており、この点が一般論として妥当するかは学説理論上さかんに言及され、検討されている。社団の訴訟追行は実際には代表者が行うのであるから、基本的に、訴訟物との関係で代表者には相応の権限が授権されていなければならないことになろう。ただし、一般的に社団が主体的になすことが想定されている取引については、あらかじめ代表者への権限の授与はなされているであろうから、イレギュラーな場合にのみあらためて授権が要るという扱いでよいと思われる。任意的訴訟担当において、訴訟追行の授権の存否の判断が実体関係に対する評価のなかでなされているのと同様の現象であると評してよいであろう。事案がA類型に該当するものであるかぎりにおいて、当事者能力と当事者適格とは不離な関係にあるものと扱われるから、そこでは社団の権限に制約を課しにくいというリスクが付随するところ、これに対するセーフガードとしての意義を有するものといえよう。それゆえ、最判平成6年以降の例で、この点にとりたてて言及されていなくとも、そのことが同判決の判示内容との調整の要否や整合性といった問題自体を惹起するものでもないであろう。

33)　ただし、当該事案における社団のその構成員や入会集団に対する関係が特殊であることは前述したが（前掲注10）参照）、ここでの入会地管理団体の構成員が入会集団と一致しない社団である場合には、29条をめぐる議論にどういったスタンスを採るかにかかわらず、入会団体は訴訟担当者とならざるをえないことになろう。

有権確認を求めた場合には、（主張自体失当であるからではなく）そこでの請求に構成員の総有的帰属を求める趣旨が含まれているがゆえに、既判力により請求棄却となると考えられる。

前記最判平成22年6月29日、前記最決平成23年2月9日は、社団を債務者とする債務名義にもとづき、構成員全員に帰属する不動産の差押え・仮差押えが申し立てられた事案において、かかる差押え・仮差押えが許された事例であるが、社団の債務を構成員全員の負う債務と同義とみたうえ、社団財産と構成員全員の総有財産とを同義とみなければなしえない扱いがされており、本稿の立場からは是認されるべきことになる。

3　登記手続請求訴訟

前記最判平成26年2月27日は、構成員の総有に属する不動産の所有権登記を代表者名義にするための登記手続請求について、社団が原告となり原告適格が認められた事例である。社団に当事者適格が認められるとする判示は正当であるが、この帰結は、移転登記手続請求について構成員全員への帰属を社団への帰属と同義とみうることを前提とすれば、固有適格構成と訴訟担当構成のいずれによっても説明しうるのであり、いずれかの構成を排斥するものではない。かかる理論的対立の意義を高めるような判決というわけでもないであろう。

通常共同訴訟の目的と共同訴訟人独立の原則の意義

日渡紀夫

Ⅰ はじめに

1 争いの構図

通常共同訴訟の審理において、共同訴訟人間で、証拠の共通が認められるのか、更に、主張の共通も認められるのか、という争いがある。

まず、この争いは、共同訴訟人独立の原則（以下、「独立の原則」と略する。）の修正を認めるのか、どの程度の修正を認めるのか、とも言い換えられる。

この「独立の原則」の由来は以下の通りである。各共同訴訟人は、実体法において独立に権利を処分する権能を有しているので、訴訟法においても独立に訴訟追行する権能を有している、との由来である[1)]。したがって、証拠の共通[2)]や主張の共通[3)]を認めることは、「独立の原則」の修正という形で論じられている。

次に、この争いは、通常共同訴訟を、単独訴訟に近づけるのか、それとも、

1） 中野貞一郎＝松浦馨＝鈴木正裕編・新民事訴訟法講義［第2版］（有斐閣・2008）508頁〔井上治典〕。共同訴訟人各自に独立の訴訟手続を保障する、との表現は、高橋宏志・重点講義民事訴訟法（下）［第2版補訂版］（有斐閣・2014）370頁。

2）「証拠共通の原則」の語が用いられている（例えば、三宅省三＝塩崎勤＝小林秀之編・注解民事訴訟法（Ⅰ）（青林書院・2002）373頁〔徳田和幸〕）けれども、本稿は「証拠の共通」を用いる。

3）「主張共通の原則」の語が用いられることもある（例えば、三宅＝塩崎＝小林編・前掲注2）375頁）けれども、本稿は「主張の共通」を用いる。

必要的共同訴訟に近づけるのか、とも言い換えられよう。

共同訴訟を例外視する立場[4]であれば、通常共同訴訟は個別訴訟の束であり[5]、単独訴訟に近づけることになる[6]。それに対して、共同訴訟に期待する立場であれば、通常共同訴訟でも統一的な紛争の解決を期待して、必要的共同訴訟に近づけることになる。

2　二つの疑問

しかしながら、以上の争いをみると、以下の疑問が生ずる。

まず、修正の結果、影響を受ける「訴訟行為」（民訴39条。以下、39条とする。）が、証拠や主張の提出行為（資料提出行為[7]）になぜ限定されているのであろうか、という疑問である[8]。

一つは、この限定が、通常共同訴訟の審理の内容を、規定することになるからである。審理の内容については、「手続が一つである[9]」とか「同時審判」という表現が、用いられている。外形[10]（時間・場所・主宰者）が一つ（同じ）である、という意味であることは異論がないけれども、内実の意味は不明確である。

もう一つは、この限定が、問題の所在を、変更することになるからである。問題の所在は、行為から資料に、共同訴訟人から裁判所に、移っているようにみえる。けれども、裁判所にとっての通常共同訴訟の意義は、不明確である。

次に、通常共同訴訟は、単独訴訟か必要的共同訴訟のいずれかに近づけな

4）　河野正憲・民事訴訟法（有斐閣・2009）693頁。
5）　高橋・前掲注1）371頁によれば、伝統的理解である。
6）　井関浩「共同訴訟人間の証拠共通の原則」鈴木忠一＝三ケ月章・実務民事訴訟法講座第1巻（日本評論社・1962）263頁は、元来別訴で解決して差し支えない事件が、たまたま同一手続で審判されるにすぎないのであるから、ここでは、共同訴訟人独立の原則が支配することは、むしろ当然ともいえる、とする。
7）　以下では、「訴訟行為」を、訴訟処分行為と資料提出行為に分けて論じる。伊藤眞・民事訴訟法［第4版］（有斐閣・2011）610頁は、訴訟係属にかかわる訴訟行為と、訴訟資料にかかわる訴訟行為に、分けており、参考になる。本稿は、前者を訴訟処分行為と、後者を資料提出行為と、呼ぶことにしたい。証拠の提出や主張の提出は、後者の資料提出行為に含まれる。
8）　例えば、三宅＝塩崎＝小林編・前掲注2）372頁〔徳田〕。しかし、修正の内容として、証拠の共通、主張の共通、以外に、進行事項、処分行為、自白、も考えられうるはずである。
9）　例えば、中野＝松浦＝鈴木編・前掲注1）517頁〔井上〕。
10）　例えば、*Wieczorek/Schütze,* ZivilprozeBordnung und Nebengesetze, 3. Aufl., 1994, §61 Rd. 1.; *Grunsky,* Zivilprozessrecht, 13. Aufl., 2008, §8 Rr. 123、にみられる表現である。

ければならないのか、という疑問である。

共同訴訟であるから、単独訴訟とは異なるし、合一確定の必要がないから、必要的共同訴訟とも異なる。

一方で、確かに、法が「独立の原則」[11]を規定しており、通常共同訴訟人も、単独訴訟の当事者と同様に、独立に訴訟を追行する権能を有している。しかし、その訴訟を追行する手続が一つであることは、軽視してはならない。時間・場所・主宰者が同じであることを無視して、単独訴訟と同じである、あるいは、個別訴訟の束にすぎない、とはいえないであろう。

他方で、確かに、通常共同訴訟も、必要的共同訴訟も、共同訴訟であり[12]、提起された後に振り分けられるにすぎないともいえる。しかし、必要的共同訴訟には、合一確定という目的（要請）があり[13]、裁判資料[14]と訴訟進行の統一を手段とする[15]。また、この統一という目的のために、共同訴訟人の訴訟行為や共同訴訟人に対する訴訟行為や進行事項についての共通を、手段とする。それに対して、通常共同訴訟は、合一確定という目的がないから、裁判資料と訴訟進行の統一を、必要としない。そのため、訴訟行為や進行についての共通も、存在しない。

以上の疑問に、本稿は、答えることを試みたい。

そこで、以下の順に論を進める。従来の議論を整理する（Ⅱ）。その結果を踏まえて、従来の議論から、手がかりを探る（Ⅲ）。その手がかりを頼りに、以上の疑問について考察を試みる（Ⅳ）。

Ⅱ　学説の整理

1　概　　観

疑問に対する回答への手がかりを求めて、「独立の原則」の修正に関する

11）　用語として、共同訴訟人独立の原則は、必要的共同訴訟の特則に対するものであるから、本来は「本則」とすべきであると考えるが、通例に従い「原則」とする。

12）　例えば、高橋・前掲注1）315頁。同時審判申出訴訟を含めて、3種類とするのは、三宅＝塩崎＝小林編・前掲注2）357頁〔徳田〕。

13）　松本博之＝上野泰男・民事訴訟法［第8版］（弘文堂・2015）743頁〔上野〕。「要請」の語は、例えば、三宅＝塩崎＝小林編・前掲注2）357頁〔徳田〕。

14）「訴訟資料」の表現もある（例えば、三宅＝塩崎＝小林編・前掲注2）357頁〔徳田〕）が、証拠資料も含んだ「裁判資料」の語を用いる（高橋・前掲注1）324頁注9）参照）。

15）　例えば、三宅＝塩崎＝小林編・前掲注2）357頁〔徳田〕。

立場について概観する。

(1)　区分　「独立の原則」の修正に関する、現在主張されている立場は、以下のように区分される。

まず、修正を許すか、許さないか、によって区別される。前者は、「独立の原則」を貫徹すれば、判断の矛盾回避という共同訴訟の利点を活用できない[16)]ことを危惧して、修正を許すのである。

次いで、前者は更に、どの程度の修正まで許すのか、によって区別される。修正の程度は、判断の矛盾回避という利点の活用に、十分であるか、によって決められる。

その結果、以下の三つの立場に、区別される。

第1は、「独立の原則」の修正を認めない立場である（下記2）。

この立場は、「独立の原則」を貫徹し、その理由を、ある訴訟において証拠や主張を提出しても、別の訴訟においても提出があったと認められないのと同様である[17)]、と述べる。したがって、裁判所が、ある共同訴訟人が提出した証拠や主張を、他の共同訴訟人の訴訟において裁判資料とするためには、他の共同訴訟人の援用を必要とする立場である[18)]。

第2は、「証拠の共通」を認める、という修正を許す立場である[19)]（下記3）。「証拠の共通」とは、ある共同訴訟人が申し出た証拠を、他の共同訴訟人や相手方による証拠の申出（援用）がなくても、その者の主張する事実の認定について共通の資料とすることができる、というものである。

第3は、「主張の共通」も認める、という修正を許す立場である（下記4）。「主張の共通」とは、ある共同訴訟人がした主張を、他の共同訴訟人や相手方による主張（援用）がなくても、共通の訴訟資料とすることができる、

---

16)　三宅＝塩崎＝小林編・前掲注2）356頁〔徳田〕は、他に、時間・労力・費用の節約ができることも挙げる。賀集唱＝松本博之＝加藤新太郎編・基本法コンメンタール民事訴訟法1［第3版］（日本評論社・2008）107頁〔福永有利〕は、更に、多数の関連事件の統一的解決を図ることができることも、挙げる。高橋・前掲注1）371頁は、判決の統一的な内容、効率的な審理、を「利点」に挙げる。新堂幸司・新民事訴訟法［第5版］（弘文堂・2011）732頁は、種々の「利点」を挙げる。また、「メリット」として、高橋・前掲注1）314頁は、関連する紛争を同時に一挙に統一的に解決できることを挙げる。

17)　三宅＝塩崎＝小林編・前掲注2）372頁〔徳田〕は、統一的審判は事実上期待されるにとどまる、とする。

18)　これに対して、井関・前掲注6）265頁は、証拠共通を認めても、援用を不要としない、とする。

19)　証拠の共通を認めるとはいいながら、他の共同訴訟人の援用を要するという見解は、本稿では、認めない立場として、分類する。

というものである。

(2)　視点　以下では、三つの立場の整理を、修正の許容性について、次の視点で、試みることとしたい。

第1点は、理由づけである[20]。

第2点は、39条の解釈である。「独立の原則」は39条において明言されているため、条文との整合性が、とりわけ修正する立場にとって、求められる。

第3点は、批判への対応である。証拠の共通や主張の共通について、認めないとしても、どのような対案を用意しているのか、あるいは、認めるとしても、どのような制約があるのか、が問題となる。

2　証拠の共通も認めない立場

(1)　理由づけ　39条、そこに示された「独立の原則」、遡ると、通常共同訴訟の消極的評価[21]、更には、実体法・実体権の秩序[22]、が修正を許容しない根拠となる。

(2)　39条の解釈　39条の「訴訟行為」を、一切の訴訟行為と解することになる。したがって、証拠の提出も、他の共同訴訟人に影響を及ぼさない。

(3)　批判への対応　共通を認めないため、裁判所は、他の共同訴訟人の援用を、待たなければならない。しかし、援用しやすくするために、釈明権の行使をすべきである、という提案がある[23]。そして、前提とする申立てや主張といった訴訟行為の解釈によって、援用あり、と訴訟行為全体から解釈しよう[24]、すなわち黙示の援用を認めよう、という提案もある[25]。また、釈

---

20)　理由づけにはいろいろあるが、第2点は独立して扱う。なお、利害関係も理由づけの一つであるが、いずれの立場からも、各利害関係人（提出する共同訴訟人、他の共同訴訟人、相手方、裁判所）の誰かの意思にそうとか、誰も不利益を受けない、といえそうである。三宅＝塩崎＝小林編・前掲注2）373頁〔徳田〕、中野＝松浦＝鈴木編・前掲注1）517頁〔井上〕、新堂幸司「共同訴訟人の孤立化に対する反省」訴訟物と争点効（下）（有斐閣・1991〔初出1971〕）55頁以下、71頁参照。

21)　例えば、河野・前掲注4）693頁。

22)　弁論主義や当事者意思を挙げるのは、熱田雅夫「複数当事者における訴訟資料・証拠資料の利用と当事者意思」島大法学57巻2号（2014）6頁。

23)　伊藤・前掲注7）575頁。菊井維大＝村松俊夫・コンメンタール民事訴訟法Ⅰ［補訂版］（日本評論社・1993）369頁は、他の共同訴訟人が欠席した場合、ある共同訴訟人に、釈明権を行使して、補助参加の申立てをさせたうえで、援用させるのが妥当である、とする。

24)　伊藤・前掲注7）575頁。

25)　客観的事情を要求するのは、熱田・前掲注22）8頁。

明権が行使できない場合、つまり、共同訴訟人の一部が欠席している場合には、欠席している共同訴訟人の訴訟に補助参加の申出をすればよい、と反論している。更に、その申立てについても、攻撃防御方法を提出した共同訴訟人に、補助参加をする意思がないか、を確かめるべきであるとの見解もある[26)]。ひいては、弁論の全趣旨によって、証拠の共通を認めなくても、同じ結果が得られる、との見解もありえよう[27)]。

3　証拠の共通は認める立場

(1)　**理由づけ**　　主な二つを挙げる[28)]。自由心証主義（①）と、152条2項の法理あるいは手続保障（②）である[29)]。

①　自由心証主義を根拠とする[30)]。歴史的に一つしかない事実については、その認定判断も一つしかありえない、ということを前提にする[31)]。にもかかわらず、証拠の共通を認めず、それぞれの証拠資料に基づいて異なる認定判断をすることになれば、裁判官にその確信に反する認定判断を強いることになり、「自由心証主義」の不適切な制限に当たることになる。

また、主張の共通が認められないのは、事実の存否の心証を問題とする自由心証主義の働く余地がないからである。

②　152条2項の法理を根拠とする[32)]。152条2項が規律するのは、弁論併合前の証拠調べの結果が、併合後の訴訟において証拠資料に、「当然に」すなわち「援用なしに」、なる、という内容と、弁論併合後の訴訟すなわち後発的な共同訴訟、という場面である。したがって、152条2項の法理として、証拠の共通という内容を、以下の理屈から、原始的な共同訴訟という場面でも、認めようとする。弁論の併合とは異なり、同一の期日において証拠

26)　菊井＝村松・前掲注23) 369頁は、補助参加の申出をさせる、とする。

27)　兼子一ほか・条解民事訴訟法［第2版］（弘文堂・2011）1379頁〔竹下守夫〕、菊井＝村松・前掲注23) 371頁参照。この提案は、弁論の全趣旨の補充性を認めないことを、前提としよう。

28)　他にも根拠が挙げられている。例えば、裁判制度としての合理性を挙げるのは、井関・前掲注6）264頁。

29)　①と②の両方を根拠とするのは、高橋・前掲注1）372頁。

30)　例えば、ドイツにおいては、*Rosenberg/Schwab/Gottwald*, Zivilprozessrecht, 17. Aufl., 2010, §48 Rn. 30.; *Schilken*, Zivilprozessrecht, 5. Aufl., 2006, Rn. 670.

31)　井関・前掲注6）262頁によれば、事実は真実であるかまたは虚偽であるかの二つのうちの一つであって、一方にとって真実であると同時に他方にとって虚偽であることは考えられないから、その間に真否いずれか一つに統一的に確定されなければならない、と説明する。

32)　新堂・前掲注16) 558頁、高橋・前掲注1）379頁参照。

調べが行われており、立ち会う機会を有していたのであるから、証拠の共通が認められる、と。

より一般的に、手続保障を根拠とする、とも言い換えられよう。ここでの手続保障とは、共同訴訟人の一方が提出した証拠でも、他の共同訴訟人にその証拠調べ手続に関与する機会が与えられる、という審理過程の実績を、意味する[33]。

また、主張の共通が認められないのは、証拠方法から証拠資料を抽出するという過程がないからであろう。

(2) 39条の解釈　二つ考えられよう。(1)①の根拠は、(2)①の解釈に、また、(1)②の根拠は、(2)②の解釈に、それぞれ対応する。

① 39条が規律するのは、共同訴訟人の訴訟行為についてであって、裁判所の証拠評価についてではない、というものである。

② 39条の「訴訟行為」は、証拠の提出を含んでいない、というものである。この解釈によれば、同じ資料提出行為にもかかわらず、証拠と主張を区別する理由が必要となろう[34]。その理由として、主張には「独自の意味と機能」がある点を挙げる。訴訟内討論の道筋と指針を設定する[35]、というもので、いかなる事実を、審判の対象とするか、の選択であり、その権能は当事者にある。なお、この解釈は既に、訴訟処分行為と資料提出行為の区別を、前提にしている。

(3) 批判への対応　証拠の共通を認めるとしても、その制約として、認められない（援用を要する）[36]場合があることも認めている[37]。

まず、他の共同訴訟人にとって不利な証拠資料である場合である[38]。

---

33) 中野＝松浦＝鈴木編・前掲注1）517頁〔井上〕参照。井関・前掲注6）267頁も、証拠共通の原則が適用される範囲で直接その証拠力を争う訴訟行為をすることができるとしなければならない、と述べる。

34) 主張は、争点を形成する過程であり、証拠は裁判所が心証を形成する過程である、という区別もできよう（新堂・前掲注20）36頁）。ただし、同書35頁以下は、その区別を取扱いの区別とはリンクさせていない。

35) 中野＝松浦＝鈴木編・前掲注1）517頁〔井上〕。

36) 松本＝上野・前掲注13）676頁〔松本〕は、認める場合を制限するが、認められない場合としては、矛盾回避の要請が働かない場合になろうか。

37) 根拠が否定される場合は当然である。例えば、手続保障を根拠とするならば、実質的に他の共同訴訟人に手続保障が欠けていると認められている場合である（中野＝松浦＝鈴木編・前掲注1）517頁〔井上〕参照）。

38) 松本＝上野・前掲注13）753頁〔上野〕。その理由は、弁論主義違反よりもデュープロセス（弁

次に、共同訴訟人間に利害の対立する場合である[39]。

4　主張の共通も認める立場

(1)　**理由づけ**　二つの立場が存在する。証拠から主張へ共通を認めていく立場（①）と、証拠と主張をまとめて共通を認める立場（②）である。

①　まず、証拠の共通については、証拠の共通のみを認める立場（**3(1)**）と同様の根拠を挙げる。

次に、主張の共通についても、以下のような根拠を挙げて、同様に認められるとする[40]。

主張と証拠の申出の相似性、その背景にある、主張と証拠との峻別が相対化していること[41]、である。そして、証拠の共通が学説・判例において受け入れられていることから、主張の共通も受け入れられるべきとする。その相似性とは、ともに勝訴を目指して行われる攻撃防御方法の提出行為であり、ともに弁論主義の建前から当事者によって行われなければならないということである。

②　訴訟の結果についての利害関係（補助参加の利益）があることを、根拠とする[42]。利害関係がある共同訴訟人[43]は相互に訴訟の内容を熟知しうる関係にあるから、参加申出をする必要はなく[44]、言い換えれば当然に[45]、補助参加関係を認めることができる、とする。ある共同訴訟人は、他の共同訴訟人の訴訟において、他の共同訴訟人の補助参加人として、訴訟行為をなすこ

明なしに不利益な処分を強いられない）に、求められよう。

39)　菊井＝村松・前掲注 23) 371 頁は、実務の取扱いとしては、援用の有無を明らかにすべきである、とする。その背景として、同書 372 頁は、自由心証主義を根拠とすれば（本文 **3(1)**①）、証拠の共通を認める必然的な結果として、ある共同訴訟人が争っていても、他の共同訴訟人の自白を、弁論の全趣旨として、認定資料にすることができる、とするが、共同訴訟人の利害が相反している場合は、弁論の全趣旨として認定資料にすることはできない、とする。

40)　証拠の共通の根拠として、健全な常識や一般感覚を挙げ、主張の共通の根拠としても、健全な常識や一般感覚を挙げられる、とするのは、新堂・前掲注 20) 60 頁。

41)　中野＝松浦＝鈴木編・前掲注 1) 517 頁〔井上〕。

42)　共通の手続の合理化機能を挙げるのは、*Wieczorek/Schütze,* a. a. O. (Anm. 10), §61 Rdn. 27.、共通の手続であることを挙げるのは、*Stein/Jonas,* Kommentar zur ZPO, 23. Aufl., 2014, §61 Rnr. 7, 9.

43)　兼子一・新修民事訴訟法体系［増訂版］（酒井書店・1965）399 頁は、主債務者と保証人が共同被告である場合、買主と転得者が共同被告である場合、を例に挙げる。

44)　新堂幸司＝鈴木正裕＝竹下守夫編集代表・注釈民事訴訟法（2）（有斐閣・1992）69 頁〔徳田和幸〕。

45)　兼子・前掲注 43) 399 頁。

とができる[46]。そして、他の共同訴訟人の抵触行為がなければ、訴訟資料となる。弁論主義違反の問題は生じない。

(2)　**39条の解釈**　二つの見方が考えられよう。一つは、39条の「訴訟行為」を、「訴訟処分行為」であり、「資料提出行為」は含んでいない、と解する見方である。もう一つは、39条の「影響を及ぼさない」を、異議を述べたり抵触行為をすれば「影響を及ぼさない」、と解する見方である[47]。

(3)　**批判への対応**　何で限定するかについては、三つの立場がある。

まず、主張の評価と他の共同訴訟人の行動の二つで限定する立場である。有利な主張と、抵触する訴訟行為を積極的に行っていない（例えば、欠席[48]）という行動を、挙げる。

一元的な根拠（補助参加の利益、(1)②参照）を挙げる見方のうち、黙示の申立てにより補助参加関係が成立するという構成を採用すれば、補助参加人の訴訟行為の制約と同様の限定が、課されるのは当然のようにも思われる。

多元的な根拠（(1)①参照）を挙げる見方からは、以下のように理由づけられる。その理由の一つ目は、この限定により誰も不利益を受けない、というものである。理由の二つ目は、「独立の原則」と主張の共通は、抵触せず両立する、というものである。前者は、独自の自由な訴訟行為を保障するものであり、後者は、独自の自由な訴訟行為をしない場合を規律するものだからである。

次に、場合だけで限定する立場である。一方が他方に訴訟を委ねたとみられる場合[49]である。

最後に、人で限定する立場である。補助参加の利益を有する者を挙げる。補助参加の利益を有することを根拠とするならば、当然である。

---

46)　例えば、主債務者が、補助参加人として保証人のために弁済の抗弁を提出した、という場合が考えられよう。

47)　39条の法理を、自ら欲すれば、つまり積極的な処分に出れば、独立の訴訟追行権が、保障されている、と解する見方（新堂・前掲注16）789頁参照）も、解釈論としては、同様であろう。

48)　一方は、否認し、他方は、欠席している場合、否認の効果が欠席者に及ぶのか、すなわち、欠席者に擬制自白が成立しないのか、という問題を立てる。共同被告は主債務者と保証人であり、主債務者が否認し、保証人が欠席し、判決は、主債務者への請求を棄却し、保証人への請求を認容したので、保証人から主債務者に、求償を求めて、訴訟が提起された、という例を挙げる。否認の効果が及ぶ（擬制自白は成立しない）、という回答になる。自己の法的地位の安定を図ることを欲する主債務者の保護という要請に基づく。

49)　中野＝松浦＝鈴木編・前掲注1）517頁〔井上〕。

Ⅲ　分析――立場の評価

1　証拠の共通を認めない立場

論理的に一貫している、と評価できよう。また、分離前の証拠調べの結果が、分離後の訴訟において、当該当事者からは一度も証拠の申出も援用もないのに、利用されることを、危惧しているのであれば、分離を意識している点は、評価できる。

しかし、共同訴訟の意義を矮小化している、すなわち、一つの手続による審理を通じて、他の共同訴訟人の訴訟行為の内容を、知ることができる、というだけである、との批判がある。

この批判に対しては、証拠の共通を認めることと同じ効用を得るための工夫が、提案されている。釈明権の行使や、訴訟行為の解釈、弁論の全趣旨といった工夫である。

しかし、いずれの工夫も、裁判所の判断に、委ねられているところが大きい。とすれば、当事者の問題というよりも、裁判所の問題である、ということになる。

とりわけ、弁論の全趣旨において、他の共同訴訟人が提出した証拠を援用しなかったことや、自らが否認した事実を他の共同訴訟人が自白したことを、事実認定の資料にしよう、という工夫は、「独立の原則」の例外となるに止まらず、「独立の原則」自体を修正してしまう危険性を含んでいる[50)]。というのは、個別訴訟の束という理解を、採らないからである。とすれば、考え方も、証拠の共通を認める立場に近くなる。

2　証拠の共通は認める立場

まず、自由心証主義を根拠とする見方は、事実認定ではなく、心証形成（証拠評価）ではあるものの、裁判所の問題である、との視点を提示している、と評価できよう。このことは、弁論主義に反する、との批判に対する、自由心証主義に優位が与えられている、との反論[51)]からも、読み取れよう。

50）　新堂・前掲注20）61頁参照。
51）　井関・前掲注６）265頁。

次に、152条2項の法理あるいは手続保障を根拠とする見方は、同時審理においては、他の共同訴訟人の証拠調べ手続に関与できる、との理解を示している。つまり、前提として、通常共同訴訟が単なる個別訴訟の束ではない、と示唆している、と評価できよう。

しかし、この立場に対しては、疑問も示されている。

第1は、証拠の共通を認める根拠に対してである。

まず、自由心証主義を根拠とする見方に対しては、裁判官がそれぞれの訴訟の証拠資料に基づいて異なった心証を形成することは、必ずしも不可能でない、との指摘がある[52)]。その理由として、別訴として係属している場合を挙げる。この指摘に対して、別訴における証拠資料と一つの期日で収集された証拠資料は、同視すべきでない、との反論がある[53)]。しかし、この反論は、単なる（完全な）個別訴訟の束ではない、との理解を前提としている[54)]。

次に、152条2項の法理あるいは手続保障を根拠とする見方に対しては、立ち会っていれば、証拠の申出をしていなくても、他の共同訴訟人は尋問してよいのか、あるいは、裁判所は尋問させなければならないのか、との疑問が示されている[55)]。この疑問は、個別訴訟の束という理解に由来しており、この見方が単なる（完全な）個別訴訟の束ではない、との理解を前提としていることを示す。

第2は、場合の限定に対してである。

証拠資料が有利か不利か、あるいは、共同訴訟人間で利害が対立するか否か、といった判断が、簡単にできるのか、といった疑問である。そもそも、誰が行うのか、といった疑問も存する。後者の疑問に対しては、裁判官が行う、という回答が自然であろう[56)]。とすれば、共通するか否か（援用が不要か必要か）といった判断も、裁判所（裁判官）に委ねられることになろう。

第3は、主張の取扱いに対してである。

主張の共通は認めていないのであるが、主張がなければ、証拠があっても、

52)　中野＝松浦＝鈴木編・前掲注1）516頁〔井上〕。
53)　伊藤・前掲注7）612頁注8。
54)　高橋・前掲注1）372頁、新堂・前掲注20）61頁参照。
55)　伊藤・前掲注7）574頁。
56)　前者の疑問に対して、客観的な事情で判断できる、と回答するとしても、判断するのは裁判所である。

その事実の認定はできないのであるから、その主張として、どこまで要求しているのか、との疑問である。一つは、現実に主張があることを要求する考えである。とすれば、証拠の申出はないが主張はある、といった限られた事態にしか対応しておらず、結果的に証拠の共通も認めない立場と同じとなりうる可能性がある。もう一つは、反対に、黙示的に主張を行っていると評価できればよいという考えである[57]。とすれば、結果的に主張の共通まで認める立場に行き着く可能性もある。

3　主張の共通も認める立場

(1)　**二つの見方に共通する評価**　　一つは、「独立の原則」がまだ維持されている点である。修正は、資料提出行為に、かつ、抵触行為がなかった場合に、限定されている。

もう一つは、提出していない共同訴訟人（他の共同訴訟人）の負担を、変更している点である。負担の内容を、援用から、抵触行為へ、変更している。

(2)　**一元的な根拠（補助参加の利益）を挙げる見方への評価**　　共通を認めつつも、自分の訴訟と他人の訴訟で区別している点は、評価できよう。

しかし、以下のような批判がある。

第1の批判は、補助参加関係に立つとすれば、上訴などの訴訟行為にも及ぶことになり、独立の原則が形骸化する、との批判である。

第2の批判は、利害関係の有無の判断が、後訴の裁判官の主観によって異なるおそれがあり、参加的効力の除外についても判定が困難であって、裁判所の負担を増加するおそれがある、との批判である[58]。

二つの批判は、黙示の補助参加の申立てにより補助参加関係が成立した、という構成を採らなければ、当てはまらないであろう。そもそも申立てはない[59]のであるから、真の補助参加関係の成立は認められず、補助参加効が認められる必要もない、成立が認められうるのは補助参加類似の関係である。

---

57)　中野＝松浦＝鈴木編・前掲注1）517頁〔井上〕。伊藤・前掲注7）575頁との違いは、解釈により行ったと評価される行為が、主張であるのか、主張の援用であるのか、といった点になるであろう。

58)　三ケ月章・民事訴訟法（有斐閣・1959）241頁。

59)　意思に基づく行為や挙措を要求するのは、小山昇・多数当事者訴訟の研究（信山社・1993〔初出1969〕）292頁。

つまり、訴訟の結果に利害関係を有する共同訴訟人の訴訟追行行為は、他の共同訴訟人の抵触行為がなければ、その共同訴訟人に影響を与えうる、という関係が成立するにすぎない、と考えるべきであろう。とすれば、証拠の共通や主張の共通を認める根拠は、共同訴訟人が互いに有する訴訟の結果に対する利害関係になろう。

しかし、要件を満たして成立した通常共同訴訟においては、上記の利害関係が存在すると認められやすく、通常共同訴訟であること自体が、証拠の共通や主張の共通を認める根拠になってしまう、との指摘が当てはまる。

(3) 多元的な根拠を挙げる見方への評価　共通を認めることについて、その必要性を、共同訴訟の効用を最大限に考える[60]ことに、その許容性を、手続保障の存在に、求めるとすれば、評価できよう[61]。

しかし、統一的な紛争解決の実現のためであるならば、なぜ、訴訟処分行為については独立し、訴訟追行行為については共通するのか、訴訟処分行為についても共通させるべきではないのか、という疑問は残りうる。

そして、主張の限定についても、二つの批判がある[62]。

第1の批判は、主張の共通が認められる主張は、「有利」な訴訟追行行為であるが、「有利」かどうか共同訴訟人は決められない、という批判[63]である。この批判は、結局のところ裁判所が決めるのではないか、との指摘になろう。

第2の批判は、「積極的な行為を行っていない」意図が無視される、という批判[64]である。これも、結局のところ裁判所が推測した意図にすぎないのではないか、との指摘になろう。

二つの批判は、主張の限定は裁判所に委ねられている、との指摘となる。

---

60) 新堂・前掲注20) 70頁。ただし、独立の訴訟追行権を侵害しない限り、との条件付きである。

61) 根拠についても、証拠から主張へ共通を認めていくこと自体に無理がある、という批判がありえよう。確かに、主張と証拠の相似性や峻別の相対化は存在する。しかし、訴訟資料と証拠資料の区別がなくなったわけではない。したがって、自由心証主義も152条2項の法理も、主張の共通の根拠とすることは難しい。主張も、証拠と同じように、当事者の提出だけでなく裁判官の感得を経て、資料になる、ということを示しているならば、評価できよう。

62) 場合の限定についても、「委ねた」かどうかは、共同訴訟人が決められない。

63) 中野＝松浦＝鈴木編・前掲注1) 517頁〔井上〕。

64) 中野＝松浦＝鈴木編・前掲注1) 517頁〔井上〕は、個の自律と尊厳の精神から疑問である、とまで述べる。

Ⅳ　考　　察

1　従来の議論からの示唆

各立場を分析することで、得られた示唆を手がかりに、以下の視点に基づいて、考察してみたい。

第1は、通常共同訴訟の成立・解消という視点である。従来の議論において、裁判所の判断に委ねられている[65]という示唆から、成立・解消についても、とりわけ成立について、裁判所の役割が、問われるべきである。

第2は、通常共同訴訟の目的という視点である。従来の多くの見解は、沈黙してきたけれども、通常共同訴訟について、その同時審判の内容を考えたり、証拠や主張の共通を認めるか否か、を判断したりするために、その目的は何か、が問われるべきである。

第3は、同時審判の内容という視点である。従来の争点は、同時審判の内容として、証拠や主張の共通が認められるのか、ということであったけれども、通常共同訴訟の目的から、証拠の共通と主張の共通（以下、「共通」と略する。）の必要性が、問われるべきである。

第4は、「独立の原則」の存在意義という視点である。従来は、個別訴訟の束という通常共同訴訟の理解から導かれたはずであるけれども、個別訴訟の束ではないとすれば、「共通」を認めることによる不利益への配慮、言い換えれば、「共通」の許容性、が問われるべきである。

第5は、分離という視点である。従来は、分離された後も証拠の共通が認められることは、当然であるとされ、あまり論じられてこなかったが、分離される前と同様に、「共通」が認められる根拠が問われるべきである。

2　通常共同訴訟の成立・解消

まず、通常共同訴訟の解消原因は、裁判所による弁論の分離である。した

65)　証拠の共通を認めない立場は、証拠の共通を認めることと同じ効用を得ようとするとき、裁判所の判断に委ねている。証拠の共通を認める立場は、自由心証主義を根拠とするとき、裁判所の評価に委ねており、認める場合を限定するときに、裁判所の認定に委ねている。主張の共通も認める立場は、多元的な根拠に基づくとき、認める場合を限定する際、裁判所の判断に委ねている。

がって、通常共同訴訟を解消するか否か、は裁判所の判断に委ねられている。裁判所は、訴訟指揮権に基づき、解消するのである。

法は既に、同時審判申出共同訴訟において、「独立の原則」を維持しつつ、同時審判の意義を高めよう、とする目的のために、裁判所の分離という訴訟指揮権（裁量）に着目し、その制限という手段を用いている。

次に、通常共同訴訟の成立原因の一つは、裁判所による弁論の併合である。したがって、通常共同訴訟を成立させるか否か、は裁判所の判断に委ねられている。裁判所は、訴訟指揮権に基づき、成立させるのである。

しかし、通常共同訴訟の成立原因には、原告による訴えの提起も存在する。確かに、原告の訴えは、成立の契機であるが、共同訴訟（主観的併合）の要件[66]を認定するのは、裁判所である[67]。提起後に、通常共同訴訟に振り分けるのも、裁判所である[68]。また、原告が、裁判所による分離（解消）に対して、異議を唱えられるわけでもない[69]。

したがって、成立も、最終的には、裁判所の判断（裁量）に委ねられている、といえよう。とすれば、裁量の正統化のために、裁判所は、成立に際して、当事者に対して、独立の原則の内容（下記5）について、教示[70]すべきであろう。

以上、通常共同訴訟の解消だけでなく成立も、裁判所の判断に委ねられている、といえよう。

そこで、どのような目的で裁判所は通常共同訴訟を成立させるのか、が次の問題となる。

3 通常共同訴訟の目的

多くの見解は立場を越えて、共同訴訟の「利点」については言及しているが、通常共同訴訟の「目的」については沈黙している。

---

66) 三つの要件について、松本＝上野・前掲注 13) 749 頁以下〔上野〕は、コスト削減効果の期待で、河野・前掲注 4) 694 頁以下は、原告の便宜で、共通している。

67) 当事者に異議がなければ、要件を欠いた共同訴訟も、許容される。

68) 新堂・前掲注 20) 33 頁。

69) 裁判所が、原告の訴えに対して、後で分離すればよい、とするのと対照的である。

70) 教示の内容は、併合前の訴訟状態や、抵触行為をしないと共通が認められてしまうこと、などである。また、教示しなかった場合、共通は認められない。その結果、援用や抵触行為の時機の後れはその共同訴訟人の訴訟において判断される。

「利点」か「目的」か、は言葉の問題に止まらない。仮に、判断の矛盾回避という「利点」を「目的」としてみると、「共通」を認めても、通常共同訴訟が「目的」達成の手段としては不十分である、ということが分かる。

ただし、「目的」について述べている見解も存在する[71)]。その見解によれば、通常共同訴訟の「目的」はコストの節約となる。

確かに、成立・解消が、裁判所の判断に委ねられている、ということも、進行の問題であるとすれば、説得力がある。

しかし、通常共同訴訟の「利点」を活用するというこれまでの議論は、進行の問題としてではなく、証拠や主張といった資料収集の問題として、行われてきた。

そこで、成立・解消をもたらす訴訟指揮権の行使について、考えてみたい。

確かに、併合・分離についての訴訟指揮は、これまで、事案の解明を図ることではなく、審理の整序を図ることに分類されてきた[72)]。したがって、進行の問題となりそうである。

しかし、訴訟指揮の目的が、充実かつ迅速な審理、それによる早期の終了である[73)]ならば、併合・分離についての訴訟指揮の目的も、同じであろう。とすれば、早期に審理を終結させるために、十分な情報を獲得すること、さしあたり資料の充実を図ることが、併合の目的となる。というのは、早期の審理終結は、十分な情報を獲得し、審理結果の変動可能性をなくすことで、裁判をなすに熟した状態にすることだからである[74)]。したがって、進行の問題にとどまらず、資料収集の問題ともなる。

よって、裁判所の訴訟指揮権の行使の結果である共同訴訟の成立・解消は、資料収集の問題にも関連する、ともいえる。

以上より、通常共同訴訟の目的も、コスト節約にとどまらず、資料の充実も含まれる、と解されよう。

しかし、どのような手段によって、資料の充実という目的が達成されるの

---

71)　通常共同訴訟の「目的」を明確にするのは、松本＝上野・前掲注 13) 742 頁〔上野〕(訴訟手続上の便宜、すなわちコスト節減) と、菊井＝村松・前掲注 23) 371 頁 (訴訟経済と判決の矛盾・抵触を防ぐこと) である。なお、松本＝上野・前掲注 13) 748 頁〔上野〕は「効果」の語を用いている。

72)　例えば、兼子・前掲注 43) 194 頁。

73)　例えば、兼子・前掲注 43) 193 頁。

74)　日渡紀夫「保全命令発令手続の審理構造—疎明をてがかりに」岡山大学法学会雑誌 46 巻 2 号 (1997) 28 頁以下。

か、すなわち、どのような同時審判によって、資料の充実が達成されるであろうか、が問題となろう。そこで、同時審判の内容が次の問題となる。

4　同時審判の内容――「共通」の必要性

同時審判の内容[75]を考える前に、資料の充実の内容を考えてみると、資料の量の増加が、思い浮かぼう。そのためには、提出していない他の共同訴訟人に資料提出行為を促せばよいのであるが、その誘因として、「共通」を認めることが、必要となる、と考える。というのは、「共通」を認めることにより、利害の対立する他の共同訴訟人は、別の証拠の取り調べを申し立てたり、例えば自ら尋問したり、別の主張を提出したりしなければならなくなるはずである。このように抵触行為をするのであれば、証拠や主張の量が増大して、審理結果の変動可能性が小さくなり、審理を終結することができる。

それに対して、抵触行為をしないのであれば、確かに、資料の量は増加しないが、証拠や主張の量の増加が見込めないのであるから[76]、審理結果の変動可能性がなくなったといえ、やはり審理を終結することができる。

いずれにせよ、審理の終結が早まれば、効率的な訴訟運営になる。

また、抵触行為は、資料の量を増大させるだけでない。共同訴訟人間の利害関係といった情報も獲得できよう。

ただし、証拠の共通や主張の共通を、同時審判の内容に加えることが、許容されるのか、は問われるべきであろう。

5　「独立の原則」の存在意義――「共通」の許容性

これまで障害とされてきたのは、弁論主義との関係である。証拠や主張の共通を認めることは弁論主義に反する、と批判されてきた。しかし、この批判は、通常共同訴訟が個別訴訟の束である、との理解に基づくものである。

とすれば、障害となっていたのは、個別訴訟の束という通常共同訴訟の理解であるが、そもそも、同時審判と、個別訴訟の束という理解は、厳密な意

75)　同じ裁判所によるという点に着目したのが、自由心証主義を根拠に証拠の共通を認める立場である。また、同じ期日に同じ法廷でという点に着目したのが、152条2項の法理を根拠に主張の共通も認める立場である。

76)　日渡・前掲注74) 30頁。

味では相容れないし、これまでの議論においても、この理解に固執していたわけではない[77]。

ただ、個別訴訟の束から導かれないとすれば、「独立の原則」は、何のために存在するのであろうか、が問題となる。

共同訴訟人となったことが、裁判所の裁量行使の結果である（上記2)、とすれば、比例原則に従い、裁判所は、通常共同訴訟の成立による共同訴訟人の不利益に、配慮する必要がある。

その配慮の方法として、共同訴訟人の訴訟行為の自由の制限を、資料の充実という目的にとって、必要最小限に抑えることが考えられうる[78]。

よって、「独立の原則」は、比例原則の確認のために存在することになる。

そこで、その自由を制限することになる「共通」との関係が問題となる。しかし、「共通」と「独立の原則」は、排斥するものではない。というのは、「共通」を認める目的が、資料の充実であるとするならば、抵触行為の自由を奪うことはないからである。むしろ抵触行為を促すことになろう。また援用の自由も残されている。もちろん提出しない自由も存在する。

ただし、抵触行為の自由を認めても、裁判所が、自由心証主義の名の下で[79]、また、弁論の全趣旨[80]という形で、他の共同訴訟人の先行行為（例えば、自白）を、顧慮してしまうならば、有名無実になるのではないか、つまり、「独立の原則」による保障が有名無実になるのではないか、という疑問

---

77)　以下の2点から、推察される（上記Ⅱ)。

第1に、単独訴訟に近いことを理由に、共通を認めてきた点である。

まず、証拠の共通を認める立場も、利害が対立していないことを原則としている。

次に、主張の共通も認める立場も、認める場合を限定しているが、一方が他方に訴訟を委ねたとみられる場合である。

第2に、同時審判であることを、共通を認める根拠にしてきた点である。

まず、証拠の共通を認める立場において、自由心証主義を根拠とする見方は、別訴と、共同訴訟（同じ期日）とは、異なる、と述べるし、152条2項の法理を根拠とする見方は、立ち会っていることにより、関与できる、と述べる。

次に、主張の共通も認める立場において、多元的な根拠を挙げる見方は、証拠の共通を認める立場と同じことを述べるであろうし、一元的な根拠を挙げる見方は、明示の申出がなくても参加できる、と述べる。

更に、証拠の共通を認めない立場においても、弁論の全趣旨によって証拠の共通を認めるのと同様の効用を得よう、とする。

78)　裁量を統制するために、併合の要件を厳格に解釈・審査することも考えられる。「共通」を認める代わりに、通常共同訴訟の成立を限定するのである。

79)　*Stein/Jonas,* a. a. O. (Anm. 44), §61 Rnr. 7, 9.

80)　新堂・前掲注20) 54頁。

は生じよう。確かに、先行行為を顧慮すれば、資料が充実するのであるが、「独立の原則」を有意義とするために、自由心証主義の下でのあるいは弁論の全趣旨による先行行為の顧慮は、許されないと解すべきであろう。

したがって、「共通」も、「独立の原則」によって、暫定的な共通としてのみ、認められる、と解するべきであろう。つまり、「共通」は、他の共同訴訟人が援用や抵触行為をするまで、認められるにすぎないことになる。

ただ、「共通」と「独立の原則」が対立しないためには、分離後の訴訟における、つまり、個別訴訟に戻ったときの、他の共同訴訟人の提出した証拠や主張の扱い、が次の問題となる。

6 分離後の処理

分離により、個別訴訟になったのであるから、分離前に援用がなければ、証拠資料や訴訟資料にならないはずである[81]。

援用も抵触行為もしなかった当事者にとって、仮に証拠資料や訴訟資料になるとすれば、不利益となるからである。分離前に「共通」が認められたのは、援用も抵触行為もなかったからである。

また、分離した裁判所にとっても、資料の充実よりも、コストの節約を、優先した結果だからである。

したがって、「共通」は、「独立の原則」によって、暫定的な共通としてのみ、認められる、と解するべきであろう。つまり、「共通」は、通常共同訴訟が解消されるまで、認められるにすぎないことになる。

しかし、資料にならない、とすることで、不利益となる当事者も、存しよう。自らが契機となって成立させた共同訴訟における共同原告である。この不利益とは、分離後の訴訟において、分離前に「共通」を認められていた証拠や主張が、証拠資料や訴訟資料にならないことである。

この不利益を受けることは、「独立の原則」によれば、仕方のない結果ではあるが、その原因が裁判所の裁量にある点は、問題である。

そこで、この不利益を回避する方法が問題となる。

---

81) 大判昭和10年4月3日民集14巻1175頁は、証拠資料となる、とするが、このような事案が、証拠の共通も認めない立場の危惧するところであろう。

第1の方法は、分離について予告させることである。

第2の方法は、分離を抑制[82]することである。

いずれの方法も、裁判所の裁量を制約するものである。そこで、裁量の根拠となる通常共同訴訟の目的から、その許容性を考えてみたい。

まず、資料の充実という目的から、考える。第1に、予告は要請されている[83]、と考えられよう。なぜなら、共同訴訟人や相手方に援用の機会を与え、分離により資料が減ることを防ぐからである。第2に、分離の抑制は既になされている、と考えられよう。なぜなら、分離後の訴訟において資料にならないのであれば、裁判所が、資料を減らす分離を、選択することはないからである。

次に、コストの節約という目的から、考える。確かに、分離が抑制できない場合はある。審理が複雑化し、かえって非効率的な訴訟運営になってしまった場合である。例えば、各共同訴訟人の訴訟戦略（提出する証拠や主張）が対立するような場合が考えられうる。しかし、だからこそ予告が要請されるのである。というのは、分離が共同訴訟人や相手方に対して影響を与えるからである。原告の訴えが契機となって成立した場合、分離は、その意思に反することになるからであり、それ以外の場合、分離は、分離前の資料が当然には利用できないとすれば、各共同訴訟人や相手方のそれまでの訴訟活動や訴訟戦略の変更を強いるからである。

以上のことは、裁判所にとって、裁量を新たに制約するものではなく、裁量の正統性を担保することになる。

V　おわりに

本稿を閉じるにあたって、通常共同訴訟の姿を明確にしようとの試みを、整理しておきたい。

出発点として、通常共同訴訟を、次のように位置づける。一方で、共同訴

82）抑制ではなく、禁止であれば、裁判所の訴訟指揮権を制限することになるから、法によらなければならない（同時審判申出共同訴訟）。

83）予告しなかった場合、共通は認められない。その結果、援用や抵触行為の時機は分離後の訴訟において判断される。

訟の一つであるが、必要的共同訴訟とは異なる目的を有する。他方で、独立の原則が適用されるが、個別訴訟の束ではない。

通常共同訴訟の目的を、裁判所にとっての資料の充実（早期の終結）とする。そして、その根拠は、通常共同訴訟の成立・解消における裁判所の権限（裁量）であり、その源を、早期の終結を図る訴訟指揮権に求める。そして、その手段として、すなわち、通常共同訴訟の審理の内容として、共同訴訟人間に「共通」を認める。ただし、「独立の原則」の下で、その「共通」は暫定的なものである。つまり、「共通」は、抵触行為がない限り、認められる。言い換えれば、裁判所の裁量に対抗して、共同訴訟人は、抵触行為の自由を、保障されている。また、裁判所は、裁量を正統化するため、成立のときに教示すべきであり、分離の前に予告すべきである。

主張の共通は、「独立の原則」の例外ではないから、その共通が認められる主張は、限定されない。

分離後の訴訟においては、分離前に援用がなければ、資料にできない。この意味でも、「共通」は暫定的なものである。

以上が整理になる。なお、必要的共同訴訟との関係（振り分け）など残された課題は多いのではあるが、ひとまず考察を終えることとする。

共同訴訟的補助参加の課題

長谷部由起子

Ⅰ 問題の所在

1 共同訴訟的補助参加の概念──通説・判例の理解

共同訴訟的補助参加は、通説によれば、被参加人と相手方の間の訴訟の判決の効力が補助参加人と相手方の間にも及ぶ場合に、補助参加人に通常の補助参加よりも強い地位・権限が認められる参加の形態である[1)]。民事訴訟法（以下、「法」という）にこれを認めた明文の規定はないが、解釈論として提唱されてきた。判例も、補助参加とは異なる規律に服する参加形態として共同訴訟的補助参加を認め、補助参加人の従属性に関する法45条2項は適用されず、必要的共同訴訟に関する法40条が準用されるとしている[2)]。

もっとも、参加人の地位・権限が補助参加人と比べてどの程度強化されているか、また、参加人に補助参加人よりも強い地位・権限が認められるのはどのような場合かをめぐっては、見解が対立している。

1） 兼子一・新修民事訴訟法体系［増訂版］（酒井書店・1965）407頁、三ケ月章・民事訴訟法［法律学全集］（有斐閣・1959）242頁、新堂幸司・新民事訴訟法［第5版］（弘文堂・2011）817頁、伊藤眞・民事訴訟法［第4版補訂版］（有斐閣・2014）648頁、松本博之＝上野桊男・民事訴訟法［第8版］（弘文堂・2015）781頁〔上野〕、梅本吉彦・民事訴訟法［第4版］（信山社・2009）668頁、高橋宏志・重点講義民事訴訟法（下）［第2版補訂版］（有斐閣・2014）470頁など。

2） 大判昭和13年12月28日民集17巻2878頁（特許審判において利害関係人が審判請求人の側に補助参加した事案に関するもの）、最判昭和40年6月24日民集19巻4号1001頁（行政処分の取消訴訟において利害関係人が被告行政庁の側に補助参加した事案に関するもの）、および最判昭和45年1月22日民集24巻1号1頁（主位請求を株主総会決議不存在確認、予備的請求を同取消しとする訴えにおいて、決議の効力が否定されると被告会社の清算人の地位を失う者が被告会社の側に補助参加した事案に関するもの）参照。

2　参加人の地位・権限をめぐる議論の状況

まず、法40条1項の準用については、判例により、参加人がした上告の効力は、被参加人がその後に上告の取下げとともに上訴権の放棄をしても失われないこと[3)]、および参加人がした控訴を被参加人が取り下げても、参加人がこれに異議を申し立てれば控訴の取下げの効力は生じないこと[4)]が、認められている。有力な学説は、被参加人が上訴権を放棄しても参加人は上訴をなしうるとし、また、被参加人がした自白、訴えの取下げ、請求の放棄・認諾は、これと抵触する訴訟行為を参加人がした場合には、その効力が否定されるとしている[5)]。しかし、訴えの取下げについては、被参加人の訴訟追行権を重視してその効力を認めるべきであるとする見解もある[6)]。さらに、訴訟を処分する被参加人の行為を参加人が阻止しうるかは、参加人に当事者適格が否定されている趣旨によって異なる、とする見解もある[7)]。

参加人に中断・中止の事由が生じた場合に法40条3項の準用により本訴訟の手続が停止するかについては、これを積極に解する見解[8)]がある一方、参加人には本訴請求についての当事者適格がないことを理由に、消極に解する見解[9)]や本訴訟の手続は当然には停止せず、参加人を除外して手続を進めると参加人の利益が害されると認められるときに、裁判所が中止を命じうる

---

3)　前掲注2）大判昭和13年12月28日。
4)　前掲注2）最判昭和40年6月24日。
5)　伊藤・前掲注1）649頁。高橋・前掲注1）474頁注55)、同・民事訴訟法概論（有斐閣・2016）326頁も、参加人は被参加人の訴訟処分行為を阻止できるとする。
6)　松本＝上野・前掲注1）782頁〔上野〕。
7)　この見解によれば、たとえば、死後認知訴訟において検察官の側に参加する利害関係人（人訴15条）や取締役選任決議取消訴訟において被告会社の側に参加する被選任取締役のように、実体的には当事者適格を与えても差し支えないが、原告の訴え提起の便宜など訴訟政策的な理由から当事者適格が否定されている場合には、参加人に当事者に準じた地位・権限を与えてもよい。それゆえ、参加人は被参加人の訴訟処分行為を阻止することができる。これに対して、破産管財人が訴訟担当者として追行する訴訟に参加する破産者のように、その実体的地位により当事者適格が否定されている場合には、被参加人の訴訟処分行為を参加人が阻止できなくてよい、とされている。林田学「共同訴訟的補助参加」争点〔新版〕(1988) 145頁、松原弘信「会社組織関係訴訟の被告適格」川嶋四郎＝中東正文編・会社事件手続法の現代的展開（日本評論社・2013) 172頁、同「共同訴訟的補助参加の理論的基礎」伊藤眞先生古稀祝賀・民事手続の現代的使命（有斐閣・2015) 588～590頁、592～593頁。高橋・前掲注1）472頁、同・前掲注5）325頁も、この見解を支持する。
8)　兼子・前掲注1）407頁、斎藤秀夫ほか編著・注解民事訴訟法第2巻〔第2版〕（第一法規・1991) 231頁〔小室直人＝東孝行〕、松本＝上野・前掲注1）782頁〔上野〕、梅本・前掲注1）671頁、高橋・前掲注1）474頁注53)、松本博之・人事訴訟法〔第3版〕（弘文堂・2012) 131頁など。
9)　三ケ月・前掲注1）242頁。

とする見解[10]も主張されている。

さらに、参加人の上訴期間について、通説は、被参加人の上訴期間内に限定されず、参加人に判決が送達されたときから独自に計算されるとし、この点において、参加人の地位は通常の補助参加人よりも強化されているとする。しかし近時は、同様の扱いを通常の補助参加人についても認めるべきとする見解が有力である[11]。

以上のほかにも争いがある論点としては、参加人は参加の時点における訴訟状態に拘束されるのか（訴訟状態承認義務に関する法45条1項ただし書は適用されるか）[12]、がある。これは、参加人の手続関与がない状態でその利益を害する訴訟追行がされた場合に、参加人の利益保護と相手方の信頼の保護をいかにして調整するか、という困難な問題に関するものである。

3 共同訴訟的補助参加の要件をめぐる議論の状況

(1) 共同訴訟的補助参加の具体例 通説によれば、共同訴訟的補助参加も補助参加の一種であるから、参加人は、補助参加の利益を有していなければならない。すなわち、判決の効力の拡張により自己の権利または法的地位を害される者であることが必要である[13]。そして、参加人に拡張される「判決の効力」が既判力だけでなく、執行力や形成力を含むことについても、見解は一致している。該当する類型としては、①判決の効力が一般第三者に拡張される場合（対世効が認められる場合）、および②訴訟担当が認められる訴訟

---

10) 新堂・前掲注1）818頁、伊藤・前掲注1）649頁、兼子一ほか・条解民事訴訟法［第2版］（弘文堂・2011）242頁〔新堂幸司＝高橋宏志＝高田裕成〕、秋山幹男ほか・コンメンタール民事訴訟法Ⅰ［第2版追補版］（日本評論社・2014）451頁など。

11) 井上治典「補助参加人の訴訟上の地位について」多数当事者訴訟の法理（以下、「法理」として引用する）（弘文堂・1981〔初出1968〕）38頁、谷口安平・口述民事訴訟法（成文堂・1987）287頁、松本＝上野・前掲注1）808頁〔上野〕、高橋・前掲注1）432頁、596頁、長谷部由起子・民事訴訟法（岩波書店・2014）323頁など。

12) 訴訟状態承認義務を肯定する見解としては松本・前掲注8）131頁、本間靖規「共同訴訟的補助参加について」栂善夫先生＝遠藤賢治先生古稀祝賀・民事手続における法と実践（成文堂・2014）688頁があり、否定する見解としては高橋・前掲注1）474頁注55）がある。また、三木浩一＝山本和彦編・民事訴訟法の改正課題（有斐閣・2012）32頁以下は、被参加人が参加人を害する意図を有する場合にのみ、法45条1項ただし書の適用を排除する立法提案（以下、「民事訴訟法改正研究会の立法提案」という）を行っている。

13) たとえば、請求の目的物の所持者（法115条1項4号）は、固有の利益をもたず補助参加の利益がないので、共同訴訟的補助参加はなしえない。井上治典「補助参加の利益」法理〔初出1970〕69頁注4）、高橋・前掲注1）474頁注55）。

の判決の効力が被担当者である第三者に及ぶ場合が挙げられている。①の具体例は、ⓐ株主総会決議の取消しの訴えの係属中に、当該決議によって選任された取締役が被告会社の側に参加する場合であり、②の具体例は、ⓑ債権者代位訴訟に債務者が参加する場合やⓒ破産管財人を当事者とする訴訟に破産者が参加する場合である[14]。

これらのほかにも、共同訴訟的補助参加の対象となるかが議論されている事例としては、ⓓ株主総会決議取消しの訴えの原告側に、出訴期間を徒過したためにみずからは訴えを提起することができない株主が補助参加する場合、およびⓔ債権者と主債務者の間の訴訟に、主債務者勝訴判決の反射効を受ける保証人が補助参加する場合がある。

ⓓについては、この場合の参加人には被参加人勝訴の判決効のみが及び、被参加人敗訴の判決の効力は及ばないため、とくに保護する必要はないとして、共同訴訟的補助参加ではなく通常の補助参加になるとする見解がある[15]。他方で、被参加人勝訴の判決効のみが片面的に第三者に及ぶ場合を強いて排除する必要はないとして、共同訴訟的補助参加を認める見解もある[16]。

ⓔについても、多数説は、既判力が及ぶわけではない第三者は通常の補助参加をなしうるにすぎないとする[17]が、反射効も判決の判断を法律上不可争にする点では既判力と変わらないとして、共同訴訟的補助参加を認めるべきとする有力説もある[18]。

(2)　共同訴訟的補助参加から除外される事例　他方で、通説が挙げるⓐからⓒを共同訴訟的補助参加から除外すべきとする議論もある。

---

14)　伊藤・前掲注1）648頁、兼子ほか・前掲注10）241頁〔新堂＝高橋＝高田〕、秋山ほか・前掲注10）450頁などにこれらの例が挙がっている。

15)　瀧川叡一「株主総会決議の効力を争う訴訟における訴訟参加―共同訴訟的補助参加を中心として」松田判事在職四十年記念・会社と訴訟（上）（有斐閣・1968）333頁。

16)　高橋・前掲注1）473頁注51)。斎藤ほか編著・前掲注8）231頁〔小室＝東〕、中野貞一郎＝松浦馨＝鈴木正裕編・新民事訴訟法講義［第2版補訂2版］（有斐閣・2008）565頁〔松浦馨〕、林屋礼二・新民事訴訟法概要［第2版］（有斐閣・2004）294頁、本間・前掲注12）687～688頁も結論同旨。

17)　既判力と反射効の違いの一つとして、既判力を受ける第三者は係属中の訴訟に共同訴訟的補助参加をなしうるのに対し、反射効を受ける第三者は補助参加をなしうるにとどまることが挙げられてきた。後藤勇「反射的効力」争点［旧版］（1979）284頁、高田裕成「判決の反射的効力」争点［新版］300頁。

18)　鈴木正裕「判決の反射的効果」判タ261号（1971）15頁。梅本・前掲注1）670頁注1）も、これを支持する。

まず、破産管財人による破産財団に関する訴訟に破産者が参加するⓒについて、有力な見解は、通常の補助参加が認められるにすぎないとする。その理由としては、この場合の破産者は完全に管理処分権を失っていること、破産管財人が敗訴したとしても、免責主義をとるわが国において破産者がいかなる不利益を受けるかは明らかでないこと、が挙げられている[19]。

株主総会決議によって選任された取締役が当該決議の取消しの訴えの被告会社側に参加するⓐについては、取締役は会社とならんで被告適格を有すると解し、共同訴訟参加をなしうるとする見解が有力である[20]。債権者代位訴訟の債権者側に債務者が参加するⓑについても、債権者による訴訟追行は、第三者の訴訟担当としてではなく、固有の当事者適格に基づいて行われているとの理解のもとに、債務者にも固有の当事者適格を認め、債務者による共同訴訟参加を肯定する見解がある[21]。

4 本稿の目的

以上のとおり、共同訴訟的補助参加をめぐる議論は錯綜している。共同訴訟的補助参加を補助参加と共同訴訟参加の間のどこに位置づけるべきかは、参加人の地位・権限、対象とすべき場合のいずれについても明確ではない。参加人の地位・権限に関する議論がどのような場合を念頭に置いているのかも、必ずしも明らかではない。たとえば、参加人に訴訟状態承認義務を認めるべきかをめぐって見解は対立しているが、それぞれの見解が共同訴訟的補

---

19) 井上・前掲注 13) 70 頁。高橋・前掲注 1) 475 頁注 57) もこの見解に賛成する。徳田和幸「破産債権確定訴訟における補助参加申立の許否」複雑訴訟の基礎理論（信山社・2008〔初出 1972〕）498 頁は、破産管財人が当事者である破産債権確定訴訟に破産者が補助参加を申し立てた場合につき、破産者に判決の効力が及ぶか否かは明白でないとしつつ、たとえ破産者に判決の効力が及ぶとしても、共同訴訟的補助参加とするだけの利益は認められないとする。このほか、林屋・前掲注 16) 296 頁は、破産者が破産管財人と相手方の訴訟に補助参加をするときには、往々にして破産管財人の訴訟追行を妨げる行動に出がちになることを挙げて、共同訴訟的補助参加から除外すべきとする。

20) 高橋宏志・重点講義民事訴訟法（上）［第 2 版補訂版］（有斐閣・2013）314 頁、高橋・前掲注 1) 474 頁注 56)。

21) 福永有利「当事者適格理論の再構成」民事訴訟当事者論（以下、「当事者論」として引用する）（有斐閣・2004〔初出 1974〕）161 頁、164 頁。なお、民法の一部を改正する法律案 423 条の 5 は、債権者が被代位権利を行使した場合であっても、債務者は被代位権利について取立てその他の処分をなしうるものとしている。この規定は、債務者が債権者代位訴訟に共同訴訟参加をなしうることの根拠となろう。

助参加と認める事例の範囲は異なっている[22]。そのために、論者がどの範囲で共通の基盤に立っているかも、判然としないところがある。

こうした議論の状況からうかがわれるのは、判決の効力が補助参加人にも及ぶことを基準として共同訴訟的補助参加の範囲を画そうとすると、そこには、参加人の実体的利益を保護するために通常の補助参加人よりも強い地位・権限を認めるべき必要はあるか、という観点からは必ずしも一様ではない、様々な事例が取り込まれてしまう、ということであろう。たとえば、共同訴訟的補助参加と補助参加のいずれに該当するかにつき争いのあるⓒと、共同訴訟的補助参加または共同訴訟参加が認められるとされるⓐおよびⓑとでは、参加人に判決の効力が及ぶことは共通であるものの、参加人がどのような実体的利益を有するか、被参加人の訴訟追行によって参加人の利益はどの程度保護されうるか、参加人の利益を保護するために被参加人の訴訟追行を牽制する必要はどの程度あるかなどの点で、異なっている。これらの違いを共同訴訟的補助参加の要件・効果をめぐる議論に反映させることはできないだろうか。

以下では、こうした問題意識に基づいて、ⓐからⓔの事例相互の比較・検討を行う。すなわち、参加人に判決の対世効が及ぶ第1グループ（ⓐⓓ）、訴訟担当の被担当者として既判力が及ぶ第2グループ（ⓑⓒ）、および反射効が及ぶ第3グループ（ⓔ）に分けて、参加人が被参加人の訴訟追行を牽制することを正当化する事情はなにか、参加人は被参加人のどのような訴訟行為をいかなる理由に基づいて阻止しうるのかについて、考察する（Ⅱ）[23]。そのう

22）　参加人の訴訟状態承認義務を肯定する論者の中でも、松本・前掲注8）131頁注31）は、訴訟担当者の訴訟に参加する被担当者は単純な補助参加人の地位しか取得しえないとするのに対し、本間・前掲注12）687～688頁は、ⓒ以外の被担当者の参加とⓓの参加を共同訴訟的補助参加であるとする。訴訟状態承認義務を、被参加人が参加人を害する意図を有する場合を除いて肯定する民事訴訟法改正研究会の立法提案は、ⓒⓓⓔを共同訴訟的補助参加から除外している。杉山悦子「判決の効力を受ける第三者の保護」民訴59号（2013）175頁。これに対して、訴訟状態承認義務を否定する高橋・前掲注1）474頁注56）、475頁注57）は、すでに述べたようにⓐおよびⓒを共同訴訟的補助参加から除外する。ⓑおよび遺言執行者の訴訟に被担当者である相続人が参加する場合は、共同訴訟的補助参加であるとするが（高橋・前掲注5）325～326頁）、ⓓおよびⓔを訴訟状態承認義務が否定される共同訴訟的補助参加と扱うかどうかは、明らかではない。高橋・前掲注1）476頁注61）。

23）　私見は、共同訴訟的補助参加の効果を一律に論ずるのではなく、類型ごとの考察が必要であるとする前掲注7）に掲げた見解から示唆を受けたものである。ただし、この見解が参加人に当事者適格が否定されている趣旨を考慮するのに対し、参加人に判決効が及ぶ根拠についても、被参加人による訴訟追行の適切性がどのように担保されているかという観点から考察する必要があると考え

えで、共同訴訟的補助参加の要件・効果についての試論を提示する。その際には、人事訴訟における利害関係人の訴訟参加の規律（人訴15条3項・4項）との関係にも言及する（Ⅲ）。

Ⅱ　事例の検討

1　第1グループ――参加人に判決の対世効が及ぶ場合

すでに述べたように、株主総会決議取消訴訟の被告側に被選任取締役が参加するⓐは、共同訴訟的補助参加または共同訴訟参加に該当するとされるのに対し、同じ訴訟の原告側に出訴期間を徒過した株主が参加するⓓは、共同訴訟的補助参加と通常の補助参加のいずれに該当するかにつき争いがある。この違いはどのような事情によるものであろうか。また、それぞれの事例に適する参加の形態はなにか。

(1)　ⓐにおける参加人の実体的利益と共同訴訟的補助参加の必要性　株主総会決議取消訴訟において請求認容判決が確定した場合、その効力は被選任取締役にも及び、当該取締役は決議によって得た取締役たる地位を失う。この「取締役たる地位」が当該取締役個人の法律上の利益として保護に値することについては、現在では争いがない[24)]。また、被告会社がだれのどのような利益を代表して訴訟を追行しているかについては争いがある[25)]ものの、被選任取締役個人の利益を代表しているわけではないことについては、見解が

ている。そして、こうした検討を通じて、共同訴訟的補助参加から除外されるべき事例も明らかになると考えている。

24)　かつては、取締役たる地位は権利ではない、あるいは権利であるとしても、株主総会の決議によりいつでも剝奪されうるものであるから、保護に値しないという議論もあった。長谷部茂吉・裁判会社法（一粒社・1964）216頁。これに対しては、解任決議によるならばともかく、決議取消原因が存在しないにもかかわらず、当事者の馴合訴訟によりその地位を奪われることから保護される利益は被選者にある、という反論が提起されている。山木戸克己「株主総会決議取消訴訟と決議の有効を主張する者の訴訟参加」民事訴訟法判例研究（有斐閣・1996〔初出1959〕）110頁、瀧川・前掲注15）336頁。

25)　会社は、株主全員の意見を調整・集約した結果にしたがって訴訟追行しているとする見解（福永有利「法人の内部紛争の当事者適格」当事者論〔初出1981〕397頁、399～400頁）、原告と利害が対立する株主を除く、決議の効力について積極的関心をもたない一般株主の利益を代表しているとする見解（中島弘雅「法人の内部紛争における被告適格について（三）」判タ538号（1984）35頁、39頁）、会社はだれかの利益を代表して訴訟追行するわけではなく、訴えを適法に成立させ、利害関係人に参加（共同訴訟参加または共同訴訟的補助参加）の機会を与えるために被告となっているにすぎないとする見解（山本克己「特別判例研究」民商95巻6号（1987）933～934頁）などが主張されている。

一致している。ここからは、次の帰結が導かれよう。

被選任取締役の前記利益は、会社の訴訟追行によっては十分には保護されない。とくに会社の代表者として訴訟を追行するのが選任決議当時の代表取締役ではない場合には、被選任取締役の利益に反する訴訟追行がされるおそれもある。被選任取締役の利益を訴訟手続に反映させるためには、当該取締役自身が訴訟に参加して、会社の不利益な訴訟追行を牽制する必要がある。その具体的な規律は、以下のとおりである。

(a)　被選任取締役は、参加後に会社が自白をしてもこれには拘束されず、自白が成立した事実を否認することができる。会社による自白は、請求認容判決をもたらしうる行為だからである。参加後に会社が請求の認諾をした場合にも、異議を述べてその効力を否定することができる。請求の認諾が効力を生じれば、その形成力により、請求認容判決が確定した場合と同様に被選任取締役の取締役たる地位は失われるからである[26)]。

(b)　被選任取締役は、参加前に会社がした自白にも拘束されず、参加の時点では会社が提出できなくなっている防御方法を提出することもできる。被選任取締役の訴訟状態承認義務を認めて、会社がすることができなくなっている訴訟行為は被選任取締役もなしえないものとすれば、被選任取締役の利益を代表していない会社の訴訟追行の結果として請求認容判決がされるおそれがあり、正当ではないからである[27)]。

---

26)　請求認容判決の効力が第三者にも拡張される株主総会決議取消訴訟においては、処分権主義、弁論主義が制限されるため、被告会社は請求の認諾や自白をなしえないという議論もある。兼子・前掲注1）347頁、小山昇・民事訴訟法［5訂版］（青林書院・1989）268頁、谷口安平「会社訴訟における訴えの利益」民事手続法論集第2巻（信山社・2013〔初出1968〕）173頁、小室直人「形成訴訟における処分権主義・弁論主義の制限」民事訴訟法論集（上）（信山社・1999〔初出1977〕）226～227頁、本間靖規「判決の対世効と手続権保障―社団関係訴訟を中心として」手続保障論集（信山社・2015〔初出1986〕）260頁など。これに対して、会社による請求の認諾の効力を認める見解は、その理由として、決議の効力を維持することについて法律上の利益を有する第三者は、共同訴訟的補助参加をして請求の認諾の効力を争いうることを指摘する。伊藤・前掲注1）456頁。

筆者は、総会決議取消訴訟の係属を公告する制度を欠く現状では適時に共同訴訟的補助参加がされるとは限らず、また、現行制度のもとでは、正当な理由に基づかない請求の認諾を裁判所が排除する仕組みも十分ではないため、請求の認諾を認めるべきではないと考える。長谷部・前掲注11）282頁。しかし、請求の認諾を禁じた明文の規定を欠く現状では、会社が正当な理由もなく請求を認諾する可能性もある。それを阻止する権限を共同訴訟的補助参加をした被選任取締役に認める必要はあると考えている。

27)　訴訟状態承認義務が否定されることによる相手方の不利益の問題には、別途対応する必要がある。この点については、後述2(3)(b)を参照。

(c) 被選任取締役に中断・中止事由が生じた場合には、会社と相手方の間の手続も停止すべきである。そのまま会社と相手方の間の手続を進行させてしまうと、その間は被選任取締役の利益が手続に反映されないことになるからである。ただし、被選任取締役の死亡によっても手続は中断せず、共同訴訟的補助参加は終了する。取締役たる地位は、相続人に承継される性質のものではないからである。

以上の規律に適合する参加の形態としては、共同訴訟的補助参加のほか、共同訴訟参加および詐害防止参加が考えられる[28]。

(2) ⓓにおける参加人の実体的利益と共同訴訟的補助参加の必要性 ⓓの参加人(株主)は、訴訟の結果、瑕疵ある株主総会決議が取り消されることについて利益を有している。瑕疵ある決議の取消しを求める権利は株主の共益権に含まれており、参加人の利益が保護に値する法律上の利益であることは、ⓐと同様である。しかし、ここでは三つの問題がある。

第1は、すでに指摘されているように、この場合の参加人には被参加人勝訴判決の効力のみが及び、敗訴判決の効力は及ばないことである。すなわち、被参加人による自白や攻撃方法の不提出の結果、敗訴判決がされたとしても、その効力は参加人に及ばない。そうであれば、被参加人による不適切な訴訟追行につき、参加人にこれを牽制する権限を認めるべき必要性に乏しい、とも考えられる。

こうした議論に対しては、参加人はすでに出訴期間を徒過しており、被参加人勝訴の判決がされない限りみずからの利益を実現することはできないのだから、自白などの敗訴判決をもたらす被参加人の訴訟行為を牽制する必要がある、という反論がありえよう。また、被参加人が請求の放棄や訴えの取下げをした場合にも勝訴判決は得られないので、参加人にはこれらの行為を牽制する権限も認めるべきである、という立論も成り立ちうるかもしれな

28) 共同訴訟参加および共同訴訟的補助参加のほか、詐害防止参加が競合的に認められるかをめぐっては、積極説(山木戸・前掲注24) 109~110頁)と消極説(瀧川・前掲注15) 340~341頁)が対立している。消極説は、詐害防止参加は馴合訴訟による詐害的判決の防止を目的として立法されたものであり、判決の効力が第三者に及ぶ場合を含まない趣旨であったことを理由とする。しかし、第三者に判決効が及ぶ場合であっても、被参加人が現に詐害的な訴訟追行をしているのであれば、詐害防止参加を否定すべき理由はないように思われる。

い[29]。しかし、参加人にここまでの権限が認められ、さらに訴訟状態承認義務も否定されるとすると、その地位は、判決の名宛人とならない点および請求についての処分行為をなしえない点を除けば、出訴期間内に原告側に共同訴訟参加をした株主とほとんど変わらないことになる。これは行き過ぎではないか、というのが第2の問題である。

第3は、この場合の参加人の実体的利益と被参加人のそれの関係はⓐとは異なっている、という問題である。すなわち、参加人も被参加人も、その保護されるべき利益は瑕疵ある決議の取消しを求めることにある。ⓐの被選任取締役に認められるような被参加人によっては代表されない固有の利益は、ⓓの参加人にはない。換言すれば、ⓓの被参加人は、参加人を含む決議の効力を争う株主等の利益を代表して訴訟追行をしていると考えられる。それゆえ、ⓓの参加人には、被参加人の訴訟追行を牽制する権限が当然に認められるわけではない。被参加人が正当な理由もないのに訴えを取り下げようとしている場合のように、被参加人がその代表すべき者の利益を害する訴訟追行をしている場合に限って認めれば足りよう。

このように考えると、ⓓの参加人がとりうる参加の形態は、原則として補助参加であり、被参加人が参加人を害する訴訟追行をしている場合に、共同訴訟的補助参加または詐害防止参加が問題になりうることになろう。

2　第2グループ――参加人に訴訟担当の被担当者として既判力が及ぶ場合

(1)　対立型法定訴訟担当と吸収型法定訴訟担当の区別　このグループに属する事例については、訴訟担当の種類が対立（拮抗）型であるか吸収型であるかによって、共同訴訟的補助参加を認めるべき必要性は異なる、という議論がある[30]。それは、次のような趣旨によるものと考えられる。

債権者代位訴訟に債務者が参加するⓑにおいては、被参加人（債権者）に参加人（債務者）の権利を行使することが認められてはいるものの、当該権利についての参加人の権限が無になるわけではない。被参加人と参加人のそ

29)　たとえば、上柳克郎＝鴻常夫＝竹内昭夫編集代表・新版注釈会社法（5）（有斐閣・1986）344頁〔岩原紳作〕は、被参加人が訴えを取り下げたりすれば、参加人としてはもはや決議の瑕疵を争う余地がなくなることから、被参加人の処分権を制限するために法40条1項の準用を認めてよいとする。

30)　三木＝山本編・前掲注12）37頁参照。

れぞれの権限は、訴訟物たる権利をめぐって併存・拮抗する関係にある(対立型法定訴訟担当)[31]。

これに対して、破産管財人による訴訟に破産者が参加するⓒにおいては、被参加人(破産管財人)の権限は参加人(破産者)の権限を吸収しており、参加人は、自己の権限の事実上法律上の空白状態を前提とし、被参加人の訴訟行為の効力を全面的に承認せざるをえない立場に置かれている(吸収型法定訴訟担当)[32]。

ⓑとⓒの間のこうした実体法的な差異を参加人の訴訟上の地位・権限に反映させるならば、ⓑにおいては、被参加人が上訴の取下げ、上訴権の放棄、訴えの取下げ等の訴訟処分行為を単独で行ってもその効力は生じないのに対して、ⓒにおいては、被参加人がこれらの行為を単独で行ってもその効力を生じる、という帰結が導かれよう[33]。参加の形態としては、ⓑについては共同訴訟的補助参加が認められるのに対して、ⓒについては近時の有力学説(I 3 (2))が説くように補助参加を認めれば足りる、ということになる。

問題は、対立型法定訴訟担当か吸収型法定訴訟担当かの区別によって、参加人の地位・権限の違いを、すべての法定訴訟担当を通じて矛盾なく説明することができるか、である。

(2) 遺言執行者と破産管財人の比較　吸収型法定訴訟担当の例としては、破産管財人のほか、遺言の執行に関する訴訟の当事者となる遺言執行者が挙げられている[34]。たとえば、受遺者が提起した遺贈義務の履行を求める訴えにおいて、遺言執行者は、相続人の訴訟担当者として被告適格を有するといわれている[35]。この場合に、相続人にも被告適格が認められるかについては争いがあるが[36]、遺言執行者が受けた判決の効力が相続人に有利にも不利に

31) 対立型法定訴訟担当については、三ケ月章「わが国の代位訴訟・取立訴訟の特異性とその判決の効力の主観的範囲」民事訴訟法研究第6巻(有斐閣・1972〔初出1969〕)9～10頁を参照。

32) 吸収型法定訴訟担当については、三ケ月・前掲注31)8～9頁を参照。

33) 林田・前掲注7)145頁参照。

34) 三ケ月・前掲注31)9頁。

35) 最判昭和51年7月19日民集30巻7号706頁は、傍論としてではあるが、この旨を判示する。

36) 前掲注35)最判昭和51年7月19日が引用する最判昭和43年5月31日民集22巻5号1137頁は、特定不動産の遺贈を受けた者がその遺言の執行として目的不動産の所有権移転登記を求める訴えにおいて被告適格を有するのは、遺言執行者がいる場合には遺言執行者のみであるとした。相続人は、当該不動産について相続登記を経ていても被告適格を有しない、としたものである。学説においては、この判決を支持する見解(小山昇「遺言執行者の地位」小山昇著作集第8巻(信山社・1992〔初出1979〕)154頁注74))のほか、この判決には疑問があるとし、「遺言執行者相手の訴訟

も拡張されることについては、見解が一致している。そして、この訴訟の被告側に参加する相続人には共同訴訟的補助参加が認められることについても、とくに異論はない[37]。

遺言執行者は、ⓑの代位債権者と異なり、自己固有の利益のためにこの訴訟の当事者となっているわけではない。職務上の権限の行使として他人の財産に関する訴訟を追行する点において、ⓒの破産管財人に類似している。そうであるにもかかわらず、参加人である相続人には破産者よりも強化された地位・権限が認められるとすれば、それはどのような理由によるものだろうか。

一つの説明は、破産者と相続人とではその有する実体的利益が異なる、というものである。すなわち、破産者は、破産財団に属する財産が債務の総額を上回るような稀有な場合でない限り、破産管財人による訴訟の結果に利害関係をもたない。しかし相続人は、受遺者と称する原告の請求が認められなければより多くの相続財産を取得しうる地位にある。遺言執行者の訴訟追行によってこの利益が害されないようにするために、相続人には、遺言執行者の不利益な訴訟行為を阻止する権限を認めるべきである。

このほか、破産者の従属性は、被参加人である破産管財人の地位の特性によるところが大きく、吸収型法定訴訟担当一般にあてはまるものではない、という議論も考えられる。すなわち、破産管財人は裁判所によって選任され、その監督に服する（破産74条1項、75条1項）。裁判所は、破産管財人の職務を行うに適した者を選任するものとされ（破産規23条1項）、通常は弁護士の中から選任している。破産管財人は、破産財団に属する財産の管理・処分の状況等について裁判所に報告する義務を負い（破産157条2項）、管理・処分を適切に行っていないことは解任の事由となる（破産75条2項）。破産管財人

では、遺言執行者に対して相続人への移転登記を抹消せよと要求できるだけであって、それでは紛争の直接的な解決は得られない」から、相続人たる登記名義人に移転登記請求訴訟の被告適格を認めるべきとする見解（新堂・前掲注1）296頁注2））、遺言執行者だけを被告とする移転登記請求訴訟で原告が満足しているならそれでよいが、そうでないのであれば、登記名義人にも抹消登記請求訴訟の被告適格があるとする見解（高橋・前掲注20）273頁、279頁）などが主張されている。

37）ⓒの破産者について共同訴訟的補助参加を否定する見解も、相続人については共同訴訟的補助参加を認めている。高橋・前掲注1）470頁、同・前掲注5）326頁。なお、上田徹一郎＝井上治典編・注釈民事訴訟法（2）（有斐閣・1992）125頁〔井上治典〕は、ⓒの破産者の参加もこの場合の相続人の参加も補助参加であるとするが、この見解は、補助参加とは別に共同訴訟的補助参加の概念を認める必要はない、という前提に立つものである。同書126頁。

はまた、職務の遂行に必要な情報を得るために、破産者等に対して説明を求めたり、破産財団に関する帳簿等を検査したりすることもできる（破産83条1項）。これらの規律により、破産管財人の訴訟追行の適切性は確保されている。それゆえ、破産者を訴訟に参加させて破産管財人の訴訟追行を牽制させる必要はない、と考えられる。

遺言執行者については、以上に相当する規律はない。訴訟物たる権利について相続人と同じ程度の知識を有しているとは限らず、必要な情報を相続人その他の者から収集する権限を有しているわけでもない。これらの点では、ⓑの代位債権者に類似している。それゆえ、遺言執行者の訴訟追行を相続人が牽制する必要性は、破産管財人の場合よりも強いように思われる。

⑶　**参加人の地位・権限の規律**　債権者代位訴訟に参加する債務者が訴訟物たる権利について有する実体的利益は、債権者のそれとは独立であり、ときに対立・拮抗する関係にある。遺言執行者を当事者とする訴訟に参加する相続人も、訴訟の結果について固有の実体的利益を有しており、これは、遺言執行者によっては十分に保護されないものである。それゆえ、債務者も相続人も、その実体的利益を守るためにみずから訴訟に参加して、被参加人の訴訟追行を牽制する必要がある。この点は、ⓐの株主総会決議取消訴訟の被告側に参加する被選任取締役と共通である。そうであるとすれば、債務者および相続人の訴訟上の地位や権限も、被選任取締役の場合（1⑴(a)～(c)）と同様に考えればよさそうである。

もっとも、これらの者が被参加人の訴訟処分行為を阻止する権限を有すること、および参加前に被参加人が形成した不利な訴訟状態を承継する義務を負わないことについては、さらなる検討が必要である。

(a)　参加人によって阻止される被参加人の訴訟処分行為として考えられるのは、ⓑの場合は、訴えの取下げ、請求の放棄およびこれと同視しうる訴訟上の和解であり、遺言執行者を被告とする訴訟に相続人が参加する場合は、訴えの取下げに対する同意、請求の認諾およびこれと同視しうる訴訟上の和解である。しかし、参加人がこれらの訴訟行為を阻止することができる理由は、ⓐにおける請求の認諾ほど明らかではない。

まず、遺言執行者がした請求の認諾に執行力が生じる場合を別にすれば、被参加人がこれらの訴訟行為をしても、被参加人敗訴の判決が確定したのと同様の法律上の効果は生じないとも考えられる。すなわち、請求の放棄・認諾および訴訟上の和解に既判力が認められるかについては争いがあり、訴えの取下げについてはそもそも既判力は問題とならない。他方で、これらの訴訟行為の結果、訴訟が終了すれば、参加人（債務者、相続人）は訴訟物たる権利についての管理処分権を回復し、みずから訴えを提起したり、相手方が再度提起した訴えに当事者として応訴したりすることができるようになる。その場合に、参加人が、前訴での請求の放棄・認諾や訴訟上の和解に拘束されずに訴訟追行をなしうるならば[38]、被参加人のこれらの行為を参加人が阻止する必要はないようにみえる。

それでも、参加人には被参加人の訴訟処分行為を阻止する権限が認められるべきであるとすれば、その理由はどこに求められるべきであろうか。この問題については、請求の放棄・認諾および訴訟上の和解が参加人に及ぼす事実上の効果に着眼する見解もあるが[39]、訴えの取下げも含めて法律上の効果によって説明するとすれば、次のような理由づけが考えられよう。すなわち、被参加人の訴訟処分行為により訴訟終了効が生じると、参加人が勝訴判決を得るためにそれまでにしてきた攻撃防御方法の提出は、無駄になってしまう。このことは、たとえ参加人を当事者とする再訴が可能であるとしても、参加人にとって看過しえない不利益である[40]。

(b)　参加人の実体的利益を保護するためにその訴訟状態承認義務を否定すれば、すでに形成された訴訟状態に対する相手方の信頼が損なわれる。このことは、ⓐの場合にも共通の問題である。しかし、相手方の不利益は、参加人となるべき第三者を訴訟係属後のできるかぎり早い段階で訴訟に引き込むことができれば、最小限に抑えることができる。そのための方法としては、

---

38)　参加人が前訴で被参加人がした請求の放棄・認諾や訴訟上の和解に拘束されない理由については、債権者代位訴訟における被参加人（債権者）には全面的な実体法上の管理処分権は認められないから、単独でこれらの行為をすることはできない、という説明も考えられる。伊藤・前掲注1）456頁、465頁参照。しかし、遺言執行者にも同じ説明があてはまるかは疑問であるうえ、管理処分権が債権者と債務者に分属しているとすれば、債務者になぜ当事者適格が認められないのかが問題となろう。ここでは、前訴で被参加人がした請求の放棄・認諾等は有効であるが、参加人が後訴を追行するうえでそれが障害になる場合には、参加人はその効力を否定することができる、という説明を採用したい。

39)　高田裕成「いわゆる類似必要的共同訴訟関係における共同訴訟人の地位」新堂幸司先生古稀祝賀・民事訴訟法理論の新たな構築（上）（有斐閣・2001）663頁。

40)　ⓑにおける訴えの取下げに関しては、これにくわえて、訴訟物たる権利についての時効中断の効力が失われる不利益も生じる。

相手方が民事訴訟法上の訴訟告知（法53条）の制度を利用して、第三者に対して訴訟参加を促すことが考えられる。

訴訟告知を受けた第三者が相当な期間内に訴訟参加をするとはかぎらない。しかし、訴訟告知がされたことで、第三者は、自己の実体的利益にかかわる訴訟を他人が追行していること、そして、その者の訴訟追行にまかせた結果、自己に不利益な判決がされれば、その効力に服さなければならないことを認識するはずである。そうであるとすれば、訴訟告知を受けた第三者が適時に参加しなかった場合でも、参加することができた時に参加したものとみなして、それ以後に形成された訴訟状態を引き継ぐ義務を負わせる（法53条4項の類推適用）という規律もありうるように思われる[41]。

3　第3グループ──参加人に反射効が及ぶ場合

ⓔの保証人は、債権者・主債務者間で主債務者勝訴の判決がされた場合にのみ、その反射効を受ける点において、被参加人勝訴判決の既判力のみを受けるⓓの参加人（株主）と類似している[42]。しかし、ⓓの株主と異なり、保証人の実体的利益は主債務者のそれに依存しているものの、両者は同一ではない。この点ではむしろ、ⓐの被選任取締役と類似している。それでもなお、保証人に共同訴訟的補助参加が認められないとすれば、その理由は、ⓔにおいては、被参加人である主債務者は通常、保証人のために有利な訴訟追行をすると期待できることに求められよう。すなわち、主債務が存在しないにもかかわらず、その存在が認められて主債務者に対する請求を認容する判決がされても、その既判力や反射効が保証人に及ぶことはない。しかし、この判

41）参加人の訴訟状態承認義務を肯定する見解の中には、訴訟承継（参加承継・引受承継）において承継人が訴訟状態承認義務を負うこととのバランスを指摘するものがある。三木＝山本編・前掲注12）38頁、杉山・前掲注22）176頁。しかし、共同訴訟的補助参加と訴訟承継とでは、相手方の保護の必要性に関して違いがあるように思われる。すなわち、訴訟承継において承継人が訴訟状態承認義務を負うのは、訴訟係属中に当事者の一方が係争物の譲渡をした結果、新たな当事者となった承継人がそれまでの訴訟状態を引き継がないとすれば、相手方に対して不公平だからである。これに対して、共同訴訟的補助参加をなしうる第三者は、訴訟係属の時点ですでに存在しており、相手方（ⓐにおける原告またはⓑにおける被告）は、本文で述べたように、第三者に対して訴訟告知をして訴訟参加を促すことができたはずである。相手方がそうした手段をとらず、訴訟手続を進めてしまった場合には、参加してきた第三者に訴訟状態承認義務を負わせることができないという規律にも、合理性はあるように思われる。

42）ⓔの保証人に共同訴訟的補助参加を認める必要はないとする論者の中には、反射効が保証人に有利にのみ及ぶことを理由とするものもある。新堂・前掲注1）817頁。

決後に保証人が債権者から保証債務の履行を求められて弁済する可能性はあり、その場合には、主債務者は保証人から求償権を行使されるおそれがある(民459条1項、462条)。こうした事情から、主債務者が、主債務の額は実際よりも高額であるとする債権者の主張を認めたり、実際には主債務が弁済によって消滅しているのにその主張をしなかったりすることは、通常はないと考えられる。

それゆえ、主債務者による不利益な訴訟追行を阻止するために保証人が共同訴訟的補助参加をする必要はない。主債務者が準備書面を提出せずに期日に欠席するなど、明らかに訴訟追行の意欲を欠く場合であれば、保証人は詐害防止参加をすることができるので、やはり共同訴訟的補助参加を認める必要はないというべきであろう。

Ⅲ　共同訴訟的補助参加の要件・効果
――参加人の実体的利益に着眼した規律

1　参加人に被参加人の訴訟追行を牽制する権限が認められるための要件

Ⅰ1で述べたように、通説によれば、共同訴訟的補助参加の効果が認められる場合の参加人は、訴訟物について当事者適格を有しない点は通常の補助参加人と同様であるものの、当該訴訟の判決の効力に服することから、通常の補助参加人よりも強力な訴訟上の地位が認められるとされてきた。

私見によれば、参加人に通常の補助参加人の権限だけでなく、被参加人の訴訟追行を牽制する権限が認められるためには、被参加人を名宛人とする判決の効力が参加人に拡張されるだけでは足りない。参加人が保護に値する実体的利益を有していることにくわえて、その利益が被参加人の訴訟追行によっては十分に保護されないことが必要である。

この要件を満たすのは、ⓐの被選任取締役、ⓑの債務者、および遺言執行者を当事者とする訴訟に参加した相続人である。これらの参加人は、被参加人によっては代表されない固有の実体的利益を有しており、被参加人は、参加人との利益の対立や訴訟追行に必要な情報の不足などのために、参加人の実体的利益を害する訴訟追行をするおそれがある。参加人には、そのような被参加人の訴訟追行を阻止する権限が認められるべきである。

前記の要件を満たさないⓒⓓⓔにおいても、被参加人が現実に参加人の利益を害する訴訟追行をしているならば、それを牽制する権限を参加人に認めるべきである。しかし、そのような場合の参加形態としては、詐害防止参加がある。参加人に判決の効力が及ぶからといって、共同訴訟的補助参加を認めなければならないわけではない。

2　参加人の地位・権限の規律

(1)　**被参加人の訴訟行為を阻止する権限**　共同訴訟的補助参加が認められる場合には、参加人は、被参加人による上訴権の放棄、上訴の取下げ、自白、請求の放棄・認諾、訴訟上の和解または訴えの取下げの効力を否定することができる。もっとも、参加人がなぜ、これらの訴訟行為を阻止する必要があるのかは、それぞれの訴訟行為によって異なっている。

上訴権の放棄および上訴の取下げは、被参加人敗訴の判決を確定させ、判決の効力を生じさせる行為であるから、参加人がこれを阻止する必要性は高い。これに対して自白は、ただちに判決の効力を生じさせるものではない。しかし、これによって被参加人敗訴の判決がされる可能性があるため、参加人にとって不利益な行為といえる。

訴えの取下げをはじめとする訴訟処分行為が参加人に及ぼす不利益は、以上とは異なる。すなわち、請求の認諾に形成力や執行力が生じる場合を別にすれば、訴訟処分行為の参加人に対する法律上の効果として争いがないのは、訴訟終了効にとどまる。そのため、たとえばⓑにおける参加人は、被参加人による請求の放棄や訴えの取下げの後、相手方に対して再訴を提起し、請求認容判決を求めることもできる。しかしその反面で、被参加人勝訴の判決を求めて訴訟資料を提出してきたことが無駄になってしまう不利益も受ける。再訴が可能であることを考慮してもなお、こうした不利益が参加人にとって重大であるならば、そのことが、参加人に牽制権能を認めるべき理由であろう。

(2)　**訴訟状態承認義務**　参加人は、被参加人の訴訟追行によっては十分に保護されない実体的利益を有しているがゆえに、参加の時点までに被参加人と相手方の間で形成された訴訟状態を引き受ける義務を負わない。これによって相手方の信頼が害されるという問題については、相手方が参加人となるべき第三者に訴訟告知（法53条）をし、訴訟告知後、参加することができた時以降に形成された訴訟状態を引き継ぐ義務を負わせる規律を採用すれば、対応することができる。

(3)　参加人に生じた中断・中止の事由による手続の停止　参加人に中断・中止の事由が生じたときには、参加人の実体的利益が反映されないまま手続が進行することがないように、手続を停止するべきである。参加人の実体的利益の性質から、その死亡によっても手続が停止しない場合（ⓐ）もあるが、これは例外というべきである。

3　人事訴訟における共同訴訟的補助参加の規律

(1)　適正な審理・裁判の確保と参加人の利益保護　人事訴訟法15条3項・4項は、検察官を被告とする人事訴訟の結果により相続権を害される第三者（利害関係人）が、補助参加の申出または裁判所の決定（参加命令）により当該訴訟に参加した場合には、法45条2項を適用せず、法40条1項・2項および同条3項のうち訴訟手続の中止に関する部分を準用することを定めている。これは、共同訴訟的補助参加を明文で認めたものであり、立法担当者は、その立法理由について次のように説明している。

人事訴訟の被告である検察官は、私人のプライバシーに踏み込んで事情を調査することは事実上困難であるなどの理由から、十分に事案を把握した主張立証を行うことが困難な場合がある。そのような場合に、被告とはならないものの、身分関係上、当事者と同視すべき利害関係を有するだけでなく、自らの経験に基づいてより的確な主張立証をすることを期待できる者がいれば、その者に実質的な当事者として訴訟を追行してもらうことが、適正な審理および裁判に資する。たとえば、いわゆる死後認知訴訟において、本来の被告適格者である父（被相続人）の遺産の大半を相続した者で、長年被相続人と同居していた長男を訴訟に参加させることにより、被相続人の生前の行状等についてより的確な主張立証が行われることが期待できる[43]。

これに対して、私見のように参加人の実体的利益に着眼する立場からは、

---

43)　高橋宏志＝高田裕成編・新しい人事訴訟法と家庭裁判所実務（有斐閣・2003）51頁〔小野瀬厚発言〕。小野瀬厚＝岡健太郎編著・一問一答新しい人事訴訟制度（商事法務・2004）69頁（注）も参照。

次のように説明されることになる。

利害関係人が訴訟の結果について有する実体的利益は、相続権（私的利益）であり、公益の代表者である検察官の訴訟追行によっては代表されないものである。検察官は、事件について特別な調査権限を認められておらず[44)]、訴訟物たる法律関係について十分な情報を収集しうる立場にはない。そのような検察官の訴訟追行の結果、利害関係人が相続権を害されないようにするためには、利害関係人自身が訴訟に参加し、検察官の訴訟追行を牽制することが必要である。

(2)　参加人の権限・地位――民事訴訟との比較　法 40 条 1 項の準用により、利害関係人は、検察官が上訴権を放棄しても上訴することができ、また、検察官が上訴を取り下げても、これに異議を述べて上訴の効力を維持することができる。しかし、人事訴訟においては、弁論主義や処分権主義の適用が制限されており、検察官が自白をしても不要証効は生じず、請求の認諾や訴訟上の和解は認められない（人訴 19 条）。そのため、検察官の自白や請求の認諾、訴訟上の和解を牽制する必要性は、実際には問題にならない。

訴訟状態承認義務については、法 45 条 1 項ただし書の適用の排除を明示した規定がないため、これを積極に解する余地もある。もっとも、自白に関する規定（法 179 条）のほか、時機に後れた攻撃防御方法の却下に関する規定（法 157 条・157 条の 2）の適用も排除されることから（人訴 19 条 1 項）、利害関係人の訴訟状態承認義務が実際に問題になる場面は、多くないものと考えられる[45)]。

人事訴訟法 15 条 4 項の規定のもとでは、利害関係人に死亡等の中断事由が生じても、手続は停止しない。その理由について、立法担当者は、利害関係人が欠けたとしても被告適格を有する検察官は存在しており、常に訴訟手続を中断する必要があるか疑問であること、そもそも利害関係人について承

44)　検察官が、刑事事件の捜査におけるように、警察官を指揮しまたはその協力を得て事実調査をすることについては、旧人事訴訟手続法の時代から、法制上の根拠を欠くとされてきた。岡垣学・人事訴訟手続法（第一法規・1981）146〜147 頁。

45)　攻撃防御方法の適時の提出義務に関する法 156 条の適用は、人事訴訟においても排除されない。そのため、当事者がこの義務に反した場合には、信義誠実義務を定めた法 2 条に基づき、主張や証拠の提出が制限される可能性を指摘する見解もある。松川正毅＝本間靖規＝西岡清一郎編・新基本法コンメンタール人事訴訟法・家事事件手続法（日本評論社・2013）51 頁〔本間靖規〕。この解釈を前提としても、ここで利害関係人の訴訟状態承認義務を認めて、利害関係人による攻撃防御方法の提出を制限することがはたして妥当かという問題は残ろう。

継を認める必要はないと考えられることを指摘している[46]。

これに対しては、利害関係人の利益保護のために手続の中断を認めるべきである、という議論がありえよう[47]。それにもかかわらず、手続の中断が認められていないのは、この共同訴訟的補助参加の目的が、利害関係人の利益保護よりもむしろ、審理の充実と適正な裁判の実現にあること、そして、利害関係人が参加を認められているのも、訴訟の結果について強い利害関係を有しているからというよりも、事件について検察官よりも情報を有しているためであることに、理由があるように思われる。

【付記】

脱稿後、本稿の内容について民事訴訟法研究会（東京大学）において報告し、有益なご教示をいただいた。また、本間靖規「第三者の訴訟参加—共同訴訟的補助参加を中心に」法時 88 巻 8 号（2016）46 頁に接した。共同訴訟的補助参加と詐害防止参加の関係をはじめ、本稿には課題も多いが、学恩ある徳田先生への感謝のしるしとして、献呈させていただきたい。

46）　小野瀬＝岡編著・前掲注 43）73 頁。利害関係人について承継を認める必要はない、という指摘は、承継人が事件について利害関係人と同程度に的確な主張立証をなしうるとは限らない、承継人が的確な主張立証をなしうる場合には、新たに参加命令を発すれば足りる、という趣旨とも考えられる。

47）　このほか、形式的な当事者である検察官よりも利害関係人の訴訟追行に期待した参加制度であるのに、参加人に生じた中断事由による手続の中断を一般的に認めない規律は妥当ではない、という批判もある。本間・前掲注 12）689 頁。

共同訴訟的補助参加人の訴訟行為について

福本知行

Ⅰ　はじめに

共同訴訟的補助参加は、判決の効力を受ける者が補助参加をした場合に、その保護を図るため、明文の規定はないが解釈上、補助参加人の従属性を緩和して、共同訴訟人に準じた地位を与えるものと位置づけられてきたが、「共同訴訟人に準じた地位」の具体的内容は、必ずしも明確ではない1)。もっとも近年では、共同訴訟的補助参加を類似必要的共同訴訟と共通の基盤に置き、民事訴訟法40条1項の規律の意義を、他人間に係属する訴訟が先に確定し、その敗訴判決の効力が自己に及ぶことを阻止することに見出し、そのために必要にして十分な限度で、他の共同訴訟人（被参加人）の訴訟行為の効果を牽制することを可能とすることをねらいとした規制とする理解が示され、その具体化が図られつつある2)。そして、人事訴訟法の制定に際して

1）井上治典「共同訴訟的補助参加論の形成と展開」多数当事者訴訟の法理（弘文堂・1981〔初出1968〕）109頁、150頁以下は、通常の補助参加と共同訴訟的補助参加の区別を撤廃して器をひとつにし、後者の地位として認められるところを補助参加人の地位の最大限とみて個別具体的な検討を志向するが、その場合でも、何を以って補助参加人の地位の最大限とみるかは同様に問題となる。

2）高田裕成「いわゆる類似必要的共同訴訟関係における共同訴訟人の地位」新堂幸司先生古稀祝賀・民事訴訟法理論の新たな構築（上）（有斐閣・2001）641頁以下。40条1項についてのこのような分析は、独立当事者参加訴訟において40条が準用されることの意味をめぐる、議論の基盤と

は、検察官を被告とする人事訴訟の結果により相続権を害される第三者につき、職権で補助参加をさせる可能性を肯定するとともに、申立てによるものか職権によるものかを問わず、民事訴訟法45条2項の適用除外と、40条1項から3項までの規定（3項については、訴訟手続の中止に関する部分に限る）の準用とを定める形で（人訴15条3項、4項）、共同訴訟的補助参加が初めて明文上の存在となった3)。これによって、共同訴訟的補助参加一般における補助参加人の地位を考察する際の重要な手掛かりが与えられたといってよい4)。他方において、「民事訴訟法改正研究会」が、民事訴訟法に共同訴訟的補助参加について明文の規定を置く旨の立法提案を公表しており、そこでは45条2項の適用を除外することは人事訴訟法の規律と同様であるが、40条1項から3項までの規定を準用することはせず、ただ、詐害防止参加を廃止する提案との兼ね合いで、被参加人に詐害意思のある場合にはさらに、45条1項の適用除外が提案されている5)。この他、共同訴訟的補助参加における参加人の地位を、ひとくくりにして把握するのではなく、とりわけ被参加人の訴訟追行権の基礎あるいは第三者の訴訟追行権が否定される理由に遡って類型的に検討する試みもみられる6)。

このような中にあって、本稿は、補助参加人の訴訟行為の従属性の内容とされる事項が、共同訴訟的補助参加が成立する場合にどのような変容を被り、どの程度まで緩和されるのかを検討する。筆者は先に、通常の補助参加における補助参加人の訴訟行為の従属性と独立性について検討を加えるとともに、従属性の内容としてひとくくりにされている諸事項には、位置づけを異にす

もされているようであるが、本稿ではこの問題には立ち入らない。

3）　ただし、行政事件訴訟法22条による第三者の訴訟参加は、共同訴訟的補助参加の性格を有するといわれている。南博方ほか編著・条解行政事件訴訟法［第4版］（弘文堂・2014）461頁〔神橋一彦〕参照。

4）　人事訴訟における補助参加であっても、人事訴訟法15条所定の場合以外のものは、民事訴訟法上の補助参加と同様に扱われることになるとともに、そこにおいて共同訴訟的補助参加がいかなる範囲で成立するのかが、別途問題になることはもちろんである。また、同条所定の場合において、民事訴訟法40条1項が準用される場面以外で、補助参加人の訴訟行為の従属性がどのように取扱われるのかについては規定がないので、一般原則に委ねられるであろう。

5）　三木浩一＝山本和彦編・民事訴訟法の改正課題（有斐閣・2012）32頁。

6）　最近のものとしては、主に会社関係訴訟を念頭におく、松原弘信「共同訴訟的補助参加の理論的基礎」伊藤眞先生古稀祝賀・民事手続の現代的使命（有斐閣・2015）571頁、588頁以下参照。学説の整理については、高橋宏志・重点講義民事訴訟法（下）［第2版補訂版］（有斐閣・2014）471頁以下が詳細である。

る三つのものが混在していることを明らかにした[7]。すなわちまず、補助参加人の独立性は、自己の名で被参加人に効果が帰属する訴訟行為を有効にすることができ、補助参加の利益を有する限り、そのような地位を占めるにつき被参加人の意思に左右されることはないことを意味する。これに対し、補助参加人の従属性の内容とされるものは、次の三つに区別される。すなわち、①訴え提起類似行為、訴訟処分行為、訴訟対象変更行為の禁止は、第三者が自ら請求を定立する（または請求の相手方となる）のではなく、他人間の訴訟（請求）の存在を前提とするという、補助参加制度の本質に根差す制約である。②訴訟状態承認義務、被参加人に属する私法上の権利行使の制限は、補助参加制度の外にある法原則を補助参加人に適用した結果にすぎない。③被参加人の訴訟行為と抵触する補助参加人の訴訟行為が失効することは、相手方に向けられる補助参加人と被参加人の両者の訴訟行為の効力を、被参加人の訴訟上の利益を保護するという趣旨を反映して、補助参加訴訟に特有の手法で調整するルールである[8]。そして、共同訴訟的補助参加人も、補助参加人であることには変わりがないということから出発するならば、類似必要的共同訴訟と共通の基盤に置くことから出発する検討とは別に、共同訴訟人に準じた地位が与えられることにより、補助参加人の従属性が、どのように変容するかという視点からの検討が必要であると考える。

そこで本稿ではまず、共同訴訟的補助参加が成立する場合における規律の核心とされている、民事訴訟法45条2項の適用除外と、40条1項の類推（または準用）との意味を検討し（Ⅱ）、次いで被参加人による訴訟処分行為を共同訴訟的補助参加人が阻止する可能性を検討した上で（Ⅲ）、共同訴訟的補助参加人も参加の時点における訴訟状態を承認すべき者かどうか（Ⅵ）、共同訴訟的補助参加と共同訴訟参加（民訴52条）の関係についても、若干の検討を行う（Ⅴ）。

7）　福本知行「補助参加人の訴訟行為の独立性と従属性」松本博之先生古稀祝賀・民事手続法制の展開と手続原則（弘文堂・2016）161頁以下。本稿は実質的にその続編に位置づけられる。

8）　福本・前掲注7）168頁以下。

Ⅱ　民事訴訟法45条2項の適用除外と同法40条1項の類推（または準用）について

1　はじめに

共同訴訟的補助参加が成立する場合、補助参加人は被参加人の訴訟行為と抵触する行為もすることができ、両者の訴訟行為が矛盾抵触する場合には有利な行為が優先する、とされるのが従来からの一般的な理解である[9]。もっともその際には、民事訴訟法40条1項の類推に言及されるのみで、45条2項が適用を除外されることは、当然視されている感がある。こうした中にあって人事訴訟法15条は、民事訴訟法40条1項の準用とともに、その前提として45条2項の適用除外をも定めることで、共同訴訟的補助参加を明文の存在とした[10]。これは、補助参加人に被参加人の訴訟行為の効果を牽制することができる地位を与え、とりわけ被参加人による訴訟処分行為を制約することと、参加人に不利な自白の効力を否定することとが意図されているようである[11]。その一方で、民事訴訟法に共同訴訟的補助参加についての明文規定を置く旨の立法提案は、45条2項の適用を除外するのみで、40条1項を準用する旨の規定は置かないものとしている。このようにみると、45条2項の適用除外と、40条1項の類推（または準用）とは、必ずしも表裏一体の関係にあるとは限らない。そこで以下では、45条2項の趣旨と、共同訴訟的補助参加においてその適用が除外されることの意味を検討し、次いで40条1項についても、その趣旨と、共同訴訟的補助参加においてその類推（または準用）がされることの意味を検討する。

9）　兼子一・新修民事訴訟法体系［増訂版］（酒井書店・1965）407頁、新堂幸司・新民事訴訟法［第5版］（弘文堂・2011）818頁、伊藤眞・民事訴訟法［第4版補訂版］（有斐閣・2014）649頁、高橋・前掲注6）470頁、松本博之＝上野泰男・民事訴訟法［第8版］（弘文堂・2015）781頁〔上野〕など。

10）　行政事件訴訟法22条による第三者の訴訟参加の場合、民事訴訟法45条2項の適用を除外する旨の規定はないが、40条1項の準用が定められているので（行訴22条4項）、抵触行為の取扱いに関する限り、結果的に同様に解されることになろう。

11）　小野瀬厚＝岡健太郎編著・一問一答新しい人事訴訟制度（商事法務・2004）72頁以下。

2　民事訴訟法45条2項

(1)　45条2項の趣旨　前稿において明らかにしたように、民事訴訟法45条2項は、第三者が自ら請求を立てることなく、被参加人と相手方との間の請求を前提として訴訟に参加してくるという、補助参加の特徴を前提にして、被参加人の意向を補助参加人の意向に優先させ、両者の訴訟行為が矛盾抵触する場合には、補助参加人の訴訟行為の効力を失わせる形で調整を図るものである[12)]。したがって、45条2項の適用がある場面では、補助参加人の訴訟行為の効力は被参加人の出方に左右されうるという意味で浮動的であるが[13)]、逆に被参加人の訴訟行為は補助参加人の出方によって影響されない。つまり、45条2項は、被参加人の訴訟追行上の利益を保護するために、補助参加人の訴訟行為の効力のみを左右するものであって、被参加人の訴訟行為の効力を左右することはない。

次に、私見によれば、訴え提起類似行為、訴訟処分行為、訴訟対象変更行為といった、補助参加の不可欠の前提となる他人間の訴訟（請求）に関わるレベルでの補助参加人の（抵触）行為は、補助参加の本質上そもそも無効であるから、45条2項の適用が最初から問題とならない[14)]。また、ここにいう抵触は、積極的抵触に限定されるので、被参加人が消極的態度に出た場合に、それと抵触する補助参加人の積極的行為には適用がなく、補助参加人の行為はそのまま効力を生じる[15)]。

(2)　45条2項の適用が除外されることの意味　共同訴訟的補助参加が成立する場合に、民事訴訟法45条2項の適用が除外されることは、被参加人の行為と抵触する補助参加人の行為も失効しないことを意味する。もっとも、45条2項は相手方に対して向けられた複数の訴訟行為の効力を調整して、その一本化を図る規定であるから、その適用を除外したからといって、被参加人と補助参加人との間で矛盾・抵触する行為がなされた場合に、相手方に対する関係で、どのような帰結がもたらされるのかが、それだけで一義的に明らかになるわけではない。例えば、被参加人がある事実について自白をし、

---

12)　福本・前掲注7）171頁以下。
13)　福本・前掲注7）173頁。
14)　福本・前掲注7）174頁。
15)　福本・前掲注7）173頁。

共同訴訟的補助参加人は同一の事実を争う旨の陳述をする場合を考えても、補助参加人の陳述が失効しないことまでは明らかであるが、補助参加人の陳述が被参加人の自白に優先する効力をもつことまでもが直ちに導かれるわけではない。それどころか、理論上はむしろ、相手方からみれば全体として一貫性のない主張がなされている、という評価に至る可能性もあろう[16)]。

他方、補助参加の不可欠の前提となる他人間の訴訟（請求）に関わるレベルでの補助参加人の（抵触）行為は、もともと民事訴訟法45条2項の適用が問題とならないのであるから、45条2項の適用が除外されることによって、通常の補助参加の場合と異なる結論が導かれるわけではない。まして、45条2項の適用除外は、共同訴訟的補助参加人の権能を、補助参加の本質上、参加人のなし得ない行為をすることにまで広げる趣旨ではないから、共同訴訟的補助参加人が訴え提起類似行為、訴訟処分行為、訴訟対象変更行為を、共同訴訟人と同様にすることができるようになるわけでないことはいうまでもない[17)]。

3　民事訴訟法40条1項

(1)　**40条1項の趣旨**　　民事訴訟法40条1項は、自ら請求を定立している（または請求を定立されている）点で、元来対等な立場にある共同訴訟人相互間において、客観的に有利な訴訟行為は、全員のために確定的に効力を生じ、不利な訴訟行為は、全員の足並みが揃わない限り、効力を生じないとすることで調整し、その一本化を図るものである。そしてこれは、ある共同訴訟人の、敗訴判決を導くべき行為が効力を生じるのを、他の共同訴訟人が阻止すること、すなわち敗訴判決（の確定）が先行してその判決効によって、自己の実体的地位についての権利保護の機会が制限されるのを防ぐことを可能にする手続上の地位が、各共同訴訟人に相互に保障されていることを意味する

16)　独立の原則が働く通常共同訴訟においては、共同訴訟人各自に関わる請求に共通する事実について、共同訴訟人同士で対応が分かれるときは、それぞれの訴訟行為が別個に効力を有するというのが理論的な帰結であり、その上で、証拠共通・主張共通を肯定するか、いかなる範囲で肯定するかが別途問題となる。これに対し、補助参加訴訟の場合、もともと被参加人に関わる請求しかないのであるから、本文で述べたような可能性を排除できないことになる。ちなみに、三木＝山本編・前掲注5）38頁によれば、人事訴訟法の制定に際しても、45条2項の適用を除外するだけでは、参加人に不利な自白の効力を否定するには不十分であるという考慮が背景にあったとのことである。

17)　松本博之・人事訴訟法［第3版］（弘文堂・2012）131頁。

とされる[18]。したがって、このルールの下では、各共同訴訟人が相互に訴訟行為を牽制しあうことで、訴訟行為の効力を相互に左右しうる。また、適用対象となる訴訟行為には制限がなく、訴え提起類似行為、訴訟処分行為、訴訟対象変更行為の効力も左右されうることになる。

(2)　40条1項が類推（または準用）されることの意味　民事訴訟法40条1項も、相手方に対して向けられた複数の訴訟行為の効力を調整し、その一本化を図る規定である点は、45条2項と同じであるから、共同訴訟的補助参加が成立する場合にそれを類推（または準用）することは、45条2項の適用を除外することによって生じた空隙を埋めることを意味する。すなわちまず、45条2項の適用を除外しただけでは、一義的に帰結が定まらなかった、被参加人と補助参加人との間で矛盾・抵触行為がなされた場合の取扱いは、客観的に有利な行為の効力を優先させる形で調整・一本化されることになる。したがって例えば、被参加人がある事実について自白をし、補助参加人は同一の事実を争う旨の陳述をする場合には、補助参加人の陳述の方が優先し、被参加人の自白は「不利な訴訟行為」として失効することになる[19]。次に、被参加人が訴え提起類似行為、訴訟処分行為、訴訟対象変更行為をしようとする場合、共同訴訟的補助参加人はこれを牽制し、効力の発生を阻止することができる。他方、補助参加人自身がこれらの行為をすることができるようにはならないであろう。共同訴訟的補助参加人もあくまで補助参加人にすぎないことからすると、補助参加の本質上、参加人がすることのできない行為

---

18)　高田・前掲注2）646頁以下。

19)　（通常の）補助参加人が自白をし、被参加人が争う場合は、自白が「抵触行為」として失効すると考える（福本・前掲注7）175頁）。すなわち、補助参加人の訴訟行為の従属性の内容として、補助参加人は被参加人に「不利な訴訟行為」はできない、というカテゴリーを立てる必要はなく（あえていえばそれは、訴訟処分行為あるいは被参加人に勝訴判決を得させることをできなくする行為と同義に帰する）、したがって自白は、行為の性質上、補助参加人がなし得ない行為ではないから、45条2項が適用されることになる。共同訴訟的補助参加において、45条2項の適用を除外し、40条1項を類推（または準用）する場合、補助参加人の自白は「不利な訴訟行為」として、失効することになる。このことは、自白が「不利な訴訟行為」となったりならなかったりするので、一見奇異に感じられるが、それは補助参加におけるいわゆる「不利な行為」を、40条1項における「不利な行為」と同じ意味に解することを前提とするからである。両者は意味が異なる（そして、後者の方が広範囲である）と解すれば、整合的に理解することができる。高橋・前掲注6）321頁は、40条1項にいう有利・不利の意味につき、手続をさらに展開させるものが有利、手続をその限りでそこで止めてしまうものが不利と判断され、自白は当該争点に関する審理をそこで止めるので、不利な行為に分類される、とする。以上に対して、被参加人の自白については、40条1項の類推（または準用）により、共同訴訟的補助参加人は、被参加人が自白した事実を否認ないし争うことによって、自白の拘束力の発生を阻止することができる。

ができるようになるというのは過剰であるし、当面の請求に関して被参加人を勝訴させるという補助参加の目的にも合致しないからである。

4　被参加人に対する関係での正当化の問題

ところで、前稿において明らかにしたように、民事訴訟法45条2項によって、被参加人の訴訟行為の効力を補助参加人の訴訟行為の効力に優先させることは、補助参加人の訴訟行為の効果を被参加人に帰属させることの実質的な正当化根拠である[20]。つまり、被参加人には補助参加人の訴訟行為と抵触する行為をすることによって、補助参加人の訴訟行為の効果を自己に帰属させないことができる。これに対し、40条1項には、他の共同訴訟人の訴訟行為の効果を自己に帰属させることの実質的な正当化根拠という側面は希薄である。むしろ「合一確定」という目的を前にして、本来は対等の地位に立ち、相互に影響を及ぼすことのない、共同訴訟人間の訴訟行為の効力を一本化することそれ自体に意味があるといえる。そのため、共同訴訟的補助参加において、被参加人の意向とは関係なく、客観的に「有利な行為」の効力を優先させ、補助参加人の行為の効果が被参加人に帰属させられることの、実質的な正当化根拠が再び問題となるが、この点は一般論としては、判決効が及ぶことにより、補助参加人の利害関係がいっそう切実であることを反映したもの、という理解が前提になっているといえる。

さらに、民事訴訟法45条2項と異なり、40条1項を補助参加人に類推（または準用）することにより、共同訴訟的補助参加人にはとりわけ、被参加人の訴訟処分行為を阻止する可能性までもが与えられることになる。否、それどころか、このことがまさに、共同訴訟的補助参加が成立する場合に40条1項を類推（または準用）することの主眼であったとすらいいうるであろう[21]。この点は、補助参加人の訴訟行為の効果が被参加人に帰属するという局面を扱うものではないので、45条2項の適用場面とはやや異なるところであるが、被参加人の訴訟行為の効果が補助参加人によって左右され、被参加人の訴訟追行上の自由が制約されることは同じである。そこで以下では、

---

20)　福本・前掲注7）171頁。

21)　人事訴訟法の立法に際しても、この点が意識されていたことは、小野瀬＝岡編著・前掲注11）72頁以下参照。

この帰結の正当化可能性を検討する。

Ⅲ　被参加人の訴訟処分行為を阻止する可能性

1　学説の状況

類似必要的共同訴訟における、共同訴訟人の一部の者がした訴訟処分行為の効力をめぐり、通説的な理解は、訴えの取下げについては、元来個別的に訴えまたは訴えられうるのであるから、他の共同訴訟人が阻止することはできないが、訴訟上の和解、請求の放棄・認諾については、「不利な行為」であることを理由に、民事訴訟法40条1項によって、その効力を否定する[22)]。これに対し、共同訴訟的補助参加がなされている場合に、被参加人の訴訟処分行為を共同訴訟的補助参加人が阻止しうるかについては、訴訟追行権を有する被参加人の訴訟追行上の自由を重視して、訴えの取下げを阻止することはできないが、請求の放棄・認諾、訴訟上の和解、上訴の取下げといった紛争解決の内容に影響する行為は、「不利な行為」に該当するので阻止しうるとして、類似必要的共同訴訟における場合と同じ結論を導く見解[23)]と、判決効を受ける者である以上、訴えの取下げとその他の行為とを区別することなく、すべての訴訟処分行為を阻止しうる、とする見解[24)]とが主張されている。これらに対し、40条1項の準用を定めず、45条2項の適用除外のみを定める旨の立法提案[25)]は、共同訴訟的補助参加人が被参加人の訴訟処分行為を阻止する可能性を一般的に否定することになる。その理由としては、被参加人の訴訟処分行為の効果が当然には参加人に及ぶかどうか明らかでなく、実体法上、第三者に当事者の処分権限を否定する権限がないのであれば、訴訟法上も処分行為に介入することはできないとなると、40条を準用しても、当

---

22)　兼子・前掲注9）393頁、伊藤・前掲注9）631頁以下、高橋・前掲注6）321頁以下、松本＝上野・前掲注9）776頁〔上野〕など。なお、固有必要的共同訴訟の場合は、合一確定の要請から、一部の者による訴えの取下げもできないとされる。

23)　松本＝上野・前掲注9）782頁〔上野〕。本間靖規「共同訴訟的補助参加について」栂善夫先生＝遠藤賢治先生古稀祝賀・民事手続における法と実践（成文堂・2014）667頁以下、688頁は、被参加人の認諾や自白がなされたとしても、参加人の矛盾行為がある場合には、その効力は生じないとすべきであるとするが、認諾以外の訴訟処分行為の取扱いは明らかでない。

24)　高橋・前掲注6）474頁注55)。松原・前掲注6）589頁が、会社訴訟の文脈を念頭に置いて、参加人の同意を要する、というのも同趣旨であろう。

25)　三木＝山本編・前掲注5）37頁以下。

然には参加人に訴訟処分行為を阻止する権限が認められるとは限らないので、実益がさほど大きくないことが挙げられている。

2　訴えの取下げの特殊性？

被参加人による訴えの取下げは阻止しえないとする見解は、「不利な行為」として、不利な判決効または判決代替物を生じさせる行為を念頭に置いて、訴えの取下げがなされた場合、訴訟係属が遡及的に消滅し、判決効が生じることもなく訴訟が終了するから、判決に代わる和解条項や調書記載が後に残る、訴訟上の和解や請求の放棄・認諾の場合とは異なり、民事訴訟法 40 条 1 項の規律を妥当させる前提が欠けているという考慮を背景にするとみられる。そして、類似必要的共同訴訟と共同訴訟的補助参加とを共通の基盤に置いて、40 条 1 項の趣旨を、判決効を受けるべき者の利益の保護に求め、共同訴訟人・共同訴訟的補助参加人には、自己に不利な判決効が及ぶことを回避しうるだけの権能を与えれば必要にして十分であるとする理解[26]は、この見解に理論的基礎づけを与えている。すなわち、判決効が生じることなく訴訟が終了する訴えの取下げを、（共同訴訟的）補助参加人が阻止しうるとするのは、当事者である被参加人の訴訟追行上の自由に対する、補助参加人による過度の干渉であるから、被参加人の意向を優先させるべきことになるのである。

しかしながら、まず被参加人の訴訟追行上の自由が制約されることになるのは、訴えの取下げ以外の訴訟処分行為が阻止される場合も変わりがない。したがって、被参加人の訴訟追行上の自由に対する干渉となることを理由として訴えの取下げを阻止しえないとするならば、その他の訴訟処分行為も阻止しえないと解さなければならないであろう[27]。また、類似必要的共同訴訟と共同訴訟的補助参加とを共通の基盤に置くことについても、やや疑問がある。少なくとも、訴えの取下げに関する限り、共同訴訟人と共同訴訟的補助参加人とは、いささか異なった状況に置かれていると思われる。すなわち、類似必要的共同訴訟の場合には、訴えの取下げをしなかった共同訴訟人は、

---

26)　高田・前掲注 2）648 頁以下。

27)　その意味で、三木＝山本編・前掲注 5）37 頁以下が、共同訴訟的補助参加人が被参加人による訴訟処分行為を阻止する可能性を一般的に否定するのは一貫性がある。

自己の請求を維持すれば勝訴判決の判決効を取得する可能性が保持されるから、他の共同訴訟人による訴えの取下げを阻止しえないとしても、それほど不都合はない。これに対し、共同訴訟的補助参加の場合には、共同訴訟的補助参加人は自らに関わる請求をもつわけではないから、被参加人による訴えの取下げによって訴訟が終了すると、被参加人勝訴判決の判決効を取得する可能性が失われることになる[28)]。このような違いを考えると、共同訴訟人におけるのと同じ理由で共同訴訟的補助参加人が訴えの取下げを阻止する可能性を否定することは妥当でないと思われる。

3　訴訟追行権の有無による区別

(1)　訴訟追行権の基準性　　共同訴訟的補助参加人が、被参加人による訴訟処分行為を阻止しうるとすると、被参加人の訴訟追行上の自由に対する過度の干渉になるという理解は、訴訟追行権（あるいは当事者適格）の有無を訴訟処分行為に影響を及ぼす権能の有無を判断する基準としていることになる。そして、補助参加人は被参加人による訴訟処分行為を阻止することができないとすることは、訴訟処分行為については、訴訟追行権を有する被参加人の意向を絶対的に優先させることを意味する。確かに、訴訟追行権の存否を決定する際の一般的前提として、請求の当否に対して最も利害関心を有するとみられる者に訴訟追行権を与えるという理解がなされていることからすれば[29)]、ある請求に関して誰に訴訟追行権を与えるかを決定する作業において、すでに訴訟の結果に対する利害関心の程度に一種のランク付けが行われており、訴訟追行権を有する当事者の訴訟支配が優位に立ち、訴訟追行権を有しない補助参加人は劣位に立つ、という形で当事者と補助参加人との訴訟上の権能が区別されることが出発点になるのは事実である。その意味で、「共同訴訟人に準ずる地位」を有するとしても、共同訴訟的補助参加人はあくまで補助参加人にすぎない。

---

28)　山本＝三木編・前掲注5）38頁が、被参加人の訴訟処分行為の効果が当然に第三者に及ぶものかどうか明らかでないと述べる際に、訴訟処分行為の効果として何を想定しているのか明確でないが、共同訴訟人とは異なり他人間の請求の存在を前提とする補助参加人の場合、何の手当もなければ、被参加人による訴訟処分行為の訴訟終了効が及ぶことになるのは、少なくとも明らかであろう。

29)　新堂・前掲注9）290頁。そして、当事者以外の利害関係人への判決効の拡張が問題となる場合には、請求の当否に対して最も利害関心を有するとみられる者が当事者として選別されていることが、判決効を利害関係人に及ぼすことを正当化するものと理解されている（同285頁）。

(2)　共同訴訟的補助参加人と被参加人の実質的対等性　共同訴訟的補助参加人は訴訟追行権を有しないとしても、被参加人の訴訟処分行為に影響を及ぼす可能性が全くないのかは、いま少し検討の余地があると思われる。共同訴訟的補助参加が成立する場合、訴訟追行権を有する被参加人と共同訴訟的補助参加人との間で、請求の当否に対する利害関係の実質的な優劣を常に明確に割り切れるとは限らないからである[30)]。もちろん、当面の訴訟の対象となっている請求に関しては、被参加人が最も利害関係を有する者として、訴訟追行権者となることは間違いない。しかしながら、共同訴訟的補助参加人は少なくとも、被参加人（当事者）と同じく、相手方に対する関係で当面の訴訟における判決の効力を受ける可能性（あるいはそれによって自己の権利を害される可能性）を抱えており、この点においては、実質的に被参加人に匹敵する利害関係を有する者ということができる。そして、そのような利害関係を前提に、自己に不利な判決効を生じさせる可能性のある訴訟が他人間に係属したことを察知して、そこに補助参加をしたのは、利害関係の重大性にもかかわらず、訴訟追行権者として手続に関与する可能性を、最初から絶たれているからにほかならない[31)]。

(3)　被参加人による訴訟処分行為への異議権　以上のような共同訴訟的補助参加人の立場を前提にするならば、被参加人による訴訟処分行為の自由を、原則としては承認するとしても、参加人の意向を全く考慮せずに、被参加人の意向のみで訴訟処分行為を行うことは、やや信義に悖るきらいがある[32)]。したがって、被参加人が訴訟処分行為を行うに際しては、共同訴訟的補助参加人の異議権が留保されるとして、訴訟処分行為の自由に制限を設け、参加人には被参加人の訴訟処分行為に影響を及ぼす可能性を与えるべきであろう。

---

30)　ただし、この点は本来、共同訴訟的補助参加の成立要件または成立範囲の検討とあわせて行われる必要があることは認めざるをえない。従来ややもすると、共同訴訟的補助参加は判決効の拡張を受ける者が補助参加をする場合であると、漠然と把握されてきたが、共同訴訟的補助参加の具体的な成立範囲は個別的にさらに検討する余地がある。訴訟追行権の基礎づけに応じて、共同訴訟的補助参加の成否をより精緻に検討しようとする近時の議論動向（前掲注 6）参照）の背景には、このような問題意識があることが窺われる。

31)　高田・前掲注 2）664 頁注 33）は、必要があれば自ら訴えを提起すればよいとするが、類似必要的共同訴訟の場合と異なり、共同訴訟的補助参加人は、訴訟追行権者たりえないがゆえに補助参加人の地位に甘んじざるを得ないのであり、自ら訴えを提起することを要求するのは無理である。

32)　とりわけ原告側については、第三者にとっても不利な判決効を生じさせる可能性のある訴訟を自ら係属させておいて、後日、第三者が参加してきた後に、訴訟を終了させることは、実質的に対等な第三者による参加を無駄に帰せしめることになる。

仮に、共同訴訟的補助参加人が被参加人の訴訟処分行為に異議を述べたときは、訴訟は終了せず、被参加人は当事者として止まるけれども、事実上、共同訴訟的補助参加人が前面に出る形で続行されることになる[33]。文理上は、共同訴訟的補助参加に民事訴訟法40条1項を準用（または類推）する際には、いわゆる「不利な行為」には、不利な判決効あるいは判決代替物が生じることに止まらず、「被参加人勝訴判決の判決効を取得する可能性が失われること」までもが包含される、と解することになる。

Ⅳ 訴訟状態承認義務

前稿において明らかにしたように、この義務は元来、訴訟参加制度の外にある法原則（あえて定式化すれば、「既存の手続に後から加わった者は、従前の手続を尊重しなければならない」ということになろう）を、補助参加人に適用した結果にすぎないものである[34]。そして、多くの学説は、共同訴訟的補助参加人の地位に関連して、この義務をどのように取り扱うかについて具体的に言及していないが、恐らく共同訴訟的補助参加も補助参加には違いないので、通常の補助参加と同様にこの義務を肯定し、民事訴訟法45条1項ただし書が当然に適用されると考えられているのであろう[35]。これに対し、共同訴訟的補助参加人は判決効が及ぶ者であるゆえに参加時点の訴訟状態に拘束されないとする見解もある[36]。

共同訴訟的補助参加も、既存の訴訟への事後的加入という構造に基本的な違いはない以上、訴訟状態承認義務が、原則として妥当することは承認しなければならないであろう。判決効が及ぶ者の参加であることを理由として、この義務を撤廃することは、同じく判決効が及ぶ者による既存訴訟への事後

33) これは、（通説的見解を前提にすれば）類似必要的共同訴訟人は他の共同訴訟人による訴えの取下げを阻止しえないにもかかわらず、共同訴訟的補助参加人は被参加人による訴えの取下げを阻止しうるという帰結を承認することになる。しかしながら、類似必要的共同訴訟と共同訴訟的補助参加とでは、請求に関する前提状況が異なるから、それを反映させた共同訴訟的補助参加にふさわしい独自の規律をするものである。

34) 福本・前掲注7）168頁以下。

35) このような理解を明示するものとして、松本・前掲注17）131頁、松川正毅＝本間靖規＝西岡清一郎編・新基本法コンメンタール人事訴訟法・家事事件手続法（日本評論社・2013）43頁〔髙田昌宏〕、本間・前掲注23）688頁。

36) 高橋・前掲注6）474頁注55）。

的加入である共同訴訟参加においても、参加人は従前の訴訟状態に全く拘束されないわけではないことと整合性がないのではないかと思われる[37]。これに対し、被参加人が参加人を害する意図を有する場合に限って、民事訴訟法45条1項ただし書の適用を排除し、訴訟状態承認義務を撤廃するという「民事訴訟法改正研究会」の立法提案[38]は、詐害防止参加を廃止する提案との兼ね合いで、訴訟状態承認義務それ自体は前提として、被参加人に詐害意思がある場合に例外を設けようとする点で、折衷的な提案ということができる。しかしながら、この立法提案によれば、被参加人の詐害意思の存否という主観的事情の有無をめぐる争いが補助参加訴訟に持ち込まれることになるが、その帰結いかんによって補助参加人の訴訟行為の効力が左右されることになるのは、手続の安定を害する恐れがあると思われる。したがって、それでもなお訴訟状態承認義務の排除を正当化するだけの基礎づけをさらに検討する必要があると思われる。また、判決効の拡張によって権利を害されることとなるべき者が、既存の訴訟状態に服さなければならないことで不利益を被る恐れを極小化するべく、訴訟係属後のできるだけ早い段階で訴訟係属の発生を了知させ、訴訟に関与して詐害訴訟の現出を防止する機会を与える、人事訴訟法28条のようなしくみとの役割分担も検討が必要であろう。

V　共同訴訟的補助参加と共同訴訟参加

Ⅲで明らかにしたように、共同訴訟的補助参加人は、自ら訴訟処分行為をすることができるわけではないが、被参加人が訴訟処分行為をするにあたっては、共同訴訟的補助参加人に異議権が留保される、という形で、被参加人の訴訟上の権能が制約を受けることになる。この帰結は、共同訴訟的補助参加と共同訴訟参加を区別する通説的見解を、なお維持すべきことを意味する。すなわち第三者は、共同訴訟的補助参加によっても、既存の請求にかかる訴

---

37)　共同訴訟参加の効果の問題として、この点に言及されることはほとんどないが、民事訴訟法152条2項が、当事者を異にする事件の弁論が併合された場合に、証人の尋問機会のなかった当事者のために、申出によって再尋問を行う旨を規定しているのは、裁判所の措置によってではあるが、共同訴訟が事後的に成立した場合、従前の訴訟状態が前提として引き継がれることが原則であることを意味するものとみられ、参加の場合にも同様の趣旨が妥当するであろう。

38)　三木＝山本編・前掲注5）32頁。その理由等は、37頁以下参照。

訟追行権まで取得できるわけではなく、あくまで従属性を緩和された補助参加人としての訴訟上の権能を有するにすぎない。これに対して、共同訴訟参加は、今日では、第三者が当事者適格を具えていることが必要である、というのが通説・判例である[39]。そこでは訴訟参加としての性格を捨象され、別訴を提起する代わりに、既存の請求と同内容かつ、それとの合一確定が要求される自己の請求を第三者が併合・追加する可能性を開いたものということになる。したがってそれは、第三者の側からする主観的追加的併合[40]を合一確定が必要な場面に限定して許容し、類似必要的共同訴訟を事後的に成立させうることを意味する[41]。

これに対し、共同訴訟参加の沿革に遡って、その位置づけをめぐる議論の混乱を明らかにし[42]、共同訴訟的補助参加を共同訴訟の枠内に取り込んで、参加人には民事訴訟法52条の規定によって当事者適格（主たる当事者（被参加人）と同格の訴訟追行権）が付与される、という見解も主張されていた[43]。この見解は、訴訟参加である以上、既存の請求を前提にするものであり、第三者は参加によって他人の請求についての訴訟追行権を取得する（一種の法定訴訟担当が成立する）、とみる。しかしながら、人事訴訟法の制定により、部分的にせよ共同訴訟的補助参加が明文の存在となったことにより、共同訴訟参加とは別に、共同訴訟的補助参加の存在を容認した上で、補助参加の枠内でその位置づけを明確化する方向で立法が展開している上に[44]、訴訟参加は元々、ある請求について訴訟が係属している状況を前提に、その請求について誰が訴訟追行権を有するかが決まっていることを出発点としているから、

39）兼子・前掲注9）390頁、新堂・前掲注9）796頁、伊藤・前掲注9）665頁、松本＝上野・前掲注9）780頁〔上野〕、最判昭和36年11月24日民集15巻10号2583頁。

40）共同訴訟参加が、実質的に新訴の提起と同視されるという場合、このような理解を前提にしている。第三者が防御的申立てとともにする形で、被告側に参加する場合も、相手方（原告）との間に、潜在的に請求を観念することになろうか。これらと逆に、原告が係属中の訴訟に第三者を被告とする請求を追加的に併合することはできないとするのが判例（最判昭和62年7月17日民集41巻5号1402頁）である。

41）固有必要的共同訴訟の瑕疵を治癒するための便法としても用いられることにつき、大判昭和9年7月31日民集13巻1438頁参照。

42）櫻井孝一「共同訴訟的参加と当事者適格」中村宗雄先生古稀祝賀・民事訴訟の法理（敬文堂・1965）219頁、特に222頁以下。

43）櫻井・前掲注42）247頁以下。

44）本間・前掲注23）671頁は、人事訴訟法制定により、共同訴訟参加人の参加人性を認める必要がなくなり、共同訴訟参加は、共同訴訟的側面のみをもつものとして純化することができる状況となった、という。

訴訟追行権者の範囲を決定する作業の精緻化が、まずもって検討されるべきであり、判決効の拡張を受ける者に一律に訴訟担当の資格を付与することは、論理が逆であろう[45]。

Ⅵ　むすび

本稿は、共同訴訟的補助参加が成立する場合における補助参加人の訴訟行為について、補助参加の本質上、参加人にはなし得ない行為ができるようになるわけではないが、参加人には被参加人による訴訟処分行為に対する異議権が留保され、その限りで訴訟処分行為に影響を及ぼすことができることを明らかにしたほか、訴訟状態承認義務は共同訴訟的補助参加が成立する場合にも原則として妥当すること、共同訴訟参加と共同訴訟的補助参加とを、参加人の訴訟追行権の有無によって区別する通説的見解が維持されるべきであること、を論じた。

45)　その意味では、大正改正は立法の過誤であり、これを解釈によって補う形で今日の通説的見解が確立したと評価することもできよう。

片面的独立当事者参加の訴訟構造

鶴田　滋

Ⅰ　問題の所在

1　本稿の目的

本稿では、第三者が、係属中の訴訟の当事者の一方に対してのみ独立当事者参加をする場合、すなわち、片面的独立当事者参加の場合の訴訟構造は、いかなるものであるべきかについて論じる。具体的には、第1に、これは三面訴訟であるか、それとも二当事者対立構造を前提とする必要的共同訴訟であるか、第2に、第三者は、参加に際し、当事者の一方に対して請求を定立しなければならないか、定立しなければならないとすれば、どのような請求を立てなければならないか、第3に、片面的独立当事者参加訴訟の手続規律はどうあるべきか、について検討する。

2　問題状況

(1)　大正15 (1926) 年民事訴訟法下における議論状況　独立当事者参加の規定は、大正15年民事訴訟法（以下、「大正15年法」と呼ぶ）71条に新設された。これは次の規定であった。

「訴訟ノ結果ニ因リテ権利ヲ害セラルヘキコトヲ主張スル第三者又ハ訴訟ノ目的ノ全部若ハ一部カ自己ノ権利ナルコトヲ主張スル第三者ハ当事者トシテ訴訟ニ参加スルコトヲ得此ノ場合ニ於テハ第六十二条〔必要的共同訴訟の特則〕及

第六十五条〔補助参加申出の方式〕ノ規定ヲ準用ス」

しかし、この規定の趣旨が不明確であったため、その後の学説は、独立当事者参加の訴訟構造について激しく争った[1)]。まず、補助的共同訴訟説が主張された[2)]。これは、第三者は、(通常は) 被告の詐害行為により原告が勝訴することを防ぐために、原告・被告間の請求の棄却のみを求めて、被告側の当事者すなわち共同訴訟人として訴訟参加をするものである。次に、共同訴訟説も主張された[3)]。これによれば、第三者は、原告・被告間の請求と相容れない請求を、詐害防止参加の場合には (通常は) 原告との関係で、権利主張参加の場合には被告との関係で請求を定立し、前者は被告、後者は原告と共に共同訴訟人となる。さらに、主参加訴訟説も存在した[4)]。これによれば、第三者は、原告および被告の双方との関係で請求を定立する主参加をすると同時に、原告・被告間の請求を棄却に追い込むために、被告側に補助参加をする。

このような中、三面訴訟説が通説となり[5)]、最高裁も、最大判昭和42年9月27日 (民集21巻7号1925頁) において次のように判示し、この説を支持するに至る。

「民訴法七一条〔現行法47条〕の参加の制度は、同一の権利関係について、原被告および参加人の三者が互に相争う紛争を一の訴訟手続によつて、一挙に矛盾なく解決しようとする訴訟形態であつて、右三者を互にてい立、牽制しあう関係に置き、一の判決により訴訟の目的を全員につき合一にのみ確定することを目的とするものと解するを相当とする。したがつて、同条に基づく参加の申出は、常に原被告双方を相手方としなければならず、当事者の一方のみを相手方とすることは許されないと解すべきである。」

---

1) 詳細は、山木戸克己「訴訟参加と訴訟承継」民事訴訟法学会編・民事訴訟法講座第1巻 (有斐閣・1954) 278頁を参照。

2) 吉川圓平「改正民事訴訟法第七十一條論 (当事者参加)」朝鮮司法協会雑誌8巻10号 (1929) 221頁、松岡義正・新民事訴訟法注釈第2巻 (清水書店・1930) 390頁以下。

3) 岩澤彰二郎「権利参加人の地位」法曹会雑誌6巻11号 (1928) 1頁、同「権利参加に就て中島氏に議す (1) (2・完)」法曹会雑誌7巻5号1頁、6号14頁 (1929)。

4) 山田正三・改正民事訴訟法第3巻 (弘文堂書房・1930) 607頁以下。

5) 中島弘道「新民事訴訟法第七十一條の主参加」法曹会雑誌7巻2号 (1929) 1頁、井上直三郎「民訴第七一条に依る参加訴訟の構造」破産・訴訟の基本問題 (有斐閣・1971〔初出1930〕) 35頁、兼子一「訴訟参加」末広厳太郎＝田中耕太郎編・法律学辞典第3巻 (岩波書店・1936) 1699頁。

このように、通説および判例は、独立当事者参加制度の目的を、三者間が互いに争う紛争を一つの訴訟手続において一挙に矛盾なく解決するものと捉えた上で、三者間での合一確定を必要とするために、三者が相互の請求を立て、三者間で牽制し合う関係となる、三面訴訟説を採る。そして、この目的を達成するために、第三者は原告および被告の双方に対して請求を定立しなければならないとした。

(2) 平成8(1996)年民事訴訟法47条の成立 ところが、平成8年に成立した現行民事訴訟法(以下、「平成8年法」と呼ぶ)47条1項は、独立当事者参加について次の規定を置いた。

> 「訴訟の結果によって権利が害されることを主張する第三者又は訴訟の目的の全部若しくは一部が自己の権利であることを主張する第三者は、その訴訟の当事者の双方又は一方を相手方として、当事者としてその訴訟に参加することができる。」〔下線は筆者による〕

この規定により、第三者は、当事者の一方に対してのみ請求を定立して独立当事者参加をすることが可能となった。立法担当者の解説によれば、参加申出人と当事者の一方との間に実質的に争いがないときに、その者に対する請求の定立を強制することは、紛争の実情にそぐわないために、このような規定が設けられたとされる[6]。

この背景には、旧法下における一部の学説による批判がある。たとえば、第三者と当事者の一方との間では実質上争いがないのに、請求の定立を要求するのは、独立当事者参加の三面訴訟という形態にとらわれすぎているとか、独立当事者参加の代わりに、第三者が当事者の一方のみに対して訴えを提起して、既存の訴訟と弁論の併合を行ったとしても、併合審理の保障はなく、統一的な裁判も保障されていない、などと批判された[7]。そこで、片面的独立当事者参加ないし準独立当事者参加といった類型を認めるべきであると主張され、この考え方が立法に反映された。

---

6) 法務省民事局参事官室編・一問一答新民事訴訟法(商事法務研究会・1996)62頁。
7) 井上治典「独立当事者参加論の位相」多数当事者訴訟の法理(弘文堂・1981〔初出1977〕)295頁以下、徳田和幸「独立当事者参加の要件と訴訟構造」複雑訴訟の基礎理論(信山社・2008〔初出1998〕)235頁。

そこで、平成8年法47条の立法担当者の見解およびその当時の学説も、片面的独立当事者参加の場合であっても、三当事者が相互に介入し合う三面訴訟と同様に扱うと考えており[8)]、それと異なる有力説も、独立当事者参加において必要的共同訴訟の特則である同法40条を準用することを前提に、第三者と、介入された当事者の一方が必要的共同訴訟人の関係に立つと解していた[9)]。

(3)　第三者による当事者への牽制権の根拠に対する疑問　しかし、同じ頃、片面的独立当事者参加を許す平成8年法47条の登場により、三面訴訟説を前提とした三者間の牽制関係を正当化することができなくなったと指摘された。すなわち、同一物の所有権をめぐる三者間の紛争は、本来合一確定の必要がないのにもかかわらず、大正15年法71条が権利主張参加を認め、さらにその場合の手続規律について、必要的共同訴訟の規定である大正15年法62条を準用したのは、「立法者の『過誤』」であった。その過誤を、三面訴訟説が、その訴訟構造を強調することにより隠蔽してきたにもかかわらず、平成8年法47条が片面的独立当事者参加を認め、その場合にも同法40条を準用してしまったために、「パンドラの箱」の蓋を開けてしまった、と指摘された[10)]。

この見解が登場すると、その後の学説は、合一確定の必要がない紛争類型において、第三者が係属中の訴訟当事者間の紛争に介入することは許されないという問題意識から、様々な解釈論や立法論を主張するようになる。

詐害防止参加の場面では、その要件について詐害意思説または利害関係説が支配的であったが、判決効が及ばない第三者に係属中の訴訟への介入権を認めることは許されないという理由から、判決効説が再有力化した[11)]。さらに、この立場を前提に、判決効が第三者に及ぶ場合には、その第三者は係属中の訴訟に共同訴訟的補助参加することで介入権を行使できるため、詐害防

8）　たとえば、伊藤眞・民事訴訟法［第4版補訂版］（有斐閣・2014）653頁以下、高橋宏志・重点講義民事訴訟法（下）［第2版補訂版］（有斐閣・2014）515頁。

9）　徳田・前掲注7）238頁以下、松本博之＝上野桊男・民事訴訟法［第8版］（弘文堂・2015）784頁〔上野〕。

10）　山本弘「多数当事者訴訟」竹下守夫編集代表・講座新民事訴訟法Ⅰ（弘文堂・1998）151頁。

11）　畑瑞穂「多数当事者訴訟における合一確定の意義」福永有利先生古稀記念・企業紛争と民事手続法理論（商事法務・2005）144頁以下。

止参加の規定を削除すべきであるとの立法提案もある[12]。

権利主張参加の場面でも、本来合一確定の必要のない紛争類型に当事者参加を認めることから、その手続規律について必要的共同訴訟の規定である平成8年法40条を準用することに対して疑問が提起されている。そこで、第三者には同法40条を準用するほどの強い牽制権を付与すべきではないとする見解が有力化している[13]。さらに、この立場を前提に、権利主張参加の場合には、通常共同訴訟における手続規律である同法38条を準用すべきであるとの立法提案も行われるに至っている[14]。

3 考察の必要性

このような議論状況にあるにもかかわらず、筆者は、既判力が第三者に拡張されない場合にも、第三者による独立当事者参加を許し、かつ、その場合に第三者は、必要的共同訴訟の手続規律である平成8年法40条の準用により、係属中の訴訟の当事者に対して介入権または牽制権を行使できることを前提に、片面的独立当事者参加の訴訟構造を明らかにすることを、本稿の課題とする。その理由は、次の4点にある。

第1の理由は、平成8年法47条の起草趣旨にある。起草者の見解によると、片面的独立当事者参加を許容したからといって、従来の独立当事者参加の要件に特段の変更はなされていないし、その際の手続規律も同法40条を準用することには変わりないからである。起草担当者が、片面的独立当事者参加において、同法40条を準用する根拠を「既に他人間に係属している訴訟の中に入っていって、その訴訟を掣肘する形を取りつつ自分の権利を実現する」ことに求める以上[15]、この規律を前提に、片面的独立当事者参加の訴訟構造を検討すべきである。

第2の理由は、大正15年法71条の起草趣旨にある。すでに、徳田教授や菱田教授が大正15年法の立法過程を明らかにしたところによれば、たしか

12) 三木浩一＝山本和彦編・民事訴訟法の改正課題（有斐閣・2012）46頁。
13) 三木浩一「多数当事者紛争の審理ユニット」民事訴訟における手続運営の理論（有斐閣・2013〔初出1997〕）160頁、菱田雄郷「独立当事者参加について」小島武司先生古稀祝賀・民事司法の法理と政策（上）（商事法務・2008）689頁など。
14) 三木＝山本編・前掲注12）40頁。
15) 竹下守夫＝青山善充＝伊藤眞編・研究会新民事訴訟法（有斐閣・1999）79頁〔柳田幸三発言〕。

に、一部の起草委員が、「三角関係」から三者間の合一確定の必要性を根拠づけると述べていたものの[16]、それは混迷を極めて成立した同法71条を後追い的に正当化するために述べられたにすぎず[17]、当初の起草理由は、独立当事者参加の要件を充たす第三者を直接に当事者として参加させ、原告・被告間の訴訟追行を牽制させることにあった[18]。したがって、平成8年法の起草趣旨は、大正15年法のそれに立ち返っていると積極的に評価できる。

第3の理由は、厳密にいえば共同訴訟人間に既判力が拡張されない場合においても、類似必要的共同訴訟が成立し、共同訴訟人間に平成8年法40条の規律が適用される場面が存在することにある。通説および判例は、請求認容判決の場合にのみ既判力が拡張されるいわゆる片面的既判力拡張の場合にも類似必要的共同訴訟が成立するとする。高田裕成教授によれば、このことは、共同訴訟人の一人が請求の処分行為をすることにより、既判力の抵触はなくても事実上の抵触が生じ、その結果他の共同訴訟人に事実上の不利益が発生することを防ぐために、同法40条が適用されるべきことから正当化される[19]。そうであるならば、係争中の訴訟において当事者の一方が請求の処分行為をすることにより、第三者が事実上の不利益を受ける場合にも、第三者はその訴訟に介入することができることは、何ら不自然ではない。むしろ、独立当事者参加において同法40条が準用されることを前提に、独立当事者参加の要件を明確化する作業、すなわち、先行訴訟における当事者が請求についての処分行為をすることにより同法40条を準用するに値するほどの事実上の不利益を受ける第三者を明確に限界づける作業を行うべきである[20]。

第4の理由は、前述のように、最近の学説が、独立当事者参加に平成8年法40条を準用すること自体に疑問を提起し、この点に学界の関心が向かったため、片面的独立当事者参加が、従前の双面的な独立当事者参加とは実質

16)　山内確三郎・民事訴訟法の改正第1巻（法律新報社・1929）142頁。
17)　菱田雄郷「第三者による他人間の訴訟への介入(3)」法協119巻10号（2002）1918頁以下。
18)　徳田和幸「独立当事者参加における請求の定立について」前掲注7）複雑訴訟の基礎理論〔初出2001〕177頁。
19)　高田裕成「いわゆる類似必要的共同訴訟における共同訴訟人の地位」新堂幸司先生古稀祝賀・民事訴訟法理論の新たな構築（上）（有斐閣・2001）668頁以下。
20)　畑・前掲注11）148頁注58）によれば、高田裕成教授は「むしろ後段参加を前段参加に引き寄せて、詐害的な訴訟追行を妨げるものとして捉える方向……もあるのではないか」と発言したとある。八田卓也「独立当事者参加訴訟における民事訴訟法40条準用の立法論的合理性に関する覚書」伊藤眞先生古稀祝賀・民事手続の現代的使命（有斐閣・2015）483頁も参照。

的に異なる根拠により導入されたにもかかわらず、40条準用を前提とした、片面的独立当事者参加の訴訟構造についてそれほど深く議論されていないことにある。

4　考察の方法

以上の問題意識から、次のような方法で考察を行う。

まず、平成8年法47条が準用する、40条による必要的共同訴訟人間の手続規律がなぜ存在するのかを確認する（Ⅱ）。その上で、片面的独立当事者参加の訴訟構造を、係属中の訴訟の既判力が第三者に拡張されない場合（Ⅲ）と、既判力が第三者に拡張される場合（Ⅳ）に区別して論じる。従来の判例および通説によれば、いずれの場合にも独立当事者参加の要件を充たしうるし、その場合の訴訟構造・手続規律も区別されてこなかった。しかし、とりわけ第三者による請求定立の必要性に関して論じる際には、両者の場合を区別した方が生産的であると考える。そして、最後に、本稿のまとめと今後の課題を述べる（Ⅴ）。

なお、考察が抽象的にならないよう、以下の三つの事例を挙げて、考察の際に適宜引用する。いずれも判例をベースとする。そのため、独立当事者参加の要件については、判例に従うことを前提とする。また、とりわけ詐害防止参加の場合には、第三者が原告側に介入することも考えられるが、本報告では、議論の複雑化を避けるために、この事例は考察の対象から外す。

【事例1】　X所有の本件不動産につき、XからYへ売買による所有権移転登記がなされているが、Xは、これを訴外A（Yの父）が不動産売渡証を偽造して行ったと主張して、Yに対して、この登記の抹消登記手続を求める訴えを提起した。Zは、Yの債権者として、この不動産に対し強制執行の申立てをし、競売開始決定を得ていたが、民事訴訟法47条1項前段によりX・Y間の訴訟に当事者として参加の申立てをした。その際、Zは、X・Y間の訴訟でXが勝訴すると本件不動産はYの所有物でなくなるからZ自身の権利が害されるのに、Yが積極的に争わないので、Xに対してのみYの所有権確認請求を立てた[21]。

21）　最判昭和42年2月23日民集21巻1号169頁をモデルとする。なお、実際の事件では、ZはYに対してもY所有権確認請求を立てているが、平成8年法ではそのような請求を立てる必要はない。

【事例 2】 X は、Y を被告として、本件不動産の所有権に基づく所有権移転登記ならびにその明渡しを求める訴えを提起した。この訴訟の係属中に、Z は、Y が Z の主張を争わないため、X のみを相手方として、民事訴訟法 47 条 1 項後段の規定による参加の申出をし、本件不動産について Z の所有権の確認を請求した[22]。

【事例 3】 Y 株式会社の発行済株式の 5 分の 1 を有する株主 X は、Y に対し、会社法 833 条 1 項 1 号に基づき Y の解散を求める訴えを提起した。この事件において、Y は、請求原因事実の大部分を認め、同条 1 項 1 号の要件の存在も争わなかった。そこで、Y の別の株主 Z が、民事訴訟法 47 条 1 項前段に基づいて、X のみを相手方として参加の申出を行った。その際、Z は、X の Y に対する請求に対して請求棄却の判決のみを求めた[23]。

Ⅱ　必要的共同訴訟における共同訴訟人間の牽制関係

1　連合関係から牽制関係へ

高田裕成教授は、類似必要的共同訴訟における共同訴訟人間の手続規律について論じる際に、平成 8 年法 40 条 1 項の規律は、従来からいわれていたような、合一確定のために各共同訴訟人が互いのミスを補完し合う「連合関係」[24]から生じるのではなく、「牽制関係」から生じることを明らかにした。すなわち、40 条 1 項は、「共同訴訟人のした（あるいはしなかった）訴訟行為の効果について抵触状態が存在するとき、その抵触状態を解消し、合一確定の要請が要求する同一内容の判決を可能にする規則（ルール）」であると位置づけ[25]、この準則は、合一確定の要請のために、「抵触する訴訟行為が併存した場合におけるその調整を図ること、その結果、共同訴訟人……のした一定の訴訟行為について、その行為の本来の効果がそのまま発生することを阻止できる地位を、他の共同訴訟人……に与えること、その意味において他人

---

22)　最判昭和 40 年 10 月 15 日民集 19 巻 7 号 1788 頁をモデルとする。なお、実際の事件では、Z は X に対しても Z 所有権確認請求を立てており、この場合でも訴えの利益があるとされたが、平成 8 年法によればこのような請求を立てる必要はない。

23)　最決平成 26 年 7 月 10 日判時 2237 号 42 頁をモデルとする。実際の事件では、Z が再審の訴えとともに上記の参加申出をしているが、請求の定立がないとして却下された。

24)　たとえば、中野貞一郎「独立当事者参加訴訟における二当事者の和解」民事訴訟法の論点Ⅰ（判例タイムズ社・1994〔初出 1993〕）180 頁以下、同・民事裁判入門［第 3 版補訂版］（有斐閣・2012）149 頁。

25)　高田・前掲注 19）646 頁。

の訴訟行為（の効果）に対する牽制行為を許す」ことを意味する、と述べる[26]。

この理解によれば、たとえば、Y株式会社の株主であるX_1とX_2が共同して、Yを被告として、株主総会決議取消しの訴えを提起した場合（会社831条）、これは通説および判例によれば、その請求認容判決が共同訴訟人間に既判力拡張をもたらすために、類似必要的共同訴訟が成立するが、この場合のX_1とX_2との関係は、次のように説明される。

X_1とX_2は、それぞれYに対する同一内容の請求を定立し、両請求は一つの訴訟手続において併合された状態にある。この訴訟において、仮にX_1が、単独で自己の請求の処分行為（請求の放棄や自白）をすることができるとすれば、これにより生じうるX_1とY間の訴訟における請求棄却判決がX_2とY間の訴訟より先に確定することにより、X_2にとって事実上不利な影響を及ぼす。この不利益を回避するために、X_2は、X_1・Y間の訴訟に介入し、X_1による請求の処分行為の効力を生じさせないようにすることができ、その結果、X_1・Y間の請求とX_2・Y間の請求の合一確定が果たされる[27]。

2 牽制関係からみた必要的共同訴訟の訴訟構造

以上の説明から得られる示唆は、次の3点にある。

まず、X_2はYとの訴訟において、自己の請求についての処分行為をしていないにもかかわらず、X_1がYとの間の同一請求の訴訟において処分行為をする場合に、X_1の行為にX_2が介入することが許される点である。すなわち、X_2は、自己とYとの訴訟においては当事者として自己の請求について訴訟行為を行い、それと同時に、X_1・Y間の訴訟においては、他人の請求についていわば共同訴訟的補助参加人としてX_1に介入していることになる。

次に、共同訴訟人間の牽制関係は、合一確定の必要性、すなわち、共同訴

26） 高田・前掲注19）648頁。なお、私見は、固有必要的共同訴訟の場合にも、共同訴訟人間には、各人が訴訟の対象となっている一つの権利関係を処分することを防ぐための牽制関係があると考える。鶴田滋「固有必要的共同訴訟の構造」井上治典先生追悼・民事紛争と手続理論の現在（法律文化社・2008）326頁、同「固有必要的共同訴訟における実体適格と訴訟追行権」松本博之先生古稀祝賀・民事手続法制の展開と手続原則（弘文堂・2016）125頁を参照。

27） 高田・前掲注19）668頁参照。

訟人各人についての請求が同一内容で確定することを目的に存在するため、上記の牽制権は、共同訴訟人全員が平等に有することである。したがって、X_2が請求の処分行為をした場合にも、X_1は自己の請求についてそれと矛盾する訴訟行為をした上で、共同訴訟的補助参加人としてX_2にも介入することができる。

最後に、各共同訴訟人は、他の共同訴訟人による同一請求についての処分行為により、自己の請求について不利な判断がされないようにするために、他の共同訴訟人の訴訟行為に介入する。すなわち、共同訴訟人は、複数の同一の請求について矛盾判断が生じないことよりも、自己の請求について不利な判断がなされないことを目的として、他の共同訴訟人に対して牽制権を行使する。

以上の考察をまとめると、必要的共同訴訟においては、各共同訴訟人と相手方との間の複数の請求について合一確定の必要があるために、共同訴訟人間には、ある共同訴訟人が、他の共同訴訟人の請求について相互に介入する関係（必要的共同訴訟人相互間の共同訴訟的補助参加類似の関係）がある。これを共同訴訟人の立場からみれば、必要的共同訴訟において、各共同訴訟人が他の共同訴訟人による自己の請求についての処分行為に介入することが許されているのは、各共同訴訟人が、自己の請求について不利な内容の確定判決を受けないようにするためである、と解することができる。

以上の考察を前提に、以下では、平成8年法40条の規律が、独立当事者参加の手続規律にどのような理由からどの程度準用されるべきかについて論じる。

Ⅲ　既判力拡張のない事例における片面的独立当事者参加

1　共同訴訟的補助参加類似の制度としての独立当事者参加

前述の通り、大正15年法71条（平成8年法47条）が必要的共同訴訟の特則である同法62条（平成8年法40条）を準用した立法趣旨は、独立当事者参加の要件を充たす第三者を直接に当事者として参加させ、原告・被告間の訴訟追行を牽制させることにある。

その証左として、大正15年法71条の立法過程[28)]の当初においては、詐害防止参加も権利主張参加も、次の通り、従属性のない補助参加として位置づけられていた。

民事訴訟法改正起案会仮決定案[29]
「第六十五条　参加人ハ参加スル時ノ訴訟ノ程度ニ従ヒ攻撃又ハ防禦ノ方法ヲ主張シ、故障、異議、上訴其他一切ノ訴訟行為ヲ為スコトヲ得但其補助スル当事者ノ行為ト抵触スルモノハ此限ニ在ラス」
「第六十六条　前条但書ノ規定ハ参加人カ訴訟ノ目的ノ全部又ハ一部ニ付キ自己ノ権利ヲ主張シ又ハ訴訟ノ結果ニ因リ権利ヲ害セラルヘキコトヲ主張スル場合ニハ之ヲ適用セス」〔下線は筆者による〕

しかし、その後、現行法と同じように、第三者は共同訴訟人として訴訟参加し、かつ、その場合に必要的共同訴訟の特則を準用する規定が提案された。

民事訴訟法改正案（第一案・議案）[30]
「第六十七条　訴訟ノ結果ニ因リ権利ヲ害セラルヘキコトヲ主張スル者カ訴訟ニ参加シタルトキハ第五十七条ノ規定ヲ準用ス」
「第六十九条　訴訟参加ハ訴訟ノ目的ノ全部又ハ一部カ自己ノ権利ナルコトヲ主張スル為メ之ヲ為スコトヲ得此場合ニ於テハ判決ハ参加人ニ対シテモ其効力ヲ生ス
第五十七条及ヒ第六十一条ノ規定ハ前項ノ場合ニ之ヲ準用ス」
「第五十七条　訴訟ノ目的カ共同訴訟人全員ニ付キ合一ニノミ確定スヘキ場合ニ於テハ其一人ノ行為ハ全員ノ利益ニ於テノミ其効力ヲ生ス〔以下略〕」

これらの規定について、松岡義正起草委員は、詐害防止参加も権利主張参加もあくまで、自己の請求を定立するのではなく、自己の権利を害する、または、自己の権利と反対の権利を有する者の主張を排斥するためだけに、すなわち、「防禦方法」としてのみ参加すると述べる[31]。したがって、松岡委

28）大正 15 年法成立史の概略は、松本博之「民事訴訟法の継受と発展」民事訴訟法の立法史と解釈学（信山社・2015）51 頁以下を参照。
29）松本博之 = 河野正憲 = 徳田和幸編著・民事訴訟法〔大正改正編〕(2)［日本立法資料全集 11］（信山社・1993）30 頁。
30）松本 = 河野 = 徳田編著・前掲注 29）186 頁以下。
31）「民事訴訟法改正調査委員会議事速記録第七回（大正 11 年 2 月 28 日）」松本博之 = 河野正憲 = 徳田和幸編著・民事訴訟法〔大正改正編〕(3)［日本立法資料全集 12］（信山社・1993）99 頁（原嘉道委員の問いに対する回答として）。なお、第三者が自己の請求を定立する場合には主参加をすべきであると述べる。

員は、独立当事者参加を補助参加ではなく当事者参加として位置づけているものの、その実質は、第三者に、係争中の訴訟の結果を自己に有利なものにするための、従属性のない補助参加人、すなわち、現在でいうところの共同訴訟的補助参加人としての地位を付与したにすぎない。

以上から、独立当事者参加は、係属中の訴訟の対象となっている権利と利害関係のある第三者が、自己の権利を保護するために、被告側に介入して、被告による請求の処分行為を防ぎ、原告を敗訴させるために存在する、といえる。

2　既判力拡張のための第三者による請求定立

それでは、なぜ大正 15 年法および平成 8 年法において、参加人は自己の請求を定立しなければならないとされたのであろうか。これは、その後の立法過程に手がかりがある。

民事訴訟法改正案（第三案・大正 13 年 9 月）[32]
「第六十九条　訴訟参加ハ訴訟ノ結果ニ因リ権利ヲ害セラルヘキコトヲ主張スル為メ又ハ訴訟ノ目的ノ全部又ハ一部カ自己ノ権利ナルコトヲ主張スル為之ヲ為スコトヲ得此ノ場合ニ於テハ判決ハ参加人ニ対シテ其効力ヲ生ス
第六十条及ヒ第六十三条ノ規定ハ前項ノ場合ニ之ヲ準用ス」
「第六十条　訴訟ノ目的カ共同訴訟人全員ニ付合一ニノミ確定スヘキ場合ニ於テハ其ノ一人ノ行為ハ全員ノ利益ニ於テノミ其ノ効力ヲ生ス〔以下略〕」
「第七十条　前条第一項ノ規定ニ依リ自己ノ権利ヲ主張スル為訴訟ニ参加シタル者アル場合ニ於テハ被参加人ハ相手方ノ承諾ヲ得テ訴訟ヨリ脱退シ参加人ヲシテ訴訟ヲ引受ケシムルコトヲ得但シ判決ハ脱退シタル当事者ニ対シテモ其ノ効力ヲ有ス」〔下線は筆者による〕

起草委員案をたたき台とした議論を経て、上記の草案においては、詐害防止参加と権利主張参加が一つの条文に再び統合され、両者の場合に上記草案 69 条 1 項 2 文が適用されることとなった。その際に議論されたのが、この条文にある「其効力ヲ生ス」と同草案 70 条但書にある「其ノ効力ヲ有ス」という文言はいずれかに統一されるべきではないか、というものであった[33]。

32)　松本 = 河野 = 徳田編著・前掲注 29) 288 頁以下。
33)　「民事訴訟法改正案修正問題」松本 = 河野 = 徳田編著・前掲注 29) 222 頁。

これに対して、松岡義正委員は、「『効力ヲ生ス』は本来効力のないのに効力を生ずる、『効力ヲ有ス』と云ふのは本来有るものを現はしたに過ぎない」のであるから、両者は使い分けた方がよいと判断したとある[34)]。

このやりとりから、この段階での起草者の考えは、次の通りであったと考えられる。すなわち、独立当事者参加は、係属中の訴訟の判決効が拡張されない第三者にも訴訟参加を認めるものであった。しかも、そのような第三者が訴訟参加した結果としての判決効は、本来は第三者に拡張されないにもかかわらず、特別に第三者に拡張させることとした。この趣旨は、本来既判力を拡張されない第三者に対して係属中の訴訟への強力な介入権を付与した以上、その結果としての判決が、第三者にとって有利なものであっても、不利なものであっても、その責任を第三者も負うべきであるとの判断にあると思われる。

しかし、この草案は次のように修正された。

> 民事訴訟法法案中修正案（大正 14 年 6 月 8 日起草委員会決議）[35)]
> 「第六十九条ヲ左ノ如ク改ム
> 訴訟参加ハ訴訟ノ結果ニ因リテ権利ヲ害セラルヘキコトヲ主張スル者又ハ訴訟ノ目的ノ全部又ハ一部カ自己ノ権利ナルコトヲ主張スル者ハ当事者トシテ訴訟ニ参加スルコトヲ得其ノ場合ニ於テハ第六十条及ヒ第六十三条ノ規定ヲ準用ス」〔下線は筆者による〕

このように、第三者への判決効拡張の規定が削除される代わりに、第三者が当事者として訴訟参加することが明記され、大正 15 年法 71 条とほぼ同じ文言の条文ができあがった。しかし、このように変更された理由は、立法資料からは明らかにならなかった。ただし、大正 15 年法の法案が完成した直後の大正 14 年 11 月 29 日に、加藤正治起草委員が行った講演において[36)]、次のような記述がある。

---

34) 「民事訴訟法改正調査委員会議事速記録第四九回（大正 14 年 6 月 2 日）」松本博之＝河野正憲＝徳田和幸編著・民事訴訟法〔大正改正編〕(4)［日本立法資料全集 13］（信山社・1993）27 頁。

35) 松本＝河野＝徳田編著・前掲注 29) 328 頁。

36) これは、民事訴訟法改正調査委員会による民事訴訟法改正案「改正民事訴訟法案（第四案）」の完成（大正 14 年 10 月 15 日）後、「民事訴訟法中改正法律案（議案提出・第五案）」の帝国議会への提出（大正 15 年 2 月 12 日）前に行われた。

すなわち、大正15年法71条の独立参加は、係属中の訴訟の原告被告双方を被告として新たに訴えを提起する主参加とも異なり、第三者は原告または被告を補助するのではなく、自分が原告または被告となってその訴訟の当事者となる点で従参加（補助参加）とも異なる。第三者は、当事者として原告または被告となって訴訟に参加すると、必要的共同訴訟の特則である同法62条の準用により、原告同士の間または被告同士の間の訴訟が合一的に確定される。62条が準用されるのは、「参加人と被参加人との間に権利関係が離れ々々にならない様にする為」、「即ち合一的に確定しなければならぬ為めに、言ひ換へれば被参加人の請求を参加人の請求と無理にも合一的に確定さす様にする為」である。「参加人は自分が参加して被参加人を自分の主張通りに引付けて了ふことが出来る、之に因りて馴合訴訟の結果害を被むる様なことを免ることが出来る様になるのである」[37]。

この叙述から、次の推測が可能ではないか。すなわち、第三者が、当事者として参加することが明記されたことにより、第三者が自己の請求を定立して訴訟参加すべきこととなった。その際、第三者は、詐害防止参加または権利主張参加をするためには、係属中の訴訟において主張されている原告の権利と矛盾する権利の主張を請求として定立しなければならない。そうであるならば、第三者の定立した請求が、係属中の原告・被告間の訴訟の結果と矛盾しないように判断されれば、第三者の利益は保護されるので、原告被告間の判決の効力が第三者に拡張される必要がなくなる。その結果、69条1項2文は削除された、と考えられる。

実際にも、**【事例1】**や**【事例2】**において、XのYに対する所有権に基づく所有権移転登記抹消手続請求権の存在または不存在が既判力により確定し、それがZに拡張されたとしても、Xの所有権の存在・不存在については既判力が発生しないとする通説および判例に従う限り、XとZの関係にとってはほとんど役に立たないであろう。そこで、第三者が、係属中の訴訟の請求認容判決により生じる事実上の不利益を受けることを回避するためには、原告の被告に対する請求の排斥を求めるだけでなく、原告の被告に対する請求に理由がある場合には、その権利と実体法上論理関係にある第三者の

37）　以上について、加藤正治「改正民事訴訟法案概説（1）」法協44巻2号（1926）336頁。

権利に関する請求を、少なくとも利害対立のある原告に対して定立しなければならない。

この規律は、第三者と利害対立のある原告にもメリットがある。なぜなら、第三者による請求定立がなければ、第三者による被告への介入があったにもかかわらず、原告が勝訴した場合にも、原告・被告間の訴訟の既判力が第三者に拡張されない、または、仮に拡張されたとしても、第三者・原告間の訴訟に作用しないからである。第三者は、他人間の訴訟に介入権を行使して原告を敗訴に追い込もうとしたにもかかわらず、原告が勝訴したことにより第三者が受ける不利益が事実上のものにすぎないのは、第三者の権限の大きさの割に責任が軽すぎる。

たとえば、**【事例1】**では、XのYに対する所有権に基づく所有権移転登記抹消請求が認容されると、実体法的論理関係によれば、Yの所有権は存在しないことになる。そのような結果を防ぎ、これについてXとの関係で既判力による確定を得るために、Zは、Xに対して、Yの所有権確認請求を定立しなければならない。**【事例2】**においても、Zに対して、XのYに対する請求と矛盾する請求、すなわち、XのYに対する請求が認容されると実体法的には必ず棄却になるZの請求である同一物のZ所有権確認請求をXに対して定立することを要求し、Zが主張する自らの権利についての判断に既判力を生じさせる。

3　片面的な必要的共同訴訟関係

以上の考察から、片面的独立当事者参加の訴訟構造は、第三者と被告に必要的共同訴訟の関係が成立する二面訴訟で足りることが明らかになった。しかし、独立当事者参加は、典型的には、原告の請求を棄却に追い込むために、第三者が被告に介入するための制度である。その限りで原告・被告間の請求と第三者・原告間の請求の合一確定が必要となるのであれば、介入権を行使できるのは第三者だけであり、被告は第三者に対して介入権を行使することはできないのではないだろうか。

そうであるならば、被告と第三者は、原告・被告間の請求と、第三者・原告間の請求という、異なる内容の請求について、実体法上矛盾のない判断をしなければならないという意味において、合一確定の必要のある共同訴訟人の関係となるが、その場合、通常の必要的共同訴訟とは異なり、第三者のみが被告に対して介入できる特殊な必要的共同訴訟となる。

したがって、片面的独立当事者参加の場合の手続規律は、具体的には、必要的共同訴訟の場合と次の点で異なることになろう。まず、被告は、自己の請求について単独で訴訟処分行為をすることは、合一確定の必要性のためにできない[38]。これに対して、第三者は、自己の請求について単独で処分行為をすることはできる。この場合、たとえば第三者が請求の放棄をすれば、第三者と原告の間の訴訟のみが終了し、その内容が、その後言い渡された原告・被告間の訴訟の結果と矛盾してもよい。

上訴についても、第三者が、原告・被告間での訴訟において不利益な判決を受けた被告のために、上訴を提起することはでき、その場合、原告・被告間の請求と第三者・原告間の請求は、合一確定の必要のために共に移審する。これに対して、被告は、第三者・原告間の訴訟で不利益な判決を受けた第三者のために上訴することはできない。この場合、第三者・原告間で第三者に不利益な請求棄却判決などが確定しても、原告・被告間の訴訟の結果に何らの影響を及ぼさない。

Ⅳ　既判力拡張のある事例における片面的独立当事者参加

1　共同訴訟的補助参加との類似性

係属中の訴訟の結果についての既判力が第三者に拡張される場合であっても、第三者が係属中の訴訟に片面的独立当事者参加をするのは、係属中の訴訟において原告を敗訴に追い込むために、係属中の訴訟の被告の訴訟処分行為の効果を発生させないよう第三者が被告に介入するためである。したがって、この場合の片面的独立当事者参加も、第三者が被告側に共同訴訟的補助参加をする場面と類似する。

---

38)　被告は、原告の同意を得て訴訟脱退をすることはできる。この場合、第三者は原告・被告間の訴訟における被告の地位を引き受け、被告の訴訟担当者として訴訟追行をし、その判決の効力は、有利にも不利にも被告に及ぶ。平成8年法48条の原型である前掲「民事訴訟法改正案（第三案）」70条、および、加藤・前掲注37）339頁を参照。

2　第三者による原告に対する請求定立の必要性？

それでは、既判力が第三者に拡張される場合にも、第三者が片面的独立当事者参加をするために、原告に対して何らかの請求を定立する必要はあるだろうか。前述の通り、第三者が原告との関係で請求を定立しなければならないのは、原告・被告間の訴訟の既判力が第三者に拡張されないため、その結果と実体法上の論理関係にある請求を第三者に定立させることによって、その請求について既判力を生じさせ、第三者が係属中の訴訟への介入に成功した場合には牽制権の実効性を第三者に確保させ、失敗した場合にはその結果責任を第三者に負わせるためである。そうであるならば、もともと係属中の訴訟の既判力が第三者に及ぶ場合には、第三者に既判力を及ぼすために、請求を定立させる必要はない。したがって、既判力が第三者に拡張される事例での独立当事者参加では、第三者は、既存の訴訟における原告の被告に対する請求の棄却の申立てをすれば足り、第三者が原告との関係で何らかの権利主張をするという意味での請求を定立する必要はない。

3　原告の請求定立擬制と第三者の訴訟担当者としての当事者地位

しかし、第三者は、共同訴訟的補助参加をする場合と異なり、当事者として係属中の訴訟に参加するため、判決の名宛人となる必要がある。そうすると、第三者は、どのような請求の当否についての判決の名宛人となるのかが明らかにされなければならない。この意味で「請求なき当事者」は許されるべきではない。そこで、訴訟物を判決要求と捉える見解に立った上で、原告・被告間の請求棄却の申立てそれ自体が、第三者が原告との関係で定立した訴訟物となると解することが考えられる[39)]。しかし、そのように解さなくとも、第三者が原告を相手方として請求棄却判決の申立てをしたことにより、原告が被告との関係で定立したのと同内容の請求（**【事例 3】**ではＹ会社解散請求）を第三者に対しても定立したと擬制することはできないであろうか。このように解すれば、独立当事者参加の要件を充たした第三者は、原告・被告間の請求について、法定訴訟担当者として訴訟追行権を有することになり、第三者が原告との関係での訴訟において当事者の地位を得、その訴訟の判決

39）　松本博之「民事訴訟における訴訟係属中の係争物の譲渡」前掲注 28）民事訴訟法の立法史と解釈学〔初出 2011〕333 頁参照。

名宛人となることを容易に説明することができる。

この考え方は、必ずしも突飛なものではない。参加申出の相手方による請求定立の擬制という考え方は、いわゆる権利承継人の引受承継や義務承継人の参加承継の領域において、中野貞一郎教授らによりすでに主張されている[40]。第三者が被告の訴訟担当者として当事者参加をするという発想も、中村宗雄博士のものを参照した。博士は、大正15年法75条（平成8年法52条）に基づく共同訴訟参加は、従前の訴訟の判決効が及ぶにもかかわらず訴訟追行権を有しない第三者にも許され、かつ、その第三者は、従前の訴訟の実体適格を有しないにもかかわらず、共同訴訟参加の規定により訴訟追行権を得ることから、従前の原告または被告の共同訴訟人となると述べていた[41]。

4　被告と第三者との必要的共同訴訟関係

以上の考察を前提とすると、この場合における片面的独立当事者参加の訴訟構造は、被告と第三者を共同被告とする必要的共同訴訟である。なぜなら、原告・被告間の請求と原告・第三者間の請求は同一であり、かつ、両請求は既判力が拡張されるため、合一確定の必要があるからである。

さらに、既判力拡張のない事例における片面的独立当事者参加の場合と異なり、被告と第三者は、相互に牽制権を行使しうる必要的共同訴訟人の関係に立つ。なぜなら、第三者は、被告に実体適格がある法律関係について訴訟担当者として訴訟追行し、その判決の効力が被告にも及ぶ以上（民訴115条1項2号）、被告は、第三者による同一の請求についての処分行為の効果を生じさせないよう牽制することができなければならないからである。

5　共同訴訟的補助参加への一元化？

もっとも、以上の規律は、第三者が被告側へ共同訴訟的補助参加をする場合とほとんど変わらない[42]。したがって、通常の場合、第三者は被告側への

40）　中野貞一郎「訴訟承継と訴訟上の請求」前掲注24）民事訴訟法の論点Ⅰ〔初出1993〕165頁以下、鶴田滋「判例研究」法政研究77巻2号（2010）419頁以下。

41）　中村宗雄・民事訴訟法講義（中）（敬文堂書店・1942）204頁、同「株主総会決議を対象（訴訟の目的）とする各訴についての訴訟法的考察」早稲田法学33号1＝2冊（1958）58頁以下。

42）　共同訴訟的補助参加人と被参加人との関係についても、平成8年法40条が準用されるからである。ただし、参加人にかかわる中断・中止事由により、その効果を生じさせるべきかについては争いがある。詳細は、秋山幹男ほか・コンメンタール民事訴訟法Ⅰ［第2版追補版］（日本評論社・

共同訴訟的補助参加をすると考えられる[43]。そのため、片面的独立当事者参加の方法による第三者の介入を許す必要性はそれほど高くない。

また、**【事例3】**のモデルとなった最決平成26年7月10日（判時2237号42頁）において、第三者が、共同訴訟的補助参加ではなく独立当事者参加をしなければならないのは、最決平成25年11月21日（民集67巻8号1686頁）の法理が存在するからである。これは、原告・被告間の訴訟の既判力の拡張を受ける第三者が、自らに関わる再審事由を主張して、再審の訴えを提起する場合に、その訴訟追行権を得るためには、当該原告・被告間の訴訟について独立当事者参加の申出をすることが必要であるとしたものである。しかし、再審開始決定を得るために自らに関わる再審事由を主張する者が、再審開始決定を得た後の本案訴訟で当事者の地位を有しなければならないということに論理必然性はなく、この判例法理は合理的でない[44]。

したがって、現行法の解釈としては、前掲平成25年決定の法理を否定した上で、係属中の訴訟の既判力が第三者に拡張される場合に、第三者が片面的独立当事者参加をすることは許されず、この場合には被告側に共同訴訟的補助参加をすべきとすることも考えられる。

V　おわりに

1　考察のまとめ

以上の考察をまとめると次のようになる。

①　片面的独立当事者参加においては、係属中の訴訟の既判力が第三者に及ばない場合であっても、その請求認容判決により事実上の不利益を受けることを防止するために、第三者は、係属中の訴訟に当事者参加をして、被告の請求についての処分行為に牽制権を行使することができる。

しかし、この場合に第三者が牽制権を行使し、原告の請求を棄却に導いたとしても、その判決の効力は第三者に拡張されないため、第三者の牽制権行

2014）451頁を参照。

43）　最判昭和45年1月22日民集24巻1号1頁。

44）　笠井正俊「判例解説」判例セレクト2014（II）30頁、菱田雄郷「判例批評」リマークス51号（2015）128頁など。

使による結果が、利害対立のある原告との関係では既判力により確定されないことになる。第三者が牽制権を行使したにもかかわらず、原告の請求が認容された場合も同様である。この事態を防ぐために、第三者は、参加申出の際に、原告に対して、係属中の訴訟において原告が主張する権利が存在するならばその実体法的論理関係により存在しないこととなる自己の権利に関する請求を定立しなければならない。

この場合における片面的独立当事者参加の訴訟構造は、被告と第三者との必要的共同訴訟となる。ただし、第三者が被告に対して一方的に牽制権を有し、その限りで合一確定が求められる片面的な必要的共同訴訟となる。

②　係属中の訴訟の既判力が及ぶ第三者が片面的独立当事者参加をする場合には、原告と第三者に既判力を及ぼすために、第三者が原告に対して請求を定立する必要性はない。しかし、当事者として参加をする以上、どのような請求について判決の名宛人となるかを明らかにするために、第三者は請求を定立する必要がある。この場合、第三者が参加申出時に係属中の訴訟の請求棄却判決の申立てをすれば、係属中の訴訟と同一の請求が原告から第三者に対しても定立されたと擬制される。第三者は、参加により、その請求について被告の訴訟担当者として訴訟追行権を有する。この場合の片面的独立当事者参加の訴訟構造は、第三者と被告が相互に牽制権を行使する必要的共同訴訟となる。

もっとも、既判力拡張のある事例において片面的独立当事者参加を認める必要性は低いため、この場合には、独立当事者参加を許さず、被告側に共同訴訟的補助参加をすべきであるとすることも考えられる。

2　今後の課題

以上の考察は、独立当事者参加のうち、第三者が当事者の一方のみを相手方として当事者参加する片面的当事者参加の訴訟構造を明らかにしたにすぎない。この参加が行われるのはまれであるから、この問題を解決する実益は多くないかもしれない。しかし、本稿における考察は、参加承継における独立当事者参加の規定の準用の意味を明らかにするための示唆となる。さらに、大正15年法71条の起草趣旨によれば、片面的独立当事者参加の方がむしろ原則的な独立当事者参加の形態であり、この観点から、当事者双方を相手方とする独立当事者参加の訴訟構造を再考する必要がある。これらの点については、今後の課題とする。

【付記】
本研究は、JSPS 科研費 26380122 の助成を受けたものである。

第 2 編

訴えの利益・重複訴訟

確認の利益と対象適格の関係について

越山和広

Ⅰ 問題の所在

1 確認の利益の判断基準

訴えの利益は、請求内容からみたときの本案判決を受ける正当な利益ないし必要性であるが[1]、確認訴訟における訴えの利益（確認の利益）については、他の訴訟類型とは異なり、次のように具体化して定義される。すなわち、ある特定の法律関係、権利義務関係を対象とする確認訴訟が提起された場合[2]、当該原告の権利または法律的地位に現存する不安、危険を除去するために、その特定の法律関係の存否を、反対の利害関係人である被告との間で判決によって確認することが必要かつ適切であると認められるならば、その訴えには、確認の利益があるとされる[3]。そして、確認の利益の有無を判定するための基準として、現在の教科書等では、確認の訴えという方法選択の適否（確認訴訟の補充性）、確認対象選択の適否（対象適格）、即時確定の現実的必要性（法律上の利益・狭義の確認の利益）という三つの具体的な指標が示されている。

では、この三つの基準は、具体的な事案において、どのような形で適用されるのだろうか。一見すると、この基準は、抽象度の高いものから具体的な

1） 池田辰夫編・新現代民事訴訟法入門（法律文化社・2005）36頁〔徳田和幸〕参照。
2） 法律関係と権利義務関係とが確認対象として併記されることについては、中野貞一郎「確認訴訟の対象」民事訴訟法の論点Ⅱ（判例タイムズ社・2001）41頁の議論を参照。
3） 兼子一・新修民事訴訟法体系［増訂版］（酒井書店・1965）156頁。

価を要するものへという順序に配列されているので、順序に従った段階的な審査がされなければならないようにも思われる。しかし、実際上は、そのように考えられているわけではなく、各基準の相互関係もはっきりしない[4)]。

2　対象適格の位置付け

各基準の相互関係と関連して特に問題となるのは、確認の利益の中核となる即時確定の必要性とは別に、対象選択の適否という選別基準を立てることの意味や必要性である。この疑問をやや詳しく説明し直すと、次のようになる。冒頭で示した定義を再度参照すると、当該原告の法律的地位に現存する不安や危険を除去するために、その特定の法律関係の存否を、被告との間で判決によって確認することが必要かつ適切である場合、すなわち、その訴訟物について当事者間で即時確定の現実の必要があるときに、その確認の訴えは適法となる。そうだとすれば、原告によって選ばれた確認対象の適切さを即時確定の必要性から切り離して判断する必要があるのかどうかが、そもそも疑問となる。すなわち、原告による確認対象の選び方が適切かどうかという問題は、その確認対象について即時確定の必要性があるかどうかという問題と切り離すことはできないのではないかということである[5)]。

日本の現段階の学説は、そのような観点から、即時確定の必要性に力点を置く議論を展開するものが多い。これに対して日本の判例は、確認対象選択の適否の基準に独自の意味付けを与えているようにみえる。したがって、判例と学説とが同じ方向でまとまっていると断定することはできない。そこで、このような確認の利益をめぐる判例・学説上の議論を正しく理解するための予備作業として、対象選択の適否（対象適格）の基準には独自の意義があり

4）　後述するように、方法選択の適否は、新堂・民事訴訟法（後掲注 22））によって第 1 番目の基準とされた。しかし、兼子・前掲注 3）157 頁は、方法選択の適否を最後に記述し、それに従う例も多い。池田編・前掲注 1）40 頁〔徳田〕、上田徹一郎・民事訴訟法［第 7 版］（法学書院・2011）223 頁、青山善充「確認の利益」争点［旧版］（1979）142 頁、林淳「確認の利益」争点［新版］（1988）167 頁、坂田宏「確認の利益」争点（2009）102 頁など。確認訴訟によることの適否を 2 番目に記述するのが、中野貞一郎＝松浦馨＝鈴木正裕編・新民事訴訟法講義［第 2 版補訂 2 版］（有斐閣・2008）140 頁以下〔福永有利〕、笠井正俊＝越山和広編・新コンメンタール民事訴訟法［第 2 版］（日本評論社・2013）565 頁〔名津井吉裕〕など。このように、三つの基準の並べ方が論者によって様々であることを考えると、この基準を段階的に適用することは意図されていないと思われる。

5）　確認訴訟の被告適格の問題は、即時確定の必要性から分離して考えないのが原則である（高橋宏志・重点講義民事訴訟法（上）［第 2 版補訂版］（有斐閣・2013）247 頁）こととは、異なる。

うるのかどうかを考えるというのが、本稿の目的である[6]。なお、本稿は、いわゆる過去の法律関係の確認対象適格性に代表される個別論点の解釈論を展開することを目的とするものではない。

II 学説の形成過程

1 日本の立法史

(1) **ドイツ法と日本法**　日本法で現在一般的に承認されている確認訴訟制度の母法は、ドイツ法である。ドイツ法は、1877年の帝国統一民事訴訟法（CPO）231条1項で確認訴訟の適法性を定める一般規定を導入した[7]。これを引き継ぐ現在の民事訴訟法（ZPO）256条1項は、「法律関係の存在または不存在を求める訴え、文書の認諾またはその不真正の確認を求める訴えは、裁判官の裁判によって、その法律関係または文書の真正もしくは不真正を即時に確認することについて原告が法律上の利益を有するときに、提起することができる。」と規定している。このように、ドイツ法は、法律関係が確認対象であると明示する。しかし、それによって確認対象を何らかの形で限定することを意図したわけではなさそうである[8]。

他方、日本の民事訴訟法は、確認訴訟に関する一般規定をもたず、事実を確認対象とする証書真否確認の訴えと、先決的法律関係を対象とする中間確認の訴えという特殊な場合についてだけ明文の規律を置くという立法を行っ

6）確認対象の適格性を論じる場合、その中に、当該請求権の司法判断適合性（裁判所法3条1項参照）に関する議論が入り込むことがある。例えば、伊藤眞・民事訴訟法［第4版補訂版］（有斐閣・2014）175頁の論じ方を参照。しかし、これは憲法76条が予定する司法権の範囲設定の問題として第1次的には論じるべきであり、確認の利益とは区別して論じることが必要である。村上正子「確認訴訟機能の多様化に関する一考察」伊藤眞先生古稀祝賀・民事手続の現代的使命（有斐閣・2015）632頁注1）を参照。

7）同条2項は中間確認の訴えの規定である。

8）*Zeuner,* Überlegungen zum Begriff des Rechtsverhältnisses i. S. von §256 ZPO, Festschrift für Schumann, 2001, S. 602によれば、CPOの起草者がどのような考え方を法律関係概念について有していたのかの手がかりを立法資料の中に求めようとしても、説得力があるようなことはほとんど見出せないとされている。また、立法当時は確認訴訟を許容することに重点があり、対象を限定するようなことは考えられていなかったとされる。現在のドイツ法について独自の批判的な分析を試みた*Jacobs,* Der Gegenstand des Feststellungsverfahrens, 2005, §§2, 3によれば、条文上確認訴訟の要件として明示されている「法律関係（Rechtsverhältnis）」の概念は、確認訴訟の適法性の審査基準としての意味を失っており、「法的な利益（rechtliches Interesse）」の存否によってその適法性が判断される傾向がすでにCPOの成立直後から始まり、今日定着していると評価されていると論じている。

ている。このことが、一般的、原則的なルールに属する確認の利益の法的構成について、すべて解釈論に委ねられることになった原因であると思われる。そこで、現在の解釈論の形成過程を確認する前に、確認訴訟に関する一般規定の導入が最終的に放棄されるに至った立法過程を検討する。

(2)　**立法過程**　明治 23 (1890) 年民事訴訟法に先行するテヒョー草案には、確認訴訟に関する規定が存在した (210 条)。これによると、権利義務の有無と証書真否についてその確定が「緊要」なときは、期限、条件未到来の場合であっても、確認の訴えを提起することができるとされていた[9]。なお、ドイツ語によるオリジナルの草案[10]を試みに訳出すると、「法律関係の存在または不存在を求める訴え、文書の認諾またはその不真正の確認を求める訴えは、裁判官の裁判によって、その法律関係または文書の真正もしくは不真正を即時に確認することについて原告が法律上の利益を有するときに、同時に一定の給付の主張がなくても、また、一定の給付がいまだ履行期限が到来せずまたは条件の成就にかかっているときであっても、提起することができる。」となる。このオリジナルの草案を読む限り、これは、当時の統一ドイツ国家での立法の到達点を参考にした規定であり、また、将来給付訴訟導入前のドイツ法が、確認訴訟によって将来の請求権の保護を図ろうとしていたことを正確に理解したうえでの法整備を考えていたことを知ることができる[11]。ところが、法律取調委員会による最終的な明治 23 年法の制定過程では、このような一般規定は導入されず、確認訴訟に関しては、中間確認訴訟の規定 (211 条) のみを置くという結果に至った[12]。残された立法資料からは、このような方針変更が決断された事情を完全に知ることはできないが、いわゆるモッセ草案において上記の規定を削除することが提案されたことが大きな影響を与えたのではないかと思われる[13]。

9）　松本博之＝徳田和幸編著・民事訴訟法〔明治編〕(3)［日本立法資料全集 193］(信山社・2008) の資料 13 (日本語版) によれば、この規定は「権利義務の有無を確定し又は証書を認諾せしめ若くは拒否することの緊要なる場合に於ては其期限の未だ到らざると又は将来生ずべき条件なるとを問わず其確定認諾若くは拒否に付き訴訟を起すことを得」とされる (原文は旧漢字、カタカナ書き)。

10)　前掲注 9）所収の資料 14 (ドイツ語版) による。

11)　「同時に一定の給付の主張がなくても」以下は、ドイツ法にはない規律である。

12)　日本近代立法資料叢書 22〜24 巻 (商事法務研究会・1985〜86) 収録のいわゆる学振版の復刻資料によると、その最も早い「民事訴訟法草案」(23 巻所収) で、すでに確認訴訟に関する規定は姿を消している。明治 23 年法の制定過程については、鈴木正裕・近代民事訴訟法史・日本 (有斐閣・2004) 117 頁以下を参照した。

その後、大正15（1926）年改正法は、中間確認の訴えの規定に加えて、証書真否確認の訴えの規定（225条）を導入（復活）したが[14]、その立案過程では、法律関係の存否を確認訴訟の対象とすることができることはいわば当然の前提として議論が行われ[15]、明文の一般規定を置くことをしないまま現在に至っている。これは、証書真否確認の訴えという例外的規律を明文化して、例外の存在から、確認の訴えの対象が法律関係に限られるという原則が存在することを推論させるという趣旨であろう。

2　対象適格論の由来

確認の対象適格を即時確定の現実的必要性ないし狭義の確認の利益とは別の判断基準とする議論は、どのような考え方に由来するのだろうか。学説史的にみると、訴えの対象は権利保護の必要が認められる実体法的な法律関係に限られるという権利保護請求権説的な発想から導き出されたものであると思われる[16]。他方、理論的には、対象適格の基準は、確認対象の無限定さという伝統的に強調されてきた視点に支えられており、この視点は今日でもなお無視することができないと考えられている[17]。このために、対象適格の基

13)　前掲注12) 24巻所収の「モッセ氏訴訟法草案」通し頁番号189頁によると、CPOのコンメンタールを一瞥するならば、CPO231条については文献百出の議論状況があること、証書真否確認は訴訟法的性質があるが、証拠保全の規律と結合させるべきであること、将来の給付請求権を主張する訴えの適法性は実体法の問題であることをあげて、モッセは、確認訴訟の規定を削除することを求めている。なお、法律取調委員会の議事速記録（前掲注12) 22巻所収）では、このあたりの規定に関する部分が欠落している。

14)　明治23年民事訴訟法は、私文書成立の真正について争いがあるときは挙証者の申立てにより裁判所が検真を行うというフランス型の規律を導入した（352条）が、判例はこの申立てを不要としていた（斎藤秀夫ほか編著・注解民事訴訟法（8）［第2版］（第一法規・1993）217頁注5）〔小室直人＝宮本聖司〕参照）。大正15年改正法は、この規定を現在の形に改めた（325条）。

15)　民事訴訟法改正調査委員会議事速記録第22回で、松岡義正起草委員は、法律関係の成立または不成立の確認の訴えはもちろん許すが、証書真否確認の訴えもできると規定することで、この条文で法律関係の確認の訴えができることを言い表すことにした旨を説明している。松本博之＝河野正憲＝徳田和幸編著・民事訴訟法〔大正改正編〕(3)［日本立法資料全集12］（信山社・1993）242～243頁参照。

16)　対象適格を独立して取り出す議論においては、これを権利保護の資格と位置づけるもの（兼子一・判例民事訴訟法（弘文堂・1950）50頁、中田淳一・民事訴訟判例研究（有斐閣・1972）178頁）、広義の確認の利益とするもの（斎藤秀夫ほか編著・注解民事訴訟法（6）［第2版］（第一法規・1993）112頁〔斎藤秀夫＝加茂紀久男〕）、請求適格とするもの（小山昇・民事訴訟法［5訂版］（青林書院・1989）240頁）などがある。

17)　三ケ月章「権利保護の資格と利益」民事訴訟法学会編・民事訴訟法講座第1巻（有斐閣・1954）122頁は、自分の飼い猫が死んだことの確認という有名な事例を用いて、確認対象の無限定さとその絞込みの必要を論じる。もっとも、この例はあまり適切でなく、法的に意味がありうるが、確認してみても紛争解決の実効性につながらない例を用いて論じるべきではなかっただろうか。

準が狭義の確認の利益とは別に立てられ、後者に吸収されないまま現在に至っているのであろう[18]。

3　日本の解釈論の変遷

では、戦後の民事訴訟法学説は、対象適格の基準と狭義の確認の利益との間の相互関係をどのように考えてきたのだろうか。戦後日本の代表的な三つの教科書（兼子、三ケ月、新堂）をみると、この点について、興味深い説明の変遷を看取することができる。

(1)　**兼子・体系**[19]　兼子説では、確認対象の問題と即時確定の現実的必要性（これを「確認の利益」としている）が区別して論じられている。確認対象（請求）は、現在の法律関係の存否の主張に限るとする[20]。ただし、売買契約の無効確認については、判例（大判昭和10年12月10日民集12巻2077頁）を引用して、現在その売買契約に基づく債務の存在しないことを表現したものとして釈明させて審判すべきとする点で、一歩踏み出す余地を認めている。また、第三者に対する権利の存否も確認対象になるとされている。他方、確認の利益（即時確定の利益）について説明する箇所では、確認の利益本体の問題と確認訴訟の補充性とを区別して論じている。前者については、原告の権利または法律的地位に現存する不安危険を除去するために、一定の権利関係の存否を、反対の利害関係人である被告との間で判決によって確認することが、必要かつ適切である場合に認められるものであると定義した上で、それとの相関関係において、誰を被告とするか、どんな権利関係の存否を請求するべきかが決まると述べる。具体的には、自己の権利関係に対する現実的侵害があること、権利関係存否の確認と原告の利益、地位の安定との間には法律的な関係があること（感情的なものでは足りない）を問題とする。以上からすると、兼子説においては、確認対象適格の問題は確認の利益の問題と分けて説明されているけれども、前者は後者から分離独立して検討されるものではないこ

18)　池田編・前掲注1）39頁〔徳田〕、高橋・前掲注5）363頁など参照。また、笠井＝越山編・前掲注4）565頁〔名津井〕は、この基準を立てることの意義を軽視することは行き過ぎであるとする。
19)　兼子・前掲注3）155頁以下。
20)　兼子・前掲注16）では、確認対象は現在の法律関係であり、過去の法律関係が現在の法律状態に影響を及ぼしているような場合でも現在の法律状態の確認を求めるべきであるとしていた。これは戦後の「体系」にも承継されている。

とが意識されていたということができる。

(2)　三ケ月・法律学全集[21)]　三ケ月説では、確認の訴えの客体、主体、即時確定の利益、他の訴訟類型との関係が、それぞれ別のカテゴリとして論述されているが、確認訴訟の客体的・主体的適格性はその主体間で当該事項を確認訴訟として取り上げるのが妥当かどうかという考慮によって規定されることを明確にした上で、個別のカテゴリの検討へと進んでいる。確認対象の点については、「範疇的に過去・現在・未来の法律関係を区別し、第1、第3は確認の訴えの対象としては適格性をもたず、第2のものだけが確認訴訟の対象となりうると説くのは、厳密にいえば、逆である。」とされ、確認訴訟によって解決するべき利益があるかどうかの判断が先行し、その利益が肯定できれば現在の法的紛争として把握されるとの認識を示している。このことから、確認の利益と対象適格とが連動する性質であることを、兼子説よりもいっそう明確に論じている点が三ケ月説の特徴であるとまとめることができる。

(3)　新堂・民事訴訟法[22)]　新堂説では、判断基準としての方法選択の適否、対象選択の適否および即時確定の必要性が、この順序でそれぞれ別のカテゴリとされている。しかし、これらは、「確認の利益を判断するための視点」という見出しの中に統合されていることに注意が必要である。そして、確認対象選択の適否は、「原告の法律的地位に対して被告によって加えられている不安・危険を除去するために、訴訟物としてどのような権利または法律関係を選んで確認を求めるのが有効・適切かという問題である。」と定義されている。したがって、新堂説では、確認の利益と対象適格とが連動する性質であることが再確認され、三ケ月説の方向性がより徹底されたと評価することができる。これが現在の大多数の教科書の原型である[23)]。

---

21)　三ケ月章・民事訴訟法（有斐閣・1959）63頁以下。同趣旨は、同・判例民事訴訟法（弘文堂・1974）204頁でも論じられている。

22)　新堂幸司・新民事訴訟法［第5版］（弘文堂・2011）270頁以下。その初版は筑摩書房から1974年に出版された。

23)　現在の教科書の記述方法の分布であるが、大多数の教科書等（列挙は控える）は、新堂・民事訴訟法のスタイルに従っている。伊藤・前掲注6）175頁以下は、しいていえば三ケ月・法律学全集のスタイルに近い。松本博之＝上野桊男・民事訴訟法［第8版］（弘文堂・2015）157頁以下〔松本〕は、ドイツの教科書のスタイルに近い。

Ⅲ　請求の趣旨と確認の利益を判断する対象との食い違い

1　対象適格は独立した基準か

確認対象が法律関係に限られるということについての明文規定を欠く日本法では、対象適格の基準に対して、そのような法の欠缺を補充する役割を託すことができる。これは、対象適格が有しうる必要最小限の機能であろう。ではさらに、確認の利益の本体である即時確定の現実的必要性と切り離して、確認対象たる法律関係の選別をする必要があるのかどうかということが、ここで考えなければならない問題である。この問題について、本稿Ⅱ3で紹介した学説の形成過程に照らすならば、確認の利益の判断基準の中から対象適格の問題を取り出して、それを別個独立の基準として理解しようとした学説は存在しなかったといわなければならない。したがって、確認の訴えの適法性は、その訴えを真に必要とする個別事情に左右される。ただ、類型的な処理を可能とする必要があるために、対象適格の基準を定立して、その範囲内で、即時確定の現実的必要性が肯定されにくい場合、例えば過去の一時点での法律関係の確認などを類型化したのではなかろうか[24]。もし、そのように解しないとするならば、この基準には重大な例外が肯定されているため[25]、大きな例外が内在する基準の絶対性を肯定するという自己矛盾に陥ることになってしまう。そうだとすると、確認の利益の存否について、その三つの判断基準について厳密に段階的審査を行うことには意味がない。換言すれば、確認の利益とは、即時確定の現実的必要性のことであると定義される以上、それとは独立した判断要素が加わって、確認の利益という概念が形成されることはない。以上が、確認の利益の定義と判断基準の相互関係についての正しい理解である[26]。なお、対象適格の基準の独立性を極度に高めると、その

24)　笠井＝越山編・前掲注4）565頁〔名津井〕は、過去の法律関係は原則的に確認対象とならない等のことを「指針」と表現する。

25)　上田・前掲注4）220頁は、自己の、現在の、権利・法律関係の積極的確認が一般には最も効果的である、との前置きをした上で、そうでなくとも確認の利益が認められることがあるという論述を行っている。基準の絶対性は初めから意図されていないといえよう。

26)　斎藤秀夫・民事訴訟法概論［新版］（有斐閣・1982）163頁は、現実の訴訟では、同一性質の訴訟について請求適格の問題として判断することもあれば、これを不問に付して権利保護の利益の問題として処理するケースがあることから（いわゆる国籍訴訟）、二つの概念が相互補完関係に立つことを指摘している。

訴訟類型の効用が損なわれるような方向で基準が利用される危険があることは、将来給付訴訟ではすでにみられるところであり[27]、確認訴訟でも、このことに留意する必要がある。

2　対象適格の役割（判例）

(1)　**視点**　もっとも、確認の利益の判断基準のうち、対象適格の問題を独立した基準と誤解してしまうことは、無理もない面がある。というのも、判例は、即時確定の必要性とは別に、原告が請求の趣旨に示したものが確認対象としての適格を有するかどうかを論じており、また他方で、当事者間で確認対象について争いがあることを単純に即時確定の必要性があることと同じ意味に解しているようにみられるからである。

では、このような判例の方向性は、どのように理解すればいいのだろうか。手がかりとなるのは、確認の訴えでは、原告が立てた請求の趣旨と紛争解決にとって真に有効、適切な確認対象とが食い違うことがあるという議論である[28]。すなわち、請求の趣旨によって示された確認対象が紛争解決にとって適切でない場合に、当事者が示したものとは異なる確認対象へと解釈による意味転換がされることで、訴えを不適法として直ちに却下することなしに、その訴えの適法性が維持されることがある。これが対象適格に課せられた役割なのではないかということである。以下では、このような視点から、判例における対象適格の基準の意味、役割を探ってゆきたい。

(2)　**売買契約無効確認の例**　まず、やや古いものであるが、最判昭和41年4月12日（民集20巻4号560頁）は、「その請求の原因の要旨は、XとY_1間の売買およびその登記は無効であり、したがつて、所有権のないY_1と悪意の第三者たるY_2間の昭和三二年一一月二七日付売買も無効であるから、右売買の無効確認を求める」というものについて、確認対象を現在の法律関係に限定する立場から、原告の立てた請求の趣旨を、それを前提とする現在の地位（売買契約が無効である結果生ずべき現在の権利または法律関係）の確認を求

27)　大阪国際空港判決（最大判昭和56年12月16日民集35巻10号1369頁）で打ち出された考え方である。将来の法律関係の確認については、川嶋四郎・民事救済過程の展望的指針（弘文堂・2006）201頁以下など参照。

28)　勅使川原和彦・読解民事訴訟法（有斐閣・2015）89頁以下から多くの示唆を受けた。

める趣旨がうかがえないではないとして[29]、より適切な確認対象に読み替えることを原審に命じている。

(3)　**遺言無効確認の例**　次に、同じような読み替えを行う、遺言無効確認の利益を肯定した先例とされる最判昭和47年2月15日（民集26巻1号30頁）を取り上げる。

この訴訟で原告が定立した請求の趣旨は、「訴外亡Aが昭和三五年九月三〇日なした自筆による遺言は無効であることを確認する（原文ママ）」との判決を求めるというものであった。ところが、最高裁は、この訴えについて確認の利益があるかどうかについて、「いわゆる遺言無効確認の訴は、遺言が無効であることを確認するとの請求の趣旨のもとに提起されるから、形式上過去の法律行為の確認を求めることとなるが、請求の趣旨がかかる形式をとつていても、遺言が有効であるとすれば、それから生ずべき現在の特定の法律関係が存在しないことの確認を求めるものと解される場合で、原告がかかる確認を求めるにつき法律上の利益を有するときは、適法として許容されうるものと解するのが相当である。」との結論を示している。したがって、この判決は、紛争解決にとって有効、適切な確認対象は「遺言が有効であるとすれば、それから生ずべき現在の特定の法律関係が存在しないこと」であって、「遺言が無効であること」ではないと考えているといわざるを得ない[30]。したがって、原告が請求の趣旨で表現したものとは異なる法律関係を、このタイプの確認訴訟のあるべき訴訟物とみているのである[31]。

同様の状況は、遺言者生存中でも遺言の無効確認の利益があるかどうかを論じた最判平成11年6月11日（判時1685号36頁）でも見出すことができる。すなわち、Xが遺言者であるY_1の生存中に本件遺言が無効であることを確認する旨の判決を求めたところ、この請求は、受遺者Y_2が遺言者Y_1の死亡によって遺贈を受けることとなる地位の不存在確認の請求であると理解したうえで、それは事実上の期待にすぎないから、確認対象としての現在の法律関係とはいえないとしている。この判決でも、確認対象の読み替えという

29)　岩松三郎＝兼子一編・法律実務講座民事訴訟編第2巻（有斐閣・1958）18頁は、便宜的に売買契約の無効確認という書き方を許しているにすぎないと論じる。

30)　勅使川原・前掲注28) 93頁以下は、この点を強調する。

31)　他方でこの判例は、原告が「遺言の無効確認を求める」という請求の趣旨を立てること自体を不適法としているわけではない。この二面性が、この判例を読みにくくしている原因である。

作業が行われているが、昭和47年判決と異なるのは、原告が選択した確認対象をどのように読み替えても、訴えを適法と解することができないと判断された点である。

(4)　敷金返還請求権存在確認の例　他方、契約存続中の敷金返還請求権存在確認の訴えについて確認の利益を肯定した最判平成11年1月21日（民集53巻1号1頁）は、より複雑である。すなわち、この判決は、「建物賃貸借における敷金返還請求権は、賃貸借終了後、建物明渡しがされた時において、それまでに生じた敷金の被担保債権一切を控除しなお残額があることを条件として、その残額につき発生するものであって（引用判例省略）、賃貸借契約終了前においても、このような条件付きの権利として存在するものということができるところ、本件の確認の対象は、このような条件付きの権利であると解されるから、現在の権利又は法律関係であるということができ、確認の対象としての適格に欠けるところはないというべきである。」と論じる。しかし、原告が確認対象にしたのは保証金（敷金）返還請求権が存在することであり、明らかにそれは将来に給付を受けられる法的地位を意味する。ところが、最高裁は、請求の趣旨に示される当事者の意思をいわば無視する形で、期待権という現在の法的地位がこの場合の確認対象であり、それが適切なものであると考えたのである[32)]。

3　検　討

以上の簡単な概観から得られるのは、当事者が当該確認の訴えで何を確認することで、その訴えの趣旨を実現しようとしているのかを確定する作業が、確認対象選択の適切性という判断基準の役割なのではないかということである。いわゆる過去の法律関係や法律行為が確認対象としての適格を有するかどうかを論じた判例は、「判決において、端的に、当事者間の紛争の直接的な対象である基本的法律行為たる遺言の無効の当否を判示することによつて、確認訴訟のもつ紛争解決機能が果たされることが明らか」[33)]であるとか、「基

---

32)　この判例の読み方については、高橋・前掲注5）366頁注21)、高橋宏志・民事訴訟法概論（有斐閣・2016）83頁以下を参照。全般的には、徳田和幸「条件付き権利と確認の利益」同志社法学62巻6号（2011）1頁以下を参照。

33)　前掲最判昭和47年2月15日より引用した。

本となる法律関係を確定することが、紛争の直接かつ抜本的な解決のため最も適切かつ必要と認められる場合においては」[34]などの表現を用いて、過去の法律関係の確認対象適格を肯定する方向での議論を展開する。そこでいわれる紛争の抜本的解決云々の意味は、学説上なお解明されていないが[35]、これは、当該法律関係を確認対象とすることが当事者間の紛争解決にとって有効、適切であること、つまり、そのような確認対象を選択することで、原告がその確認の訴えをもって実現しようとしている意図（原告の法的地位に対する危険を除去できること）を果たすことができるかどうかを問題とする趣旨ではないかと考える[36]。そうだとすると、確認の対象適格の問題を確認の利益の本体から分離して独立の判断対象とすることは、適切な考え方ではない[37]。したがって、結局のところ、判例も学説と同じ考え方に立っているということになろう。ただ、判例上は、類型的処理の要請が強いために、対象適格の議論に依存する傾向が強いとまとめることができる[38]。

Ⅳ　確認を求める当事者の意思はどこまで尊重されるか

1　処分権主義との関係

Ⅲで検討したように、請求の趣旨の読み替えが可能であるとすると、当事者の意思が制約を受けることになるように思える。つまり、請求の趣旨の記載から直接的に読み取ることができる当事者の意思が、紛争解決の実効性という観点から合理的な形で読み替えられ、あるいは極端な場合には無視されるならば、それは処分権主義と究極的に両立しないことにならないかという

34）　最判昭和47年11月9日民集26巻9号1513頁より引用した。
35）　この点を論じるものとして、松村和德・百選［第3版］(2003) 63頁を参照。
36）　例えば、売買契約の効力が問題となる場合、個別の権利関係に分解してその存否を確認対象としたり、給付の訴えを提起したりすることは困難ではない。このため、売買契約の効力を確認対象としても紛争解決にとって有効、適切ではないことから、類型的に確認の利益を肯定しにくいものと判断される。しかし、遺言無効確認の場合は、これを現在の法律関係に引きなおすと煩雑であり、遺言の効力それ自体の確認を求めるほうが、紛争解決にとって適切である。また、団体の意思決定の効力を問題とする訴訟は対世効を与えられることから、効力の存否自体を確認対象とすることが紛争の一挙的解決につながることは明らかである。このように、判例においては、確認対象の適格性を審査するに当たり、どのような確認対象を選ぶことが紛争解決の実効性を確保することにつながるのかを問題としていると思われる。
37）　山木戸克己「法律行為の効力確認訴訟の適法性」民事訴訟法論集（有斐閣・1990）109頁を参照。
38）　山本克己「判例分析民事訴訟法（2）」法教284号（2004）86頁を参照。

疑問が生じる。もっとも、前に検討した判例のうち、過去の法律行為としての遺言無効確認のケースや、現在の法律関係とされた敷金返還請求権存在確認のケースは、結果的に訴えの適法性が認められた事例であるから、確認対象の読み替えを通じて当事者の意思が制約を受けたかどうかを論じる必要性は乏しい。また、遺言者生存中の遺言無効確認の訴えは、請求の趣旨をどのように読み替えても、その確認対象について本案判決をしても紛争が解決するとはいえないというのが判例の真意であろうから、当事者の意思が制約を受けると論じることは適切ではない。

2　債務不存在確認の例

他方で、対象適格の議論とはやや離れるが、次の二つの判決はどうだろうか。はじめに、一定額を超えた債務の不存在確認の問題を扱った最判昭和40年9月17日（民集19巻6号1533頁）を取り上げる。

本件で、XらはYに対する請求の趣旨として「X_1のYに対する債務の残存元本は金一四万六四六五円を超えて存在しないことを確認する」と記載して訴えを提起した。これについて原判決は、審理の結果残存額が14万6465円を超えることが明らかになったとして、直ちに請求を全部棄却する判断をした。しかし最高裁は、「本件請求の趣旨および請求の原因ならびに本件一件記録によると、Xらが本件訴訟において本件貸金債務について不存在の確認を求めている申立の範囲（訴訟物）は、X_1については、その元金として残存することを自認する金一四万六四六五円を本件貸金債権金一一〇万円から控除した残額金九五万三五三五円の債務額の不存在の確認」であるとして、残債務不存在の限度を審理判断しなければならないとした。

この判決によれば、一定額を超えて債務が存在しないことの確認を請求する原告は、上限額（債務の総額）を定めて確認対象を設定しなければならない。したがって、少なくとも契約上の金銭債務に関しては、上限額を明示しないという形での訴訟物の特定は許されない[39]。これに対しては、原告が、具体的な残債務額を認定せず、自認額以上の債務の存在が判明すれば直ちに請求を全部棄却してもらってかまわないという意思を有すると解釈することも可

39）　高橋宏志・重点講義民事訴訟法（下）［第2版補訂版］（有斐閣・2014）266頁以下参照。ただし、訴状においてすでに特定しなければならないということではない。

能であると論じられることがある[40]。もっとも、このように解すると、残債務額が既判力によって確定されない結果として、原告（債務者）が自認額を変えて何回も提訴し直すことができるという不合理があることから、上限額を特定しないという提訴の意思は、紛争解決の実効性や相手方との公平性を害するものであり、それを有効と認めることはできないとされたわけである。原告意思の尊重といっても、それは、制度自体の合理性や相手方との公平性を犠牲にしてまで尊重することを意味しないというのは、一般論としては正しい[41]。また、上限額をまったく示さないままでは審理の指標を得ることができないから、上限額は必ず示されるべきである。まとめるならば、多少の時間がかかっても、その範囲内での残債務額を認定するほうが紛争の実効的解決につながるので、それに逆行するように原告の意思は尊重するには値しないというのが判例の趣旨であるということができる。

3　賃料増減額確認の例

この当事者意思の尊重という点について、最判平成26年9月25日（民集68巻7号661頁）は、債務不存在確認の例とは逆の判断をしているのではなかろうか。この事例では、借地借家法32条1項が定める賃料増減請求権の行使によって形成された賃料増減額確認訴訟の訴訟物をどのように考えるかが論じられた。賃料増減額確認訴訟では、賃料が増減請求時「から」（あるいは「以降」）月額○円であるなどの形でその請求の趣旨が記載される。そこで、このように、原告が終期を明示的に設定していないことの原則的な解釈のあり方が問題となった。この問題について、本件原審判決は、原告の請求の趣旨を、当事者が請求の趣旨において特に期間を限定しない限り、形成権である賃料増減請求権の行使により賃料の増額または減額がされた日から事実審の口頭弁論終結時までの期間の賃料額が訴訟物となるとの考え方によって解釈した（期間説）。他方、最高裁判決は、原告の請求の趣旨を、賃料増減請求が効果を生じた時点の賃料額が訴訟物であるとの理解に基づいて解釈した

40)　井上正三「判批」民商54巻4号（1966）532頁参照。

41)　井上・前掲注40) 535頁は、このことを率直に論じる。さらに、山本克己「判例分析民事訴訟法（7）」法教291号（2004）108頁、高橋・前掲注39) 266頁、栗田隆・百選［第3版］175頁を参照。

(時点説)。そして、この判決の基本判断には「原告が特定の期間の賃料額について確認を求めていると認められる特段の事情のない限り」という留保が付いている。この留保文言をそのまま受け止めるならば、この判決は、期間説によって請求の趣旨を記載することを排除するものではなく、原告が明示的に終期を定めて確認対象をいわば時間的な広がりをもたせて設定する意思を示すことは可能であるということになるはずである[42)]。

しかし、この判決の根底には、賃料増減請求権行使後の事情を考慮して一定期間中の増減賃料額の確認を求めることは、借地借家法に関する従前の判例と整合性を欠き、また多大な訴訟遅延をもたらすことから合理的ではないという判断が含まれている[43)]。そのように考えなければ、明示的な記載がない場合の原則的かつ合理的な原告の意思解釈は時点説によらなければならないとした理由を説明することができない。したがって、原告が、この判決によれば合理的とはいえない期間説によって請求の趣旨を立てたとしても、そのような当事者の意思を尊重することは実務上困難であり、この判決における「特段の事情のない限り」の表現を額面どおり受け取ることはできないのではなかろうか[44)]。

この判決は、訴訟の迅速化のために確認訴訟の訴訟物を限定し、既判力による紛争解決の範囲を極小化するという不合理な考え方を示したといわざるを得ない。また、原告に対して紛争解決の範囲を狭くするような意思を示すことが原則的に求められるというのは、説得的ではない[45)]。さらに、この判決は、賃料が増減請求時「から」月額〇円であることの確認を求めるという明らかに時間的な広がりを意図した請求の趣旨の書き方を、それが終期を設定しないものとして不合理であるとした上で、また、終期を設定した書き方も原則的に合理的でないと解している。この点でも、この判決は不可解である[46)]。

---

42)　堀清史「判批」リマークス 51 号 (2015) 126 頁は、それが本判決の趣旨であるとする。

43)　田中壮太・NBL1042 号 (2015) 94 頁、林紘司・金判 1469 号 (2015) 11 頁、加藤新太郎・法教 422 号 (2015) 36 頁の各解説を参照。

44)　越山和広「判批」龍谷法学 48 巻 2 号 (2015) 239 頁以下参照。

45)　合理的意思とは、通常は経済合理的に行動する当事者の意思を意味しているが、あえて合理的でない意思を明示した場合の処理については従来あまり論じられたことがない。一部認容判決を求めない事例については、高橋・前掲注 39) 248 頁注 13) を参照。

46)　三木浩一「判批」法学研究 88 巻 10 号 (2015) 99 頁以下の分析も参照。

V　おわりに

確認対象の無限定という視点は、現在でもなお無視できないものとして、確認の利益を考えるための出発点とされている。しかし、どんなものでも確認対象にできることそれ自体を問題にして、確認対象を限定する必要性を説いてみても、そこから有益な帰結を得ることはできない。そうではなく、当事者間の現在の紛争解決にとって不適切な確認対象が選ばれることの危険性を問題にするべきである。したがって、即時確定の必要性とは別個独立に、あるいは抽象的に対象適格を論じるべきではない。

確認の訴えには確認の利益という適法性の関門があることは、原告にとっては、確認訴訟の対象を自由に設定することができないことを意味する。すなわち、ある確認対象の選択が、原告の法的地位に対する現実的な危険を除去するという（個別具体的な）確認の訴えの目的に照らして合理的でないとの理由から許容されないことがありえ、その限度で原告の意思は制約を受ける。もっとも、当事者の意思が制約されても仕方がない場合と、制約されるべきではない場面との区別は、判例上なお不明確であり、今後の課題となろう。

重複訴訟の制限と相殺の抗弁についての判例の変遷

堀　清史

Ⅰ　重複訴訟と相殺に関する判例の検討

1　はじめに

本稿では、重複訴訟の制限と相殺の抗弁についての判例の変遷を取り扱う。このような検討を行う業績[1)]は既に豊富に存在しているが、本稿では、最判平成27年12月14日（民集69巻8号2295頁。以下、「平成27年判例」という）も踏まえて、既判力に注目しつつ、これを行うこととする。

検討対象の判例は、最高裁判決のうち、最判昭和63年3月15日（民集42巻3号170頁。以下では、「昭和63年判例」という）、最判平成3年12月17日（民集45巻9号1435頁。以下では、「平成3年判例」という）、最判平成10年6月30日（民集52巻4号1225頁。以下では、「平成10年判例」という）、最判平成18年4月14日（民集60巻4号1497頁。以下では、「平成18年判例」という）、そして平成27年判例とする。最高裁判決に限っても、関連する判例[2)]は多くあり、下級審

1）　松本博之「相殺の抗弁と重複起訴」福永有利先生古稀記念・企業紛争と民事手続法理論（商事法務・2005）507頁以下、岡田幸宏「重複起訴禁止規定と相殺の抗弁により排斥される対象」前掲・福永有利先生古稀記念300頁以下、三木浩一「重複訴訟論の運用」民事訴訟における手続運営の理論（有斐閣・2013）338頁以下、特に346頁以下、高橋宏志・重点講義民事訴訟法（上）［第2版補訂版］（有斐閣・2013）140頁以下、八田卓也「相殺の抗弁と民訴法142条」法教385号（2012）4頁以下、また、直接には後に述べる平成3年判例および平成10年判例を対象とするが、本間靖規「判批」百選［第4版］（2010）82頁以下、内海博俊「判批」百選［第5版］（2015）82頁以下、など多数存在する。

2）　たとえば、平成10年判例との関係では、本来、最判平成10年6月12日民集52巻4号1147頁の検討が必要であろう。また、重複訴訟の制限に関する判例、相殺に関する判例だけでも、大量に存在する。

裁判例[3]をも含めるのであればさらに検討対象が増えることになるが、本稿ではこの五つに限定したい。また、事案も基本的に簡略化して紹介している。

2 判　例

(1) **昭和63年判例**[4]　(a) 事案　Yは、Xに対し、解雇の意思表示の無効を理由として、賃金の仮払いおよび地位保全を求める仮処分命令を申請した。第1審裁判所は、解雇の意思表示が無効であることを理由として、YがXの従業員の地位を有することを仮に定め、かつ、賃金の仮払いを命じた。Yはこの判決に基づく強制執行により仮払金を受領した。この判決に対してX・Yの双方が控訴したところ、控訴審裁判所では賃金の仮払いに関する部分が取り消され、この部分に関するYの申請は却下され（地位保全にかかる部分は維持された）、判決はそのまま確定した。この控訴審判決が下される前に、Yは、Xに対して、解雇の無効確認と賃金の支払いを求める本案訴訟を提起している。昭和63年判例は、控訴審判決に基づき、XがYに対して、仮払金の返還を求めて訴えを提起した訴訟の上告審判決である。仮払金返還請求訴訟の事実審口頭弁論終結時において、本案訴訟は第1審に係属中であったとされる。

そして、本件訴訟においては、Xからの仮払金返還請求に対して、Yが、本案訴訟で訴求中の賃金債権を自働債権として相殺の抗弁を提出することができるか、という点が問題になった。

(b) 判旨　「本件受働債権の給付請求権は、仮払仮処分の取消という訴訟法上の事実に基づいて発生し、本来、民訴法198条2項〔引用者注、現行260条2項〕の原状回復請求権に類するものであり、右のように別訴で現に訴求中の本件自働債権をもつてするYらの相殺の抗弁の提出を許容すべきものとすれば、右債権の存否につき審理が重複して訴訟上の不経済が生じ、本件受働債権の右性質をも没却することは避け難いばかりでなく、確定判決に

3）平成3年判例との関係での東京高判平成4年5月27日判時1424号56頁や、平成18年判例との関係での大阪地判平成18年7月7日判タ1248号314頁などが代表的なものであろうか。

4）本判決に関する評釈として、小山昇「判批」判タ676号（1988）51頁以下、河野正憲「判批」判時1315号（1989）206頁以下、野村秀敏「判批」判タ705号（1989）15頁以下、住吉博「判批」民商100巻3号（1989）481頁以下、小笠原昭夫「判批」昭和63年度重判解130頁以下、松浦馨「判批」リマークス1号（1990）248頁以下、などがある。また、解説として、篠原勝美「判解」最判解民事篇昭和63年度101頁以下がある。

より本件自働債権の存否が判断されると、相殺をもつて対抗した額の不存在につき同法199条2項〔現行114条2項〕による既判力を生じ、ひいては本件本案訴訟における別の裁判所の判断と抵触して法的安定性を害する可能性もにわかに否定することはできず、重複起訴の禁止を定めた同法231条〔現行142条〕の法意に反することとなるし、他方、本件自働債権の性質及び右本案訴訟の経緯等に照らし、この債権の行使のため本案訴訟の追行に併せて本件訴訟での抗弁の提出をも許容しなければＹらにとつて酷に失するともいえないことなどに鑑みると、Ｙらにおいて右相殺の抗弁を提出することは許されないものと解するのが相当である」。

(c) 判例の評価　　本判決は、重複訴訟の制限と相殺の抗弁について取り扱った初めての最高裁判例であるとされる。しかし、昭和63年判例の事案はかなり特殊な部類に属するものであり、言及されること自体は多いものの、判例としては、より一般化が容易な平成3年判例が重視されている。

昭和63年判例の事案の特殊性としては、受働債権の性質を挙げることができる。本件での受働債権は、ＸのＹに対する仮払金返還請求権であり、これは、訴訟法上の原状回復請求権であると解されている[5)]。このような受働債権と、自働債権である賃金支払請求権との相殺を認めてしまうと、「実体的な賃金債権の存否をめぐり、解雇の有効性等の複雑な争点が原状回復請求訴訟に取り込まれることになる」[6)]。その結果として「保全手続と本案手続の峻別が事実上失われる」こととなるため、「もともとの立場のいかんを問わず相殺の抗弁を認めにくい事案であった」[7)]。また、昭和63年判例の事案では、Ｙが仮処分の申請前から他で就労して生活を維持しうる収入を得ていたことが、仮処分に関する控訴審裁判所の判断の理由（保全の必要性の欠如）になっていることも指摘される[8)]。この部分は、判旨では「本件自働債権の性質及び右本案訴訟の経緯等に照らし、この債権の行使のため本案訴訟の追行に併せて本件訴訟での抗弁の提出をも許容しなければＹらにとつて酷に失するともいえない」とされる点に関わる。Ｙが他で就労して生活を

5）山田文「判批」民事執行・保全判例百選（2005）234～235頁。
6）篠原・前掲注4）136頁。
7）三木・前掲注1）351頁。
8）篠原・前掲注4）102～103頁。このためかどうかは不明であるが、Ｙの得た仮払金は、労働組合に贈与されている。

維持しうるだけの収入を得ているのであれば、Yの財産の状況によっては、いったんYからXに仮払金を返還させることも可能といいうるからである。換言すれば、この場合におけるYの相殺への期待はそれほど強い保護に値するものではない、ということである。さらに、昭和63年判例の事例では、本件訴訟と本案訴訟を併合する機会があり得なかったわけではないが、本件訴訟の事実審口頭弁論終結時においては、一方は控訴審、他方は第1審に係属中であり、両訴訟を併合することは不可能であった。そのうえ、そもそも併合が適切でなかった可能性すらある[9)]。

もちろん、昭和63年判例にも、審理の重複とそれによる不経済、既判力の矛盾抵触のおそれ、などの視点が含まれている。しかし、これらの理由は、上記の通り特殊な事案であることから導かれる理由とは並列的に述べられているにとどまる。

(2)　平成3年判例[10)]　(a)　事案　Yは、Xに対して、売買契約に基づく代金支払請求訴訟を提起し、第1審判決は請求を一部認容、一部棄却した（以下、(2) において、この訴訟を「別訴」という）。別訴のこの判決に対してXが控訴した。他方、XはYに対して、継続的取引契約に基づく代金支払請求訴訟を提起したが、Yは、XのYに対する不法行為に基づく損害賠償請求権を自働債権とする相殺を主張して争った（以下、(2) において、この訴訟を「本訴」という）。第1審判決は、Yの主張する自働債権の立証がないとして、Xの請求を一部認容、一部棄却した。本訴のこの判決に対して、Yが控訴した。

本訴の控訴審において、Yは、第1審で主張した自働債権とは別に、別訴で一部認容された売買代金債権を自働債権とする相殺の抗弁を追加主張した。この抗弁の提出時、本訴と別訴は控訴審において併合審理されていた。

9）　仮払金返還請求訴訟では、事実上、弁済や免除、相殺といった抗弁についてしか実質的な争いが存しなかったのではないかという可能性があり、そうだとすると、訴訟の進行は相対的にしても早くなるであろう。これに対し、解雇無効の確認が求められている訴訟では、争点が多数に上るおそれがあり、訴訟の進行が遅くなる可能性が高い。

10)　本判決の評釈として、山本克己「判批」平成3年重判解121頁以下、髙田昌宏「判批」法教142号（1992）98頁以下、中野貞一郎＝酒井一「判批」民商107巻2号（1992）241頁以下、吉村徳重「判批」リマークス1993（上）124頁以下、加藤哲夫「判批」法セ451号（1992）138頁、などがある。

　解説として、河野信夫「判解」最判解民事篇平成3年度511頁以下がある。

控訴審裁判所は、本訴と別訴の弁論を分離してから判決を下した。本訴については、相殺の抗弁が、民事訴訟法231条（現行142条）の類推適用を理由として退けられている。本訴についての判決に対し、Yが上告した。

(b)　判旨　「係属中の別訴において訴訟物となっている債権を自働債権として他の訴訟において相殺の抗弁を主張することは許されないと解するのが相当である」。「すなわち、民訴法231条〔現行142条〕が重複起訴を禁止する理由は、審理の重複による無駄を避けるためと複数の判決において互いに矛盾した既判力ある判断がされるのを防止するためであるが、相殺の抗弁が提出された自働債権の存在又は不存在の判断が相殺をもって対抗した額について既判力を有するとされていること（同法199条2項〔現行114条2項〕)、相殺の抗弁の場合にも自働債権の存否について矛盾する判決が生じ法的安定性を害しないようにする必要があるけれども理論上も実際上もこれを防止することが困難であること、等の点を考えると、同法231条の趣旨は、同一債権について重複して訴えが係属した場合のみならず、既に係属中の別訴において訴訟物となっている債権を他の訴訟において自働債権として相殺の抗弁を提出する場合にも同様に妥当するものであり、このことは右抗弁が控訴審の段階で初めて主張され、両事件が併合審理された場合についても同様である」。

(c)　判例の評価　平成3年判例の先例としての価値は、昭和63年判例と比較すると、①昭和63年判例のように自働債権と受働債権に特殊な関係がなくとも、別訴で訴求中の債権を自働債権とする訴訟上の相殺が一般的に不適法になること、②①はいったん弁論が併合された後、分離された場合でも妥当すること、の2点にあると指摘されている[11)]。また、この②に関連して、控訴審が弁論を分離したことに対しては、批判が強い[12)]。早期の結審を目指すのであれば、あるいは、相殺を認めるべきでなかったとすれば、控訴審での相殺の抗弁の追加が時機に後れた攻撃防御方法であることを理由として相殺の抗弁を却下すべきであったとの批判もされている[13)14)]。

---

11)　山本・前掲注10) 123頁。

12)　山本・前掲注10) 123頁、高田・前掲注10) 99頁、中野＝酒井・前掲注10) 253頁、吉村・前掲注10) 127頁。

13)　山本・前掲注10) 123頁、中野＝酒井・前掲注10) 254頁、吉村・前掲注10) 127頁。

14)　ただし、本件での相殺の抗弁を時機に後れた攻撃防御方法として却下できたかどうかは疑問の

上述の通り、平成3年判例の先例としての価値は、別訴で訴求中の債権を自働債権とする相殺は、昭和63年判例のような特殊な事案ではなくとも、弁論が併合されていても、不適法である、とした点にある。特に、弁論が併合されている場合についても不適法であるとする点については、「本判決の不許説〔引用者注、相殺を不適法とする見解〕を採用する最大の理由が、別訴と本訴とで審理が重複することによる訴訟上の不経済を避けるためという点を軽視できないとしても、それよりは、むしろ裁判所間の判断の抵触により法的安定性が害されることを回避することにある、ということを説くものといえよう」と解説されている[15]。このような理解は、重複訴訟の制限が、伝統的に既判力の矛盾・抵触を回避することを目的とするとされてきたことと整合するといえよう。これについては、既に指摘がある通り、既判力の矛盾・抵触を重複訴訟の制限によって図らなければならない必然性があるとまではいえないであろう[16]。ただし、必然性がなくとも、不都合が生じる可能性があるのであれば、その防止のために重複訴訟の制限を認めることはありうることである。

また、平成3年判例は、昭和63年判例を踏襲しつつその射程を拡大しているのであるが、この射程の拡大にはより慎重であるべきだったのではないかとの疑問が残る。(1) で指摘した通り、昭和63年判例の事案では、両訴訟の弁論を併合することが適切ではなかった可能性が残るからである。仮に、昭和63年判例の事案が、弁論の併合が不適切な事案であったとすれば、平成3年判例が、「このことは右抗弁が控訴審の段階で初めて主張され、両事件が併合審理された場合についても同様である」としか述べずに射程を拡大したことは不当であるというべきであろう。

(3)　平成10年判例[17]　(a)　事案　XとYは兄弟であり、父母の死亡

残るところである。新たな証拠調べを必要とするなど、訴訟の完結を遅延させるかどうかが明らかではないのである。

15)　河野・前掲注10) 516頁。

16)　三木・前掲注1) 347頁など。

17)　本判決の判例評釈として、酒井一「判批」判時1667号 (1999) 192頁以下、越山和広「判批」法教219号 (1998) 128頁以下、八田卓也「判批」法セ549号 (2000) 109頁、上野泰男「判批」平成10年度重判解214頁以下、高橋宏志「判批」リマークス19号 (下) (1999) 127頁以下、坂田宏「判批」民商121巻1号 (1999) 62頁以下、中野貞一郎「一部請求論の展開 (上)」判タ1006号 (1999) 4頁以下、などがある。

また、判例解説として、河邉義典「判解」最判解民事篇平成10年度 (下) 642頁以下がある。

により、各２分の１の持分割合で土地建物（以下、(3)において、「本件土地建物」という）を相続して、遺産として共有していた。Ｘは、遺産分割協議の結果、本件土地建物が自己の単独所有になったと主張して、Ｙの持分について処分禁止の仮処分を申請し、その執行をした。この仮処分は、後に仮処分異議事件で取り消され、Ｘは本案でも敗訴した。また、Ｘは、Ｙが支払うべき相続税・固定資産税・都市計画税・水道料金などを、Ｙに代わって支払っていた。

この状況下で、まず、①ＹがＸに対し、違法な仮処分により本件土地建物の持分を通常の取引価格よりも低い価格で売却することを余儀なくされたとして、不法行為に基づく損害賠償請求権のうちの一部の支払いを請求する訴えを提起した（以下、(3)において、この①訴訟を「別件訴訟」という）。別件訴訟で主張されている損害は、通常の取引価格と実際の売却価格の差額（以下、(3)において、この部分を、「売買代金低落分」という）である。その後、②ＸがＹに対し、上記の立替金についての不当利得の返還を求める訴訟を提起した（以下、(3)において、この②訴訟を「本件訴訟」という）。本件訴訟の第１審において、Ｙは、請求原因の一部を否認するとともに、売買代金低落分の残部を自働債権として、相殺を主張した。第１審は、相殺の抗弁を認めてＸの請求を棄却したため、Ｘが控訴した。控訴審において、Ｙが、相殺の自働債権を追加したため、控訴審では、ⓐ売買代金低落分の損害賠償請求権、ⓑ違法仮処分に対する異議申立手続の弁護士報酬分の損害賠償請求権による相殺が問題となった。

控訴審は、Ｙの相殺の主張について、ⓐⓑのいずれも認めなかった。この控訴審判決に対し、Ｙが上告した。

(b)　判旨　「1　民訴法142条（旧民訴法231条）が係属中の事件について重複して訴えを提起することを禁じているのは、審理の重複による無駄を避けるとともに、同一の請求について異なる判決がされ、既判力の矛盾抵触が生ずることを防止する点にある」。相殺の抗弁については既判力が生じるため、その趣旨が及ぼされるべきことになる。

「2　しかしながら、他面、一個の債権の一部であっても、そのことを明示して訴えが提起された場合には、訴訟物となるのは右債権のうち当該一部のみに限られ、その確定判決の既判力も右一部のみについて生じ、残部の債権に及ば」ず、「この理は相殺の抗弁についても同様に当てはまる」。

「3　もっとも、一個の債権が訴訟上分割して行使された場合には、実質的な争点が共通であるため、ある程度審理の重複が生ずることは避け難く、応訴を強いられる被告や裁判所に少なからぬ負担をかける上、債権の一部と残部とで異なる判決がされ、事実上の判断の抵触が生ずる可能性もないではない」。

「しかし、こと相殺の抗弁に関しては、訴えの提起と異なり、相手方の提訴を契機として防御の手段として提出されるものであり、相手方の訴求する債権と簡易迅速かつ確実な決済を図るという機能を有するものであるから、一個の債権の残部をもって他の債権との相殺を主張することは、債権の発生事由、一部請求がされるに至った経緯、その後の審理経過等にかんがみ、債権の分割行使による相殺の主張が訴訟上の権利の濫用に当たるなど特段の事情の存する場合を除いて、正当な防御権の行使として許容されるものと解すべきである。

したがって、一個の債権の一部についてのみ判決を求める旨を明示して訴えが提起された場合において、当該債権の残部を自働債権として他の訴訟において相殺の抗弁を主張することは、債権の分割行使をすることが訴訟上の権利の濫用に当たるなど特段の事情の存しない限り、許されるものと解するのが相当である」。

本件での特段の事情について判断すると、「相殺の主張の自働債権である弁護士報酬相当額の損害賠償請求権は、別件訴訟において訴求している債権とはいずれも違法仮処分に基づく損害賠償請求権という一個の債権の一部を構成するものではあるが、単に数量的な一部ではなく、実質的な発生事由を異にする別種の損害というべきもの」であり、特段の事情は存在しない。

なお、園部逸夫裁判官の補足意見が付されており、①最高裁平成10年6月12日判例からして、別件訴訟において金銭債権の数量的一部請求について請求棄却判決が確定したため、この数量的な残部を自働債権とする相殺については当然に不適法になること、②一部請求訴訟の別訴と債権の残部による本訴における相殺のように重複訴訟の禁止が及ばない場合であっても、「可及的に両事件を併合審理するか、少なくとも同一の裁判体で並行審理することが強く望まれる」、とする。

(c)　判例の評価　　平成10年判例の論理は、基本的に、明示の一部請求論（明示の一部請求訴訟の訴訟物は明示された一部に限られ、残部に既判力は及ばない）と平成3年判例で示された既判力の抵触のおそれを重視した論理の組み合わせで成り立っている。

平成10年判例に関しては、まず、平成3年判例との関係が重要である。平成10年判例が形式的な判例変更の手続を踏んでいないことは明らかであるが、実質的な判例変更を含んでいるか、その前提として、両判例間に整合性はあるか、ということは明白とはいえない。平成3年判例と平成10年判例との整合性については、一方で、平成3年判例が既判力の矛盾抵触の防止を主たる理由としているところ、平成10年判例の事案では「本訴と別訴との間で直接的な既判力の矛盾・抵触は生じないから、相殺の抗弁を許容した本判決の判断は、平成3年最高裁判決の判断と両立しないものではない」[18]との解説がされる。他方で、学説は、大まかにはⓐ平成10年判例の論理は「従来の体系を維持した、一貫した態度である」[19]として、一応整合性が保たれているという見解[20]と、ⓑ平成10年判例で「相殺を許した結論は、昭和63・平成3最判などにおいて判例が相殺の担保的効力よりも二重審理の不経済を重視していたこと」「と十分に整合しているか問題なしとしない」[21]とするなどして、整合性に疑問を呈する見解とに分けられる。両判例の整合性の有無については、平成3年判例の結論を導くのに決定的な判決理由は何か、という問題に依存する部分がある。すなわち、平成3年判例が既判力の矛盾抵触を重視していると考えると、平成10年判例との整合性を肯定する見解に結びつきやすく、逆に、平成3年判例が既判力の矛盾抵触以外の理由（たとえば二重審理の不経済）を重視していると考えると、平成10年判例との整合性を否定する見解に結びつきやすいといえる。

また、園部裁判官の補足意見については、併合が望ましいという部分（(3)(b)②の部分）については、このような適切な措置が行われるべきであるとするものの、「そうした措置がXの別訴の進行やYの訴訟の進行を遅ら

---

18)　河邉・前掲注17) 659頁。
19)　酒井・前掲注17) 195頁。
20)　上記のほか、越山・前掲注17) 129頁もここに含まれるであろう。
21)　高橋・前掲注17) 131頁。このほか、上野・前掲注17) 124頁、坂田・前掲注17) 78頁などが同旨の見解として挙げられる。

せ迅速な権利実現を阻害する危険がないではなく、併合すればそれで万事が丸く収まるわけではないことには注意すべきである」[22]とする指摘がある。さらに、最判平成10年6月12日を引用した部分（(3)(b)①の部分）については、相殺の主張が不適法であるとするのではなく、相殺の主張に理由がないとするべきではないか（少なくとも、そのような可能性を肯定するべき）との批判がある[23]。これについては、この批判に賛成すべきであろう。まず、実質論として、相殺の主張を不適法とすると、相殺の自働債権（残部）についての既判力が発生しない[24]ように思われるが、不都合はない（いずれにせよ、別件訴訟での請求棄却判決に基づく信義則上の効力が認められるため）とはいえ、これは相殺について争ってきた別件訴訟被告＝本件訴訟原告の既判力に対する期待を軽んじるものであるように思われる。さらに、形式的にも、自働債権が存在している旨の主張が信義則によって許されないとする場合には、相殺の主張そのものを不適法とするのではなく、自働債権の発生についての主張がない[25]とする方が適切であるように思われる。

(4)　平成18年判例[26]　(a)　事案　Xは、Aとの間で建物建築請負契約を締結した。Aは建物（以下、(4)において、「本件建物」という）を完成させ、Xに引き渡した。

その後、Xは、Aに対し、本件建物に瑕疵があることを理由として、瑕疵修補に代わる損害賠償または不当利得の支払いを求める訴えを提起した

22)　越山・前掲注17) 129頁。

23)　酒井・前掲注17) 196頁、高橋・前掲注17) 131頁。

24)　議論の余地はあるが、自働債権の存否について判断しているわけではない以上、既判力を発生させることは困難であるように思われる。

25)　ただし、自働債権の発生について主張が許されないとすれば、その自働債権について相殺の既判力を発生させることができないようにも思われる。これについては、自働債権の特定と主張とを分けることで対応することが可能であろう。

26)　本判例についての評釈として、徳田和幸「判批」判時1974号（2007）190頁以下、河野正憲「判批」判タ1311号（2010）5頁以下、酒井一「判批」民商138巻3号（2008）74頁以下、三木浩一「判批」平成18年度重判解127頁以下、安見ゆかり「判批」青山法学論集48巻3号（2006）188頁以下、杉本和士「判批」早稲田法学83巻2号（2008）143頁以下、同「請負契約における瑕疵修補に代わる損害賠償債権と報酬債権に関する実体法と訴訟法」栂善夫先生＝遠藤賢治先生古稀祝賀・民事手続における法と実践（成文堂・2014）175頁以下、渡辺森児「判批」法学研究80巻4号（2007）160頁以下、二羽和彦「判批」リマークス35号（下）（2007）112頁以下、石田理「判批」法政研究74巻3号（2007）699頁以下、田中誠人「訴訟上の相殺の抗弁と重複訴訟の禁止」小島武司先生古稀祝賀・民事司法の法理と政策（上）（商事法務・2008）597頁以下、などがある。

また、本判例についての解説として、増森珠美「判解」最判解民事篇平成18年度（上）525頁以下がある。

（以下、(4) において、これを「本訴」という）。本訴提起後、Aは、Xに対して、請負契約に基づく請負残代金の支払を求める反訴を提起した。訴訟の係属中にAが死亡し、相続人であるYらがAの地位を承継した。

Yらは、第1審口頭弁論期日において、反訴請求にかかる請負残代金債権を自働債権とし、本訴請求にかかる瑕疵修補に代わる損害賠償請求権を受働債権として、対当額で相殺する旨の意思表示をした。原審は、相殺が適法であることを前提としつつ、反訴状送達の日の翌日から相殺後の残債務が遅滞に陥るとした。Yらが上告受理申立て。

(b)　判旨　「係属中の別訴において訴訟物となっている債権を自働債権として他の訴訟において相殺の抗弁を主張することは、重複起訴を禁じた民訴法142条の趣旨に反し、許されない」。

「しかし、本訴及び反訴が係属中に、反訴請求債権を自働債権とし、本訴請求債権を受働債権として相殺の抗弁を主張することは禁じられないと解するのが相当である。この場合においては、反訴原告において異なる意思表示をしない限り、反訴は、反訴請求債権につき本訴において相殺の自働債権として既判力ある判断が示された場合にはその部分については反訴請求としない趣旨の予備的反訴に変更されることになるものと解するのが相当であって、このように解すれば、重複起訴の問題は生じないことになるからである。そして、上記の訴えの変更は、本訴、反訴を通じた審判の対象に変更を生ずるものではなく、反訴被告の利益を損なうものでもないから、書面によることを要せず、反訴被告の同意も要しないというべきである。本件については、前記事実関係及び訴訟の経過に照らしても、上告人らが本件相殺を抗弁として主張したことについて、上記と異なる意思表示をしたことはうかがわれないので、本件反訴は、上記のような内容の予備的反訴に変更されたものと解するのが相当である」。

(c)　判例の評価　本判例では、当事者間においては、相殺後の残債権についての遅延利息の起算日がどの時点か、という問題が争われたようであるが、論理的には、その前提として相殺の適法性が問題になる[27]。このため、本判例では、職権で、相殺の抗弁の適法性について判示したものとされる。

---

27)　酒井・前掲注 26) 337 頁。

本判例は、本訴および反訴が係属中に、本訴において、本訴被告＝反訴原告が反訴訴求債権を自働債権として相殺の抗弁を提出した場合、「反訴は、反訴請求債権につき本訴において相殺の自働債権として既判力ある判断が示された場合にはその部分については反訴請求としない趣旨の予備的反訴に変更されることになる」とした。予備的反訴とは、本訴請求の却下または棄却を解除条件とする反訴のことであるとされる[28]。予備的反訴は、訴えに条件を付することになるが、条件の成就・不成就が訴訟内で判断できるものであるため、訴訟関係を不当に不安定にせず、適法であると考えられている。平成18年判例にいう予備的反訴は、「反訴請求債権につき本訴において相殺の自働債権として既判力ある判断が示され」ることを解除条件とする反訴ということになる。解除条件が成就することによって、遡及的に訴訟係属が失われることになる。

まず、平成3年判例との関係であるが、予備的反訴であれば、①既判力の抵触が生じず、②弁論の分離が禁止されるため、審理の重複や判断の抵触が生じるおそれもない、と解説されている[29]。①については、反訴訴求債権については、本訴に対する相殺の抗弁において判断される（民訴114条2項の既判力が生じる）か、反訴の訴訟物として判断される（民訴114条1項の既判力が生じる）かのいずれかということになり、既判力の矛盾抵触が生じない、ということになる。②については、予備的反訴については弁論の分離が禁止される、というのが一般的な理解であるとされるが、これには疑問も呈されている[30]。いずれにせよ、このように考えて、平成18年判例が平成3年判例に抵触しない、とされるのであるが、この説明には批判が強い。

このような批判として、ⓐ「反訴原告による相殺の抗弁の提出は単純反訴を維持したままでも許されると解されるのであり、本判決の認めるような、いわば特殊な予備的反訴を考える必要性があるかについては、なお検討の余地が残されていると思われる」[31]とし、弁論分離の禁止を前提としつつ、予

---

28)　兼子一ほか・条解民事訴訟法［第2版］（弘文堂・2011）847頁〔竹下守夫＝上原敏夫〕など。ただし、解除条件であるか停止条件であるかについては争いもある。

29)　増森・前掲注26）532頁。

30)　内海博俊「客観的予備的併合訴訟における弁論分離の可否をめぐって」法学76巻4号（2012）1頁以下。

31)　徳田・前掲注26）193頁。

備的相殺という構成を批判するもの[32]、ⓑ反訴の予備的反訴への変更が反訴原告の合理的意思によるものであることに疑いの目を向けるもの[33]、ⓒ平成18年判例のいう「異なる意思表示」が想定できないとするもの[34]、などがある。ただし、平成18年判例が予備的反訴という構成を採用したことについては、最高裁は、この時点では、自働債権について、内容的に同じであっても二重に既判力を生じさせることは、平成3年判例に抵触すると考えていたと推測することも可能である。

(5) 平成27年判例[35] (a) 事案 X・Y間に継続的な金銭消費貸借取引が存在し、Xは借り入れと弁済を繰り返していた。その後、XがYに対して、不当利得返還請求権に基いて、過払金の返還を求める訴えを提起した（以下、(5) において、これを「本訴」という）ところ、YはXに対して、金銭消費貸借契約に基づく貸付金の返還を求める反訴を提起した。本訴において、Yは、抗弁として、過払金の一部について消滅時効を援用している。反訴において、Xは、過払金の返還請求権が時効により消滅したと判断される場合には、時効で消滅した過払金返還請求権を自働債権とし、Yの貸金債権を受働債権とする相殺を予備的に主張した。

(b) 判旨 「係属中の別訴において訴訟物となっている債権を自働債権として他の訴訟において相殺の抗弁を主張することは、重複起訴を禁じた民訴法142条の趣旨に反し、許されない」。

「しかし、本訴において訴訟物となっている債権の全部又は一部が時効により消滅したと判断されることを条件として、反訴において、当該債権のうち時効により消滅した部分を自働債権として相殺の抗弁を主張することは許

32) ほかに、三木・前掲注26) 128頁、二羽・前掲注26) 115頁。

33) 酒井・前掲注26) 344頁。同時履行の抗弁権の存在や両債権の金額の差やそれに基づいて発生する遅延損害金の額を考慮に容れると、そのような合理的意思が認められるのは「反訴原告が訴求債権を越える反対債権を有する場合に限られる」と指摘する。非常に鋭い指摘であるが、最高裁は、このような経済的な合理性よりも、（本来ならば不適法であるはずの相殺の抗弁が提出できるという意味での）法的な合理性をベースとして考えているのであろう。したがって、問題は、むしろ、このように「合理的意思」ないし意思の合理性の判断基準が複数ありうる中で、アプリオリに一つの基準を採用することの適否ということになろう。

34) 徳田・前掲注26) 193頁など。

35) 本判決の判例評釈として、内田義厚「判批」新・判例解説 Watch Vol. 19 (2016) 157頁以下、上田竹志「判批」法セ738号 (2016) 124頁、今津綾子「判批」法教430号 (2016) 144頁、我妻学「判批」リマークス53号（下）(2016) 110頁以下などがある。また、金判1484号 (2016) 8頁以下に、匿名のコメントが付されている。

されると解するのが相当である。その理由は、次のとおりである。

時効により消滅し、履行の請求ができなくなった債権であっても、その消滅以前に相殺に適するようになっていた場合には、これを自働債権として相殺をすることができるところ、本訴において訴訟物となっている債権の全部又は一部が時効により消滅したと判断される場合には、その判断を前提に、同時に審判される反訴において、当該債権のうち時効により消滅した部分を自働債権とする相殺の抗弁につき判断をしても、当該債権の存否に係る本訴における判断と矛盾抵触することはなく、審理が重複することもない。したがって、反訴において上記相殺の抗弁を主張することは、重複起訴を禁じた民訴法142条の趣旨に反するものとはいえない。このように解することは、民法508条が、時効により消滅した債権であっても、一定の場合にはこれを自働債権として相殺をすることができるとして、公平の見地から当事者の相殺に対する期待を保護することとした趣旨にもかなうものである。」

(c)　判例の評価　　平成27年判例については、本訴と反訴の弁論の分離が事実上考えられない事案であったとの指摘があり、これを前提に、「本訴と反訴の関係が密接不可分で、実際上およそ弁論の分離が考えられない場合に相殺の抗弁が適法とされた事例判決」として理解する見解がある[36)]。この見解を発展させて、本訴請求と反訴請求の密接関連性などの「実体的側面から手続上の弁論の分離禁止（併合審理強制）を基礎づける解釈が成り立ちうるとすれば、本判決は単純併合事例においても分離禁止（併合強制）構成を媒介とすることで重複訴訟の問題は回避されるという一般法理を導く契機となりうる」[37)]とする見解もある。

また、「本訴訴求債権が当初から不成立でも弁済等によって消滅したのでもなく、時効消滅により消滅した場合のみを条件に反訴相殺の抗弁を審理判断する場合、既判力の面でも実質的な理由の面でも矛盾抵触のおそれは生じない」[38)]として、既判力の矛盾抵触のおそれを重視していたとみられる平成3年判例との関連でも問題が生じないとする指摘がある。たしかに、一方において、本訴において消滅時効の抗弁が認められた場合にはその部分につい

36)　内田・前掲注35) 159頁。
37)　今津・前掲注35) 144頁。
38)　上田・前掲注35) 124頁。

ては請求が棄却されるため、民事訴訟法114条1項によって請求権の不存在について既判力が生じることになる。他方において、反訴で債権が時効消滅したことを前提に、相殺の判断がなされれば、114条2項によって債権の不存在につき既判力が生じる。いずれの既判力も本訴訴求債権＝相殺に供された自働債権の不存在を確定しており、既判力の矛盾はないように思われる。

ただし、2点ほど疑問も残る。第1の疑問は、114条1項による既判力も、114条2項による既判力も、同時に審判される同一の債権を対象としている限り、既判力の主体的範囲・客体的範囲・時的限界に差はないはずであるが、その作用、特に消極的作用までが同一であるかは疑わしいのではないか、というものである。少なくとも消滅時効による債権の消滅の場合[39]、民法508条による相殺の期待は、反訴が提起されなかった場合においても保護されるべきであろう[40]。その意味で、この請求棄却判決の既判力は、後訴における、前訴訴求債権を自働債権とする相殺を、当然には遮断しない。他方、相殺の抗弁による既判力が生じる場合は、そもそも不存在であるか相殺によって消滅したかは別として[41]、まさにその債権の不存在を確定しているはずである。このようにして不存在が確定された債権を自働債権とする相殺の抗弁の提出を許すことは、114条2項の既判力の制度趣旨として、債権の二重行使の禁止が語られていることと真向から矛盾する。その意味で、114条2項の既判力が生じている債権については、後訴における再度の相殺の抗弁が、既判力によって遮断されることになるはずである。以上より、114条1項の既判力（の少なくとも一部）と114条2項の既判力は、既判力の消極的作用が異なる可能性がある。

第2の疑問は、平成27年判例と平成18年判例のそれぞれにおいて、平成3年判例の理解に違いがあるのではないか、ということである。平成18年判例が、技巧的であることをおそらくは認識しつつも、合理的な意思の推定

39）期限未到来を理由とする請求棄却判決（いわゆる一時的棄却判決）のように、請求棄却判決の理由中の判断の拘束を一定程度認めるのであれば、このような限定が可能になる。他方、このような拘束を認めないのであれば、請求棄却判決一般に当てはまることになる。

40）このような場合、被告からの訴訟提起が予測される場合には、債務不存在確認の訴えを提起して、その中で相殺を主張しなければならないとの規律もありえないではない。しかし、これは、反訴が提起された場合に比して、本訴原告に過重な負担を課すものであろう。

41）また、手続上の理由により相殺の抗弁が判断されなかった場合などは、そもそも114条2項の既判力は生じないものとされている。

を媒介とする予備的反訴という構成を採用した理由には、同一の債権について二つの既判力を生じさせないようにする、ということが含まれざるを得ないように思われる。これに対して、平成27年判例は、事実上、既判力の矛盾抵触のおそれがなく、判断の抵触のおそれもないとしたとしても、二つの既判力を生じさせている（さらに、上記の通り、実際は、既判力の作用が異なるのではないかとの疑問もありうる）。平成3年判例が実質的に変更を受けているかどうかはともかくとして、最高裁自身の平成3年判例に対する見方が変化している[42]ことは確かであろう[43]。

Ⅱ　まとめに代えて

1　既判力による説明

本稿の検討対象である一連の判例については、それぞれの結論を導く決定的な理由が既判力の矛盾抵触の回避であったかどうかはともかくとして、結論の差異について、少なくとも、既判力の矛盾抵触の回避からの説明は可能であった。本稿における検討によれば、平成3年判例が昭和63年判例の射程を拡大した理由は既判力の矛盾抵触を避けるためであり、平成10年判例、平成18年判例、そして平成27年判例が平成3年判例に反しないのも、三つの判例においては既判力の矛盾抵触が生じないためである、と説明することができる。このような説明は、一方では過度の単純化を伴う。本稿では十分に触れることができなかったが、各判例の評釈で触れられている通り、各判例の事案においては、相殺への期待や抗弁としての真摯さ、訴求債権と自働債権の関係など、重要な事実関係が異なるものとみることができ、これらがあいまってそれぞれの結論に至ったという説明も当然に成り立ちうるためである。他方で、既判力からの説明には、それが単純であるがゆえに、判例の変化を視覚化しやすいという利点がある。

---

42)　ただし、いずれも条件を付している点は共通する（平成18年判例では反訴に、平成27年判例では相殺に）。

43)　これも、八田・前掲注1）8頁にいう「揺らぎ」であろうか。

2　判例の変化、あるいは判例理解の変化

I 2 (5) でも述べた通り、平成 18 年判例と平成 27 年判例は、平成 3 年判例の理解が異なっている疑いがある。時系列を無視した説明になるが、平成 27 年判例のような判断が可能なのであれば、平成 18 年判例の予備的反訴構成は不要であるためである。平成 18 年判例の理解する平成 3 年判例によれば、平成 27 年判例のように、本訴請求として 114 条 1 項の既判力を生じさせつつ、相殺の自働債権として 114 条 2 項の既判力を生じさせることは 142 条に違反する、ということになった可能性がある（大阪地判平成 18 年 7 月 7 日の存在は、このような理解の傍証となるであろう）。それにもかかわらず、平成 27 年判例は、相殺の抗弁を適法とした。このような変化がなぜ生じたのかはともかくとして、平成 18 年判例と平成 27 年判例では、平成 3 年判例の理解が異なっているように思われるのである。その結果、平成 18 年判例の、判例としての価値あるいは平成 3 年判例に対する例外としての重要性は、平成 27 年判例の登場により、（さらに）低下したものと見ることができるように思われる。

【付記】
徳田先生には、研究会等を通じて、本当に多くのことをご指導頂いています。
尊敬する徳田先生の古稀をお祝いするものとしては、あまりにも拙い本稿でありますが、献呈することをお許し頂けるのであれば幸甚に存じます。

第　3　編

訴訟の審理

民事訴訟における主張事実

酒井　一

Ⅰ　はじめに

判決の結論は、法規に事実を当てはめることによって導き出される。訴訟における事実の重要性は改めていうまでもない。

事実とは具体的な現象・事象ではあるが、訴訟における事実のほとんどは過去の事象であり、裁判官が直接に経験することはできない。裁判官は、当事者による主張・立証を通じて事実の存否について心証形成することになる。

訴訟に顕出されない事実は判決の基礎とされることはなく、とりわけ弁論主義の支配する通常の民事訴訟においては、当事者が主張しない事実は判決の基礎とすることが許されなくなる。当事者は、主張責任による敗訴を免れるためには、自己に有利な事実主張をしなければならなくなる。事実主張の有無は、訴訟の結果を左右する重要な問題となる。

Ⅱ　問題の所在

問題の所在を明確にするため、最初に二つの単純な教科書事例を挙げよう。

【事例１】　甲株式会社は、乙株式会社に機械部品の製作機械を3000万円で売却した。甲株式会社は、約定にしたがって機械を乙株式会社の工場に設置し、機械代金を請求した。ところが、乙株式会社は代金を支払わない。甲株式会社は、乙株式会社を被告として、代金3000万円の支払いを求め、訴えを提起した。請求原因において、「原告は、被告との間で、機械部品の製作機械を代金3000万円で売却する旨の契約をし、原告が機械を引き渡したにもかかわらず、被告は代金を支払わない。」と記載されていた。

【事例2】　Aが自転車に乗っていたところ、歩行者のBと出合い頭でぶつかり、転倒したBが頭部打撲により死亡した。その後、Aは、事故を苦にして自殺してしまった。Bの遺族である配偶者Xは、Aの相続人Yに対して、6000万円の損害賠償を求める訴えを提起した。ところが、Xは、訴状を作成するに際し、事故の発生日時・場所以外には具体的状況が分からなかったため、事故発生の原因に関しては、「Aの過失によって事故が発生した」とのみ記載するにとどめた。

実務では、これらの訴訟は、次のように処理されるであろう。

まず、いずれの事例においても、訴訟物（**【事例1】**売買代金請求権と**【事例2】**不法行為に基づく損害賠償請求権）の特定に問題はない。したがって、訴状が被告に送達され、第1回口頭弁論期日が開かれることになる。その後の処理は、訴訟の展開によって異なる。

たとえば、被告が答弁書を提出することなく、口頭弁論期日に欠席した場合はどうなるであろう。裁判所としては、擬制自白が成立するとして（民訴159条3項）、原告の主張にしたがった判決をすることになる。したがって、いずれの場合にも原告の請求が認容されることになる。

口頭弁論において、被告が争った請求原因については、証拠による認定が必要であり、証拠調べが行われることになる。たとえば、**【事例2】**で、原告が不法行為の成立を認めると答弁し、損害額についてのみ争った場合、損害額に絞った証拠調べが実施され、裁判所の心証にしたがい判決される。

さらに、被告が請求原因を争うだけでなく、抗弁の主張をすることもあり得る。たとえば、**【事例1】**で被告が機械の瑕疵を主張し、**【事例2】**で被告が過失相殺を主張するような場合である。これらの場合には、原告の認否を尋ね、請求原因事実および抗弁事実について自白または証拠調べにより形成された心証に基づいて判決される。

以上の処理は、実務的に至極当然に思われよう。しかし、理論的に問題はないであろうか。

被告欠席の場合に、請求認容の判決をすることは可能であろうか。いわゆる欠席判決の場合に原告の請求が認容されるためには、前提として、訴状に記載された請求原因によって原告の請求が根拠づけられていなければならず、請求原因事実のすべてが記載されていなければならない。たとえば、**【事例2】**において、不法行為の成立要件事実のすべてが主張されていなければ[1]、原告の請求は認容されない。不法行為における要件事実は、侵害行為、権利・利益侵害、違法性、故意または過失、責任能力、損害、因果関係である。被告が主張・立証責任を負う違法性（阻却事由）と責任（無）能力については別として、原告としては、その他の主要事実を主張する必要がある。では、Aの帰責性に関する主張として、「Aの過失によって」という主張で十分であろうか。

実務では、過失は評価であり、事実ではないものとされ、過失を根拠づける具体的事実が主要事実と捉えられている。この理解を前提とするならば、**【事例2】**においては過失に関する主要事実が主張されていないことになる。したがって、このままで弁論を終結すると、裁判所は、主張責任にしたがい、原告の請求を棄却することになる。しかしながら、被告が答弁書も出さず、弁論期日に欠席したにもかかわらず、ただちに請求を棄却することに躊躇はないであろうか。おそらく裁判所は、そのまま弁論を終結することをせず、釈明権を行使し、過失に関する主張の補充を求め、第2回の口頭弁論期日を指定することになろう。そのうえで、原告の過失に関する主張と被告の応答をまって、審理を進め、判決することになろう。

では、被告が過失については争わないと答弁した場合には、どう処理されることになろうか。過失は、主要事実でなく、法的評価の結果に過ぎないとすると、事実自白はなく、権利自白の対象とされる余地があり、権利自白の効果の問題となる。（不動産）所有権についての自白を例外として、原則として権利自白の拘束力を否定するならば、過失の存在を判決の基礎とすることはできないことになる。この場合にも、理論上は、裁判所はやはり原告に釈

1） 相続の点はひとまず措く。一般に、相続の要件事実は、①相続の発生原因（被相続人の死亡）と②相続関係（相続人であること、すなわち身分関係）とされる。相続による承継を主張する者は、①と②を主張・立証すればよく、他の相続人の存在は抗弁事実とされる。したがって、単独相続を主張する者は、ほかに相続人がいないことを証明する必要はない。しかし、他に相続人がいないことを主張しない限り、単独相続の効果を主張したことにならない。したがって、他に相続人がいないことの主張責任は、相続人側にあるとすべきではなかろうか。

明をして、過失を基礎づける具体的事実の主張を促すべきことになろう。

被告が過失について争う姿勢を示した場合には、当然に、裁判所は、過失の内容を具体化するよう、原告に釈明することになる。

いずれにせよ過失の内容が原告によって具体化されない限り、原告の請求は棄却されることになる。ところが、**【事例2】**のような場合、当事者にとって事故態様は明確でなく、原告が過失の内容を具体化することは期待できそうにない。そうすると、原告の請求は棄却されざるを得ないことになるが、果たして、この結論は妥当であろうか。

また、**【事例1】**においては、被告が瑕疵担保の主張をする場合、物の「瑕疵」は評価概念ではなく、事実概念とされるが、被告としては、単に「設置された機械に瑕疵があった」と主張するだけでは十分でなく、瑕疵の内容を具体的に主張する必要があろう。これに対して、いわゆる弁済の抗弁については、「弁済をした」との主張でも十分であろう。

Ⅲ　過失の認定と主要事実

過失の具体化が期待できないような事例について、不都合を回避する方策として過失の一応の推定論あるいは表見証明の理論[2)]が提唱されてきた。これによると、**【事例2】**では、自転車に乗っていたAに何らかの過失がなければ、事故は起きていなかったと考えられるのであれば、Aの過失を認定することができることになる[3)]。過失の認定の問題として処理されてきたのである。この処理は、過失自体が証明主題であり、すなわち主要事実であることを前提とする。これに対して、過失の評価根拠事実を主要事実と捉えたならば、原告は不十分な主張しかしておらず、証明主題を定立していないのであることになり、立証段階に進まないことになろう。一応の推定論は、主張責任の壁を越えなければならない。

では、過失自体を主要事実と捉えることに不都合はないであろうか。その

2）　春日偉知郎「証明責任論の一視点」判タ350号（1977）133頁、中野貞一郎「過失の『一応の推定』について」過失の推認［増補版］（弘文堂・1987）1頁以下。

3）　もっとも事故がBの挙措によって引き起こされた可能性を否定できないのであれば、過失を推認することはできなくなる。

帰結を追ってみよう。

実務とは異なり、過失が主要事実として裁判上の自白の対象となる。過失について争われたならば、裁判所は、証拠調べを行い、過失の有無について心証を形成し判決することになる。しかしながら、実際に過失の有無を判断するには、それを根拠づける具体的事実の認定が必要となる。過失が主要事実であるならば、それを基礎づける事実は間接事実となる。すなわち、裁判所は、間接事実の積み重ねによって、過失を認定することになる。当事者間で過失について争われている事案では、評価事実を主要事実と捉えたのと結論は大きく異ならない。

弁論主義との関係では、裁判所は、証拠から認定することができる過失内容を確定し、たとえ当事者の主張がなくとも判決の基礎とすることができることになる。**【事例２】**においては、過失の主張責任は問題とされない。過失を主要事実と捉えた場合の問題は、当事者が予想してもいない過失を裁判所が証拠から認定することによる不意打ち裁判の危険である。

不意打ち裁判を回避するためには、いくつかの方法が考えられる。従来から提示されているのが、弁論主義の適用範囲に関する再検討である。すなわち、不意打ち防止という弁論主義の機能から考えると、過失の具体的な態様のように、裁判の結論を左右する事実にこそ弁論主義は適用されるべきと考えられる。そうすると、当事者が主張しない過失の具体的な態様を基礎として裁判することは認められないのであり、当事者に実質的な弁論の機会が保障されることになる。弁論主義の機能を十全に発揮するためには、訴訟において重要な事実に関しては、その適用を認めなければならないであろう。事実をあらかじめ分類し、演繹的に結論を導くことは、不当な帰結をもたらすおそれがある[4)]。過失について当事者間で争いがない場合には、主張責任を問題とすることなく、妥当な判決に至ることができる。もっとも、当事者間に争いがある場合には、**【事例２】**のような事案においては、主張責任を果たせない原告が敗訴し、不都合を回避することができないことに変わりはない。

4）　本質的に私的自治に根拠を有する弁論主義が、自由心証主義との関係で適用範囲を制限されること自体がおかしくはないか。両主義が抵触する場面では、むしろ自由心証主義のほうが後背に退くべきではないか。

もう一つの方策としては、具体的過失の態様に関する主張責任を転換することである。しかし、**【事案2】**のようなケースでは、被告もまた、過失についての具体的主張をすることができないのである。過重な負担を求め、当事者に敗訴の責任を課すことは必ずしも妥当とはいえないであろう。

事実概念から過失における主要事実を規定し、主張責任を適用して、一律に請求認容・棄却の結論を演繹する構成では、具体的に妥当な結論に至り得ないであろう。過失を主要事実と捉え、立証に問題を移し、およそ過失がなければ結果が生じない場合に、過失ありとするのは、常識にかなった結論を導く巧妙な手法である。しかしながら、当事者間で過失に関して真剣に争われ、その具体的な事実主張が可能な場合にまで、これを一般化すべきではなかろう。実務だけでなく、学説においても、過失などの評価概念に関しては、その基礎となる具体的事実について主張を必要とし、具体的な事実について立証が行われるべきとする限度において見解は一致する。立証命題の明確化の観点からも、これが原則であることに疑いはない。しかし、この原則を貫徹することができないのもまた、先の事例や一応の推定論などの展開からも明らかであろう。

そうすると、この原則の限界と例外を認める根拠が検討されなければならないことになろう。事実概念からの演繹的考察が適切でないならば、訴訟における事実あるいは事実主張の機能を出発点として検討することが考えられよう。

Ⅳ　事実・事実主張の役割・機能

1　訴訟物の特定

訴訟物は、訴状の請求の趣旨および原因の記載によって特定されなければならない。訴訟物を特定するには、請求の趣旨のみで十分でない場合も少なくなく、請求原因において記載される事実によって特定されることになる。請求原因に必要な事実として、他の請求と誤認混同を生じない程度の記載が求められるが、被告との関係において、相対的に決まるとされる。したがって、**【事例2】**のような不法行為の事案では交通事故の日時が特定される程度でも特定の不法行為に基づく損害賠償請求権であると十分に特定されるが、

【事例1】のような取引事例においては、原告・被告間において複数の取引関係があるかもしれず、契約日時などのより具体的な記載が求められることもある。

訴状は、同時に準備書面としての役割も果たし、詳細な請求原因の記載によって早期の争点整理が期待できる。訴状に訴訟物を特定するだけの記載があれば不適法とされることはないが、予想される実質的争点については具体的かつ詳細に記載することが求められ、反対に、争いが見込まれず、立証が確実な事実に関しては抽象的な記述で足りる。その前提として、原告は、提訴に当たり、十分な事実関係の調査と証拠の収集活動を行わなければならない[5)]。

事実記載の具体化の程度は、事案ごとに相対的とならざるをえない。

2　立証主題の提示――手続保障の対象

裁判所が判決の基礎とする事実は証拠に基づいて認定される。すなわち、事実が立証の対象となる。立証との関係でみた場合、事実主張は立証主題の提示である。当事者は、自らが立証しようとする事実を裁判所に提示し、その立証に必要な証拠調べを申し出ることになる。立証趣旨が明確でない証拠の申出は不適法とされ、証拠申請は立証主題の明示を前提とする。弁論主義が支配する訴訟において当事者が自己に有利な判決を導くに十分な主張を行わない場合、裁判所は証拠調べに進むことなく、主張責任にしたがった判決が下されることになる。主張責任は、当事者が自己に有利な法律効果を導くことができないため、敗訴する現象と説明することができる。

事実主張を立証テーマの提示と捉えたならば、その方法・程度が問題となる。訴訟における終局の判断対象は、訴訟物であり、原則として実体的法律関係の存否である。法律関係の存否は、法律関係の変動の有無を基礎として判断され、その変動は原因事実（主要事実）の有無により決せられる。裁判所の認定の対象となるのは、これらの主要事実であり、当該事件における具体的な事実である。判決の結論に直結するような事実に関しては、当事者に十分な手続保障が与えられなければならず、前提として、立証対象として具

5）　調査にも限界はあり、提訴前の開示請求制度などの充実が望まれる（伊藤眞「民事訴訟における争点整理手続について」曹時43巻9号（1991）37頁）。

体的に提示されなければならないことになる。当事者は、立証の対象として主要事実を提示しなければならないことになる。弁論主義においては、当事者の事実主張を通じた立証主題の提示が必要とされ、手続保障の機能が果たされることになる。

このように考えるならば、事実とは、裁判所による認定（心証形成）の対象であり、証拠による立証が可能なものと定義づけることができる。

過失のような評価概念においては、それ自体は評価結果に過ぎず、そもそも事実ではないことになる。したがって、過失は、直接事実でも、間接事実でもないことになる。立証の直接の対象となり得るのは、評価の前提となる具体的な生の事実である。立証・認定対象としての事実は法的評価を離れた生の具体的な事象であり、観念操作の結果である評価概念は事実ではないことになる。

ここから、過失に関しては、過失の評価根拠事実と評価障害事実が主要事実となるとされることになる。もっとも、過失が事実でないとしても、それによって評価根拠・障害事実が主要事実であることが示されたわけではない。実体法における過失の捉え方にもよるが、たとえば過失を注意義務違反と捉えたならば、過失を根拠づけるには、注意義務の内容と注意義務に違反する加害者の行為・態度（作為・不作為）が明らかにされなければならない。注意義務の内容について当事者間において争いがなければ、過失の評価根拠事実として注意義務に違反する加害者の行為態様が主張されることになる。しかし、注意義務の内容自体について争いがある場合には、前提となる注意義務の発生根拠となる事実の主張が必要となる[6)]。この場合、過失を判断するためには、直接の評価根拠事実を認定するだけでなく、もう一段階の評価過程を経る必要がある。弁論の充実を図り、不意打ちを防ぎ、当事者に対する十分な手続保障を図るという観点からも、争点とされた注意義務の発生根拠事実に関しては具体的かつ詳細な主張が必要とされるべきである。これに対して、注意義務の内容に関して争いがない場合には、その違反となる事実が認定されれば十分であり、あえてその根拠となる事実を認定・判示するまでもなかろう。過失の評価根拠事実といっても、当事者間の争い方によって、そ

6）　過失を結果回避可能性と解しても、ここでの結果は異ならない。

の内容は変わり得るのである[7)]。

また、被告が過失を認めないとしても、その争う姿勢が一応のものに過ぎないような場合にまで、原告に過失内容の具体化を求める必要はないであろう。そこでは当事者間での真の争点は損害額など他にあり、過失内容を解明しても紛争解決には繋がらない。

したがって、過失のような評価概念に関しては、当事者の争う態様によっては、より具体的かつ詳細な事実認定が求められることにもなり、判決において評価根拠事実と障害事実に整理・分類し、事実を総合考慮して単純に結論を導けるものではない[8)]。反対に、真摯に争われているのでなければ、詳細な具体的主張を求める必要もない。立証命題の提示としてどの程度の具体化が必要かは、訴訟における当事者の争い方に左右されることになり、相対的に捉えざるを得ない[9)]。

また、物の瑕疵は事実概念とされる。瑕疵とは物が通常備えるべき性状を欠くことであり、瑕疵の有無は通常備えるべき性状に給付物の状態が適合するかによって判断されることになる。その裁判所の判断過程においても、ある程度の観念的操作が必要であり、瑕疵も一種の評価概念とされる可能性を蔵することになる。さらに、典型的な事実概念とされる弁済の場合はどうであろうか。たとえば、金銭債務に関する弁済の事実としては、一定額の金銭（価値）の移転、債務のためにされたこと（債務の存在および弁済であることの当事者による認識）が弁済の主要事実となる。これらの生の事実に対して法的な観点からの評価がされることにより弁済と認められることになる。このように解することにより、弁済までもが評価概念に近接してくる。ところが、当事者間で弁済につき争われる場合、さまざまな争われ方がある。たとえば目的物の給付自体の有無が争われた場合、誰が、誰に対して、いつ、どのよう

7）　具体的な事実が有する法的位置づけが明確にされないままに、評価根拠・障害事実が主張されただけでは、弁論が尽くされたとは評価できず、手続保障の観点から問題があろう。

8）　過失自体を主要事実と捉えるのではなく、評価根拠・障害事実のレベルで主要事実を捉えるほうが不意打ち防止に資するといわれるが、当事者および裁判所間で評価根拠・障害事実についての共通認識が形成されていることが前提となる。不意打ち裁判のおそれは低減するとしても、完全には払拭されないであろう。事実の総合評価となる規範的要件に関しては不意打ちの危険が高まる。林陽子「規範的要件と訴訟実務」NBL813号（2005）91頁は、「総合評価の不明確性」を指摘し、「要件事実論の効用の限界」を説く。

9）　並木茂「要件事実離れ？」判タ756号（1991）30頁の分析が示唆に富む。

に、何を渡したのか等が具体的かつ詳細に主張・立証あるいは認定・判示されなければならない。給付の事実には争いがなく特定の債務の履行として給付されたことにつき争いがある場合、あるいは、給付を受領した者の弁済受領権限が争われる場合などでは、給付と債務の関連性や弁済受領者の権限だけが詳細に示されれば十分であろう。すなわち、争いのある事実に関しては詳細かつ具体的に提示されるべきであるが、争いのない部分については抽象的でも構わないことになる[10)]。

当事者の手続保障という観点からすると、争いのある事実に関しては具体的な主張が必要である。また、実質的な紛争解決という観点からは、真の争点については具体的な事実主張が必要であるが、それ以外については概括的な主張でも構わない。したがって、訴訟における事実主張の具体化の程度は一義的ではなく、訴訟における当事者の態度により相対的に決せられることになる。

当事者間に争いがある場合には、具体的な証明主題の提示が必要であるとしても、その主張が期待できない場合には、具体化の程度を軽減することが考えられなければならない。**【事例2】**のような場合のほか、情報の偏在などにより当事者による基礎資料の入手が困難な場合が考えられる。その場合には、証拠調べを先行させる必要もあろう。もっとも、主題のない立証はなく、証拠申請に際して少なくとも抽象的な形では立証主題が提示されなければならない[11)]。

3　自白――争点からの除外

事実主張が立証を介することなしに、判決の基礎を提供することがある。当事者間での陳述が一致した場合である。一般に、自白の対象は主要事実とされる。法規や評価、評価概念は事実でなく、自白の対象ではないとされる。

---

10)　瑕疵と似た概念として、製造物責任法における欠陥概念がある。これに関しては、評価概念説が有力であるが、事実概念とする見解もあり、両概念の区別は相対的であるというのが議論の到達点であろうか（内田義厚「欠陥判断に関する一考察」判タ 837 号（1995）25 頁以下、同「欠陥の要件事実について」判タ 973 号（1998）45 頁など）。事実認定の過程を詳細に分析することによって事実概念の規範的要件化が広がっていくことになろう（笠井正俊「不動産の所有権及び賃借権の時効取得の要件事実に関する一考察」判タ 912 号（1996）21 頁参照）。

11)　いわゆる模索的証明の限界の問題である（佐上善和「民事訴訟における模索的証明について」民商 78 巻臨時増刊号（3）（1978）200 頁以下）。

自白は当事者による一致した事実主張（観念の通知）に対する法的な効果ということになる。

当事者の事実主張は、それに対する法的評価を伴うことが多い。むしろ、法的に意味のない事実主張は失当であり、事実は法的評価を経たうえで主張される。これまで事実とその評価とは截然と分けて理解されてきた。事例に当てはめて、その帰結を検証しよう。

【事例2】において、当事者間で被告の過失に争いがなく、損害額のみが争われた場合にも、過失は評価概念であり事実でないとするならば、過失について自白は成立しないことになる。したがって、裁判所は過失判断をせずに判決することは許されず、まずは被告の過失について原告に釈明しなければならないことになる。釈明の結果として原告が主張した過失（評価根拠事実）について被告が自白すればよいが、もし被告が争ったならば、証拠調べが必要となる。不要な争点を増やし、訴訟の遅延を招くおそれがある。また、当事者間では請求が認容されることに争いはなく、認容額だけが問題であるにもかかわらず、損害額の判断に至ることなく請求が棄却され、当事者の予期せぬ結果にもなる。審理を実質的な争点に絞った真の紛争解決および早期の判決という観点からは、評価結果について裁判所が積極的役割を果たすことは必要でなく、かえって不都合が目立つ。

弁済などの事実に関しても一定の法的な評価を伴い、具体的事実のレベルでなければ自白を観念することができないとするならば、単に「弁済した」と主張するだけでは事実主張として不十分であることになる。弁済につき当事者間で争いがなくとも自白は成立せず、そのままでは判決の基礎に用いられないことになろう。しかし、弁済に関して当事者間で争いがない場合、それ以上の具体的な事実主張がなくとも、弁済について自白されたものとして判決して構わないのではなかろうか。当事者間に争いがないような場合にまでも、具体的な事実主張がない限り判決の基礎としないとすれば、過失におけるのと同様に実質的な争点形成に至らず、真の紛争解決とならないこともあろう。

当事者の主張において争いがあるならば、不意打ち裁判との誹りを受けないため、当事者に弁論の機会が保障されなければならず、裁判所が認定し、判決の基礎とする可能性のある事実は予め当事者に提示されなければならない。しかしながら、当事者間に争いがない限度では、評価に纏われた抽象的な形での主張を判決の基礎に用いたとしても、当事者にとって不意打ちとならず、かえって訴訟の迅速化に資することになる。したがって、当事者間での主張が一致した場合には、それが評価を伴う場合であっても、裁判の基礎として構わないであろう。自白の根拠は、私的自治に基礎を置く弁論主義にあり、裁判の基礎資料の当事者支配に基づく。当事者間で「過失」や「弁済」の存在を前提に裁判する点において一致がみられたならば、裁判所としては、それを前提に判決するのが当然ではなかろうか。当事者間の主張が生の事実の形でされたのか、一定の評価を伴った概念をもって記述されたのかによって、差を設ける理由はないであろう。この場合、当事者の主張が一致することにより、そのまま判決の基礎とされ、裁判では争点から排除される効果を有することになる[12)]。争点からの排除という意味では、評価結果が具体的な事実主張の結果として示されたか、事実主張を伴わず直に示されたかによって、違いを認める必然性はない。

また、当事者の事実主張については一致するが、評価（法的意味や効果）に関しては争うという場合がある[13)]。この場合、事実の限度において自白が成立し、評価結果については裁判所が判断することになる。

さらに、理論的には、事実関係について争うが、事実の評価の仕方には争いがない場合も考えられる。評価は裁判所の専権事項とするならば自白は成立しないことになろうが、評価方法について自白と同様の効果を認めて差し支えないであろう。裁判所の権限が侵されない限りでは、当事者の処分権限・支配が肯定されるべきである。

そうすると、自白には、事実陳述が一致した場合（事実自白）と事実評価が一致した場合（争点排除としての自白）の二つの態様とが存在することになる。いずれにおいても、基本的には当事者支配が妥当する民事訴訟においては、当事者間での主張が一致する限度において、原則として裁判所は容喙す

---

12)　山本和彦・民事訴訟法の基本問題（判例タイムズ社・2002）158 頁は、自白に「当事者による争点排除の意思表示」という新たな位置づけを与える。方向性として支持することができるが、当事者に争点排除の効果意思を認めることは難しく、自白を「意思表示」とすることには若干の躊躇を覚える。また、事実自白の否定に至るべきかについても疑問が残る。

13)　たとえば、複数の貸金債務が存在するが、その一部について弁済がされ、支払われた金額にも争いはないが、弁済充当について争いがある場合や事故当時の状況について争いはないが、過失と評価されるかについて争われる場合などが考えられる。ここでは法的弁論・討論が重要となる。

べきでなく、そのまま判決に用いられるべきである。すなわち、当事者の一致した主張はいずれも判決の基礎に置かれることになり、訴訟の争点から除外される結果となる。主張が評価結果のみの抽象的な形式をとっていても構わない。審理においては、第一段階として、争点から排除されれば、それ以上の審理は必要がなくなり、争点排除効としての自白（抽象的な評価結果の主張の一致）の有無が確認され、一致がある場合には、争点排除効によってそれ以上の審理は不要となる。争点排除としての自白が認められない場合にのみ、具体的事実の主張の一致が問題とされれば足りる。

争点排除としての自白と事実自白は、主張の具体性と評価的要素の占める割合において異なる。訴訟において問題となる瑕疵や過誤の内容も異なる。これらは自白の成立や撤回の要件に影響する。たとえば、争点の確認は争点整理手続終了時点で確定されるべきであり、争点排除効としての自白は争点整理手続終了までは成立しないことになろう。また、評価には過誤が伴いやすく、錯誤（当てはめの錯誤）による撤回を認める必要が生じる[14)]。

自白は反対に裁判所の審判権を排除するものであり、その範囲が明確化されれば十分であり、具体的な事実主張の形をとる必然性はない。たとえば、過失については、裁判所の判断を必要としないのであれば、過失根拠事実を自白するのではなく、過失について争わない態度を示せばよく、具体的な事実主張を省略して差し支えないであろう。主張・立証や審理を真の争点に集中することができ、争点中心主義の趣旨に沿う結果となる。

当事者の主張が一致する限度においては、裁判所は、そのまま判決の基礎とすればよく、事実概念にこだわる必要はない。当事者の主張に瑕疵が認められる場合に、評価的要素を斟酌した妥当な処理をすれば足りる。

4　主張責任

【事例 2】のようなケースでは、請求を棄却する不都合を回避するため、一応の推定・表見証明[15)]や択一的認定などによる対処が提唱されてきた。ところが、冒頭で検討したとおり、主張がない以上、立証段階に進むことはなく、

14）　こうした思考は権利自白に共通し、結果として、自白の範囲を広く捉えると同時に、その効果を緩やかなものにとどめることが可能となろう。

15）　松本博之＝上野泰男・民事訴訟法［第 8 版］（弘文堂・2015）470 頁〔松本〕。

主張責任で請求は棄却されてしまうことになる。立証の局面では処理が難しいことになる。まずは、主張責任の問題をクリアしておかなければならない。

裁判所において、当事者が主張しない事実を裁判の基礎にできない根拠は、弁論主義に求められる。しかし、ある事実を裁判の基礎とするためには、当事者が訴訟に顕出したものに限られるとしても、訴訟資料に限らず、証拠資料の形で提示されていれば足りるとすることも可能である。少なくとも間接事実に関しては、原則として弁論主義は及ばず、当事者による主張を要しないとする見解が支配的である。訴訟において、裁判の基礎とするためには当事者による主張が必要とされる根拠は、どこに求められるであろうか。

弁論主義は裁判の資料収集に関する権限・責任の分配原理であり、そこから直ちに資料提示の方法が主張という形式でなければならないことは導かれない。

弁論主義のもとでは、裁判所は、当事者が提出した資料に基づいて、実体法に即して判決をしなければならない。当事者は、その実体法的地位が正当であることについて裁判所を説得する負担を負い、その主張において、自己の法的地位を根拠づけるだけの主張をしなければ敗訴してもやむを得ないとされる。結果的に裁判所は、有理性がない主張については審理・判断する負担から解放され[16)]、その当事者敗訴の判決をすることになる。すなわち、主張責任は、裁判資料に関する支配権を当事者に分配したことの見返りであるとする説明が可能であろう。したがって、当事者は、請求や抗弁を裏付けるに十全な事実主張をしなければならないことになる。もっとも、自己の地位の法的正当性についての主張において、大なり小なり法的な術語を用いた主張がされることもある。当事者が実体法的要件を記述するために、法的な表現を用いることは妨げられず、一見して評価結果を述べるだけで生の事実主張をしていないように映る場合もあろうが、そのことを理由に実体的な地位を裏付けるに足る主張が欠けるとして敗訴判決をするのは妥当でない。そのような事実に関しては、当事者間で真に争いがあるのであれば、自ずと詳細な主張がされるはずである。実質的に争いがないのであれば、具体的な事実

16)　裁判所は、当事者の主張に鑑み、およそ原告の請求が成り立たないのであれば直ちに請求を棄却することができ、被告の抗弁が成り立たないのであれば請求原因の審理のみで手続を終結すべきことになり、手続の迅速にも資する。

主張を求める必要に乏しい。

限界となるのは、弁論を総合して、当事者間に争いがないことは明白ではあるが、準備書面での明確な主要事実の記載が見当たらない場合である。多くは黙示の主張があったとして救済しているのではなかろうか。釈明などを通じて明確にするのが望ましいが、結論を左右しないのであれば、わざわざ弁論を再開することは、紛争の解決を遅延させるだけであり、かえって妥当でない。当事者間での争いがないことを前提に、具体的かつ明示の主張がないにもかかわらず、勝訴判決が妥当とされる一場面である。

したがって、主張責任を果たしたと評価されるために、どの程度の具体的事実主張が必要とされるのかは、当事者の争う態度・程度によって左右され、訴訟の展開によって異なり得るのである。

V　若干のまとめ

訴訟では、当事者の間で、法律関係を巡り紛争が展開され、判決で決着が付けられる。裁判所は、判決において法律関係の存否を判断しなければならない。法律関係の存否は、事実をもとに、法規に従って判断される。法規は一般化された抽象的なルールであり、そこに定められた要件事実は抽象的な事実となる。これに対して、主要事実は、要件事実をもととした具体的事実であり、訴訟において争いの対象となるのは具体的な事実の存否である。裁判所が判決するためには、事実に法を適用しなければならず、法規に照らして事実を評価しなければならない。すなわち、具体的事実を抽象化し、要件事実に変換することになる[17)]。したがって、当事者の主張が具体的な事実の形式をとらず、要件事実のままであったとしても、判決するのに支障はない。当事者間に争いがないのであれば、そのまま判決の基礎とすれば足りる。当事者間に事実について争いがあるならば、裁判所は証拠に基づいて具体的な事実認定をすべきことになり、当事者は具体的な事実主張を要請されること

17)　具体的事実が要件事実に包摂（subsumieren）されなければならない。要件事実と主要事実は分けて捉えるのを正当とする。なお、「法律効果発生に必要な要素」としての要件事実を強調する平野哲郎「新体系・要件事実論」龍谷法学44巻4号（2008）201頁は、方向性を同じくするのであろう。

になる。どの程度に具体的な主張を要するかは、当該訴訟における当事者の態度によって相対的に決せられるべきである。

先に事実概念を決め、演繹的に考察するのではなく、事実が機能する場面ごとに、どの程度の記述が必要かを相対的に決めることによって、妥当な結論を導くべきである[18]。それによって、争点中心主義の現行法の精神にも即しつつ、迅速かつ適切な紛争解決に至ることができよう。

【付記】

学会や研究会を通じて、徳田先生から多くを学ばせていただいている。本稿が稚拙かつ不十分であることは承知しつつ、先生の学恩に感謝するばかりである。

18)　司法研修所編・民事訴訟における要件事実第1巻［増補版］（法曹会・1998）3頁は、正当にも「法的概念と事実的経験的概念とを……截然と区別して表現できるとは限らない」と指摘する。また、同書31頁以下は、「規範的要件の要件事実」に関してその機能を重視した分析を行う。

法的観点指摘義務の類型化についての一試論
――当事者権の保障に着目した釈明権行使の類型化の一端として

園田賢治

Ⅰ　本稿の目的・方法

釈明権（民訴149条）の行使に関する規律、すなわち、「釈明してよい／釈明してはならない」（釈明権限の有無の問題）を論じる際や、「釈明しなければならない／釈明しなくてもよい」（釈明義務の有無の問題）を論じる際に、釈明権の行使を通じた実体的正義の実現（いわゆる「勝つべき者を勝たせる」こと）が強調されればされるほど、紛争の実態と当事者の訴訟追行とのギャップを埋めるべく、裁判所の釈明権限・義務の認められる範囲は、より広範なものとなり得る[1]。しかし、このような実体的正義の実現を志向する釈明権限・義務の範囲の拡大は、時に、行うべき訴訟追行を怠ったために敗訴するはずの当事者を救済する結果を伴うため、裁判官の中立性との関係で問題が生じ

1）　例えば、奈良次郎「訴訟資料収集に関する裁判所の権限と責任」竹下守夫＝石川明編・講座民事訴訟4 審理（弘文堂・1985）125頁は、釈明権の目的・本質を「真相に合致した適切・妥当な解決を図るという裁判所の公共的使命を果たすこと」（131頁）と捉える結果、当該目的のための釈明権行使には行き過ぎ・濫用はありえないということとなり（133頁以下）、釈明義務違背の基準については、勝敗転換の蓋然性を最も重視することになる（157頁以下）。また、判例（最判昭和45年6月11日民集24巻6号516頁）においても、「釈明の制度は、弁論主義の形式的な適用による不合理を修正し、訴訟関係を明らかにし、できるだけ事案の真相をきわめることによつて、当事者間における紛争の真の解決をはかることを目的として設けられたものである」とされ、釈明の制度趣旨として、実体的正義の実現を強調する判示がなされたことがある。近時の文献としては、林道晴「抜本的な紛争解決と釈明」伊藤眞先生古稀祝賀・民事手続の現代的使命（有斐閣・2015）509頁が、様々な「配慮」を強調しつつも、抜本的な紛争解決へ向けた釈明権行使に積極的な姿勢を示す。

る[2)]。さらに、このような釈明権の行使が常態化するならば、当事者側の裁判所へのもたれ掛かりを助長するおそれもあり、司法政策上の観点からも無視できない問題が生じることとなる[3)]。

上述の実体的正義の観点のみならず、釈明権は様々な機能（例えば、当事者に充実した弁論を尽くさせること[4)]、実質的当事者平等の実現を図ること[5)]、インフォームド・シチュエーションを形成すること[6)]など）を果たし得るものであるが、釈明権の目的として何を重視するのかについては見解の一致をみておらず、単一の目的から演繹的に、釈明権行使のあらゆる局面を規律するルールを定立することは困難である。そこで、学説においては、例えば、破棄事由としての釈明義務違反の判断基準については、中野説[7)]に代表されるように、いくつかの考慮要素を挙げて、総合的に判断する枠組みによる規律が、長年にわたって通説的な地位を占めてきた。この利益衡量的な枠組みの中で、その考慮要素を、より妥当なものへと詰めてゆく議論[8)]の意義は否定すべくもないが、

2）　消滅時効を指摘する釈明権行使が忌避事由（偏頗のおそれ）に該当するとされたドイツにおける判例として、連邦通常裁判所2003年10月2日決定（BGHZ 156, 269）がある。当該判例の紹介として、石田秀博「釈明権行使の限界について」静岡大学法政研究9巻2号（2004）57、71頁以下参照。

3）　裁判所によるパターナリズムに対する否定的な論拠の整理として、三木浩一「日本の民事訴訟における裁判官および弁護士の役割と非制裁型スキーム」民訴50号（2004）90、109頁参照。私見では、釈明権限・義務の拡大は、制度的な手当てを講じない限り、①裁判所の負担ないしリソース分配の問題、②本人訴訟を選択するか弁護士訴訟を選択するかについてのインセンティヴの問題、③競争による弁護士の質の確保の問題、に影響を及ぼし得るという点が、とりわけ重要な問題であると考える。

4）　竹下守夫「判例評釈（最判昭和51年6月17日）」百選［第2版］（1982）168、169頁。

5）　上田徹一郎「当事者の訴訟上の地位」当事者平等原則の展開（有斐閣・1997〔初出1984〕）2、12頁。

6）　加藤新太郎「釈明の構造と実務」青山善充先生古稀祝賀・民事手続法学の新たな地平（有斐閣・2009）103、106頁。

7）　中野貞一郎「弁論主義の動向と釈明権」過失の推認［増補版］（弘文堂・1987〔初出1972〕）215頁は、釈明義務違反による破棄差戻しの判断基準として、釈明の態様を積極的釈明（当事者のなした申立て・主張等が事案について不当または不適当である場合、あるいは、当事者が適当な申立て・主張等をしない場合に、裁判所が積極的にそれを示唆・指摘してさせる是正的釈明）と、消極的釈明（当事者が積極的に特定の申立て・主張等を提出しているが、それらに不明瞭・矛盾・欠缺・不用意がある場合における補充的な釈明）とに区別したうえで（220頁）、消極的釈明の不行使については、裁判の結果に影響を与えている場合には原判決破棄の理由になり、積極的釈明の不行使については、五つのファクター（①判決における勝敗転換の蓋然性、②当事者の申立て・主張における法的構成の当否、③釈明権の行使をまたずに適切な申立て・主張等をすることを当事者に期待できる場合かどうか（当事者の期待可能性）、④釈明をすることが当事者間の公平を著しく害することにならないか、⑤その他、根本的な紛争解決（再訴の防止）と原判決破棄による訴訟遅延のバランス）の考慮によるとする（223頁以下）。

8）　例えば、新堂幸司・新民事訴訟法［第5版］（弘文堂・2011）497頁は、中野説と基本的に同旨のファクターに加え、当事者間の証拠の偏在を挙げ、中野説の④のファクターとは逆に、釈明をす

利益衡量的アプローチを行う前に、明確に判断基準を立てることができる部分があるとするならば、それを明らかにすることの理論的意義は、今もなお失われていないと思われる。中野説も、消極的釈明と積極的釈明という区別を用いて、前者を利益衡量的アプローチの不要な義務として位置づけているとみることができる。ここで問われるべき問題の一つは、積極的釈明と消極的釈明といった区別を、その基準とすることの妥当性[9)]である。

また、釈明権の行使をめぐる議論においては、特に裁判官の立場から、適法／違法の問題よりも、裁判官の裁量を前提とした、当／不当の問題に重点を置いた議論もみられる[10)]。仮に釈明権行使に裁量性があることを肯定するとしても、「釈明の行使不行使は全部裁判所の裁量行為である」[11)]という立場を採らない限り、少なくとも裁量に属さない部分の釈明権行使があるということを前提とせざるを得ない。その内容・範囲を明らかにすることは、釈明権の行使という、極めて実務的な問題に対して、理論の側が寄与することのできる、一つの役割ではないかと考える。

以上より、筆者の基本的な問題関心は、釈明権の行使について、できるだけ明確な、適法／違法レベルでの規範を明らかにすることにある。この問題へのアプローチとして、筆者は、利益衡量的アプローチを要せず、絶対的に釈明権行使が求められる場合（釈明権行使のミニマム・スタンダード）を明らかにする作業が有用であると考え、その見取り図を示したことがある[12)]。そこで何をもって最低限の釈明権行使と把握するべきかについて用いた枠組みが、

ることが当事者の公平に資するという視点を加えている。また、川嶋四郎・民事訴訟法（日本評論社・2013）455 頁は、「控訴審判決に、判決に影響を及ぼすことが明らかな不意打ちが存在すること」を要件とし、その判断の指標として、四つの要素（①当事者の申立て、主張、立証の期待可能性の存否、②当事者間に公平な手続実施の機会が与えられたか否か、③当事者の帰責性の存否、④判決結果に影響を与える蓋然性があるか否か）を挙げる。

9）　例えば、主張の補正および立証についての釈明義務違反を認めた判例（最判平成 17 年 7 月 14 日判時 1911 号 102 頁）が、積極的釈明の事例か、消極的釈明の事例かについての判断が微妙であることにつき、畑瑞穂「本件評釈」リマークス 33 号（2006）138、141 頁。積極的釈明／消極的釈明の区別が、評価規範としてなぜ機能しないのか、ということについての筆者の理解として、園田賢治「本件評釈」九州大学法政研究 73 巻 2 号（2006）217、224 頁以下。

10）　加藤・前掲注 6）116 頁以下（そこでは当／不当の問題が「行為規範としての釈明」として論じられている。しかし、当／不当の問題は評価規範として位置づけられるべきであることにつき、園田賢治「釈明義務違反による破棄差戻しについての一考察」九大法学 81 号（2001）327、332 頁）。また、釈明権行使の裁量としての相当性について、具体例に即して検討する近時の文献として、大竹たかし「控訴審における釈明権の行使」民訴 62 号（2016）53 頁がある。

11）　磯村義利「釈明権」民事訴訟法学会編・民事訴訟法講座第 2 巻（有斐閣・1954）473、490 頁。

12）　園田賢治「弁論権の保障と釈明権」民訴 61 号（2015）157 頁。

手続的正義を実現するための「手続型釈明」と、実体的正義を実現するための「実体型釈明」という区別であった。すなわち、前者は、弁論権の保障を目的とするものであり、これは、憲法上の権利（審問請求権（審尋請求権））[13]を基礎とすることから、政策的考慮によって左右されるべきでないという意味で、絶対的なものとして位置づけることが可能であると考えた。

しかし、その検討の過程で明らかになったことは、手続型釈明の外延が必ずしも明確ではないということであった。弁論権の保障の内容をどのように把握するかによっては、その保障を目的とする釈明は極めて広範に及ぶ可能性を有している。なぜなら、単純に「当事者に弁論を尽くさせる」ことを目的とするならば、当事者が適切な主張・立証を行っていない場合に、これを指摘して適切な主張・立証を促す釈明もすべて、「手続的」と評価することも可能になってしまうからである。

そこで、本稿では、釈明権行使のミニマム・スタンダードの内包および外延を明確化するための作業の一部として、裁判所が法的観点ないし法律問題を指摘する義務[14]（以下では「法的観点指摘義務」と呼ぶ）に焦点を当てて検討することにしたい。筆者は、法的観点指摘義務が、通常の釈明義務とは別個独立の性質をもつものとは考えていない[15]が、法領域においては、事実領域と異なり、弁論主義が妥当しない（「裁判所は法を知る（iura novit curia）」の原則）ことから、弁論主義のもつ不意打ち防止機能が働かないため、裁判所の指摘義務と当事者の弁論権保障との関係が可視化されやすい。このことが、本稿で法的観点を検討の対象とする一つの理由である。また、法的観点を指摘す

13)　日本には、ドイツ基本法103条1項のような明文の規定は存在しないが、中野貞一郎「民事裁判と憲法」民事手続の現在問題（判例タイムズ社・1989〔初出1984〕）1、13頁は、「『裁判所において裁判を受ける権利』（憲32条）は、裁判にさいして審尋を受ける権利を伴う。裁判を受ける者は、裁判事項につき予め自己の見解を表明しかつ聴取される機会が与えられることを要求する権利（審尋請求権）を憲法上保障されている。」として、主に憲法32条にその根拠を求める。

14)　このテーマを扱った文献は枚挙に暇がないが、早い時期の紹介として、徳田和幸「法領域における手続権保障」フランス民事訴訟法の基礎理論（信山社・1994〔初出1980〕）86頁、詳細かつ広範な検討として、山本和彦「情報開示による民事訴訟―法律問題指摘義務論」民事訴訟審理構造論（信山社・1995〔初出1989～1999〕）17頁。

15)　弁論権の保障を根拠・目的とする手続型の釈明義務が、法的観点のみを対象とするとは限らないことにつき、園田・前掲注12）164頁以下。なお、ドイツ民事訴訟法においては、かつて法的観点指摘義務を規定していた旧278条3項が、民事訴訟法改革法（2002年施行）によって、139条2項へ移される際、「法的観点」から「法的」という文言が外され、単に「観点」という文言に変更された。この変更が、その後の理論や実務に何らかの影響を及ぼしたか否かについては、別の機会に検討したい。

る義務については、より強い義務性が求められるとする見解[16]もある一方で、法的観点を指摘すべきと評価される局面は、問題の捉え方によっては極めて広範に及ぶ[17]。どのような状況下での法的観点の指摘であれば、強い義務性が求められるのか、ということを明らかにすることは、法的観点指摘義務を対象とする議論内在的にも意義があると思われることも、本テーマを設定した理由である。

Ⅱ　法的観点の指摘と当事者の行為責任

1　本稿の試論

裁判所の目からみて、当該事案において適切であると考える法的観点が、当事者によって認識されていない[18]場合に、裁判所は、当該当事者に対して当該法的観点を指摘する必要があるか、あるとすればそれは絶対的な義務といえるか。本稿では、この問題を考察するにあたり、仮に裁判所が当該法的観点を指摘しなかった場合に、当事者にどのような行為責任が生じる結果となるのか、という観点から検討を行う。なぜなら、指摘が行われないことによって当事者に生じる行為責任（指摘を受けずに自発的に弁論を行う責任）の内容が、当事者が行うことが全く期待できないものであるならば、実質的に当事者の弁論の機会を完全に奪うことになるため、その指摘は絶対的な義務であると解されるのに対し、指摘が行われないことによって当事者に生じる行為責任の内容が、当事者が行うことが何らかの条件の下で期待できるものであ

16)　三木浩一「判例評釈（最判平成22年1月20日）」法学研究84巻5号（2011）144、157頁。また、法的観点指摘義務に直接言及するものではないが、田中成明・現代裁判を考える―民事裁判のヴィジョンを索めて（有斐閣・2014）155頁は、「手続的公正の確保・実現には、様々な程度・段階がある」としたうえで、「当事者間の能力格差を問わず、当事者に対する不意打ちを防止するために攻撃防御の機会を保障する釈明などは、手続的正義の最小限の要請であり、義務的な性質が比較的はっきりとあらわれる」と述べており、本稿の議論にとって示唆的である。

17)　阿多麻子「法的観点指摘義務」判タ1004号（1999）26、40頁は、原審も当事者も、当該事案に合致する法的評価を認識していない場合においても、法的観点指摘義務の存在を肯定し、原審は（上告審からみて）「正しい」法的観点を認識すべきである、というところまで法的観点指摘義務の問題に含める。しかし、このような場合は、原審の法令の解釈・適用の誤りとして処理すれば足り、あえて法的観点指摘義務を持ち出す意義は乏しいのではないかと思われる。

18)　本稿では、ある法的観点が当事者によって認識されていない状態とは、その訴訟において、当該法的観点が当事者によって言及されておらず、かつ当該法的観点が当事者の主張の前提となっていることがうかがわれない状況を指す。ただし、当事者の採る法解釈の確認が必要な場合もあることについては、後述3参照。

るならば、当事者の自己責任の問題として、その指摘は義務でないと解することがあり得る（絶対的な義務ではない）、という区別が可能だからである。このような観点から、法的観点指摘義務については、次のような類型的な区別をすることが可能であると考える。

すなわち、裁判所が、判決の理由として、当事者によって認識されていない法的観点を用いるために、①現状の訴訟状態のままでそれが可能な場合であるか、それとも、②現状の訴訟状態のままではそれが不可能なため、さらに当事者の主張が必要である場合であるか、の違いによって、当該法的観点を指摘する／指摘しないことの意味、つまり、弁論権の保障の必要性の性質が異なり得るのではないかというのが、本稿の見立てである。結論を先取りして述べれば、上記①の場合には、当該法的観点に基づくことが不利に作用する当事者に対して、陳述の機会を与えるための当該法的観点の指摘の必要性は、当該当事者に期待される法的知識の程度に関わりなく、絶対的であると解されるのに対して、上記②の場合には、当該法的観点に基づくことが有利に作用する当事者に対して、陳述の機会を与えるための当該法的観点の指摘の必要性は、当該当事者に期待される法的知識の程度によって左右されるために、一義的に確定することができない（絶対的であるとは解されない）ということになる。ゆえに、前者を法的観点指摘義務のミニマム・スタンダード（これは同時に釈明義務全般のミニマム・スタンダードの一部を構成する）として括り出すことが可能であるというのが、本稿の試論である。

以下では、上記類型の差異を具体的に明らかにするために、法的観点指摘義務の問題に関わると解されている、いくつかの判例を素材として検討を行うこととしたい。

2　法律構成を指摘する義務

まずは、最判昭和55年2月7日（民集34巻2号123頁）を簡略化した以下の**【事例1】**をもとに検討する。

【事例1】

Xら（亡Bの子）は、不動産の所有名義人であるY（亡Bの子である亡Cの妻）に対して、共有持分権に基づき、所有権移転登記手続を求める訴訟を提起した。Xらの主張は、本件不動産は、BがAから買い受け（便宜上C名義としていた)、Bの死亡によりXらおよびCが相続したというものであった。これに対し、Yの主張は、本件不動産は、CがAから買い受け、Cの死亡によりYが相続したというものであった。

このような事例において、上記最高裁判決は、原審が、Xらの主張(「A→B→XらおよびC」という所有権移転経過)とも、Yの主張(「A→C→Y」という所有権移転経過)とも異なる判断、すなわち、本件不動産は、BがAから買い受けたが、BからCへの死因贈与があり、Cの死亡によりYが相続した(「A→B→C→Y」という所有権移転経過)と認定して、請求を棄却した点について、弁論主義違反を理由に破棄差戻しとした。上記最高裁判決は、B→Cの死因贈与について当事者の主張がなかったため、弁論主義違反としたのであるが、この判断に対しては、死因贈与を基礎づける事実は弁論に顕れていたのではないかという疑問が呈されている[19](いわゆる「生の事実」論[20])。ここでは、この判例の事案自体の検討が目的ではないので、以下では、死因贈与を基礎づける事実が弁論に顕れていた場合(**【事例1①】**とする)と、死因贈与を基礎づける事実が弁論に顕れていなかった場合(**【事例1②】**とする)との、二つの場合を想定して検討を進める[21]。

【事例1①】の場合は、弁論主義違反ではなく、法的観点指摘義務違反の問題となることが指摘されている[22]。裁判所は、死因贈与を認定しても弁論主義違反を問われないが、死因贈与という法律構成は、それが不利に作用するXにとって不意打ちとなる[23]ので、裁判所は、死因贈与の法律構成の可

---

19) 小林秀之「本件評釈」昭和55年度重判解143、145頁など。

20) 「生の事実」論に対する批判的検討として、北秀昭「弁論主義下における『生の事実』と『法的に構成された事実』との関係についての一考察―最一小判平成14年9月12日判タ1106号81頁を素材にして」判タ1209号(2006)40頁。

21) なお、これと類似の構造をもつ裁判例としては、最判昭和41年4月12日(民集20巻4号548頁)がある。この事例では、単純化すれば、XがY_1・Y_2に対して提起した所有権抹消登記手続請求訴訟において、Xの主張する所有権移転経過(X→Y_1→X)ともY_1・Y_2の主張する所有権移転経過(X→Y_1→Y_2)とも異なる、XからY_2への譲渡担保による土地所有権の移転を認めた原審の認定(X→Y_1→X→Y_2)に対し、最高裁は弁論主義違反を理由に破棄差戻しとした。この事例を用いても、譲渡担保を基礎づける事実が弁論に顕れていた場合と、譲渡担保を基礎づける事実が弁論に顕れていなかった場合を分けて、以下の本文で述べるのと同様の検討を行うことができる。

22) 山田文「本件評釈」百選[第5版](2015)100、101頁など。

23) ただし、本判例の具体的事案においては、Xは、死因贈与という判断の基礎になった事実の攻撃防御上の重要性を認識しうる立場にあったのではないかと解する余地があることにつき、山本弘「上告理由としての弁論主義違反(2・完)」法教368号(2011)123、127頁参照。

能性を指摘し、X に陳述の機会（当該法的観点自体に対する反論の機会、ないし当該法的観点を前提とする新たな資料の提出の機会）を与えなければならないということになる。

この点を X の行為責任という観点からみると、仮にこのような法的観点指摘義務が存在しないとするならば、X は、裁判所からの指摘を待たずに、死因贈与の適用に対して予め反論せよということになる。しかし、これは X に無理を強いることになる。なぜなら、死因贈与という法律構成は、X にとって訴訟上不利な法律構成であり、Y からも、裁判所からも言及されていない（Y も裁判所も気付いていない可能性がある）段階で、自ら率先してその可能性を指摘し、さらに反論をすべしという行為責任を X に負わせることは、たとえ、X が死因贈与という法律構成の可能性を認識し得たとしても、明らかに過剰というべきだからである。

上記**【事例 1 ①】**の場合とは逆に、**【事例 1 ②】**として、死因贈与を基礎づける事実が弁論に顕れていなかった場合を想定し、かつ、前記最高裁判例の原審判決とは異なり、原審は死因贈与を認定せずに、X の請求を認容した場合を想定する。この場合も、もちろん弁論主義違反を問われることはないが、仮に上告審の目からみて、死因贈与の認定が望ましいとすれば、原審の指摘義務違反、すなわち、原審は、死因贈与の法律構成を指摘して、Y にこれを基礎づける事実を、主張・立証する機会を与えるべきだったといえるであろうか。

この点を Y の行為責任という観点からみると、仮にこのような法的観点指摘義務が存在しないとするならば、Y は、裁判所からの指摘を待たずに、死因贈与の構成に基づく主張をせよということになる。この場合、**【事例 1 ①】**において、X が死因贈与の構成を前提とした主張（反論）を行うことに無理があったという点とは異なり、Y が死因贈与の構成を採ることが自らに有利であると考えるならば、それに基づく主張をあえて差し控える状況にはなく、それに基づく主張をすれば足りる（Y が死因贈与の構成が可能であると気付いたが、当初の構成よりも有利であると考えなければ、主張を追加する必要はない。Y には選択の余地がある）。ここで考慮されることとなるのは、Y が、裁判所からの指摘なしに、このような法律構成の可能性に気付くべきか、という点であり、これは、Y にどの程度の水準の法的知識を期待するのかということに左右される。もし、当事者に低い水準の法的知識しか要求されないとすれば、先の**【事例1①】**だけでなく、この**【事例1②】**においても、裁判所の指摘義務が認められることとなる。これに対し、当事者に高い水準の法的知識が要求される（ここでは死因贈与の法的構成に気付くべきであるということが要求される）とすれば、**【事例1②】**においては、裁判所の指摘義務は消極に解されることになる。ここで重要なことは、**【事例1②】**においては、当事者に要求される法的知識の水準によって指摘義務の有無が影響を受けるのに対し、**【事例1①】**においては、要求される水準をいくら高く設定しても、指摘義務は常に存在するということである。ゆえに、**【事例1①】**の場合が、法的観点指摘義務のミニマム・スタンダードであると位置づけることができると考える。

次に、別の事例として、近時、釈明義務違反という文言を用いつつも、内容的には法的観点指摘義務違反を認めた判例であると解されている、最判平成22年10月14日（判時2098号55頁、判タ1337号105頁）を簡略化した**【事例2】**をもとにして、上述の考え方を確認することとする。

【事例2】

学校法人Ｙより65歳の定年により職を解く旨の辞令を受けたＸは、Ｙを被告として、雇用契約上の地位の確認および賃金等の支払いを求める訴訟を提起した。Ｘの主張は、Ｙとの間でＸの定年を80歳とする合意があったというものであった。第1審は、本件合意があったとは認められないとして、請求を全部棄却した。控訴審も、本件合意があったとは認められないとして、雇用契約上の地位の確認請求を棄却したが、賃金の支払請求については、当事者が主張していない信義則違反を理由に請求を一部認容した。

このような事例において、上記最高裁判決は、原審には釈明義務違反があるとして、破棄差戻しとした。この判例の事案においては、信義則違反を認定するために必要な主要事実[24]はすべて弁論に顕れていたと解される（さもなければ、弁論主義違反となる）ため、**【事例1①】**と同様の構造が当てはまる。

24）　一般条項の不特定概念自体が主要事実ではなく、それを基礎づける具体的事実が主要事実であると理解するのが現在の多数説である（伊藤眞・民事訴訟法［第4版補訂版］（有斐閣・2014）299頁など）。

すなわち、裁判所は、信義則違反を認定しても弁論主義違反を問われないが、信義則違反という法律構成は、それが訴訟上不利に作用するYにとって不意打ちとなるので、裁判所は、信義則違反の法律構成の可能性を指摘し、Yに反論の機会を与えなければならない[25]。そして、この点をYの行為責任という観点からみると、仮にこのような法的観点指摘義務が存在しないとするならば、Yは、裁判所からの指摘を待たずに、信義則違反の適用に対して予め反論せよということになるが、自らの信義則違反という法律構成を、Xからも、裁判所からも言及されていない段階で、自ら率先してその可能性を指摘し、さらに反論をすべしという行為責任をYに負わせることはできない。

これに対し、信義則違反を基礎づける事実がすべて弁論に顕れていない場合を仮定すると、**【事例1②】**と同様の構造が当てはまる。すなわち、原審が、信義則違反の法律構成を指摘して、Xにこれを基礎づける事実主張の追加の機会を与えるべきか否かについては、Xは、信義則に基づく主張をあえて差し控える状況にはないため、Xが、裁判所からの指摘なしに、このような法律構成の可能性に気付くべきか、という問題となる。前述の通り、これはXに対して、どの程度の水準の法的知識を求めるのかといった点に左右される。また、この場合には、**【事例2】**の指摘の対象が、信義則という狭義の一般条項であるという点も考慮の対象となる可能性がある。そこに公益性が認められると解されるならば、Xに対する指摘義務を肯定する方向にやや傾くことになろう。さらに、例えば、**【事例2】**とは異なり、公序良俗違反が問題になる事例[26]においては、より高い公益性から、指摘義務を

---

25)　もっとも、本判決は、「信義則違反の点についての判断をするのであれば、原審としては、適切に釈明権を行使して、Xに信義則違反の点について主張するか否かを明らかにするよう促すとともに、Yに十分な反論及び反証の機会を与えた上で判断をすべきものである。」（下線部筆者）と述べており、Yに対してだけでなく、Xに対しても釈明権を行使すべきとする。本稿の立場からは、下線部分は、ミニマム・スタンダードに属さないため、絶対的に必要な判示ではないということになる。なお、この部分の判示につき、杉山悦子「本件評釈」民商145巻4=5号（2012）550、555頁は、「信義則違反を基礎づける、あるいは否定する事実の主張立証を尽くさせるために、信義則違反という法的評価がされる可能性を当事者に明確に意識させるべきであると読むべきであろう」とする。

26)　最判昭和36年4月27日（民集15巻4号901頁）は、当事者が主張していない公序良俗違反に基づく判断をした原審判決に対して、弁論主義違反の有無が問われた事案において、最高裁は、公序良俗違反に該当する事実の陳述があれば、弁論主義違反に当たらないと判断した。この事例では、**【事例1①】**と同様の構造が当てはまるため、ミニマム・スタンダードとしての法的観点指摘義務違反が問われるべき事案であったということになる。

肯定する方向に一層傾くことになろう[27]。

3　法解釈を指摘する義務

ここまでは、法律構成について指摘する義務に属する例を取り上げたが、法的観点の内容としては、「法令の解釈についての見解」と「その事案に適合的な法律構成についての見解」に大別することができる[28]ことから、次に、法令の解釈について指摘する義務についても検討を行うこととする。

以下では、例として、最判昭和61年4月3日（判時1198号110頁）を簡略化した**【事例3】**をもとに、検討を行うこととする。

【事例3】

A会社の破産管財人Xは、A会社からトラックを搬出したYを被告として、否認権行使に基づき、現物返還に代わる価額の償還を求める訴訟を提起した。Xは、その価額として、搬出時の時価を主張・立証した。審理においては、もっぱら否認権の発生原因事実が争われた。裁判所は、価額償還請求権の発生は認めたが、価額算定の基準時は否認権行使時であるとしたうえ、否認権行使時の価額の立証がないとして、請求を棄却した。

このような事例において、上記最高裁判決は、原審には釈明義務違反があるとして、破棄差戻しとしたのであるが、**【事例1】**および**【事例2】**で用いた枠組みで説明すると、以下のようになる。この事例においては、原審は、当事者とは別の法律構成を採用したのではなく、その前提となる法規の解釈について、当事者とは別の見解を採用した。法規の解釈に弁論主義の適用はないため、裁判所は、当事者の事実主張如何にかかわらず、裁判所の採る解釈に基づく法規の適用／不適用を判決の基礎にすることができる。しかし、基準時が否認権行使時であるという解釈は、それが訴訟上不利に作用するXにとって不意打ちとなるので、裁判所は、基準時が否認権行使時である

27）　ここで述べた議論はミニマム・スタンダードの範囲外の議論であるが、狭義の一般条項の主要事実にも弁論主義の適用がないと解するならば、常に**【事例1①】**と同様の構造となるため、ミニマム・スタンダードの問題となる。狭義の一般条項の弁論主義の適用につき、弁論主義の適用をすべて否定する説、公序良俗違反の場合にのみ弁論主義の適用を否定する説、公益に関わる場合は弁論主義の適用を否定する説などがあることにつき、水元宏典「判例評釈（最判昭和36年4月27日）」百選［第5版］104、105頁参照。

28）　三木浩一＝山本和彦編・民事訴訟法の改正課題（有斐閣・2012）74頁。

という解釈の可能性を指摘し、X に当該解釈に反論する機会ないし当該解釈に基づき価額を主張・立証する機会を与えなければならない。

そして、この点を X の行為責任という観点からみると、仮にこのような法的観点指摘義務が存在しないとするならば、X は、裁判所からの指摘を待たずに、当該解釈に言及せよということになるが、基準時が否認権行使時であるという解釈は、X がこれまで行ってきた訴訟追行の結果からは、不利な法解釈であり、Y からも、裁判所からも言及されていない段階で、自ら率先してその可能性を指摘すべしという行為責任を X に負わせることはできない。なお、ここで X にとって不利ということの意味は、裁判所の採る解釈に基づけば、そのままでは X の敗訴につながるという意味であり、裁判所の採る解釈が実体的に X に不利という意味ではないことに留意されたい。したがって、**【事例 3】**とは異なり、仮に、裁判所の採る基準時についても損害額を証明する証拠が、偶々 X から提出されているが、Y はこれを認識しておらず何ら反証等を行っていないならば、請求を認容する判決は、むしろ Y にとって不意打ちとなるため、裁判所は、Y に対して、当該法解釈を指摘する義務があるということになる。

このように、指摘の対象として法解釈が問題となる場合は、法律構成の場合と異なり、当事者の事実主張の有無にかかわらず、裁判所は常に自らの法解釈を採用して法規の適用／不適用を判断することができるので、**【事例 1 ①】**と同様の構造が原則として当てはまることとなる。したがって、ここでの指摘義務は、ミニマム・スタンダードに属するものと位置づけられる[29]。

もっとも、裁判所と当事者との間での法解釈の食い違いを原因として、少なくとも一方当事者が主張・立証を十分に行うことができていない場合に、法的観点指摘義務があるとするならば、当事者の訴訟追行だけからは、当該主張・立証の不十分性の原因が何かということが、必ずしも明らかにならないという難点がある。法解釈の食い違いを原因として主張・立証が不十分で

---

29)　濵﨑録「法的観点指摘義務と釈明義務の関係について」熊本法学 130 号（2014）155、179 頁は、前掲最判昭和 61 年 4 月 3 日につき、法的観点指摘義務とは区別されるべき釈明義務の事例であるとする。濵﨑論文が、このように理解する理由は、ここで裁判所が行うべき釈明を「立証を促す」ものと捉えている（実際に当該判例もそのように述べている）ためであろうと推測されるが、本稿がミニマム・スタンダードとして行使すべきであると考えている法的観点の指摘は、法解釈を示すところまでであって、そこからさらに主張・立証を促すことは、ミニマム・スタンダードを超える部分として区別される。

あるのではなく、法解釈に食い違いはないが、当事者の懈怠や過失を原因として主張・立証が不十分であるのであれば、法解釈を指摘する必要はないからである。裁判所は、当事者が適用を求めている法規の要件に該当する事実について、当事者の主張・立証が欠けていると、自身の法解釈に照らして判断する場合には、その原因が何かを明らかにするために、当事者に対し、どのような法解釈を前提としているのかを質問する必要がある。この質問に対し、当事者が、裁判所の採る法解釈と同一のものを示したならば、それ以上の指摘をすることは、ミニマム・スタンダードに該当しない（したがって、当事者の自己責任として、そのまま敗訴させるという処理もあり得る）。これに対し、当事者が、裁判所の採る法解釈と異なる法解釈を示したならば、裁判所は、自らの法解釈を示す必要がある[30]。

4　まとめ

以上の検討の結果をまとめると、以下のようになる。裁判所が適切であると考えるが、当事者に認識されていない法律構成に必要な事実がすべて弁論に顕れている場合、裁判所が当該法律構成に基づいて判決をする際には、当該法律構成が訴訟上不利に作用する当事者に陳述の機会を与えるために、当該法的観点を指摘しなければならない。これは、釈明義務のミニマム・スタンダードに属する。これに対し、裁判所が適切であると考える法律構成に必要な事実がすべて弁論に顕れていない場合、裁判所が当該法律構成に基づいて判決をするためには、当該法律構成が訴訟上有利に作用する当事者に陳述の機会を与えるために、当該法的観点を指摘することが必要になるが、これは、釈明義務のミニマム・スタンダードには属しない。また、裁判所と当事者の認識している法律構成は一致しているが、前提となる法解釈が、裁判所と当事者との間で食い違っていることから、少なくとも一方当事者が主張・立証を十分にすることができていない場合は、裁判所は、自らの法解釈を当事者に指摘する義務がある。これは、釈明義務のミニマム・スタンダードに

30）　ここで述べた、当事者の法解釈を確認するための釈明権行使は、釈明権行使のミニマム・スタンダードの該当／非該当を振り分けるための一種のメタ的な釈明として位置づけられる。なお、このような釈明権行使は、石田秀博「釈明の機能」松本博之先生古稀祝賀・民事手続法制の展開と手続原則（弘文堂・2016）309頁、314頁における、「明確化機能」としての釈明権行使として、位置づけることも可能であるように思われる。

属する。

Ⅲ　むすびにかえて

本稿は、釈明権の行使の規律のうち、裁判所が法的観点（法律構成および法解釈）を指摘する局面にのみ限定して検討を行い、さらにその中でも、当事者に期待される法的知識の程度を問わず、弁論権の保障の観点から絶対的に、裁判所が法的観点を指摘すべき義務が生じる領域を明らかにすることを試みた。検討を行うことができた事例はごく僅かであり、かつ粗い素描にとどまったため、本稿の目的がどの程度まで達成されたかについては疑わしいが、釈明権の行使に関する規律の、政策的考慮や裁量によって左右することができないという意味での、最小限のラインの一端を示すことができたとすれば、幸いである。

いうまでもなく、釈明権行使が求められる領域は、法的観点の指摘の局面に尽きるものではない。筆者の関心からすれば、さらに他の類型の釈明権行使についても、そのミニマム・スタンダードを明確化することが課題となるが、他日を期したい。

裁判官によるインターネット情報の収集について
――ドイツ法における「顕著な事実」をめぐる議論を中心に

髙田昌宏

Ⅰ　はじめに

インターネットが普及してすでに久しいが、インターネットを介した電子商取引の拡大、個人情報を始めとする情報の流出などを契機として、様々な法的紛争が生じてきた[1)]。それらの紛争が民事訴訟の形で裁判所に持ち込まれると、インターネット上の情報自体が、訴訟対象である実体権の存否を左右する重要な事実や証拠となりうることから、電子情報の証拠調べの必要性が高まることは避けられない[2)]。また、インターネットを通じて様々な情報へのアクセスが容易となり、裁判官もその例外でないことから、民事訴訟事件全般で、裁判官自らがインターネットを通じ裁判の基礎に関わる情報を収集することも技術的に可能となっている[3)]。個人が様々な情報――それは正しい情報から誤った情報まで様々であるが――にますますアクセスしやすくなり、裁判官も、自らインターネットを利用して裁判上有益な情報を収集していくことが容易になっている現在、裁判官がこれによって得た情報を裁判

1）　わが国におけるインターネットをめぐる法の現状と課題を概観するものとして、たとえば、松井茂記＝鈴木秀美＝山口いつ子編・インターネット法（有斐閣・2015）がある。
2）　たとえば、薮口康夫「電子証拠の取調べに関する日米比較序説」河野正憲先生古稀祝賀・民事手続法の比較法的・歴史的研究（慈学社出版・2014）271頁参照。
3）　裁判官のソーシャルメディアの利用に関する問題性を指摘し、その検討の必要性を説くものとして、金子宏直「法曹によるソーシャルメディアの利用―情報収集の問題」法とコンピュータ33号（2015）69頁がある。

に利用することができるか、利用できるならどのように利用できるかが問題となりうる。

この問題については、わが国の民事訴訟法の母法国であるドイツにおいて、近年、とりわけ「裁判所に顕著な事実（offenkundige Tatsachen）」（ドイツ民事訴訟法（Zivilprozessordnung（以下、「ZPO」と略す））291条[4]）との関連で、判例・学説の展開がみられる。そこで、本稿では、裁判官によるインターネットでの情報収集について、今日のドイツ法の状況[5]を考察することを通じ、わが国の民事訴訟においても、「顕著な事実」（日本民事訴訟法（以下、「民訴」と略す）179条）の取扱いなどをめぐり直面する可能性のある問題について、その解決の指針を得たいと思う。

Ⅱ　ドイツ法の状況

1　情報源としてのインターネットの利用

(1)　ドイツでは、インターネットによる法律データバンクの調査・検索は、裁判官の日常実務に属し、また、裁判官は、訴訟当事者に情報を迅速、確実かつ同時に伝えるために――たとえば、ドイツ民事訴訟法（ZPO）139条による釈明（richterliche Aufklärung）をするために――電子メールの利用がますます盛んになってきているといわれる[6]。このようなIT活用の流れは、法的にも問題のない利用形式と評価されている[7]。ドイツでは、裁判所によ

4）　ZPO 291条（顕著な事実）は、「裁判所に顕著な事実は、証明を要しない。」と規定する。わが国の民事訴訟法179条の後段に相当する（顕著な事実と自白事実の不要証を一つの条文で定めるわが国と異なり、ドイツ法は、両者を別々に規定する）。

5）　ドイツ法の考察の際に触れるが、注目される文献として、以下に掲げるラインハルト・グレガー（Reinhard Greger）とヴォルフガング・デッチュ（Wolfgang Dötsch）の各論文がある。*Reinhard Greger,* Der surfende Richter – Sachverhaltsaufklärung per Internet, in: Alexander Bruns u. a. (Hrsg.), Festschrift für Rolf Stürner zum 70. Geburtstag, 1. Teilband, 2013, S. 289 ff.; *Wolfgang Dötsch,* Internet und Offenkundigkeit, MDR 2011, 1017 f. がある。本稿も、これらの論文によるところが大きい。

6）　*Greger,* a. a. O. (Fn. 5), S. 289.　なお、ドイツにおける裁判所への電子情報処理の導入のこれまでの経緯について、坂田宏「ドイツにおける裁判所へのコンピュータ導入の議論の一側面―ドイツ連邦情報保護法との関連で」横浜国際経済法学5巻2号（1997）165頁、Topics「ドイツにおける訴訟手続の電子化」NBL 767号（2003）6頁が参考になる。

7）　グレガーによれば、法律データバンクは、判例・文献への迅速なアクセスを可能にして訴訟期間の短縮、裁判官の先例および法的見解の念入りな考察を可能にし、電子メールでの通信は、当事者双方に同時発信することができ、当事者の一方との連絡による相手方当事者の不信を招く電話による会話と比べても優先に値するとして、積極的に評価される（*Greger,* a. a. O. (Fn. 5), S. 289）。

るこのような利用方法とは異なるインターネットの利用形態として、さらに、裁判上重要な事実の解明のために裁判官がインターネット情報にアクセスするという形態が存在する。というのも、ウェブ上の大量の情報は、しばしば不備や不一致がある当事者陳述を、独自の調査によって補充し、有益な背景知識を調達する可能性を、裁判官に提供するとともに、裁判官にとってそれを行う誘因にもなるからである[8)]。ラインハルト・グレガー（Reinhard Greger）によれば、さしあたり有用な情報や手段として、ウィキペディア（Wikipedia）などの情報サービスを利用した専門的な概念や問題の明確化、グーグルアース（Google Earth）やストリートビュー（Street View）による地域や土地の視覚的印象、統計的データの探査、ブログまたはホームページでの訴訟対象に関する報告、ユーチューブ（YouTube）上の訴訟対象に関する出来事のビデオ、ホームページやソーシャル・ネットワーク上の記載における訴訟関係人のプロフィールなどが挙げられる[9)]。

(2)　実際に、インターネットを通じて得た情報を裁判官が訴訟で利用したことが問題となった裁判例も、すでにいくつかみられる。たとえば、次のような事例が紹介されている[10)]。

【事例1】（ArbG Siegen, Urt. v. 3. 3. 2006 - 3 Ca 1722/05 -, juris[11)]）

労働者A（原告）に対する雇い主（被告）からの解約告知の効力が争われた訴訟で、Aの病気を理由とする見せかけの欠勤、独断の休暇申請が問題となった事案において、Aと雇い主側（人事部）との電話会話で、人事部が自らの電話のディスプレーでどのような電話番号をAからの電話で読み取ったかを陳述した。裁判長は、「インターネット調査によると、電話番号の市外局番○○○○は、ポーランドのJ市に割り当てられている。」と、Aに指摘したところ、Aは、当該裁判長に対し、偏頗のおそれ（Besorgnis der Befangenheit）を理由として忌避（Ablehnung）を申し立てた（ZPO 42条[12)]）。その理由として、

8）　*Greger,* a. a. O. (Fn. 5), S. 290.

9）　*Greger,* a. a. O. (Fn. 5), S. 290. デッチュも、インターネットによる場合も含め、一般的に利用できる情報の例として、メディアで報道された現代史の出来事、日付、学術的事典で解説された専門概念、地図での地理的な位置や距離、統計年報からの数的データなどを念頭に置く（*Dötsch,* MDR 2011, 1017）。

10）　*Greger,* a. a. O. (Fn. 5), S. 290 f.

11）　ArbG Siegen, MMR 2006, 836. Vgl. *Greger,* a. a. O. (Fn. 5), S. 290; *Dötsch,* MDR 2011, 1017 Fn. 8.

12）　ZPO 42条（裁判官の忌避）1項は、「裁判官が法律により裁判官職務の行使から除斥されたとき、および偏頗のおそれがあるときは、これを忌避することができる。」と定め、2項は、「裁判官の公

当該裁判長は、口頭弁論の外で独自の調査により独力で情報を拾い集め、それを当事者提出主義に違反して訴訟に持ち込み、それにより、彼は、被告の有利に事実関係を探知しているとの印象を与えていると主張した。しかし、裁判官が、一般的に利用可能な信頼できる情報源としてインターネットのデータバンクを、ZPO 291 条の「顕著な事実」に関する情報取得のために調査することは、偏頗のおそれを理由とする忌避事由に当たらないとして、忌避申立ては、却下された。

【事例 2】（LG Dessau-Roßlau, Urt. v. 7. 6. 2012 – 1 S 32/12 –, juris[13]）

路面凍結時のまき砂の不除去による事故責任が問題となった事件の判決理由中で、デッサウ＝ロースラウ・ラント裁判所（LG Dessau-Roßlau）は、「インターネットで、関連する気象通報もしくは天気予報のサイト（たとえば、2011 年 3 月 27・28 日の wetter. de での天気予報）のように、一般的にアクセスできる情報源から、3 月末に中部ドイツ地方において、まだ夜間の降霜および地面の凍結が現れうるということが引き出される。」ということを述べた。

【事例 3】（OLG Frankfurt a. M., Urt. v. 11. 3. 2008, NJW-RR 2008, 1194[14]）

フランクフルト上級ラント裁判所（OLG Frankfurt）は、建物の一部の原料の性質についての確認を行い、それについて、「この事実[15]は、製造者 A のインターネットサイトから察知することができる。したがって、それは、ZPO 291 条の意味で顕著である。」と述べた。

【事例 4】（BPatG, Beschl. v. 16. 10. 2002 – 26 W（pat）64/00 –, juris[16]）

連邦特許裁判所（Bundespatentgericht）は、商標法上の事件で（ある表示（skai）が一定の材料（合成皮革）のためのただ記述的な専門概念として一般に用いられているかという問題について）インターネット調査の結果に関して次のように述べ、ZPO 291 条の意味での「顕著な事実」が問題ではないとした。すなわち、たしかにインターネットのコンテンツは、原則として誰にでもアクセスできるが、個人にとって見通せないほど大きく、辞書や事典のコンテンツとは比較できない。インターネット調査の結果は、その上、検索者の能力、選択された検索エンジンの数および質、入力された検索概念および検索オプションに左右されて、しばしば互いに著しく異なる。

【事例 5】（AG Köln, Urt. v. 20. 4. 2011, NJW 2011, 2979）

賃貸借契約の当事者の間で、配管内健全化の過程での水道管設備への発癌性物質の使用が賃貸借の瑕疵にあたるとして賃料の減額が争われた訴訟事件にお

平に対する不信を正当とするに足る事由があるときは、偏頗のおそれを理由として忌避が認められる。」、3 項は、「忌避権は、いかなる場合にも当事者双方に属する。」と規定する。

13）Vgl. *Greger,* a. a. O.（Fn. 5）, S. 290 f.

14）OLGReport Frankfurt 2008, 87. Vgl. *Greger,* a. a. O.（Fn. 5）, S. 291.

15）もっとも、この事実は、裁判上重要な事実ではなかった（*Greger,* a. a. O.（Fn. 5）, S. 291）。

16）Vgl. *Greger,* a. a. O.（Fn. 5）, S. 291.

いて、インターネットからの情報が問題となった事例である。判決の理由中で、次のように、インターネットにより得られた情報が裁判基礎として認められている。

「エポキシ樹脂（Epoxidharz）が健康に有害な成分を含んでいるということは、裁判所に顕著である（gerichtsbekannt）[17]。その際に、裁判所は、エポキシ樹脂のテーマについての無料の百科事典ウィキペディア（Enzyklopädie Wikipedia）の記事を引き合いに出す。それによると、樹脂成分は、ビスフェノール（Bisphenol）A およびエピクロロヒドリン（Epichlorhydrin）という物質からなる。ビスフェノール A は、内分泌かく乱化学物質として疑いをかけられており、これは、この原料が、あるホルモンのように作用し、そのため人間のホルモン体系の繊細なバランスを乱す可能性がある。さらに、その種の内分泌かく乱化学物質が、すでにごく少量で、内分泌体系における障害に到る可能性があることは、裁判所に顕著である。エピクロロヒドリンという原料は、ウィキペディアによると、さらに、毒性があり、動物実験で発癌性があるものとして知られている。それゆえ、訴訟対象の時期における被告の住居での水が飲み水として適しておらず、身体衛生に条件付きでのみ適していたということは、裁判所の確信にいたるまで確定している。」

(3)　上記の若干の事例から、ドイツの民事裁判実務において、裁判官が自らインターネットを通じて知りえた事実を裁判の基礎にすることが行われていることを窺うことができる。その際、インターネットで得られた知識は、裁判の基礎にされる場合、ZPO 291 条が定める「裁判所に顕著な事実（offenkundige Tatsachen）」に該当するとして斟酌されており（上記**【事例 1】【事例 2】【事例 3】【事例 5】**）、逆にそれに該当しないとして裁判の基礎にできないとした裁判例（上記**【事例 4】**）もみられる。

また、裁判官が自ら調査して得たものを裁判資料にすることから、それが不利に作用する当事者にとっては、裁判官の公平に疑問が生じ、ZPO 42 条による裁判官の忌避（Ablehnung）の可否が問題となりうることも、裁判例から窺い知ることができ、その点については、忌避事由に該当しないとした裁判例（**【事例 1】**）が存在する。

これらの裁判実務を受け、学説上も、インターネットによる裁判官の調査

---

17)　ここでは、問題の事実が gerichtsbekannt であるとの表現が用いられているが、「裁判所に顕著な事実」のうちの裁判所に「職務上よく知られた事実」の意味での gerichtskundig とは解しがたいので、「公知の事実」を含む「顕著な事実」との意味で理解されるべきと思われる。

の許否、調査結果へのZPO 291条の適用の有無といった問題の形式で、その調査結果の訴訟での取扱いなどが本格的に議論されてきている。そこで、次に、ドイツでのこの問題に関する判例・学説の状況について考察を加えることにする。

2　裁判官によるインターネット調査の適法性とその取扱い

(1)　デッチュの考察――「顕著な事実」との関連づけ

(1)　裁判官によるインターネット調査（Internet-Recherche）の問題に最初に本格的に取り組んだのは、ヴォルフガング・デッチュ（Wolfgang Dötsch）である[18]。デッチュは、ZPO 291条が規定する「顕著な事実（offenkundige Tatsachen）」の中の「公知の事実（allgemeinkundige Tatsachen）」が、「分別と経験のある個人が通常、問題なく知っており、または一般的に利用可能な信頼できる情報源の利用によって難なく確信することのできる事実」であることを前提に、この事実に関する最も簡単に利用できる情報源は、今日、疑いなくインターネットであるとして、インターネットを使った裁判官による情報収集に注目する。デッチュは、裁判所のなかには、インターネット情報源を慎重に取り扱うものがある一方で、インターネットからの認識をたやすく引用するものもあるとし、いずれも、その取扱いについて正確な根拠づけは、たまにしか行われておらず[19]、はたして裁判所がインターネットからのデータを当事者の提出なくして利用してよいのか、利用したときにZPO 42条の裁判官の忌避における裁判官の公平を阻害する偏頗の非難を正当化しないかが問われるとする。

(2)　デッチュは、民事訴訟では、弁論主義（Verhandlungsgrundsatz）または当事者提出主義（Beibringungsgrundsatz）が妥当し、本来、当事者のみが訴訟資料を提出し、争いのあるときは証拠を提出して裁判官を確信へと導かなければならないところ、インターネットから得たデータの場合はどうかを問題にする。これについて、デッチュは、次のように述べる[20]。すなわち、

---

18)　*Dötsch,* MDR 2011, 1017 f.

19)　例外的に詳細な正当化を行うものとして、デッチュは、上記**【事例1】**の ArbG Siegen, MMR 2006, 836 を挙げる。

20)　*Dötsch,* MDR 2011, 1017 f.

ZPO 291条は、ただ（「公知の事実」を含む）「顕著な事実」について「証明不要」とのみ宣言することから、逆推論に従えば、少なくとも当事者が当該事実を訴訟に提出しなければならないであろう。しかし、ZPO 291条からは、主張責任と証明責任が通常対応することに鑑みて、主張責任の不存在を推論することが支持される以上、裁判所は、自ら「顕著な事実」を訴訟に導入することができる。

このようにデッチュは述べて、ZPO 291条を介しインターネットのデータを裁判官が訴訟に持ち込むことを正当化する。もっとも、同条を介し、「公知の事実」として当該データを利用しうるためには、一般的に利用可能で、信頼できる情報源でなければならないことから、その利用には慎重さが要求される、と述べるとともに、当事者へ法的審尋（rechtliches Gehör）を保障する必要（基本法（Grundgesetz）103条1項）から、裁判官によるインターネット調査による認識を利用するに際し、予め当事者に意見表明の機会や反証の機会を付与しなければならないとする[21)]。

(3) デッチュの考察を通じて、裁判官によるインターネット調査結果が、ZPO 291条の「裁判所に顕著な事実」、それも「公知の事実」として裁判に利用できる可能性が理論的に示され、また、その調査結果に「公知の事実」に関する一般的理論を適用する上で生じるいくつかの問題点が明らかにされた。

(2) グレガーの考察――インターネット調査の適法性と訴訟上の取扱い

(a) インターネット調査の適法性

(1) デッチュによる考察に続いて、グレガーが、裁判官によるインターネット調査の利用可能性について、より包括的かつ詳細な考察を加えた。

まず、グレガー[22)]によると、裁判官のインターネット調査の適法性の明示的な法的基礎は、ドイツ民事訴訟法典にはみられない。ZPOは、273条1項[23)]に裁判所の弁論期日の準備のための必要な措置に関する定めを置いてい

21) *Dötsch,* MDR 2011, 1018.

22) *Greger,* a. a. O. (Fn. 5), S. 292.

23) ZPO 273条1項は、「裁判所は、必要な準備措置を適時にしなければならない。」と規定する。同2項は、「すべての期日の準備をするために、裁判長または裁判長が指名した受訴裁判所の構成員は、とくに以下のことをすることができる。」と規定し、①当事者に準備書面の補充または説明をさせること、②官庁または公務員に文書の通知または公の報告を求めること、③当事者本人の出頭を命じること、④証人または鑑定人の呼出し、⑤文書の提出命令、検証実施または鑑定の命令な

るが、同2項にある必要な措置の一覧には、インターネットへの言及はない。この一覧が限定的なものではないとの前提から、グレガーは、裁判官のインターネットによる調査の可能性を排除しないものの、それではいつインターネットは必要な措置なのか、また、裁判官の職権での事案解明にあたることになれば、当事者主導を原則とする民事訴訟において、どの限度でインターネットの利用ができるのかが問われるとする[24]。グレガーは、このような問いを立てたうえで、その答えに近づく手立てを提供するものとして、ZPO 291条に着目する。

(2)　グレガーは、ZPO 291条の「顕著な事実（offenkundige Tatsachen）」には、「公知の事実（allgemeinkundige Tatsachen）」と、裁判所が「職務上知りえた事実（gerichtskundige Tatsachen）」の2種類があるとして、インターネットについては、「職務上知りえた事実」が、裁判官が職務上の資格において得た事実のみを意味することから、当該事実との関係では考慮されないとして、もっぱら「公知の事実」への該当性を検討する。

ドイツでは、「公知の事実」は、分別と経験のある人間が通常、難なく知っている事実、または、一般的に利用でき、信頼できる情報源の利用により難なく確信することのできる事実であり[25]、判例・通説によれば、「公知の事実」の基準として、①個人だけでなく比較的広い範囲で普及した知識、または、②情報源の一般的に容易な入手可能性および信頼性が考慮される[26]。グレガーは、この二つの基準のうちの①に該当する事実が「公知の事実」にあたるとされるのは、その証明が無意味な形式にすぎないため、それを行わずにすまさなければならないことが明らかであるからであるのに対し、②の一般的に容易に入手可能な信頼できる事実の場合は、顕著性が①に比して著

どができるとする。わが国の民事訴訟法上の釈明処分（民訴151条）に相当する。

24)　グレガーは、これによって、裁判官が糾問的な事案解明活動を行っているとの非難や先入観を抱いているとの非難にさらされないためにどのような限界を守らなければならないかを明らかにしようと努める。

25)　Z. B. Rosenberg/Schwab/*Peter Gottwald,* Zivilprozessrecht, 17. Aufl, 2010, § 112 Rn. 26.

26)　*Greger,* a. a. O. (Fn. 5), S. 292. S. auch BGH, NJW 1992, 2088; Stein/Jonas/*Dieter Leipold,* Kommentar zur Zivilprozessordnung, 22. Aufl., 2008, § 291 Rn. 5.　ライポルトによれば、公知たりうるのは、まず、裁判所外で、比較的狭いまたは広い範囲で一般的に知られている事実で、これは、非常に多くの人によって知覚され、いつでも知覚できるため、個人の個人的知覚やその不確実性が無視されるような出来事または状況である。また、簡単な方法で（特別な専門知識なく）一般的に利用でき、信頼できる情報源から引き出せる事実も、公知である。

しく拡張されているとする[27]。②の事実の場合は、グレガー[28]によれば、「簡素化された証明手続（vereinfachtes Beweisverfahren）」が問題であり、裁判官は、争いある事実主張の当否について②の情報源に依拠して確信を得ることができる場合に、正式な証拠調べを見合わせることが許される。この「証明強制からの解放（Befreiung vom Beweiszwang）」の正当化根拠は、ZPO 291条に体現される「訴訟経済（Prozessökonomie）」の原則に見出される。

(3) 以上の「公知の事実」を前提に、グレガーは、インターネットのコンテンツの場合は、②のグループが考慮されるとする[29]。なぜなら、インターネットのコンテンツは、見通せないほど多数の人が容易に取得できる以上、その正当性が信頼できれば「公知」と認められるからである。決定的なのは、思慮深い人もその事実の真実性を確信することができるということである[30]。このことは、グレガーによれば、公務機関や、専門知識があると証明された機関のウェブサイトについては、十分にあてはまるだろうし、開かれたインターネット百科事典であるウィキペディアのコンテンツも、少なくとも基本情報の領域では、利用可能とみなしうるとされる[31]。以上により、ZPO 291条からは、インターネットの利用のおかげで、当事者間で争いのある主張について証拠調べの必要性がなくなる場合があることだけが確認できるにとどまる。

(b) インターネットで得られた情報の訴訟上の取扱い

(1) ZPO 291条により、裁判官がインターネットによって得た情報が「公知の事実」として証明の必要なく裁判基礎になりうるとしても、その訴訟上の取扱いをめぐっては、弁論主義（当事者提出主義）が妥当する民事訴訟において、裁判官がインターネット調査を自ら行ってよいのか、それによって職権で事案解明を行ってよいのかが問題となる。

弁論主義の原則によれば、裁判所は、当事者が提出した事実資料のみを利用し、そして——法律が定める例外を除き——当事者の申出に基づいてのみ証拠を取り調べることが許される。問題は、ここで問題となる「公知の事

27) *Greger,* a. a. O. (Fn. 5), S. 292.
28) *Greger,* a. a. O. (Fn. 5), S. 292.
29) *Greger,* a. a. O. (Fn. 5), S. 293.
30) Stein/Jonas/*Leipold,* a. a. O. (Fn. 26), § 291 Rn. 5; *Greger,* a. a. O. (Fn. 5), S. 293.
31) *Greger,* a. a. O. (Fn. 5), S. 293.

実」の場合に、この原則の例外として、裁判所がその事実を職権で訴訟に導入することができるかである。

「公知の事実」を含む「顕著な事実」については、弁論主義の例外として裁判所が職権で訴訟に導入することができるかをめぐって、学説・判例上、見解の対立がある[32)]。一説によれば、ZPO 291 条により証拠提出が法律上不要であることのみ定められていることから、弁論主義のもとでの一般原則により、当該事実が当事者によって訴訟に提出されている必要があると解される（以下、「主張必要説」と呼ぶ）[33)]。これに対しては、民事訴訟全体での主張責任と証明責任との密接な結びつきに鑑みると、ZPO 291 条により証明の必要がなくなれば、主張責任もなくなるとして、当事者の主張がなくても職権で「顕著な事実」を訴訟に導入することができると解する見解[34)]（以下、「主張不要説」と呼ぶ）が対立する。この主張不要説は、立法者が主張責任と証明責任の分配の際に常に証明責任のみを明示的に規律してきた以上、主張責任と証明責任での異なる取扱いは、立法者が主張責任と証明責任を区別して規定しているところでのみ肯定するのが自然であること、また、当事者の主張を必要とすると、当事者が「顕著な事実」を主張しないことによって当該事実を裁判官の判決基礎から取り上げる可能性・危険があることなどを主たる根拠とする[35)]。

これら 2 説のほかに、両者の中間的な立場とでもいうべき見解（以下、「中間説」と呼ぶ）も存在する。すなわち、基本的には、主張必要説と同様、弁論

---

32)　ドイツの学説状況については、小室直人「裁判所に顕著な事実」中村宗雄教授還暦祝賀・訴訟法学と実体法学（早稲田大学法学会・1955）111 頁以下に詳しい紹介があるが、現在のドイツの状況を必ずしも反映していないように思われる。

33)　BAG, NJW 1977, 695; *Wolfgang Grunsky*, Grundlagen des Verfahrensrechts, 2. Aufl., 1974, S. 418 f. u. a.　もっとも、主張が必要とされる事実は、原則として弁論主義が妥当する事実に限られ、徴憑（間接事実に相当）や補助事実についてはもとより主張は不要である。

34)　Z. B. MünchKomm-ZPO/*Hans Prütting*, 4. Aufl., 2013, § 291 Rn. 13; Rosenberg/Schwab/*Gottwald*, a. a. O. (Anm. 25), § 112 Rn. 25; *Dötsch*, MDR 2011, 1017 f.; Wieczorek/Schütze/*Dorothea Assmann*, Zivilprozeßordnung und Nebengesetze, Großkonnmentar, 3. Aufl, 2008, § 291 Rn. 18; *Norbert Pantle*, Beweiserhebung über offenkundige Tatsachen?, MDR 1993, 1167; *Raphael Koch*, Mitwikungsverantwortung im Zivilprozess, 2013, S. 32.

35)　MünchKomm-ZPO/*Prütting*, 4. Aufl., § 291 Rn. 13.　プリュッティングは、さらに、「弁論主義は、事実資料に関する一定の当事者処分と結びついているが、この処分自由の範囲は、とくに自白の枠内で現れるとおり、限界を有している。すなわち、処分の可能性は、不可能または顕著な事実が自白と対立するところで、排除されなければならない。この（自白の枠内で広く認められた）価値判断は、291 条の枠内でも（同様に 138 条 3 項の場合）妥当しなければならない。さもなければ、理解できない評価矛盾が現れるであろう。」とも述べる。

主義の妥当する訴訟では、当事者のいずれかによって訴訟に導入されている事実に関してのみ、顕著性は考慮されるとしつつも、当事者の主張事実の反対事実が顕著である場合は、当事者主張の事実は裁判の基礎にしてはならないし、その事実の自白も裁判所を拘束しないとして、この限度で「顕著な事実」の職権による斟酌を肯定する立場[36]である。

このように「公知の事実」を含む「顕著な事実」の職権による斟酌の可否については、学説・判例が激しく対立している。

(2)　これに対して、グレガーは、とりわけインターネット調査との関係で、この問題についてどのような立場をとるか。グレガーは、上記の主張不要説――「公知の事実」は裁判所が職権によって訴訟に導入してもよいとする立場――を通説と位置づけ、その見解について、ほとんど全知のワールドワイドウェブ（www）により顕著な知識がはかりしれないほど拡大する結果、再吟味が必要であるとする[37]。

主張不要説によれば、自説の決定的な根拠として、結局、当事者が「顕著な事実」を主張しないことによって裁判官の判決基礎から取り上げるという危険が挙げられ、それゆえ、弁論主義が後退しなければならず、たとえば「顕著な事実」と矛盾する自白は、裁判所が斟酌してはならないとされる。グレガーによれば、自白の場合は、争いのない事実主張が当事者によってなされており、裁判官は、その主張に明白な不当性をもって反論する。ここでは、訴訟資料は拡張されず（つまり、裁判官が新しい事実を訴訟に導入するわけではなく）、ただ、裁判所が、誤って自白され、明らかに不当である事実の主張を裁判の拠り所としなければならないという事態が阻止される。ここでは、弁論主義との抵触は存在せず、顕著性は、職権により斟酌される。

それに対して、当事者によって主張されていない事実の場合は、区別することが必要である、とグレガーは述べる[38]。すなわち、当事者の主張してい

---

36)　Stein/Jonas/*Leipold,* a. a. O. (Fn. 26), § 291 Rn. 18; BAG, NZA 1998, 661, 663.　ライポルトは、「顕著な事実」が当事者により主張されていない場合、裁判所は、疑念を抱くかぎり、ZPO 139 条の釈明の手続をとらなければならないとする。もっとも、それでも当事者が当該事実を主張することを欲しないときは、その事実から法律効果を導き出すことによって訴訟対象を拡大することは許されないとする。

37)　*Greger,* a. a. O. (Fn. 5), S. 294.　なお、ライポルトは、主張必要説を「依然として有力な見解（多数説）」と位置づけている（Stein/Jonas/*Leipold,* a. a. O. (Fn. 26), § 291 Rn. 18）。

38)　*Greger,* a. a. O. (Fn. 5), S. 294; Zöller/*Reinhard Greger,* Zivilprozessordnung, 31. Aufl., 2016, § 291 Rn. 2a.

ない事実を「公知の事実」として裁判官が自ら訴訟に導入することが許されるのは、それが一般的によく知られているとみなされる場合（一般的知識）であり（上記①参照）、当該情報が一般的に入手できる場合（上記②参照）ではない。前者の場合は、「証明の必要のない」一般的知識、後者の場合は、一般的に入手できる情報源による「簡素化された証明手続」という区別が重要な意味をもち、この区別から、裁判官が、裁判すべき事実関係を、ネットを使って職権で解明するのを阻止するとともに、（提出された）当事者主張の当否を、ネットで利用できる「鑑定（Expertise）」の試験台に立たせることが可能になる、という。

したがって、グレガーによれば、裁判官がインターネットで事件や当事者に関する背景情報を探す誘惑に負け、また、そのことが知られれば、偏頗を理由とする忌避（ZPO 42 条 2 項）を根拠づける可能性があるとされる[39]。結局、グレガーは、主張必要説ほど限定的でないにしろ、主張不要説のように、裁判官の職権による「公知の事実」の斟酌を常にインターネット調査に認めることには否定的である（その点で、前述の中間説に近い）。そのため、彼によれば、インターネットにより顕著な知識がどのように訴訟に持ち込まれるかが問われるのは、ⓐ当事者の主張に争いがあり、その結果必要な証拠調べが、ZPO 291 条により埋め合わせられなければならない場合、または、ⓑ当事者の主張は争われないが、明らかに不当な事実に基づく判決が言い渡される必要がないよう、自白の効力の発生が阻止されなければならない場合に限られ、これらの場合以外は、裁判官が訴訟に関連したインターネット調査を自ら行うことは禁止される[40]。

(3)　グレガーは、さらに、上記ⓐとⓑの二つの場合のそれぞれについて、インターネットから得られた情報の法的な取扱いを検討する。

まず、ⓐのように、当事者間で一方の主張が争われている場合、裁判官が、インターネットでの一般的に入手可能な信頼できる情報源の助けをかりて当事者の主張が正当であることを確認することができるときは、裁判官は、このことと、そこから結果する証拠調べの不必要（ZPO 291 条）を当事者に通知

---

39)　*Greger,* a. a. O. (Fn. 5), S. 294; Zöller/*Greger,* a. a, O. (Fn. 38), § 291 Rn. 1b.
40)　*Greger,* a. a. O. (Fn. 5), S. 294 f.

する必要が生じるとされる[41]。これは、法的審尋の原則（基本法 103 条 1 項）の要請に基づく。このままでは、当該事実は、証拠調べなく裁判の基礎になることから、グレガーは、通知のあと、当該事実について証明責任を負う当事者の相手方は、インターネット調査に基づく裁判官の顕著性の評価を――たとえば、インターネットの情報源の信頼性を争い、または、反対の情報を提出することによって――動揺させる可能性を有するとする[42]。グレガーによれば、通説は、相手方は「顕著な事実」の反対事実（Gegenteil）の証拠をも申し出ることができるとするが[43]、グレガーは、これは ZPO 291 条の趣旨――彼によれば、291 条は、「顕著な事実」を完全に証拠手続から取り上げ、たんに、反論できる推定形式による証明責任転換（法律上の推定（ZPO 292 条）[44]）をもたらすのではない――と相容れないという[45]。グレガーによれば、「顕著な事実」に対する反証は、「それ自体矛盾（ein Widerspruch in sich）」であり、証明の相手方には、顕著性を問題にし、場合によっては存する顕著性の見誤りを上訴手続で責問する可能性が残されている、とされる[46]。

ⓑのように、当事者間に争いのない事実主張において、当該事実が、インターネットで一般的に入手可能な信頼できる情報源から不当であることが裁判官に明らかなときは、明らかに不当な事実の主張を ZPO 138 条 3 項（擬制自白）[47]または 288 条（裁判上の自白）により判決の基礎にしなければならないのを回避するべく、裁判官は、ZPO 139 条 2 項により、彼の視点からは存在

---

41) *Greger,* a. a. O. (Fn. 5), S. 295. ライポルトによると、「裁判所が利用したいと欲する顕著な事実は、常に、法的審尋の原則（基本法 103 条 1 項）に鑑み、弁論の対象にされなければならない。もっとも、公知の事実の存在および裁判上の重要性が当事者の記憶に確実に残っている場合は、さらに明示的な裁判所による指摘は必要ない。」とされる（Stein/Jonas/*Leipold,* a. a. O. (Fn. 26), § 291 Rn. 21 m. w. N.）。

42) *Greger,* a. a. O. (Fn. 5), S. 295.

43) MünchKomm-ZPO/*Prütting,* 4. Aufl., § 291 Rn. 19; Wieczorek/Schütze/*Assmann,* a. a. O. (Fn. 34), § 291 Rn. 17; Stein/Jonas/*Leipold,* a. a. O. (Fn. 26), § 291 Rn. 12; BGH, NJW-RR 1990, 1376. たとえば、ゴットヴァルトは、顕著とみなされる事実が不真実であるとの反証は、常に許されると述べる（Rosenberg/Schwab/*Gottwald,* a. a. O. (Fn. 25), § 112 Rn. 29）。

44) ZPO 292 条（法律上の推定）は、「法律が、ある事実の存在について推定をしていても、別段の定めをしていない限り、反対事実の証明をすることが許される。反対事実の証明は、第 445 条による当事者尋問の申立てによってもすることができる。」と定める。

45) *Greger,* a. a. O. (Fn. 5), S. 295.

46) S. auch Zöller/*Greger,* a. a, O. (Fn. 38), § 291 Rn. 4; *Pantle,* MDR 1993, 1167 f.; *Koch,* a. a. O. (Fn. 34), S. 32 f.

47) ZPO 138 条（事実に関する陳述義務、真実義務）3 項は、「明らかに争われていない事実は、それを争う意図が当事者のその他の陳述から明らかでないときは、自白したものとみなす。」と定める。

する顕著性およびZPO 291条の法効果を釈明（指摘）しなければならないとする。

なお、グレガーによれば、当事者の事実主張のないところで、裁判官が（たとえば、当事者の一方の、または証人の人柄、場所の印象、企業の製品または評判、特定の事件に関する報道を手に入れるため）当事者の主張に関係なくインターネットで調査したならば、裁判官の公平を疑う理由が存在する[48]。裁判官が自らの調査を当事者に通知するならば、忌避にいたる可能性があるし、自らの調査を秘匿する場合は、いよいよ偏頗の理由を提供することになる。

3　小　括

(1)　以上、デッチュとグレガーの論文を中心に、ドイツ民事訴訟における裁判官のインターネットでの情報収集とその結果の取扱いをめぐる理論的な問題状況を概観した。インターネット自体が今日、最も重要な情報源の一つであり、その利便性および情報量から、裁判基礎となる資料の収集手段ともなりうるだけに、裁判官も含めた法実務家にとって、それを利用した情報収集へのインセンティブは小さくない[49]。

ドイツの民事訴訟では、裁判資料収集については、弁論主義（当事者提出主義）が原則として妥当することから、裁判官が自らのイニシアティブで、インターネットにより情報収集する行動がどのように位置づけられるかが、まず問題となる。この点については、グレガーが検討しているとおり、職権行為として明文で許容されている弁論準備処分（ZPO 273条）と関連づけた位置づけが試みられている。

また、インターネットが一般的に利用可能である情報手段であることから、それを介して得られた事実をはじめとする情報が、裁判所において「顕著な事実」のうちの「公知の事実」に該当する可能性が一般的に認められるにいたっている。「公知の事実」のなかには、多数人が一般的に知っている知識のほかにも、一般的に入手できる信頼できる情報も含まれていると解されてきたことから、この後者の意味での「公知の事実」に該当する可能性を認め

48)　*Greger*, a. a. O. (Fn. 5), S. 297. グレガーは、その場合、裁判官自らが回避（Selbstablehnung（ZPO 48条））しなければならないとする。

49)　グレガーは、裁判官がインターネットで事件や当事者に関する背景情報を探すのは、明らかに普及した実務であると述べる（*Greger*, a. a. O. (Fn. 5), S. 294 Fn. 20)。

る裁判例および文献がみられ、民事訴訟法の文献でも、上記のデッチュやグレガーの論文に限らず、主要なコンメンタール等50)で、インターネット調査による情報が「公知の事実」に該当する可能性が認められている。したがって、インターネット調査によって裁判官が得た情報を裁判の基礎にする場合は、「公知の事実」の訴訟への導入という側面を有することが認められると同時に、その訴訟上の取扱いを考えるにあたっては、「公知の事実」一般の訴訟上の取扱いが問題となることが明らかになる。

(2)　「公知の事実」を含む「顕著な事実」の訴訟上の取扱いについては、ZPOは、わが国の民事訴訟法（民訴179条）と同様、その事実については証明の必要がない旨規定するにとどまるため、そのほかの点は解釈によらざるを得ない。訴訟上の取扱いにおいて主に問題となる点としては、まず、弁論主義（当事者提出主義）との関係である。いうまでもなく、通常の民事訴訟における裁判資料の収集については、弁論主義が妥当することから、当事者が提出した事実のみ裁判の基礎にすることができ、また、当事者が争わない事実は、裁判の基礎にされなければならないうえ、争いのある事実の存否を明らかにするための証拠は当事者の申し出たものに限られる。「公知の事実」を含む「顕著な事実」については、この弁論主義がそのまま妥当するか、あるいはその後退または例外が妥当するかは、解釈に委ねられている。具体的には、当事者が主張していない事実を、裁判官がインターネットから知覚したとして、裁判の基礎にすることができるか（主張責任の存否）、当事者間に争いのない事実（自白事実）が、インターネットで知覚した事実（公知の事実）と矛盾する場合に、裁判所は不当な自白事実を裁判の基礎にしなければならないのか（「公知の事実」に反する自白の拘束力）などが問題となる。

「公知の事実」を含む「顕著な事実」をめぐる上記の問題の取扱いについては、グレガーの見解を概観した際に言及したとおり、判例・学説が対立している。ただ、当事者の処分の自由は、当事者が「顕著な事実」を判決の基礎から排除することは許されないという限度で制限されるべきとして、当事

---

50)　Z. B. Stein/Jonas/*Leipold,* a. a. O. (Fn. 26), § 291 Rn. 5; Wieczorek/Schütze/*Assmann,* a. a. O. (Fn. 34), § 291 Rn. 8.　たとえば、後者の文献でアスマンは、一般的に入手可能な信頼できる情報源の利用を通じて困難なく確信できる（公知の）事実として、事典、マスメディア、運行時刻表、インターネットにおける一般的に入手可能な信頼できるデータバンクのような情報源の利用によるものを挙げる。

者の主張や援用がなくても職権により斟酌できるし、「顕著な事実」の反対事実の自白は効力がなく、「顕著な事実」に反する事実は裁判の基礎にしてはならない、とする見解が優勢である[51]。しかし、他方で、グレガーも主張するように、そこまで弁論主義の後退を広く認めることには慎重で、「顕著な事実」の反対事実の自白の効力の否定や、「顕著な事実」に反する当事者主張事実の裁判基礎からの排除の限度では、弁論主義の後退を認めつつも、当事者の主張していない「顕著な事実」については釈明により当事者の主張・援用の機会は保障するが、職権による訴訟への導入までは認めないとの立場も、有力である。いずれの説にしても、「顕著な事実」の利用をめぐり、当事者の法的審尋の機会の保障が重視され、その必要とその保障のあり方が論じられている[52]。また、「顕著な事実」については、その証明不要の効果との関連で、その否定または反証の可否など、従来から見解が対立する問題も存在している。

(3)　裁判官によるインターネットでの調査の活動は、その結果判明した事実が判決の基礎との関係で招来する上記の問題のほかに、訴訟外（口頭弁論外）での裁判所の情報収集と当該情報の訴訟への導入により、裁判官に偏頗のおそれが現れることが重大視されている[53]。実際に、インターネットで得られた事実の斟酌を契機として、忌避の可否が問題となった裁判例が現れており（**【事例1】**参照）、既述の通り、デッチュとグレガーも、忌避の問題と取り組んでいる[54]。

51）　Vgl. Wieczorek/Schütze/*Assmann,* a. a. O. (Fn. 34), § 291 Rn. 18.

52）　Z. B. MünchKomm-ZPO/*Prütting,* 4. Aufl., § 291 Rn. 14; Stein/Jonas/*Leipold,* a. a. O. (Fn. 26), § 291 Rn. 21.　ライポルトは、裁判所が利用したいと欲する「顕著な事実」は、常に、法的審尋の原則（基本法103条1項）に鑑みて、弁論（審理）の対象にされなければならないとする。

53）　口頭弁論外での裁判官の探知活動は、忌避の制度と緊張関係にある。実際に裁判官の口頭弁論外での探知について偏頗のおそれを理由として忌避が問題となった裁判例として、OVG Hamburg, NJW 1994, 2779; LG Göttingen, NJW-RR 2001, 4 等がある。前者は、裁判官が私的なドライブの際に、訴訟にとって重要となりうる関係人の生活関係に関する観察をした後で、その観察を関係人に通知して彼らに意見表明の機会を与える場合について、裁判官の偏頗のおそれを正当化しないとした事案であり、後者は、裁判官が弁論外での情報取寄せによって、事実関係を独力で調査するとの印象を生じさせる場合、偏頗のおそれが根拠づけられるとした事案である。

54）　Z. B. Zöller/*Max Vollkommer,* Zivilprozessordnung, 31. Aufl., 2016, § 42 Rn. 25.　フォルコマーは、裁判官が、自分の特別な信頼される地位に応えることができなければならないとし、これは、武器平等および当事者公開の原則に対する違反、裁判官の独立性の不遵守または侵害の場合などには欠けているとしたうえで、それらの例として、裁判官の独力での調査、手続外での事件について狙いを定めた情報収集、一面的な秘密会話の実施などを挙げる。そして、このような場合は、裁判官への信頼を損なう場合として忌避事由に該当しうるとする。

Ⅲ　おわりに――日本法への示唆

(1)　インターネットの普及は、当事者や訴訟代理人の側のみならず、裁判官にとっても、種々の情報へのアクセスを容易にし、個別訴訟事件に関する事案解明に役立ちうる情報の探索・収集を可能にするだけでなく、その利用への誘因にもなりうる。ドイツの民事訴訟実務では、インターネットを利用した裁判官の情報収集が普及しているとの指摘もあり、今後、さらにその取扱いをめぐって議論の必要性の高まりと議論の進展が見込まれる。

(2)　わが国でも、すでに、裁判官によるインターネットの利用について、裁判官が事件の係属中に当事者と直接コミュニケーションをとることなどを念頭に、裁判官の忌避事由としての「裁判の公正を妨げるべき事情」(民訴24条1項) にあたるか否かの問題や、裁判官のソーシャルメディア上の当事者との交流や情報収集がどこまで許容されるかの問題が考えられる旨の指摘がある[55]。

また、「公知の事実」についても、わが国の民事訴訟法の基本文献で、「裁判所が公知の事実をいつどうして知ったかという知得の時期・方法については格段の制約はない。……知得の方法については、テレビ、ラジオ、ホームページ、ブログ、新聞、雑誌などによって知ることが多いであろうが、職務上の関係ではなく、直接の体験、マスコミ、伝聞その他およそ一般社会人の利用しうる方法によって知ればよい (大判大正10・1・27民録27輯111頁)。」との記述がみられ[56]、インターネットからの「公知の事実」の知得が想定されている。

これらの指摘や記述から、既述のドイツ法における裁判官のインターネットによる情報収集をめぐる議論が、わが国の民事訴訟においても参考となりうることが窺えよう。ドイツでは、インターネットによる情報の訴訟上の取扱いについて、「公知の事実」を中心とした「顕著な事実」の取扱いをめぐる一般論を前提に議論がなされているが、わが国においても、上記のとおり、インターネットからの「公知の事実」の知得が認められうる以上、「公知の

55)　金子・前掲注3) 69頁。
56)　秋山幹男ほか・コンメンタール民事訴訟法Ⅳ (日本評論社・2010) 64頁。

事実」を中心とした「顕著な事実」の取扱いをめぐる法的状況に目を向ける必要があろう。わが国でも、民事訴訟法179条が、ZPO 291条と同様、「顕著な事実」についての不要証しか規定していないことから、「顕著な事実」のその他の取扱いについては、解釈に委ねられることになる。わが国でも、「顕著な事実」を当事者の主張なしに裁判の基礎にできるかについては、ドイツと同様、見解が対立する。もっとも、わが国では、近時のドイツの動向とは異なり、「公知の事実」の斟酌に当事者の主張を要求する見解のほうが、それを必要としないとする見解よりも優勢のようである[57]。また、公知性に対する反証が許されるとする点では、議論が分かれるドイツとは違い、異論がないとされている[58]。

(3)　しかし、「公知の事実」を中心とする「顕著な事実」の取扱いについては、わが国においても、インターネットによる情報収集の可能性の拡大を踏まえ、再度、検証する必要があるかもしれない。また、ドイツの学説・判例にみられるように、全面的にしろ、部分的にしろ、職権による「顕著な事実」の斟酌がかりに許されるとするならば、当事者の主張、すなわち当事者による裁判資料の範囲決定を超える介入を裁判所に認めることになるだけに、インターネットによる情報収集の場合についても、どこまで裁判所による職権的活動が裁判資料の範囲決定に影響を及ぼしてよいのかをさらに詰める必要があろう。また、その際、単に当事者の主張の要否を論じるだけではなく、釈明の要否、顕著性をめぐる法的審尋の保障も含めて論じる必要がある[59]。

(4)　最後に、ドイツでは、グレガーが自らの考察の終わりで、インター

---

57)　小室・前掲注32) 116頁、秋山ほか・前掲注56) 66頁、69頁、谷口安平＝福永有利編・注釈民事訴訟法 (6)（有斐閣・1995) 132頁〔佐上善和〕、新堂幸司・新民事訴訟法［第5版］（弘文堂・2011) 591頁、松本博之＝上野泰男・民事訴訟法［第8版］（弘文堂・2015) 422頁〔松本〕ほか（もっとも、この立場に立ちつつも、「公知の事実」に反する自白の成否については、肯定説・否定説に分かれる。門口正人編集代表・民事証拠法大系第1巻（青林書院・2007) 187頁〔秋吉仁美〕、高橋宏志・重点講義民事訴訟法（上）［第2版補訂版］（有斐閣・2013) 498頁参照)。これに対して、当事者の主張がなくても職権で斟酌できるとする立場に立つものとして、兼子一ほか・条解民事訴訟法［第2版］（弘文堂・2011) 1040頁〔松浦馨＝加藤新太郎〕等がある。

58)　谷口＝福永編・前掲注57) 131頁〔佐上〕、秋山ほか・前掲注56) 66頁、小室・前掲注32) 116頁、新堂・前掲注57) 592頁、松本＝上野・前掲注57) 423頁〔松本〕、門口編集代表・前掲注57) 176頁〔秋吉〕。たとえば、松本＝上野・前掲注57) 423頁は、顕著と認められた事実が真実に反する旨の反証は常に許されるとする。

59)　たとえば、谷口＝福永編・前掲注57) 132頁〔佐上〕は、「公知の事実」について、当事者の不意打ち防止の観点から、当事者主張の必要を支持する。もっとも、裁判官の釈明や法的審尋の保障により不意打ちは避けられるから、その観点のみから当事者主張の必要を導くことは難しい。

ネットによる情報収集の取扱いによっては、民事訴訟の審理構造が、裁判基礎となるべき事実について糾問主義化する（Tatsacheninquisition）危険があることを指摘する[60]。これは、グレガーが、「顕著な（公知の）事実」やその反対事実について当事者の主張がない場面では、中立公平であるべき裁判官が自らのインターネットによる情報収集の結果を（「顕著な（公知の）事実」として）訴訟に導入することは禁止されるとし[61]、それを行うことが忌避事由となりうることを示唆する[62]点にも明確に現れているように思われる。

本稿では、このような視点も含め、裁判官によるインターネット利用が、民事訴訟法に新旧両面の理論的問題を突きつける可能性があることを指摘するにとどめ、それらの問題との取組みは将来に委ねることとする。

60）*Greger*, a. a. O.（Fn. 5）, S. 299.

61）*Jens Adolphsen*, Zivilprozessrecht, 5. Aufl., 2016, Rn. 15 も、「インターネットは、裁判官に、事実関係の確定の際に自ら迅速かつ効果的に裁判上重要な事実の像を把握する全く新しい可能性を開く。それにもかかわらず、ネットでの裁判官の独自の調査は、その調査が当事者陳述によってカバーされているかぎりでのみ、適法である。」と述べる。

62）*Greger*, a. a. O.（Fn. 5）, S. 297.

私文書の真正の推定における証拠法則の再検討

名津井吉裕

Ⅰ 問題の所在

私文書の成立の真正（以下、「文書の真正」という）に関する民事訴訟法 228 条 4 項（以下、原則として、「本項」という）の推定（いわゆる「二段の推定」における「二段目の推定[1]」）の意義ないし性質について、通説および判例は、これを法定証拠法則であるとしている[2]。しかし、証拠法則なるものは、わが国の

1） 本項における「推定」は、いわゆる二段の推定における二段目の推定を規定する。若干敷衍しておくと、文書の真正は、裁判所の自由心証により証拠評価される対象となるための前提であり、形式的証拠力の主たる内容とされる。主要事実（契約成立等）の認定のために処分証書（契約書等）の取調べが申し立てられた場合、処分証書が真正である限り、主要事実は認定されるのが通例とされるため、主要事実を争うときはもっぱら処分証書の真否が争点を形成する。文書の真正は、挙証者の主張する作成者の意思に基づいて当該文書が作成されたことと解するのが通説・判例である。文書の真正はこれを直接証明することもできるが、文書に署名または押印があるときは、当該文書の署名または押印が挙証者の主張する作成者の意思に基づくもの（つまり真正）である限り、本項に基づいて文書全体が作成者の意思に基づくものと推定される。本項の推定における「前提事実」は、わが国がハンコ（印章）社会であることを反映して、実務上は書証の対象である文書に顕出された押印の真否の問題として顕在化する。すなわち、挙証者の主張する作成者の保有する印章によって当該文書の印影が顕出されたと認められる場合（印章と印影が一致する場合）、当該印影が作成者の意思に基づく押印によって顕出されたこと（印影の真正）が推定される。印影の真正は本項の推定の前提事実であり、印章と印影の一致に基づく印影の真正の推定が、事実上の推定であることに異論はない。これに対して、印影の真正という前提事実から文書全体が作成者の意思に基づいて作成されたこと（文書の真正）を推定する部分が、本項における「推定」である。

2） 兼子一「推定の本質及び効果について」民事法研究（1）（酒井書店・1950）310 頁ほか多数あるため、本稿の以下の叙述で適宜引用する。判例として、最判昭和 39 年 5 月 12 日民集 18 巻 4 号 597 頁等参照。

民事訴訟法において馴染みがあるとはいい難い。これを、さしあたり裁判所の自由心証を何らかの意味で制限するものと解するとしても、制限される裁判所の自由心証の具体的な内容、証拠法則に違反した場合の効果等につき、一つの法規範として機能しているのか、疑問に思われる。

というのも、わが国の裁判実務は、証拠評価に関する一般原則である自由心証主義を制限することに対し、慎重な態度で臨んできたように思われるからである。例えば、違法収集証拠については、挙証者が証拠を入手する過程で他人の権利を侵害する等の反社会的行為が介在し、証拠能力の制限や証拠排除の必要性が問題となる場合でも、裁判所が当該証拠を証拠資料から排除する等の扱いをすることはほとんどなく、むしろ事実認定の用に供したうえで、実質的証拠力の問題に解消しているのが実情である[3)]。本稿はこれを検討するものではないが、前述した疑問との関係では、よほどの事情がない限り、裁判所の自由心証の制限を認めない実務の姿が浮かび上がる。

このような僅かな具体例から一般論を展開すべきではないが、それでもやはり、証拠法則なるものが裁判所の自由心証を制限する性質を有するにもかかわらず、通説・判例として受容されているのだとすれば、そこには「よほどの事情」が存在するという前述の推測が成り立つように思われる。

ここで検討しなければならないのは、本項の推定の性質に関する法律上の推定説との関係である。従来、通説・判例との最大の相違点は、本項が適用された場合における相手方の防御活動にあるとされる。すなわち、通説・判例によれば、相手方は推定事実の反対事実を反証して裁判所の心証を動揺させれば足りるのに対し、法律上の推定説によれば、相手方は推定事実の反対事実を本証しない限り、推定事実が認定される点が大きく異なる。この議論において留意しなければならないのは、通説・判例は、法律上の推定説に従うときには推定事実の判断における裁判所の自由心証の余地が制限されることに着眼し、この帰結を避ける目的で本項を法定証拠法則と解しているふしがあることである[4)]。この見方が正しいとすれば、裁判所の自由心証を制限

3）文献は多いが、最近のものとして、杉山悦子「民事訴訟における違法収集証拠の取扱いについて―適正な裁判を可能にする証拠収集制度を考える道標として」伊藤眞先生古稀祝賀・民事手続の現代的使命（有斐閣・2015）311 頁以下等。

4）松本博之「変造手形に関する証明責任の分配と私文書の真正の推定」証明責任の分配［新版］（信山社・1996）178 頁。

する「よほどの事情」はそもそも必要とされていないばかりか、ここでも相変わらず、裁判所の自由心証を確保する目的で本項が法定証拠法則と解されてきたことになる。しかしこれでは、裁判所の自由心証を何らかの意味で制限するはずの証拠法則を、裁判所の自由心証を確保するために承認するという一種の矛盾に陥ることになろう。また、署名または押印の真正から文書全体の真正を推定する際の裁判所の判断をそもそも制限するつもりがないならば、その推定を規律する本項の性質が「証拠法則」である必然性はないのではなかろうか。

本稿は、このような問題意識から、本項の推定の性質について通説・判例が採用してきた証拠法則なるものにつき、再検討を試みるものである。

以下では、Ⅱにおいて従前の議論を整理して問題点を抽出したうえで、Ⅲにおいて関係するドイツ法の状況を紹介し、問題点を明らかにする。最後に、Ⅳにおいて若干の検討を交えて私見を述べることにする。

Ⅱ　民事訴訟法228条4項の推定の意義

1　法定証拠法則説

(1)　通説の意義　本項の推定（二段目の推定）を法定証拠法則とする通説は、兼子説が、本項の前身である旧326条（私文書ハ本人又ハ其ノ代理人ノ署名又ハ捺印アルトキハ之ヲ真正ナルモノト推定ス）の推定規定を、「事実認定に際し裁判官の自由心証に対する一応の拘束としての法定証拠法則[5)]」としたことが出発点とされている。例えば、公文書の真正の推定規定に関するものであるが、「〔旧〕法323条所定の推定は、文書の成立の真正に当つての裁判官の自由心証に対して一定の拘束を加える、いわゆる法定証拠法則（gesetzliche Beweislegel）であつて、法律上の推定（gesetzliche Vermutung）とは異なる」といった記述等は、兼子説に依拠したものである[6)]。

もっとも、兼子説と同様、本項を法定証拠法則と捉えながら、事実上の推

5）　兼子・前掲注2）310頁。

6）　菊井維大＝村松俊夫・全訂民事訴訟法Ⅱ（日本評論社・1989）654頁も、旧326条は「私文書の成立に関する証拠法則である」としているほか、最近の文献では、司法研修所編・民事訴訟における事実認定（法曹会・2007）94頁が、本項をして「事実認定に際しての裁判官の自由心証に対する一応の拘束を定めたもの（自由心証の例外）」と説明している。

定に寄った説明をする見解が多い。例えば、伊藤説は、「裁判所が一定の事実を認定する際にその根拠とすべき事実が法定されることがある。これは自由心証主義の例外をなすものであり、法定証拠法則と呼ばれる[7]」と説明する。また、伊藤説は、法律上の推定説から、反証によって覆される法定証拠法則はその名に価しないと批判されたこと（詳細は後述Ⅱ2(1)参照）に対し、法定証拠法則は、一定の事実上の推定を規範命題化した[8]ものであって、「たとえ反証によって覆されるものであっても法定証拠法則としての意味はある[9]」と反論している。伊藤説のように、本項をして事実上の推定あるいは経験則を法規化したものと捉える見解を、以下では、「経験則法定説[10]」と呼び、通説の内部において、次の兼子説と区別する。

(2)　**兼子説**　　兼子説は、旧326条をどのように捉えていたのか[11]。兼子説によれば（以下、現代語化して引用する）、証拠法則は、事実認定における証拠方法を限定し、一定の証拠の証拠力を法定する等の「画一的な法則を設けて、裁判官の事実判断を拘束するもの」であり、「事実認定を裁判官の具体的確信にまかす自由心証主義に対しては例外をなす規定」とされる。また、証拠法則は、「適用されるべき特定の法規の要件とは無関係な一般的事実について定められるのを常とし、かつこれに基づいて裁判官が現実に事実認定

7）　伊藤眞・民事訴訟法［第4版補訂版］（有斐閣・2014）365頁。高橋宏志・重点講義民事訴訟法（下）［第2版補訂版］（有斐閣・2014）136頁注143）は、「証拠に関する経験則」を法定したものと説明するのも同旨と思われる。また、三ケ月章・民事訴訟法［法律学全集］（有斐閣・1959）400頁においても、「経験則を法律化したという意味で裁判所の認定の基準としての一種の法定証拠法則」であるとされている。

8）　伊藤・前掲注7）404頁注357）では、後述の有力説に反論して、「事実上の推定を裁判官の自由心証について規範命題化したという点では、たとえ反証によって覆されるものであっても法定証拠法則としての意味はある」とされている。

9）　本文に引用した説明では、裁判所の自由心証に対する拘束が、前提事実を法律で限定した点にあるのか、経験則を法律で固定した点にあるのかが、必ずしも明確ではない。しかし、本項が「法定証拠法則」の性質を有すると主張するうえでは、どちらでも構わないだろう。もっとも、ここでの「法定証拠法則」は、以下の本文で後述する、ドイツ法のそれとは異なる。ただし、斎藤秀夫ほか編・注解民事訴訟法（8）［第2版］（第一法規・1993）206頁〔小室直人＝宮本聖司〕、吉村徳重＝小島武司編・注釈民事訴訟法（7）（有斐閣・1995）154頁〔太田勝造〕は、法定証拠法則を「一定の証拠方法に対して一定の証拠価値（証拠力）を付与することを裁判官に命じまたは禁止する法規のこと」と解しており、ドイツ法に準じた理解を示している。

10）　内海博俊「『法定証拠法則』たる『推定』の意義に関する覚書」前掲注3）伊藤眞先生古稀祝賀62頁も、本項の推定を経験則の法定とみる見解を「経験則説」と呼んで区別している。

11）　内海・前掲注10）61頁において、兼子説は、少なくともその意図するところでは、「『法定証拠法則』たる『推定』」という事実上の推定でも、法律上の推定でもない第3のカテゴリーに属する推定を想定し、「事物の蓋然性に基づく純然たる事実判断」に対する「外在的な法ルールを設定するもの」と捉えていた可能性があると分析されている。

をなすことを予定している」とされる[12]。

次に、法律上の推定は、「推定の前提ないしは根拠である事実と推定事実との結合であり、前者が推定の要件であり、後者は推定という法律効果を示す構造[13]」をもつところ、推定事実とは「一定の法条の構成要件をなす事実」とされている。また、法律上の推定は、「裁判官に対し推定事実の存在を推定しこれを真実と認めるべきことを要求するのではなく、法が自ら前提事実に基づいて推定事実たる要件事実があるものとして、これに基づいて一定の法条を適用させているもので、裁判官による推定事実の積極的認定の余地が全然排除される[14]」と解されている[15]。また、法律上の推定と事実上の推定の違いは、推定の不確実性につき、「事実上の推定においては裁判官の具体的判断に直接に現れるが、法律上の推定においても推定の効果を反対の証明の成立によって覆滅できることが留保」される点にあるとされる。

他方、事実上の推定については、「あくまで事物の蓋然性に基づく純然たる事実判断の法則であり、いかなる法条の要件事実を認定すべき場合かによって相違を来さず、又公平の要求ないしは合目的考慮等に対して白紙なもの」であり、「裁判官は事実認定に際しては当事者間の具体的衡平を考慮すべきではない[16]」とされている。

では、法定証拠法則と法律上の推定はどのように区別されるだろうか。兼子説は、旧326条の推定に関して、「他の法規の要件と直接無関係な、したがってまた如何なる法条を適用するにあたっても問題となり得る事実について推定を設けている場合には、事実認定に際し裁判官の自由心証に対する一応の拘束としての法定証拠法則とみるべきである」、「一般の法律上の推定は法定証拠法則とみるべきではな〔い〕[17]」とされている。この記述に照らせば、法定証拠法則と法律上の推定はともに「推定」の一種であること、法定証拠法則の推定事実は、何等かの法規の要件事実に限られない一般的な事実

12) 兼子・前掲注2）319頁。
13) 兼子・前掲注2）307頁。
14) 兼子・前掲注2）319頁。
15) その他の箇所では、法律上の推定は、「『甲事実の存在の証明があるときは（一定の法条の適用について）乙事実があるものと同様に取り扱わねばならない。ただし、乙事実の不存在の証明があるときはこの限りでない』という趣旨の規定」（兼子・前掲注2）308頁）とされている。
16) 兼子・前掲注2）304頁。
17) 兼子・前掲注2）310頁。

であるのに対し、法律上の推定の場合は、特定の法規の要件事実であるという点によって区別される[18]。

また、他の理由による区別も試みられている。すなわち、法律上の推定規定は、一定の法条の要件事実に代わる証明主題を設けてその証明の困難を緩和し、その法条の適用を容易にする作用を有するとされる。そして、このような規定が設置される理由について、「挙証責任の分配の法則などと同様に、訴訟当事者の訴訟追行上の地位の均衡を計る公平の要求、事案の迅速なる解決なる合目的的考慮、あるいは当該法規の適用についていずれの当事者をより多く優遇することが正義感情に適合するか等に出でたもの[19]」としている。

これらの記述からは、法律上の推定が証明責任の分配と等質的なものとされていること、および、法律上の推定は事実上の推定のような「事実の蓋然性のみに基づく純然たる事実判断」ではなく、訴訟外在的な合目的的考慮に基づく規範等に指導された「推定」準則とされていることが分かる。兼子説においては、これらの特徴により、「裁判官の自由心証に対する一応の拘束」である法定証拠法則から法律上の推定を区別することができると解されているようである。

以上に紹介した兼子説に対しては、本項の推定は証拠法則を法定したものではないという批判（法律上の推定説。後述Ⅱ2参照）があり得る。その他、本項の推定が証拠法則の法定であることを受け入れつつ、兼子説による証拠法則の説明を独自に解釈し、事実上の推定の方に引き付けるという反応もあり得る。後者は、まさに(1)において兼子説から区別した「経験則法定説」の立場である。

(3)　**経験則法定説**　　経験則法定説は、法定証拠法則説の名の下に通説・判例を形成している。最判昭和39年5月12日（民集18巻4号597頁）によれば、一段目の推定（印影成立の推定）「がなされる結果、当該文書は、〔旧〕民訴326条〔現228条4項〕にいう『本人又ハ其ノ代理人ノ……捺印アルトキ』の要件を充たし、その全体が真正に成立したものと推定されることとなる」、

---

18)　内海・前掲注10) 59頁は、旧326条の推定事実は、補助事実でありながら主要事実と同等の働きをするため、兼子説の区別は一般論としてはともかく、これを旧326条にあてはめている点に疑問を呈している。

19)　兼子・前掲注2) 309頁。

「〔旧〕民訴326条〔現228条4項〕に『本人又ハ其ノ代理人ノ……捺印アルトキ』というのは、該……捺印が、本人またはその代理人の意思に基づいて、真正に成立したときの謂である」、とされる。

このように二段目の推定は、文書の印影が作成者の意思に基づく押印であることを前提事実として、文書の印影以外の部分について、作成者の意思に基づく記載であることを推定することを内容とする。この推定を破る事情として訴訟で主張される典型例とされるのは、①本人等が白紙に署名または押印したところ、他人がこれを悪用して文書を完成させたこと、②本人等が一定の内容（本文）の記載を他人に委託した上で署名または押印したところ、その他人が委託された事項以外の事項を記入して文書を完成させた（変造した）こと、③本人等が署名または押印して完成させた文書の記載が、他人により後日勝手に改ざんされたこと、等である[20]。

以上の①〜③の事情は、二段目の推定の基礎にある経験則の例外として特段の事情に該当し、二段目の推定の前提事実と両立するために、その証明によって推定が動揺し、推定事実（作成者の意思に基づく文書の作成）を認定することができなくなる。したがって、相手方が推定を破るには、反証として、文書全体の真正に対して疑いを抱かせる程度まで①〜③の特段の事情を主張立証すれば足りることになる[21]。なお、実務上、文書の記載が押印した者によるものでないこと、押印の際に書類に目を通さなかったこと、あるいは、後日他人が記載した等の事情も主張されるが、これらの事情によっては本項の推定は破られないと解されている[22]。

このように、本項の推定は、経験則法定説に従う限り、ふつうの事実上の推定と異なるところはない。もっとも、二段目の推定は、本項の推定の基礎となる経験則の例外となる事情には悪用の意図が想定される等、想定される

20）司法研修所編・前掲注6）128頁、土屋文昭＝林道晴編・ステップアップ民事事実認定（有斐閣・2010）73頁。

21）吉村＝小島編・前掲注9）184頁〔太田〕は、本文の「反証」を「文書全体の真正についての心証度が証明度以下になるまでの反対証明」と説明する。司法研修所編・前掲注6）129頁、土屋＝林編・前掲注20）74頁等も同様である。なお、高橋・前掲注7）556頁は、①〜③の特段の事情となる間接事実が「真偽不明のときはそのような不明のものとして総合的に主要事実を判断すれば足りる」とする。

22）岩松三郎＝兼子一編・法律実務講座民事訴訟編（4）（有斐閣・1961）267頁、司法研修所編・前掲注6）130頁。悪用の意図まで証明されない限り、これらの事情では、基礎となる経験則が排除されないからである。

事情そのものが稀であり、また、前提事実である印影の真正の確実性が高いときは、上記のような硬性の経験則と相まって推定もまた強くなるため、推定事実の心証を動揺させるための反証も、相当程度強力なものが必要になるという認識が、実務家の間で共有されている[23)]。

2　法律上の推定説

(1)　通説に対する批判　本項の推定の性質については、これを法律上の推定と解する見解[24)]も有力である。通説（とくに兼子説）に対しては、法律上の推定説を採用する松本説からの批判がある[25)]。第1に、兼子説が推定事実を「一定の法条の構成要件をなす事実」と解し、法律上の推定は実体法上の法律効果のための要件事実のみに限定されるとした点につき、その結論は法律上の推定の概念規定から導出できないと批判し、文書の真正のような訴訟法上の事実も推定事実になるとされる。第2に、法律上の推定は、証明主題の変更を本質とするものではなく、前提事実の証明を要件とする証明責任の特別規定であるとされる。第3に、法律上の推定は証明責任の特別規定であるのに対し、法定証拠法則は裁判所に対する事実確定命令であるという性格の違いから、法律上の推定の構造をもつ本項は、文字通り法律上の推定と解すべきであるとされる。第4に、法定証拠法則説が、相手方による推定の覆滅は推定事実に対する反証により裁判所の心証を動揺させれば足りるとする点について、法定証拠法則は自由心証主義を排除したところに成立するため、裁判所は現実の心証がどうであれ、証拠法則の命ずるところに従って事実を確定する義務を負うはずであるから、反証によって適用を排除できる「法定証拠法則」は「法定証拠法則の名に価しない」とされる。

(2)　兼子説と松本説　法律上の推定の定義は、一般に、兼子説のように実体規定の要件事実を推定事実としたものとされている[26)]。しかし、要件・

23)　司法研修所編・前掲注6）132頁、加藤新太郎「文書の成立の真正」民事事実認定論（弘文堂・2014）97頁〔初出、中野貞一郎先生古稀祝賀・判例民事訴訟法の理論（上）（有斐閣・1995)〕等。

24)　松本博之＝上野桊男・民事訴訟法［第8版］（弘文堂・2015）505頁、松本・前掲注4）177頁、坂原正夫「私文書の検真と真正の推定（二)」民商97巻3号（1987）413頁。

25)　松本・前掲注4）177頁以下。

26)　中野貞一郎＝松浦馨＝鈴木正裕編・新民事訴訟法講義［第2版補訂2版］（有斐閣・2008）377頁では、法律上の推定は、ある実体規定においてAという法律効果の要件事実とされている乙事実について、他の法規（推定規定）において「甲事実（前提事実）があるときは乙事実（推定事

効果の構造を有する規定は何も実体規定に限定されないことからすれば、松本説に分があるように思われる[27]。他方、第2および第3の批判は、実質的には第4の批判と同旨であり、本項の推定は反証によって覆るものでなく、推定事実の反対事実を本証しなければならない法律上の推定であるという論旨に尽きるように思われる。

若干敷衍すると、法律上の推定については、兼子説も、ローゼンベルク説[28]に依拠しつつ、「裁判官による推定事実の積極的認定の余地が全然排除される」と解しているため、両説の間に大きな違いは見受けられない。松本説は、本項の推定を証明責任の特別規定であるとするが、兼子説においても、法律上の推定は証明責任（挙証責任）の分配と共通の基盤にあると解されていた（前述Ⅱ1(2)参照）。どちらも法律上の推定が証明責任と関係することを指摘する趣旨に出たものであろう。とすると、ローゼンベルク説が、前提事実を要件とする推定によって推定事実の反対事実を相手方が本証しなければならないという状況は、これを証明主題（推定事実）の証明責任の転換というか、証明主題（推定事実）の直接証明に代えてこれより証明の容易な前提事実の証明で満足して証明責任を軽減するものというかは単に説明の仕方の問題と述べている[29]ことと同旨と考えるのが素直であろう。この意味で、法律上の推定規定を「証明責任の特別規定」と表現するかどうかは、大きな問題ではないものと解される[30]。

以上に対して、第4の批判で指摘されているように、証拠法則は自由心証主義を排除したところに成立する（反証によって排除できる法定証拠法則は、「法

実）があるものと推定する」と規定されている場合、当該規定は法律上の推定（規定）であるとされている。

27)　松本説は、「法律上の推定を実体法上の法律要件要素に限定しなければならない必然性は見当たら」ないと批判する（松本＝上野・前掲注24）505頁、松本・前掲注4）177頁）。なお、松本＝上野・前掲注24）467頁において、法律上の推定は、「一定の事実が存在するときは、（一定の権利または）法律効果を定める他の法規の法律要件要素の存在を推定する旨の規定（推定規定）が存在する場合」と定義されている。

28)　本稿で取り上げるローゼンベルク説は、*Leo Rosenberg,* Die Beweislast auf der Grundlage des bürgerlichen Gesetzbuchs und der Zivilprozessordnung, 4. Aufl., 1956. および、その訳書である、ローゼンベルク（倉田卓次訳）・証明責任論［全訂版］（判例タイムズ社・1987）による。以下では、原則として「ローゼンベルク（倉田訳）」の該当頁を引用する。

29)　ローゼンベルク（倉田訳）・前掲注28）261頁。

30)　なお、証明責任規範説の立場からは、本文の推定規定は、「証明責任規範」の一つと認識されている。*Stein/Jonas/Leipold,* ZPO, 22. Aufl., Bd. 4, 2008, §292, Rdnr. 11.　証明責任規範説については、松本博之「証明責任と証明責任規範」前掲注4）証明責任の分配［新版］19頁以下等参照。

定証拠法則の名に価しない」）という松本説による指摘は、証拠法則を裁判官の自由心証に対する「一応の拘束」と説明する兼子説と大きく異なる。経験則法定説に属する伊藤説も、兼子説と同様、「一応の拘束」に即した議論をしている。

ここでの両説の対立は、まったく歩み寄る余地がないかのようである。しかし、松本説は、法定証拠法則の適用される事実に対して反証が許される場合でも、それは本証でなければならず、通説は、法定証拠法則を前提した反証と、自由心証によって判断される場合（つまり、事実上の推定）の反証を同一レベルで捉えるという「基本的な誤り」を犯したものとも批判する。この批判は、通説が仮に「誤り」を改めて推定事実の反対事実の証明を本証と解するならば、本項は「法定証拠法則」でも構わない（自由心証主義を排除する点では共通する）との趣旨にも解し得る（関連して後述Ⅲ4も参照）。

以上のように、法定証拠法則が、通説の説くように裁判所の自由心証に対する「一応の拘束」であるのか、あるいは、法律上の推定と同様に自由心証を排除するものであるのかをめぐっては、異なる評価が存在する。大まかにいえば、通説は、前者であると捉えて自説を正当化し、法律上の推定説は、後者であると捉えて通説を批判するという対立構図ができている。しかしこの対立は、松本説からの前段の批判が示唆するように、法定証拠法則なるものが果たして何かという問題に帰着する。そこで次に、両説、とりわけ兼子説と松本説がともに参照するドイツ法の状況を検討してみたい。

Ⅲ　ドイツ法

1　証拠法則（主として私文書）

証拠法則（Beweisregel）については、ドイツ民事訴訟法（ZPO）286条が、1項において自由心証主義の採用を規定した後、2項において「裁判所は、本法律に規定する場合に限り、法定の証拠法則（Gesetzliche Beweisregeln）に拘束される[31]」と規定している。法定証拠法則として例示される条文には多様なものが含まれるが、文書の真正の推定に関連するZPO415条から418条

31）訳文は、後掲の引用条文を含めて、法務大臣官房司法法制部編・ドイツ民事訴訟法典―2011年12月22日現在（法曹会・2012）を参考にしたが、同書の訳文と異なるところもある。

が「法定証拠法則」であることに異論はない[32]。例えば、私文書に関するZPO416条は、「私文書は、それが作成者によって署名され又は公証人が認証した筆跡によって署名されている限り、署名にかかる意思が作成者のものであることにつき、完全な証拠力を有する[33]」と規定する。しかし、法定証拠法則が要求する条件を満たさない文書も当然存在する。この場合については、ZPO419条が「抹消、改ざん、挿入又はその他の外的な不備によって、文書の証拠力が全部若しくは一部取り消され又は減殺されるかについては、裁判所が自由な心証によって判断する」と規定している。したがって、法定証拠法則により完全な証拠力（Beweiskraft）が認められない文書の証拠力は、ZPO419条に基づいて動員される自由心証主義（ZPO286条1項）に従って判断されることになる。

ZPO415条から418条が、証拠法則の種類として、一定の証拠の証拠力を法定したものに該当することは、とくに説明を要しないものと思われる。実際これらの条文（例えばZPO416条）は、ある証拠物件（同条では「私文書」）について一定の条件（例えば「作成者による署名」または「公証人が認証した筆跡による署名」）を掲げておき、その条件が具備されるとき、当該証拠物件（私文書）が一定の事実（例えば「署名が作成者の意思に基づくこと」）についての完全な証拠になる、という構造を有する。そして、これらの条文は、ZPO286条の自由心証主義を排除する拘束力のある法定証拠法則とされる[34]。換言すれば、一定の条件を具備した文書に対し、各条の定める法定証拠法則が適用されるときは、当該文書が当該証拠法則の指定した一定の事実を完全に証明する証拠であることについて、裁判所が自由心証に基づき異なった評価をすることが一切禁止されるのである。ただし、前掲各条と同様、例えばZPO416条の証拠法則は、同条の条件を具備した私文書を、署名が作成者の意思に基づくという事実を証する完全な証拠と定めたものにすぎないため、この証拠法則の適用だけで、文書全体が真正に成立したことが認められるわけではない

32） 後掲の文献のほか、*Baugältel/Laumen/Prütting,* Handbuch der Beweislast, Grundlagen, 2009, §4, Rd. 9 等。

33） 訳文は、法務大臣官房司法法制部編・前掲注31）によった。

34） *Stein/Jonas/Leipold,* ZPO, 22. Aufl., Bd. 5, 2006, §416, Rdnr. 20; *Tomas/Putzo/Reichhold,* ZPO, 37. Aufl., 2016, §415-444, Vorbem. Rdnr. 6; *Prütting/Gehrlein/Preuß,* ZPO, 8. Aufl., 2016, §416, Rdnr. 1; *Musilak/Voit/Huber,* ZPO, 13. Aufl., §416, Rdnr. 3.

（文書全体の真正は、後述3の守備範囲である）。

しかも、上記のような法定証拠法則は、適用対象となる公文書または私文書全体の真正を推定する際の前提事実に対する裁判所の判断領域のすべてを規律したものではない。すなわち、ある文書が証拠として裁判所に提出され、裁判所がこれを評価する際には、まずZPO415条から418条の証拠法則を適用できるかどうかを判断すべきであるが、当該文書がこれらの法定証拠法則の条件を満たさない場合には、ZPO419条が適用され、当該文書の署名の真正は、裁判所の自由心証により判断されることになる[35)]。このように、法定証拠法則はそれが適用される限りでは自由心証主義が排除されるが、そうでない場合には自由心証主義が働くことになる。

以上のようなZPOの規律は、わが国と対比したとき、私文書における「二段の推定」のうち一段目の推定に対応する。ドイツには法定証拠法則があるため、わが国とは決定的に異なると思われるかもしれない。しかしながら、署名つきの私文書であっても、法定証拠法則の適用条件を満たさないため、不備のある署名の真否を裁判所が自由心証により判断するときは、一段目の推定を事実上の推定とするわが国と基本的に異ならないものと考えてよいように思われる。

2　私文書の真正の証明

ZPO440条2項は、「署名の真正が認定されているとき又は文書に記された筆跡が公証人により認証されているときは、その署名又は筆跡のある文書それ自体が真正と推定される」と規定する。ZPO416条の定める条件を具備した私文書は、そこに記載された署名が作成者の意思に基づくこと（署名の真正）を証する完全な証拠となる以上、同条が適用された私文書に記された署名は真正である。ZPO440条2項は、この「署名の真正」を前提事実として、当該私文書それ自体が作成者の意思に基づいて作成されたこと（私文書全体の真正）が推定される旨を規定したものである。以上の規律が、わが国の「二段の推定」における二段目の推定に相当することは、多言を要しない。

35） *Stein/Jonas/Leipold*, a. a. O. (Anm. 34) §416, Rdnr. 20; *Tomas/Putzo/Reichhold*, a. a. O. (Anm. 34) §415-444, Vorbem. Rdnr. 5; *Prütting/Gehrlein/Preuß*, a. a. O. (Anm. 34) §416, Rdnr. 18; *Musilak/Voit/Huber*, a. a. O. (Anm. 34) §416, Rdnr. 4.

ここでの問題は、ZPO440条2項の性質であるが、支配的見解は、これを法律上の推定（Gesetzliche Vermutungen）と解している[36]。この学説状況は圧倒的であり、反対する見解は、これを法定証拠法則であるとするローゼンベルク説があるくらいである。

3 法律上の推定

ZPO440条2項の推定は、支配的見解によって法律上の推定と解されているが、ドイツには法律上の推定に関する明文規定がある。すなわち、ZPO292条は、「法律が、ある事実の存在について推定をしていても、別段の定めをしていない限り、反対事実の証明をすることが許される。反対事実の証明は、第445条による当事者尋問の申立てによってもすることができる」と規定する。第1文は、法律上の事実推定規定が適用される場合も、相手方は反対事実を証明できることを明らかにすることで、擬制（あるいは反駁を許さない推定）と区別している。また、相手方による「証明」は一般原則によるものである[37]。すなわち、第2文が、当事者尋問によって反証をすることを否定したZPO445条2項の適用がないことを明らかにしていることから、相手方による反対事実の「証明」は本証であり、反証ではない。この「証明」は一般原則に従うため、相手方は、反対事実を直接証明はもちろん、間接証明してもよく、また証拠方法にも何ら制限がない。

兼子説が、法律上の推定をどのように解しているかは前述したが（II1**(2)**参照）、兼子説に影響を与えたローゼンベルク説は、ZPO292条によって規律される法律上の推定につき、大略、次のように説いている[38]。すなわち、法律上の推定においては、裁判官は推定された事実を証明なしに判決の基礎としなければならない。つまり、推定の要件から推定事実の存在を推論するのは裁判官ではなく、推定を定めた法律である。よって、法律上の推定におい

36） 松本・前掲注4）181頁注19）。最近の文献も、ZPO440条2項は法律上の推定であり、ZPO292条（後掲）の適用を受けることを前提とした説明をしている。*Stein/Jonas/Leipold,* a. a. O. (Anm. 34) §440, Rdnr. 2; *Tomas/Putzo/Reichhold,* a. a. O. (Anm. 34) §440. Rdnr. 3; *Prütting/Gehrlein/Laumen,* a. a. O. (Anm. 34) §440, Rdnr. 7; *Musilak/Voit/Huber,* a. a. O. (Anm. 34) §440, Rdnr. 3-4.

37） *Stein/Jonas/Leipold,* a. a. O. (Anm. 30) §292, Rdnr. 17; *Tomas/Putzo/Reichhold,* a. a. O. (Anm. 34) §292. Rdnr. 4; *Prütting/Gehrlein/Laumen,* a. a. O. (Anm. 34) §292, Rdnr. 5; *Musilak/Voit/Huber,* a. a. O. (Anm. 34) §292, Rdnr. 4.

38） ローゼンベルク（倉田訳）・前掲注28）263〜264頁。

て、推定事実の反対事実を証明して反駁する立証活動は反証ではなく、本証でなければならない。法律上の推定は、それ自体法律を適用する作用であって、事実上の推定とは決定的に異なるものである[39]。

以上に紹介したローゼンベルクの説明は、法律上の推定における推定事実が、さらなる証明なしに判決の基礎となることを明確に述べたところに意義がある。そしてこのような認識は、表現の仕方はともかく、支配的見解も認めるところである[40]。

4　法定証拠法則説（ローゼンベルク説）

兼子説が依拠するローゼンベルク説は、法律上の推定は法定証拠法則ではないとしたうえで、法定証拠法則に関して、次のように述べる[41]。すなわち、証拠法則は、「一定の証拠価値を付与するように裁判官に強制〔する〕（または裁判官に禁止する）法規」、あるいは、「ある証明があると裁判官が確信したかどうかを問わず、法律上の強制によって導かれる帰結に関する規定」と定義されるが、かかる定義は、法律上の事実推定にはまったく当てはまらない。証拠法則の特徴は、例えばZPO415条～418条にみられるように、証拠方法の証拠価値または証拠原因の証拠力を一定の証明主題と関係なしに、つまり、すべての証明主題のために確定するところにある（※）。これに反して、法律上の事実推定は、「証明主題」（つまり、推定事実）なしに考えることができないものである。

以上に紹介した記述は、法定証拠法則に関する説明としては、支配的見解と同旨である（前述1参照）。しかし、上記の（※）を付した1文に関して、次のような注釈[42]が付されている。「この結果、ZPO437条1項、440条2項の『推定』は、ほぼすべての学説が推定と認めているにもかかわらず、推定ではないことになる。加えて、これもまた私一人が主張しているのだが、文

39）なお、本文に関連して、ドイツでは、挙証者は前提事実を主張してそれを証明しなければならないが、推定事実は挙証者において主張する必要はなく、前提事実が証明されれば、推定規定を適用して、推定事実を判決の基礎とすることができると解されている。

40）*Stein/Jonas/Leipold*, a. a. O.（Anm. 30）§292, Rdnr. 8; *Tomas/Putzo/Reichhold*, a. a. O.（Anm. 34）§415-444, Vorbem. Rdnr. 6; *Prütting/Gehrlein/Laumen*, a. a. O.（Anm. 34）§292, Rdnr. 4; *Musilak/Voit/Huber*, a. a. O.（Anm. 34）§292, Rdnr. 4.

41）ローゼンベルク（倉田訳）・前掲注28）265頁。

42）ローゼンベルク（倉田訳）・前掲注28）265頁（※）。

書の不真正を証明するために当事者尋問を申し立てることは許されない（ZPO445条2項）。」

要するに、わが国の二段目の推定に対応するZPO440条2項（の推定）は法定証拠法則であると説くのであるが、兼子説が、このローゼンベルク説を旧326条（現228条4項）の性質論において採用した見解であることは、まず間違いないだろう。もっとも、ローゼンベルクが自認する通り、上記見解は彼の一人説である。そこで問題となるのは、現在における同説の評価であるが、この問題に関して支配的見解を支持しているライポルトによれば、証明力（わが国にいう実質的証拠力）の要件となる文書の真正は推定事実であるから、説得力がないと評価されている[43]。換言すれば、たとえ法定証拠法則に関するローゼンベルクの説明を前提としても、ZPO440条2項の文言に照らし、証明主題（推定事実）の存在を無視する理由はないという趣旨である。このように、法定証拠法則と法律上の推定は、自由心証主義が排除される点において共通するにもかかわらず、ZPO440条2項を法定証拠法則と解する見解が、現在でもなおローゼンベルク説以外に出てこないのは、同項の文言に用いられた「推定（Vermutung）」の趣旨に忠実な解釈に対し、支配的見解が何ら不便を感じていないからであろう。

Ⅳ　若干の検討

1 「一応の拘束」の正体

現在の通説（経験則法定説）の出発点となった兼子説は、法定証拠法則を裁判官の自由心証に対する「一応の拘束」としていた。しかし、ドイツ法を参照しても、法定証拠法則を兼子説のように解する見解は見当たらない。かえって、わが国の私文書の真正の推定における「二段の推定」のうち「一段目の推定」に相当するZPO416条が法定証拠法則であること、そして同条の証拠法則が裁判所の自由心証を排除することが異論なく認められていた。もっとも、わが国の「一段目の推定」に対応するドイツ法の規律は、法定証拠法則が適用される限りで私文書の署名の真正について裁判所の自由心証を排

43) *Stein/Jonas/Leipold*, a. a. O. (Anm. 34) §437, Fn 1.

除するものの、法定証拠法則の適用条件を満たさない私文書の署名の真正は、一般原則に戻って自由心証主義に服するものとされていた（前述Ⅲ1参照）。ZPO440条2項の前提事実である私文書の署名の真正がこのように判断されるのであれば、裁判所は、法定証拠法則によって「一応の拘束」を受けると説明することに対し、とくに違和感はない。他方、兼子説は、わが国の「二段目の推定」に対応するZPO440条2項の規律を法定証拠法則と解するローゼンベルク説に依拠していた。

以上を総合すると、兼子説が「法定証拠法則」を「一応の拘束」と解した原因は、次のように考えられる。すなわち、わが国の二段目の推定に対応するZPO440条2項の性質を「法定証拠法則」とする見解（ローゼンベルク説）によれば、同項はいわば「一定の証明主題と関係なく証拠方法・証拠原因の証拠力を定めた法則」（前述Ⅲ4参照）となる。この証拠法則（ZPO440条2項）の適用要件は署名の真正であるところ、これを認定する場合、裁判所は、前述のようにZPO416条、419条、286条2項の一連の規定の相互関係に基づき、法定証拠法則（ZPO416条）によって「一応の拘束」を受けるものと説明することができる。すなわち、法定証拠法則の条件を具備しない私文書に関する署名の真正の認定は、裁判所の自由心証に基づく判断（ZPO419条）である以上、事実上の推定が支配することになる。兼子説は、おそらくこのような洞察から、支配的見解が採用する法律上の推定説ではなく、ローゼンベルク説（法定証拠法則説）に従えば、「文書の真正」の認定においても自由心証主義を確保することができると考えたのではなかろうか[44]。これは単なる憶測にすぎないが、仮にこの憶測が正しいとすれば、兼子説は、ローゼンベルク説に従った結果として、署名の真正の認定（わが国における一段目の推定に相当）にしか妥当しない、法定証拠法則による「一応の拘束」という説明を、「文書の真正」の判断領域（わが国における二段目の推定）に持ち込んでしまったことになる。ローゼンベルクが証拠法則に拘泥した理由は明確でないが

---

44)　内海・前掲注10) 59頁は、兼子説が、証拠法則を自由心証主義の例外としながら、証拠法則に基づいて「裁判官が事実認定をすることを予定している」と述べる（前述Ⅱ1(2)参照）点は、「事実の蓋然性のみに基づく純然たる事実判断」とされる事実上の推定との区別が分かりにくいと指摘する。しかし、兼子説による証拠法則の説明は、わが国の「一段目の推定」に関するもの（しかも、法定証拠法則が存在するドイツのそれ）だったわけであるから、そのような印象を受けるのも無理からぬことである。

（前述Ⅱ4（※）参照）、仮に兼子説と同じ意図を有していたとすれば、ローゼンベルク説の支持者が、いつまでたっても現れない現状を理解することは容易である。なぜなら、「文書の真正」が証明主題であること、この証明主題を推定するための前提事実が「署名の真正」であることは、ZPO440条2項に明記されているところ、上記の解釈はこの規定に正面から反するからである。以上の検討から、兼子説（ローゼンベルク説）の立論には説得力がないといわざるを得ない。

2　経験則法定説と法律上の推定説の関係

(1)　二段目の推定を破る立証活動　通説の中で多数を占める経験則法定説による実務が、二段目の推定をどのように解してきたかは前述した（前述Ⅱ1(3)参照）。そこで指摘したように、二段目の推定の基礎となる経験則は、実務家（とりわけ裁判官）の間で相当に強いものと考えられており、例えば、「作成者が当該文書に署名押印しているにもかかわらず、その一部分の記載を争う場合については、当該部分のみの真正を安易に否定してはならないのであって、これを争う側において、当該部分の記載が自分の知らない間に第三者によって記載されたとの事実を窺わせるかなり強力な証拠を提出しない限りは、書証全体の成立を一応認めるのが経験則に合致するとされている[45]」と述べられている。つまり、二段目の推定は、「かなり強力な証拠」でなければ破ることのできない推定と認識されているのである。

上記引用部分の論者（裁判官）は、経験則法定説を採用するため、「かなり強力な証拠」による立証活動は反証であることが前提なのであろうが、二段目の推定の基礎となる経験則が手堅いことを踏まえた叙述である以上、相手方は、第三者による文書の一部の無断記載という特段の事情（間接事実）を証明（本証）しなければならないことに帰するのではなかろうか。この疑問は、特段の事情（間接事実）の立証を間接反証と説明したとしても、間接反

45)　司法研修所編・前掲注6）132頁。加藤・前掲注23）97頁も、「民事訴訟法228条4項は、経験則の適用である事実上の推定を明文で示したものであり、この推定を覆すためには単なる反証では足りないと解するのが一般的である」としており、経験則法定説を前提として相手方に本証を要求する見解の存在を認めている。ただし、加藤説自身は、「（前提事実に対する反証・推定を覆すための立証によらなくとも、）推定事実の不存在を証明できれば、反証活動として奏功したことになる」と指摘したうえで、「法律上の事実推定説と異なり、これが常に必要とされるわけではない」としており、一般的な経験則法定説と同様に解するようである。

証事実は相手方の本証を要する（その限りで主要事実的に捉えられた間接事実の証明責任を相手方が負う）ため、同じ疑問に行き着く。要するに、相手方の立証活動は反証で足りることを建前としていても、二段目の推定の基礎にある経験則が崩れにくく、前提事実が証明された場合にはそれに基づく文書全体の真正の推定が覆ることは稀であるという認識が実務家（とりわけ裁判官）の間で共有されているのであれば、通説（経験則法定説）と法律上の推定説の間の最大の相違点は、相手方の本証を要求する方向ですでに決着している可能性があるように思われる。しかも、前述1で確認したように、相手方の立証活動が反証になることの根拠を、民事訴訟法228条4項が法定証拠法則であることに求める立論は、ローゼンベルク説がそうであったように、わが国の見解としても「説得力がない」のである。そうである以上、最後の拠り所として援用される実務感覚[46]も、二段目の推定の基礎となる経験則に対する素直な感覚にこそ目を向けるべきであり、法律上の推定が窮屈な事実認定を強いるとの印象に振り回されるべきではない。そこで、最後にこの点について一言しておきたい。

(2)　推定事実の反対事実の本証　法律上の推定説については、しばしば前提事実が証明された場合、裁判所は推定事実をそのまま判決の基礎としなければならないことが強調され、とりわけ実務家の間で、通説（とりわけ経験則法定説）に基づく事実上の推定に対する反証に比べて、窮屈な事実認定を強いられる点が批判の的にされてきた。しかし、法律上の推定説において、推定事実の反対事実は一般原則による証明である。したがって、法律上の推定が成立し、推定事実が存在する状況にあっても、相手方は反対事実（推定事実の不存在）の証明をすることができ、その証明に成功すれば、裁判所は、反対事実を認定することができ、またそうすべきであるということに尽きる。相手方は直接証明に限らず、間接証明もできるのであり、その場合には、通説の下で相手方が反証すべきものと解されてきた特段の事情（①署名または押印以外白紙の文書の悪用、②署名または押印により完成された委託文書の委託事項の変造、

---

46)　通説（経験則法定説）が法律上の推定説に与しない理由として、司法研修所編・前掲注6）94頁は、「自由心証に対する過度の制約になりかねない」という「実務的な感覚」を挙げる。吉村＝小島編・前掲注9）155頁〔太田〕も、通説の立場は「政策的実践的考慮にもとづくバランス感覚」に由来すると分析する。

③署名または押印により完成された文書の後日改ざん（前述Ⅱ1(3)参照））が、反対事実の存在を基礎づける重要な間接事実となるのである。裁判所が、相手方による証明（本証）を踏まえて反対事実の存否を判断するということは、詰まるところ、推定事実の存在（の推定）を実質的に覆すことができるかどうかに帰着する。そうである以上、裁判所は、まずは法律上の推定の前提事実の存否の判断に集中し、それが存在するとの心証が固まったときは、相手方に反対事実の本証を促し、相手方が反対事実を証明できたかどうかの審理に集中すればよい。法律上の推定説から導かれる、このようなメリハリの効いた訴訟運営は、相手方の立証活動を反証とする場合に比べて、裁判所に耐え難い不便を強いるようなものではないように思われる。

V むすびにかえて

本稿においては、民事訴訟法228条4項の推定の意義ないし性質に関して、わが国の通説・判例とされている法定証拠法則説を検証し、結果的にこれに反対する結論を導くことになった。議論の途中で様々な誤解をしている可能性は否めないが、少なくとも兼子説が依拠したローゼンベルク説が、本項の推定の性質に関する解釈において今後も決定的な意義を享受し続けることには問題があるというべきである。

通説の中で多数を占める経験則法定説は、法定証拠法則の概念についてすでにドイツ法から離れた独自の解釈を展開しており、それをさらに発展させていくことに全く意味がないとまではいわない。しかし、そのような議論をする前に、法定証拠法則という概念の母法であるドイツ法の概念を参照し、十分に検討を加えるべきである。本稿がその作業をよくなし得たとは到底思えないが、そのための端緒になれば幸いである。

【付記】
本稿の執筆にあたり、平成28年度科学研究費補助金（基盤研究（C）（一般）課題番号：15K03204）の補助を受けた。

文書の「所持」および「所持者」概念について

林　昭一

I　はじめに

本稿は、民事訴訟法における文書の「所持」および「所持者」概念と、それをめぐる証明上の諸問題を検討の対象とするものである。

民事訴訟法は「書証の申出は……文書の所持者にその提出を命ずることを申し立ててしなければならない」(民訴219条) と定めており、文書提出命令を発令するには、その相手方が文書を「所持」することを要求している。そのため、文書提出命令の申立てにあたって、申立人が「所持者」を明らかにすることが求められる (民訴221条1項3号)。そして、申立人によって「所持者」と指名された者を基準として、その者と文書との関連性から文書提出義務の存否が判断され (民訴220条各号)、申立てに理由があると認められる場合には、この者に対し文書の提出が命じられる (民訴223条1項)[1]。

このように、文書の「所持」および「所持者」とは、文書提出命令の発令の段階で要求される相手方の適格性としての要件であることに加えて、それをもとに文書提出義務の存否などが定まる重要な要素でもある[2]。それでは、

---

1) そのほか、釈明処分としての文書の提出命令 (民訴151条1項3号) または文書送付嘱託 (民訴226条) なども、文書の「所持」および「所持者」を前提とした規律となっている。本稿では、紙幅の都合により、文書提出命令による書証の取調べに関する文書の「所持」および「所持者」概念を検討の対象とし、行政官庁の「所持」する文書については検討の対象としない。

2) 岩松三郎＝兼子一編・法律実務講座 民事訴訟第一審手続 (3)［復刻版］(有斐閣・1984) 282頁

文書の「所持」および「所持者」とは、文書提出命令の裁判において、いかなる法的意味をもちうるものであろうか。そして、文書を「所持する」または文書の「所持者である」ということは、どのように決定されるのであろうか。文書の「所持者」として指名された者が文書の存在とその「所持」を争わなかった場合には、この者が文書の「所持者」であり、それ以上に文書の「所持」に関する問題は生じない[3)]。しかしその一方で、文書の「所持者」として指名された者が文書の「所持者」ではないと争った場合には、この者が果たして文書を「所持」しているかどうか、そして、どのような状態をして「所持」しているといえるか、という問題が顕在化する[4)]。通説的な理解によれば、「所持者」とは、提出を求められている文書を現実に握持している者に限られず、文書を寄託した者など社会通念上文書に対して事実的支配力を有している者、すなわち、当該文書をいつでも自己の支配下に移すことができ、自己の意思に基づいてこれを提出できる状態にある者を含む法概念とされる[5)]。仮に「所持者」を、現に「持っている人」にとどまらず、より広がりをもった観念的な対象ととらえたとしても、相手方が文書を「所持」しているか、文書の「所持者」であるといえるかは、申立人の主張とその証明に依存しており、相手方も含めた証明負担と証明活動のあり方と密接に結びついている。

このような文書の「所持」概念とそれに関わる証明上の諸問題については、

によると、文書提出義務は、公法上の義務の一般的成立要件として、相手方または第三者が当該文書を所持していることが必要であるとする。

3）明治民事訴訟法339条によれば、「相手方カ証書ノ其ノ手ニ存スルコトヲ自白スルトキ又ハ申立ニ対シ陳述セサルトキハ……証書ノ提出ヲ命ス」としており、「所持」を争わないことにより「所持者」であることが決定される旨を定めていた。ドイツ民事訴訟法においても、相手方が「文書を占有することを認めたとき」または「申立てに対して意見を述べなかったとき」（ZPO425条）に、裁判所は、所持者であることを認定して文書の提出を命ずるとする。いずれも、文書提出命令の適法性の要件でありながら、相手方の任意処分に服する規律となっている。

4）文書提出命令の相手方に対する意見聴取の機会として、民事訴訟法は、訴訟の相手方当事者に対しては、書面で意見を述べる機会を付与しており（民訴規140条2項）、第三者に対しては、必要的審尋を定めている（民訴223条2項）。そして、文書提出命令の申立てについての決定に対しては即時抗告が認められており（民訴223条7項）、訴訟当事者および第三者は、不服申立ての機会を利用して、文書の「所持」について争うことができる。これらの規定は、被申立人に対する手続保障を与える趣旨とされており（吉村徳重＝小島武司編・注釈民事訴訟法（7）（有斐閣・1995）102頁〔野村秀敏〕）、文書の所在を探索することを主眼とする提出尋問制度（明治民訴340条、ZPO426条、後掲注9）参照）とは趣が異なる。

5）菊井維大＝村松俊夫・全訂民事訴訟法Ⅱ［第2版］（日本評論社・1989）611頁、秋山幹男ほか・コンメンタール民事訴訟法Ⅳ（日本評論社・2010）375頁、兼子一ほか・条解民事訴訟法［第2版］（弘文堂・2011）1189頁〔加藤新太郎〕、1223頁〔松浦馨＝加藤新太郎〕など。

かねてより詳しく論じられており[6]、そこでは「文書の一応の所持の法理」というべき推定法則が、わが国の独自の発展形態として形成されてきた様子をみることができる。本稿もまた、これらの先行業績の問題意識にならい、近年、過払金返還請求訴訟において貸金業者が取引履歴の廃棄を理由に文書提出命令を回避しようとする事例が多くみられる現状や[7]、文書管理の電子化が進み、電子的保存情報の消失の容易性やアクセスの困難性などの特質に応じた証拠収集・提出の方法が模索される中で[8]、あらためて文書の「所持」および「所持者」の概念を再構成することを試みるとともに、申立人により「所持者」と名指しされたことによって、派生的紛争に直面した当事者や他人間の訴訟法律関係に拘束される第三者の証明負担のあり方について検討するものである。平成8年民事訴訟法改正においては、文書提出義務を一般義務化し、文書特定の緩和や文書提出命令に従わない場合の効果の厳格化などを通じて文書提出命令制度の実効性の確保がはかられた一方で、相手方が当該文書の「所持」を争うことによって文書提出命令を容易に回避しようとすることについて十分な立法的手当が施されたとはいい難い[9]。そこで、本稿のねらいは、相手方が文書の「所持」を安易に争わないようにするために、どのような方策が考えられるかを明らかにすることにもある。

6）西村宏一「文書提出命令の申立における文書所持の立証」近藤完爾ほか編・民事法の諸問題Ⅰ（判例タイムズ社・1970）239頁以下を嚆矢として、須藤典明「情報公開訴訟・文書提出命令等における文書の存否に関する主張立証責任」門口正人判事退官記念・新しい時代の民事司法（商事法務・2011）581頁以下、和久田道雄「文書提出命令申立てにおける対象文書の存否の立証責任」栂善夫先生＝遠藤賢治先生古稀祝賀・民事手続における法と実践（成文堂・2014）525頁などの実務家の手による裁判例の分析・検討のほか、三木浩一「文書提出命令における文書の『所持者』について」新堂幸司＝山本和彦編・民事手続法と商事法務（商事法務・2006）305頁がある。また、山本和彦ほか編・文書提出命令の理論と実務［第2版］（民事法研究会・2016）133頁以下〔須藤典明〕も参照。

7）名古屋高決平成15年5月23日・同年6月6日金商1188号52頁のほか、多くの公刊された裁判例がある。その概要については、加藤新太郎編・民事事実認定と立証活動第1巻（判例タイムズ社・2009）287頁以下〔初出、「研究会事実認定と立証活動第8回 証拠・データ収集の方法と事実認定」判タ1248号（2007）5頁〕を参照。

8）町村泰貴＝白井幸夫編・電子証拠の理論と実務―収集・保全・立証（民事法研究会・2016）220頁以下が詳細である。

9）明治民事訴訟法は「相手方カ証書ヲ所持セサル旨申立ツルトキハ此申立ノ真実ナルヤ否ヤヲ定ムル為又ハ証書ノ所在ヲ穿鑿スル為メ……相手方本人ヲ訊問ス可シ」（明治民訴340条1項）と定めることで、ドイツ法にならい文書の所在を探索する手続を設けていた。しかし、ドイツ法が、当事者を相手方とする文書提出命令につき相手方が所持を争った場合には、提出尋問手続（ZPO426条1文）に加えて、相手方に対して入念調査義務（同2文）を課し、その不履行と文書提出命令の不服従の効果（ZPO427条）とを結びつけることで、安易な不所持の陳述を禁じようとしていることとは差があった。

以下の考察は、わが国の文書提出命令の関連規定の制定に影響を及ぼしたとされるドイツ民事訴訟法（以下、ZPOと略記する）における文書の「所持」に関する議論も踏まえつつ、わが国における文書の「所持」にまつわる証明上の諸問題、とりわけ「文書の一応の所持の法理」について一定の整序を行うものである。

II　文書の「所持」および「所持者」概念

1　申立記載事項としての「所持の事情」

文書の「所持者」をめぐっては、民事訴訟法221条1項3号所定の文書提出命令の申立ての必要的記載事項としての「所持者」には、誰を「所持者」とすべきかという判断に基づいて特定される「所持者」のほか、「その所持の事情」をも含むかどうかという議論が存在する[10)]。しかし、この点は、文書提出命令の相手方が当該文書の「所持」について争った場合に、申立人が証明すべき事項として問題となりうるにすぎないため、申立時において記載することは要しないとする見解が妥当である[11)]。そこで以下では、申立書の記載事項としての「所持者」の意義については立ち入らず、記載すべき「所持者」とはどのような者かをめぐる議論に焦点を絞って検討を行う。

2　文書の「所持」および「所持者」概念

(1)　**占有者説**　　まず、文書の「所持者」を、文書を直接に占有する者に限定するという見解（以下、「占有者説」という）がある[12)]。文書の「所持」が文書提出命令の相手方としての適格性としての要件であって、相手方当事者または訴訟外の第三者に対して公法上の義務を生じさせるものであること、とりわけ、第三者との関係では、この者を他人間の訴訟法律関係に拘束させる連結点であることに鑑みると、その範囲を明確化し、限定するということ

---

10)　福岡高決平成8年8月15日判タ929号259頁、吉村＝小島編・前掲注4）93頁〔野村〕など。このことは、同条に相当する明治民事訴訟法338条4号が「証書カ相手方ノ手ニ存スル旨ヲ主張スル理由タル事情」を要求していたことに由来する。

11)　秋山ほか・前掲注5）429頁、門口正人編集代表・民事証拠法大系第4巻各論II書証（青林書院・2003）157頁〔金子修〕など。

12)　岩松＝兼子編・前掲注2）282頁、竹野竹三郎・新民事訴訟法釈義中巻（有斐閣・1931）957頁。

には合理性がある。この立場によれば、相手方または第三者が間接占有者であること、あるいは、当該文書を取得しうる地位にあることでは、文書提出命令の相手方としては足りないとする。

このように文書の占有を基準とする考え方は、ドイツ法においてもみられる。ドイツ法では、文書占有（Urkundenbesitz）概念を、本権の保護機能と公示機能によって構成される実体法上の占有概念に準拠するという考え方がある一方で[13]、このような実体法上の占有とは画された、訴訟法独自の法概念であると解する立場が有力である[14]。これによれば、挙証者の相手方の文書占有とは、現に保持していること（vorhander Gewahrsam）または保持を理由づける事実上の可能性をいつでも有していること（jederzeitige faktische Möglichkeit zur Gewahrsambegründung）を意味し、事実上の処分および調達可能性（Verfügungsbeschaffungsmöglichkeit）が基準となるとする。もっとも、この立場は、同じ占有という概念に準拠しながらも、わが国の占有者説とは対象において明確な差がある。

(2)　支配説　　わが国における占有者説に対しては、「所持者」を文書の直接の占有者に限定するとすれば、この者は、直接の占有を第三者に移すことによって、文書提出命令の相手方たることを容易に免れることになってしまうとの危惧が示されていた[15]。そこで、反対説は、「所持者」を次のよう

---

13)　*Prütting/Gehrlein,* ZPO Kommentar, 6. Aufl. (2014) S. 631［Prütting］は、ZPO142条1項1文の文書占有はBGB854条以下に準拠し、直接的な占有と間接的な占有も含まれるとする。

ところで、2001年立法改正前のZPO142条は、第三者に対する職権による文書提出命令が認められていなかったことから、「所持」（in Hand）という文言を用いて、相手方の直接的な占有のみに対象を限定していた。しかし、同改正において第三者に対する職権による文書提出命令が導入されたのに伴い、第三者に対する申立てによる文書提出命令（ZPO428条）についても、それまでの「所持」から「占有」（in Besitz）に文言が統一され、あわせて、その内容も間接的な占有を含むと解されるようになった。しかしここに至って、相手方に対する文書提出命令を定めるZPO421条になお残る文書の「所持」とそれ以外の文書の「占有」には、もはや概念上の区別はないとさえいわれており、その内容を直接的な占有に限定するということの実務的な意義も失われたとみられている。Vgl. *Musielak,* Kommentar zur Zivilprozessordnung, 11. Aufl. (2014) S. 736［Stadler］; *Wieczorek/Schütze,* ZPO Bd. 3, 4. Aufl. (2013) S. 215［Smid］.

14)　*Wieczorek/Schütze,* a. a. O. (Anm. 13) Bd. 6, 4. Aufl. (2014) S. 708［Ahrens］.

15)　前掲注13）で述べたように、ドイツ法が「占有」を基調とするに至った背景には、職権による文書提出命令の場合、訴訟当事者から第三者である直接占有者に対する命令に切り替える可能性が生まれたことが根底にあるようで、わが国における支配説の考え方とは逆の発想であることは興味深い。Vgl. *Gruber/Kießling,* Die Vorlagepflichten der §§142ff. ZPO nach der Reform 2002, ZZP 116 (2003), S. 317.

ところで、ドイツ法の第三者に対する文書提出命令（ZPO142条、428条）については、第三者の「占有」を確実にするための定めはなく、命令の実効性を確保するための制度的手当も十分とは

に理解する。すなわち、文書の「所持者」とは、「提出を求められている文書を現実に握持している者のみに限局して狭義に解すべきものではなく、文書を他に預託した者やその共同保管者など、社会通念上文書に対して事実的支配力を有していると評価できる者をも包含して指称するもの」[16]という理解である（以下、「支配説」という）。

支配説のねらいは、一方では、占有者から対象を拡大し、他方では、それを縮小することにより、対象範囲の適正化をはかることにあったことは間違いない。支配説によれば、ある特定の場合にのみ文書の占有を取得しうるに過ぎない者は「所持者」とはならない[17]。たとえば、患者が医療機関に対して診療録の文書送付嘱託に応じないように懇願し、その意を汲んでもらうことができたとしても、患者は、文書に対して支配権を有する「所持者」とはいえないことになる[18]。

しかし、支配説の意図するところはそれにとどまらない。この立場に依拠するとみられる裁判例は、次のように述べる。すなわち、「所持者」とは、「文書を現実に握持していないにもかかわらず、社会通念上文書の所持者としてその提出を命ぜられるのは、当該文書をいつでも自己の支配下に移すことができ、かつ、自己の意思のみに基づいてこれを提出することができる状態にある場合たることを要するもの」[19]とする。この裁判例は、文書を自己の支配下にいつでも置くことができる者（管理における支配性）で、その提出が自由意思に委ねられている点（提出における支配性）を強調する。後者の視点が、文書の提出が訴訟の結果にとっていかなる影響を与えるかを判断でき

いいがたい。加えて、第三者に対する職権による文書提出命令については、ZPO142条2項において、期待可能性と黙秘義務の観点から文書提出義務の範囲に制限を設けており、ドイツ法は、他人間の訴訟法律関係への第三者の拘束には、相当慎重な姿勢を示しているといえよう。Vgl. BT-Drucks. 14/6036, S. 120; 春日偉知郎「ドイツの民事訴訟における文書の提出義務」松本博之先生古稀祝賀・民事手続法制の展開と手続原則（弘文堂・2016）427頁。

16） 福岡高決昭和52年7月12日下民32巻9＝12号1167頁。

17） 東京高決昭和57年6月8日下民32巻9＝12号1671頁は、相手方である日弁連が単位弁護士会の懲戒委員会のした処分に関する議事録を懲戒異議申出の審査時に利用できる立場にあるとしても、それだけで文書の所持者とはならないとする。

18） 前掲注16）福岡高決昭和52年7月12日。結論を支持するものに、遠藤功「判批」昭和52年重判解146頁、三木・前掲注6）316頁がある。これに対して、住吉博「判批」判タ367号（1978）199頁、202頁は、相手方に「準所持」を観念することを前提に協力提出を命ずるべきであるとする。

19） 前掲注16）福岡高決昭和52年7月12日のほか、前掲注5）の文献参照。

る地位にあるということを念頭に置いていることは明らかである。すなわち、文書提出命令に対する不服従の効果として、訴訟当事者に対しては要証事実等の真実擬制という不利益な効果（民訴224条1項、3項）が、第三者に対しては過料の制裁（民訴225条1項）が課されることから、「所持者」とは、文書を出すか出さないかの最終的な判断権を有する者、提出しないという選択をすることができる者が対象となる[20]。このような支配説の考え方は、文書の「所持」および「所持者」を、現に文書を占有しているという単なる一事実ではなく、公法上の義務を負担させるにふさわしい者は誰かという視点に基づいた、規範的評価を伴う概念と構成するものである。

(3)　**所有者説**　このような支配説の考え方に対して、近時、「所持者」とは文書の所有者であるという考え方も提唱されている（以下、「所有者説」という）[21]。この立場は、文書の記載内容等に強い利害関係を有するのが所有者であることから、所有主体に提出命令を出し、この者から文書を提出させることが筋であるとする。加えて、事実上の支配力という支配説の基準が一定の評価に基づくものであって明確性を欠くこと、支配の実質が所有という事実に他ならないことを理由とする。所有者説もまた、文書を提出するか否かの終局的判断ができる主体こそが「所持者」であるとして、支配説と同様、提出における支配性を重視する一方で、その判断の結果として生ずる不利益を負うのは所有者であるとすることによって、「所持」および「所持者」概念を所有の有無という一事実に帰着させる試みということができる。この立場によると、所有者が現に文書を保管していない場合にも、特段の事情のない限り受託者から文書を取り戻すことが可能であることから、所有者を「所持者」としておけば足りるとする。これに対して、支配説によると、第三者が返還に応じない場合には所有者の「所持」に属しないとしており[22]、ここ

---

20)　ドイツ法における文書占有の基準となる事実上の処分および調達可能性もまた、単に物理的な文書の処分のみを想定しているのではなく、文書の内容を訴訟で開示するという意味での処分権限を有するかを念頭に置いていると解される。このことは、文書占有を争った場合の効果についてのZPO426条以下の詳細な規定ぶりからも明らかである。また、住吉・前掲注18) 202頁の提唱する「準所持」概念は、文書を提出した結果から眺めて提出の成否を支配する地位にあるかどうかをメルクマールとするものであり、三木・前掲注6) 318頁も、文書の所持者に求められる「支配」の価値的・規範的性質に照らして、とりわけ文書の管理処分権の有無に着目し文書の「所持者」を再構成するものである。

21)　山本ほか編・前掲注6) 124頁〔須藤〕。

22)　中島弘道・日本民事訴訟法（松華堂書店・1934) 1462頁、菊井＝村松・前掲注5) 611頁ほか。

に両説の差が見受けられる。

(4)　**考察**　各説を対比した結果、公法上の義務を負担させるにふさわしい者は誰かという一定の法的価値判断を経て文書の「所持」および「所持者」を決定することが適切かという視点に加えて、文書の提出が個別具体的な訴訟の結果にどのような影響を与えるかについて見通しを持ちうる者、その見通しとの関係において究極的には本案敗訴という不利益なり、事案解明非協力の結果を甘受できる主体であることまで求めるかどうかという視点が浮上する[23]。提出における支配性に関わる後者の点については、訴訟の相手方当事者であれば、自己に有利な文書であっても不利益を甘受することでそれを提出しない自由が認められる以上、そして、第三者であれば、罰金との比較衡量の上で命令に従わないという選択をすることが認められる以上、文書の秘匿を通じた利益を享受する者である必要があると思われる。したがって、文書提出命令を受けて紛争解決の価値と秘匿の価値を判断することができる者を対象とすることは有意義であり、利害関係のもっとも強い文書の所有者を「所持者」と解することには合理性がある[24]。

ところで、所有者説は、所有者からの文書の提出を原則とするため、おのずと第三者に対する文書提出命令の適用場面を限定する方向に働く。論者が意図しているかは定かではないが、第三者を他人間の訴訟法律関係に拘束させることには慎重な立場もありうることから、所有者説は、このような立場には親和的な考え方であるといえる。しかし、所有者から文書の管理を委ねられている第三者に対する文書提出命令を制限することは、たとえば、電子的保存情報の証拠提出という現代的な課題に直面して、当該情報の「所持」の現状と整合的といえるか疑問がある。すなわち、内部に情報の管理体制を組織化し、自社でのファイル・サーバを構築している規模の大きな企業や病院を別とすれば、規模の大きくない企業や個人については、クラウド・サー

もっとも支配説でも、この場合、直接占有者は所有者の意思に反して自己のみの意思により提出することはできないため「所持」にあたらないとする見解がある。門口編・前掲注 11) 93 頁〔萩原〕。

23)　三木・前掲注 6) 307 頁以下が述べる、文書提出命令に対して自由意思で提出でき、拒むこともでき、提出による不利益につき責任を負い、そして、不提出の制裁を受けるに値する地位という「所持者」の要件も同様の視点に基づくものであるといえる。

24)　旧法下において、文書提出義務が限定的であったことの正当化根拠の一つに文書に所有権が観念できることがあげられていた。このような説明は、文書提出命令に従った場合だけでなく、それに従わなかった場合にも、文書の所有者の利益が損なわれることを念頭に置いていたと考えられる。

ビス等のオンライン・ファイル・ストレージを活用して情報を保存する例が多い。この場合においても、所有者である、クラウド・サービス等のユーザに対して情報の提出を求めれば足りるが、情報を消失から保護しその証拠利用をより確実なものとするためには、クラウド事業者などに直接提出を命じるほうが適切である[25)]。したがって、文書提出命令の相手方を所有者に限定するのではなく、その管理の委託を受けた者にまで拡げることが求められる以上、この者らを包含しうる支配説によるのが妥当であろう。そして、文書提出命令の相手方としての適格を有するかどうかは、所有または占有という一事実に依拠するのではなく、管理における支配性のみならず、提出における支配性を有しているかどうかという視点に基づき、規範的な評価を踏まえて決すべきであろう。

Ⅲ　文書の一応の所持の法理

1　文書の「所持」の証明責任

(1)　**視点**　　以上のように整理された文書の「所持」および「所持者」概念を踏まえて、相手方とされた者が文書を「持っていない」または「持っているが所持者ではない」と争った場合に、どのように「所持」または「所持者」であることを証明するかという問題を検討する。さしあたりもつべき視点は、文書の「所持」の真偽が不明な場合に生ずる不利益を申立人と相手方のどちらが負うことが公平かということであるが、それにとどまらず、文書提出命令に従わないという選択をした場合の法的効果と整合的かどうかも視野に入れておく必要がある。

(2)　**証明責任の所在**　　旧法下のものも含め、これまでの裁判例および学説の大半が、当該文書を相手方が「所持」していることを申立人が立証しなければならないとする（以下、「申立人説」という）[26)]。この立場は、当該文書を

25)　情報セキュリティインシデント後の法的措置のため、クラウド事業者に対する情報の保管を求める関係省庁のガイドラインとして、経済産業省「クラウドサービス利用のための情報セキュリティマネジメントガイドライン」(2013)、総務省「クラウドサービス提供における情報セキュリティ対策ガイドライン」(2014) がある。その概要については、町村＝白井編・前掲注8）134頁以下を参照。

26)　東京高決昭和39年7月3日下民15巻7号1713頁、東京地決昭和51年6月30日判タ346号271頁、東京高決昭和54年8月3日下民30巻5＝8号366頁・下民32巻9＝12号1451頁、大阪

有利に証拠利用したい申立人が「所持」の事実の真偽不明により申立てが認められない不利益を負うという意味において、法律要件分類説の考え方に適合的である。これに対して、文書の紛失等による「不所持」の事実が明らかでないことを理由に文書の提出を命じる裁判例もある（以下、「所持者説」という）[27]。

この対立は、文書の「所持」または「不所持」の証明負担を申立人と相手方のどちらが負うのが公平に適うかという理論上の優劣を問うものであった。しかし、過払金返還請求訴訟における保存期間を経過した取引履歴の「所持」をめぐる争いのように、相手方が当該文書をかつて保持していたことを認めつつ、その後に廃棄したと述べて現在の保持を否定するという事例に直面して、文書の「所持」にかかる証明責任の所在をめぐる申立人説と所持者説との対立は、規範的評価概念としての「所持」および「所持者」を構成する具体的事実として申立人が証明すべき事実の範囲をめぐる議論へと止揚するに至っている。

(3)　申立人の証明すべき事実の範囲について　　考え方の一方には、①当該文書が存在し、現在も相手方が保持しているということについて、申立人が証明責任を負うという見解があり[28]、他方には、②申立人は過去の保持の証明をすれば足り、廃棄または紛失の事実については、所持者側で証明すべきであるとする見解が存在する[29]。前者の見解は、民事訴訟法224条の定める不提出の効果に照らして、本来、証明主題たる請求原因事実の証明責任を負う当事者と、文書提出命令の申立人で相手方の「所持」を証明する者が一致すべきところ、後者の考え方によれば、廃棄等につき裁判所が確信を得なければ文書提出命令がなされ、文書を提出しなければ請求原因事実が真実と認められる余地があり矛盾をきたす、ということを理由とする[30]。確かに、申

高決昭和56年10月14日下民32巻9＝12号1599頁、前掲注10）福岡高決平成8年8月15日など。

27）　前掲注26）東京高決昭和54年8月3日の原決定、前掲注10）福岡高決平成8年8月15日の原決定。

28）　現保持に加えて、文書の存在または作成の証明責任も申立人が負うと述べるものに、前掲注26）東京高決昭和54年8月3日がある。遠藤・前掲注18）146頁は、所持に至った事情、所持を推測しうべき事情に加えて、現に所持することについて証明しなければならないとする。

29）　菊井＝村松・前掲注5）626頁、岩松＝兼子編・前掲注2）286頁。

30）　西村・前掲注6）243頁。

立人に証明負担を課すということには合理性があるが、文書から隔絶された申立人にとって、当該文書の保持を相手方に依頼していたとか、保存期間を経過してもなお保管する取決めが交わされていたなどの事情がない限り、文書の存在と現在の保持を直接証明することは困難である。そうかといって、この状況を放置することは、文書提出命令の制度の実効性を確保することを通じて証拠収集手続の拡充をはかった現行法の基本理念を、相手方の「不所持」の主張によって覆されかねない。

2　文書の一応の所持の法理

(1)　**学説**　そこで、「所持」の証明を厳格に要求する場合の証明困難を克服するために、上記の②の立場のような、現在の「不所持」の事実の証明負担を相手方に課す「文書の一応の所持の法理」というべき法技術が継続的に形成されてきた。しかし、その内容は一義的なものではなく、上述した証明責任の所在や範囲とも関係して、おおむね次のように分類することができる。すなわち、まず、ⓐ証明責任転換説、として、文書の作成、または、文書を保持するに至った事情などの過去の文書の保持から現在の保持が推定され、相手方が推定を覆す文書の紛失、廃棄の事実を証明しなければならないとする見解がある[31]。次に、ⓑ事実上の推定説、として、過去の保持の事実から、相手方が紛失等の事実を証明（反証）しない限り、現在の保持が推認されるとする見解がある[32]。さらに、ⓒ所持擬制説、として、法令の定める保存期間内の文書については、当然それが作成・保存されているものとみなし、特にそれが滅失したと認められない限り「所持」が認められるとする見解がある[33]。これらの見解に対して、ⓓ推認消極説、として、文書の性質または内容、保管のあり方、時間の経過等に照らして「所持」を推認すべきで

---

31)　前掲注 26）東京地決昭和 51 年 6 月 30 日は、「一応推定できる」との推定法則が働くことを認める。また、文書の作成と保持については申立人が立証責任を負い、紛失や滅失により保持を喪失したことについては相手方が立証責任を負うとするものに、松山地決平成 23 年 1 月 21 日消費者法ニュース 87 号 84 頁、菊井＝村松・前掲注 5）626 頁、門口編・前掲注 11）93 頁〔萩本〕がある。

32)　前掲注 10）福岡高決平成 8 年 8 月 15 日、西村・前掲注 6）242 頁、兼子ほか・前掲注 5）1223 頁〔松浦＝加藤〕、秋山ほか・前掲注 5）429 頁、和久田・前掲注 6）539 頁。

33)　診療録につき、前掲注 26）大阪高決昭和 56 年 10 月 4 日、吉村＝小島編・前掲注 4）101 頁〔野村〕。須藤・前掲注 6）603 頁は、経験則の確実性に照らせば、過去の保持を示す具体的事実として診療行為を受けた事実を主張・立証すれば足りるとする。

あり、これらを経験則として過剰に重視することや、過去の保持から画一的な推定を認めることには消極的な立場[34]もある。

ⓐとⓑとは、推定または推認という用語の理解の差にすぎないという見方もありえようが、証明責任の転換をはかり立証命題の変更を伴うのがⓐ説、「証明すべき」とはいうものの経験則に基づく裁判官の自由な証拠評価の建前を堅持し、申立人説による原則的な証明責任を転換するには至らないとするのがⓑ説である。そして、当該文書の性質や一定の管理体制の存在に左右されるが、過去の保持も現在の保持も擬制されるとして、申立人の証明負担を軽減するものがⓒ説、これに対して、事実上の推定の援用が形式的判断に陥ることに警鐘を鳴らし、慎重な認定を要するとするのがⓓ説と、それぞれの特徴をあげることができる。

(2)　考察　文書の「所持」についての申立人の証明困難からの解放と、相手方の防御権保護との均衡という観点からは、申立人が前提事実について本証をし、相手方が前提事実について反証をするか、推定をくつがえす事実について本証をすることによって、証明責任の所在と範囲を画するⓐ説が説得的である[35]。そして、この立場は、上述した「所持者」概念について提出における支配性を重視する支配説の立場にも親和的である。確かに、ⓑ説も同様の考慮に基づくものであるが、過去の保持から、反証なき限り現在の保持が事実上推定されるという理論構成は、「ある者がある時点である文書を所持していたならば、特段の事情なき限り、その後も引き続きその文書を所持している可能性がある」[36]という経験則に依拠するとはいうものの、結局のところ、事実上の推定を「隠れ蓑」にして、法律上の推定と同様の立証命題の変更という効果を狙っているものといわざるを得ず、積極的な支持が躊

34)　須藤・前掲注 6) 604 頁が示唆するところである。また、本稿とは直接は関係がないが、いわゆる沖縄密約文書の不開示決定の取消請求に対する最判平成 26 年 7 月 14 日判時 2242 号 51 頁の立場が、これにあたる。

35)　ⓐ説の立場は、文書提出命令の発令に際して、文書の存在または「所持」の証明について、あまり厳格に解すべきではないということを着想の基礎に置く。菊井維大＝村松俊夫・民事訴訟法 II［初版］（日本評論社・1964）383 頁、小林秀之「文書提出命令をめぐる最近の判例の動向（三）」判評 267 号（1981）143 頁、吉村＝小島編・前掲注 4) 99 頁〔野村〕。

36)　須藤・前掲注 6) 600 頁。ZPO が提出尋問手続を定める趣旨は、先に述べたように文書の所在について裁判所に認識を与えることにあるが、ある時点からの所持の存続の推定を争うための機会を付与することにあるという見解もある。*Wieczorek/Schütze*, a. a. O. (Anm. 13) Bd. 6. S. 728, 732 [Arens].

躇われる。これらの見解との対比において特徴的なのがⓒ説であり、この見解は、ⓐ説における前提事実である過去の保持についてもその証明負担から申立人を解放するものである。もっとも、ⓒ説は、診療録のように、作成と保存が法令上義務づけられている特定の文書には適していても、その前提を欠く文書については当てはまらないという制約がある。そして、ⓒ説の立場は、ⓐ説以上に文書の「所持」についての申立人の証明負担の軽減をはかるものであるが、その一方で、申立人が「所持者」を調べずにする、あてずっぽうの申立て、あるいは、根拠の希薄な文書提出命令の申立てを誘発するという懸念はありうる。したがって、この立場は、申立人の利益に偏しているといわざるを得ず、その一方で「所持者」が文書提出命令の名宛人として審尋の対象とされ、場合によっては即時抗告の場で争うことを余儀なくされるなど、一定の手続的な拘束を受けるという審理負担については重視していないように思われる[37)]。

(3)　「所持」を推認する事情　　それでは、このような「文書の一応の所持の法理」を必要ならしめ、正当化する事情はどこにあるか。理論的な根拠はひとまず措き、主として裁判例において「所持」の推認を認めるに至った事情について整理しておく。これには、広い意味での文書の管理体制に着目するものと、「所持者」とされた相手方の態度に着目するものがある。

まず、前者に関連して、文書が法令上の保管期間内にあることを指摘することができる。この点は、ⓒ所持擬制説がもっとも重視する点である。たとえば、医療過誤訴訟において診療録の開示が求められた場合、医師法24条の定める保管期間内であれば、医師の診療を受けたことで診療録が保存されていると一応推定することができ、この期間を経過したものについては、この推定法則は働かないとするものがある[38)]。また、この点は、過払金返還請求訴訟において取引履歴の開示が求められた多くの事例において、保管期間

37)　もっとも、菊井＝村松・前掲注35) 383頁のほか、ⓐ説を支持する前掲注35）の見解も、文書提出命令の発令自体では「所持者」に対して大きな不利益が及ぶわけではなく、文書提出命令に従わない場合の制裁によって大きな不利益が生ずることから、制裁の適用に際して文書提出命令に応じない理由について慎重な審理をすればよいとする。これらの見解もまた、文書提出命令手続自体への「所持者」の拘束に対しては、やむを得ないとするものである。

38)　前掲注26）東京高決昭和51年6月30日。また、須藤・前掲注6）603頁は、保存期間の経過は診療録作成の事実には影響はないが、保存の事実には少なからず影響を与え、推認の程度が弱まるとする。

内のものについては、提出するか少なくともその保持を争わない一方で、保管期間外のものについては、提出義務を争うことに先駆けてさしあたりその保持を争うという相手方の戦術にも反映されている。

前者については、さらに申立人と相手方との間の取引など一定の法律関係が継続していることを指摘することができる。過払金返還請求訴訟の多くの事例では、記録廃棄計画と称して、保管期間が経過した分についてはコンピュータの負荷や管理コストの増大を理由に順次廃棄すること等を定めた社内規程を策定し、それに則って廃棄したとの主張がなされる[39]。しかし、申立人との取引が存続していたり、または、その終了直後の場合には、取引履歴を自動消去することは通常考えられないことから、「所持」が推認されるとする[40]。

次に後者については、相手方が文書の存在および所在について十分な調査を行わないこと、調査内容について合理的かつ納得のいく説明がなされないことを指摘することができる[41]。確かに、文書の存在について入念な調査を求められているにもかかわらず、それを行わないか、合理的かつ納得のいく説明がなされない場合、実は文書が存在するということを推認させる。したがって、ⓑ事実上の推定説において、文書の過去の保持（文書の作成）が申立人の主張により認められれば、相手方に入念調査を求め、相手方がそれに十分に応じない場合には「所持者」であることを認めて文書提出命令を発令するという見解も説得力をもちうる[42]。このような経験則を法規化したともいえる例がZPO426条であるが、このような明文規定を欠く現行法の下でも、訴訟の相手方当事者に対しては口頭弁論期日における意見聴取、第三者に対

---

39)　東京高決平成15年12月26日（判例集等未登載）、大阪高決平成16年7月23日（判例集等未登載）は、コンピュータの自動消去プログラムによって消去されたとの主張を展開するが認められなかった事例である。

40)　名古屋高決平成17年5月24日（判例集等未登載）、大阪地決平成17年7月25日（判例集等未登載）ほか。

41)　たとえば、東京地判平成26年2月28日（判例集等未登載）は、相手方が文書の保持を争った場合には、「保管状況や廃棄等の経緯につき真摯な調査を行い、その調査方法や調査結果等について具体的かつ客観的に説明を尽くすことが必要である」とし、「真摯な調査や具体的かつ客観的な説明を行わない場合には、取引履歴が廃棄されたものと認めることはできず」相手方は「現在もどこかに保管しているものと推認するのが相当である」とする。

42)　前掲注10）福岡高決平成8年8月15日、兼子ほか・前掲注5）1223頁〔松浦＝加藤〕、中野貞一郎＝松浦馨＝鈴木正裕編・新民事訴訟法講義［第2版補訂版］（有斐閣・2006）325頁〔春日偉知郎〕がある。

しては必要的審尋の規定が、相手方の入念調査義務を肯定する一応の解釈論的基礎となりうる。そのため、ⓐ証明責任転換説として、相手方が入念調査義務を果たした場合には、「所持」が認められずに申立ては却下され、相手方が調査義務を果たさなかった場合には、入念調査義務違反の効果として「所持」が法律上推定されると解することも可能であろう[43)]。いずれにしても、調査を尽くしたかどうかの判断過程では、文書の過去の保持以降における管理体制、保管期間、または、文書の喪失に至った事由などの主張、立証が展開されることになろう。たとえば、過払金返還請求訴訟において、自動消去プログラムによって保管期間を経過した取引履歴を順次廃棄した旨の主張をした場合であっても、当該プログラムの存在と内容を十分に示すことができず、主張に変遷がみられるようなときは、入念調査義務を果たしていなかったと評価することができよう。

(4)　相手方の真実義務　このような入念調査義務を梃子としてⓐ証明責任の転換を導くことができたとしても、そもそも入念調査義務の存在を正当化する理論的根拠はどこにあるか、検討を要しよう。文書の「所持」が、文書提出命令という裁判の名宛人としての適格性を決定する重要な要素であり、かつ、相手方が「所持」を認めた場合にはそれ以上に真偽は問題とならないという性質に鑑みると、その後の手続を大きく左右する相手方の態度決定には一定の手続的制約があるといえる。すなわち、文書提出命令の申立ての相手方として指名された当事者および第三者は、裁判所に対して、主観的真実に反する虚偽の陳述をすることは許されないという意味での真実義務を負っているということができる[44)]。仮に「不所持」の主張をするのであれば、入

---

43)　私見では、ⓐ証明責任転換説が妥当であると考えるが、この理解が文書の使用妨害を定めた民事訴訟法224条2項および3項と整合的かどうかは検討を要する。というのも、これらの規定は、挙証者の相手方が訴訟における使用を妨げる意図で文書を滅失したことを要件とするため、不所持の理由が文書の廃棄にあった場合にこの事実の証明責任を所持者に課すことが妥当かどうか、とりわけ第3項により、これらの事実の証明が要件事実の証明に代替する効果を付与されているものである以上、挙証者の証明負担の軽減には慎重になるべきと考えられるためである。もっとも、文書の廃棄（使用妨害）の事実の証明負担を緩和しても、なお使用妨害の意図の証明責任を挙証者が負う以上、文書の「所持」についての証明責任転換説とこれらの規定との整合性は維持されているものと現時点では考えている。

44)　訴訟上の提出につき主観的真実からの乖離を禁止する真実義務を肯定し、それを訴訟資料蒐集の面に発現する信義誠実の原則を主体的に観念したものととらえるものに、中野貞一郎「訴訟における真実義務」民事訴訟法・執行法の世界（信山社・2016）65頁〔初出、「真実義務」末川博先生古稀記念・権利の濫用（中）（有斐閣・1962）300頁〕がある。

念に調査した上でしなければならないという規律もまた、主観的真実に反して所持について虚偽の陳述をしてはならないということから導かれる。このことは、入念調査義務を定めるZPO426条の前身が、相手方に文書の所在と意図的な廃棄ではないことを宣誓させて、安易な「不所持」の主張を牽制しつつ文書の提出を可能とした提出宣誓制度（Editioneid, 1933年ZPO改正前のZPO426条）[45]であったことからも裏付けられるものと考えられる。

3　証明の程度

（1）**ドイツ法**　文書の「所持」についての証明の程度について、ドイツ法は、対当事者の文書提出命令に際して提出義務の原因について疎明を要するとしながらも（ZPO424条5号）、「所持」については疎明を要するとしてはいない。もっとも、このことは、「所持」を争わない場合には「所持」が認められたものとして文書提出命令を出すことができるため疎明を要しないとするものであり、所持を争った場合には、別途期日を指定した提出尋問手続が実施されることから、求められる証明の程度は証明となる。そして、対第三者については、慎重な対応が求められることから、職権による場合も、申立てによる場合も疎明が要求される（ZPO430条）。

（2）**証明説と疎明説**　一方のわが国においては、証言拒絶事由についての疎明（民訴198条）のような明文上の規定が文書提出命令の裁判については存在せず、そもそも証明と疎明を区別する一般的基準を立てることには困難を伴うことから、証明を要求する説（以下、「証明説」という）と、一応確からしいという程度の疎明で足りるとする見解（以下、「疎明説」という）とが対立する[46]。裁判例においても「所持」の証明に求められる真実性の程度について考え方は分かれており、疎明説に立つ裁判例も見受けられる[47]。そして、申立人の証明負担の軽減を志向するこの立場は、学説上も一定の支持を集めているとみられる[48]。

45）Vgl. *Musielak,* a. a. O. (Anm. 13) S. 1437 [Huber].

46）兼子ほか・前掲注5）1072頁〔松浦＝加藤〕。

47）東京高決平成24年4月17日資料版商事法務339号192頁は、その原決定とともに疎明説に立ち、申立人において相手方の所持の疎明を要し、所持が事実上推定される場合には、相手方において反証として不所持の疎明を要するとする。

48）文書の所持に限ったものではないが、実体的権利関係の確定のための前提事実とは異なる手続派生事項の認定については、証明ではなく疎明により相当程度の蓋然性が認められれば足りるとい

これに対して、証明説に立つ裁判例は、次のように述べる。すなわち、「文書の所持の証明の程度も、提出命令不遵守の効果が極めて大きいことにかんがみると、当該文書が相手方の占有に存することの心証（確信）を得る程度に至る必要があるというべきである」とする[49]。この裁判例は旧法下の法状況を前提とするものであるが、民事訴訟法224条3項および同法225条1項によって文書提出命令の不遵守の効果が厳格化された現行法下においては、より確実な証明が求められているといえよう。

Ⅳ　おわりに

以上、文書の「所持」および「所持者」概念について、その内容を明らかにするとともに、それに関わる証明上の諸問題について若干の検討を行った。もっとも、文書提出命令の裁判における「所持」および「所持者」の法的な位置づけに関して冒頭で示した問題意識について、十分な回答ができたというわけでもなく、また、証明上の諸問題についても従来の学説で述べられていたことを整理し直したにすぎない。このような拙い論稿ではあるが、めでたく古稀を迎えられた徳田先生の学恩に心より感謝しつつ、謹んで献呈する次第である。

【付記】
本研究は、平成27年度JSPS科研費（基盤研究（c）・15K03231）の助成を受けたものです。

う一般的命題を支持する見解は有力である。たとえば、伊藤眞・民事訴訟法［第4版補訂版］（有斐閣・2014）333頁。

49）　前掲注10）福岡高決平成8年8月15日。

株主代表訴訟と文書提出命令
——神戸地裁平成24年5月8日決定を契機として

中島弘雅

Ⅰ 本稿の目的

民事訴訟法220条4号は、文書提出義務を一般義務化する一方で、提出義務を免れる文書の一つとして「自己利用文書」(同号ニ)を挙げている。そのため、基本事件(本案訴訟)の一方当事者から提出命令の申立てがなされた当該文書が、「自己利用文書」に該当するか否かという形で、提出義務の有無が争われる事件が少なくない。

この問題に関するリーディング・ケースとされているのが、最2小決平成11年11月12日(後掲【1】決定)である。同決定は、提出命令の申立てにかかる文書が「自己利用文書」に該当するための一般的基準として、ⓐ専ら内部の利用に供する目的で作成され、外部に開示されることが予定されていない文書であること(外部非開示性)、ⓑ開示によりプライバシー侵害や自由な意思形成の阻害など所持者にとって看過しがたい不利益が生ずるおそれがあること(看過しがたい不利益性)、ⓒ自己利用文書該当性を否定すべき「特段の事情」のないこと(特段の事情の不存在)という3要件を挙げ、この三つの要件を満たす場合には、当該文書の提出義務を否定するという判断準則を提示した。

この準則は、株主代表訴訟(会社847条1項3項)において会社の内部文書につき提出命令が申し立てられた場合にも適用されている。最高裁で、その点が最初に争われたのが、最1小決平成12年12月14日（後掲【2】決定）である。同決定は、Y信用金庫の会員Xが元理事長Aを相手に提起した会員代表訴訟（信用金庫39条の4、会社847条1項3項）において、XがY信用金庫の所持する「貸出稟議書」につき文書提出命令を申し立てた事案で、前記ⓐとⓑの要件につき、本件事案に基づく具体的検討を行うことなく、いとも簡単に、本件貸出稟議書は、特段の事情がない限り「自己利用文書」に当たると述べ、直ちに「特段の事情」の検討に入っている。そして、「特段の事情」とは、提出命令の申立人がその対象である貸出稟議書の利用関係において所持者と同一視することができる立場に立つ場合をいうとした上で、申立人Xは、本件文書の閲覧・謄写を求める権利を有しておらず、会員代表訴訟は会員が会員の地位に基づいて追行するものにすぎず、会員として閲覧・謄写することができない書類を信用金庫と同一の立場で利用できる地位を付与するものではないから、Xを稟議書の利用関係においてY信用金庫と同一視できないと述べ、ⓒの「特段の事情」は認められないとして提出義務を否定した。

これに対し、比較的最近の神戸地決平成24年5月8日（金判1395号40頁）は、Y会社の頓挫したMBO（マネジメント・バイアウト）の実施に関係した取締役の責任を追及する株主代表訴訟で、株主XがY会社の所持する内部文書について提出命令を申し立てた事案において、ⓐとⓑの要件についてはともに肯定しつつも、本件文書については、その開示によって文書の所持者に看過し難い不利益が生ずるおそれがないとする「特段の事情」があり、ⓒの要件を欠くとして提出義務を肯定した。しかも、その際に、神戸地裁決定は、本件の基本事件（本案訴訟）が株主代表訴訟であり、本件内部文書がいずれも第三者委員会の調査や本件提訴請求にかかる検討における資料として使用され、本件MBOの手続過程の適正性を検証するために必要な文書であるという点を提出義務を肯定する根拠の一つとしている。この点は、最高裁平成12年決定が、その基本事件が会員（株主）代表訴訟であることに全く注意を払っていないのと対照的であり、その意味で、この神戸地裁決定は、下級審裁判例ではあるものの、極めて注目すべき裁判例である。

そこで、本稿では、まず最初に、この神戸地裁決定の事案と決定要旨とを紹介した後、神戸地裁決定の「自己利用文書」該当性に関する判断が、従来の他の裁判例とどのように異なるのかを明らかにするともに、基本事件（本案訴訟）が株主代表訴訟である場合の会社内部文書の「自己利用文書」該当性に関する判断のあり方について、若干の検討を行うことにしたい[1)]。

Ⅱ　神戸地裁平成 24 年 5 月 8 日決定

1　事案の概要

本件の基本事件（本案訴訟）は、Y 社（シャルレ）の株主 X（原告）が、①Y 社における本件 MBO の実施に際して、Y 社の代表取締役 Z_1・取締役 Z_2 に、本件 MBO の買付者側の取締役として買付価格算定に介入する等の利益相反行為があったこと、②Z_3、Z_4、Z_5 は、社外取締役として、Z_1 らの行為を監視して、①の利益相反行為を阻止すべきであったのにこれを怠ったこと、③Z_3 らが、Z_1 らの利益相反行為に基づいて形成された買付価格による公開買付けに賛同する旨の意見表明を行ったこと、④Z_3 らが、その意見表明において Z_1 らの利益相反行為があったこと、Y 社が法律顧問の法律意見書の受領を拒否したことを公表しなかったことは、取締役としての善管注意義務・忠実義務に違反しているとして、Z_1 らおよび Z_3 らを被告として提起した株主代表訴訟である。本案訴訟の中で、X は、Y 社の所持する本件申立文書（別紙文書目録 1-1〜1-6、1-8〜1-18 および別紙文書目録 2-1〜2-14）につき提出命令を申し立てた。

文書提出命令申立ての理由は、基本事件では Z_1 らの善管注意義務・忠実義務違反等により Y 社に生じた損害の有無・額が争点となっており、本件申立文書について証拠調べの必要性があることを前提に、本件申立文書は、民事訴訟法 220 条 4 号ハ（職業の秘密文書）にも同号ニ（自己利用文書）にも該当せず、Y 社には提出義務があるという点にある。これに対し Y 社は、本

1）　神戸地裁平成 24 年 5 月 8 日決定に注目し、株主代表訴訟と文書提出命令の問題について論じた研究として、川嶋四郎「株主代表訴訟と文書提出命令」川嶋四郎＝中東正文編・会社事件手続法の現代的展開（日本評論社・2013）61 頁以下がある。また、神戸地裁決定に関する筆者自身の評釈として、中島弘雅・ビジネス法務 2013 年 6 月号 153 頁・7 月号 150 頁（2013）がある。しかし、評釈では論じ足りなかった点があるので、本稿で改めて株主代表訴訟と文書提出命令の問題について検討することにしたい。その点を諒とされたい。

件申立文書の一部につきその存在を争った上、その残部につき、証拠調べの必要性はなく、また、当該文書は、「職業の秘密文書」あるいは「自己利用文書」に該当するので、Y社には提出義務はないと主張して争った。

本決定理由中最も重要な部分は、本件申立文書のうちの「本件内部文書」が「自己利用文書」に当たるとしながらも、結論として提出義務を認めた点である。本件で問題となった「内部文書」とは、具体的には、①Y社の役員ミーティング関係資料（1-1、1-2、1-5および1-6）、②Y社の株価算定資料の一部（1-4、1-9～1-11）、③Y社の代表取締役 Z_1 受発信にかかるメール（1-8）、④Y社の中期利益計画試算経過（1-12）、⑤Y社の元執行役作成の社外取締役宛資料（1-17）のうち本件MBOに関する提案書を除く文書である。本決定は、次のように述べて、本件文書の一部につき、Y社に提出を命じた。

2　決定要旨

(1)　本件内部文書は、「いずれも、Y社の内部におけるミーティングにおいて議論するための資料であったり、その会議の結果であったり、役員間の情報交換や意見交換を示す文書であり、いずれも、Y社が法令上の保存義務を負っている文書ではない……。したがって、上記各文書は、いずれも、専らY社内部の者の利用に供する目的で作成され、外部の者に開示することが予定されていない文書である」。

(2)　「本件内部文書は、Y社における本件MBOの検討資料として業務の遂行上作成され、非公式の役員ミーティングにおける意見等が記載されたもの、Y社の担当者間のメール交換において表明された意見等が記載されたもの、Y社の当時の利益計画やその試算経過が記載されているもの、本件改善計画書に関する資料及び問題点の指摘が記載されたものであり、これらが開示されると、一般的には、Y社におけるMBOの遂行が阻害されるおそれがあり、また、Y社内部における自由な意見表明に支障を来し、Y社の自由な意思形成が阻害されるおそれがあ」り、「本件内部文書は、いずれも、類型的には、その開示により所持者であるY社に看過し難い不利益が生ずるおそれがある文書であるといい得る」。

(3)　しかし、(ア)「MBOは、株式会社の経営陣等が株式を買い取って株式会社の経営権を把握する手法であり、売る側（株主）と買付側（経営陣等）とは、本質的に利益相反の関係にある上、情報格差も大きいことが一般的である。そのため、MBOにあっては、手続過程の透明性、合理性を確保する必要があるとされている……。そうすると、その手続過程の透明性を確保するためには、将来、当該MBOが適正にされたか否かの検証を行うことができる態勢が必要であり、当該MBOの手続過程における意見を含めた資料等が将来の検証の資料とされることが求められる。もっとも、その結果として、当該MBOの手続過程における意見が開示され、自由な意見交換や意見表明等に心理的な制約が生ずることとなるが、このような制約は、MBOの上記特質に照らして一定程度受忍されなければならないというべきである。」「一件記録によれば、基本事件は、本件MBOにおける手続過程について直接の利害関係を有するY社の株主であるXが、本件MBOの買付者側である被告Z_1ら及び本件MBOにおいてY社を代表して買付者側と交渉していた被告社外取締役Z_3らに対し、被告Z_1らによるY社の本件MBOの意思形成過程への不適切な介入行為に関する責任を追及するとして提起した株主代表訴訟であり、本件MBOが適正にされたか否かを訴訟手続において検証することが求められている。そして、本件内部文書は、いずれも、本件第三者委員会の調査や本件提訴請求に係る検討における資料として使用されており、本件MBOの手続過程の適正性の検証に必要な資料というべきである。」（イ）「一件記録によると、①本件MBOは、Y社が、本件第三者委員会による調査結果及び本件社内調査結果等に基づいて、本件公開買付けに賛同できない旨の最終意見を表明したことにより頓挫したこと、②役員ミーティング関連資料等を調査資料とする調査の結果、被告Z_1らによる本件MBOに係るY社の意思形成過程への不適切な介入行為が具体的に指摘され、これが本件調査報告書、本件最終意見書及び本件改善報告書によって公表されていること、③上記②の各調査結果の公表後、Xが被告Z_1らに対して本件MBOが頓挫したことの経営責任を追及した結果、被告Z_1らはY社の取締役を辞任し、被告社外取締役Z_3らもY社の社外取締役を退任し、役員ミーティング関連資料を作成した執行役も退任したこと、④本件MBOが頓挫してから3年以上が経過し、Y社の経営体制や経営状態も変化していることが認められる。これらの事情に鑑みると、現時点では、今後、Y社において、本件MBOと同様のMBOが再度実施される可能性があるとは考え難い。そして、このような状況に至った段階で、本件MBOに関与したY社の元役員らの本件MBOに関する当時の意見、Y社内部での協議内容並びにY社の当時の利益計画及びその関連資料が開示されたとしても、今後、Y社における会議の円滑な運営が妨げられたり、Y社が買付者側との交渉において不利な立場に置かれたり、買付者側との関係が悪化したりする等、Y社が、本件MBO又はそれと同様のMBOに関して懸念する事態が生じるおそれがあるとは考えられず、また、今後、開示をおそれて自由な協議や意見表明が妨げられる雰囲気や傾向を醸成させるとも考え難い。」したがって、本件では、「本件内部文書が開示されても、所持者であるY社に看過し難い不利益が生ずるおそれがないとする特段の事情があるといえる。」

Ⅲ　「自己利用文書」該当性に関する最高裁の判断枠組み

1　最高裁平成11年11月12日第2小法廷決定

提出命令の申立てにかかる文書が、「自己利用文書」に該当するか否かを判断する際の判断準則を最初に提示したのは、先に紹介した【1】最2小決平成11年11月12日（民集53巻8号1787頁）[2]である。

この事件は、亡Aの承継人であるXが、Y銀行の支店長がリスクの高い証券投資をAに勧め、過剰な融資を実行し、金融機関が負う顧客の資金運用計画についての安全配慮義務に違反したとして、生前AがYから6億5000万円の融資を受けて有価証券取引に投資した結果生じた多額の損害について損害賠償を求めて提起した訴訟において、Xが、有価証券取引によって貸付金の利息を上回る利益をあげることができるとの前提でYの貸出稟議が行われたこと等を証明するためであるとして、Yの所持する貸出稟議書[3]について提出命令を申し立てたものである。

2）【1】決定に関する解説・評釈として、小野憲一・最判解民事篇平成11年度（下）772頁、山本和彦・NBL679号（1999）6頁、川嶋四郎・法セ544号（1999）110頁、大内義三・金判1082号（2000）53頁、上野㤗男・リマークス21号（2000）131頁、同・百選［第4版］（2010）146頁、同・百選［第5版］（2016）146頁、加藤新太郎・NBL682号（2000）71頁、小林秀之・判評499号（判時1715号）（2000）27頁、山本克己・金法1588号（2000）13頁、大村雅彦・平成11年度重判解123頁、田原睦夫・民商124号4＝5号（2001）685頁、中島弘雅・百選［第3版］（2003）162頁、同・金判1311号（2009）16頁などがある。

3）　貸出稟議書とは、金融機関が融資をする際に相手方の資力や返済能力等を分析した結果とそれ

【1】決定は、前述のように、提出命令の申立てにかかる文書が「自己利用文書」に該当するための一般的基準として、ⓐ外部非開示性、ⓑ看過しがたい不利益性、そして、ⓒ特段の事情の不存在という3要件を掲げた上で、この基準を金融機関の貸出稟議書にあてはめ、結論として、本件貸出稟議書はこれらの要件をいずれも満たすとして提出義務を否定した。この【1】決定によって、金融機関の貸出稟議書については、原則として提出義務は否定されるが、「特段の事情」がある場合には、例外的に提出義務が肯定されるとの判例準則が定立された。

2　その後の最高裁判例の展開

(1)　**最高裁平成12年12月14日第1小法廷決定**　【1】決定が出て以後、貸出稟議書に関しては、この「特段の事情」の内容をどのように理解するかが学説上問題となった。基本的な考え方としては、①予想できない事態が将来発生しうることに配慮した最高裁の一種の決まり文句にすぎないとみる見解[4)]のほか、②最高裁が証拠としての重要性など個別事件における具体的な事情を衡量するための手掛かりを残したものとみる見解[5)]や、③株主代表訴訟等、一定の訴訟類型の差異を勘案する手掛かりを残したものとする見解[6)]、④当該事件における証拠としての重要性、代替証拠の有無等の訴訟上のファクターを考慮するための手掛かりとみる見解[7)]などが存在した。

このように学説が対立する中で、「特段の事情」の内容について最高裁が初めて判断したのが、【2】最1小決平成12年12月14日（民集54巻9号2709頁）[8)]である。同決定は、Y信用金庫の会員Xが会員代表訴訟の中で、

に基づく判断を記載した文書であって、融資の可能性について適正な判断を行うために金融機関の内部で用いることを目的として作成された文書である。このことにつき、伊藤眞「文書提出義務をめぐる判例法理の形成と展開」判タ1277号（2008）32頁参照。

4）　小野・前掲注2）784頁参照。

5）　小林・前掲注2）34頁、大内・前掲注2）58頁、大村・前掲注2）125頁。もっとも、かかる読み方に反対なのは、加藤・前掲注2）75頁、山本（克）・前掲注2）15頁、長谷部由起子「内部文書の提出義務」民事手続原則の限界（有斐閣・2016〔初出2001〕）49〜50頁。

6）　山本（和）・前掲注2）10頁。

7）　高橋宏志・重点講義民事訴訟法（下）［第2版補訂版］（有斐閣・2014）175頁。

8）　【2】決定の解説・評釈として、福井章代・最判解民事篇平成12年度（下）921頁、川嶋四郎・法セ558号（2001）112頁、山本和彦・金法1613号（2001）14頁、山本弘・リマークス24号（2001）118頁、三木浩一・平成12年度重判解118頁、高地茂世・法教250号（2001）114頁、奈良輝久・金判1311号（2009）22頁などがある。

Y信用金庫の所持する「貸出稟議書」につき提出命令を申し立てた事案において、「特段の事情」の検討をしているが、同決定の法廷意見は、ここにいう「特段の事情」とは、文書提出命令の申立人がその対象である貸出稟議書の利用関係において所持者と同一視することができる立場に立つ場合をいうと判示した上で、申立人Xは、本件文書の閲覧・謄写を求める権利を有しておらず、会員代表訴訟は会員が会員の地位に基づいて追行するものにすぎず、会員として閲覧・謄写することができない書類を信用金庫と同一の立場で利用できる地位を付与するものではないから、Xを稟議書の利用関係においてY信用金庫と同一視することはできないとしてⓒの要件該当性を否定した。もっとも、【2】決定には、金融機関の貸出稟議書は、当該金融機関が貸出を行うに当たり、組織体として意思決定の適正さを担保し、その責任の所在を明らかにすることを目的として作成されるものであるから、貸出稟議書は、貸出にかかる意思形成過程において重要な役割を果たすとともに、当該組織体内において、後に当該貸出の適否が問題となり、その責任が問われる場合には、それを検証する基本的資料として利用されることが予定されているものであるとする町田顕裁判官の反対意見が付されている。

(2)　「特段の事情」の内容に関する最高裁の立場　　株主（会員）代表訴訟には、会社の権利を原告株主（会員）が代位行使するという側面があり、株主（会員）代表訴訟における株主（会員）は、貸出稟議書の所持者にとって純然たる外部者とはいえないことから、代表訴訟では文書提出義務が認められやすいといわれていたが[9]、【2】決定の出現により、少なくとも最高裁が前掲③の見解を採るものではないことが明らかとなった[10]。

では、「特段の事情」の内容に関する最高裁の立場は、いかなる見解に立つものと解されるか。【2】決定の法廷意見は、【1】決定の提示したⓐとⓑの要件につき具体的な検討を行うことなく、「自己利用文書」該当性を認めているので、少なくとも②の利益衡量的な見解に立つとは考えにくい。また、【2】決定の法廷意見は、「特段の事情」とは、提出命令の申立人が文書の利用関係において「所持者と同一視できる立場」にあることをいうと述べてい

9）　小林秀之「貸出稟議書文書提出命令最高裁決定の意義」判タ1027号（2000）17頁、加藤・前掲注2）75頁、山本（和）・前掲注2）10頁。
10）　山本（和）・前掲注8）21頁、福井・前掲注8）931頁。

るが、そもそも立証者がそうした立場にあるのであれば、民事訴訟法220条4号の一般的文書提出義務に基づいて提出命令を求めるまでもなく、他のより効果的な手段を採りうる場合が多いと考えられる。というのは、まさに【2】決定の多数意見が、所持者と同一視することができる立場の例示として挙げる、挙証者が法令に基づき閲覧・謄写請求権を有する場合には、「自己利用文書」概念に煩わされることなく、民事訴訟法220条2号に基づいて文書の提出を求めることができるからである[11)]。そもそも「特段の事情」とは、代替証拠の不存在などにより争点解明のために当該文書が特に必要であること、すなわち、証拠としての高度の必要性と、当該文書の開示によって所持者が被る不利益などとを比較衡量した結果として認められる当該訴訟事件に固有の個別具体的な事情であると解すべきである[12)]から、【2】決定の「特段の事情」の捉え方には疑問がある。かくみてくれば、結局、【1】決定は、①の見解、すなわち、予期できない事態に備えるための一種の決まり文句として「特段の事情」という留保を付けたにすぎないとみるのが妥当ではなかろうか[13)]。

(3) **最高裁平成13年12月7日第2小法廷決定の特殊性**　そして、かかる立場は、最高裁が、貸出稟議書につき「特段の事情」の存在を初めて認めた【3】最2小決平成13年12月7日（民集55巻7号1411頁）[14)]においても何ら変更されていない。この事件は、経営破綻したA信用組合から事業の全部譲渡を受けたX（整理回収機構）が、Yらに対して貸金債権の支払い等を求めた本案訴訟において、YらがAの不法行為に基づく損害賠償請求権との相殺を主張し、右請求権の存在を証明するために、Xの所持する貸出稟議書につき提出命令を申し立てたという事案である。【3】決定は、本件貸出稟議書について「特段の事情」の有無を検討し、結論として「特段の事情」を認

---

11) 山本（和）・前掲注8）17～18頁、三木・前掲注8）120頁、高地・前掲注8）115頁、高橋・前掲注7）188頁注194)、川嶋・前掲注1）71頁、同・前掲注8）112頁など参照。

12) このことにつき、高橋・前掲注7）176頁、梅本吉彦・民事訴訟法［第4版］（信山社・2009）851頁注5）、小島武司・民事訴訟法（有斐閣・2013）532頁参照。

13) このことにつき、三木・前掲注8）120頁参照。

14) 【3】決定の解説・評釈として、杉浦則彦・最判解民事篇平成13年度（下）794頁、川嶋四郎・法教260号（2002）132頁、山本和彦・平成13年度重判解124頁、加藤新太郎・NBL739号（2002）72頁、上野泰男・リマークス26号（2002）130頁、同・金判1311号（2009）36頁、渡辺森児・法学研究76巻7号（2003）104頁などがある。

め提出義務を肯定したが、【3】決定の事案は、先行する【1】【2】決定の事案と異なり、文書の所持者と作成者が分離している点に注意する必要がある。すなわち、【3】決定では、「特段の事情」が認められる具体的な事情として、①文書の所持者Xが、法律の規定に基づき、経営破綻したAからその資産を買い取り、その管理・処分を行う整理回収機構であること、②本件文書の作成者Aは事業の全部をXに譲渡し清算中であって、将来Aが貸付業務を行うことはないこと、③文書の所持者が交代したのは、Aの経営破綻による事業譲渡に伴うものであることが考慮され、結論として、本件稟議書が開示されても、Xにおいて自由な意思形成が阻害されるおそれはないと判断されている。したがって、たとえば、通常の金融機関への事業譲渡の場合には、たとえそれが経営破綻に基づくものであっても、事業を譲り受けた金融機関のその後の貸付業務等の障害になりうるから、【3】決定の射程には入らない。また、事業を譲渡した金融機関がいまだ清算されておらず事業を継続している場合にも、貸出稟議書所持者の今後の業務の障害となりうる可能性があるので、【3】決定の射程外である。そのように見てくると、【3】決定は、最高裁が初めて金融機関の貸出稟議書について提出義務を認めたものではあるが、【2】決定と併せて読むと、最高裁は、当時「特段の事情」を極めて限定的に理解していることがよくわかる[15)]。その結果、金融機関の貸出稟議書については、【3】決定のような極めて限定的な場面、すなわち、貸出稟議書が開示されても、所持者において看過しがたい不利益が生じるおそれがないような場合にしか、提出義務を肯定しないという最高裁の判例法理が確立されたといえよう[16)]。

Ⅳ　貸出稟議書以外の文書に関する最高裁判例

1　提出義務を否定した裁判例

「自己利用文書」該当性に関する最高裁の以上の判断枠組みは、その後、貸出稟議書以外の文書に関してもそのまま機能している。かかる判断枠組みを用いて文書提出義務を否定した裁判例として、以下のものがある。

15)　このことにつき、山本（和）・前掲注14）125頁、田原・前掲注2）701頁。
16)　このことにつき、中島・前掲注2）金判1311号16頁以下参照。

まず、【4】最1小決平成17年11月10日（民集59巻9号2503頁）は[17)]、X（仙台市民オンブズマン）が、地方自治法242条の2第1項4号に基づき、仙台市長Yを被告として提起した、市議会会派Zが受領した政務調査費相当額の不当利得の返還を求める訴訟において、Xが、Z所属の議員がZに提出した（政務）調査研究報告書およびその添付書類（本件各文書）について、Zに対し提出命令を申し立てた事案である。【4】決定は、仙台市条例によると、市議会「議長は、収支状況報告書の内容を検査するに当たり必要がある場合は会派の代表者に対して証拠書類等の資料の提示を求めることができるとされて」おり、「この証拠書類等の資料に調査研究報告書が当たる場合があるとしても、それは、例外的に、議長の求めに従い、議長に対してのみ提示されるにすぎない」から、本件各文書は、各会派の内部にとどめて利用すべき文書であるとして、ⓐの外部非開示性要件を肯定した。また、ⓑの看過し難い不利益性要件についても、本件文書が開示された場合には、「所持者であるZ及びそれに所属する議員の調査研究が執行機関、他の会派等の干渉等によって阻害されるおそれがあ」り、「加えて、調査研究に協力するなどした第三者の氏名、意見等が調査研究報告書に記載されている場合には、これが開示されると、調査研究への協力が得られにくくなって以後の調査研究に支障が生ずるばかりか、その第三者のプライバシーが侵害されるなどのおそれ」があるとして、ⓑの要件も満たされるとした。

続く【5】最2小決平成22年4月12日（判時2078号3頁・判タ1323号121頁）は[18)]、名古屋市の住民Xらが、地方自治法242条の2第1項4号に基づき、名古屋市長Yを被告として、市議会会派Zが平成16年度に受領した政務調査費から会派所属議員に支出した金額相当額につき提起した不当利得返還請求訴訟において、Xらが、Zの所持する平成16年度分政務調査費報告

17)　【4】決定の解説・評釈として、長屋文裕・最判解民事篇平成17年度（下）817頁、川嶋四郎・法セ614号（2006）125頁、同・金判1311号（2009）172頁、駒林良則・民商134巻4=5号（2006）680頁、藪口康夫・平成17年度重判解137頁、山本浩美・判評579号〔判時1959号〕（2007）8頁、濵﨑録・法政研究74巻1号（2007）197頁、藤原淳一郎・自治研究83巻11号（2009）142頁などがある。

18)　【5】決定の解説・評釈として、川嶋四郎・法セ670号（2010）138頁、中山代志子・明治学院大学法科大学院ローレビュー13号（2010）109頁、林昭一・速報判例解説8号（2010）173頁、吉田栄司・民商143巻2号（2010）260頁、安達栄司・法の支配161号（2011）51頁、上脇博之・判評623号〔判時2093号〕（2011）10頁、堀野出・判例セレクト2010（II）129頁、河村好彦・法学研究84巻10号（2011）100頁、久末弥生・自治研究89巻12号（2013）107頁などがある。

書およびこれに添付された領収書（本件文書）について提出命令を申し立てた事案である。名古屋市の条例によると、政務調査費の交付を受けた会派の代表者は収支報告書を議長に提出しなければならず、収支報告書を何人も閲覧請求できるとされていたが、収支報告書に、個々の支出金額や支出先、当該支出にかかる調査研究活動を行った議員の氏名、当該活動の目的や内容等を具体的に記載すべきものとはされていなかった。また、議長は、政務調査費の適正な運用を期するため、収支報告書が提出されたときは、必要に応じ調査を行うことができるとされていたが、具体的に採ることのできる調査方法は、条例および規則では定められていなかった。このことを受け、【5】決定は、ⓐの外部非開示性要件につき、条例や規則が、会派の経理責任者に会計帳簿の調製、領収書等の証拠書類の整理およびこれらの書類の保管を義務づけているのは、政務調査費の適正使用につき各会派の自律を促すとともに、各会派の代表者が議長等の聴取に対して説明責任を果たすための基礎資料を整えることを求めたものにすぎず、議長等による調査の際に提出させることを予定していないから、本件文書は、ⓐの要件を満たすとした。また、ⓑの看過し難い不利益性要件についても、本件文書が開示されると、調査研究活動の目的、内容等が推知され、その調査研究活動が他の会派から干渉されるおそれがあり、加えて、調査研究活動に協力した第三者の協力が得られなくなったり、第三者のプライバシーが侵害されるおそれがあるとして、ⓑの要件も満たすとした。

さらに、【6】最3小決平成23年10月11日（判時2136号9頁・判タ1362号68頁）[19]は、自己の所属する単位弁護士会Zから戒告の懲戒処分を受けた弁護士Xが、懲戒処分は不当な目的で行われたと主張してY（日本弁護士連合会）を被告として提起した訴訟（懲戒処分に対する審査請求棄却裁決の取消訴訟）において、Zの綱紀委員会での議論を証明するためであるとして、①綱紀委員会の議事録のうち前記懲戒処分の議事に関する部分および②その議事に関して委員に配布された議案書につき、所持者Zに対して文書提出命令の申

19)　【6】決定の解説・評釈として、川嶋四郎・法セ695号（2012）130頁、濵﨑録・平成23年度重判解（2012）127頁、杉山悦子・民商146巻4＝5号（2012）483頁、林昭一・新判例解説Watch11号（2012）129頁、工藤敏隆・法学研究85巻10号（2012）137頁、竹部晴美・法と政治63巻4号（2012）159頁、伊東俊明・リマークス46号（2013）118頁などがある。

立てを行った事案である。【6】決定は、ⓐ外部非開示性要件につき、弁護士法は、綱紀委員会の議事録の作成・保存を義務づける規定を置いていないが、それは、弁護士会の自主性・自律性を尊重し、議事録の作成・保存に関する規律を弁護士会に委ねる趣旨であるし、弁護士会の会則等でも議事録を非公開としていることから、ⓐの要件は充足されるとした。また、ⓑ看過し難い不利益性要件についても、「本件議事録のうち審議の内容である『重大な発言の要旨』に当たる部分は、Z〔＝単位弁護士会〕の綱紀委員会内部における意思形成過程に関する情報が記載されているものであり、その記載内容に照らして、これが開示されると、綱紀委員会における自由な意見の表明に支障を来し、その自由な意思形成が阻害されるおそれがあることは明らかであ」り、綱紀委員会の審議の内容と密接な関連を有する本件議案書についても同様であるとして、ⓑの要件を肯定した。

2　提出義務を認めた裁判例

以上の諸判例に対し、提出義務を認めた裁判例として、以下のものがある。

まず、3要件のうち、ⓐ外部非開示性要件とⓑ看過し難い不利益性要件の該当性を正面から検討し、これを否定した最高裁判例として、【7】最2小決平成16年11月26日（民集58巻8号2393頁）[20]がある。本件は、生命保険会社Xが、損害保険事業を営み、経営破綻した相互会社Yを被告として、Yから虚偽の会計情報を提供されたことによりYに300億円の基金を拠出させられたと主張して提起した不法行為に基づく損害賠償請求訴訟において、Xが、Yの旧役員らが故意・過失により虚偽の財務内容を公表し、真実の財務内容を公表しなかったという事実を証明するためであるとして、Yの所持する本件調査報告書（保険管理人によって設置された弁護士・公認会計士を委員とする調査委員会が作成したもの）について提出命令を申し立てた事案である。【7】決定は、ⓐの要件につき、本件文書は、Yの破綻に関する旧役員等の

20）【7】決定の解説・評釈として、中村也寸志・最判解民事篇平成16年度（下）750頁、和田吉弘・法セ605号（2005）127頁、林道晴・NBL802号（2005）45頁、渡辺昭典・民商132巻6号（2005）892頁、上野㤗男・平成16年度重判解129頁、三木浩一・法学研究78巻7号（2005）92頁、松本博之・判評561号〔判時1903号〕（2005）39頁、濵﨑録・法政研究72巻2号（2005）119頁、石田満＝磯野直文・損害保険研究67巻4号（2006）217頁、浅井弘章・金判1311号（2009）40頁などがある。

経営責任を明らかにするために、保険業法に基づき設置された調査委員会が、法令上の根拠を有する命令に基づく調査の結果を記載し、保険管理人（保険業313条1項、241条参照）に提出した文書であって、Y内部で利用するために作成されたものではないこと、また、ⓑの要件につき、本件文書には、調査の目的からみて、Yの旧役員等の経営責任とは無関係の個人のプライバシー等に関する事項が記載されていないことを理由に、ⓐとⓑの要件該当性を否定し、提出義務を認めた。

次に、ⓐの要件を肯定したものの、ⓑの要件を否定し、提出義務を認めた裁判例として、【8】最2小決平成18年2年17日（民集60巻2号496頁）[21]がある。【8】決定は、銀行本部の担当部署から各営業店長に宛てて出された社内通達文書で、一般的な業務遂行上の指針等が記載された文書につき、本件「文書の作成目的や記載内容等からすると、本件各文書は、基本的には抗告人〔所持者たる銀行〕の内部の者の利用に供する目的で作成されたものということができる。しかしながら、本件各文書は、抗告人の業務の執行に関する意思決定の内容等をその各営業店長等に周知伝達するために作成され、法人内部で組織的に用いられる社内通達文書であって、抗告人の内部の意思が形成される過程で作成される文書ではなく、その開示により直ちに抗告人の自由な意思形成が阻害される性質のものではない。さらに、本件各文書は、個人のプライバシーに関する情報や抗告人の営業秘密に関する事項が記載されているものでもない。そうすると、本件各文書が開示されることにより個人のプライバシーが侵害されたり抗告人の自由な意思形成が阻害されたりするなど、開示によって抗告人に看過し難い不利益が生ずるおそれがあるということはでき」ず、「自己利用文書」に当たらないとして、文書提出義務を肯定した。

さらに、3要件のうちⓐの外部非開示性要件該当性を否定し、提出義務を

21）【8】決定の解説・評釈として、土谷裕子・最判解民事篇平成18年度（上）256頁、和田吉弘・法セ619号（2006）120頁、川嶋四郎・法セ622号（2006）120頁、山際悟郎・金判1246号（2006）8頁、日下部真治・金判1249号（2006）14頁、印藤弘二・金法1782号（2006）4頁、南波洋・金法1786号（2006）52頁、並木茂・金法1790号（2006）44頁、階猛・NBL830号（2006）23頁、三木浩一・法学研究79巻10号（2006）73頁、宮川聡・判評576号〔判時1950号〕（2007）18頁、山本克己・金法1812号（2007）71頁、名津井吉裕・平成18年度重判解132頁、林昭一・リマークス34号（2007）114頁、長屋幸世・北大法学論集60巻4号（2009）1頁、稲田博志・金判1311号（2009）44頁などがある。

認めた裁判例として、【9】最2小決平成19年8月23日（判時1985号63頁・判タ1252号163頁）が[22]ある。本件の本案訴訟は、介護サービス事業者Xが、同業他社Yの代表取締役Zに対し、ZはXの取締役であったにもかかわらず、競業避止義務に違反して同業他社（Y）を設立し、また、Xの顧客名簿を利用してXに関する虚偽の風説を流布するなどして不正にXの顧客を奪ったとして、不法行為に基づく損害賠償を請求した訴訟である。この訴訟においてXが、奪われた顧客の特定・損害額の確定のために必要であるとして、Yの所持する「サービス種類別チェックリスト」について文書提出命令の申立てをした。【9】決定は、本件リストは、Yが指定居宅サービス事業者として介護給付費等を審査支払機関に請求するために必要な情報をコンピューターに入力することに伴い自動的に作成されるものであり、その内容も、介護給付費等の請求のために審査支払機関に伝送される情報から利用者の個人情報を除いたもので、情報の請求者側の控えともいうべき性質のものにほかならず、本件リストの記載内容は第三者への開示が予定されていたものであり、ⓐの要件を満たさないとして、提出義務を肯定した。

【10】最2小決平成19年11月30日（民集61巻8号3186頁）は[23]、金融機関（銀行）の社内（内部）文書である自己査定資料（顧客情報）について、ⓐの外部非開示性要件を満たさないとして、提出義務を肯定した裁判例である。本件の本案訴訟は、Xらが、その取引先であるA社のメインバンクY銀行に対し、不法行為に基づく損害賠償を求めた訴訟である。Xらが、Yの詐欺行為および注意義務違反行為の立証のために必要であるとして、平成16年3月、同年7月および同年11月時点において、A社の経営状況の把握、同社に対する貸出金の管理および同社の債務者区分の決定等を行う目的でY

22）【9】決定の解説・評釈として、川嶋四郎・法セ636号（2007）122頁、安西明子・平成19年度重判解（2008）144頁、藪口康夫・リマークス37号（2008）123頁、坂原正夫・法学研究81巻10号（2008）100頁、名津井吉裕・民商139巻2号（2008）221頁、日下部真治・ひろば61巻9号（2008）62頁、越山和広・速報判例解説2号（2008）153頁、野島梨恵・金判1311号（2009）82頁などがある。

23）【10】決定の解説・評釈として、中村さとみ・曹時62巻4号（2010）127頁、和田吉弘・法セ639号（2008）115頁、中原利明・金法1823号（2008）5頁、長谷部由起子・金法1844号（2008）77頁、越山和広・速報判例解説2号（2008）161頁、畑瑞穂・平成19年度重判解145頁、松村和徳・判評603号〔判時2033号〕（2009）17頁、林昭一・リマークス38号（2009）122頁、我妻学・金判1311号（2009）48頁、酒井博行・北海学園大学法学研究44巻1号（2009）107頁、三木浩一・法学研究82巻6号（2009）195頁などがある。

銀行が作成・保管していた自己査定資料（顧客情報）について提出命令の申立てをした。【10】決定は、本件文書は、Yが、融資先A社について、検査マニュアルに沿って、同社に対して有する債権の資産査定を行う前提となる債務者区分を行うために作成し、事後的検証に備える目的もあって保存した資料であり、監督官庁による資産査定に関する検査において、資産査定の正確性を裏付ける証拠として必要とされているものであるから、Y自身による利用にとどまらず、Y以外の者による利用が予定されているので、ⓐの要件を満たさないとして提出義務を肯定した。

【11】最2小決平成26年10月29日（判時2247号3頁・判タ1409号104頁）[24]も、ⓐの要件を欠くとして、提出義務を認めた裁判例である。本案訴訟は、岡山県民Xが、地方自治法242条の2第1項4号に基づき、県知事に対して、県議会議員Yらが平成22年度に受領した政務調査費のうち、使途基準違反額に相当する額の不当利得返還をYらに請求することを求めた訴訟である。岡山県では、平成21年の条例改正により、県議会議員の政務調査費にかかる収支報告書には、1件当たりの金額が1万円を超えるものに限って領収書の写し等を添付して議長に提出しなければならない旨が定められ、それに伴い収支報告書だけでなく領収書の写し等も閲覧請求の対象となった。また、岡山県議会の政務調査費の交付に関する規程は、議員に対して、政務調査費の支出について、会計帳簿の調製および証拠書類等の整理保管ならびにこれらの書類の保存を義務づけていた。本件は、Yらが所持する平成22年度分の政務調査費の支出に関する1万円以下の支出にかかる領収書その他の証拠書類等および会計帳簿（本件各文書）について、Xらが文書提出命令を申し立てた事案である。【11】決定は、本件各文書については、条例上、議長への提出が義務づけられていなかったにもかかわらず、ⓐの外部非開示性要件を欠くとして、提出義務を肯定した。その理由として、【11】決定は、①地方自治法100条14項は、「普通地方公共団体は、条例の定めるところにより、その議会の議員の調査研究に資するため必要な経費の一部として、そ

24）【11】決定の解説・評釈として、川嶋四郎・法セ721号（2015）114頁、濵﨑録・平成26年度重判解133頁、藪口康夫・新判例解説Watch17号（2015）177頁、駒林良則・判評681号〔判時2268号〕（2015）2頁、内海博俊・民商151巻1号（2015）99頁、芳賀雅顯・法学研究88巻11号（2015）51頁などがある。

の議会における会派又は議員に対し、政務調査費を交付することができる。」と規定しているが、その趣旨は、政務調査費の使途の透明性を確保する点にあり、また岡山県の前記条例も、政務調査費によって費用を支弁して行う調査研究活動の自由をある程度犠牲にしても、政務調査費の使途の透明性を確保することを優先させるものであること、および、②県の条例において１万円以下の支出にかかる領収書の写し等について議長への開示を義務づけないと定めたのは、議員の調査研究活動の自由を優先させたものではなく、領収書の写し等の作成や管理等にかかる議員や議長等の事務負担に配慮する趣旨に出たものと解するのが相当であって、１万円以下の支出にかかる領収書の写し等についても、議長において前記条例に基づく調査を行う際に必要に応じて直接確認することが予定されていると解すべきであることを挙げている。

V　株主代表訴訟における「自己利用文書」と文書提出命令 ——神戸地裁決定の検討

1　神戸地裁決定と従来の裁判例との違い

文書提出義務を肯定した、以上の最高裁【7】〜【11】決定をここで整理しておくと、【7】決定は、【1】決定の提示した３要件のうち、ⓐの外部非開示性要件とⓑの看過し難い不利益性要件をともに否定して、提出義務を肯定したものである。これに対し【8】決定は、ⓐの要件は肯定しつつも、ⓑの要件を欠くとして提出義務を肯定したものである。他方、【9】〜【11】決定は、すべてⓐの外部非開示性要件を欠くとして、提出義務を肯定したものである。そして、いずれの裁判例も、ⓒの「特段の事情」について、一切説示していないという共通点がある。

これに対し神戸地裁決定は、３要件のうちⓐとⓑの要件を肯定し、本件文書は、類型的には提出義務が否定されるべき「自己利用文書」に該当すると判断しながらも、その開示によって所持者に看過しがたい不利益が生ずるおそれがないとするⓒの「特段の事情」があるとして、提出義務を肯定している。すなわち、神戸地裁決定は、まず、決定要旨（1）で、本件内部文書は、いずれも専ら所持者たるＹ社内部の者の利用に供する目的で作成され、外部の者に開示することが予定されていない文書であるとして、ⓐの外部非開示性要件を肯定した。次に、決定要旨 (2) において、本件内部文書が開示されると、一般的には、Y社におけるMBOの遂行が阻害されるおそれがあり、また、Y社内部における自由な意見表明に支障を来し、Y社の自由な意思形成が阻害されるおそれがあり、本件内部文書は、いずれも、類型的に、その開示により所持者たるY社に、ⓑの看過しがたい不利益が生ずるおそれがある文書に当たることも認めている。しかし、神戸地裁決定は、本件文書については、その開示によってY社に看過しがたい不利益が生ずるおそれがないとするⓒの「特段の事情」があるとして、提出義務を認めた。その際、神戸地裁決定は、その根拠として、決定要旨 (3) において、二つの理由を挙げている。

第1は、本件の本案訴訟は、Y社の株主Xが、本件MBOの買付者であるZ_1らおよび本件MBOにおいてY社を代表して買付者側と交渉していたY社の社外取締役Z_3らに対し、Z_1らによるY社の本件MBOの意思形成過程への不適切な介入行為に関する責任を追及する株主代表訴訟であり、本件内部文書は、いずれも、本件第三者委員会の調査や本件提訴請求にかかる検討における資料として使用されており、本件MBOの手続過程の適正性の検証に必要な資料であるという点である。

第2は、①本件MBOはすでに頓挫していること、②役員ミーティング関連資料等を調査した結果、Z_1らによる本件MBOにかかるY社の意思形成過程への不適切な介入行為が明らかとなり、そのことは調査報告書等で公表されていること、③Y社がZ_1らに対して本件MBO頓挫の経営責任を追及した結果、Z_1らが取締役を辞任し、またZ_3らも社外取締役を退任し、前記役員ミーティング関連資料を作成した執行役も退任していること、④本件MBOの頓挫からすでに3年以上が経過し、Y社の経営体制や経営状態も変化していることに鑑みると、現時点で、Y社が本件MBOと同様のMBOを再度実施する可能性があるとは考えがたく、かかる状況下で、本件MBOに関与したY社の元役員らの本件MBOに関する当時の意見、Y社内部での協議内容ならびにY社の当時の利益計画およびその関連資料が開示されたとしても、今後、Y社における会議の円滑な運営が妨げられたり、Y社が買付者側との交渉で不利な地位に置かれたり、買付者側との関係が悪化したりする等、Y社が、本件MBOまたはそれと同様のMBOに関して懸念する事態が生ずるおそれがあるとは考えられず、また今後、開示をおそれて自由な協議や意見表明が妨げられる雰囲気や傾向を醸成させるとも考えがたいという点である。

このように神戸地裁決定が、ⓒの要件にいう「特段の事情」の内容について、詳しく説示しているのは、前記【7】～【11】決定の事案では、ⓐやⓑの要件が欠けており、それだけで提出義務が否定されるため、それ以上にあえてⓒの「特段の事情」の内容について説示する必要がなかったのに対し、神戸地裁決定の事案では、ⓐとⓑの要件が肯定されるため、提出義務の存否について判断するには、ⓒの「特段の事情」の内容に触れざるを得なかったためである。

2 「特段の事情」の内容

もっとも、等しく株主（会員）代表訴訟において文書提出義務の存否が争われた事案でありながら、最高裁【2】決定の法廷意見は、ⓐとⓑの要件について、本件事案に基づく具体的検討を行うことなく、いとも簡単にその充足性を肯定した上で、ⓒの「特段の事情」の検討を行っている。そして、「特段の事情」とは、提出命令の申立人がその対象である貸出稟議書の利用関係において所持者と同一視することができる立場に立つ場合をいうとした上で、申立人Xは、本件文書の閲覧・謄写を求める権利を有しておらず、会員代表訴訟は会員が会員としての地位に基づいて追行するものにすぎず、会員として閲覧・謄写することができない書類を信用金庫と同一の立場で利用できる地位を付与するものではないから、Xを稟議書の利用関係においてY信用金庫と同一視できないことを理由に、ⓒの「特段の事情」は認められないとして、提出義務を否定した。株主（会員）代表訴訟には、会社（信用金庫）の権利を原告株主（会員）が代位行使するという側面があり、代表訴訟における株主（会員）は、貸出稟議書の所持者にとって純然たる第三者とはいえないにもかかわらず、【2】決定の法廷意見では、基本事件（本案訴訟）が会員（株主）代表訴訟であるという点が全く考慮されていない。というよりは、むしろ全く無視されている。

しかし、【2】決定の町田顕裁判官の反対意見が指摘しているように、貸出稟議書は、当該金融機関が貸出を行うに当たり、組織体として意思決定の適正さを担保し、その責任の所在を明らかにすることを目的として作成されるものであるから、貸出稟議書は、貸出にかかる意思形成過程において重要な役割を果たすとともに、当該組織体内において、後に当該貸出の適否が問題となり、その責任が問われる場合には、それを検証する基本的資料として利用されることが予定されている文書といえる[25]。その意味で、【2】決定の法廷意見が、貸出稟議書の提出義務の有無の判断に当たり基本事件の性格を全く考慮していない点には疑問がある[26]。

これに対し、神戸地裁決定は、前述のように、基本事件が株主代表訴訟であることを明確に意識して、本件内部文書の提出義務の有無を判断している。同じく株主（会員）代表訴訟において提出義務の有無が問題となった最高裁判例であるにもかかわらず、神戸地裁決定が、【2】決定を一切引用していないのは、そのためである。

神戸地裁決定の事案で提出命令の対象となった内部文書が、決定要旨(3)が指摘しているように、株主が、本案訴訟たる株主代表訴訟において、本件MBOが適正になされたか否かを検証するために必要不可欠な証拠資料であり、しかも、株主代表訴訟における株主が、本件内部文書の所持者にとって純然たる外部者とはいえないという点を考慮すると、神戸地裁決定が、本件内部文書につき提出義務を肯定すべき「特段の事情」の有無の判断に当たり、基本事件の性格を考慮した点は、きわめて妥当な判断であったといえる。

神戸地裁決定は、提出義務を肯定すべき「特段の事情」を認めるに当たり、以上の第1点とともに、第2点、すなわち、本件内部文書が開示されたとしても、それにより、Y社が、本件MBOまたはそれと同様のMBOに関して懸念する事態が生ずるおそれがあるとは考えられず、今後、開示をおそれて自由な協議や意見表明が妨げられる雰囲気や傾向を醸成させるとも考えがたいという点も重視している。決定要旨(3)が指摘しているように、すでに3年も前に頓挫した本件MBOに関与した当時のY社の役員らの意見や協議内容、当時の利益計画等が今更開示されたからといって、今後、Y社における会議の円滑な運営が妨げられたり、Y社が買付者側との交渉において

25）このことにつき、竹下守夫＝青山善充＝伊藤眞編集代表・研究会新民事訴訟法―立法・解釈・運用（有斐閣・1999）286頁〔竹下発言〕。加藤・前掲注2）75頁、川嶋・前掲注1）74頁など参照。
26）川嶋・前掲注1）69頁以下参照。

不利な地位に置かれたり、買付者側との関係が悪化したりする等の不利益が、Y社に生ずるおそれがあるとは考えにくい。したがって、神戸地裁決定が、「特段の事情」を認め、提出義務を肯定する根拠として、第2点を挙げているのも妥当である。

すでに見てきたように、最高裁【2】決定の「特段の事情」の捉え方にはそもそも疑問があり、また、【1】決定は、予期できない今後の事態に備えるための一種の形式的な決まり文句として「特段の事情」という留保を付けたに過ぎないと考えられる。これに対し神戸地裁決定は、明らかに「特段の事情」を、そのようなものとは考えておらず、本案訴訟の性質や、争点判断のための不可欠性、本件文書を開示することによる影響等を考慮するための手掛かりと考えている。しかし、前述のように、「特段の事情」とは、代替証拠の不存在などにより争点解明のために当該文書が特に必要であること、すなわち、証拠としての高度の必要性と、当該文書の開示によって所持者が被る不利益などとを比較衡量した結果として認められる当該訴訟に固有の個別具体的な事情であると解すべきであるから、その意味で、神戸地裁決定における「特段の事情」の使い方は、極めて妥当なものであったということができる。基本事件（本案訴訟）が株主代表訴訟であるといった点は、そうした「特段の事情」を認めるに際し考慮されるべき重要な一要素なのである。

Ⅵ おわりに

以上、本稿では、株主代表訴訟において会社の所持する内部文書に対し文書提出命令が申し立てられた場合につき、神戸地裁平成24年5月8日決定が、本件文書は、類型的には提出義務が否定されるべき「自己利用文書」に該当すると判断しながらも、その開示によって所持者に看過しがたい不利益が生ずるおそれがないとする「特段の事情」が認められるとして提出義務を肯定する注目すべき判断をしたのを受けて、基本事件（本案訴訟）が株主代表訴訟である場合の会社内部文書の「自己利用文書」該当性に関する判断のあり方について、若干の検討を行ってきた。長きにわたり学恩を賜ってきた徳田先生の古稀祝賀論集に、未熟な小稿しか献呈できないのは慚愧に堪えないが、筆者のお祝いの気持ちのみをお受け取りいただければ幸いである。

第　4　編

訴訟の終了・判決とその効力

訴訟終了判決に関する一考察

坂田 宏

Ⅰ はじめに

訴訟上の和解（民訴267条）は、訴えの提起（民訴133条）と被告への訴状の送達（民訴138条1項）によって当事者間に生じた訴訟係属について、裁判（訴訟却下判決、請求認容・棄却判決）によることなく当該訴訟を終了せしめる効力（訴訟終了効）を有するものであるが、周知のとおり、判例は、いわゆる制限的既判力説を採り、当該和解に瑕疵がないときは率直に既判力を肯定するとともに（最大判昭和33年3月5日民集12巻3号381頁）、要素の錯誤等のある場合には（最判昭和33年6月14日民集12巻9号1492頁）、和解無効を主張する者の選択により、期日指定の申立て（93条1項。大決昭和6年4月22日民集10巻380頁）、和解無効確認の訴え（大判大正14年4月24日民集4巻195頁）・請求異議の訴え（大判昭和14年8月12日民集18巻903頁）などの別訴提起、あるいは、再審の訴え（大判昭和7年11月25日民集11巻2125頁参照）のいずれの方法によっても、和解が無効であることの主張が可能であるとしている。

ところで、最高裁判所（以下、「最高裁」と略称する）第1小法廷は、先頃、訴訟上の和解が成立した後に被告から期日指定の申立てがあり、これについて口頭弁論期日を開いた後、第1審裁判所が訴訟終了判決をし、同じく被告からの控訴を受けた控訴審裁判所が当該訴訟上の和解が無効であるとの認定のもとに本案判決をした事案に対し、再度被告（控訴人）からの上告申立を受けて、訴訟上の和解が成立したことによって訴訟が終了したことを宣言する第1審判決に対し被告のみが控訴した場合と不利益変更禁止の原則、および、控訴審が、当該和解が無効であり、かつ、請求の一部に理由があるが第1審に差し戻すことなく自判をしようとするときの判決主文につき判断し、結果として、上告人（被告・控訴人）の控訴を棄却した判決をした（最判平成27年11月30日民集69巻7号2154頁。なお、最高裁判所民事判例集の判示事項を参照した。）1)。

本判決は、訴訟終了判決についての初の判例（しかも理論判例）であり、後にみる諸判例とも整合するものではあるが、訴訟上の和解が無効であるとする控訴人（被告・上告人）の主張が容れられたにもかかわらず、最高裁が控訴棄却と自判していることの（少なくとも表面的な）違和感が漂う事件でもある。以下では、訴訟上の和解に関与し、訴訟終了判決をした第1審裁判所、和解無効を認定し、本案判決をした控訴審裁判所における事案の特殊性を確認し、本判決の位置づけを検討し、これが諸判例と整合することを明らかにしたうえで、訴訟終了判決の法的性質、本件のような場合の不利益変更禁止の原則の適用関係、および、民事訴訟法307条ただし書の適用問題を中心として、問題を炙り出すこととする。

Ⅱ　本件事案と各審級の裁判所の判断

1　第1審裁判所（東京地方裁判所平成25年11月29日判決）

訴外（亡）Aは、本件建物を所有し、これを被告Yに賃貸していたが（期間は平成21年9月1日から平成23年8月31日まで。賃料は1ヶ月3万2000円）、平成23年10月19日に死亡した。原告Xは、Aの相続人であり、本件建物を相続した。原告Xは、本件賃貸借契約が、同年8月31日、合意解約ないし期間満了により終了した旨を主張し、被告Yに対し、所有権に基づき、本件建物の明渡しを求めるとともに、不法行為に基づき、1ヶ月3万2000円の割合の賃料相当損害金の支払を求めて、平成24年4月7日、本件訴えを提起した。

1）　判例批評として、越山和広「和解による訴訟終了判決に対する被告のみの控訴と不利益変更禁止の原則」新・判例解説Watch民事訴訟法No. 67（2016）、坂田宏「訴訟上の和解による訴訟終了宣言判決に対する被告のみの控訴と不利益変更禁止の原則」法教430号（2016）145頁がある。

第1審裁判所は、まず、2回の口頭弁論期日を行い、その後、4回の和解期日を経て、本件を弁論準備手続に付し、平成25年2月19日の第3回弁論準備手続期日において弁論準備手続を終結し、同年4月26日に、第3回口頭弁論期日（証人・被告本人尋問期日）を指定した。ところが、当該口頭弁論期日に出頭したXがYの本人尋問には応じられないと主張したため、第1審裁判所は和解を勧告した。そして、同年5月8日の和解期日において、要旨、①XとYとは、本件賃貸借契約を合意解除することとし、Yは、同年10月31日限り本件建物を明け渡す、②Xは、立退料220万円を支払い、敷金6万4000円を返還するほか、同年4月1日から同年10月31日までの賃料ないし賃料相当損害金の支払義務を免除する、③Xは、立退料のうち70万円を、同年5月末日限り、Yの指定する預金・貯金口座に振り込む方法で支払い、その余の立退料・敷金返還金の支払方法も同様とする、という内容の訴訟上の和解が成立した。

当該和解においては、Yが立退料・敷金返還金の振込口座を指定することになっていたが、Yは、平成25年5月15日、第1審裁判所に、同月21日までに口座番号等をFAX送信の方法で連絡する旨、および、立退料の内金70万円の支払期限を同年6月末日に変更してもらってもよい旨の文書をFAXで送付し、さらに、同年5月21日、第1審裁判所に対し、本件和解に異議があるので書類を提出する旨、および、口座番号等については裁判所の判断を得た上で連絡する旨の文書をFAXで送付した。そして、Yは、同年5月22日、本件和解の無効を主張して、期日指定申立書を提出した。（なお、XとYとは、同年10月25日、訴訟外で本件和解に基づく合意書を締結したとのことであるが、Yは同月24日まで代理人を立てていなかったとされている。）。

Y[2)]は、期日指定の申立てをするとともに、本件和解が無効である根拠として、平成25年5月8日の和解期日における裁判所の説得が精神的に追い込まれた中での強要となり錯誤があったこと、本件和解の条項中、理解できない部分があるなどと主張した。これに対して、第1審裁判所は、口頭弁論期日（同年11月6日）を開いて審理した結果、本件和解は、平成24年中の4回の和解期日を含め、XとYとの間の長期間の断続的な交渉を踏まえ成立

2） 民事判例集では「原告」と記載されているが、これは「被告」の誤りではないかと思われる。

したものであり、Yに、和解に対する態度を検討する時間がなかったとは考えられない上、Yは、期日指定の申立てに先立ち、本件和解成立の1週間後に送付した連絡文書においても、本件和解に異議があるなどの主張は一切しておらず、そればかりか、本件和解の条項の一部を変更してもらってよい旨表明しており、Yが本件和解の条項を十分に理解していることが窺われるところ、このことは、本件和解成立時に、Yの主張する上記事情が存在しなかったことを示すというべきであるとして、本件訴訟は、平成25年5月8日、訴訟上の和解が成立したことにより終了したとの判決を言い渡した。

2　控訴審裁判所（東京高等裁判所平成26年7月17日判決）

これに対して、被告Yのみが和解の無効を主張して控訴した（訴訟代理人は付いていない。）。Yは、第1審裁判官から約2時間、執拗に和解を受け入れるよう強く迫られ、逃げ場がなく、精神的に追い込まれて「仕方ありません。」と口にしてしまったために和解調書が作成されたもので、Yの真意に基づくものではなく無効であり、Yは、本件貸室の立退料として一貫して340万円を主張してきており、220万円の立退料で合意することはあり得ない、和解締結後にFAXで送った文書も、担当裁判所書記官から連絡がくるのがわずらわしく、とりあえず事務連絡文書を送付したにすぎず、本件和解に異議がないわけではなかった、異議がなければ、速やかに立退料の送金先を連絡するはずだが、Yがそうしなかったのは本件和解に異議があったからにほかならないとの主張を繰り返している。

控訴審裁判所は、このほか、本案についても審理したうえで、おおよそ以下の事情を認定し、本件訴訟上の和解を無効と判断した。本件建物は、共同住宅であるが、老朽化が著しく、所有者であったAが介護施設に入ってしばらくした後、訴外後見人Bが建物の処分を決め、順次契約更新を拒絶して、現在、居住しているのはYのみである。Yは、更新拒絶の通知を受けても明渡しを拒むとともに、仮に明け渡すとすれば立退料340万円を支払えと主張し、複数回の上記更新拒絶の通知を受けても、この金銭請求の減額ないし撤回を検討する旨を表明したことは一度もなく、その後も一切の譲歩をしなかった。第1審裁判所における審理については、まず前任裁判官が4回の和解手続を行ったが、これを打ち切り、3回の弁論準備手続を終結し、第

3回口頭弁論期日を指定した。その後、前任裁判官から第1審裁判官に交代した。第1審裁判官は、第3回口頭弁論期日を主宰して和解勧告を行い、約2週間後に和解期日を指定し、この和解期日において、和解室におけるYに対する長時間の事情聴取および説得の後にYおよびX訴訟代理人立会いの下、本件和解の内容を読み上げ、本件和解期日を終了させた。なお、Yは、本件和解が成立した期日のやり取りを除き、これらの手続を通じて、立退料として340万円の支払を求める旨を一貫して主張してきた[3)]。

控訴審裁判所は、Yが一貫して340万円の立退料の支払を求める旨主張しており、これを譲歩したことは本件和解期日でのやり取りを除いて一度もなく、前任裁判官が4回の和解期日において和解の勧奨をしたにもかかわらず和解が成立していないという事情のもとでは、このように一切譲歩の姿勢をみせないYが、仮に和解期日において340万円より減額した金額で明け渡すことを承諾したかのような言葉を発したとしても、本件はそれがYの真意に出たものであるかどうかについての確認に慎重を期すべき事案であり、些かでも疑問がある場合には、和解を不成立とし、本来の訴訟進行に戻って判決をすべきものであるとして、本件和解は無効であると判示した[4)]。

控訴審裁判所は、そのうえで、認定した第1審での手続経過に照らし、当事者の攻撃防御は尽くされており、これ以上審理する必要はないものと認められるから、本案であるXの請求につき自判した[5)]。「XがYに対して、本件訴訟提起前である平成24年2月16日ころ、正当事由を補完するため、本件貸室の賃料の1年分である38万4000円を限度として金銭を提供する旨を申し入れたことが認められ、上記1認定の事実の本件貸室の状況及びその明渡請求の経緯からすれば、弁論の全趣旨から認められる平成23年8月末当時のYの収入及び健康状態を考慮しても、この申入れは相当であると認め

3） そのほか、Yは、本件期日指定の申立てに際し、この第1審裁判官の忌避申立てをしている。

4） なお、和解が調ったとされる和解期日における真意の確認についても、「原審裁判官が読み上げたと推認される和解条項の内容を見ても、それがYの真意に基づいたものであることが明白であるといえるほどに単純なものではなく、Yが本件和解期日後に和解の成立を前提とする行動をとった事実もない。」とし、また、Yの代理人が付いて合意されたという本件合意書も、弁護士としてはYに有利な内容であるので合理的な判断に基づくものではあるが、Y本人の意思があくまで和解成立に異議があるということであるので、「上記の合意書の内容や陳述書の記載内容が本件和解の有効性を裏付けるものということはできない。」と判示している。

5） 条文の摘示はないが、民事訴訟法307条ただし書によるものと思われる。

られ、当裁判所も、上記1認定の事実を総合し、XがYに対して40万円を支払うことにより、本件賃貸借契約の解約の正当事由が補完されるものと認める。したがって、XのYに対する本件貸室の明渡請求は、YがXから立退料40万円の支払を受けるのと引き換えに明け渡すよう求める限度で理由があるものというべきである。」。このような理由から、判決主文は、以下のとおりとなった。①原判決を取り消す。②建物明渡請求事件に係る平成25年5月8日の和解期日における和解が無効であることを確認する。③Yは、Xから40万円の支払を受けるのと引き換えに、Xに対し、本件建物を明け渡せ。④Yは、Xに対し、平成25年4月1日から前項の建物の明渡済みまで1ヶ月3万2000円の割合による金員を支払え。⑤Xのその余の請求をいずれも棄却する（6項・7項省略）。

3　最高裁判所（上告審）

Yは、控訴審裁判所の判決を不服として上告受理の申立をし、これを受けて最高裁は、上告受理の決定をした。最高裁は、以下のように判示して原判決を破棄し、控訴棄却の自判をした。

「(1) 訴訟上の和解の無効を主張する者は、当該和解が無効であることの確認を求める訴えを提起することができると解されるが、記録によれば、本件においては、いずれの当事者も本件和解が無効であることの確認は求めていない。それにもかかわらず、主文において本件和解が無効であることを確認した原判決には、当事者が申し立てていない事項について判決をした違法があり、この違法が判決に影響を及ぼすことは明らかである。」。

「(2) また、訴訟上の和解が成立したことによって訴訟が終了したことを宣言する終局判決（以下「和解による訴訟終了判決」という。）は、訴訟が終了したことだけを既判力をもって確定する訴訟判決であるから、これと比較すると、原告の請求の一部を認容する本案判決は、当該和解の内容にかかわらず、形式的には被告にとってより不利益であると解される。したがって、和解による訴訟終了判決である第1審判決に対し、被告のみが控訴し原告が控訴も附帯控訴もしなかった場合において、控訴審が第1審判決を取り消した上原告の請求の一部を認容する本案判決をすることは、不利益変更禁止の原則に違反して許されないものというべきである。

そして、和解による訴訟終了判決に対する控訴の一部のみを棄却することは、和解が対象とした請求の全部について本来生ずべき訴訟終了の効果をその一部についてだけ生じさせることになり、相当でないから、上記の場合において、控訴審が訴訟上の和解が無効であり、かつ、第1審に差し戻すことなく請求の一部に理由があるとして自判をしようとするときには、控訴の全部を棄却するほかないというべきである。

これを本件についてみると、和解による訴訟終了判決である第1審判決に対しては、第1審被告であるYのみが控訴しているのであるから、第1審判決を取り消して第1審原告であるXの請求の一部を認容することは、不利益変更禁止の原則に違反して許されず、原審としては、仮に本件和解が無効であり、かつ、Xの請求の一部に理由があると認めたとしても、第1審に差し戻すことなく自判する限りは、Yの控訴の全部を棄却するほかなかったというべきである。それにもかかわらず、原判決は、第1審判決を取り消し、Yに対し、40万円の支払を受けるのと引換えに本件貸室を明け渡すべきこと及び賃料相当損害金を支払うべきことを命じた上で、Xのその余の請求をいずれも棄却したのである。このような原判決の処理には、判決に影響を及ぼすことが明らかな法令の違反がある。」。

Ⅲ 本判例の位置づけについて

まず、最高裁の判示した (1) をみると、訴訟上の和解に瑕疵があると主張して一旦終結した裁判につき争う方法として、続行期日指定の申立て、別訴提起または再審の訴えを認めている前記諸判例が前提となっていることは明らかである。そのうえで、「いずれの当事者も本件和解が無効であることの確認は求めていない」本件、つまりYからの期日指定の申立てに応答して開かれた口頭弁論を経てなされた訴訟終了判決に対するYのみの控訴事件である本件において、訴訟物に本件和解の無効確認が加えられていないにもかかわらず、原審の判示事項②は、民事訴訟法246条の処分権主義に違反するものとして違法であるとする判示自体は、きわめて明瞭な論理であるように思われる。

これに対して、越山・前掲注1)4頁は、「このような理解は形式的にすぎるのではなかろうか。」と批判する。たしかに、Yが申し立てた不服の中には、「『有効な和解により』訴訟が終了したとの判断を変更する旨の申し立てが含まれているのだから、和解が無効であると判断した控訴審が、判決理由ではなく主文において、当該和解の無効を宣言するのはむしろ当然であり、親切な処置であると思われる。」という理解も成り立ちうる[6)]。しかし、訴訟上の和解の瑕疵を争う期日指定の申立てについての通説は、和解無効の場合は中間判決あるいは終局判決の理由中でこれを判示するのみでよいとしている[7)]。また、原審（控訴審）裁判所の判決を掲載している判例タイムズ[8)]のコメント欄の書きぶりや[9)]、下級審裁判例において、期日指定の申立てに応じて訴訟終局判決がされた後、改めて和解無効確認訴訟が提起されたときに確認の利益がないとする判決[10)]もあることから考えると、原審裁判所は、訴訟終了判決の法的性質論において、最高裁と対立する考え方を示していたのかも知れないと思われる。

次に、最高裁の判示した（2）の第1段落は、まず、和解による訴訟終了判決の定義と法的性質について判示する。すなわち、これを「訴訟が終了したことだけを既判力をもって確定する訴訟判決」と位置づけ、本件判示事項（1）との整合性を図りつつ、次に論ずべき、控訴審における不利益変更禁止の原則が適用されることを前提に、その比較対象の一翼である第1審判決のもつ意味を明らかにしようとする。

ところで、訴訟上の和解の瑕疵を期日指定の申立てで争うときは、「訴訟終了の有無を判断するために、裁判所は、口頭弁論を開き、当事者の主張が理由のない場合は、その旨を明らかにする趣旨で、判決で訴訟の終了を宣言する」とされ、多少の変遷はあるが、これが実務で承認されている[11)]。本判

6）越山・前掲注1）4頁。同4頁注6）では、控訴趣旨に「主文第1項及び第2項と同旨」とあるので、控訴審裁判所が本人訴訟であるYの申立てを善意に解釈した可能性を指摘している。

7）兼子一ほか・条解民事訴訟法［第2版］（弘文堂・2011）1483頁〔竹下守夫＝上原敏夫〕。

8）東京高判平成26年7月17日判タ2272号442頁。

9）本件コメントが本件訴訟と何らかの関わりがある者からされているとの一定の憶測を交えることは可能であろう。

10）東京地判昭和63年1月27日判時1326号133頁は、「本件和解の効力を争つて旧訴訟についての期日指定の申立をし、本件和解の効力の有無について審理がなされ、既に旧訴訟の判決の主文で『本件訴訟（旧訴訟）は、昭和60年12月26日の和解成立により終了した』旨を宣言する形式で公権力による終局的な判断を経ているのであるから、右判決の確定後に改めて和解無効確認の訴えを提起して本件和解の効力を争うことは、右確定判決の既判力そのものに抵触するといえるか否かはさておくとしても、裁判の一事不再理の理念及び訴訟上の信義則に照らしても到底許されないところである。」

11）秋山幹男ほか・コンメンタール民事訴訟法Ⅱ［第2版］（日本評論社・2006）295頁以下。大決昭和6年4月22日民集10巻380頁、大阪高決昭和54年4月23日ジュリ702号判例カード434番、東京高判昭和54年5月17日判タ389号92頁、大阪地判昭和54年8月29日判タ395号75頁、東京高決昭和61年2月26日判時1186号64頁。

決も、そのような実務の取扱いを承認したものといえるだろう。

そのような交通整理をした後に、原審判決が本案の請求につき質的一部認容判決をしていることと第１審の訴訟終了判決を比較すると、「原告の請求の一部を認容する本案判決は、当該和解の内容にかかわらず、形式的には被告にとってより不利益であると解される。」とし、訴訟終了判決に対し、「被告のみが控訴し原告が控訴も附帯控訴もしなかった場合において、控訴審が第１審判決を取り消した上原告の請求の一部を認容する本案判決をすることは、不利益変更禁止の原則に違反して許されないものというべきである。」との立場を明らかにした。

そして、判示事項（2）の第２段落に進むのであるが、この判示は非常にわかりづらい表現である[12)]。そこで筆者なりの「翻訳」を示せば、和解の無効により第１審判決を取り消したうえで、なおかつ不利益変更禁止原則の適用により第１審判決の内容と異なる判決をすることは、控訴を一部認容し、一部を棄却することになる。しかし、これでは、第１審判決を取り消しつつ、同時に、第１審判決に従った判決をすることになり、論理的に矛盾するものである。したがって、「控訴審が訴訟上の和解が無効であり、かつ、第１審に差し戻すことなく請求の一部に理由があるとして自判をしようとするときには、控訴の全部を棄却するほかない」。そこで、最終のあてはめ（（2）第３段落）を経て、控訴を棄却すべきにもかかわらず、本案判決をした原判決の処理には、判決に影響を及ぼすことが明らかな法令の違反があるとして、原判決破棄、控訴棄却の判決を言い渡した。

判旨で明瞭でない部分としては、「自判をしようとするときには」とするところである。あてはめのところでも、「第１審に差し戻すことなく自判する限りは」と判示しているところの表現をみると、控訴審にとって「第１審判決取消し、差戻し」という選択肢は否定されてはいない。しかし、通常の訴訟判決、つまり訴訟却下判決に対する控訴で第１審判決を取り消すときは、第１審に差し戻すのが原則であり（民訴 307 条本文）、平成８年法で追加され

12） 越山・前掲注１）３頁４は、「この説示がどのような場面を想定しているのかは、よくわからない」と率直に認めている。しかし、「訴訟終了判決に対する控訴の『一部』」という表現が、暗に、その控訴で審理・判断する内容が複数あることを認めているのではないかと思われる。訴訟上の和解の有効・無効の判断と（和解無効を前提とした）本案判断である。しかし、こう読むことは、先に判示された訴訟終了判決の定義・法的性質に亀裂を生じさせることとなろう。

たただし書によって、「事件につき更に弁論をする必要がないときは、この限りでない。」と規定されているにすぎないこととの整合性が問題となってくる。

最高裁は、訴訟終了判決を訴訟判決と位置づけ、まず民事訴訟法307条ただし書の適用があるものとし[13]、そのうえで通常の訴訟判決のときにも適用のある不利益変更禁止の原則を持ち出したものといえよう。まず、307条ただし書の適用については、原判決が訴えを却下するとともに請求棄却の判断を示していた場合（大判昭和15年8月3日民集19巻1284頁、最判昭和37年2月15日裁民58巻695頁）や、請求自体理由がない（福岡高判昭和52年10月24日判時884号104頁、札幌高判昭和53年11月15日判タ377号92頁）あるいは先行確定判決の既判力が及ぶ場合（高松高判昭和44年3月7日下民20巻3＝4号111頁、仙台高判秋田支部判昭和48年8月29日高民26巻3号279頁）など、請求の理由のないことが明らかな場合、または、判決や訴訟記録から相当程度実体審理がされており、審級の利益を欠く虞がない場合（大阪高判昭和40年11月29日訟務月報12巻3号387頁、最判昭和49年9月2日判時753号10頁、松江地判昭和50年3月12日判時795号86頁、大阪高判昭和53年5月24日判時909号59頁、京都地判昭和54年5月15日判タ387号90頁）には、差戻しが必要でない場合を認めてきている[14]。これらの事案は、すべて原告の控訴に基づいているが、このうち、原告側の請求が棄却されるべきときであっても、被告からの控訴や附帯控訴がなければ、不利益変更禁止原則によりすべて控訴棄却となっている[15]。こうして、本判決は、このような民事訴訟法307条を巡る判例にも整合するように構成されているものといえよう。

---

13)　この点では、原審判決のとった処置に問題はなかったこととなろう。

14)　兼子ほか・前掲注7）1590頁以下〔松浦馨＝加藤新太郎〕、秋山ほか・前掲注11）238頁以下参照。

15)　秋山ほか・前掲注11）241頁。これに対する有力な反対説として、山本和彦・民事訴訟法の基本問題（判例タイムズ社・2002）230頁、高橋宏志・重点講義民事訴訟法（下）［第2版補訂版］（有斐閣・2014）633頁以下、兼子ほか・前掲注7）1592頁〔松浦＝加藤〕、高田裕成ほか編・注釈民事訴訟法第5巻（有斐閣・2015）198頁〔宮川聡〕などがある。

Ⅳ　本判決の批判的検討

1　訴訟終了判決の法的性質

訴訟終了判決の法的性質について、本判例は、「訴訟が終了したことだけを既判力をもって確定する訴訟判決である」と定義する。しかし、ここで「既判力をもって確定する訴訟判決」とは、何を意味するのであろうか。訴訟判決にも既判力がある旨を判示した最判平成22年7月16日（民集64巻5号1450頁）[16]は、住民訴訟における共同訴訟参加の申出について、これと当事者、請求の趣旨および原因が同一である別訴において適法な住民監査請求を前置していないことを理由に訴えを却下する判決が確定している場合には、当該判決の既判力により不適法な申出として却下されるべきであるとしているが、この論法を単純に本判決に引き写せば、訴訟終了判決の既判力は、再度の期日指定の申立てに対し、本件和解は無効であるとの主張を既判力により何らの審理も要せずに却下することができると読むことになるのではなかろうか。つまり、訴訟終了判決をするに際して、当該和解が有効に成立したという法的判断に「既判力」が及ぶと解することができなくもないことに注目すべきではなかろうか。

視点を180度変えてみてみれば、訴訟終了判決の法的性質は、本判例では片面的にしか語られていないということもできる。本件控訴審裁判所のように和解無効を認定する場合には、すでに口頭弁論期日は再開しているのであるから[17]、いわば復活した訴訟手続の中で何らかの「既判力」（あるいは拘束力）が認められてもおかしくはない[18]。本件控訴審裁判所が判決主文②にお

16）判例評釈として、川嶋四郎・法セ681号（2011）132頁、越山和広・民商144巻3号（2011）371頁、畑宏樹・平成22年度重判解165頁、八田卓也・判時2136号（2012）166頁、吉垣実・リマークス44号（2012）114頁、巽智彦・自治研究88巻5号（2012）125頁、濱﨑録・法政研究79巻4号（2013）81頁、中山雅之・曹時65巻10号（2013）164頁、同・最判解民事篇平成22年度482頁などがある。

17）これが訴訟上の和解の瑕疵について争う場合の特徴である。

18）たとえば、和解無効の判断に基づき、第1審裁判所が本案判決をし、これが確定した後であっても、なお、当該和解無効確認訴訟を起こしうるのかが問題となる。確認の利益で判断することも可能であるかも知れないが、先決関係の判断において前提となる和解の有効性について、判例の立場を採る限り、なお和解無効確認訴訟は提訴可能であるように思われる。東京地裁昭和63年判決（前掲注10））も、事実上、既判力に類似する拘束力を認めている。

いて和解無効を確認したのも、このような法的構成を採る所以ではなかったかと思われる。

2　不利益変更禁止原則の適用について

本判例は、本件第1審裁判所のした訴訟終了判決と原審（控訴審）裁判所のした（原告の質的一部認容の）本案判決とを比較し、「当該和解の内容にかかわらず、形式的には被告にとってより不利益」であり、訴訟終了判決に対し、「被告のみが控訴し原告が控訴も附帯控訴もしなかった場合において」、本案判決をすることは、不利益変更禁止の原則に違反して許されないとする。この単純な比較は、形式的不服説を採っても、（既判力などの判決の拘束力を基準とする）新実体的不服説を採っても、ある意味で当然のことになるように思われる。

しかしながら、この比較も片面的に過ぎないのではないかと思われる。すなわち、第1審で訴訟終了判決を勝ち得た原告Xの側からする控訴あるいは附帯控訴が意味するところが極めて曖昧だからである。Xの主張は、第1審裁判所の和解による訴訟終了効に依拠するものであり、少なくとも形式的不服説では、控訴の利益は認められないように思われる。本件控訴審のように和解無効確認訴訟が提起されていると考えても、訴訟終了判決に対する控訴として立退料の減額を主張したり、建物明渡請求の単純認容を主張したりすることは、訴訟上の和解による訴訟終了効の主張と両立はできないものであろう[19]。同様のことは、控訴の利益を必要としない附帯控訴についてもいえるものと思われる。

ところが、本件控訴審判決において、もし、被告の主張（請求棄却）を全面的に容れるとするならば、原告の請求棄却の判決は可能であったものと思われる。当該和解が無効と認定され、Yにとって不利益な変更ではないのであるから、Y全部勝訴（X全部敗訴）の本案判決は利益変更禁止原則にも抵触しない。とするならば、訴訟終了判決を争い、請求棄却判決に至るまでの主張が可能なYと、和解が有効に成立したということに固執すれば控訴・附帯控訴が事実上できなくなり、和解無効を前提としたときにはじめて控

---

19)　少なくとも条件つき主張と構成することは可能であるが、これを認める局面では訴訟終了判決というものは実質上の意味をもたないであろう。

訴・附帯控訴をすることができるXとの間には、ある種の不均衡な取扱いが生ずるのではないか。この不均衡を是正する最も単純明快な道は、民事訴訟法307条本文によって第1審に差し戻す方法である。

3　何故必要的差戻しでないのか？

ところで、この道は、控訴審裁判所も最高裁も全く触れていない。それは、すでにⅢ（最終段落）でみたように、原告の訴訟が第1審で却下され、控訴審で請求棄却の認定を受けた場合に、不利益変更禁止の原則を適用したうえで控訴棄却にするのが実務の取扱いだからである[20]。本判決も、「訴訟判決」という一般的な集合に属すると定義した訴訟終了判決について、同様の論理で処理する方向を採ったものといえるだろう。しかし、訴訟終了判決は、訴訟係属がすでに存在しないことを前提とするものであり、訴訟上の和解によって終了した手続の訴訟終了効もない点で、一般の訴訟判決と異なるという指摘がある[21]。この指摘にも関連するが、上記実務の取扱いは、そもそも原告が第1審で訴訟判決＝訴え却下判決を受けた事例について、控訴審で請求棄却の判断に至ったときでも控訴棄却＝訴え却下で十分としているのに対し、本件の事案は、和解により終了した第1審判決に対し、訴訟上の和解に瑕疵あるものとして期日指定の申立てをした当事者なら原告・被告いずれであるかを問わず、かつ、控訴審で和解無効が認定されたときの問題である。控訴審で和解無効が認定されたならば、必要的差戻しの規定（民訴307条）により、第1審でまず本案の審理を行い、それに基づく本案判決がされるべきであろう。なぜなら、第1審で和解無効が認定されておれば即本案審理が始まるのに対し、たまたま訴訟終了判決がされた後、控訴審で和解無効の認定に至った場合に、期日指定を申し立てた当事者（Y）と相手方当事者（X）との間に上記不均衡が生ずるのは、やはり奇異に感じられるからである[22]。

20）　ただし、被告側から控訴・附帯控訴がない事例である。

21）　三木浩一ほか・民事訴訟法［第2版］（有斐閣・2015）399頁以下〔垣内秀介〕。

22）　有力説（前掲注15））は、むしろ不利益変更禁止の原則を後退させ、控訴棄却ではなく、請求棄却判決を可能とする（高橋・前掲注15）634頁参照）。本件でいえば、控訴審判決が可能となるものであるが、上記不均衡が生じることには違いないものとみることができよう。不利益変更禁止原則の適用がないのは、むしろ、訴訟終了判決を巡る訴訟で、第1審の本案判決が存在しないというところに問題があるからではないだろうか。

V　おわりに――若干の補足

以上、本判決の諸判例の中における位置づけ、および、それに対する批判的検討を行ってきた。しかし、最高裁のみならず、控訴審判決も、本件は「事件につき更に弁論をする必要がないとき」にあたると判断している（民訴307条ただし書）。実務においても、すでにみたように、判決や訴訟記録から相当程度実体審理がされており、審級の利益を欠く虞がない場合には、差戻しが必要でないことを認めている（Ⅲ、最終段落[23]）。たしかに、本件では、第1審の前任裁判官のもとにおいて和解手続が打ち切られ、弁論準備手続が実施され、終結し、証人尋問・当事者尋問にまで及ぶ段階に至ったものであり、その意味では、判決や訴訟記録から相当程度実体審理がされており、審級の利益を欠く虞がない場合にあたるといえよう。また、本件では、第1審が訴訟上の和解に深く関与したものとも思われる（関与和解）。したがって、第1審は、事実上の心証開示として、当該和解の（とくに）立退料の額を定めたのであり、必要的差戻しを強調すべきでないという考え方もありうることは、十分に理解しているつもりである。

しかし、宮城県労働委員会の公益委員を務める筆者の経験からいえば、個別労使紛争についての斡旋事件や不当労働行為救済申立事件における和解期日における和解内容、とりわけ（本件でいう立退料に匹敵する）解決金などの攻防は、申立人・被申立人における様々の事情・諸要因の変化によって融通無碍に変動しうるものであり、斡旋委員あるいは審査委員の心証開示といえる場合もあるとはいえ、それ以外の事情で和解金が定まることのほうが多いと感じている。本件でも、控訴審裁判所の目からみれば、和解で提示した220万円の立退料も法外なものであり、たまたまXのほうがこれを受け入れたことが事件の発端であったとみることもできるのである（Yは340万円に固執しているが、控訴審裁判所からみて、これは論外である）。したがって、民事訴訟法307条本文にあるとおり、必要的差戻しを基本としたと理解できる。

23）　これらの場合は、第1審が訴え却下で原告が控訴し、これが容れられた事例である。被告の態度は問わない。

なお、素人的な分析をお許しいただけるとするならば、第１審裁判官（≠前任裁判官）の和解勧試に問題があったと判断した控訴審裁判所が、立退料340万円に固執し、いっさい和解にも乗ってこないＹに対し、和解無効の主張は受け容れるものの、立退料額を40万円に大幅減額した事例につき、控訴棄却により立退料220万円はＹにとって既得のものであると最高裁は判断したといえなくもないものと思われる。ただ、それほどまでに固執した340万円の立退料をＹが諦めるだろうか。新たにＹより和解無効確認訴訟が提起されることがないように願っている。

簡易裁判所における「訴え提起前の和解」へのアクセスに関する覚書

川嶋四郎

Ⅰ　はじめに

戦後の司法改革の中でも、市民にとって、簡易裁判所の創設は、家庭裁判所のそれと並んで、裁判所を身近に感じさせる貴重な契機となった。両者の創設は、戦後改革の中でも現在に至るまで進化と発展を遂げつつ成功を収めている好例である。特に、本稿でその手続を取り上げる簡易裁判所は、裁判所という名称をもちながらも、裁判以外のいくつかの民事紛争解決手続をも公式に有している身近な「簡易救済」のフォーラムとして、これまで数多くの民事紛争と向き合い、また、多くの市民に活用されてきた[1)]。

簡易裁判所は、その度重なる事物管轄の拡大にともなって、創設当初の理念である「少額裁判所的性格」から、旧制度の区裁判所が有し戦後の改革時には改革対象とされた「小型地裁的性格」[2)]へのいわば先祖返り的な状況に対する批判やその評価などがなされたりもした。

しかしより広く、民事手続と市民との関係あるいは法的救済の仕組みの準備といった視点からみた場合には、現在の簡易裁判所は、「裁判所」という

1）「簡易救済」については、たとえば、川嶋四郎「略式訴訟の争点―『簡易救済手続』の現状と課題」争点（2009）270頁などを参照。

2）たとえば、兼子一＝竹下守夫・裁判法［第4版］（有斐閣・1999）213頁注3）（ただし、ここでは、「簡易裁判所の性格と少額裁判所問題」として論じられている）などを参照。

名称は有するものの、裁判という形式以外の紛争解決手続をも有している、いわば「多様な市民ニーズ即応的性格」を色濃く有しており、利用者が十全の情報を有する限りで、係争価額によって制限が付加される場合はあるものの、自己の紛争処理ニーズに即した最適な手続選択を可能とするフォーラムを形成しているのである[3)]。

ところで、簡易裁判所における民事手続は多様である。具体的には、まず、訴訟手続としては、訴額が140万円以下などの限定はあるものの、地方裁判所の訴訟手続よりも簡易化された「民事訴訟手続」（民訴270条以下）があり、また、訴額が60万円以下の金銭請求訴訟事件について1期日審理の即日判決を可能とする「少額訴訟手続」（民訴368条以下）もある[4)]。「手形・小切手訴訟」（民訴350条以下）も、事物管轄を満たせば、簡易裁判所が取り扱う。次に、給付訴訟の先駆的手続としても位置付けられるが、それ自体固有の意味をもち、近時電子化も著しい「督促手続」（民訴382条以下）は、請求金額に関わりなく、簡易な債務名義の作成に役立ち、債務者の異議申立てがあれば訴訟に移行し、そこで訴訟上の和解を行うことも可能である。さらに、紛争当事者間での合意形成のための手続もあり、「訴え提起前の和解」（民訴275条）や、「民事調停」（民調1条）の手続もある。これらの手続でも、請求金額の制限はなく、また、特定物請求権でさえも手続対象となる。近時、「和解に代わる決定」（民訴275条の2）の手続が簡易裁判所の訴訟手続に挿入されたが、裁断的解決と（明示黙示を問わない）合意的解決の境界線を希薄化する手続が設けられたことによって、一段と紛争解決手続が多様化することとなった[5)]。さらに、「証拠保全手続」（民訴234条）、少額訴訟債権執行（民

3）　これについては、川嶋四郎「簡易裁判所における法的救済過程に関する覚書―簡易裁判所における『簡易救済』の新たな展開を求めて」同志社法学374号（2015）1頁、3頁（ここでいう「多様な市民ニーズ即応的性格」とは、システムとしての簡易裁判所機構の全体を俯瞰した上で、たとえば、当事者が自分自身の言葉で語ることができるフォーラムとしての機能、簡易な債務名義の創造機関としての役割、さらには合意による紛争解決を促進する役割など、多様な手続メニューと機能の存在に基づく簡易な法的救済機構という側面を有することを指す）を参照。なお、簡潔な論稿として、川嶋四郎「民事紛争解決過程における簡易裁判所の役割―その創設の原点に立ち返って」市民と法97号（2016）2頁も参照。

4）　これについては、川嶋四郎「少額訴訟手続の基礎的課題と展望」民事訴訟過程の創造的展開（弘文堂・2005）244頁などを参照。

5）「和解に代わる決定」の制度については、川嶋四郎「簡易裁判所における『和解に代わる決定』の制度に関する覚書―法的救済形式における『対話』と『裁断』の狭間で」同志社法学381号（2016）1頁を参照。

執167条の2以下）や作為・不作為執行（民執171条2項・172条6項）などの「強制執行手続」、さらに、仮差押え・仮処分といった「民事保全手続」（民保12条1項）などについても、本案事件が係属中の簡易裁判所を利用することができる。

これらの様々な手続の中で、特に近時の裁判所における和解的解決の奨励・促進化の傾向[6]にあって、「訴え提起前の和解」の利用件数の少なさ、あるいは、その新受件数の減少傾向（→Ⅱ3）には、やや奇異の念を抱かざるを得ない。確かに、手続の濫用は阻止されなければならないが、ただ、近時における当事者自治による自律的な紛争解決の涵養やそれにともなったADRの活性化への志向、さらには、より訴訟手続に近づけて考えた場合にも、提訴前の規律を訴訟手続内に積極的に取り込む近時の立法の傾向などからも、やや離反するように思われる。たとえば、2003年（平成15年）の民事訴訟法改正で挿入された「訴えの提起前における証拠収集の処分等」（民訴132条の2）なども、その趣旨としては確かに「訴訟手続の計画的進行を図り、民事裁判の充実・迅速化を実現する」こと[7]が挙げられてはいるものの、その手続過程を通じて裁判外の和解が成立し、真に訴訟事件に相応しい事件を篩にかけるという機能も期待されていたと考えられるからであり[8]、本稿が主題とする「訴え提起前の和解」は、裁判外の和解の醸成を促進し、その債務名義化を実現する重要かつ簡便な手続とも考えられるからである。要するに、「訴え提起前の和解」の制度も、結果的には訴訟の回避や訴訟の省略につながり得るからである。

ただし、裁判外での和解内容を債務名義化する方法としては、他に、金銭債権などに限定はされるものの、公証人が作成する「執行証書」（民執22条5号）の制度もあり、裁判所関係の法律実務家の視点からは、その役割分担あるいは一種の棲み分けも模索されかねない。しかし、利用者の視点からは、債務名義化できる債権（請求権）の範囲、関与主体やコストなどに異同はあるものの、両者はともに適宜選択可能な手続にすぎないとも考えられる。

6）　たとえば、川嶋四郎・民事訴訟法（日本評論社・2013）628頁などを参照。

7）　小野瀬厚＝武智克典編著・一問一答 平成15年改正民事訴訟法（商事法務・2004）28頁。

8）　川嶋・前掲注6）488頁参照。さらに、より一般には、濵﨑録「提訴前の証拠収集手続をめぐる一考察—ドイツ法における『事前手続』と本案手続の関係に焦点をあてて」九大法学90号（2005）39頁などを参照。

そこで、本稿では、戦後、民主化をさらに深める「民衆化」が志向された簡易裁判所制度のより一層の利便性の向上を目指して、この「訴え提起前の和解」の手続へのアクセスを活性化する方向で、若干の考察を行いたい[9)]。

Ⅱ　「訴え提起前の和解」の意義と機能

1　「訴え提起前の和解」の意義

「訴え提起前の和解」は、民事上の争いについて、当事者が、請求の趣旨および原因ならびに争いの実情を表示して、相手方の普通裁判籍の所在地を管轄する簡易裁判所に和解を申し立て、和解期日に和解を成立させることを可能とする手続である。これは、訴訟上の和解（民訴87条等参照）とともに、裁判上の和解の一種であり、ともに債務名義（民訴267条、民執22条7号）となり得るが、訴訟上の和解とは異なり、訴訟係属はなく、和解成立プロセスへの裁判官の関与の程度も比較的低い点に特色がある。また、訴訟上の和解が、訴訟手続を終了させる効力を有するのに対して、「訴え提起前の和解」は、訴訟手続自体の予防と回避の機能（訴訟予防・訴訟回避機能）をもつ。その和解成立の迅速さ（通常1回程度の期日で和解が成立すること）から、従来より「即決和解」または「即日和解」とも呼ばれている（旧法下では、「起訴前の和解」とも呼ばれていた）。

また、「訴え提起前の和解」は、裁判外での当事者間の対話・交渉を前提とし、係争額の多寡や請求権の種類を問うことなく、簡易裁判所における簡易救済の趣旨を具体化するための一手続である。これは、訴訟事件を未然に防止し、将来の当事者関係を、合意を通じて当事者が簡易・迅速・低廉かつ

9）　現行民事訴訟法275条の規定は、明治23年（1890年）の民事訴訟法の「区裁判所ノ訴訟手続」中、「通常ノ訴訟手続」の最後に置かれた「和解のための呼出し」の規定（381条）に由来し、大正15年（1926年）制定の「起訴前の和解」の規定（356条）を、ほぼそのまま踏襲したものであった（ちなみに、民151条、民訴費別表第1の9項も参照）。明治民訴法の制定前には、多くの場合に「調停」制度に比肩されている「勧解」の制度も存在したが、「訴え提起前の和解」との関係も興味深い。ただし、「訴え提起前の和解」の沿革に関する研究は、今後の課題としたい。

なお、勧解とは、紛争当事者のどちらか一方の申立てにより、裁判所で裁判官によって行われる和解を試みるための紛争解決制度であり、明治民訴法の制定とともに廃止された。この勧解については、たとえば、染野義信・近代的転換における裁判制度（勁草書房・1988）117頁、勝田有恒「紛争処理法制継受の一断面―勧解制度が意味するもの」国際比較法制研究1号（1990）6頁、林真貴子「勧解制度消滅の経緯とその論理」阪大法学46巻1号（1990）141頁などを参照。

主体的・規範的に形成する機会を付与することに意義があり、裁判所内における訴訟手続以外の紛争解決方式である。簡易迅速に債務名義を作ることを可能にする意義もある。

この手続には、紛争当事者の裁判外における自律的な合意への方向付けを通じた訴訟予防・訴訟回避機能を実現し、裁判所の助力を通して簡易に債務名義を創出するという重要な意義が存在するのである。

ただし、「訴え提起前の和解」の手続は、和解手続を前置しあるいは強制する制度ではない。むしろ紛争当事者間における主体的な裁判外の和解に規範的・強制的な効力を付与する手続を準備することを通じて、自治的な紛争解決に導く手続である。この手続は、それ自体独自の意義を有するものの、訴訟手続との関係では、訴訟移行の道も準備されていることから、いわば当事者双方の手続合意による和解前置主義的な手続の意味合いさえもつ。その意味で、司法の民主化・民衆化の最前線で市民にとって身近な裁判所となるべき簡易裁判所の手続中に規定されたと考えられる[10)]。

なお、立法論として、簡易裁判所の手続を簡略化し、公衆が利用しやすくするという観点から、提訴の方式も緩やかなものとし、和解前置手続または調停前置手続とする提言[11)]もみられる。しかし、むしろ本条は、前述のように、当事者双方の手続合意による和解前置的な手続であり、当事者に対して、直ちに提訴するか、それとも、本条に従い和解前置的な手続を用いるかの選択権を付与した規定と評価できる。立法論としても、制度的・強制的な和解・調停前置主義を規定するよりも、このような手続選択の主導権を当事者に委ねた当事者自治的規定、そして訴訟手続等、他の手続への連動・連携可能性を規定する方が優れていると評価できるので、基本的には現行法の規律は適切であろう（ただし、→Ⅳ）。

---

10)　この点では、勧解とも近似性をもつ。ただし、これまで勧解の制度は、調停と関係づけて論じられることが多かったように思われるが、前注に記したように、本稿が考察対象とする「訴え提起前の和解」の先駆形態である「和解のための呼出し」の手続との関係も興味深い。前注も参照。

11)　たとえば、兼子一ほか・条解民事訴訟法［第2版］（弘文堂・2011）1501頁〔松浦馨＝加藤新太郎〕等。

2 「訴え提起前の和解」の機能

「訴え提起前の和解」の制度は、多様な機能を有する[12)]。

第1に、この手続により、簡易迅速に債務名義を作成する機能を挙げることができる。民事紛争の早期解決を可能にし、訴訟係属を必要とせず、訴訟予防的な機能を有する。戦後、調停手続が民事紛争一般に利用可能となったが、調停では、調停委員会による調停活動を通じて、当事者間の互譲により合意が形成されることになるので、それだけ裁判所内コミュニケーションは図れるものの、調停調書を作るまでにはある程度時間がかかるが、「訴え提起前の和解」は、簡易迅速に債務名義を作ることができる。この点で、いわば裁判外の自主交渉の成果を、確定判決と同一の効力をもつもの（民訴267条）に高める手続として意義がある。

第2に、安価にしかも請求額（訴額相当価額）の多寡にかかわらず債務名義を作ることができる点を挙げることができる。「訴え提起前の和解」は、訴訟よりも、執行証書（民執22条5号）の作成よりも、その申立手数料がかなり安価である（民訴費3条1項・別表第1の9項を参照）ので、少なくとも経済合理性を重視する当事者にとっては、選択しやすい手続であると考えられる。しかし、それは同時に、執行証書制度の存在意義を脅かすことにもなりかねない。

第3に、係争物の価額や種類にかかわらず、広範囲の請求権について債務名義を作ることができる点を挙げることができる。まず、執行証書は、「金銭の一定の額の支払又はその他の代替物若しくは有価証券の一定の数量の給付を目的とする請求」（民執22条5号。金銭債権等と呼ぶ）についてしか執行力を得ることができないが、「訴え提起前の和解」の対象は、それに限定されることはなく、金銭請求権等だけではなく特定物請求権や作為不作為請求権にも及び、その和解調書は、和解の対象となる債務の内容いかんを問わずに債務名義となることから、その有用性が顕著である。しかも、後述のように（→Ⅲ2）、「訴え提起前の和解」には互譲が必要でないとすると、実体法上和解契約ができない場合でも手続的には裁判所を利用可能となり、いわゆる示談事件でも、債務名義を確保することが可能となる。

---

12)　なお、以下の叙述は、注釈民事訴訟法第4巻（近刊）中、筆者の第275条注釈の部分と一部重なる点はご了解いただきたい。

第4に、予防的に債務名義を形成できる利点も挙げげることができる。「訴え提起前の和解」は、第1の利点とも関わるが、広範に活用可能であるので、実際には、後述のように（→Ⅲ1）、当事者間に現実には争いがないようにみえるにもかかわらず、当事者の一方が契約上の義務についてあらかじめ将来の執行力を獲得する手段として利用される傾向がある。また、自主的に形成された和解であるために、一般的にいえば、その義務内容が任意に履行される蓋然性も高くなり、また、作成された債務名義の存在自体が、任意の履行につき間接強制的な作用をも果たすことになる。ただし、合意形成手続が裁判外で行われるために、対等公正なプロセスを経ることができるか否かについては疑問も生じかねないために、「訴え提起前の和解」の手続では、和解期日に和解調書が作成される際における簡易裁判所判事・司法委員・裁判所書記官などの役割が重要となる（→Ⅳ）。

第5に、「訴え提起前の和解」は、ADR 機関と裁判所とを架橋する機能をも有している。近時、弁護士会などが様々な名称の紛争解決機関を創設し裁判外紛争解決に尽力しているが、そこで紛争当事者間に紛争を止める合意が成立しても、それだけでは債務名義とはならない（執行力が得られない）ので、その成果が、「訴え提起前の和解」の手続を活用して、債務名義化されることもある。それゆえに、この手続は、ADR 機関と裁判所との連携と架橋を可能にするものである（ただし、このような連携・架橋を必要としない規律として、労組 27 条の 14 第 4 項・5 項等も参照）。

なお、第6に、古くから、訴訟上の和解とともに「訴え提起前の和解」の手法が用いられてきた[13)]。つまり、訴訟上の和解がなされる場合に、係属する訴訟の当事者ではない第三者が、訴訟上の和解に参加することが認められているが、この場合を分析すれば、当事者間の和解は訴訟上の和解であり、第三者が関わる和解は「訴え提起前の和解」であると性質決定されている[14)]（これは、「準併合和解」と呼ばれる）。そこで、この場合には、係属中の他人間の訴訟でなされる訴訟上の和解に、「訴え提起前の和解」が併合されることに

13） たとえば、大判昭和 13 年 8 月 9 日法律新聞 4323 号 13 頁・評論 27 巻民訴 294 頁、大判昭和 13 年 12 月 3 日評論 27 巻民訴 358 頁等。
14） たとえば、兼子一・新修民事訴訟法体系［増訂版］（酒井書店・1965）305 頁、三ケ月章・民事訴訟法（有斐閣・1959）442 頁等。

なるのである[15]。これは、訴訟上の和解内容をより充実させ実効化させることになるが、その理論的な支えを「訴え提起前の和解」が担うことになる。

3　小括と事件数の推移

これまで述べてきたように、「訴え提起前の和解」には、当事者の自律的な合意を通じた訴訟予防・訴訟回避機能を実現し、簡易に債務名義を創出するという重要な意義が存在する。しかも、この手続は、ここで述べたような様々な機能をも有している。それらをみる限りで、「当事者による自助的な簡易救済形成機能」を発揮できる迅速・低廉な法的救済手続であるが、しかし、実際の利用状況は必ずしも芳しくない。

すでにまとめられているデータ[16]に、その後のデータを付加して、1890年（明治23年）の民事訴訟法に規定された「和解のための呼出し」、1926年（大正15年）改正民事訴訟法下の「起訴前の和解」、そして、平成8年改正の民事訴訟法下における「訴え提起前の和解」の申立ての各新受件数の推移をみた場合には、次の頁に掲げた**表**のとおりとなる。当初、明治24年には、8万673件の新受件数があったものの、その後、一時期の例外（昭和6年から11年は、毎年2～3万件を記録）を除いて漸減し、平成3年以降は1万件を割り込み、最新の司法統計年報によれば、平成27年では2837件となっている。これは、最多新受件数を記録した明治24年の約28分の1であり、「起訴前の和解」に改正された以降でも、そこで最多新受件数を記録した昭和8年（3万1898件）の約11分の1である（なお、通常訴訟事件や調停事件などの新受件数の推移との比較も興味深いが、ここでは割愛したい）。ちなみに、「訴え提起前の和解」の手続については、平成8年の民事訴訟法改正に際しても、特に議論はなされなかったようである[17]。

このような事件数の減少原因は定かではない。ただ、Ⅲで述べる判例・学説等の傾向からみても、やや奇異であることはすでに述べた（→Ⅱ2）。

15）　さらに、川嶋・前掲注6）635頁参照。

16）　林屋礼二＝菅原郁夫編著・データムック民事訴訟―見て読む日本の民事裁判［第2版］（有斐閣・2001）193頁。

17）　たとえば、竹下守夫＝青山善充＝伊藤眞編・研究会新民事訴訟法―立法・解釈・運用（有斐閣・1999）375～378頁等を参照。なお、法務省民事局参事官室編「民事訴訟手続に関する改正要綱試案」別冊NBL23号（1991）54～55頁等も参照。

和解のための呼出し、起訴前の和解、訴え提起前の和解における新受件数の推移

西暦（元号）	件数	西暦（元号）	件数	西暦（元号）	件数
1891（明治 24）年	80673	1935（昭和 10）年	20998	1979（昭和 54）年	8744
1892（明治 25）年	39513	1936（昭和 11）年	24605	1980（昭和 55）年	8825
1893（明治 26）年	23344	1937（昭和 12）年	17121	1981（昭和 56）年	8634
1894（明治 27）年	16537	1938（昭和 13）年	13302	1982（昭和 57）年	9545
1895（明治 28）年	11488	1939（昭和 14）年	9533	1983（昭和 58）年	8823
1896（明治 29）年	9672	1940（昭和 15）年	5908	1984（昭和 59）年	9744
1897（明治 30）年	8548	1941（昭和 16）年	4071	1985（昭和 60）年	9444
1898（明治 31）年	7002	1942（昭和 17）年	2460	1986（昭和 61）年	10498
1899（明治 32）年	5675	1943（昭和 18）年	1598	1987（昭和 62）年	11284
1900（明治 33）年	3921	1944（昭和 19）年	864	1988（昭和 63）年	10926
1901（明治 34）年	3113	1945（昭和 20）年	105	1989（平成 元）年	10530
1902（明治 35）年	2300	1946（昭和 21）年	1270	1990（平成 2）年	11002
1903（明治 36）年	1979	1947（昭和 22）年	396	1991（平成 3）年	9396
1904（明治 37）年	1384	1948（昭和 23）年	2210	1992（平成 4）年	8211
1905（明治 38）年	1028	1949（昭和 24）年	4267	1993（平成 5）年	6856
1906（明治 39）年	929	1950（昭和 25）年	9233	1994（平成 6）年	6797
1907（明治 40）年	803	1951（昭和 26）年	11349	1995（平成 7）年	6437
1908（明治 41）年	707	1952（昭和 27）年	12910	1996（平成 8）年	6342
1909（明治 42）年	680	1953（昭和 28）年	14112	1997（平成 9）年	5466
1910（明治 43）年	597	1954（昭和 29）年	17426	1998（平成 10）年	5548
1911（明治 44）年	525	1955（昭和 30）年	18309	1999（平成 11）年	6104
1912（大正 元）年	697	1956（昭和 31）年	17738	2000（平成 12）年	7087
1913（大正 2）年	671	1957（昭和 32）年	16967	2001（平成 13）年	7636
1914（大正 3）年	689	1958（昭和 33）年	18240	2002（平成 14）年	6741
1915（大正 4）年	715	1959（昭和 34）年	18434	2003（平成 15）年	6987
1916（大正 5）年	694	1960（昭和 35）年	18108	2004（平成 16）年	6700
1917（大正 6）年	664	1961（昭和 36）年	18565	2005（平成 17）年	6446
1918（大正 7）年	853	1962（昭和 37）年	20231	2006（平成 18）年	6243
1919（大正 8）年	1088	1963（昭和 38）年	18190	2007（平成 19）年	5622
1920（大正 9）年	1339	1964（昭和 39）年	17768	2008（平成 20）年	5307
1921（大正 10）年	1631	1965（昭和 40）年	16899	2009（平成 21）年	4528
1922（大正 11）年	2346	1966（昭和 41）年	16077	2010（平成 22）年	4125
1923（大正 12）年	2768	1967（昭和 42）年	14838	2011（平成 23）年	3865
1924（大正 13）年	6618	1968（昭和 43）年	13619	2012（平成 24）年	3576
1925（大正 14）年	8267	1969（昭和 44）年	12899	2013（平成 25）年	3364
1926（昭和 元）年	9368	1970（昭和 45）年	12253	2014（平成 26）年	3188
1927（昭和 2）年	10304	1971（昭和 46）年	11237	2015（平成 27）年	2837
1928（昭和 3）年	10743	1972（昭和 47）年	11051		
1929（昭和 4）年	12459	1973（昭和 48）年	11177		
1930（昭和 5）年	17841	1974（昭和 49）年	10108		
1931（昭和 6）年	23431	1975（昭和 50）年	9439		
1932（昭和 7）年	29800	1976（昭和 51）年	9703		
1933（昭和 8）年	31898	1977（昭和 52）年	9110		
1934（昭和 9）年	30805	1978（昭和 53）年	8464		

注） 平成 11 年までは、林屋＝菅原編著・注 16）193 頁による（以後、司法統計年報）。なお、同書では、本表の数字の昭和 26 年までは、『明治以降裁判要覧』（未見）によるとされ、昭和 20 年は、資料焼失のため、1 月から 4 月の事件数であるとされている。

Ⅲ　「訴え提起前の和解」に対する基本スタンス：判例と学説 ――「民事上の争い」の要件などを中心として

「訴え提起前の和解」の申立ての要件（民訴275条1項）には、いくつかのものがあるが、その中でも、判例（最上級審の判例だけではなく、下級審の裁判例を含む）・学説上、議論のある問題として、「民事上の争い」の意義（→Ⅲ1）と「互譲」の要否（→Ⅲ2）の問題がある。いずれも、「訴訟上の和解」の利用可能性の広狭あるいはその促進可能性に関わる論題であるので、簡潔に概観したい。

1　「民事上の争い」に関する判例と学説

(1)　**判例**　　判例の中には、「民事上の争い」の要件に関して、基本的な考え方の異同がある。「民事上の争い」の要件を厳格に解する判例（厳格説）と緩和して考える判例（緩和説）である。

まず、厳格説に立つ判例が存在する[18]。これらは、総じて、争いがないにもかかわらず締結された「訴え提起前の和解」には、法律上の効力が生じないとする。

これに対して、判例の多数は、緩和説に立つ。いくつかの判示方法がみられるが、たとえば、①民事訴訟法275条1項にいう「民事上の争い」とは、権利関係の存否、内容または範囲についての主張の対立に限定されるのではなく、広く権利関係についての不確実や権利実行の不安をも含むものと解したり[19]、また、②必ずしも現在の紛争がなくても、和解の申立ての際に、将

---

18)　たとえば、神戸地判昭和24年6月3日高民2巻3号317頁（「……訴訟防止を目的とする訴訟行為たる性質を有するものであるから、右和解は当事者間に権利関係について争の存することを前提とするものであることはもちろんである」と指摘する）、名古屋地判昭和46年9月14日判タ271号216頁（「当事者間に何ら紛争がないのに、専ら右建物とその敷地を第三者に売却するにつき、売買交渉の道具として使用する目的で作成せられたのが、本件和解調書であることが認められる」と指摘する）等。また、田川簡決平成8年8月6日判タ927号252頁（申立人が、相手方に対して建物明渡請求の認容判決を得て、強制執行の申立てをしたが、起訴前の和解に応じるならば、相手方を賃借人として賃貸してもよいとして、起訴前の和解を申し立てた事案において、全ての将来の債務に付きまとうこのような漠然とした不安が、この要件に該当するものとするなら、それは同条の和解申立ての要件を事実上取り外してしまうのと同じであるとして、和解申立てを却下した）も参照。

19)　たとえば、大阪高判昭和24年11月25日高民2巻3号309頁（「ここに『争』と云うのは、狭

来の紛争の発生可能性が予測でき、その紛争を避ける必要が十分に窺われる場合を含むと解したりする[20]のが一般的である。

ただし、このような判例の緩和傾向の中で、緩和説に立ちながらも、若干の制限を企図する判例もみられる。たとえば、③契約関係から考えて紛争が生じる蓋然性が高いことを理由に、「民事上の争い」の存在を認めるもの[21]や、④和解申立時において、当事者間に将来の権利実行にあたり、紛争が生じることを予測させる具体的事情または権利の実現に不安があると認められる相当の事由が存在することが必要であるとするもの[22]も存在する。なお、

く原判決の説くように権利関係についての争、即ち権利関係の存否、内容又は範囲についての主張の対立に限られるのではなくて、もつと広く権利関係についての不確実や、権利実行の不安全をも含むものと解するのが妥当である」と指摘する）、大阪高判昭和 31 年 5 月 22 日下民 7 巻 5 号 1325 頁（ほぼ同旨）、東京高判昭和 35 年 3 月 3 日東高民時報 11 巻 3 号 81 頁（ほぼ同旨）、福岡地決昭和 44 年 7 月 8 日判時 589 号 65 頁（ほぼ同旨）、東京高判平成元年 9 月 26 日判時 1354 号 120 頁（ほぼ同旨）、東京地判昭和 26 年 2 月 12 日下民 2 巻 2 号 187 頁（ほぼ同旨）、名古屋地決昭和 42 年 1 月 16 日下民 18 巻 1＝2 号 1 頁（ほぼ同旨）、東京地判平成 8 年 9 月 26 日判時 1605 号 76 頁（おおむね同旨）等。また、東京高判昭和 38 年 2 月 19 日東高民時報 14 巻 2 号 24 頁（「本件当事者間では和解申立前に和解の内容について合意をなしていた」場合に、「当事者間の権利関係を明確にし、権利の実行を確実になす必要上、起訴前の和解契約をなすことは、将来当事者間に起るかも知れない紛争を予め防ぐためになすものであると解するを相当とし、それについて当事者間において異議のない以上、起訴前の和解として有効である」と判示する）も参照。

20）たとえば、東京地判昭和 30 年 8 月 16 日下民 6 巻 8 号 1633 頁（「争いとは権利関係の存否、内容、範囲に関するものに限らず、権利関係の不確実や権利実行の不安全をも含むと解せられる外、必ずしも現在の紛争のみをその対象としているのではなく、将来発生すべき可能性ある争いについても和解申立に際し、右争いを予測できる事情が存する限り、予めその申立をする必要ある場合として、その申立は許される」と判示した）、名古屋高判昭和 35 年 1 月 29 日高民 13 巻 1 号 72 頁（「将来の紛争を防ぐため本件和解調書の作成を見るに至つたものであ」り、「将来賃貸借の性質につき間々生ずることのある紛争を避ける必要が存していたことが十分に窺われる」として、「民事上の争」に該当すると判示した）、大阪地判昭和 40 年 1 日 21 日判タ 172 号 149 頁（「民事上の争」について、「現在における紛争の外、争いを予測しうる限り将来発生する可能性のある争いを広く包含する」と判示した）、大阪地決平成 3 年 5 月 14 日判時 1455 号 119 頁（「起訴前の和解は、将来における訴訟防止を主たる目的とするものであり、その要件である民事上の争いも、和解申立当時に将来紛争の発生する可能性が予測できる場合であれば足りる」と判示した）等。なお、東京地判平成 8 年 9 月 26 日判時 1605 号 76 頁も参照。

21）釧路地決昭和 51 年 12 月 23 日訟務月報 22 巻 13 号 2929 頁（「将来当事者間に争いが生ずる蓋然性は十分に認められることよりして、そのような争いを未然に防止するためには起訴前の和解をなす必要性があり、債務名義を既に取得しているから、再度債務名義を取得させる必要性はないとすることはできない」と判示した）。

22）大阪高決昭和 59 年 4 月 23 日判タ 535 号 212 頁（「将来予想される紛争は、当該事件の現在の具体的事実関係からこれを認定しうる場合であることを要」すると判示した）、東京地判昭和 42 年 3 月 6 日下民 18 巻 3＝4 号 219 頁（「『民事上の争』とは、現に争いのある法律関係を確定するためだけではなく、現在争いは止んだがそれ迄に紛争があつたためその解決内容を明確にしておく必要がある場合及びそれ迄の事情から推して将来権利実現に不安があると認められる相当の事由のある場合を含」むと判示する）、大阪地決昭和 59 年 3 月 2 日判タ 535 号 266 頁（「将来の紛争を予防するために和解の申立てをするにあたつては、あらかじめ特にこれをする必要の存すること、すなわち将来において権利関係の不明確や権利実行の不安全が生ずると予想されるような具体的な事実関係

判例の中には、⑤「民事上の争い」の要件は、「訴え提起前の和解」の申立要件にとどまり、その有効要件ではないと明言するもの[23]もみられる。

(2)　学説　学説の傾向としても、基本的には、判例同様、厳格説と緩和説の対立がみられる。

まず、「民事上の争い」の要件に関する厳格説は、「訴え提起前の和解」の手続の安易な利用に警鐘を鳴らし、簡易裁判所実務の現状を批判する。この立場には、たとえば、①この和解の申立前に既存の法律関係についての争いが解決されているような場合には、「訴え提起前の和解」の申立ては、救済の利益を欠くものとして却下されるべきであり、争いを解決すべき法律関係が未だ存在しない場合には、法的紛争とみることはできないから不適法として却下すべきであるとする見解[24]や、②たとえば将来の給付を内容とする和解については、将来の給付判決を求めるための将来の給付の訴え（民訴135条）はあらかじめその請求をする必要がある場合に限って許していることと矛盾するとする見解[25]などがある。かつては、学説上は、このような見解が有力であった。この背景には、ともすれば安易に流れがちとされかねない「訴え提起前の和解」の手続実務について、一定の反省を促す意義が存在した。

これに対して、現在では、判例の傾向と同様に、緩和説[26]が、有力になり

が現に存することを要する」と判示する）。

23)　東京地判昭和42年3月6日下民18巻3＝4号219頁（「かりに申立の当時には『民事上の争』が存しなかつた場合であつても、かかる主張を許すとすれば、現に和解の効力が争われ、いわば和解によつて除かれるべき権利実現の不確実が目前の事態となつているにもかかわらず、その効力を否定することとなり紛争の解決を目途とする起訴前の和解の趣旨に沿わない」ことを、その理由に挙げる）。

24)　小野木常「起訴前の和解の原点」民商97巻臨時増刊号（末川博追悼記念）(3)（1978）32頁。ただし、この見解は、いったん成立した和解の効力は維持する。「民事上の争い」の要件について、いわば行為規範的には厳格に解しつつも、評価規範的には緩和して考える見解である。

25)　兼子一・条解民事訴訟法（上）（弘文堂・1975）845頁、同・前掲注14）430頁、山木戸克己「和解手続の対象」民事訴訟理論の基礎的研究（有斐閣・1961）151頁、松浦馨「裁判上の和解」契約法大系刊行委員会編・契約法大系(5)（有斐閣・1963）221頁等。

なお、深沢利一「起訴前の和解に関する諸問題」鈴木忠一＝三ケ月章監修・実務民事訴訟講座(2)（日本評論社・1969）260頁（「訴え提起前の和解」は、民事裁判権の作用として裁判官の関与のもとに和解が成立し調書が作成されると、公権的判断である判決と同じ効力を有するので、決して公証的作用と同じ考え方によって処理すべきではなく、「民事上の争い」の要件は、ある程度厳格に解釈しなければならないと論じる）等。

26)　菊井維大＝村松俊夫・全訂民事訴訟法Ⅱ（日本評論社・1989）756頁、斎藤秀夫ほか編著・注解民事訴訟法(8)［第2版］（第一法規・1993）403～404頁〔佐々木平伍郎＝賀集唱＝斎藤秀夫〕、吉村徳重＝小島武司編・注釈民事訴訟法(7)（有斐閣・1995）377頁〔田中豊〕等。

つつある。すなわち、和解内容が公序良俗に反しない場合には、「民事上の争い」を文字通り現在の権利の存否、範囲などと厳格に解する必要はなく、将来の給付請求権について執行力を付与する点についても、判決の場合とは異なり、当事者があらかじめ許諾しているのであり、必要性も肯定でき、また、厳格説に立ってその点を消極に解すれば、訴訟上の和解も同様になるが、そうすれば現在実務上行われている訴訟上の和解についても効力を否定すべき場合が相当数生じることにもなりかねず、国民の権利行使に重大な支障をきたすことになりかねないからである[27)]。

(3)　**若干の検討**　このようにみてきた場合、基本的には緩和説が妥当であろう。確かに、「訴え提起前の和解」の手続濫用は許されるべきではないが、しかし、簡易裁判所における簡易救済の理念および予防的救済の実現は「訴え提起前の和解」でも実現されるべきであり、簡易裁判所における「多様な市民ニーズ即応的性格」を活かすことが望ましい。公序良俗に反せず、脱法的・権利濫用的なものでなければ、当事者がすでに裁判所外で成立した示談契約などを「訴え提起前の和解」の手続で簡易迅速に債務名義とする利益は、広く認められるべきであろう。和解自体のもつ、過去志向的な救済だけではなく、将来志向的な救済の重要性[28)]をも考慮すれば、将来の給付請求権について執行力を付与することを認めることが許されるであろう。「民事上の争い」の概念は、この「訴え提起前の和解」の制度趣旨に照らして考えればよいであろう（裁判所法3条1項にも、裁判所の権限として、裁判所が、「一切の法律上の争訟」を裁判するだけではなく、「その他法律において特に定める権限を有する」旨を規定する。民訴275条は、ここでいう「特に定める権限」を規定する条文と考えられるのである）。

また、互譲の要件を不要と考え（→Ⅲ2）、示談契約などの債務名義化を肯定する場合には、当事者の意思として、「訴え提起前の和解」が成立しなければ当該示談契約自体を維持するかどうか不確定な事案も少なくないであろうから、一律に申立時点ですでに争いが解決済みであるとはいえないであろう[29)]。さらに、「民事上の争い」の要件を厳格に解し、訴訟における訴えの

27)　秋山幹男ほか・コンメンタール民事訴訟法Ⅴ（日本評論社・2012）345頁。
28)　川嶋・前掲注6）627～628頁。
29)　兼子ほか・前掲注11）1504頁〔松浦＝加藤〕。

利益のように考えた場合には、和解自体の価値は減殺され、「訴え提起前の和解」の手続を通じた当事者の意思による自治的紛争解決の可能性を削減してしまうことになり、妥当ではないであろう[30)]。またさらに、本来的に紛争予防的な機能を発揮すべき「訴え提起前の和解」では、訴訟を予防するための和解申立てを認めるべきであろう。ただし、先に厳格説に立つ判例について言及したが、いずれの判例も、基本的には、「訴え提起前の和解」の制度目的を濫用した用法である疑いがあるか、あるいは、必要性がないにもかかわらず便宜的に強制執行の必要性（債務名義取得の必要性）以外の目的のために用いているようにも思われる。したがって、厳格説に立つ判例の帰結が一概に改められるべきだとは考えられず、判例の件数が必ずしも多くはないので断言できないが、判例は、個別的に「民事上の争い」を厳格に解することにより、いわば事後的に望ましくない帰結の招来を防止しているようにもみえる点では一定の意義がある。その意味で、裁判実務上は、ある種安全弁として「民事上の争い」の要件が機能しているようにも思われる。

それはともかく、以上のことから、基本的には、「民事上の争い」の要件については、緩やかに解すべきであろう。ただし、「訴え提起前の和解」でも、訴訟上の和解の場合と同様に、和解内容が、上述のように、公序良俗違反（民90条）など、強行法規に違反するときには、和解を成立させるべきではない。また、和解の成立過程に違法行為や意思の瑕疵がある場合も同様である。「訴え提起前の和解」の成立に際しては、特に訴訟上の和解と比較して、そのプロセスに裁判官が関与することが相対的に少ない[31)]ために、裁判官による当事者本人の意思確認は不可欠となるであろう。これは、弁護士による和解における代理権の範囲の問題[32)]とも関わる。

なお、判例には、上述のように（→Ⅲ1 (1)）、「民事上の争い」の要件は、「訴え提起前の和解」の申立要件にとどまり、その有効要件ではないとするものもみられるが、基本的には妥当であろう。和解に再審事由に準じた事由

---

30)　なお、この点では、当事者の訴訟行為による訴訟の終了である請求の放棄・認諾について、近時の有力説（新堂幸司・新民事訴訟法［第5版］（弘文堂・2011）361頁、伊藤眞・民事訴訟法［第4版補訂版］（有斐閣・2014）457頁、川嶋・前掲注6）622頁等）は、訴えの利益の具備を要件とはしていない点も、この文脈では示唆的である。

31)　なお、前述のように（前掲注15）とその本文）、準併合和解の場合には、裁判官がその和解の成立過程に関与することになる。

32)　川嶋・前掲注6）88～90頁参照。

や意思の瑕疵がない限り、「訴え提起前の和解」の趣旨に照らして有効であり、行為規範の評価規範による修正の一例として、和解内容に関する事後的な攻撃あるいは争いの蒸し返しは、可及的に阻止されるべきだからである。

2　互譲の要否に関する判例と学説

「訴え提起前の和解」において、通常の和解に必要とされる互譲の要件（民695条参照）が必要となるかも問題となる。判例[33]および通説[34]は、互譲不要説に立つ。「訴え提起前の和解」については、すでに述べたように、簡易裁判所における簡易救済を実現するために、紛争予防・訴訟回避的機能が重視されるべきであり、簡易な債務名義の形成機能を発揮すべきとする観点からは、当事者の互譲のあることは必要でないと解する。

なお、実際には、互譲必要説に立っても、互譲の対象とその態様とを緩やかに解すれば、結論的にはその差異はほとんどないことになるとの指摘[35]もある。基本的には妥当であるものの、紛争当事者の簡易裁判所利用を促進し、上記機能を遺憾なく発揮させるためには、正面から互譲不要説を肯定し、その旨を明らかにしておくべきであろう。

ただし、訴訟を回避して紛争を予防する手続である「訴え提起前の和解」を紛争当事者が選択し双方が合意する中に、手続的な互譲の存在を見出すことも可能であろう（この点では、和解費用の相互負担（民訴68条）等も示唆的である）。互譲は、実体面での互譲に限定されないと考えられるからである。

Ⅳ　おわりに

今昔の感はあるが、2001年（平成13年）に公表された『司法制度改革審議会意見書』[36]には、簡易裁判所の制度改革に関するいくつかの提言も含まれ

33）　大判昭和15年6月8日民集19巻975頁（訴訟防止のためになされる裁判上の和解においては「実体上ノ請求権ニ付当事者双方ノ互譲アルコトヲ必要トセス」と判示する）、東京高判昭和35年3月3日東高民時報11巻3号81頁等。

34）　たとえば、岩松三郎＝兼子一編・法律実務講座 民事訴訟法（2）［復刻版］（有斐閣・1984）164頁、吉村＝小島編・前掲注26）379頁〔田中〕、兼子ほか・前掲注11）1504～1505頁〔松浦＝加藤〕等。

35）　松浦・前掲注25）220頁、233頁。

36）　http://www.kantei.go.jp/jp/sihouseido/report/ikensyo/.

ていた。家庭裁判所の機能強化と並んで、特に、「簡易裁判所の機能の充実」のためのいくつかの項目が挙げられていたが、しかし、その中に「訴え提起前の和解」に関する項目は存在しなかった。

ところで、「訴え提起前の和解」の手続は、民事訴訟法・民事訴訟規則上の規律が簡潔であり（民訴 275 条・267 条、民訴規 169 条等参照）、確かに具体的な手続イメージを描くことが困難である[37)][38)]。たとえば、裁判所のエントランスや窓口、市町村役場の受付などには、裁判所の民事手続に関する各種のパンフレット（リーフレット）が置かれており、また、その一部は最高裁判所のホームページにも掲載されているが、しかし、「訴え提起前の和解」に関するパンフレットは特に用意されてはいないようである。ただし、最高裁判所ホームページには、東京簡易裁判所の手続説明の中に、訴え提起前の和解の手続の流れなどやそこで用いられる書式例が掲載されている[39)]。

このように、簡易裁判所実務では、「訴え提起前の和解」自体は、必ずしも市民にとって明快な手続とはなっておらず、また裁判所の紛争解決手続としても推奨されてはいないように思われる。それどころか、古くはこの手続の廃止論さえ唱えられていた[40)]。

---

37)　裁判所職員総合研修所監修・民事実務講義案 III［五訂版］（司法協会・2015）165 頁には、「手続の概略」が記されている。裁判所書記官研修所監修・新民事訴訟法における書記官事務の研究（III）（司法協会・1998）180 頁（本書は、平成 9 年度の裁判所書記官実務研究報告書であり、執筆者は、大塚啓志、安村義弘、小松貢、原田明、近藤基、定久朋宏である）も参照。

38)　この点に関して、「訴え提起前の和解」については正反対の二つのイメージがあることが指摘されている（伊藤正二「訴え提起前の和解における問題点」大段亨＝正木常博＝岡田洋佑編・最新裁判実務大系 1〔簡裁関係訴訟〕（青林書院・2013）551 頁を参照）。一方で、当事者が裁判所に和解契約条項を持参してくれれば裁判所が公証してくれるというイメージであり、他方で、対立当事者が裁判所に出向いてくれれば裁判所が和解をしてくれるというイメージである。前者は、「訴え提起前の和解」のいわば「公証イメージ」であり、後者は、いわば「調停・仲裁イメージ」である。しかし、実際には、いずれのやり方でも行われておらず、裁判所が主宰し、審査をした上で、その責任で申立事案の解決に相応しい債務名義を作成しているとされる。そこには、「訴え提起前の和解」固有の手続が行われているようである。

39)　http://www.courts.go.jp/tokyo-s/saiban/l3/Vcms3_00000351.html. ただし、そこに挙げられている「訴え提起前の和解手続の申立てに必要な書類」のサンプルは、建物明渡しに関する訴え提起前の和解の申立てに必要な書類であり、金銭請求に関するそれの書式例はない。

40)　たとえば、中村高一「即決和解廃止論」法律新聞 3818 号（1935）3 頁等を参照。なお、筆者は、弁護士。東京区裁判所の即決和解の件数が一般訴訟事件のそれを上回っている事実から説き起こし、即決和解について、濫用事例や裁判官の負担も挙げながら、「一般の弁護士は不愉快乍ら代理を引受ける、しかも僅かの費用で当てがいぶちで身を切り売りするするようなもので、一般訴訟事件は反対にどしどし減少して行く、弁護士の生活問題にも響いて行く。」と指摘する。読者が限られている新聞ではあるものの、ここには、弁護士職の保護の観点はともかく、利用者の利便性への配慮はわずかにしか垣間見られない。

しかし、「訴え提起前の和解」の制度自体には、先に述べたように（→Ⅱ 1・2）、様々な意義と機能があり、安価な訴訟予防・訴訟回避手段となり得、将来に向かった当事者関係の自主的かつ自律的な規整を通じた紛争解決機能がある。民事訴訟法275条1項の規定の文言は、制約的ではなく手続要件も緩やかであるにもかかわらず、なぜ利用件数が少ないのかが問い直されなければならないであろう。

たとえば、利用者側からは、民事訴訟法には、それのみを定めた規定が1箇条しかなく、必ずしも手続が明確ではないので、その利用に躊躇が感じられるかもしれない[41)]。また、確かに、その要件が比較的緩やかであることは、一見、手続利用を促進する方向に作用するようにも思われるものの、そのことが逆に、制度運営者側には濫用の危険を想起させ、手続利用を奨励する方向には向かわせない原因になっているとすれば、ともにその誤解を氷解させる必要があるようにも思われる。しかもその懸念は、事前の債務名義の形成、とりわけ将来の請求権に関する債務名義の事前形成[42)]と相まって、増幅しかねないであろうと考えられるからである。

そのような「訴え提起前の和解」における手続濫用のおそれは、古くから問題とされていた。たとえば、訴え提起前の和解は、当事者間に実際には争いがないにもかかわらず、当事者の一方が契約上の義務についてあらかじめ簡便に債務名義を獲得する手段として多く利用されており、また、相手方の白紙委任状を利用して双方代理的な状況の創出や無権代理的な行為が行われがちであることのほか、いわゆる替玉出席（替玉出頭・なりすまし出頭）の問題があるなどの指摘がなされてきたのである[43)]。しかし、そのような事態は、現在においては、申立ての手続や和解期日の審理のあり方、さらにはそれらの工夫次第で対応でき、裁判所では現に対応されていると考えられる[44)]。

---

41)　利用者が、裁判所の窓口に手続相談に行った場合に、仮に、その利用に消極的な説明がなされるとすると、運用面での疑問が生じる。弁護士などへ法律相談に行った場合に、報酬基準は措くとしても、万一、同じ目的を達成するために、弁護士などが他のより複雑かつコストがかかる手続を勧めるようなことがあれば、これまた疑問である。

42)　この点については、川嶋四郎・民事救済過程の展望的指針（弘文堂・2006）247頁参照。

43)　たとえば、中村・前掲注40）3頁、深沢・前掲注25）255頁、裁判所職員総合研修所監修・前掲注37）166頁等。

44)　現に、「裁判所は、申立ての審査やその後の手続に慎重な対応をせざるを得ない」（加藤新太郎編・簡裁民事事件の考え方と実務［第4版］（民事法研究会・2011）526頁〔塩谷雅人〕）との指摘がみられ、また、裁判所職員総合研修所監修・前掲注37）167～168頁には具体的な対処法が示さ

さらに、和解形成プロセスが簡易なため、債務名義となり得る「訴え提起前の和解」が事後的に無効とされるおそれへの懸念も推察されるが、しかし、訴訟上の和解と「訴え提起前の和解」とを比較した場合に、無効として争われる割合に関して後者の方が圧倒的に多いとのデータも、特に明らかにはされていないようである。それは、「訴え提起前の和解」の手続が厳選された事件で慎重に運用されていることを示唆するかもしれないが、仮に、裁判所における窓口説明や窓口指導であれ、手続に消極的な運営がなされているとすれば、それは必ずしも望ましくはなく、改められるべきであろう。

またさらに、公証人の職域に関わる執行証書制度との棲み分け（金銭債権者等は執行証書で、特定物請求権は「訴え提起前の和解」でといった役割分担）が、制度の側で志向されることも考えられなくはないかもしれない（ちなみに、公証人の給源の多くは、裁判所である。公証人法13条参照）。しかし、法が何らの制約を設けることなく金銭債権等に関しては両制度の併存を認めている以上は、十分な情報をもとにした利用者の選択の自由こそが保障されるべきであろう。

もとより「訴え提起前の和解」は、「第一審の訴訟手続」中に規定があり、しかも「簡易裁判所の訴訟手続に関する特則」中に規定があることから、市民に開放的な簡易救済の実現のために、柔軟かつ後見的な運用が望まれるであろう。それは、手続の入口から期日のあり方などにまで及ぶ。すなわち、「訴え提起前の和解」の手続においても、簡易な手続による迅速な紛争解決を目指し（民訴270条）、申立ての要件を簡易化し（民訴271条・272条参照）、任意の出席による手続の開始（民訴273条）を認め、少額訴訟手続（民訴368条以下）で顕著な実績をあげているような裁判所書記官の積極的な活躍に期待し、近時における国民の司法参加の傾向における司法委員（民訴279条、司法委員規則）の関与を促進させるなどの方策が、実践されるべきであろう。訴訟移行後には、訴訟上の和解だけではなく、「和解に代わる決定」（民訴275条の

れている。すなわち、裁判所は、第1に、あらかじめ合意が成立していても鵜呑みにせず和解内容が当事者の真意に即したものであるかを吟味し、第2に、双方代理等を防止するため、代理権の確認や出席当事者等の同一性を確認し、第3に、当事者が任意に裁判所に来訪して「訴え提起前の和解」の申立て（同行和解の申立て）をする場合にも、即日和解手続を行うことには慎重であるべきであり、また、裁判所書記官も、裁判所の役割を認識し、裁判官と協働して申立ての審査や和解期日の準備等を十分に行う必要があると指摘されている。確かに、現代社会では、なりすましなどの手続濫用形態は巧妙化するかもしれないが、しかし、かつてと比較して現代ではより一層確実な形式で、当事者・代理人の同定や代理権の確認も可能になったといえるであろう。

2）も可能となる。指定された和解期日においては、両当事者の実質的な合意の形成が望まれ、通信手段が発達した現代においては、当事者本人の欠席の場合でも最終的には当事者本人の意思確認も、おさおさ怠りがないように努めなければならないであろう（民訴264条および265条の適用除外（民訴275条4項）は、和解期日への当事者本人の出席の要請とそこにおける両当事者および裁判官間における信頼形成の必要性を示唆しているようで興味深い）。

なお、「訴え提起前の和解」の制度が、これまで述べてきたように、基本的には、この申立ての前段階における裁判所外での当事者間のコミュニケーションを前提とするものであること、および、この手続自体が必ずしも人口に膾炙したものではないことなどを考慮すると、司法改革後の法曹人口が増加した時代において、紛争解決のための手続選択前の当事者間におけるコミュニケーションの存否のあり方が問われることになるであろう。ちなみに、この文脈では、裁判所外における各種ADR機関、特に民間型ADR機関において、当事者間での債務名義の作成のために、「訴え提起前の和解」の手続を活用することも、ADR促進法で民間ADR機関における債務名義の作成権限が認められていない現状では推奨されるべきであろう。

従前から、「訴え提起前の和解」については、規定の不十分さが指摘されているが、すでに手続としては一定の流れが準備されており、むしろ、詳細な規定がない方が柔軟かつ機動的な和解の実現を可能にするであろう。ただし、その手続情報は、裁判所の公式な案内として、一般に可視化される必要がある。

現在、「和解が調わない場合において、和解の期日に出頭した当事者双方の申立てがあるときは、裁判所は、直ちに訴訟の弁論を命ずる」（民訴275条2項前段）という形式で、訴訟移行が規定されているが、立法論としては、当事者の一方の申立て（特に和解申立人の申立て）があれば、訴訟移行を認めてよく、双方の申立てがあれば、（訴訟移行だけではなく）調停移行の選択も認められるとすべきであろう[45]。

45）確かに、和解期日の続行にもかかわらず和解不調の場合には、調停移行は無駄なようにもみえるが、専門家調停委員を交えた調停委員会での調停はそれなりに意義があると考えられる。また、訴訟移行後に付調停決定（民調20条）を通じてこの種の調停を行うことも考えられるが、やや迂遠であり、しかも、付調停は裁判所の専権であるので実際に行われるか否か分明ではないので、当事者の手続選択に委ねるのが妥当と考えられるからである。

以上、本稿では、利便性が高い手続でありながら必ずしも頻繁には用いられていない「訴え提起前の和解」の手続について、その活用のための基本指針を示した。ただ、本稿は、この手続の訴訟回避機能自体の発揮に焦点を当てるものというよりも、むしろ、紛争当事者間の自助的かつ自律的な法的救済活動の涵養と支援に重点を置いた論攷である。裁判外での当事者による自治的な交渉結果に対して、和解期日における慎重な確認を通じて公的な裏打ちを与え、その履行の強制をサポートする裁判所の役割の増進にこそ、簡易裁判所におけるこの手続の核心的な意義を見出したいからである。それもまた、最初に述べたように、市民を大切にした上での簡易裁判所における「多様な市民ニーズ即応的性格」の発揮の一環と考えられるであろう。

【付記】

ここにめでたく古稀を迎えられる同志社大学の同僚、徳田和幸先生に、先生の謦咳に付させていただくことにより民事訴訟法学の知見と面白さを深めていった数多くの同志社大学大学院生たちとともに、心からお祝いと感謝を申し上げるとともに、これからのご健勝を、心より祈念いたします。

一部認容判決に関する総論的覚書

畑 瑞穂

Ⅰ はじめに

本稿は、民事訴訟においてどのような場合に一部認容判決をすることができるのか、ないし、すべきであるのか、という問題（民訴246条）について、近時の論考[1)]に示唆を受けつつ、若干の総論的な検討を試みるものである。処分権主義は民事訴訟における基本原則の一つと目されているにもかかわらず、この問題については案外に不透明な面が残っているように思われるためである。

なお、本稿は、紙幅等の制約から、総論的な覚書にとどまるものであり、各論的な問題への言及（後述Ⅲ・Ⅳ・Ⅴ）は、基本的には総論へのフィードバックを得るためのある種のケーススタディとして行っているものである。また、本稿の検討は、「全部」と「一部」として観念することが一応はできそ

1） 名津井吉裕「一部認容判決について」同志社法学62巻6号（2011）205頁に負うところが大きい。

なお、各論的な検討を行う近時の論考として以下のものがあるが、本稿の検討対象が限られたものである関係で、正面から取り扱えない。坂田宏「処分権主義よりみた定期金賠償判決」谷口安平先生古稀祝賀・現代民事司法の諸相（成文堂・2005）171頁、勅使川原和彦「定期金賠償請求訴訟と処分権主義」早稲田法学81巻4号（2006）79頁、越山和広「定期金賠償積極論と処分権主義」関西大学法学論集56巻2＝3号（2006）223頁、山本克己「立退料判決をめぐる実体法と訴訟法」石川正先生古稀記念・経済社会と法の役割（商事法務・2013）1191頁、同「定期金賠償と民事訴訟法246条」伊藤眞先生古稀祝賀・民事手続の現代的使命（有斐閣・2015）653頁、岡田洋一「定期金賠償と処分権主義」法律論叢（明治大学）87巻2＝3号（2014）97頁。

うな事例群を念頭に置いており[2)]、しばしば論じられる一時金賠償と定期金賠償の事例のようにどちらがどちらの一部であるといい難い場合[3)]については、別途検討を試みることにしたい。

Ⅱ　総論的検討

1　一部認容問題の基本構造

まず、一部認容問題の基本構造を確認しておくと、一般的にいえば、原告がある請求（「A 請求」とする）を立てて訴えを提起したのに対して、（訴えの変更がされないままに）A 請求の趣旨と何らかの点で異なる内容の判決（「B 判決」とし、これに対応する請求を「B 請求」とする）をすることの可否がここでの問題であるが、これが可能であるとするためには、「一部」認容である以上ある意味では当然ながら、A 請求が B 請求を包含すると捉えることが前提となる。いうまでもなく、そうでなければ、処分権主義の建前に抵触することになるためである。そして、このように捉える以上は、A 請求が全部棄却されることはそれに包含される B 請求も同時に棄却されていることを意味し、全部棄却判決が確定した場合は、その既判力によって B 請求の再訴も遮断されることになるはずである。

逆に、A 請求に対して B 判決ができないとすることは、A 請求が B 請求を包含しないと捉えることを意味し、A 請求を全部棄却する判決が確定してもその既判力によって B 請求の再訴は遮断されないことになる。

すなわち、一部認容の問題は、A 請求の訴訟物の内容をどのように措定するか、A 請求によって解決されるべき紛争の枠をどのように捉えるかの問題であり、いわゆる訴訟物論争とはもちろん別問題ではあるものの、ある意味では訴訟物の問題ということもできそうである。

もっとも、いわゆる訴訟物論争に関して指摘されている[4)]のと同様に、訴

2）　これ自体ややあいまいな対象の限定であるが、このような場合に限定すれば、山本克己「金銭債務不存在確認の訴えと申立事項の拘束力」法教 291 号（2004）103 頁、104 頁以下が強調する当事者にとっての敗訴リスクの予測可能性の点では問題は生じにくくなると思われる。

3）　名津井論文の⑤～⑧のほか、三ケ月章・民事訴訟法研究第 1 巻（有斐閣・1962）201 頁以下、同・民事訴訟法［第 3 版］（弘文堂・1992）183 頁以下は、賃借条件の確認請求における賃借条件の食い違い等、確認訴訟における一部認容の可否は判定困難な場合が多い、と指摘している。

4）　例えば、高橋宏志・重点講義民事訴訟法（上）［第 2 版補訂版］（有斐閣・2013）60 頁以下。

訟物の役割はある程度限定的なものである可能性もありそうである（後述3・4・5参照）。

2 訴訟物の包含関係序説

そこで、まず訴訟物の包含関係が問題になるが、事は案外に複雑であるように思われる。

(1) 実体法的な包含関係 すなわち、単純に考えると、請求権ないし権利の実体法的な包含関係が認められる場合に訴訟物の包含関係が認められる、ということになりそうであるが、そもそも「請求権ないし権利の実体法的な包含関係」ということの意味自体が必ずしも明らかでないように思われる。

実体法の解釈に関わるため、この点を明らかにすることは本稿の域ないし筆者の能力を超えるが、給付請求権を念頭に置けばA請求をなしうる者がB請求をすることができるかどうか、所有権等の権利を念頭に置けばA権利を有する者がB権利を有する者以上の権能を行使できるか、A権利を有する者がその一部としてB権利を譲渡することができるか、といった諸点がメルクマールになるのであろうか。

いずれにしても、実体法的な包含関係においては、A請求を基礎付ける事実関係が存在することを前提として、B請求ができるかどうか等を問題にしているのに対して、一部認容においては、A請求を基礎付ける事実関係は認められないが、B請求を基礎付ける事実関係が認められる場合にB判決をすることを問題としているため、状況は同じではないが、さしあたり上記の諸点に着目して考えてみたい。

(2) 訴訟法的な考慮 他方、訴訟法的には、訴訟物すなわち訴訟で解決されるべき紛争の枠の問題である（前述1）以上、一部で論じられている[5]ように、訴訟制度の効率的運営の観点が重要であるように思われる。すなわち、包含関係を認める方が当然ながら当該訴訟による紛争解決の実効性は高まりうる反面で、これも一部で論じられている[6]ように、包含関係を認めること

5） 鈴木重勝「申立事項と判決事項」鈴木忠一＝三ケ月章監修・新・実務民事訴訟講座第3巻（日本評論社・1982）347頁、348頁以下、新堂幸司編集代表・注釈民事訴訟法（4）（有斐閣・1997）113頁以下〔長谷部由起子〕、兼子一ほか・条解民事訴訟法［第2版］（弘文堂・2011）1347頁〔竹下守夫〕等。
6） 鈴木・前掲注5）363頁。各論に即した議論につき、後掲注28）・33）および対応する本文参照。

によって当該訴訟における審理・判断が肥大化する可能性もあると考えられる。

しばしば言及される原告の合理的意思[7)]や不意打ちの点は、たしかに、原告の合理的な意思に反したり、当事者にとって不意打ちを生じたりするような訴訟物の包含関係を措定することは望ましくない、という意味は持ちうるであろうが、訴訟制度の運営の観点と合わせて考えるべきものであろう[8)]。

付言すれば、ひとたび訴訟物の包含関係を肯定した以上は、その場合におけるＢ判決の可否に影響しうるのは、原告の合理的意思ではなく、原告の現実の意思ではないかと思われる（後述3・4参照）し、仮に個別事案でＢ判決をすることで当事者に不意打ちを生じるおそれがあるのであれば、求釈明等によって対処すべきことになるのではないだろうか[9)]。

以上に関連して、例えば「原告の合理的な意思の観点から一部認容判決をしない」とだけ論じられる際には、訴訟物の包含関係をどう捉えるのか、あるいは、Ｂ請求部分の再訴が許されるのか否か、が明らかでない、という問題があるように思われる。

(3)　**実体法的な包含関係と訴訟法的な考慮の関係**　　そして、いわゆる訴訟物論争において実体法上の請求権と訴訟物の関係が問題となっていたように、実体法的な包含関係と訴訟法的な考慮の関係をどう考えるかがさらに問題になるが、この点は各論に即して検討を試みる（後述Ⅲ・Ⅳ・Ⅴ）。

3　原告による一部認容拒否の可能性

さて、Ａ請求がＢ請求を包含することを前提として、裁判所が実体判断としてはＢ判決をすべしとの判断に至っているにもかかわらず、原告がＢ判決を拒否することはできるであろうか。原告の「合理的意思」ではなく、「現実の意思」が尊重されるか、という問題である。

7）　最判昭和24年8月2日民集3巻9号291頁も、「訴を提起する原告としては、請求の全部が認容されないで、その一部が認容される場合には認容される部分について一部勝訴の判決を求める意思があるのが通常である。」として、原告の通常の意思に言及しているが、訴訟物の包含関係を前提としたものであろう。後掲注11）と対応する本文参照。

8）　いうまでもなく、日本におけるいわゆる訴訟物論争においては、紛争解決の一回性の理念を巡って議論がされており、当事者の意思や不意打ちに尽きる問題とは考えられていない。

9）　弁論主義におけるのと同様に、不意打ち防止の観点を強調することが不意打ちさえなければよいという方向に進むとすれば問題がある、という指摘（山本・前掲注2）105頁）には賛成したい。

教室設例（高橋説[10]の表現）ではあるが、判例には、「原告がその理由ある部分のみならば請求認容の判決を求めないことが明らかな場合は請求全部を棄却する外ない」として、これを認める旨の一般論を述べたものがある[11]。学説上も、これを認めることを明言するものがあり[12]、また、一部認容の可否の判断が微妙な場合は原告の意思の釈明を求めるべし、としばしばいわれるのをこの趣旨に理解することもできそうである。

その際、全面棄却判決確定後にB請求による再訴が封じられるのかどうか明言されないことが多いように見受けられるが、訴訟物の包含関係を認める以上は、基本的にはB請求による再訴は封じられることになりそうであるし、その前提が維持されるのであれば、原告にB判決ではなく全面棄却判決を選択することを認めても、おそらく誰をも不当に害することはないため、差し支えないのではないだろうか[13]。

これに対して、高橋説は、理論的には原告の意思に反した一部認容判決は難しいとしつつ、訴訟では一部認容判決は要らないと明言した原告が後に紛争を再燃させることが予想されるため、実践的には真実に基づく判決を優先して一部認容判決を妥当とする[14]が、一部認容判決は要らないと明言した原告が後に紛争を再燃させることを訴訟法的に正面から是認することが実践的に妥当かどうかには疑問の余地があるようにも思われる[15][16]。

---

10)　高橋宏志・重点講義民事訴訟法（下）［第2版補訂版］（有斐閣・2014）248頁注13)。

11)　前掲注7）最判昭和24年8月2日。

12)　鈴木・前掲注5）363頁。

13)　なお、新堂編集代表・前掲注5）113頁以下〔長谷部〕は、債務不存在確認請求の例（後述III参照）を原告の意思にかかわらず一部認容判決をすべき場合として挙げるが、全部棄却判決後の再訴可能という規律を前提としたものであり、後述4の問題に関わる。

14)　高橋・前掲注10）248頁。なお、兼子ほか・前掲注5）1347頁〔竹下〕は、原告の意思に加えて、原告が一部認容ではなくむしろ請求棄却判決を受けることに正当な利益を有している場合には一部認容判決は許されない、として、中間的な立場をとるようにみえる。

15)　原告が一部認容判決を拒めないと解する場合も、原告が全部認容判決がされないことを条件とするB請求部分の放棄を行うという形で処分権を行使することはできるのではないか、という問題は残りそうである（高橋説も実体法上の権利放棄の可能性に言及している）。後掲注16）も参照。

　いずれにしても、高橋説も理論的には認めるように、原告による処分権限の行使を真実に基づく判決の理念によって否定することには、処分権主義の基本的な考え方と抵触する面があるように思われる。「正当な利益」を要求する必要もないのではないだろうか。

16)　ただし、原告の意思に基づく全面棄却判決後のB請求の遮断に関しては、B請求部分に通常の判決と同等の既判力を認めるのか、請求の放棄と同等の効力を認めるにとどめるのかについて、なお検討の必要がありそうである。あるいは、原告の意思に基づく処分である以上は、B請求部分については放棄そのものとして扱うことも考えられようか。前掲注15）も参照。

4 「一部認容」部分の後訴への留保の可能性

以上（前述3）と異なって、A請求がB請求を包含することを前提としつつ、B請求部分が後訴に留保されることはありうるであろうか。

現在給付請求が将来給付請求を包含すると考えたとしても、将来給付の訴えの利益を欠く場合は将来給付判決はできない（後述Ⅳ2参照）、という規律はこの一例であろうが、このほか、とりわけ当事者のイニシアティブでB請求部分を後訴に留保する余地はあるであろうか。

原告がこれを望むとしても、当然ながら被告の利益や裁判所ないし制度的な利益が問題になるが、周知の通り、一部請求後の残部請求の可否の問題においては、判例上、一部であることの明示による訴訟物の分断（残部請求の将来の後訴への留保）が認められていること（最判昭和37年8月10日民集16巻8号1720頁）[17]や、いわばその裏返しとして、一定額以上の債務が存在しないことの確認という形で原告（債務者側）がその一定額に満たない部分を訴訟物から除外できること（最判昭和40年9月17日民集19巻6号1533頁参照）[18]を踏まえると、B請求部分の後訴への留保を一律に否定すべきでないことにもなりえそうである。

もちろん、明示の一部請求の場合も被告は債務不存在確認の反訴を提起することによって残部を当該訴訟の審判対象に取り込むことができることからすると、同様に被告の利益に配慮する必要がありそうであるが、少なくとも被告に異議がない場合にはB請求部分が後訴に留保される[19]ことを認める余地がありそうである。

5 黙示的な請求の併合という構成による処理の可能性

以上と異なって、A請求とB請求の包含関係を措定しないとしても、従来論じられている[20]ように、やや擬制的・技巧的ではあるものの、A請求に

17） ただし、信義則に基づく残部請求の制約（最判平成10年6月12日民集52巻4号1147頁）はかかる。

18） ここでも、訴訟物から除外された部分についての再訴に何らかの制約がかからないかが論じられている。高橋・前掲注10）267頁以下参照。

19） この場合も、前掲注17）・18）で言及したところと同様に、B請求部分の再訴に既判力以外の何らかの制約がかからないかは問題になろう。

20） 名津井・前掲注1）221頁以下、秋山幹男ほか・コンメンタール民事訴訟法Ⅴ（日本評論社・2012）52頁。

B 請求が（原始的ないし追加的に）黙示的かつ予備的に併合されていると構成（「黙示的併合構成」とする）できるのであれば、本来の一部認容判決ではないとしても B 判決が可能になる（「擬似的一部認容」判決とでも呼ぶべきであろうか）し、全面棄却判決が確定すれば B 請求についても既判力を生じることになろう。判例に、本稿にいう B 請求を認容する判決をするに際して、「○○の請求（本稿にいう A 請求）は××を求める申立て（本稿にいう B 請求）を含むと解しうる」、といった表現をするものがみられる[21)]のをこのような趣旨に理解する余地もありそうである。

そして、前述 3 で扱った問題については、黙示的併合構成においても、裁判所が実体判断としては B 判決をすべきものと考えている場合に、仮に原告が B 請求は棄却扱いにしたいという意思を明らかにするのであれば、大筋ではそれを認めて差し支えなさそうに思われる。

他方、前述 4 で扱った問題については、黙示的併合構成においては、原告が B 請求を立てないことを明示すれば、おそらくそれを尊重することになり、B 請求部分は後訴に留保されることになりそうである。もっとも、名津井論文が検討しているように信義則の適用によって後訴が遮断される可能性が考えられるほか、当該訴訟において被告側が B 請求についての不存在確認請求の反訴を提起することは当然ながら可能であろう。

なお、黙示的併合構成には、請求間の関係だけでなく、個々の事件の状況に応じて併合の有無の判断を変えて柔軟に対処することが容易になるというメリットがありそうな反面で、不明確性をもたらしうるとも考えられる。とりわけ、請求棄却判決が黙示的に併合された B 請求をも黙示的に棄却したものなのかどうかが明らかでない、といった問題を生じそうにも思われる。もっとも、訴訟物の包含関係を認める場合も、前述 3・4 のような調整の余地を認めるのであれば、あまり変わらないという面もあろうか。

以上からすると、黙示的併合構成によっても、A 請求が B 請求を包含するという構成と実質において少なくとも大筋ではあまり変わらない帰結を導

21） 最判昭和 44 年 5 月 29 日判時 560 号 44 頁、最判平成 22 年 4 月 20 日判時 2078 号 22 頁・判タ 1323 号 98 頁。なお、最判昭和 30 年 12 月 1 日民集 9 巻 13 号 1903 頁は、一般論として、訴訟物を定める原告の意思は請求の趣旨で明確にされなければならないが、黙示的表示でも足りる、と述べている。

けそうである[22)23)]（あるいは、原則的に黙示的併合を認めるべき場合を訴訟物の包含関係と呼ぶともいえようか）が、いずれにしても実質的な問題は、A 請求によって解決されるべき紛争の枠をどのように捉えるか（前述 2 参照）、一般的には包含関係ないし黙示的併合関係が認められるにもかかわらずB 判決をしえないのはどのような場合か（前述 3・4 参照）、ということになりそうである。

以下では、若干の各論に即して、以上で総論的に触れた点をみることとするが、第一次的には訴訟物の包含関係の観点から検討することとする。

Ⅲ　金銭支払請求・金銭債務不存在確認請求に即して

まず、もっとも一般的な例である金銭の支払請求における一部認容判決については、実体法的には、例えば 1000 万円の支払を求める権利を有する者は 500 万円の支払いを求めることもできる（債権の一部である 500 万円分を譲渡することもできる）であろうから、包含関係を肯定できそうであり、訴訟法的にも、1000 万円の支払請求が 500 万円の支払請求を包含するという意味での訴訟物の包含関係が肯定されることはあまりにも当然であるようにも思われる。

しかしながら、名津井論文[24)]が検討しているように、金額が金銭債権の本質的な内容であるとすると、給付請求の審判対象を請求金額の請求権の存否のみと捉えて、当該金額の請求権の存在が認められない場合は単に請求棄却判決をすることも、ある種の思考実験としては考えられ、この場合は、請求棄却判決が確定しても、その既判力は当該金額に満たない額の請求権を主張する再訴を妨げないというのが自然な帰結であろう。

もちろん、このような結論は誰もとらないわけであるが、給付請求の反対形相とされる債務不存在確認請求に目を転じると、単純な債務不存在確認請求において債務の存在が認められる場合や一定額以上の債務の不存在確認請

22)　いわゆる訴訟物論争において、旧訴訟物理論に選択的併合構成を加えれば新訴訟物理論に実質的には接近する、ということに類似する面があろうか。

23)　さらにいえば、訴訟物の包含関係や黙示的併合構成を認めず、B 請求が明示的な併合を経てはじめて審判対象になるとしても、前述 4 の問題の解決にもよるものの、大まかには、デフォルトルールとして A 請求とともにB 請求についても審判されるのか、逆に、どちらかの当事者からの明示的な請求定立があって初めてB 請求も審判対象となるのかの違いということもできそうである。

24)　名津井・前掲注 1）208 頁以下。

求において当該一定額以上の債務の存在が認められる場合に、ⓐ（一定額以上の）債務の存在・不存在のみが審判対象であると捉えて直ちに請求棄却判決をすべきか、ⓑ（一定額以上の）債務全体が審判対象になっていると捉えて債務額を示した一部認容・一部棄却判決をすべきかについて議論があり、周知の通り、判例（最判昭和40年9月17日民集19巻6号1533頁）は一定額以上の債務の不存在確認請求に関してⓑの解決を示しているが、事案類型等によっては債権額（損害額）の把握の困難性等からなおⓐの解決が妥当する（債権額の確定は後訴に留保される）という裁判例[25)]・学説[26)27)]も引き続き存在しているところである。そして、ⓐの解決の方が、債務額の厳密な確定を要さないという意味で当該訴訟における審理・判断が軽くなりうるが、ⓑの解決の方が、債務額を巡る紛争を後に残さないメリットがあることが指摘されている[28)]。

これを裏返すと、前述のように金銭支払請求においても一定額の債務（債権）の存在・不存在のみが審判対象であるとする捉え方が考えられ、これによると当該訴訟における審理・判断は軽くなりうるが、紛争を後に残すことになり、それもあってそのような考え方はとられていない、ということもできそうである。

ここでは、訴訟物の包含関係の措定が訴訟法的な考慮（前述Ⅱ2(2)）を要する問題であることが示されているとみうるとともに、債務不存在確認請求に関しては、訴訟物の包含関係を基本的に措定しつつも異なる扱いをすべき場合があるか否か（前述Ⅱ4参照）が議論されていることになろう。

最後の点については、被害者側の証拠が整わない段階等では加害者側からの債務不存在確認請求の訴えの利益を否定すべきではないかという議論がされている[29)]ことからすると、（一定額以上の）債務の存否のみの確定を求める訴えの利益が否定されない場合であっても、債務額の確定を求める部分につ

25）　東京地判平成4年1月31日判時1418号109頁。

26）　松本博之＝上野泰男・民事訴訟法［第8版］（弘文堂・2015）586頁以下〔松本〕、高橋・前掲注10）276頁、274頁注45）（ただし、損害賠償債務一般ではなく、例外としてより限定する）等。

27）　なお、木川統一郎・民事訴訟法重要問題講義（中）（成文堂・1992）341頁や高橋・前掲注10）275頁注46）は、逆に、債権者側から（損害額は後訴に留保して）損害賠償責任の存在の確認だけを求める訴えを許容する方向を示している。

28）　高橋・前掲注10）265頁以下等。

29）　高橋・前掲注4）382頁以下参照。ただし、通常と異なる機能を訴えの利益概念に盛り込んでいるようにも思われ、なお検討を要しよう。

いては訴えの利益を欠く場合がありうる（この場合は、債務者側の主張する（0またはそれを超える一定額）以上の額を確定する形での一部認容判決はなされない）、という説明になろうか。

Ⅳ　引換給付判決・将来給付判決等に即して

1　単純な給付請求に対する引換給付判決等

次に、名津井論文の分類による「負担型」すなわち「①単純な給付請求に対して、引換給付判決（または、反対給付の履行にかかる条件付給付判決）をする場合」や「②一定額の立退料と引換えの建物明渡請求において立退料を増額する場合」についても同様の分析がおおむね妥当するように思われる。

すなわち、ここでも、教室設例的ではあるが、例えば、負担の付かない請求権を有する者が自らが負担の履行等をするまでは相手方に給付を求めないことはできるであろうから（質的な一部の譲渡は想定しにくいとしても）、実体法的に単純な給付請求権が負担付の給付請求権を包含すると捉えることができそうである。

そして、ここでも、負担の付かない請求権の存否のみが訴訟物であると捉えることも考えられ、それによって審理・判断は軽くなりうるが、紛争解決の実効性を重視して訴訟物の包含関係を認めるのが通説的な見解ということになろう[30)]。

なお、名津井論文が「借用型」に分類する「⑩単純な給付請求に対して、留保付判決をする場合」についても、上記①や②と連続的に位置付けることもできるように思われる。

2　現在給付請求に対する将来給付判決

名津井論文がやはり「借用型」に分類する「⑧単純な給付請求に対して、条件・期限付の給付判決をする場合」も、その構造は基本的に同様であると

---

30)　立退料判決については、原告が一定額の立退料に固執する場合や申出額と裁判所が相当と考える額に大きな開きがある場合にどうするか、といった問題が、本稿の文脈ではとりわけ重要であるが、従来論じられているように実体法の問題も含めて検討する必要がありそうであり、本稿では立ち入ることができない。

考えられるが、若干特殊な問題を伴っている。

すなわち、ここでも、現在の給付請求権を有する者が例えば一定の日まで請求を差し控えることは可能であろうから、実体法的な包含関係を肯定できそうであり、また、訴訟物の包含関係を認めることによる紛争解決の実効化と審理・判断の肥大化がトレードオフの関係に立ちうることになりそうである。

しかしながら、従来指摘されているように、将来給付請求には将来給付の訴えの利益（民訴135条）が必要であるため、これが認められない場合には一部認容肯定説を前提としても、一部認容判決はできないことになる。このため、一部認容肯定説を前提としても、現在給付請求の全面棄却判決が請求権自体の不存在を意味しない可能性があることになり、この場合は条件成就・期限到来を主張しての再訴を遮断するわけにはいかないことになろう。

また、単純な給付請求を全部棄却する確定判決の効力については、「一時的棄却」といった概念を用いるかどうかはともかく、期限未到来等の理由による場合は期限の到来等を主張しての再訴が許されるが、請求権の存在自体が否定された場合は再訴は許されない、という方向が有力であるように見受けられる[31]。これを前提とすると、一部認容否定説を前提としても、現在給付請求棄却後の条件成就・期限到来を主張しての再訴が遮断される場合があることになる。

以上の事情から、全面棄却判決後の再訴の可否についての一部認容肯定説と否定説の差は小さくなるように思われるが、肯定説では、当該訴訟において条件付・期限付給付請求権も審判対象そのものになって決着しうる場合がある、という点には変わりはない[32]。

そして、ここでは、一部認容を可能とすることによる当該訴訟における審理・判断の肥大化の問題がとりわけ論じられている。すなわち、一部認容肯定説によれば、将来給付の訴えの利益についての審理が必要になるとともに、例えば、物上保証人が抵当権の設定のみを争っている場合に、抵当権設定の

31）　高橋宏志「既判力と再訴」三ケ月章先生古稀祝賀・民事手続法の革新（中）（有斐閣・1991）521頁参照。

32）　一部認容否定説では、将来給付の訴えの利益がある場合でも、請求権の存在は認められるが期限未到来（ないし、存否はともかく期限未到来）と判断されるときは、全面棄却判決となり、条件付・期限付給付請求権についての審判は後訴に留保されることになる。

有効性が認定されたとき、被担保債権の履行期や現存額を審理判断して条件付給付判決をすることになると、場合によってはかなりの時間と労力を要し、訴訟の著しい遅延のおそれもある、というのである[33]。

これを受けて、一部認容肯定説を前提としつつも、物上保証人の事例のような場合は原告の合理的意思から条件付判決を否定する、という考え方も示されている[34]。中間的な解決ということになるが、本稿の枠組みからすれば、このような場合は条件付給付請求部分については訴えの利益を欠く、あるいは、条件付給付請求部分が原告の現実の意思によって訴訟物から除外される、といった構成が考えられようか（前述Ⅱ4参照）。

V　他のいくつかの事例に即して

1　実体法的な包含関係について

名津井論文の「③不動産の明渡請求に対して、その一部の明渡しを命じる場合」[35]については、全部の明渡請求権を有する者が一部のみの明渡しを求めることができそうであるため、実体法的な包含関係を認めることができそうである[36]。

名津井論文の「⑪建物収去土地明渡請求に対して、建物退去土地明渡しを命ずる場合」についても、建物収去土地明渡請求権を有する者が建物退去土

33）　後藤勇「現在の給付請求と将来の給付請求」判タ690頁（1989）4頁、8頁以下。

34）　高橋・前掲注10）245頁注6）。

35）　なお、新堂編集代表・前掲注5）114頁以下〔長谷部〕は、原告が一部認容判決を求めたとしても請求棄却判決をすべき場合もありうる、として、家屋明渡請求の例で、事情によっては、一部明渡しによって当事者に家屋の設備の共同使用を強制する結果となるのが適当でない旨を述べるが、どのような場合に一部明渡しが適当ないし不適当であるのかは、一部認容の問題ではなく、実体法の解釈問題であるように思われる。仮に、原告が当初から当該一部の明渡しのみを請求したとすれば、一部認容の問題にはなりえず、一部明渡しの適否は実体法の解釈問題として処理されるのではないだろうか。

36）　なお、名津井説は、家屋全体の一部が分離されて一個の所有権の客体となったときにのみ一部についての明渡請求権は成立しえない、という前提で議論しているように見受けられる。しかしながら、実体法の解釈問題であって確言することはできないものの、家屋の一部の分離のような事態が生じなくとも、一個の所有権の客体である不動産の一部を目的とする明渡請求権は成立しうるのではないだろうか。そうでないとすると、区分所有になっていないアパート全体を所有するいわゆる大家（貸主）からそのうち一室を占有する者（借主）に対する当該部屋の明渡請求権や、一筆の駐車場全体を所有する貸主からそのうち一区画を占有する者（借主）に対する当該区画の明渡請求権は成立し得ない、ということになってしまいそうである。最判昭和24年8月2日民集3巻9号291頁の事案でも、家屋の一部（「南側部分」）が分離されて一個の所有権の客体となったというような事態が認定されることなく、「南側部分」のみの明渡しが命じられているように見受けられる。

地明渡しのみを求めることはできそうであるが、この状況についての実体法の理解が分かれている[37]こともあり、やや微妙な面もあろうか。

単独所有権に基づく請求と共有持分権に基づく請求の関係という問題についても、判例は包含関係を肯定している[38]が、疑問も呈されているところである。

共有持分権の性質については、「同一物の上に成立する他の所有権によって制限された所有権」という説明や「一個の所有権の分量的一部分」という説明等があるようである[39]が、(共有物分割請求のような内部関係に関するものを別にすれば) 共有持分権者が行使できて単独所有権者が行使できない権能は基本的にはなさそうであるし、単独所有権者は自らの権利の一部として共有持分権を譲渡することもおそらくできそうであるから、単独所有権と共有持分権の実体法的な包含関係を認めてもよさそうではある。

もっとも、単独所有権と (とりわけ遺産共有の場合の) 共有持分権ではかなり性質を異にするため、訴訟物の包含関係を肯定することには違和感がないではない (さらに、例えば、売買による単独所有権の取得と相続による共有持分権の取得のように権利の取得原因を異にする場合[40]にはやはり審理・判断の肥大化を生じることにもなりうるため、訴訟法的な考慮から包含関係を否定することも考えられるが、判例としては、同一物に関する紛争が単独所有権と共有持分権という形で分断されるのは適当でないと考えているということになろう)。

とりわけ、単独所有権の確認と共有持分権の確認の関係ではなく、単独所有権に基づく相手方への所有権移転登記の抹消登記手続請求と共有持分の移転登記への更正登記手続請求の関係のような例[41]になると、更正登記の実質

37) 建物占有による土地占有の有無につき淺生重機「建物の占有と土地の占有」判タ1321号(2010) 20頁、建物占有による土地占有の肯定を前提とする建物収去土地明渡請求権および建物買取請求権行使後の請求権との関係につき田尾桃二「買取請求権が行使された場合の判決主文の表示方法」本井巽＝賀集唱編・民事実務ノート第3巻 (判例タイムズ社・1969) 76頁参照。

38) 最判昭和42年3月23日集民86号669頁は、単独所有権の確認と相手方への所有権移転登記の抹消登記手続が求められたのに対して、共有持分権の確認と共有持分の移転登記への更正登記手続を命じることができるとしている。最判平成9年3月14日判時1600号89頁・判タ937号104頁は、単独所有権確認および移転登記手続請求を全部棄却する判決が確定した後に、共有持分権を主張することは前訴判決の既判力に抵触するとしている (持分に応じた移転登記手続請求を棄却した原判決を維持)。

39) 我妻栄 (有泉亨補訂)・新訂物権法 [民法講義II] (岩波書店・1983) 320頁参照。

40) 前掲注38) 最判平成9年3月14日の事案参照。

41) 前掲注38) 最判昭和42年3月23日参照。これに対して、名津井論文の「⑥共同相続人の一人

は一部抹消登記である、といった表現がされることがあるとはいえ、抹消登記手続と更正登記手続は法的には別物ではないか、あるいは、(教室設例だが) 単独所有権を有する者が共有持分の移転登記への更正登記手続請求をすることはできないのではないか、といった疑問も生じ[42)]、実体法的な包含関係を肯定しうるのか、より微妙な判断になってくるように思われる。

同様に、名津井論文の「④一筆の土地の移転登記請求に対して、その一部を分筆して移転登記を命ずる場合」[43)44)]についても、実体法的に全体についての移転登記手続請求権が分筆後の一部についての移転登記手続請求権を包含するかどうかは必ずしも明らかではないように思われる。土地の全体を譲り受けて全体についての移転登記手続請求権を有する者が、分筆後の一部についてのみの移転登記を求めることができるかは問題がありそうであるし、分筆後の一部についての移転登記手続請求権のみの譲渡というものも観念しにくいように思われる（ただし、土地の全体を譲り受けた者がその一部のみをさらに譲渡することは可能である）ためである。

2　実体法的な包含関係と訴訟物の包含関係

前述 1 のうち、とりわけ⑪建物収去土地明渡しと建物退去土地明渡しの例、

がした単独登記の全部抹消請求に対して、一部抹消（更正登記）を命じる場合」(最判昭和 38 年 2 月 22 日民集 17 巻 1 号 235 頁の事例) は、原告がもともと遺産共有状態を前提としていたことのほか、原告の抹消請求が認められると（原告ではなく）被相続人の所有名義に戻る点で、本文の例（原告の所有名義に戻る）と異なっており、実体法的な包含関係をより認めにくいように思われる。名津井・前掲注 1) 250 頁注 39) 参照。

42)　なお、給付請求におけるいわゆる二分肢説（松本＝上野・前掲注 26) 208 頁以下〔松本〕）によれば、権利の取得原因を異にする場合は事実関係を異にすると考えて、訴訟物を別異に捉える可能性もあろうか。物権の確認請求においても、権利の取得原因を異にすれば訴訟物を異にするとみる説も存在する。木川統一郎・民事訴訟政策序説（有斐閣・1968）321 頁。

43)　一棟の建物のうち構造上および利用上の独立性のある建物部分に賃借権が設定されたにもかかわらず、建物全部について賃借権設定登記がされている場合、右登記の抹消登記手続請求は、右建物部分を除く残余の部分に関する限度において認容すべきである、とする最判平成 7 年 1 月 19 日判時 1520 号 84 頁・判タ 871 号 300 頁の事例も、状況はおそらくほぼ同様であろう。

44)　この場合は、分筆がされていない状態では一部についての移転登記は実現できないし、分筆がされた状態では（もとの）全体についての移転登記は実現できないであろうが、分筆がされていない状態において、分筆後の一部についての登記手続請求権が分筆を停止条件としていると捉える（名津井・前掲注 1) 236 頁以下は③の事例について、家屋の甲部分の明渡請求権は、家屋が分割されて甲部分が一個の建物となったときに生ずる停止条件付権利と捉える）必要はないようにも思われる。状況は同じではないが、例えば、A→B→C と不動産が譲渡されて、登記名義は A に残っている段階（B から C への移転登記は実現できない）でも、C は B に対する現在の登記手続請求権を有していると観念されており、B への移転登記が実現することが停止条件であるとは考えられてはいないのではないだろうか。

全部抹消登記と更正登記の例、④分筆後の移転登記の例のように実体法的な包含関係自体が必ずしも明らかでない場合について、解釈論としてまず考えられるのは、実体法的な包含関係を厳密に明らかにして、その範囲内でのみ一部認容判決の余地を認めることである。いわゆる訴訟物論争における旧訴訟物論と親和的な方向ということになろうか。この方向による場合は、「実体法上の包含関係」をどのようにして厳密に明らかにしうるのか、が当然ながら課題となる。あるいは、「実体法上の包含関係」といっても、訴訟における権利主張という局面における問題である以上は、訴訟法的な考慮を入れざるを得ないのではないか、という疑問もありえようか。

そこで、もう一つの方向として、厳密な意味での「実体法上の包含関係」に限定せずに、訴訟法的な観点も加えて訴訟物の包含関係を措定する、ということも考えられそうである。いわゆる訴訟物論争における新訴訟物論に親和的な方向ということになろうか。とりわけ、新訴訟物論が、消費貸借契約に基づく貸金返還請求権と当該契約が無効であることに基づく交付済み金員についての不当利得返還請求権のように実体法上両立しない請求権をも同一の訴訟物に包含されると捉えるのであれば、ここですでに、異なる事実関係に基づく異なる請求権が同一の訴訟物に包含されている（この場合、利息の関係等で請求しうる額が違いうるとすれば、まさに一部認容判決に至りうる）ことに留意する必要があろう[45)]。この方向によるとすれば、ここで問題にしている事例群についても、A 請求と B 請求に社会通念上の包含関係が認められ、その基礎となる権利に実体法的な包含関係が認められること等から、訴訟物の包含関係を認めることが考えられそうである。

さらに、前者の方向によりつつ、実体法的な包含関係を認めにくいがなお A 請求と B 請求の一体的な解決が望ましい場合があれば黙示的併合構成で対処する、ということも考えられる[46)]が、当然ながら、実質的には後者の方向と接近するとともに、若干の不明確性を抱えることになろう（前述Ⅱ5参照）。

---

45)　もっとも、非両立の請求権を同一の訴訟物に包含することは、新訴訟物論からもおそらく必然ではなく、また、そこには問題もありそうであるため、なお検討を要しよう。高橋・前掲注4）59頁以下参照。

46)　前掲注20）掲記の論考は、このような方向をも検討している。

Ⅵ　おわりに

以上のように、本稿は、一部認容判決の問題（の一部）について、訴訟物の包含関係の措定の問題が基礎にあることをより意識して議論すべきであることを総論的に指摘するにとどまっている。

そして、基本的には実体法的な包含関係に着目しつつ、訴訟法的な考慮から包含関係を否定する余地もあること、逆に、実体法的な包含関係が明らかでない場合であっても訴訟物の包含関係を肯定する可能性もあること、訴訟物の包含関係を訴えの利益や当事者の現実の意思によって調整する可能性もあることなどを論じたが、各論的な帰結も含めて残された問題は多く、これらについては他日を期さざるを得ない。

ドイツ民事訴訟法における一事不再理について

八田卓也

Ⅰ　はじめに

本稿は、ドイツ民事訴訟法学において圧倒的優位をもって採用されている既判力本質論としての一事不再理説（その中身についてはⅡで明らかにする）の妥当性を検討するものである。その意図は次のようなところになる。現在の日本の民事訴訟法学説においては、既判力の本質論としては一事不再理説はほぼ一致して採られておらず、確定判決の内容を以後の当事者間の関係を規律する基準として通用させる効力、後訴裁判所に対する訴訟上の拘束力として既判力を理解する見解（拘束説）[1]がほぼ一致して採られている。これに対して日本民事訴訟法の母法とされるドイツではほぼ一致して一事不再理説が採られている。この見事なまでのコントラストはどこから来るのか、特に日本でも少数ながら一事不再理説を採る見解が主張されておりまた近時これを支持する文献が登場していること（後述Ⅳ2）に鑑み、日本法においても既判力本質論として一事不再理説を採る余地があるのかどうか、を吟味すること

1）　高橋宏志・重点講義民事訴訟法（上）［第2版補訂版］（有斐閣・2013）586頁以下、三木浩一ほか・民事訴訟法［第2版］（有斐閣・2015）418頁以下〔垣内秀介〕。

には一定の意味があるのではないかと思われる。そこで本稿では、この問題（日本とドイツでの既判力本質論における相違の淵源如何、および日本法下で一事不再理説を採る余地の有無）を検討する。

Ⅱにて、ドイツ法の一事不再理説の中身を概観した上で、Ⅲで、ドイツ法下で一事不再理説が優位を占めるに至った過程を追い、Ⅳで日本における一事不再理説の採否の経緯を追い、Ⅴでドイツの学説と日本の学説の対比を中間的整理として行った上で、Ⅵにて一事不再理説内在的な問題を扱い、Ⅶでまとめを行うこととする。

Ⅱ　ドイツ法の一事不再理説とその具体的中身（効果）

ドイツ民事訴訟法の既判力本質論における一事不再理説とは、同じ事件について当事者が裁判所を利用することができるのは一度だけである、という指導理念のもとに、一度確定判決をもって判決された事項について裁判所は再度の審理・裁判をすることが禁止される、とし、これを確定判決の既判力の効果によるものとする考え方をいう[2)]。

その具体的な中身（効果）は以下の通りである。まず、訴訟物が前訴と後訴で同一の場合については、既判力の効果として後訴が却下される（既判力ある判決の存在が消極的訴訟要件として機能する）。その具体例としては、勝訴原告／敗訴原告が同じ内容の請求を繰り返すケースが挙げられる[3)]。

さらに、訴訟物が前訴と後訴で矛盾関係に立つ（Kontradiktorisches Gegenteil）場合にも、前訴確定判決の既判力の効果として後訴の却下が導かれる

2）　*Zöller/Vollkommer,* Kommentar zur Zivilprozessordnung, 31 Aufl. (2016) Vor §322 Rdnr. 19, *Prütting/Gerlein/Völzmann-Stickelbrock,* Kommentar zur Ziviprozessordnung, 8. Aufl. (2016) §322 Rdnr. 3, *Musielak/Voit/Musielak,* Kommentar zur Zivilprozessordnung, 13 Aufl. (2016) §322 Rdnr. 5, *Thomas/Putzo/Reichold,* Kommentar zur Zivilprozessordnung, 37 Aufl. (2016) Rdnr. 7, *MünchenerKommentarZPO/Gottwald,* 5. Aufl. (2016) §322 Rdnr. 9ff., *Jaurnig/Hess,* Zivilprozessrecht 30. Aufl. (2011) §62 Rdnr. 14f., *Stein/Jonas/Leipold,* Kommentar zur Zivilprozessordnung, 22. Aufl. (2008), §322 Rdnr. 20.

3）　以上につき、*Zöller/Vollkommer,* a. a. O. (o. Anm. 2) Vor §322 Rdnr. 21, *Prütting/Gerlein/Völzmann-Stickelbrock,* a. a. O. (o. Anm. 2) §322 Rdnr. 14, *Musielak/Voit/Musielak,* a. a. O. (o. Anm. 2) §322 Rdnr. 9, *Thomas/Putzo/Reichold,* a. a. O. (o. Anm. 2) §322 Rdnr. 11, *MünchenerKommentarZPO/Gottwald,* a. a. O. (o. Anm. 2) §322 Rdnr. 39f., *Jaurnig/Hess,* a. a. O. (o. Anm. 2) §62 Rdnr. 16, *Stein/Jonas/Leipold,* a. a. O. (o. Anm. 2) §322 Rdnr. 185.

（説明としてはこの場合にも訴訟物の同一性が認められるという方法が用いられる）[4]。この場合の具体例は大きく二つに分かれる。①一つは、前訴判決が給付請求認容判決で、後訴が、給付判決で認められた請求権の不存在の確認である場合等、日本法にいういわゆる狭義の訴訟物自体は前訴・後訴で同一といえる場合である[5]。②もう一つは、前訴判決が原告（A）の所有権確認訴訟認容判決で、後訴が前訴被告（B）の所有権確認訴訟の場合[6]；前訴判決が Auflassung を命じる給付判決で、後訴が反対方向の Auflassung を求める訴えの場合（同一の Sachverhalt を前提とする）；前訴判決が所有権に基づく明渡請求認容判決で、後訴が前訴被告による同じ目的不動産の明渡請求である場合（同一の Sachverhalt を前提とする）、といったように、日本法にいういわゆる狭義の訴訟物自体は前訴・後訴で同一とはいえない場合である[7]。

以上のように、訴訟物が前訴後訴で同一もしくは矛盾の関係に立つ場合には、後訴却下という規律になるが、前訴の訴訟物が後訴の訴訟物の前提関係に立つ場合（Präjudizialität）には、既判力の効果としては、後訴却下ではなく、後訴の裁判所は、既判力をもって確認された前訴確定判決の内容を無条件の前提にして判決を出さなければならない、というものが導かれる。具体例としては、前訴判決が所有権確認請求認容判決で、勝訴原告が目的物の明渡を後訴で求める場合等が挙げられている[8]。

4）*Zöller/Vollkommer,* a. a. O.（o. Anm. 2）Vor §322 Rdnr. 21, *Prütting/Gerlein/Völzmann-Stickelbrock,* a. a. O.（o. Anm. 2）§322 Rdnr. 15, *Musielak/Voit/Musielak,* a. a. O.（o. Anm. 2）§322 Rdnr. 21, *Thomas/Putzo/Reichold,* a. a. O.（o. Anm. 2）§322 Rdnr. 11, *MünchenerKommentarZPO/Gottwald,* a. a. O.（o. Anm. 2）§322 Rdnr. 42, *Stein/Jonas/Leipold,* a. a. O.（o. Anm. 2）§322 Rdnr. 186, *Jaurnig/Hess,* a. a. O.（o. Anm. 2）§63 Rdnr. 4ff. ただし以上のうち、Gottwald、Leipold はこれらの場合に訴訟物が同一だという表現は用いない。Musielak、Hess は、本稿本文後掲①の場合にのみ訴訟物は同一だとする。

5）*MünchenerKommentarZPO/Gottwald,* a. a. O.（o. Anm. 2）§322 Rdnr. 43, *Stein/Jonas/Leipold,* a. a. O.（o. Anm. 2）§322 Rdnr. 186, *Jaurnig/Hess,* a. a. O.（o. Anm. 2）§63 Rdnr. 4.

6）前訴が A 所有権確認請求の棄却判決であった場合には、既判力は作用せず B による B 所有権確認の後訴は不適法とはならない。*Prütting/Gerlein/Völzmann-Stickelbrock,* a. a. O.（o. Anm. 2）§322 Rdnr. 15., *Stein/Jonas/Leipold,* a. a. O.（o. Anm. 2）§322 Anm. 277; *Jauernig/Hess,* a. a. O.（o. Anm. 2）§63 Rdnr. 8, *Albrecht Zeuner,* Die objektiven Grenzen der Rechtskraft im Rahmen rechtlicher Sinnzusammenhänge（1959）, S. 12.

7）*Prütting/Gerlein/Völzmann-Stickelbrock,* a. a. O.（o. Anm. 2）Rdnr. 15, *MünchenerKommentar ZPO/Gottwald,* a. a. O.（o. Anm. 2）§322 Rdnr. 44, *Stein/Jonas/Leipold,* a. a. O.（o. Anm. 2）§322 Rdnr. 186, *Jauernig/Hess,* a. a. O.（o. Anm. 2）§63 Rdnr. 6f. 争いある場合を含め、その他の具体例につき、高見・後掲注 51）282 頁以下を参照。

8）以上につき、*Zöller/Vollkommer,* a. a. O.（o. Anm. 2）Vor §322 Rdnr. 22, *Prütting/Gerlein/Völzmann-Stickelbrock,* a. a. O.（o. Anm. 2）§322 Rdnr. 20f, *Musielak/Voit/Musielak,* a. a. O.（o. Anm.

Ⅲ　ドイツにおける既判力本質論での一事不再理説（Ne-bis-in-idem Theorie）の優位

1　既判力本質論における訴訟法説中の拘束説の優位化

ドイツ民事訴訟法下では、普通法期の議論の影響を受け、当初（19世紀から20世紀への転換期くらいまで）は実体法説（判決の内容が実際の権利状態に反する場合には、既判力の効果により実際の権利状態の方が判決の内容の通りに変更され、これにより後訴裁判所は前訴判決の内容に拘束されるという考え方[9]）が優位であった[10]が、既判力は訴訟外の実体法上の法律関係には影響を与えないという訴訟法説（中、特に拘束説（Bindungstheorie：既判力ある判決内容と異なる判断をしてはならないという後訴裁判所への拘束力に既判力の本質をみる考え方[11]））が優位を占めるようになる。これは、Stein（1901）[12]、Hellwig（1901）[13]の功績による[14]。

2　一事不再理説の優位化

これに対し、同じく訴訟法説中、既判力の効果を一事不再理とみる一事不

2）§322 Rdnr. 10, *Thomas/Putzo/Reichold,* a. a. O.（o. Anm. 2）§322 Rdnr. 9f., *MünchenerKommentarZPO/Gottwald,* a. a. O.（o. Anm. 2）§322 Rdnr. 51f., *Jaurnig/Hess,* a. a. O.（o. Anm. 2）§62 Rdnr. 18, *Stein/Jonas/Leipold,* a. a. O.（o. Anm. 2）§322 Rdnr. 194f..

9）　高橋・前掲注1）587頁、同・民事訴訟法概論（有斐閣・2016）252頁以下、長谷部由起子・民事訴訟法（岩波書店・2014）250頁。

10）　実体法説の主唱者としては、*Friedrich Carl von Savigny,* System des heutigen Römischen Rechts Bd. VI（1847）, *Josef Kohler,* Prozeßrechliche Forschungen（1889）, *ders,* Das materielle Recht im Urteil in: Festschrift für Franz Klein（1914）, *Max Pagenstecher,* Zur Lehre von der materiellen Rechtskraft（1905）等が挙げられている（いずれも文献としては参照できなかった）。*Stein/Jonas/Leipold,* a. a. O.（o. Anm. 2）§322 Anm. 14参照。

11）　前掲注1）参照。

12）　*Gaupp/Stein,* Kommentar zur Civilprozessordnung 4. Aufl.（1901）§322 II 3.　この他、拘束説を説いたSteinの文献として *ders,* Über die bindende Kraft der richterlichen Entscheidungen nach der neuen österreichischen CPO（1897）があるが、参照できなかった。

13）　*Konrad Hellwig,* Wesen und subjektive Begrenzung der Rechtskraft（1901）S. 12, 18; *ders,* System des deutschen Zivilprozeßrechts Band I（1912）, S. 777.　ただし、Hellwigも、*ders,* Anspruch und Klagrecht（1900）S. 165ff.では、敗訴当事者による同一訴訟の繰り返しの場合の効果は訴えの不適法却下だとしていた。この点につき、*Hans Friedhelm Gaul,* Die Entwicklung der Rechtskraftlehre seit Savigny und der heutige Stand in: Festschrift für Werner Flume zum 70. Geburtstag, Bd 1, S. 514 Anm. 414.

14）　この他、*Gaul,* a. a. O.（o. Anm. 13）S. 503ff.によれば、Bülowが既判力の職権調査化を導いたことも訴訟法説の優位化に影響を及ぼしているものと思われる。Bülowの情熱がオーストリア法において既判力の職権調査化の立法に結実したことにつき、*Gaul,* a. a. O.（o. Anm. 13）S. 504、松本・後掲注48）101頁注158)。

再理説（Ne-bis-in-idem Theorie）が次第に優位化していく。一事不再理説は、当初 Johann Christof Schwartz（1900）[15]によって主唱されたが、Stein（1903）[16]による反論にあったせいか、すぐには追随者をみなかった[17]。しかし、1920年代から30年代にかけて Rosenberg（1927）[18]、Bötticher（1930）[19]による相次ぐ主張の結果、ドイツ民事訴訟法で圧倒的優位を占めるようになる[20]。

Rosenberg は、まず、前訴が後訴の前提関係に立つ場合について前提問題についての後訴における当事者の主張・証拠調べ・裁判 Entscheidung が不適法となり、かかる前提問題についての前訴裁判所による判断内容が後訴裁判所により当然に ohne weiteres 基礎に置かれなければならなくなるとした上で、同旨は前訴と後訴の訴訟物が同一の場合（矛盾関係に立つ場合を含む）にも妥当する、という形で一事不再理説を展開した。ここでは、訴訟物が同一・矛盾・前提の何れの関係に立つ場合でも、そこでの扱いは一事不再理により説明できるという考え方がとられている。Rosenberg が挙げる一事不再理説の根拠は、以下の通りである：①否定説の根拠はローマ法上の消耗法理（訴権は一度使うと消費されつくすという法理）の再燃に対する懸念にあるが、それは的外れであること。②二重起訴の法理（＝後訴却下）との類似（矛盾する裁判を避けようという点で二重起訴禁止は既判力と同じ目的をもつという[21]）。③拘束説

15）*Johann Christof Schwartz,* Absolute Rechtskraft und heutiges Deutsches Recht in: Festgabe für Heinrich Dernburg zum fünfzigjährigen Doktorjubiläum am 4. April 1900.

16）*Friedlich Stein,* Über die Voraussetzungen des Rechtsschutzes, insbesondere bei der Verurteilungsklage（1903）S. 81ff.

17）*Gaul,* a. a. O.（o. Anm. 13）S. 446 参照。
なお、Schwartz 自身、*ders,* Billigkeitsurteil des §829 BGB（1904）で Stein に対する反論を試みている。ただし、本文献は参照できなかった。*Bötticher,* a. a. O.（u. Anm. 19）S. 134 参照。

18）*Leo Rosenberg,* Lehrbuch des Deutschen Zivilprozeßrechts（1927）, §154 II 3.

19）*Eduard Bötticher,* Kritische Beiträge zur Lehre von der materiellen Rechtskraft im Zivilprozess（1930）.

20）Rosenberg、Bötticher 後も一事不再理説を自覚的に否定して拘束説を採用するものに *Zöller/Degenhart,* Kommentar zur Zivilprozessordnung, 10. Aufl.（1968）Vor §322 4）c）（一事不再理説では前訴訴訟物が後訴訴訟物の前提関係に立つ場合の説明が出来ないことを理由とする）、*Arwed Blomeyer,* Zivilprozeßrecht, 2. Aufl.（1985）（（同一内容の）裁判が排除されるというのは「裁判」と「拘束」Bindung を対立する概念として把握するものでありドイツ民事訴訟法の体系に対応しないものであるということを理由として挙げるが、必ずしもその趣旨は正確に理解できなかった）がある。以上のうち Zöller のコンメンタールは、同じ Degenhart による 11 版（1974）以降は一事不再理説を採用しているが、改説の理由は挙げられていない。前掲注２）参照。

21）同旨、*Gaul,* a. a. O.（o. Anm. 13）S. 513.

によれば既判力の効果は実体法的なものだとされるが、そうだとするとⓐ原告の請求を棄却する第一訴訟の判決確定後、原告が再訴を提起した場合、拘束説に立つと、口頭弁論終結後の事由が不存在であれば第一訴訟判決の既判力により再度請求棄却判決が出される。ここで、第一訴訟の判決に瑕疵があり再審により取り消されたとする。拘束説では、にも拘わらず同内容の繰り返しの第二訴訟の判決があることにより、既判力の除去ができないことになってしまうこと。ⓑ最初の訴えで敗訴した原告が再訴を提起した訴訟に被告は欠席した、という場合、既判力は職権探知事項であるから、拘束説によればもう一度同じ内容の判決が出ることになる。しかし、既判力の効果が実体的だとするとそのような職権探知はできないのではないかという疑問が生じること。ⓒ第二訴訟における第1審は第二訴訟は第一訴訟の既判力に触れると判断したが、控訴審は既判力に触れないと判断した、という場合。拘束説だと、控訴審は差戻し判決をしないことになり（第1審は実体判断を出しているので必要的差し戻しにならない）、当事者から第一審級の判断をうける利益が奪われること。④定期金給付の変更の訴えが要件を満たさないと却下になり、再度同じ内容の判決が出るわけではないこと。⑤一事不再理説を採らないと、第二の訴えが既判力に触れるかどうかについての中間判決を出すことができないこと[22)]。

Bötticher（1930）は、Rosenbergと同様に拘束説が効果面において実体法的考察に陥っていること[23)]や二重起訴禁止と既判力の目的の共通性[24)]を指摘する他、訴訟経済の観点を強調する。曰く、敗訴原告が再訴してきた場合について、同じ実体判断を繰り返すよりは訴え却下の方が訴訟経済に合致する。拘束説が、請求棄却の繰り返しでも結論は決まっているから訴訟経済に反しないというのであれば、それは自説の欠点を暴露するようなものであり、本

---

22)　以上のうち④⑤は、Rosenbergの教科書の第3版（1931）で追加されたものである。

23)　*Bötticher,* a. a. O. (o. Anm. 19) S. 150ff. 具体的には、拘束説は、既判力による効果を主張の理由具備性の問題として扱ってしまっているといい（S. 152)、これはStein（Bötticher曰く、既判力に抵触する主張を他の主張と並んで評価するとしているから。S. 152)、Hellwig（Bötticher曰く、既判力に沿う主張を自白された主張と同様に立証不要な主張として扱っているから。S153)、Lentの何れにおいてもあてはまるが特にLentにおいて顕著だとしている（Bötticher曰く、Lentが、既判力の抗弁はその根拠においては訴訟法上の救済手段Rechtsbehelfだが、その効果と目的においては、自己の実体的権利を主張し相手方の実体的権利を否定し本案即ち実体法についての判断を導こうとする限りで、実体法的な救済手段Rechtsbehelfである、と述べているから。S. 153ff.)。

24)　*Bötticher,* a. a. O. (o. Anm. 19) S. 206.

案についての裁判を認めておきながら当該裁判所の独自の判断の余地を認めずにその内容を初めから固定するというのは背理である、という[25]。また、勝訴当事者が再訴してきた場合について拘束説が訴えの利益（の不存在による訴え却下）で対処するのに対し、それでは敗訴当事者が再訴してきた場合には対応できないこと、したがって勝訴当事者・敗訴当事者のいずれによる再訴に対しても（訴え却下で統一して）対応できる点で一事不再理説の方が優れている旨を述べる[26]。なお、Bötticher は、前訴の訴訟物が後訴の前提問題となるケースでも一事不再理説は機能するか問題とした上で、その場合、後訴裁判所はかかる前提問題について自分自身では判断をせず前訴裁判所の判断を前提にする以上、機能しているといえる、とする（この場合は前提問題が一事不再理の対象となる、という考えである）。そしてこの場合に後訴の判決ではなく前提問題が一事不再理の対象となるのはおかしくないかを問題とした上で、前提問題についても「判断」Entscheiden するといえるので、おかしくはないとする[27]。この場合に後訴裁判所は前訴裁判所の内容の通りに「判断」をしているのではないか、という疑問に対しては、後訴裁判所は自分自身では判断をせず、自己を拘束する前訴裁判所の判断を流用しているだけなので、一事不再理には反しない、とする[28]。即ち、Bötticher も Rosenberg と同じ様に、訴訟物同一・矛盾・前提の何れの場合についても、それぞれの場合の取り扱いの効果を一事不再理で説明できると考えていたといえる。

なお、訴訟法説中の拘束説の優位から一事不再理説の優位への転換を象徴するものとして Lent による改説を挙げることが出来る。Lent は、自己の教科書の第３版（1949）[29]までは、拘束説を支持し、その理由として、後述する日本の学説同様、基準時をずらせることを挙げていた。しかし、第４版（1952）[30]では一事不再理説に改説し、以降一事不再理説を維持している[31]。

25）*Bötticher,* a. a. O. (o. Anm. 19) S. 202. Rosenberg の教科書の第３版（1931）の 523 頁にこれに呼応した記述がみられる。

26）*Bötticher,* a. a. O. (o. Anm. 19) S. 207ff.

27）*Bötticher,* a. a. O. (o. Anm. 19) S. 138.

28）しかし、この場合やはり前提問題として「判断」はされてしまうのであるから、判断の禁止を内容とする一事不再理には反するのではなかろうか。同趣旨の疑問を *Gaul,* a. a. O. (o. Anm. 13) S. 517 が提起している。

29）*Friedlich Lent,* Zivilprozessrecht, 3 Aufl. (1949) §59 III.

30）*Ders,* Zivilprozessrecht, 4. Aufl. (1952) §59 V.

31）Hess により改訂された *Jauernig/Hess,* a. a. O. (o. Anm. 2) §62 Rdnr. 15 でも、一事不再理説が維持されている。

なお、Lentが挙げる一事不再理説支持の理由は以下の二つである：①二重起訴禁止からの類推；②拘束説は、前訴訴訟物が後訴訴訟物の前提関係に立つ事例で、既判力と矛盾する主張を理由なしとして退けるが[32)]、それは既判力に対応する主張の正しさを当事者が判決で証明することによると考えられる。しかし、そのような証拠調べ手続（既判力による立証）は実定法上認められておらず、許されないこと。

3　一事不再理説の現在における変容

前述のように、当初の一事不再理説は、訴訟物同一・矛盾・前提の何れの場合についても、それぞれの扱いを一事不再理で説明できるとしていたが、現在ではその部分は変容を受け、既判力の効果は二元的に説明されるようになってきている[33)]。具体的には、訴訟物同一・矛盾の場合の効果を後訴却下とし、その根拠を一事不再理に求めつつ、訴訟物が前訴が後訴の前提問題になる場合の扱いについてはその根拠を別のところに求める傾向が強まっている。

例えばLeipold[34)]は、既判力の目的は第1に当事者の保護、第2に国家機関の保護（同じ事柄についてもう一度裁判所に要求をすることを不可とすることによる）にあるとし、この第1の目的から、既判力の実体的な効果として、具体的な法的帰結の拘束的な確定が導かれ、この効果が前訴訴訟物が後訴訴訟物の前提問題となる場合に働くとする。

また、Gottwald[35)]は、既判力本質論については、基本的に一事不再理説に立ちつつ、その弱点として当事者に対する拘束力を否定している所を挙げ、むしろ、当事者と裁判所が第1次的に積極的に判決の既判力に拘束されるこ

---

32)　この理解は、*Bötticher*, a. a. O. (o. Anm. 19) 152ff. の指摘に基づくものと思われる。前掲注23)も参照。拘束説によっても既判力に反する主張を不適法とすることは可能であり、この部分にかかるLentの改説の根拠にはあまり説得力がないようにも思われるが、このような取扱いが拘束説によっても可能であることが意識されなかったようである。

33)　もっとも、*Gaul*, a. a. O. (o. Anm. 13) S. 461f. によれば、19世紀の普通法期にも二元説的説明が多数であったということである（*ders*, S. 469も参照）。Gaulはまた、今日に至るまで拘束説か一事不再理説による一元的説明に成功した者はいないという（S. 513f.）。この点につき、松本・後掲注48) 102頁注160）参照。

34)　*Stein/Jonas/Leipold*, a. a. O. (o. Anm. 2) §322 Rdnr. 31ff.

35)　*MünchenerKommentarZPO/Gottwald*, a. a. O. (o. Anm. 2) §322 Rdnr. 13ff.

との訴訟上の帰結として一事不再理を捉えるべきだとする。かかる積極的な拘束力を抜きにしては、前訴訴訟物が後訴訴訟物の前提問題の関係に立つ場合の先決的機能がうまく説明できないとする。したがって、拘束説にいう拘束力と一事不再理は既判力の互いに補完しあう効力だとする[36)]。

Vollkommer[37)]は、一事不再理説に立ちつつ、①訴訟物が同一の場合、②前提関係にある場合を区別し、①では既判力ある前訴判決が消極的訴訟要件として機能し、②では前訴判決の既判力の効果は後訴裁判所の前訴判断への拘束力にあるとする。

Gaul[38)]も、訴訟物が同一の場合は一事不再理説による繰り返しの禁止 Wiederholungsverbot を、訴訟物が前提関係に立つ場合には拘束説による矛盾禁止 Widersprechungsverbot を妥当させるのが適切であるとしている。

Musielak[39)]に至っては、一事不再理説をとりつつ、既判力の効果については、訴訟物同一の場合には既判力ある判決の存在が消極的訴訟要件として機能するとする一方で、前訴訴訟物が後訴訴訟物の前提関係に立つ場合には、第二訴訟の裁判所は既判力をもって判断された前提問題について自ら新たに判断することなく、既判事項を実体審理なく自己の裁判の基礎に据えなければならないとしつつ、ここで、それが一事不再理の特別な形の表れなのか、矛盾禁止を内容とする既判力の積極的な機能が働いているからといえるのかは、法理論的な問題なので放置するとしている。

以上の結果として、一事不再理は、訴訟物同一（および矛盾）の場合に後訴却下を導く理屈として純化されつつあると評価して良いように思われる。

36）　高見・後掲注 51）282 頁が指摘するように、Gottwald は自己の教科書（*Rosenberg/Schwab/Gottwald,* Zivilprozessrecht, 17. Aufl. (2010) §151 III 2. Rdnr. 15）では、前訴訴訟物が後訴訴訟物の前提関係に立つ場合の後訴裁判所の拘束力は一事不再理 ne-bis-in-idem によるものだとしている。しかし類旨の記述は Gottwald による Münchener Kommentar zur ZPO においても見受けられるにもかかわらず、同書において Gottwald は本稿本文のような主張をしている。Gottwald が教科書で述べている前提関係の場合の一事不再理は、本稿本文で述べられているような積極的効力を背景にもつ一事不再理であり、そうであるがゆえに前提関係の場合の拘束力を説明できると考えられていると読むべきであるように思われる。なお、既判力が当事者を拘束する旨の記述は Gottwald の教科書にもみられる（*Rosenberg/Schwab/Gottwald,* Zivilprozessrecht, 17. Aufl. (2010) §151 II 3. b) Rdnr. 9）。

37）　*Zöller/Vollkommer,* a. a. O. (o. Anm. 2) §322 Rdnr. 19.

38）　*Gaul,* a. a. O. (o. Anm. 13) S. 517.

39）　*Musielak/Voit/Musielak,* a. a. O. (o. Anm. 2) §322 Rdnr. 5, 10.

Ⅳ　一事不再理説の日本における非受容と受容の萌芽

1　一事不再理説の非受容

上記のようにドイツ民事訴訟法を席巻している一事不再理説は、しかし日本では受継されることはなかった。これには、兼子[40]による非受容が大きく響いたと考えられる[41]。

兼子は、「民事判決の対象である私法上の権利関係は、時が経てば、発生変更消滅の可能性があり、又民事訴訟は常に現在（その訴訟の口頭弁論終結当時）の法律状態を確定するものであるから、時的要素を入れて考えれば厳密に同一事件というものはないということになる」とした上で、「既判力の作用は、一事不再理の効果とは異る。」とし、一事不再理説を排した[42]。

三ケ月は、一事不再理説を受継したがその内容を「希薄」化してしまったといわれる[43]。具体的には、一事不再理を「理念」に高めた上で、民事訴訟における時制の経過という考慮要素より、実際に同一事件の繰り返しを禁ずるという効果が生じる場合はほんの一部であるとした上で、既判力の効果は寧ろ後の裁判における判断を内容的に拘束するという点にある、とした[44]。

新堂は、一旦は一事不再理説を評価する[45]。しかし、最終的には、いわゆる既判力の消極的作用（当事者が後訴において既判力の生じた前訴判決の判断に反する主張・立証をすることが許されず裁判所もまたそうした主張・立証を取り上げることができないこと[46]）の中に一事不再理の考え方を解消し[47]、既判力の本質論とし

40）　以下では、ドイツ人法学者について敬称を略すことと平仄を合わせ、日本人法学者についても敬称を略す。

41）　以下による記述の他、判例や他の学説を含めた包括的検討として、高見・後掲注 51）270 頁以下を参照。

42）　兼子一・新修民事訴訟法体系［増補版］（酒井書店・1965）348 頁。

43）　新堂・後掲注 45）128 頁。

44）　三ケ月章・民事訴訟法［法律学全集］（有斐閣・1959）19 頁以下。

45）　新堂幸司「民事訴訟における一事不再理」訴訟物と争点効（上）（有斐閣・1988〔初出 1960〕）125 頁以下。拘束説が前提とする「実体的審理なき実体判決」を一見して分かる奇妙な結果だと評価する（同 134 頁）。

46）　三木ほか・前掲注 1 ）420 頁〔垣内〕。

47）　新堂幸司・民事訴訟法（筑摩書房・1974）423 頁。対応し、所有権確認訴訟で敗訴した原告が、同じ所有権確認の再訴を提起したが基準時後の新事由を主張しなかった場合について、一事不再理説による訴え却下ではなく、基準時をずらした請求棄却判決を支持する。同書 424 頁。鈴木正裕「既判力本質論の実益」争点［旧版］（1979）260 頁以下も参照。

ては拘束説的理解を採用している。

2 受容の萌芽

以上のように、大勢において一事不再理説は日本では受容されず、寧ろ拘束説が日本では一般的であるが、一事不再理説の受容の萌芽も日本でみられないわけではない。

まず、松本[48]はドイツ法的な一事不再理説を支持する。その根拠として、第一訴訟が請求棄却、原告が再訴、口頭弁論終結後の新事由が不存在という場合に拘束説（松本は請求棄却説と呼ぶ）だと請求棄却判決が出されることになるが、その訴訟不経済（第二訴訟の裁判所は請求棄却の判決主文と事実・理由を書かなければならないという）を問題とするほか、拘束説だと、基準時前の事由はすべて主張不可能になるが、それだと当事者は請求を理由あらしめる事実を主張することも出来なくなってしまい、請求認容を導くことが出来なくなるという[49]。

以上の松本説の他、近時の動向として注目されるのは、河野[50]が訴訟物同一の場合には前訴判決の既判力により後訴が却下となるとして一事不再理説を説いている他、高見[51]が一事不再理説に同調的な理解を示していることである[52]。高見は、拘束説の利点とされる基準時をずらせるという点は、必ずしも全ての訴訟には妥当しない（貸金返還請求訴求訴訟で原告の債権が不存在という理由で請求棄却になった場合には、その後に債権が発生することはほぼあり得ない以上、

---

48) 松本博之「請求棄却判決の確定と標準時後の新事実による再訴」既判力理論の再検討（信山社・2006〔初出 2002〕）13 頁以下、松本博之＝上野桊男・民事訴訟法［第 8 版］（弘文堂・2015〔初版 1998〕）613 頁、617 頁〔松本〕。

49) 松本・前掲注 48) 99 頁以下。

50) 河野正憲・民事訴訟法（有斐閣・2009）571 頁。河野と松本の相違として、松本がドイツ流の訴訟物についての二分肢説をとるのに対し、河野はそうではないことを挙げることが出来る。河野・同書 197 頁。

51) 高見進「判決効の意義と機能」実務民事訴訟講座［第 3 期］第 3 巻（日本評論社・2013）269 頁以下、特に 279 頁。

なお、高見と類似の問題意識を提起する先行業績として、岡庭幹司「『既判力の時的限界』という法的視座への疑問」青山善充先生古稀祝賀・民事手続法学の新たな地平（有斐閣・2009）45 頁以下、特に 53 頁以下も参照。

52) この他、一事不再理説を支持する文献として、斎藤秀夫ほか編著・注解民事訴訟法（5）［第 2 版］（第一法規・1991）102 頁〔斎藤秀夫＝渡辺吉隆＝小室直人〕、中村英郎・新民事訴訟法講義（成文堂・2000）239 頁がある。高見・前掲注 51) 276 頁を参照。この他、畑郁夫「既判力の本質と作用」争点［新版］（1988）274 頁以下、特に 277 頁が一事不再理説的処理を一部支持している。

基準時をずらす意味はほとんどないとする）とし、また後訴却下の方がわかりやすく、国民にわかりやすい裁判という観点からは妥当であり、これは基準時をずらす利点を上回るとされる。

V　中間的整理

以上の議論を中間的に整理すると、日本法（における多数派たる拘束説）とドイツ法（における多数派たる一事不再理説）との齟齬として以下のことを指摘できようか。

まず、日本法における多数派たる拘束説は、基準時後の新事由がある場合や前訴訴訟物が後訴訴訟物の前提問題として機能するケースから考察を出発させる。そしてこれらのケースでは、前訴の既判事項は前提問題として判断はされる（積極的効力の基礎として；実体審理なき実体判断がなされる）[53]。であるならば訴訟物同一（ないし矛盾）で基準時後の新事由が（主張されたが）存在しない場合（もしくは主張されない場合）にも、（前訴判決と同内容の）判断がされることは背理ではない。このような思考により拘束説を支持するものと思われる。そこでは特に、基準時後の新事由がない場合に、基準時をずらすことができる点が重視された[54]。

これに対し、ドイツ法での多数派たる一事不再理説は、現在は前訴訴訟物が後訴訴訟物の前提関係に立つケースについては一事不再理と別の原理で説明する傾向が強い（上述Ⅲ3）。したがって、一事不再理は、専ら訴訟物同一（および矛盾）の場合に後訴の不適法却下を導くための理屈として機能しているといえる。そしてそこでは「同じ事柄について裁判所を頼れるのは一度だけ」という指導理念のわかりやすさが響いているのではないかと考えられる。具体的には、前訴棄却の場合も前訴認容の場合も単一の原理で同様に後訴却下という処理ができること[55]および二重起訴禁止との類推[56]が強く意識され

---

53)　前掲注 27）も参照。

54)　前掲注 47）参照。

55)　*Bötticher*, a. a. O. (o. Anm. 19) S. 207 参照。これに対し、*Gaul*, a. a. O. (o. Anm. 13) S. 514 は、特に、勝訴当事者による訴訟の繰り返しに対して訴えの利益の欠缺により訴えを却下するという「困窮策」Verlegensheitslösung をとることが不要になることを一事不再理説の利点として強調する。

56)　Lent による改説を参照。

ているものと思われる。なお、第二訴訟で基準時後の新事由がないケースについて、既判力の基準時をずらせることが日本では拘束説の優位の有力な論拠として位置付けられていたが、この点については、ドイツでは基準時をずらすことよりも第一訴訟が再審事由により取り消される場合の方が、また拘束説は実体法的考察に陥いっているとのドグマティッシュな考慮の方が重視されたということがいえようか[57]。

このうち特に後者には、拘束説に立つ限りは既判力と抵触する相手方の主張自体を理由具備性のレベルで攻撃する以外にないと考えられたこと（日本での拘束説のように、訴え自体はその本案Sachのレベルで処理しつつ、それを基礎付ける主張レベルでは不適法として扱うという中間段階が観念されなかったこと）が、一定の影響を与えているように思われる[58]。

Ⅵ　一事不再理説に対する内在的疑問

以上の中間的整理の他、一事不再理説に対する内在的疑問として、訴訟物が前訴と後訴で同一と考えられる場合に、基準時後の新事由の主張（とそれに伴う本案判決）はどういう理由付けで許されるのか、という問題がある。訴訟物が前訴・後訴で同一の場合でも、基準時後の新事由が主張された場合には後訴は適法とせざるを得ず、かつ、そこでは、前訴判決内容を基礎として後訴を判断する、という拘束説的な内容の既判力が働くとせざるを得ないはずである[59]。しかし、訴訟物が前訴と後訴で同一の場合には後訴却下というのが一事不再理説からの帰結であり、そこからの逸脱をどのように説明するのか問題となると思われるからである。

1　基準時後の新事由は訴訟物の分断をもたらすという見解（A説）

この点については、まず、基準時後の新事由が（有理性をもって）主張され

57）　Rosenbergによる一事不再理説の根拠③ⓐ、およびLentによる改説を参照。

58）　前掲注23）とこれを受けたLentによる改説（前掲注32））、また鈴木・前掲注47）261頁以下を参照。

59）　Lentはその教科書の第4版（一事不再理説に転換した版）で、前訴訴訟物が後訴訴訟物の前提問題となるケースに、前訴と同一訴訟物を内容とする後訴で基準時後の新事由が主張されるケースを付け加えている（*ders,* Lehrbuch des Zivilprozessrecht 4. Aufl. (1952) §59 V a. E.）が、これはこのことを端的に示しているのではなかろうか。

た場合には、常に訴訟物が異なることになるという考え方（以下、A説という）が主張されている。A説をとるのは、Gottwald[60]、Musielak[61]、およびBGH・BAGの判例[62]である。A説は、訴訟物を同定する要素を申立Antragと事実関係Sachverhaltに分けるいわゆる二分肢説[63]を前提とした上で、基準時後の新事由は常に新たなSachverhaltを導き、したがって前訴と後訴の訴訟物は異なることになるという。金銭債権訴求訴訟で前訴判決が履行期未到来による（一時的）棄却である場合で、前訴口頭弁論終結後に期限が到来した、というときでも、この期限到来は新たなSachverhaltをもたらすとされる[64]。

A説に対しては、基準時後の新事由が（有理性をもって）主張されても、常に訴訟物が異なることになるわけではないという考え方（以下、B説という）も主張されている。B説をとるのはLeipold[65]、Vollkommer[66]、松本[67]である（いずれも訴訟物論としては二分肢説を採用している）。この考え方は基準時後の新事由が常に訴訟物の変更をもたらす事実関係Sachverhaltの変更をもたらすわけではない、という考え方を基礎とする。

2　A説批判

(1)　批判の内容　B説を詳細に展開し、A説に対する優位を主張するのはLeipold[68]である。Leipoldは、【第一訴訟でXがVから譲渡を受けた売掛

60）*MünchenerKommentarZPO/Gottwald,* a. a. O. (o. Anm. 2) §322 Rdnr. 149ff.

61）*Musielak,* Kommentar zur Zivilprozessordnung, 4 Aufl. (2005) §322 Rdnr. 32.

62）*BGH* NJW 1986, 1046; *BAG* NJW 1984, 1710.

63）訴訟物についての二分肢説については、さしあたり邦語文献として松本＝上野・前掲注48）199頁以下〔松本〕を参照。

64）*Musielak,* NJW 2000, 3593; 3596. *MünchenerKommentarZPO/Gottwald,* a. a. O. (o. Anm. 2) §322 Rdnr. 149f. も参照。この場合、松本・前掲注48）16頁によれば、訴訟物が異なることにはならないとされる。

65）*Stein/Jonas/Leipold,* a. a. O. (o. Anm. 2) §322 Rdnr. 234ff.

66）*Zöller/Vollkommer,* a. a. O. (o. Anm. 2) Vor §322 Rdnr. 55ff.

67）（標準時後の）「新事実の中には、前訴の事実関係を補充するもの（請求補充的新事実）と、前訴の事実関係と一定の関係はあるけれども、それに属するのではなく別個の訴訟物を構成する事実関係をなすもの（請求変更的新事実）とを区別することができる。」とし、前者の場合には訴訟物の変動はもたらされないという理解に立っていると考えられる。松本・前掲注48）23頁以下。

68）*Dieter Leipold,* Eininge Bemerkungen zu den zeitlichen Grenzen der Rechtskraft in: Festschrift für Georgios G. Mitsopoulos II (1993), S. 797ff., *ders,* Zur zeitlichen Dimension der materiellen Rechtskraft in: Keio Law Review, Nr. 6 (1990), S. 777ff.　内容はほぼ同一のため、以下では、前者の方の論文の頁で引用する。後者の論文については日本語訳がある：ディーター・ライポルド（坂原正夫＝田原有里訳）「既判力の時間的広がりについて」法学研究66巻7号（1993）101頁以下。

債権[69]をY相手に訴求したが、譲渡が不存在という理由で請求棄却の判決が確定した。その後、第一訴訟の口頭弁論終結時後にXが再度Vから譲渡を受けたと主張して同債権を訴求する後訴を提起した（第二訴訟）】（以下、**【例1】**という）という事例を用いてA説を以下の2点において批判する。

第1の批判は、以下のようなものである。即ちA説の立場では、**【例1】**の第一訴訟では最初のVによる譲渡が訴訟物を構成する事実関係 Sachverhalt であるのに対し、第二訴訟では第2のVからの譲渡が訴訟物を構成する事実関係になる以上、第一訴訟の訴訟物と第二訴訟の訴訟物は異なる、ということになる。であるならば、再度のVからの譲渡が第一訴訟の口頭弁論終結時以前に行われた場合でも、同じ事が妥当するはずである[70]。しかし、このような基準時前の事由の主張を後訴で簡単に許してよいか疑問である、というものである。

第2の批判は、前訴確定判決の既判力を維持する必要性があるのではないか、というものである。具体的には、A説の立場では、**【例1】**の第一訴訟と第二訴訟では訴訟物が異なる。したがって第一訴訟の既判力は第二訴訟には及ばない。したがって**【例1】**において第一訴訟で売掛債権（の基礎となる売買契約）がそもそも存在しないという理由で請求が棄却された場合を**【例2】**とすると、A説の立場では**【例2】**において、Xは、Vによる再度の譲渡を主張すれば、第一訴訟の既判力から解放され（既判力が作用する関係に前訴・後訴が立たないためである）、再度の譲渡と売掛債権の発生を立証すれば、請求認容判決を得られることになってしまい、それは不当ではないか、というのである[71]。

69） 実際に Leipold が挙げるのは、建築請負契約において履行内容に瑕疵があった場合の瑕疵担保責任としての金銭支払請求権であるが、簡略化のため本文では売掛債権に事例を変えている。

70） 事実、*Musielak,* a. a. O. (o. Anm. 64) S. 3598 や *MünchenerkommentarZPO/Gottwald,* a. a. O. (o. Anm. 2) §322 Rdnr. 142 は、Vによる再譲渡が基準時前であった場合にも Sachverhalt は前訴と後訴とで異なることになるという。これに対し BGH は反対である（*BGH* MDR 1976, 136）。

71） これに対し Musielak は、*ders,* Einige gedanken zur materiellen Rechtskraft in: Festschrift für Hideo Nakamura zum 70. Geburtstag (1996) S423ff. において、前訴と後訴の訴訟物は異なるという立場に立っても、第一訴訟の既判力ある判決は当事者間で拘束力をもち続け、第二訴訟の裁判所はこの第一訴訟判決による既判力ある確認内容から逸脱できないとして、Leipold が本稿本文の次の段落で認める効果を自説でも同様に導けるとする。しかし、その理由は明らかではない。特に、Musielak は Leipold が認めるような判決理由中の判断の拘束力（即ち理由説（後掲注72）参照）の認める拘束力）を認めないとしており、だとすれば Leipold と同様の帰結は導けないのではないかと考えられる。なお、Musielak による ZPO のコンメンタールにおいてはその第4版まではこれと同じ趣旨の記述が見出されるが、第5版以降では、かかる記述は削除されている。

これに対し、第一訴訟・第二訴訟の訴訟物を同一とみれば、基準時後の新事実が既判力ある判決と結びついて法律状態の変更を導く限度においてのみ第一訴訟の判決の既判力が基準時後の新事実によって限界づけられる、という可能性を導き出せる、と Leipold はいう。即ち、基準時後の新事実が変更された法律状態を導き出せるかどうかが、既判力ある判決の理由中の判断を基礎に判断される、というのである。言い方を変えれば、基準時後の新事実が、既判力ある判断において肯定／否定された構成要件に影響を与える限りにおいて、新たな実体審理（およびそれ次第での第１判決と異なる内容の判決）が許される、他方、その他の面では既判力ある判決はその拘束性を維持する、というわけである。具体的には**【例２】**では、基準時後の新事実（債権譲渡）が、既判力をもった請求棄却の理由（売買契約の不存在）に関係しないため、既判力をもった請求権の否定が拘束力をもって維持される、とされる。

(2)　**批判の評価**　　かかる Leipold の見解について考察するに、まず、Leipold による A 説批判の１点目はその通りだと思われる。第一訴訟で主張できたはずの基準時前の V からの債権譲渡を第二訴訟で主張することを X が遮断されない、というのには問題があると思われる。他方、第２点目で主張されている見解は、基準時後の新事由の意味は既判力ある判決の判決理由を基礎に審理され判断されなければならない、という見解であり理由説 (Begründungstheorie) と呼ばれ、ドイツではほぼ一般的に承認されている見解である[72)]。ただし、理由説自体の評価は日本法では定まってない。理由説に対してはさしあたり２点の問題点が指摘されている。その一つは、これは、§322 I ZPO（日本民訴 114 条１項）が封じているはずの判決理由中の判断の既判力の承認を意味しないか、というものである。今ひとつは、裁判所に裁量的な判決理由選択権を認めながら棄却理由への拘束を認めることは問題が大きい、というものである[73)]。しかし、理由説の是非はともかく、前訴後訴の訴

---

72)　**【例２】**でいえば、売買契約の不存在という判決理由の拘束力が維持され、債権譲渡にも拘らず請求棄却が維持される、ということになる。

理由説 (Begründungstheorie) については、*Peter Dietrich,* Zur materiellen Rechtskraft eines klagabweisenden Urteils, ZZP 83 (1970), 201ff.、越山和広「請求棄却判決と再訴の可能性 (1) (2・完)」近畿大学法学 45 巻 3＝4 号 (1998) 129 頁以下、同 46 巻 4 号 (1999) 47 頁以下、松本・前掲注 48) 28 頁以下を参照。

73)　具体的に**【例２】**を用いて敷衍するに、原告が、被告が出した債権譲渡無効の主張を克服できないと考え、どうせ負けるならということで売掛債権の発生についてもまともな主張・立証を展開

訟物が同一もしくは矛盾関係にあり、かつ基準時後の新事由を理由に後訴の適法性が主張される場合には、拘束説的な意味での既判力（既判力ある前訴判断を前提として後訴を処理するという意味での既判力）が働くことを肯定する必要があることは否定できないと思われる。

以下、【X が原告となり Y を被告として甲土地の所有権が自己に帰属することを確認することを求める訴えを提起し、請求認容で判決が確定した（第一訴訟）。その後、Y が、第一訴訟口頭弁論終結後に甲土地を X から Y が購入したと主張して、X を被告として甲土地が Y の所有に属することの確認を求める訴え（第二訴訟）を提起した】という事例（**【例 3】**）および、【X が原告となり Y を被告として甲土地の所有権が自己に帰属することを確認することを求める訴えを提起し、請求認容で判決が確定した（第一訴訟）。その後、Y が、甲土地は元々（第一訴訟口頭弁論終結時前から）C 所有であり、第一訴訟口頭弁論終結後に C から Y が購入したと主張して、X を被告として甲土地が Y の所有に属することの確認を求める訴え（第二訴訟）を提起した】という事例（**【例 4】**）を素材として考察する。

このうち**【例 4】**の B 説による処理は以下の通りとなると思われる：前訴訴訟物（X の甲土地所有権）と後訴訴訟物（Y の甲土地所有権）は矛盾関係にある。よって一事不再理説に立てば本来であれば後訴は不適法である。しかし、基準時後の新事由（C→Y 所有権移転）を基礎に新訴が提起されている。よって後訴は適法である[74]。しかし、前訴判決の既判力は後訴に作用する。よって、後訴では、第一訴訟口頭弁論終結時に X に甲土地所有権が帰属していたことを前提に審理する必要がある。Y の主張は、X→Y の所有権移転を基礎付けられておらず、有理性を欠き、請求棄却に終わる。

これに対し、A 説による処理はどうなるか。まず、**【例 3】**は A 説によれば、以下のように処理されることになると思われる。前訴訴訟物（X の甲土地所有権）と後訴訴訟物（Y の甲土地所有権）は本来矛盾関係にある。よって一事不再理説に立てば本来であれば後訴は不適法である。しかし、基準時後の

しなかったような場合にまで、売掛債権不存在という判決理由に決定的意味をもたせて良いのか、というのが批判の内容である。越山・前掲注 72）(2) 51 頁以下。

74）Leipold は有理性を欠くものでも基準時後の新事由の主張があれば後訴自体適法にはなるとしている。*Stein/Jonas/Leipold,* a. a. O. (o. Anm. 2) §322 Rdnr. 254.

新事由（X→Y 所有権移転）を基礎に新訴が提起されている。よって後訴の訴訟物は新しい訴訟物と構成することになり、前訴訴訟物と矛盾関係に立つことが否定され（これを否定しないと後訴が適法にならない）、前訴既判力は後訴に作用しない。よって X→Y 所有権移転を立証できれば、Y は勝訴できる。同様に【例 4】は A 説によれば以下のように処理されることになると思われる。前訴訴訟物（X の甲土地所有権）と後訴訴訟物（Y の甲土地所有権）は本来矛盾関係にある。よって一事不再理説に立てば本来であれば後訴は不適法である。しかし、基準時後の新事由（C→Y 所有権移転）を基礎に新訴が提起されている。よって後訴の訴訟物は新しい訴訟物と構成することになり、前訴訴訟物と矛盾関係に立つことが否定され、前訴既判力は後訴に作用しない。よって C 元所有と C→Y 所有権移転を立証できれば、Y は勝訴できる。しかし、これでは X が勝訴した第一訴訟が無意味になってしまう。このように、A 説をとり、基準時後の新事由が前訴と後訴の訴訟物の分断をもたらすとすることには、理由説の採用如何にかかわらず、問題がある。

3　B 説批判

結局、Leipold による A 説批判自体はその通りだと思われる。しかし、Leipold 自身ないし B 説に対しても、疑問がある。即ち、B 説によれば、訴訟物が同一であるにも拘わらず第二訴訟が適法であることはどのように導かれるのか、という疑問である。これに対する Leipod による応答は次のようなものである。即ち、口頭弁論終結後の新事実は、既判力の限界づけとして理解される。そのことは、適法性の問題について以下のことを意味する：新しい訴訟が基準時後の新事実つまり、既判力により影響を受けない事実に立脚している限りは、既判力は同一訴訟物を繰り返して提起することを封じない[75]。

しかし、この応答の趣旨は必ずしも明らかでない。既判力は、客観的限界と別に時的限界を有するということであろうか。だとするとその根拠は何か。

75） *Leipold,* a. a. O. (o. Anm. 68) S. 807. この部分にかかるライポルド（坂原＝田原訳）・前掲注 68）108 頁以下の訳は誤訳ではないだろうか。

なお、Leipold 以外に B 説に立つ文献で、この部分の説明を試みているものをみつけることが出来なかった。

§767 II ZPO[76]は直接には既判力に関する規定ではない。端的に、判決の基礎にできるのは事実審口頭弁論終結時までの事由だという事実から、事実審口頭弁論終結時後の事由を基礎に新訴が提起された場合には、一事不再理の基礎となる事件の同一性が否定される、と構成することになるのだろうか。

Ⅶ まとめ

以上をまとめると、以下のようなことがいえようか。

まず、一事不再理説に立つか、拘束説に立つかは、以下の二つのポイントに依存する。第1は、訴訟物同一の場合の訴え却下という処理の簡明性を採るか、前提問題に立つ場合の処理との均一性を採るか、という問題である。第2は、一事不再理説に立った場合に、訴訟物が本来同一の場合で基準時後の新事由が主張される場合の後訴の適法性は（どう）説明できるのか、という問題である。

第1の問題はいわば価値判断であり、どちらの立場も採り得る。前者を採れば一事不再理説を支持することになり、後者を採れば拘束説を支持することになる。そして前者を支持するのがドイツ法であり、後者を支持するのが日本法だといえようか。

ただし、ドイツの一事不再理説が、訴訟物同一という範疇に加えて訴訟物矛盾という範疇を設け、かつ、真の意味での矛盾関係（例：第一訴訟が原告所有権確認で、第二訴訟が前訴原告所有権不存在確認である場合）以外のものにもこの範疇を拡張していることには注意が必要である[77]。特に、この中（拡張された矛盾関係の中）には、いわゆる前提関係で説明の付くものもあるが（例：第一訴訟が原告の土地所有権確認で第二訴訟が前訴被告の同土地所有権確認である場合[78]。これはカテゴリを整理し直せば済む問題である）、前提関係でも訴訟物同一でも説明の付かないものが含まれているように思われ（例として、第一訴訟がA⇒Bの所有

76) 日本民事執行法35条2項に相当し、判決に対する請求異議事由を事実審口頭弁論終結時以後に限定した規定。しかし、日本民事執行法と異なり、対象を確定判決に限定していない（したがって仮執行宣言付き判決の場合にも適用があると理解されている）。*Leipold*, a. a. O. (o. Anm. 68) S. 800.

77) ドイツ法下において矛盾関係として整理される類型については、越山和広「矛盾関係論による既判力の客観的範囲の確定について」法学政治学論究7号（1990）389頁以下を参照。

78) 高見・前掲注51）285頁。

権に基づく土地明渡請求で、第二訴訟がB⇒Aの所有権に基づく土地明渡請求である場合が挙げられる[79])、即ち「矛盾関係」という範疇は、前提関係でも訴訟物同一でも説明がつかないものを飲み込む役割を果たしているように思われる。さらにこの場合（例えば、上記の**【例5】**の場合）、後訴が却下になる理由は定かではない。広い意味で「同一の事件」といえるということだとすれば、たとえば**【例2】**にいう「事件」は「AとBの何れが本件土地を占有すべきか」という問題だ、ということになり、後訴却下を導く根拠となる事件の同一性の限界が拡散してしまっているように思われる。

上記の第2の問題については、ドイツの一事不再理説では、基準時後の新事由が主張される場合、常に訴訟物が異なることになるとする見解があるが、この見解は、前訴訴訟物と後訴訴訟物を切断し、前訴確定判決の既判力を後訴に作用させる必要がある場合にそれが出来なくなってしまう点に難点があった。他方で、ドイツの一事不再理説中、基準時後の新事由が主張されても常に訴訟物が異なるわけではないとする見解は、にも拘らず（訴訟物が同一であるにも拘らず）後訴が適法になることを十分に説明できているかには、疑問が残った。

結局、ドイツ法的な一事不再理説を日本で採用するには乗り越えなければならない壁がまだ大きいように思われる。訴訟経済や、わかりやすさでは割り切れない問題が、そこには残っているように思われるからである[80)]。

特に、日本でも「矛盾関係」という範疇は認められ、内容の拡散の傾向もみられるところである[81)]。しかし、ドイツ法（一事不再理説）では「矛盾関係」に整理をすれば後訴却下というきめの荒い処理で片を付けられるのに対

79)　高見・前掲注51）285頁。以下、この具体例を**【例5】**とする。

80)　なお、松本・前掲注48）100頁が拘束説の難点として指摘する、基準時前の事実が全て主張できなくなる、という点については、拘束説は、基準時における訴訟物についての既判力ある判断（例：基準時においてAが甲土地を所有していた；基準時においてAが金銭支払請求権を有していなかった）と矛盾する限度で基準時前の事実を主張することを遮断するのであり、拘束説をとっても基準時における訴訟物についての既判力ある判断に矛盾しない主張は後訴でも許される以上、それと基準時後の新事由が合わさって後訴での請求認容が導かれる可能性は否定されないものと思われる。

81)　兼子一ほか・条解民事訴訟法［第2版］（弘文堂・2011）549頁〔竹下守夫〕に判例上既判力の作用が認められた具体例が挙げられているが、その中には**【例5】**に類似したケース（前訴で所有権移転登記請求を認容する判決が確定した後、その被告が原告に対して、基準時前の事由に基づいて、その逆の請求をするケース）が挙げられている。その他日本法で主張されている具体例については、高見・前掲注51）277頁参照。

し、日本法（拘束説）では、基準時の既判力ある訴訟物についての判断（上記の**【例5】**でいえば、基準時におけるAのBに対する甲土地明渡請求権の存在）を前提に後訴を判断する、という処理をする必要があり、そこでは、「基準時におけるAのBに対する（所有権に基づく）甲土地明渡請求権の存在」が、BのAに対する（所有権に基づく）甲土地明渡請求権にとってどのような意味をもつのかを精緻に吟味する必要が生じる[82)]。このことは、かかる精緻な吟味を不要とする機能を一事不再理説が担い得るという一事不再理説の利点を示しているようにもみえるが、それが「矛盾関係」という範疇の拡散によってなされているということは、一種のごまかしがそこに潜んでいる可能性を示唆するものといえるように思われ[83)][84)]、そしてそのようなごまかしは法律論としては極力排していくべきもののように思われる。

【付記】

本論文脱稿後校正中に、越山和広「既判力の作用と一事不再理説の再評価」松本博之先生古稀祝賀・民事手続法制の展開と手続原則（弘文堂・2016）459頁以下に接した。同論文で越山先生は一事不再理説を支持され、本稿とその結論を逆にされる。本稿では脱稿後にご論文に接したこともあり、越山先生が指摘されている点を充分に検討できていない。今後の検討課題とさせていただくことでご海容を願う次第である。

---

82) 高見・前掲注51) 285頁以下に、このケースについての詳細な分析がある。

83) 高見・前掲注51) 286頁の指摘される点はその通りだと思われる。

84) *Zeuner,* a. a. O. (o. Anm. 6) S. 10ff. は、判決理由中の判断に既判力を認めない通説的立場からは矛盾関係という範疇を設けることに疑問が生じることを指摘している。*Gaul,* a. a. O. (o. Anm. 13) S. 460, Anm 85 も参照。なお、Zeuner流の判決理由中の判断の拘束力は、ドイツの通説は限界が曖昧だとして否定している点は周知の通りであるが、所有権に基づく登記訂正請求訴訟（§894 BGB）に限っては、その認容／棄却の確定判決は本来前提問題でしかないはずの所有権についても既判力を有するとする点では一致してZeunerに賛成している点が注目される（ただし、所有権に基づく明渡請求ではこの関係は否定する）。その理由は、所有権の登記は所有権の確認以外の目的ではなされないという登記の特殊性に求められている（所有権に基づく明渡請求で否定される理由は、当該訴訟が所有権確認以外の目的では追行されないとはいえないことによる）。*Zöller/Vollkommer,* a. a. O. (o. Anm. 2) Vor §322 Rdnr. 36, *MünchenerKommentarZPO/Gottwald,* a. a. O. (o. Anm. 2) §322 Rdnr. 56, *Stein/Jonas/Leipold,* a. a. O. (o. Anm. 2) §322 Rdnr. 209. *Musielak/Voit/Musielak,* a. a. O. (o. Anm. 2) §322 Rdnr. 24 も、理由付けは異なるがこのケースで既判力が作用することを認めている。

訴訟物と確定判決の遮断効をめぐる一考察
──矛盾関係としての択一的関係および牽連・依存関係

堤　龍弥

Ⅰ 問題の所在

訴訟物をめぐる四つの試金石の一つである既判力の客観的範囲についても、訴訟物の役割ないし機能が相対化されてきているといわれて久しく[1)]、新訴訟物理論の登場以来すでに半世紀以上、従来の訴訟物＝既判力の客観的範囲の図式が改めて問われている現状にある。さらに近時の学説の柔軟な解釈傾向（既判力の拡張ないし減縮の理論）および最高裁判例の信義則による遮断効の活用も目を引くものがある。本稿は、判決効ないし確定判決の遮断効のうちでいわゆるその客観的範囲といわれる問題に焦点を当てて、これまでに提唱されたそれらをめぐる様々な議論を整理・分析（判決の遮断効論におけるそれらの位置づけと相互関係を解明）することを通して、判決理由中の判断の拘束力として議論されてきた作用の一部を、（主文の判断としての）訴訟物について生じる（既判力の消極的作用としての）確定判決の遮断効の観点（矛盾関係）から説明

1）　訴訟物概念の機能低下は、学界の共通認識となっていることは否定できないとするのは、出口雅久「訴訟物概念の機能」争点（2009）115頁。

できないかを改めて検証しようとするものである[2]。その際、議論の混乱を避け、実務の参考にもなるよう、「訴訟物」の理解としては実務が採用する旧訴訟物理論をベースにして論じてゆくこととする。

なお、献呈論文集という限られた紙幅の中で、母法であるドイツ民事訴訟法の立法理由ないしその沿革にまで遡り、また、他国の類似制度との比較研究を踏まえた立論をすることは、筆者の能力の到底及ぶところではない。制度の存立根拠を理解するには、立法理由を知ることが重要であることはいうまでもないが[3]、作られた制度が、現在どうあるべきかは、立法理由にのみ依拠しなければならない理由はなく、現在におけるその客観的合理性が改めて問われなければならない[4]。それゆえ、本稿では、これまでに発表されたわが国における主な学説を整理・分析し、判決理由中の判断の拘束力の根拠およびその範囲ないし限界を探り、上記目的の範囲内でそのあるべき姿を展望するに止める。

2）　本稿は、兼子一「既判力と参加的効力」民事法研究第2巻（酒井書店・1954）64～66頁〔初出、法時14巻3号（1942）〕、アルブレヒト・ツォイナー（松本博之訳）・既判力と判決理由（信山社・2009）7頁以下（とくに、91～93頁）、上村明廣「既判力の客観的範囲に関する一問題」岡山大学創立十周年記念・法学と法史の諸問題（有斐閣・1959）179頁以下、同「判決効の拡張をめぐる利益衡量」法教［第二期］7号（1975）65頁以下、柏木邦良「西ドイツ民事訴訟法学の現況（8）」ジュリ531号（1973）74頁以下、同「訴訟物概念の機能」新堂幸司＝谷口安平編・講座民事訴訟第2巻（弘文堂・1984）181頁、208頁以下、同「訴訟物概念の機能」争点［新版］（1988）178頁以下、越山和広「矛盾関係による既判力の客観的範囲の画定について」法学政治学論究7号（1990）389頁以下と、その問題意識の一部を共有するものである。

3）　母法であるドイツ民事訴訟法322条1項（1877年民事訴訟法では294条1項）の立法理由および本稿が検討の対象とするわが国の民事訴訟法114条1項（旧民訴199条1項）の沿革については、斎藤秀夫「判決主文と既判力の範囲」民事訴訟法理論の生成と展開（有斐閣・1985）80頁以下〔初出、法学8巻4号（1939）〕、霜島甲一「ドイツ民事訴訟法322条の前史」民訴8号（1962）108頁以下、文字浩「ドイツ『既判力の客観的限界論』の展開」民商69巻4号（1974）710頁以下、坂原正夫「民訴法199条1項の沿革について」民事訴訟法における既判力の研究（慶應義塾大学出版会・1993）180頁以下〔初出、法学研究54巻4号（1981）〕、渡部美由紀「判決の遮断効と争点の整理（一）」法学63巻1号（1999）42頁以下、柏木邦良「明治民事訴訟法と既判力」既判力の研究II（リンパック・2005）11頁以下〔初出、民商128巻6号、129巻1号（2003）〕、松本博之「既判力の対象としての『判決主文に包含するもの』の意義―立法史的考察」法学雑誌62巻1号（2016）1頁以下など参照。

4）　伊東乾「判決の争点効」鈴木忠一＝三ケ月章監修・実務民事訴訟講座2（日本評論社・1969）104頁は、「制度の存立根拠は、いわゆる立法の理由によって与えられるのではない。作られたものとして自存する制度が、そのままの姿で、いかなる意味をもちうるか、との客観的合理性に他ならぬ。さような合理性を見出しえない制度は無視せられてよいし、さような合理性の同一線上においてなら周縁に延長拡大することが許される」とする。

Ⅱ　訴訟物理論と既判力の遮断効論の関係

1　定　義

まず、訴訟物（訴訟上の請求）とは、審判の対象として訴状に提示される原告の被告に対する権利主張であり（民訴133条2項2号参照）、訴訟係属中は、それを基礎づけまたは排斥する実体法の要件事実に該当する主要事実（請求原因事実、抗弁事実等）、それを推認させる間接事実、それらを証明する証拠方法等の主張・提出を当事者の責任とし、その限りで裁判所の訴訟指揮（釈明の範囲）を基礎づける行為規範の基準となる（申立事項（民訴246条）としての訴訟物）、そういう役割を有しており[5)]、訴訟終了後は、確定判決の遮断効の客観的範囲を規律する評価規範としての機能を有しているといえる[6)]（判決事項（民訴114条1項）としての訴訟物）。

つぎに、既判力とは、確定した判決の内容たる裁判所の判断が、以後提起される訴訟において、裁判所および当事者を拘束し、同一事項を判断する場合に基準としての通用力をもつ効果のことをいい、その遮断効（排除効ないし失権効）とは、後訴において基準時前に客観的に存在していた事由で基準時

5）　訴訟係属中の当事者間の具体的な行為規範は、当該具体的な訴訟の審判対象として原告により特定された訴訟物を起点にして、実体法上当該訴訟物たる一定の（新訴訟物理論であれば、当該訴訟物を構成する個々の）権利ないし法律関係を基礎づける要件事実に該当する主要事実（請求原因・抗弁等）の主張・証明責任の分配がその指標となる（新堂幸司「提出責任効論の評価」訴訟物と争点効（下）（有斐閣・1991）291頁〔初出、判評223号〔判時856号〕(1977)〕、吉村徳重「既判力の本質と作用」民事判決効の理論（上）（信山社・2010）9頁〔初出、争点［第3版］(1998)〕参照）。

6）　判決効に至る流れ、それを正当化する前提としては、実質的な手続保障（当事者間の対論ならびにそれを促す当事者の求問権、および裁判所と当事者間の対論ならびにそれを促す裁判所の釈明権の行使と争点に対する適時の暫定的な心証開示）が要請されよう（三者間で法解釈、事実、証拠等の情報の早期の共有化が必要）。裁判官の数が少ない結果、訴訟は、弁論の間隔が長く、全体として時間がかかっている割には、個々の手続が雑で審理は書面の交換を中心とした形式的なものに終始しているように思われる。

なお、確定判決の遮断効の客観的範囲は、前訴において当事者が事件に関する重要事項をすべて提出できるか否か、事実および証拠資料の収集の程度に左右されうるものと考えるべきであるとの指摘は、今後のわが国の民事訴訟制度のあり方を考える上で重要となろう。例えば、アメリカのように「自由かつ広範なディスカヴァリおよびプリトライアル等により、相手方に不意打ちをもたらすことなく当事者は、事件に関する重要事項を訴訟においてすべて提出できる」（山中稚菜「アメリカ民事訴訟法における『事実上の代表法理』の生成と展開」同志社法学67巻5号（2015）526頁注54)）ような訴訟手続が整備されている場合には、わが国に比べて相対的に遮断効の客観的範囲を広く解することが許されよう。

における既判力ある主文の判断と矛盾・抵触する攻撃防御方法の提出を許さず（民執35条2項参照）、当事者がこの禁止に反してそうした攻撃防御方法を提出したとしても、裁判所としては、その審理に入ることなくこれを排斥（却下）しなければならない、そのような既判力の効果（消極的作用）のことである[7)]。

2　新訴訟物理論による既判力の客観的範囲の拡張

実務が採用する旧訴訟物理論を前提にすると、訴訟物の枠を超えて既判力の遮断効が及んでくる考え方としては、そもそもの訴訟物の考え方を変えて実体法上の権利・請求権を基準としない訴訟物を措定する（すなわち、社会的紛争単位を基準に、相手方から一定の給付ないし形成を求めうる法的地位（受給権）を訴訟物とする）新訴訟物理論がある[8)]。最判昭和51年9月30日（民集30巻8号799頁）（信義則により後訴を遮断した判例）は、新訴訟物理論によれば、前訴と後訴の訴訟物の同一性を認めることは可能であり、その限度では、前訴判決の既判力によって後訴を排斥する余地があった[9)]。

新訴訟物理論によると、判決理由中の判断（旧訴訟物理論によれば訴訟物となる実体法上の請求権の存否の判断）には既判力は生じないが、それを超えた（包摂した）受給権の存否に既判力を生じることになると解されることから、（結果として訴訟物を基礎づける攻撃防御方法のレベルに位置づけられることになる）判決理由中でその判断が示された実体法上の請求権（それを基礎づける請求原因事実）のみならず、前訴の争点とはならなかった他の実体法上の請求権（それを基礎づけうる請求原因事実）の主張も、既判力ある受給権の存否の判断と抵触する限り、既判力の遮断効により主張できなくなるものと思われる[10)]。これ

7）　秋山幹男ほか・コンメンタール民事訴訟法Ⅱ［第2版］（日本評論社・2006）444頁、452頁。

8）　確認の訴えは特定の実体法上の権利ないし法律関係の確定を目的とするのに対し、給付および形成の訴えは、それぞれ特定の給付内容の実現および特定の法律関係の変動をその目的とするものであり、それら紛争解決の目的、制度趣旨に沿った訴訟物および既判力の客観的範囲を考える必要があろう。給付訴訟を提起する原告の意識ないし訴えの目的は、特定の給付請求権の公権的確定ではなく、特定の給付内容の事実的実現（強制執行）を可能とする債務名義の取得にある。この意味では、訴訟物の把握としては新訴訟物理論の考え方が妥当であるといわなければならない。

9）　髙橋宏志・重点講義民事訴訟法（上）［第2版補訂版］（有斐閣・2013）679頁、髙田昌宏・百選［第5版］（2015）168頁（79事件解説）。

10）　新訴訟物理論によれば、請求権競合の場合、個々の実体法上の給付請求権は、訴訟物である特定の給付を求める法的地位（受給権。例えば、1000万円の給付を求めうる法的地位）を基礎づける法的主張（攻撃防御方法）にすぎない。それゆえ、前訴で、ある実体法上の給付請求権（例えば、

は、新堂教授が提唱する判決の理由中の判断（ないし正当な決着期待争点）に生じる遮断効論[11]と同じ狙いをもったものであると評価することができよう。

Ⅲ　既判力の客観的範囲

1 「主文に包含するもの」の意味

既判力は、主文に包含するものに生じるとともに、主文に包含するものに限り、生じる（民訴114条1項、253条1項1号）。条文では「主文に包含するもの」とされているが、その意味は、判決主文に表現された判断の範囲であり、原告の請求（訴訟物）についての結論的な判断という趣旨に解されている（図式的には一応、訴訟物＝判決主文中の判断＝既判力の客観的範囲と表示することができる。ただし、前訴と後訴とがいわゆる先決・矛盾関係の場合でも既判力が後訴に及ぶとされているから、既判力と訴訟物の一致の原則は万能ではない）。

ところで、実際の判決主文は実務慣行によって記載され、必ずしも既判力の客観的範囲を明確に表示するものではない。例えば、原告本案敗訴の主文は単に「原告の請求を棄却する」、訴訟判決の主文は単に「原告の訴えを却下する」であり、また原告勝訴の主文も、実務上は訴状の請求の趣旨に対応

債務不履行に基づく損害賠償請求権）を主張して敗訴判決を受けた原告は、後訴で、同一の給付を求める法的地位（受給権）を基礎づける別の実体法上の給付請求権（例えば、不法行為に基づく損害賠償請求権）を主張して提訴しても、その別の実体法上の給付請求権の主張は、前訴口頭弁論終結前に存在していた攻撃防御方法であるとして、前訴確定判決の既判力ある判断（例えば、訴訟物である1000万円の給付を求めうる法的地位はないとの判断）と抵触するものとされ、既判力の遮断効が作用してそのような主張は却下されることになろう。

ただ、新訴訟物理論の利点は、上記のような請求権競合事例においてのみであり、その他の場合は、新旧訴訟物理論の間で、訴訟物の理解および既判力による遮断効の範囲で違いはない。例えば、新訴訟物理論でも、土地所有権移転登記手続請求、土地明渡請求、土地所有権確認請求は、それぞれ別個の訴訟物であり、土地所有権の帰属をめぐる一連の紛争に統一的解決をもたらし得るものではない（新訴訟物理論だからといって、訴訟物を離れて判決理由中の判断に独自の拘束力を認めるわけではない。その意味では、新訴訟物理論も伝統的な判決効理論の下にあるといえよう）。

11)　新堂幸司「判決の遮断効と信義則」民事訴訟法学の展開（有斐閣・2000）37頁以下〔初出、三ケ月章先生古稀祝賀・民事手続法学の革新（中）（有斐閣・1991）〕、同「正当な決着期待争点」民事訴訟法学の展開47頁以下〔初出、中野貞一郎先生古稀祝賀・判例民事訴訟法の理論（下）（有斐閣・1995）〕参照。

ただし、新堂教授が提唱する遮断効論は、新理論のように既判力で一律に遮断するのではなく、当事者にとって不意打ちにならないよう、当事者の手続保障と相手方の信頼保護を踏まえたよりきめ細かな遮断効論であり、機能的には新理論においても既判力が作用しない事項・場面を対象に遮断効の範囲を拡大させるものであり、形を変えレベル（次元）を変えて新理論をより深化させたものということができる。

する形で、給付判決であれば単に「被告は原告に金○○円を支払え」と被告の給付義務のみを表示し、形成判決であれば「原告と被告とを離婚する」といったようにその判決の確定によって形成される法律関係を明らかにすることが実務の慣例であるから、主文の文言だけからでは原告の請求（訴訟物）についての判断内容は必ずしも明らかにならない。したがって、主文に包含される判断の対象を特定するためには、訴訟上の請求（訴訟物）が請求の趣旨および原因によって特定されること（民訴133条2項2号）と対応して、判決書の「事実」および「理由」（民訴253条1項2号・3号。以下、「判決理由」という）中に記載される（請求を特定するための）請求の原因（民訴規53条1項参照）およびそれに対する判断（民訴253条2項）を斟酌する必要があることが多い。それゆえ、判決理由中の判断そのものに既判力を認めることは、法が予定するものではないが、判決理由中の請求を特定するための請求原因に関する記載は、判決主文中の判断の対象を特定し、他の請求と識別する役割をもつ（なお、民事訴訟法253条2項は、判決書での事実の記載において「請求」を明らかにすることを要求している）。以上により特定された主文に包含される判断の対象（訴訟物）は（実務がその前提とする旧訴訟物理論によると）実体法上の権利（または法律関係の存否）であるから、実体法上の属性、いわゆる法的性質（例えば、金銭給付請求権の根拠となる売買契約や消費貸借契約、損害賠償請求権の根拠となる不法行為や契約上の債務不履行、返還請求権の根拠となる所有権や占有権あるいは賃貸借契約終了など）も、（これらが単独で訴訟物となるものではないが）訴訟物を特定し、既判力の客観的範囲を画するものと解される[12)]。

---

12)　伊藤眞・民事訴訟法［第4版補訂版］（有斐閣・2014）522頁、兼子一ほか・条解民事訴訟法［第2版］（弘文堂・2011）525頁〔竹下守夫〕、松本博之＝上野泰男・民事訴訟法［第8版］（弘文堂・2015）624頁〔松本〕、三宅省三＝塩崎勤＝小林秀之編集代表・注解民事訴訟法（II）（青林書院・2000）428頁〔住吉博〕参照。中野貞一郎「訴訟物概念の統一性と相対性」民事訴訟法の論点I（判例タイムズ社・1994）46頁〔初出、判タ846号（1994）〕も、「訴訟審理は、この事実関係の解明に従い申立てに応じた判決をするさいに適用することが予想される実体法規の要件事実に即して主張・立証が展開され、裁判所と当事者の協力によって争点を確定し、判決に至る。しかし、その判決に当たって、裁判所は、訴訟要件が肯定されるかぎり、実体法を適用して実体法上の権利（または法律関係）の存否を判断するのであり、裁判所によって存在する（あるいは存在しない）ものとして判断され、既判力をもって確定されるものは、実体法上の一定の属性をもった権利以外にはなく、それが債務名義となる判決においては執行債権となるのである」とする。なお、中野貞一郎＝松浦馨＝鈴木正裕編・新民事訴訟法講義［第2版補訂2版］（有斐閣・2008）479頁〔高橋宏志〕は、法的性質決定の拘束力は肯定した上で、既判力ではなく争点効でよいのではなかろうか、とする。

2　判決理由中の判断の取扱い

これに対して、理由中の判断そのものには、（民事訴訟法114条2項が規定する相殺の抗弁の場合を除いて）既判力は認められない（同条1項の反対解釈。上訴審が原判決の理由を不当と認めても他の理由によって原判決と同じ結論を導き得るならば上訴を棄却しうる（民訴302条2項）のも、理由中の判断が既判力をもたぬからに他ならない）。換言すれば、訴訟物たる権利主張を理由あらしめるために主張された事項についての判断は（訴訟物とは独立して）単独では既判力をもたず、被告側の防御方法についての判断も同じである（なお、前述したように、前訴判決の理由中の判断に既判力は生じないとしても、前訴判決の既判力が作用する後訴で理由中の判断に反する主張をして前訴判決の主文の判断を争うことは認められない（既判力の遮断効））。すなわち、当事者が申立てによって確定を求めているのは訴訟物たる権利関係であり（民訴246条。判決主文は、原告が請求として申し立てた事項に対する応答部分である）、判決理由中の判断は、それが事実に関するものであれ、または訴訟物の前提となる法律関係に関するものであれ、訴訟物を基礎づける（または排斥する）攻撃防御方法（民訴161条2項）についての判断にすぎないからである。

これを、原告の請求（訴訟物）を理由づける請求原因についてみれば、例えば所有権に基づく家屋の明渡請求の訴えにおいて、判決の理由中でその家屋の所有権の有無について判断された場合でもそれについて既判力を生じることはない（最判昭和39年7月3日集民74号407頁。訴訟物は「所有権に基づく家屋明渡請求権」（手段的・物権的請求権）であり、「所有権」（本権である物権）そのものは、訴訟物を基礎づけその判断の前提となる先決的な権利（法的な攻撃防御方法）にすぎない）。同様に、利息請求の訴えにおいてその元本債権の有無について理由中で判断された場合（大判大正10年11月24日民録27輯2188頁）、地代請求の訴えにおいてその土地の賃貸借契約の存否について理由中で判断された場合（最判昭和41年4月15日集民83号217頁）においてもまったく同様であり、後訴においてそれぞれ元本債権の有無、賃貸借契約の有無について争うことを妨げるものではない。このような結果は、常識的に多少不自然であり、審理の努力を無駄にすることにもなるが、これらの先決的な権利または法律関係の判断について既判力を得る必要があるときは、当事者はその権利または法律関係について主文で判断を受けるために、その訴訟で中間確認の訴え（民訴

145条）を提起することができ、これをしていない場合には、その判断について拘束力を生じることはないというのが原則であり（最判昭和30年12月1日民集9巻13号1903頁参照）、これは立法上の沿革からも明らかである。

Ⅳ　判決理由中の判断の拘束力

1　理由中の判断に生じる拘束力（総論）

今日、既判力の遮断効の範囲を、手続保障や信義則で調整しようとする考え方が有力であるが、判決効をめぐる議論を明確にするという観点から、本稿では、従来の通説および判例の考え方を前提にし、手続保障や信義則による調整は、訴訟物を基準とする既判力の遮断効とは別の拘束力とし、区別して論じてゆくことにする。

ところで、当事者により証明され、裁判所によって認定された事実は、同一当事者間では不可争としてもよさそうであるが、当事者の訴訟目的はひとえに訴訟物たる権利または法律関係の存否の確定に集約されているのであり、そのための手段にすぎない攻撃防御方法は、その訴訟限りで意味をもつにすぎないとしたのが民事訴訟法114条1項の立法趣旨と考えられる[13)]。このように、114条の定めるところによれば、判決理由中の判断は、原則として既判力を生じないとされるが、現在のわが国の学説上は、同条の規定にもかかわらず、なんらかの要件のもとで理由中の判断にも拘束力を認めるべきであるとする見解が次第に有力になりつつある[14)]。

---

13)　民事訴訟法114条1項の立法趣旨は、請求について判決を求める当事者意思、個別訴訟の任務、当事者に生じうる不測の不利益の防止の必要にあるとされている。したがって、当事者がその請求において求めた事項という対象の限定は、当事者に対する手続保障の観点からも望ましい制度と評価される。

確定判決の主文に認められる既判力の範囲は、制度の趣旨、基本理念から論じられなければならないとするのは、三宅＝塩崎＝小林編集代表・前掲注12）443頁〔住吉〕。

14)　新堂幸司・新民事訴訟法［第5版］（弘文堂・2011）687頁、709頁以下、伊藤・前掲注12）524頁、530頁以下、林屋礼二・新民事訴訟法概要［第2版］（有斐閣・2004）457頁、上田徹一郎・民事訴訟法［第7版］（法学書院・2011）497頁、中野＝松浦＝鈴木編・前掲注12）474頁〔高橋〕、高橋・前掲注9）631頁、河野正憲・民事訴訟法（有斐閣・2009）580頁、小島武司・民事訴訟法（有斐閣・2013）656頁、川嶋四郎・民事訴訟法（日本評論社・2013）698頁、秋山ほか・前掲注7）473頁など、現在の代表的体系書・注釈書の多くは、その理論構成は別として、理由中の判断になんらかの拘束力を認める。実務家の立場からその理論構成を試みるものとして、東松文雄「争点に対する判決理由中の判断の拘束力について（一）」判時1362号（1990）11～14頁参照。学説の概観として、原強「判決理由中の判断の拘束力」争点221～222頁参照。これに対して、理由中の判断

これまでに提唱された判決理由中の判断に生じる拘束力としては、参加的効力の当事者間への拡張[15]、既判力拡張[16]、争点効（既判力が作用する関係にない後訴において作用。さらに、これを争点効が生じない事項についてまで発展・拡大させた「正当な決着期待争点」に生じる拘束力）[17]および信義則による遮断効[18]があり、

に拘束力を認めることに厳しい態度をとるのは、三ケ月章・民事訴訟法［第3版］（弘文堂・1992）142頁、松本＝上野・前掲注12）625頁〔松本〕など。

なお、通説も、判決理由中の判断に生じる拘束力として、すでに述べた既判力の遮断効（既判力の消極的作用）のほか、訴訟判決の理由中で示された特定の訴訟要件の欠缺の判断、判決理由中で示された法的性質決定の判断、給付訴訟の棄却判決の理由中で示された期限未到来・条件未成就の判断などにおいて承認している。杉山悦子・民事訴訟法 重要問題とその解法（日本評論社・2014）194頁以下〔初出、「民事訴訟法の問題解決19―判決理由中の判断」法セ699号（2013）116頁以下〕（これらは、「主文に包含される判断として、正面から拘束力を認める方向性もある」とする）参照。

15）　兼子・前掲注2）64～66頁参照。「兼子教授は、参加的効力の根拠が当事者間の公平・禁反言の要請という一種の信義則にあるとみることにより、元来補助参加人と被参加人の間に働く参加的効力を、そうした要請の認められる他の場合にまで推し及ぼそうとし、当事者間にまでその類推を考えた」とされる、判決理由中の判断の拘束力についての古典的ともいうべき学説の一つであり、「ツォイナーの論述や英米法のコラテラル・エストッペルの法理」とともに、新堂教授提唱にかかる争点効理論を示唆したとされる着想豊かな考え方である（新堂幸司「既判力と訴訟物」訴訟物と争点効（上）（有斐閣・1988）170頁・174頁〔初出、法協80巻3号（1963）〕参照）。その論旨を一部抜粋・引用させていただくと、次のようなものである。すなわち、「論理上相表裏し択一的関係に立ち、その何れが成立つかが、或事項の肯定又は否定に繋がる請求相互の関係では、当事者間でも一の請求の判断の前提となるべき事項は、単に其の請求に対する関係だけに局限するとの前述の弁論主義の帰結を固執し得ず、他の請求に対する関係でも同一の態度を採らねばならぬことが要求される意味に於て、参加的効力と同趣旨の拘束が生ずるのである。」（兼子・同書66頁）。

16）　上村・前掲注2）「既判力の客観的範囲に関する一問題」181頁以下、同「判決効の拡張をめぐる利益衡量」65頁以下、柏木邦良「西ドイツ民事訴訟法学の現況（9）」ジュリ532号（1973）101頁注50）、同・前掲注2）「訴訟物概念の機能」講座207～213頁、同・争点［新版］178頁以下、同・前掲注3）11頁以下参照。

17）　新堂・前掲注14）709頁以下、同・前掲注15）145頁以下、同「条件付給付判決とその効果」訴訟物と争点効（上）183頁以下〔初出、民訴10号（1963）〕、同「争点効を否定した最高裁判決の残したもの」同書269頁以下〔初出、中田淳一先生還暦記念・民事訴訟の理論（下）（有斐閣・1970）〕、同「訴訟物概念の役割」訴訟物と争点効（下）（有斐閣・1991）113頁以下〔初出、判評223号〔判時856号〕（1977）〕、同「訴訟物概念の二つの役割」同書159頁以下〔初出、書研所報29号（1979）〕、同・前掲注11）「正当な決着期待争点」30頁以下参照。他に争点効を支持する学説は多数。

18）　竹下守夫「判決理由中の判断と信義則」山木戸克己教授還暦記念・実体法と手続法の交錯（下）（有斐閣・1978）72頁以下、同「争点効・判決理由中の判断の拘束力をめぐる判例の評価」民商創刊五十周年記念Ⅰ・判例における法理論の展開［民商93巻臨時増刊号（1）］（1986）278頁以下、中野貞一郎「争点効と信義則」過失の推認［増補版］（弘文堂・1987）209頁〔初出、「いわゆる争点効を認めることの可否」法教［第2期］4号（1974）63頁〕、同「民事訴訟における禁反言」同書180頁以下〔初出、司法研修所論集57号（1976）〕ほか多数。

信義則による遮断効を認めたとされる最高裁判例としては、次のようなものがある。①最判昭和49年4月26日民集28巻3号503頁（形式的には主文に明示される限定承認の存在および効力についての判断に既判力に準ずる効力を認め、相続財産の限度にかかわらず支払いを求める後訴を不適法却下した判例）、②前掲最判昭和51年9月30日（訴訟物は異なるが実質的には前訴の蒸し返しとなる後訴を不適法却下した判例）、③最判昭和52年3月24日金判548号39頁（②と同様、信義則による後訴遮断を認めた判例）、④最判平成10年6月12日民集52巻4号1147頁（明示的一

この他、統一的請求権説[19]、黙示の中間確認の訴え説[20]などがあることは周知のところである。

2　信義則と確定判決の遮断効の関係

争点効によっては遮断できず、信義則による遮断効が働きうる事例として、以下のものがある。例えば、前訴において、甲が乙に対して係争土地所有権に基づき地上植栽物の収去土地明渡しを訴求して勝訴判決が確定し、その強制執行終了後、今度は逆に乙から甲に対して、同じ土地の所有権確認および乙への所有権移転登記手続を求め、前訴判決の既判力標準時以前に取得時効が完成したことを右請求の原因として主張した事例において、乙が後訴において主張した取得時効の成否は前訴では審理されていなかった場合であり[21]、これは、信義則による遮断効のうち、主張を尽くさなかった場合のその主張に失権的効果を帰しうる類型（権利失効の原則）といえよう。

ところで、「信義則はあくまで、判決理由中の判断の拘束力ではなく、判

部請求において敗訴した原告が残額の請求をしたケースにおいて、実質的には前訴で認められなかった請求および主張を蒸し返すもので、特段の事情のない限り、信義則に反して許されないとして後訴を不適法却下した判例）など。この他、前掲②判例の枠組みに照らして信義則適用の可否を判断（否定）したものとして、最判昭和59年1月19日判時1105号48頁がある（新堂幸司「時の判例」法教44号（1984）96頁は、この判決を、前掲②判例との関係で「その適用範囲を限定するとともに、信義則による遮断効の理論化をさらに進める判決として注目すべきものである」と評価する）。

このうち、前掲②の最高裁昭和51年9月30日判決後、下級審判決においては、後訴における請求自体あるいは特定の主張を、前訴の蒸し返しであり、信義則上許されないとして排斥するものが少なくない（請求自体を不許とするものとして、東京地判昭和52年5月30日下民28巻5＝8号566頁、仙台高判昭和56年8月31日判タ453号98頁、東京地判昭和57年11月30日判タ489号80頁など。特定の主張を不許とするものとして、東京地判昭和52年9月29日判時884号74頁、東京地判昭和58年12月15日判タ520号154頁など）。

この他、先行行為に矛盾する挙動の禁止（禁反言）を、一般論として認めた判例として、最判昭和48年7月20日民集27巻7号890頁がある（判旨「先にある事実に基づき訴を提起し、その事実の存在を極力主張立証した者が、その後相手方から右事実の存在を前提とする別訴を提起されるや、一転して右事実の存在を否認するがごときことは、訴訟上の信義則に著しく反することはいうまでもない。」）

19)　加藤雅信「実体法学からみた訴訟物論争」新堂幸司編著・特別講義民事訴訟法（有斐閣・1988）150頁以下。

20)　坂原正夫「黙示による中間確認の訴え」民事訴訟法における既判力の研究（慶應義塾大学出版会・1993）144頁以下〔初出、法学研究53巻12号（1980）〕。

21)　京都地判昭和40年7月31日下民16巻7号1280頁、その上告審である大阪高判昭和42年1月15日下民18巻1＝2号136頁、およびこれを紹介する倉田卓次「いわゆる争点効の理論について」民事法の諸問題Ⅲ（判例タイムズ社・1970）315頁以下〔初出、判タ184号（1966）81頁以下〕参照。

決理由において判断の機会を得た当事者の訴訟行為の態様自体を根拠として適用されるものである」[22]との指摘があるが、当事者の訴訟行為の態様の結果ではあっても、その効果として確定した判決理由中の判断と矛盾する主張、または前訴で決着済みと評価できる主張が排斥される現象を、確定判決の内容（既判力を有する判断）そのものではないとしてもそれを契機として生じるという意味で当該判決の拘束力（遮断効）として説明できないわけではないと思われる[23]。

V　矛盾関係としての択一的または対価的法律関係（「主文に包含するもの」の解釈論的試み）

1　既判力が作用する矛盾関係

既判力は、前訴で審判の対象となった事項（本案判決の場合は、訴訟上の請求である訴訟物。正確には、既判力が生じた前訴確定判決の内容）が、同一当事者（前訴判決の既判力が及ぶ第三者を含む）間の後訴で再び問題となった場合に作用する。前訴判決の既判力が後訴に及ぶ関係には、①両訴訟の訴訟物が同一の場合および②先決関係（前提関係）にある場合のほか、③両訴訟の訴訟物が矛盾対立の関係にある場合もこれに含まれると解されている。

例えば、ⓐ前訴では売買は有効であるとして代金支払いを命じられた被告が、後訴で、売買は無効であるとして不当利得の返還請求をしてきた場合（あるいは、同様の売買事例で敗訴した被告が、後訴で、詐欺による取消しを主張して不法行為による損害賠償請求をしてきた場合）や、ⓑ土地所有権確認訴訟で敗訴した被告が同一土地につき自己の所有権確認の訴えを提起した場合などである[24]。矛盾関係とされる理由は、ⓐの例では不当利得返還請求（あるいは不法行為に

22)　伊藤・前掲注 12) 532 頁。

23)　あるいは、信義則による後訴請求への前訴確定判決の理由中の判断の拘束力（遮断効）は、前訴確定判決の効力ではなく、当事者間の衡平を根拠とするものであり、前訴確定判決（およびその理由中における判断）の存在は、後訴において信義則が作用するための要件の一つと考えるべきか（小山昇「いわゆる争点効について」判決効の研究（信山社・1990）99～100 頁参照）。

24)　中野＝松浦＝鈴木編・前掲注 12) 455 頁〔高橋〕、高橋・前掲注 9) 595 頁、伊藤・前掲注 12) 511～512 頁、梅本吉彦・民事訴訟法［第 4 版］（信山社・2009) 949 頁、上田・前掲注 14) 480 頁、林屋・前掲注 14) 470 頁、河野・前掲注 14) 572 頁、小島・前掲注 14) 640 頁、川嶋・前掲注 14) 676 頁、中野・前掲注 18)「争点効と信義則」208～209 頁、中野貞一郎＝下村正明・民事執行法（青林書院・2016) 250 頁など参照。

基づく損害賠償請求）は既判力によって確定された債権の不存在を論理的に前提とするからである。ⓑの例では実体法上の一物一権主義を媒介として前訴判決内容が後訴にも既判力を及ぼすと説明される。また、ⓒ家屋明渡請求訴訟で敗訴した被告（売主）が同一家屋の明渡請求の訴えを提起した場合も矛盾関係にあるとされる[25]。さらに、ⓓ前訴で所有権移転登記請求あるいは所有権移転登記の抹消登記請求を認容する判決が確定した後、その被告が原告に対し、後訴で、基準時前の事由に基づいて、その逆の請求（つまり、所有権移転登記の抹消登記請求あるいは所有権移転登記請求）をするのも、既判力に抵触するとされている[26]。いずれの場合も、既判力の消極的作用によって、前訴判決内容と矛盾する主張（例えば、ⓐの例では基準時前の売買の無効や取消し、ⓑの例では同土地の基準時前の買受け・相続・時効取得等、ⓒの例では同家屋の売買契約の無効や詐欺による取消しなど）は遮断され、既判力に抵触しない基準時後の事由（例えば、ⓑの例では同土地の基準時後の買受け、ⓒの例では同家屋の基準時後の買戻しなど）が主張・立証されない限り、裁判所は、請求棄却判決をすることになろう。

2　争点排除効が作用する法律関係

争点整理手続との関係では、まさにそこで当事者が争点とした点がその後の集中証拠調べを経て主文（請求・訴訟物についての結論的判断）に結実するわけであるから、民事訴訟法 114 条 1 項でいう「主文に包含するもの」の中には、合目的的な見地から、上記 1（既判力が作用する矛盾関係）に相当すると評価できる後訴との関係で当該判決の主文の判断に不可欠の前提（先決関係）となった争点（権利ないし法律関係の存否、法律行為の効力、主要事実の存否など）についての理由中の判断も含まれると解することも許されてしかるべきように思われる。そもそも実務が採っている旧訴訟物理論によれば、判決主文は訴状における請求の趣旨に対応するものであり、場合によっては（形式的には）理由中にその判断が示される請求の原因である法的性質と合わさって訴

25)　吉村徳重「判決理由中の判断の拘束力」前掲注 5）民事判決効の理論（上）96 頁〔初出、争点［旧版］（1979）281 頁〕、上村・前掲注 2）「判決効の拡張をめぐる利益考量」65 頁、柏木・前掲注 2）「訴訟物概念の機能」講座民事訴訟第 2 巻 209 頁参照。

26)　大阪高判昭和 45 年 5 月 14 日高民 23 巻 2 号 259 頁、大阪地判昭和 42 年 6 月 28 日判タ 209 号 215 頁、兼子ほか・前掲注 12) 549 頁〔竹下〕参照。

訟物が特定されるわけであるから、一般に理解されているように「主文に包含するもの」が訴訟物を指すのであれば、（一定の後訴との関係で）訴訟物の判断と密接に関連する理由中の判断の中にも（実質的には「主文に包含するもの」として）既判力（およびその消極的作用としての遮断効）が生じる場合があることも許容されるべきように思われる[27]。

3　二重利得の禁止

ある訴訟において、弁論主義および自由心証主義のもとで、当事者の訴訟追行の拙劣等の結果、真実に反する判決が出る（例えば、弁済をしているにもかかわらず支払いを命じられる）ことは制度の建前からはやむを得ないと割り切ることが可能である。しかし、ある判決が確定した後に、当事者の一方がそこで得た利益（訴訟物について勝訴の判決により得た実体法的利益）の理由づけとなった主張と矛盾する（実体法上両立しない）主張をして、同一当事者間（判決効が拡張される第三者を含む）の後訴で二重の利得を得る（前訴で既判力を生じた訴訟物についての判断と相矛盾する実体法的判断がなされる。相手方からすれば、本来は実体法上は両立しない主張により両負けする）ことを認めることは、公的な紛争解決制度としては許されないと考えるべきである。この禁反言により後訴でいかなる主張が遮断されるかは、前訴での当該行為を選択する際に予測可能なものであり、後訴でそれと矛盾する主張を排斥しても当事者に対する不意打ち

27）　霜島・前掲注3）112頁、大津卓也「意思主義と既判力の客観的範囲」判時1432号（1992）7～8頁、三宅＝塩崎＝小林編集代表・前掲注12）446頁〔住吉〕参照。

本文Ⅳ1でも確認したように、判決理由中の判断に拘束力を認めるための説明ないし根拠については、争点効のように一定の要件のもとに統一的・画一的な拘束力を広く認めようとするものから、裁判所の裁量の余地（負担）の大きい信義則等を用いて、法的安定（相手方の信頼保護）および公平の観点から両当事者それぞれの利害状況を比較衡量することにより、評価規範的かつ個別具体的に拘束力の有無ないし範囲を考えてゆこうとする説まで、多様なものが存在する。さらには、遮断効を、裁判所の確定判決による法的判断機能からではなく、訴訟過程での当事者の役割分担という観点から導かれるべきとする提出責任効説（水谷暢「後訴における審理許否」民訴26号（1980）59頁以下）も提唱されている。いずれの考え方も、明文規定（民訴114条1項）との関係でまたはその基準の曖昧さゆえに、全面的な賛意を表するには若干の躊躇を覚えてきた。それに対して、本稿は、例えば、「不動産所有権を主張してそれと相容れない登記の抹消請求をする場合は、登記に実体関係を反映させるためであるから、物権の存否が訴訟物をなすとみるべきである」とする兼子一・新修民事訴訟法体系［増訂版］（酒井書店・1965）343頁（同・判例民事訴訟法（弘文堂・1950）292頁も参照）と同様に、民事訴訟法114条の解釈論として、実体法に照らして実務家が使用可能な（負担にならない）客観的かつ論理的な基準ないし根拠を提供しようとするものであり（同旨、松本・前掲注3）53頁、56頁以下参照）、必ずしもその他の考え方を否定するものではない。ただ、今後のアプローチとしては、本稿のような特定の事例ないし類型の積み重ねによる既判力の遮断効の（これまでの通説からすれば、その）拡張も検討されてしかるべきように思われる。

にはならない[28]。さらに、(被告勝訴の例で、予め原告が) 実体法上両立しない請求について、一方を主に、他方を予備的に併合しておくこと (原告勝訴の例では、請求原因を争っている被告に、その主張とは実体法上両立しない請求を予備的反訴として提起 (または予備的に同時履行の抗弁を提出) しておくこと) が要請 (強制) されると考えることも妥当ではない[29]。すなわち、万が一に備えて、自己の主張と矛盾する申立てを予備的に提起しておくかどうかは、当事者の任意であって、紛争解決の一回性の観点から強制されるべきものではないといわなければならない。当事者は、ある法律行為の有効または無効いずれかの効果をその本来的なものとして訴えを提起 (または応訴) し、その認容のために全力を尽くすことが期待されているわけであって、それが容れられない場合に備えた対応をすることは、当事者の自由な判断ないし権利であって義務ではなく、本来的には要請されていない (もちろん、裁判所にも予備的併合 (または予備的反訴ないし抗弁) を示唆すべき釈明義務があるわけではない) と考えるべきである。

4　矛盾関係としての択一的関係および牽連・依存関係

上記のような訴訟法的規律を前提にすれば、誤判の拡大を避ける意味で理由中の判断に既判力は生じないと解しても[30]、当事者の一方が二重利得 (他方当事者にとっては二重損失) を受ける事態は訴訟法的に回避されなければならない。例えば、前訴で売買代金支払請求をし、売買契約は無効である (かりにこの判断が正しくないとしても) として敗訴 (確定) した原告が、後訴で引き渡した物の返還請求をし、売買は有効である (かりにこの判断が正しいとしても)

---

28)　上村明廣・判評 90 号〔判時 441 号〕(1966) 125 頁は、「厳密にいえば、矛盾的対立関係の認められるケースは、既判力をもって確定された法的効果により具体化された秩序内容と、後訴において主張された法的効果とが法秩序の面で両立しないということを既判力の客観的範囲の限界づけに反映せしめなければならない場合だといえるわけである。こうした場合に前訴の確定判決の既判力が後訴に及ぶことに応じて、必然的に、前訴の裁判理由を後訴で争うこと自体も許されない結果になるが、このことによって、当事者の意識しない問題の解決が強いられたことになるとか、個別的訴訟の課題を越えたことになると論難するものはいないであろう」とする。松本・前掲注 3) 55〜56 頁も、「既判力ある裁判所の判断を真正面から否定する結果をもたらす後訴 (とくに前訴といわゆる矛盾関係に立つ後訴) を既判力により排斥または掣肘することは、不利に既判力を受ける当事者に予期しない不意打ちを与えるものではない」とする。

29)　兼子・前掲注 2) 65 頁参照。

30)　池田辰夫・リマークス 1992 (上) 138 頁は、争点効を批判して先行確定判決の不当な優遇による後行裁判所の自由な判断への不当な拘束を指摘するが、「ただ、前訴の審理過程および判決内容の双方からみて、何人からみても前訴における当事者責任を純粋に問うべきことが明白に容認できる場合にのみ、信義則の適用により同様の効果が生ずることを認めることはできよう」とする。

として前訴と矛盾する内容で再度敗訴するような事態は許されるべきではない。この場合、前訴で後訴の内容を予備的に請求しておくことを強制される理由はないであろう。同様に、前訴で売買代金支払請求をされ、売買契約は有効であるとして敗訴（確定）した被告が、後訴で目的物の引渡請求をし、売買は無効であるとして前訴と矛盾する内容で再度敗訴するような事態は許されるべきではない。この場合、前訴で後訴の内容を予備的に反訴提起（または予備的に同時履行の抗弁を提出）しておくことを強制される理由はないであろう。いずれの場合も、前訴理由中の判断である売買は無効であることまたは有効であること（かりにこれらの判断が正しくないとしても）については後訴における拘束力を認めるべきである（双務契約のように、法的形式的にみて各当事者の債務が対価的に牽連・依存する関係にある請求間がその適例。売買以外の例としては、賃料請求権とそれが認められる期間の賃借人の利用権の関係など）。この拘束力の根拠を、参加的効力の拡張、争点効、信義則（禁反言）等で説明することも可能であろうが[31)]、確定判決の（既判力ならぬ、その消極的作用として）理由中の判断に生じる拘束力の双面性ともいうべき現象を肯定すべきである。誤判の拡大を避ける意味で理由中の判断に既判力は生じないと解しても、それとは関係なく、いずれの主張が真実かとは別に（例えば、売買が有効であろうと無効であろうと）、当事者の衡平の観点からは、上記のようなことは肯定されるべきである。私は、これを確定判決の遮断効の観点から、既判力の消極的作用が働くいわゆる矛盾関係として説明することができるのではないかと考えている[32)]。

31） 竹下・前掲注 18)「判決理由中の判断と信義則」85 頁、88〜90 頁、兼子ほか・前掲注 12) 540 頁〔竹下〕、伊藤・前掲注 12) 530〜531 頁参照。なお、竹下教授も、信義則の立場からではあるが、二重利得禁止の効果を認めることは民事訴訟法 114 条 1 項に反しないとする（同・前掲注 18) 90 頁)。さらに、「本来、対価的関係にある二重の給付をともに得ようとするための矛盾挙動に対しては、拘束的効果の例外を認める余地はない」（同書 111〜112 頁）とする。

32） 同旨、中野・前掲注 18)「争点効と信義則」209 頁、柏木・前掲注 16) ジュリ 532 号 101 頁、越山・前掲注 2) 405 頁参照。ここで矛盾関係として挙げているのは、①被告勝訴（原告再訴）の場合は同一法律関係に基づく（同時には）両立しない請求相互の予備的ないし択一的関係であり（もっとも、遮断効によって排斥されるべきは、勝訴被告による後訴における矛盾した防御方法の提出である)、②原告勝訴（被告後訴）の場合は実体法上対価的関係にある請求相互の牽連・依存関係である（この場合も、本来の意味での前訴と後訴の訴訟物間ではなく、同一法律関係に基づく前訴原告による前訴における請求原因（攻撃方法）と後訴における抗弁（防御方法）間の矛盾関係というべきであろうが、①②いずれの場合も、実体法を介しての推論ないし実体法上の択一的関係または牽連・依存関係を基準とした訴訟物間の矛盾関係と説明できないわけではなかろう)。松本・前掲注 3) 56 頁も、「『主文に包含するもの』の意味内容および範囲は判決理由の助けを借りて

以上から、双務契約（例えば、売買、賃貸借、雇用、請負など）に基づく給付と反対給付のように、両請求が相互に牽連・依存関係にある場合には、訴訟物（例えば、代金支払請求または目的物引渡請求）を基礎づける前訴判決理由中の判断（例えば、契約の成否・効力）に既判力（による遮断効が作用するという意味での拘束力）を認めるべきであるということになる33)。換言すれば、その判断内容は、（制度の合目的的解釈から）訴訟物についての主文の判断に当然に含まれるもの（「主文に包含するもの」）として、その拘束力は、実体法上の対価的関係ないし牽連・依存関係を媒介として確定判決に生じる既判力の遮断効（消極的作用）により説明されるべきものと考えている34)。

【付記】

本稿は、日頃学恩を賜り、就職を初めとして今日に至るまでの研究活動において親身なるお世話と多大なご指導、ご教示をいただいている徳田和幸先生の古稀をお祝い申し上げるため、判決理由中の判断の拘束力という難問に、改めて既判力の側からアプローチを試み、今後の学説および実務の進展にどこまで寄与できるかを検証しようとしたものである。先達のご論考を引用しただけの未熟な小稿であるが、先生の一層のご健康とご活躍をお祈りしつつ、捧げさせていただく。

正しく確定することができ、このように確定された裁判所の判断に既判力が生ずるとすると、後訴が前訴と矛盾関係にある後訴にあたるか否かも、理由から明らかになる確定判決の真の意味内容を基準に判断すべきことになる」とする。高橋・前掲注9）598頁（15）は、「『矛盾関係』には、何がしかの目的論的思考が入るであろう」と指摘する。

33）上村・前掲注2）「判決効の拡張をめぐる利益考量」68頁は、「買主Xが売主Yを相手に起こした目的物引渡請求を認容する判決の確定後に、Yが代金請求を起こす場合、Xが契約の無効を主張して争うことは、前訴判決により確定された法的効果の目ざす秩序内容（双務契約における双方拘束性ないし相互関連性を基礎にした請求権の実現）を破壊しようとする意味をもつのであるから、Xの当該主張は既判力で阻止される」とする。ツォイナー理論を積極的に評価するブロマイヤーの考え方を紹介する吉村徳重「判決理由中の既判力理論の展開」前掲注5）民事判決効の理論（上）114頁参照。

34）既判力が作用すべきその他の矛盾関係としての択一的法律関係または対価的関係が問題となりうる他の事例としては、①国家裁判所の管轄権と仲裁裁判所の管轄権の関係、②訴求債権の消滅と反対ポジション（相殺、弁済など）の犠牲との間の補償関係などが検討されてよいであろう（ツォイナー（松本訳）・前掲注2）85頁以下参照）。

口頭弁論終結後の承継人への既判力拡張論の現状

加波眞一

Ⅰ　はじめに

民事訴訟法115条1項3号による口頭弁論終結後の承継人への既判力拡張の意味・内容について、近時かなり研究も進んできたと思われるが、まだ、議論の焦点が明確になっていない部分があるように思われる。

例えば、この問題に関しては、周知の通り、実質説と形式説とがあるが、現在でも一般的には、両説は既判力拡張の作用の仕方の説明の違いに過ぎず、いずれの説に立っても結論は変わらない、といわれてきた。しかし、今日では、そのような言説は修正されるべきであろう。以下の事案などがその一例として考えられる。

> XからYに甲地売買契約に基づき甲地所有権登記がされていたが、Xはその売買契約は虚偽表示であったとして所有権に基づく登記移転請求が提起され、Xの請求が認容され確定した（前訴)。しかし、その訴訟の口頭弁論終結後、Yから第三者Zに甲地は売却され登記もZに移転された。そこで、XがZに対して所有権に基づく登記移転請求を提訴するという場合はどうか（以下、この事案を便宜上「**本稿設例事案**」と呼ぶ)。

これは、民事訴訟法115条1項3号による既判力拡張問題の講学上の典型的一事例であるが、後述するように、見解によっては両説で結論が異なることになる。

そこで、もう一度、この両説の関係を中心に、民事訴訟法115条1項3号による既判力拡張の意味・内容について、論争の現状を再検討し、論点の整理を行いたい。それが本稿の目的である。

Ⅱ　実質説と形式説

1　学説状況

形式説・実質説という分類を提唱された新堂教授[1)]の見解によれば、既判力拡張の問題は、承継人の後訴の解決を「すでに確定した前訴訟の解決結果にどの程度依存せしめるかという問題」であり、その「依存の程度」は「既判力拡張の効果に関する」考え方に左右されるので、それは既判力拡張の効果・効力の問題となる。そして、形式説・実質説という分類はその「既判力拡張の効果に関する二つの考え方」である、と説かれている[2)]。そこで、そ

1）新堂幸司「訴訟当事者から登記を得た者の地位」訴訟物と争点効（上）（有斐閣・1988）327頁以下。

2）新堂・前掲注1）327頁。このように、実質説か形式説かというのは、口頭弁論終結後の承継人に拡張される既判力の内容ないし作用のあり方（すなわち、既判力の及び方）の問題を論じるための道具として定立された概念である。しかし、従来、その意義が正しく理解されて議論されてきたか疑問である。

その点は、すでに上野論文（上野㤗男「既判力の主観的範囲に関する一考察」関西大学法学論集41巻3号（1991）907頁）が強調して警告してきた点であり、「この実質説・形式説という形での問題把握は、……特に口頭弁論終結後の承継人への既判力の拡張のされ方の問題との関係で初めて生まれたもの」であると論じていた（同920頁以下）し、中野論文（中野貞一郎「弁論終結後の承継人」民事訴訟法の論点Ⅰ（判例タイムズ社・1994）213頁）も同じ注意を喚起していた（同219頁以下）。それにもかかわらず、後述のように、この問題を単なる口頭弁論終結後の承継人固有の抗弁の扱い方の問題に矮小化して論じる傾向が今も続いている。例えば、最近の文献である越山和広「既判力の主観的範囲」実務民事訴訟講座［第3期］第3巻（日本評論社・2013）301頁でも、「承継人に対する既判力拡張の意味」（同307頁）と「承継人固有の抗弁の扱い方」（同313頁）とは分けて解説されており、実質説か形式説かは後者のところでのみ検討されていて、前者の議論との関連性は示されていない。そのような理解による限り、「この論争は終結したと考えるべきであろう。」（同316頁）ということになる（後掲注4）の山本弘論文も同じ傾向にある）。

しかし、問題とすべき点は、口頭弁論終結後の承継人に拡張される既判力の内容ないし作用のあり方である。「承継人に対する既判力拡張の意味」として、実質説では、「前訴判決と同じ内容の判決を下すべし」との拘束力を内容とする既判力が口頭弁論終結後の承継人に対する後訴裁判所に及ぶので、その結果、「承継人固有の抗弁の扱い方」において承継人固有の抗弁の不成立が上記内容の既判力の承継人への（すなわち、承継人に対する後訴への）拡張要件となるのである（このように理解して初めて、承継人固有の抗弁の不成立が既判力拡張の要件となることが根拠付けられることになるし、後掲注22）の箇所で論じる、実質説の既判力の時的限界看過問題が生じる理由が明らかになるのである）。そしてそのような既判力内容（ないし既判力の作用内容）をどう考えるかという問題こそが、実質説か形式説かという形で問われている論点なのである。

の既判力拡張の効果・効力の違いに着目して、両説の内容を再確認しておきたい。

(1)　**実質説**　前訴判決の（承継人への）既判力拡張の効力とは、（承継人が当事者となる）後訴の裁判所に対して、前訴確定判決と同一内容の判決を下すべしという拘束力が生じることと考える見解が実質説である[3]。この見解によると、民事訴訟法115条1項3号の（口頭弁論終結後の）承継人要件をみたしたとしても、承継人に固有の抗弁が認められると、前訴確定判決の内容とは異なる判決内容を下すことになるので、既判力の拡張ができないことになる。そこで、承継人には、「固有の抗弁が成立しないこと」が消極的要件として付け加えられることになる[4]。これは、結局、承継人への既判力拡張を判断するにあたって、承継人となるべき第三者の実体法上の地位を審理することになるが、それは正しく本案についての実質審理をすることを意味するので、「実質説」と呼ばれている。

この問題がいまだ未解決であり検討されるべき課題であることは、菱田雄郷「口頭弁論終結後の承継人に対する既判力の作用」東北大学法学74巻6号（2011）170頁や笠井正俊「口頭弁論終結後の承継人に対して判決効が作用する場面について」松本博之先生古稀祝賀・民事手続法制の展開と手続原則（弘文堂・2016）557頁という最近の研究からも明らかであろう。その意味で、この問題の議論のたたき台として実質説か形式説かという区分は（いずれの見解が現行法でも維持されるべきかという点の決着はついているとしても）まだ意義を有するものと思われる（この点に関して、加波眞一「口頭弁論終結後の承継人への既判力拡張」立命館法学359号（2015）353頁以下）。

3)　新堂・前掲注1）328頁、中野・前掲注2）219頁以下。

4)　このような（承継人に拡張される）既判力の内容（ないし作用）についての見解をとるのは口頭弁論終結後の承継人への判決効拡張制度の趣旨を全うするためには最適と考えられたからであるが（そのためになぜこのような見解が成立したのかは後述）、前掲注2）で述べたように、このような既判力の内容（ないし作用）論をとるがゆえに、承継人固有の抗弁の取扱いも実質説の既判力の時的限界看過問題（後掲注22）参照）も帰結されるのである。

したがって、その点を誤解して実質説を承継人固有の抗弁の取扱いに関する問題にすぎないとして論点を矮小化しているとの疑問が残る、山本弘「弁論終結後の承継人に対する既判力の拡張に関する覚書」伊藤眞先生古稀祝賀・民事手続の現代的使命（有斐閣・2015）683頁が、実質説か形式説かの対立は意味がないという（同692頁）結論に至るのは、ある意味、当然である。上記の重要論点を誤解しているからであり、そのことは次の言説から明らかである。本稿設例事案において、「実質説を採用して」、Zが善意の立証に失敗し固有の抗弁が成立しない場合は、「前訴判決の確定により生じた『乙が甲に対して甲宛ての所有権移転登記手続義務を負う』との既判力が丙に拡張されると説明するとしても、右に示した要件事実を前提とする限り、そのことは後訴請求の先決的法律関係とはならないから」その既判力拡張は意味を失う、と論じる（同695頁）。ここでは実質説に立って既判力拡張が承継人Zに対する後訴に及ぶ場合、その後訴では要件事実に従った審理が行われることになると理解されていることがわかる。

しかし、実質説に立てば、既判力拡張が承継人Zに対する後訴に及ぶ場合は、前述のように、後訴では要件事実に従った審理などが行われることはない。直ちに、前訴判決と同内容の判決（すなわち、甲地所有権登記移転請求の認容）が判示されることなる（それゆえ、実質説の既判力の時的限界看過問題が生じる）。実質説のそういう既判力の効力内容が誤解されているといえよう。

このような見解がとられる理由はいくつか考えられるが、一つは、本条の立法経緯によるものと思われる。

口頭弁論終結後の承継人への既判力拡張規定ができる以前に、先に口頭弁論終結後の承継人への執行力拡張が規定されていた（明治23年の旧々民訴519条）が、そこでは、（後述のように）承継執行文付与による執行力拡張により、承継人に対して、新たに判決を得ることなく前訴判決と同内容の判決を得たのと同じ法的効果を得ることができる。

その後、その執行力拡張に合わせる形で、承継人への既判力拡張が規定されるに至った（大正15年の旧民訴201条1項）ので、そこでは、口頭弁論終結後の承継人への執行力拡張の場合と同様に、既判力拡張により前訴判決と同内容の判決を得たのと同じ法的効果が得られるものと観念された可能性がある[5)]。このような立法経緯から、実質説のような考え方は、ある意味、当然のごとく成立したのかもしれない[6)]。

そして、一般的には、既判力論における（当時の通説的見解である）実体法説（ないし権利実在化説）が実質説の理論的根拠となっていたのではないかといわれている[7)]。

5）　この旧民訴法201条の新設にあわせて、執行力の主観的範囲に関する規定が新設された（同法497条ノ2第1項）が、そこでは、「判決カ其判決ニ表示シタル当事者以外ノ者ニ対シ効力ヲ有ス可キトキハ」その者に対しても執行力が拡張される、という内容が規定された（これにより旧民訴法201条1項が既判力の拡張が及ぶと規定する口頭弁論終結後の承継人に執行力の拡張も及ぶことになる）。これは、新設された既判力の主観的範囲規定により既判力が及ぶとされた者に執行力も及ぶという意味であり、既判力の主観的範囲と執行力の主観的範囲は一致させる旨を規定するものである。この規定が、そのままの内容で、既判力に関する旧民訴法201条は現行の民事訴訟法115条に、そして、執行力に関する旧民訴法は現行の民事執行法23条に規定されるに至った。以上の立法経緯から、現在、執行力の主観的範囲を規定する民事執行法23条の内容と既判力の主観的範囲内容とは一致しているが、それは執行力の主観的範囲と既判力のそれの一致を指向するものと解することができよう。詳しくは、上野泰男「民事訴訟法大正改正の経過と既判力の主観的範囲」鈴木正裕先生古稀祝賀・民事訴訟法の史的展開（有斐閣・2002）693頁以下参照。

6）　この点は、永井博史「口頭弁論終結後の承継人についての素描」栂善夫先生＝遠藤賢治先生古稀祝賀・民事手続における法と実践（成文堂・2014）615頁以下が詳論する。

7）　すでに中野・前掲注2）224頁が指摘していた点であるが、今日では、諸文献により追認されるに至っている。例えば、松本博之「口頭弁論終結後の承継人への既判力拡張に関する一考察」民事訴訟法の立法史と解釈学（信山社・2015）389頁（また369頁参照）、鶴田滋「口頭弁論終結後の承継人への既判力拡張の意味」九州大学法学部法政研究81巻4号（2015）818頁など。永井・前掲注6）618頁以下も同旨か。

しかし、菱田・前掲注2）877頁注54）が指摘するように、新堂論文が提示するのと同内容の実質説をはたして兼子博士が採っていたかは疑問であり、新堂論文が提示する内容の実質説は口頭弁論終結後の承継人への既判力拡張の作用・内容を検討するための道具概念として扱うべきではなかろうか。実際、後述のように実質説と既判力論における実体法説とがどこまで必然的に結びつくの

しかし、実体法説（ないし権利実在化説）だけでは、実質説は説明できない。なぜなら、本稿設例事案のように、前訴当事者間で確定される実体法上の権利義務（請求権）と前訴当事者と承継人との間で問題となる実体法上の権利義務（請求権）とは異なることがあるからである。

少なくとも、いわゆる旧訴訟物論に立てば、本稿設例事案ではX・Y訴訟とX・Z訴訟では訴訟物は異なる。実体法上、Yが甲地を占有したことによってXがYに対して生じる請求権とZが甲地を占有したことによってXがZに対して生じる請求権とは異なるからである。

この場合に、既判力拡張により、X・Z訴訟において、前訴X・Y訴訟の当事者間での実体法上の権利義務（請求権）が確定され実在化することになるからといってもX・Z訴訟との関係では意味がない。

X・Z訴訟において、XがZに対して主張している請求権を審判することなく、前訴X・Y訴訟の確定判決で確定された実体法上の請求権（ないし権利義務）がX・Z間でも実在するとして、X・Y訴訟の訴訟物たる請求権を認める判決をすれば処分権主義違反となろう。

この問題を避けるためには、X・Z訴訟で主張されている訴訟物について、前訴X・Y訴訟の訴訟物との違いを無視して、X・Y訴訟の判決結果と同結果の判決を行うべしとの拘束力が既判力の内容として生じる、という解釈論が必要であり、それを認めて初めて実質説の内容が成り立つことになる[8)]。

そうすると、まさに、実質説とは訴訟物の違いを超えて口頭弁論終結後の承継人への既判力拡張がなされる説ということになり、この点がこの説の重要な部分というべきことになるが、この部分は既判力論の実体法説（ないし権利実在化説）とは、直接的には論理的関連性をもたない部分である。この部

か疑問が出てきている。そこで、本稿では、実質説とは新堂論文が提示する内容のものとして扱うことにする。

8）　山本弘・前掲注4）697頁以下は、兼子説では、権利実在化説によって、訴訟物として主張された請求権が既判力により実体化されて承継人に承継される過程で別の請求権に書き換えられることになる、と論じる。確かに、兼子説での「既判力による実体法の書き換え」の仕組みはこの分析の通りであろう。しかし、その通りであるとしても、注目すべきは、権利実在化説自体ではなく、請求権の承継過程での書き換えの点である。権利実在化説は、訴訟物たる請求権が前訴判決主文内容通りに実在化するというだけの説にすぎない。それが承継過程で書き換えられるとすれば、その書き換えこそが問題なのであり、権利実在化説（ないしは実体法説）固有の問題ではない。兼子説における、既判力の「実体法の書き換え」の効力は権利実在化説と論理的必然的に結びつくものではなく、兼子説独自の請求権（実体権）「書き換え」の論理が承継過程に組み込まれるという論理操作によって実現するものであることに留意すべきである。

分をどのように説明するのかという問題はあるが[9]、この点は留意しておくべきである。

この実質説によると、本稿設例事案では、Ｚが口頭弁論終結後の承継人要件をみたし、善意の第三者であるというＺの固有の抗弁が成立しない場合は、既判力拡張要件を全てみたすことになるので、既判力がＸ・Ｚ訴訟に及び、その効力としてＸ・Ｚ訴訟の裁判所は前訴判決と同一内容の判決をすべきことになるので、前訴判決内容と同じく、請求認容が判示されることになる。もし、善意の第三者であるというＺの固有の抗弁が成立すれば、承継人への既判力拡張は生じないので、Ｘ・Ｚ訴訟の裁判所は、前訴判決と同一内容の判決をすべきという既判力の拘束力を受けることなくＸ・Ｚ訴訟の訴訟物につき審判して判断すべきことになるが、その訴訟物に関してはすでにＺ固有の抗弁が認められているので、請求棄却を判示することになる。

(2) 形式説 口頭弁論終結後の承継人への既判力拡張規定（民訴115条1項3号）の立法趣旨が、それまでの訴訟結果を無効化させないためであるとしても、その承継人への既判力拡張の効力は既判力の基本的な規律枠組みに従って解釈されることになると考えるのが形式説である。

そうすると、既判力の効力としては、承継人（および裁判所）は前訴判決内容の判断（しかも既判力の標準時の判断）に拘束され（民訴114条1項）、前訴判決の「既判力によって確定された権利関係」を（前訴の当事者同様に）争えなくなる、ことを意味することになる。

この見解では、既判力の作用の仕方として、後訴では前訴の既判力が及ぶことを前提に、それへの矛盾主張・判断を排除しながら、本案問題を審判す

9） 自説を実質説と位置づける上田徹一郎・民事訴訟法［第7版］（法学書院・2011）510頁は、口頭弁論終結後の承継人要件として被承継人との依存関係を要求し、それが承継人と被承継人との訴訟上の地位の同一性をもたらすとして、この問題を解決しようとしているように思われる。菱田・前掲注2）871頁も同様の指摘をする。

なお、山本弘・前掲注4）698頁以下・703頁以下が、訴訟物の違いを超えて既判力を及ぼすという問題を兼子説が独自の既判力論により「既判力による実体法の書き換え」を行うことで不当に正当化したため、後の諸見解は、実質説か形式説かを問わず、皆この問題点を看過することになってしまっている、と論じる点は誤解であろう。兼子説が実質説に立つと考えられることから、実質説では説明が可能としても、実質説に立たないとすればこの問題をどう克服すべきかを学説は模索してきたのである。それが上野・前掲注2）の「請求権同一擬制」構成であり、それを受けた中野・前掲注2）226頁の「既判力シフト」構成や越山・前掲注2）論文などである。この問題点は、その後、丹野・後掲注11）論文や山本弘・前掲注4）の「既判力による実体法の書き換え」という明晰な指摘により顕在化したが、決して以前から看過されていたわけではない。

ると考えるので、承継人の要件さえみたせば、(当然) 既判力は及ぶとし、そのことを前提として、承継人固有の抗弁も承継人の本案問題として審判することになる。

すなわち、この見解では、承継人の要件さえみたせば、それで既判力は及ぶと形式的に既判力拡張を判断するので、「形式説」といい、承継人に「固有の抗弁が成立しないこと」は承継人として既判力拡張を受けるための消極的要件とはならない、ということになる。

形式説は現在の通説的な既判力の規律枠組みとの整合性を重視することから (この点、後述)、形式説が通説 (少なくとも多数説) の地位にあるといわれている[10)]が、結果の妥当性を巡り問題がある。

形式説に立ち、既判力の規律枠組み原則に忠実・厳格に従って、民事訴訟法115条1項3号を適用すると、前訴判決の既判力が生じる範囲は (民訴114条1項により) 前訴で訴訟物として主張された法律関係についての判断となるので、その判断内容と矛盾する主張・判断が、X・Z訴訟の本案審理においてできなくなることを意味するにすぎないことになる。

このように民事訴訟法115条1項3号により既判力が口頭弁論終結後の承継人に拡張される内容を既判力の規律枠組み原則に忠実・厳格に従って規律する見解を、本稿では便宜上、「厳格説」と呼んでおきたい。

この厳格説によると、本稿設例事案では、X・Z訴訟においてXがZに対して主張する実体法上の請求権は、Zが前訴の口頭弁論終結後にYから登記を得たことでXに生じた、所有権に基づく新たな登記移転請求権であり、前訴X・Y訴訟におけるXのYに対する所有権に基づく登記移転請求権とは別のものであるので、旧訴訟物論に立つと、X・Y訴訟の訴訟物とX・Z訴訟の訴訟物とは異なることになる。しかも、X・Y訴訟の訴訟物はX・Z訴訟の訴訟物にとって、前提問題の関係でも矛盾・反対要求の関係にも立たない。すなわち、X・Y訴訟の訴訟物について生じた前訴判決の既判力がZが口頭弁論終結後の承継人であるとして、X・Z訴訟に及ぶとしても、その既判力はX・Z訴訟には何ら影響を与えることはない、ということにな

---

10) 中野・前掲注2) 216頁、高橋宏志・重点講義民事訴訟法 (上) [第2版補訂版] (有斐閣・2013) 692頁以下、越山・前掲注2) 313頁以下、など参照。

る[11]。

これでは、(前述の) 実質説の結論とは異なり、本稿設例事案では、口頭弁論終結後の承継人Ｚに対して既判力拡張による前訴訴訟結果の実効性確保という民事訴訟法115条1項3号の立法趣旨を全うできないことになるのではないか、という問題が生じる。

そこで、その問題に対処すべく考え出されたのが次の見解である。

(3)　**修正説**　　形式説に立ちながらも、厳格説では制度趣旨が全うできなくなるという上記の問題を解決すべく、前訴Ｘ・Ｙ訴訟の訴訟物と後訴Ｘ・Ｚ訴訟の訴訟物の両訴訟物の同一性を擬制する効力をも (民訴法115条1項3号による口頭弁論終結後の承継人への) 既判力拡張の効力 (ないし作用) 内容に含めることで、訴訟物の違いを超えて口頭弁論終結後の承継人への既判力拡張を認めようとする見解が主張されている[12]。

これは実質説の内容をなす効力と同じ効力を一部取り入れる (山本弘・前掲注4) の表現を借りると「既判力による実体法の書き換え」を認める) ものであり、その意味で、実質説の方向に形式説を修正するものといえよう。そこで、この見解を本稿では「修正説」と呼ぶことにするが、この方向で形式説を修正する見解は、何も、訴訟物の同一性を擬制すると法律構成することでその修正を行う見解に限られるものではない[13]。

---

11)　この見解の論者としては、丹野達「既判力の主観的範囲についての一考察」曹時47巻9号 (1995) 2045頁以下、園尾隆司編・注解民事訴訟法 (II) (青林書院・2000) 480頁〔稲葉一人〕、山本弘・前掲注4) 693頁以下、髙田昌宏「口頭弁論終結後の承継人」百選［第3版］(2003) 190頁、山本克己「口頭弁論終結後の承継人」百選［第5版］(2015) 184頁、など。

12)　この見解に立つものとしては、中野・前掲注2) 225頁以下、上野・前掲注2) 931頁以下、越山・前掲注2) 307頁以下、越山和広「口頭弁論終結後の承継人への既判力」香川法学22巻1号 (2002) 52頁以下、高橋・前掲注10) 701頁以下、三木浩一ほか・民事訴訟法 (有斐閣・2013) 448頁〔垣内秀介〕、杉山悦子「口頭弁論終結前の承継人と終結後の承継人」民事訴訟法 重要問題とその解法 (日本評論社・2014) 213頁、など。また、菱田・前掲注2) 872頁もこの見解の方向をとることを示唆する。

13)　永井・前掲注6) 634頁以下は、民訴法115条1項3号から生じる「既判力類似の効力」というものを認め、その効力により修正を行おうとする。

また、鶴田・前掲注7) 824頁以下は、民訴法115条1項3号の立法趣旨を全うするためにはどのような場合に既判力を後訴に及ぼすべきかという観点から後訴への既判力拡張を考察すべきであるとして、「承継がなかった場合に想定される前訴と同一当事者間の後訴と、訴訟物同一の関係、……」の場合は、後訴裁判所は前訴の訴訟物の範囲でその判断に拘束される、という基準を立てる (鶴田・前掲注7) 849頁、また832頁)。そして、本稿設例事案と類似の場合 (鶴田・前掲注7) 839頁【例2—②】の場合)、前訴Ｘ・Ｙ訴訟と後訴Ｘ・Ｚ訴訟では、その基準でいう「訴訟物が同一」の場合に該当するとして、既判力が後訴に及ぶ、と論じる。しかし、実体法上の請求権を基準に訴訟物を特定する旧訴訟物論に立つ限り、前訴Ｘ・Ｙ訴訟と後訴Ｘ・Ｚ訴訟では訴訟物は異なる。

この見解の趣旨は、X・Y訴訟の訴訟物とX・Z訴訟の訴訟物の両訴訟物の違いを超えて、X・Yが前訴既判力の効力（遮断効）により（X・Y訴訟の訴訟物に関して）主張できなくなった事由については、X・Z訴訟でも同様にX・Zが、前訴既判力の効力（遮断効）の拡張を受け、（X・Z訴訟の訴訟物に関しても）主張できなくなることを認めようとすることにあるが、それを認めることは、前訴X・Y訴訟の確定判決で確定された訴訟物と後訴X・Z訴訟の訴訟物をあたかも同一のものとして扱うような結果となるので、それを比喩的に「訴訟物の同一性擬制」の効力と表現したのであろう。したがって、より正確には「同一性擬制的扱い」というべきかもしれない。

確かに、既判力拡張の効力内容を「訴訟物同一性擬制」という法律構成で表現することが適切なのかは疑問がないわけではない。後述するように、その表現が比喩的であるため、その意味や法的根拠を問われたり、その適用限界が問われるという問題を抱えることになるからである。しかし、（口頭弁論終結後の承継人への）執行力拡張においては訴訟物同一性擬制（ないし同一性擬制的扱い）が認められると構成するのが適切であるので（この点、後述）、この構成は意味があること、また、先行研究の成果に敬意を表する意味から、修正説を代表するものとして、本稿ではこの見解に沿って検討していくことにする。

2　判例の状況

判例は実質説に立つとして、その見解を示す代表的判決として、最高裁昭

この点は、厳格説の論者が力説する通りである。しかし、その両訴訟物を同一視するわけであるから、鶴田説も訴訟物の同一性擬制を認めるのと同じといえよう。しかし、あえて、同一性擬制という表現を用いないのは、そのような表現を用いることから生じる疑問点（この点、後述）を回避するためであり、訴訟物同一性擬制という法律構成をとらない解釈論を模索する見解の一つといえようか。

中西正「既判力・執行力の主観的範囲の拡張についての覚え書き」伊藤滋夫先生喜寿記念・要件事実・事実認定論と基礎法学の新たな展開（青林書院・2009）624頁も、前訴の訴訟物が物権的請求権の場合は、その目的物の占有や登記が承継人に移転したときは、民訴法115条1項3号の立法趣旨を全うするために、訴訟法上の観点から、前訴の訴訟物は後訴の訴訟物の前提となる場合に「準じる」と解することで、後訴への既判力拡張が可能になると論じる。あえて、訴訟物の同一性擬制という表現は用いていないが、実質的には、訴訟法上の観点から、訴訟物同一性擬制を認めることと同じであろう。笠井・前掲注2）570頁もこの修正説に立つことを示唆する。吉村徳重「既判力の第三者への拡張」民事判決効の理論（下）（信山社・2010）175頁も、通説的な既判力論の枠内で、しかし、訴訟物の違いを超えて既判力拡張する道を模索する見解という点で修正説に位置づけることができようか。また、高見進「判決効の承継人に対する拡張」北大法学論集31巻3＝4合併号（1981）1227頁注5）も修正説に位置づけられるかと思われる。

和48年6月21日（民集27巻6号712頁）が一般的に引用されている。事案は以下の通りである。

X・Y間の甲地売買契約により売主Xから買主Yに甲地所有権登記が移転されたが、Xがその甲地売買契約は通謀虚偽表示で無効であると主張して、所有権に基づく甲地所有権登記移転請求をYに提訴し、勝訴し確定した（以下、「前訴」という）。しかし、前訴口頭弁論終結後にZは競売により甲地所有権を取得し登記も移したが、Xは強制執行を行い甲地所有権登記を得た。そこで、Zは、Xに対して、Zは民法94条2項の善意の第三者であると主張して、所有権に基づく甲地所有権登記移転請求を提訴した。

最高裁は、Zが民法94条2項の善意の第三者である以上「本件土地所有権移転登記義務を承継するものではないから」XのZに対する強制執行は違法であると判示した。

紙幅の都合上、ここでこの判決につき詳論はできないが、本件は、形式説をとった場合、前述修正説をとっても前訴既判力の効力は承継人の後訴に及ばない可能性が高い事案であったと思われる[14)]。

しかし、確かに、実質説をとれば、前訴の既判力は（Zが承継人であれば）Z・X訴訟の口頭弁論終結時に承継人Zに拡張され、その既判力内容として、XはZに対して所有権に基づく登記移転請求権を有す、との判断を行うべきであるという（Z・X訴訟の裁判所に対する）拘束力が生じることになり、ZがXに対して所有権に基づく甲地所有権登記移転請求権を認めることは、（その拘束力内容と矛盾することになるので）できなくなり請求棄却となる。そういう形で、前訴X・Y訴訟の既判力はZ・X訴訟に及ぶことになる、という解釈の余地がある。そこで、本判決は実質説を前提とする（ただし、承継人固有の抗弁の成立を認めて承継人にはあたらないとして既判力拡張は否定した）判決であるという評価も可能であろう。

しかし、（詳しくは後で再度検討するが）その実質説による既判力拡張の拘束力はZ・X訴訟の口頭弁論終結時に生じることになるので、それでは前訴（X・Y訴訟）の口頭弁論終結後の権利変動は、後訴Z・X訴訟においてはもはや主張できなくなり不当に遮断される結果となる[15)]。そのような既判力の

14）詳しくは、加波・前掲注2）341頁以下。

15）例えば、売主Xが、買主Yとの甲地売買契約は通謀虚偽表示で無効との理由で、所有権に基

時的限界を無視した内容の既判力拡張を認めることは、民事訴訟法115条1項3号の趣旨を超えて、前訴の訴訟結果以上の負担を承継人に負わせる不当な解釈といわざるを得ない。

それにもかかわらず、本判決をもって実質説をとった判例と評価すべきか。合理的な評価をするとすれば、本判決をもって実質説をとる判例と評価するのは疑問が残る[16]。そこで、本稿では判例の見解は不明として扱うことにしたい。

Ⅲ 検　討

まず口頭弁論終結後の承継人に前訴判決の既判力が及ぶのか否かというのは承継人要件論（及ぶことの根拠論も含めて）の問題であり、それはここでの検討対象外の問題である。ここでは、（承継人要件をみたすことを前提に）その既判力が及ぶとして、その承継人に（より正確には、承継人が当事者となる後訴の審判手続に）拡張される既判力の内容ないし作用はいかなるものと解釈すべきかという問題が検討対象となる。

具体的には、被承継人が当事者となる前訴と承継人が当事者となる後訴で訴訟物が異なり、既判力を後訴に及ぼしても実効的に影響を与えることができず既判力の通用性が意味をもたないような場合にどう対処するかということが問題となる。

そのような事案では、山本弘論文（前掲注4））の表現を借りると「既判力による実体法の書き換え」を認めないと、民事訴訟法115条1項3号の制度趣旨が全うできなくなるのではないか、という問題が生じる。その問題点を共有した上で、既判力にそのような「実体法の書き換え」の効力まで認める

づく甲地所有権登記移転請求をYに提訴し勝訴確定判決を得たという事案で、前訴口頭弁論終結後にYはXと改めて甲地売買契約を締結し所有権の取得をした上でZに甲地を売却した。しかし、Xは勝訴判決を得ていることを奇貨として強制執行を行い甲地登記を得たので、ZがXに対して所有権に基づく甲地所有権登記移転請求をした場合、Zが既判力拡張を受ければ、実質説に立つ限り、前訴口頭弁論終結後のYの売買による甲地所有権取得という権利変動の主張はできなくなるという不当な事態が生じることになる。

16）詳しくは、加波・前掲注2）341頁以下。本判例を、判例が実質説をとることを示したリーディングケースと判断することに消極的な見解は少なくない。例えば、中野・前掲注2）219頁、伊藤眞・民事訴訟法［第4版］（有斐閣・2011）540頁以下、高田・前掲注11）190頁、越山・前掲注2）316頁注24）、山本（克）・前掲注11）185頁など。

のか、認めないのか、ということである。本稿の学説分類に従うと、それを認めないのが形式説の「厳格説」で、それを認めるのが形式説の「修正説」と実質説ということになる。

そして、いずれの見解を採るべきかは、①民事訴訟法全体との論理的整合性、②結果の妥当性、③理論的説明可能性（ないし適切性）などから判断されることになる。以下に検討していきたい。

1　厳格説

現在の既判力の基本的規律枠組みに最も理論的に整合的な見解は、確かに、厳格説である。しかし、前述の通り、物の給付請求訴訟では、それが物権的請求権の場合でも承継人への既判力拡張は意味をもたないことになり、少なくともその限りでは、承継人への既判力拡張制度の趣旨が全うされないことになる。

現在、文献上は多数説といわれる新訴訟物論で、（給付請求訴訟では）訴訟物は前訴原告の訴訟上の受給権となり、承継人に対する受給権とは訴訟物を異にするとの見解に立つと、新訴訟物論では既判力による実体法上の権利義務の確定を含まないので、給付請求訴訟全般にわたり、前訴の訴訟物に対する既判力が承継人に対する訴訟に影響することはない、ということになり、給付訴訟における承継人への既判力拡張は全く意味をもたないことになる。その限りで、本制度の趣旨は全うされず、没却されることになる。

もちろん、給付請求訴訟においては、執行力拡張で対処できるので、実際、問題となるのは、承継執行文付与による執行力拡張手続が適用されない登記移転請求訴訟だけではないか、という反論は考えられる[17)]。しかし、給付請求訴訟においても、請求棄却の場合には執行力拡張では対処できず、やはり、承継人への既判力拡張が全く意味をもたない、ということは問題となる。

さらに、厳格説に立つと、後述するように、その執行力拡張による対処も意味をもたないことになるだけではなく、その執行力拡張との整合性すら問

---

17)　現行民事執行法は、登記請求権については承継執行手続（民執 27 条 2 項）による執行力の拡張を認めていない（民執 174 条参照。ただし、学説上は争いがある）ので、前訴勝訴当事者が承継人に対して別訴提起による救済を求めることになる。そのため、前訴当事者と承継人との関係で既判力拡張がやはり問題となる。この問題については、笠井・前掲注 2）567 頁以下。

題となってくる。

執行力拡張の場合は、訴訟物が異なる場合であっても承継人に執行力の拡張を認めて強制執行を行うことができる。

債務名義としての確定判決によりその存在が確定されているのは、前訴当事者の訴訟物（請求権）であり、前訴債権者の承継人に対する請求権ではない。それにもかかわらず、その債務名義をもって、承継人に対する承継執行文（民執27条2項）の付与により、承継人への強制執行が可能となる。すなわち、確定された前訴当事者X・Y間の訴訟物をもって、（訴訟による権利確定を経ていない）前訴債権者Xの承継人Zに対する訴訟物のための強制執行を認めるわけであるから、そこでは訴訟物の同一性擬制が行われていることになる。山本弘論文（前掲注4））の表現を借りると執行力拡張による「実体法の書き換え」が行われることになる。

判決効の承継人への拡張による「実体法の書き換え」を問題としてそれを否定するなら、執行力拡張の場合にそれを認めるのは整合性に齟齬が生じる。なぜ、既判力拡張の場合のみを問題とするかについての論証が必要であろう。

また、執行力の不可争性は、既判力により請求権の存在が確定されていることにその根拠を求めるのが通説の見解である[18]。そうすると、承継人に執行力が拡張され強制執行される場合、厳格説に立つと、その執行には既判力拡張は生じないことになるので、承継人は、強制執行の根拠となっている債権者の請求権の存在を否定して、それを理由に請求異議訴訟で強制執行を争うことができることになる。

その結果、執行力拡張とは、起訴責任を承継人に転換するだけであり、債権者はせっかく確定判決を得ても、結局、承継人を相手に、はじめから再度訴訟によって権利確定をする必要があることになる。これでは、承継人への既判力拡張による、従前の訴訟結果を無駄にしないという承継制度の趣旨の没却に止まらず、執行力拡張における本制度趣旨の実効性確保の無効化までもたらすことになるのではないかという疑問が生じる[19]。

18）　例えば、新堂幸司・新民事訴訟法［第5版］（弘文堂・2011）204頁以下、伊藤・前掲注16）158頁、上田・前掲注9）134頁以下、中野貞一郎＝松浦馨＝鈴木正裕編・新民事訴訟法講義［第2版補訂2版］（有斐閣・2008）31頁、松本博之＝上野泰男・民事訴訟法［第8版］（弘文堂・2015）151頁〔松本〕など。

19）　この点は、すでに松本・前掲注7）372頁以下が強調して厳格説の問題点として批判するところ

以上から、給付請求訴訟においては、承継人への既判力拡張を認めなくても、執行力拡張制度があるので、それで対処できるので問題はない、という見解は説得力を欠くことが理解されよう。

厳格説に立つ山本克己教授は、厳格説の問題点を解消する方策として、所有権の確認訴訟の併合提訴による対処を提案する。しかし、この方策も、理由中判断の拘束力問題に関して、実務上うまく機能していないことを考慮すれば、現実的には実効性の乏しい見解といわざるを得ない[20)]。

また、口頭弁論終結前の承継では、物権的請求訴訟でも承継人は中間判決の効力まで承継効による拘束を受けるのに、たった一日違いの口頭弁論終結後の承継となったとたんに何の拘束力も受けないことになる、というのも権衡を欠くように思われるし、さらに、例えば、所有権確認請求のような確認訴訟では口頭弁論終結後の承継でも承継人への既判力拡張が意味をもつことを考えると、物権的請求訴訟の場合には、既判力拡張制度が機能しなくなる、というのもいかにも権衡を欠くように思われる。

以上のような問題点があるので、厳格説が既判力の基本的規律枠組みに厳格・忠実に沿った見解であるというだけでは、民事訴訟法115条1項3号の解釈論として最も妥当な見解であるといい切ることはできない。

であり、笠井・前掲注2）566頁以下も批判的に詳論するところである。現行の民事執行法23条は前掲注5）で述べたように、執行力の主観的範囲と既判力のそれの一致を是とする規定と考えられるので、厳格説は条文上も問題ということになる。

20)　山本克己教授は、所有権確認訴訟を併合提訴することで問題は解決できるのではないかと論じる（百選［第5版］185頁）。しかし、物権的請求訴訟において、基礎となる所有権（物権）につき確認訴訟を併合することで、民訴法114条1項の問題点を解決しようという試みがうまくいかないことは経験上明らかになっている点を想起すべきではないか。中間確認の訴えの制度がうまく機能するのであれば、争点効やそれにかわる信義則効論の実務上の発展はなかったのではないか。

基礎となる物権の存在が明らかでそれ自体争いがない場合にはわざわざそれを確認請求訴訟提起によって余計な費用をかけてまで確定しておくことはしないであろうし、その存在自体が明らかでなく争いがある場合（それゆえ訴訟になる場合、確定判決までもつれ込むのは、通常は最後までその帰属が当事者間で明らかにならなかったからであろう）、敗訴すれば、物権の帰属まで確定的に失うことになる以上、あえて費用をかけてまでそのリスクをとることはしないだろう。それが物権的請求訴訟において、基礎となる所有権（物権）につき確認訴訟を併合することがない理由かと思われる。そのことを考えると、将来、口頭弁論終結後に係争物の譲渡が生じた場合の承継人のために基礎となる所有権（物権）につき確認訴訟を併合することなど期待できようもないし、また、それを強制することもできないであろう。しかも、もし、敗訴が確定した場合には、それを知った第三者は既判力拡張による所有権の喪失をおそれてその物権の取引に応じないだろうから、その物権を処分できなくなるというリスクを負うことになる。

かくして、所有権確認訴訟の併合を期待することで厳格説の問題点は解決できるというのは疑問であるといわざるを得ない。

2 実質説

では、次に、最も民事訴訟法 115 条 1 項 3 号の制度趣旨を強力に全うできる見解と思われる実質説は現行法の解釈論としてどのように評価すべきことになるかを以下で検討してみたい。

実質説は現在の通説的既判力論であるいわゆる二元説の枠内からは乖離していて認められない、という批判も考えられるが、必ずしもそうではない。実質説と既判力論の実体法説が論理必然的に結びつくものではない点は前述した通りである[21)]。

だが、確かに実質説も（現在の通説的既判力論の枠内でも）理論的にあり得ないとまではいえないとしても、民事訴訟法 115 条 1 項 3 号による（口頭弁論終結後の）承継人への既判力拡張論としては、やはり、現在の通説的な既判力の基本的規律枠組みとの整合性という点で無理のある解釈といわざるを得ない。なぜなら、実質説は、現在の通説的な既判力の基本的規律枠組みである既判力の時的限界規制への配慮が欠落しているといわざるを得ないからである。

実質説では、承継人への既判力の拡張が生じる時点は、承継人の固有の抗弁の成否判断が終了した時点となるので、本稿設例事案でいえば後訴の X・Z 訴訟の口頭弁論終結時ということになろう。その時点で、固有の抗弁権が成立しないとなると前訴既判力の拡張が生じて前訴と同一内容の判決を下すことになり、固有の抗弁が成立すると前訴既判力の拡張を受けることはなくなるが、すでに X・Z 訴訟の訴訟物については Z 固有の抗弁が成立しているので、請求棄却が判示されることになる。

その結果、実質説では、前訴の口頭弁論終結後に前訴当事者 X・Y 間で（弁済、時効援用による権利変動など）実体法上の権利義務に変動が生じた場合、承継人 Z はその変動を主張する余地はないのかという、前掲注 15）のような問題が生じる[22)]。

例えば、前掲注 15）の事案で、前訴 X・Y 訴訟の口頭弁論終結後に Y に

21）現に、上田・前掲注 9）477 頁以下は、既判力論の実体法説（ないし権利実在化説）をとらないが、自説を実質説と位置づけている（同 510 頁）。

22）実質説という見解を提示した新堂・前掲注 1）327 頁によると、実質説では「処分禁止の仮処分の登記がその後の権利変動を一切無視することができるように……基準時後の実体的変動はなかったものとして取り扱う」ことになるという。

生じた所有権取得事実を承継人Ｚが主張する場合、この主張を認めないとＺにとって不当な結果となるだけでなく、既判力の基本的規律枠組みである既判力の時的限界規制を否定することになりかねない。しかし、このＺの主張は、もはや、承継人固有の抗弁ではない。承継人への既判力拡張との関係では、どのようなものと位置づけられることになるのか疑問となる。また、そのような前訴既判力の標準時後の変動のみの主張を認めると、前訴既判力はまだ及んでもいないのになぜそのような主張のみが可能であるとの主張規制が認められるのか論拠を欠くとの問題が生じる。

上記の問題点は、（少なくとも現在いわれているところの）実質説では既判力の基本的規律枠組みである既判力の時的限界規制への配慮が欠落していることに帰因するものといえよう（これこそが実質説の問題点であり、承継人固有の抗弁の扱い方の問題などは形式説とで差のつかない些末な問題である）。

3　修正説

さらに、修正説はどうかを検討してみたい。修正説は、前述のように、既判力の基本的規律枠組みを維持しつつ、既判力の承継人への拡張の効力として、訴訟物の同一性擬制（ないし同一性擬制的扱い）ということを認めることで前述の厳格説の問題点を解決しようとするが、そのような効果を認める理論的根拠は十分ではないとの批判がある[23]。

確かに、前述のように、その点に関して従来述べられてきた根拠としては口頭弁論終結後の承継人への既判力拡張の制度趣旨を全うするための「勝訴当事者の法律関係の安定の要請」から導かれる解釈である[24]というのみである。

しかし、異なる訴訟物に判決効が拡張されるということは、訴訟に関与しない第三者に政策的に判決効を及ぼすときには、一定の場合に必ず生じる事態であり、法政策的に是認されているものというべきである[25]（この点、前述の執行力拡張の場合から明らかであろう）。既判力のみがその例外というのであれ

23)　松本・前掲注7）374頁以下。菱田・前掲注2）870頁も現在まで理論的根拠については議論がなかったという。
24)　例えば、高橋・前掲注10）701頁注123)。
25)　高橋・前掲注10）は「立法者の決断」（同691頁）という表現も用いているが、その趣旨は本稿と同旨かと思われる。越山・前掲注2）317頁以下も同旨であろう。

ば、その理由こそが論証されるべきではないか。

現在の通説による限り、既判力とは、すでに審判され確定した訴訟結果を無効化しないために、当事者の主張内容を後訴で規制する制度（すなわち、後訴の審理規制制度）である。そのため、対立二当事者訴訟の場合は、当事者から主張された訴訟物につき、当事者双方の訴訟関与の下で審判されるわけであるから、当該当事者間で生じた後訴においては、前訴の訴訟物についての審判結果の蒸し返しを禁止するという内容で、後訴の訴訟物の審判につき審理規制することになる。

しかし、前訴に関与していない当事者のいる後訴において、異なる当事者間で審判され確定した前訴の訴訟結果を無効化しないために、前訴判決の既判力を拡張するとすれば、それと同じ規制は妥当しない。

（承継人への既判力拡張の）制度趣旨を全うするための審理規制内容として、X・Yの前訴とX・Zの後訴で訴訟物が異なる場合、それが同一であったすれば、前訴の当事者X・Yが後訴で審理規制されるべき内容につき、後訴の当事者X・Zも審理規制される、という効力を既判力内容として認めるべきである、との解釈を認めたとしても、それは既判力制度の趣旨に反するものではない。訴訟物同一性擬制というのも、前述のように、比喩的表現にすぎず、要するに、それは、後訴での既判力による審理規制内容を前訴当事者に（既判力により）生じる規制内容を基準にして画定するという見解とみれば問題はないのではないか。

しかし、修正説にはいくつか解決すべき問題がある。まず問題になるのは、修正説でいうところの訴訟物の同一性擬制として訴訟物の違いを超えて既判力が拡張される場合、前訴X・Y訴訟の訴訟物と後訴X・Z訴訟の訴訟物の請求権内容（ないしは主張される法律関係内容）に関し、どこまで両者が同一である必要があるのかということである。この問題は主に旧訴訟物論に立つ場合に生じる。

例えば、旧訴訟物論に立って、X・Y訴訟では、（買主Xと売主Y間における）売買契約に基づく甲地明渡し請求という債権的請求権が主張されてX勝訴確定後、口頭弁論終結後にYから甲地の占有を取得したZに対するX・Z訴訟では、（X・Y間の売買契約により取得した）所有権に基づく甲地明渡し請求という物権的請求権が主張される場合、この場合でも訴訟物の同一性擬制を認めるのか。

認めるとすれば、民法上は相対的効力しか有さないはずの債権的請求権につき、その対外的効果を少なくとも訴訟上は認めることになり、民法秩序に従って裁判すべき訴訟手続において、その秩序を無視した裁判を行うことになるという問題が生じる。逆に、認めないとすれば、その限りで、判決結果を無駄にしないため既判力拡張を認める、という制度趣旨は損なわれることになる。

しかし、この場合は、旧訴訟物論に立つ限りは、同一性擬制は認めるべきではなかろう[26]。既判力拡張の効力としての同一性擬制（ないし同一性擬制的扱い）は、旧訴訟物論に立つ場合は、物権的請求権が問題となる場合で、かつ、同一内容の請求権が問題となる場合に限定すべきである（理由は下記参照）。

そもそも債権的特定物給付請求訴訟については、実体法上も相対的効果しか期待しようがないので、訴訟後の特定物譲渡による訴訟結果の無価値化は、むしろ実体法に沿う処理であるとして訴訟上問題とする必要はないと考えるべきではないか。ただし、これは、同一性擬制を認めるかどうかの問題というよりは、そもそもこのような事案でＺを口頭弁論終結後の承継人に該当すると解し既判力拡張を及ぼすこと自体が問題と考えるべきである。したがって、この問題は承継人要件論で検討すべき問題なので[27]、本稿ではこれ以上の言及は避けたい。

なお、旧訴訟物論に立つ場合は、債権的請求権である金銭債権の場合も同一性擬制は問題となる余地はない[28]。この場合は、前述のように、確定された前訴の債権は後訴の審理との関係では先決的法律関係（場合によっては、同

---

26)　上野・前掲注2）929頁は同一性擬制を認める。しかし、後訴のＸ・Ｚ訴訟で承継人ＺはＸの主張する所有権を否定してＸの物権的請求権を否定できるという。それでは、あえて訴訟物の同一性擬制を認める意味がどれほどあるのか問われることになろう。鶴田・前掲注7）841頁以下・855頁以下も債権的請求権の場合でも、口頭弁論終結後の係争物の取得者を承継人とし、かつ、既判力の拡張も認めるが、旧訴訟物論に立つ限り、前訴既判力の効力が後訴の承継人に作用することはないという（同856頁注48）。承継人に対する後訴に既判力が何ら実効的な影響を与えないにもかかわらず、承継人に既判力の拡張が生じると論じることは意味があるのか、疑問である。

27)　松本・前掲注7）382頁以下も、このような場合に同一性擬制を認めるのは無理があると批判した上で、むしろこの問題は承継人要件論として検討すべき旨を論じる（ただし、結論的には、Ｚは承継人に該当するという）。

28)　越山・前掲注2）311頁、山本弘・前掲注4）702頁。

一債権関係）に立つからである。

同一性擬制の効力は、承継人への既判力拡張の制度趣旨を全うするために例外的に認められるものなので、その必要がない場合にまで不必要に認められるべきものではなく、その場合は既判力の規律枠組みに忠実に従って解釈されるべきだからである。

さらに、物権的請求権が問題となる場合に限定するとしても、派生的承継の場合にも既判力の拡張を認めるのか問題となる。この場合も先にそもそも口頭弁論終結後の承継人に該当するかが問われることになるが、該当するとした場合はどうか。

例えば、X・Y 訴訟で所有権に基づく家屋収去土地明渡し請求で請求認容判決確定後、家屋所有者 Y から Z が前訴口頭弁論終結後に当該家屋を賃借して占有したので、X が Z に対して所有権に基づく家屋退去土地明渡し請求を提訴する場合はどうか。この場合に、このような提訴に訴えの利益があり、かつ、Z が口頭弁論終結後の承継人に該当するとの見解に立ち、そして家屋収去義務は家屋退去義務を含むという見解に立つと、訴訟物は X・Y 訴訟と X・Z 訴訟とで異なるが、いずれも同じく「所有権に基づく土地返還請求権」という同内容の請求権が主張されている場合なので、訴訟物の同一性擬制（ないし同一性擬制的扱い）の効力が生じると解される。

この場合、既判力の効果として、X・Y 間で Y が X の「所有権に基づく土地返還請求権」を否定できないように、前訴既判力の拡張を受ける X・Z 訴訟においては、Z が X の（Z に対する）「所有権に基づく土地返還請求権」を否定できないことになる。

次に問題となるのは、承継人 Z の固有の抗弁のうち、X・Y 訴訟の既判力の標準時（口頭弁論終結時）前に成立したものはどのように扱われることになるのか、ということである。

承継人 Z の固有の抗弁のうち、X・Y 訴訟の既判力の標準時（口頭弁論終結時）後に成立したものは、そのまま X・Z 訴訟で主張しても、承継人に拡張される既判力に抵触するものではないので、（X・Z 訴訟における）前述のような形式説に立つ場合の審理手続の説明はそのまま通用する。しかし、X・Y 訴訟の既判力の標準時前に成立した Z 固有の抗弁はどうなるのか。

前述の説明によると、修正説では、前訴 X・Y 訴訟の既判力の Z への拡張により、前訴当事者間での訴訟物と前訴当事者と承継人との後訴での訴訟物は同一扱いされることになるので、X・Z 訴訟での X の請求権（訴訟物）が、前訴 X・Y 訴訟の口頭弁論終結時（既判力の標準時）に存在していたとして扱われることになり、その既判力の拡張を前提に X・Z 訴訟が審理されることになる。そうすると、上記事案の Z の抗弁は拡張された既判力に抵触するとして、X・Z 訴訟では主張できないことになるのではないか、という疑問が生じる。

しかし、前述のように、訴訟物同一性擬制というのはあくまで比喩的表現に過ぎず、民事訴訟法 115 条 1 項 3 号の制度趣旨を全うするため、しかもその限度で、すでに手続関与のあった前訴当事者 X・Y に対する既判力による審理規制を、訴訟物の違いを超えて、承継人 Z の後訴に及ぼす、というのが修正説の趣旨であるので、前訴への手続関与のない承継人 Z 固有の抗弁を排除するものではなく、そのような抗弁も主張可能と解されるべきである。

修正説に関して、以上に検討してきたような解釈をするとしても、それはあくまで既判力の基本的規律枠組みである既判力の時的限界規制をも配慮して、既判力規制を承継人に及ぼすものである。その点で、その枠組みを看過していると思われる実質説とは、やはり、一線を画するということになる[29)]。

また、前述のように、承継人への既判力拡張制度（民訴 115 条 1 項 3 号）は、承継人への執行力拡張制度を範として作られたものと考えられるので、執行力拡張制度で認められている訴訟物同一性擬制の効果も当然含める趣旨で立法されたものと考えていいのではなかろうか（民訴 115 条 1 項 4 号も参照）。実際、承継人への既判力拡張において訴訟物同一性擬制の効果が伴わないとすれば、厳格説の問題点として前述したように、承継執行文による執行力の拡張を認めても、結局、承継人から請求異議の訴えを提起され、その中で承継人に対する請求につき、全く初めから全て再審判しなくてはならなくなり、

---

29)　このように、実質説と修正説との違いは、前訴と承継人に対する後訴における訴訟物の違いを踏まえた上で、どこまで既判力の基本的規律枠組みに沿って説明するか、ということの違いにある。学説史的には、先にこの修正説が登場し、その後に、それを批判する形で厳格説が出てきた。したがって、実質説と形式説とは説明の仕方が違うだけである、という言説が述べられることがあるが、それは修正説についていわれてきたことであり、現に、修正説にのみ妥当するものである。厳格説には妥当しない場合があること、本文で述べた通りである。今後は、その点に留意すべきであろう。

前訴の訴訟結果を無駄にしないという制度趣旨は没却されてしまうことになる。

以上の検討を総括すると、修正説は、その理論的根拠という点ではまだ不十分な点は残るが、むしろ制度趣旨を全うする必要上の解釈と考え、かつ、対立的二当事者手続構造を前提とする既判力の内容は第三者への拡張場面では変容することがあり得るということや執行力拡張との整合性などを考慮すると、前述の政策的考慮尊重と理論的整合性のバランスという点で、現時点では最も穏当な見解として妥当なものと考えられるのではなかろうか。

永井教授は、訴訟物同一性擬制は、結局、実質説をとるのと「同値」であり、それは既判力論の実体法説に立脚する議論であるから、現在の通説の既判力論の下では認められないと批判する[30)]。しかし、前述のように、実質説は必ずしも実体法説と結びつくものではなく、修正説が実質説に近づくといっても少なくともその部分は実体法説とは関係しない部分である。したがって、この批判は妥当しないというべきであろう。

4　松本説

最後に、松本説につき検討しておきたい。

松本説は、前訴判決主文内容に生じる既判力が承継人に拡張されて、訴訟物である物権的請求権の存否が承継人を拘束する以上、同時に、その基礎となる所有権（ないし物権）の存否も（既判力により）承継人を拘束すると考える[31)]ので、厳格説の問題点は実質的に解決されることになり、前述の山本克己説のように、いちいち所有権（物権）確認訴訟提起を併合することで問題解決を図るというような必要もなくなる。

しかし、紙幅の都合上、詳論できないのが残念であるが、松本説には次のような疑問が生じる。

判決主文で原告Ｘに所有権に基づく登記請求権が認められると判示されても、その主文内容は（主文で認容された）登記請求権の基礎となる所有権がＸに帰属することを論理必然的に意味することにはならない。他人に帰属する所有権に基づく登記請求権がＸに信託的に付与されることで、Ｘによ

---

30)　永井・前掲注６）633頁以下。
31)　松本・前掲注７）377頁注31。

るX名義への登記移転請求が可能となる場合があるからである（例えば、最判昭和47年6月2日民集26巻5号957頁）。

したがって、判決主文で認容された（所有権に基づく）登記請求権の基礎となる所有権がXに帰属するか否かは判決理由中判断に属し、主文判断に包含される内容とはならないといわざるを得ない。

それゆえ、旧訴訟物論に立ち、かつ、既判力は主文判断に包含される限りでのみ生じる（民訴114条1項）という既判力規律枠組みに従う限り、Xに当該所有権が帰属するという点には既判力は生じないことになる。

以上のような疑問が残る以上、松本説には、少なくとも現時点では、賛同できない。

Ⅳ　本稿のまとめ

本稿で述べてきた結論をまとめると次のようになる。

①実質説か形式説かという問題は、（口頭弁論終結後の承継人の）固有の抗弁の扱い方の問題ではなく、（口頭弁論終結後の承継人に対して）拡張される既判力の作用内容の問題である。それゆえ、この問題を固有の抗弁の扱い方の問題に収斂させて論じるのは論点を矮小化することになり、真の争点につき誤解を招くことになるので今後は控えるべきである。

したがって、実質説か形式説かという問題は、しょせん固有の抗弁の扱い方の問題にすぎないので、もはや意味がないという見解は修正されるべきである。

②実質説か形式説かで結論に差は出ない、という見解は正確ではない。形式説による厳格説をとる場合は事案によっては実質説と差が生じ得る（本稿設例事案では形式説の厳格説と実質説で、昭和48年判決事案では、厳格説はもちろん、修正説と実質説とで結論が変わる）ので、この見解は少なくとも現在では修正されるべきである。

③実質説は、現在の通説的な既判力の規律枠組みとは整合しない点が多いため、今後は形式説による厳格説か修正説かで議論されることになろう。筆者は少なくとも現時点では修正説を支持したいと考える。

【付記】

最近は、風貌までがどことなく師匠の山木戸克己先生に似てこられている徳田先生へ、心から古稀のお祝いを申し上げるべく、稚拙なもので申し訳なく存じますが、本拙稿を献呈いたしたく存じます。

詐害行為取消請求訴訟の判決効に関する若干の検討

勅使川原和彦

Ⅰ　はじめに

債権法改正は、法律案（民法の一部を改正する法律案）が 2015 年 3 月 31 日に国会に提出されたものの、2016 年 9 月現在未だ可決されておらず、その公布・施行に至っていないが、訴訟法上も影響を受ける、多くの重要な改正内容を含んでいる。本稿では、従前より難解な議論を含む詐害行為取消請求訴訟を取り上げて、否認権との整合の点はひとまず措いて、債権法改正後の訴訟物や判決効に関わる若干の訴訟法上の問題を考察してみたい[1)]。

考察の前提としては、本稿の執筆時点では、法制審議会民法（債権関係）部会 2015 年 2 月 10 日決定の「民法（債権関係）の改正に関する要綱案」[2)]お

1）すでに先行業績として、畑瑞穂教授の一連の論攷がある。筆者も報告者として加わった日本民事訴訟法学会第 83 回（2013 年）大会シンポジウム「債権法改正と民事手続法」における畑瑞穂報告「詐害行為取消訴訟の構造と転得者に対する取消しの効果」（民訴 60 号（2014）101 頁以下所収。以下、「畑・①報告」と呼ぶ）、および畑瑞穂「転得者に対する否認権・詐害行為取消権行使の効果に関する覚書」田原睦夫先生古稀・最高裁判事退官記念・現代民事法の実務と理論（上）（きんざい・2013）158 頁（以下、「畑・②論文」と呼ぶ）、同「詐害行為取消訴訟の構造に関する覚書」石川正先生古稀記念・経済社会と法の役割（商事法務・2013）1163 頁（以下、「畑・③論文」と呼ぶ）、同「債権法改正と民事手続法—債権者代位権と詐害行為取消権」司研 125 号（2015）128 頁（以下、「畑・④講演」と呼ぶ）等があり、本稿も畑教授のこれらの論攷における明敏な分析に大きな示唆を受けた。

2）http://www.moj.go.jp/content/001136445.pdf

よび2015年3月31日国会提出の「民法の一部を改正する法律案要綱」[3]・「民法の一部を改正する法律案」[4]に掲記された改正法案を検討対象といわざるを得ないことを、予めおことわりしておく（以下、条文掲記の際は「改正民法」という）[5]。

Ⅱ　詐害行為取消訴訟の訴訟物と当事者適格

詐害行為取消訴訟の訴訟物たる詐害行為取消権の法的性質につき、明治44年3月24日の大審院判決[6]以降、判例が採るとされるいわゆる「折衷説」および「相対的取消理論」は、①詐害行為の取消しを求める形成権と（その形成判決の確定により生じる）逸出財産の取戻し（返還）を目的とする請求権とが合した権利が「詐害行為取消権」であると捉え（なお、取消しのみの訴求も適法とされる）、②詐害行為取消訴訟の当事者適格について、原告適格は債権者、被告適格は受益者または転得者のみに認められ（債務者は被告適格を有しない）、③被告の選択については、転得者を相手に現物返還を求めるか、受益者を相手に価格賠償を求めるかは、原告の自由な選択に任され、④その訴訟の認容判決の効果として、取消しの効果は原告たる債権者と被告たる受益者または転得者の間でしか及ばない（相対的効果）、というものである[7]。

①は訴訟物の把握に関わるが、改正民法にいう詐害行為取消権が、「取消権」と取消しを前提とした逸出財産の「取戻（返還）請求権」との複合的な権利で、かつ、「取消権」のみの訴求も可能な特殊な権利だというのが、従来からのオーソドックスな説明である。改正民法424条の6第1項前段では、「債務者がした行為の取消しとともに、その行為によって受益者に移転した財産の返還を請求することができる」（下線部筆者、以下同じ）とされており、一見、取消請求と返還請求の単純併合と把握することもできそうであるが、返還請求は、取消判決の確定によって取消しの効果が生じて初めてなしうる

3）　http://www.moj.go.jp/content/001142180.pdf
4）　http://www.moj.go.jp/content/001142181.pdf
5）　もっとも国会を通ったものと大きな差異はないものと思われる。
6）　大判明治44年3月24日民録17輯117頁。以下、「明治44年大判」と呼ぶ。
7）　佐藤岩昭「詐害行為取消権の性質」民法判例百選Ⅱ債権［第6版］（2009）30頁、佐藤鉄男「法定訴訟担当（2）―詐害行為取消権」百選Ⅰ（1998）94頁参照。

ものであるという建付けであり、単純併合だとしてもいわば先決関係に立つこの両請求は分離すべきではない。一部の有力な訴訟法学説[8)]の説く「関連的併合」として、分離を許さないという解釈論を採る必要があるが、従前の通説はそもそも両請求を複合した内容をもつ一つの権利として「詐害行為取消権」を想定しているので、主文では項を改めて書き分けられる[9)]けれども、一つの複合的権利として分離はそもそも考えられないということになる[10)]。おそらくこの解釈は改正法下でも維持されよう。

ただし、改めて確認的に触れておきたいのは、改正民法 424 条の 6 第 1 項後段が、「受益者がその財産の返還をすることが困難であるときは、債権者は、その価額の償還を請求することができる」とする、いわゆる価額償還請求である（転得者についても同条 2 項で同様の規律）。逸出財産の返還請求と併せて価額償還請求をする場合、これも、民事訴訟法学の通常の議論では、物の給付請求とその執行不能に備えての価格相当額の代償請求は、単純併合の典型例である[11)]とされている。民法学説は、代償請求にあたる価額償還請求も、詐害行為取消権の内容として含んでいる、と解しているのであろうか。「逸出財産の取戻し」を求める請求権と抽象的に解しているとすれば、物があればその物の返還請求、物の返還が困難な状況になっていれば代償請求、ということを趣旨・内容として含んでいるということになろうし、現にそうなのであろう。もとより改正民法 424 条の 6 第 1 項後段のケースは、執行の時点で執行不能と判明する場面ではなく、判決手続の中で「財産の返還が困難である」ことが終局的に判断されるので、債務名義としては返還請求と価額償

8）　小室直人「訴の客観的併合の一態様」中田淳一先生還暦記念・民事訴訟の理論（上）（有斐閣・1969）197 頁、新堂幸司・新民事訴訟法［第 5 版］（弘文堂・2011）752 頁。

9）　最判平成 12 年 3 月 9 日民集 54 巻 3 号 1013 頁は、主文で詐害行為を取り消すことなく、詐害行為取消しの効果の発生を認めて財産の取戻しを命じることはできないと判示した。返還請求を内容に含む債権者取消請求を認容する場合には、例えば、主文第 1 項で必ず問題の行為を「取り消す」とし、主文第 2 項で逸出財産（金銭）を「支払え」という主文とすべきことになる。

10）　もっとも、詐害行為取消権の内容として「取消し」に加えて返還請求権をも想定することを維持すべきかにも議論がありうる（畑・①報告 106 頁）。畑・①報告では、改正民法では取消しの効果が債務者に及ぶことになり、取消しの結果として債務者も逸出財産の返還請求権を有することになるが、債務者の返還請求権と取消債権者の請求権をどう調整するか問題を生じる、とする。

11）　大判昭和 15 年 3 月 13 日民集 19 巻 530 頁は「予備的請求」とするが、両請求とも認容判決を求めている（両立する）ので、現在ではこれを現在給付請求と将来給付請求の単純併合と解することに異論を知らない（民執 31 条 2 項参照）。ただし、返還請求を先順位とする順位的併合ということになろう。

還請求とが択一的であり、民事執行法31条2項の適用場面ではない。

以上要するに、詐害行為取消請求においては、第1段階で「取消権」(形成請求)の存在を先決問題とする「取戻請求権」(給付請求)との併合、さらには、第2段階でこの「取戻請求権」を先順位とする「代償請求権」との順位的併合(単純併合の一形態)と考えるという、多段階に複合した併合形態を内包する、という特異な、「一つの」訴訟物(たる権利関係)と考えられていることになる。

こうした従前の判例理解における詐害行為取消権と債権法改正後のそれとの差異は、取消しの対象たる「法律行為」を単に「行為」としたり、破産法上の否認権と平仄を合わせる形での規定の新設等、多岐にわたるが、本稿の関心との関係は、上記の④相対的効果が絶対的効果に変更された点にあり、またそれが訴訟告知を要件とする点であるので、被告適格と訴訟告知について定めた「改正民法424条の7」および認容判決の効力が及ぶ者の範囲について定めた「改正民法425条」を特に取り上げたい。

〔改正民法424条の7と同425条〕
424条の7(被告及び訴訟告知)
① 詐害行為取消請求に係る訴えについては、次の各号に掲げる区分に応じ、それぞれ当該各号に定める者を被告とする。
　一　受益者に対する詐害行為取消請求に係る訴え　　受益者
　二　転得者に対する詐害行為取消請求に係る訴え　　その詐害行為取消請求の相手方である転得者
② 債権者は、詐害行為取消請求に係る訴えを提起したときは、遅滞なく、債務者に対し、訴訟告知をしなければならない。
425条(認容判決の効力が及ぶ者の範囲)
詐害行為取消請求を認容する確定判決は、債務者及びその全ての債権者に対してもその効力を有する。

Ⅲ 「訴訟告知」――債権者代位訴訟との相違

今次の改正における法制審議会の部会での議論では、債務者にも取消しの効果が及ぶものと規定されるにあたって、既判力の二つの法律構成が考えられていた。改正法で債務者に取消しの効力を及ぼすことにするにあたって、「債務者」と「受益者／転得者」間の法律関係の取消しを訴訟で行う以上、「債務者」と「受益者／転得者」の両者を被告とすべきであるとして、「受益者／転得者」のみならず「債務者」も共同被告として固有必要的共同訴訟を構成するという考え方（共同被告構成）と、民事訴訟法40条の規律は「実務的に窮屈で使い勝手が悪い」[12]として避け、「債務者」には被告適格を認めず、訴訟告知によって手続関与の機会を与えれば充分とする考え方（訴訟告知構成）である[13]。

債務者に被告適格を与えかつ必要的共同被告とする共同被告構成における実務上の使い勝手の悪さとして、「債務者が期日を欠席すると、受益者のみの自白や認諾は効果を生じなくなり、常に立証が要求される、受益者・転得者についてとだけの和解もできなくなる、一人の当事者のみの取下げもできなくなる」等の意見[14]が実務界から根強くあり、こうした取消債権者の実務上の手続負担等を考慮して、中間試案では前掲・明治44年大判とは逆に共同被告構成の採用が提案されていたものの、

> 「債務者を被告とする場合の併合形態は固有必要的共同訴訟であるから、債務者が行方不明であったり、法人である債務者の代表者が欠けていたりする場合には、公示送達や特別代理人の選任が必要となり、債務者が死亡した場合には、訴訟手続が中断するなど、円滑な訴訟の進行が害されるおそれがある旨の指摘、詐害行為取消訴訟の紛争の実態は限りある責任財産の奪い合いであり、債務者は詐害行為取消訴訟について実際上の利害関係を失っている（訴訟の帰すうに関心を失っている）ことが多いため、債務者を被告とすることを強制する必要性は乏しいことが多く、手続保障としては債務者への訴訟告知がされれば足りる旨の指摘、上記のとおり多くの債務者は詐害行為取消訴訟を積極的に追行する意欲に乏しいと考えられるから、債務者を被告とするとむしろ和解等による柔軟な紛争解決の妨げとなる可能性がある旨の指摘がある。これらの指摘を踏まえ、上記判例〔引用者注、明治44年大判〕の結論を維持し、債務者を被告とする必要はない（債務者に被告適格はない）旨を定めることとした。」[15]

12）法制審議会民法（債権関係）部会第62回会議議事録（http://www.moj.go.jp/content/000109168.pdf. 以下「62回議事録」）37頁〔岡正晶委員発言〕。

13）共同被告構成・訴訟告知構成のネーミングは、畑・③論文1174頁による。

14）62回議事録36頁〔高須順一幹事発言〕。

15）法制審議会民法（債権関係）部会部会資料73A・民法（債権関係）の改正に関する要綱案のたたき台（7）（http://www.moj.go.jp/content/000118685.pdf. 以下「部会資料73A」）51頁。

として、訴訟告知構成が最終的に採用された。

しかし、この「訴訟告知」が、既判力まで拡張する根拠として十分なのかどうかが訴訟法上の関心事である。

債権者代位訴訟は、現在では、代位債権者が訴訟担当者、債務者が被担当者となる法定訴訟担当とする考え方が訴訟法上定着しており、民事訴訟法115条1項2号により、代位債権者の受けた判決の既判力が債務者にも拡張するものとされる。ただし、特に不利な既判力を債務者に拡張するに際して議論が存し[16]、有力な主張として、訴訟告知を活用することで、特に敗訴判決の既判力拡張の許容性を補充しようという考え方があり、今次の民法改正に採用され、債権者代位訴訟においても訴訟告知が義務化されている（改正民法423条の6）[17]。今次の民法改正では、債権者代位訴訟における当事者適格についても重要な変更があり、代位債権者の債権者代位訴訟提起後においても、債務者は第三債務者に対して自己の債権の処分権限を失わず、共同訴訟参加か独立当事者参加かまた新たな参加類型かはともかく、補助参加（共同訴訟的補助参加）ではなく当事者適格をもった参加が可能である。すなわち、債権者代位訴訟を提起する代位債権者は、「原告適格を喪わない債務者」に訴訟告知をしなければならないが、ここでの訴訟告知は、「当事者として」参加できるようになった債務者に、参加的効力とは別に、「既判力」を及ぼすことの正当化事由としての訴訟告知（当事者として参加できる機会を付与したのに参加しなかったから、敗訴判決でも判決効を引き受けるべきである）ということになる。それは、いわば判決効を及ぼすための補充的な機能を果たす訴訟告知である。

これに対し、債権者取消訴訟では、今次改正民法が採用した訴訟告知構成を前提とすると、詐害行為取消訴訟を提起する取消債権者が、「被告適格のない債務者」（被告適格は受益者／転得者のみ）に訴訟告知をすることが義務づけられている。結果的に、債務者の被告適格は認められないことになっているが、債権者取消請求の内容として、返還請求権に重点を置くと、受益者／

---

16)　小室直人ほか編・基本法コンメンタール新民事訴訟法1［第2版］（日本評論社・2003）243頁〔上野泰男〕。

17)　この場合の訴訟告知は、訴訟要件と考えられる。勅使川原和彦「他人に帰属する請求権を訴訟上行使する『固有』の原告適格についての覚書―債権法改正の訴訟法理論的受容可能性を契機として」伊藤眞先生古稀祝賀・民事手続の現代的使命（有斐閣・2015）424頁。

転得者からの返還を認めれば取消債権者の目的は達成されるので、債務者まで被告とする必要はないという考え方が成り立ちうる[18]。そこで、この訴訟告知は何のための訴訟告知か、債務者に訴訟告知をしただけで債務者への既判力拡張の根拠として十分か、が本稿の関心の対象である。訴訟告知によって取消債権者の債務者に対しての「後訴」に参加的効力が及ぶのはもちろんであるが、形成力拡張の前提として取消しの意思表示をするための訴訟告知（本来の機能とは異なるが）のような解釈[19]はさておき、既判力拡張の根拠となるかの問題である。

Ⅳ　改正民法425条は「既判力」拡張の規定か

改正民法425条の規定は、会社法838条・846条の7といった規定と書きぶりが似ており、確定した認容判決の効力が当事者以外の者に及ぶことを定めている。会社法838条・846条の7は、団体の法律関係を外部との関係で一律に確定すべき組織法上の特質から、判決効の拡張は一般第三者への拡張であり、提訴期間の制限（会社828条・846条の2）や弁論の必要的併合（会社837条・846条の6）といった規定が組み合わせられている。改正民法425条は、当事者たる取消債権者と受益者／転得者以外に、債務者とその全ての債権者という特定第三者への判決効拡張である。会社法の上記規定では既判力が拡張されることは共通了解とみられるが、改正民法425条ではどうであろうか。

もともと、改正民法425条は、前掲・明治44年大判を変更して、取消債権者と受益者／転得者の間で相対的にしか及ばないとされていた取消しの効力が、債務者（およびその債権者）にも及ぶ、ということを示そうとしていた規定である[20]。債権者取消請求が、現行法同様、（形成）訴訟でしか行使しえないという制度設計（改正民法424条）なので[21]、同請求による実体法上の取

18）佐藤崇文「詐害行為取消権に関する講義ノート」広島法科大学院論集11号（2015）236頁、畑・①報告105頁、畑・③論文1179頁。

19）畑・②論文177頁参照。

20）要綱案のたたき台の時点でも、改正民法425条（案）の内容として、債務者等に実体法上の取消しの効果が及ぶことのみを説明していて、判決効への言及はない（部会資料73A・前掲注15）56頁）。

21）畑・①報告106頁および畑・③論文1184頁は、裁判上の行使を要する実体法上の形成権、という構成（否認権と同様に、抗弁としての行使を認める）への転換に賛意を示す。

消しの効果も、認容判決が確定したら生じる、ということになるに過ぎない。しかし、審議会の部会の議論では、事務局の説明としても部会メンバーの大方の理解としても、債務者にも「既判力」が及ぶことが前提である、と考えられていたようである[22]。実際、審議会の部会の大詰めの事務局の説明[23]では、

「判決効の中身としては認容判決の形成力と既判力、これらがいずれも債務者及び他の全ての債権者に対して及ぶということを前提としております。」
「既判力につきましては、その形成訴訟における形成要件の存在についての既判力のことでありまして、大ざっぱに言えば、その詐害行為取消訴訟の原告である取消債権者が詐害行為取消訴訟の認容判決によって詐害行為を取り消し得る地位にあったこと、このことが債務者及び他の債権者との関係でも確定する、既判力によって確定し、もはや蒸し返すことができなくなるという意味です。」
「既判力の方は、それが実質的に機能するのは、例えば他の債権者が詐害行為が取り消されたことを前提に、債務者の下に回復された不動産についての強制執行手続に参加して配当を受けたような場面で、詐害行為を取り消されたはずの受益者がその配当を受けた他の債権者に対して、あの詐害行為取消訴訟の認容判決は実は誤りであって、形成要件が本当は存在しないのに誤って存在すると判断されたものであるなどと主張して、配当金を不当利得であるとして返還請求をするということが起きるかもしれない、そのようなことを既判力によって阻止する、こういう機能を果たすことを想定しております。」
「かつて中間試案の決定の前には事務局としても形成力に限ると明記した案を提示していたところです。しかし、既判力も及ぼしておかなければ先ほど申し上げたような不当利得の返還請求などがされる可能性があるのではないかといった意見が出され、それを踏まえて形成力に限るとは明記しない現在の案に修正されたところでもあります」（下線、引用者）

とされて、とりわけ上記下線部の、受益者による他の債権者に対しての「不当利得返還請求」問題を既判力で遮断しようということが具体的に議論されていた[24]。

---

22)　畑・④講演 141 頁。
23)　法制審議会民法（債権関係）部会第 91 回会議議事録（http://www.moj.go.jp/content/001129006.pdf. 以下「91 回議事録」）37～38 頁、40 頁〔金洪周関係官発言〕。
24)　畑・④講演 157 頁は、これがそもそも不当利得として成り立つのか、仮に成り立ちこれを防ぐ必要があるとしても、通常は取消しに反対するであろう債務者に既判力を及ぼして、それがある種反射的に他の債権者に及び、他の債権者が有利になる、というのは屈折した議論だとする。この問

もっとも、審議会の部会に参加していた二人の有力な民事訴訟法学者は、繰り返し、既判力の拡張に疑義を呈している。山本和彦教授は、形成力・既判力ともに判決効の拡張に懐疑的で、

> (1) 債権者取消訴訟での訴訟告知構成は、訴訟告知で直接既判力を及ぼすというもので、訴訟の送達をせずに（つまり被告とせずに）、なぜ被告にしたのと同じ効力が及んでしまうのか。(2) この訴訟の目的は、債務者の権利関係を直接に変更する効果をもたらすものであって、債務者の行った行為の相当性が直接の争点になるので、民事訴訟の通常の考え方からすれば、債務者が当事者になるべき地位に立っているはず。訴訟告知は、単に訴訟が係属したということを知らせているだけなので、被告知者は自分で費用を払ってでも参加をしなければならないが、そういう負担を負わせながら、被告になったのと同じ既判力を及ぼしてしまうということは説明が難しい。

という旨を繰り返し、説かれている[25)]。山本教授は、訴訟告知で判決効を債務者に及ぼすというのは、自分の「手続保障の相場観」からすると逸脱しているといわれ、それに対し、畑瑞穂教授は、「やや異なる相場観を持っている」と述べられているが[26)]、同教授は形成力の拡張としては訴訟告知で十分である、という立場[27)]で、既判力の拡張については、山本教授同様、否定的である。「訴訟告知による既判力拡張」に対する上記の疑義は、もっともなものと思われるが、訴訟法の側として、受け入れなければならないものか。もとより、民事訴訟法46条の効果を参加的効力ではなく既判力の拡張だとする有力な見解[28)]では、これを一般化して訴訟告知のみでも既判力が拡張されうることは肯認できるのかもしれないし、会社法831条の株式会社における役員選任の総会決議取消しの訴えでは、被告になるのは会社のみであり（会社834条17号）、当該役員への訴訟告知すら予定されていないが決議取消

題を議した山本和彦教授自身、不当利得として成り立つかどうかには躊躇されている（62回議事録45頁〔山本幹事発言〕）。

25)　62回議事録38頁、91回議事録42頁、法制審議会民法（債権関係）部会第82回会議議事録（http://www.moj.go.jp/content/000124765.pdf. 以下「82回議事録」）56頁〔いずれも、山本幹事発言〕参照。

26)　82回議事録56頁（山本幹事発言）および同57頁〔畑幹事発言〕。

27)　62回議事録40頁、91回議事録40頁〔いずれも、畑幹事発言〕。畑・③論文1176頁、1183頁。

28)　松本博之＝上野泰男・民事訴訟法［第8版］（弘文堂・2015）810頁〔上野〕等。

しの認容判決の効果は当該役員へ及ぶ（会社 838 条）とされる例[29]もある。しかしながら、民事訴訟法学の通常の考え方からすれば、やはり、債務者と受益者／転得者との間の法律関係に変動を来すものである以上、この両者を共同被告とすべきである[30]というのが受け入れやすく[31]、実務上の手続負担等の理由から共同被告構成を捨てた以上は、既判力も及ぼすと考えるべきではないと思われる。

改正民法 425 条が、少なくとも既判力拡張についてはまだ解釈に委ねられている、と考えられるとすれば[32]、既判力拡張を否定する立場に立つことは立法により確定的に否定されたわけではない。しかしこの立場に立つ場合には、さしあたり前掲の「不当利得返還請求」問題への対処が問われよう。改正民法 425 条が、「認容する確定判決」を要件事実にしていることは明らかであるので、素朴に、いわゆる「判決の法律要件的効果」と考えられないか[33]、次節で若干思考実験を試みてみたい。

---

29)　もっとも、会社法 854 条の役員解任の訴えでは会社と当該役員の両方を被告とすべきものとされており（会社 855 条）、会社法 831 条についての批判的議論も多い（畑・③論文 1178 頁参照）。

30)　勅使川原和彦・読解民事訴訟法（有斐閣・2015）248 頁。

31)　法制審議会民法（債権関係）部会第 2 分科会第 3 回会議議事録（http://www.moj.go.jp/content/000101191.pdf）22 頁では、訴訟告知によって既判力を及ぼすという新たな制度を作るということになる、という指摘〔山本幹事発言〕も見られる。

32)　畑・④講演 141 頁は、そのような理解を示している。91 回議事録によると、本文で掲げた金関係官の説明後に、「表現そのものを私は反対はしませんけれども、その趣旨は山本先生や畑先生から出たように、いろいろな考え方があるという前提の中での幅をもった解釈であればよろしいのではないか」と高須幹事からまとめられている（91 回議事録 41 頁）。

33)　「第三者」の文脈は異なるが、わが国の債権者取消権に相当する取消権を規定するドイツの「Gesetz über die Anfechtung von Rechtshandlungen eines Schuldners außerhalb des Insolvenzverfahrens: AnfG（倒産手続外における債務者の法的行為の取消しに関する法律）」では、その 2 条（§ 2 AnfG）が、判決の法律要件的効果の一例とされている。すなわち、§ 2 AnfG は、「執行力のある債務名義を得て、かつその債権が履行期にある債権者はいずれも、債務者の財産の強制執行では債権者の完全な満足に至らず、または強制執行が完全な満足に至らないことが推定される場合には、取消権を有する」旨規定している。取消債権者が債務者に対し弁済期を迎えた金銭請求権に関し執行力のある債務名義を得ている、という場合がこれにあたるが、ここでいう執行力ある債務名義は、取消請求時には仮執行宣言付判決で足りる（それ故に、既判力の第三者への拡張とはみられない）ものとされており（なお § 14 AnfG）、このような判決の存在が § 2 AnfG の効果（第三者たる受益者に執行忍容を求める訴え〔＝取消権の行使〕を提起できる）をもたらす法律要件とされる。Vgl. *Braun,* Lehrbuch des Zivilprozeßrechts, 2014, S. 910; Stein/Jonas/*Leipold,* ZPO 22. Aufl., 2008, § 325 Rz. 6; *Gaul,* Der Einwendungsausschluß in bezug auf den Schuldtitel nach § 2 AnfG als Problem der Gläubigeranfechtung und der Urteilswirkungen gegenüber Dritten, FS Schwab, 1990, S. 111, 115, 134 ff.

なお、AnfG による取消権の行使は、受益者に対し（または、§ 15 に従い転得者に対して）、訴え（§ 7 u. § 13）によっても抗弁（§ 7 u. § 9）等によってもできる（ドイツ法では、詐害行為取消

V 「判決の法律要件的効果」解釈の試み

実体的な意味での形成力については、畑教授の主張される通り[34]、詐訟告知構成も「十分にありうる選択肢」であるように思われる。訴訟告知構成からは、債務者を被告にするまでもなく、この者に取消しの効果が及び、ひいては取消債権者以外の他の債権者にも及ぶことになって、詐害行為が取り消されたという法律状態を前提に、これらの者たちが債務者の下に回復された不動産について強制執行をかけるなどの行動をとるなど、かかる法律状態を主張・利用することが許される[35]ことになる。既判力について、前掲（Ⅳ）の事務局説明では、「原告である取消債権者が詐害行為取消訴訟の認容判決によって詐害行為を取り消し得る地位にあったことが、債務者及び他の債権者との関係でも確定する」とするのであるが、（既判力が拡張された）債務者と、誰との間で既判力が及ぶのか、という面で議論が雑であるとする批判がある[36]。

この点、判決の効果ではあるけれども、法規範（多くは民事実体法）上の効果として、当事者間のみならず一方当事者と第三者との間でも、権利関係を発生、変更、消滅させうるもの[37]として、いわゆる「判決の法律要件的効果（Tatbestandswirkung des Urteils）」がある。

周知の通り、判決の法律要件的効果（構成要件的効果、附従的効果）とは[38]、判決がなされたことが法規範によって要件事実とされ、訴訟当事者ないし第三者の（多くは）私法上の権利関係を変動させる法律効果に結びつけられて

権者が取消請求をする場合、詐害行為により逸出した財産への強制執行の忍容を債権的に請求するというのが、その内容であると判例上解されてきているが、近年は責任説的な方向への傾斜も見られるとされる）。Vgl. *Huber,* Anfechtungsgesetz 11. Aufl., 2016; *Kirchhof* (hrsg.), MünchKomm zum Anfechtungsgesetz, 2012.

34） 前掲注 18）参照。

35） 91 回議事録 37 頁〔金関係官発言〕。

36） 畑・④講演 155 頁。例えば、仮に、受益者／転得者と、債務者を共同被告にしても、受益者・債務者間（共同被告間）で既判力が及ぶとは一般的に必ずしも考えられていない、とする。

37） Vgl. *Braun,* a. a. O. (Anm. 33), S. 908 f.

38） わが国でも古くから言及されている効果でありつつも具体的に議論されることは多くないが、夙に鈴木正裕教授による詳細な紹介と検討がある。鈴木正裕「判決の法律要件的効力」山木戸克己教授還暦記念・実体法と手続法の交錯（下）（有斐閣・1978）149 頁。

いる場合[39]、この現象を指す。当該法規の要件事実とされた「判決」は、言い渡しただけでよい（単に判決の存在で足りる）ものから、仮執行宣言が付された判決で足りるか、確定が必要かまで、当該法規の規定とその解釈により定まり、第三者に及ぶかも当該規定の解釈による[40]。

紙幅の関係で詳細な検討は本稿では諦めなければならないが、取消債権者と受益者／転得者間での認容判決（改正民法425条の条文上は「認容する確定判決」であるが、形成訴訟を要するという性質から「確定判決」によって権利変動がもたらされるので、確定を要するのは当然であろう）が、これが債務者や他の債権者に及ぶ、とするこの第三者への効力拡張の意味が問われる。

Gaul教授によれば、既判力が、原則的に職権調査事項であり「訴訟上の行為規範（prozessuale Verhaltensnorm）」として裁判所を拘束するものであるのに対し、「判決の法律要件的効果」は、具体的な実体法の解釈適用の際の「裁判規範（Entscheidungsnorm）」であって、憲法上、裁判官が「法律に（§97 Abs. 1 GG; わが国の憲76条3項）」拘束されるという意味で裁判所を拘束するものであり、抗弁事項となる[41]。したがって、債務者等の第三者がまず後訴で主張しない限り、裁判所への拘束はありえないことになる。

次に、改正民法425条について、いわゆる判決の法律要件的効果として、（附従的ではあれ）この判決効が第三者に作用が及ぶという場合のその内容は、前訴（債権者取消訴訟）当事者に対し、債務者や他の債権者という第三者が後訴を提起した場合、取消しを認容した確定判断について、（再審で取り消され

39）Stein/Jonas/*Leipold*, a. a. O. (Anm. 33), § 322 Rn. 15 f.; Rosenberg/Schwab/Gottwald, ZPR 17. Aufl., 2010, § 149 Rn. 6 ff.; Jauernig/Hess, ZPR 30. Aufl., 2011, § 10 Rn. 10; Wieczorek/Schütze, ZPO 4. Aufl., 2015, § 322 Rn. 43, § 325 Rn. 5 ff. [*Büscher*].

40）鈴木・前掲注38）155頁は、法律要件的効力の具体例の一つである、民法174条の2における「判決が確定した権利の消滅時効」について、これが第三者に作用するかを論じ、主たる債務者が債権者との間で敗訴判決を受けると、債権者・主たる債務者間では消滅時効期間が10年に延長されるが、債権者・保証人間の保証債務の消滅時効期間も10年に延長される（最判昭和43年10月17日集民92号601頁、最判昭和46年7月23日集民103号457頁）、という作用例をあげる。

41）*Gaul*, Die „Bindung“ an die Tatbestandswirkung des Urteils, FS Zeuner, 1994, S. 317, 337 f, 340, 350; Rosenberg/Schwab/Gottwald, a. a. O. (Anm. 39) § 149 Rn 8.

わが国でもいわれる反射効に似通っており、ドイツ法でも「いわゆる」付きで「sog. Reflexwirkung」という言い方もする（*Kuttner*, Die privatrechtlichen Nebenwirkungen der Zivilurteile, 1908という包括的研究が出て以降）が、これに対し、Kuttnerは、判決の判断内容が第三者を拘束する場合（反射効ないし既判力拡張）と、判決の「存在」自体が実体法規の要件事実となって当該法規による法律効果を第三者にも生ぜしめる場合（こちらのみが法律要件的効果）を混同しており、それを大きな誤りであると指摘するのは、鈴木・前掲注38）150頁注4））。

るまでは適法なものとして）裁判所がそれに「拘束」され（「認容判決が存在すること」を前提にして要件事実の充足を認め）、改正民法425条の取消しの効果を（その他の要件を満たしていれば）この者らにも生じさせる、ということである。改正民法425条は、同条に掲げられた債務者・他の債権者と、取消債権者、受益者／転得者、いずれの間でも「相互に」、法律要件的効果を生じさせている実体法規範であることになる[42)]。

この法律要件的効果により、改正民法425条に掲げられた債務者等は詐害行為取消訴訟の認容判決の存在に対し、その裁判が不当であったという抗弁なり主張なりを出すことはできない[43)]、という作用を導けるかは問題である。今日一般に承認されているとされる、参加的効力と同様のこの効果（「裁判の不当をいう抗弁の排除」効）は、Gaul教授の説くように、当事者間では問題ないが、前訴に当事者として関われなかった第三者との関係では、（参加的効力における）除外事由（わが国の民訴46条1号ないし4号）も同じように法律要件的効果にあてはまるとすべきであろう。とりわけ、わが国の改正民法424条の7第2項は、債務者への訴訟告知を義務づけているので、参加的効力の建付けとの近接は考えやすいのではなかろうか。さらにまた、参加的効力の除外事由は参加しない限り生じえないので、法律要件的効果でも同じように債

42)　もっとも、実体法が第三者に法律要件的効果を及ぼすにあたって、立法者がそれを正当化する論理を実体法規範にどのように織り込んでいるかには、各国で差異があり得て、ドイツの§2 AnfGでは、「取消債権者と債務者」間に執行力のある債務名義（認容判決）を要求していること自体も第三者たる受益者に詐害行為取消権を行使できることを正当化する一要素（それだけではない）となろうし、わが国の改正民法では424条の7第2項で「債務者」への訴訟告知を義務づけることが、詐害行為取消訴訟の認容判決の法律要件的効果を第三者たる債務者に及ぼす正当化の一要素と考えられることになろう。

43)　*Gaul*, a. a. O. (Anm. 41), S. 341は、判決の法律要件的効果に対し、裁判の不当を主張することはできない、ということは今日一般に承認されている、とするが、この「裁判の不当をいう抗弁の排除」効は、当事者間ではそれで良いとしても、前訴で当事者として関与していなかった第三者については、少なくとも、いわゆる参加的効力（§68 Abs. 1 Halbs. 1 ZPO）と同様の効力である以上、除外事由（exception male gesti processus）も同じように解するべきだとする。なお、Gaul教授によれば、法律要件的効果を受ける第三者には、他にも、詐害行為取消を前提に後訴で自分に向けられた請求に対して、詐害行為取消訴訟が訴訟当事者の通謀によってなされた、という「訴訟の両当事者による通謀の抗弁（Einwand der Kollusion der Prozeßparteien）」（§826 BGB参照）や「判決の法律要件的効果が信義に反して惹起されたという抗弁（Einwand der (objektiv) treuwidrigen Herbeiführung der Tatbestandswirkung des Urteils)」（§162 I BGBの類推）等も認められる、ということだが、わが国では債務者による詐害防止参加ないし詐害防止参加と第三者再審の併合申立て（徳田和幸「会社解散判決に対する第三者再審と独立当事者参加」民商150巻6号（2014）760頁等参照）や訴訟上の信義則の問題（これらは既判力を認めた場合でも問題になりうるであろう）となろうか。

務者が参加しなければ除外事由の主張はできないと考えることになるが、債務者の参加は、通常の補助参加か、共同訴訟的補助参加かということがここで問題となる。ここで、既判力が及ぶのだと考えるとすると共同訴訟的補助参加ということになり、40条の準用により、債務者が実際に参加した場合には、債務者を当事者から排除した趣旨であった前述（前掲注15）参照）の「手続的負担」から免れることができないという矛盾を抱え込むことになる。他方、既判力を否定する立場からは、通常の補助参加ということになり[44)]、そうした矛盾を免れるが、判決の法律要件的効果が及ぶとする場合でも、既判力より拘束の弱い付随的な判決効に過ぎない以上は、既判力を否定する立場に与することになろう。

以上要するに、改正民法425条を、形成力とともに、（既判力ではなく）判決の法律要件的効果を規定したものと解した場合、形成力・既判力との違いは、第1に、「抗弁事項」として、後訴での当事者から持ち出されない限り適用がないこと、第2に、「（確定）認容判決の存在」自体から生じる効力であり、「認容判決」の訴訟物たる権利関係の判断から生じる効力ではないこと、第3に、当該実体法規範が特定第三者にも及ぼすと規定していれば、その意味は、当事者と特定第三者全員に「相互に」網を張り巡らせたかのように、実体法上の法律要件的効果としても当事者相互あるいは当事者と第三者相互に及ぶものと解釈されうる（ただし、第三者に対しては次に掲げるような制限がありうる）こと、第4に、当該実体法規範の解釈として、第三者にも法律要件的効果による「裁判の不当をいう抗弁の排除」効が作用すると考えうる場合にも、訴訟告知の要件や参加的効力との内容的近接からすれば、その背後にある第三者の手続関与の機会と受忍すべき効果のバランスの観点から、債務者が現実に参加していた場合には参加的効力の除外事由（民訴46条1号ないし4号）を主張して法律要件的効果を免れることを認めるべき、ということになる。既判力ではなく、こうした判決の附従的効力を認める立場に立ったとしても、前述の受益者による他の債権者に対しての「不当利得返還請求」問題はいちおう回避できるようにも思われる。

44）　畑・③論文1184頁。

もとより、ここでの思考実験は一つの試みに過ぎず、私としても到底定見と言えるレベルではない。判決効全体としてもっと慎重な検討を要する[45]ことは言うまでもなく、思わぬ誤謬をおそれつつ大方のご叱責を覚悟しなければならないが、時間と紙幅と能力の制限によりここで筆を擱かざるを得ない。

【付記】

徳田先生には、2006年の民訴学会のシンポでご一緒させていただいて以来、親しく様々なご教示にあずかって参りました。その学恩に対して、慚じいるほかない小稿[46]ではありますが、献呈の列の最後尾に並ぶことをお許しいただきたく存じます。

45) ここでの法律要件的効果が、参加的効力の及ぶ主体の範囲の拡張と捉え直される可能性もある（その場合でも、「他の債権者」に及ぶ「判決効」は、法律要件的効果と把握する余地も残りそうではある)。なお、受益者と債務者との間で、受益者が反対給付の取戻しを請求した場合に債務者が確定した取消判決の効果を否定する、ということがないように参加的効力で拘束をかけるべく、「受益者」から債務者への訴訟告知を要求する見解として、畑・④講演155頁。

46) 本稿は、2016年度早稲田大学特定課題研究助成費（基礎助成：課題番号2016K-037）による研究成果の一部である。

外国判決を承認する義務？
──国際私法に対する人権の影響の一側面

中西　康

I　はじめに

1　国際私法と人権──問題の全体像の概観

外国判決の承認執行は、国際裁判管轄、準拠法と並んで、広義の国際私法を構成する三つの大きな問題の一つである。この外国判決の承認執行が属する広義の国際私法に対して人権[1)]が及ぼす影響については、第二次世界大戦後の早い時期から、諸外国でも日本でも議論がなされてきているが、本稿では、欧州人権条約に関する欧州人権裁判所の最近の三つの裁判例を素材として、欧州人権条約によって、同条約の締約国が外国判決を承認することを義務づけられるか、という観点から、これらの裁判例を検討する。検討の前に、国際私法と人権として従来論じられてきた諸問題が、国際私法のどの局面に位置付けられる問題であるかを確認することにより[2)]、本稿で採り上げようとする問題が、それらとどのように異なるのかを明確にする。

まず国際裁判管轄は、国際民事紛争をいずれの国で審理・裁判するか、より具体的には、提訴された訴えについて法廷地国が受理して審理・裁判すべ

1）　国内憲法上の基本的人権と、国際人権法上の人権のいずれも含む。

2）　以下の整理に関しては、国際私法と人権に関する近時の包括的な文献である、Patrick Kinsch, "Droits de l'homme, droits fondamentaux et droit international privé," *Recueil des Cours,* Vol. 318 (2005), p. 9; Louwrens Kiestra, *The Impact of the European Convention on Human Rights on Private International Law* (T. M. C. Asser Press, 2014) を参考にした。また、*Journal européen des droits de l'homme,* 2013 no. 3 の特集 Droit international privé et droits fondamentaux も参照。なお脱稿直前に、James Fawcett et al., *Human Rights and Private International Law* (Oxford University Press, 2016) にも接したが、本稿に反映できなかった。

きか、という問題である。したがって、人権の及ぼす影響としては、国際裁判管轄に関する法廷地国のルールの内容が、公正な裁判を受ける権利などの人権規範に照らして問題はないかという議論が挙げられよう[3]。

これに対して、準拠法選択と外国判決の承認執行は、人権の及ぼす影響という観点において、一定の共通点、連続性があることに注意すべきである[4]。確かに、両者の関係については、その区別、使い分けが次のように強調されている。抽象的・仮定的な法規範である準則（régle）が問題となっている場合には、問題となっている各国の準則からいずれかを準拠法として選ぶという、準拠法選択の手法を用いるべきであるのに対して、外国においてすでに、判決のような具体的・断定的な決定（décision）がなされている場合には、それを承認するか否かという、承認の手法を用いるべきである。このような、それぞれの手法の用いられる場面の区別は、フランスでMayerにより主張された[5]。この見解は大きな影響をフランスの学説・判例に及ぼし、今日では一般的に受け入れられるに至ったのみならず、わが国においても有力になっている[6]。しかし、両者の手法の違いと同時に、共通点もこの議論からは明らかになる。つまり、準拠法選択の対象となる抽象的・仮定的な法規範である準則であれ、外国判決の承認の対象となる具体的・断定的な決定であれ、いずれも法廷地国のものではない外国の法規範であり、問題となっている事象について法廷地国において法的評価を行う際に用いる外国の法規範を法廷地国に受け入れる制度という点では、両者は共通している[7]。

3）各州の裁判管轄権の行使を、連邦憲法のデュー・プロセス条項に照らして審査するという形で展開している、アメリカ合衆国の議論が典型的である。議論状況を簡明に紹介する最近の文献として、樋口範雄・アメリカ渉外裁判法（弘文堂・2015）18頁以下参照。

4）Kinsch, *supra* note 2, p. 168.

5）Pierre Mayer, *La distinction des régles et des décisions en droit international privé* (Dalloz, 1973).

6）Mayerの見解はフランスにおいて具体的には、アルジェリアにおける国有化措置の効力の判断について、国有化が法律によってなされているにもかかわらず、承認の手法で行った、破毀院1981年7月1日判決（*Revue critique de droit international privé,* 1982, p. 336）に結実した。フランスの状況については、横溝大「外国国有化・収用措置の我が国における効果」法協113巻2号（1996）294頁以下参照。わが国でも、石黒一憲・金融取引と国際訴訟（有斐閣・1983）307頁、横山潤「国有化法の渉外的効力」渉外判例百選［第2版］（1986）66頁および同・国際私法（三省堂・2012）159頁、横溝・前掲320頁などにより、Mayerと同様の立場が有力になっている。また、準拠法選択と承認の手法の区別についてのMayerの一般論に賛成するものとして例えば、中西康ほか・国際私法（有斐閣・2014）176頁。

7）Pierre Mayer, "Le phénomène de la coordination des ordres juridiques étatiques en droit privé. Cours général de droit international privé (2003)," *Recueil des Cours,* Vol. 327 (2007), p. 117参照。

このように準拠法選択と外国判決の承認執行を捉えると、これらの問題に人権が及ぼす影響は、二つに分けることができる。

第１に、法廷地の準拠法選択または外国判決の承認執行に関するルールの内容自体が、法廷地で妥当する人権規範により保障される人権を侵害するものではないかというものである。婚姻の効力について夫の国籍を連結点として夫の本国法を準拠法としている法廷地の抵触規則（準拠法選択規則）[8)]などが、両性平等という憲法の保障する人権に照らして問題があるのではないかという議論が、古典的なこの例である[9)]。

第２に、準拠法選択または外国判決の承認の手法により法廷地に受け入れられる外国の法規範が、法廷地国で妥当する人権規範により保障される人権を侵害するために排除されるべきではないかというものである。準拠法選択においては、法廷地の抵触規則が指定した準拠外国法の内容が、人権規範の保障する人権に違反するときに、国際私法上の公序を通じて処理されるのか、それとも人権規範の直接適用により処理されるのか、議論されている[10)]。また外国判決の承認においては、準拠法選択と同様に、承認が問題となっている外国判決の内容が人権を侵害するおそれがある場合[11)]のほかに、外国判決の成立手続が、法廷地で保障されている、公正な裁判を受ける権利のような手続的な人権を侵害するおそれがある場合に当該外国判決を承認しないことが求められるのではないかという問題が付け加わる[12)]。ただし、この第２の

8）　平成元年改正前法例 14 条参照。

9）　わが国では、溜池良夫「国際私法と両性平等」民商 37 巻 2 号（1958）146 頁が代表的な議論であり、当時のドイツにおける議論も同論文を参照。その後の議論および他の諸国における議論の全体については、Kinsch, *supra* note 2, p. 137 を参照。

10）　憲法上の基本権との関係については、ドイツ憲法裁判所の 1971 年のスペイン人事件判決が代表例である。同判決については、丸岡松雄・スペイン人事件（木鐸社・1998）参照。欧州人権条約との関係については、西谷祐子「国際私法における公序と人権」国際法外交雑誌 108 巻 2 号（2009）57 頁を参照。

11）　準拠法選択と外国判決の承認の連続性を上記のように理解すれば、外国判決の承認に関するこの場合については、準拠法選択の場合の準拠外国法の人権規範違反の場合の処理と同様の議論が妥当するべきであろう。

12）　欧州人権条約との関係では、中西康「ブリュッセルⅠにおける外国判決承認要件としての公序の機能の部分的変容」谷口安平先生古稀祝賀・現代民事司法の諸相（成文堂・2005）697 頁で取り上げた Krombach 事件のほか、欧州人権裁判所の 2001 年 7 月 20 日の Pellegrini 事件判決（Pellegrini v. Italy, Judgment of 20 July 2001, No. 30882/96. 西谷・前掲注 10）80 頁）が、この場合にあたる。後者は、同条約の加盟国でないバチカンの離婚判決のイタリアにおける承認に際して、同条約 6 条 1 項の公正な裁判を受ける権利の違反が問題となったものであるが、同条がこのような場合に要求する手続保障の程度については議論が残っている。Dean Spielmann, “La reconnaissance et l’exécution des décisions judiciaires étrangères et les exigences de la Convention européenne des

議論も第1の議論と全く無関係というわけではない。なぜなら、人権規範が適用排除または不承認を要求するような外国の法規範（外国法または外国判決）を、にもかかわらず法廷地の抵触規則・外国判決承認ルールが適用排除または不承認をしないとすれば、そのことが法廷地の抵触規則・外国判決承認ルール自体の人権規範違反をもたらしうるからである[13]。

2　本稿の検討対象——外国判決を承認する義務

以上の諸問題に対して、本稿では、法廷地の外国判決承認ルールによれば本来承認されないはずの外国判決であっても、それを承認拒絶すると人権規範の保障する人権に対する侵害となるために、その承認を人権規範が要求するのではないか、つまり、一定の場合に人権規範の要求により、外国判決を承認する義務が生じるか、という問題を検討する。このような問題は、2007年の Wagner 事件欧州人権裁判所判決をきっかけに議論されるようになり、その後も同様の問題が同裁判所の裁判例で問題となっている。そこでは、欧州人権条約8条が根拠とされているが[14]、同条は次のような規定である[15]。

第8条（私生活及び家族生活の尊重についての権利）

1　すべての者は、その私的及び家族生活、住居及び通信の尊重を受ける権利を有する。

2　この権利の行使については、法律に基づき、かつ、国の安全、公共の安全若しくは国の経済的福利のため、また、無秩序若しくは犯罪の防止のため、健康若しくは道徳の保護のため、又は他の者の権利及び自由の保護のため民主的社会において必要なもの以外のいかなる公の機関による干渉もあってはならない。

---

droits de l'homme: Un essai de synthèse," *Revue trimestrielle des droits de l'homme,* 2011, p. 761 参照。

13)　したがって、西谷・前掲注10）に対しては、多喜寛「国際私法における外国法適用の法的意味について―国際私法と憲法との関係、及び国家主権との関係も含めて」国際私法の基本的課題（中央大学出版部・1999）3頁および山内惟介「国際私法と憲法との関係に関する一考察―公序条項の法律要件解釈をめぐる素描的検討」法学新報120巻1＝2号（2013）715頁を比較参照。

14)　なお、Kiestra, *supra* note 2, pp. 202-219 では、公正な裁判を受ける権利（欧州人権条約6条1項）および財産権の保障（欧州人権条約第1議定書1条）を根拠とする裁判例も検討されている。しかし、判決の執行制度の運用が不適切という諸事例については、本稿の観点では特に検討する必要は感じない。

15)　薬師寺公夫＝坂元茂樹＝浅田正彦編集代表・ベーシック条約集［2016年版］（東信堂・2016）258頁の訳による。

以下では、欧州人権裁判所の最近の三つの判決を取り上げる。これらの判決について、ある論者は次のような理解を示している。すなわち、2007年のWagner事件判決および2011年のNégrépontis-Giannisis事件判決は、外国で成立した家族関係を承認しないことが、家族生活の尊重を定める欧州人権条約8条違反としたもので、そのような外国判決を承認することを締約国に義務づけた。これに対して、外国での代理出産から生まれた子の親子関係に関するMennesson/Labassée事件判決は、私生活の尊重についての権利違反とはしたものの、家族生活の尊重についての権利違反とはしておらず、Wagner事件判決の射程を相当に制限したものである、と[16)]。

しかしながら、そもそも、Wagner事件判決以降の欧州人権裁判所の判例を、このように捉えることには、疑問がある。そこで本稿では、この三つの判決に代表される現象を、外国判決の承認義務の有無という観点から検討することから始めて、さらに進んで、広義の国際私法の基本枠組においてどのような意味があるかまで考えたい。なお、外国で代理出産により生まれた子の親子関係が認められるかなどの、これらの判決で問題とされた法的問題の処理の当否自体は、本稿の関心外である。

Ⅱ　欧州人権裁判所の最近の三つの判決

1　Wagner事件判決およびNégrépontis-Giannisis事件判決

この議論の発端となった欧州人権裁判所のWagner事件判決と、同判決を踏襲して明確化したNégrépontis-Giannisis事件判決を最初に検討する[17)]。

---

16)　Mennesson/Labassée事件判決の評釈である、Louis d'Avout, "La «reconnaissance» de la filiation issue d'une gestation pour autrui à l'étranger, après les arrêts *Mennesson* et *Labassée*," *Recueil Dalloz*, 2014, p. 1806は次のように論じる。

「Mennesson/Labassée事件判決は、我々の見解では、以前の欧州人権裁判所の諸判決の射程を相当に制限している。これらの諸判決は、締約国が外国で生じた事実を認め、内国法秩序において有効な法的状況にする積極的な義務を認めたものであると思われていたのである。この制限は、Wagner判例を懐疑的に受け取っていた者全てにとっては、かなり大きな満足ができるものであろう。Mennesson/Labassée事件判決の基礎とされている、このWagner判例は、実際にはかなりの程度、緩和された。というのは、一つには申立人間で区別がされていること、もう一つは、事実上の家族を法的な家族に変容させる積極的な義務の不存在、この2点のゆえである。締約国の側からすると、Wagner判決の潜在的な有害性は、今後はかなり大きく除去されたといえるだろう。」

17)　Patrick Kinsch, "Recognition in the Forum of a Status Acquired Abroad – Private International Law Rules and European Human Rights Law," in Katharina Boele-Woelki et al. (eds.), *Convergence*

(1)　Wagner 事件判決　外国判決の承認拒絶を欧州人権条約が問題としたとして、国際私法と人権の関係から、学界の活発な議論を巻き起こす発端となったのは、2007 年の Wagner 事件判決[18]である[19]。Wagner 事件判決では、外国判決を承認しないことが欧州人権条約の保障する人権への干渉（interference（英）, ingérence（仏））となりうることを認めたのみならず、この干渉が正当化できるかについても具体的判断を示した。結論としてもルクセンブルクによる外国判決の不承認が条約違反とされた。

同事件では、ペルー裁判所による養子縁組決定が、ルクセンブルクにおいて承認されるかが問題となった。ルクセンブルク民法では完全養子（実親との関係の断絶型養子で、日本法における特別養子に相当）ができるのは、婚姻している夫婦のみであり、独身女性は、普通養子（非断絶型）をとることはできても完全養子はできない。しかしながら、従来のルクセンブルクの実務において、外国で行われた養子縁組は、裁判所による執行許可（exequatur）なしに自動承認されており、そのため独身女性も外国、とくにペルーで完全養子縁組をして、それに基づきルクセンブルクの身分登録簿に記載されていた[20]。

ルクセンブルク人の独身女性であるワグナー（Wagner）も、ペルーで 1996 年 11 月に当時 3 歳の孤児を、実親との関係が断絶する完全養子とする決定をペルーの裁判所から得た。ところが、ルクセンブルクの上記実務に変更があり、身分登録簿に記載するためにも外国養子決定について事前に執行許可が必要となった。そこでワグナーは執行許可を求める訴えをルクセンブルクの裁判所に提起したが、当時のルクセンブルクでは、いわゆる準拠法要件、

---

and Divergence in Private International Law - Liber Amicorum Kurt Siehr (Schulthess, 2010), pp. 259-275 では、このほかに、後述の Hussin 事件と McDonald 事件も取り上げて検討しているが、本文で検討する二つの裁判例と比べると重要性が低いので、必要な範囲で適宜触れるにとどめる。

18)　Wagner and J. M. W. L. v. Luxembourg, Judgment of 28 June 2007, No. 76240/01, *Recueil Dalloz,* 2007, p. 2700 note F. Marchadier; *Revue critique de droit international privé,* 2007, p. 807 note P. Kinsch; *Journal du droit international,* 2008, p. 183 note L. d'Avout.

19)　たしかに、すでに 2004 年の Hussin v. Belgium 事件決定（Decision of 6 May 2004, No. 70807/01）において欧州人権裁判所は、扶養料の支払いを命じるドイツ判決に対して、ベルギーが執行許可を拒絶することが、原告らの私生活および家族生活の尊重についての権利および財産権に対する干渉であったと判断したが、結論としては、自分自身が作り出した状況について何人も不平をいうことはできないとし、明白に根拠不十分として申立を不受理とした。

20)　しかしながら、外国判決の自動承認とは、承認のための特別の手続がなくても内国で外国判決が承認されて効力を有することを主張できるにすぎないのであり、無条件で承認されることを意味しない。登録されても後に争われれば、承認要件の充足が問題となったであろう。d'Avout, *supra* note 18, p. 192 参照。

すなわち、承認国の抵触規則の指定する準拠法を判決国裁判所が適用したこと[21]も、外国判決の承認要件の一つであった。本件でルクセンブルク民法370条2項によれば養親の本国法であるルクセンブルク法が準拠法となり、この要件が満たされないため、本件ペルー養子決定には執行許可が拒絶、すなわち承認が拒絶された。そこで、ワグナーと養子はルクセンブルクを欧州人権裁判所に提訴し、欧州人権条約違反であるかが争われた。

人権裁判所は、家族生活の尊重についての権利（8条）と差別の禁止（14条）に照らして判断したが、中心となるのは8条であり、そこに焦点を絞ってみよう[22]。裁判所はまず、申立人らには、家族関係が事実上存在しているとして、8条が適用されるとした上で（判決117段）、ペルー養子決定のルクセンブルクによる承認拒絶は、申立人らの家族生活の尊重についての権利への干渉となることを認める（123段）。そこで次に、それが正当化できないかを審査する（124段以下）。

ルクセンブルクによる承認拒絶は、子の「健康及び道徳」ならびに「権利及び自由」を保護するためであるとして、目的の正当性は認める（126段）。しかし、目的達成のための、締約国の措置の必要性――ここで比例性がとくに問題となる――は否定された（127段以下）。まず、締約国は評価の余地を有するが、その範囲は諸事情により異なり（128段）、この分野では、ヨーロッパの大半の国で、独身者による養子縁組が認められており、調和が進んだ段階にある（ため、評価の余地は狭まる）（129段）。また、ルクセンブルクの従来の実務で、ペルーでなされた養子決定は自動承認されていた。申立人はペルーで必要な手続・準則に従っており、ルクセンブルクの戸籍吏がペルー判決の身分登録簿への記載を行うことを正当に期待することができた（130段）。これに対して、準拠法要件によりルクセンブルクの裁判所は執行許可を拒絶したが（131段）、事案の「社会的現実」を考慮に入れていない。また、ペルーでの完全養子により創設された家族関係の法的存在をルクセンブルク裁判

21）　より正確には、ルクセンブルク抵触規則の指定する準拠法と同等の内容の法を適用したのであっても要件は満たされる。なお、フランス国際私法にならうこの準拠法要件は、フランスではその後、2007年2月20日の破毀院 Cornelissen 事件判決（*Revue critique de droit international privé*, 2007, p. 402）により廃止され、ルクセンブルクでも本件後に、追随して廃止されたようである。Kinsch, *supra* note 17, p. 264 footnote 17.

22）　14条についての判断は判決148段以下参照。

所が公式に認めなかったことで、申立人らは、日常生活で不便を被っており、養親家族への完全な統合を可能とする法的保護を養子は与えられていない(132段)。この種の事案において優先されるのは子の最善の利益であるが、子の最善の利益に照らすと、「外国で有効に成立し、条約8条の意味における家族生活に当たる、法的地位を」、ルクセンブルク裁判所が無視したことは相当ではなく(133段)、ルクセンブルク裁判所は事案の具体的検討を怠った(135段)。以上のように人権裁判所は判示し、ルクセンブルクの措置の正当化を否定し、結論として、8条違反であるとした(135〜136段)。

このWagner事件判決は、2004年のHussin事件決定とは異なり、正当化審査を行った上で、結論としてルクセンブルクによるペルー判決の不承認を条約8条違反としており、画期的な判断である。

(2)　Négrépontis-Giannisis事件判決　2007年のWagner事件判決と同様に、2011年のNégrépontis-Giannisis事件判決[23]においても、外国における養子縁組裁判の不承認が条約8条違反とされた。この判決では、Wagner事件判決の判断が確認され、さらに明確にされている。

事案は以下の通りである。ギリシャ人の修道士のNégrépontis氏(以下、「N氏」と略称する)は、アメリカのデトロイトのギリシャ正教会の主教であった。その姉妹の子、すなわち甥である本件申立人は子供の頃からN氏と親しかったが、1981年からアメリカで大学生活を送り、その間アメリカのN氏の自宅で生活していた。そこで、1984年にN氏は申立人を養子とすることを米国裁判所に申立て、同年6月に養子決定が裁判所によりなされて養子縁組は成立した。1985年に申立人はギリシャに帰国したがN氏が1996年にギリシャに戻るまでの間も、それぞれギリシャ、アメリカを定期的に訪れ、夏期に2ヶ月一緒に過ごすなど、交流を続けていた。1998年にN氏が亡くなった後、その兄弟姉妹と申立人との間で相続に関する争いが生じ、アメリカ裁判所での養子決定の承認がギリシャで問題となった。第1審判決では、修道士が養子縁組をなすことを禁じる規定はなく、本件アメリカ判決は

23)　Négrépontis-Giannisis v. Greece, Judgment of 3 May 2011, No. 56759/08. *Revue critique de droit international privé,* 2011, p. 889 note P. Kinsch; *Journal du droit international,* 2011, p. 213 note A. Dionisi-Peyrusse. さらに、Amélie Dionisi-Peyrusse, "La conformité à l'article 8 de la CEDH des refus de reconnaissance des situations familiales créées à l'étranger au nom de l'ordre public international," in *Mélanges à la mémoire de Patrick Courbe* (Dalloz, 2012), p. 157も参照。

ギリシャの公序に違反しないとして承認した（判決21段参照）。しかし、控訴審では公序違反とされ、破毀院も全員法廷において賛成16名、反対8名で、修道士ないし主教によりなされた養子縁組を認める外国判決はギリシャの公序に反するとして、承認を拒絶する判断を示した（判決28～31段参照）。なお破毀院が公序違反と判断した理由については、そのような養子縁組を禁止する法律の規定がギリシャにあるわけではなく、7世紀から9世紀にまで遡る教会法の規定を根拠として挙げている。また聖職者の婚姻を禁じていたギリシャ民法1364条は1982年に廃止されている。

このギリシャ破毀院の判決を受けて、申立人はギリシャを欧州人権裁判所に提訴した。人権裁判所は、条約違反との判決を下したが、8条違反の点については概略以下のように判断している[24)]。

まず、N氏と申立人の関係には養親と養子としての家族生活の現実が認められるので、アメリカの養子縁組裁判の不承認は、Wagner事件判決と同様に、8条の定める私生活および家族生活の尊重についての権利への干渉を構成する（判決60段まで）。

そこで次に、この干渉が正当化できないかを検討する（61段以下）。承認拒絶はギリシャ民訴法780条等に基づきギリシャの公序違反を理由とするもので、「法律に基づく」ものであり、また、正当な目的のためということは認める（66～67段）。

しかし、ギリシャの措置の必要性については、次のように否定する（68段以下）。まず、締約国には評価の余地があるが、それは事情、分野、文脈によって異なり、締約国の法体系の間に共通の要素があるかはこの点に関連する要素である（69段）。また、ギリシャ破毀院が公序違反とした根拠である上記教会法が7世紀から9世紀に遡る古いものであること、司教の婚姻禁止に関する民法の規定は1982年に廃止されており、その際にはそのような禁止にはなんら社会的必要性がないと指摘されていること、破毀院の反対意見では司教による養子縁組が公序違反と考えられていないことなどが指摘される（71～73段）。そして、2007年のWagner事件判決が事案は異なるが外国養子決定の承認拒絶を8条違反とした（74段）。本件養子縁組は1984年に当

24）　14条など他の規定に関する部分については判決77段以下参照。

時成人であった申立人によりなされてギリシャ破毀院が不承認とするまで24年続いており、両者の関係は現実のものでないことを疑わせる証拠の提出もない（75段）。

以上の理由から、ギリシャによる、申立人の養子縁組の承認拒絶は、やむを得ない社会的必要に基づくものといえず、したがって追求される目的との比例性を欠く。したがって、正当化は認められず、8条違反とされた（76段）。

(3)　両判決についての確認　以上の二つの判決における判断は、基本的な構造と判断内容は同じである。

まず、いずれの判決でも、申立人に関する身分関係の成立に関する外国判決を、人権条約締約国である承認国が承認拒絶することが、条約8条の権利の干渉になることを認める。次に、この干渉が正当化されるかを検討し、正当化を認めず、条約違反を認定する。正当化審査においては、とりわけ、承認国の措置と追求される目的との比例性が問題とされている。

承認国が根拠とした承認拒絶理由は、Wagner事件においては、判決国裁判所が承認国国際私法の指定する準拠法を適用したことという、いわゆる準拠法要件である。この準拠法要件は、わが国の外国判決承認執行制度では、今日認められていないとするのが一般的見解であり[25]、これを認めていたフランスでも現在では廃止されており[26]、比較法的にあまり一般的ではない。これに対してNégrépontis-Giannisis事件においては、（実体的）公序要件が問題となっている。外国判決の承認要件として公序はほぼ普遍的に採用されている要件であるといえようが、それでも条約8条違反と判断することへの妨げにはなっていない。実質的に考えても、Wagner事件において、仮にルクセンブルクで準拠法要件がすでに廃止されていたとして、ルクセンブルク法では認められない、独身者による完全養子を認めることは公序要件に違反するとしてペルー判決を承認しなかったとしても、なんら変わりはないであろう。なお、これらの判決では間接管轄などの手続的な承認要件は問題とはなっていない。そのような要件を満たしていないことによる承認拒絶が人権条

25)　わが国において準拠法要件はかつて、とくに外国離婚判決の承認に関して有力に主張されたが（江川英文「外国判決の承認」法協50巻11号（1932）75頁、同「外国離婚判決の承認」立教法学1号（1960）27頁以下）、今日では通説は不要としている（例えば、山田鐐一・国際私法［第3版］（有斐閣・2004）469頁以下）。

26)　前掲注21）参照。

約違反となる余地が完全に排除されるものではないが[27]、これらの手続的な承認要件は人権条約の保護する公正な裁判を受ける権利を保障しようというものであるから、多くの場合において承認拒絶は正当化されよう。

2　Mennesson/Labassée 事件判決

(1)　**判決の概要**　欧州人権裁判所は、2014年6月にMennesson事件判決とLabassée事件判決で[28]、フランスに対して8条違反との判断を示した。その際、家族生活の尊重についての権利の違反は否定しており、上記2判決とは判断がやや異なるようにもみえるが、はたしてそうか。両事件とも、代理出産を禁止しているフランスが、米国で代理母から生まれた子と依頼親との親子関係を認める米国判決の承認を拒絶した事例であり、わが国の最決平成19年3月23日（民集61巻2号619頁）の事例と類似する。Mennesson事件ではカリフォルニア州判決、Labassée事件ではミネソタ州判決が問題となっているなどの違いはあるが、事実関係の基本構造は同様で、人権裁判所の判断内容も大筋で同一であるので、以下ではMennesson事件を紹介する。

フランス人のMennesson夫妻（夫をX_1、妻をX_2とする）は不妊のため、代理出産が認められているカリフォルニア州において、Aと代理懐胎契約を締結し、X_1の精子と匿名ドナーの卵子からなる受精卵をAは懐胎した。子の出生前の2000年7月14日にカリフォルニア州の裁判所は、X_1・X_2夫妻ならびに代理母Aおよびその夫の申立てに基づき、生まれてくる子についてX_1が遺伝上の父、X_2が法律上の母と確認し、出生証書にX_1・X_2を父母と記載するように命じる判決を下した。同年10月25日に、Aは双子（X_3、X_4とする）を出産し、上記内容の出生証書が作成された。11月には、ロサンゼルスのフランス領事館に、フランスの身分登録簿への上記出生証書の転記

27）　2008年のMcDonald事件決定（McDonald v. France, Decision of 29 April 2008, No. 18648/04）では、フロリダ州離婚判決のフランスによる承認拒絶が欧州人権条約6条1項違反かが問題となっている。承認拒絶が6条1項の公正な裁判を受ける権利への干渉となりうることは認めたものの、人権裁判所は明白に根拠不十分として不受理とした。

28）　Mennesson v. France, Judgment of 24 June 2014, No. 65192/11; Labassée v. France, Judgment of 26 June 2014, No. 6541/11. なおすでに、幡野弘樹「代理懐胎と親子関係―ヨーロッパ人権裁判所判決とフランス法を参照しつつ」法時87巻11号（2015）24頁、稲葉実香「代理母出産から生まれた子の親子関係―Mennesson対フランス事件」国際人権26号（2015）124頁の紹介があり、参考にした。さらにこの問題一般につき、早川眞一郎「国際的な生殖補助医療と法―ハーグ国際私法会議のプロジェクトを中心に」曹時67巻11号（2015）3159頁も参照。

の申請がなされたが拒絶された。しかし、米国から子 X_3 と X_4 にパスポートが発給され、X_1 から X_4 はフランスに帰国した。

その後フランスにおいて、いったん転記がなされた後にこの出生証明書の転記の取消に関する裁判が開始され、カリフォルニア州判決のフランスにおける承認が問題となった。途中、手続的な理由から紆余曲折もあったが（判決 17〜21 段参照）、最終的に、2011 年 4 月 6 日破毀院判決[29]は原審の 2010 年パリ控訴院判決と同様に、次のように判示してカリフォルニア州判決の承認を拒絶した。

「外国判決がフランスの国際的公序に反することを理由として、この外国判決の執行として作成された出生証書の転記を拒絶することは、当該外国判決がフランス法の本質的諸原則に相いれない内容を含むときには、正当である。実定法の現状においては、代理懐胎を目的とする合意に、親子関係に関して効力を生じさせることは、フランス法の本質的原則である人の身分の処分不可能性の原則に反する。そのような合意は、例え外国では合法であったとしても、民法典 16 条の 7 及び 16 条の 9 により公序無効である。したがって、そのような合意に効力を認める 2000 年 7 月 14 日のアメリカ判決は、フランスの国際的公序の概念に反し、それゆえ、この判決に基づき作成された本件出生証書は取り消されるべきであると、控訴院が判断したのは正当である。この取消しは、カリフォルニア州法が X らに認める母子関係及び父子関係を子から奪うものであるが、子らが X_1・X_2 夫妻と共にフランスで生活することを妨げるものでなく、子の、欧州人権条約 8 条の定める私生活及び家族生活の尊重についての権利を侵害するものではなく、また児童の権利条約 3 条 1 項の保障する子の最善の利益を侵害するものでもない。」

このようにして、破毀院はカリフォルニア州判決の承認を拒絶した。破毀申立理由および法院検事の意見において承認拒絶が人権条約 8 条違反となりうるとの指摘がなされたが、破毀院はその主張を簡単に退けていることが注目される。この判決を受けて、X らはフランスを欧州人権裁判所に提訴した。人権裁判所は条約 8 条について概略以下のような判断により、X_1 から X_4 の家族生活の尊重についての権利の違反ではないが、X_3 と X_4 の私生活

29）*Revue critique de droit international privé,* 2011, p. 722 note P. Hammje.

の尊重についての権利違反であるとの判決を下した。

まず、Wagner 事件判決および Négrépontis-Giannisis 事件判決同様、申立人らの家族関係を法律的に承認することをフランス当局が拒絶することは、8条の保障する権利への干渉となるが、同条の、家族生活の尊重のみならず私生活の尊重の点も問題となるとする（判決49段）。

次に正当化審査を行うが、干渉が法律に基づくものであることは認められ（58段）、この措置は、子および代理母を保護する目的でなされており、8条2項の掲げる「健康の保護」、「他の者の権利及び自由の保護」にあたるとして、目的の正当性も認められる（62段）。

そこで、「民主的社会において」、「必要」か、という比例性判断を行う（63段以下）。締約国が有する評価の余地は、一方では、欧州評議会加盟国間で当該問題に一致がなく微妙な道徳や倫理の問題に関すると広くなるが、代理出産の合法性についても代理出産により外国で合法的に出生した子と依頼親との親子関係の法的承認に関しても、加盟国間の態度に一致はない。調査対象の欧州評議会加盟国35ヶ国（フランスは除く）のうち、前者の点について、代理出産を明文で禁止する国が14、明文でないが一般規定等で禁止されているまたは不明な国が10、明文で許可が7、おそらく黙認されている国が4である。後者の点について、依頼親との親子関係が承認される国が13、おそらく可能である国が11で、11ヶ国は不可である（これらには、血縁上の父でもある依頼父との父子関係は別とする国もある）。この不一致は問題が倫理的側面に関するものであることを反映している（以上78～79段。40～42段も参照）。他方では締約国が有する評価の余地は、親子関係に関わる本件では個人のアイデンティティのとりわけ重要な側面が問題となっていることから狭くなる（80段）。フランス破毀院は、申立人らの親子関係の承認の拒絶を立法者の倫理的選択の結果であるとし、国際私法上の国際的公序概念によってこの結論に達する。人権裁判所はこの点を問題とするものではないが、集団（国家）の利益と、子の最善の利益も含む申立人らの利益との、正当な均衡がはかられているかについての審査は行われる（以上81～85段）。

人権裁判所は以上のように確認した後、次に比例性判断の詳細に踏み込むが、その判断は、家族生活の尊重と私生活の尊重とに分けてなされている。

家族生活の尊重についての権利に関する検討は、次の通りである。X_1・

X_2 と X_3・X_4 との親子関係がフランス法で認められないことにより、申立人らには次のような具体的困難が生じうる。すなわち、場合によるとアメリカの身分証書の提示が必要となること、X_3・X_4 のフランス国籍は現時点では認められておらず、フランス政府はこの点に関して取得可能との主張をしているがなお疑わしい点があり、成人後の滞在許可等についての不確実さがあること、父 X_1 死亡ないし離婚後に、母 X_2 と子らの家族生活の維持が不確実であること、である（87〜91段）。

しかしながら、以上のような申立人らの家族生活への潜在的なリスクの重大性にもかかわらず、申立人らが現に克服しなければならなかった具体的障害に照らして判断するべきであり、この点、申立人らは全員、子の出生後すぐからフランスで一緒に生活できている（92段）。また、フランス破毀院は破毀申立理由を退ける際に、転記の取消しは、子らが X_1・X_2 夫妻と共にフランスで生活することを妨げるものでないとしており、Wagner 事件判決135段においてその重要性が指摘された、国内裁判所による事案の具体的検討をフランス裁判所は怠ってはいなかった（93段）。したがってフランス破毀院は、申立人らの利益と国家の利益との正当な均衡をはかっているとして、正当化が認められるとした（94段）。

これに対して子 X_3・X_4 の私生活の尊重についての権利に関する検討は、次の通りである。私生活の尊重により、各人が、その人間としてのアイデンティティの詳細を確立できることが求められる。この点、親子関係に関する不確実な点があること、血縁上の父がフランス人であるにもかかわらず子らの国籍に関して不確実さがあること、さらに相続権に関しても不確実であることが、指摘される（96〜98段）。他方でフランスが、自国で禁じられている生殖補助医療を外国で行うことを妨げようとすることは理解できるものの、親子関係を承認しないことの効果は、そのような選択をしたことで非難される依頼親だけでなく、子にも及び、したがって子の最善の利益が問題となる（99段）。

以上の分析は本件のように、依頼親の一人が遺伝上の親である場合にとくに重要である。各人のアイデンティティの要素としての遺伝上の親子関係の重要性に鑑みると、生物学上の現実として証明されるにもかかわらず、子からこの種の法律関係を奪うことは子の利益と適合しない。ところで、子

X_3・X_4と、遺伝上の父であるX_1との関係は、出生証書の転記請求の際に認められなかっただけでなく、破毀院の判例によると、父性の認知、養子縁組および身分占有の効果によって認めることも禁止されている。フランスが、子らの遺伝上の父との親子関係の承認も確立も国内法において認めないことは、締約国に認められている評価の余地を越えている。以上から、正当化は否定される(100段)。

以上から結論として、申立人らの家族生活の尊重についての権利違反はないが、子X_3・X_4の私生活の尊重についての権利の違反があると判断された。

(2) 判決についての確認 先の二つの判決と照らし合わせると、このMennesson事件判決の判断が先例と整合的であるのかには、疑念が生じる。

家族生活の尊重についての権利に関して正当化が認められたことは、判決87段以下だけをみると、説得的であるとは思えない。申立人らが被る具体的困難[30)]を指摘しつつも、それが潜在的リスクであって申立人らは一緒にフランスで現に生活できているのであるから克服できないものではないとするが、Wagner事件と比べるとあまりにも不整合であろう。また、国内裁判所が事案の具体的検討(un examen concret(仏), an actual examination(英))[31)]を怠っていなかったという指摘は、たしかにWagner事件判決は正当化に関する結論部分の135段ではこの点にふれているがその前の133段ではふれておらず、はたしてここに重きを置いていたのか疑問である。仮にそうだとしても、はたして本件のフランス破毀院の判断が、具体的な検討をしたと本当に評価できるのだろうか。

家族生活の尊重についての権利に関して正当化が認められたのは、この前の前提確認部分で指摘された、締約国間の態度に当該問題に関して一致がないという点が、実は重要なのであろう。しかし、それでは次に、私生活の尊重についての権利に関する正当化が否定されたのは、どう考えたらよいかが問題となる。判決96〜98段で挙げられている子X_3・X_4にとっての困難だけをみると、なるほどそれは具体的な困難であるが、家族生活の尊重につい

30) 後掲注39)も参照。

31) 子の奪取に関するハーグ条約と欧州人権条約8条に関する欧州人権裁判所の一連の裁判例を想起させる。北田真理「ハーグ子の奪取条約『重大な危険』に基づく返還の例外と子の最善の利益—ノイリンガー論争の行方」家族〈社会と法〉31号(2015)116頁以下参照。

ての権利に関しても同じようにあてはまるのではないかという疑念が生じる。やはりここでも、各国の態度に関する一致に着目すべきではなかろうか。すなわち、判決100段ではとりわけ父子関係に言及するが、代理出産から生まれた子の親子関係について血縁上の父でもある本件のような場合に父子関係まで否定する国は多くはないのであり（判決78段）、そのことは締約国の評価の余地を狭め、正当化を認めない方向に働いたと考えられる[32)]。

Ⅲ　若干の考察

1　外国判決の承認義務？

以上の裁判例においては、身分関係を「成立」させる外国判決を、承認国（法廷地国）が、その外国判決承認制度に照らして、承認を拒絶することに対して、人権規範――具体的には欧州人権条約8条――からの審査がなされている。その審査枠組は、保護されている権利への干渉の有無を確認し、干渉があるとすれば、次にその正当化を審査するというもので、通例の枠組に沿っている。また判断の中心は、正当化、とりわけ、国家による措置の必要性という比例性判断となっている。

ところで、Wagner事件判決が示した、このような人権規範からの審査または要求を、人権規範という、（広義の）国際私法外部からの、国際私法――ここでは外国判決の承認制度――への不当な介入、挑戦であると反発する見解はかなり有力であるように思われる。例えばLequetteは、次のように激しく反発している[33)]。Wagner事件判決によると、いずれかの外国の「法秩

---

32)　本稿の関心から外れるが（上述Ⅰ2末尾参照）、この点はMennesson/Labassée事件判決の射程とも関係する。本文のように考えていくと判決は、依頼親のうちの、父子関係（しかも両者に血縁関係がある場合）を問題としているように読める。しかしながら、ドイツ連邦通常裁判所2014年12月10日決定（BGHZ 203, 350）は、依頼親がいずれも男性のカップルで、その一方の精子と匿名ドナーの卵子からなる受精卵を懐胎した代理母がカリフォルニア州で出産した子について、依頼親との親子関係を認めるカリフォルニア州判決をドイツにおいて、依頼親カップルのうち精子提供した者だけでなくもう一方との間の親子関係に関しても、欧州人権裁判所Mennesson/Labassée事件判決を援用して、承認している。判決の射程に関してさらに、Hugues Fulchiron et Christine Bidaud-Garon, “Reconnaissance ou reconstruction? À propos de la filiation des enfants nés par GPA, au lendemain des arrêts *Labassée, Mennesson et Campanelli-Paradiso* de la Cour européenne des droits de l'homme,” *Revue critique de droit international privé,* 2015, p. 1なども参照。

33)　Yves Lequette, “Le droit international privé et les droits fondamentaux,” in Rémy Cabrillac et al. (sous la direction de), *Libertés et droits fondamentaux* (Dalloz, 18e éd., 2012), pp. 130–131.

序が、家族法の分野において、ある者のために主観的権利を具体的に認めることを受け入れた以上は、この『状況（situation）』に対して第三国はそのコントロールシステムで対抗することができずに、承認しなければならない。かくして、『最も有利な法秩序（l'ordre juridique le plus favorable）』が他の全てに押しつけられる」。これらの判決によると、自分が当然に属する法秩序の制約から逃れるために、法秩序の多様性を利用しようとする個人の行動に対しての、国家社会の側による、一種の一方的な武装解除になる恐れがある。（当時まだ Mennesson/Labassée 事件判決が出ていなかったのであるが、）具体的には、代理出産や同性カップルによる養子縁組――フランスではいずれも禁止されている――を例にして、フランス居住のフランス人が、外国での代理母に依頼して出産することや、外国で同性カップルによる養子縁組を成立させることで、フランス法による禁止が回避できてしまうではないか、と。

d'Avout の見方（前掲Ⅰ2）もこのような捉え方と同様の線に沿っている。それゆえ、Mennesson/Labassée 事件判決は、Wagner 事件判決以来の判例に対する制限、緩和であり、かなり満足ができると評しているのである[34)]。

しかしながら、Wagner 事件判決および Négrépontis-Giannisis 事件判決は結論としては欧州人権条約８条違反としたが、外国で当該外国法上成立した家族関係の、内国における無条件かつ一般的な承認、というような硬直的なルールを採用することを要求しているわけではない[35)]。

これらの判決の８条違反に関する審査をみると、まず、人権規範の保護している権利への干渉があったかが問題とされる。内国における禁止を、法律回避的、脱法的に免れるために外国に赴いて家族関係をそこで「成立」させたような当事者の行為の場合、より一般的に表現すれば、当事者の正当な期待が存在しなければ、そもそも、保護すべき権利に当たらないとして干渉がないとされる可能性もあった。もっとも、Mennesson/Labassée 事件判決では、まさにそのような法律回避的な行動をしている場合でも、８条の権利への干渉自体は認定された。

34） ただし、Louis d'Avout, "Droits fondamentaux et coordination des ordres juridiques," in Edouard Dubout et Sébastien Touzé（sous la direction de）, *Les droits fondamentaux, charnières entre ordres et systèmes juridiques*（A. Pedone, 2010）, p. 165 も参照。

35） Kinsch, *supra* note 17, p. 266.

とはいえ、不承認が一応干渉に当たるとしても、次の段階として、正当化の余地が残されている。この段階において、上記の三つの裁判例いずれでも締約国の措置の目的の正当性は肯定されており、目的との関係での措置の必要性という比例性判断が天王山となっている。この判断が、Wagner 事件判決および Négrépontis-Giannisis 事件判決と、(家族生活の尊重についての権利に関しては) Mennesson/Labassée 事件判決とで分かれただけのことであり、元々、一律に承認が求められるというものではなかったはずである。そして、この比例性判断が分かれたのはすでに指摘したように、当該問題についての条約締約諸国の態度の一致の有無などに左右される、被告である締約国の評価の余地の幅の大きさが、大きな影響を及ぼしていたと考えられる。例えば Mennesson/Labassée 事件の場合、代理出産から生まれた子の依頼親との親子関係について、依頼母との母子関係についての各国の態度は分かれるが、血縁上の父でもある依頼父との関係を、養子縁組までも否定してまったく父子関係を認めないという国は多くはない。そうするとフランスの措置は、代理出産禁止に違反した親へのいわば懲罰的なものであり──しかも、判決が指摘するように依頼親だけでなく子へも影響が及んでいる──、子・代理母の健康保護という目的の必要とするところを越えており、比例性を満たしていないとされたという理解が成り立つように思われる。いずれにせよ、元々一律の承認義務ではなかったはずである。

2　準拠法選択と外国判決承認の連続性

ここまでは、これらの事例において、身分関係を「成立」させる外国判決を承認国 (法廷地国) が承認を拒絶することに対して、人権規範が承認を求めているのかを考えてきた。

ところで、最初に (上述Ⅰ1) 指摘したように、外国判決の承認と準拠法選択には、外国の法規範を内国に受け入れて外国で生じた事象を評価するのに用いる手法であるという共通点がある。とすれば、外国での身分関係の成立が判決によるものでなくても、その関係を法廷地国が認めないことが欧州人権条約8条のような実体的人権の侵害が問題とされる場合があり得よう[36]。

---

36) Kinsch, *supra* note 17, pp. 270ff.

すなわち、外国では「成立」した（とされる）身分関係を、法廷地国が、その抵触規則（狭義の国際私法）に照らして評価すれば、成立していないと判断して認めないことも、欧州人権条約8条の私生活および家族生活の尊重についての権利の侵害となる可能性は同様にある。同条の観点からすれば、8条の保障する権利への干渉が、締約国の外国判決承認ルールよって生じたものであろうが、抵触規則によってであろうが、関係ないはずである。現に、2010年の欧州人権裁判所のGreen and Farhat事件決定[37]では、リビアで成立した婚姻をマルタが承認しないことが8条との関係で問題となっているが、リビアでの婚姻はむろん、裁判所の判決によって成立しているわけではない。

3 EU法の影響との比較

さらに考えていくと、欧州人権条約に限らず、法廷地の国際私法（準拠法選択および外国判決の承認）に対して、国際私法の外部の規範が一定の制約を課すという現象は他にもあることに思い至る。その例として例えば、EU法の影響を挙げることができる。

一例として、氏名とEU市民権に関する一連の裁判例がある。欧州司法裁判所の2008年のGrunkin and Paul事件先決裁定[38]では、デンマークでドイツ人父母から生まれたドイツ人子についてデンマークで登録された氏を、ドイツが法廷地国際私法に照らして登録拒否したことが、EU市民の移動居住の自由（現EU運営条約21条）を損ない、正当化も認められないとして[39]、条約違反とされた。他方で、2010年のSayn-Wittgenstein事件先決裁定[40]では、

---

37) Mary Green and Ajad Farhat v. Malta, Decision of 6 July 2010, No. 38979/07. Greenはマルタで婚姻していたが、その後リビアに行きイスラムに改宗し（これによりリビアではマルタでの前婚が無効とみなされる）、リビアで別人と婚姻した。20年後にマルタに戻ってこのリビアでの婚姻の登録を求めたが、マルタにより拒絶されたという事案である。ただし、人権条約違反との申立ては明白に根拠不十分として不受理とされた。

38) Case C-356/06, Grunkin and Paul, [2008] ECR I-7639. 西連寺隆行「氏名の承認拒否とEU市民の移動・居住の自由（EU法の最前線第110回）」貿易と関税57巻6号（2009）75頁。またGarcia Avello事件先決裁定（Case C-148/02, Garcia Avello, [2003] ECR I-11613. 中西康「氏名の変更と、EU市民権としての国籍差別からの自由（EU法の最前線第56回）」貿易と関税52巻12号（2004）72頁）も参照。

39) 判断の際に検討されている点をみても、ある構成国で認められている氏名が他の構成国で認められないことにより日常生活において身元証明等々で不便を被るなど、本稿で検討した欧州人権条約8条に関する裁判例と同様のものが指摘されている。Garcia Avello事件先決裁定36段、Grunkin and Paul事件先決裁定25段参照。

40) Case C-208/09, Sayn-Wittgenstein, [2010] ECR I-13693. 中西康「氏名とEU市民権—貴族の爵

ドイツにおいて付与された氏を、共和国制をとるオーストリアでは認められない貴族の爵位にあたるとして同国が拒絶したが、EU条約4条2項の国民的アイデンティティの尊重も挙げて、正当化が認められた。このように、本稿で検討した欧州人権裁判所の事例と同様に、承認拒絶がEU法の観点から問題とされ、かつ、正当化の判断の際に承認拒絶が正当と認められる場合もあり、一律に承認することが求められているわけではない。

4　国際私法における新たな動向か

以上のような現象は、欧州、とりわけフランスを中心にして、準拠法選択と外国判決の承認とは別の、状況の承認という第3の手法ではないかと、活発な議論がされ始めている[41)]。これらの議論も、人権規範との関係、EU法との関係、継続的身分関係の保護の要請との関係など、様々な観点が入り組んでおり、非常に興味深いものの、私はまだ確たる見通し、展望をもつことはできていない。しかし、この現象を理解するための一つの視角として、事象を法廷地国際私法に照らして評価する原則への例外という見方[42)]があり、共感を覚えている。そのような見方について私なりに理解したところを示すと、以下のようになる。

渉外性を有する事案について法的評価をする際に古典的・伝統的にとられる双方主義では、各国は自国の国際私法に照らして――抵触規則により準拠法を選択してそれを適用することによってであれ、外国判決の承認執行ルールにより外国判決を承認してその判断を前提とすることによってであれ――、事象を評価するのが原則である。

ところが、本稿で紹介したような事例では、外国において当該外国から見れば「成立」していると考えられる法律関係があるが、これを法廷地の広義

位の承認拒絶の正当化と憲法的アイデンティティ（EU法の最前線第153回）」貿易と関税61巻1号（2013）91頁。

41）　Paul Lagarde (sous la direction de), *La reconnaissance des situations en droit international privé* (A. Pedone, 2013) など参照。日本での紹介として、加藤紫帆「国際的な身分関係の継続に向けた抵触法的対応―フランス学説の『状況の承認の方法』の検討を中心に（1）～（4・完）」名古屋大学法政論集262号151頁、263号437頁、264号261頁、266号191頁（2015～2016）、北澤安紀「EU国際私法における承認論」法学研究88巻1号（2015）147頁など。

42）　Dominique Bureau et Horatia Muir Watt, *Droit international privé* (PUF, 3e éd., 2014), tome I, pp. 671ff.

の国際私法に照らして評価すると、そうは認められない[43]。このようなことが生じるのは、民法等の実質法のみならず国際私法も各国毎に相違しているという現実があるからであるが、はたして、法廷地国の国際私法に照らして評価するというこの原則を常に貫徹することでよいのか。とりわけわが国では、普遍主義的国際私法観[44]が強く、そのような普遍的で、あるべき国際私法に照らして評価された結果、わが国で認められなくても仕方がないと考えるためか、原則に例外を設けることには消極的であると思われる。しかし、当該身分関係に関与する個人の保護を考えると、場合によってはこの原則に例外を設けて、法廷地の（広義の）国際私法が席を譲るべきではないのか[45]。換言すれば、ある外国の見方を貫徹させることが例外的に認められないか、いわば一方主義による例外の余地はあり得ないのか。これらの現象により、このような問題提起がなされているのではなかろうか。

このように、われわれとしても受け止めるべき問題が、本稿で検討してきた問題および関連する議論にはあると思われる。以上の指摘でもって結びに代えたい。

【付記】

本研究は、JSPS 科研費 15K03138 の助成を受けた。

43)　先ほどから括弧付きで「成立」としていたのは、このことを表すためである。

44)　わが国の国際私法は一国の国内法ではあるけれども、それは普遍的に妥当するものであることを目指して立法・解釈されるべきとの考え。田中耕太郎・世界法の理論（全 3 巻、岩波書店・1932〜1934）以来のものであるが、準拠法選択については折茂豊・国際私法の統一性（有斐閣・1955）、国際裁判管轄については池原季雄「国際私法に於ける裁判管轄権と当事者の国籍（1）〜（2・完）」国際法外交雑誌 48 巻 4 号 541 頁、6 号 738 頁（1949）が代表的である。

45)　Négrépontis-Giannisis 事件や Mennesson/Labassée 事件をみると、法廷地の広義の国際私法ルールの適用は認めた上での、公序要件発動への制約が問題となっているように思えるかもしれない。しかし、Wagner 事件や、外国で判決なしに成立してそこに暮らしていた当事者の身分関係がかなりの年数が経ってから内国で問題となるような事例（中西康「国際親子法の展望」民商 135 巻 6 号（2007）970 頁で、代理母についてケース 2 として検討したような場合）を考えると、法廷地の国際私法により評価すること自体が問題となっていると理解する方が適切と思われる。

第　5　編

上訴・再審

不利益変更禁止原則の趣旨をめぐる若干の考察

垣内秀介

Ⅰ はじめに

上訴裁判所は、相手方当事者による上訴または附帯上訴がない限り、上訴をした当事者に不利益に原裁判を変更してはならない。不利益変更禁止の原則と呼ばれるこの原則が現行民事訴訟法の下で妥当すること[1)]については、特に異論は見当たらない。しかし、その趣旨および適用結果については、学説上議論が分かれ、あるいは学説上の多数説と裁判例の立場とが乖離するに至っている点も存在する。

すなわち、まず、同原則の趣旨については、処分権主義ないし申立拘束原則の現れとする伝統的な通説に対して、同原則と処分権主義とを峻別し、申立拘束原則とは次元を異にする政策的な考慮に基づく規律として同原則を理解しようとする有力説が主張される。また、同原則の帰結については、請求の客体的併合や多数当事者訴訟における取扱いについてかねてから議論があることに加えて、判例が同原則の適用を否定する立場をとる境界確定訴訟や

1） その根拠規定としては、民訴法304条が挙げられるのが一般である。たとえば、伊藤眞・民事訴訟法［第4版補訂版］（有斐閣・2014）699頁参照。なお、同条の制定過程については、花村治郎「不利益変更禁止の原則―不利益変更禁止の原則と控訴審の審判の範囲」続・民事上訴制度の研究（成文堂・1997〔初出1989〕）8頁以下、同条の基礎となったドイツ法の沿革については、越山和広「ドイツ民事訴訟法における不利益変更禁止の原則の生成と展開」慶應義塾大学大学院法学研究科論文集29号（1989）143頁以下、宇野聡「不利益変更禁止原則の機能と限界（1）」民商103巻3号（1990）400頁以下を参照。

財産分与についての裁判に関して[2]、それぞれ疑問とする見解が有力に主張される一方[3]、訴訟判決に対する原告側控訴の事例において控訴裁判所が請求棄却の自判をすることの可否に関しては、判例が不利益変更禁止の原則を適用して控訴棄却にとどめるべきとの立場をとるのに対して[4]、今日では、学説の多くは請求棄却への変更を肯定しており[5]、判例の立場との間に顕著なコントラストをなしている。さらに、相殺の抗弁を理由とする請求棄却判決に対して原告側が控訴したところ、控訴裁判所が自働債権、訴求債権ともに不存在との判断に至った場合の取扱いに関しても、不利益変更禁止の原則を適用して控訴棄却にとどめるべきであるとする判例の立場[6]をめぐって多くの議論が存在することは[7]、周知の通りであろう。

このように、不利益変更禁止の原則をめぐる現状は、理論内在的にも、また判例と学説の乖離[8]という点でも、やや不透明ないし不安定な部分を含んでいるように思われる。そこで、本稿においては、各論的な問題を検討するための前提として、不利益変更禁止の原則と処分権主義との関係について、近年の議論の展開を手がかりとしながら改めて整理を試み、同原則の理論的な位置づけについて、若干の見通しを得ることを試みたい。

2）　境界確定訴訟につき、最判昭和38年10月15日民集17巻9号1220頁、財産分与につき、最判平成2年7月20日民集44巻5号975頁参照。

3）　境界確定訴訟につき、竹下守夫「判批」法協82巻4号（1966）566頁以下、高橋宏志・重点講義民事訴訟法（下）［第2版補訂版］（有斐閣・2014）635頁など、財産分与につき、山本克己「判批」民商105巻2号（1991）215頁以下、宇野聡「判批」リマークス6号（1993）138～139頁など参照。

もっとも、批判の内容は、不利益変更禁止の原則の趣旨をどのように解するかとも関係して、それぞれに異なっている。例えば、上記の諸文献についていえば、竹下教授および宇野教授の批判は、これらの裁判について処分権主義が妥当しないとしても、不利益変更禁止の原則は妥当し得るとするものであり、高橋教授および山本教授の批判は、そもそも処分権主義が妥当しないとの前提に対する疑問を含む。

4）　最判昭和35年3月25日集民40号669頁、最判昭和60年12月17日民集39巻8号1821頁、最判平成25年7月12日判時2203号22頁など参照。

5）　この点に関する学説の状況については、高田裕成ほか編・注釈民事訴訟法第5巻（有斐閣・2015）197～199頁、226頁〔宮川聡〕のほか、垣内秀介「判批」リマークス53号（2016）114頁以下を参照。

6）　最判昭和61年9月4日判時1215号47頁、最判平成6年11月22日民集48巻7号1355頁参照。

7）　議論の状況につき、青木哲「判批」百選［第5版］（2015）234～235頁参照。

8）　近時においてこうした問題を改めて浮き彫りにした判例として、最判平成27年11月30日民集69巻7号2154頁を挙げることができる。同判決の差し当たりの評価については、垣内・前掲注5）114頁以下を参照。

II 議論の状況

1 伝統的通説——処分権主義説

不利益変更禁止の原則は、伝統的に、処分権主義の現れとして説明されてきた。日本法の母法であるドイツにおいても、不利益変更禁止原則確立の過程の早い段階から、当事者の処分意思に依拠して同原則の導入が主張され[9]、現行日本民事訴訟法304条と同旨を定めるCPO498条も、処分権主義を体現する規定として理解されていたことが指摘されるし[10]、日本の明治23年民訴法420条および425条、また、これらのうち前者の系譜を継ぐ大正15年改正民訴法385条および現行304条も、同様の理解を前提として起草されたものと考えられる[11]。今日でも、不利益変更禁止の原則と処分権主義との結びつきは、多くの文献において指摘される[12]。以下では、このように同原則を処分権主義と結びつけて理解する見解を総称して、便宜、「処分権主義

9） Gönnerは、不利益変更の禁止について、被上訴人もまた、原判決を不服とするならば上訴をすることができたのであるから、それをしないという不作為は、被上訴人が原判決に満足したことを表示するものである、上訴人は上訴によって相手方に権利を得させることを欲するものではないし、自己の地位を悪化させることを欲するものでもないのに、どうしてその不利に判決をすることを求める権利を被上訴人に認めることができようか、と述べる。*Gönner,* Handbuch des deutschen gemeinen Prozesses, Bd. 3 (Erlangen, 1804), S. 163. その紹介として、越山・前掲注1）146頁、宇野・前掲注1）402頁参照。この見解は、被上訴人による原判決への不服申立てがないことへの着目を含む点で、後述する山本克己教授および山本和彦教授の見解と類似する。

10） 同条の起草過程において、不利益変更の許容を内容とする修正案が、処分権主義に違反するとの反対論にあって否決されたことにつき、越山・前掲注1）150頁、宇野・前掲注1）407〜408頁参照。

11） 花村・前掲注1）8〜11頁、宇野聡「不利益変更禁止原則の機能と限界（2・完）」民商103巻4号（1991）581〜582頁参照。

12） 体系書類として、河野正憲・民事訴訟法（有斐閣・2009）812頁、梅本吉彦・民事訴訟法［第4版］（信山社・2009）1053頁、新堂幸司・新民事訴訟法［第5版］（弘文堂・2011）903頁、上田徹一郎・民事訴訟法［第7版］（法学書院・2011）606頁、小島武司・民事訴訟法（有斐閣・2013）859頁、川嶋四郎・民事訴訟法（日本評論社・2013）903頁、伊藤・前掲注1）699頁など。なお、古い時期の文献には、不利益変更禁止の原則を弁論主義と結びつけて説明するものもみられる。兼子一・新修民事訴訟法体系［増訂版］（酒井書店・1965）455頁参照（兼子一ほか・条解民事訴訟法［第2版］（弘文堂・2011）1584頁〔松浦馨＝加藤新太郎〕も、同様の記述を維持する）。また、注釈書等として、笠井正俊＝越山和広編・新コンメンタール民事訴訟法［第2版］（日本評論社・2013）1043頁、秋山幹男ほか・コンメンタール民事訴訟法VI（日本評論社・2014）212〜213頁など参照。

さらに、同原則には処分権主義との関係で概念的独立性は認められない、との評価を示す文献として、上野泰男「請求の予備的併合と上訴」名城法学33巻4号（1984）22頁注28）がある。

説」[13]と呼ぶことにしたい。

2　近時の有力説——政策説

もっとも、こうした伝統的な理解に対しては、近年、有力な批判が存在する。その代表的な論者が宇野聡教授である[14]。宇野教授によれば、従来不利益変更禁止の原則の帰結として説明されてきた規律には、処分権主義（申立拘束原則）から説明できるものと、説明できないものの双方が含まれているとされる。すなわち、例えば、請求一部認容判決に対して原告のみが上訴した場合に、上訴裁判所は仮に請求全部に理由がないとしても請求全部棄却判決をすることはできず、上訴棄却にとどめなければならない、との規律は、処分権主義の帰結といえるが[15]、これに対して、①訴え却下判決に対して原告が上訴したところ、上訴裁判所が請求に理由がないとの判断に至ったとしても、請求棄却判決をすることはできず、上訴棄却にとどめなければならない、との規律[16]、②一部認容判決に対して原告が上訴したところ、上訴裁判所が訴訟要件の欠缺を発見した場合に、訴え却下判決ではなく上訴棄却にと

---

13)　用語としては、「本質説」との呼称も用いられることがあり（例えば、加波眞一「不利益変更禁止の原則」争点［第3版］（1998）292頁参照）、「政策説」との対比を明確にするには、こちらの方が用語として優れていると考えられる。しかし、後述するように、不利益変更禁止の原則を処分権主義と結びつけて理解するにしても、その結びつきの質は様々であり得、「本質説」との呼称が常に適切だとはいえない。本文で「処分権主義説」との呼称を用いたのは、こうした理由による。なお、類似の問題が弁論主義の根拠論の名称についても存在することにつき、垣内秀介「主張責任の制度と弁論主義をめぐる若干の考察」青山善充先生古稀祝賀・民事手続法学の新たな地平（有斐閣・2009）78頁注9）参照。

14)　同方向の先駆的な見解として奈良次郎判事の見解（奈良次郎「控訴審における審理の実際と問題点」小室直人＝小山昇先生還暦記念・裁判と上訴（中）（有斐閣・1980）120〜122頁）が挙げられることがある。花村・前掲注1）5頁以下、山本和彦「不利益変更禁止の原則」民事訴訟法の基本問題（判例タイムズ社・2002〔初出2001〕）215頁参照。たしかに、奈良判事は、「不利益変更の禁止の原則は、控訴の申立をした控訴人のために、控訴をしたがために却って控訴人に不利益な裁判を受けるということを避けるべく認められた効果であって、本来、決して控訴審の審理・判断の限界（範囲）を画するものではない」と述べており、上訴人保護という要請を前面に出しているものといえるが、この見解は、相殺の抗弁を理由とする請求棄却判決に対して原告が上訴した場合における上訴裁判所の審理範囲が相殺の自働債権には限定されない、との主張の根拠として述べられているものであり、処分権主義との結びつきを切断しようとする趣旨を含むものかどうかは、必ずしも明瞭ではないように思われる。なお、不利益変更禁止の原則が上訴権保障の機能を有すること自体は、より古くからしばしば指摘されてきた点である。この点に関しては、花村治郎「不利益変更禁止の原則の適用」前掲注1）続・民事上訴制度の研究〔初出1994〕77頁以下参照。

15)　宇野・前掲注1）424〜425頁。

16)　なお、この規律は日本の判例が採用するところであるが、当初同様の立場をとっていたドイツの裁判例が、訴訟経済を重視する見地から、その後請求棄却判決の許容に転じたことにつき、宇野・前掲注1）417〜418頁参照。

どめるとのドイツの裁判例の規律、③同じく一部認容判決に対して原告が上訴し、上訴裁判所が訴訟要件の欠缺を発見したが、当該欠缺が治癒可能な場合には、上訴裁判所は事件を原裁判所に差し戻すが、原裁判所としては差戻前の原判決よりも不利な判決をしてはならないとするドイツの裁判例の規律は、いずれも処分権主義から導き出すことはできない[17)]。そのため、処分権主義（申立拘束原則）と不利益変更禁止の原則とは区別する必要があり、前者で説明できる規律を不利益変更禁止の原則の帰結として説明することは適切でない[18)]。したがって、不利益変更禁止の原則は、処分権主義とは異なる独自の規律として観念されることになるが、そうした厳密な意味における不利益変更禁止の原則は、上訴人保護という素朴な感覚に根拠を有するものと理解される[19)]。そして、かかる原則の適用範囲の決定にあたっては、上訴人保護の要請と他の多様なファクターとの利益衡量が要請される、というのである[20)]。以下では、このような見解を、便宜、「政策説」と呼ぶこととしたい。

3 政策説に対する批判と処分権主義説の再構成

こうした政策説の考え方は、とりわけ利益衡量的方法に親和的な一部の論者から好意的な評価を得たものの[21)]、通説である処分権主義説からの再反論も試みられており、先にみたように、現在でも多くの文献はなお不利益変更禁止の原則と処分権主義とを結びつけた記述を維持している。政策説に対する処分権主義説からの主たる批判は、政策説は上訴人の保護という考慮を出発点とするが、附帯上訴を認める現行法の下では、上訴人は常に相手方から附帯上訴を提起される可能性があるから、原判決よりも不利な判決を受けないという上訴人の利益が制度上確固としたものとして保障されているとはいえない、というものである[22)]。

---

17) 事例①につき、宇野・前掲注1）398～399頁、同・前掲注11）585頁、②につき、同・前掲注1）413～415頁、③につき、同・前掲注11）415頁。

18) 宇野・前掲注1）424～425頁。

19) 宇野・前掲注1）425頁。

20) 宇野・前掲注1）425頁。

21) 高橋・前掲注3）636頁注39）は、基本的にはこの見解が妥当だ、と評する。

22) 栗田隆「不利益変更禁止に関する判例法理」中野貞一郎先生古稀祝賀・判例民事訴訟法の理論（下）（有斐閣・1995）270頁、山本（和）・前掲注14）215～216頁、221頁参照。

なお、政策説に立つと、利益変更禁止の原則が説明できなくなり、疑問である、との指摘もみられるが（梅本・前掲注12）1053頁）、宇野教授の見解においては、利益変更禁止の原則は、不利益

その上で、一部の見解は、上訴人の申立てよりも、むしろ被上訴人側の申立ての不存在に着目することにより、処分権主義説の再構成を試みている。すなわち、不利益変更禁止の原則は、上訴も附帯上訴もしないという被上訴人の消極的処分の裁判所に対する拘束力として説明できる、というのである[23)]。もっとも、こうした説明に対しては、上訴を提起しない相手方の「処分」は、ドイツ普通法のように上訴共通の原則[24)]を採用した場合に初めて観念できるものであり、上訴共通の原則が妥当しない今日においては成り立たない議論である、とする批判もみられる[25)]。

Ⅲ　問題点の検討

以上にみたように、不利益変更禁止の原則の趣旨をめぐっては、①同原則を処分権主義と結びつけて理解することの当否そのものについて、まず争いがあるとともに、②処分権主義との結びつきを前提にする見解内部においても、上訴人と被上訴人のいずれの意思に着目することが相当かをめぐって対立がある、という整理が差し当たり可能である。そこで、以下では、これらの点について、若干の検討を試みることとしたい。

変更禁止原則とは区別される申立拘束原則そのものの帰結として説明されることになるのであろう。この点については、山本（克）・前掲注３）217頁も参照。

23)　山本（克）・前掲注３）217頁。また、この考え方をより詳細に述べるものとして、山本（和）・前掲注14）216頁、222～223頁参照。なお、高橋・前掲注３）636頁注40）も、この考え方に賛同してよい、とする。

24)　松本教授は、上訴共通の原則を「上訴が上訴人のためのみならず、相手方のためにも効力を有するという制度」と理解する。松本博之「相殺の抗弁についての判断と不利益変更禁止の原則」訴訟における相殺（商事法務・2008〔初出2008〕）273頁。同原則の内容については、越山・前掲注１）145～147頁も参照。

25)　松本・前掲注24）273～274頁。越山・前掲注１）156頁注39）も、Gönner説に対する論評であるが、上訴はあくまで上訴人の申立てによって開始され、上訴人が審判範囲の決定権能を有することを理由として、上訴人の処分意思が先行すると考える方が今日の制度に適合する、という。

なお、越山教授が上記箇所で参照する *Kapsa,* Das Verbot der reformatio in peius im Zivilprozeß (Berlin, 1976), SS. 49-50は、被上訴人の意思に着目する見解に対して、①被上訴人の単なる沈黙を意思表示と評価することはできないから、その効果として同原則を説明することはできない、また、②被上訴人の意思に着目する見解では、相手方のいない事件では同原則の適用がカテゴリカルに排除されることとなり、相当でない、との問題点を指摘する。Kapsaの見解については、後掲注52）も参照。

1　不利益変更禁止の原則と処分権主義との切断の当否

Ⅱでみたように、伝統的な通説である処分権主義説に対して、政策説、とりわけ宇野教授の見解は、処分権主義に対する不利益変更禁止の原則の独自性を強調する。そこで、この見解のように両者を峻別することが適切かどうかが、まずは問題となる。

この点に関してまず指摘しなければならないのは、実のところ、両見解とも、不利益変更禁止の原則の採用が、上訴裁判所の審判範囲を広い意味における当事者の処分に委ねることを意味している、ということそれ自体は、必ずしも否定していない、ということである。すなわち、政策説においても、不利益変更禁止の原則が作動するのは、被上訴人が上訴も附帯上訴もしていない場合に限られることは否定していないのであり[26)]、そうだとすれば、政策説もまた、上訴裁判所がすることのできる裁判の内容が、当事者側のある種の処分に委ねられている、ということを否定するものではないことになろう[27)]。言い換えれば、不利益変更禁止の原則の採用が、上訴の局面における当事者の処分の尊重を意味することそれ自体は、処分権主義であれ、政策説であれ、変わりがないのである[28)]。

このように考えると、それにもかかわらず、政策説が不利益変更禁止の原則と処分権主義との区別を強調するのはなぜか、という問題を改めて問い直す必要が生じることとなる。そして、この点に関しては、次の２点を指摘することが可能であろう。

(1)　**政策説の処分権主義理解**　　第１に、政策説において想定されている「処分権主義」とは、単に手続上の事項を当事者の処分に委ねる、というのよりも限定された意味内容を有している、ということである。このことは、宇野教授が不利益変更禁止原則の帰結のうち、処分権主義からは説明できな

26)　宇野教授の論稿にも、この点を否定する記述はみられない（なお、鈴木正裕＝鈴木重勝編・注釈民事訴訟法（8）（有斐閣・1998）166頁〔宇野聡〕の記述も参照）。また、宇野教授が処分権主義からは説明できないとして挙げる前述の事例①～③も、相手方の附帯上訴等の申立ての有無に規律が依存しているという意味では、上訴裁判所がすることができる裁判の内容を当事者の処分に委ねていることには変わりがない。

27)　宇野教授も、沿革研究の文脈においては、不利益変更禁止の基礎に当事者意思の尊重という理念があることを正面から肯定する。宇野・前掲注１）405頁。

28)　したがって、不利益変更禁止の原則を広く認めれば認めるほど、上訴の局面における当事者による処分をより広範に認めることになるし、逆に、同原則を制限すれば制限するほど、当事者の処分を制限する結果となるわけである。

いものとして挙げる諸事例をみることにより、明らかになろう。

すなわち、それらは、前述のように、①訴え却下判決に対して原告が上訴したところ、上訴裁判所が請求に理由がないとの判断に至ったとしても、請求棄却判決をすることはできず、上訴棄却にとどめなければならない、との規律、②一部認容判決に対して原告が上訴したところ、上訴裁判所が訴訟要件の欠缺を発見した場合に、訴え却下判決ではなく上訴棄却にとどめるとの規律、③同じく一部認容判決に対して原告が上訴し、上訴裁判所が訴訟要件の欠缺を発見したが、当該欠缺が治癒可能な場合には、上訴裁判所は事件を原裁判所に差し戻すが、原裁判所としては差戻前の原判決よりも不利な判決をしてはならないとする規律の三つであるが、これらが処分権主義によって説明できないとされるのは、①については、訴え却下判決に対する原告の控訴は、自己の請求についての本案判決を求めるものであるから、請求棄却判決も申立ての範囲内に含まれるといえること[29)]、②については、職権調査事項には処分権主義の適用がない以上、処分権主義からは訴え却下判決への変更は妨げられないはずであることによるものとされ[30)]、また、③については、明言はされていないものの、差戻審における審理においてはもはや上訴の申立ては問題とならず、当該審級における当初の申立てのみが問題となることによるものと考えられる[31)]。ここから分かるのは、この見解のいう「処分権主義」とは、あくまで上訴の申立ての有する拘束力を意味する（事例①、③参照）ものであるとともに[32)]、それは、訴訟物について当事者が処分権を有することから当然に導かれるものとして把握されている（事例②参照）[33)]、ということである。そして、そのように考える限りでは、政策説の主張も一応成り立ち得るもののように思われる[34)]。

---

29)　宇野・前掲注1）398～399頁、同・前掲注11）585頁参照。

30)　宇野・前掲注1）413頁。

31)　宇野・前掲注1）415頁参照。

32)　宇野教授がその論稿の中で、「処分権主義」と「申立拘束原則」とを互換的に用いていることも、このことを示すものであろう。宇野・前掲注1）408頁、412頁、418頁、424頁など参照。

33)　この点は、(2) で述べる「本質説」的理解の位置づけとも関係する。

34)　そのように考えた場合、不利益変更禁止の原則は、上訴裁判所の審判範囲を当事者の処分に委ねるものではあるが、狭義の申立拘束原則では説明できない内容をも含む、と理解することになる。しかし、本文で後述するように、この理解が現在の日本法にあてはまるかどうかは、また別の問題である。

なお、山本克己教授も、不利益変更禁止の原則が処分権主義によっては十全に説明しきれないという点については、宇野教授の指摘は傾聴に値する、とする。山本・前掲注3）218頁注17）参照。

もっとも、仮にそうであるとしても、例えば現在日本の学説において主張され、あるいは裁判例において採用されているような形での不利益変更禁止の原則を、処分権主義の現れとして説明することができないかどうかについては、別途検討の必要が残されている。というのも、この見解の指摘する諸事例のうち、事例②、③はあくまでドイツの裁判例における例であり、日本においては必ずしも受け入れられていない帰結であるし[35]、事例①に関しては、冒頭でも言及したように、学説上の多数説はむしろ請求棄却判決を認める立場に立つし、上訴の申立ての趣旨をこの見解がいうように解することが必然かどうかについては、なお検討の余地があるように思われるからである。言い換えれば、現在の日本法に関する限り、申立拘束原則または不告不理の原則といった伝統的な処分権主義の規律の枠内で不利益変更禁止の原則を説明する可能性は、なお残されているように思われる[36]。

(2) 利益衡量的アプローチの強調　第2に、必ずしも論者自身によって明確な形で述べられているわけではないが、政策説が不利益変更禁止の原則と処分権主義との区別を強調した大きな理由として、この見解が、処分権主義説に含まれる本質説的ニュアンスを嫌った、という事情があるように思われる。すなわち、処分権主義については、一般に、民事訴訟の対象である私法上の権利義務には私的自治の原則が妥当することの帰結として説明されてきたが、不利益変更禁止の原則をこの延長線上に位置づける場合、同原則もまた、訴訟物たる権利義務について実体法上私的自治の原則が妥当することの当然の帰結として、そしてその限りで民事訴訟の本質に由来するものとする理解が生じることとなる[37]。処分権主義説を「本質説」と呼称するのは、同説に伴うこうしたニュアンスに着目したものといえる。そして、このような理解に立つ場合、不利益変更禁止の原則は民事訴訟の本質から導かれるものである以上、その帰結は、種々の政策的考慮や利益衡量によって左右され

---

35) 事例②については、訴え却下判決への変更を認めるのが日本における多数説であり（学説の状況につき、高田ほか編・前掲注5）199～200頁〔宮川〕参照）、また、事例③についても、差戻審は差戻前の判決との関係での不利益変更を妨げられない、とするのが日本における多数説である（学説の状況につき、垣内・前掲注5）113頁参照）。

36) この問題は、本文で挙げた各事例の取扱い、とりわけ事例①の取扱いをどのように考えるか、という問題と密接に関連するものであるが、これについては、本稿では立ち入ることができない。この点を含め、各論的な問題点については、近い将来に別稿において検討を試みたいと考えている。

37) こうした理解を明確に示す説明として、加波・前掲注13）292頁参照。

るものではない、との解釈態度が導かれることになる[38]。これに対して、政策説は、同原則の内容は、上訴人の保護をはじめとする種々のファクターの比較衡量[39]を通じて定められるべきものである、との主張を中核とし[40]、こうした解釈態度とは対極に位置するものである。その点で、不利益変更禁止の原則と処分権主義とを切り離し、前者の概念的独自性を確保することは、同説にとっては重要な意味をもったと考えられるのである[41]。

もっとも、不利益変更禁止の原則の背後に存在する各種の政策的配慮に目を向け、その間の比較衡量の必要性を承認するとしても、従来の政策説の説くような形で処分権主義と不利益変更禁止の原則とを峻別することが不可欠かどうかについては、以下で述べるように、疑問の余地があるように思われる。

まず、従来、不利益変更禁止の原則と処分権主義との結びつきを説いてきた諸見解が、いずれも前述したような「本質説」的な立場に立ってきたのかといえば、必ずしもそうではないように思われる。すなわち、処分権主義説のうち少なくとも一部の見解は、処分権主義と同原則とを単純に直結するのではなく、両者の関係について一定の含みをもたせてきたのではないだろうか。例えば、同原則は、「処分権主義と共通の趣旨によるものであるが、原判決によって控訴人が受ける不利益を救済するという、上訴制度の目的に照らして採用されたものである」とする説明[42]はその好例といえるし、同原則は、「処分権主義の控訴審におけるあらわれといえる」が、「『訴えなければ裁判なし』という場合と異なり、すでに第一審の判決がなされている事項のうちの一部に限定を認める場合である」といった指摘（圏点は引用者）[43]も、両者を単純に直結することに対する慎重な態度を窺わせるものであろう[44]。

---

38)　高橋教授が、「処分権主義から申立拘束原則を導くと、これは上訴を容易にするという政策的なものではなく、民事訴訟にとっては原理的なものになる」とするのは、「本質説」のこうした側面を指摘するものであろう。高橋・前掲注3）636頁注40)。

39)　宇野教授自身は、比較「考量」、利益「考量」の語を用いるが、本稿では、便宜、より一般に普及していると考えられる「衡量」の語を用いる。

40)　宇野・前掲注1）424～425頁、同・前掲注11) 586頁、602頁参照。

41)　この点については、高橋・前掲注3）636頁注40）も参照。

42)　伊藤・前掲注1）699頁。

43)　新堂・前掲注12) 903頁。

44)　また、同原則は「処分権主義と共通の原理に基づ」く、あるいは、弁論主義や処分権主義をも包含する「当事者主義の、……発現であ」る、といった説明にも、同様の慎重な態度を読みとるこ

このような理解に立つ限り、処分権主義との関係を肯定することは、必ずしも本質説的な論理を受け入れることを意味するものではないと考えられる。そうだとすれば、一方で処分権主義との関係を承認しつつ、他方で政策的考慮や利益衡量の観点からの調整を容認するという立場も、検討に値するのではなかろうか[45)]。

また、大前提として、処分権主義が訴訟物についての実体法上の私的自治の原則に由来するとしても、その手続法的な規律としての内容が論理必然的に定まる、というわけではないように思われる。そもそも、訴えの提起や訴訟追行はそれ自体としては実体法上の処分行為ではないことは現在では異論のないところと思われるし、訴訟物についての当事者の処分が相手方当事者の保護の必要その他の政策的な考慮によって制約を受ける可能性があることは、例えば訴え取下げの規律や一部請求をめぐる議論をみれば、明らかであろう。その意味では、訴えのレベルにおける処分権主義の採否およびその内容もまた、一定の政策判断の結果として理解するのが正確であると思われる。さらに、訴えに関して処分権主義を採用したとしても、上訴の局面において同様の規律を採用すべきことが論理必然的に導かれるわけではない。すなわち、ここで問題となるのは、訴えなければ裁判なし（不告不理）、といった処分権主義の本来的な適用場面とは異なり、いったん提起された訴えに応答するための手続を全体としてどのように構造化するか、という問題なのであり、極端にいえば、当初の訴えにのみ処分権主義を認める（最終的に、訴えの範囲内で判決がされれば処分権主義の違反はないと考える）という立場も、論理的には成り立ちうるからである。

このように考えると、政策説が不利益変更禁止の原則の内容を論じるに当たっての政策的考慮の必要性を説いたことは、それ自体としては正当であったと思われるが、その前提として処分権主義との峻別を説いた点については、議論としてやや過剰な面があったといえるのではなかろうか。

(3) 処分権主義との関係　以上の検討を踏まえると、不利益変更禁止の

とが可能であろう。前者につき、河野・前掲注 12) 812 頁、後者につき、上田・前掲注 12) 606 頁参照。

45) この点で、同原則と処分権主義との関係を承認しつつ、その「貫徹に対して処分権主義の場合ほど強い要請がとられているとも思えない」、として政策的考慮の介在を認める加波教授の指摘は、示唆に富む。加波・前掲注 13) 292 頁参照。

原則と処分権主義との関係については、差し当たり以下のように理解しておくのが適切であると思われる。すなわち、訴えのレベルにおいて処分権主義を採用したとしても、当該判決に対する上級審の再審査の局面において、同様の当事者による処分を認めるべきことが論理必然的に要請されるわけではない。しかし、現行法は、上訴制度、言い換えれば上級審による再審査の実施を当事者の申立てにかからしめる制度を採用することにより[46]、この局面における当事者の処分を訴えの場合に準じた形で尊重することとしている。このことを前提とすれば、上訴裁判所による判決変更の範囲についても、訴えの局面に準じた形で当事者の処分に委ねるものとする規律を採用することは、十分に合理的な選択肢であり、不利益変更禁止の原則が採用されたのもそのためである。そして、こうした上訴制度の規律は、裁判所の審判範囲の決定に際して当事者の意思を尊重するという点で、訴えにおける処分権主義と同様の考慮に基づくものであり、その実質的な合理性の基礎の一端は、訴訟物について実体法上私的自治の原則が妥当し、当事者の処分が尊重されるという点[47]に求めることができる[48]。したがって、公益上の要請から当事者の処分がそもそも及ばないとされる事項については、不利益変更禁止の原則の適用もまた排除される、という伝統的な説明は、以上の理解の下でも差し当たり維持することが可能と考えられる[49]。

---

46)　このことは、いわば上訴の局面における不告不理の原則、すなわち、いずれの当事者も上訴しない場合には、上級審による再審査は行われない、との規律の採用を意味する。

47)　もちろん、実体法上の私的自治の原則と、手続規律における当事者意思の尊重との区別については、留意しておく必要があろう。この点については、垣内・前掲注 13) 77～78 頁も参照。

48)　これに対して、上訴人の利益保護ないし上訴権の実質的保障という点を同原則の実質的根拠として理解することができるかどうかについては、附帯上訴制度との関係でⅡ3に述べたような批判があり、この批判は正鵠を射たものと思われる。もっとも、実際問題として不利益変更禁止の原則の適用が問題となった裁判例が散見されることを考えると、被上訴人側に上訴ないし附帯上訴の利益があるのにそれがなされない、という事態も稀有のものではないようであり、そうした事案においては、同原則が、実際上、上訴人保護の機能を果たすことは十分にありえよう。

49)　もっとも、この点は、不利益変更禁止の原則を不告不理の原則に引きつけて考えるか、申立ての内容上の拘束力、すなわち申立拘束原則に引きつけて考えるか、という問題にも関わる。すなわち、例えば境界確定訴訟のように、訴訟物について当事者の処分が認められないと解される場合であっても、不告不理の原則そのものは妥当する（およそ訴えがないのに裁判所が職権で境界確定の判決をすることは考えられない）から、不利益変更禁止の原則をそのようなものとして把握するならば、例えば職権調査事項である訴訟要件の欠缺を職権で顧慮し、原告のみ上訴の場合に請求一部認容判決を訴え却下判決に変更することもまた、不利益変更として許されない、とすることも考えられるからである。同原則において問題となる意思ないし態度の主体について本文Ⅲ2で後述するような理解を採用する場合には、そのような立場もありうることになるものと考えられるが、上訴における不告不理的規律は、あくまでいずれの当事者も上訴しない限り事件が上級審に移審するこ

その一方で、こうした規律を採用することそのものが一定の政策判断に基づくものである以上、具体的な問題に際してどの範囲で不利益変更が禁止されるかを判断するにあたって、一切の政策的考慮や比較衡量が排除されるとはいえないことになろう[50]。

2　処分ないし意思の主体

1で検討したように、不利益変更禁止の原則が、上訴審における当事者の意思を尊重する規律であるとすると、そこで尊重されるべき意思の主体をめぐる従来の議論をどのように評価するのかが問題となる。

結論からいえば、この点に関しては、近年の有力説が指摘するように、上訴人の意思のみに着目して不利益変更禁止の原則を説明することには、無理があるように思われる。というのも、上訴人には、元来、自己により不利な裁判への変更を求めて上訴する利益は認められないはずであり、そうだとすれば、上訴人が自己にとってより不利な裁判への変更を求めていない、という点に、上訴裁判所の審判範囲を決定する上で意味のある上訴人の意思ないし処分を見出すことは不可能だからである。そして、上訴人との関係で不利益な変更を求めうる主体がいるとすれば、それは上訴人以外の者、すなわち被上訴人ということになるが、そうした他の主体がそうした変更を求めておらず、結果としていずれの当事者もそのような裁判を求めていない、という当事者側の意思ないし態度を裁判所が尊重する、というのが不利益変更禁止の原則の意味するところであると考えることができる。

このような理解に対しては、Ⅱ3でみたように、上訴共通の原則を現行法が採用していないこととの関係で批判があるが、むしろ、上訴共通の原則こそ、上訴を提起しない相手方の意思ないし態度に意味を認めない規律なのであり、現行法はそれを採用していないからこそ、逆にそのような理論構成も

とはない、という点に尽きると考え、いったん移審した後の審判範囲についての当事者の処分権は、職権調査事項には及ばない、とするという選択肢も、政策判断として当然に排除されるものではないように思われる（前掲注43）で引用した新堂教授の説明は、この問題に関わる。また、山本（和）・前掲注14）224～225頁も参照）。この問題は、境界確定訴訟における不利益変更禁止の原則の適用の有無といった各論的な問題の処理にも関わるものであり、詳細な検討は、別の機会に委ねることとしたい。

50)　例えば、山本（和）・前掲注14）230頁以下における議論は、その一例ということができる。
　もっとも、広い意味での私的自治に法体系上大きな価値が認められているとすれば、例えば手続経済といった他の政策的考慮からの同原則の制約については、慎重な検討を要することになろう。

可能になる、というべきではないかと思われる[51)]。

もっとも、このような理解を前提としたとしても、不利益変更禁止の原則の根拠として被上訴人の処分権ないし処分意思を強調し、そうした処分ないし意思の裁判所への拘束力として同原則を説明することが適切かどうかについては、疑問の余地があろう。すなわち、ここで問題となるのは、あくまで上訴ないし附帯上訴を提起しない、という消極的な態度にすぎず、何らかの積極的な意思表示や処分行為があるわけではないからである。したがって、被上訴人の処分に裁判所が拘束される、というよりも、むしろ、当事者側から積極的な申立てがない以上、裁判所が積極的自発的に介入をすべきではない、とする方が、説明としては適切なのではなかろうか[52)]。

Ⅳ　おわりに

以上で述べてきたことを要約すれば、次のようになろう。すなわち、不利益変更禁止の原則は、審判対象の決定について当事者の意思ないし態度を尊重する、という処分権主義の考え方と同様の考慮を、上訴の局面にも持ち込んだものとして理解される。その意味で同原則は、処分権主義と同様の趣旨に基づくものといえる。しかし、この原則の採用は、訴えのレベルにおける処分権主義の採用、そしてまた上訴のレベルにおける同原則の採用、という少なくとも二段階にわたる政策判断の結果として理解すべきものであり、民事訴訟の本質から論理必然的に導かれるものとは必ずしもいえない。したがって、同原則の下での具体的な規律を検討するにあたって、当事者意思の尊重以外の政策的考慮や、それとの比較衡量が一切排除されるべきだとはいえ

---

51)　それにもかかわらずこうした批判がなされた背景には、従来の有力説が被上訴人側の「処分」を強調するようにみえたという事情が存在するとも思われる。この点については、本文の次の段落も参照。

52)　こうした問題状況は、弁論主義の主張原則（いわゆる第1テーゼ）をめぐる状況と通じる面がある。垣内・前掲注13）83〜84頁参照。

なお、本文で述べたような理解からすれば、前掲注25）で紹介したKapsaによる批判のうち、①の点については、ここで問題となっているのは意思表示の拘束力ではなく、当事者側の消極的な態度であり、そうした消極的な態度に手続法上一定の意義を認めること自体は、不告不理の原則や弁論主義の主張原則にもみられるものであって、この場合に限られたものではないこと、②の点については、相手方のいない事件であっても、誰も申し立てていない事項について裁判所が積極的自発的に介入すべきでない、との考慮は同様に当てはまりうるから、それだけの理由から直ちに不利益変更禁止の原則が排除されるとはいえないことを、それぞれ指摘することができよう。

ない。また、ここで問題となる当事者の意思ないし態度とは、上訴人の申立てのみでなく、むしろ上訴人以外の当事者の意思ないし態度を含むものとして理解すべきであるが、これを被上訴人の処分行為の結果として説明することは、必ずしも適切でない。

こうした整理は、基本的には伝統的な処分権主義説を継承しつつ、そこに含まれる本質説的側面を相対化し、その限りで政策説の問題提起を取り込んだものだということになろう。

もちろん、以上の検討は、不利益変更禁止の原則の趣旨というもっぱら総論的な検討にとどまるものであり、本来、具体的な解釈問題においてその真価が問われるべきものである。冒頭でも指摘したように、そうした各論的問題の中でも、とりわけ訴訟判決に対する一方当事者の上訴の取扱いの検討は、判例と学説との乖離という意味でも喫緊の課題と考えられる。本稿は、そうした検討に至っていない点で極めて不十分なものにすぎないが、そうした点については、近い将来に改めて検討の機会を得られれば幸いである。

【付記】

徳田先生には、そのご著作から多くの御学恩を賜ってきたことはいうまでもないが、直接謦咳に接したという意味では、平成 14 年の民事訴訟法学会大会において、筆者の個別報告の司会の労をお執り頂いたのが初めてではなかったかと思われる。以来、先生との関わりの中で特に筆者にとって重要であったのは、いくつかの理論的に興味深い裁判例について、私法判例リマークスへの評釈の執筆を先生からお勧め頂いたことであり、本稿執筆の直接の発端も、最判平成 27 年 11 月 30 日（民集 69 巻 7 号 2154 頁）の評釈の機会を頂戴したことにある。このように大きな御学恩にはもとより見合わない拙い論稿ではあるが、この度めでたく古稀をお迎えになった先生へのお祝いの気持ちだけでも受け取って頂ければ、筆者としては望外の喜びである。

類似必要的共同訴訟と上訴

菱田雄郷

Ⅰ　はじめに[1)]

必要的共同訴訟において共同訴訟人の一部が上訴した場合の規律については学説上伝統的な通説があるものの、これに対しては有力説による批判があり、安定的な状況とはいい難い。判例においても、有力説の影響を受けたと目されるものが現れているが、限定的な規範を提示したに止まり、不明確な点が多く残されている。

そこで、本稿は、必要的共同訴訟において、共同訴訟人の一部が上訴した場合の規律を明らかにすることを目的とする。ただし、考察の対象は、類似必要的共同訴訟に限定される。固有必要的共同訴訟と類似必要的共同訴訟とで議論が全く異なるものになるわけではないとの見通しをもってはいるものの、考慮要素はやはり異なり得るものであるため、さしあたりは分けて考えるのが生産的であろうと考えたことによる。

以下、Ⅱでは、従来の議論状況を概観し、Ⅲでは、とりわけ判例を動かす原動力となっていたと考えられる送達の負担等の実際上の問題に触れる。そして、Ⅳで、判例についてやや立ち入った分析を行った上で、Ⅴで、若干の私見を述べる。なお、本稿では共同訴訟人のうち自ら上訴した者を上訴共同

1）　本稿の内容については、2015年12月19日に東京大学民事訴訟法研究会において報告をする機会を得た。ここに記して感謝したい。

訴訟人、自ら上訴しなかった者を非上訴共同訴訟人と呼ぶことがある。また、民事訴訟法については原則として条数のみを掲げる。

II　議論状況

1　通説の確認

本稿では、通説の形成後の議論状況に絞って、その流れを記述する。それ以前の立法史および学説史については、既に詳細な先行業績があるからである[2)]。

通説については、判決に対して共同訴訟人の1人が上訴すれば、全員に対する関係でその確定が防止され、全員について移審の効果が生じ、全員が上訴人の地位につく[3)]、という理解が概ね共有されていると思われる。ただし、他の共同訴訟人の上訴によって上訴人となる非上訴共同訴訟人が、上訴共同訴訟人と同等の権限を有し、義務を負うのか、という点は通説においても明らかではない。大正民訴改正前の判例は、一部の共同訴訟人のみが上訴をした場合であっても、非上訴共同訴訟人に対する期日の呼出しを欠かすことはできないとする一方で[4)]、上訴の取下げは上訴共同訴訟人限りでなしうるとしていたが[5)]、通説は、この種の、非上訴共同訴訟人の従属性について態度を表明しなかったからである。

2　井上治典説以降の展開

(1)　井上治典説　1970年代以降になると、非上訴共同訴訟人が上訴審でいかなる地位を与えられるか、という点について立ち入った検討がなされ

2）　立法史については、小山昇「独立当事者参加訴訟の控訴審の構造」小山昇著作集第4巻（信山社・1993〔初出1975〕）241頁以下、特に250頁以下を、学説史については高橋宏志「必要的共同訴訟と上訴」小室直人先生＝小山昇先生還暦記念・裁判と上訴（中）（有斐閣・1980）43頁以下、特に52頁以下を参照。

3）　大正民訴改正後の比較的初期のものとしては、山田正三・改正民事訴訟法第3巻（弘文堂・1929）566頁以下、細野長良・民事訴訟法要義第2巻（巌松堂書店・1930）154頁以下、松岡義正・新民事訴訟法注釈第2巻（清水書店・1930）366頁、河本喜與之・民事訴訟法提要（南郊社・1934）263頁、加藤正治・新訂民事訴訟法要論（有斐閣・1951）146頁、三ケ月章・民事訴訟法（有斐閣・1959）220頁、兼子一・新修民事訴訟法体系［増補版］（酒井書店・1965）394頁等がある。

4）　大判明治30年9月22日民録3輯8巻23頁等。

5）　大判大正5年7月18日評論5巻民訴321頁。

る。その嚆矢は井上治典説である[6]。

同説は、上訴の意思もなく、上訴審における訴訟追行の意思もない共同訴訟人に上訴人としての地位を擬制し、上訴共同訴訟人と同一の訴訟追行上の権限と義務を認めることは合理的か、当事者の意思に忠実な取扱いであるか、という疑問を呈した上で、合一確定の要請からは、全請求について確定遮断および移審の効果を生ぜしめれば足り、非上訴共同訴訟人に上訴人の地位を与える必要はない、と説く。その結果、①非上訴共同訴訟人に対して期日の呼出し等をする必要はない、②上訴の取下げは上訴共同訴訟人限りでなしうる、③非上訴共同訴訟人は上訴審での訴訟費用を当然には負担しない、といった帰結が導かれる。なお、非上訴共同訴訟人の請求も上訴審に移審するが、これについては、上訴共同訴訟人が緩和された形式での、審級限りの選定当事者として訴訟追行をすることが想定されている。そのため、④非上訴共同訴訟人も訴訟追行を委ねた意思を撤回することで、当事者の地位を回復することができる、⑤審級限りの訴訟担当である以上、差戻審では非上訴共同訴訟人は当事者の地位を回復する、といった取扱いが導かれる。また、⑥相手方が附帯控訴を提起する場合には、原判決よりも不利な帰結が生じ得るため、非上訴共同訴訟人も附帯控訴の相手方とされなければならない、と論じられる。

井上治典説では、非上訴共同訴訟人は上訴人にならないという斬新な主張がなされる一方で、⑤や⑥のような限定が慎重に付されている点が目につくが、かかる限定が付される理由については、原判決を下回る結果となり得る局面についてまで上訴共同訴訟人に対して訴訟追行の授権をしているとは解されない、という観点から説明することが可能である。これは⑥に明瞭に現れているが、⑤についても、差戻審では上訴を基準とした不利益変更禁止の原則は妥当しないという通説を前提とする限りは、同様の観点からの説明が可能であると思われる。

(2)　小山昇説　井上治典説は、非上訴共同訴訟人も上訴共同訴訟人と同一の権限をもち、義務を負うとするのが通説であると理解した上で、これに対して根源的な問題提起をするものと位置付けられるが、そもそも通説はそ

6）　井上治典「多数当事者訴訟における一部の者のみの上訴」多数当事者訴訟の法理（弘文堂・1981〔初出 1975〕）201 頁以下、特に 204 頁以下。

のような理解しか許容しないものであるか、ということを考えさせる説も登場する。井上治典説よりやや遅れて公表された小山昇説がその一つである7)。

同説は、上訴共同訴訟人の上訴が無になるという帰結は避けなければならないということから、非上訴共同訴訟人の請求についても確定遮断、移審の効果が生じ、非上訴共同訴訟人は上訴人としての地位に付くとしつつ、その地位は従属的であると論じる。すなわち、非上訴共同訴訟人は、自らの上訴期間を徒過している以上、自ら適法に上訴できないのであるから、その上訴人としての地位は上訴共同訴訟人の上訴に依存しており、上訴共同訴訟人の上訴が却下され、あるいは取り下げられれば、非上訴共同訴訟人も上訴人としての地位を失う、非上訴共同訴訟人も上訴人である以上、弁論の機会を与えられるが、それは上訴共同訴訟人の不服の範囲内に限られる、と論じるのである。

(3)　**高橋宏志説**　次に現れるのは、井上治典説に触発されつつ、通説自体の意味内容をより精緻に特定するという志向をもつ高橋宏志説である8)。

同説は、まず、非上訴共同訴訟人に上訴審の訴訟費用を負担させること、これらの者の同意なしには上訴の取下げはなし得ないとすること、これらの者に中断または中止事由が生じた場合、全共同訴訟人について訴訟手続が停止することは適当ではないが、非上訴共同訴訟人の請求（利益）も上訴審の審判対象である以上、少なくとも上訴審への係属は非上訴共同訴訟人にも通知される必要があり、また、訴えの取下げや、訴訟上の和解、請求の放棄、認諾等の場合も非上訴共同訴訟人の意思を無視してはさせられない、と論じる。

その上で、非上訴共同訴訟人については、上訴人として扱うのがよい部分とそうではない部分とがあり、井上治典説のように上訴人ではないとしつつ特定の場合に別の規律に服すると考えることも、上訴人としつつ、特定の場合に別の規律に服すると考えることも可能であり、通説の合理性も求めるとすればここに求められる、そして、井上治典説と通説のいずれが妥当であるかは、より一般的な当事者論・上訴論の見地から理論的に決せられるべき問題である、と論じる。

7）　小山・前掲注2）260頁以下。
8）　高橋・前掲注2）57頁以下。

以上の高橋宏志説は、主として理論構成について論じるものであり、具体的な処理においては井上治典説と共通する面も多いが、非上訴共同訴訟人に対しても上訴審への訴訟係属を通知しなければならない、とする点では井上治典説と明確に異なる。井上治典説が、原判決を下回る帰結が生じる局面に限定して、非上訴共同訴訟人の手続権を復活させることを構想していたことと比較すると、より丁寧な手続保障を与える構想と理解することができよう。

3 判例の展開等

(1) **最判昭和58年4月1日** 以上のような学説の展開を受け、判例にも展開がみられることとなる。まずは、最判昭和58年4月1日（民集37巻3号201頁。以下、最判昭和58年という）である。いわゆる4号住民訴訟であり、原告らの請求を棄却する第1審判決に対して、15名の原告のうち5名のみが控訴を提起したところ、控訴審が控訴しなかった原告に対しては期日の呼出しをせず、控訴した者のみを当事者として記載した控訴棄却判決をしたことの是非が問題となった事案である。

法廷意見は、控訴を提起しなかった第1審原告も旧62条1項（現40条1項）により控訴人となっている以上、原審としては、第1審原告ら全員を判決の名宛人として1個の終局判決をすべきであったとして、原判決を破棄し、事件を原審に差し戻した。通説に与したものと解されるが、「共同訴訟人の一部の者が上訴すれば、それによつて判決は全体として確定を遮断され、請求は上訴審に移審して、それが上訴審における審判の対象とはなるが、上訴審における訴訟追行は専ら上訴した共同訴訟人によつてのみ行われるべく、自ら上訴しなかつた共同訴訟人はいわば脱退して、ただ上訴審判決の効力を受ける地位にあるにとどまる」とする木下忠良裁判官の反対意見が付されている点が注目される。この反対意見は、井上治典説の影響を受けたものと考えられるが、その射程を住民訴訟に限定している点は、一般的な理論を志向する井上治典説と趣を異にする。

(2) **高橋利文判事論文** 1995年に公表された高橋利文判事の論文は、住民訴訟における上訴の問題を活写する[9)]。請求額如何にかかわらず訴額は一

9） 高橋利文「片面的対世効ある判決と共同訴訟人の一部の者の上訴」貞家最高裁判所判事退官記念・民事法と裁判（下）（民事法情報センター・1995）178頁以下。

定とされた等の事情により、相当多数の住民を共同原告とする住民訴訟が提起されるようになったが、多数の者が原告となる以上、その中には上訴をする意欲を失う者が生じるのは当然であり、それにもかかわらず、第1審の全原告に期日の呼出状を送達し、それが欠ければ上告審での破棄事由になるというのは、極めて煩雑な手続を控訴審に課すことになる、裁判所としても訴訟追行の意欲を失った原告に対しては訴えの取下げを勧告する等の対応をとっているが、転居等で連絡が取れないこともある、と論じるものである。

(3)　**判例変更**　高橋利文判事論文公表の2年後に、判例の変更があった。最判平成9年4月2日（民集51巻4号1673頁。以下、最判平成9年という）である。4号住民訴訟であり、上告した住民側のうち1人が上告を取り下げたため、その者がなお上告人としての地位を維持するかが問題となった事案である。最高裁は、以下のように述べ、上訴をしない共同訴訟人は上訴人にはならず、この理は上訴の取下げの場合もあてはまる、と結論づけた。

「本件は、地方自治法242条の2に規定する住民訴訟である。同条は、普通地方公共団体の財務行政の適正な運営を確保して住民全体の利益を守るために、当該普通地方公共団体の構成員である住民に対し、いわば公益の代表者として同条1項各号所定の訴えを提起する権能を与えたものであり、同条4項が、同条1項の規定による訴訟が係属しているときは、当該普通地方公共団体の他の住民は、別訴をもって同一の請求をすることができないと規定しているのは、住民訴訟のこのような性質にかんがみて、複数の住民による同一の請求については、必ず共同訴訟として提訴することを義務付け、これを一体として審判し、一回的に解決しようとする趣旨に出たものと解される。そうであれば、住民訴訟の判決の効力は、当事者となった住民のみならず、当該地方公共団体の全住民に及ぶものというべきであり、複数の住民の提起した住民訴訟は、……類似必要的共同訴訟と解するのが相当である。

ところで、類似必要的共同訴訟については、共同訴訟人の一部の者がした訴訟行為は、全員の利益においてのみ効力を生ずるとされている（民訴法62条〔現40条〕1項）。上訴は、上訴審に対して原判決の敗訴部分の是正を求める行為であるから、類似必要的共同訴訟において共同訴訟人の一部の者が上訴すれば、それによって原判決の確定が妨げられ、当該訴訟は全体として上訴審に移審し、上訴審の判決の効力は上訴をしなかった共同訴訟人にも及ぶものと解される。しかしながら、合一確定のためには右の限度で上訴が効力を生ずれば足りるものである上、住民訴訟の前記のような性質にかんがみると、公益の代表者となる意思を失った者に対し、その意思に反してまで上訴人の地位に就き続けることを求めることは、相当でないだけでなく、住民訴訟においては、複数の住民によって提訴された場合であっても、公益の代表者としての共同訴訟人らにより同一の違法な財務会計上の行為又は怠る事実の予防又は是正を求める公益上の請求がされているのであり、元来提訴者各人が自己の個別的な利益を有しているものではないから、提訴後に共同訴訟人の数が減少しても、その審判の範囲、審理の態様、判決の効力等には何ら影響がない。そうであれば、住民訴訟については、自ら上訴をしなかった共同訴訟人をその意に反して上訴人の地位に就かせる効力までが行政事件訴訟法7条、民訴法62条1項によって生ずると解するのは相当でなく、自ら上訴をしなかった共同訴訟人は、上訴人にはならないものと解すべきである。この理は、いったん上訴をしたがこれを取り下げた共同訴訟人についても当てはまる……。〔最判昭和58年〕は、右と抵触する限度において、変更すべきものである。」

以上のように、最判平成9年は、非上訴共同訴訟人は上訴人にはならないとした。もっとも、上訴人にはならないということの意味が必ずしも明らかではないとともに10)、その射程は住民訴訟に限定されており、それ以外の類似必要的共同訴訟においていかなる規律が妥当するのかも明らかではない11)という意味で、課題を多く残した判例であるともいえる。

(4) 住民訴訟以外の類似必要的共同訴訟についての判例の展開 そこで、以上のような不明確性を埋める判例の展開が期待されることになったが、まず、株主代表訴訟についても同様の規律が妥当することは、最判平成12年7月7日（民集54巻6号1767頁。以下、最判平成12年という）によって明らかにされた。ただし、その他の類似必要的共同訴訟に同様の規律が及ぶかという点は、この判決においても明らかとはされていない12)。

次に、養子縁組無効の訴えに関して、共同訴訟人の一部が上訴を提起した後になされた他の共同訴訟人による上訴の提起は二重上訴として不適法であるとする最決平成23年2月17日（判時2120号6頁。以下、最決平成23年という）が現れた。一見すると、本稿の問題との関連は薄いようにもみえるが、

---

10) 大橋寛明・最判解民事篇平成9年度（中）579頁によれば、学説等の議論が不十分であったため、意図的に立ち入らなかったということのようである。
11) 大橋・前掲注10) 579頁。
12) 豊澤佳弘・最判解民事篇平成12年度（下）620頁。

養子縁組無効の訴えに最判平成9年の規律が妥当するならば、他の共同訴訟人に後れてなされた上訴を二重上訴として排斥することはできないと考えられるから、最決平成23年は、養子縁組無効の訴えについては一部の共同訴訟人の上訴によって非上訴共同訴訟人も上訴人になるという前提を採用したものと解される[13)]。

(5)　上訴人とはならない者の取扱いについての判例の展開　住民訴訟においては、非上訴共同訴訟人は上訴人にならないというのが、最判平成9年の提示した規律であるが、その後の処理の一端を明らかにするものとして、最判平成14年10月15日（判時1807号79頁。以下、最判平成14年という）がある。

本件で、まず問題となったのは、第1審と原審で請求棄却となり、6名の第1審原告・原審控訴人のうち1人のみが上告を提起したところ、上告審は、原告の請求は地方自治法242条の2第1項のいずれの号においても認められるものではないため、訴えを却下すべきであるとの判断に至った場合に、上告を提起しておらず、そのために上告人になっていない者の訴えも却下すべきであるか、である。最高裁は却下すべきである、と述べたものの、理由は明示されていない。

ついで本判決が対応したのは訴訟費用の負担についてである。具体的に問題となったのは、上記の処理に伴い、第1審判決および原判決が破棄されるため、上告審として訴訟の総費用について負担の裁判をしなければならないところ（67条2項前段）、上告しなかった5人について、上告審が、訴訟費用の負担の裁判をすることができるか否かであり、本判決は、「上告人と被上告人らとの間において生じた訴訟費用についてのみ負担の裁判をすべきである。」と述べた。上告人と被上告人らとの間において生じた訴訟費用と、上告をしなかった5名と被上告人らとの間において生じた訴訟費用を分けるということであるから、後者には上告審で生じた訴訟費用は含まれないという含意があると考えられる[14)]。

---

13)　判時2120号6頁の匿名記事はそのような前提である。

14)　判時1807号79頁の匿名記事と川嶋四郎・法セ588号（2003）122頁はそのような理解をしていると解される。

Ⅲ 送達等の負担の問題

1 送　達

(1) **送達すべき書面**　控訴状、上告状、上告受理申立書は、被控訴人、被上告人に対して送達しなければならないとされ（289条、313条、318条5項）、非上訴共同訴訟人に対する送達は条文上要求されていないが、解釈としては非上訴共同訴訟人にも、上訴人とされる限りは送達しなければならないというのが通説である[15]。上告提起通知書も、上訴人とされる非上訴共同訴訟人に対して送達する必要がある（民訴規189条1項）。

期日の呼出しは、呼出状の送達によらずとも、いわゆる簡易呼出しの方法によることが許されている（94条1項）。簡易呼出しの方法とは通常郵便や電話等による呼出しを指す。したがって、期日の呼出しは常に呼出状の送達を伴うわけではないが、簡易呼出しといえども当事者の所在・連絡先を把握するという手間を免れ得るわけではない。

(2) **送達の負担**　非上訴共同訴訟人についても従前から訴訟代理人が選任されており、当該訴訟代理人の事務所が送達場所として届け出られているという場合は比較的多いと思われるが、このような場合も、当該訴訟代理人が非上訴共同訴訟人との関係でも控訴、上告の授権を得ており、かつ、辞任していないという場合と、原審限りで辞任しているという場合とが考えられる。

前者の場合、非上訴共同訴訟人に対する送達は当該訴訟代理人の事務所に対してすることができるので、特段の問題はない。他方、後者の場合、なお届け出られた送達場所に送達をすることができるか、という問題が生じるが、この点については複数の考え方がある。

まず、当事者単位説[16]によると、当事者と訴訟代理人は、あわせて一つの送達場所しか届け出られず、訴訟代理人が届け出た送達場所は、当事者に対しても効力をもつということになる。したがって、訴訟代理人が訴訟代理権

15) 兼子一ほか・条解民事訴訟法［第2版］（弘文堂・2011）1549頁〔松浦馨＝加藤新太郎〕等。
16) 秋山幹男ほか・コンメンタール民事訴訟法Ⅱ（日本評論社・2002）310頁以下（同書の立場というわけではない）。

を失った後も、従前の送達場所は当事者との関係ではなお効力を有する。

他方、届出人単位説[17]によると、当事者と訴訟代理人は、それぞれ個別に送達場所を届け出ることができ、その効力も届出をした者にのみ及ぶ。したがって、訴訟代理人の届け出た送達場所は、当該代理人にのみ効力をもつので、当該訴訟代理人が訴訟代理権を失い、当事者に対して送達をすべきことになれば、従前の送達場所ではなく、当事者の住所等で送達をしなければならないことになる。

以上鑑みると、届出人単位説を採用した場合、実際上当事者の住所の把握の困難等の問題が生じやすいと考えることができる（そして、手続保障という観点からは届出人単位説を採用すべきであろう）。ただし、かかる負担は上訴審での1回目の送達に限定される。1回目の送達がなされれば、その次の送達はその場所で交付送達を試み、それが成功しなければ直ちに付郵便送達を実施することができるからである（104条3項、107条1項3号）。

2　相手方による準備書面の直送

平成民訴改正前は、準備書面も送達によることとされており（旧243条1項）、これを非上訴共同訴訟人に対してすることも負担であったといわれるが、現行法では、準備書面は直送が原則とされている（民訴規83条1項）。

そこで、非上訴共同訴訟人を上訴人とした場合における準備書面の直送がどれだけの負担となるかが問題となる。この点、準備書面の直送自体は、40条2項にいう訴訟行為に該当しないと考えられることから、1人の共同訴訟人に対して準備書面を直送すれば、他の共同訴訟人にも効力が生じるということはなさそうである。

したがって、相手方からの準備書面の直送は共同訴訟人全員に対してすべきものということになるが、一部の共同訴訟人に対する準備書面の直送を欠いた場合の規律は明らかではない。可能性としては、①準備書面の直送を受けた者に対する限りは、準備書面の直送は有効であるという理解と、②全体として準備書面の直送は効力を生じないという理解があり得る[18]。共同訴訟

17）　兼子ほか・前掲注15）475頁〔上原敏夫〕。

18）　準備書面の受領は、欠席していても書面記載の事実を主張されるという意味で不利益な面を有するので、40条1項が適用される訴訟行為であるとも解し得る（前掲注1）の研究会での指摘による）。

人全員欠席の場合、②の理解では、相手方は準備書面記載の事実も主張し得ないということになるのに対して、①の理解では、準備書面記載の事実は直送を受けた共同訴訟人に対しては主張でき、この主張は40条2項によって他の共同訴訟人との関係でも効力を生じることになると考えられる。

②の理解によっても、共同訴訟人の1人が期日に出頭している限りでは、準備書面に記載されていない事実も主張でき、これは全共同訴訟人との間で効力を生じるが[19]、全員欠席が想定されるような場合は困難な問題が生じる可能性があろう。他方、①の理解によった場合、準備書面の直送が一部の共同訴訟人に対して欠けたために書面記載の主張がなし得なくなるということはないが、準備書面の直送を受けなかった共同訴訟人が当該期日において十分な対応をなし得ず、続行期日を要したという場合の訴訟費用の負担（63条）はなお問題となり得るため[20]、共同訴訟人の1人に対して準備書面を直送すれば足りるということにはならない。

以上鑑みれば、①と②いずれの理解によるかで程度の差はあるものの、準備書面の直送はなお当事者にとって負担となり得るとともに、裁判所にとっては訴訟遅延の一因にもなり得るといえそうである。

Ⅳ 判例の理解

1 上訴人とならなかった者の地位

(1) **判例と有力説**　最判平成9年および最判平成12年は、非上訴共同訴訟人は上訴人にはならないと述べたが、その意味は意図的に不明瞭にされていた面がある。この点、学説では、訴えの取下げをしたのと同じ意味で上訴人にはならないという趣旨に解すべきであるとする有力説があるが[21]、最判平成14年は、非上訴共同訴訟人の訴えもなお審判の対象として存続して

---

19) 兼子ほか・前掲注15) 221頁〔新堂幸司＝高橋宏志＝高田裕成〕。
20) 新堂幸司・新民事訴訟法［第5版］（弘文堂・2011）539頁以下。
21) 徳田和幸・リマークス17号（1998）140頁、同「複数住民の提起した住民訴訟と上訴」原井龍一郎先生古稀祝賀・改革期の民事手続法（法律文化社・2000）405頁以下、特に416頁、同「必要的共同訴訟における非上訴人の地位」法学論叢156巻5＝6号（2005）86頁以下、特に99頁、同「多数当事者訴訟と上訴」青山善充先生古稀祝賀・民事手続法学の新たな地平（有斐閣・2009）251頁以下、特に259頁以下。

いることを前提としており、判例がこの有力説と考え方を共有しているとはいえない。

そこで、判例が有力説に与しなかった理由が問題となる。判例自身はこれを明らかにしていないが、可能性としては、①訴えの取下げが明示的になされていない以上、訴えの取下げと同視することはできない、②訴えの取下げと同視すると再訴禁止効（262条2項）が生じ得る可能性があり、その結果、非上訴共同訴訟人が上訴審で共同訴訟参加をすることまで否定されることになりかねず、過剰規制となる等の理由が考えられる。いずれも成り立ち得る理由であり、判例が有力説に与しなかったことをもって直ちに不当とはいい難い。

(2)　非上訴共同訴訟人の訴えの却下　　何故、最判平成14年が、訴え却下に関する限りで非上訴共同訴訟人の訴えについても判決をしなければならないと考えたのかも問題である。その理由も判例自身は語らないが、訴えに関する限りは、共同訴訟人毎に複数存在すると観念せざるを得ないため、これに対する判決をしないまま放置することは許されないと考えた可能性がある[22]。狭義の請求については、住民訴訟や株主代表訴訟に関する限り、原告の数にかかわらず一つであるという理解もあり得るが[23]、訴えはそうではないということである[24]。

次に、非上訴共同訴訟人の訴えについて上訴審が何故審判をすることができるのかという点も問題となる。これについても判例は語らないが、理論的には上訴共同訴訟人による訴訟担当という構成が考えられようか。この構成に対しては、「非上訴共同訴訟人の訴え」という性質を維持しながら、上訴共同訴訟人が訴訟担当として訴訟追行をするというのは奇妙であるという疑問があり得るが（訴訟担当であれば、「担当者の訴え」とならないか）、これについては、訴訟担当が複数の被担当者のために訴訟追行したとしても、その訴訟要件は被担当者毎に把握される必要があるとすれば、比喩的に、被担当者の訴えについて訴訟担当者が訴訟追行をするという表現を用いることもあり得

---

22)　小山昇「複数の住民の住民訴訟の性質」小山昇著作集第4巻（信山社・1993〔初出1984〕）140頁が、「請求が宙に浮く」と表現した事態である。

23)　伊藤眞・平成9年度重判解130頁、高橋宏志・リマークス23号（2001）118頁。

24)　狭義の請求と訴えの違いについては、前掲注1）の研究会での指摘による。なお、上野泰男・百選［第3版］（2003）213頁も参照。

なくはない、という応答が可能であろう。

⑶　**本案についての訴訟担当**　仮に訴訟担当として最判平成 14 年を理解することが可能であるとすれば、これを訴えの適法性に限定しなければならない理由があるか、という別の問いも派生する。先述の通り、狭義の請求を 1 個と観念することで、訴訟担当という構成の必要性を消滅せしめることはあり得るが、かかる考え方の方が理論に対する負荷が重いといえなくもなく、また、常にそのように考えられるか、という問題もありそうである。他方で、本案に関して訴訟担当と理解することで大きな支障が生じるということもないとすれば、最判平成 14 年と全体として訴訟担当であるという構成との距離はそう遠くないと評価することも可能であろう。

2　当事者の減少があっても審判の範囲、審理の態様、判決の効力に変更がないこと

最判平成 9 年は、非上訴共同訴訟人は上訴人にはならないという規律を導く際に、「提訴後に共同訴訟人の数が減少しても、その審判の範囲、審理の態様、判決の効力等には何ら影響がない」ことを理由として挙げる。類似必要的共同訴訟であれば、この理由が妥当することが多いと思われるが、微妙な場合もある。以下、二つの場合を素材とし、判例が上記のような理由を挙げた真意を探ることとする。

まず、株主総会決議無効確認請求訴訟を複数の者が提起したという場合、原告の減少によっても、審判の範囲、審理の態様は変わらないが、判決の効力に変更が生じ得る。例えば、X_1 と X_2 が株主総会決議無効確認請求訴訟を提起したところ、第 1 審は請求棄却となり、X_2 のみが控訴を提起したという場合、X_1 を控訴人にしなくても、審判の範囲、審理の態様は変わらないが、X_2 の控訴を棄却する判決が確定したとしても、その既判力は X_2 にしか及ばない（会社 838 条参照）。したがって、X_1 を上訴人にしないという規律は、被告に再度の応訴の負担という不利益を生ぜしめ得る（X_1 の請求棄却判決は確定を遮断されたままである、という前提）。もっとも、X_2 が X_1 の訴訟担当となるという構成が可能であれば、X_1 を上訴人にせずとも、X_1 の請求について判決がなされるため、X_1 を上訴人にしないという規律に対する支障はなくなる。

次に、債権者代位訴訟を例にとる[25]。例えば、債権者 G_1 と債権者 G_2 が共同して、第三債務者Ｄに対して訴えを提起し、G_1 は債務者ＳのＤに対する債権 1000 を請求し、債権者 G_2 が同債権のうち 700 を請求したところ、第１審裁判所が両請求を 200 の限度で認容する旨の判決をし、G_2 のみが控訴をしたという場合を考える。この場合、G_1 を控訴人とするか否かにかかわらず、控訴審での本案の審判の範囲は、200 以上 700 以下の部分に限定されるため、審理の範囲には変更はない。他方で、G_1 が控訴人ではないとすると、職権調査事項たる G_1 の当事者適格を基礎づける G_1 の被保全債権については誰が訴訟追行をするかが問題となる。G_1 の被保全債権に関しては、G_1 と G_2 とは利害が対立するので、G_2 の訴訟追行に委ねるのは相当ではない。そして、G_2 の訴訟追行に委ねられないとすると、この問題に関するＤの主張につき認否をする者がおらず、擬制自白の成否が不明確になるという問題も生じ得る。最判平成９年が、「審理の態様への影響」として何を想定していたかは明らかではないものの、上記のような事態も想定されていたとすれば、そのような場合に最判平成９年の規律を妥当させないということには一定の理由があったとも考えられる。

なお、株主代表訴訟や住民訴訟でも、訴訟要件については共同訴訟人毎に別個の論点が生じ得るという点では、債権者代位訴訟と径庭ないため、債権者代位訴訟と株主代表訴訟・住民訴訟とを区別することの可否が問題になるが、株主代表訴訟や住民訴訟では、債権者代位訴訟のような実体的な利害の対立が共同原告間には存在しないという観点から区別することはあり得よう。

3　当事者の個別的利益が直接問題となっていないこと

最決平成 23 年の事案は、当事者の減少があっても審判の範囲、審理の態様、判決の効力等に影響は及ばないものであった。したがって、同決定が最判平成９年等の規律を適用しなかった理由は、当事者の個別的利益が直接問題となっていたことに求めざるを得ない[26]。

そこで、当事者の個別的利益が直接問題になっている場合に最判平成９年

25)　債権者代位訴訟については、高橋宏志・重点講義民事訴訟法（下）［第２版補訂版］（有斐閣・2014）328 頁に緻密な検討がある。

26)　春日偉知郎・判タ 1375 号（2012）44 頁以下、特に 49 頁以下。

の規律を適用しないことで何を狙っていたかが問題となるが、この点についてはいくつかの理解があり得る。例えば、①非上訴共同訴訟人も、心変わりをし、原判決より有利な判決を求めて訴訟追行をしたくなる場合があり得るだろうから、その場合に備えて期日の呼出し等をするために上訴人にしたという理解[27)]、②非上訴共同訴訟人は上訴人にならないとすると、上訴共同訴訟人限りで訴えの取下げをし、原判決を失わせることが可能となるため、かかる帰結を避けたという理解[28)]である。

以上の理解のうち、①は原判決より有利な判決を得る機会を与えるという発想に基づくものであるのに対して、②は原判決を維持する機会を与えるという発想に基づくという点で異なる。そして、②を重視する限りにおいては、最決平成 23 年では、原審は共同訴訟人側が本案で全面敗訴しているのであって、このような場合に原判決を維持する利益を観念し得るか、という問題が派生する。このような問題がある以上、最決平成 23 年は①を採用したものと考えることも可能であろうが、別の理解もあり得る。例えばⓐ②にコミットしつつ、原判決の態様で扱いを変えるのは規律として煩雑であると考えた、ⓑ原判決が本案判決である限りは、共同訴訟人の全面敗訴であっても紛争解決基準としての意義を有するのであり、②の立場から、これが訴えの取下げ等で失われることを回避する機会を与える趣旨で非上訴共同訴訟人を上訴人にした、という理解である。①はやや後見的にすぎるようにもみえ、②の方向で考えたいが、判例がいかなる理解に立っているかは不明である。

V 検　　討

1 手続保障のレベル

非上訴共同訴訟人に対する手続保障のレベルについては、共同訴訟とならなかった場合の帰結をベースラインとすることがあり得る。当事者からすれば、自ら望まない場合も 40 条の適用下での併合審理が強制されることになる以上、合一確定の要請がかかわらない限りにおいては、共同訴訟とならな

27)　座談会「民事訴訟手続における裁判実務の動向と検討（3）」判タ 1375 号（2012）19 頁以下〔山本和彦、春日偉知郎〕が、このような理解の可能性を示唆する。
28)　高橋・前掲注 23）119 頁。

かった場合の帰結を尊重することにも理由があると考えられるからである。

このような考え方によれば、上訴期間内に上訴を提起しなければ、原判決はそのまま確定するということがベースラインに置かれることとなる。ここからは、非上訴共同訴訟人に対して原判決より有利な帰結を得るべく訴訟追行する機会を積極的に与える必要はなく[29]、また、小山昇説が述べる従属性も承認し得ることが導かれる。そして、合一確定の要請がある以上、原判決より不利な結果となる場合もあり得るが、そのような場合は、非上訴共同訴訟人にかかる帰結を回避するための訴訟追行をする機会を積極的に与えるべきであることを導くこともそう無理なことではないように思われる。

もっとも、ここで検討が終わるわけではなく、このような原則的な考え方が係争利益の性質によって変容を受けるか否かが更に吟味されなければならない。例えば、当事者の個別的利益が直接問題とならない訴訟類型に限っては、原判決よりも不利な結果が生じ得る段階になっても、非上訴共同訴訟人に訴訟追行をする機会を与える必要はない、と論じることは不可能ではない[30]。

これに対して、当事者の個別的利益が直接問題になる場合に、原判決を下回る帰結が生じる局面での訴訟追行の機会を実質化しないことの正当化は困難である。他方、上記のベースライン論からいえば、控訴状の送達、期日の呼出しを常にすることまでは、当事者の個別的利益が問題になる場合も要求しにくいが、原判決を下回る帰結が生じる局面でのみ訴訟追行の機会を実質化するということが現行法上可能か、という点は別途問題となる。

また、以上の議論は、手続保障のレベルを上げることによる実際上の不都合という要素ともかかわる。当事者の個別的利益が直接問題とならない訴訟類型は当事者数が多くなりがちであり、手続保障のレベルを上げることが実際上の不都合を許容可能な範囲を超えてもたらしやすいのに対して、当事者の個別的利益が直接問題となる訴訟類型では、そのようになりにくいとすれば、当事者の個別的利益が直接問題になる訴訟類型では、無理に伝統的な議論から離れる必要性に乏しいという帰結も導き得るからである。

---

29)　ただし、自らの責任で上訴審での訴訟の経過を監視し、必要に応じて訴訟参加等をすることまでは排除されない。

30)　徳田・前掲注 21)「多数当事者訴訟と上訴」259 頁以下。

2 相手方の不利益

当事者の数を減少させることにより、相手方が不利益を被ることは避ける必要がある。この観点からは、片面的対世効の訴訟類型においては、非上訴共同訴訟人についても既判力を及ぼすために上訴人とせざるを得ないということもあり得よう。

もっとも、それ以外にも非上訴共同訴訟人による再訴を回避する手段は複数あり得る[31)]。例えば、①上訴共同訴訟人による訴訟担当と、②訴えの取下げの擬制による再訴の禁止（262条2項）はそのような手段としての適格性を有する。ただし、②については「訴の利益又は必要性の点についても事情を一にする訴」である限りでの再訴の禁止であるという点で[32)]、少なくとも抽象論としては既判力よりも相手方にとって不利であるという問題を抱えているのに対して、①はかかる問題を免れているという点で優位にあるといえそうである[33)]。

3 訴訟要件の扱い

類似必要的共同訴訟において訴訟物の審理に関して共同訴訟人毎に個別の論点が生じるということは余りないと思われるが、訴訟要件については共同訴訟人毎に異なる論点が現れることが避けられない。その結果、非上訴共同訴訟人が上訴人にならないとすれば、その者に係る訴訟要件については、上訴共同訴訟人が（論者の立場によっては訴訟担当として）、訴訟追行をせざるを得ないことになる。そこで、このような審理構造に看過し難い問題が生じるのであれば、非上訴共同訴訟人は上訴人にならないとした出発点から再考をする必要が生じ得る。

このような観点からすると、共同訴訟人間に実質的な利害対立がない場合は余り問題はないが、利害対立がある場合には問題が大きいといえそうであ

31） 高橋・前掲注23）119頁は、自ら上訴しない共同訴訟人に対する原審判決はそのまま確定させるという案を提示する。相手方の不利益はこれによっても守られるが、この案によるのであれば、片面的対世効の類型はそもそも類似必要的共同訴訟に当たらないとする方が簡単である。

32） 最判昭和52年7月19日民集31巻4号693頁。

33） 高田裕成「いわゆる類似必要的共同訴訟関係における共同訴訟人の地位―多数当事者訴訟における合一確定の意義」新堂幸司先生古稀祝賀・民事訴訟法理論の新たな構築（上）（有斐閣・2001）641頁以下、特に659頁は、相手方当事者が非上訴人との間で確定判決を得る利益をどう解するかが問題になることを指摘する。

る。その典型は債権者代位訴訟であるが、このような訴訟類型では、他の共同訴訟人に委ねられない論点について訴訟追行の責任を負わせるという趣旨で、非上訴共同訴訟人も上訴人にすることもあり得よう。

4　法律構成

(1)　**当事者の個別的利益が直接問題となる訴訟類型**　実質論としては、かかる訴訟類型においては、非上訴共同訴訟人に対して上訴状の送達、期日の呼出しを逐一する必要はなく、原判決を下回る帰結となる現実的な可能性が生じた時点で訴訟に関与する機会を付与すれば必要にして十分であるといえそうである。

ただし、問題はそのようなことを可能にする法律構成如何であり、従来の学説も主としてこの点で議論をしてきたと解される。過不足のない帰結を追及するとすれば、例えば、上訴共同訴訟人は非上訴共同訴訟人の任意的訴訟担当として訴訟追行をしていると理解した上で、原判決を下回る帰結となる現実的な可能性が生じた時点で、非上訴共同訴訟人に対して授権の撤回をする機会を与えることが考えられるが、そのような機会を誰がどのように与えるかについては現行法上規定がない。そこで、次善の策としては、非上訴共同訴訟人も上訴人とする方が無理が少ない、というのが一部の学説の論法であり、判例もこのような議論にコミットしている可能性がないではない。

確かに、非上訴共同訴訟人も上訴人にするというのは手堅い解釈であるし、当事者の個別的利益が直接問題になる訴訟類型では、それで実際上の困難な問題が生じるということも多くはなさそうである。しかし、理論としては最適な解を追及するべきであるとすれば、次のような議論も考えられそうである。

上訴共同訴訟人は非上訴共同訴訟人の黙示的な授権により任意的訴訟担当として訴訟追行をしていると考えられる。しかし、非上訴共同訴訟人は、原判決を下回るような帰結を導く訴訟追行をする授権までは、上訴共同訴訟人に対してしているとはいえない[34]。したがって、相手方による附帯上訴につ

---

34)　差戻しとなった場合の扱いを明確にする必要も指摘される（大渕真喜子・百選［第5版］(2015) 213頁）。この点は、井上治典説のように審級限りの訴訟担当と考える余地もあるが、差戻しによって原判決を下回る帰結が生じ得るか否かは場合によるので、より柔軟な扱いも考えられそうである。なお検討したい。

いてまで、上訴共同訴訟人が非上訴共同訴訟人の訴訟担当として訴訟追行をする資格はなく、潜在化していた後者の訴訟追行権が復活することとなる。また、上訴共同訴訟人は自らの訴えを取り下げられるとしても、非上訴共同訴訟人の訴えを取り下げる権限までは当然には有しない。したがって非上訴共同訴訟人の訴えを取り下げるためには改めて特別の授権が必要であり、上訴共同訴訟人が自らの訴えのみを取り下げた場合、非上訴共同訴訟人の訴えにかかる訴訟追行権を喪失したものと解されるため、訴訟は中断し、非上訴共同訴訟人による受継がなされる（124条1項6号類推）。

もちろん、かかる議論には、このような限定的な任意的訴訟担当が許容されるか等検討すべき問題が多く残されているが、最適解を追及するという観点からは、この方向で検討を進めるということにも理由はあると考える。もっとも、訴訟担当をベースに議論をする以上、共同訴訟人間で構造的な利害対立がある場合は、上記試論の枠内では議論がしにくく、その観点からは債権者代位訴訟は別論ということになりそうである。

⑵ 当事者の個別的利益が直接問題とならない訴訟類型 かかる訴訟類型でも、非上訴共同訴訟人の原判決維持の利益を観念するのであれば、⑴の場合と同様の議論になろう。他方、非上訴共同訴訟人には原判決維持の利益はないとみるのであれば、上訴しないことをもって訴え取下げに擬するという議論が可能である。

しかし、本稿は以下の理由によりこの場合も、⑴と同様、訴訟担当構成の方向が好ましいと考える。第1に、訴えの取下げの効果を擬制すると、再訴禁止効が働き、過剰規制となる可能性がある、第2に、当事者の個別的利益が直接問題となっていない訴訟類型でも原判決維持の利益が観念できるか否かは個別に検討をする必要があるところ、訴訟担当構成であれば、いずれであっても授権の趣旨の解釈として対応し得る、第3に、当事者の個別的利益が問題となっているか否かで法律構成を変えるのは複雑である。

Ⅵ おわりに

本稿では、類似必要的共同訴訟において、上訴しなかった共同訴訟人が上訴審においていかなる地位に立つかを検討した。その結果、①非上訴共同訴訟人は上訴人にならないという規律は、共同訴訟人間に実体的な利害対立がある場合を除いては広く妥当し得る[35)]、②上訴共同訴訟人は非上訴共同訴訟人の任意的訴訟担当として訴訟追行をする、③ただし、その訴訟追行権限は、係争利益の性質により限定的なものになり得る、という方向性を得た。もっとも、本稿では、先行する学説において示唆されていた、より一般的な当事者論、上訴論全体の中での考察はなし得ていない。このような作業の必要性は疑う余地がないが、これは他日を期したい。

【付記】
本稿は、科研費（課題番号：16K03389）による研究成果の一部である。

35)　住民訴訟、株主代表訴訟、株主総会決議無効確認等の会社関係訴訟のほか、人事訴訟も（本格的には個別の検討が必要であるが）当然には排除されない。

第三者による再審の訴えについて

岡田幸宏

I　はじめに

ある当事者の間に係属した訴訟で終局判決が言渡され、これが確定したとする。この場合、当該確定判決は既判力を有し（民訴114条）、両当事者は、その訴訟物に関する判断内容を以後に争うことができなくなる。また、他の裁判所もその判断内容に拘束されることになる。このようにして判決による法的安定性が確保される。その一方で、民事訴訟法は、法的安定性を後退させてもやむを得ない一定の事由を挙げて、再審、すなわち確定判決の取消しと再審理を認めている（民訴338条以下）。

もちろんのこと、私人間の権利義務や法律関係を審判対象とする民事訴訟では、当該確定判決の存在によって不利益を受ける者にその取消しと再審理の機会を認めれば、それで必要十分である。民事の通常訴訟では、既判力は当事者（民訴115条1項1号）に及ぶのが原則である（既判力の相対性）。既判力の拘束を受ける当事者が、確定判決によって不利益を受ける者としてまずは把握され、当事者に再審の訴え提起が認められる[1)]。

それでは、当事者以外の第三者による再審の訴え提起は可能か。紛争解決の実効性や法律関係の安定性の確保等の理由から、既判力の相対性原則の例外として、第三者に対する既判力拡張が、民事訴訟法（民訴115条1項2号〜4

1）　再審の原告適格が認められるためには、さらに確定判決において全部または一部敗訴しているといった不服の利益も要求される（兼子一ほか・条解民事訴訟法〔第2版〕（弘文堂・2011）1715頁〔松浦馨〕、高田裕成ほか編・注釈民事訴訟法第5巻（有斐閣・2015）477頁〔内山衛次〕、など）。

号）やその他の法規（人訴 24 条、会社 838 条、破産 131 条、民再 111 条、会更 161 条など）に定められている。これらの第三者も、確定判決の判断内容を争うことができないため、確定判決によって不利益を受ける者であり、当事者と同様に再審の訴え提起を認める必要性があるともいえる。しかし、当事者とは異なり、第三者は元々の訴訟には関与していなかったため、仮に第三者に再審の訴え提起が認められたとして、再開された訴訟でどのような手続上の地位につくのかという問題が生じる。また、この点とも関連するが、第三者が再審の訴えを提起する場合に、再審事由の有無の判断基準は当事者かそれとも第三者かという点も問題となろう。

また、既判力の拡張されない第三者は他人間の確定判決には拘束されず、再審の訴えを待たなくてもその判断内容を争うことができる。理論上は確定判決による不利益は受けないともいえる。しかし、既判力の拡張されない第三者であっても、他人間の確定判決によって実質的な不利益を受ける可能性は否定できない。既判力の拡張を受けない第三者にも再審の訴え提起を認める必要性があるのか、またこれが可能かも問題となろう。

第三者による再審の訴え（以下、「第三者再審」とする）に関するいくつかの最高裁判例によって、上記の問題に関する一定の方向性が示されつつある。本稿では、まず、最高裁判例の準則を出発点として、第三者再審をめぐる諸問題についての検討を試みたい。なお、引用する判例や文献で各法規の旧規定が用いられている場合には、可能な限り対応する現行法条文に置き換えていく。

Ⅱ　第三者再審に対する最高裁判例の準則

1　最判平成元年 11 月 10 日（民集 43 巻 10 号 1085 頁）

第三者再審に関する最高裁判例の準則については、この判例（以下、「平成元年判決」とする）の考察から始めたい[2)]。

2）　なお、当事者以外の再審原告適格に関する最高裁判例としては、口頭弁論終結後の承継人に再審原告適格を肯定した、最判昭和 46 年 6 月 3 日判時 634 号 37 頁、および、最判昭和 51 年 4 月 8 日判時 848 号 6 頁も存在する。しかし、最近の学説では、口頭弁論終結後の承継人の再審原告適格はほぼ異論なく認められている（兼子ほか・前掲注 1）1715 頁〔松浦〕、高田ほか編・前掲注 1）477 頁〔内山〕、秋山幹男ほか・コンメンタール民事訴訟法 VII（日本評論社・2016）5 頁、高橋宏

⑴ **事案** Y_1は、Aの死亡後に検事正Y_2を被告とし、戸籍上の両親との間の親子関係不存在確認およびAの子供であることの認知を求める訴えを提起した。Y_2は、Y_1主張の事実関係の存否については不知との答弁書だけを提出し、証拠申立てはせず、弁論期日にも欠席した。裁判所は、Y_1の申請により戸籍謄本と2人の証人を取り調べ、2回の口頭弁論期日を経て弁論を終結して請求認容の判決を言渡しこれが確定した。Aの実子および養子であるXらは判決確定後にこの認知判決の存在を知り、Y_1、Y_2を相手方として、再審事由として3号の類推適用を主張して再審の訴えを提起した。

⑵ **原々審および原審** 原々審（福岡地判昭和58年12月1日判時1118号202頁）は、Xらの再審原告適格を肯定した上で、死後認知訴訟では、弁論主義・処分権主義の排除、検察官の関与、職権主義の採用により第三者の利益保護のために法的に手続保障が図られているから、3号の類推適用による再審事由は認められない、として再審請求を棄却した。原審（福岡高判昭和59年6月19日判時1138号93頁）は、Xらは認知の訴えについて独立に当事者となる資格はないが、なお共同訴訟的補助参加をなしうる場合であったとして、Xらは「本件認知訴訟に参加して訴訟活動をなし得たのに責めに帰すべき事由なくその機会を奪われ、自己に効力の及ぶ確定判決をうけてしまったのであるから、実質的に裁判を受ける権利を奪われたという意味で」3号の類推適用による再審事由があるとして、Xらの再審を認めている（なお、親子関係不存在確認請求は、Xらの当事者適格を否定して控訴棄却）。

⑶ **最高裁** 最高裁は、「再審の訴えの原告は確定判決の本案についても訴訟行為をなしうることが前提となるところ、認知を求められた父の子は認知の訴えの当事者適格を有せず〔人訴42条1項〕、右訴えに補助参加をすることができるにすぎず、独立して訴訟行為をすることができ」ないとして、Xらの再審原告適格を否定して、再審の訴えを却下している。また、認知の訴えの判決には対世効がある（人訴24条）ものの、「父を相手方とする認知の訴えにおいて、その子が自己の責に帰することができない事由により訴訟に参加する機会を与えられなかったとしても、その故に認知請求を認容する

志・重点講義民事訴訟法（下）［第2版補訂版］（有斐閣・2014）794頁など。ただし、河野正憲・民事訴訟法（有斐閣・2009）853頁は、特定承継人については再審原告適格を否定する）ため、ここでは指摘にとどめておく。

判決が違法となり、又はその子が当然に再審の訴えの原告適格を有するものと解すべき理由はなく、この理は、父が死亡したために検察官が右訴えの相手方となる場合においても変わるものではないのである。検察官が被告となる人事訴訟手続においては、真実の発見のために利害関係を有する者に補助参加の機会を与えることが望ましいことはいうまでもないが、右訴訟参加の機会を与えることなしにされた検察官の訴訟行為に瑕疵があることにはなら」ないと付言している。

(4)　考察　認知の訴えに対する確定判決は、第三者に対しても効力が拡張される（人訴 24 条 1 項）。しかし、本件最高裁判例は、判決効の拡張だけでは第三者に再審の原告適格を認めず、さらに再開される訴訟での当事者適格も要求している。このことが、本件最高裁判例における重要な準則であり、後述する最決平成 25 年 11 月 21 日（民集 67 巻 8 号 1686 頁。以下、「平成 25 年決定」とする）にも引き継がれている。

父親の生前であっても、その子らの不知の間に認知請求を認容する判決が確定し、その判決効が子らに拡張されることもありえよう。とはいえ、最も利害関係の大きい父親本人が訴訟を追行していたのであるから、この場合に子らに再審の訴え提起を認めることは適切ではない。しかし、生前認知訴訟の確定判決には子らに再審原告適格が認められないからといって、当然に、死後認知訴訟も同様とするのは、論理の飛躍があるように思われる。死後認知訴訟は、事情を把握していない検察官が被告となっている点で、生前の認知訴訟と質的な違いがあると思われるからである。

周知のように、本件判例を契機として、死後認知訴訟では、相続人である子など一定の範囲の利害関係人に訴訟係属を通知する制度が新設され（旧人訴 33 条）[3]、これが現行の人事訴訟法にも引き継がれている（人訴 28 条）。相続人等の利害関係人に訴訟に参加する機会を保障し、自らの与り知らないうちに不利益な判決効が生じることを予防する制度といえる。ただし、通知の対象が、訴訟記録上その利害関係人の氏名および住所・居所が判明している場合に限られており（同条ただし書）、通知を受けずに、不利益な判決効を受ける利害関係人の生じることも想定される。通知制度の新設によって、ここ

3）　その経緯については、林道晴「『人事訴訟手続法第 33 条の規定による通知に関する規則』の解説」判タ 940 号（1997）4 頁以下参照。

での問題が完全に払拭された訳ではない[4]。なお、新法においては、通常の申出による補助参加（民訴43条1項）に加えて、利害関係人の訴訟参加が必要であると認めるときには、裁判所は、決定で、被告である検察官を補助させるために利害関係人を認知訴訟に参加させることが可能とされている（強制参加。人訴15条1項）。さらに、検察官を補助するため参加した利害関係人には、任意の参加であれ、強制参加であれ、いわゆる共同訴訟的補助参加として共同訴訟人に準じた地位が与えられている（同条3項、4項）[5]。このように、本件判決後に、平成元年判決の結論を導き出した人事訴訟の手続きが大きく変わっており、民事訴訟法も平成8年に改正を経ている[6]。そのため、平成元年判決の現時点での通用性については留保が必要であろう。

2　最決平成25年11月21日（民集67巻8号1686頁）

本件平成25年決定の登場に先だって、類似の事件について第三者再審を認めた大阪高裁の決定が公表されている[7]。この事件は、高裁段階で確定したため、第三者再審に対する最高裁の判断が示されることはなかった。その後、第三者再審に関して、本件の原々審決定（東京地決平成24年3月30日判時2158号48頁）および原審決定（東京高決平成24年8月23日判時2158号43頁）が公表され、許可抗告を受けた最高裁が第三者再審にどのような判断を示すのかが注目された。

(1)　**事案**　　Xは新株予約権を行使してY_1社の株式を取得し同社の株主となった者である。Y_1の株主であるY_2社は、Y_1を被告として、本件株式発行不存在確認の訴えを提起し、その後、予備的に本件株式発行の無効の訴えが追加された（以下、「前訴」とする）。Y_1は、前訴の第1回口頭弁論期日において、Y_2の請求を認めるとともに、請求原因事実を全て認める旨の答弁をした。前訴の受訴裁判所は、当事者双方から提出された書証を取り調べた

4）　高田裕成・家族法判例百選［第7版］（2008）61頁参照。
5）　詳細については、松川正毅ほか編・新基本コンメンタール人事訴訟法・家事事件手続法（日本評論社・2013）42頁以下〔髙田昌宏〕参照。
6）　本稿のテーマと関連する事項としては、旧法が、補助参加について「訴訟ノ繋属中」と規定していた（旧民訴64条）ところ、新法はこの文言を削除し（民訴42条）、さらに、補助参加人のできる訴訟行為として再審の訴えの提起を明記して（民訴45条1項）、補助参加の申出とともに再審の訴えの提起ができるとして、解釈上の疑義を払拭した点があげられよう。
7）　大阪高決平成15年12月16日判タ1152号287頁。

上、請求原因事実についての追加立証の検討を指示して口頭弁論を続行し、第２回口頭弁論期日において、Y_1から提出された陳述書を更に取り調べた上で口頭弁論を終結した。その後、主位的請求を棄却し予備的請求を認容する判決が言い渡されこれが確定している（以下、「前訴判決」とする）。

Ｘは、前訴の提起と前訴判決を知り、前訴について独立当事者参加の申出をするとともに（以下、「本件独立当事者参加」とする）、本件再審の訴えを提起した。

(2)　原々審および原審　原々審は、原告と被告が共謀して第三者の権利を侵害する判決をさせるなどした場合は、３号の再審事由に準じて第三者の救済を認める余地はある、しかし、第三者の再審申立ては、権利保護の要請と対世効による法律関係の画一的処理を図った法の趣旨との調和的な解決の見地に照らして画一的処理が図られないことになってもやむを得ない特段の事情が存在する場合に限られ、本件ではそのような特段の事情は認められない、として再審請求を棄却した。

また、原審は、まず、Ｘは共同訴訟的補助参加をすることができる者であるとの理由で再審原告適格を肯定する。その上で、確定判決等が対世効を有するとされている場合とその手続内容、および第三者に再審が定められている場合とその要件を詳細に比較検討し、Ｙらが前訴の係属の事実をＸに知らせず判決を確定させてＸの権利が害されたとしても、３号の再審事由は認められないとして、Ｘの抗告を棄却している。

(3)　最高裁　最高裁は、まず、職権をもってＸの再審原告適格について判示し、共同訴訟的補助参加ができることのみで再審原告適格を認めた原審の判断を否定する。しかしその一方で、平成元年判決をうけ、次のように述べて改めてＸの再審原告適格を肯定している。

「確定判決の効力を受ける第三者は、……上記確定判決に係る訴訟の当事者ではない以上、上記訴訟の本案についての訴訟行為をすることはできず、上記確定判決の判断を左右できる地位にはない〔ため〕……当然には上記再審の訴えの原告適格を有するということはできない〔が〕、……上記第三者が上記再審の訴えを提起するとともに独立当事者参加の申出をした場合には、上記第三者は、再審開始の決定が確定した後、当該独立当事者参加に係る訴訟行為をすることによって、合一確定の要請を介し、上記確定判決の判断を左右することができるようにな〔り〕、……確定判決の効力を受ける第三者は、上記確定判決に係る訴訟について独立当事者参加の申出をすることによって、上記確定判決に対する再審の訴えの原告適格を有することになるというべきである」と。

再審事由については、唯一被告適格が認められている株式会社によって訴訟が追行されている以上、「確定判決の効力を受ける第三者が、上記訴訟の係属を知らず、上記訴訟の審理に関与する機会を与えられなかったとしても、直ちに上記確定判決に民訴法338条1項3号の再審事由があるということはできない」との原則論を述べたのち、さらに次のように述べて、前訴におけるY1の訴訟活動に3号の再審事由の可能性を肯定する。

「当事者は、信義に従い誠実に民事訴訟を追行しなければならないのであり（民訴法2条）、とりわけ、新株発行の無効の訴えの被告適格が与えられた株式会社は、事実上、上記確定判決の効力を受ける第三者に代わって手続に関与するという立場にもあることから、上記株式会社には、上記第三者の利益に配慮し、より一層、信義に従った訴訟活動をすることが求められるところである。そうすると、上記株式会社による訴訟活動がおよそいかなるものであったとしても、上記第三者が後に上記確定判決の効力を一切争うことができないと解することは、手続保障の観点から是認することはできないのであって、上記株式会社の訴訟活動が著しく信義に反しており、上記第三者に上記確定判決の効力を及ぼすことが手続保障の観点から看過することができない場合には、上記確定判決には、民訴法338条1項3号の再審事由があるというべきである」と。

(4)　考察　　平成25年決定は、Xの再審原告適格について平成元年判決を踏襲し、さらに、再審の訴えの提起とともに独立当事者参加の申出をすることによって再開される本案における当事者適格が満たされるとする。この後者が、平成25年決定が示した重要な準則のひとつといえる。なお、民事訴訟法47条によって本訴の当事者を共同被告として再審の訴えを提起できるとするのが通説[8)]であるが、平成25年決定はこれに拠ったものとも評価

8）　兼子一・新修民事訴訟法体系［増訂版］（酒井書店・1965）485頁、新堂幸司・新民事訴訟法［第5版］（弘文堂・2011）945頁、高橋・前掲注2）794頁、など。

できよう[9]。

また、平成25年決定では、3号の再審事由が認められた点も重要である。第三者が訴訟係属を知らずにこれに関与できなかったということだけでは3号の再審事由は認められないとする。その一方で、当事者の訴訟活動じたいに第三者に対する判決効拡張の根拠を求め、Y_1の訴訟活動は著しく信義に反しており、手続保障の観点からXへの判決効の拡張を正当化できないとして3号の再審事由を認めている。

なお、平成元年判決も平成25年決定も、認知の訴えと新株発行無効の訴えそれぞれの判決の効力が第三者に拡張されることから問題が生じたのであるが、この両者の訴えは手続法上かなりの違いがあることには留意する必要がある。認知の訴えの確定判決は、請求認容か棄却かを問わず、第三者に対しても効力を有する（人訴24条）のに対して、新株発行無効の訴えの確定判決は、請求認容の場合のみ第三者に対しても効力を有するとされている（片面的対世効。会社838条）。また、認知の訴えでは、職権探知主義がとられる（人訴20条）のに対して、新株発行無効の訴えには、この点の明文規定はなく、見解が分かれている[10]。さらには、前述のように、認知の訴えでは、判決効の拡張を受ける者の利益を守るための仕組みが用意されているのに対して、新株発行無効の訴えにはそのような明文上の仕組みがない。

3　最決平成26年7月10日（判時2237号42頁・判タ1407号62頁・金判1448号10頁）

本件最高裁決定（以下、「平成26年決定」とする）では、第三者再審における独立当事者参加の方式が問題となった。なお、本件の原審および原々審の決定は、平成25年決定以前のものである。

(1)　**事案**　　Y_1、Y_2およびY_3（以下、「Y_1ら」とする）は、Y_4株式会社の株主であったところ、Y_4を被告として、会社法833条1項1号に基づいてそ

9）　谷村武則「判解」曹時68巻9号（2016）2262頁は、通説が再審原告適格を意識して独立当事者参加の方法を主張していたかについて疑問視する。

10）　垣内秀介「形成判決の効力、訴訟担当資格者間の判決効の波及、払戻金額増減の裁判の効力」神作裕之ほか編・会社裁判にかかる理論の到達点（商事法務・2014）364頁参照。ただし、平成25年決定の前訴手続でもみられるように、対世効を意識した手続運用がなされているとのことである。森田強司「会社訴訟における処分権主義・弁論主義の適用」垣内正編・会社訴訟の基礎（商事法務・2013）24頁以下参照。

の解散を求める訴え（以下、「前訴」とする）を提起した。前訴において、Y4は答弁書を提出したが、請求原因の大部分を認め、同号の要件の存在も争わなかった。裁判所は、第1回口頭弁論期日で弁論を終結した上で、証拠および弁論の全趣旨により同号の要件を満たすと判断して、Y4を解散する旨の判決を言渡し、これが確定した（以下、「前訴判決」とする）。これに対して、同じくY4の株主であったXが、前訴はY1らとY4との馴合訴訟でありその係属を知らされず審理に関与する機会を奪われたから、前訴判決につき民事訴訟法338条1項3号の再審事由があるなどと主張して、前訴について独立当事者参加の申出とともに、再審の訴えを提起した。

(2)　原々審および原審　原々審（新潟地高田支部決平成25年5月2日金判1448号20頁）は、株式会社の解散は株主に重大な影響を及ぼす事項であるから、前訴が提起される前から株主であるXは、前訴判決を取り消す固有の利益を有する第三者にあたり、前訴判決につき再審の訴えの原告適格を有するとする。しかし、Y4の自白によることなく、証拠および弁論の全趣旨により請求原因事実を認定して会社法833条1項1号の要件を満たすと判断している以上、3号の再審事由にあたることはないとして、Xの再審請求を棄却している。また原審（東京高決平成25年9月27日金判1448号19頁）も、当該確定判決により権利を害された第三者であること自体をもって、3号の代理権欠缺ないしこれに準じた再審事由にあたると認めることはできないとして、原々審の決定を維持している。

(3)　最高裁　最高裁は、まず、「新株発行の無効の訴えに係る請求を認容する確定判決の効力を受ける第三者は、上記確定判決に係る訴訟について独立当事者参加の申出をすることによって、上記確定判決に対する再審の訴えの原告適格を有することになる……。この理は、新株発行の無効の訴えと同様にその請求を認容する確定判決が第三者に対してもその効力を有する株式会社の解散の訴えの場合においても異ならないというべきである」と、再審原告適格が認められるために独立当事者参加の申出を要求する。

その一方で、独立当事者参加の申出については、「参加人が参加を申し出た訴訟において裁判を受けるべき請求を提出しなければならず、単に当事者の一方の請求に対して訴え却下又は請求棄却の判決を求めるのみの参加の申出は許されない」として、Xの独立当事者参加の申出は請求棄却の判決を求めただけで、Y_1らまたはY_4に対して何らの請求も提出していない以上不適法として、Xの再審原告適格を否定し、再審の訴えを却下している。

(4)　**考察**　株式会社の解散の訴えも、新株発行の無効の訴えと同じく会社の組織に関する訴えであり同様の手続規律に服する。再審原告適格について平成25年決定の示した準則は株式会社の解散の訴えにも妥当する[11)]。平成26年決定で重要なのは、独立当事者参加の申出に前訴の当事者に対する請求の定立を要求した点である。独立当事者参加の要件という点では、旧民事訴訟法時代の判例[12)]を現行法のもとで再確認したという意味をもつが、第三者再審の観点では、その申立に厳格な要件が付加されたともいえる[13)]。

Ⅲ　第三者再審と詐害再審

1　第三者再審と詐害再審の関係

平成元年判決以降の下級審や最高裁判例の蓄積によって第三者再審に関する議論が深まりつつある。その中で、第三者再審といっても、詐害訴訟[14)]の結果として下された判決（詐害判決）に対する再審と、詐害訴訟によらない判決に対する再審のあることが、改めて意識されはじめたように思われる[15)]。平成25年決定の事案を例にとれば、Y_1とY_2との間に通謀や馴合があり Xに不利益な判決が出ていれば前者の再審が問題となり、Y_1とY_2の間に通謀や馴合はないがX不知の間にXに不利益な判決が出ていれば後者の再審が問題となる。本稿では、前者を「詐害再審」、後者を「狭義の第三者再審」と呼ぶことにするが、この両者は分けて論ずべきものと考える。本稿におけ

11)　谷村・前掲注9）2265頁参照。

12)　最判昭和45年1月22日民集24巻1号1頁。

13)　平成26年決定には、山浦善樹裁判官によって、詐害妨止参加については請求の定立は不要であり前訴判決には3号再審事由の存在する余地があるとの反対意見が付されている。

14)　詐害訴訟とはどのような訴訟かも問題となる。まずは、原告および被告が共謀して（馴れ合って）、第三者の利益を侵害する内容の判決を得ようと企てる訴訟がこれにあたろう。さらに、これに準ずるものとして、被告となる者に訴訟追行の意欲がないことを利用して、原告が単独で第三者の利益を害する内容の判決の取得を企てる訴訟も考えられ（船越隆司「詐害判決論」法学新報74巻4＝5号（1967）116頁、岡田幸宏「判決の不当取得について（1）」名法133号（1990）75頁以下参照）、本稿ではこの両者をあわせて詐害訴訟と解したい。

15)　例えば、岡田幸宏「判批」判評652号（2013）24頁以下、杉山悦子「第三者による再審の訴え」一橋法学13巻3号（2014）983頁、坂田宏「会社訴訟における第三者再審に関する一考察」松本博之先生古稀祝賀・民事手続法制の展開と手続原則（弘文堂・2016）667頁、参照。

る理解としては、広義の第三者再審には、詐害再審と狭義の第三者再審とがあり、また、狭義の第三者再審に詐害再審が完全に包摂される訳ではない。

2 詐害再審

(1) 詐害再審に関する規定の状況 旧々民事訴訟法483条[16]には、旧民法財産編341条2項[17]の廃罷訴権を受けて、詐害再審についての明文規定が存在していた。しかし、この規定は大正15年改正で廃止されている[18]。その後、個別の立法で、特定の訴訟については、詐害再審（会社853条、消費裁判手続11条）あるいは第三者再審（行訴34条）が規定されている。平成8年の民事訴訟法の改正に際して、詐害再審の導入が検討事項として取り上げられた[19]が、立法には至っておらず[20]、現在も民事訴訟法は詐害再審について明文規定を有していない。

(2) 学説の状況 学説では、詐害再審の廃止は立法上の過誤であったとの認識から、詐害訴訟に対する再審の可能性を志向するものも少なくない。

例えば、詐害訴訟を一種の執行妨害（刑96条の2）として、その処罰に基づいて、5号の再審事由の類推により、第三者が参加とともに再審の訴えを提起する可能性を主張する見解があった[21]。

また、詐害再審の廃止は立法上の明らかな過誤である以上、解釈論を通じて詐害再審を認めるべきとの見解も主張されている。その内容については何点かの留保が付くが、①原告・被告双方の悪意（認識で足りる）により引き起こされた判決によって第三者の権利・利益が侵害され（詐害判決の存在）、②民事訴訟法338条2項の要件を満たす必要はなく、③原告・被告が再審被告

---

16) 旧々民事訴訟法483条
　1 第三者カ原告及ヒ被告ノ共謀ニ因リ第三者ノ債権ヲ詐害スル目的ヲ以テ判決ヲ為サシメタリト主張シ其判決ニ対シ不服ヲ申立ツルトキハ原状回復ノ訴ニ因レル再審ノ規定ヲ準用ス。
　2 此ノ場合ニ於テハ原告及ヒ被告ヲ共同被告ト為ス。

17) 旧民法財産編341条2項
債務者カ原告タルト被告タルトヲ問ハス詐害スル意思ヲ以テ故サラニ訴訟ニ失敗シタルトキハ債権者ハ民事訴訟法ニ従ヒ再審ノ方法ニ依リテ訴フルコトヲ得。

18) 廃止の際の法案審議状況については、例えば、上田徹一郎＝井上治典編・注釈民事訴訟法（2）（有斐閣・1992）181頁以下〔河野正憲〕参照。

19) 民事訴訟手続に関する検討事項・同補足説明第14・4（法務省民事局参事官室編・民事訴訟手続の検討課題（商事法務・1991）所収）。

20) この間の事情については、加波眞一・再審原理の研究（信山社・1997）145頁以下参照。

21) 兼子・前掲注8）413頁。

となり、④30日の不変期間と5年の除斥期間（民訴342条）に服し、⑤再審事由が認容されると従前の手続が復活され、この手続に第三者は独立当事者参加人としての地位を占める、とする[22]。

さらに、事情の同一性を考慮して、民事訴訟法338条1項3号による再審の訴えを提起できるとの見解も主張されている。この見解では、詐害訴訟の被告に債権者を害するという点で悪意を必要とし、再審原告適格を詐害判決による事実効が及ぶ者にまで認め、再審による判決の取消しも債務者との関係においても生ずる（絶対的取消）と解している[23]。また、要件・効果は異なるものの、同様に3号の類推を肯定する見解もみられる[24]。

近時では、第三者再審制度（詐害再審）についての立法提案が共同研究として公表されており[25]、注目に値する。具体的には、①再審原告適格は、判決効が及ぶ者で、さらに前訴で共同訴訟参加ないし共同訴訟的補助参加をする資格のあった者に限り[26]、また、被告は前訴の両当事者とし、②前訴の当事者間に通謀があったこと、あるいは、通謀に至らなくても、一方当事者に第三者を害する意思があり、他方当事者がその意思を知っていたことが必要であり、③判決取消しの効果は前訴当事者間にも及ぶ絶対的なものであるが、前訴は復活せず（既判力、執行力は排除されるが訴訟終了効は残る）、④専属管轄（民訴340条1項）や訴訟手続の準用（民訴341条）は通常の再審手続に準ずるが、出訴期間については代理権欠缺の場合と同様に制限を設けない、という内容が提案されている。

なお、前述の共同研究のメンバーから、平成25年決定を受けて個別論稿も発表されている[27]。例えば、要件については、①再審原告適格を判決効を受け、かつ、事実上の不利益を受ける者に限る、②第三者は参加の申出（共同訴訟的補助参加でも可）とともに再審の訴えを提起できる、③5号再審事由

---

22)　鈴木正裕「判決の反射的効果」判タ261号（1971）11頁以下。
23)　船越・前掲注14）169頁以下。
24)　三谷忠之・民事再審の法理（法律文化社・1988）38頁以下、岡田幸宏「判決の不当取得について（4・完）」名法137号（1991）448頁、など。
25)　三木浩一＝山本和彦編・民事訴訟法の改正課題（有斐閣・2012）176頁以下（具体的な提案内容については、180頁以下）。
26)　なお、この共同研究では、詐害妨止参加の廃止についても別の箇所で提案されているため（三木＝山本編・前掲注25）46頁）、このような提案となっている。
27)　杉山・前掲注15）981頁以下、坂田・前掲注15）655頁以下。

と同様の期間制限に服す、④第三者は手続に参加できずその結果判決に影響を及ぼす攻撃防御方法が妨げられたことが必要、ただし、検察官を被告とする人事訴訟では、第三者の手続保障の機会を図るため訴訟当事者の信義則違反を問わずに3号の類推適用が可能、また効果については、⑤当事者間の既判力の取消しが望ましい、⑥前訴の復活は不要、仮に復活するとしても再審の訴えとともにする独立当事者参加には請求の定立は不要、といった解釈が展開されている[28)]。

(3)　私見　詐害再審の規定を有しない現行法においては、詐害再審はその可否も含めて解釈に委ねられている[29)]が、詐害判決に対する救済の必要性は疑いえないものと考える。明文規定がない以上は、再審事由の類推のほか、現行規定の解釈を通じて救済を図る必要があり、再審事由としては平成25年決定も採用した3号の類推適用を軸に考えていくべきであろう。

(a)　再審原告適格　この点に関しては、①既判力の拡張を受ける者に限られるか、②再開された本案における当事者適格が要求されるか、が問題となる。最高裁の準則は、この両者とも要求している。

①既判力拡張の要否　既判力の拡張を受けない第三者が提起した再審の訴えについて、判決効が及んでいないことを理由に、再審原告適格を否定した下級審判例[30)]がある。具体的には、建物収去土地明渡しを命ずる確定判決があり、収去対象となった建物に抵当権を有する者が、この確定判決の取消しを求めて、前訴原告および被告に対して独立当事者参加の申出とともに再審の訴えを提起したという事案であった。本件では、建物収去の執行が完了した後の再審の訴え提起だったため、抵当権侵害に対する救済手段としては損害賠償請求だけが問題となる。既判力が及ばない以上、再審の訴えを経なくてもその目的を達成できるケースであった。

それでは、仮に再審の訴え提起が執行完了前であったならばどうか。この場合には、再審の訴え提起にともなう執行停止の裁判（民訴403条1項1号）で、抵当権自体を保全できる可能性がある。抵当権を異議の事由として第三

28)　杉山・前掲注15) 1004頁以下。
29)　なお、平成25年決定の原審は、解釈上の詐害再審を認めることに消極的であった。この点に関しては、岡田・前掲注15) 24頁以下参照。
30)　東京地判昭和63年7月28日判時1317号94頁。

者異議の訴え（民執38条）を提起して、同様の結果を導くことも可能である[31)]。しかし、第三者異議の訴えでは、抵当権を異議事由とすること自体例外的な扱いとなり[32)]、また、執行裁判所が管轄裁判所となるため（同条3項）、判決裁判所と異なる裁判所が管轄裁判所となる可能性もある。第三者異議の訴えを用いることが必ずしも適切とは思われない。典型的な詐害訴訟として、その判決は再審の対象とすべきであろう。

以上と同様の問題は、抵当権に限らず、一般債権者による建物差押えについても生じうる。判決確定前であれば、詐害参加が可能な事例については、既判力拡張の有無を問わずに、広く再審の可能性を開くべきであろう。

②再開された本案における当事者適格の要否　この点に関しては、最高裁の立てた準則に従うべきであろう。むしろ、再開される本案の手続において認められる手続上の地位に応じた再審の申立てをすべきといえる。

再開される手続が終局判決に至らずそのまま係属するものと仮定して、そこに独立当事者参加できるのであれば、準則に従って、再審の訴え提起とともに独立当事者参加の申出をすればよい。この場合には再審原告として、再審事由の有無はその者について判断される。私見では、詐害妨止参加（民訴47条1項前段）の要件が満たされれば、再審原告適格が肯定されることになる[33)]。なお、平成26年決定によれば、詐害妨止参加についても請求の定立が要求される。この点、私見は判例と異なるが、請求定立を不要と解したい[34)]。

他方、平成元年判決のケースのように、独立当事者参加ができない場合には、本来の当事者（検察官）が再審原告となる。この場合、確定判決を争う者は、再審の訴えの提起とともに補助参加の申出をして（民訴45条1項・43条2項）、再開された手続では補助参加人としての地位につくことになる。仮に自らを再審原告として再審の訴えを提起しても、再審原告適格は否定される。ただ、（共同訴訟的）補助参加の要件を満たしていれば、（共同訴訟的）補助

31）　岡田・前掲注24）468頁以下参照。

32）　中野貞一郎＝下村正明・民事執行法（青林書院・2016）287頁、306頁参照。

33）　高橋・前掲注2）794頁は、再審における独立当事者参加の変容と理解するが、本稿のように解すればその必要はなくなろう。

34）　徳田和幸「独立当事者参加における請求の定立について」新堂幸司先生古稀祝賀・民事訴訟法理論の新たな構築（上）（有斐閣・2001）705頁など参照。

参加としての処理も認められよう[35]。なお、平成元年判決のケースについて、現行の人事訴訟法の下では、相続人は共同訴訟的補助参加人とされる。通常の補助参加の場合、再審事由は、被参加人について判断することになる[36]が、共同訴訟的補助参加の場合は、共同訴訟人に準ずるものとして、再審事由は参加人についても基準とできよう[37]。

(b)　再審事由　　平成25年決定は、被告会社の訴訟活動を第三者に対する判決効拡張の基礎として、会社の訴訟活動が著しく信義に反し、第三者への判決効の拡張が手続保障の観点から看過できないときには、3号の再審事由があるとする。詐害判決に対して3号の事由をもって再審の可能性を開いたという点では画期的ともいえる。しかし、かなり技巧的であり信義則を介在させるため、その適用領域はかなり狭い可能性がある。例えば、死後認知訴訟の当事者である検察官の訴訟活動を、著しく信義に反すると断ずることは困難であろう。むしろより直截に、詐害訴訟であることを3号類推の再審事由として認めるべきと解する。例えば、借地上の建物に金銭執行の差押えがなされたときに土地所有者と借地人が馴れ合って建物収去土地明渡を命ずる判決を取得した場合にも、判決確定後に強制競売で建物の所有権を取得した者は、建物収去の執行を排除するために[38]、詐害訴訟を3号類推の再審事由として再審の訴えを提起するとともに、参加承継の手続（民訴51・49条）をとることができよう[39]。

3　狭義の第三者再審

狭義の第三者再審に焦点を絞った議論は、まだ十分になされているとは思われない。学説においては、行政事件訴訟法34条の類推適用が指摘される場合もある[40]が、同条の規定する第三者再審の対象が既判力でないため[41]、その指摘は必ずしも適切とは思われない。

---

35)　兼子ほか・前掲注1）256頁〔新堂幸司＝高橋宏志＝高田裕成〕参照。
36)　三木＝山本編・前掲注25）180頁参照。
37)　三谷忠之「判批」判タ722号（1990）82頁参照。なお、谷村・前掲注9）2257頁、2278頁および平成26年決定の金築誠志裁判官の意見は、これに否定的である。
38)　なお、最判昭和40年12月21日民集19巻9号2270頁参照。
39)　三谷・前掲注24）43頁、高橋・前掲注2）798頁など参照。
40)　杉山・前掲注15）1003頁。
41)　坂田・前掲注15）665頁以下参照。

対世効を有する判決で不利益を被る第三者が、その訴訟手続に関与できなかったとの理由で、常に3号の再審事由が認められるとすれば、対世効を定めた意義は減殺される。対世効を有するそれぞれの手続は、当事者適格の法定、弁論主義や処分権主義の制限、判決効が拡張される第三者に対する手続参加の機会の保障など、法律上あるいは実務上、判決内容を正当化するための仕組みを用意している。これが正常に機能する限りは、3号の類推を認めるための基礎はなく、またその必要もないといえよう。

現状においては、対世効を有する判決に対して第三者再審を認める規定がない限りは、解釈上、詐害再審とは別に狭義の第三者再審を認めるまでの必要はないものと考える。

Ⅳ　むすびにかえて

第三者再審については、再審期間の有無、再審による取消しの効果といった問題もある。結論だけを示せば、前者については、3号を類推する以上は再審期間の制限には服さず（民訴342条）、またそれが3号を類推する長所であるとも考える。また、後者については、手続的な安定のために絶対的な取消しでよいと考えている。

【付記】

第三者再審という本稿のテーマについては、以上のように論じていない問題もあるし、また、論じてきた内容も十分に論じ切れていない。本稿のテーマは、院生時代から、徳田先生と幾度となく議論し教えを受けてきたものである。しかし、院生時代と比べて研究があまり深まっていないことに自身愕然としている。第三者再審についての本格的な検討は他日を期すことをお約束し、徳田先生のご海容を願いたい。

第三者による再審における詐害性について
——明治23年民事訴訟法483条の詐害再審を中心に

青木 哲

I はじめに

1 第三者による再審の訴え

民事訴訟の判決により第三者の権利が害される場合には、その権利を保護する方策を考える必要がある。訴訟が係属中であれば、第三者が手続に参加することが考えられるが、第三者が、訴訟係属を知らずに、あるいは、その権利が害されることを知らずに、判決が確定することもある。このような場合に、第三者が確定判決の取消しを求める手段として、第三者に再審の訴えの提起を認めることが考えられる[1)]。

1） 第三者による再審について、中森宏「詐害訴訟に関する一考察」日向学院論集9号（1966）65頁以下、船越隆司「詐害判決論—債権者取消権と管理処分権に関する考察」法学新報74巻4＝5号（1967）105頁、鈴木正裕「判決の反射的効果」判タ261号（1971）2頁、10頁以下、吉村徳重「判決効の主観的拡張とデュー・プロセス」比較民事手続法（信山社・2011〔初出1977〕）303頁、354頁、本間靖規「対世的判決効拡張と手続保障—第三者関与の意義をめぐって」手続保障論集（信山社・2015〔初出1987〕）305頁、328頁、三谷忠之・民事再審の法理（法律文化社・1988）38頁以下、岡田幸宏「判決の不当取得について（4）完」法政論集137号（1991）437頁、446頁以下、巽智彦「第三者効と第三者再審」東大ロー5号（2010）70頁、杉山悦子「第三者による再審の訴え」一橋法学13巻3号（2014）981頁、菱田雄郷「第三者による再審の訴えについて—訴え提起に係る手続的規制を中心として」伊藤眞先生古稀祝賀・民事手続の現代的使命（有斐閣・2015）531頁、巽智彦「形成概念と第三者規律（二）—行訴法上の第三者効および第三者再審を手掛かりとして」国家学会雑誌128巻7＝8号（2015）611頁、632頁以下、坂田宏「会社訴訟における第三者再審に関する一考察」松本博之先生古稀祝賀・民事手続法制の展開と手続原則（弘文堂・2016）655頁、安達栄司「判決効の拡張と第三者の救済—詐害再審と独立当事者参加について」法時88巻8号（2016）13頁などを参照。

2 立　法

第三者による再審について、明治23(1890)年(法29号)民事訴訟法(以下、「明治23年法」という)483条は、原告と被告が共謀により第三者の債権を詐害する目的で判決をさせた場合に、再審の規定に準じて確定判決に対する第三者による訴えを認めていた。しかし、大正15(1926)年法61号による民事訴訟法の改正(改正後の民事訴訟法を「大正15年法」という)において、同条は削除され、判決効を受ける第三者による再審を認める一般的な規定も設けられなかった。このことに対しては、後に、第三者に詐害防止参加を認めるのに、判決確定後の再審を認めないのは、一貫性を欠く、第三者の保護に欠けると批判がされた[2)]。

平成8(1996)年の民事訴訟法改正の際には、「詐害再審の訴え」の規定を設けることが検討された。「民事訴訟手続に関する検討事項」(1991年)[3)]に、「原告及び被告が共謀して第三者の権利を害する目的をもって確定判決を取得したときは、当該確定判決の効力を受ける第三者は、その確定判決に対し、原告及び被告を共同被告として再審の訴えを提起することができるものとするとの考え方」が示された[4)]。しかし、「民事訴訟手続に関する改正要綱試案」(1993年)においては、主観的な意図の立証をめぐって審理が長期化しかねないなどの問題点があることから、この考え方をとりあげることは見送られた[5)]。

他方で、いくつかの訴訟類型について、第三者による再審の訴えを認める規定がされている。第1に、昭和25(1950)年法167号による改正後の商法

---

2) 兼子一・民事訴訟法概論(下)(有斐閣・1938)447頁、同・民事訴訟法体系(酒井書店・1954〔増訂版1965〕)413頁、船越・前掲注1)106頁、斎藤秀夫編著・注解民事訴訟法(1)(第一法規・1968)394頁、鈴木・前掲注1)11頁、兼子一ほか・条解民事訴訟法[第2版](弘文堂・2011〔初版1986〕)1723頁以下〔松浦馨〕、岡田幸宏「判批」判評652号(2013)184頁、187頁。河野正憲「判批」法政論集262号(2015)449頁、460頁も参照。

3) 法務省民事局参事官室「民事訴訟手続に関する検討事項」ジュリ996号(1992)61頁。

4) 柳田幸三＝始関正光＝下田文男＝小川秀樹「『民事訴訟手続に関する検討事項』の解説(6・完)」NBL495号(1992)44頁以下を参照。この考え方に対して、「検討事項」に対するパブリックコメントにおいて寄せられた意見の大多数が賛成の意見であったが、「第三者の権利を害する目的をもって」という要件の立証が困難であり、これをめぐって審理が長期化するなど旧法下の詐害再審の病理的現象が再現されるおそれがあるなどの反対の意見も複数寄せられたとのことである。柳田幸三＝始関正光＝小川秀樹「『民事訴訟手続に関する検討事項』に対する各界意見の概要(13)」NBL524号(1993)44頁、46頁。加波眞一・再審原理の研究(信山社・1997)146頁も参照。

5) 柳田幸三＝始関正光＝小川秀樹「『民事訴訟手続に関する改正要綱試案』の解説(5・完)」NBL543号(1994)34頁、38頁注2)。

268条ノ3、平成17(2005)年(法86号)会社法853条は、役員の責任追及の訴えについて、原告(会社または株主)と被告(役員)の共謀により会社の権利を害する目的で判決をさせた場合に、株主または会社が再審の訴えを提起することを認めている。商法268条ノ3の立案の経緯は、徳田和幸「株主代表訴訟と会社の訴訟参加」(初出1996年)[6]によると、次の通りである。株主代表訴訟の立法化の準備作業において、当時の連合軍司令部(GHQ)側から、株主から訴訟が提起された場合に、「裁判所は、訴訟を進行する前に、まず、代表者が他の株主を公正に代表しているかどうか、また、代表者の利益が代表されている他の株主の利益と本質的に同一であるかどうかを決定しなければならない」、代表者が受けた「決定または判決は、代表された株主の利益が代表者の利益と対立して」いないなどであれば、「代表された株主全員を拘束する」、などとする提案がされた。商法268条ノ3の規定は、これに対する日本側の対応として、法務調査意見長官兼子一から提出された法律案に基づくものであり、これに付された説明書には、「馴合訴訟なりや否やを裁判所が職権で調査するのは実際上困難であると思われるので」、「馴合があった場合には他の株主又は会社から其の判決に対し再審の訴を提起し得ることとした。」という説明がされている。馴合訴訟である場合には、原告である会社または株主が、他の株主の利益を代表しておらず、判決が他の株主を拘束することが正当化されないために、他の株主による再審の訴えが認められるということであろう。

第2に、昭和37(1961)年(法139号)行政事件訴訟法34条1項は、「処分又は裁決を取り消す判決により権利を害された第三者で、自己の責めに帰することができない理由により訴訟に参加することができなかつたため判決に影響を及ぼすべき攻撃又は防御の方法を提出することができなかつたもの」に、再審の訴えを認めている[7]。同法の立案担当者によると、この規定は、商法267条から268条ノ3の規定を参考にしているとされる[8]が、「原告と

6) 徳田和幸「株主代表訴訟と会社の訴訟参加」複雑訴訟の基礎理論(信山社・2008〔初出1996〕)277頁、278頁以下。中島弘雅「株主代表訴訟における訴訟参加」小林秀之=近藤光男編・株主代表訴訟大系[新版](弘文堂・2002〔初出1996〕)241頁、243頁以下も参照。

7) 立法の経緯について、巽・前掲注1)「形成概念と第三者規律(二)」633頁以下を参照。

8) 市原昌三郎ほか「研究会 行政事件訴訟特例法改正要綱試案(小委員会案)をめぐる諸問題(下)」ジュリ210号(1960)6頁、30頁以下〔杉本良吉〕。

被告の共謀により第三者の権利を害する目的で判決をさせたこと」は要件とされていない。行政事件訴訟法「32条において、取消判決の形成力を広く訴訟外に立つ第三者に対して及ぶものとしたことに関連して、自己の責めに帰すべからざる事由で、その訴訟に参加することができなかった第三者の利益を保護するために、再審の途を拓いた規定である」との解説がされている[9]。ここでは、訴訟に参加する機会を欠いた第三者の利益保護が、第三者による再審の訴えを認める根拠とされている。

第3に、平成25（2013）年（法96号）消費者裁判手続特例法11条は、共通義務確認の訴えにおいて、原告（特定適格消費者団体）および被告（事業者）が共謀して当該訴えに係る対象消費者（2条6号）の権利を害する目的で判決をさせた場合に、他の特定適格消費者団体が再審の訴えを提起することを認めている。二段階からなる同法に基づく手続の一段階目の共通義務確認の訴えの確定判決は、当事者のほか、他の特定適格消費者団体、二段階目の手続における届出消費者に対して、その効力を有する（9条）。原告（特定適格消費者団体）が敗訴し、事業者の共通義務を否定する判断が確定した場合、個別の消費者は自ら訴えを提起して、既判力により妨げられることなく、その権利を主張することができるが、他の特定適格消費者団体による共通義務確認の訴えは既判力により妨げられる。このため、11条の再審の訴えは、「この制度が実質的に消費者の権利救済を図るために不可欠なものであるとすれば（換言すれば、個別訴訟が現実的なものでないとすれば）共謀による訴訟の結果、その機会を奪ってしまうことは相当ではない」ことから、他の特定適格消費者団体による再審の訴えが定められたとされる[10]。ここでは、共謀による訴訟の結果同法に基づく手続により消費者の権利救済の機会が奪われることが、他の特定適格消費者団体による再審の訴えを認める根拠とされている。

3　判　　例

会社を被告とする会社の組織に関する訴えについて、最決平成25（2013）年11月21日（民集67巻8号1686頁）は、Y_1会社における新株発行により発行株式の株主となるXが、Y_2が提起した新株発行の無効の訴えにおける請

9）　杉本良吉・行政事件訴訟法の解説（法曹会・1963）114頁。
10）　山本和彦・解説消費者裁判手続特例法［第2版］（弘文堂・2016）196頁以下。

求認容の確定判決に対して、独立当事者参加の申出とともに、再審の訴えを提起したという事案において、「新株発行の無効の訴えの被告適格が与えられた株式会社は、事実上、上記確定判決の効力を受ける第三者に代わって手続に関与するという立場にもあることから、上記株式会社には、上記第三者の利益に配慮し、より一層、信義に従った訴訟活動をすることが求められる」[11]としたうえで、①X（再審原告）が株式発行の無効を求める請求を争うことが明らかな状況にあり、かつ、Y_1 会社（原訴訟被告）がそのような状況にあることを十分に認識していたこと、②Y_1 会社は、前訴（原訴訟）において、Y_2（原訴訟原告）の請求を全く争わず、かえって、自ら請求原因事実を裏付ける書証を提出したこと、③前訴の係属を知らないXに対して前訴の係属を知らせることが容易であったにもかかわらず、これを知らせなかったこと、④その結果、Xは、前訴に参加するなどして本件株式発行の無効を求める請求を争う機会を逸したことから、前訴における Y_1 会社の訴訟活動は会社法により被告適格を与えられた者によるものとして著しく信義に反しており、Xに前訴判決の効力を及ぼすことは手続保障の観点から看過することができないものとして、前訴判決には民事訴訟法338条1項3号の再審事由が存在するとみる余地がある、と判示した。本決定において、上記②の要素は、会社の訴訟活動が著しく信義に反することの一要素として挙げられているが、第三者に対して訴訟係属を知らせることとの関係で相対的な要素とされ[12]、会社に第三者の権利や利益を害する意図があることや、相手方当事者との共謀やその悪意は求められておらず[13]、会社が判決効を受ける第三者の利益に配慮した訴訟活動が求められることを前提に、会社の訴訟活動を客観的にみてそれが著しく信義に反するという評価に基づいて、判決効を受ける第三者に対する代替的手続保障欠缺の再審事由が認められている[14]。

11）八田卓也「判批」金法2005号（2014）66頁、73頁注27）は、本決定に対して、会社が判決効を受ける第三者に代わって手続に関与するという立場にあることから固有の利益を有する者に独立の手続保障の機会を与える義務を導くことに、疑問があるとする。

12）河村好彦「判批」法学研究87巻11号（2014）56頁、68頁は、本文の②の要素は、第三者Xに対して実体的な不利益を与える要素ではあるものの、必ずしも第三者に対して参加の機会を与える手続保障と直接の関連性をもつものではなく、考慮するとしても副次的な要素であるとする。

13）堀野出「判批」新・判例解説Watch15号（2014）145頁、148頁、加波眞一「判批」平成25年度重判解136頁、137頁。

14）伊藤眞「会社の訴訟追行と信義誠実の原則」金判1434号（2014）1頁、石橋英典「判批」同志社法学66巻3号（2014）239頁、258頁、杉山・前掲注1）1002頁、川嶋四郎「判批」法セ719号

4　立法論

近時の立法論として、三木浩一＝山本和彦編『民事訴訟法の改正課題』[15]（2012年）は、「判決の効力が及ぶ第三者は、一方当事者に第三者を害する意図があり、他方当事者がその意図について悪意である場合には、確定した判決を絶対的に取り消すことができる旨の第三者再審制度を導入する。」という提案をする。この提案は、第三者再審の要件について、前訴で参加の機会がなかったことのみを理由として再審の訴えを認めるのではなく、前訴当事者が第三者の権利を害するような訴訟追行をし、その結果詐害的な判決が出された場合に、例外的に第三者を事後的に救済する制度として第三者再審を位置づけ、他方で、両当事者の通謀を立証することは事実上困難であることから、一方当事者に第三者を害する意思があり、他方当事者がその意思を知っていたことで足りるとする[16]。

5　本稿の目的

第三者による再審を認めることについて、行政事件訴訟法34条が、第三者に訴訟参加の機会が与えられなかったことを重視するのに対して、会社法853条、消費者裁判特例法11条、上記の立法提案（三木＝山本編・前掲書）は、当事者の詐害的な訴訟追行を重視し、当事者に第三者を害する意図があることを要件とする。法律関係の安定の観点から再審が認められる場合を限定する必要があるが、当事者の主観的な意図が要件とされると、立証の困難という問題が生じる。他方で、平成25年の最高裁決定は、当事者（会社）の訴訟活動を客観的にみて、それが第三者との関係で著しく信義則に反することを重視している。そうすると、他の訴訟類型においても、当事者の主観的な意図を要件とする必要があるのか[17]、という疑問が生じる。

（2014）110頁、河野・前掲注2）466頁、三木浩一「判批」百選［第5版］（2015）246頁、247頁参照。岡田幸宏「判批」リマークス49号（2014）122頁、125頁は、再審の途を大きく開いた点を画期的と評価するが、対世効の基礎として職権探知を考慮しないため、結果的に再審の可能性を広げすぎたとの感もあるとする。安達・前掲注1）18頁も、当事者の信義誠実訴訟追行義務の違反が判決効の拡張を受ける第三者の手続保障と結びついて再審事由となり得ることは、再審の可能性を際限なく拡大するのではないかとの危惧を示す。

15）　三木浩一＝山本和彦編・民事訴訟法の改正課題（有斐閣・2012）176頁以下。杉山悦子「判決の効力を受ける第三者の保護」民訴59号（2013）173頁、178頁以下も参照。

16）　三木＝山本編・前掲注15）181頁。

17）　詐害訴訟における訴訟当事者の意思的態様の意義につき、徳田和幸「詐害訴訟防止についての

そこで、本稿では、明治23年法483条が、原告と被告が共謀により債権者を詐害する目的で判決をさせた場合に第三者に再審に準じた訴えを認めていたことに着目し、同条の成立から廃止に至る同条をめぐる当時の議論をみることで、この疑問に対する示唆を得ようと考えた。再審の訴えの原告適格や訴え提起の方式（特に、詐害防止参加）の問題も重なるが、本稿では判決の取消しを求める事由を中心にみていきたい。

Ⅱ　明治23年民事訴訟法483条の詐害再審について

1　明治23年民事訴訟法と明治23年民法

明治23年法483条は、①「第三者カ原告及ヒ被告ノ共謀ニ因リ第三者ノ債権ヲ詐害スル目的ヲ以テ判決ヲ為サシメタリト主張シ其判決ニ対シ不服ヲ申立ツルトキハ原状回復ノ訴ニ因レル再審ノ規定ヲ準用ス」、②「此場合ニ於テハ原告及ヒ被告ヲ共同被告ト為ス」（条文の丸数字は項数。引用の際に適宜句点を補った。以下同じ）と定めた。この483条は、原告・被告間の訴訟の係属中に「原告及ヒ被告ノ共謀ニ因リ自己ノ債権ニ損害ヲ生スルコトヲ主張スル」第三者が、「其訴訟カ第一審ニ於テ係属シタル裁判所ニ当事者双方ニ対スル訴（主参加）」をなすこと[18]を認める51条2項とともに、明治23年民法財産編341条2項が詐害訴訟の取消しの方法を定めたことに対応する規定である[19]。

明治23年民法財産編340条は、債権者が債務者に属する権利を行使しうる旨の規定（339条）を受けて、①「右ニ反シ債権者ハ其債務者カ第三者ニ対シ承諾シタル義務、抛棄又ハ譲渡ニ付キ其損害ヲ受ク。但債権者ノ権利ヲ詐害スル行為ハ此限ニ在ラス」、②「債務者カ其債権者ヲ害スルコトヲ知リテ自己ノ財産ヲ減シ又ハ自己ノ債務ヲ増シタルトキハ之ヲ詐害ノ行為トス」

考察—仮装訴訟との交錯を中心として」前掲注6）複雑訴訟の基礎理論〔初出1973〕188頁参照。

18）　主参加により本訴訟（原告・被告間の訴訟）を中止することができるとされた（52条）。

19）　兼子一「日本民事訴訟法に対する仏蘭西法の影響」民事法研究第2巻（酒井書店・1950〔初出1942〕）17頁、24頁以下、山木戸克己「訴訟参加と訴訟承継」民事訴訟法講座第1巻（有斐閣・1954）273頁、277頁以下、徳田和幸「訴訟参加制度の継受と変容—本人指名参加の廃止を中心として」前掲注6）複雑訴訟の基礎理論〔初出1991〕141頁、148頁、上田徹一郎＝井上治典編・注釈民事訴訟法（2）（有斐閣・1992）180頁以下〔河野正憲〕、加波・前掲注4）126頁、三宅省三＝塩崎勤＝小林秀之編集代表・注解民事訴訟法Ⅰ（青林書院・2002）453頁以下〔間渕清史〕。

と定め、341条1項から3項は、廃罷訴権（詐害行為取消権）について、①「詐害ノ行為ノ廃罷ハ債務者ト約束シタル者及ヒ転得者ニ対シ次条ノ区別ニ従ヒ債権者ヨリ廃罷訴権ヲ以テ之ヲ請求ス」、②「債務者カ原告タルト被告タルトヲ問ハス詐害スル意思ヲ以テ故サラニ訴訟ニ失敗シタルトキハ債権者ハ民事訴訟法ニ従ヒ再審ノ方法ニ依リテ訴フルコトヲ得」、③「右孰レノ場合ニ於テモ債務者ヲ訴訟ニ参加セシムルコトヲ要ス」と定め、342条は、①「債権者ハ攻撃スル行為ノ如何ヲ問ハス其債務者ノ詐害ヲ証スルコトヲ要ス。此他有償ノ行為ニ付テハ債務者ト約束シ又ハ之ト訴訟シタル者ノ通謀ヲ証スルコトヲ要ス」、②「譲渡ニ対スル廃罷訴権ハ有償又ハ無償ノ転得者カ最初ノ取得者ト約束スルニ当リ債権者ニ加ヘタル詐害ヲ知リタルトキニ非サレハ其転得者ニ対シテ之ヲ行フコトヲ得ス」と定めた。ボアソナードによる注釈とされる「民法理由書」（森順正訳）[20]は、340条について、「債権者ハ其債務者ノ承継人タル資格ヲ有スルカ故ニ」債務者の「行為ニ因リ債務者ノ資産ニ損失アルトキハ其結果ヲ被ラサル可ラス」とし、「債権者ノ権利ヲ詐害スル行為」については、「債権者ハ最早承継人タルモノニ非スシテ第三者タルモノナリ。何トナレハ債務者ハ自カラ其敵手ト為リタルヲ以テ債権者ヲ代表スルモノト謂フ可カラサレハナリ」とする。ここでは、詐害行為について、債権者は債務者に代表されるものとはいえないために、債権者は債務者の行為の結果を被らないという考え方が示されている。342条1項前段に「其債務者ノ詐害ヲ証スルコトヲ要ス」とあるのは、「債務者其無資力ナルヲ知リタルノ証拠アレハ以テ詐害ノ意思ノ証拠ト為スニ足ルモノトス」とする。同項後段については、詐害行為が有償行為であるときは、債務者と相手方が通謀したとき、すなわち、「債権者ニ対シ行フタル詐欺ニ参与シタルトキニ非サレハ其行為ノ利益ヲ失フコトナシ」とし、「通謀」の証明は、「債権者詐害ノ情状ヲ知リタルノ証明」で足りるとする。また、「詐害行為契約ニ非ス訴訟ニシテ債務者其債権者ヲ詐害スルカ為メ故ラニ敗訴シタル場合ニ於テモ亦右ト同一ノ区別ヲ為サヽル可カラス」、「有償行為ニ基キ訴訟ノ起リタルトキハ相手方債務者ト通謀シタルトキニ非サレハ判決ノ廃罷ヲ目的トスル所ノ再審

---

20)　ボワソナード民法典研究会編・ボワソナード民法典資料集成第Ⅱ期後期Ⅳ民法理由書第2巻財産編人権部（雄松堂出版・2001）175頁以下、187頁以下。

ヲ許ス可ラス。之ニ反シ贈与ニ基キ訴訟起リ其履行ニ関シ訴訟アル場合ニ於テハ受贈者債務者ト通謀セサルモ債務者其債権者ヲ詐害スルノ意思アリタルヲ以テ再審ノ訴ヲ許スニ足レリトス」とする。このように有償行為に基づく訴訟と無償行為に基づく訴訟とが区別され、前者については、債務者と相手方の通謀を要し、後者については、債務者の詐害の意思で足りるとされた。

これらの規定は、ボアソナード民法草案360条から362条[21]を基礎とするものである。このうち361条2項は、「債権者が詐害的に（frauduleusement）被告として有責判決を受け、または〔原告として〕請求を棄却させた場合には、債権者は、民事訴訟法に従い、第三者による判決取消しの訴え（tierce opposition）により訴えを提起する」というものであった[22]。ボアソナードの注釈（訳文）によると、この場合には、「事外故障ト称スル特別ニシテ且非常ナル訴訟ノ手続アリ。何トナレハ此訴訟手続ハ訴訟ニ参加セサル者即チ第三ノ人ニ因テ執行セラルルレハナリ（仏蘭西訴訟法第474条以下）。右ノ訴訟手続ハ日本ニ於テモ必ス允許セラルヘシ」とされる[23]。ここで参照されている当時のフランス民事訴訟法（1806年民事訴訟法典）474条は、「判決により自己の権利を害され、かつ、判決をするにあたり自己または自己を代理する者が呼び出されなかった者」が、第三者による判決取消しの訴え（tierce opposition）を提起することができる旨を規定していた[24]。

このように、明治23年法483条は、フランス法のtierce oppositionに由

---

21)　佐藤岩昭・詐害行為取消権の理論（東京大学出版会・2001〔初出1987～1988〕）242頁以下、特に248頁、同「民法424条～426条（債権者取消権）」広中俊雄＝星野英一編・民法典の百年III（有斐閣・1998）57頁、58頁以下、徳田和幸「独立当事者参加における請求の定立について―詐害防止参加の沿革を中心として」前掲注6）複雑訴訟の基礎理論〔初出2001〕164頁、166頁以下、中西俊二・詐害行為取消権の法理（信山社・2011）45頁以下を参照。

22)　徳田・前掲注21）167頁。

23)　ボワソナード氏起稿 再閲修正民法草案註釈第2編人権之部上巻（司法省・1883）352頁以下。

24)　フランス民事訴訟法典翻訳委員会「フランス民事訴訟法典の翻訳（14）」法協90巻8号（1973）1126頁、1120頁、徳田・前掲注21）170頁注8）。フランス法のtierce oppositionについては、江藤价泰「フランス民事訴訟法における第三者故障の申立」フランス民事訴訟法研究（日本評論社・1988〔初出1954。原題：「フランス民事訴訟法における第三者異議の訴」〕）19頁、木川統一郎「判決の第三者に及ぼす影響」法学新報64巻12号（1957）1頁、4頁以下、吉野衛「不動産の二重譲渡と独立当事者参加の許否」近藤莞爾＝浅野武編・民事法の諸問題II（判例タイムズ社・1966〔初出1963〕）308頁、320頁以下、徳田和幸「第三者による判決取消の訴え（Tierce-Opposition）の機能と判決効」フランス民事訴訟法の基礎理論（信山社・1994〔初出1978。原題：「フランス法におけるTierce-Oppositionの機能と判決効」〕）196頁、高田裕成「いわゆる対世効論についての一考察（2）」法協104巻11号（1987）1513頁、1540頁以下、伊藤洋一・フランス行政訴訟の研究―取消判決の対世効（東京大学出版会・1993）371頁以下などを参照。

来するものである[25)]が、判決により権利を害される第三者による再審を一般的に定めたものではなく、明治23年民法の廃罷訴権の規定に対応し、債務者の財産の減少をもたらす詐害行為が訴訟により行われた場合に、その債権者が判決を取り消す方法として定められた[26)]。それゆえ、同条においては、詐害判決であるゆえに判決の取消しが認められるのであり、共謀により第三者の債権を害する目的で判決をさせたこと自体が、判決の取消しを求める事由であったと考えられる[27)]。また、483条の原告と被告の「共謀」の要件は、明治23年民法財産編342条1項後段における有償行為についての廃罷訴権の要件（「通謀」）を受けて規定がされた可能性もある。もっとも、483条は有償行為に基づく訴訟と無償行為に基づく訴訟を区別していないので、当時のフランス民事訴訟法474条の解釈が直接参考にされたのかもしれない。

2　明治29年民法

明治23年民法は施行されなかった。明治29（1896）年に成立した現行民法典は、424条において、①「債権者ハ債務者カ其債権者ヲ害スルコトヲ知リテ為シタル法律行為ノ取消ヲ裁判所ニ請求スルコトヲ得。但其行為ニ因リテ

25）注19）に掲げた文献を参照。

26）明治23年法483条につき、吉野・前掲注24）327頁以下は、フランスにおける判例の見解に従うことなく、「原告及ヒ被告ノ共謀」を要件として規定したことから、起草者は、あくまでこの制度を詐害行為取消権と並置される制度として理解し、その運用を期待したのではないか、とする。杉山・前掲注1）984頁も、当事者の一方に対して債権を有する者がその債権を保全するための制度として認められていたとする。

27）明治23年法483条が原状回復の訴えに関する規定を準用していたことから、船越・前掲注1）107頁および鈴木・前掲注1）11頁は、刑事有罪判決の確定等の要件が課せられていたとする。また、東京高決平成24年8月23日（本文に前掲の最決平成25年11月21日の原審。民集67巻8号1726頁参照）は、明治23年法483条について、「詐害判決に対して独立した再審事由を認めるものではなく、詐害判決であると主張する第三者に対し……再審の訴えを提起する原告適格を認めたものである（同法483条1項）。この場合の再審の訴えについては、出訴期間の制限に服し（同法474条1項）、『原状回復の訴えによる再審』の再審事由（同法469条1項）の存在を必要とし、主張する再審事由によっては有罪判決等を必要とする（同条2項）。」と述べている。しかし、本文で述べたように、「原告及ヒ被告ノ共謀ニ因リ第三者ノ債権ヲ詐害スル目的ヲ以テ判決ヲ為サシメタ」ことが判決の取消しを求める事由であり（岡田・前掲注2）187頁）、469条1項1号ないし4号の場合の原状回復の訴えではないので、刑事有罪判決の確定も要件ではなかったと考えられる。板倉松太郎・民事訴訟法綱要（巌松堂書店・1913）540頁も、483条の訴えに準用されるべき規定として、437条（「本条ニ依リ更ニ通常訴訟ニ関スル規定ヲ準用ス」とあるので、473条の誤記であろう。）、471条、472条、474～482条を挙げ、再審事由を定める469条1項、「罰セラル可キ行為」について有罪判決の確定を必要とする同条2項を挙げていない。前掲東京高決平成24年8月23日に対する「抗告理由」（民集67巻8号1695頁、1709号）、平田和夫「新株発行の無効の訴えに係る詐害再審についての一考察」LEC会計大学院紀要10号（2012）113頁、122頁、126頁注28）を参照。

利益ヲ受ケタル者又ハ転得者カ其行為又ハ転得ノ当時債権者ヲ害スヘキ事実ヲ知ラサリシトキハ此限ニ在ラス」、②「前項ノ規定ハ財産権ヲ目的トセサル法律行為ニハ之ヲ適用セス」と定めた。明治 23 年民法財産編 342 条 1 項が、有償行為について債務者と相手方の「通謀」を要件としていたのに対して、明治 29 年民法は、有償行為と無償行為を区別せずに[28]、受益者または転得者が「債権者ヲ害スヘキ事実ヲ知ラサリシトキ」に適用を除外している。法典調査会において起草委員の梅謙次郎は、民事訴訟法「51 条ノ第 2 項ニハ『第三者カ原告及ヒ被告ノ共謀ニ因リ』トアツテ共謀ノ場合シカ見テナイ。本案デハ第三者ノ悪意ト云フモノモアルカラ疑ノ起ラヌ様ニ『害スルコトヲ知リテ為シタル』ト書イタノデアリマス」と説明している[29]。

明治 23 年民法財産編 341 条 2 項の再審に関する規定は、明治 29 年民法には定められなかった。法典調査会において起草委員の穂積陳重は、「民事訴訟法ノ方デ十分デアラウト思ヒマス」と説明している[30]。

3　483 条の意義についての学説

明治 23 年法 483 条の第三者による訴えは、当事者による再審とは異なるものとして理解された。確定判決は当事者間にのみその効力が認められ、第三者を強制するものではないから、再審は当事者のみがすることができるのが原則であるが、明治 23 年民法財産編 341 条 2 項が民事訴訟法に従い再審の方法で訴えることができる旨を定めたことから、民事訴訟法において第三者が再審を求めることができる旨が定められたとされた[31]。また、483 条の訴えは、原告と被告との間の訴えではなく、第三者が原告と被告を共同被告

---

28)　有償行為と無償行為で区別せずに、相手方が詐害の事実を知らなかった場合に適用を除外した理由について、法典調査会において起草委員の穂積陳重は、「如何ナル原因ニ拘ハラズ一旦己ノ権利トナツタモノガ夫レガ法律ノ働キニ依テ又離レマスト云フコトハ随分重大ナコトデアリマシテ一旦或物ヲ譲受ケマスレバ其自分ノ権利トナツタモノハ権利ノ行使ノ結果トシテ夫レヲ又他ニ譲リマストカ又ハ夫レニ付テ或ル物権ヲ設定スルトカ種々ニ之ヲ使用スルコトガアルカモ知レマセヌ」、「無償デ得タ権利デモ権利ダト云フ斯ウ云フ主義ヲ取ツタノデアリマス」と説明している。「第 58 回法典調査会議事速記録（明治 28 年 1 月 22 日）」法務大臣官房司法法制調査部監修・法典調査会民法議事速記録 3（商事法務研究会・1984）80 頁、114 頁。

29)　前掲注 28)「第 58 回法典調査会議事速記録（明治 28 年 1 月 22 日）」107 頁。

30)　前掲注 28)「第 58 回法典調査会議事速記録（明治 28 年 1 月 22 日）」102 頁。富越和厚「判解」最判解民事篇平成元年度 364 頁、373 頁、383 頁注 11）も参照。

31)　井上操・民事訴訟法述義（宝文館・1891）1261 頁、本多康直＝今村信行・民事訴訟法注解（博聞社・1893）1440 頁以下。

とする別個の訴えであることからも、本来の再審とは異なるものとして理解された[32]。

明治29年民法が制定された後は、新民法において再審の規定によることとする旨の規定が設けられなかったことから、民事訴訟法483条は削除されるべきものであるとされた[33]。

4　明治36年旧法典調査会案

明治29 (1896) 年頃から、明治23年法の修正について、「民事訴訟法調査委員会」による審議が行われ、「民事訴訟法修正案」[34]が作成された[35]が、この修正案は再審の規定を含んでいなかった。明治33 (1900) 年9月から、「法典調査会 (第二部)」において民事訴訟法の改正が審議されることになり、起草委員により「第1編総則」の部分のみ「民訴甲第一号」[36]が作成された[37]。

明治34 (1901) 年6月20日 (第29回)[38]の会議において、起草委員の河村譲三郎から、明治23年法51条2項について、参加訴訟の定義にあたらないから削除した、この場合に主参加の手続を認める必要はない、という説明がされた[39]。これに対して、委員の梅謙次郎は、債務者が占有している財産につき請求がされ、被告債務者は多額の負債を負っていて、財産が自分の物と決まっても債権者に取られてしまい、むしろ原告が友人や親類であるので、原告を勝たせた方がよいという場合を例に挙げて、「此民法ノ規定ハ法律行為ヲ取消スコトハ出来ルガ訴訟デ即チ確定シタ判決ヲ第三者カラ取消スト云フコトハ特別ノ規定ガナケレバ出来ヌコトト思ヒマス」、「再審ヲ許ルス位ナラバ此現行法51条ノ第2項ニアル如キ規定ヲ置イタ方ガ宜クハナイカ」と述

32)　江木衷・民事訴訟原論 (有斐閣書房・1893) 630頁以下。
33)　今村信行・民事訴訟法註解下巻 (明治大学出版部講法会・1904) 1070頁。後掲注56) に対応する本文 (加藤正治の見解) を参照。
34)　「民事訴訟法修正案」松本博之＝河野正憲＝徳田和幸編著・日本立法資料全集43 民事訴訟法 [明治36年草案] (1) (信山社・1994) 125頁。
35)　松本博之・民事訴訟法の立法史と解釈学 (信山社・2015〔初出1994〕) 51頁以下。
36)　「民訴甲第一号」前掲注34) 民事訴訟法 [明治36年草案] (1) 197頁。
37)　松本・前掲注35) 55頁以下。
38)　「法典調査会〔第二部〕民事訴訟法議事速記録—明治34年6月20日 (第29回)」松本博之＝河野正憲＝徳田和幸編著・日本立法資料全集44 民事訴訟法 [明治36年草案] (2) (信山社・1995) 291頁。菱田雄郷「第三者による他人間の訴訟への介入 (3)」法協119号10号 (2002) 1893頁、1906頁以下も参照。
39)　前掲注38)「民事訴訟法議事速記録—明治34年6月20日 (第29回)」293頁。

べて、判決の確定前に（詐害判決を）防ぐ方法があった方がよいと主張した[40]。起草委員の富谷鉎太郎から「此訴ノ原因ハドウ云フ場合デアツタトキデアルカ。何レ何カ行為ガナイト起ツテ来ナイ。民法ノ規定デ取消スモノナレバ其方デ行ケルト思フ」と問われ、梅は「訴訟行為以外ニ於テハ何等ノ詐欺ガナイ」場合であるとして、上記の例のほか、すでに返済した借金について訴えてきた貸主と通謀して借主が敗訴することにより他の債権者が損害を受けるという例を挙げた[41]。

議論は、債務者の受けた判決の効力が債権者に及ぶのかについてもなされた。起草委員の前田孝階は、「再審ノ訴ト云フモノハ判決ヲ受ケタ当事者確定力ニ依テ羈束セラレタ所ノ者ガ其判決ヲ取消サウ此規定ガ再審ノ規定デアル」と述べて[42]、既判力の及ばない第三者に再審を認める必要はないという考えを示した。梅は、「唯ダ確定シナイトキニドウスルト云フコトダケ規定シテモマルデ趣意ノ抜ケタコトニナリマスカラ。時トシテハ知ラナイ間ニ判決ガ確定シテシマウカシラヌ。サウスルト参加スル遑ガナイ」ことを指摘し、判決の効力が当事者間に限られることについて、「債務者ガ他ノ者ト訴訟ヲシテ其結果デ財産ガ減ツタト云フヤウナモノヲ債権者カラソレハ矢張リ債務者ノ財産デアルソレダカラシテ債務者ノ財産トシテ例ヘバ訴訟ガ起ル」という場合に、債権者と前訴の相手方当事者の間に新しい訴訟となって、判決をするということになるのかを質問した[43]。これに対して、河村は「訴訟法ノ主義デハ甲債権者ト債務者ノ間ノ確定判決ハ乙債権者ニハ及ボサント云フコトニナルダロウト思ヒマス」と答えている[44]。

民法424条により訴訟行為を取り消すことができるのかについて、明治29年民法の「起草者」の間で見解が分かれた[45]。梅は、法律行為について確定判決がされても、法律行為を民法424条により取り消すことができることは認める。しかし、「訴訟行為以外ニハ何モ詐害行為ガナイ」場合に、「詐害行為ノ結果判決ガ出来ル。判決ソレ自身ヲ攻撃スルト云フコトニナル。ソ

40)　前掲注38)「民事訴訟法議事速記録—明治34年6月20日（第29回）」293頁以下。
41)　前掲注38)「民事訴訟法議事速記録—明治34年6月20日（第29回）」297頁以下。
42)　前掲注38)「民事訴訟法議事速記録—明治34年6月20日（第29回）」296頁以下。
43)　前掲注38)「民事訴訟法議事速記録—明治34年6月20日（第29回）」300頁。
44)　前掲注38)「民事訴訟法議事速記録—明治34年6月20日（第29回）」300頁。
45)　巽・前掲注1）「形成概念と第三者規律（二）」667頁注109）を参照。

レニハ矢張リ自ラ民事訴訟法ノ手続ガ要ルデハナイカ」と主張した[46)]。これに対して、委員の富井政章は、民法424条にいう法律行為には訴訟行為も含まれると解し、債務者が法律行為により詐害行為をした場合には、訴訟が提起されていなくても、訴訟が提起されて判決があっても、その取消しをすることができることには疑いがなく、「法律行為ト云フ言葉ガ訴訟行為ヲ含メバ矢張リ同ジ事デアル、ソレニ依テ判決ガ下ツタト云フ場合デモ其訴訟行為ヲ取消セバ其結果トシテ判決モ壊ハレルヤウナコトニナル」と説明している[47)]。これに対して、梅は、「訴訟行為ノ効力ガ判決ニ対シテドウ云フ効力ヲ持ツカト云フコトハ民法デ定メルコトデハナイ、所ガ訴訟行為丈ケヲ取消シテ其結果判決ヲ無効トスルナラバ、民事訴訟法ニ規定ガナケレバナラヌト思フ」と反論している[48)]。このように、梅と富井との間では、原因となる法律行為がなく、訴訟行為により詐害がされた場合に、判決の効力が否定されるべきであるとの考えには違いがなく、富井が民法424条による訴訟行為の取消しを認めるのに対して、梅は民事訴訟法に手続を定める必要があると主張した。

このような議論を経て、法典調査会において作成された「民事訴訟法改正案」（明治36年旧法典調査会案）[49)]においては、74条1項として、「当事者カ其一方ノ債権者ヲ害スル意思ヲ以テ訴訟ヲ為ストキハ債権者ハ訴訟ニ参加スルコトヲ得」との規定がされた[50)]。しかし、明治23年法483条に相当する規定はされなかった。

46）前掲注38）「民事訴訟法議事速記録—明治34年6月20日（第29回）」301頁。債務者の法律行為につき確定判決がある場合に、民法424条により当該行為を取り消すことができるのかに関して、板木郁郎「債権者取消権・債権者代位権」谷口知平＝加藤一郎編・民法演習III（有斐閣・1959）79頁、96頁は、否認権についての旧破産法75条は当然のことを規定したものであるとして、詐害行為取消権の行使を肯定する。これに対して、鈴木正裕「既判力の拡張と反射的効果」神戸法学雑誌9巻4号（1960）517頁注10は、債務者の敗訴判決の効力が他の一般債権者に及ぶことから、これを否定する。後掲注56）に対応する本文（加藤正治の見解）も参照。なお、法律行為を基礎とする債権につき確定判決がある場合における否認権の行使（破産165条）に関して、山本克己＝小久保孝雄＝中井康之編・新基本法コンメンタール破産法（日本評論社・2015）380頁〔中西正〕は、破産手続が当該訴訟の最終口頭弁論終結時以後に開始されている限り、否認権の成立は基準時後であるとして、既判力の遮断効による失権を否定する。

47）前掲注38）「民事訴訟法議事速記録—明治34年6月20日（第29回）」307頁。

48）前掲注38）「民事訴訟法議事速記録—明治34年6月20日（第29回）」309頁。

49）「民事訴訟法改正案—旧法典調査会案（明治36年）」松本博之＝河野正憲＝徳田和幸編著・日本立法資料全集10 民事訴訟法［大正改正編］(1)（信山社・1993）31頁。

50）74条2項において、補助参加の規定が準用されること、ただし、抵触行為をなし得ることが定められた。菱田・前掲注38）「第三者による他人間の訴訟への介入(3)」1910頁以下を参照。

5　483 条の適用範囲をめぐる判例と学説

明治 23 年法 483 条は原告と被告が共謀して「第三者ノ債権ヲ詐害スル目的」で判決を得た場合に適用されるが、大審院は、債務者がその責任財産を減少させる目的で相手方と共謀して判決を得た場合に限り適用されるとしている。

①大判明治 36 (1903) 年 11 月 12 日（民録 9 輯 1235 頁）は、抵当権設定および金員借用を目的とする親族会の決議を取り消す判決に対して、決議に基づく債権が害されると主張する債権者 X が 483 条の再審の訴えを提起したという事案において、「民法第 424 条ニ謂フ債務者カ其債権者ヲ害スルコトヲ知リテ為シタル行為トハ債権者ノ権利ヲ詐害スル行為ヲ指シタルモノニシテ債権ノ成立ニハ毫モ影響ヲ及ホサス単ニ其実効上ニ不利益ナル結果ヲ及ホス行為ヲ謂フモノトス。而シテ民事訴訟法第 483 条ニ謂フ第三者ノ債権ヲ詐害ストノ文詞モ亦之ト同一ノ意義ヲ有スルモノナリ」、ゆえに、第三者が「他人ノ間ニ言渡サレタル判決ニ対シ不服ヲ申立テ得ルハ其債務者ト他人間ノ訴訟ニ於テ債務者カ他人ト通謀シ故意ニ敗訴シ以テ債権者ノ共同担保物タル自己ノ財産ヲ減少シ以テ債権者ヲシテ債権ノ実益ヲ享受スルコト能ハサルニ至ラシムル如キ場合ナラサルヘカラス」と判示し、本件の X の主張は、債権を不成立にするおそれがあるということにあり、債権を実行することができなくなるというものではないから、483 条の規定する場合に該当しないと述べた。

②大判明治 38 (1905) 年 6 月 30 日（民録 11 輯 1079 頁）は、X が、訴外 A に対して有する債権を担保する抵当不動産につき、その第三取得者 Y と Z の間における確定判決により自己の抵当権を失い、その債権を害されると主張して、483 条の再審の訴えを提起したという事案において、「民事訴訟法第 483 条ハ旧民法第 341 条第 2 項ノ規定ニ基キ現行民法第 424 条ト同シク詐害者ノ一方カ債務者ナル場合ニ限リ其債権者ヲシテ再審ノ方法ニ準拠シテ権利ノ保全ヲ得セシムルコトヲ規定シタル法意ナリ」、ゆえに、「同法条ニ依リ原状回復ノ訴訟ヲ提起シ得ル者ハ必ス其取消ヲ求ムル判決ノ原告若クハ被告ノ一方カ起訴者ノ債務者タルヲ要シ本件上告人〔X〕ノ如キ抵当権者ノ関係アルノミニテ取消ヲ求ムル判決ノ原告又ハ被告ニ対シ債権債務ノ関係ナキモノハ此訴権ヲ有セサルモノトス」と判示し、民法 424 条の「債務者」には抵当

権設定者を含まないこと、抵当権者はその抵当物が他に転々しても抵当権実行の方法により権利を及ぼすことができることなどを述べて、訴えを却下すべきであるとした原判決に対する上告を棄却した。

③大判大正10（1921）年10月12日（民録27輯1739頁）は、A家の法定推定家督相続人と他家との間の養子縁組を無効とする判決によって、A家の家督相続権を失うことになるXが民訴法483条の再審の訴えを提起したという事案において、「民事訴訟法第483条ハ之〔民424条〕ト同一ノ旨趣ニ依リ債務者カ他人ト共謀シテ債権者ノ債権ヲ詐害スル為メ訴訟ヲ為シ財産減少ノ結果ヲ生スヘキ判決ヲ受ケタル場合ニ付キ救済方法ヲ定メタルモノ」であり、「民事訴訟法第483条ノ訴ハ其訴ヲ為サントスル者即チ第三者ノ債務者カ共同担保タル自己ノ財産ヲ減少シ債務ノ弁済ヲ薄弱ナラシムル目的ヲ以テ相手方ト共謀シテ財産上ノ訴訟ヲ為シ故ラニ敗訴ノ判決ヲ得タル場合ニ於テ之ヲ起スコトヲ得ヘキモノト解釈スルヲ相当トス（明治36年……11月12日〔①判決〕、明治38年……6月30日〔②判決〕当院判決参照）。故ニ其訴訟ノ原告又ハ被告ト債権債務ノ関係ナキ者ハ同条ノ訴ヲ起スコトヲ得ス。従テ第三者ノ債務者ニアラサル者カ他人ト共謀シ第三者ノ相続権及ヒ之ニ伴フ財産権ヲ詐害スル目的ヲ以テ敗訴ノ判決ヲ受ケタルトキハ其第三者ハ同条ノ訴ニ依リテ其判決ニ対シ不服ヲ申立ツルコトヲ得サルモノトス」と判示して、訴えを却下すべきであるとした原判決に対する上告を棄却した。

学説において、平野義太郎「判批（③判決）」（1922年）[51]は、債権の詐害の場合にのみ民事訴訟法483条の再審を認め、それに準ずべき財産権侵害の場合にこれを認めない理由はなく、また、債権の詐害の場合についても、民法424条の一般債権の完済不能を意味するのではなく、広く債権者の担保を減少させる行為と解してよく、債務者と相手方の共謀により、抵当物について担保の価値を減少または消滅させる判決を得た場合にも提起することができると解するべきで、明治38年判決（②判決）は不当であるとする。

これに対して、加藤正治「判批（③判決）」（1922年）[52]は、解釈論としては、

51）平野義太郎「判批」民法判例研究会・判例民法第1巻（有斐閣・1923〔初出1922〕）464頁、467頁以下。
52）加藤正治「判批」民事訴訟法判例批評集第1巻（有斐閣・1926〔初出1922〕）446頁、450頁以下。

民法424条が債権者の一般担保を減少させる場合に限り適用され、特定の給付を害する場合には適用されないことを理由に、民事訴訟法483条も特定の給付を不能にする場合には適用がないとするが、立法論として、このような規定を置くのであれば、特定の給付、特定の担保等の保護をも併せて行うのを妥当とする。他方で、解釈論として、483条の適用範囲は民法424条よりも広く、現実に詐害的法律行為がなされずに、仮想的に虚偽の訴訟をして敗訴した場合にも適用されることを認める[53)]。

6　大正10年特許法128条

大正10（1921）年（法96号）特許法は、民事訴訟法にならって[54)]再審の規定を設け、121条において、当事者系の審判、抗告審判、大審院への出訴につき、確定審決または判決に対する当事者による再審を定めた。また、128条において、第三者による不服申立てとして、①「第三者カ請求人及被請求人ノ共謀ニ依リ其ノ第三者ノ権利又ハ利益ヲ詐害スル目的ヲ以テ審決又ハ判決ヲ為サシメタルコトヲ理由トスル不服ノ申立ニ付テハ原状回復ノ請求ニ依ル再審ノ規定ヲ準用ス」、②「前項ノ場合ニ於テハ請求人及被請求人ヲ以テ共同被請求人トス」と定めた。128条が適用される場合として、特許権者と第三者が共謀して、特許権者より実施許諾を得た者の権利を失わせる目的で、特許無効の審決を得た場合や、特許権者の債権者の共同担保を減少させる目的で特許無効の審決を得た場合が挙げられた[55)]。後者の場合は、民事訴訟法483条と同様に債務者の財産を減少させる場合であるが、前者の場合は、特許権を目的とする権利が害される場合（特許法55条（現行97条）参照）である。

大正15年の民事訴訟法の改正（昭和4年施行）に対応して、昭和4年法47号により特許法が改正されたが、民事訴訟法483条が削除されたにもかかわらず、特許法128条の規定は、「原状回復ノ請求ニ依ル」の文言が削除されたにとどまり、維持された（現行特許法（昭和34年法121号）172条参照）。

53）　板倉・前掲注27）539頁以下、前掲注41）に対応する本文（梅発言）を参照。
54）　清瀬一郎・特許法原理（中央書店・1922）551頁。
55）　清瀬・前掲注54）563頁。

7　加藤正治博士の立法論

加藤・前掲「判批」[56]は、詐害再審についての立法論として、次のように述べている。明治23年法483条は、明治23年民法が訴訟の原被告の共謀により債権者を詐害するための確定判決がされた場合に債権者に再審の訴えを提起することを認めたために、再審の訴えがどのような手続によるべきかを定める必要上民事訴訟法に置かれたものであり、明治29年民法424条にはこのような規定がないから、同民法施行の際に、民事訴訟法からこれを削除すべきであったとする。削除すべき理由として、判決の既判力は当事者間にのみあるから訴訟の第三者である債権者は債務者と相手方との間の確定判決に拘束されずに廃罷訴権を行使することができること、共謀に基づく確定判決に対して債務者が任意の履行をし、または強制執行を受けて財産を減少させたとしても、悪意の受益者に対しては廃罷訴権を行使することができることを挙げる。

他方で、判決や決定が、例えば人事訴訟その他の形成訴訟、破産債権の異議の訴訟のように、訴訟当事者以外の第三者に直接に既判力を及ぼす場合には、再審の訴えを提起できる制度が必要であるという。その理由として、利害関係のある第三者には、訴訟係属中、従参加または主参加等の制度による保護があるが、法定された場合に限られ、また、第三者は訴訟の提起を全然知らないことがあるので、第三者の保護は十分でないこと、「職権調査主義」の下であっても裁判官が事実の真相を知悉獲得することは著しく困難であること、当事者が適法に代理されなかった場合に再審の訴えの提起が認められ（明治23年法468条1項4号（現行338条1項3号に対応））、他人が当事者の氏名を詐称して訴訟をした場合に当事者に再審の訴えの提起が認められると解されているのと同様に、当事者以外の第三者に対し判決の効力が及ぶ場合には、当該第三者に再審の訴えの提起を認めるべきであることなどを述べている。

このように、483条の詐害再審とは区別して、立法論として、判決効が及ぶ第三者に再審の訴えを認めるべきことが主張された。

8　大正15年民事訴訟法

明治44（1911）年5月から、「法律取調委員会（第二部）」において、民事訴

56）　加藤・前掲注52）「判批」452頁以下。

訟法の審議が行われた[57]。その起草委員会の審議では、前述した明治36年旧法典調査会案の74条（注50）に対応する本文参照。訴訟への参加の規定）につき、「害スル意思」は疎明が困難であること、「当事者カ其一方ノ」という文言では、「例ヘハ原告カ被告ノ債権者ヲ害スル意思ヲ以テト云フ如クニ解セラレ又ハ馴合訴訟ノ場合ノミニ適用アルモノヽ如クニ解セラルヽ虞」があることが指摘され、再考のこととの決議がされた[58]。

民事訴訟法の改正作業は、大正8（1919）年9月から、司法省内に設けられた「民事訴訟法改正調査委員会」に引き継がれた。その起草委員会において「民事訴訟法改正案（第一案・議案）」[59]が作成され、大正10（1921）年12月から、委員総会において個々の条文について審議が行われた（加藤正治は起草委員の一人であった）[60]。

大正11（1922）年3月7日（第8回）の会議[61]において、同改正案の67条（「訴訟ノ結果ニ因リ権利ヲ害セラレルヘキコトヲ主張スル者カ訴訟ニ参加シタルトキハ第57条ノ規定〔必要的共同訴訟の規定〕ヲ準用ス」）について、起草委員の松岡義正から「現行法の61条〔51条の誤記と思われる〕の第2項に当る所であり」、「馴合ひ訴訟と称する訴訟をした者がある場合に於て、さう云ふ訴訟をされると自分の権利を害せられるから、訴訟参加の形式に依り其馴合ひ訴訟を消してしまう」という趣旨であり、「権利」は民法の債権よりも広いものである、との説明がされた[62]。

大正12（1923）年4月24日（第44回）の会議[63]において、委員の原嘉道から483条の規定が案の中にないことの理由を質問され、松岡は、483条は「旧民法の財産編の341条の規定を受けて出来上がって居るやうに思ふ、そこで其旧民法の規定が今の民法にありませぬから、斯う云ふ問題は民事訴訟

57）松本・前掲注35）64頁以下〔初出1993〕。

58）「改正案第74条ニ付キ（第42回・43回―明治45年1月26日・31日）」松本＝河野＝徳田編著・前掲注49）民事訴訟法［大正改正編］（1）377頁。

59）「民事訴訟法改正案（第一案・議案）」松本博之＝河野正憲＝徳田和幸編著・日本立法資料全集11 民事訴訟法［大正改正編］（2）（信山社・1993）180頁。

60）松本・前掲注35）67頁以下。

61）「民事訴訟法改正調査委員会議事速記録第8回（大正11年3月7日）」松本博之＝河野正憲＝徳田和幸編著・日本立法資料全集12 民事訴訟法［大正改正編］（3）（信山社・1993）103頁、120頁。

62）徳田・前掲注17）189頁注2）も参照。

63）「民事訴訟法改正調査委員会議事速記録第44回（大正12年4月24日）」松本＝河野＝徳田編著・前掲注61）民事訴訟法［大正改正編］（3）442頁。鈴木・前掲注1）11頁、上田＝井上編・前掲注19）180頁以下〔河野〕を参照。

法には書かないで、斯う云ふ必要があったならば矢張り民法の424条の規定に従って解決すべきものである、斯う云ふ趣旨から致しまして本案では置かなかったのであります。」と説明する。これに対して、原から「483条のような当事者双方が共謀して第三者の利益を侵害したやうな判決を受けた時でも、此民法424条の適用がありますか。」と問われ、松岡は、「それは其判決の基本たる法律行為の取消は出来やしないかと思ふ。」と答えたが、原は「さう行くかどうか。」と納得しない。速記が中止された後、原は、「之は矢張り第三者が再審の訴を起せる規定を明かに設けて戴きたい。」と要望し、松岡は、「尚ほ考へませう。」と応じた。松岡は、民法424条により「判決の基本たる法律行為」を取り消すことができることを述べているが、訴訟行為により詐害がされた場合に、民法424条により訴訟行為の取消しが認められるのかは明らかではない。

会議において提出された問題点は、起草委員会において整理され、「民事訴訟法改正案修正問題」としてまとめられた[64]。そこでは、「判決ノ効力ヲ受クル第三者ハ再審ノ理由アルノミナラス当事者ノ通謀ニ因リ不利益ナル判決ヲ受ケタルトキニモ再審ノ訴ヲ提起スル権利ヲ有スルモノトスルノ要ナキヤ（現483条参照）」が問題点としてあげられた[65]。原の要望は、当事者の通謀により判決効を受ける第三者の利益が害される場合に、第三者による再審の訴えを認める規定を設けることにあると理解されたようである。

しかし、起草委員会において作成された「民事訴訟法改正案（第二案）」[66]に、この問題点に対応する規定は設けられなかった。大正14（1925）年7月14日（第57回）の会議[67]において、松岡は、「判決の効力を受くる第三者は再審の理由あるのみならず当事者の通謀に因り不利益なる判決を受けたるときにも再審の訴を提起する権利を有するものとしたらどうであるか、斯う云ふ問題でありますが、之は先づ本文の前段につきましては之は本案の68条

64）松本・前掲注35）73頁以下。

65）「民事訴訟法改正案修正問題」松本＝河野＝徳田編著・前掲注59）民事訴訟法［大正改正編］(2) 219頁、241頁。

66）「民事訴訟法改正案（第二案）」松本＝河野＝徳田編著・前掲注59）民事訴訟法［大正改正編］(2) 241頁。

67）「民事訴訟法改正調査委員会議事速記録第57回（大正14年7月17日）」松本博之＝河野正憲＝徳田和幸編著・日本立法資料全集13 民事訴訟法［大正改正編］(4)（信山社・1993）100頁、111頁。鈴木・前掲注1）11頁、上田＝井上編・前掲注19）180頁以下〔河野〕を参照。

〔共同訴訟参加〕で以て保護するから適当であるまいか、それから又後段に付きましては本案の67条〔独立当事者参加〕で保護するから別に再審の訴を提起せしめることにしなくても宜いではないか、再審の訴を提起せしめると云ふやうなことになりますと確定判決を尊重すると云ふ趣旨を滅却するやうな虞があるから之は矢張り原案のやうにして置いた方が宜い」と説明をしている。ここでは、債務者と相手方が共謀して第三者の債権を詐害するという明治23年法483条の適用場面ではなく、あるいは、その適用場面に限らず、当事者の共謀により判決効を受ける第三者の利益が害される場合について検討がされ、しかし、第三者は（訴訟係属中に）独立当事者参加により保護されること、確定判決は尊重されるべきであることを理由に、第三者による再審の訴えは否定された。

こうして、大正15年法においては、明治23年法483条に相当する規定は設けられず、判決効を受ける第三者による再審の訴えを認める規定も設けられなかった。前者の理由、すなわち、債務者が相手方と共謀して債権を詐害する目的で判決をさせた場合に、その債権者が再審の訴えを提起しうる旨の規定がされなかった理由は必ずしも明らかではないが、この場合には民法424条により判決を取り消すことができると考えられたこと、債権者には債務者の受けた判決効が及ばないから再審の訴えを認める必要がないと考えられたこと、あるいは、明治23年法483条の適用場面についても、債権者は独立当事者参加により保護されると考えられたこと[68]、確定判決は尊重されるべきであること、これらの理由が考えられる。

Ⅲ　おわりに

明治23年法483条は、明治23年民法の廃罷訴権（詐害行為取消権）の規定に対応し、債務者の財産の減少をもたらす詐害行為が訴訟の方法により行われた場合にその債権者が判決を取り消す方法として定められ、大審院もそのような場合に483条の適用範囲を限定した。483条において、共謀により一

68）加藤正治・改正民事訴訟法案概説（有斐閣・1937〔初出1926〕）123頁は、「旧法483条は馴合訴訟に関することで、之に関しては、所謂独立参加の制度（新法第71条以下）を新設したから、本条を削除した」という。

方当事者の債権者の債権を詐害する目的がある場合に判決の取消しが認められたのは、法律行為による詐害行為の場合と同様の保護を債権者に与えるためであった。そうだとすると、明治23年法483条の趣旨を及ぼすことにより、判決効を受ける第三者による再審を一般的に導くことは、できない。

もっとも、本稿においてみてきた当時の議論からは、一般化の手掛かりとして、詐害行為について債権者が債務者の法律行為の取消しを求めることができることの基礎に、債権者が債務者により代表されたとはいえないためにその行為の結果を被らないという考え方（明治23年民法財産編340条1項ただし書）があること、大正15年民事訴訟法改正の過程において、一般的に判決効を受ける第三者による再審の訴えの規定を設けることが主張され、当事者の通謀を要件とすることが検討されたこと、また、前段階における詐害防止参加について、馴合訴訟の防止という観点から、より一般的に第三者の権利の保護が図られたことを、見いだすことができる。

【付記】

本研究は、JSPS科研費補助金16K03405の助成を受けたものである。

第　6　編

家事・相続関係事件

家事事件手続法における裁判所と当事者の役割

杉山悦子

Ⅰ　はじめに

2011年に制定され、2013年より施行された家事事件手続法においては、手続主体としての「当事者」および「裁判所」概念を用いるとともに、同法2条において、「裁判所は、家事事件の手続が公正かつ迅速に行われるように努め、当事者は、信義に従い誠実に家事事件の手続を追行しなければならない。」と定めて、両者の責務を定めている。これは、旧家事審判法のもとにおいて、手続の進行に協力的ではない当事者により、手続が遅延するなどの問題が生じていたため[1]、その解消のために、民事訴訟法2条に倣って設けられた規定である。この規定は、「個人の尊厳と両性の本質的平等を基本として、家庭の平和と健全な親族共同生活の維持を図る」という家事事件手続の目的（旧家審1条）[2]を実現するための基本的な責務であると理解されている。

両者のこのような責務は家事事件手続法の様々な場面において現れており、その一つが、同法の56条である。同条1項は「家庭裁判所は、職権で事実

1）　秋武憲一編著・概説家事事件手続法（青林書院・2012）32頁〔髙橋信幸〕。
2）　新法では目的規定は置かれていないが、かかる趣旨は当然に妥当するものと解されている（金子修編著・逐条解説家事事件手続法（商事法務・2013）4頁）。

の調査をし、かつ、申立てにより又は職権で、必要と認める証拠調べをしなければならない。」として、職権探知主義の原則を定めている。もっとも、同項によれば、当事者には証拠調べの申立権が認められている。さらに同条2項では、「当事者は、適切かつ迅速な審理及び審判の実現のため、事実の調査及び証拠調べに協力するものとする。」と定められており、裁判所の事実調査に対する当事者の協力義務が定められている。

職権探知主義の原則は、旧家事審判法においても採用されており、この原則によると裁判所が判決の基礎となる資料の収集の権能と責任を負うと解されていたが（旧家審7条）、資料収集の場面における当事者の地位は必ずしも明らかではなかった。当事者は手続の「主体」というよりは、むしろ、調査の「客体」として位置付けられていたともいわれる[3]。

これに対して家事事件手続法は、職権探知主義を採用しつつも、当事者に対して証拠調べの申立権を認めたり、事実調査への協力義務を認めたりすることにより、手続主体としての地位を認めている。具体的には、当事者には、審判に立ち会ったり、記録を閲覧するなどして裁判資料について知る機会が与えられ（家事47、63、69、70条）、また、意見陳述や新たな裁判資料を提出する機会が保障されるなど（家事68、152条2項、169条2項）、当事者の手続上の権利が強化されるとともに、手続に協力する責務が課されている。これは、当事者に手続上の権利および責務（以下、特に断りがない限り「義務」ではなく、「責務」とする）の双方の点から手続主体性を認めたものと解することが可能である[4]。

このように、当事者に手続の主体としての地位を与えることが、職権探知主義の原則とどのような関係に立つのかは問題となりうる。当事者には手続権があり、当該手続の裁判結果によって重大な影響を受ける以上は、自らの実体法上の地位に即して、手続主体としての地位が付与され、手続保障が与

3）　高田昌宏「非訟手続における職権探知の審理構造―新非訟事件手続法・家事事件手続法の制定を契機として」曹時63巻11号（2011）7〜8頁、二本松利忠「家事事件手続における手続保障の流れ」田原睦夫先生古稀・最高裁判事退官記念・現代民事法の実務と理論（下）（金融財政事情研究会・2013）1179頁。

4）　高田・前掲注3）35頁。職権探知主義の下での当事者の主体的地位を論ずる場合、手続権の保障と協力義務の双方が含まれうることにつき、高田裕成「家事審判手続における手続保障論の輪郭」判タ1237号（2007）42頁。

えられなければならず[5]、かつ、協力する責務は当事者の手続保障や弁論権の裏返しであると理解するのであれば[6]、職権探知主義と当事者の地位とは矛盾しないように思われる。これに対して、当事者に事案解明に対する協力義務、責務まで負わせるという意味で、当事者の主体性を肯定するのであれば、当事者は積極的に事実の主張や証拠提出する役割を担うと解することも可能である。後者のように解すると、家事事件手続法によって手続保障が強化された当事者の地位は、裁判所が積極的に事実や証拠を収集することを前提とする職権探知主義の原則とは緊張関係にあるようにも思われる。

もっとも、家事事件の事案解明の場面において、当事者が積極的な役割を担うべきではないかという問題意識は旧家事審判法の頃から共有されており、実務では後述のように（V）、いわゆる当事者主義的運用が行われてきた。このような運用に対しては、学説は懐疑的な姿勢を示しつつも、最近では、家事事件の中には弁論主義が適用される場合もあるという見解も示されるようになってきている。

本稿では、家事事件手続の事案解明の場面に焦点を当てて、このような当事者主義的運用や弁論主義の適用可能性といった問題意識を、家事事件手続法２条の定める当事者と裁判所の責務の性質や、責務に違反した場合の効果といった側面からとらえなおし、裁判所と当事者の役割について考察することにしたい。

以下では、Ⅱにおいて、家事事件手続法における裁判所と当事者の概念を、また、Ⅲにおいて、両者が負う一般的な責務を整理し、Ⅳで、家事事件手続法が採用する職権探知主義とそれに係る規定や当事者の役割を整理した上で、Ⅴにおいて、当事者と裁判所の役割についての実務、学説を比較検討しながらあるべき姿について検討する。

Ⅱ　裁判所と当事者の概念

1　裁判所の概念

家事事件手続法では、「裁判所」と「当事者」の概念が新たに用いられて

5）　髙田・前掲注３）38頁。
6）　本間靖規「非訟事件手続・家事事件手続における裁判所の役割」法時83巻11号（2011）19頁。

いる。このうち、前者については、旧家事審判法においても用いられており、家事事件手続法で初めて導入された概念ではない。もっとも、旧家事審判法では、「家庭裁判所において、この法律に定める事項を取り扱う裁判官は、これを家事審判官とする。」との規定があり（旧家審2条）、手続上は裁判所というよりは家事審判官が、家庭裁判所として事件を処理する審判機関として位置付けられていた。

家事事件手続法においては、この家事審判官の名称を廃止するとともに、裁判所を手続の主宰者として位置付けた。これは、家事審判はともかく、家事調停を家事審判官が主宰するというのは不自然であること、審判官よりも裁判官という名称の方が事件関係者に親しみやすいものであることに加えて、家事審判で合議体が形成された場合には、合議体の長は裁判長と呼ばれていたことや（旧家審規7条の2）、少年審判を行う裁判官が審判官と呼ばれていないこととの均衡を図るためでもあった[7]。

2　当事者の地位の明文化

さらに、家事事件手続法では、新たに「当事者」概念[8]を用いている。この「当事者」とは、形式的意味での当事者、すなわち、申立人とその相手方を指すものと解されている[9]。

旧家事審判法においては、家事調停事件については、当事者という用語は用いられてはいたが（旧家審3条3項、21条等）、審判手続については、当事者という文言は用いられておらず、当事者は手続主体として明示的に位置付けられてはいなかった。

というのも、二当事者対立構造が存在する民事訴訟とは異なり、家事審判では必ずしもそのような対立構造がみられるとは限らないからである。また、民事訴訟において当事者は、判決の名宛人となるとともに（民訴115条1項1号）、手続に主体的に関与することが予定されているが、家事審判においては、手続に主体的に関与する者と審判の名宛人が異なる事件類型があるとこ

7）　高田裕成編著・家事事件手続法（有斐閣・2014）26頁〔金子修〕、金子修編著・一問一答家事事件手続法（商事法務・2012）15頁。
8）　当事者概念と利害関係参加人の関係については、金子編著・前掲注7）14頁。
9）　金子編著・前掲注7）13頁。

ろ、かかる場合には、いずれを当事者として扱うのが適当であるかは明らかでなかったからである。

しかしながら、乙類審判事件（家事別表第2の事件）のように、争訟性が高い事件においては、通常の民事訴訟と同様に二当事者対立構造が存在するので、当事者を手続の主体と位置付けて、相応の手続保障を付与することの重要性が徐々に説かれるようになっていった[10]。

他方で、従来から、このような形式的当事者概念に基づく「当事者」の用語を用いる代わりに、実質的当事者に該当する者に対して、「関係人」という概念を用いるべきであるという見解も主張されてきており、家事事件手続法制定時においては、当事者概念を導入する代わりに、審判の名宛人になったり、審判の結果、直接影響を受ける可能性がある者を「関係人」として位置付けて、形式的意味の当事者と同等の権能を認めるべきという見解も主張されていた[11]。しかしながら、手続に利害関係を有する者の範囲は不明確であり、「関係人」を定義付けることは難しく[12]、かつ、利害関係人の全てが当事者と同様の権能の行使を望むとは限らないため、新法では関係人概念は用いないものとされた。その代わりに、申立人や相手方以外の第三者が手続に参加をした場合には、当事者参加人や利害関係参加人として、当事者と同様の権能が認められるものとしたり（家事41条、42条）、審判により影響を受ける利害関係人については、陳述聴取を義務付けたり（家事120条）、審判を受ける者に対して審判の告知をしたり（家事74条）、即時抗告を認めたりするなど、個別の規定で実質的な手続保障を与えている[13]。利害関係人の地位も検討すべき重要な課題ではあるが、以下では、利害関係人を除く当事者を前提として議論を進める。

10） 梶村太市＝徳田和幸編・家事事件手続法［第2版］（有斐閣・2007）381頁〔大橋眞弓〕、斎藤秀夫＝菊池信男編・注解家事審判法（青林書院・1987）112頁〔林屋礼二〕。

11） 佐上善和・家事審判法（信山社・2007）69頁以下。

12） 梶村＝徳田編・前掲注10）380頁〔大橋〕、山木戸克己・家事審判法（有斐閣・1958）29頁。

13） 金子編著・前掲注7）28頁、徳田和幸「非訟事件手続・家事事件手続における当事者等の手続保障」法時83巻11号（2011）11頁。

Ⅲ　裁判所と当事者の責務の明確化

1　家事事件手続法2条

家事事件手続法では、上記のように当事者と裁判所概念を導入し、当事者を手続の主体、裁判所を手続の主宰者とすることを前提としつつ、その2条において「裁判所は、家事事件の手続が公正かつ迅速に行われるように努め、当事者は、信義に従い誠実に家事事件の手続を追行しなければならない」という一般規定を置いている。

同様の規定は民事訴訟法2条にもあり、家事事件手続法2条はこれに倣ったものであるが、両者がその趣旨、違反の効果といった点も含めて全く同じ規定であるのか[14)]、さらにはこの規定で定められているのが、単なる責務にとどまるのか、あるいは法的義務としての性質を有するものかといった点について見解の対立がみられる。同条の解釈は、後に家事事件手続法56条をめぐる諸問題について検討する際にも参考になりうるため、ここで整理、検討することにする。

2　裁判所の責務

裁判所は、家事事件の手続が公正かつ迅速に行われるように努める責務を負う。通常の民事訴訟においても、裁判所の訴訟行為に信義則が適用される点には異論もなく[15)]、家事事件手続法上の裁判所の責務も信義則上の責務であるものと解される。

ところが、通常の民事訴訟においては、事案解明の面では処分権主義・弁論主義が適用され、手続の進行面では職権進行主義が採用されているため、裁判所はこれらの原則の下で公正かつ迅速な審理を行う責務を負うことになる。すなわち、裁判所は、手続上当事者を公正に処遇する責務を負う、具体

---

14)　松川正毅＝本間靖規＝西岡清一郎編・新基本法コンメンタール人事訴訟法・家事事件手続法（日本評論社・2013）127頁〔三木浩一〕、秋武編著・前掲注1）33頁〔髙橋〕。民事訴訟法が二当事者の対立を前提とした訴訟手続を、家事事件手続法は相手方のいない非訟手続をもその対象として扱うという違いを超えて、基本的には同趣旨の規定であるという理解である。

15)　賀集唱＝松本博之＝加藤新太郎編・基本法コンメンタール民事訴訟法1［第3版］（日本評論社・2008）14、16頁〔中野貞一郎〕、兼子一ほか・条解民事訴訟法［第2版］（弘文堂・2011）29頁〔新堂幸司＝高橋宏志＝高田裕成〕。

的には、当事者双方に対して十分な攻撃防御方法の提出あるいは意見陳述の機会を与えるとともに、それらの資料を的確に判断して適切な判断をするものと考えられる[16]。

他方で、家事事件手続法においては、民事訴訟と同様、裁判長に手続指揮権を認める規定が新設されているが（家事52条1項）、裁判所の役割は手続の進行場面に限定されるものではない。例えば、職権開始事件がある場合には適切に事件を開始しなければならず、かつ、職権探知主義が採用され、裁判所が後見的見地から事実を探知する権能と責任が定められている以上、事案解明の場面においても公正な審理に努め、実体的真実に合致した裁判を行う必要がある[17]。

このような見解とは異なり、家事事件手続法において裁判所の負う信義則上の責務は、審判の内容の問題に関するものではなく、当事者の手続保障を尽くすという意味に限られ、通常の民事訴訟と同じであるという見解もみられる。もっとも、論者も、家事事件の類型によっては、二当事者対立を前提としないものもあるので、通常の民事訴訟における公正とは異なる意味になることは意識をしているようである[18]。この見解の背景には、当事者が事案解明に非協力的であるような場合にも、裁判所が当然に実体面に踏み込んで事案解明をしなければならない義務を負うものとされることに対する懸念があるように思われる。

ただし、弁論主義や処分権主義の範囲では真実に反した判決に至ったとしても許容される通常の民事訴訟とは異なり、家事事件手続では職権探知主義を原則とする制度が前提とされる以上、裁判所の信義則上の責務が真実の発見という実体面に及ぶことを否定することは難しい。他方で、事件類型を問わず、一律に、同じ程度でかかる信義則上の責務を負うものではなく、その責務の内容や度合いは、争訟性が高いものであるのか、二当事者対立構造となるか否か、公益性が強く裁判所の後見的な介入が必要となるか、といった事案の特殊性によって変わりうる。

すなわち、裁判所も実体的な真実発見に努める責務を負うが、事案に応じ

16)　兼子ほか・前掲注15) 27頁〔新堂＝高橋＝高田〕。
17)　高田編著・前掲注7) 27頁、31頁〔金子〕。
18)　高田編著・前掲注7) 31頁〔山本克己〕。

て、また当事者の負う責務との関係で、濃淡が生じうるにすぎない。

3　当事者の責務

当事者も、信義誠実の原則に従い手続を追行する責務を負う。これは当事者が訴訟資料の収集と提出を積極的に行わずに、裁判所による職権探知に全面的に委ねるという、いわゆるもたれかかりの問題を解消するためでもある[19)]。もっとも、この責務に関しては、これが法的義務であるのか、また、通常の民事訴訟とは異なり職権探知主義が妥当する家事事件において、その内容は同じものと解すべきであるのか、すなわち、誰に対してどのような義務を負うのかといった点が問題となりうる。

(1)　**法的性質**　家事事件手続法2条の法的性質、すなわち当事者が負うのは一般的な責務にすぎないのか、法的義務まで負うのかをめぐっては見解の対立がみられる[20)]。

立案担当者によれば、同条は基本的に、裁判所および当事者の一般的な責務を定めたものであり、具体的な法的効果を定めたものではない。もっとも、民事訴訟法2条の違反があった場合と同様に、具体的事案においては、同条を根拠に家事事件手続上の禁反言、権能の失効および権能の濫用の禁止などを導き出し、これらを通じて具体的な法的効果を生むことも想定される[21)]。違反の効果を肯定するという意味での法的義務として捉える見解に対しては、一定の支持がみられ[22)]、同条が評価規範としても機能する点を正面から認める見解もある[23)]。

これに対して、家事事件手続法2条は法的義務を課したり、違反の場合の具体的な法規範を導き出すものではないという見解も有力である。すなわち、

---

19)　高田編著・前掲注7）28頁〔金子〕。

20)　そもそも、通常の民事訴訟においても、民事訴訟法2条を単なる行為規範としてのみならず、裁判規範として機能することを認め、同条の責務を義務として理解する見解も有力である（伊藤眞・民事訴訟法〔第4版補訂版〕（有斐閣・2014）327頁、賀集＝松本＝加藤編・前掲注15）14頁〔中野〕、兼子ほか・前掲注15）27頁〔新堂＝高橋＝高田〕）が、反対する見解もある（高田編著・前掲注7）29頁〔高田〕）。

21)　金子編著・前掲注7）60、61頁、金子編著・前掲注2）5頁。

22)　高田・前掲注3）16〜17頁注41）も、当事者に法律上効力が要求され、それ以外の態度が非難される面があることから、法的な義務としての性格を肯定しうるとする。

23)　松川＝本間＝西岡編・前掲注14）128〜129頁〔三木〕においては、権利失効、蒸し返し禁止、申立権濫用禁止、手続協力義務違反として処理した下級審裁判例の紹介がある。秋武編著・前掲注1）25頁〔高橋〕も同様に解する。

同条は、当事者らが手続上の権能を行使するに際して信義則に従った行為を責務レベルで要求するものにすぎず、その限りでは規範的な要求としての性質を認めざるを得ないものの、違反に対して具体的な効果を導き出す法的義務を課すものではないという見解である。この論者は、家事事件手続法2条においても、また、その現れであるといわれる同法56条2項においても、法文上は「義務」という用語を慎重に避けていることに着目する[24)]。

この問題は、家事事件手続法2条やそれを体現する56条2項の協力義務に当事者が違反した場合に、裁判所による職権探知の義務を解放して、非協力的な当事者に不利な効果が発生することを認めるかという問題にも関わり、前者の見解であれば肯定的に、後者の見解であれば否定的に解されることになる。もっとも前者の見解であっても、当事者が非協力的であることから直ちにかかる効果を認めるわけではなく、後者の見解でも、他の様々な要素が重なり合った場合には、裁判所の職権探知の義務が解放されることを否定するものでもない。

そもそも、信義則違反の要件、効果等を考える際には、事案の特殊性等の諸要素を加味して考慮しつつ柔軟な判断をすることが前提とされるのであり、紛争類型や事案の特殊性によっては、信義に従い誠実に訴訟を追行しなかった当事者に、訴訟上不利な効果が及ぶことは肯定できると考えられる。

(2) 責務の相手・内容　当事者が信義則上責務を負う相手は、相手方当事者に限られるのか、あるいはその他にも裁判所も含まれるかも問題となる。通常の民事訴訟においても、信義則が当事者間においてのみ機能するのか[25)]、あるいは裁判所に対する責務も観念できるのか[26)]、見解の対立がみられるところであるが、二当事者対立構造を前提とする通常の民事訴訟とは異なり、家事事件手続では必ずしも相手方がいるとは限らない。そのため、信義則上の責務を負う相手方の理解については、通常の民事訴訟とは異なる解釈をとることも可能である。例えば、別表第2の事件は相手方が存在するものであ

---

24) 高田編著・前掲注7) 29頁〔高田〕、松川＝本間＝西岡編・前掲注14) 236頁〔垣内秀介〕。

25) 兼子ほか・前掲注15) 28頁〔新堂＝高橋＝高田〕。もっとも、改正時には裁判所に対する当事者の協力義務を肯定することに対しては疑義もあり、「裁判所は、審理が公正かつ迅速に行われるように努め、当事者その他の訴訟関係人は、これに協力しなければならない」と定めた旧民事訴訟規則3条を再構成し直したようである。

26) 高田編著・前掲注7) 28頁〔高田〕、賀集＝松本＝加藤編・前掲注15) 16頁〔中野〕。

るため、当事者が信義則上の責務を負う相手についても、通常の民事訴訟と同様に考えることができるのに対して、別表第1の事件においては、相手方当事者がいないため、信義則上の責務を負う相手は裁判所にならざるをえない。さらに、裁判所のみならず、関係人に対して信義則上の責務を負うと解する可能性もある[27)]。

いずれにしても、当事者の裁判所に対する責務があることは肯定されていると解さざるを得ず、民事訴訟法上は必ずしも明らかでなかった問題に対して、一定の解決が示されたとみることができる[28)]。

さらに、職権探知主義を採用する家事事件手続においては、当事者の権能にはおのずと制限が加えられているために、当事者にとっての信義則が機能する場面も、通常の民事訴訟と比べると制約される可能性もある[29)]。

Ⅳ　事案解明における職権探知主義の原則と当事者と裁判所の役割

1　職権探知主義の導入

以上のような当事者と裁判所の概念を前提としつつ、当事者と裁判所の役割を定めた家事事件手続法2条の趣旨の具体的な現れの一つが、職権探知主義を定めた同法56条1項である。職権探知主義とは、一般には、裁判の基礎となる事実や証拠の収集について、裁判所が権能と責任を負う原則であると解されており[30)]、弁論主義とは対をなす原則である。同項は、「家庭裁判所は、職権で、事実の調査及び必要があると認める証拠調をしなければならない。」と定めた旧家事審判規則7条を引き継いだ規定であるが、家事事件手続法においては、加えて新たに当事者に証拠調べの申立権を認めている点が特徴的である。

同項によると、裁判所は職権で事実調査をすることに加え、必要と認める

27)　高田編著・前掲注7）28頁〔畑瑞穂〕。

28)　高田編著・前掲注7）27頁〔山本（克）〕。

29)　高田編著・前掲注7）29頁〔増田勝久〕。蒸し返しの禁止は家事事件手続においても機能するが、禁反言の原則や時機に後れた攻撃防御方法の却下など制裁は制限される。

30)　笠井正俊「当事者主義と職権主義」門口正人編集代表・民事証拠法大系第1巻（青林書院・2007）20頁、同「弁論主義と職権探知主義の関係」法時88巻8号（2016）20頁、佐上・前掲注11）203頁。

証拠調べをすることができる。証拠調べについてのみ、「必要と認める」場合にのみすべきとしているのは、裁判所の証拠調べが事実調査に対して補充的な役割を有することを想定しているためである。すなわち、裁判所による資料収集方法は原則として事実調査の方法によって行われるのであり、証拠調べは必要な場合に限って実施される例外的な資料収集方法であることが確認されている。そのため、事実調査も必要な場合に認められるにすぎない[31)]。もっとも、このように事実の主張と証拠調べを明確に区別しない点には批判もあり得よう[32)]。

2　職権探知主義の趣旨と意義

立案担当者によると、家事事件手続法において職権探知主義を採用した趣旨は、以下のように説明される。家事審判では、裁判所の判断に基づいて身分関係等の法律関係が形成され、その効力が第三者に及ぶといったように、手続に関与する者の私的な権利にかかわること、または公益性を有することから、裁判所には実体的真実に合致した判断が要請される。そのため、当事者による資料収集のみに任せることはできず、裁判所が、当事者の申立てに左右されることなく、広範な裁量の下で、自ら必要と認める資料の収集をすることができるとするのが相当であり、かつそのような職責を負うことが求められる[33)]。

ところで、職権探知主義の一般的な定義については、その具体的な内容は必ずしも明らかにされてはこなかった[34)]。そのため、職権探知主義の意味を、

31)　金子編著・前掲注2）196～197頁。松川＝本間＝西岡編・前掲注14）235頁〔垣内〕、高田編著・前掲注7）235頁〔金子〕。

32)　争訟性の高い事件においては、通常の民事訴訟と同様に、二当事者対立構造が現れてくるのであるから、当事者双方からの事実主張と、その存否を調べるための証拠調べの実施という形で、二段階構造に接近しうるという指摘もみられる（髙田・前掲注3）45頁注128）。そのため、学説では、争訟性が高い事件については、証拠調べを原則として行うべきであるという見解も旧法の頃からみられた（高田編著・前掲注7）235頁〔高田〕）。なお、佐上・前掲注11）217頁では、成年後見開始も同様に解し、また、髙田昌宏・自由証明の研究（有斐閣・2008）269頁では、厳格な証明が必要であるとする。

33)　金子編著・前掲注2）196～197頁、金子修「家事事件手続法下の家事審判事件における職権探知と手続保障」判タ1394号（2014）10頁、高田・前掲注3）6頁。山田文「職権探知主義における手続規律・序論」法学論叢157巻3号（2005）1、16頁以下は、公益保護と職権探知は論理必然ではないとする。

34)　見解の対立について笠井・前掲注30）「当事者主義」21頁注2）。双方の側面があるとする見解として、山本和彦「狭義の一般条項と弁論主義の適用」広中俊雄先生古稀祝賀・民事法秩序の生成と展開（創文社・1996）87頁。

裁判所は当事者の主張しない事実でも裁判の基礎にすることができ、当事者の申し出ていない証拠を職権で取り調べることができるという形で、裁判所の事案解明「権能」としてのみ位置付ける見解もあったが、それにとどまらず、当事者の主張しない事実であっても、必要があれば裁判の基礎にしなければならず、当事者の申し出ていない証拠であっても、必要があれば職権で取り調べなければならないという、「義務」・「責務」の側面も取り込んで理解されるべきである[35)]。

職権探知主義の具体的な内容について、例えば笠井教授は次のように分類する。すなわち、前者のように「権能」としてのみ理解するのであれば、第1に、裁判所は当事者の主張しない事実でも裁判の資料にできること、第2に、当事者によって自白された事実であっても、裁判所は裁判資料として採用することなく、証拠調べをすることができること、第3に、裁判所は当事者の申し出た証拠以外であっても、職権で証拠調べをすることができることとして理解される。しかしながら、以下のように義務も含めた形で理解すべきであり、具体的には、第1に、裁判所は当事者の主張しない事実でも裁判資料とすることができるし、必要があればそれをしなければならない。第2に、裁判所は、当事者によって自白された事実であっても裁判資料としなくてもよく、証拠調べをすることができるし、自白に反した事実認定をすることもできる。第3に、裁判所は、当事者の申し出ていない証拠を職権で取り調べることができ、必要があれば取り調べなければならない[36)]。

3　当事者の役割

(1)　証拠調べの申立権　家事事件手続法56条1項においては、当事者にも証拠調べの申立権が認められている。当事者は、自ら手続の進行をすることを望む者、あるいは、審判の効力を受ける者である以上、裁判資料の形成においても主体的に活動する手段や方途を与えることが相当であるという理由に基づく[37)]。

---

35)　松川＝本間＝西岡編・前掲注14) 233頁〔垣内〕、金子・前掲注33) 10頁、笠井・前掲注30)「当事者主義」20頁、髙田・前掲注3) 37頁。山田・前掲注33) 10頁によれば、加えて、裁判所が当事者の事実主張の制限をすることができない点も含まれる。

36)　笠井・前掲注30)「当事者主義」20、21頁、同・前掲注30)「弁論主義」20頁。松本博之・人事訴訟法［第3版］(弘文堂・2012) 63頁も同様。

37)　金子編著・前掲注2) 196〜197頁。

これに対して、事実の調査については、条文上は当事者の申立権は認められていない。このような申立権を認めることは職権探知になじまず、また、最終的には証拠調べの申立権が確保されているので、証拠調べと区別して事実調査の申立権まで認める必要はなく、単に裁判所の職権による事実調査を促せば足りると考えられたからである[38]。また、申立権の意味について、単なる申出を超えて裁判所に応答義務を課すものであるという理解に立てば、これを認めると手続が煩雑になる可能性がある。さらには、実務上は、調査官による調査などに対する要望は多いものの、裁判所がこのような特定の措置を講じないことにした場合に、当事者の調査の申出に対して、裁判所にその理由を説明させることは困難であると考えられたためでもある[39]。

(2)　**当事者の協力義務**　　同条２項においては、当事者は事実調査と証拠調べに協力するものと明記されている。この規定も、家事事件手続法で新たに導入された規定であり、同法２条の信義則上の責務を具体化したものである[40]。

このような規定が置かれたのは、同条１項において職権探知主義の原則を定めたにもかかわらず、裁判所の資料収集に限界があり、実際には当事者の協力がなければ真実の解明が困難となる場合もあるので、当事者の協力を期待する方が合理的であるという配慮に基づく[41]。

さらに、この協力義務についても、同法２条の場合と異なり、その法的性質や内容をめぐって様々な評価がみられる。

まず、その法的性質についての立案担当者の立場は、同項が、「協力しなければならない」という表現ではなく、「協力するものとする」という表現を用いていることからも、同条違反から直ちに具体的な効果を導き出すような法的義務を課すものではないというものである。そのため、同項による協力義務が定められたからといって、当事者に資料提出義務が課されたり、資料を提出しない自由が否定されたりするわけではない[42]。

他方で、立案担当者は次のようにも説明している。すなわち、この規定は、

---

38)　高田編著・前掲注７）220頁〔金子〕。反対、同頁〔山本（克）〕。
39)　松川＝本間＝西岡編・前掲注14）235頁〔垣内〕。高田編著・前掲注７）220頁〔畑、高田〕。
40)　金子編著・前掲注７）60頁参照。
41)　金子編著・前掲注２）198頁。
42)　金子編著・前掲注２）198頁。

証拠調べ手続において当事者の申立てや立会いが認められ（家事69条）、事実の調査の通知（家事63、70条）や記録の閲覧謄写（家事47条）の規定等が整備されるなど、当事者が裁判資料の提出や収集に自ら関与する権能が一定程度認められることを前提に設けられたものであることを考慮するならば、当事者がこのような権能の行使を通じて自ら資料を提出することが容易な状況にありながら、その権能を行使しないことにより事実上不利益を受ける根拠になりうる。そのため、例えば、当事者が自ら容易に提出することができる裁判資料を提出せず、事件の性質上、裁判資料の収集ができない結果として、自己に有利な事実が認定されなかったとしても不当とはいえず、そのような場合には、裁判所は当該当事者のため、なお職権で資料収集をする職責から解放される[43)]。

このように、当事者による協力は法的義務ではないとしつつも、協力懈怠があった場合には当該当事者に不利益な効果を導き出すことを肯定するのが立案担当者の立場であるが、学説においても、当事者による協力が法的義務であることを否定する論者も少なくない[44)]。例えば、家事事件手続法2条も当事者の責務を示した規定にすぎないことを前提として、同法56条2項が、同法2条の責務の現れである以上は、当事者に具体的な義務を課すものではなく、規範的な要求としての性質を有するにすぎないという見解や[45)]、当事者による不協力の事実から直ちに裁判所の職権探知義務が免除されるのではなく、それに加えて他に事案解明の端緒がない場合に限ってこのような免除が認められるとする見解である[46)]。

同項違反の行為があった場合に、そこから直ちに裁判所の職権探知の義務の免除などといった効果を導くことができるかという点をめぐっては、若干の理解の差はみられるものの、協力義務違反があった場合に、それに加えて、事案解明の困難さなどといった要素が加わることにより、当事者に不利な効果が及ぶことまでは否定されてはいないと思われる。一定の紛争類型や事案

43)　金子編著・前掲注2）198～199頁、高田編著・前掲注7）202頁〔金子〕、金子編著・前掲注7）115頁、金子・前掲注33）16頁。
44)　高田・前掲注3）41頁。もっとも同39頁では、同義務が協力権の裏返しなのかそれと切り離すかは議論の余地があるとする。
45)　松川＝本間＝西岡編・前掲注14）236頁〔垣内〕。
46)　高田編著・前掲注7）203頁〔山本（克）〕。

の特殊性等に応じて、当事者には裁判資料の提出責任が、程度の差こそあれ、事実上課されることになる。

V　当事者による主体的な事案解明の可能性

ここまで、当事者による協力の責務違反があった場合の効果がいかなるものか、という視点から、当事者には裁判資料を提出する責務がどの程度あるのかを検討してきたが、従来から、この提出義務の存在について正面から肯定する傾向もみられた。このような提出義務ないしは責務の存在を肯定する背景には、事案解明の段階で裁判所が主導的な役割を負うべきであるとすると、当事者が自ら証拠の申出や裁判資料の収集等の努力をすることなく、裁判所による事実調査に全面的に依存するという、いわゆるもたれかかりの問題が生じていたことが挙げられる[47]。

1　当事者主義的運用

実務においては、遺産分割審判のように争訟性が強く、当事者の処分権が認められる紛争類型においては、当事者に可能な限り手続主体としての地位を認め、当事者には事案解明や手続への協力義務があるとして資料の提出等を促し、他方で当事者の審問請求権や立会権などの手続権を実質的に配慮するなどの、いわゆる「当事者主義的な運用」が行われてきた[48]。このような事件では、公益よりも私益を保護する要請が強く、また、裁判所には十分な調査手段がないため、当事者からの資料収集の協力がなければ、事実を解明することができないというのがその理由である。

当事者主義的運用の具体的内実は、以下のようなものである。例えば、遺産分割における遺産の範囲、遺言書の存否や有効性、特別受益や寄与分等に

---

47)　高田・前掲注4) 40頁では日本における当事者の協力義務論が、職権探知の下で当事者が裁判所にもたれかかりやすいこと、そうした状況の下で、審判に必要な資料をどのように提出させるかという関心に由来するとする。

48)　斎藤秀夫＝菊池信男編・注解家事審判規則（青林書院・1986) 50頁〔山田博〕、松川＝本間＝西岡編・前掲注14) 233頁〔垣内〕、高田・前掲注3) 10頁、平田厚「乙類審判事件に関する当事者主義的運用の意義と問題点」判タ1237号 (2007) 5頁、井上哲男「乙類審判事件における職権探知と適正手続の具体的運用」岡垣学＝野田愛子編・講座実務家事審判法1（日本評論社・1988) 127頁、佐上・前掲注11) 221頁。

関する事実関係については、基本的に当事者が事案解明の第一次的な役割を負い、裁判所による職権調査は、例外的・補充的に行うべきである。当事者がかかる義務を怠った場合には、家庭裁判所は職権探知義務を尽くしたものとして扱われ、更なる職権による資料収集等を行う必要はない。

職権探知主義の原則が適用されるために、自白法則は適用されないが、当事者全員による合意が相当なものであると認められる場合には、これを最大限に尊重して合意を基礎として審理を進行させ、原則としてそれ以上の職権調査は行わない。合意の対象となるのは、当事者が任意処分できる事項、例えば遺産の範囲、遺言や分割協議の効力・趣旨、遺産の評価、特別受益、寄与分、具体的相続分、分割方法等である。

この当事者主義的運用は、主として遺産分割事件を念頭にするものではあるが、他の紛争類型にも適用されうる。例えば、財産分与、推定相続人の排除等の純粋な財産紛争事件については、同様に弁論主義的な運用が考えられる。さらに、婚姻費用負担、養育費請求など、親族間の協力扶助に基づく類型においては、当事者の生活維持等のために裁判所が後見的な任務を果たすのが相当であり、事案に応じて弁論主義的運用の程度が定まってくる。これに対して、親権者の指定または変更、子の監護に関する処分のように、子の福祉に直接関係する類型については、裁判所による後見的関与の必要性が高く、弁論主義的な運用は大幅に後退して、積極的な職権探知が実施されるべきであるとされる[49]。

2　弁論主義の適用

当事者主義的運用を認める実務に対しては、運用論で対処するのではなく、かかる運用が認められる紛争類型について、職権探知主義を適用すること自体を否定する可能性も探られた[50]。

例えば、このような論者の一人である笠井教授は、弁論主義と職権探知主義の関係について、両者が必ずしも相対立する概念ではなく、職権探知主義

49)　二本松・前掲注 3）1168～1170 頁、井上・前掲注 48）140～143 頁。もっとも、二本松・1185 頁は、婚姻費用分担については当事者主義的運用を認める。

50)　畑瑞穂「弁論主義・職権探知主義（等）」民訴 57 号（2011）97 頁、高田編著・前掲注 7）200 頁〔山本（克）〕。

の原則が、裁判所に事実調査について全面的な責任を負わせるものではないという認識を出発点とする[51)]。その上で、私的自治と公益や第三者の利益の保護の要請とのバランスで、任意処分性の高い離婚訴訟や遺産分割審判の審理段階においては、できる限り当事者の権限と責任を重く設定することは可能であり、裁判所は当事者の主張や証拠から何らかの手掛かりがある場合に、これらの要請を満たすために必要であり、かつ探知が可能である限りで職権での探知をする義務があるにすぎないとする[52)]。そして、さらに一歩進めて、遺産分割審判の前提事項となる遺産の範囲の判断については、弁論主義が適用され、当事者の自白に裁判所が拘束されるともする[53)]。

3 当事者の協力義務からみた職権探知主義再考

このように、一定の紛争類型によっては、弁論主義を適用したり、弁論主義的な運用をすることが提唱されてはきたものの、立案担当者によると、家事事件手続法において当事者の手続保障、協力の責務を認めるなどの手続主体性を与えた上でなお、職権探知主義が維持されている以上は、裁判所が後見的な機能を果たすべく、積極的に職権探知をすることは否定されていないことになる[54)]。

ただし、2でふれたように、職権探知主義の原則は、裁判所による事実調査の権能のみならず責務でもあるが、当事者による主張や証拠において何らかの手掛かりがある場合に、かつ、探知が可能である限りで責務を負うにすぎないものと考えられる[55)]。このことは、職権探知主義の原則を、裁判所が裁判資料の収集について第一次的な責任を負うという意味ではなく、裁判資料の収集を当事者の権限と責任にのみ委ねるのではなく、必要に応じて裁判所が補完しなければならないという原則であると理解する場合にも当てはまる[56)]。すなわち、職権探知主義の下においても、当事者には第一次的な資料の提出責任があり、このことが協力責務という形で現れていると解されよう。

---

51) 笠井・前掲注30)「当事者主義」24頁注2)。
52) 笠井・前掲注30)「弁論主義」22頁。
53) 笠井正俊「遺産分割審判における遺産の範囲の判断と当事者主義」前掲注3)田原睦夫先生古稀・最高裁判事退官記念1193頁。
54) 金子・前掲注33) 10頁。
55) 笠井・前掲注30)「弁論主義」22頁、本間・前掲注6) 20頁。
56) 松川＝本間＝西川編・前掲注14) 233頁〔垣内〕。

もっとも、当事者にどの程度資料の提出責任があるのか、提出しなかった場合にどのような不利益を被るのかについては、一義的に定まるものではなく、当事者の私的自治や自己決定権との関係で法が公益や第三者の保護をどの程度強く要請しているか[57]、さらには当事者の弁論権や協力義務の態様によって定めざるを得ない[58]。

すなわち、私人間の権利保護の要請が強く、公益性や第三者保護の必要性が低い事件類型においては、第一次的に当事者に主張や証拠の提出責任があり、当事者がかかる責任を果たしたのち初めて、裁判所はそれを補うための事実調査や証拠調べをする責務を負う。当事者が、資料提出が可能であるにもかかわらず、かかる責務を果たさない場合や、裁判所による調査が困難を極める場合には、裁判所の職権探知義務は解放され、当事者に不利な判断が出されることになる。裁判所による職権探知の義務は、当事者の非協力により解放されやすく、その意味でも当事者の提出責任は義務に近い性格を帯びる。このような処理がなされるのは、典型的には遺産分割をめぐる紛争であり、遺産の範囲や遺言の存在、有効性や寄与分に関する事実関係について適用される。さらには、婚姻をめぐる紛争での財産分与、婚姻費用の分担のように、純粋に財産をめぐる紛争と評価される場合もこのような処理で足りるものと考えられる。

他方で、公益性や第三者保護の必要性が高い事件においては、第一次的には当事者に主張や証拠の提出責任はあるにしても、その提出の度合いが低い場合には裁判所は積極的に事実や証拠の調査を行わなければならない。当事者が資料提出に協力的ではなかったという事実があったとしても、容易に職権探知義務が解放されるわけではない。後見や保佐をめぐる問題、扶養や親権、子の監護に関する問題などについては、当事者の協力義務は責務としての性質が強く、裁判所による職権探知義務は重くなろう。

主張責任については、行為責任としての意味では、このように紛争類型によって広狭の差があれ適用されるものの、結果責任としての意味では適用さ

57)　笠井・前掲注 30)「弁論主義」23 頁。さらに、法がその種類の事件で裁判所がどの程度の情報状態の成熟ないし解明度に達すれば終局裁判をするに熟したと判断してよいとしているかによっても異なる。

58)　本間・前掲注 6) 20 頁。

れないと解される[59]。さらに、証明責任も適用されず、裁判所による裁量での判断は可能であろう[60]。

もっとも、裁判上の自白については、別途考慮が必要となる。後者の紛争類型においては、当事者の自白があった場合であっても、裁判所は自白に拘束されずに、証拠調べをしなければならないのに対して、前者の紛争類型においては、自白に必ず拘束されなくても構わないが、自白された事実については、証拠調べをすることなく裁判の基礎とすることは許容される。弁論主義の範囲外の問題ともとらえうるが、裁判上の不要証効のみ肯定するものであり、さらには、信義則が適用される結果、当事者間の拘束力までも肯定できると思われる。

4　派生する問題――裁判所の釈明権

事案解明における裁判所と当事者の関係を考えるにあたっては、裁判所による釈明権、ないしは釈明義務の存否も問題となる。もっとも、家事事件手続法には、民事訴訟法149条に対応する釈明権に関する規定は存在しないため、そもそも裁判所には釈明権や釈明義務があるのかは問題となる。

この問題につき、改正準備の審議段階では、裁判所の釈明権や釈明義務に関する定めを導入しようという意見も強かった。というのも、別表第2の審判事件のように、相手方当事者が存在し、紛争性が強いと想定されている事件では、主要事実の存否をめぐって攻防をするという、通常の民事訴訟と同様の審理形態がとられる以上、家事事件手続においても同様の運用をするのが手続保障の観点からは望ましいからである。しかしながら、釈明権を明文化しなくても、職権探知主義のもとでは裁判所には事実調査権があるため、

---

59)　松川＝本間＝西川編・前掲注14) 234頁〔垣内〕、鈴木忠一「民事訴訟に於ける当事者自治の限界と実務上の問題」鈴木忠一＝三ケ月章監修・新·実務民事訴訟講座1（日本評論社・1981）103頁、山本和彦「家事事件における裁量とその統制のあり方雑考」伊藤滋夫編・家事事件の要件事実（日本評論社・2013）118～121頁。佐上・前掲注11) 203頁は主張の不提出は弁論の全趣旨として考慮できるにとどまるとする。もっとも、主張責任もある程度は取り入れられるという見解として、伊藤滋夫「家事事件と要件事実論との関係についての問題提起」伊藤編・同上書94頁。

60)　通常の審判事件においても、ある事実の存否について真偽不明は生じる以上は、その存否について利益を有する者の不利益に帰するという意味での挙証責任は存在するという考え方もあるが（鈴木・前掲注59) 103頁、伊藤・前掲注59) 94頁）、審判事件においては、主要事実（要件事実）が不特定・流動的であるので、証明責任の規律が適用されるか、疑問も示されていた（松川＝本間＝西川編・前掲注14) 234頁〔垣内〕、佐上・前掲注11) 231頁、山本（和）・前掲注59) 118～121頁）。

直接、当事者ら関係者に尋ねるなどして資料を収集することができる以上、釈明という方法をとる必要はなく、後は当事者の手続権を保障すれば足りるなどの理由で明文化は見送られている[61]。すなわち、釈明義務は職権探知義務に包含されるという理解である[62]。

しかしながら、職権探知主義の下でも、裁判所による釈明権の行使が不要になるとは限らない。釈明は事実調査の一環として行われるものにとどまらず、申立てレベルや実体権の行使なども対象とするものであり、また、職権探知主義の下での事実調査、事実主張のレベルにおいても、主張が不明瞭であるような場合に行使される消極的釈明は観念しうるからである[63]。

また、釈明権を、単に弁論主義を補完する制度として位置付けるだけでは適切ではなく、職権探知主義の場合も含めて、審理の充実・促進化と公平な審理を実質化するための裁判所側の手段と位置付ける場合や、当事者に十分な情報を提供した上で、自ら訴訟主体として攻撃防御を尽くすという、弁論権や手続保障を確保する手段として位置付けるのであれば、かかる意味の釈明権の行使は職権探知主義においても考えうる[64]。

当事者には条文上様々な手続保障は与えられているものの、それを実効化するために釈明が必要であるという考えに立脚するのであれば、裁判所の釈明権・釈明義務を観念することはでき、かつ、当事者に職権探知の端緒を与える前提を提出させるという意味では、消極的釈明のみならず、積極的な釈明も認められるのではないであろうか。

Ⅵ　おわりに

本稿では、家事事件手続には職権探知主義が基本的に適用されることを前

---

61)　高田編著・前掲注７）204〜205頁〔金子〕、髙田・前掲注３）17頁。

62)　職権探知義務は、主張立証の機会を与えれば尽くされるわけではなく、弁論主義の下における釈明義務とは法的性格と実際の帰結が異なるとするものとして、笠井・前掲注30）「弁論主義」23頁。

63)　高田編著・前掲注７）205頁〔山本（克）〕。

64)　新堂幸司・新民事訴訟法［第５版］（弘文堂・2011）492頁、竹下守夫「判批」百選［第２版］（1982）169頁。釈明には、裁判所・当事者間の情報ギャップの補完のための釈明と当事者間の力の格差の補完のための釈明があるとするものとして、山本和彦「基本的な考え方」大江忠＝加藤新太郎＝山本和彦編・手続裁量とその規律（有斐閣・2005）21頁。

提としつつ、家事事件のうち、争訟性が高いもの、私的処分可能性が高いもの、公益性が低いものについては、職権探知に対応する当事者の協力の責務が強化され、法的義務に近い性格を帯び、協力の懈怠があれば、比較的容易に職権探知義務が解放されると解することで、当事者に不利益が生ずるという考え方を示した。これは、家事事件手続において、裁判所による後見的な事実調査が保障されているとはいえ、当事者の協力がなければ紛争が解決しない例も少なくなく、また、当事者による安易な裁判所へのもたれかかりは回避すべきであるという考えに基づくものである。このような紛争において、弁論主義がそのまま適用されるわけではなく、裁判上の自白の裁判所に対する拘束力までは肯定しないものの、職権探知主義を修正する形で、反射的に弁論主義の原則の全部、または一部が事実上適用される結果になることを認める。

立法論として、一部の紛争類型については弁論主義の適用を正面から肯定することを否定するものではないが、その場合であっても、紛争の類型においては、弁論主義のテーゼがそのまま適用されるべきではないものもあるため、紛争類型ごとの細かな検討が必要にならざるを得ないと考えられる。そのため、職権探知主義を維持したまま、ある程度その適用に幅をもたせる形で、解釈論として当事者の役割、責務を拡大する方法を提示した。

もっとも、本稿で示した考え方は、これまでの弁論主義的運用を提示する実務、弁論主義の適用を正面から認める学説に基本的に依拠したものであり、かつ、紛争類型ごとの詳細な検討を施すという課題には十分に答えるものではないが、人事訴訟法やその他の領域での職権探知のあり方を考える手掛かりをみつけたところで、筆を擱きたいと思う。

家事調停不成立後の家事審判への移行

山田　文

Ⅰ　はじめに

家事事件手続法は、廃止された家事審判法と同様に、家庭に関する紛争の解決手続として家事調停手続と家事審判手続を置く（家事1条）。家事審判の対象となるのは、別表第一および別表第二に掲げる事項ならびに家事事件手続法第2編に定める事項（同39条）、家事調停手続における審判事項（同244条）、および履行の確保の手続における審判事項（同290条）である。他方、家事調停の対象となるのは、「人事に関する訴訟事件その他家庭に関する事件（別表第一に掲げる事項についての事件を除く。）」（同244条）である。具体的には、人事訴訟事件（婚姻関係事件（人訴2条1号）、実親子関係事件（同条2号）、養子縁組関係事件（同条3号）、およびその他身分関係の形成または存否の確認を目的とする訴えに係る事件（同条本文））、別表第二に掲げる事項についての事件（別表第二事件）、およびその余の家庭に関する事件（身分関係ないしこれに準ずる関係のある者の間の紛争であって、人間関係調整の余地のある事件[1]）が含まれる。

本稿は、同一事件について合意不成立による家事調停手続の終了後に家事審判手続が連続して行われる場合の両手続の関係を対象とする。一般的に、合意を目的とする調整型手続と審判・訴訟等の裁断型手続との間の移行には、さまざまな態様がある[2]（家事事件に関しては、例えば、訴訟または審判手続係属中

1）　裁判所職員総合研修所監修・家事事件手続法概説（司法協会・2016）97頁は、親族関係、離婚後の元配偶者関係、内縁関係などを例示する。
2）　家事調停・家事審判・人事訴訟間の移行に関しては、山田文「家事事件手続法下の調停と審判

の付調停決定（家事274条1項)、民事事件に関しては、訴訟手続係属中の付調停決定（民調20条)、和解勧試（民訴89条)、仲裁手続中の和解（仲裁38条）等[3]）が、調整型手続から裁断型手続への移行は逆方向の移行よりも困難な問題を伴う（例えば、すでに和解不調後の訴訟手続の再開に関して指摘されている)。

この方向の移行につき、まず、人事訴訟事件のうちの離婚・離縁事件およびその余の家庭に関する事件（家庭に関する紛争のうち人事訴訟事件と別表第二事件を除いたもの。前頁参照）は、実務上一般調停事件と呼ばれ、調停事件の終了後も家事審判手続の当然の開始という効果は予定されていない（家事272条4項参照)。したがって、紛争解決を望む当事者は、改めて訴えを提起する必要があるが、いわゆる調停前置主義により調停手続が先行し提訴期間に影響が生じうること等に鑑みて、家事調停事件終了通知から2週間以内に提訴した場合には、提訴時期については家事調停申立ての時に遡って効果が生ずる（家事257条1項・272条3項)。なお、人事訴訟事件のうち離婚・離縁事件を除いた事件については、その性質上合意のみで処分することが相当でないので、合意に相当する審判（家事277条1項）の対象となる。

これに対し、別表第二事件については、調停事件終了の場合（調停に代わる審判（家事284条）が失効した場合を含む[4]））には、「家事調停の申立ての時に、当該事項についての家事審判の申立てがあったものとみなす」（家事272条4項）ことから、家事審判手続が当然に開始するという「強い」移行が予定されている。

その趣旨は、とくに調停と審判の連続性を前提とする立場からは、調停が不成立ならば解決のために当然に審判を望むという当事者の素朴な希望を前提とした意思解釈、および、審判申立ての煩雑さ・心理的コストを縮減した効率的な制度を提供して家事事件手続へのアクセスを容易化することにある

の関係」金子修＝山本和彦＝松原正明編・講座実務家事事件手続法（日本加除出版・2017刊行予定）を参照。

3）　厳密には、調停に代わる決定（民調17条)、和解に代わる決定（民訴275条の2)、労働審判手続における調停と審判（労審29条2項）等も、別席調停によって提供された情報を制限なく決定・審判の基礎とする点では、手続的な問題もあり得るが、前二者については異議により簡易に失効させることができることにより、問題性が回避されている部分もある。

4）　なお、審判手続の当然の開始が認められているのは、調停事件終了事由のうち、①合意成立の見込みがない場合（家事277条1項1号（合意に相当する審判の要件たる合意）の成立見込みがない場合を含む)、②成立した合意が相当でない場合であるから、家事事件手続法271条（調停をしない場合）の事由は除外される（裁判所職員総合研修所監修・前掲注1）37頁)。

とされる。また、審判という裁断型手続が直後に控えていることで、調停において不合理な行動をとる当事者を牽制するという一種のフィードバック効果も指摘され得る。このようにみると、調停手続・審判手続を連続的に位置づける制度の趣旨は、規範的な理由というよりも、政策的な理由によるものといえよう[5]（家事審判法においても、共通の制度設計がなされており[6]、この趣旨は一貫しているとされる）。

もっとも、このような裁断型手続への「強い」移行は、その効果の強さゆえに重要な論点を含む。とくに、今次の法改正は、別表第二事件につき家事審判手続の特則を設け、当事者の手続保障を強化したため（家事66条以下参照）、法文上は、柔軟性を特色とする調停手続と、手続的には訴訟に準ずる形式性（formality）を具備するに至った審判手続とのコントラストがより鮮やかになったといえる。他方で、上記のとおり、審判申立て擬制そのもの（家事272条4項）には変更を加えていないため、両者の構造的連続性の問題点が却って際立つというねじれ現象が生じたともいえよう[7]。

これらの問題は、理論的には、調停手続における手続保障と家事審判手続における職権探知（主義）下での手続保障のあり方の調整問題として整理することができる。家事事件手続法のもとで、明文規定のみならずその運用に

5） 連続性・非連続性の分析に関しては、垣内秀介「家事調停と家事審判の関係」ジュリ1407号(2010) 56頁参照。

なお、連続性の根拠として、実体法の趣旨も挙げられることがある（例えば、小田正二「第1回家事事件手続法の趣旨と新しい運用の概要（家事審判事件を中心に）」東京家事事件研究会編・家事事件・人事訴訟事件の実務（法曹会・2015）8頁以下は、財産分与（民768条）の実体法上の趣旨により、当事者間の協議結果（家事調停）を十分に踏まえて一切の事情を考慮して審判をすることが求められるとされる）。このほか、いわゆる白紙条項が多いために裁判所の評価的判断に依らざるを得ないことも、夙に指摘されているとおりである。もっとも、これらの規定は、審判手続における裁判所の資料収集のあり方や評価的判断について、手続的規律を排除することまで求めているわけではない。職権探知主義のもとでも、当事者の主体的地位の保障のために、事案解明が一部制限されることはあり得る（例えば、事実の調査の通知に懈怠があった場合。笠井正俊「弁論主義と職権探知主義の関係」法時88巻8号（2016）24頁）。

6） 家事審判法26条1項参照。

7） もっとも、実務上は家事調停事件の多様性に応じられるよう、いわば最大公約数的に手続の柔軟性を前提としているが、例えば東京家裁では、「経済事件」（婚姻費用分担、養育費、財産分与、年金分割、扶養、遺産分割、寄与分等）に関しては、事実関係を裏付ける資料（実質的には証拠にあたる）と主張書面につき、相手方当事者に交付することを前提として提出させる扱いである（岩田淳之「東京家庭裁判所における家事事件手続法施行を契機とした運用について」松原正明＝道垣内弘人編・家事事件の理論と実務第3巻（勁草書房・2016）45頁以下参照）。そのため、記録の閲覧・謄写を経る必要なく、両当事者が共通の資料に基づいて手続を進めることが可能となっている。このような「手続トラック」においては、調停における実質的な手続保障につながることも期待されよう。

おいても、家事審判および家事調停において手続を透明化し当事者権を明確化・強化する方向に舵が切られていることとの関係で、立法後も、調停資料・審判資料の提出に関する当事者の権限の強化、裁判所の事実の調査に関する裁量性の制限、両者の制度的な保障のための手続指揮のあり方について、継続的に検討を試みることが求められているといえよう[8)]。

さて、この構造的連続性に関しては、二つの問題群を析出することができよう。第1に、家事調停手続と家事審判手続の連続性がもたらす調停手続への影響である。すでに指摘されてきたように、調整型手続（調停）における情報が裁断型手続（審判）に流用される場合には、前者の手続における萎縮効果が懸念される[9)]。すなわち、譲歩など合意にむけた情報が審判に流用されることを恐れてフランクな話し合いができない恐れがあり、さらに日本の家事調停のように両手続の手続主宰者（調停者と判断者）が同一ならば、流用される情報には記録化されていない（したがって流用の内容が当事者には分からない）心証が含まれることになり、これに対する外在的な規律は困難で、判断者の自覚に期待するほかはないという問題がある[10)]。

第2の問題群は、審判手続における弁論権の問題である。すなわち、審判手続では、裁判所は主として調停手続記録を対象とする事実の調査等によって資料を収集し、実施された場合には証拠調べの結果とともに審判資料とし、これを当事者が閲覧・謄写により共有できるようにすることで、主張（反論）や証拠の提出の機会を実質化するよう企図している。しかし、いわば「前審」たる調停手続において別席調停がなされ、また期日調書に記録化されて

8）　例えば家事調停に関しては、法文上の改正点は多くないが、立法時の審議を契機として実務においてさまざまな工夫が提案・実施されていることは評価されるべきであろう（例えば東京家裁の一連の試みにつき、岩田・前掲注7）等参照）。さらに、当事者、代理人等からのアンケート等の評価を客観的に分析し、これを実務にフィードバックするという改善プロセスの継続が期待される。

9）　山本和彦＝山田文・ADR仲裁法［第2版］（日本評論社・2015）90頁以下。比較法においては、このような調整型手続と裁断型手続の分離は一般的に認められている（後掲Ⅲ1参照）。ただし、近時は、当事者双方の明示の（書面による）合意により、調停人に仲裁人としての役割を求める、いわゆるmed-arbは有効とする傾向もみられるようである。家事調停手続においても、調停に代わる審判（家事284条1項）の活用が試みられているようであり（矢尾和子＝船所寛生「調停に代わる審判の活用と合意に相当する審判の運用の実情」曹時66巻12号（2014）27頁等参照）、当事者が異議を出さない場合には、消極的ながら合意により、実体面のみならず手続面についても認めたものと考えられよう。

10）　垣内・前掲注5）61頁は、訴訟上の和解との対比で、調停と審判の関係では審判が職権探知主義のもとでの柔軟な手続であり、資料の共通性も高いことから、和解での心証を訴訟で排除することよりも、調停での心証を審判で排除することの方が一層難しいと指摘する。

いない事項も想定されることから（家事253条参照）、十分な手続保障と評価できるかを指摘できよう。

本来は、家事審判手続係属中に調停に移行するフェーズにおいても論ずべき問題がある（例えば、調停に付する決定（家事274条1項）における手続裁量の合理性）[11]が、本稿では主として家事調停から家事審判手続への移行において生ずる上記の問題群について、職権探知主義の特質を踏まえつつ、検討したい。

Ⅱ　家事調停手続から家事審判手続への移行

1　手続の概要と問題の所在

家事調停手続が合意不成立を理由に終了する場合[12]、当事者および利害関係参加人に事件終了について通知がなされる（家事272条2項、家事規132条2項）。この通知を受けた日から2週間以内に当事者が家事調停の申立てがあった事件について訴えを提起した場合には、調停申立て時に訴え提起がされたものとみなされる（家事272条3項）。前述のとおり、調停先行により出訴期間の徒過といった不利益を強いることのないよう配慮した規定である。審判への移行と異なり、調停終了により当然に訴えの提起があったものとみなす制度は採用されていない。その理由は、上述Ⅰのほか、家事調停と訴訟の手続の相違、とくに公開の点が異なることから、当事者が当然に訴訟での解決を求めると推論することができない点、調停不成立後に提訴するか冷静に検討する時間が必要である点等にあるとされている[13]。

これに対して、別表第二事件を対象とする家事調停手続が合意不成立を理由に終了する場合には、家事調停の申立ての時に調停手続の対象たる事項について家事審判の申立てがされたものと擬制され、当然に家事審判手続に移行する（家事272条4項）。この「強い」移行の理由が手続の迅速性にあるならば、調停手続終了後直ちに審判期日を指定して、必要な調査を行うことも

11）　別表第二事件につき、審判申立て件数と調停から審判に移行して係属した件数にほぼ違いがないこと、審判申立て事件の大半はまず調停に付されることを踏まえると、「別表第二審判事件手続は、調停が先行した後に行われるとの前提で議論・検討すべきであるのは明らかである」（小田・前掲注5）7頁）。

12）　家事調停で成立した合意が相当性を欠くことを理由に終了する場合には、272条にいう審判申立ての擬制はなされない。

13）　金子修編著・逐条解説家事事件手続法（商事法務・2013）816頁。

考えられる。もっとも、この場合には調停不成立を見込んで審判手続に提出すべき資料が全て提出されていることが必要となるとされる。

なお、審判申立ての擬制により、調停申立事項が審判の申立てにスライドすることが予定されているようである[14]が、調停手続の内容によっては申立ての変更（追加、縮減、一部取下げ等）があり得よう。調停手続内で変更しなかったことを理由とする変更の制限はないようであり、したがって自由に変更できるが、とくに追加的変更の場合には、審判資料が提出されていないことに留意すべきであろう。

また、調停において部分的な合意が成立する等して争点が変動し、当事者や利害関係参加をすることができる者の範囲が変動する可能性もあるから、審判手続において主観的範囲の変動も考慮する必要がある。このような場合には、審判事項の変更の手続が必要となろう[15]。

2　家事事件手続法による変更点と課題

家事事件手続法による改正を前提とすると、次のような分析が可能ではないかと考えられる。

まず、①人事訴訟事件と異なり、審判事件に関しては、当事者の申立権が制約される。別表第二調停事件は、別表第一事件と異なり当事者による合意可能性（処分可能性）が認められている事件である。家事調停事件であっても手続開始と並んで手続終了について当事者の処分権が認められるとすれば、審判申立て擬制（家事 272 条 4 項）がなされると、仮に両当事者が審判を望まない場合でも審判手続が開始されることになる。したがって、処分権の制限のための理由（正当性）が必要となる[16]。

---

14)　高田裕成編著・家事事件手続法（有斐閣・2014）369 頁以下。

15)　なお、審判移行後の手続に関しては、調停手続中に審判のために必要な資料が全て提出されている場合には、例外的に、期日を指定せずに審判することもできるとされる（小田・前掲注 5）9 頁）。しかし、調停ができる事項についての審判手続の特則においては、審問の期日審理の終結日ないし当事者双方が立ち会うことができる期日が必要であり（家事 71 条）、また、裁判所による事実の調査の通知に対する陳述を待つべきと考えられる。

16)　もちろん審判申立ての取下げ（家事 82 条）は可能であるが、当事者は取下行為を要することになる。また、審判がされた後は、相手方の審判取得の利益を保護すべきことから取下げには同意が必要であり（同項ただし書）、さらに財産分与事件や遺産分割事件は、相手方の審判取得の利益が特に強いことから、審判前であっても、相手方が本案に関する書面を出し、または家事審判手続期日に陳述をした後では、相手方の同意を要する（家事 153 条・199 条）。これらの点からすれば、調停不成立までの間に調停の取下げをすることが便宜となろうか（家事 273 条 2 項）。

この点、立法担当者による解説は、当事者の通常の意思解釈（調停申立人は家事審判をも求めるものである）、擬制された審判手続の取下げの可能性、および「家庭をめぐる紛争はできるだけ早期に解決することが望ましく、家庭裁判所が調停手続を進めた事件について当事者から家事審判の申立てがなければ放置するものとすることは公益的後見的観点からも相当ではない」ことを考慮したものとしている[17]。

なお、管轄裁判所については、審判手続と調停手続では異なる可能性があるが、仮に両当事者が調停手続と同一の裁判官・裁判所での審理を望む場合には、合意管轄が認められる（家事66条1項）。他方、裁判所は、「事件を処理するために特に必要があると認めるときは」自庁処理決定ができ（家事9条1項ただし書）、この場合には、当事者は両手続につき同一の裁判官の関与を受けることになり得る。このような連続性により、事件をすでによく知っている裁判官が審判手続を主宰することが保障され、迅速性や予測可能性の点でメリットがあるとされる。他方、調停の内容ないし手続に不服のある当事者が仕切り直しを望む場合や、調停による「予断」のない裁判官による審判手続を求めたいと考える当事者は、さらに抗告審で争うべきこととなる。

次に、②家事調停手続に提出された資料（調停資料）が当然に家事審判手続の資料（審判資料）となるとすれば、調停資料の性質が多様であることに鑑みて、家事審判手続における資料提出に関する当事者の利益に影響するとともに、家事調停手続における調停資料の提出を萎縮させる恐れがあると考えられた。

この点に関しては、立法時の審議を経て、「家事調停の手続において収集された資料（当事者から提出されたものを含む）が直ちに家事審判の資料となるわけではない。……家事審判の手続において、家事審判の手続の規律に従い、事実の調査または証拠調べをする必要があることはいうまでもない」とされ、「家事調停事件の記録から家事審判の資料として必要なものを職権で事実の調査をすることが多いであろう」とされる[18]。そして、事実の調査につき、

17） 金子編著・前掲注13）817頁。もっとも、これらの理由は人事訴訟事件につき調停が終了した場合にも当てはまるものであり、人事訴訟事件について訴えの提起が必要とされる理由（提訴の必要性に関する熟慮期間）は審判事件にも妥当するように思われ、残る相違点として挙げられる人事訴訟手続の公開性のみでは、理論的には説明が難しいように思われる。

18） 金子編著・前掲注13）818頁。

特に必要がないと認める場合を除き、その旨が当事者・利害関係参加人に通知される（家事70条）。この通知の趣旨は、当事者に記録の閲覧・謄写の機会を与えて反論等の基礎とする点にあるが、調停手続では期日の記録は、裁判長または調停委員会を組織する裁判官の裁量的判断により作成をしない扱いとすることが可能であり、この場合には、経過の要領の作成も不要である（家事253条。家事46条ただし書も参照）。そうすると、当事者が提出した資料、事実の調査の結果が書面で提出されたもの（例えば、家裁調査官の報告）、証拠調べの結果は閲覧・謄写の対象となる[19]が、当事者等の口頭での陳述や聴取における調停委員会や裁判長の釈明その他の発言に関しては、一般には記録化するか否かは裁量によると考えられる。

とくに別席調停が行われることが多い現在の実務のもとでは、当事者にとっては、調停手続において上記の情報に触れることができないままに相手方等の出方を模索しつつ提出してきた資料に基づいて審判手続が開始されることになり、審判において改めてストーリーを構築することが必要になる。同時に、調停と同一の裁判官により審判が主宰される場合には実質的には調停での心証が引き継がれていることを前提とせざるを得ないが、その心証形成の過程を知らないという問題も生ずる[20]。

さらに、②と表裏をなす関係にあるが、③家事調停手続と家事審判手続における資料が一体化することで、両手続の実質的な連続性が強まり、各手続

19）例えば東京家裁では、当事者から記録閲覧・謄写依頼があれば、原則として許可する扱いとされている。

20）問題の一部は、個別面接方式による調停手続での情報共有の制限にあるから、現在一部の家庭裁判所で行われているように、期日における双方立会手続説明（本多智子「第2回 家事調停の一般的な審理」前掲注5）家事事件・人事訴訟事件の実務29頁以下等参照）が浸透すれば、この問題の深刻さが軽減される可能性はある。また、記録に現れず、一方当事者が期日で知ることもできないが心証形成に影響しうる情報（例えば、譲歩の範囲に関する情報）を、調停手続と審判手続の主宰者が同一であるがゆえに、審判の基礎とする恐れも問題となり得る（med-arb 問題）。これは訴訟上の和解、仲裁手続上の和解と同系の問題である。一般的には、裁判官はこのような情報を心証形成から排除する訓練を積んでいるとされるが、社会心理学の実験によれば、ベテランの裁判官でも無意識のうちにこの種の情報を判断の基礎としてしまうことが知られている（Landsman and Rakos, *A Preliminary Inquiry into the Effect of Potentially Biasing Information on Judges and Jurors in Civil Litigation,* 12 Behavioral Sciences and the Law, 113-126 (1994); Wistrich, Guthrie and Rachlinski, *Can Judges Ignore Inadmissible Information? The Difficulty of Deliberately Disregarding,* 153 U. of Penn. L. Rev. 1251 (2005)）。この点では、自庁処理の決定の裁量権に一定の制限を設ける、同一でない者に審判手続をさせることに留意する（人訴規6条参照。人事訴訟事件で参与員を指定するに当たり、当該事件について家事調停手続が先行していてそこで家事調停委員として関与していない者を指定するように「意を用いなければならない」との義務を課している）等の実務も考えられよう。

の独自性が失われる恐れがある点が挙げられる。

調停手続では、調停事項を認めるために、事実上「主張」や「立証」の機能を有する資料提出も行われるが、本来の意義は、これに留まらず和解成立に向けた法的レレバンシーのない事項についても自由闊達に話し合いを行う場である。ADRとしての調停においては、各当事者のプライオリティがそれぞれ異なることを前提に、和解の提案がなされたり相手方にはいえない事情が話されたり、法的に権利が認められるよりも重大な利益が開示されたりする可能性がある。これらの多くは審判の基礎としては必要ないと考えられるが、調停記録に対する包括的な事実の調査によって審判手続の資料となる恐れがある。これを恐れて、調停手続での話し合いが、その後の審判手続を意識し、審判手続に引きずられる方向で連続性が強まる場合には、いわば調停手続の裁判化が生じ、手続の独自性が損なわれ、当事者の紛争解決手続の選択肢を奪うことにもなりかねない。

Ⅲ　手続の移行における情報利用の規律

1　両手続の連続性の制約

調整型手続と裁断型手続の移行において、手続主宰者（の少なくとも一部）が共通することが多いことを前提としつつも、なお両手続は目的・機能を異にし、手続保障のあり方も異なるものとして手続を運営するためには、両手続間の連続性に対して一定の制約を設け、そのための規律を検討すべきことになろう。すなわち、後継する家事審判手続における情報の利用・流通のあり方を規律するために、情報の性質により制約をすることも検討すべきであるが、同時に、当事者による情報選択への関与について一定の権限を認める方法も検討に値すると考えられる。

確かに、審判手続において職権探知主義が適用されるため、当事者には情報選択への関与の権限がないようにも見える。しかし、第1に、一般論として、同主義の内容は一義的に同定されているわけではないから、明文規定のない部分については、裁判所の裁量的判断に委ねられているのか、義務的裁量ないし義務として解釈されるべきものか、なお不明な部分も少なくない[21]。

21）　例えば、家事審判手続においても釈明義務が認められるべきことについては、少なくとも解釈

第2に、仮に当事者に情報選択をさせるべきでないとの価値判断があるとすれば、裁判所が一切の調査・情報収集義務を負うことによって正当化されるのではないことは実務の状況に鑑みても明らかであり、結局、情報選択によって第三者の利益[22]や公序の維持等の「公益」に影響があり、他の方法ではこれらの影響を排除できないことを理由として正当化されるものと考えられる。そもそも、別表第二事件は、実体法上、当事者が合意で処分できる事項であるから、手続上、その処分を制限するためには私的自治を超える価値を理由とする必要がある。そして、このような正当化の理由が認められない限りは、原則として当事者に情報選択の権限を認める運用（弁論主義的手続運用）[23]が望ましいと考えられよう。

もっとも、現在の実務においても、家事調停手続で提出し記録に編綴された書面が家事審判手続で事実の調査の対象となり、また、当事者の閲覧・謄写の対象となることを事前に知らせることにより、当事者が調停手続で情報選択をしているともいえる。確かに、相手方に知られたくない情報を記録化しないことで選択権が認められるが、調停機関（調停委員会または自庁調停を行う裁判官）が有する情報については選択権が及んでいないことに留意を要する。例えば、調停期日で得た心証、調停案、調停案に対する当事者の対応、合意不成立となった理由等について、事実の調査の対象として審判資料となるかが問題となろう[24]。

論としての異論はほとんどないと考えられるが、旧法下においては必ずしも共通認識ではなかったと思われる。非訟事件手続法・家事審判法改正前の議論につき、山田文「職権探知主義における手続規律・序論」法学論叢157巻3号（2005）1頁等参照。

22）当事者ではないが審判により直接影響を受ける者の利益が想定されているが、家事事件手続法上は、このような者は利害関係参加の方法により自己の利益を保護すべきこととなる（同42条2項）。したがって、利害関係参加をしないことに相当な理由がある場合や、極めて強いパターナリズムが適用されるべき場合に、例外的に、第三者の利益保護が問題となるはずである。

23）笠井・前掲注5）は、弁論主義的運用を前提とすることを主張し、手続移行においても、事実の調査の対象は当事者提出の書面に限定すべきとする。手続間の情報遮断と秘密保護につき、山田文「調整型手続における秘密性の規律」谷口安平先生古稀祝賀・現代民事司法の諸相（成文堂・2005）415頁以下。

24）なお、審判手続における争点の設定に関しても、弁論主義的手続運用、すなわち当事者が取り上げない争点については審判の基礎としてはならないと考えるべきかも、検討が必要である。とくに、調停手続が前置されている場合、別席の期日で提出された争点であって記録化されていないが、調停を行った裁判官の心証（記憶）を形成し、これに基づいて争点が設定される可能性があり、調停前置がなされていない場合よりもその可能性が高いため、より問題性が強いといえよう。私見では、この場面でも、本文で述べたような正当化の理由がない限り、当事者の争点設定権限を認めてよいものと考える。

このような連続性の制約について、比較法では、当事者の秘密保持（confidentiality）の問題、調停人の秘匿特権（mediation privilege）の問題、および調停人から受訴裁判所への報告（report）義務ないし報告権の問題として論じられてきた。次項において、簡単に状況を紹介する。

(1)　民事及び商事紛争を対象とする調停に関する幾つかの側面についてのEU指令[25)26)]　本指令は、当事者の処分が可能である事項を対象としているため、家事紛争には直接適用されない（同適用範囲（10））が、EU加盟国がこの指令の内容を国内法化する際に、秘密保持の例外について同7条を参照することが多いので、紹介しておく[27)]。

7条1項は、調停では秘密保持を尊重すべきことを原則とし、「当事者双方が別段の合意をしない限り、調停人又は調停手続の運営に関与した者は、民事もしくは商事に関する司法手続又は仲裁において、調停手続から生じた情報又は調停手続に関する情報についての証拠の提出を強制されてはならない」とする。

そのうえで、この秘密保持の例外として、次の場合には証拠提出の拒絶ができないとする。すなわち、ⓐ証拠の提出を強制することが、関係加盟国の公の政策上の重要な理由により、とりわけ、子の最重要の利益を保護し、または個人の身体上もしくは精神上の完全性に対する侵害を防止するために必要であるとき、および、ⓑ調停により成立した合意の内容を開示することが、当該合意の履行または執行のために必要であるとき、である。

(2)　UNCITRAL国際商事調停モデル法　国際商事調停モデル法では、次

25)　Directive 2008/52/EC of the European Parliament on Certain Aspects of Mediation in Civil and Commercial Matters.

26)　このEU指令を受けて、加盟国は国内法化を迫られたが、例えばドイツでは、裁判権のある裁判官による調停行為に対して批判が高まり、これを法案から削除した。例えば少額金銭紛争において裁判官が調停行為をなすことで、簡易迅速な事件処理が可能となることの重要性は大きいが、家事事件においては調停過程が独自の意義を有するから、両者において裁判官が調停を行う意味が違うとされたのである。

その結果、調停と裁判の独立性が強調され、調停を行うメディエーターの守秘義務・証言拒絶権が明記された（MedG s4, ZPO383I ⑤）。また、同席に関しても、同席が原則であり、別席とするためには両当事者の同意が要件となる（MediationGZ 2III ③）。

27)　例えば、フランス法は、全ての調停に適用される1995年2月8日法21-3（2）により、当事者双方の合意のない限り、調停人の判断および手続中の当事者の発言を第三者、訴訟手続、仲裁に提出することを禁じている。ただし、その例外をなすのが本文で紹介したEU指令7条1項(a)(b)である（同21-3（3））。なお、裁判所が指名した調停人は、裁判官に対して、調停における合意の成否を報告する義務がある（同21-3（4））。

の事項について、これらに依拠し、証拠として提出し、または証言もしくは供述をしてはならないとする（10条）。

すなわち、ⓐ当事者が行った調停手続開始の申出または当事者が調停手続への参加を望んでいたという事実、ⓑ当該紛争の和解案に関して当事者が調停手続において表明した意見または行った提案、ⓒ調停手続の過程において当事者が行った陳述または自白、ⓓ調停人が行った提案、ⓔ調停人が提示した和解案につき、当事者がこれを受諾する意思を示したという事実、ⓕもっぱら調停手続のために準備された書面である。

(3)　アメリカ法　統一調停法[28]は、調停人による裁判所への報告を原則として禁じているが、調停が開始または終了したか、和解の成否、および参加者については報告の権利があるとする（同7(b)(1)[29]）。

もっとも、近時は、裁判所での和解率を上げるために、より実質的な報告や和解内容に関する勧告を調停人に求める傾向がある。例えばカリフォルニア州では、子の監護権・訪問権については、調停人は具体的な勧告（調査の必要性、制限命令の要否等）ができる（4351.5(f)、4607(e)）。当事者からすれば、報告内容やその判決への影響が分からず、それがプレッシャーとなって和解が成立するといわざるを得ない。そこで、報告内容の実質化に伴い、後の訴訟で調停人に対する交互尋問を許さなければ適正手続の要請に反するとされる[30]。

さらに進んで、同一のトライアル裁判官が家事調停を行い、不調後にトライアル手続を行うことが許されるかという「二重の役割論」について、判例は、手続上の瑕疵であるが、調停手続開始時に当事者の異議がなければ治癒されるものと判断する傾向にある[31]。

2　検　　討

以上、内外の問題状況を概観したところから、手続移行時に流用が問題と

28）　Uniform Mediation Act (2003) は、2016年現在、ワシントンDCを含む12州で採用され、ニューヨーク州・マサチューセッツ州で審議中である。http://www.uniformlaws.org 参照。

29）　報告禁止の例外事由として、同7条(b)(2)および6条参照。

30）　McLaughlin v. Superior Court, 140 Cal. App. 3d 473, 189 Cal. Rptr. 479, 486 (1st Dist. 1983). ただし、二重の役割につき当事者の異議がなければ治癒されるとした判決として、Schauf v. Schauf, 33 Kan. App. 2d 665, 107 P. 3d 1237, 1245 (2005) がある。

31）　Metz v. Metz, 2003 WY 3, 61 P. 3d 383 (Wyo. 2003).

なる情報としては、①主張のための陳述、②和解のための譲歩などの陳述（Ⅲ1⑴参照）、③主張を基礎づける事実や証拠に関する陳述、④第三者の利益、プライバシー、営業秘密等との関係で、相手方当事者への非開示を希望する情報[32]、⑤職権により資料収集すべき公益的情報（子の重大な利益保護に関する情報など。Ⅲ1⑵参照）、⑥調停委員の手控えや別席調停の場での発言など調停機関の評価判断に係る情報とに分けて考えることができよう。

そのうち、①③は、一般的には、当事者が調停手続で提出し、あるいは審判手続において裁判所が釈明によって提出を促すべき情報と考えられる。裁判所が作成した証拠に関する資料（例えば証人尋問をした場合には証人尋問調書、書証を取り調べた場合には当該書証、当事者が証拠的なものとして提出した資料に関する事実の調査）についても原則として事実の調査により審判資料となろう。

②に関しては、調停手続の最小限の独自性を維持するためには、これを審判資料から排除することが望ましいと考えられる。上記の規律がその旨を規定している趣旨は、調停における闊達な話し合いのための制度的保障であり、本稿が対象とする家事調停においても共通する。もちろん家事審判手続が職権探知主義の適用を受けることから、一定の制約を受けることは否めないが、上述のとおり制約には理由が必要であり、当事者が審判手続で新たに提出する場合は別として、調停のために、または合意形成を目的としてなされたこれらの事項については、原則として職権により審判資料としないとすることにより、調停手続の独立性を維持できると考えられる。

職権探知主義による制約は、それらの事項が、当事者のみの処分に委ねるべきでない性質のものであって他の方法では対応できないときには正当化されよう（④）。例えば、手続参加をしないことに相当な理由のある利害関係参加可能な者や、当事者の間に構造的な不平等があり、その均衡を図るべき場合、等が考えられる。具体的には未成年の子であって手続に参加していない者の利益に係る事項等が挙げられよう[33]。逆に、調停案に関して当事者が譲歩可能範囲や受諾の意思を述べた場合[34]、もっぱら調停手続のために準備

32）　東京家裁での取扱いについて、岩田・前掲注7）40頁以下および47頁、本多・前掲注20）40頁以下参照。

33）　垣内・前掲注5）は、法制審議会での筆者の発言を引用し、「事実の調査の範囲に制限を加える場合には、その種の〔公益や子の利益等。引用者〕例外を手当てする必要があろう」とする。

34）　例えば、監護権において有利になるならば財産分与において具体的にどの程度について譲歩す

した文書等は、仮に調停手続記録に綴り込んであったとしても（調停委員の手控え等として綴り込まれる場合がある）、審判裁判所は事実の調査で収集することはできないと考えるべきことになろう[35)36)]。

⑥は、まさに両手続の連続性に関する問題だが、異なる手続において新たに資料の収集をするのに⑥を引き継ぐのでは意味がない。とはいえ、排除は困難なので、釈明ないし心証開示により、裁判所の事案の考え方について十分に示しつつ、審判のための主張や事実に関する陳述を促すべきである。

④は困難な問題であるが、⑤にかかる情報が含まれない場合には、職権で探知する必要はないのではないか。

Ⅳ　おわりに

本稿は、事実の調査により家事調停手続での情報を審判の基礎とする場合にも、両手続の固有の手続保障の視点からは両当事者がその内容についてコントロールができることが望ましいとの見方がありうることを前提に論じてきた。日本の家事調停の実務においては、当事者の感情的対立や意向（相手の顔を見たくない）に配慮し、別席調停を続けて対立を回避しつつ調停委員会が後見的な介入を行い、他方で司法型 ADR として法的判断をも求められる、審判にも連続するという難しいバランスをとって運用されてきたと思われる。加えて、当事者の主体的地位を保障するという要素をもバランスさせることには、さらに様々な工夫を要しよう。

一つの実務的工夫として、すでに裁判所自身が、「経済事件」とよぶ事件類型においては主張と証拠の分離を前提とした手続指揮を行い、弁論主義的な手続の構成がなされているようである[37)]。他方で、家事調停の独自性を活かすためには、法的情報を含めた客観的情報について、一定の確度をもって安定させることも重要であるが、そこでは、関係的要素、心情的要素といっ

る、等。

35）高田編著・前掲注 14）352 頁以下〔増田勝久発言、山本克己発言〕参照。

36）調停に代わる決定がなされ、それが異議により失効した場合には、本文ⓓ調停人の提案が決定調書として綴り込まれることになる。これについては、裁判としての性質上、審判資料から排除することは困難であるが、ADR として家事調停をとらえるならば、排除することが相当であろう。

37）岩田・前掲注 7）45 頁以下。

た家事紛争の交渉でプライオリティをもつ要素をいかに活かすか（これらは各当事者に固有の事情であり、当事者の主体的地位の保障なしには活かすことは困難である）、にも意を用いるべきである。とくに、家事調停の合意は将来にわたって継続する債務を含むことが多いため、留意を要することになろう。

比較法においては、手続間移行における危うさについてセンシティブでありつつ、それを前提として規範化や限界を模索している。本稿も、そのスタンスに立つものであるが、med-arb の規律について十分に議論できておらず、全く不十分なものにとどまる。残された課題は多いが、家事事件手続法の立法審議において抽象的な意見しか述べることができなかった自らの宿題の一端を果たすものとして、提出する次第である。

【付記】
徳田先生には、個別の研究テーマについてご教授をいただくのみならず、教育面でも、学生に惜しみなく愛情を注ぐ姿を見せていただき、文字通り、学問に誠実な生き方を教えていただいている。その、学恩にとどまらない恩恵に報いるにはあまりに拙い試論であるが、研究会等において先生からいただいたコメントに少しでも応答し得ていることを祈りつつ、本稿を献げさせていただく。

家事審判の既判力

渡部美由紀

Ⅰ　はじめに

家事審判は、家庭裁判所が本案について終局的な判断をする裁判であり、審判内容に応じて内容上の効力を生じる（家事事件手続法〔以下、「家事」という〕74条2項）。裁判の内容上の効力としては、一般に、既判力、執行力および形成力が問題となる。家事審判は、民事訴訟でいう判決に相当するが[1]、判決とは異なり、対立当事者間の権利義務関係の存否の終局的確定を目的とするのではなく、その多くは、公益的性質を有する事項につき、裁判所が、合目的的または後見的な立場から、実体に即して、事案に応じてあるべき法律関係を形成することを目的とする。家事審判手続と判決手続とでは審判対象や手続構造が異なるため、当然に家事審判の効力を確定判決の効力と同様のものと捉えることはできない。

まず、「金銭の支払、物の引渡し、登記義務の履行その他の給付を命ずる審判は、執行力のある債務名義と同一の効力を有する」とされており（同75条）[2]、主文において給付を命ずる審判（給付的審判）[3]に執行力が認められる

1）　金子修編著・一問一答家事事件手続法（商事法務・2012）17頁、123頁参照。

2）　現行の家事事件手続法75条は旧家事審判法15条を維持したものである。家事審判手続において、形成された権利を実現し迅速かつ適切な紛争解決をはかるには、法律関係の形成とともに金銭の支払い等の給付もあわせて命じ、これに執行力を付与することが必要であるため、審判には執行力が認められる（「非訟事件手続法及び家事審判法の見直しに関する中間試案の補足説明」第2部第2の2（7）ア(サ)、日野忠和「審判の効力」岡垣学＝野田愛子編・講座実務家事審判法（1）（日本評論社・1989）203頁、佐上善和・家事審判法（信山社・2007）268頁参照）。

3）　夫婦間の協力扶助に関する処分の審判（家事154条2項1号）、夫婦財産契約による財産の管理

ことは明白である。また、後見開始の審判（民7条）、失踪宣告（同30条）、遺言執行者の選任（同1010条）など、申立てを認容する家事審判が、形成力を有することについても争いはない[4]。財産分与のような給付的審判にも、審判によってはじめてその内容が具体化するという意味において形成力が認められる[5]。遺産分割審判では、これにより、遺産の分割帰属という新しい実体法的な法律関係が形成され、遺産に属する各財産は共同相続人の共有（遺産共有）から各相続人の単独所有（または通常の共有）になる[6]。

これらに対し、家事審判が確定判決に付与される既判力と同様の既判力を有するか否かについては、周知のように争いがある。この議論においては、従来、既判力否定説が通説であったが、近時、これに異議を唱え、既判力を肯定する見解が有力化してきたように思われる。そこで、本稿では、従来の判例・学説をあらためて整理したうえで、家事審判制度における制度的効力としての既判力という観点から、この問題について検討したい。

ところで、家事審判事項は、二当事者対立構造を必ずしもとらない争訟性のないものから争訟性のあるもの、比較的公益性が高く当事者の処分が認められないものから公益性がさほど高くなく当事者の処分が認められるものまで、多岐に渡る。家事事件手続法は、これらを、①調停によって解決できない事件、すなわち、当事者が自らの意思で処分することのできない権利または利益に関する事項についての事件（家事別表第1事項に関する事件〔以下「別表第1事件」という。ほぼ旧法の甲類審判事件に相当する〕）と、②調停によって解決できる事件、すなわち、当事者が自らの意思で処分することのできる権利または利益に関する事項についての事件（家事別表第2事項に関する事件〔以下「別表第2事件」という。ほぼ旧法の乙類審判事件に相当する〕）とに大別しており、両

者の変更等の審判（同項2号）、婚姻費用の分担に関する処分の審判（同項3号）、財産の分与に関する処分の審判（同項4号）、子の引渡を含む子の監護に関する処分の審判（同条3項）、祭祀承継者の指定の審判（同条4項）、親権者の指定・変更の審判（家事171条）、扶養に関する審判（同185条）、遺産分割の審判（同196条）など。

4） 最大決昭和40年6月30日民集19巻4号1089頁（夫婦の同居）、最大決昭和40年6月30日民集19巻4号1114頁（婚姻費用の分担）、最大決昭和41年3月2日民集20巻3号360頁（遺産分割）等、山木戸克己・家事審判法（有斐閣・1958）53頁等。

5） 梶村太市＝徳田和幸編・家事事件手続法［第2版］（有斐閣・2007）417頁〔大橋真弓〕。日野・前掲注2）203頁は、審判によって給付命令を形成するとともに、その権利義務について給付を命ずる審判をすることができるとする。

6） 徳田和幸「家事審判の効力と関連紛争」法学論叢148巻3＝4号（2001）150頁。

者は手続も異なる（家事20条、40条3項ただし書、66条ないし72条、82条2項、89条2項、90条ただし書等）。性質および手続の異なるこれらの事項をすべて一緒くたに論じることは適切ではない。学説でも、これらを分けて論じるものが多く、既判力の有無は、主として争訟性の高い旧乙類審判事項に関する事件を念頭において論じられてきた[7)]。そこで、本稿でも、まずは争訟性の高い事項に対する審判を中心に検討する。

Ⅱ　従来の判例・学説

1　判　　例

家事審判の既判力に関する最高裁判例としては、最判昭和30年9月23日（民集9巻10号1363頁）があるが、これは、戸籍届出委託確認の審判について既判力がないという趣旨の原判決を正当とするにとどまる。ほかに、家事審判に既判力を認めるか否かについて明確に示した最高裁判例は存在しないようである[8)]。

他方、下級審裁判例は、家事審判の既判力を否定するものが大多数であるが、その理由を具体的に述べるものは少ない。以下、簡単に紹介する[9)]。

①大阪高決昭和32年10月9日（家月9巻11号61頁）は、扶養に関する審判（旧乙類8号）の申立てが棄却され、その審判が形式的確定力を生じた場合でも、扶養を要する状態にある者は、事情変更の有無にかかわらず、前審判と異なる事実を主張して審判を申し立てることができるとし、「家庭裁判所の審判においては必ずしも実体法上の義務の存否の確定を問題としていない。従って、扶養に関する審判事件は、非訟事件であって、訴訟事件ではないから、扶養に関する審判は形式的確定力を有するに至っても、民事訴訟におけ

7）　飯倉一郎「非訟事件の裁判の既判力について」民訴18号（1972）2頁、越山和広「非訟裁判・家事審判の既判力」大阪市立大学法学雑誌55巻3＝4号（2009）728頁など。

8）　前掲注4）最大決昭和41年3月2日は、遺産分割の審判が確定しても、その前提となる遺産帰属性の判断には既判力が生じないため、遺産の範囲については改めて訴訟を提起して争うことができるとするが、遺産帰属性の判断は、審判の前提としての理由中の判断であるから、確定判決の場合（民訴114条1項）と同様に、これについては既判力が生じない。越山・前掲注7）726頁は、これをもって審判の既判力を否定するものとはいえないとする。

9）　裁判例を詳細に紹介するものとして、本間靖規「非訟裁判の既判力に関する一考察」河野正憲先生古稀祝賀・民事手続法の比較法的・歴史的考察（慈学社・2014）137頁以下。

る判決のように必ずしも既判力（実質的確定力）を有するものではないと解するのを相当とする」とする。②秋田家審昭和41年3月23日（家月18巻10号80頁）は、出生年月日の訂正許可の審判は既判力を有しないが、虚偽の申立てをして訂正許可審判を得た後、長年それを基本とした法律関係を自ら形成したときには、再度訂正許可の申立てをすることは信義則に反し許されないとする。③大阪高判昭和54年1月23日（家月32巻2号70頁）は、遺産の範囲とその分割につき定める家事調停のうち、遺産の分割を定める部分は確定審判と同一の効力があるにすぎず、「非訟事件の裁判として既判力を有しない」とする。④東京高判昭和58年9月28日（家月36巻11号109頁）は、婚姻費用分担を命じる審判は、執行力ある債務名義と同一の効力を有するので、その執行力の排除を求めるため請求異議の訴えを提起することができ、この場合における異議の事由としては、右審判が既判力を有しないものである以上、婚姻費用分担義務そのものの存否に関する事由については右審判の確定後のものか否かを問わず主張することができるが、同義務の存在を前提としてその具体的分担額等を形成決定する際に考慮されるべき事由については、右審判の性質、効力にかんがみ、その確定時以後に生じたものに限りこれを主張することができると解するのが相当であるとする。⑤札幌高決昭和61年3月27日（家月38巻11号105頁）は、家事審判手続における相殺の抗弁の判断に既判力類似の効力は生じないとする。⑥広島高松江支決平成2年3月26日（家月42巻10号45頁）は、財産分与の判決確定後でも、判決の基礎とされた事情に錯誤がありまたはその後の事情の変更により、これを維持することが著しく信義衡平に反する場合には、これを取消変更することができるとする。⑦東京高決平成20年12月26日（家月61巻6号106頁）は、家庭裁判所は、危急時遺言が遺言者の真意に出たものであるとの心証を得なければ、これを確認することはできないが、この確認には既判力がなく、他方でこの確認を経なければ遺言は効力を生じないことに確定するから、真意に出たものであるとの心証は、確信の程度に及ぶ必要はないとする。以上に対して、⑧大阪高決昭和37年10月3日（家月14巻12号89頁）は、訴訟裁判所が、離婚訴訟等の判決に附帯して家事審判事項である財産分与の処分を命じた場合には、財産分与に関しても既判力を生ずるとするが、通説・裁判例はこの場合も既判力を否定する[10]。

2 学　説

(1)　学説の動向　家事審判に既判力を認める見解は、「たとえば、不在者の財産や相続財産について管理人を選任する審判は、その告知によって被選任者は、当然管理人となり、何人もその管理人たることを争い得ないのであるから、かような意味において審判にも既判力があるといって妨げないであろう」と述べる[11)]。その具体的な理由は必ずしも明確ではないが、審判の結果を「争い得ない」ことを、確定判決と同様の既判力の効果として捉えているものと思われる。既判力肯定説は、従来少数説であったといえよう。

通説は、家事審判の既判力を否定する[12)]。既判力を否定する根拠としては、①旧乙類審判事項は、争訟的であり、もし家事審判制度がなければ訴訟手続によって解決され、既判力ある判断が下されるはずの事件であるが、審判は一定の形成要件を定めた法規の存在を前提とするものではなく、当事者の主張の当否についての判断というより、衡平ないし合目的性の理念を基準として、専ら家庭裁判所の権能に基づいて行われるものであり、いったんなされた判断も不要であれば取消し・変更が可能である[13)]こと、②職権探知主義が採用されており、当事者の手続上の地位ないし当事者権が制度的に必ずしも十分に保障されていないこと[14)]、③家事審判事件は、過去の事実の確定とそれに基づく権利の確定とは異なり、将来に向けての法律関係の形成の判断に向けられており、このような判断は基礎となった事実評価とその結果が後に適合しなくなった場合には修正変更されるべきであるという要請を内在させ

---

10)　鈴木忠一「非訟事件の裁判の既判力」非訟事件の裁判の既判力（弘文堂・1961）41頁〔初出、岩松裁判官還暦記念・訴訟と裁判（有斐閣・1956）647頁以下〕、前掲⑥広島高松江支決平成2年3月26日等。

11)　市川四郎・家事審判法概説［増訂版］（有斐閣・1956）127頁。同「家事審判における実務上の問題と判例」家月8巻12号（1956）28頁以下は、財産分与についても既判力を認める。また、飯倉・前掲注7）6頁以下は、類型的考察の結果、形式的確定力があり、法的安定性についての利益が個別的正当性の利益より大きい場合に既判力を肯定する。

12)　山木戸・前掲注4）56頁、同「家事審判の効力」民事訴訟理論の基礎的研究（有斐閣・1961〔初出1949〕）239頁、鈴木・前掲注10）41頁、加藤令造編・家事審判法講座第1巻（判例タイムズ社・1966）77頁〔綿引末男〕、斎藤秀夫＝菊池信男編・注解家事審判法［改訂版］（青林書院・1992）626頁〔飯島悟〕など。

13)　山木戸・前掲注4）57頁、同「家事審判の効力」前掲注12）238頁以下、日野・前掲注2）201頁、208頁以下、加藤編・前掲注12）78頁〔綿引〕。鈴木・前掲注10）54頁は、非訟裁判につき原則として既判力を否定するが、いわゆる真正争訟事件については既判力を認める（扶養に関する審判はこれに属しないとして既判力を否定する）。

14)　斎藤＝菊池編・前掲注12）627頁以下〔飯島〕。

ていることなどがあげられる[15]。

しかし、これらの根拠は、近時、次のように批判される[16]。まず、①について、いわゆる形式的形成訴訟においても裁判所の裁量権の行使が要請されるが、その判決には既判力が承認されているから、裁量的で合目的的な裁判かどうかが既判力の有無を決する決定的な要素ではない。形成的審判では確かに既判力の対象となりうる形成原因や権利義務関係は明確に観念できないが、たとえば、扶養に関する審判は一定額の扶養義務の存否を最終の審判対象にしているのだから、必ずしも明確性を欠くわけではない。家事審判も国家の紛争解決機関にもち込まれた紛争に対する一定の解決内容を提示するものであり、同じ申立てが繰り返された場合に全面的な審判のやり直しをせざるを得ないというのは、不合理である[17]。次に、②について、任意的口頭弁論でおこなわれる家事審判手続では、民事訴訟と比較して当事者権の保障が弱い[18]が、既判力が否定されると法的安定性が確保されず、時間と費用をかけた手続の後に出された審判の変更を、何らの事情の変更もなく新たな申立てによって求めることができるのは問題である。家事審判の手続構造から、関係人が前審判手続で容易に調査、主張できた事情についても後の手続で遮断されることがないという論理的帰結が導かれるかどうかは問われるべきである[19]。また、③に関しては、民法880条が扶養料の支払いを命ずる審判について事情変更による審判の取消し・変更の制度を認めるのは、審判に既判力があることを前提としており[20]、審判に対する既判力を一定の条件の下にゆるめて事情変更を考慮することと既判力を認めることは両立する[21]。

(2)　家事審判により形成された法律効果の不可争性　　家事審判の既判力を否定することを前提としても、学説では、とりわけ、同一の状況下で同一の申立てがなされたような場合には、「審判の結果を争い得ない」という既判

15)　佐上・前掲注2）263頁以下。
16)　松本博之・人事訴訟法［第3版］（弘文堂・2012）12頁以下、越山・前掲注7）50頁以下、本間・前掲注9）127頁以下。
17)　越山・前掲注7）729頁。
18)　もっとも、後述のように、現行家事事件手続法は、当事者や利害関係人の手続保障を拡充している。手続保障の拡充と既判力との関係につき、本間・前掲注9）133頁以下。
19)　越山・前掲注7）730頁。
20)　松本・前掲注16）13頁以下。
21)　越山・前掲注7）746頁。

力肯定説の内容を家事審判の形成力ないし職分管轄性等から説明して[22]、同様の結論をとる見解が多数である。次に、場合を分けて、判決手続と比較しながら、再度の申立てがどのように扱われるかを確認する。

(a) 申立てを却下（棄却）する審判と再度の同一の申立て　民事訴訟では、請求棄却判決の確定後に、再度同一の状況下で、同一の訴えが提起された場合、前訴確定判決の既判力が作用し、後訴の請求は棄却される[23]。他方、家事審判に既判力がないとすれば、申立てが却下された（棄却の実質をもつ却下の審判）後に同一の申立てがされた場合、まったく同一の事実関係・証拠に基づいて同じ申立てがなされたとしても、これが遮断されることはないはずである[24]。しかし、この帰結をそのまま是認する見解は少ない[25]。却下された場合には形成力等から説明するのは困難であるため、同一当事者間で前手続と全く同一の事実や証拠が何の事情変更もなく再度提出された場合に限り制限的に既判力を認めて後の申立てを却下する見解[26]、一事不再理により却下する見解[27]のほか、申立権の濫用として処理する見解[28]など、何らかの方法により後の申立てを斥けようとするものが多い[29]。

(b) 申立てを認容し一定の法律関係を形成する審判と再度の同一の申立て

民事訴訟では、請求認容判決の確定後に、再度同一の訴えが提起された場合、原則として、後訴は、当事者に再度同じ判決を求める訴えの利益がないとして不適法却下される。裁判所は、既判力の生じた確定判決の内容に拘束され、当事者もこれを争うことができなくなる。

家事審判においても、認容審判後に当該審判によって具体的に形成された

---

22) 徳田和幸「家事審判の既判力」判タ 1100 号（2002）583 頁。

23) いわゆる拘束力説による。越山・前掲注 7）55 頁以下参照。これに対して、一事不再理的側面を強調するのは、三ケ月章・民事訴訟法（有斐閣・1959）26 頁以下。また、松本博之＝上野泰男・民事訴訟法［第 8 版］（弘文堂・2015）617 頁以下〔松本〕は、既判力の消極的作用により後訴は却下されるとする。

24) 佐上・前掲注 2）265 頁以下。非訟事件につき、鈴木・前掲注 10）49 頁。

25) 佐上・前掲注 2）265 頁以下。

26) 鈴木正裕「非訟事件の裁判の既判力」鈴木忠一＝三ケ月章監修・実務民事訴訟講座（7）（日本評論社・1969）96 頁以下。

27) 後見人解任申立てと財産分与申立てにつき、飯倉・前掲注 7）10 頁、17 頁。宮脇幸彦「家事審判及び家事調停の効力（四）」戸籍 155 号（1961）1 頁は、全く同一の事実関係・証拠に基づく再度の申立ては、一事不再理の原則によって却下されるとする。

28) 篠清「審判の効力」判タ 250 号（1970）113 頁、117 頁。

29) 越山・前掲注 7）722 頁参照。

法律関係自体を当事者や裁判所が争うことができないことについて争いはない[30]。認容審判の相手方は、審判によって形成された法律関係と相容れない主張をすることはできない[31]。たとえば、遺産分割審判によって一度実体的な内容が形成された場合に、単に形成された結果に不服があるとして遺産分割のやり直しを求めることはできないし、各共同相続人への所有権の帰属そのものを否認する主張は認められない[32]。しかし、この形成結果の不可争性の根拠について、学説は分かれる。認容審判の前提条件となる事由について既判力を肯定する見解もあるが[33]、既判力によらず、形成力に基づいてその形成結果は何人も承認しなければならないとする見解が有力であり[34]、ほかに、家庭裁判所の職分管轄性等からその判断は何人も承認しなければならないとする見解[35]、再度の申請の利益がないとする見解[36]、審判と実質的に同一の争点に関する紛争の蒸し返しは信義則に照らして許されないとみる見解[37]などがある。

(c)　前の審判時に存在したが主張されなかった事由の主張　民事訴訟では、前訴基準時前に存在したが主張されなかった事由について既判力が生じた判断と矛盾する主張は、前訴確定判決の既判力により遮断される（既判力の遮断効）。しかし、家事審判では、たとえば、離婚に伴う財産分与の審判の後で分与額の増額の審判を申し立てる当事者は、相手方による財産の隠匿など、前審判の当時既に存在し、主張することができた事実を主張することができるし[38]、遺産分割審判確定後に知られざる相続人が出現し、または相続

30)　高田裕成編著・家事事件手続法—理論・解釈・運用（有斐閣・2014）268頁〔金子修発言〕、徳田・前掲注22）583頁。
31)　越山・前掲注7）723頁。
32)　越山・前掲注7）723頁。
33)　飯倉・前掲注7）15頁は、後見人解任の審判における解任事由の存在に既判力を認める。
34)　山木戸・前掲注4）54頁、鈴木・前掲注10）49頁、日野・前掲注2）210頁、斎藤＝菊池編・前掲注12）392頁〔栗原平八郎〕。福岡地判平成元年10月4日判時1341号122頁は、離婚訴訟に付随する財産分与の申立てに基づき財産分与請求権の内容を具体的に形成する判決がなされ、それが確定した場合には、当該裁判の形成効によって、夫は妻との間で具体的財産分与請求権を有していたこと自体を否定できなくなり、財産分与を命ずる判決が妻の虚偽の陳述により裁判所が誤った判断をしたことにより取得されたとして判決に基づき支払った金員を不法行為に基づく損害として主張することは、判決の効力を否定するものとして、原則許されないとする。
35)　鈴木・前掲注26）109頁、兼子一＝松浦馨＝新堂幸司＝竹下守夫・条解民事訴訟法（弘文堂・1986）599頁。
36)　宮脇・前掲注27）2頁、鈴木・前掲注10）49頁。
37)　吉村徳重＝牧山市治編・注解人事訴訟手続法［改訂版］（青林書院・1993）220頁〔叶和夫〕。
38)　山木戸・前掲注4）56頁以下、加藤編・前掲注12）77頁以下〔綿引〕。

財産の範囲が変更するなど、前提事項に変更が生じた場合は、同一の遺産分割の申立てをすることができる[39]とされており、また、前提問題である遺産の範囲について判決を経ていない場合、遺産の範囲が前審判とは異なると主張して、再度同一の遺産分割の申立てをすることも可能である[40]。合目的的に法律関係を形成するという審判の意義からすると、審判内容をより実体と適合できるように事後的に是正する可能性を留保すべきであること、また、弁論主義を採用する民事訴訟手続とは異なり、職権探知主義を採用する家事審判手続では家庭裁判所による職権調査の不備の責任をすべて当事者に課すべきではないことを考慮して、このような主張を遮断しない結論が一般に支持される[41]。

3　検討の視点

民事訴訟は、公権的強行的に原告が提示した訴訟物である権利・法律関係について法的に判断を示すことで、権利をめぐる紛争を解決することを制度目的とする。既判力は、裁判所の判断内容の通有性を意味し、紛争解決の実効性を確保し、紛争の蒸し返しを防ぐために確定判決に付与される制度的効力である。後訴裁判所は、既判力によって、既判力が生じた前訴裁判所の判断（民訴114条参照）に拘束され、当事者もまた前訴基準時（最終口頭弁論終結時）までに存在し、前訴手続で主張することができた訴訟物である権利・法律関係を基礎づける攻撃防御方法の提出を遮断される。他方、家事審判制度は、権利・法律関係の確定ではなく、家庭内の事項について、後見的な見地から、法律関係を合目的的に処理・形成し、事案に応じた妥当な解決をはかることを目的とする。当事者の申立てに対応して一定の紛争解決内容を提示する家事審判にも、判決同様に、制度目的に対応した法的安定性を確保するための制度的効力が検討されるべきであろう。近時の既判力肯定説が鋭く指摘するように[42]、既判力否定説の根拠は、制度的効力としての既判力を全面

39)　梶村＝徳田編・前掲注5）419頁〔大橋〕。そのほかの例として、扶養を求める審判棄却後に前審判の前に存在していたが看過されていた事実関係を斟酌して扶養を命ずる審判をすることも可能と考えられる。山木戸・前掲注4）57頁。
40)　高田編著・前掲注30）270～271頁〔金子〕。
41)　越山・前掲注7）731頁。
42)　越山・前掲注7）730頁、734頁以下、本間・前掲注9）150頁以下。

的に否定するのに必ずしも説得的であるとはいえない。他方で、確定判決の既判力と同様の遮断効を認めることは、実体に適合した合目的的な法律関係の形成という審判制度の目的に照らすと適切ではない。そのため、既判力が生じるとしても、その範囲は確定判決の場合と比較してかなり制限的であると思われる。

Ⅲ　家事審判の既判力

1　認容審判の拘束力――形成力か既判力か

家事事件においては、裁判所が当事者に対して後見的な役割を果たし、合目的的に一定の処分や法律関係を形成することによって紛争解決をはかることが期待される。紛争の解決や法的安定性の見地からすれば、不当な蒸し返しを禁ずるために認容審判には一定の拘束力が必要である。しかし、先に述べたように、この拘束力が既判力であるのか、形成力であるのかについては議論が分かれており、既判力否定説では形成力を想定する見解が有力であった[43]。そこで、まずは、この場合に、既判力概念をもち出す必要がないといえるかどうか、形成力の訴訟法上の効果について検討する必要があろう[44]。

ところで、形成判決の既判力をめぐっては、周知のように、かつて争いがあった。既判力を否定する見解は、判決の確定により形成の効果が発生し、同時に訴訟物である形成権は目的を達して消滅するから、形成権の存否が再び争われる余地はなく、形成された法律効果が以後の紛争解決基準として通用力をもつため、形成判決に既判力を認める余地はないと主張した[45]。しかし、これに対して、法律関係が判決によって新たに形成されたことのみから、その法律関係が当然に通用力をもつのではなく、形成結果の通用力は基準時における形成権存在の判断に与えられる通用力（既判力）に由来し、これによって、形成権が消滅した後も、形成権がなかったことを前提にした主張が

43)　梶村＝徳田編・前掲注5）419頁〔大橋〕は、遺産分割審判後に当事者が具体的な分割方法をめぐって不満を申し立てたとしても、そのような蒸し返しは形成力の効果により否定されるとする。
44)　本間・前掲注9）294頁。
45)　三ケ月・前掲注23）51頁（その後既判力を認める方向に改説。同「訴訟物再考」民訴19号（1973）51頁）など。

排斥されるという主張が有力にされた[46]。判決の形式的確定によって当該形成結果の存立自体はもはや争えなくなるが[47]、形成力には、一般に、既判力の遮断効のような攻撃防御方法に対する訴訟法的な効果はないと解されるため[48]、今日の通説は、形成判決に既判力を認め、形成権ないし形成原因の存在が既判力をもって確定されるとする[49]。

形成力が攻撃防御方法に対する遮断効をもたず、いったん裁判により形成された法律状態を新たな裁判によって新しい法律状態に変更することを阻止することができないならば、何の事情変更もなく紛争が蒸し返されることを封じ一定の法的安定性を確保するために、審判にも制度的効力として既判力が認められるべきであろう。また、申立てが却下（棄却）された場合には、形成的効果等は生じないから、その後の法律関係を規律する基準を提示するために、やはり既判力が必要であると考えられる[50]。

もっとも、判決手続と目的や手続内容が異なり、形成原因も明確ではない家事審判手続に、形成判決の既判力に関する議論を直ちにもち込むことはできない。家事審判手続では、紛争解決の一回的解決ないし終局性よりも、事後的であっても、処分を実質的に正当なものにする要請が強く[51]、また、既判力の正当化根拠は、一般にこれが法的安定を保障する制度的効力であり、手続保障を前提とした自己責任があることに求められるところ[52]、職権探知主義を採る家事審判手続では、弁論主義が採用されている民事訴訟手続とは異なり、職権による訴訟資料の収集の不備の結果をすべて当事者に負わせることは適切ではない。また、形成判決の既判力は、形成原因がないにもかかわらず形成判決がされたと主張する損害賠償請求を封じる必要性を例にあげて論じられることが多いが、形成的審判の場合には、後に同様の理由から損

46）新堂幸司・新民事訴訟法［第5版］（弘文堂・2011）215頁以下。

47）蒸し返し禁止を形式的確定力から導く見解もあるが、他の訴訟における矛盾主張禁止効まで形式的確定力から得られるかは疑問である。本間・前掲注9）292頁以下参照。

48）松本・前掲注16）14頁注6）、越山・前掲注7）737頁注39）。

49）河野正憲・民事訴訟法（有斐閣・2009）633頁、松本＝上野・前掲注23）676頁〔松本〕（既判力により遮断される例として、離婚訴訟で敗訴した配偶者の一方が、離婚判決は不当であるとして他方配偶者に対して損害賠償を求める後訴を提起する場合をあげる）など。

50）徳田・前掲注22）583頁参照。

51）飯倉・前掲注7）6頁。

52）高橋宏志・重点講義民事訴訟法（上）［第2版補訂版］（有斐閣・2013）586頁、新堂・前掲注46）683頁など。

害賠償請求訴訟が提起されても、その訴訟では、審判事項については家庭裁判所の職分管轄を理由に判断ができないため、同様の問題は生じないように思われる[53]。家事審判に付与される既判力の内容は、審判制度の目的・審判対象・手続構造等に相応したものとして検討されるべきである[54]。

2　家事審判の既判力の特殊性――一事不再理と制限的な遮断効

家事審判の既判力は、これが家事紛争に関する一つの公権的な紛争解決制度であることから導かれる。新法では、審判の確定概念が導入され[55]、①参加制度の創設・拡充、②記録の閲覧謄写に関する制度の創設・拡充、③不意打ち防止のための諸規定の創設・整備等が行われた。とくに争訟性が高く二当事者が対置される手続においては、このような手続保障の充実に既判力肯定や信義則の発現の契機を見出すことが可能であることが指摘されている[56]。しかし、家事審判制度の目的および手続内容に照らすと、確定判決と同様に、手続保障と自己責任という観点から当然に拘束力を正当化することはできない。実体に即した是正要請が高い場合には法的安定の要請は後退し、前手続で主張されず看過された事実や前審判が基礎とした事実が異なっていた旨の主張は認められるべきことになる。したがって、確定判決の既判力と比較すると、遮断効が作用する範囲は、原則として、事情の変更がないにもかかわらずされた同一の申立てなどに限定されるものであり、この点において、制限的な既判力といえよう[57]。ただし、このような手続を経ることにより、手続過程を通じて、相手方に紛争解決に対する合理的期待が生じたような場合には、後の手続において、前手続で主張しえたのに主張しなかった事実の主張は、信義則により遮断される場合があろう[58]。

---

53)　名古屋地判昭和 45 年 2 月 7 日判タ 244 号 199 頁は、不在者 A の財産管理人を代理人とする移転登記手続請求控訴事件で、不在者 A の財産管理人を選任する審判は、家庭裁判所の職分管轄に基づくもので、かつ性質上いわゆる形成の裁判に属することから、利害関係人・一般民事裁判所は、A が不在者であるとした家裁の判断に抵触・相反する主張ないし判断をなしえないとする。

54)　越山・前掲注 7）733 頁は、既判力概念の相対化を説く。

55)　本間・前掲注 9）131 頁。ここでの形式的確定は当事者による通常の不服申立て手段が尽きた状態を意味する。

56)　本間・前掲注 9）133 頁以下。旧法下では、審判後も職権で審判の取消し・変更ができることから形式的確定力は生じないという見解が多数であった。梶村 = 徳田編・前掲注 5）416 頁〔大橋〕など。

57)　飯倉・前掲注 7）10 頁、また、越山・前掲注 7）733 頁以下参照。

58)　最判昭和 51 年 9 月 30 日民集 30 巻 8 号 799 頁等参照。

なお、家庭裁判所は、審判をした後、①申立てによってのみ審判をすべき場合において申立てを却下した裁判、および②即時抗告をすることができる審判を除いて、審判を不当と認めるときは、これを職権で取り消しまたは変更することができる（家事78条1項）。これは、家事審判の目的から、審判が当初から不当であった場合や事後的な事情の変更により不当になった場合に、不当な審判を常にそのまま維持することは相当でないことを理由とする[59]。即時抗告をすることができる審判は、この取消し・変更の対象外であるが、必要に応じて個別の明文規定があり[60]、あるいはその類推適用により対応される[61]。これらの事情変更による取消し・変更可能性は、審判の既判力と矛盾しないと思われる。

また、却下審判後の同一申立ての処理については、既判力の一事不再理効により訴えを却下するのか、拘束力によるのかが問題となる。確定判決の場合とは異なり、審判では、権利・法律関係の確定がされるわけではない。判断の基礎となった事実に変動がないのであれば、前手続と同一の申立てに係る後の手続は、前手続と同一事件について再度の審理を求めるものでしかないから、一事不再理の原理から不適法であると考えるべきであろう。また、事情の変更がない場合の認容審判後の同一申立ては、判決とパラレルに、申立ての利益がないとして却下してよいと考える。

3　訴訟との関係

当事者は、審判で形成された法律効果を争うことができないが[62]、前提となる権利義務の存否は訴訟事項として訴訟裁判所で争うことができる。たとえば、遺産分割の訴えや遺産分割の結果としての各共同訴訟人への所有権の帰属は争うことができないが、その前提となる遺産帰属性は訴訟において争うことができる。これに関して、最大決昭和41年3月2日（民集20巻3号

59）　金子編著・前掲注1）135頁、松川正毅＝本間靖規＝西岡清一郎編・新基本法コンメンタール人事訴訟法・家事事件手続法（日本評論社・2013）270頁〔徳田和幸〕。

60）　民法10条、14条1項、2項、18条1項、2項、25条2項、32条1項、766条3項、819条6項、836条、880条、894条、家事112条、194条3項、146条、97条など。

61）　金子修編著・逐条解説家事事件手続法（商事法務・2013）255頁。個別の明文規定または類推適用による対応は、自己拘束力の例外としての取消し・変更とは別個独立の制度であると考えられる（佐上善和「成年後見事件における即時抗告」鈴木正裕先生古稀祝賀・民事訴訟法の史的展開（有斐閣・2002）835頁以下参照）。

62）　徳田・前掲注6）153頁。

360 頁）は、遺産分割審判手続において、分割の前提たる相続権、相続財産等の権利関係の存否について家庭裁判所が審理判定することは何ら差し支えなく、ただその判断には既判力が生じないから、後に民事判決で前提たる権利の存在が否定されれば、分割審判もその限度において効力を失うに至るとする。この失効の意義については争いがあるが[63]、訴訟により審判の前提が変わった場合には、家事審判が内容上の効力を有しないという意味で無効になりうる。家事審判の前提となった判断とその後の判決の内容が異なる場合の家事審判の効力について、名古屋高決平成 10 年 10 月 13 日（家月 51 巻 4 号 87 頁）は、遺産分割審判後に遺産に属するとされた財産が遺産に属するものではないとする旨の判決が確定した場合につき、「その遺産でないとされた物件が前の審判で遺産の大部分または重要な部分であると扱われていたなどの特段の事情のない限り、遺産でないとされた物件についての前の審判による分割の効力のみが否定され、その余の物件についての分割は有効であると解するのが相当である」として、原則として民法 911 条の担保責任の問題として処理する。この場合、既存の審判を再審に準ずる申立てによって取り消したうえで審判のやり直しをするか[64]、判決と抵触する限度で審判による分割の効力が否定されるとして再申立てを認めるか、前の遺産分割審判の続行になるかは、審判の効力との関係で問題となるが、これについての検討は他日を期したい。

4　争訟性のない事項を対象とする審判の既判力

別表第 1 事件は、比較的公益性が高いことから、裁判所が後見的、合目的的に当事者の法律関係を形成することが求められており、審判内容をより実体と適合させる要請が強い。また、そもそも二当事者対立構造をとらない場合もあり、対立する二当事者間の紛争の蒸し返しを観念することができないものも多い。手続的には、職権による事実調査および証拠調べ（家事 56 条）がされるが、別表第 2 事件とは異なり、当事者の陳述聴取も必要的ではない（同 68 条参照）。

63）　徳田・前掲注 6）156 頁以下。
64）　鈴木忠一・非訟・家事事件の研究（有斐閣・1971）172 頁以下、戸根住夫「訴訟と非訟」中野貞一郎先生古稀祝賀・判例民事訴訟法の理論（上）（有斐閣・1995）127 頁以下など。

通説は、この類型の審判について既判力を否定する。その理由としては、当事者の処分が許されない事項を対象とする旧甲類審判事件（別表第１事件にほぼ相当する）には争訟性がなく、国家が端的に私法上の各種法律関係の形成について協力するものであることから、非訟事件の裁判一般と同様に既判力の観念を容れる余地がないこと[65]、旧甲類審判事件のうち即時抗告ができないものについては、旧家事審判法が準用する旧非訟事件手続法19条によりいつでも取消し・変更ができ、これは審判が当初から不当であった場合に行うことができる[66]から、既判力の論理的前提である形式的確定力が認められないか、または、既判力による裁判変更要求の遮断を論じる意味がなく[67]、他方、即時抗告が認められるものについては形式的確定力が観念できるが、これらの事件は非訟事件であり、その実体的効果は民事訴訟で終局的に確定されるべきこと[68]などがあげられる[69]。

新法では、即時抗告の認められる審判は即時抗告期間の徒過（家事74条5項参照）や抗告権の放棄等により確定し、即時抗告の認められない審判は告知と同時に確定する（同条２項）ため、形式的確定が観念しうる。しかし、争訟性の弱いこの事案類型では、手続構造も異なり、既判力を正当化する根拠に欠けるのではないだろうか。前審判時に存在していたが裁判所の調査が及ばなかった事実があるために、前審判が不当であった場合には、裁判結果の是正を認める必要から、審判に拘束力（既判力）を認めるべきではなく、再度の申立てを認め、その事実を改めて審判の基礎に置くべきである[70]。裁

65)　山木戸・前掲注４）57頁。

66)　旧法下では、非訟裁判の取消し・変更は、裁判が当初から不当であった場合に限り、事情変更による不当は、非訟事件の裁判が継続的法律関係についてのものである場合には、継続的法律関係を規律する非訟裁判の性質や、非訟裁判所の後見的な役割に由来する非訟事件に特有の取消し・変更と解すべきだという見解が有力であった（鈴木忠一「非訟事件に於ける裁判の無効と取消・変更」前掲注10）非訟事件の裁判の既判力96頁、佐上・前掲注２）257頁）。

67)　先に述べたように、旧法下では、即時抗告ができない審判は、常に取消し・変更が認められることから形式的確定力がなく、これを前提とする既判力（実質的確定力）も当然生じないとされてきたが（佐上・前掲注２）255頁、梶村＝徳田編・前掲注５）418頁〔大橋〕など）、新法では、形式的確定と取消し・変更は別に考えられる。

68)　佐上・前掲注２）262頁、268頁。

69)　斎藤＝菊池編・前掲注12）627頁〔飯島〕、佐上・前掲注２）262頁、越山・前掲注７）719頁。

70)　当事者の申立てがなくとも、即時抗告ができない審判については、審判が不当であれば、職権による取消し・変更ができ（家事78条、もっとも５年の期間制限あり）、他方、後見開始の審判や、失踪を宣告する審判など即時抗告ができる審判については、同条による取消し・変更は認められないが、即時抗告を契機に原裁判所による審判の更正（いわゆる再度の考案）が認められる。

判前に存在したが主張しなかった事由をもち出して再度申立てをすることも認めてよいと考える[71]。たとえば、後見人の解任の申立てを却下する裁判に対し、同一の事由を理由とする再度の申立てがされた場合など[72]、却下（棄却）審判を受けた者が再度同一の状況で同一の申立てを行った場合、常に全面的な審理のやり直しをしなければならないかは問題になりうるが、判断の効力としてではなく、申立権の濫用等で対応すれば足りるのではないだろうか。他方、認容審判については、不在者の財産管理人選任の審判について、「審判は、家庭裁判所が固有の職分管轄に基づきなす、いわゆる形成の裁判であるから、家庭裁判所が家事関係法令の所定の手続に基づき、これを適法に取消変更しない限り、利害関係人はもちろん一般民事裁判所もこれに拘束され、審判の主文及び理由中の判断に抵触する主張ないし判断をなしえない」とする裁判例がある[73]。この場合の審判の拘束力は、既判力ではなく、むしろ形成力ないし家庭裁判所の職分管轄性に由来すると思われる。

Ⅳ　結びに代えて

家事審判も、訴訟同様、当事者の合意による紛争解決方法（民696条参照）ではないから、紛争解決制度として実効性をもたせるためには、一定の手続を経て裁判所がした判断に通用力を付与する必要がある。その際、裁判所の判断の通用性を意味する点で「既判力」という言葉は共通であっても、その内容は、制度目的に照らして、相対的に捉えるべきであろう。甚だ不十分な検討にとどまり、将来の課題とした点も多い。今後、さらに研究を深めていきたい。

---

71)　鈴木・前掲注26) 102頁は、既判力が作用するのは同一事由の主張の場合のみであるとする。これに対して、本間・前掲注9) 151頁は、当事者に保障される手続関与権や弁論権から、原則的にはこれを許すべきではなく、期待可能性で処理すべきだとする。別表第2事件では、このように取り扱う可能性もあろうが、別表第1事件の場合には、拘束力を認める根拠に欠けるように思われる。

72)　鈴木・前掲注26) 96頁、飯倉・前掲注7) 8頁。

73)　名古屋地判昭和45年2月7日判タ244号199頁。これに対して、不在者の財産管理人や後見人を選任する審判が認容された場合に既判力を認める見解として、市川・前掲注11) 28頁。

医療ネグレクトと審判前の保全処分

我妻　学

Ⅰ　はじめに

未成年者に対し、手術、治療などを行う際に、親権者の同意が必要である。しかし、親権者が正当な理由もなく未成年者が必要とする医療行為についての同意を拒否するため、医療行為を行うことができず、未成年者の生命・身体に重大な影響を与えるおそれがある。

このような親権者の行為は、医療ネグレクトと呼ばれており、親権者が「保護者としての監護を著しく怠ること」（児童虐待２条３号）に該当する[1]。これに対し、医療ネグレクトを子どもに必要な医療行為のみを拒否し、その他の点では、全くネグレクトに該当しない場合に限定する説もある[2]。たしかに、医療ネグレクトは、身体的虐待、精神的虐待などとは異なる類型に属するが、複合的要因に基づく場合もあるので、あえてその範囲を限定することは、かえって未成年者の保護に反するおそれがあり、妥当とはいえない。

より困難な問題は、小児科医の多くは、宗教上の輸血の拒否、重度栄養障害での病院受診拒否といった疾病に関して医療上必要とされている処置を行わない場合だけではなく、予防接種や検診等を受けさせないなど心身の健康に必要な対応がなされていない状態も医療ネグレクトと捉えており、法的に問題となる医療ネグレクトと医療現場の認識とが必ずしも一致していないこ

1）　厚生労働省雇用均等・児童家庭局総務課長「医療ネグレクトにより児童の生命・身体に重大な影響がある場合の対応について」（平成24年３月９日雇児総発0309第２号）。
2）　永水裕子「医療ネグレクト」桃山法学20＝21号（2013）330頁など参照。

とである[3)]。

児童虐待に対する従来の主たる対応として、親権者の変更（民819条）、監護者指定・子の引渡し（民766条）および親権喪失の審判（民834条）の申立てのほか、児童福祉施設への入所等の措置（児福27条1項3号）の承認審判事件（同28条1項。以下、「28条審判」という）の申立てなどが考えられる。ただし、28条審判[4)]の主眼は、児童と保護者の分離に主眼があり、肉体的な児童虐待が日常行われている場合には、有効であっても、児童に対する必要な医療行為をするという積極的な措置を必要とする医療ネグレクトに対して、28条審判だけでは、必ずしも有効な対応ができないとされている[5)]。

平成23年の民法改正により、新たに親権停止の制度（民834条の2）が設けられ、医療ネグレクトのように一定期間の親権制限で足りる事案において、家庭裁判所が2年以内の期間を定め、親権を停止することができる。また、親権喪失の原因がある場合であっても、2年以内にその原因が消滅する見込みがあるときは、親権喪失の審判はすることはできない（同834条ただし書）とされている。したがって、医療ネグレクトの事案は、従来、親権喪失の審判により対応していたが、今後、親権停止の審判がより利用されることが期待されている[6)]。

未成年者に対する必要な医療行為に関し、親権者が同意を拒否する場合、親権停止ないし親権喪失の審判が申し立てられ、あわせて、これらを本案とする親権者執行停止・職務代行者選任の保全処分が申し立てられている（家事174条）。保全処分によって、親権者の職務執行を一時停止し、これに代わる親権代行者を迅速に選任し、職務代行者の同意に基づいて、未成年者に必要な医療行為を実施し、本案判断を待つまでもなく、未成年者の生命身体に

3）　柳川敏彦「児童虐待防止における医師の役割—医療ネグレクトと親権の問題について」ひろば64巻11号（2011）51頁。畑中綾子「同意能力のない子に対する親の治療拒否をめぐる対応—医療ネグレクトへの介入」岩田太編著・患者の権利と医療の安全（ミネルヴァ書房・2011）52頁も参照。

4）　釜井祐子「児童福祉法28条1項1号の家庭裁判所の承認について」家月50巻4号（1998）1頁など参照。

5）　吉田彩「医療ネグレクト事案における親権者の職務執行停止・職務代行選任の保全処分に関する裁判例の分析」家月60巻7号（2008）2頁など参照。

6）　飛澤知行編著・一問一答平成23年民法等改正児童虐待防止に向けた親権制度の見直し（商事法務・2011）24頁。ただし、医療行為の拒否が、日常的な虐待の現れの一つであったり、必要な医療行為の後に子どもの引き取りを拒否するなどの新たな問題行動に発展することが予想される場合などでは、結局、親権喪失の審判による対応が必要となる（小池泰「児童虐待防止に関する親権制度の改正」ひろば64巻11号10頁注18）参照）。

対する危険を迅速に回避しようとするものである。

医療ネグレクトが問題となった事案を考察し、問題点を以下論ずることにする。

Ⅱ　医療ネグレクトと審判前の保全処分

1　はじめに

親権喪失および親権停止の新受件数は、平成24年から平成25年に231件（親権喪失111件、親権停止120件）から296件（親権喪失111件、親権停止185件）に増加しているが、平成26年は、261件（親権喪失110件、親権停止151件）に減少している。認容事案のうち、少なくとも医療ネグレクトを原因とするものは、平成24年親権喪失14件中1件、親権停止15件中3件、平成25年65件中7件（いずれも親権停止）、平成26年40件中11件（いずれも親権停止）にすぎない[7)]。

平成20年1月1日から平成21年12月31日までの間の全国の家庭裁判所で終局した親権喪失宣告申立事件（140例）を分析した結果によれば、保全処分申立てが速やかに認容され、当初の目的である手術や輸血がなされたため、あるいは親権者が審判手続中に翻意して、手術などに同意している場合には、児童相談所長の申立事件12例のうち、4例に関し本案の申立てが取り下げられている[8)]。したがって、終局区分の半数を占める取下げ事例（平成24年44件、平成25年89件、平成26年82件（いずれも親権停止））の内訳が公表されていないため、医療ネグレクトを原因とする新受件数は、実際にはより多いのではないかと推測される。

2　医療ネグレクトと審判前の保全処分

医療ネグレクトが問題とされている審判前の保全処分の事案で、公刊されているものとして、①大阪家岸和田支審平成17年2月15日（家月59巻4号135頁。以下、**【事例1】**と略記する）、②名古屋家審平成18年7月25日（家月59

7）　最高裁判所事務総局家庭局「親権制限事件の動向と事件処理の実情」平成24年1～12月10頁、同平成25年1～12月8頁、同平成26年1～12月8頁資料8参照。

8）　田中智子「親権喪失宣告事件の実情に関する考察」家月62巻8号（2010）1頁、14頁参照。

巻4号127頁。以下、**【事例2】**と略記する）[9]、③津家審平成20年1月25日（家月62巻8号83頁。以下、**【事例3】**と略記する）[10]および④東京家審平成27年4月14日（判時2284号109頁。以下、**【事例4】**と略記する）がある。

いずれも児童相談所長が申立て、**【事例1】**～**【事例3】**が親権喪失、**【事例4】**が平成23年民法改正により導入された親権停止を本案とする事案であり、いずれも親権者の職務執行停止・職務代行者選任の保全処分が認められている。

【事例1】、**【事例2】**はいずれも保全処分の審判により選任された職務代行者の同意によって必要な医療行為が実施された後、本案事件は取り下げられている[11]が、**【事例3】**、**【事例4】**の終局区分は不明である。

【事例1】　大阪家岸和田支審平成17年2月15日（家月59巻4号235頁）

〔事実の概要〕　未成年者C（申立当時生後1ヶ月未満）は、胎児の時から、先天性疾患を指摘され、脳の発達のため、可及的速やかに手術が望ましいと多数回にわたり、担当医は両親である親権者A・B（事件本人）に未成年者の病状、治療方針、治療を行わない場合の危険性等を説明し、手術に同意するよう説得した。さらに、児童相談所長も病院から通告を受け、事件本人らに対し、未成年者の手術に同意するよう説得を行った。しかし、A・Bは、信仰上の理由から手術に同意せず、未成年者を退院させるように求めている。そこで、児童相談所は、未成年者を一時保護（未成年者が入院している病院に保護委託）している。

児童相談所長は、親権の濫用であるとして、親権喪失宣告の申立てをするとともに、A・BのCに対する親権者としての職務執行を停止し、D（元大学医学部教授で、専門医）を職務代行者に選任することを求めている。親族は同じ宗教の信者のため、親族の中に代諾者を認めることは困難だったことによるよう

9）評釈として、神谷遊「未成年者への医療行為と親権者による同意の拒否」判タ1249号（2007）58頁、田中通裕「親権者の職務執行停止・職務代行選任（手術不同意）」民商138巻1号（2008）107頁、澤田省三「親権者の職務執行停止・職務代行選任申立事件」戸籍826号（2009）31頁参照。

10）評釈として、羽生香織「手術に不同意の親権者の職務執行停止・職務代行選任」民商144巻2号（2011）133頁、永水裕子「親権者の同意と医療ネグレクト」医事法判例百選［第2版］（2014）82頁参照。

11）**【事例1】**および**【事例2】**のほか、未公刊審判事件4件に関し、詳細に検討している吉田・前掲注5）17頁は、医療ネグレクト事案で親権喪失宣告の審判がなされたのは、未成年者に繰り返し暴力行為および度を超した懲戒行為を行っていた単独親権者の事例（大分家杵築支審平成14年12月27日（事例C））のみであり、その他の5例は、いずれも保全処分により選任された職務代行者の同意によって必要な医療行為が実施された後、申立てが取り下げられていると指摘している。

である[12]。申立てから審判までの所要日数は、7日である。調査官調査は行われず、調査官は審問期日にも立会していない[13]。

〔審判要旨〕「未成年者について、手術等の治療を行わない場合の生命又は精神発達に及ぼす危険性が極めて高いことと、手術等の治療を行う場合の危険性は比較的小さいこと、術後の生存率及び正常発達率が相当程度高いことを比較考慮すれば、未成年者の生命の安全及び健全な発達を得るためには、可及的早期に適切な手術を行う必要がある」。

「事件本人両名が未成年者の手術に同意しないことは、たとえこれが宗教的信念ないし確信に基づくものであっても、未成年者の健全な発達を妨げ、あるいは生命に危険を生じさせる可能性が極めて高く、未成年者の福祉及び利益の根幹をなす、生命及び健全な発達を害する結果になる」。

未成年者の病状は、「進行性のものであり、本案審判事件の結果を待っていたのでは、その生命の危険ないし重篤な障害を生じさせる危険があり、これらを回避するためには可及的早期に手術を含む適切な治療行為を行う必要性がある」として、未成年者の福祉および利益のために親権者の職務執行停止・職務代行者の選任を認めている。

保全処分審判の約1週間後に未成年者の手術が行われ、経過は良好であった。A・Bは、未成年者の引き取りを希望し、児童相談所に対し、今後も未成年者が手術を受けた病院に通院させること、児童相談所等による家庭訪問を受け入れることを誓約したこと[14]などから、申立人は、本案事件を取り下げている。

【事例2】　名古屋家審平成18年7月25日（家月59巻4号127頁）

〔事実の概要〕　未成年者C（申立て当時生後約1ヶ月）は、出生時から重篤な先天性心臓疾患が疑われ、早急に手術等の医療措置を数次にわたって施さなければ、近い将来、死亡を免れ得ない状況にあり、主治医から、病状と手術の必要性の説明を複数回受けているが、両親である親権者A・B（事件本人）は、宗教上の理由から手術に同意することを拒否している。

児童・障害者センターの職員が事件本人らと面談し、再考を促したが、手術に同意をしなかった。そこで、児童相談所長は、親権の濫用であるとして、親権喪失宣告の申立てをするとともに、親権喪失宣告申立事件を本案とする親権者の職務執行停止・職務代行者Dの選任（弁護士）を申立てている。なお、申立てから審判までの所要日数は、8日であった。調査官は、調査命令が出される場合に備えて、審問期日に立会したが、調査官に対する調査命令は出されな

12）　山崎麻美＝山田淳二＝埜中正博「先天性水頭症における宗教的理由による手術拒否への対応」小児の脳神経31巻5号（2006）362頁。

13）　吉田・前掲注5）28頁。

14）　なお、退院4ヶ月後に2回目の手術が行われたようであるが、両親による治療拒否はほとんどなかったようである（山崎＝山田＝埜中・前掲注12）361頁）。

かった[15]。

〔審判要旨〕「事件本人らは、未成年者の親権者として、適切に未成年者の監護養育に当たるべき権利を有し、義務を負っているところ、未成年者は、現在、重篤な心臓疾患を患い、早急に手術等の医療措置を数次にわたって施さなければ、近い将来、死亡を免れ得ない状況にあるにもかかわらず、事件本人らは、信仰する宗教上の考えから、手術の同意を求める主治医及び……児童・障害者センター職員の再三の説得を拒否しているものであって、このまま事態を放置することは未成年者の生命を危うくすることにほかならず、事件本人らの手術拒否に合理的理由を認めることはできない」。

「事件本人らの手術の同意拒否は、親権を濫用し、未成年者の福祉を著しく損なっている」。したがって、「本人らの親権者としての職務の執行を停止させ、かつ、未成年者の監護養育を本案審判確定まで図る必要があるから、その停止期間中はＤをその職務代行者に選任するのが相当」である。

未成年者が手術を受けて退院した後、本案事件は取り下げられている。

裁判所が、親権者の医療行為拒否に関し、親権の濫用に該当するか否かを判断するには、疎明資料として、医師の意見書が極めて重要であるが、未成年者の疾患および現在の問題点、必要な医療行為の内容および予測される効果と危険性、予定される医療行為を行わなかった場合に予測される危険性、緊急性の程度などを端的かつ簡潔に記載する必要があるとされている。他方で、診療録、看護記録、各種検査データ（診断用写真、画像を含む）等は、緊急性を要する事件においては、医師の意見書を中核とする疎明資料を裏付ける、または理解するために真に必要な部分のみを厳選して提出すれば足りるとされている。審判官が医学的原資料を医学的な観点から分析、評価する余裕はないと考えられるからである。ただし、医師の意見書を補完し、その客観性を裏付けるものとして、未成年者の疾患や治療方法について記載された医学文献の写し等が提出されることが望ましいとされている[16]。

【事例１】および**【事例２】**において、申立時において医師の意見書など必要とされている疎明資料がほぼ整っており、保全処分事件の迅速な審理のために有益であったと高く評価されている[17]。

15）吉田・前掲注５）31頁。
16）吉田・前掲注５）33頁。
17）吉田・前掲注５）34頁。

【事例3】 津家審平成20年1月25日（家月62巻8号83頁）

〔事実の概要〕 未成年者C（申立当時1歳）は、現在入院中であり、病院における診断によれば、未成年者の現在の病状は、緊急に右眼摘出手術、左眼局所療法および全身化学療法を行えば、約90%の確率で治癒が見込まれるものであるが、右眼の視力が失われるのに加え、温存される左眼の視力もほぼ失われる。これに対し、緊急に上記手術・治療をしなければ、腫瘍の眼球外浸潤がおこり、数ヶ月以内には死亡することになる。

Cの共同親権者である両親A・B（事件本人）は、再三にわたり医師等からCの病状と手術・治療の必要性の説明を受けたが、「治療はしたくない。自分は育てられない。」などと述べ、障害をもつ子供を育てていくことに不安があるとの理由から、同意しない。

病院から相談を受けた児童相談所長は、B（母親）と面会し、本件治療方法への同意を求めたが、治療方法を拒否する姿勢を崩さなかった。そこで、治療拒否が親権の濫用であり、親権喪失宣告の申立てをするとともに、本件治療開始が不可欠であり、治療の実施体制が整っているとして、親権者の職務執行停止・職務代行者D（弁護士）の選任を申立てている。

〔審判要旨〕「事件本人らは、未成年者の親権者として、適切に未成年者の監護養育に当たるべき権利を有し、義務を負っているところ、未成年者は緊急に手術・治療を施さなければ死亡を免れない状況にあるのに、事件本人らは再三の説得にもかかわらず同意をせず、このまま事態を放置することは未成年者の生命を危うくするものであるし、事件本人らの対応に合理的理由を認めることはできない。このような事件本人らの対応は、親権を濫用し、未成年者の福祉を著しく損なっていると解される可能性が高いものであって、事件本人らから同意を得る時間的余裕もない。」

【事例4】 東京家審平成27年4月14日（判時2284号109頁）

〔事実の概要〕 未成年者（乳児）は可及的早期に手術をしなければ生命に危険が生じる旨診断され、手術においては輸血についての親権者の事前の同意が必要であるものの、親権者たる父母が宗教上の理由から手術に伴う輸血を拒否した。そこで、児童相談所長は、手術を可能とするため、親権停止の申し立てをするとともに、親権停止および職務代行者の選任を求める審判前の保全処分を申し立てた。

〔審判要旨〕「未成年者の生命の安全及び健全な発達を得るためには、可及的速やかに手術を行う必要があり、無輸血手術を行う場合でも、凝固障害や手術中の大量出血の緊急の場合に備え、事前に輸血について同意を得ておく必要があるといえる。そうすると、輸血に同意しないことが宗教的信念などに基づくものであっても、未成年者の生命に危険を生じさせる可能性が極めて高く、親権者らによる親権の行使が困難又は不適当であることにより子の利益を害することが明らかであり、本件では保全の必要性も認められる。また、親権者らの陳述を聴く時間的余裕もない」。

Ⅲ　医療ネグレクトをめぐる諸問題

1　医療ネグレクトと親権の濫用

裁判所が親権者の医療行為拒否に関し親権の濫用に当たるか否かを判断するには、①未成年者の疾患および現在の病状、②予定される医療行為およびその効果と危険性、③予定される医療行為を行わなかった場合の危険性、④緊急性の程度、⑤親権者が医療行為を拒否する理由およびその合理性の有無などを総合的に考慮する必要があるとされている[18)]。

①に関し、**【事例 1】**、**【事例 2】**は、いずれも胎児の段階で重篤な先天性疾患であると診断されている事例である。**【事例 3】**は、緊急に手術・治療をしなければ、数ヶ月以内には死亡すると認定されている。**【事例 4】**は、病状の詳細が不明であるが、手術以外に根治方法はなく、診断確定時に可及的早期に手術を行うのが適切であるとしている。

②に関し、**【事例 1】**は、現時点で最も適切と思われる治療行為の危険性は高くて十数%程度とみている。**【事例 2】**は、一般的な手術であり、臨床現場においては、同疾患がある新生児にこれらの手術を施さないことは考えられないほどであり、これらの手術が新生児の身体に及ぼす危険性は非常に低いとされている。**【事例 4】**は、手術を行うことで、正常な状態に戻り、哺乳と成長が可能になること、これに対し、手術による死亡の危険性は 4% 未満、合併症の危険は 5% 未満であるとしている。これに対し、**【事例 3】**に関し、約 90% の確率で治癒が見込まれるとしても両目の視力がほぼ失われることは指摘されているが、予定される医療行為の危険性には、特に言及されていない。

③に関し、**【事例 1】**は、放置すれば、重篤な精神発達遅滞または生命の危険をもたらす可能性が極めて高いことを指摘している[19)]。**【事例 3】**は、

18)　吉田・前掲注 5）32 頁。永水・前掲注 2）338 頁も参照。
19)　ただし、申立人は、申立書の記載とは異なり、直接死に至る可能性は少ないが、治療しないことにより、精神運動発達遅滞を後遺し、児の将来の不利益につながるとしている（山崎＝山田＝埜中・前掲注 12）362 頁）。

緊急に手術・治療をしなければ、数ヶ月以内には死亡すると判断している。**【事例4】**は、手術を行わない場合には、衰弱し、死亡する可能性があると判断している。これに対し、**【事例2】**は、段階的に数次の手術を実施しなければ、最終目標である根治手術に到達することは不可能となり、将来の死を意味するとしており、継続的な医療行為の必要性を指摘している

④に関し、**【事例1】**は、これ以上放置すると、重篤な後遺障害や生命の危険が発生することも予想され、可能な限り、早期に手術を行うことが望ましいと判断している。**【事例3】**は、緊急に手術・治療を施さなければ死亡を免れない状況にあると判断している。**【事例2】**は、早急に手術等の医療措置を数次にわたって施さなければ、近い将来、死亡を免れないと判断している。これに対し、**【事例4】**では、未成年者の生命の安全および健全な発達を得るためには、可及的速やかに手術を行う必要がある、と判断されているが、あわせて、無輸血手術を行う場合に、凝固障害や手術中の大量出血の緊急の場合に備えて、事前に輸血について同意を得ておく必要性も指摘している。ただし、不測の緊急事態に備えて、病院が輸血の準備をする際に、どの程度の緊急性・必要性があるのかは明確にしていない。

⑤に関し、**【事例1】**、**【事例2】**および**【事例4】**は、宗教上の理由による同意拒否の事例であるのに対し、**【事例3】**は、障害をもつ子どもを育てていくことに不安がある、と述べている点が異なる。**【事例3】**の事例自体も、緊急に手術等を行えば、約90%の確率で治癒が見込まれるものの、右目の視力が失われるのに加え、温存される左眼の視力もほぼ失われると認定しており、医的侵襲の程度が高いこと、左目の手術だけではなく、右目の保存的治療を併用するため、治療期間も一定期間継続することが予想される点[20)]が他の事例とは異なる。裁判所は、緊急に手術・治療を行わなければ、数ヶ月以内に死亡を免れない状況にあるのに、親権者である両親が同意をしないことは、親権を濫用し、未成年者の福祉を著しく損なっていると解される可能性が高いとして、親権者の職務執行停止・職務代行者選任を認めている。たしかに、未成年者の病状が重く、直ちに手術・治療を緊急に行う必要性があることから、審判前の保全処分を早期に認める必要性も高い事例といえる。

---

20)　羽生・前掲注10) 137頁参照。

しかし、保存的治療も併用することから治療期間も一定期間継続すること、生命を守るために医的侵襲の程度が強い治療を行うことから、今後の治療方針に関し、家族と医師などの医療従事者との間で相互理解を図ることが望ましい事案といえる[21]。

2　治療方針が親権者と医療従事者との間で異なる場合と医療ネグレクト

主治医などの医療従事者が行おうとしている治療方針に対し、代替手段が存在するとして親権者が同意しない場合にはたして医療ネグレクトと評価しうるかが問題となる[22]。

消化管出血のため、病院に入院した未成年者（1歳1ヶ月）が貧血の状態であり、主治医が輸血をした上で検査を行い、原因を究明した上で治療を行おうとしたところ、親は、信仰上の理由から同意を拒否しているが、代替的手段として無輸血治療の可能性および無輸血治療が可能な他の病院への転院可能性などを主張している。このような場合に医療ネグレクトと認め、未成年者に対する親権者としての職務の執行を停止し、職務代行者を選任すべきかが問題となる[23]。

親権者執行停止・職務代行者選任の保全処分は、仮の地位を定める仮処分であるから、職務の執行を停止される親権者の陳述を聴取しなければならないし、職務執行者の選任も同様に選任される者の陳述を聴取しなければならない[24]。しかし、陳述を聴く手続を経ることにより不当な財産処分が強行されるなど保全処分の目的を達成できない事情があるときは、この限りではない（家事107条ただし書）。実際にも**【事例3】**、**【事例4】**は、親権者らの陳述を聴く時間的余裕がないとして、意見聴取を行っていない。

保全処分申立後であっても、医師と親権者との間で治療に対する意見が異なっている場合に、親権者が翻意し、未成年者に対する医療行為に同意した

21）子どもの障害の重症度や、治療の医的侵襲の度合い、予後の状態などに応じて、治療を行うか、あるいは治療を差し控えるかに関し子どもの最善の利益を優先して判断することが不可欠といえる（畑中・前掲注3）66頁など参照）。

22）永水・前掲注2）338頁。

23）伊藤暢章「未成年者に対する輸血強制と親権者の職務執行停止」法時82巻4号（2010）84頁が考察の対象にしているさいたま家審平成20年7月16日（平成20年（家）第911号、平成20年（家ロ）第1024号［未公刊］）を参考にしている。

24）金子修編著・逐条解説家事事件手続法（商事法務・2013）350頁参照。

場合には、これに基づいて医療行為を実施すればよく、また、手術後の親子関係を考慮すると、できる限り親権者の同意に基づいて医療行為が実施される方が望ましいので、審問等の機会に、審判官や調査官から親権者に対して医療行為の当否につき合理的な観点から再検討するように促すことが考えられる[25)]。

親権者の医療行為に対する同意拒否が宗教的な理由に基づくものである場合には、未成年者の疾患や病状、医療行為の必要性等について、繰り返し説明を受け、説得を受けたにもかかわらずこれに応じなかったという経緯があるから、およそ翻意の可能性はないに等しいとされている。したがって、保全処分事件の審理においては、親権者に対する再検討の促しにいたずらに時間をかけて、未成年者の利益を害することがないように特に注意すべきであると指摘されている[26)]。

申立人は、本案審判認容の蓋然性および保全の必要性を疎明する必要がある。医師の意見書は、親権者の医療拒否が親権の濫用に該当するか否かを判断する疎明資料として極めて重要な意味を有している。具体的には、①未成年者の疾患および現在の病状、②予定される医療行為およびその効果と危険性、③予定される医療行為を行わなかった場合の危険性、④緊急性の程度などが記載されている必要がある[27)]。さらに、親権者が代替的手段として無輸血治療の可能性および無輸血治療が可能な他の病院への転院可能性などを主張している場合には、単に宗教的な理由による同意拒否を示すのではなく、輸血の必要性・緊急性、予定されている医療行為の有用性の評価を補完し、その客観性を裏付けるものとして、医学文献ないし他の医師の意見などを示す必要がある[28)]。

---

25)　吉田・前掲注5）37頁。医師が手術を勧めたが、後遺症や手術合併症への不安などを理由に両親が治療を拒否したために児童相談所長に親権停止についての意見書を提出した事例に関し、その後の話し合いで両親の治療の同意が得られ、手術が行われた事例が紹介されている（石田岳史ほか「胎児診断された仙尾部奇形腫の治療拒否に対して医療ネグレクトとして親権停止の手続きを行った1例」日本周産期・新生児医学会雑誌51巻2号（2015）794頁参照）。

26)　吉田・前掲注5）37頁。

27)　吉田・前掲注5）33頁。厚生労働省雇用均等・児童家庭局総務課長・前掲注1）には、医師の意見書様式例が添付されている。

28)　伊藤・前掲注23）86頁。なお、宗教的輸血拒否に関する合同委員会報告「宗教的輸血拒否に関するガイドライン」（2008年2月28日）では、親権者の双方が輸血を拒否しており、当事者が15歳未満の場合、医療側は、親権者の理解を得られるように努力し、なるべく無輸血治療を行うが、最終的に輸血が必要になれば、輸血を行う、としている。

なお、親権者の職務執行停止・職務代行選任を求める保全処分に関し、審判が下された翌日には、無輸血治療が可能な他の病院への転院が決定している事例に関し、何らかの方法で親権者から意見聴取することができれば、保全処分を認める必要がなかったと批判されている29)。

【事例4】は、無輸血手術を行うが、最終的に輸血の必要があった際に親権者の同意が問題となった事案である。親権者は手術の必要性については理解しているものの、親権を一時的にない状態であれば、輸血は致し方ない旨の意思を示しているとされている。したがって、親権者の陳述を聴かずに未成年者の病状や手術の予定日から緊急性・必要性が認められるのか、疑問が残る。なお、**【事例1】**、**【事例2】**は、手術自体に同意していない点が**【事例4】**とは異なる。

3　医療ネグレクトと審判前の保全処分

医療ネグレクトの事例は、身体的虐待、性的虐待あるいはネグレクトなどとは異なり、保全処分申立てが速やかに認容され、必要とされる手術や輸血がなされれば、本案の申立て自体は取り下げる事例が多い30)。そのため、医療ネグレクトに関し、審判前の保全処分が実際には、親権停止ないし親権喪失の本案の代替的機能を果たしていることへの批判がなされている31)。しかし、必要な医療行為が実施された後は、児童の福祉の観点から親権または職務執行を停止などされた者に対し、再び親権を行使することに支障はないと判断される場合には、本案をあえて維持する必要性はなく、申立てを取り下げることは適切な対応といえる。

選任された職務代行者は、親権者の親権が喪失ないし停止されるため、医療以外の監護上および財産管理上必要な事項についても理論的には行わなければならず、特に職務代行者に医師が選任されている場合には、過重な負担

29)　伊藤・前掲注23) 87頁。家庭裁判所の裁判官が調査官に事実の調査を命じていれば（家事58条)、短時間のうちに、状況を把握できた事例（小山剛＝玉井真理子編・子どもの医療と法［第2版］（尚学社・2012) 64頁〔保条成宏＝永水裕子〕）とされるが、家庭裁判所は、事例の処理のために必要な調査事項をできるだけ特定する必要があり、申立人によって適切な疎明資料の提出がなされる必要がある。

30)　吉田・前掲注5) 15頁、田中・前掲注8) 15頁など参照。

31)　小山＝玉井編・前掲注29) 55頁〔保条＝永水〕、永水・前掲注2) 351頁など参照。

を課すおそれがあることへの批判がなされている[32]。平成23年の民法改正により、複数後見が認められ、原則として身上監護についても財産管理権についても、権限を共同して行使するが、家庭裁判所は、未成年後見人間で一定の役割分掌すべきことなどを定めることが可能となっている（民857条の2）[33]。

さらに、法人後見も認められ、個人として就任した場合の様々な負担を法人が肩代わりすることができる[34]。

次に、選任された職務代行者が医療措置に関する保全処分に拘束されるかも問題となる[35]。医療ネグレクト事例は、緊急度が高いだけでなく、子の容態によって必要とされる治療や手術の内容が変わり、治療の結果も不確実であるなど流動的な要素を含むものが少なくないと理解されている[36]ので、職務代行に選任された職務代行者は、保全命令の下された手術や輸血などの具体的治療行為の判断は尊重されるが、未成年者の容態は保全処分が認められた後も代わりうるので、直近の容態によって臨機応変に対応すべきである。

必要とされている医療行為が結果的に効を奏さなくても、第一義的に法的責任を負う場合がありうるのは、当該医療行為をした医師などの医療従事者であり、原則として、職務代行者が法的責任を負うことはない[37]。

親権の停止に関し、児童の戸籍に記載され、申立てが取り下げられたとしても削除されず、別途、親権停止の裁判が失効したことが記載されるに過ぎない（戸籍施行規33条、同73条6項、同付録7号および25号）。このような戸籍の記録は、親権者および未成年者に重大な影響を与えると批判されている[38]。しかし、戸籍の記載それ自体が問題なのではなく、むしろ親権喪失ないし親権停止制度が親に対する制裁であると社会的に理解される傾向にあることに根本的な問題があり、平成19年度の戸籍法改正により、第三者が戸籍謄本等の交付請求をすることができる場合が限定されており、子の福祉の観点か

32） 小山＝玉井編・前掲注29）54頁〔保条＝永水〕参照。
33） 飛澤編著・前掲注6）62頁など参照。
34） 飛澤編著・前掲注6）62頁など参照。
35） 多田元「親権法の改正と子どもの虐待—子どもの自立支援・親子の関係修復」法時83巻7号（2011）83頁、同「医療ネグレクト」現代医学60巻1号（2012）154頁など参照。
36） 田中・前掲注8）16頁参照。
37） 職務代行者が医師で、当該医療行為の医学的妥当性を当然問題とすべきであったような例外的な場合には、責任を負う場合はあり得る。
38） 伊藤・前掲注23）88頁参照。

ら親権の喪失および停止の制度を理解することが浸透するように努めるべきである[39)]。

4　親権停止等の保全処分と児童福祉法による監護措置

施設入所措置が取られた未成年者および一時保護を加えた未成年者について、施設長等は児童の福祉のために、監護、教育および懲戒に関して、「児童等の生命又は身体の安全を確保するため緊急の必要があると認めるときは、その親権を行う者又は未成年後見人の意に反しても」措置を取ることができる（児福47条5項、同法33条の2第4項）。厚生労働省は、緊急性が極めて高く、親権停止審判および保全処分の手続では時間的に間に合わないと判断される場合に選択すべきであるとされている[40)]。司法判断が常に必要であるとするならば、親権停止等の保全処分と児童福祉法上の一時保護制度が別立てである必要はないから、むしろ児童相談所長の判断で速やかに医療を受けさせるべきとして積極的に評価する説がある[41)]。

親権停止審判によらなくても、施設における措置が現実に親権者等の親権を制限しているのに、家庭裁判所の許可を不要としているのは、実質的に民法と整合しているとはいえない[42)]。したがって、親権者の意見を全く無視することも原則として妥当ではないので、子どもの容態が急変するなど生命または身体の安全を確保する必要のある緊急事態において子どもの生命・身体を保護するために限定された権限行使のみ認めるべきである[43)]。

Ⅳ　おわりに

未成年者が必要とする医療行為について親権者が正当な理由なく同意を拒否しているため、未成年者の生命・身体に重大な影響を与えている場合に、従来は親権喪失制度により対応していたが、平成23年の民法改正により、

---

39)　飛澤編著・前掲注6）23頁参照。
40)　厚生労働省雇用均等・児童家庭局総務課長・前掲注1）参照。
41)　畑中・前掲注3）66頁など参照。
42)　永水・前掲注2）354頁、小山＝玉井編・前掲注29）71頁〔保条＝永水〕、岩佐嘉彦「児童福祉法と法の実現手法」岩波講座現代法の動態第2巻（岩波書店・2014）219頁など参照。
43)　永水・前掲注2）354頁など参照。

親権停止制度が新設され、2年以内の期間を定めて、親権を停止することができる。しかし、医療行為の緊急度が高く、親権停止の判断を待つまでの時間的余裕がない場合には、これを本案とする親権者執行停止・職務代行者選任の保全処分を申し立てる必要がある。

身体的虐待あるいは性的虐待とは異なり、医療ネグレクトが親権の濫用といえるかは一義的に判断することは困難であり、どのような場合に医療ネグレクトが親権の濫用として、親権停止事由に該当するかが問題となる。

公刊されている審判前の保全処分の事案のほとんどは、手術などによる医療行為によって治癒の可能性がきわめて高いのに対し、医療行為の危険性が低い事案である。しかし、子どもの疾患が重篤で治療による治癒が不確実ないし期待できない場合および医療行為の侵襲性が高い場合などに、親権者が同意を与えないことを理由に、直ちに親権の濫用と認定できるかが問題となる。

子ども・父母（保護者）と医療スタッフが、重篤な疾患をもつ子どもの生命維持にかかわる治療の差し控えや中止を含め、治療の方針の決定に向けて、子どもの権利を擁護し、納得した話し合いを行ってゆくために用いられることを目的として「重篤な疾患を持つ子どもの医療をめぐる話し合いのガイドライン」が公表されている[44)]。子ども・父母（保護者）と医療スタッフが、医療情報を共有し意見交換を行うことで、共に子どもの最善の利益を考えること、子どもの最善の利益について一致した意見に達するように話し合うこと、子どもの最善の利益に適うと考えられる場合には、生命維持治療の差し控えや中止を提案することができ、その根拠を、父母（保護者）との話し合いの経過と内容とともに診療録に記載することなどが提案されている。

医療ネグレクトに対し、法的救済を図るだけではなく、子ども・父母（親権者）と医療スタッフが子どもの治療方針に関し、相互に継続して信頼関係を構築してゆくことが不可欠といえる。手術などによって病気が治癒する場合だけではなく、むしろ子どもの場合には、長期間にわたり、継続的に専門的な治療が必要とされる場合が多いと考えられるからである。

44） 公益財団法人日本小児科学会倫理委員会小児終末期医療ガイドラインワーキンググループ「重篤な疾患を持つ子どもの医療をめぐる話し合いのガイドライン」（2012年4月20日倫理委員会承認版）。

遺産分割審判における前提問題の処理に関する一試論

今津綾子

Ⅰ　現状と問題提起

1　遺産分割手続の現状

共同訴訟人間において協議がととのわない場合、遺産分割は、家庭裁判所の審判にゆだねられる（民907条1項、家事191条1項）。しかし、遺産分割に際しておこなうべき判断のすべてが家庭裁判所の審判に服するとは限らない。

最高裁は、「遺産の分割に関する処分」（旧家審9条1項乙類10号。現在の家事別表第2の12の項・13の項に相当）としてなされた家事審判が憲法32条および82条に違反すると主張された事案において、「遺産の分割に関する処分の審判……の性質は本質的に非訟事件であるから、公開法廷における対審および判決によつてする必要なく、したがつて、右審判は憲法三二条、八二条に違反するものではない」として審判の合憲性を明らかにする一方、「相続権、相続財産等の存在」といった遺産分割の前提問題については、「いずれも実体法上の権利関係であるから、その存否を終局的に確定するには、訴訟事項として対審公開の判決手続によらなければならない」と判示した[1)]。すなわち、遺産分割の前提問題のうち訴訟事項であるもの[2)]に関する限り、その終

1）　最大決昭和41年3月2日民集20巻3号360頁。

2）　遺産分割の前提問題は多岐にわたるため、すべてが訴訟事項にあたるわけではない。たとえば、特別受益財産であることや具体的相続分の価額または割合などは、前提問題であるが独立の訴訟事

局的確定のためには判決手続における訴訟裁判所の判断を仰ぐべきであるとの立場を明らかにしたのである。

もっとも、判例も遺産分割審判に先立ってつねに訴訟裁判所の判断を経なければならないと考えているわけではなく、家庭裁判所が前提問題から分割方法までを審判の中で判断することは「少しも差支えない」とする。しかし、同時に「審判手続においてした右前提事項に関する判断には既判力が生じないから……判決によつて右前提たる権利の存在が否定されれば、分割の審判もその限度において効力を失う」[3)]と解したため、前提問題に係る家庭裁判所の判断はつねに事後的な覆滅のリスクを抱えることになった。それゆえ、現在の実務では、相続人間に前提問題に係る争いがある場合にはさしあたり遺産分割審判の手続を進めず、別途訴訟によって確定的な判断を得させた後にあらためて審判を続行するのが通例となっている。

他方、訴訟裁判所でも、前提問題を争う訴訟が遺産分割手続の一里塚であることを念頭に対応している。判例の言葉を借りれば、その種の訴訟の意義は「これに続く遺産分割審判の手続及び右審判の確定後において……〔前提問題を〕争うことを許さないとすることによって共同相続人間の紛争の解決に資すること」にあり、「この点に右訴えの適法性を肯定する実質的根拠がある」[4)]。それゆえ、この場面では、当該訴えによって当事者に終局的な紛争解決をもたらすことができるかどうかという一般的な観点に代えて、それが後続の遺産分割審判における紛争解決に資するかどうかという観点から、訴えの適法性が判断されているのである。

2　本稿の目指すところ

この実務には、二つの問題点を指摘することができる。

項ではない（最判平成7年3月7日民集49巻3号893頁、最判平成12年2月24日判時1703号137頁）。

3）　ここにいう「効力を失う」ことの具体的意味は、判例の文言からは必ずしも明らかでない。当然に無効となるのか、有効であるが取消し（家事78条1項・2項）が可能になるのか、あるいは取消しはできないが再分割が許されるのか、複数の解釈の余地がある（徳田和幸「家事審判の効力と関連紛争―遺産分割審判を中心に」複雑訴訟の基礎理論（信山社・2008〔初出2001〕）129頁以下参照）。ただ、いずれと解するにせよ、訴訟裁判所の判断が家庭裁判所のそれに優先するものと位置づけられていることは疑いがない。

4）　最判平成元年3月28日民集43巻3号167頁。

一つは、利用者の負担が大きいことである。利用者の目からみれば、全体として一つであるはずの遺産分割事件が訴訟裁判所と家庭裁判所にまたがって処理されるというのは理解しがたく、実際上もそれぞれに手間や時間がかかるために負担が大きくなる[5)]。

もう一つは、理論的な問題として、訴訟と審判の関連をどうみているかがはっきりしないことである[6)]。もともと家庭裁判所は審判事項のみを取り扱い、訴訟裁判所は訴訟事項を取り扱うと考えられてきたところ[7)]、遺産分割の前提問題としての「相続権、相続財産等の存在」は訴訟事項であるが家庭裁判所の判断にも服するという微妙な位置にあるため、一つの事項に対して両裁判所が関わり合うという新たな局面がもたらされることとなった。実務上は訴訟手続が先行するのが通例であるから、問題は訴訟裁判所の下した判断の結果が後続の審判においてどのように処遇されるかという形で顕在化する。判例は、訴訟をやっておけばもう遺産分割審判の解決は約束されているかのような口吻をもらしているものの、理論的にはなお詰めるべきところが残っている。

本稿は、これらの問題点を踏まえて、前提問題を審判手続から切り離して訴訟手続で処理するという現在の実務を問い直すとともに、実践としても理論としてもより望ましい手続のあり方を模索する試みである。以下では、遺産分割の前提となるべき法律関係、その中でも特定財産の遺産帰属性が争われる場面を例に、議論を進めることとする[8)]。

5）　この点、従前より実務家からの批判がある（栗原平八郎＝太田武男編・家事審判例の軌跡（2）［手続編］（一粒社・1995）25頁〔岩井俊〕、日本弁護士連合会「家事事件の家庭裁判所への移管に関する意見書」自正52巻8号（2001）154頁、片山登志子「遺産分割関連紛争の家裁移管に関する日弁連アンケート結果と法制審議会の議論状況」自正53巻8号（2002）48頁以下も参照）。ここでは前提問題に係る訴訟の管轄を家庭裁判所に認めるべきとの改善提案が示されているが、前提問題の処理から遺産分割に至るワンストップサービスの実現を志向する点においては本稿の立場と共通している。

6）　訴訟手続と審判手続との関連については、本文後述の点のほか、各々の手続で収集された資料の相互利用の可否も問題である。とりわけ、訴訟における当事者の自白（民訴179条。家事64条はこれを準用しない）や審判における事実の調査（家事56条1項）の結果といった当該手続に特有の資料を他方の手続において用いることができるか、できるとしてなんらかの配慮（防御権の保障）を要するか等については慎重な検討を要しよう。

7）　法定の審判事項（家事39条・別表参照）に訴訟裁判所は立ち入ることができず、反対にそこに該当しない事項には家庭裁判所は立ち入ることができない（審判事項は立法者により限定列挙されているため。金子修編著・逐条解説家事事件手続法（商事法務・2013）122頁）、という形で両者の棲み分けがなされている。

8）　遺産分割審判を中心に、審判事項の判断の前提としての訴訟事項（関連紛争）の処理を概観し

II　遺産確認の訴えと遺産分割審判

1　問題の所在

遺産帰属性について争いがある場合、現在の実務では、まず遺産確認の訴えを提起して確定判決を得たのち、遺産分割審判をおこなうことになる。すでにみたように、遺産確認の訴え（その結果としての遺産確認判決）の意義は、遺産分割審判において前提問題に係る争いを封ずることで共同訴訟人間の紛争解決に資する点に求められているところ、確定判決のもつ「争いを封ずる」効力といえば既判力がまず思い浮かぶ。もっとも、既判力はもともと事後に訴訟裁判所における手続（後訴）が係属した場合に観念されるものであるから、確定判決には既判力があるからというだけでは家庭裁判所における後続の手続との関係で争いを封ずることの説明としては十分でない。この説明を説得的なものとするには、そこでいう既判力の概念について、もう一歩踏み込んだ検討が必要になる。

判例をみると、遺産確認の訴えにおける「原告勝訴の確定判決は、当該財産が遺産分割の対象たる財産であることを既判力をもつて確定し、したがつて、これに続く遺産分割審判の手続において及びその審判の確定後に当該財産の遺産帰属性を争うことを許さず、もつて、原告の前記意思によりかなつた紛争の解決を図ることができる」[9]と述べていることから、家庭裁判所の審判との関係でも認められる効力として既判力を捉えているようである。訴訟と非訟（審判）という手続の垣根をのりこえて判断の通用性を認めることの理由はここでは明らかにされていないが[10]、ともかく判例は確定判決の既

た論考として、徳田・前掲注3）120頁以下。アプローチは異なるが、一つの事項に訴訟裁判所、家庭裁判所という二つの裁判所の判断が下ることがもたらす不都合への手当てを模索するという点で本稿の問題関心と重なり合うところがある。

9）　最判昭和61年3月13日民集40巻2号389頁。

10）　積極的理由づけを見出すとすれば、たとえば、訴訟事項である以上家庭裁判所よりも訴訟裁判所の判断を優先すべきであるから、あるいは審判よりも重い手続である訴訟における判断を優先すべきであるから、などが考えられる。もっとも、後者は争訟性の高い類型として従前よりいわゆる当事者主義的運用（梶村太市＝徳田和幸編・家事事件手続法（有斐閣・2005）381頁、512頁）のもとに置かれてきた遺産分割事件においては必ずしも説得的でないし、審判手続における当事者権の保障が強く意識される近時の傾向（佐上善和・家事審判法（信山社・2007）77頁以下）にもそぐわない。

判力が後続の家庭裁判所を拘束する（家庭裁判所自身による実体判断を封ずる）ものと考えており、そうであればこそ訴訟手続の結果としての判決に審判手続における紛争解決という役割が期待されることになる。なお、同じく判例によれば、審判で遺産分割の前提となる権利の存在が肯定された場合であっても「判決によつて……前提たる権利の存在が否定されれば、分割の審判もその限度において効力を失うに至る」というのであるから（I 1）、確定判決の既判力は訴訟が審判に先行する場合に作用するにとどまらず、審判に後れて訴訟があった場合でも同様に効力を発揮するものと解されているようである[11]。

以上にみるように、判例は、遺産確認の訴えとそれに続く遺産分割審判を架橋するものとして既判力の概念を用いている。しかし、本来的には訴訟当事者間の終局的かつ相対的な紛争処理に資する効力である既判力に、遺産分割審判における共同相続人間の紛争解決にとって十分な役割を果たすことを期待できるのであろうか。

2　遺産確認の訴えにおける確定判決の既判力

遺産確認の訴えにおける確定判決の既判力とはどのような効力であるか。一般に、既判力はどの判断について及ぶかという客体面（客観的範囲）と誰との関係で及ぶかという主体面（主観的範囲）から把握されることから、以下ではそれぞれについて順に検討する。叙述の便宜上、被相続人をA、相続人をX、Y、Zと称する。

まず、客観的範囲について、確定判決の既判力は「主文に包含するもの」（民訴114条1項）に生ずる。そして、判例によれば、「遺産確認の訴え」とは

11）　相前後して判断内容が矛盾する判決が確定した場合、さしあたり基準時の新しい後行判決が通用することになるが、再審の訴えを通じて先行する判決の通用性を回復させることができる（民訴338条1項10号）。本文の場合には、これと異なり、後行判決の確定によって先行する審判の効力は終局的に失われることになる。確定した審判の意義を著しく軽んずるこのような帰結には批判もあり、これを回避するための方途も模索されているところである（徳田・前掲注3）131頁以下）。なお、夫婦同居審判についても同様の問題があり、夫婦同居審判とその前提問題（同居義務の存否）に係る民事訴訟の関係は仮処分手続と本案訴訟の関係（仮処分の裁判が確定してもその基礎となる請求権の存否の確定は本案訴訟をまたなければならない）に類似すると主張される一方、そのような理解では「家庭裁判所は何等固有の権限を有しないこととな」り、「家庭裁判所の審判は、常に民事訴訟によつて覆される可能性を有するものとなるから」、「新憲法下で家庭裁判所の設立された意義を没却するものであろう」、との批判も展開されている（最大決昭和40年6月30日民集19巻4号1089頁における補足意見および意見参照）。

特定の財産につき「共有持分の割合は問題にせず、端的に、当該財産が現に被相続人の遺産に属すること」[12]の確認を求めるものであるから、既判力は当該財産がＡの遺産に属するかどうかという判断に及ぶことになる。換言すれば、遺産確認の訴えにおける請求認容判決は、「当該財産が遺産分割の対象たる財産であることを既判力をもつて確定」[13]する。

次に、主観的範囲について、共同相続人[14]（これに準ずるものとしての包括受遺者（民990条）[15]を含む。以下同様）が二人である場合には、この両者が遺産確認の訴えにおいて当事者として対峙するため、既判力もその両者の間で作用する（民訴115条1項1号）。これに対して、共同相続人が二人を超える場合には、遺産確認の訴えは「共同相続人全員が当事者として関与し、その間で合一にのみ確定することを要するいわゆる固有必要的共同訴訟」[16]として、任意の一人または数人が原告となり、その余は被告となるため、具体的な事案における共同相続人の対立関係に応じて既判力の主観的範囲は異なることになる。たとえば、共同相続人のうちＸのみが原告となり、ＹとＺがともに被告とされた場合には、確定判決の既判力は対立当事者であるＸとＹ、ＸとＺの間でそれぞれ作用する。あるいは、ＸとＹが共同して原告となり、Ｚのみが被告とされた場合にも、同じように既判力は対立当事者ＸとＺ、ＹとＺの間でそれぞれ作用する。そして、いずれの場合においても、共同訴訟人どうし（前の例では共同被告であるＹとＺ、後ろの例では共同原告であるＸとＹ）は既判力の作用を受けないとするのが伝統的な既判力論からの帰結である。

3　遺産分割審判における役割

遺産確認の訴えにおける確定判決の既判力を上にみたようなものと理解す

---

12)　前掲注9）最判昭和61年3月13日。

13)　前掲注9）最判昭和61年3月13日、前掲注4）最判平成元年3月28日。

14)　なお、「共同相続人のうち自己の相続分の全部を譲渡した者」は、「遺産分割審判の手続等において遺産に属する財産につきその分割を求めることはできないのであるから、その者との間で遺産分割の前提問題である当該財産の遺産帰属性を確定すべき必要性はな」く、したがって「遺産確認の訴えの当事者適格を有しないと解」されている（最判平成26年2月14日民集68巻2号113頁）。訴訟の適法性判断において遺産分割審判との連続性が強く意識されていることのあらわれであるといえよう。

15)　包括遺贈（民964条）を受けた者をいう。この者は「相続人と同一の権利義務を有する」（同990条）ことから、遺産共有状態解消のためには遺産分割手続を要する（斎藤秀夫＝菊池信男編・注解家事審判法［改訂版］（青林書院・1992）511頁〔野田愛子〕）。

16)　前掲注4）最判平成元年3月28日。

るとき、その作用によって遺産分割審判における共同相続人間の紛争がうまく解決されることになるのであろうか。

客観的範囲に関する限り、既判力は審判における紛争解決に寄与するものと考えてよいであろう。既判力の作用によってある財産が被相続人の遺産である、換言すれば遺産分割の対象財産であることについて争うことができなくなれば、あとはその財産（を含むすべての対象財産）をどのように分割するかという本題に入ることができるため、後続の遺産分割審判は円滑に進行していくことになる。

これに対して、主観的範囲との関係では、とりわけ共同相続人が三人以上存在する場合に問題が生ずる。というのも、2にみたように、既判力は訴訟当事者として対立的に関与した者の間で作用するにとどまり、共同して関与した者同士の関係については関知しないことから、審判における対立関係を完全には捕捉することができないのである。たとえば、遺産確認の訴えにおいて共同相続人のうちＸが原告、ＹとＺが被告であった場合において、Ｘが勝訴したとすると、そこで得られる既判力はＸ・Ｙ間、Ｘ・Ｚ間で遺産帰属性を確定するにとどまり、手続上対立関係になかったＹ・Ｚ間にはなんの意味ももたらさない。後続の審判において、Ｙがなお遺産帰属性を争う場合、Ｘとの関係では既判力の作用によってその種の主張を封ずることができるとしても（いわゆる既判力の遮断効）、Ｚとの関係ではそれができないから、家庭裁判所はＹ、Ｚそれぞれの言い分を聴いて一から実体判断をおこなわなければ手続を先に進められない。しかも、実際上はともかく理論的には、家庭裁判所の判断が訴訟裁判所のそれと同じである保証はなく、仮に共同相続人間で前提問題の扱いが区々になってしまえば全員との関係で遺産分割の方法を定めることは事実上不可能になってしまう。

このように、確定判決の既判力を対立当事者間での相対的な紛争解決をもたらす効力と解する限り、遺産確認の訴えには審判における共同相続人間の争いを完全に封じ込めるという役割は必ずしも期待できないのである。

Ⅲ　前提問題の解決方法

1　二つの方向性

Ⅱでみたように遺産確認の訴えに紛争解決を期待できないというのでは、後続の審判が円滑に進まず不都合である。そこで、解消策としてまず思い浮かぶのは、遺産確認の訴えをもって前提問題が決着したといえるためのなんらかの追加的な説明を施すことである。たとえば、共同訴訟の構造やそこでの既判力の主観的範囲に係る伝統的な理解を見直し、共同訴訟人相互の関係においても確定判決が紛争を封ずる意味をもつという新たな解釈を導くことができれば、遺産確認の訴えを経ても紛争の火種は残り続けるのではないかという懸念は払拭される[17)]。

もっとも、一方で訴えの適法性（確認の利益）を基礎づけるに際して紛争解決に資することを強調しておきながら、他方で訴えの基本的な枠組みの理解を再構成しなければ紛争解決に資することの説明がつかないというのではつじつまが合わない。また、共同訴訟の構造や既判力の範囲という方向から新たな解釈を模索する試みは、それが家事審判の前提問題の処理という限定的な場面を超えて波及し、訴訟一般における伝統的な議論を意図せず動揺させてしまう危険性をはらんでいる。

そこで、本稿では、上の解決策とは別の方向、すなわち前提問題の解決方法として遺産確認の訴えでは力不足であることを素直に認め、これに代わる解決方法を提示する方向を模索したい。その際、既存の枠組みによらない新たな制度を構築するというのも一案であるが、遺産分割が家事審判事項であることを考えれば前提問題についても同じく審判によらせることが最も便宜であり[18)]、また審判はその手続の柔軟性ゆえに判決手続における伝統的な既

---

17)　この方向の議論として、徳田和幸「共同相続人間における遺産確認の訴えと固有必要的共同訴訟」前掲注３）複雑訴訟の基礎理論〔初出 1990〕383 頁、高橋宏志・重点講義民事訴訟法（下）〔第２版補訂版〕（有斐閣・2014）390 頁、笠井正俊「遺産確認訴訟における確定判決の既判力の主体的範囲」伊藤眞先生古稀祝賀・民事手続の現代的使命（有斐閣・2015）155 頁以下など。また、「遺産分割訴権」という概念を介して対物訴訟的な発想から遺産分割の前提問題に関する訴訟の構造を明らかにする試みとして、鶴田滋「共有者の内部紛争における固有必要的共同訴訟の根拠と構造」伊藤眞先生古稀祝賀 412 頁がある。

18)　複数の裁判所に出向く必要がなくなるほか（前掲注５）参照）、判断資料を一元化できるという

判力論では賄いきれない需要に対応するための制度設計、運用になじみやすいと考えられることから、以下では家事審判における処理の可能性を検討する。

2　遺産分割審判における前提問題の処理

遺産分割それ自体とともにその前提問題をも家事審判の中で終局的に処理するという制度設計を実現するうえでは、第1に審判限りで処理する（訴訟手続を経ない）ことの具体的な意味と手続を明らかにする必要があり、さらに第2の課題としてそのような手続が理論上許容されるものであるかを検討しなければならない。

このうち第2の課題との関係では、判例が遺産分割の前提問題を訴訟事項であると解していることが決定的な障害となる。訴訟事項である以上、対審公開の保障のもとで取り扱わねばならず（憲法82条）、家事審判（非公開手続である。家事33条本文）における判断を確定的なものとみて訴訟の途を閉ざすような制度設計は許されない、というのが一般に考えられている帰結である[19)]。

しかし、判例における遺産確認訴訟の位置づけに照らせば、遺産帰属性がほんとうに実体的権利関係として対審公開の保障を及ぼすべき訴訟事項であるのかはなお検討する余地がある。というのも、遺産分割の前提問題としての遺産帰属性が争われる場合、それは特定の財産（甲）が被相続人（A）の相続財産に属することの確認を求める訴えという形であらわれるが、最高裁はこれを「共有持分の割合は問題にせず、端的に、当該財産が現に被相続人の遺産に属すること……の確認を求める訴えであ」ると解している[20)]。他方で、遺産に属する財産につき相続人が自己の法定相続分に応じた共有持分権を、さらには単独所有権を主張する訴えも許容され、しかもそこで得られた確定判決の既判力は遺産確認訴訟の当事者には影響しない[21)]。このようにみると、

積極的なメリット（前掲注6）参照）もある。

19)　前提問題の訴訟事項性を否定する（非訟化する）議論は、たとえ言及されたとしても合憲性の問題の前に容易に頓挫してきた（徳田・前掲注3）131頁参照）。家庭裁判所での一元的な処理を主張する近時の提案にしても、あくまで訴訟事件としての管轄を家庭裁判所に認めようというものにとどまる（前掲注5）参照）。

20)　前掲注9）最判昭和61年3月13日。

21)　判例によれば、所有権や共有持分権確認訴訟において所有権等を全面的に否定された相続人であっても、当該訴訟の既判力に妨げられることなく遺産確認訴訟を提起することができるし、裁判

相続人への権利帰属性の問題と遺産確認訴訟における遺産帰属性の問題とはまったく別のものであり、前者は実体法上の権利関係の終局的確定をもたらす純然たる訴訟事項にあたるが後者はあくまで家事審判限りで意味をもつ事柄にすぎず、したがってその判断に際して対審公開の保障を要するものではない、との見方も成り立ちえないではないように思われる。

さらに、より根本的には、憲法上の対審公開の保障、なかでも手続を一般公開すべきこと（事件と無関係の第三者に広く傍聴を許すこと）がそもそも絶対的な要請であるかという問題もある[22)]。公開主義が後退する局面がありうることを認めるならば、遺産分割事件はまさにそのような局面の一つに該当しよう[23)]。

仮にこの第2の課題を乗り越えることができるとすれば、残る検討課題は、遺産分割事件を審判限りで処理する場合の具体的な手続はどうあるべきかである。審判限りでというのは、要するに、遺産帰属性を争う訴訟手続を封ずるという意味である。判例にいう「原告勝訴の確定判決は……これに続く遺産分割審判の手続において及びその審判の確定後に当該財産の遺産帰属性を争うことを許さず、もつて、原告の前記意思によりかなつた紛争の解決を図ることができる」という効用を額面通りに受け取ることはできないという本稿の前提を踏まえれば（Ⅱ3参照）、その種の訴訟には確認の利益を認めえず、それゆえ訴訟の可能性は封じられることになろう。

この場合の審判手続の具体的な進め方であるが、前提問題たる遺産帰属性

所はその請求を認容することができる（最判平成9年3月14日判時1600号97頁。徳田和幸「遺産確認の訴えの特質に関する一考察」前掲注3）複雑訴訟の基礎理論〔初出2002〕61頁以下）。

22)　憲法82条の定める公開というのはそれ自体が目的なのではなく目的のための手段にすぎない（鈴木忠一「非訟事件に於ける正当な手続の保障」非訟・家事事件の研究（有斐閣・1971）279頁以下）、あるいは、より本質的な問題は手続保障であって公開するかどうかは二次的な問題にとどまる（谷口安平・口述民事訴訟法（成文堂・1987）49頁）、などの指摘はかねてより存在した。無形の情報のもつ利用価値や経済価値が増大する一方で、いったん情報が流出すればその拡散を止めることがきわめて困難であるという現在の状況にかんがみればなおのこと、その種の情報を扱う手続をつねに一般公衆の目にさらすことは不都合が大きい。理論的にも、憲法82条が公開法廷における対審および判決を定める趣旨は裁判の手続を一般国民の監視のもとに置くことを通じて手続の適正および国民の信頼を確保することにあるから、その趣旨が全うされる限りでは他の方策をもって公開に代えることも憲法の精神に照らして許されないものではないという説明が成り立つところであるし、今後の展望としても端的に手続の適正を担保する制度設計を考えていくほうが建設的であり発展的であろうと思われる。本稿では、そのような意図もあって、公開原則との衝突の問題に拘泥するよりむしろ手続の具体化の問題に紙幅を割くこととした。

23)　前掲注11）最大決昭和40年6月30日、最大決昭和40年6月30日民集19巻4号1114頁、前掲注1）最大決昭和41年3月2日における各意見参照。

のみを取り出して独立の審判手続に載せることは許されないと解されるから[24)]、これについては遺産分割審判の枠内で処理すべきことになる[25)]。以下では、前提問題の処理から遺産分割までを家庭裁判所が一貫して取り扱う審判手続を念頭に、そのあるべき姿を検討していく。

3　遺産分割審判

議論の出発点が遺産分割事件と二当事者対立構造を基軸とした紛争解決制度との不整合にある点にかんがみれば、この検討において終着点とすべきは、多元的対立関係を内包する紛争を一挙に解決することができるような手続の構築である。換言すれば、遺産分割にかかわるすべての者がその結果を引き受け、いずれの者との関係においても事後の蒸し返しが封じられるような手続であることを要するが、そのためには審判の効力を判決の効力と異なって理解することとともに、その前提として審理段階における手続保障のあり方を見直すことの２点が決定的に重要になる。

(1)　**審理**　遺産分割審判においては、すべての相続人が当事者[26)]となる。各共同相続人が単独で審判申立てをおこなうこともできるし、全員でそれをおこなうこともできる。前者の場合は残りの共同相続人は相手方として手続に取り込まれるが、後者の場合はとくに相手方を置く必要はない[27)]。

このように、訴訟手続において必須のものとして要求される二当事者対立構造が、審判手続においては必ずしも存在しないため、これに代わる独自の構造理解が必要になる。本稿では、訴訟手続におけるような請求を基礎とす

---

24)　審判事項は限定列挙であるから（前掲注７））、遺産分割の前提問題は、審判事項として掲げられていれば別論（家事別表第２の14参照）、そうでない限り独立の審判対象とはならない。なお、「審判の前提となる法律関係」として中間決定（家事80条１項）の対象とすることはもとより妨げられない。

25)　遺産帰属性を訴訟事項とみる判例においてさえ、家庭裁判所による判断は排除されない（本文Ⅰ1参照）。ただし、訴訟事項を家庭裁判所が自ら判断することに消極的な見解も一部には存在する（宮井忠夫「遺産分割の前提問題にかんする紛争と家事審判」民商53巻３号（1965）377頁）。

26)　家事審判における手続関与者については、従前、必ずしも訴訟手続におけるような「当事者」概念が用いられてこなかった（論者によっては「関係人」などの概念をもって代えていた）。しかし、手続主体としての地位の保障を考えるうえでは当事者概念を用いることが有用であり、家事事件手続法も「当事者」概念を採用するに至っていることから（同法２条など。ここでの当事者は訴訟手続におけるのと同じく形式的意味において理解され、具体的には申立人および相手方を指している。金子修編著・一問一答家事事件手続法（商事法務・2012）28頁）、本文でも当事者の語を用いる。

27)　斎藤＝菊池編・前掲注15）516頁〔野田〕、佐上・前掲注10）72頁、81頁。

る直線的な対立構造ではなく、平面的な構造として捉えたい[28]。すなわち、訴訟では一対の訴訟当事者をその両極に置く審理の場が基本的単位であり（当事者が複数であればそれが併存する）、それぞれの極に位置する当事者は相互に共同戦線を張り、また他方の極に属する者とは敵対するものとして処遇されるのに対して、審判では当事者が全員で一つの審理の場を構成し、敵味方なくそれぞれ独立の手続主体として処遇されるのである[29]。

審判手続をこのようなものとして理解する場合、そこでの審理において重要なのは、各当事者がその余のすべての当事者との関係において自己の言い分を述べ、かつ、相手の言い分を聴く機会を保障されることである。当事者に「申立人」や「相手方」という位置づけがされていても、それは便宜上の呼称にすぎず、あくまで各人が独立の手続主体であるから、申立人相互あるいは相手方相互の関係においてもいわゆる当事者権を保障する必要がある。証明責任や自白の概念をもたない審判手続では（家事 64 条参照）、要件事実の認否をとる必要上、ある当事者の主張が誰との関係でおこなわれたものであるかを逐一整理しなければならない訴訟手続におけるのと異なり、この意味での当事者権の保障はそれほど難しいことではない。口頭弁論という厳格な審理方式によらず、裁判所に訴訟手続におけるより広範な手続裁量が認められていることも併せ考えれば、運用の工夫によって十分に実現可能であると思われる。

(2)　**審判**　こうしておこなわれた審理の結果は審判という形で結実し（家事 73 条 1 項）、遺産分割審判については即時抗告期間の満了により効力を

---

28)　この理解は、谷口安平「多数当事者について考える」法教 86 号（1987）17 頁以下にいうメリーゴーランド構成と発想としては同じものである（そして、この構成は本来的には非訟手続にこそなじみやすい。同 20 頁）。ただ、メリーゴーランド構成というのは対物訴訟的な発想と受け止められるところ（高橋・前掲注 17）390 頁）、本稿の主張の眼目はむしろ人を手続主体として処遇せよというところにあるため、ここでは支柱（当事者どうしをつなぐ媒介）の存在を前提としない表現を用いた。

29)　この点は不服申立審の構造にも反映される。すなわち、申立人 X および Y のうち X のみが不服申立て（即時抗告）をおこなう場合、当初から相手方であった者はもちろん、もとは X と同じ申立人であった Y もこれと並んで、（抗告の）相手方となる（佐上・前掲注 10）82 頁）。したがって、訴訟手続にみられるところの共同訴訟人のうち上訴しなかった者の地位いかんの問題（徳田和幸「必要的共同訴訟における非上訴者の地位」前掲注 3）複雑訴訟の基礎理論〔初出 2005〕85 頁以下、同「多数当事者訴訟と上訴」青山善充先生古稀祝賀・民事手続法学の新たな地平（有斐閣・2009）251 頁以下参照）は生じない。

生ずる（同74条2項ただし書・4項、98条1項1号）[30]。審判の効力の及ぶ範囲については、従前必ずしも意識的に議論されていなかったところであるが、ここでは判決の効力におけるのと同様にその主観的範囲、客観的範囲をそれぞれ検討する。

主観的範囲は、手続に関与したすべての当事者である。訴訟手続において線的構造の起点と終点に属する二当事者に判決効が及ぶと解されていることと平仄を合わせるならば、(1) にみたような面的構造を有する審判手続ではその面上に置かれるすべての当事者が捕捉されることになろう。

他方、客観的範囲については、とくに前提問題に係る判断の扱いが問題となる[31]。現在の判例の立場による限り、審判が決着してもなお前提問題についての争いが訴訟の場で蒸し返されるおそれがあるが、本稿ではその種の訴訟に確認の利益を認めないため、蒸し返しはそもそも問題とならない。前提問題に係る判断に不服のある当事者は審判申立てをなすほかないが、前提問題のみを審判対象とする申立てはもとより不適法であり[32]、また再度の遺産分割申立てもやはり許されないものと解されるから[33]、結局のところ前提問題に係る判断に審判の効力が及んでいるかを論ずるまでもなく、その判断を争う余地は存在しないといってよい。

このようにみると、遺産分割審判において手続主体としての関与の機会を保障された当事者は、遺産分割審判の効力として、すべての手続関与者との

30）現行法は審判に「確定」概念を導入したが、これは通常の不服申立手段が尽きたという意味での形式的確定をいうものである（職権による取消しや変更の可能性があっても妨げられない。金子編著・前掲注26）133頁、同編著・前掲注7）336頁）。確定に伴って生ずる効力としては、執行力（家事75条）および形成力（前掲注11）最大決昭和40年6月30日、前掲注23）最大決昭和40年6月30日、前掲注1）最大決昭和41年3月2日参照）があるが、これに加えて実質的確定力（既判力）が生ずるかどうかについてはこれを否定するのが通説である（斎藤＝菊池編・前掲注15）627頁〔飯島悟〕、梶村＝徳田編・前掲注10）397頁、佐上・前掲注10）262頁、徳田・前掲注3）123頁）。本稿に掲げる審理方法を前提とするなら、手続保障に伴う自己責任として既判力による拘束を認めて差し支えないようにも思われるが、本文後述の蒸し返しの封じ込めという文脈では既判力が否定されることは必ずしも障害にならないことからこの点については立ち入らない。

31）それ自体が審判事項ではないから、判決にいうところの理由中の判断にとどまる（特定財産の遺産帰属性につき「遺産分割の審判の主文においてこれを宣言することは法律上許されない」とする裁判例として、名古屋高決昭和46年4月13日家月24巻1号52頁）。

32）前掲注24）参照。

33）審判に不服があるからといって、それを無視して再び審判を申し立てたり、あるいは結果と矛盾するような権利関係を主張して訴えを提起したりすることは、それを既判力によって説明するかどうかはともかく、許されないものと解される（佐上・前掲注10）262頁、265頁、徳田・前掲注3）125頁）。

関係で分割の結果たる権利または法律関係を承認しなければならないものと解することができる。換言すれば、一個の遺産分割審判によって多数の共同相続人がかかわる遺産分割事件を一挙に終局的解決にまで導くことができるのである。これは相対的解決を旨とする訴訟手続では賄えない、審判手続であればこそもたらしうる作用であって、遺産分割事件という事柄の実態に即した、かつ、実際の利用者のニーズにも合致する帰結であろうと思われる。

Ⅳ　残された課題

本稿では、遺産帰属性について共同相続人間に争いのある場面を念頭に、それがいかなる手続において取り扱われるべきかを検討した。

もっとも、その種の場面においてつねに遺産帰属性そのものが俎上に載せられるとは限らない。たとえば、亡Aの共同相続人X、YおよびZ間において甲不動産につき遺産帰属性に係る争いが生じているところ、そのうちの一人であるXが、甲は亡Aの遺産に属しない旨の判断を前提に自己の単独所有権を主張して確認の訴えを提起したとする。このような確認訴訟も適法であるところ[34)]、そこでなされる判断が遺産帰属性そのものに係る裁判所の判断といかなる関係に立つかはなお判然としない。仮にXが甲所有権確認訴訟に勝訴していた場合、後続の遺産分割審判において家庭裁判所は甲の遺産帰属性を認める判断を封じられるのか、遺産帰属性を認めつつその後の分割においてXのみに帰属させることで足りるのか、あるいは訴訟の結果と無関係に遺産帰属性を判断し、分割の結果としてYやZに甲の権利を認めることもできるのか。また、甲が遺産に属することを前提に遺産分割審判が決着をみたにもかかわらずXがその種の確認訴訟を提起し、しかもXの甲単独所有権を認める判決が下った場合、すでにした審判になんらかの影響を生ずるのか。

これは判例のように遺産確認の訴えを認める立場においても同じように生起する事態であり[35)]、ある財産に係る相続人の権利の存否と遺産帰属性の有

34)　前掲注9）最判昭和61年3月13日。

35)　徳田・前掲注21）63頁以下、高橋宏志・重点講義民事訴訟法（上）［第2版補訂版］（有斐閣・2013）741頁以下参照。

無とを別個の判断対象として切り離したことからくる帰結である。それぞれに対する裁判所の判断に齟齬が生じれば実際上の処理に窮することになるが、かといって双方を一つの手続に包摂すればいいという簡単な話でもない[36]。

上の例をみてもわかるように、ある者の死亡に起因して生ずる法的紛争は手続上さまざまな形をとってあらわれる可能性をもつのであり、遺産分割審判はそのすべてを賄えるものではない。本稿では遺産帰属性をその枠内で処理するという一つの態度決定を示したが、それ以外にどのような問題の処理を遺産分割審判に担わせ、あるいは切り離すべきかは、今後なお検討を要する課題である。

【付記】

本研究は、公益財団法人民事紛争処理研究基金の平成27年度研究助成を受けたものです。

36) 本稿では遺産帰属性が遺産分割との関係でのみ意味のあるまさに前提問題であればこそ、訴訟事項性を否定し、あるいは公開原則の枠外に位置づける余地があるものと解する（本文Ⅲ2参照）。これに対して、相続人による所有権主張は、たとえ実態として相続人間のもめごとに端を発しているとしても形式においては純然たる「実体法上の権利関係」の有無に関する争いであり、「訴訟事項として対審公開の判決手続によらなければならない」（前掲注1）最大決昭和41年3月2日）と解するよりないから、遺産分割審判に取り込むという方策をとることは困難である。他方、判例の立場からしても、手続的には所有権確認訴訟と遺産確認訴訟とを併合することで矛盾のない判決を下すよう配慮することは可能であるが、両訴えは当事者が共通するとは限らないし、また所有権確認訴訟においてXがたとえば訴外Bから甲を譲り受けた旨を主張し、A死亡による相続の発生になんら言及しないような場合、裁判所が遺産確認訴訟と併合する（その必要に気づく）契機は存在しないから、実際上は所有権確認訴訟のみが確定判決に至る事態を回避できない。訴訟、審判のいずれにせよ、相続人の権利主張と遺産帰属性の問題とを一元的に扱う制度設計は簡単ではない。

遺産分割の前提問題と訴訟手続の保障
──具体的相続分確認の適法性について

山本　弘

Ⅰ　はじめに──問題の所在

遺産分割（民907条2項）は、現在では、家事事件手続法別表第2・12により、家事審判手続により裁判されるものとされている。同法の施行前においては、遺産分割は（旧）家事審判法9条1項乙類10号の審判事項とされていた。乙類審判事項とは、当事者間に存在する紛争の裁判による解決を目的とする点において、真正の非訟事件とはいえないものの、（旧）家事審判規則6条によりその審理は非公開とされ、また、（旧）家事審判法7条が準用する（旧）非訟事件手続法7条により、その裁判の形式は決定とされ、決定手続においては、当事者の一方に他方の審尋期日への立会権が保障されていないという特徴があった。現行家事事件手続法においても、33条により家事審判の手続は非公開とされる一方で、別表第2の審判事件の審問期日においては、審問の対象となる当事者以外の当事者に立会権が認められているが、「事実の調査に支障を生ずるおそれがあると認めるとき」という幅広い例外条項が存する（家事69条）ことに照らし、判決手続と同じ内容の立会権が保障された手続ではないと解される。

以上に照らすと、遺産分割のような非訟事件の裁判手続において、特定の財産が遺産分割の対象となる被相続人の遺産であるか、特定の人物に遺産分割の当事者となる資格があるかといった、遺産分割の前提問題である実体的な権利または法律関係の存否について裁判することが許されるかという問題に関する従前の最高裁判例は、家事事件手続法の下でもそのまま妥当するといってよい。

従来の最高裁判例の立場を要約すると、次の通りである。

すなわち、家庭裁判所が遺産分割の前提問題である実体的な権利または法律関係の存否について下した判断に、既判力のような終局性を認めるとすれば、それは実体的権利または法律関係を終局性をもって確定することについて公開・対審の手続保障を要求する憲法82条、32条に違反する[1]が、そのような終局性は認められないことを前提とした上で、家庭裁判所が、遺産分割の前提問題となる実体的な権利または法律関係の存否について一定の判断を下したうえで、その判断を前提として遺産分割審判をすることは、この審判の確定後においてもなおその前提問題を公開・対審の判決手続において改めて争う機会が当事者に留保されている以上、一向に差支えがない[2]。

ただ、このような措置は、後の判決手続において前提問題につき分割審判における判断と異なる内容の判決が確定すれば、遺産分割をやり直さざるを得なくなる点において、遺産分割審判の効力を脆弱なものとする危険を伴う。したがって、遺産分割の効力を安定させるためには、遺産分割の前提問題である実体的な権利または法律関係に争いがある限り、審判をする前に、判決手続を通じて、その点につき既判力を生じさせておくことが望ましい[3]。

このような角度から、特定の財産が被相続人の遺産であることの確認を求

1）　最大決昭和40年6月30日民集19巻4号1089頁以来、確立した判例の立場である。同決定については、宮田信夫調査官による解説（同・最判解民事篇昭和40年201頁）のほか、鈴木正裕・百選［第2版］（1982）12頁、佐上善和・百選I（1998）8頁、本間靖規・百選［第5版］（2016）8頁、高橋宏志・家族法判例百選［第7版］（2008）14頁、菱田雄郷・民法判例百選III（2015）14頁参照。

2）　最大決昭和41年3月2日民集20巻3号360頁。同決定については、高津環調査官による解説（同・最判解民事篇昭和41年81頁）のほか、橘勝治・家族法判例百選［第5版］（1995）186頁参照。

3）　遺産分割審判の効力を安定させることに、遺産分割の前提問題の確認の訴えの適法性を認める根拠がある以上、遺産分割の前提問題の確認の訴えは、共同相続人の全員が当事者となることを要する固有必要的共同訴訟であることは、必然の帰結である。これらの点は、山本弘「遺産分割の前提問題の確認の訴えに関する一考察―遺産確認の訴えの当事者適格」松本博之先生古稀祝賀・民事手続法制の展開と手続原則（弘文堂・2016）247頁以下で指摘しておいた。なお、本稿は、遺産分割の前提問題の確認の訴えに関する諸問題の考察として、この論文の続編にあたる。

める訴えなどはその適法性が肯定されてきている[4]が、そうした流れの中で、遺産分割の前提問題であることに争いはないが、それ自体が実体的な権利または法律関係なのかが争われる場合がある。それは、特定の共同相続人が具体的相続分をそもそも有するか、有するとしていくらの価額または割合で有するかという問題であり、家族法学説において長い間争われてきたこの問題について、最判平成12年2月24日（民集54巻2号23頁）は消極的な立場を採った。

Ⅱ　最一判平成12年2月24日の事案および判旨

本件訴訟の原告X（兄）および被告Y（妹）の母であるAは、平成4年11月10日に死亡した。XとYの間では、Yに宅地、マンション等を取得させ、Xには土地、借地権、建物を取得させ、Yに対し清算金として2億2312万円を支払うことを命ずる内容の遺産分割審判が一旦確定しており、家庭裁判所は、このような分割を行う前提として、Yについては、Aから受けた400万円相当の生前贈与を特別受益と認定し、Xについては、Aから資金の一部援助を受けることにより、Aが所有する建物の底地の持分2分の1を地主から購入しており、その持分の価額に援助の割合を乗じて算定された価額を特別受益と認定（相続開始時の額は1億6179万円）し、これを基礎として、Yの具体的相続分を3億7519万5000円（Aの遺産総額は5億9260万円、Yの具体的相続分率は0.6331）とし、遺産分割時での価額により時点修正をした具体的取得分を算出して、先に記した額の清算金の支払いをXに命じたものである。Xは、Yには審判が認定した以外の特別受益がある、Xの特別受益はAから受けた資金援助の金額を基本にすべきである、相続財産である借地権の評価額が低すぎる、などと主張して、Yに対し、Yの具体的相続分の金額は2億169万8000円（遺産総額は4億124万7000円）、Yの具体的相続分率は0.502679を超えないことの確認を求めて、本訴を提起した。

4）　最判昭和61年3月13日民集40巻2号389頁。この判決に対しては、水野武調査官による解説（同・最判解民事篇昭和61年度142頁）および同解説に引用された諸評釈のほか、梅本和彦・家族法判例百選［第5版］182頁、山本克己・民法判例百選III 118頁、中西正・百選［第3版］（2003）64頁、加藤哲夫・百選［第5版］54頁参照。

第1審、原審とも、具体的相続分は遺産分割における計算上の分配基準に過ぎず、確認対象としての適格性を有しないとしたため、Xが上告した。判旨は、次のように判示して上告を棄却した。

「民法903条1項は、共同相続人中に、被相続人から、遺贈を受け、又は婚姻、養子縁組のため若しくは生計の資本としての贈与を受けた者があるときは、被相続人が相続開始の時において有した財産の価額にその贈与の価額を加えたものを相続財産とみなし、法定相続分又は指定相続分の中からその遺贈又は贈与の価額を控除し、その残額をもって右共同相続人の相続分（以下「具体的相続分」という。）とする旨を規定している。具体的相続分は、このように遺産分割手続における分配の前提となるべき計算上の価額又はその価額の遺産の総額に対する割合を意味するものであって、それ自体を実体法上の権利関係であるということはできず、遺産分割審判事件における遺産の分割や遺留分減殺請求に関する訴訟事件における遺留分の確定等のための前提問題として審理判断される事項であり、右のような事件を離れて、これのみを別個独立に判決によって確認することが紛争の直接かつ抜本的解決のため適正かつ必要であるということはできない。

したがって、共同相続人間において具体的相続分についてその価額又は割合の確認を求める訴えは、確認の利益を欠くものとして不適法であると解すべきである。」

Ⅲ　いわゆる相続分説（訴訟事項説）と遺産分割分説（審判事項説）の対立

具体的相続分確認の訴えの適法性をめぐる家族法学者の議論においては、必ずといっていいほど、具体的相続分の性質について、相続分説と遺産分割分説との対立が紹介される[5]。この両説は、相続分説に依拠する論者は、具体的相続分の権利性または法律関係性を肯定し、その確認を求める訴訟の適法性を肯定する結論に至り（それゆえに、同説は「訴訟事項説」とも呼ばれる）、遺産分割分説に依拠する論者は、具体的相続分の権利性または法律関係性を否

5） 平成12年最判についての生野考司調査官解説（同・最判解民事篇平成12年度（上）68頁）および同解説が引用する諸評釈のほか、野村秀敏・百選［第3版］67頁、下村眞美・百選［第5版］56頁も、例外なく両説の対立に言及する。

定し、それはもっぱら遺産分割の前提となる基準として遺産分割審判手続において判断される事項に過ぎないとして、その確認を求める訴えの適法性を否定する結論に至る（それゆえに、同説は「審判事項説」とも呼ばれる）、という関係性にあるとされる[6)]。

相続分説は、その根拠として、①特別受益は、相続開始時において客観的に確定しうるもので、遺産を構成する個々の財産に対する共有持分の割合を示す実体的な権利内容そのものであること、②民法903条は、民法第5編第3章第2節「相続分」の節において、法定相続分、指定相続分と並んで具体的相続分を規律していることからして、法定相続分とその本質を同じくすること、③特別受益は審判事項とはされていないこと、を挙げる。これに対して、遺産分割分説は、ⓐ特別受益は、具体的相続分算定のための観念的操作であり、具体的相続分は、裁判規範ではあっても、遺産分割の基準としての割合に過ぎず、遺産分割前に権利として実在するものではないこと、ⓑ寄与分制度（民904条の2）を導入した昭和55年民法改正を契機として、特別受益の判断は合目的裁量として非訟的性質を帯びるに至ったことを、その根拠とする[7)]。

Ⅳ　特別受益またはみなし相続財産の性質

まず検討しておくべきは、相続分説が挙げる③、遺産分割分説が挙げるⓑの根拠についてである。

もともと、特別受益の概念は具体的相続分に関する規定の中にあり、かつ、具体的相続分が遺産分割という家事審判事項すなわち非訟事件の前提問題であることは、遺産分割分説のいうとおりである。他方で、実体法上の権利であり、したがって訴訟事項であることに疑問の余地がない遺留分減殺請求権は、相続開始前1年以内にされた贈与および遺贈を対象とすることは、民法1030条、1031条の定める通りであり、相続開始前1年以内の贈与・遺贈という要件は純然たる法概念であり、そこに裁判所の裁量が介在する余地はな

6）　相続分説、遺産分割分説それぞれの学説分布については、生野調査官解説・前掲注5）83頁以下、注7、8参照。

7）　本文に紹介した両説の論拠は、生野調査官解説・前掲注5）の整理による。

い。具体的相続分の算定と遺留分減殺請求権の要件および減殺の対象の範囲とは全く別の問題であると捉えれば、遺産分割分説のいう通り、特別受益の概念に合目的的裁量性を肯定することは背理ではない。しかし、最判平成10年3月24日（民集52巻2号433頁）[8)]は、特別受益の概念が遺留分減殺請求権の要件としても機能することを認めている。その要旨は次の通りである。

「民法903条1項の定める相続人に対する贈与は、右贈与が相続開始よりも相当以前にされたものであって、その後の時の経過に伴う社会経済諸事情や相続人など関係人の個人的事情の変化をも考慮するとき、減殺請求を認めることが右相続人に酷であるなどの特段の事情のない限り、民法1030条の定める要件を満たさないものであっても、遺留分減殺の対象となるものと解するのが相当である。けだし、民法903条1項の定める相続人に対する贈与は、すべて民法1044条、903条の規定により遺留分算定の基礎となる財産に含まれるところ、右贈与のうち民法1030条の定める要件を満たさないものが遺留分減殺の対象とならないとすると、遺留分を侵害された相続人が存在するにもかかわらず、減殺の対象となるべき遺贈、贈与がないために右の者が遺留分相当額を確保できないことが起こり得るが、このことは遺留分制度の趣旨を没却するものというべきであるからである。」

繰り返すが、遺留分減殺請求訴訟は、減殺の対象となる贈与・遺贈の目的物についての減殺請求者宛の持分移転登記手続請求等の形をとることが通常であり、これらは純然たる訴訟事件であるところ、特定の贈与・遺贈が民法903条1項の特別受益に当たるかは、右減殺請求訴訟の訴訟物たる権利の成立要件にほかならない。したがって、同判例の下では、特別受益の概念は実体的権利の成立要件として純然たる実体法の解釈・適用の問題であることになる。そうだとすると、具体的相続分の判断の前提問題となる場合と遺留分減殺請求訴訟の要件となる場合とで、民法903条1項の性質が180度異なると考えるのは不自然であるから、前者の場合でも、ある贈与・遺贈が特別受益に該当するか否かは実体法の解釈・適用の問題であると考えざるをえない。その意味で、同概念の性質理解をめぐる相続分説と遺産分割分説との対立は、

8）　この判決については、野山宏調査官による解説（同・最判解民事篇平成10年度（上）310頁）および同解説に引用された諸評釈のほか、浦野由紀子・民法判例百選Ⅲ（2015）188頁参照。

前者に軍配があがる[9)]。

V 「ある贈与・遺贈が特別受益に当たること」の確認の適否

筆者は、この特別受益該当性の確認は不適法であるという結論に与するが、そうだとしても、そこから具体的相続分確認の訴えが不適法であるとの結論までが論理的に導かれるわけではないと考えているが、その理由は後述するとして、この問題をめぐる最判平成7年3月7日（民集49巻3号893頁）[10)]の立場を念のため確認しておく。判旨は次の通りである。

> 「過去の法律関係であっても、それを確定することが現在の法律上の紛争の直接かつ抜本的な解決のために最も適切かつ必要と認められる場合には、その存否の確認を求める訴えは確認の利益があるものとして許容される（最高裁昭和44年（オ）第719号同47年11月9日第一小法廷判決・民集26巻9号1513頁参照）が、ある財産が特別受益財産に当たるかどうかの確定は、具体的な相続分又は遺留分を算定する過程において必要とされる事項にすぎず、しかも、ある財産が特別受益財産に当たることが確定しても、その価額、被相続人が相続開始の時において有した財産の全範囲及びその価額等が定まらなければ、具体的な相続分又は遺留分が定まることはないから、右の点を確認することが、相続分又は遺留分をめぐる紛争を直接かつ抜本的に解決することにはならない。また、ある財産が特別受益財産に当たるかどうかは、遺産分割申立事件、遺留分

9）　平成12年最判についての生野調査官解説・前掲注5）79頁、88頁以下は、特別受益の持戻しについての判断に裁量性は肯定されないことの根拠として、同判断が（旧）家事審判法9条乙類審判事項とされていないという、条文構成ないし条文形式上のそれと、裁量的形成事項としてその内容が一義的に定まらず、非訟的裁量を要する寄与分と異なり、特別受益の有無は法定の要件（訴訟事項）に基づいて一義的に判断されるもので、認定基準が裁量の余地の乏しい一定の具体的事実であるため、この基準に従って客観的に認定するべき事柄である、という実質的な根拠を挙げている。しかし、特別受益の概念が専ら非訟事件である遺産分割における分割の基準として機能するだけの存在であるならば、遺産分割を乙類審判事項と規定してさえおけば、その基準である具体的相続分の算定要因に過ぎない特別受益の持戻しを独立の審判事項として規定する必要はないし、非訟事件である遺産分割の基準である具体的相続分の算定要因として規定される特別受益該当性の判断が非訟的裁量判断であることは、事柄の性質上当然であることとなる。すなわち、生野調査官による特別受益の該当性判断と寄与分の認定との対比は、民法903条から一義的に導かれるものではなく、判例が、純粋に実体的権利（訴訟事件）である遺留分減殺請求権の要件である遺留分の算定および効果である減殺の対象に、特別受益の概念をもち込んだ結果として、いわば後発的に特別受益該当性が裁量判断の介在する余地のない実体法の解釈・適用の問題としての性質をもつに至ったと解すべきであろう。

10）　この判決については、水上敏調査官による解説（同・最判解民事篇平成7年度（上）302頁）および同解説が引用する評釈参照。

減殺請求に関する訴訟など具体的な相続分又は遺留分の確定を必要とする審判事件又は訴訟事件における前提問題として審理判断されるのであり、右のような事件を離れて、その点のみを別個独立に判決によって確認する必要もない。」

この判決の、特に「また」以下の、具体的な遺産分割審判事件を離れて特別受益該当性を別個独立に確認する必要はないと判示する部分は、具体的相続分それ自体の確認の適否という本論文の主題との関連性を窺わせるところがあるが、この判決の決め手は判旨の前段部分である。端的にいえば、確認の対象として適格性を有するのは、現在の権利または法律関係という法律効果の存否であって、特別受益該当性の如きは、その法律効果の発生要件（の一部）に過ぎず、このような法律要件への該当性を独立した確認の対象とする訴えが不適法であるのは、確認の利益論の当然の帰結である。もっとも、たとえば最判昭和47年2月15日（民集26巻1号30頁）[11]の事案のように、「全財産を長男に譲る」旨の遺言の無効確認が求められる場合であれば、被相続人の個々の遺産を特定して相続分に応じた共有持分確認という現在の権利または法律関係の確認に引き直して、遺言無効の判断を判決理由中の判断に落とし込むよりも、当事者間の紛争の核心である当該遺言という基本的法律行為自体の効力を確認対象とし、それに既判力を生じさせる方が、直接かつ抜本的な紛争解決手段であるといいうる[12]。しかし、特定の贈与・遺贈が特別受益に該当することを確認しても「その価額、被相続人が相続開始の時において有した財産の全範囲及びその価額等が定まらなければ、具体的な相続分又は遺留分が定まることはないから、右の点を確認することが、相続分

11）この判決については、柴田保幸調査官による解説（同・最判解民事篇昭和47年度300頁）および同解説に引用された諸評釈のほか、井上治典・百選［第2版］110頁、紺谷浩司・百選Ⅰ124頁、松村和徳・百選［第3版］62頁、坂原正夫・百選［第4版］（2010）52頁、川嶋隆憲・百選［第5版］52頁参照。

12）最判昭和47年2月15日は、売買契約が無効であることの結果生ずべき現在の権利または法律関係について直接その確認を求めるべきであり、売買契約の無効という過去の法律関係または事実の確認を求めることは許されないとした、最判昭和41年4月12日民集20巻4号560頁（この判決については、長谷部茂吉調査官による解説（同・最判解民事篇昭和40年度137頁）参照）を変更する旨を明言していない。したがって、同判決は、遺言につきその内容の如何を問わず無効確認を適法とする趣旨のものではなく、遺言の無効から生ずる現在の権利または法律関係に逐一還元してその無効を確認するよりも、そうした権利等の発生要件である基本的法律行為である遺言の無効を端的に確認対象とする方が、確認訴訟の紛争解決機能を発揮しうる場合でなければ、やはり遺言の無効確認は不適法であるという趣旨の先例として位置付けるべきであろう。

又は遺留分をめぐる紛争を直接かつ抜本的に解決することにならない」のは当然のことである。

ただし、特定の贈与・遺贈の特別受益該当性の確認訴訟の対象適格が否定されたとしても、それを前提として算定される具体的相続分が具体的な権利または法律関係として確認訴訟の対象適格を有しないという帰結が、論理的に導かれるものではなく、それは具体的相続分が民法においてどう規律されているかに係る。その意味で、平成7年最判は、具体的相続分は確認対象として適切かという主題に対して何も影響するものではない13)。

Ⅵ　検討――具体的相続分の権利性

以上を前提として、具体的相続分の性質をめぐる相続分説と遺産分割分説の対立についての検討に移る。

この点において、相続分説の論拠である①の含意は、遺産分割前においても、共同相続人は、被相続人の遺産を構成する個々の財産について、法定相続分ではなく、具体的相続分に応じた共有持分を有することを前提として、具体的相続分とはこうした各共同相続人の具体的相続分に応じた共有持分の総体として、遺産分割前に遺産分割を離れて実在する権利であると主張するものと解される。もっとも、そうだとすれば、遺産を構成する個々の財産についての具体的相続分に応じた共有持分の確認ではなく、具体的相続分それ自体を確認の対象とすることによって、最判昭和47年2月15日の事案のように、遺言の無効それ自体の確認により得られる、遺贈の対象である個々の財産に対する共有持分の確認に引き直すことを超える利点と比肩しうるような利点が得られるかについては、なお検討の余地がある14)。ただ、この点は

13)　平成7年最判について、水上調査官は「本判決は、具体的相続分の性質については、いわゆる相続分説（訴訟事項説）と遺産分割分説（審判事項説）のいずれを相当とするのかは、残された問題である」とする一方で、「本判決は、その意味〔筆者注：今後は、実際上、特別受益の有無および額についての争いは、遺産分割の前提問題としては、専ら家庭裁判所の審判手続において審理判断されることになる、という意味〕では、遺産分割の手続において家庭裁判所の果たす機能・役割に期待するものと考えることができる。」という、意味深長な総括で解説を締めくくっている（前掲注10）318頁）。

14)　具体的相続分の算定のためには、被相続人の遺産を構成するすべての財産をリストアップする必要があるから、その一覧表に記載された財産につき原告がその具体的相続分に応じた共有持分を有することの確認請求を定立することにさほど困難ではなく、にもかかわらず、独立して具体的相

措くとして、戸籍によって公示される法定相続分ではなく、最終的には具体的相続分それ自体または遺産を構成する個々の財産についてのそれに応じた共有持分確認訴訟においてしか確定され得ないものが、譲渡や差押えの対象となることを認めるのは、取引安全の観点から耐え難いとの指摘が遺産分割分説からなされており[15]、それは正当な批判であると解される。遺産分割前に遺産を構成する個々の財産上に具体的相続分に応じた共有持分が成立することを正面から否定したまたは肯定した判例はないが、判例も概ね、遺産分割前において遺産を構成する個々の財産について生じる共有持分は法定相続分に応じたそれである、とする傾向にある[16]。

他方で、遺産分割前の段階において、遺産を構成する個々の財産について具体的相続分に応じた共有持分が存在することが認められないからといって、そこから直ちに遺産分割分説の帰結、すなわち具体的相続分は遺産分割または遺留分減殺請求における遺留分の確定の基準となる観念的な数値に過ぎず、それ自体具体的な権利または法律関係ではない、という帰結が導き出せるものではない。この点において、平成12年最判が「具体的相続分は……遺産分割手続における分配の前提となるべき計算上の価額又はその価額の遺産の総額に対する割合を意味するものであって、それ自体を実体法上の権利関係ということはでき」ないというとき、それは遺産分割分説を採用したものと理解することができるが、民法の組立て上、具体的相続分が、遺産分割や遺留分算定のための抽象的な数値ではなく、被相続人の総遺産から一定の価値を取得しうる地位として、権利性または法律関係性を有する実在として認められていれば、遺産分割分説および判旨の拠って立つ基盤は崩壊する。そして、その証しとして援用されるべきは「共同相続人の一人が遺産の分割前に

続分自体の確認を求める必要性をどう根拠づけるか、という問題が生じるのである。

15)　この点については、生野・前掲注5）85頁以下、注12）参照。

16)　生野・前掲注5）86頁以下、注13）は、判例の立場は「遺産分割前に譲渡や権利保護の対象とすることができるのはいわば仮定的暫定的権利である法定相続分に基づく権利であって、特定財産について具体的相続分の割合による共有持分権の権利性、譲渡性を認めているわけではない。」としつつ、「他方、判例は、相続人の『持分』と判示しており、譲渡や権利保護の対象となるのは『法定相続分』とは明示していないことから、具体的相続分の割合による遺産共有持分の権利性、譲渡性を必ずしも否定してはいないとみる余地もあろう」とする。しかし、「〔筆者注：具体的相続分の権利性を否定した〕本判決は、この問題について、遺産分割前に権利性、譲渡性が認められるのは、法定相続分による共有持分であるとの立場により親和的であるとみるのが素直であ」る、と総括している。

その相続分を第三者に譲り渡したときは、他の共同相続人は、その価額及び費用を償還して、その相続分を譲り受けることができる。」と規定する民法905条1項である。

この規定は、相続分[17]が共同相続人でない第三者に譲渡された場合、他の共同相続人は、その価額を償還して相続分を取り戻すことを認めたものである。いくらの額を償還すべきかは、相続分の取戻しに係る訴訟（譲受人たる第三者による、（同人の算定に係る相続分の価額に相当する）償還金の支払いを求める訴訟、または、取戻権者である共同相続人による、判決により額が確定した時には速やかに支払う意思があることを表明して、償還債務は（同人が算定した）償還金額を超えては存在しないことの確認を求める訴え[18]、が想定されよう）において、取戻しの対象となる相続分の価額によって定まり[19]、その額の支払いと引き換えに、譲渡人たる共同相続人から譲受人に移転した相続分が取戻しを申し出た共同相続人にさらに移転する。ここからは、具体的相続分は、遺産分割分説がいうような、遺留分減殺請求という訴訟事件または遺産分割という審判事件の手続を離れては実在せず、これらの裁判手続の前提問題として問題となる単なる数値に過ぎないのではなく、これらの事件を離れて、譲渡人、譲受人および取戻し

---

17)　谷口知平＝久喜忠彦編・新版注釈民法（27）相続（2）［補訂版］（有斐閣・2013）280頁〔有地亨＝二宮周平〕、千藤洋三「相続分の譲渡・放棄」野田愛子ほか編・新家族法実務体系（3）（新日本法規・2008）197頁、松津節子「相続分の譲渡と放棄」梶村太市＝雨宮則夫編・現代裁判法体系XII（新日本法規・2000）44頁、田中恒夫「相続分・持分権の譲受人の地位」講座現代家族法Ⅴ（日本評論社・1991）162頁等、通説は、民法905条1項において、譲渡・譲受けの対象となる相続分とは、具体的相続分であるとする。

18)　最判平成21年12月18日民集63巻10号2900頁（この判例については、市川多美子調査官による解説（同・最判解民事篇平成21年度（下）1023頁）および同解説が引用する諸評釈参照）は、遺留分減殺請求を受けた受遺者が、民法1041条所定の価額弁償の意思を表示したが、未だ遺留分権利者から価額弁償請求を受けていない段階において、当事者間において弁償すべき額に争いがあり、受遺者が、判決により額が確定されれば直ちに支払う意思がある旨を表明して、弁償すべき額の確定を求めて訴えを提起したときは、受遺者にその価額を弁償する能力がないなどの特段の事情がない限り、確認の利益があるとした。受遺者が履行の提供をした弁償の額が、その後に確定した遺留分権利者による価額弁償請求訴訟の判決において認められた額より低かった場合、履行の提供の効果がなかったことになるのでは、受遺者に看過しがたい法的不安定が生じることがその理由であり、このような法的不安定は、共同相続人が取戻しの意思を表示したが、相続分の価額に争いがある場合の共同相続人にも生じるから、このような訴えの確認の利益は認められて然るべきであり、民法905条2項の定める取戻権の行使期間は、こうした訴えが期間内に提起されれば遵守されたものとして扱うべきであろう。

19)　民法905条のいう「相続分の……価額」とは、取戻権行使時における相続分の評価額であり、無償譲渡の場合も時価による償還が必要である、とするのが通説（谷口＝久喜編・前掲注17）289頁、中川善之助＝泉久雄・相続法［第4版］（有斐閣・2000）302頁等）である。したがって、それは、取戻権行使時における譲渡に係る具体的相続分の算定により定まる。

を求める共同相続人の間を転々流通する実在であり、相続分の取戻しに係る訴訟という、遺留分減殺請求訴訟でも遺産分割審判でもない訴訟事件における償還金の額は、具体的相続分の価額によって決せられ、かつ、具体的相続分の価額は特別受益等民法が規定する実体法上の要件を充足することにより決せられるのであるから、具体的相続分は具体的権利または法律関係以外のなにものでもない。この点に関して、平成12年最判の生野調査官解説[20]は、具体的相続分の譲渡とは、譲渡人と同様に遺産分割請求をなしうる地位の譲渡にほかならず、譲渡の対象となる地位自体が権利ないし法律関係であるとしても、右地位に伴う遺産分割の分配の前提、すなわち計算上の基準となる割合自体が独立した具体的な権利であるとは直ちにはいえないとする。権利として実在するのは、遺産分割請求をなしうる地位というノッペラボーな存在であり、具体的相続分はあくまで遺産分割審判において分割の基準となる計算上の数値に過ぎず、それ自体は具体的な権利ではないという趣旨であろうが、民法905条1項の下ではこれは強弁というほかない[21]。

---

20)　生野・前掲注5）78頁。

21)　この関係で残された問題は、具体的相続分の権利性または法律関係性を肯定する場合、具体的相続分がゼロの共同相続人は、遺言の効力やある財産の遺産帰属性に関する確認の訴えの当事者適格または確認の利益を有するか、という点である。判例（最判昭和56年9月11日民集35巻6号1013頁。この判例については、淺生重機調査官による解説および同解説に引用された評釈等参照）は、共同相続人の一部が他の共同相続人に対する特定物遺贈を内容とする遺言の無効確認を求めたところ、原告の具体的相続分が争われた事案において、原告が受けた生前贈与等により原告の相続分がなくなるか否かは、将来における遺産分割の時に問題とされるべき事項であることにかんがみると、原則として遺言無効確認の利益の存否の判断においては考慮すべきものではない、としている。この昭和56年最判と、相続分の全部を譲渡した共同相続人は、積極財産と消極財産とを包括した遺産全体に対する割合的な持分をすべて失うことになり、遺産分割審判の手続等において遺産に属する財産につきその分割を求めることはできないのであるから、その者との間で遺産分割の前提問題である遺産帰属性を確定すべき必要性はなく、同人は遺産確認の訴えの当事者適格を有しないとした、最判平成26年2月14日民集68巻2号113頁（この判例については、山本弘・平成26年度重判解127頁参照）との整合性が問題となりうるが、平成12年最判の立場からは、相続分の全部譲渡が有効か否かは、具体的相続分の算定に立ち入るまでもなく判断できるが、具体的相続分は将来の遺産分割審判手続において分割の基準とされるべき観念的な数値に過ぎず、それ自体は具体的な権利または法律関係ではないのであるから、原告の法的地位に危険・不安が現存するかという問題である確認の利益の判断に具体的相続分の存否をもち込むことは、訴訟と審判の役割分担を崩すことになり許されないという形で、両判決の整合性を説明できる。これに対し、具体的相続分の権利性または法律関係性をまさにその譲渡性を介して肯定する本稿の立場では、相続分を全部譲渡した共同相続人の地位と具体的相続分が初めからゼロの共同相続人の地位とは異ならないのではないか、が問題となりうるからである。将来の検討課題としたい。

Ⅶ　むすびに

ある共同相続人が、他の共同相続人の具体的相続分がゼロである、あるいは実際よりも低い割合でしか存在しないと主張することにより、具体的相続分を譲渡しようとする当該共同相続人の地位に不安・危険を生じさせている限り、具体的相続分の確認を求める法律上の利益は認められるし、譲受人となろうとする者が将来償還請求をされたときに受け取ることができる価額、すなわち具体的相続分を予め既判力をもって確定しておくことは、譲渡人および譲受人双方の地位の安定・確実を確保するために最も有効・適切な手段である。

しかし、ここで強調されるべきは、ことは、このような確認の利益の問題に留まらず、具体的相続分が遺産分割の前提問題であり、かつ、その具体的な権利性または法律関係性が肯定される以上、公開・対審の訴訟手続により具体的相続分の存否および価額もしくは割合の終局的な確定を求める機会を具体的相続分を主張する共同相続人に保障しないとすれば、それは、最大決昭和41年3月2日（民集20巻3号360頁）の趣旨に照らし、憲法82条、32条違反となることである。遺産分割分説を支持する論者は、平成12年最判の事件がまさにそうであったように、具体的相続分の確認が求められる事例のほとんどは、一旦遺産分割審判の前提問題として判断された具体的相続分の価額ないし比率の問題を蒸し返すものであり、このような確認訴訟を認めることは遺産分割審判の効力を不安定にすることを、自説の実質的な根拠として挙げる[22]。しかし、それは、特定の財産の遺産帰属性、相続欠格を理由とする相続人資格の喪失等、遺産分割の前提問題が実体的権利または法律関係である限り、共通していえることであり、かつ、当該前提問題が実体的権利または法律関係であるかは実体法の組立てにより決まる以上、かような裸の手続政策論によって結論が左右される問題ではない。したがって、前提問題である具体的相続分の有無および割合が遺産分割手続において争われる場合には、それを審判対象とする訴訟事件の判決の確定があるまで、遺産分割審

22）　松原正明「遺産分割—特別受益をめぐる争いの確定」判タ996号（1999）132頁、雨宮則夫ほか「遺産分割に関する最近の争点（1）」自正50巻2号（1999）81頁等。

判手続を事実上停止しておくのが、遺産分割審判の効力を安定させるための賢明な措置であることは、遺産確認等の場合と同じ[23]ということになる。

【付記】
本稿は、JSPS 科研費（課題番号：25285027（研究代表者：山田誠一教授））による研究の成果の一部である。

23)　家庭裁判所が遺産分割の前提問題として算定した具体的相続分の額または割合が、後に確定した民事訴訟における具体的相続分確認判決のそれらと食い違うときは、遺産分割審判は無効といわざるをえないからである（生野・前掲注５）582 頁、注５）参照）。

共同相続人間の所有権紛争訴訟の訴訟物と既判力に関する一考察

笠井正俊

Ⅰ　はじめに

共同相続人間において、ある財産が被相続人の遺産に含まれるのか、共同相続人の一部の者の所有物であって遺産に含まれないのかが争いになった場合に現れる訴訟をめぐっては、その訴訟物、訴えの利益、共同訴訟形態・当事者適格、既判力等について判例が積み重ねられ、学説上も議論がされている。このような場合の訴訟の一形態として、共同相続人のうちの1人が、特定の財産について自分の所有物であると主張し、これを争う共同相続人を被告として提起する所有権確認の訴えがある。他方、遺産確認の訴え（特定の財産が被相続人の遺産分割前の遺産に属することの確認を求める訴え）も、その適法性が判例上確立し、学説でも承認されている。そのため、これらの訴えに係る訴訟の関係が問題となり、代表的な判例として最判平成9年3月14日（集民182号553頁・判時1600号89頁①事件）と最判同日（集民182号537頁・判時1600号89頁②事件）がある（以下、前者を「平成9年最判①」、後者を「平成9年最判②」という）。

徳田和幸先生は、この事案に関する議論をリードされ[1]、これらの判例に

1）　徳田和幸・複雑訴訟の基礎理論（信山社・2008）所収の「遺産確認の訴えの特質に関する一考察」（同書48頁以下〔初出2002〕）、「遺産確認の訴えと共有持分確認の前訴の既判力」（同書434

対する疑問を表明された[2)]。その疑問は、所有権確認訴訟と遺産共有持分確認訴訟との関係、これらの判例とそれ以前の遺産確認訴訟に関する判例との関係、遺産確認判決確定後の遺産分割審判における処理等に向けられ、特に、徳田先生は、「共同相続人間での遺産＝遺産共有持分権をめぐる訴訟においては、訴訟物や既判力の問題に関して特別な取扱いすなわち遺産共有持分権の確認は所有権確認請求には含まれていないと解することが認められてよいのではないか、また、家庭裁判所における遺産分割審判が困難になる事態を避けるためには、そのような取扱いを認める必要があるのではないか」[3)]とされている。徳田先生のいう「特別な取扱い」は、所有権確認訴訟の訴訟物から遺産分割前の相続財産の共有関係に基づく持分の確認を除外して考えるべきだとの趣旨と理解できる[4)]。

これらの徳田先生の疑問への答えは難しく、確かに何らかの意味で訴訟物または既判力の問題に関して「特別な取扱い」をする必要があると考えられる。また、徳田先生のように考えることは、平成９年最判①②の事案の実態に合致する面がある。しかしその一方で、所有権確認訴訟の訴訟物に遺産分割前の相続財産の共有関係に基づく持分（以下、「遺産共有状態での共有持分」、「遺産共有持分」などという）が含まれないと考えることにはいくつかの問題点が指摘できる[5)]。まず、そのような考えには、実体法上の権利が違うという理由付けと、実体法上の権利は同じであるが訴訟物が異なるという理由付けとがあり得るが、そのうち遺産共有持分と他の取得原因による所有権とで実体法上の性質が違うとする立論は、所有権や共有に関する実体法の解釈としての適切さが問われる（後記Ⅱ１のとおり判例理論とは抵触する）。他方、これらの実体法上の性質が同じであることを前提にしながらも、訴訟法的な考慮か

頁以下〔初出 1994〕。この二つの最高裁判決の原判決である東京高判平成 4 年 12 月 17 日判時 1453 号 132 頁の判批）参照。また、同書 375 頁以下の「共同相続人間における遺産確認の訴えと固有必要的共同訴訟」〔初出 1990〕は、本文後掲最判平成元年 3 月 28 日民集 43 巻 3 号 167 頁の判批である。

2）　①の結論を批判され、また、②の結論には賛成するが、①への批判との関連でその理由付けに疑問を示されている（特に徳田・前掲注１）60〜63 頁参照）。

3）　徳田・前掲注１）67 頁。

4）　徳田先生は、前掲注１）で「所有権確認請求の中には遺産共有持分権の確認請求も当然に含まれていると解することには、若干の疑問が残る」（60 頁）、「所有権確認請求を棄却する判決の既判力が遺産共有持分権確認請求にも及んでいると解することは疑問であ〔る〕」（61 頁）とされる。同書 443〜444 頁も参照。

5）　高橋宏志・重点講義民事訴訟法（上）［第２版補訂版］（有斐閣・2013）743 頁等参照。

ら訴訟物が分断されるのだと説明することが考えられるが、実体法上の権利として同じ権利を主張する訴訟の訴訟物を取得原因によって分断できるのか、一般的にはそれができる余地があるとしても遺産共有持分の場合にそのように解する根拠を何に求めるか、を検討する必要がある。それに、現に原告が他の所有権取得原因とともに相続による共有持分権の主張をした場合の処理（複数の訴訟物が併合されていると考えるのか。また、その訴訟の確定判決の既判力は遺産確認訴訟に及ぶのか）も問題となる。これらは、相続による持分取得を対象とした釈明義務に関する最判平成9年7月17日（判時1614号72頁。以下、「平成9年最判③」という）の理解にも関わる。

本稿は、徳田先生の上記のような疑問の提起を受け、しかしまた、その疑問に対しても反論の余地があることを踏まえ、共同相続人間での特定財産の所有権および遺産帰属性をめぐる訴訟で訴訟物または既判力に関してどのような「特別な取扱い」がされるべきなのかを検討するものである。

関連する判例に対する本稿の姿勢は、基本的にこれまでに現れている判例に従いつつ、そこからどのような帰結が導かれるかを検討するというものである。すなわち、まず、後記Ⅱ2の最判平成元年3月28日（民集43巻3号167頁）に従い、遺産確認訴訟は共同相続人全員が当事者となるべき固有必要的共同訴訟であると考える（このことについては学説も一般に肯定的である）。また、私は、判例理論を参照しつつ、遺産確認訴訟の確定判決の既判力は、原告と被告の間のみならず、原告間、被告間という共同訴訟人間にも及ぶと考えているので[6]、本稿はそのことも前提にする。さらに、平成9年最判①②③の判旨（その内容について後記Ⅱ3参照）をいずれも肯定的にとらえる。平成9年最判①については、後記Ⅲ1で批判的な諸学説を検討するが、結論としては平成9年最判①に賛成する（それを前提に平成9年最判③にも賛成する）。すなわち、徳田先生とは異なり、所有権確認訴訟の訴訟物に遺産共有状態での共有持分も含まれると解する。そうすると、平成9年最判②（その結論の妥当性は学説上一般に是認されている）を理論的にどう位置付けるかが問題となる

6）　笠井正俊「遺産確認訴訟における確定判決の既判力の主体的範囲」伊藤眞先生古稀祝賀・民事手続の現代的使命（有斐閣・2015）155頁参照。すなわち、遺産確認訴訟が遺産分割の前提問題を決着させる必要性に基づいて存在するという事柄の性質上、その確定判決の既判力は、原告・被告間のみならず、原告間、被告間という共同訴訟人間にも生ずると考える。

が、結論としては、場面を共同相続人間の訴訟に限定することを前提に、遺産分割の前提問題を合一に確定するという手続法的な必要性から、所有権確認訴訟の確定判決の既判力について、遺産確認訴訟への作用を特に制限するという「特別な取扱い」がされることを述べる[7)]。

問題となるのは訴訟物や既判力であるので、二つの訴訟（前訴と後訴）が存在し、そのいずれかまたは双方の訴訟において、共同相続人間で特定財産の遺産帰属性の有無が争いとなる場合を対象とする。平成９年最判②は、前訴が所有権確認訴訟であり、後訴が遺産確認訴訟である場合を扱っているところ、このような前訴の既判力が後訴である遺産確認訴訟に及ぶかどうかが検討課題となる。Ⅱで判例理論を整理し、Ⅲで上記のような特別の取扱いについて一般論を述べた上で、Ⅳで、前訴のうちのいくつかの類型を対象に、特別の取扱いにより既判力が制限されるべきかどうかを検討する。

なお、本稿は、いわゆる旧訴訟物理論を前提とする。また、既判力の作用は、後訴において訴えの適法性の問題として現れるのではなく、後訴の本案（請求に理由があるかどうか）の判断に対する拘束力として現れるものと理解する[8)]。

Ⅱ　判例理論

1　相続財産の共有の性質

相続財産の共有（民898条）の性質については学説上議論があるが[9)]、判例

7）　既に、山本弘教授が、平成９年最判②の判示内容の理解として論じているように（同「遺産分割の前提問題の確認の訴えに関する一考察―遺産確認の訴えの当事者適格を中心として」松本博之先生古稀祝賀・民事手続法制の展開と手続原則（弘文堂・2016）250頁）、「遺産確認の合一確定の必要性が前訴確定判決の既判力を凌駕すること」であり、私は、これを手続法的な特別の取扱いを主張されるものと理解した上で、これに賛成するものである。なお、山本教授は、平成９年最判②の判示に即して、「遺産分割審判の効力を安定させるためには、その前提となる遺産帰属性を共同相続人間において合一に確定する必要がある以上、……前訴確定判決の既判力を無視してでも、……遺産確認の訴えの原告適格および遺産確認判決を求める訴えの利益は否定できない」とし、これもそのとおりである。山本教授の論旨にも表れていると思われるが、当事者適格や訴えの利益を肯定した上で、更に本案の判断との関係で既判力の作用が問題となるので、前訴確定判決の既判力はいわば無視される場合があると考えることになる。

8）　現在の日本での多数説に従うものであり、原則として訴えの適法性の問題とする一事不再理説（松本博之・既判力理論の再検討（信山社・2006）4頁、越山和広「既判力の作用と一事不再理説の再評価」前掲注７）松本博之先生古稀祝賀459頁参照）には立たない。

9）　谷口知平＝久貴忠彦編・新版注釈民法（27）［補訂版］（有斐閣・2013）100頁〔宮井忠夫＝佐藤義彦〕参照。

は、民法249条以下に規定する「共有」とその性質を異にするものではないとしており（最判昭和30年5月31日民集9巻6号793頁）、遺産分割前のいわゆる遺産共有の下にある不動産等について各相続人（共有者）の共有持分も、通常の共有と同様のものとして存在を肯定している。また、共有者の有する権利は単独所有権者の権利と同質のもので、分量および範囲に広狭があるのみであるとされている（大判大正8年11月3日民録25輯1944頁参照）。

2 遺産確認の訴えの性質と訴訟物

遺産確認の訴えの適法性を認めた基本的判例である最判昭和61年3月13日（民集40巻2号389頁。以下、「昭和61年最判」という）は、「共同相続人間において、共同相続人の範囲及び各法定相続分の割合については実質的な争いがなく、ある財産が被相続人の遺産に属するか否かについて争いのある場合、当該財産が被相続人の遺産に属することの確定を求めて当該財産につき自己の法定相続分に応じた共有持分を有することの確認を求める訴えを提起することは、もとより許されるものであり、通常はこれによつて原告の目的は達しうるところであるが、右訴えにおける原告勝訴の確定判決は、原告が当該財産につき右共有持分を有することを既判力をもつて確定するにとどまり、その取得原因が被相続人からの相続であることまで確定するものでないことはいうまでもなく[10]、右確定判決に従つて当該財産を遺産分割の対象としてされた遺産分割の審判が確定しても、審判における遺産帰属性の判断は既判力を有しない結果〔最大決昭和41年3月2日民集20巻3号360頁を引用〕、のちの民事訴訟における裁判により当該財産の遺産帰属性が否定され、ひいては右審判も効力を失うこととなる余地があり、それでは、遺産分割の前提問題として遺産に属するか否かの争いに決着をつけようとした原告の意図に必ずしもそぐわないこととなる一方、争いのある財産の遺産帰属性さえ確定されれ

10) その趣旨について、具体的には、次のような例が挙げられている（水野武「判解」最判解民事篇昭和61年度156頁参照）。被相続人Aの子X、Yのみが共同相続人である場合に、前所有者からYに所有権移転登記がされている甲土地について、Xが、真実はAが買い受けたものであるからAの遺産に属すると主張して、法定相続分に応じた2分の1の共有持分確認の訴えを提起し、X勝訴の判決が確定し、甲土地が他の遺産とともに遺産分割の対象とされ、遺産分割審判の結果Xが甲土地を取得した場合に、Yが、甲土地はAがXとYの2人に持分2分の1ずつで生前贈与したものであって遺産ではないから、遺産分割は無効であると主張し、Xを被告として、甲土地の2分の1の共有持分をYが有することの確認の訴えを提起した場合、Yの主張は前訴の確定判決に触れない。

ば、遺産分割の手続が進められ、当該財産についても改めてその帰属が決められることになるのであるから、当該財産について各共同相続人が有する共有持分の割合を確定することは、さほど意味があるものとは考えられないところである。これに対し、遺産確認の訴えは、右のような共有持分の割合は問題にせず、端的に、当該財産が現に被相続人の遺産に属すること、換言すれば、当該財産が現に共同相続人による遺産分割前の共有関係にあることの確認を求める訴えであつて、その原告勝訴の確定判決は、当該財産が遺産分割の対象たる財産であることを既判力をもつて確定し、したがつて、これに続く遺産分割審判の手続において及びその審判の確定後に当該財産の遺産帰属性を争うことを許さず、もつて、原告の前記意思によりかなつた紛争の解決を図ることができるところであるから、かかる訴えは適法というべきである。」とする。さらに、この判例は、前記1の最判昭和30年5月31日を引用し、共同相続人が分割前の遺産を共同所有する法律関係は、基本的には民法249条以下に規定する共有と性質を異にするものではないが、共同所有関係を解消するためにとるべき裁判手続が違い（前者は遺産分割審判、後者では共有物分割訴訟）、それによる所有権取得の効力も相違する[11]という制度上の差異があるので、遺産確認の訴えを認めることは共同所有の性質が同じであることと矛盾しない旨を判示する。

また、最判平成元年3月28日（民集43巻3号167頁。以下、「平成元年最判」という）は、共同相続人間の遺産確認の訴えは固有必要的共同訴訟であるとしたものであり、その根拠との関係で昭和61年最判を引用し、この訴えが、当該財産が現に共同相続人による遺産分割前の共有関係にあることの確認を求める訴えであること、請求認容判決が確定することによりその後の遺産分割審判の手続とその審判確定後に遺産帰属性を争うことを許さないとするものであることを挙げている。

これらの判例が示す遺産確認の訴えの訴訟物[12]は、「当該財産が現に被相

---

11)　所有権取得の効力が違うというのは、遺産分割審判では遺産帰属性の判断に既判力が生じない結果、その後の訴訟で遺産帰属性が否定され、共同相続人の所有権取得の効果が覆され得るのに対し、共有物分割の判決による所有権取得の効果はもはや争えなくなるという意味であるとされている（水野・前掲注10）151頁参照）。

12)　ここでは訴訟物の語を、原告によって主張される権利自体という最狭義の訴訟物（三木浩一ほか・民事訴訟法［第2版］（有斐閣・2015）46頁〔菱田雄郷〕参照）の意味で用いている。

続人の遺産に属すること」、すなわち「当該財産が現に共同相続人による遺産分割前の共有関係にあること」であるということになる。

3 所有権確認訴訟の既判力と遺産共有の関係

Ⅰで挙げた平成9年最判①（最判平成9年3月14日判時1600号89頁①事件）は、原告Xの被告Yに対する土地所有権確認請求訴訟（前訴）で請求棄却の判決が確定した場合、その事実審口頭弁論終結時においてXが本件土地の所有権を有していない旨の判断について既判力が生ずるので、その後のXのYに対するXの共有持分に基づく所有権一部移転登記手続請求、および、Yからの反訴としてのXが共有持分権を有しないことの確認請求において、Xが前訴事実審口頭弁論終結時以前に生じたAからの相続を原因とする共有持分の取得を主張することはできないとして、Xの請求を棄却し、Yの反訴請求を認容したものである。

次に、平成9年最判②（最判平成9年3月14日判時1600号89頁②事件）は、平成9年最判①の関連事件であり（原判決は同じで、①はXの上告によるもの、②はYの上告によるもの）、X、YおよびZがAの共同相続人である場合に、「上記前訴の確定判決は、X・Y間において本件土地についてのXの所有権の不存在を既判力をもって確定するにとどまり、Xが相続人の地位を有することや本件土地が被相続人の遺産に属することを否定するものではないから、Xは、遺産確認の訴えの原告適格を失わず、共同相続人全員の間で本件土地の遺産帰属性につき合一確定を求める利益を有する」旨を述べ、XとZが原告となってYを被告として提起した遺産確認の訴えの適法性を認めた。

この平成9年最判②については、昭和61年最判と平成元年最判が、当該財産が現に共同相続人による遺産分割前の共有関係にあることの確認と、当該財産が遺産分割の対象である財産であることの既判力による確定とを同一視していたのに対し、前者（共有関係の確認）を明言せずに、後者（遺産分割対象であることの確定）のみに言及していることに注目する見解が示されている[13]。その見解が示唆するように、固有必要的共同訴訟における当事者適格と前訴確定判決の既判力との関係が問題となったこの事案において、実体法的な権利の性質という前者の問題を背後に退かせることによって既判力の抵

13） 高見進「判批（平成9年最判①②）」リマークス16号（1998）138頁、徳田・前掲注1）62頁。

触の問題を避けるという配慮をしたことも窺える。そして、その結果として、判例上、遺産確認の訴えの目的について、遺産分割の前提問題の解決のための手段に特化したものであるという性格付けがより明確に現れてきたとも評価し得る（近時の最判平成22年10月8日民集64巻7号1719頁や最判平成26年2月14日民集68巻2号113頁も、遺産確認の訴えの利益や当事者適格について、専ら遺産分割の前提問題を解決する必要性という観点から検討している）[14]。しかしながら、平成9年最判②も前掲最判平成26年2月14日も、昭和61年最判と平成元年最判を引用しつつ判断を示しているのであって、昭和61年最判が基本的判例として維持されていることは明らかであるので、遺産確認の訴えについて、共有関係の確認という性格付けを判例理論が放棄しているとまではいえない。

そうすると、所有権確認訴訟と遺産確認訴訟の関係を考える際にも、判例が遺産確認訴訟の訴訟物は共同相続人による遺産分割前の共有関係であるという立場を維持していることを意識する必要がある。

また、前掲最判平成9年7月17日（平成9年最判③）は、原告が不動産の単独所有を主張して、不動産の所有権の確認、所有権移転登記手続等を請求した訴訟において、被告が、原告（および被告）の被相続人による所有権取得を主張して原告の所有を争っている場合に、当該被相続人が死亡したことが認められるときには、原審としては、このように請求の一部について請求原因となるべき事実を当事者の主張に基づいて確定した以上は、適切に釈明権を行使するなどした上でこの事実を斟酌し、原告の請求の一部を認容すべきかどうかを審理判断すべきである旨を判示している。共有の実体法上の性格に関する前記1の判例の考え方と既判力に関する平成9年最判①を前提として、事実審の釈明義務を肯定したものである。

Ⅲ　所有権確認訴訟と遺産確認訴訟の関係

1　所有権確認訴訟の訴訟物と遺産共有状態での共有持分

平成9年最判①に対してはいくつかの観点から批判が示されているが[15]、

---

14)　笠井・前掲注6）164頁参照。

15)　徳田・前掲注1）58頁に整理されている。なお、平成9年最判①に対する批判としては、具体的な訴訟の経過に応じた主張の期待可能性や裁判所の釈明義務違反に注目する考え方や信義則による調整を図る見解（福田博裁判官の反対意見を含む）もあるが、本稿ではこれらについて詳論でき

訴訟物および既判力の観点から共同相続人間の所有権確認訴訟（前訴）と遺産確認訴訟（後訴）との関係を考える本稿の問題意識に基づき、ここでは主に、前訴の訴訟物に関し、遺産共有持分の主張を他の取得原因による所有権の主張と分断する可能性を示唆する次の諸説を検討する。なお、その前提として、実体法上の権利として一つの権利を主張する訴訟の訴訟物をその発生原因によって分断することがそもそもできるのかという問題があるが、少なくとも立法によるのであればそういった訴訟物の分断は可能であると考えられるし[16)]、それを解釈論で展開することも許容されるであろう。

木川統一郎説は、一般的に所有権確認訴訟の訴訟物は所有権の取得原因ごとに異なるとする[17)]。しかし、実体法的に原告の所有権の性質が取得原因ごとに異なるとするのは無理であるし、所有権確認の訴えは現在の所有権争いを解決するために訴えの利益が認められるのが基本であることからすると、訴訟物は、取得原因を問わず現在の所有権であると考えるのが訴訟法的にも素直であるので、木川説に従うのは難しい。

上田徹一郎説は、所有権確認の訴えについて、単独所有権の確認を限度とし、遺産帰属性ないし共有持分についての一部認容判決を求めないという原告による訴訟物（申立事項）の限定の余地を認め、対象財産について共同相続人の双方が自己の単独所有を主張し、遺産に属しないことを前提として争っている場合には、共有持分権は訴訟物に含まれないので既判力で遮断されないとする[18)]。また、新堂幸司説は、平成９年最判①の前訴判決における訴

ない。結論としては、これらの批判にもかかわらず、平成９年最判①の結論を支持すべきものと考えている。

16)　なお、私は、実体法上は一つの権利を主張する訴訟の訴訟物が、その発生原因によって複数になり得る例として、最近の立法である「消費者の財産的被害の集団的な回復のための民事の裁判手続の特例に関する法律」（消費者裁判手続特例法）による共通義務確認訴訟があると考えている（笠井正俊「共通義務確認訴訟の構造―特に、訴訟物、当事者適格、判決効」法の支配182号（2016）70頁参照）。共通義務の確認の訴えは、相当多数の消費者に共通する事実上および法律上の原因に基づく金銭支払義務の確認を求める訴えである（同法２条４号）。このことから、確認の対象となる共通義務（訴訟物）は、個々の消費者の実体法上の権利を基礎とするものであるが、消費者間で共通する事実上または法律上の原因ごとに訴訟物が別個となる場合があると解される（例えば、１個の給付に基づく不当利得返還義務でも、詐欺取消しを共通原因とする義務と錯誤無効を共通原因とする義務とでは訴訟物が異なる）。

17)　木川統一郎「法律要件と請求原因」民事訴訟政策序説（有斐閣・1968）321頁、328頁参照。平成９年最判①②の事案を対象とするものとして大津卓也「所有権取得原因事実の主張は攻撃防御方法か」判タ887号（1995）４頁、10頁も、所有権確認や所有権に基づく物上請求の訴訟物を所有権取得原因ごとに構成するのが正しいとして、平成９年最判①②の原判決を批判する。

18)　上田徹一郎「判批（平成９年最判①②）」民商117巻６号（1998）910頁参照。

訟物レベルの争いは、単独所有権の存否の争いであり、ここにはXの共有持分権の存否の争いは含まれておらず、前訴判決の既判力は後者の主張を遮断するところまでは及ばないとし、単独所有権の確認のみに限定したいわば一部請求であるとする[19]。しかし、共有持分が単独所有権に対する量的な一部であることは明らかであるが、単独所有権の主張が共有持分を含む所有権の主張の量的または質的な一部であるとすることは実体法的な所有権の性質との関係で整合しないし、所有権確認の訴えの訴訟物について取得原因ごとに分断できる場合があるとする趣旨だとすると、その適否が問われることになる（このことは、徳田説との関係で後述する）[20]。

徳田説は、Ⅰで挙げたように、所有権確認訴訟の訴訟物に遺産共有状態での共有持分が含まれないとする。それが、実体法上の性質の違いをいう趣旨であるとすると、前記Ⅱ1のような判例理論と抵触するが、徳田説は、判例理論を意識しつつも、同様に相続を取得原因とする所有権であっても遺産分割前の共有持分権と遺産分割後の所有権とは区別して考える余地があるとする[21]。また、中山幸二説も、共同相続による共有関係は、通常の所有権または共有関係との関係で独自の訴訟物を成すとし、買得を理由とする単独所有権の主張は、共同相続に基づく共有関係の主張とは、訴訟物を異にすると論ずる[22]。しかしながら、遺産分割前であっても所有権の主張や行使を第三者に対してすることをも視野に入れると、実体法上所有権の性質が異なると解することや、遺産共有持分は通常の所有権とは別の訴訟物となるとの考え方には疑問がある。他方、特に共同相続人間での訴訟に場面を限定して、訴訟法的な考慮から訴訟物が分断されるのだと説明することは成り立ち得る議論である。しかし、徳田説や中山説の議論が、原告が他の共同相続人に対して相続（遺産共有）を所有権（その一部の共有持分）の取得原因として主張した場

19）　新堂幸司「既判力と訴訟物再論」原井龍一郎先生古稀祝賀・改革期の民事手続法（法律文化社・2000）256頁、267頁参照。主張の期待可能性や訴訟運営論の観点も示されているが、上田説にも近いとされており（271頁）、訴訟物の性質論でもあると理解できる。

20）　なお、遺産に属することが当事者の主張に表れないならば、共同相続人であることも当事者の主張に表れないことがあり得るので、共同相続人ではない者に対する所有権確認の訴えでも同じことがいえるのでなければ一貫しないのではないかという問題も指摘し得る。

21）　徳田・前掲注1）442頁。なお、平成9年最判①②の第1審判決（東京地判平成3年9月27日家月46巻2号153頁）も、Xが請求しているのは相続によって取得した共有持分権に基づく所有権一部移転登記手続請求であって、これは、前訴の判決によって既判力をもって否定された所有権移転登記手続請求権とはその質を異にすると判示しているので、同様の見地に立つものと理解できる。

22）　中山幸二「遺産確認の訴えの法的構造」早稲田法学69巻4号（1994）223頁参照。

合をも視野に入れ、別の取得原因による単独所有権の主張とは請求の併合の関係に立つとまでする趣旨かどうかは必ずしも明らかでない。そこまでいうのであれば一貫するが、上記の木川説に対する疑問に関して述べたように所有権確認の訴えは現在の所有権争いを解決するために訴えの利益が認められるものであることからすると、そのような請求の併合には不自然さが否定できない。

以上のように、前訴たる所有権確認訴訟の訴訟物の範囲を取得原因によって限定する考え方には疑問があるといわざるを得ない。むしろ、訴訟物としては、共同相続人間の訴訟であろうとそれ以外の者を被告とする訴訟であろうと、所有権確認訴訟の訴訟物は取得原因にかかわらず現在の所有権であるとするのが、実体法的にも訴訟法的にも素直である。そうすると、平成9年最判①や平成9年最判③の立場に賛同すべきである。

2　所有権確認訴訟の確定判決の既判力の遺産確認訴訟への作用

それでは、平成9年最判②の結論はどのようにして正当化され得るか。

前記Ⅱ3でみたように、平成9年最判②が直接的に判示したのは遺産確認の訴えの適法性（共同相続人X・Y・ZのうちX・Y間において、ある土地のXの所有権の不存在が既判力をもって確定している場合であっても、Xは遺産確認の訴えの原告適格を失わないこと[23)]）であるが、この最高裁判決は、原判決がXとZによる遺産確認の請求を認容した判断を上告棄却判決により維持している。本件の上告理由が訴えの適法性のほか遺産性の有無にも言及していることや既判力の作用が職権調査事項であることからして、平成9年最判②は原判決に既判力の抵触はないと判断していると解すべきこととなる[24)]。要するに、X・Y

23)　そこで問題となったのは、Xが共同所有関係から実体的に離脱したと処遇されることにより原告適格を失うのかという事柄のようである（奈良次郎「判批（平成9年最判①②の原判決である前掲東京高判平成4年12月17日）」リマークス8号（1994）147頁、平成9年最判①②の登載誌匿名コメント判時1600号（1997）91頁参照）。近時、本文前掲の最判平成26年2月14日は、共同相続人のうち自己の相続分の全部を譲渡した者は遺産確認の訴えの当事者適格を有しないとしたが、平成9年最判②は、特定財産の所有権確認訴訟で所有権がないとされた者が当該財産の遺産確認訴訟で相続分全部譲渡者と同じように処遇されるのかという問題を取り扱ったとみることもできよう。なお、この事案ではXとZが共同原告となっており、固有必要的共同訴訟の要件も満たすので訴えが適法とされているが、判旨自体はXの原告適格のみを述べている。もっとも、既判力に関するこの判例の射程との関係では、Zの存在の意味を検討する必要がある（本文後記Ⅳ参照）。

24)　奈良・前掲注23）147頁は、原判決では、共有関係の存在が請求原因と無関係のものと取り扱われ、前訴の既判力問題が実質的に争点から抜けていることを指摘する。

間の確定判決の既判力によりXの所有権の不存在が確定していても、その判決に係る事実審口頭弁論終結前の相続開始を理由とするXとZのYに対する遺産確認請求を認容することは、既判力に抵触しないというのが平成9年最判②の趣旨である。ところが、前訴口頭弁論終結時にXに所有権がないということは、それと同質で量的な一部である共有持分がXにないことをも意味する（平成9年最判①③はこれを前提とする）。他方、遺産確認訴訟の訴訟物は、前記Ⅱ2・3でみたように共同相続人による遺産分割前の共有関係であるので、その発生原因が前訴事実審口頭弁論終結後の相続開始でない限り、前訴判決が確定した「Xの所有権（共有持分）の不存在」と抵触することになる。本来の既判力の作用からすると、Xを共有者とする共有関係は存在しない、すなわち、当該財産が遺産であるとは認められないので請求に理由がないという帰結になるはずである。しかし、平成9年最判②はこの請求を認容している。そうすると、平成9年最判②のような場面では、本来作用すべき既判力を否定するのが判例理論であるということになる。

これは、Ⅰで結論として述べたように、所有権確認訴訟の確定判決の既判力の作用が遺産確認訴訟との関係で制限されるという「特別な取扱い」であり、私は、平成9年最判②の事例のような一定の事案では、それが正当であると考える。では、その射程はどこまで及ぶべきか。その射程を考える上でも、このような既判力の制限が正当化される理由が問題となるが、それは、遺産確認訴訟が、共同相続人間で、遺産分割手続やその結果を安定させるために、当該財産が遺産分割の対象であることを既判力により確定することに存在意義を有し（昭和61年最判）、合一確定を要する固有必要的共同訴訟であること（平成元年最判）に求められるべきであろう。共同相続人の間に所有権確認訴訟の前訴確定判決が存在していても、それをそのまま妥当させたのでは遺産分割手続やその結果の安定を損なうおそれがある場合には、遺産確認訴訟において、遺産分割の前提問題を合一に確定するという手続法的な必要性から、所有権確認訴訟の既判力の遺産確認訴訟への作用を特に制限することが正当化される。いわば遺産確認訴訟の優越性を認め、既判力の上書きの可能性を認めることになる。既判力はいわゆる制度的効力であって、その制限を肯定するには慎重な考慮が必要であるが、遺産分割手続および遺産確認訴訟という制度の存在意義との関係で、このような特別な取扱いを判例理論が生み出したと考えられる[25)]。

次に、節を改めて、所有権確認の前訴のいくつかの類型を想定して、どのような場合にこういった遺産確認訴訟の優越性が認められるべきかを検討し（私の理解に基づく平成9年最判②の射程を考えることになる）、これによって、ここで述べた一般論の妥当性を検証することにする。

Ⅳ　所有権確認の前訴の内容ごとの検討

1　前訴の当事者が共同相続人の一部の者であった場合

(1)　所有権確認の前訴で原告の請求が全部棄却されていた場合　平成9年最判②の事案は、共同相続人にX・Y・Zの3人がおり、前訴では、そのうちの2人が当事者で、原告Xが土地の単独の所有権を主張してその確認の訴えを提起し、被告Yが自己の単独所有を主張してこれを争い、Xの請求を棄却する判決が確定し、その後、XとZが共同原告となってYを被告として遺産確認の訴えを起こしたという事案であった。前訴でYが自己の単独所有を主張したか、単に（前主からの第三者による買受け等を主張して）Xの所有権取得原因事実を否認したかは、いずれにせよ理由中の判断の対象であり、既判力が生ずる事項を左右しない[26)]。

25)　一定の類型の訴訟の確定判決について、法律の規定が、民事訴訟法の一般原則とは異なる範囲で既判力を生じさせる場合がある。既判力の主体的範囲を拡張するものとして人事訴訟法24条1項、行政事件訴訟法32条、会社法838条等があり、客体的範囲に関しては、訴訟物の範囲をどう考えるかの解釈にもよるが、人事訴訟法25条や民事執行法34条2項・35条3項は訴訟物の範囲を超えて既判力を発生させる規定と解釈する余地がある。訴訟物や既判力の範囲を動かすものではないが、再審事由の主張を制限する特許法104条の4等も実質的には既判力の効果を通常の場合よりも強めるものといえる。他方、既判力の作用を一般原則よりも限定することができるのかが問題となるが、少なくとも立法によれば可能であり、私は、注16）で挙げた消費者裁判手続特例法に関し、法定訴訟担当として特定適格消費者団体が追行した共通義務確認訴訟の既判力は、同法9条により、民事訴訟法115条1項2号の規定にかかわらず、届出消費者（同法30条2項1号）にしか及ばないという限定がされているものと理解している（笠井・前掲注16）75頁参照）。また、高橋宏志・重点講義民事訴訟法（下）［第2版補訂版］（有斐閣・2014）358頁が上記会社法838条について述べるように、請求棄却判決の既判力は当事者にしか及ばないが請求認容判決が対世効を有する事項では、先に請求棄却判決が確定していても請求認容判決の対世効が優先することとなる。これは、多数人の法律関係の画一的確定のために、請求棄却判決の既判力を制限するものといえる。本文で述べたのは、判例が有権的な法解釈を通じてする既判力の限定であるが、このような方法も、遺産分割手続と遺産確認訴訟という制度の合理性を確保するために正当なものと認められるべきであろう。

26)　なお、仮に前訴でのYの否認の理由が前主からAが買い受けたというもので、Aが死亡しXがその相続人であることが弁論に表れている場合には、平成9年最判③のように釈明義務違反の問

これらの場合、Xの所有権がない（したがって共有持分もない）という前訴確定判決の判断に生じた既判力は、後訴である遺産確認訴訟においてその土地が前訴事実審口頭弁論終結前の相続を原因とする遺産である（X・Y・Zによる遺産共有の状態にある）という裁判所の判断を妨げない。これが前記Ⅲ2で述べた遺産確認訴訟の優越性であり、X・Y間では前訴確定判決の既判力が制限されている。これに対し、訴えが適法であることを前提として、後訴裁判所が、遺産に当たらないとして請求を棄却する判決をする場合には、既判力の抵触という問題は起こらない（後訴裁判所は、既判力によって請求棄却判決をすることが義務付けられるわけではないが、請求棄却判決をしても既判力に反しない）。

ところで、XがYを被告として遺産確認の訴えを起こす場合、固有必要的共同訴訟の要件を満たすために、XがZと共同原告となるときとXがYおよびZを共同被告とするときとがあり得るが、そのいずれであっても、遺産確認訴訟は、Ⅰで述べたように原告間や被告間も含めて全共同相続人の間に遺産であるか遺産でないかの合一確定をもたらすためのものと解されるので、その適法性や既判力の働き方に違いは生じない。平成9年最判②の判示は、前訴で当事者にならなかったZが遺産確認の後訴で被告となる場合の訴えの適法性や合一確定の必要性を否定しているわけではない。したがって、所有権確認の前訴で棄却判決を受けたXが、YとともにZを被告として遺産確認の訴えを提起した場合も、訴えは適法であり、また、この場合に、その受訴裁判所は、請求認容判決をするのに既判力の制限を受けないと解するのが相当である[27]。

(2)　所有権確認の前訴で原告の請求が全部認容されていた場合　それでは、XのYに対する所有権確認の前訴で請求が全部認容されて確定していた場合には、どのようになるか。Xが、前訴事実審口頭弁論終結前の相続を請求原因として遺産確認の訴えを起こすことは想定できないので、YかZが

題が生ずるが、それによって既判力が縮小する（山本和彦「法律問題指摘義務違反による既判力の縮小」民事訴訟法の現代的課題（有斐閣・2016〔初出1998〕）284頁参照）とは考えない。

27)　Zが遺産であることは肯定しつつもあえて原告とならないような場合があり得ることを考えると、この結論が是認されよう。これに対し、YもZも当該財産が遺産であることを否定している場合に、この結論が妥当かは問題となるが、既判力の作用を制限するのも一種の制度的効力であることからすると、Zの争い方等に左右されないと解するのが理論的に一貫しており、あとは、信義則等による調整の余地が残るのみであろう。

Xを被告として遺産確認の訴えを起こす場合を考える。XとYの間では、前訴確定判決の既判力により、Xに所有権があること、および、実体法上の一物一権主義を介して、Yに所有権がないことが確定している。しかし、この場合でも、Yは、平成9年最判②のXと同じように、自ら原告となり、Xを被告として（Zは共同原告または共同被告である必要がある）、遺産確認の訴えを適法に提起することができ、請求認容判決を得ることもできると解される。ZもXとYを共同被告として遺産確認の訴えを提起することができ、その請求認容判決はX・Y間でも遺産帰属性を確定すると解される（前記Ⅰ参照）が、これも許容される。これらの遺産確認訴訟の請求認容判決は、Xの単独所有であるという前訴確定判決の既判力をX・Y間で制限するものであるが、共同相続人間での合一確定を図る遺産確認訴訟が優越する必要がある。

(3)　消極的遺産確認訴訟の可能性　このような場合、Xとしては、前訴で、YとZを被告として、消極的な遺産確認の訴え（当該財産が被相続人Aの遺産に属さないことを確認する旨の判決を求める訴え）を提起しておけば、その勝訴確定判決の既判力により、YまたはZからの遺産確認の後訴について請求棄却判決を得ることができた。このような消極的遺産確認訴訟は、共同相続人間において、ある財産の遺産帰属性に争いがある場合に、固有必要的共同訴訟として、その適法性が認められるものと解される[28]。そして、遺産確認訴訟の既判力が共同原告間や共同被告間にも及ぶという立場（Ⅰ参照）からは、消極的遺産確認訴訟の既判力も、原告・被告間のみならず共同原告間や共同被告間にも及ぶことになる。

なお、Xのこのような確認の利益は、YまたはZが遺産帰属性を主張していることによって認められるが、仮にYもZも遺産帰属性を主張せずに、自己の単独所有を主張するなどしてXの所有権を争っているときには、XがYとZに対して単独所有権確認の訴えを提起し、それで請求全部認容の確定判決を得れば、後記**2(2)**で述べるように後の遺産確認訴訟でも勝訴できると解される。

(4)　前訴が遺産共有を理由とする共有持分確認訴訟であった場合　共同相続人がX（相続分2分の1）、Y（同4分の1）、Z（同4分の1）で、Xが土地につい

28)　上田徹一郎「消極的遺産確認訴訟」前掲注19）原井龍一郎先生古稀祝賀75頁参照。

ての遺産共有を主張して、その土地の単独所有を主張するＹを被告として、２分の１の共有持分確認の訴えを提起した場合、確定判決でその請求が認容されても棄却されても、その後、Ｘ、Ｙ、Ｚのいずれも、遺産確認の訴えを提起し、請求認容判決を得ることが可能である。前訴が請求棄却判決でＸが遺産確認の訴えを提起した場合に、後訴裁判所がその請求を認容できるというのが、平成９年最判②の場合と同様に、Ｘ・Ｙ間に生じた前訴確定判決の既判力が制限される場面である。また、前訴で請求認容の確定判決がされていても、Ｙは遺産分割後にその遺産帰属性を否定することが可能であるが[29)]、そのことからすると、Ｙは、前訴判決確定後・遺産分割前[30)]に消極的遺産確認の訴えを提起することが可能であり、そこでも、Ｘに共有持分があることに生じていた既判力が制限されて、請求認容判決が可能となると解すべきである。

2　前訴の当事者が共同相続人の全員であった場合

(1)　**共同相続人が二者の場合**　　平成９年最判②に関しては、その結論（訴えが適法であること）が正当であることの理由として、Ｚが前訴の当事者ではなかったことを挙げる考え方が多い[31)]。それでは、仮に、被相続人Ａの共同相続人がＸとＹだけであり（ここでは相続分各２分の１とする）、前訴でＸがＹに対してある土地の単独所有権を主張して所有権確認の訴えを提起して判決が確定していた場合、後訴の遺産確認の訴えはどのように取り扱われるべきか。

前訴でＸの請求を全部認容する判決が確定した後、Ｙが、Ｘを被告として、その事実審口頭弁論終結前の相続を原因としてその土地について遺産確認の訴えを提起したとする。この訴えについては、ＸとＹが亡Ａの共同相続人の全員であり、その間で遺産帰属性に争いがあることからすると、訴えの適法性自体は認められるものと解する。平成９年最判②は当事者適格の問

29)　本文前記Ⅱ２の昭和61年最判の判示および注10）掲記の例参照。

30)　消極的遺産確認の訴えは、遺産分割の協議や審判がされた後は、それらの効力を争う場合であっても、より直接的に紛争を解決する現在の権利（注10）掲記のような共有持分）の存在確認の訴えによるべきなので、訴えの利益がなくなると解される。

31)　平成９年最判①②の原判決（前掲東京高判平成４年12月17日）のほか、徳田・前掲注１）62頁、高見・前掲注13）139頁、高橋・前掲注５）736頁等参照。

題として判示をしているが（前記Ⅱ3、Ⅲ2参照）、上告理由との関係でそのようになったとも理解でき、また、判決の結論自体は当事者適格を認めているところ、ある財産を所有しているかどうかは本来本案の問題であることからして、前掲最判平成26年2月14日が当事者適格を否定した相続分全部譲渡者とは異なり、前訴たる所有権確認訴訟で敗訴した共同相続人が当事者適格を失うとはいえないと思われる。

それでは、Yの遺産確認の請求は認容され得るか。遺産確認訴訟の優越性による前訴確定判決の既判力の制限という本稿の一般論を徹底すれば、その結論もあり得ないではないが、共同相続人の全員であるXとYの間で、Xの所有であることが既判力をもって確定し、したがって、遺産ではないことが確定している（前訴事実審口頭弁論終結前の相続を原因とする遺産共有の主張は遮断される）場合にまで、既判力の制限を認めるのは妥当ではない。したがって、Yの請求は、訴訟物に矛盾関係がある場合の既判力の作用により、棄却されるべきである[32]。特別な取扱いは、限定的な場面でのみ妥当するということである。

次に、これとは異なり、XのYに対する所有権確認の前訴でXの請求を全部棄却する判決が確定した後、XがYに対して遺産確認の訴えを提起した場合の取扱いが問題となる。訴えは、前訴が請求認容であった上記の場合と同様に適法であると解されるが、この場合、本案の問題に関し、平成9年最判②の射程がかなり先鋭的な形で問題となり、既判力の作用により請求が棄却されるとする考え方も成り立ち得る。しかし、前訴確定判決は、平成9年最判②が判示した場面と同じく、Xが相続人の地位を有することやその土地が被相続人の遺産に属することを否定するものではない。また、このような場合にYが遺産確認の訴えを提起することはあり得るところであり、そこで請求を認容することは既判力に反しない（後訴裁判所の判断からすると、前訴のXの請求は遺産共有持分の限度で一部認容されるべきであったということになるが、それを理由に後訴でYの遺産確認請求を棄却することはできないはずである）。それらのことを考えると、遺産帰属性をX・Y間で合一に確定するためにXが提起した遺産確認の訴えにおいても請求を認容することが可能である（既

32）上田・前掲注28）77頁は、この結論を採ると理解できる。

判力が制限され得る）と解すべきである[33]。

なお、ＸのＹに対する前訴が遺産共有を前提とする２分の１の持分確認の訴えで、請求が認容されて確定した場合（Ｘの単独所有権確認訴訟で遺産共有を理由に持分２分の１の限度で請求が認容され、その余の請求が棄却された場合も同様）には、昭和61年最判の判示に表れている場面（注10）も参照）と同様に、Ｘは遺産確認の訴えで請求認容判決を受けることができるし（ただし、前訴の遺産帰属性の判断は理由中の判断であるので、後訴裁判所が請求棄却判決をすることは既判力に反しない）、Ｙの遺産確認請求が認容されることもある。Ｘの２分の１の持分確認の訴えで請求全部棄却判決が確定していた場合でも、上記の単独所有権確認請求の全部棄却判決が確定していた場合と同様に、Ｘの遺産確認請求が認容される余地はあると解される。

(2)　共同相続人が三者（以上）の場合　　共同相続人がＸ・Ｙ・Ｚであり、前訴が①原告Ｘの共同被告Ｙ・Ｚに対する単独所有権確認の訴えであった場合や、②原告Ｘの被告Ｙに対する単独所有権確認訴訟にＺが自己の単独所有権確認の請求を定立してＸ・Ｙを相手方として独立当事者参加をしたというものであった場合については、どのように考えるべきか。

①の場合、Ｙ・Ｚ間には既判力が生じないが、Ｘが単独所有権を有することがＹとの関係でもＺとの関係でも既判力をもって確定した場合には、ＹまたはＺが遺産確認の後訴を提起しても、前記(1)で挙げたもののうちＸ・Ｙ間でＸの単独所有権が確定している場合と同様に、既判力が制限されることはなく、請求が棄却されるとするのが妥当な結論である。Ｘの請求が棄却されて確定した場合には、前記(1)で述べたところからして、Ｘ・Ｙ・Ｚのいずれも遺産確認の訴えを提起して請求認容判決を得ることは可能であろう。

②の場合は、Ｚの単独所有権が確定判決で認められれば、①の場合と同様に、既判力が作用することによって、ＸとＹはその後の遺産確認の訴えで請求認容判決が得られないと解される。他方、Ｘの単独所有権が認められ、

---

33)　なお、前訴で請求棄却判決を受けたＸの立場をＹの立場とは異なると解するならば、むしろ原告適格の問題としてＸには原告適格はないがＹには原告適格があるという立論もあり得て、平成９年最判②もそのような見解に立つのかもしれないが、そのあたりは明らかではない。しかし、共同相続人でありながら、原告適格はないが被告適格はあるとするのも不自然であり、本稿では、全て本案の問題とし、かつ、Ｘの遺産確認請求も認容され得ると考えるものである。

X・Y 間で請求認容判決、Z・X 間、Z・Y 間では請求棄却判決がされて確定した場合はどうか。X・Y 間では X に所有権があることに既判力が生じている。X・Z 間では、X の Z に対する請求が定立されていないため、X に所有権があることが確定していないが[34]、Z の所有権がないことは確定している。これらからすると、Y や Z が遺産確認の訴えを提起しても、前訴の既判力により請求棄却判決を受けることになると解すべきであろう。前訴で X の請求も Z の請求も全部棄却された場合や遺産共有持分の限度で一部認容された場合には、その後、X、Y、Z のいずれも遺産確認の訴えを他の共同相続人全員を当事者として提起することができ、請求認容判決がされる可能性があるということになる。

V　結びに代えて

以上のように、共同相続人間の所有権確認訴訟（前訴）の確定判決の既判力は、遺産確認訴訟（後訴）との関係で制限される場合があるとするのが本稿の考え方である。まず、共同相続人のうちの一部の者の間での所有権確認訴訟の確定判決の既判力は、共同相続人全員の間での遺産帰属性の有無の合一確定の必要性に基づき、遺産確認訴訟との関係で制限され得る。他方、前訴で共同相続人全員が当事者になっていた場合、そのうちの1人の単独所有であることを確認する判決が他の全員との間で確定した場合には、後訴で、その事実審口頭弁論終結前の相続を原因とする遺産確認の訴えが他の当事者から提起されても、前訴判決の既判力により、請求が棄却される。また、前訴で当事者（共同相続人全員）の一部の者の間で1人の単独所有であることを確認し、かつ、その1人とその他の者との間ではその他の者全員に所有権がないことを確認する判決が確定していた場合にも、遺産確認の後訴では、前訴判決の既判力により請求が棄却される。しかし、前訴で共同相続人全員が当事者になっていても、その他の場合（所有権確認請求が全部棄却されていた場合、共有持分確認判決がされているにすぎない場合等）では、やはり遺産確認訴訟との関係で既判力が制限されることがある。

34）なお、伊藤眞・民事訴訟法［第4版補訂版］（有斐閣・2014）535 頁は、この理解と異なり、Z も X の所有権を争うことが禁じられるとする。

これが本稿の一応の結論であり、判例を前提に、訴訟物と既判力に関する理論的な説明を試みつつ、具体的な妥当性も目指したつもりであるが、一般論も具体例での結論も、不十分なところや誤解に基づく部分があるのではないかと恐れている。一つの試論として提示するので、様々な角度からご批判をいただければと願っている[35]。

ところで、平成9年最判①②の事例で、X・Y・Z間の遺産分割の審判をする家庭裁判所が、当該財産についての前訴（所有権確認訴訟）の確定判決（XのYに対する請求を棄却したもの）の存在を考慮すべきかという問題が論じられている[36]。この問題については、遺産確認の後訴で遺産帰属性を認める請求認容判決が出された以上、所有権確認の前訴の確定判決の既判力はそこで制限を受け、いわば上書きされることになるという本稿の立場からは、所有権確認訴訟の確定判決の内容が法的な意味での拘束力を遺産分割審判に及ぼすことはない[37]と割り切るのが一貫すると思われる。これについても異論があろうかと思うので、今後更に考察を深めたい。

35)　なお、所有権確認訴訟の手続の中で遺産確認の訴えが反訴等の形で提起されることが、紛争の一回的解決のために望ましい場合があるが、本稿は、そういった手続運営の問題には立ち入らなかった。

36)　平成9年最判①②の原判決（前掲東京高判平成4年12月17日）、徳田・前掲注1）63頁、高橋・前掲注5）741頁（複数の考え方について詳細に論じられている）等参照。

37)　田中壮太ほか・遺産分割事件の処理をめぐる諸問題（司法研修所・1994）23頁等参照。なお、高見・前掲注13）139頁は、前訴判決も考慮して遺産分割をすべきであるとするが、厳密な意味では既判力の拘束はないとする。

第 7 編

執行・保全

預金債権の探索的差押え

内山衛次

Ⅰ　はじめに

債権執行の対象となる権利は、独立の財産的価値をもち、差押え当時に債務者に属するものでなければならない。この被差押適格は、執行裁判所が差押命令の発令にあたり、申立書の記載に従い、その記載どおりの差押目的債権の存在と帰属を措定して調査する[1]。申立書には、目的債権の種類・額その他これを特定するに足りる事項を掲げなければならないことから（民執規133条2項）、この特定は被差押適格の判定に役立つ。そして、債権者の申立てによる被差押債権が不特定と判断される場合は、申立ては不適法として却下される。

もっとも、特定＝同一認識ができる限り、必ずしも目的債権の発生原因や額の記載は必要ではなく、公示なき観念上の存在である他人間の債権関係に関する情報把握につき申立債権者に過度な要求を立てるべきではない。しかし、他方で、被差押債権の特定につき第三債務者に過度の負担を強いるべきでないことから、対象の性質・状況に応じた適正な程度の特定が求められる[2]。とりわけ、被差押債権が銀行預金債権の場合は、その精確な情報を把握することが困難であり、被差押債権の特定基準を具体的に措定することによって間接的に被差押債権を特定すること（間接的特定）が許される[3]。しか

1）　中野貞一郎＝下村正明・民事執行法（青林書院・2016）682頁参照。
2）　中野＝下村・前掲注1）681頁。
3）　中野＝下村・前掲注1）687頁。

し、その具体的な特定方法については実務上大きな問題となっており、例えば、預金債権の取扱店舗である本支店を具体的に限定した上で、同店舗に複数の預金債権がある場合にその順位を指定する方式（店舗別預金順位付け方式）、複数の店舗に順位を付け、その順序に従い執行債権の金額に満つるまで差し押さえるという方式（店舗間順位付け方式）、あるいは複数の店舗に預金債権があるときは、店舗番号の若い順序によるという方式（店舗間店舗番号順序方式）、さらにはすべての店舗に順位を付け、同一店舗の預金債権についてはその種類などにより順位を付ける方式（全店一括順位付け方式）、また近年では、複数店舗のうち債務者の預金額合計の最大なる店舗を不特定のまま最先順位とし、順次予備的に後順位の店舗にある預金債権を請求債権額に満つるまで差し押さえようとする方式（預金額最大店舗指定方式）などがある[4]。そしてこれらの方式では、その特定性を判断する際に、とくに第三債務者である銀行が債権調査に格段の時間や過度の手間を必要としないかが問題とされており、多くの方式で判断は分かれる。

この中で、東京高決平成23年3月31日（金法1992号99頁）は、店舗間店舗番号順序方式による申立てを却下するにあたり、「取扱店舗を特定しない差押命令の申立てを一般的に許容すると、預金債権の探索的な利用を幅広く認めることになり……相当でない。……申立債権者にとって、取扱店舗を特定せずに預金債権に対する差押命令の申立てをすることができれば、債務者の責任財産を発見してこれを執行の対象とすることが容易になり、便宜ではあるが、差押債権の特定は第三債務者等の識別の容易性という観点から要求されるものであるから、申立債権者に上記のような事情〔債権者に預金債権を精確に特定することは要求できず、ある程度の概括的特定も是認できること――筆者〕があるからといって、預金債権に対する差押命令の申立てが本件申立てに係る程度で足りるということはできない」と述べた。また、預金額最大店舗指定方式による申立てを認容した東京高決平成23年10月26日（判時2130号4頁）は、「債権者に債務者の財産を調査する手段が十分に認められていない民事執行制度の実情に照らすと、差押債権の特定について過度な要求をするとすれば、正当な債権者を害し、不誠実な債務者を利することにより、民事

4）　預金債権の差押えについての判例および学説の状況については、清水宏「預金債権の差押えと差押債権の特定」桐蔭法学19巻2号（2013）175頁以下が詳しい。

執行を回避し得るような事態を生じかねず、相当ということはできない。他方、特定の程度を緩やかに解しすぎるとすれば、債権者と債務者の間の紛争に巻き込まれる第三債務者に過剰な負担を課することになる」とした。これらの決定は、複数店舗、とくに全店舗を対象とする預金債権の差押えは預金債権の探索的な差押えを認めることになり、これでは第三債務者である銀行に過度の負担を強いることから、被差押債権は特定されず、その申立ては却下されるべきかを問題とする。

たしかに、上述した方式の多くは、多数の店舗にある預金債権の包括的差押えを許容しており、その背景には、先に挙げた東京高裁決定が指摘するように、2003年に民事執行法に導入された財産開示手続（民執196条以下）が、その目的である金銭執行の実効性確保のための債務者の財産情報の取得を十分に果たしていないことにある[5)]。しかし、このような預金債権の包括的差押えを求める探索的な申立てを一般に許容することには問題がある。最初に述べたように、執行裁判所は差押命令の発令にあたり、申立書の記載に従い、差押目的債権の被差押適格を調査する。この調査は目的債権の実体的存否には及ばないが[6)]、事実上または法律上の理由から、明らかに債務者に帰属することができない場合には、申立ては却下される[7)]。探索的な差押えの申立てとして、多数の、とくに全店舗にある預金債権の差押えが求められるならば、これは執行裁判所が債権は明らかに存在しないと判断しうる場合の事実関係と同一視できるように思われる[8)]。あるいは、探索的差押えは、上述の裁判例および一部の学説が指摘するように[9)]、被差押債権の特定性の問題に含まれ、債権者と第三債務者との間のバランス、公平という観点からその適法性が判断されることにより、例えば、第三債務者である銀行の顧客管理システムが容易に預金債権を識別できるならばその差押えは適法となるのか、また探索的とされうる差押えの申立てが、債権者の具体的でない憶測に基づ

5）　財産開示制度の現状およびその実効性の強化については、内山衛次・財産開示の実効性―執行債権者と執行債務者の利益（関西学院大学出版会・2013）19頁以下参照。

6）　中野＝下村・前掲注1）682頁参照。

7）　Vgl. BGH, Beschluss vom 19. 3. 2004, NJW 2004, 2096; *Zöller/Stöber,* Zivilprozessordnung, 31. Aufl., (2015), §829 Rdnr. 5.

8）　Vgl. LG Hannover, Beschluss vom 3. 12. 1984, DGVZ 1985, 43.

9）　笠井正俊「複数の店舗が取り扱う預金債権の差押命令申立ての適法性に関する最近の裁判例について」銀行法務732号（2011）29頁。

く主張により主に債権が存在するかどうかを見つけ出すことを目的としても、債権者が自ら可能な範囲で事前に預金債権の所在を調査すれば、その差押えは適法となるのか、さらには、そもそも探索的差押えと財産開示制度はどのように関係するのか、など多くの問題がある。

そこで、本稿では、ドイツにおける預金債権の探索的差押えについての判例および学説の見解を参考にして、この探索的差押えについて検討を行うことにする。

Ⅱ　ドイツにおける預金債権の探索的差押え

1　執行裁判所による差押目的債権の被差押適格の調査

ドイツにおいても、執行裁判所（司法補助官）[10]は、差押命令および移付命令（以下では、「差押命令」と略す）の発令の申立てに際し、申立債権者の主張に基づき、差押目的債権が存在し、これが債務者に帰属しうるか否か、そして差押禁止でないかについて調査する[11]。しかし、わが国と同じく、この債権の実体的存否の調査は受訴裁判所に委ねられる。動産執行とは異なり、債権には所持のような外観からみてとれる実態が存在しないことから、執行裁判所は差し押さえられるべき債権の存在およびその債務者への帰属について十分な手がかりをもたない。それゆえ、形式化された摑取手続では、執行裁判所は、債権者の主張の通りであると仮定した上で、債務者、第三債務者および債務原因により特定された「申立てによる」債権を差し押さえる[12]。したがって、差押命令は、実際には債権が存在しない、あるいは債務者には帰属しない限りで効力を失う。

債権者は、差し押さえられるべき債権の存在を証明または疎明する必要は

---

10)　ドイツの司法補助官については、石川明・ドイツ強制執行法研究（成文堂・1977）129頁以下参照。

11)　Vgl. BGH, a. a. O. (Anm. 7), NJW 2004, 2096; *Stein/Jonas/Brehm,* Kommentar zur Zivilprozessordnung, 22. Aufl., (2004), §829 Rdnr. 37; *Musielak/Voit/Becker,* Zivilprozessordnung, 13. Aufl. (2016), §829 Rdnr. 8a; *Zöller/Stöber,* a. a. O. (Anm. 7), §829 Rdnr. 4; *Prütting/Gehrlein/Ahrens,* Zivilprozessordnung, 6. Aufl. (2014), §829 Rdnr. 33; *Gaul,* Die neue Rechtsbeschwerde zum Bundesgerichtshof in der Zwangsvollstreckung — ein teuer erkaufter Fortschritt, DGVZ 2005, 125.

12)　Vgl. BGH, a. a. O. (Anm. 7), NJW 2004, 2096; *Zöller/Stöber,* a. a. O. (Anm. 7), §829 Rdnr. 4; *Brox/Walker,* Zwangsvollstreckungsrecht, 10. Aufl. (2014), Rdnr. 510; *Gaul,* a. a, O. (Anm. 11), S. 125.

なく、それは主張されるだけであるから、執行裁判所は、債権が事実上または法律上の理由から、明らかに債務者に帰属することができない、あるいは明らかに差押禁止であるという例外的な場合に限り申立てを却下する[13]。

2 探索的な差押命令の申立て

債権者が、債権の差押命令を申し立てる際に、その主張に有理性がなく、すなわち具体性がなく、憶測に基づくに過ぎないものであり、もっぱら債権の存在を探索することを目的とする場合は、その申立ては探索的差押命令を求める申立てであるとして却下される[14]。たしかに探索的差押えにより、もしかすると存在するかもしれない債権は摑取されることになるが、その存在に全く具体的な手がかりがない場合は、債権についての債権者の主張に有理性はないとされる。また、探索的差押えの申立てが認容されるならば、第三債務者は、その陳述義務により、債権者に対して債権に関する事項を陳述しなければならず（ドイツ民事訴訟法 Zivilprozessordnung（以下、ZPO と略す）840 条）、そのような負担から保護される必要がある[15]。

もっとも、執行裁判所は、債権者の主張に基づく「申立てによる」債権を差し押さえるのであり、その債権が債務者に帰属できるかどうかという信憑性について審査するだけであるから、有理性の審査に対して過大な要求を立ててはならない[16]。したがって、差押命令が申し立てられる際に、これが探索的差押えであるかどうかの判断は必ずしも容易ではない。とりわけ、債権者が、申立書において、債務者の住所地にある多数の金融機関に対する債務

---

13) Vgl. BGH, a. a. O. (Anm. 7), NJW 2004, 2096; *Zöller/Stöber,* a. a. O. (Anm. 7), §829 Rdnr. 5; *Musielak/Voit/Becker,* a. a. O. (Anm. 11), §829 Rdnr. 8a; *Prütting/Gehrlein/Ahrens,* a. a. O. (Anm. 11), §829 Rdnr. 34.

14) Vgl. BGH, a. a. O. (Anm. 7), NJW 2004, 2096; *Zöller/Stöber,* a. a. O. (Anm. 7), §829 Rdnr. 5; *Musielak/Voit/Becker,* a. a. O. (Anm. 11), §829 Rdnr. 8a; *Prütting/Gehrlein/Ahrens,* a. a. O. (Anm. 11), §829 Rdnr. 35; *Brox/Walker,* a. a. O. (Anm. 12), Rdnr. 502; *Stöber,* Forderungspfändung, 16. Aufl. (2013), Rdnr. 485d; *Riebold,* Die Europäische Kontopfändung, (2014), S. 47. なお、*Gaul,* a. a. O. (Anm. 11), S. 125 によれば、ここでの有理性の審査は、欠席手続（ZPO331 条 2 項）における通常の有理性の審査とは異なり、裁判所は債権者の事実主張を審査するのではなく、差し押さえられるべき債権が債務者に帰属できるかどうかという信憑性の審査を行うだけである。

15) LG Hannover, Beschluß vom 3. 12. 1984, DGVZ 1985, 43; *Hess,* Effektuierung der Forderungspfändung: Der BGH erleichtert „Verdachtspfändungen", NJW 2004, 2350; Riebold, a. a. O. (Anm. 14), S. 47.

16) *Gaul,* a. a, O. (Anm. 11), S. 125; *Zöller/Stöber,* a. a. O. (Anm. 7), §829 Rdnr. 9; *Riebold,* a. a. O. (Anm. 14), S. 49.

者の債権について、同時に差押命令を申し立てる場合に、これが有理性のある事実の主張に基づくかどうかについては争いがある。

3　預金債権の探索的差押え

ドイツでは、銀行の預金債権の差押えは、第三債務者としてその支店を表示する必要はなく、本店の表示で十分である[17]。債権者は、複数の銀行に対して同時に差押えを行う場合、それぞれの第三債務者の保護に値する利益に反しない限りで、統一的な差押命令によることができる（ZPO829 条 1 項 3 文参照）。

この場合に、債権者は、第三債務者である銀行に債務者の口座が存在することについて十分な手がかりをもたないことから、申立てにおいて差し押さえされるべき債権につき、どのような実質的な事実の主張が要求されるかは問題となる。すなわち、銀行は、その顧客と締結する銀行契約に基づき、顧客に対して広範囲に及ぶ秘密の保持を義務づけられることから、預金債権の差押えは一般に憶測に基づく差押えとならざるを得ず、債務者がどの銀行に実際に口座を開設したのかを債権者が第三債務者の陳述義務（ZPO840 条 1 項）により知るために差押えを申し立てるならば、これは有理性のある事実の主張に基づかず、探索的差押えの申立てとして権利濫用であるとされうるからである[18]。同じことは、債権者が個別の銀行について第三債務者としてその本店および極めて多数の支店を表示して差押申立てを行う場合にも当てはまる[19]。

もっとも、このような憶測に基づく差押えのあらゆる試みが探索的差押えとされ、それが却下されることで債権者が満足を得られないならば、ドイツ基本法（Grundgesetz）14 条 1 項に違反するとされる。それというのも、本条 1 項は強制執行による債権者の満足を受ける権利を保護しており、強制執行を独占する主体としての国家は、法律上の差押禁止範囲を超えて、一般に債務者の責任の基礎であるその財産を債権者から取り上げてはならないからで

17）Vgl. *Stein/Jonas/Brehm,* a. a. O. (Anm. 11), §829 Rdnr. 44; *Stöber,* a. a. O. (Anm. 14), Rdnr. 157; *Riebold,* a. a. O. (Anm. 14), S. 44f. リーボルトによれば、これは債権者を不当に優遇するとされる。vgl. *Riebold,* a. a. O. (Anm. 14), S. 45.

18）*Riebold,* a. a. O. (Anm. 14), S. 48.

19）*Riebold,* a. a. O. (Anm. 14), S. 48.

ある[20]。また、執行官による有体動産の差押えでは（ZPO808条以下）、その申立ての時点で、差し押さえられるべき債務者の財産が存在するかどうかは債権者に知られておらず、その申立ては常に探索的要素を内在することから、憶測に基づくあらゆる申立てを探索的差押えとして禁止することは、動産執行の措置と矛盾しうる[21]。さらに、そもそも執行裁判所は、申し立てられた債権を差し押さえるだけであり、その債権が実際には存在しない場合は差押えが空振りに終わるだけであるから、債権者の主張に厳しい要求を立ててはならないはずである[22]。

しかし他方で、憶測に基づく差押えは、探索的差押えとして制限することは考えられる。その理由は、債権執行では、執行官による有体動産の差押えとは異なり、差押命令の送達により第三債務者である銀行は執行法律関係に組み込まれることから、その限りで第三債務者を保護する必要があること、また、探索的とされる差押えは、強制執行手続における財産開示手続が十分に効果を挙げていないことを論拠に許容されてきたが[23]、2013年1月1日に施行された「強制執行における事案解明の改革についての法律」により[24]、財産開示手続は改革され、その実効性が向上したことにより、探索的とされる差押えは制限されうることになる[25]。

すなわち、財産開示手続は、現行法による改革前のZPO旧807条1項1号および旧899条以下では、債権者が動産に対する強制執行により完全な満足を得られなかった場合、すなわち差押可能な物が発見されなかったか、あるいは差押物が債権者の満足をもたらすのに十分ではなかったときに開始することができたのであり[26]、これは動産執行が債権者の権利を迅速かつエネ

20） Vgl. BGH, Urteil vom 25. 3. 1999, BGHZ 141, 173; *Gaul/Schilken/Becker-Eberhard,* Zwangsvollstreckungsrecht, 12. Aufl. (2010), §3 Rdnr. 7; *Gaul,* a. a, O. (Anm. 11), S. 125; *Riebold,* a. a. O. (Anm. 14), S. 49.

21） *Riebold,* a. a. O. (Anm. 14), S. 49.

22） *Schulz,* Kein Mißbrauch der Vollstreckungsbefugnisse des Gläubigers bei einer Forderungspfändung „auf Verdacht" — Zum Beschluß des LG Hannover v. 3. 12. 84 (11 T 258/84 —, DGVZ 1985, 105は、差押申立ては債権が債務者に帰属できないことが確実である場合にだけ拒絶されることができるのであり、債権が不存在であることについての蓋然性が高くとも、申立ては拒絶されてはならないとする。

23） Vgl. *Hess,* a. a. O. (Anm. 15), NJW 2004, 2350; *Gaul,* a. a, O. (Anm. 11), S. 126.

24） Gesetz zur Reform der Sachaufklärung in der Zwangsvollstreckung, BGBl. 2009 I. S. 2258.

25） *Riebold,* a. a. O. (Anm. 14), S. 49. f.

26） ドイツにおける財産開示制度の発展およびその内容についての詳細は、内山・前掲注5）27頁以下参照。

ルギッシュに保護し、これによる直接強制が財産開示手続よりも重視され、さらに財産開示が債務者の負担となることを恐れたからであった。しかし、債権者に、常に最初に不奏功に終わる動産執行を実行させ、それに引き続いて開示手続を実施させることは権利実現のさらなる遅滞、そして費用と時間の追加を強いることから、これを期待することはできない。そこで、従来から、主に債務者の債権の存在を探索することを目的とする差押えは許容されてきたのである[27]。

このような状況において、現行法は、それまでの財産開示手続の補充性が強制執行の実効性を阻害しているとして、これを廃止し、財産開示義務は債権者の申立ておよび金銭債権のための強制執行の一般的要件の存在を要件とする。これにより、債権者は、執行官を通じて、執行処分の開始前にすでに債務者の財産状況について財産開示を行うことが可能となり、債務者は、その銀行口座について供述しなければならない（ZPO802条c第2項1文）[28]。したがって、その限りで探索的な差押えを許容する論拠は受け入れられないことになる。

もっとも、財産開示手続を実施したとしても、実効性のある開示が確実に保障されるわけではない。たしかに、改革法により、債務者の財産開示義務は動産執行の不奏功を要件としないが、債権者が財産開示により知り得る債務者の口座差押えを実施できるようになる前に、債務者がこの口座から預金を引き出すという危険は常に存在する[29]。また、改革法は、財産開示手続とその他の強制執行手続、とりわけ債権執行との間で財産開示手続を優先させるという意味での段階関係を規定しておらず、どのような措置をどういう順序で申し立てるかは債権者に委ねられている[30]。したがって、事前に財産開

---

27) Vgl. *Riebold,* a. a. O. (Anm. 14), S. 49. f.

28) 債務者は、その銀行口座がたとえ赤字残高であっても、将来の黒字残高が差し押さえられうることから、銀行口座について供述しなければならない。vgl. *Musielak/Voit/Voit,* a. a. O. (Anm. 11), §802c Rdnr. 13. なお、債務者はその供述が正しく完全に行われたことを宣誓に代わる調書で保証しなければならない（ZPO802条c第3項）。

29) Vgl. *Riebold,* a. a. O. (Anm. 14), S. 50. なお、財産開示の受領手続を規定するZPO802条f第1項によれば、執行官は、債務者が債務を処理するための2週間の期間を最初に定め、同時にこの期間が徒過することに備えて財産開示の供述をする期日を定めておき、そしてその期日に債務者を呼び出すことから、この期間内に債務者は自分の財産を隠匿することは可能である。vgl. *Gaul/Schilken/Becker-Eberhard,* a. a. O. (Anm. 20), §60 Rdnr. 61.

30) Vgl. *Riebold,* a. a. O. (Anm. 14), S. 51.

示の申立てをすることなしに、複数の金融機関に対する憶測の要素をもった差押えを実施することは可能であり、また予期せぬ効果が生じうることもある[31]。それゆえ、新しい財産開示手続のもとでも、憶測に基づくあらゆる差押えを探索的差押えとして一般に拒絶することはできない[32]。

このように、債権者は、第三債務者である銀行が顧客に負う秘密保持義務により債務者の口座の存在について十分な手がかりをもたず、また債務者の財産状況を認識するための財産開示制度も十分に機能してこなかったことから、債務者の預金債権の存在を探索するために複数の銀行に対する同時差押えを申し立てる。しかしその場合に、債権者は、差し押さえされるべき債権につき、有理性のある主張としてどのような実質的な事実の主張を要求されるのかが問題となる。たしかに、債権執行における形式化された摑取手続からは、債権が債務者に帰属できないことが確実である場合にだけ差押申立てを拒絶できるのであり、例えば、債務者の所在地にあるきわめて多数の銀行に対する差押命令の申立てであっても、その債権が債務者に帰属できないことは確実ではなく、探索的ではないとして適法であると考えることはできる[33]。しかし、多数の銀行に対する差押命令の申立ては、明らかに債権の存在を探索することを目的とする探索的差押命令の申立てであり、そのような主張に有理性はなく、第三債務者の利益を侵害し、また金銭執行の実効性を高める債務者の財産開示制度の改革が、執行手続の開始における債務者の財産開示の可能性を認めたことから、その限りで、未だに許容される憶測に基づく差押えは制限されると考えることもできる。もっとも、学説は、どのような事実の主張があれば有理性が認められ、適法な差押申立てとなるのか、という具体的な基準を明確に示していない。探索的差押えかどうかは、実際に差押えが申し立てられる際の個別事例の事情によらざるを得ないからである[34]。そこで、以下では、裁判例において示された裁判所の判断およびそれについての学説の見解を採り上げ、いかなる事例が探索的差押えと考えられ

31）*Riebold,* a. a. O. (Anm. 14), S. 50.
32）*Riebold,* a. a. O. (Anm. 14), S. 50.
33）*Schulz,* a. a. O. (Anm. 22), S. 105.
34）*Steder,* in: Keller, Handbuch Zwangsvollstreckungsrecht, (2013), Kap. 3, Rdnr. 78; *Riebold,* a. a. O. (Anm. 14), S. 47f; *Alisch,* Die Pfändung von Forderungen gegenüber Kredit-instituten „auf Verdacht", DGVZ 1985, 108.

るのかについて述べる。

4　探索的差押えに関する裁判例

(1)　**ミュンヘン上級地方裁判所 1990 年 8 月 1 日決定**[35]　　債権者は、フランクフルトに所在する 264 の金融機関および代理店の名称を挙げてこれらを第三債務者とし、それぞれのジーロ契約から生じる交互計算債権の差押えを申し立てた[36]。差押えは認められたが、これに対して第三債務者とされた銀行が、申立てによる債権の存在については必要な具体性および特定性がなく、差押えは無効であるとして異議を申し立てた。ケンプテン地裁はこの異議を棄却したが、ミュンヘン上級地裁は銀行の即時抗告を認容し、差押命令を取り消した。

ミュンヘン上級地裁は、債権者は、差し押さえられるべき債務者の債権が存在し、そして差押可能であることを執行裁判所が結論づけられる十分な事実を提出しなければならないが、債権者は、通常、債務者の状況を詳細には把握していないことから、この提出について特別な要求は立てられないと述べた。しかし、上級地裁は、債権者は実質化されない主張および推定に終始する説明では十分ではなく、これでは申立てによる債権が存在することを正当化するための基礎が欠けるとした。そして、本件では、債権者は、債務者が現金をスイスからドイツ、とりわけフランクフルトへ運んだようであるということを主張するだけであり、これにより、かなりの額の現金がフランクフルトの銀行に寄託されたとして、フランクフルトに所在する 264 の金融機関および代理店を第三債務者として表示した。しかし、どの銀行に現金が入金されたかというより詳細な手がかりはなく、また第三債務者をより狭い範囲で限定することもしていない。それゆえ、債権者による事実の提出は、挙げられた第三債務者に対する債務者の債権の存在を単に推定させるものであり、本件の差押えは探索的および憶測差押えにすぎないものであるから、取り消されるとした。

学説の多くは、本件の 264 の金融機関に対する預金債権の差押えは、各金

---

35)　OLG München, Beschluß vom 1. 8. 1990, DB 1990, 1916.

36)　銀行と顧客とのジーロ契約および交互計算から生じる債権の差押えについては、内山・前掲注 5）227 頁以下および 294 頁以下参照。

融機関に債務者の口座が存在するかどうかを発見するための探索的差押えであり、ミュンヘン上級地裁と同様にこれを不適法とする[37)]。債務者が264の口座を264の異なる金融機関に保有することは、あらゆる生活経験と相容れないことであり、また、このような探索的差押えから第三債務者は保護されねばならず、さらに、金融機関の普通取引約款は、通常、差押えの際には、期間の遵守なしに取引関係を終了すると規定しており、すでに過去において銀行が差押えを受けていた場合は、新たな顧客として取引関係が再開されることはなく、探索的差押えは債務者の評判をその後も害し、現金によらない支払取引ができなくなることにより債務者の経済活動の自由を侵害すると指摘する[38)]。

(2)　ハノーファー地方裁判所1984年12月3日決定[39)]　債権者は、債務者の所在地で営業するすべての銀行（20銀行）にある債務者の預金債権の差押えを申し立てた。差押えは認められたが、債務者の口座をもっていない第三債務者である一つの銀行が異議を申し立てた。ハノーファー地裁は、それに基づき、その銀行に関する限りで差押命令を取り消した。

ハノーファー地裁は、本件では、差押命令の発令の際には、債務者は第三債務者のもとで口座をもっていなかったことが確実であるとはされなかったが、申立てによる20の銀行に対する預金債権を同時に差し押さえるならば、いくつかの銀行に対する差押えは空振りに終わる蓋然性は非常に大きく、そのような探索的ないし憶測差押えは、裁判所が債権の不存在を知っている場合の事実関係と同一視されると述べた。そして、第三債務者にとって、常にかなりの作業を伴うそのような措置は権利濫用であり、第三債務者はそのような明らかに探索のためだけに用いられる措置からは保護されねばならないとした。

学説の多くも、20の銀行における口座の同時差押えは不適法な探索的差押えであるとする[40)]。しかし、一部の学説は、この差押えは探索のためでは

---

37)　Vgl. *Zöller/Stöber,* a. a. O. (Anm. 7), §829 Rdnr. 5; *Musielak/Voit/Becker,* a. a. O. (Anm. 11), §829 Rdnr. 8a; *Prütting/Gehrlein/Ahrens,* a. a. O. (Anm. 11), §829 Rdnr. 35; *Brox/Walker,* a. a. O. (Anm. 12), Rdnr. 502; *Steder,* in: Keller, a. a. O. (Anm. 34), Kap. 3, Rdnr. 78; *Riebold,* a. a. O. (Anm. 14), S. 50f; *Stöber,* a. a. O. (Anm. 14), Rdnr. 485d.

38)　*Alisch,* a. a. O. (Anm. 34), S. 108.

39)　LG Hannover, Beschluß vom 3. 12. 1984, DGVZ 1985, 43.

40)　Vgl. *Zöller/Stöber,* a. a. O. (Anm. 7), §829 Rdnr. 5; *Musielak/Voit/Becker,* a. a. O. (Anm. 11), §829

なく適法であり、また第三債務者が20を数える場合に、その差押命令が債権者の執行権限の不適法な行使であるならば、第三債務者の数が20になって初めて不適法となるのか、あるいはより少ない数でもすでにそうであるのか、いくつであれば執行権限は適法に行使され、いくつから濫用となるのかという問題が発生し、おそらく第三債務者の数を特定することは不可能であるから、十分な理由づけをすることはできないと指摘する[41)]。

⑶　**連邦通常裁判所2004年3月19日決定[42)]**　債権者は、区裁判所において、502.97ユーロの債権に利息と費用をつけた金額について、債務者の所在地で営業を行う三つの金融機関を第三債務者として差押命令の発令を申し立てた。区裁判所は、差し押さえられるべき債権の存在についてより詳しい事実の提出を求めたが、それがなされなかったことから、不適法な探索的差押えの申立てであるとして、この申立てを却下した。これに対して債権者は即時抗告したが、地方裁判所により棄却された。そこで債権者は法律抗告を行い、この抗告は認められ、差押命令は連邦通常裁判所により適法であるとされた。

連邦通常裁判所は、債権者が、債務者の住所地にある多数の金融機関に対する債務者の複数の債権について、同時に差押えを申し立てる場合に、それが有理性のある事実の主張に基づくかどうかは争われるとしたうえで、本件では、債権者は、差し押さえられるべき債権の存在につき有理性をもって提出したと述べた。

連邦通常裁判所によれば、生活経験上、たしかに少額債権について執行措置を受ける債務者に、差押命令の申立てに記載された請求権の全部またはその大部分は帰属しないと思われるが、これにより記載されたすべての請求権の不存在が積極的に確認されることはないとする。それというのも、一般的な生活経験上、債務者がその所在地で営業する三つの金融機関と取引関係にあり、その限りで、差し押さえられるべき債権の存在が完全には排除されないからである。そして、その所在地で営業する三つまでの銀行と取引関係を

Rdnr. 8a; *Prütting/Gehrlein/Ahrens,* a. a. O. (Anm. 11), §829 Rdnr. 35; *Brox/Walker,* a. a. O. (Anm. 12), Rdnr. 502; *Steder,* in: Keller, a. a. O. (Anm. 34), Kap. 3, Rdnr. 78; *Riebold,* a. a. O. (Anm. 14), S. 51; *Stöber,* a. a. O. (Anm. 14), Rdnr. 485d; *Alisch,* a. a. O. (Anm. 34), S. 107f.

41)　*Schulz,* a. a. O. (Anm. 22), S. 105.

42)　BGH, a. a. O. (Anm. 7), NJW 2004, 2096.

もつことは、一般に、事業者ではない債務者における上限を示すものであり、その三つの銀行に対する債務者の預金債権の差押申立ては、預金債権の存在について何の手がかりもなく、恣意的で「当てずっぽう」になされるものではないとした。

連邦通常裁判所は、憶測に基づく債権差押えは、ドイツ基本法14条1項により保障される強制執行における債権者の満足を受ける権利ゆえに、探索的差押えの限度までは権利濫用ではないとし、この憶測に基づく差押えにより、債権者が財産開示により知り得る債務者の口座預金を差し押さえる前に債務者がこの口座から預金を引き出すという危険に対処できるとした。そして、第三債務者である金融機関は、通常は現代のデータ技術の助けにより、多くの人的および物的な費用をかけることなく、第三債務者の陳述義務（ZPO840条）に応じることができると述べた。

このように、連邦通常裁判所は、債務者が事業者でない場合の探索的差押えについて具体的な基準を設定し、この基準は、財産開示手続が改革された後でも、重要な指針として多くの学説により支持されている[43)]。

しかし、学説の中には、連邦通常裁判所の基準は疑問であり、結局、探索的な差押えは、それが債務者の所在地にある三つの金融機関に制限される限りで常に適法であり、憶測に基づく債権差押えと不適法な探索的差押えとの限界を定めることはできないとする見解がある[44)]。また、債務者はその所在地で営業する三つを超える金融機関と取引関係をもつことがないとしても、これらの金融機関が債権者により主張された三つの金融機関と一致するかどうかは、債権者に十分な情報がないことを考えれば、偶然によるのであり、このような数による固定に論理的必然性はないとする指摘もある[45)]。さらに、連邦通常裁判所が設定した基準は、債権者による情報の必要を満足させるためには不十分であり、とりわけ大都市では、少なくとも10の金融機関に対する同時差押えが許容されるべきであるとの見解もある[46)]。しかし、この見

---

43)　Vgl. *Zöller/Stöber,* a. a. O. (Anm. 7), §829 Rdnr. 5; *Musielak/Voit/Becker,* a. a. O. (Anm. 11), §829 Rdnr. 8a; *Prütting/Gehrlein/Ahrens,* a. a. O. (Anm. 11), §829 Rdnr. 35; *Brox/Walker,* a. a. O. (Anm. 12), Rdnr. 502; *Riebold,* a. a. O. (Anm. 14), S. 51; *Stöber,* a. a. O. (Anm. 14), Rdnr. 485d.

44)　*Kindl/Meller-Hannich/Wolf,* Gesamtes Recht der Zwangsvollstreckung, 3. Aufl., (2015), §829 Rdnr. 78.

45)　*Gaul,* a. a. O. (Anm. 11), S. 126.

46)　*Hess,* a. a. O. (Anm. 15), NJW 2004, 2350.

解に対しては、債権者の情報の必要よりも、第三債務者である金融機関の保護に値する利益が優先し、債権者の情報の必要を満足させるためには財産開示手続によるべきであるとする反論がある[47]。

Ⅲ　わが国における預金債権の探索的差押え

1　預金債権の探索的差押え

ドイツにおける探索的差押えについての見解に基づくならば、探索的差押えとは、債権者が、債権の差押命令を申し立てる際に、その主張に有理性がなく、すなわち具体性がなく、憶測に基づくに過ぎないものであり、もっぱら債権の存在を探索することを目的とする差押えである。執行の対象となる債権は、差押え当時に存在し、債務者に属するものでなければならないが、探索的差押えの申立てでは、被差押債権の存在と帰属について有理性のある主張が行われず、その帰属の可能性が明らかでないことから、わが国においても、執行裁判所はその申立てを却下しなければならない。また、探索的差押えの申立てが認容されるならば、第三債務者は、被差押債権の債務者への弁済が禁止されることから（民執145条1項）、その債権を速やかに、かつ確実に識別しなければならず、またその陳述義務により、債権者に対して債権に関する事項を陳述しなければならない（民執147条1項）。したがって、第三債務者はそのような負担から保護される必要がある。

ドイツでは、銀行の預金債権の差押えは、第三債務者としてその支店を表示する必要はなく、本店の表示で十分である。したがって、預金債権の探索的差押えは、通常は、多数の金融機関に対する債務者の債権について、同時に差押命令を申し立てる場合に問題となる。これに対して、わが国は、従来から預金債権の取扱店舗である本支店を第三債務者として表示しており[48]、預金債権の探索的差押えは、一つのまたは多数の銀行について、第三債務者としてその本店および多数の支店を表示し、それらに対する債務者の債権に

---

47) *Riebold,* a. a. O. (Anm. 14), S. 51. なお、リーボルトによれば、債務者が事業者である場合には、10の金融機関に対する同時差押えは考慮に値すると指摘する。vgl. *Riebold,* a. a. O. (Anm. 14), S. 51f.

48) 最決平成23年9月20日民集65巻6号2710頁の田原睦夫判事の補足意見は、差押命令における被差押債権の特定基準は、第三債務者の行う債務処理の単位を基準とすべきであるとする。

ついて同時に差押申立てを行う場合、あるいは第三債務者として、一つのまたは多数の銀行の本店を表示し、そのすべての、あるいは多数の支店の中から債務者の預金債権のある支店を探索し、その支店の預金債権の差押申立てを行う場合に問題となる。

2　探索的差押えと特定性

わが国では、探索的差押えは、すでに述べたように、特定性の問題に含まれるとする見解がある。しかし、ドイツでは、探索的差押えは特定性の原則の中で論じられることはあるが[49]、その関係は明確ではなく、特定性の問題とは厳格に区分されるとする見解もある[50]。この見解では、被差押債権が特定される場合でも、その差押えが探索的差押えと解されることはありうる。もっとも、債権の差押申立てにおいて、差し押さえられるべき債権の存在と帰属性につき有理性のある主張がなく、憶測に基づくに過ぎない場合は、その債権は不特定であると考えることもできる。たしかに、わが国では、預金債権の差押えについて、差押命令の送達を受けた第三債務者が速やかに、かつ確実に被差押債権を識別することができない場合に、この債権は不特定であるとされており[51]、第三債務者である銀行の負担が特定性判断の重要な要素となっている。しかし、銀行が保有する顧客情報管理システム（CIF システム）または預金保険制度に対応する名寄せシステムが、格段の時間と労力を要せずに差押えに対応できるようになっても[52]、被差押債権が、上記の意味で特定性を欠く場合には、差押申立ては却下されることから、探索的差押えを特定性の問題として捉えるかどうかに大きな意味はない。

3　探索的差押えと財産開示手続

わが国でも、またドイツでも探索的とされる差押えは、強制執行手続における財産開示手続が十分に効果を挙げていないことを論拠に許容される。本

---

49)　*Kindl/Meller-Hannich/Wolf,* a. a. O. (Anm. 44), Rdnr. 75ff.

50)　*Riebold,* a. a. O. (Anm. 14), S. 47.

51)　前掲注 48) 最決平成 23 年 9 月 20 日参照。

52)　これについては、前掲注 48) 最決平成 23 年 9 月 20 日の田原睦夫判事の補足意見、名古屋高決平成 24 年 9 月 20 日金判 1405 巻 16 頁、東京高決平成 24 年 10 月 10 日判タ 1383 巻 374 頁、滝澤孝臣「判批」金判 1390 号（2012）9 頁以下、春日偉知郎「判批」法学研究（慶應義塾大学）85 巻 8 号（2012）39 頁など参照。

来、金銭執行は、債権者が債務者の財産状態を十分に認識する場合に実効性を挙げることから、債務者の財産状態を正確かつ迅速に把握させる財産開示手続が、金銭執行の実効性を挙げる重要な手段である。したがって、この手続が実効性を挙げ、執行実施の前にすでに債務者の預金債権の情報を得ることができるならば、探索的な差押えを許容する論拠は失われ、実際にもそのような申立ては少なくなるであろう。

しかし、そのためには現行の財産開示手続の改革が必要であり、財産開示の補充性を廃止し、執行実施前に債務者の預金債権の情報を得ることができるようにすること[53]、とくにZPO802条1が規定するように、債務者だけではなく、第三者からの開示として、金融機関から直接に預金者である債務者の口座情報を取得できる方法を採り入れることが必要である[54]。たしかに、金融機関の守秘義務は問題となるが、債務者がすべき執行協力を財産的に密接に関係する第三者にも負わせるべきである[55]。

ところで、前述の東京高決平成23年3月31日は、「債権者は、自らの債権の満足を図るべく、差押命令の申立てをしているのであるから、その債権回収のために相応の負担が伴うのは当然のことである。債務者の居住地や営業の場所等との関係で金融機関の取扱店舗を推測して債権差押命令の申立てをすることに格別の支障が伴うわけではなく、……債権回収を図ろうとしている申立債権者としては、上記程度の負担はこれを甘受すべきである」とする。また、学説の中には、債権者と第三債務者との間のバランス、公平という観点から、債権者が債務者の預金債権の所在を知るための調査の状況およびその可能性は、探索的差押えの許容性の判断に影響を及ぼすとする見解がある[56]。しかし、債権者に対して差押可能な財産を明示するのは、自力救済を禁止した国家がすべきことであり、すでに執行正本を有する債権者には、適切な執行を判断させるために必要な情報を財産開示手続により早期に取得させなければならない。たとえ自らの債権の満足を図るためであっても、債

53）　内山・前掲注5）62頁以下参照。
54）　内山・前掲注5）66頁以下参照。
55）　三木浩一編・金銭執行の実務と課題（青林書院・2013）336頁〔中野貞一郎発言〕、内山・前掲注5）122頁参照。
56）　笠井・前掲注9）29頁。

権者に債務者の財産状況の調査を課し、それにより探索的差押えの許容性を判断することは認められるべきではない。

4　預金債権の探索的差押えの判断基準

わが国においても、預金債権の探索的差押えの申立ては不適法であり却下されねばならない。しかしドイツと同様に、どのような事実の主張に具体性がなく、探索的差押えの申立てとされるのか、という明確な基準を設定することは容易ではない。それというのも、探索的差押えかどうかは、実際に差押えが申し立てられる際の個別事例の事情によるからである。

しかし、一人の人間が、きわめて多くの銀行に口座を開設したり、あるいはある特定の銀行のすべてのまたは夥しい数の支店に口座を開設したということはあり得ることではない。わが国の、全店一括順位付け方式および預金額最大店舗指定方式などは、すべての店舗の債務者の預金債権およびその金額を確認させる申立てであり、これらは探索的差押えの申立てである。ドイツでは、連邦通常裁判所が、債務者の所在地にある三つまでの金融機関に対する事業者ではない債務者の債権の差押えは探索的差押えではないとした。たしかに具体的な数を挙げたことに批判もあるが、わが国においても指針になると思われる。すなわち、差押申立てにおいて、債務者の所在地（区・市・町・村）にある数個の銀行の、その所在地にある本支店をすべて列挙し、その順序を示して表示するまでは探索的差押えの申立てではないと考える。とくに個別の銀行の本支店を第三債務者とする差押えについては、債務者はその所在地にある銀行と取引関係にあることは生活経験上考えられることであり、ただ、その所在地にあるその銀行のどの支店に実際に口座が開設されたかを見つけ出すことは債権者に期待できないことから、その地にある銀行のすべての本支店を列挙することまでは探索的差押えではないと考える[57]。たしかに、数個の銀行の本支店を列挙する場合には、債務者が事業者であるのか、学生であるのかなどによりその数は異なることになりうるが[58]、執行裁判所は、債権者の差押申立てが上記の基準に合わず、探索的差押えの申立

57）　Vgl. *Riebold,* a. a. O. (Anm. 14), S. 52.
58）　Vgl. *Kindl/Meller-Hannich/Wolf,* a. a. O. (Anm. 44), Rdnr. 78.

てと考えるならば債権者を審尋すべきであり[59]、それを通して債権者はその疑念を払拭すべきである[60]。

Ⅳ　おわりに

本稿では、ドイツにおける預金債権の探索的差押えの議論を参考にして、この問題について検討した。たしかに、探索的差押えの判断に具体的な基準を設定することは困難であるが、差押申立てにおいて、債務者の所在地にある数個の銀行のその所在地にあるすべての本支店を列挙し、その順序を示して表示するまでは探索的差押命令の申立てではないと考える。そして、執行裁判所は、債権者の申立てを探索的差押えの申立てであると判断するならば、債権者を審尋すべきである。もっとも、探索的差押えは、財産開示手続がその役割を十分に果たしていないことに関係することから、第三者からの開示を含めたこの手続の改革は急務である。なお、探索的差押えには、この他に差押対象に関する探索的差押えの問題があるが[61]、これについては今後の課題としたい。

59)　民事執行法145条2項は、速やかに差押命令の発付を受ける債権者の利益を保護し、執行開始の密行性を保持して執行挫折を防ぐ趣旨であることから（中野＝下村・前掲注1）683頁)、債権者を審尋することは許される。vgl. *Alisch,* a. a. O. (Anm. 34), S. 108.

60)　Vgl. *Kindl/Meller-Hannich/Wolf,* a. a. O. (Anm. 44), Rdnr. 78.

61)　Vgl. *Riebold,* a. a. O. (Anm. 14), S. 47, S. 52ff.

面会交流の間接強制に関する若干の考察
――東京高決平成26年3月13日および福岡家審平成26年12月4日を手掛かりに

大濱しのぶ

Ⅰ　はじめに

面会交流の間接強制については、周知のように、平成25年3月28日の三つの最高裁決定がある[1)]。これには多くの評釈があり、筆者も卑見を述べた[2)]。本稿では、この最高裁決定後の二つの下級審裁判例すなわち東京高決平成26年3月13日（判時2232号26頁）および福岡家審平成26年12月4日（判時2260号92頁）を素材にして、従来あまり論じられていない問題に関し考察を加える。

前掲東京高決は、面会交流の実施を援助する第三者機関が関与する態様の面会交流について、間接強制を認めた初の公表裁判例といえる。給付の特定の判断に際し、黙示の合意を前提とする点、更に、債務者の不誠実な態度を考慮しているとみることもできる点で、興味深い。この裁判例に関しては、第三者機関が関与する面会交流についての間接強制の可否、給付の特定と債務者の態度（間接強制の必要性・妥当性）の関係を考察する。

前掲福岡家審は、面会交流の義務の不履行に対し親権者の変更を認めた初

1）　民集67巻3号864頁（平成24（許）48号）、判時2191号46頁①事件（平成24（許）41号）・②事件（平成24（許）47号）。
2）　大濱しのぶ・リマークス49号（2014）126頁。

めての公表裁判例とされ[3)]、とくに監護権を監護親に留保して、親権者を変更した点が一般に注目されている[4)]が、面会交流が実現しなかった月の養育費の支払を免除する旨の調停条項を、間接強制類似の給付命令（家事154条3項参照）に変更したものでもある。当該給付命令には賛成できないので、その理由を述べると共に、給付命令で間接強制を命じることの可否につき考察し、関連問題として、間接強制金債権と養育費債権の相殺についても言及する。

以下では、まず、面会交流の調停・審判事件の動向、面会交流の間接強制に関する上記最高裁決定までの問題状況を概観し、間接強制に関する私見の基本的な観点も述べておく（Ⅱ）。その上で、上記二つの裁判例に関する考察をする（Ⅲ・Ⅳ）。

Ⅱ　面会交流の間接強制に関する問題状況等

1　近時の面会交流に関する事件の動向

面会交流に関する調停・審判事件は、近年大幅に増加し、とくに協議による解決が困難な紛争性の高い事案の増加が指摘され、履行確保の面からみると、履行勧告の申出は増加する一方、その履行率は低下しているとされる[5)]。間接強制の申立てに至る事件は、ごく僅かであろうが、その申立ても増加していると思われる。もっとも、面会交流の実現を図る方策として、一般に大きな期待が寄せられているのは、これを援助する第三者機関である。代表的なものとして、元家裁調査官が中心となって設立された公益社団法人家庭問題情報センター（FPIC）がある。なお、国際的な子の奪取の民事上の側面に関する条約の実施に関する法律（ハーグ条約実施法）に基づく外務大臣による面会交流援助では、FPIC等の第三者機関の紹介も行われている[6)]。ところで、近年の家裁実務は、面会交流を制限・禁止すべき事由（子の連れ去り・子

3）　山口亮子・民事判例12号（2015）111頁。
4）　田中通裕・新判例解説 Watch17号（2015）113頁、山口・前掲注3）110頁等。
5）　細矢郁ほか「面会交流が争点となる調停事件の実情及び審理の在り方」家月64巻7号（2012）9頁以下、水野有子＝中野晴行「面会交流の調停・審判事件の審理」東京家事事件研究会編・家事事件・人事訴訟事件の実務（法曹会・2015）189頁以下等。
6）　外務省のハーグ条約に関するサイト（http://www.mofa.go.jp/mofaj/gaiko/hague/index.html）参照。

または監護親に対する虐待のおそれがある場合等）に該当しない限り、原則的に面会交流を認める傾向にあるとされる[7)]。梶村太市教授らは、この運用を「原則的実施論」と呼び、強く批判されるが、賛否両論がある[8)]。

2　面会交流の間接強制に関する問題状況概観

(1)　**間接強制の可否・給付の特定**　面会交流について、かつては、子の福祉に反する等の理由で、間接強制は一切許されないとする裁判例[9)]もあったが、大阪高裁が早くから間接強制を許す立場を鮮明にし[10)]、実務はこの方向で固まると共に、その関心はとくに給付の特定の問題に向かった。すなわち、面会交流は、長期継続して実施されることが予定されており、具体的に固定すると、その実施に支障をきたし、子の負担になるといった理由から、抽象的な定め方をする場合が多いとされる[11)]。このため、給付の内容がどの程度具体的に定められていれば間接強制の発令が可能か、が問題となった。面会交流の態様は多様であるが、監護親が非監護親に子を引き渡し、非監護親が子と面会交流した後、監護親に子を引き渡すという態様が、一般的である。この態様の監護親の給付について、最高裁（前記3決定）は「引渡場所において非監護親に対して子を引き渡し、非監護親と子との面会交流の間、これを妨害しない」ことを内容とすると述べている。従来、給付の特定が問題とされてきたのも、この態様の面会交流であり、以下、これを一般的態様という。

最高裁（前記3決定）は、「面会交流について定める場合、子の利益が最も優先して考慮されるべきであり（民法766条1項参照）、面会交流は、柔軟に対応することができる条項に基づき、監護親と非監護親の協力の下で実施されることが望ましい」と述べた上で、一般的態様の面会交流について「日時又

7）　細矢ほか・前掲注5）33頁、水野＝中野・前掲注5）192頁以下等。
8）　肯定的なものとして、たとえば、「シンポジウム『面会交流の理論と実務』（その1）」若林昌子「シンポジウムの趣旨」戸籍678号（2012）3頁以下。批判として、梶村太市・裁判例からみた面会交流調停・審判の実務（日本加除出版・2013）3頁以下、梶村太市ほか「子ども中心の面会交流論（原則的実施論批判）」判時2260号（2015）3頁以下等。
9）　神戸家龍野支決平成13年12月7日家月56巻2号144頁。
10）　大阪高決平成14年1月15日家月56巻2号142頁、同平成15年3月25日同号158頁、同平成19年6月7日（本文後掲）。
11）　磯尾俊明「面会交流事件と間接強制について」ケース研究308号（2011）139頁等。

は頻度、各回の面会交流時間の長さ、子の引渡しの方法等が具体的に定められているなど監護親がすべき給付の特定に欠けるところがないといえる」場合は間接強制ができるとした。一般的態様の場合は、日時または頻度、各回の時間、子の引渡方法の3要素が具体的に定められていれば、給付は特定し、間接強制ができるという趣旨と解される。最高裁の前記3決定のうち、実際に間接強制を認めたのは一つのみで、この決定が民集に登載されている。以下、この民集登載の決定を「平成25年最決」という。

なお、面会交流の性質に鑑み、間接強制決定で給付内容の具体化が可能とする見解もある[12]。筆者も、かつてこの見解に賛成し、頻度のみを定める審判等の場合に、間接強制決定で、時間や子の引渡方法を定めることができるとした。しかし、実務は、原則的実施論といわれる運用の下、後述Ⅲ2(3)のように、審判等の段階で、間接強制の要否を勘案して給付を特定するか否かを判断するようになっていることを踏まえると、上記の扱いは、債務名義の解釈の範囲を超え、妥当ではなく、この点は改めることとした。ただし、債務名義の解釈として許される範囲では、間接強制の発令段階で給付内容を具体的に定めることは可能と考える[13]。

(2)　子の拒絶　面会交流の間接強制に関し、給付の特定以外で、実際に問題になりやすいのは、子が面会交流を拒絶する場合の間接強制の可否である。平成25年最決は、この問題も扱い、「面会交流に係る審判は、子の心情等を踏まえた上でされているといえる」から、子の拒絶は、間接強制決定の妨げとならないとした。この判断について、筆者は、別稿で考察し、当該事案に応じて原則的な扱いを示すにとどまり、特段の事情がある場合の例外的な扱いを否定する趣旨ではないとみることもできるとした[14]。平成25年最決の調査官解説も、同決定は「審判の段階において考慮されているといえる

---

12)　釜元修＝沼田幸雄「面接交渉と強制執行」右近健男ほか編・家事事件の現況と課題（判例タイムズ社・2006）192頁以下、野村秀敏・民商149巻2号（2013）172頁（ただし、一定の枠内）、川嶋四郎・法セ713号（2014）116頁、池田愛・同志社法学66巻2号（2014）505頁以下、山木戸勇一郎・法学研究87巻4号（2014）56頁。なお、給付の特定に関する別の考え方として、村上正子ほか・手続からみた子の引渡し・面会交流（弘文堂・2015）163頁〔安西明子〕。

13)　大濱・前掲注2）129頁。

14)　大濱・前掲注2）129頁。同所で述べたように、私見としては、子の拒絶の意思が強固なことが明らかで、子の年齢その他の事情を考慮し、履行を強制することが、子の利益に適わず不当となる場合には、間接強制は許されるべきではないと解する。本文にいう特段の事情がある場合の例外的扱いとは、このような趣旨である。

子の意向」につき間接強制手続で主張されたとしても、考慮されないことを示したという[15]ものの、子の意向につき間接強制手続で考慮することを一切否定する趣旨ではないとみるようである[16]。

3　面会交流の間接強制に関する私見の観点

間接強制申立事件は少ないので、面会交流は、今やその主要な事件類型になっていると推測される。とはいえ、面会交流は、間接強制にとくに適した事件というわけではなく、殊に原則的実施論のような運用を前提にすると、間接強制の利用には慎重を要すると考える。その理由は、次のようである。第1に、平成25年最決もいうように、面会交流については、子の利益を最優先に考慮すべきであって、監護親と非監護親が協力して実施することが望ましい。別言すれば、面会交流は、強制によって、任意の履行と同価値の結果を実現することが難しく、かえって、利益を最優先に考慮されるべき子に対し、精神的苦痛を与える場合もあり得る。このような意味で、面会交流は、性質上、強制に適合しにくい面がある。第2に、間接強制の実効性を期待できるのは、債務者が資力を有し、かつ損得の計算に基づいて行動する場合といえるが、面会交流（家事事件一般に当てはまる）の債務者は、これとは反対の場合が少なくない。そこで、面会交流に間接強制を多用すると、実効性は上がらない一方、間接強制金の総額が過大となり、債務者（および子）に酷な結果（以下、過酷執行という）となるおそれがある。なお、面会交流は、十数年に及ぶような長期の反復的実施が予定されると共に、子の成長等による事情変更の可能性が大きい。債務名義で短期の期間が設定されている場合は別として、過酷執行防止のため、間接強制の期間を制限すべきである。この期間としては、1～3年程度が妥当であろうか。また、ハーグ条約実施法135条2項を類推し、子が16歳に達したときは、間接強制は将来に向かって失効すると解すべきであろう。

面会交流に限らず、筆者は、過酷執行を避けるため、間接強制の期間の制限、間接強制決定の変更決定（民執172条2項）による間接強制金の遡及的減額を認めてよいし、間接強制の発令の可否についても、執行裁判所が、具体

---

15)　柴田義明・曹時67巻11号（2015）3522頁。
16)　柴田・前掲注15）3534頁。

的な事情を考慮して、裁量的に柔軟な判断をすることを認めてよいと考える[17]。なお、こうした裁量的判断を可能にする間接強制の発令要件としては、不作為義務の間接強制の発令に要求される違反のおそれの要件（最決平成17年12月9日民集59巻10号2889頁）が挙げられる[18]。一つの方向としては、不作為義務の場合に限らず、間接強制の必要性や妥当性を個々の申立てについて吟味するための要件（間接強制の申立ての利益のようなもの）を認めることが考えられる。

間接強制の発令につき執行裁判所に裁量的判断を認めてよいとすることには、債務名義を形成する機関と執行機関の分離の原則に反するとの厳しい批判があろう。けれども、間接強制の執行機関となる執行裁判所は、第1審裁判所等とされており（民執172条6項・171条2項・33条2項1号等）、その趣旨は、間接強制には本案に関する続行的判断の面があり、具体的事情を考慮した、かなり高度の裁量的判断が必要なため、債務名義の形成過程を最もよく知りうる、債務名義についての記録のある裁判所に担当させるため、とされる[19]。また、間接強制金の額・期間については、明文をもって、執行裁判所の裁量が認められている（民執172条1項）。こうしたことからすれば、民事執行法は、むしろ間接強制の発令につき執行裁判所の裁量的判断を予定しているとみることもできよう。殊に家事事件とりわけ面会交流という事件類型は、具体的事情を考慮する必要性が高いため、間接強制の段階でも具体的事情を考慮して裁量的に判断することが、実際にも受け入れられやすいのではないかと思う。以下の考察も、このような考え方を基にしている。

17）大濱しのぶ・フランスのアストラント（以下、「アストラント」という）（信山社・2004）495頁以下、同「間接強制の課題」（以下、「課題」という）三木浩一編・金銭執行の実務と課題（青林書院・2013）290頁以下等。

18）この違反のおそれの内容については争いがあるが、宮坂昌利・最判解民事篇平成17年度（下）947頁は、間接強制の申立ての利益に関わる要件であり、多くの場合は濫用的申立てを排除する等の消極的機能を担い、一回的不作為義務のような場合には、相対的に重要性を増すという。筆者も、このような考え方に賛成する。大濱しのぶ・リマークス34号（2007）125頁。

19）田中康久・新民事執行法の解説［増補改訂版］（金融財政事情研究会・1980）372頁、三ケ月章・民事執行法（弘文堂・1981）419頁、421頁。この点に関し、大濱・前掲注17）課題291頁。

Ⅲ　東京高決平成 26 年 3 月 13 日に関する考察

1　裁判の概要

東京高決平成 26 年 3 月 13 日は、前述Ⅰのように、第三者機関が関与する態様の面会交流に間接強制を認めた初の公表裁判例といえる。原決定は、子の引渡方法が特定されていないとして間接強制の申立てを却下したが、本決定は、給付の特定に欠けるところはないとする。なお、本件は、子が面会交流に極めて消極的な態度をとっている事案であり、本決定は、間接強制を認めるものの、平成 25 年最決と異なり、子の拒絶が間接強制を命じる妨げにはならない理由を詳述しており、子の拒絶につき間接強制手続で審理しうるとする立場のようにみえる。この点も注目に値するが、本稿では、この判断は省略し、給付の特定に関する判断のみを取り上げる。

本件は、長男（平成 13 年生）および長女（平成 15 年生）（以下、「未成年者ら」という）の親権者を母Ｙとして裁判離婚した夫婦の元夫Ｘが、Ｙに対し、Ｘと未成年者らとの面会交流を命じた審判（以下、「本件審判」という）の内容をＹが全く履行しないとして、間接強制を申し立てた事案である。本件審判は、下記の条件（一部略）で面会交流を命じている。

(1)　頻度及び日程　　審判確定の日の属する月の翌月から 2 か月に 1 回。

(2)　時間　　ＹがＸ又はＸが予め指定した者に対し未成年者らを引き渡してからＹが未成年者らの引渡しを受けるまでの時間を、面会 1 回につき 2 時間とする。

(3)　面会交流の方法　　甲県乙市内において面会を実施し、Ｘは、面会交流を支援する第三者を立ち会わせることができる。第三者の立会いに要する費用は、Ｘが負担する。

本決定は、給付の特定ありとする理由につき、平成 25 年最決を引用した上で、次のようにいう。

「面会交流の日時又は頻度及び各回の面会交流時間の長さについては、監護親であるＹがすべき給付の特定に欠けるところはない。これに対して、子の引渡しの方法等については、本件審判の主文 (3) では、甲県乙市内において面会を実施し、面会交流を支援する第三者を立ち会わせることができるとされているが、未成年者らの引渡場所等は、その記載上は具体的に特定されてはいない。しかしながら、他方で、本件審判の主文（2）には、ＹがＸ又はＸが予め指定した者に対し未成年者らを引き渡すことが明記されており、しかも、一件記録によれば、Ｘが予め指定した者とはFPIC乙の職員であり、Ｙが同職員に未成年者らを引き渡すことが当事者双方の共通の認識になっていたことが認められる（ＹもFPIC乙の職員が未成年者らを送迎することになっていたことを認めている。）。そして、Ｘは、このことを前提として、FPIC乙の職員に依頼し、同職員がＹの実家を訪れるなどして、未成年者らとＸとの面会交流を実現させるためＹと打ち合わせをしようとしたが、Ｙが怒って、FPIC乙に対し、Ｙの実家に連絡したり来訪しないよう申し入れるなどしたため、面会交流に必要な具体的な打ち合わせも進展しなかったものである。ちなみに、Ｘは、平成25年5月5日付けで、同年6月2日午前10時から11時30分まで、乙市のFPIC乙ファミリー相談室に未成年者らを送り届けて、その職員に預けるよう連絡をしたりしていた。これに対して、Ｙは、FPIC乙の職員が未成年者らを迎えに来るはずなのに、迎えに来なかったなどと主張しているが、そもそもＸやFPIC乙の職員に対して住所を秘匿して教えようとしていないのであり、ＸやFPIC乙の職員が未成年者らを迎えに行きようもない状況であるから、Ｙ側で上記FPIC乙ファミリー相談室まで未成年者らを送り届けるしかないことも明らかである。このような本件の事実関係の下においては、面会交流の実施に必要な子の引渡しの方法についても、ＸとＹとの間で、ＹがFPIC乙の職員に未成年者らを引き渡すということで黙示の合意があり、そのことを前提として、本件審判では、上記のような定め方がなされたものであることが認められるから、本件審判では、実質的に、未成年者らの引渡方法等についても具体的な定めがあるものとみることができ、本件審判の主文は、監護親であるＹがなすべき給付の特定に欠けるところはない」。

2 考　察

(1) 序　平成25年最決は、一般的な態様の面会交流の場合、子の引渡方法の具体的定めを必要とするが、事案や文言からすると、とくに引渡場所の具体的な定めを要求する趣旨のようにみえる。また、平成25年最決と同日の他の決定[20]も勘案すると、最高裁は明示の定めを要求する趣旨のようにもみえる。一方、本件審判には、引渡方法に関し、債権者または債権者が予め指定した者に引き渡す旨の定めはあるが、引渡場所の定めはないので、平成25年最決の立場をあてはめると、特定に欠けるとする原審の方が、結論

20）前掲注1）の①事件決定。子の引渡方法が何ら定められていないことを理由に、給付の特定が不十分とされた。

としては自然であろう。しかし、本決定は、本件事実関係の下では、引渡方法につき、FPIC 乙の職員に引き渡すことで黙示の合意があり、これを前提とした本件審判では、実質的に具体的な定めがあるとする。

(2)　第三者機関が関与する面会交流についての間接強制の可否　前述Ⅱ1のように、近年では、面会交流の実施を援助する第三者機関の役割が重視されており、第三者機関の立会いを命じる審判例も公表されている[21)]。第三者機関が関与する場合の間接強制の可否については、あまり論じられていないが、東京家裁の裁判官から、消極的な見解が示されている。その理由としては、「第三者機関の助言、指導に従い、円滑な面会交流の実施を目指すものであるから、間接強制が認められるような調停条項や審判を想定することは難しい」こと、「第三者機関が契約に応じるか不明であり、また、第三者の行為が介入するので、監護親の給付の内容を特定することも困難である」ことが挙げられている[22)]。

たしかに、第三者機関が関与する面会交流については、面会交流の性質に加え、第三者機関の意向等との関係で、強制に適しない場合や給付を特定し難い場合もあろう。しかし、第三者の協力を要することのみを理由に、間接強制を否定すべきではない[23)]し、本件のごとく、第三者機関の援助を受けることになっていたにもかかわらず、債務者が第三者機関の働きかけに一切応じない、というような強制の必要が高い事案も存在する。故に、第三者機関が関与する面会交流につき、一律に間接強制を否定することは、妥当ではない。原則的には、当事者が事前に第三者機関と相談し[24)]、当該第三者機関による援助が可能な条件の範囲内で、面会交流の頻度・時間が具体的に定められており、当該第三者機関の援助を受けること（○○の立会いの下、面会交流す

---

21)　東京家審平成 18 年 7 月 31 日家月 59 巻 3 号 73 頁、同平成 25 年 3 月 28 日家月 65 巻 7 号 190 頁（後掲東京高決の原審）、東京高決平成 25 年 6 月 25 日同号 183 頁。

22)　水野＝中野・前掲注 5）222 頁、223 頁、中野晴行「面会交流の間接強制の可否に関する最高裁決定をめぐる考察」ケース研究 320 号（2014）52 頁。なお、第三者機関の関与に関し、梶村太市「第三者機関の関与と面会要領の詳細化の諸問題」梶村太市＝長谷川京子編著・子ども中心の面会交流（日本加除出版・2015）280 頁以下。

23)　第三者の協力を要する債務の間接強制の可否については、山本和彦「間接強制の活用と限界」曹時 66 巻 10 号（2014）2716 頁以下等参照。

24)　たとえば、FPIC の場合、援助を受けるためには、債務名義成立前に、当事者が FPIC に相談することが必要とされる。なお、FPIC との契約締結は、債務名義成立後となる。FPIC「面会交流援助の案内」（http://fpic-fpic.jp/doc/menkai_kouryu2.pdf）参照。

ること等)、子の引渡方法については、当該第三者機関と当事者の協議によることとし、協議が調わない場合には、当該第三者機関の所在地において、債務者が当該第三者機関または債権者に子を引き渡す等と定めてあれば、間接強制が可能な程度に給付は特定されているとみてよいであろう。第三者機関の事情で面会交流が実施できなかった場合には、不履行はなく、間接強制金は発生しないと考えればよい。

本件審判の前に、当事者がFPIC乙と相談したか否かは不明であるが、本件審判が定める頻度・時間は、FPIC乙による援助が可能な条件の範囲内で定められたものと思われる[25]。ところで、審判等に第三者機関の名称を限定的に明示することは、第三者機関の意向等で難しい場合もあるようである[26]。その点も考慮すると、本件審判に、面会交流を支援する第三者を立ち会わせることができる旨の定め、XまたはXが予め指定した者に子を引き渡す旨の定めがあり、一件記録から[27]YがFPIC乙の職員に子を引き渡すことが当事者の共通認識になっていたと認められ、Yが打ち合わせに応じず、住所を秘匿する状況では、FPIC乙の所在地を引渡場所とするしかないことから、子の引渡方法につき、黙示の合意を介し、具体的な定めがあると解することは――債務名義の解釈としては限界事例といえようが、後述(3)の点も踏まえれば――妥当であり、間接強制は可能としてよいと思う[28]。

(3)　給付の特定と間接強制の必要性・妥当性　明らかではないが、本決定は、債務者の不誠実な態度も考慮して、給付の特定ありと判断したものとみることもできそうであり、この点も問題にしうる。同様の見方が可能な裁判例として、大阪高決平成19年6月7日(判タ1276号338頁)がある。同決定は、「その給付内容は、幅のあるものであるが、原審判発令までの経緯……に照らせば、上記調停条項に従って、原審判主文のとおり間接強制を命じる

25)　FPIC「面会交流援助の案内」前掲注24)参照。

26)　FPIC「面会交流援助の案内」(前掲注24)参照)の平成25年4月改訂版には、調停条項等でFPICの援助を定める場合に関し、「第三者機関の名前は、『○○等』の例示的な表現にとどめてください」との記載がある。ただし、平成27年4月改訂版には、この記載はない。

27)　間接強制の手続で、債務名義の解釈の資料として一件記録を参照することは、当然許されよう(前述本文Ⅱ3(間接強制の執行機関に関する立法趣旨)参照)。中野貞一郎＝下村正明・民事執行法(青林書院・2016)166頁も、間接強制決定に際し、債務名義の作成手続の経過や審尋の結果を参酌するのは当然とする。

28)　結論同旨、中野＝下村・前掲注27)814頁、栗林佳代・リマークス51号(2015)75頁。

のに問題はない」という。この「原審判」は原決定のことで、原決定「発令までの経緯」とは、債務者が調停成立直後から履行を拒絶して履行勧告にも従わなかったことを指すとみられる。

平成25年最決は、従来の実務に従い、面会交流の間接強制の可否を給付の特定の有無で決する立場に立つ。これは、調査官解説によると、審判の段階で、間接強制が相当な事案か否かを判断し、相当であれば、間接強制が可能な程度に給付を特定し、相当でなければ、そのような給付の特定はしないことを意味し、調停の場合も同様に扱うことが望ましいとされる[29)]。審判や調停の実務上も、同様の扱いがされているようであり、間接強制が相当な事案か否かは、債務者の態度を考慮して、判断されるとみられる[30)]。このように、債務名義の作成段階では、給付の特定と間接強制の必要性・妥当性の問題が結び付いている。本決定や前掲大阪高決が、給付の特定の有無を判断する際に、債務者の態度を考慮しているとすれば、これは、間接強制の発令段階でも、実際には間接強制の必要性・妥当性が吟味されており、また、これを吟味する必要があることを示していると考えられる。筆者としては、前述Ⅱ3のように、間接強制の必要性・妥当性は、その発令の可否の判断の際に吟味されてよいと考える。そうすると、面会交流の間接強制の手続において、ⓐ給付の特定の判断の中で、債務者の態度を考慮することを認めるか、それとも、ⓑ給付の特定の判断とは別に、間接強制の必要性・妥当性という要件の中で、債務者の態度を考慮することを認めるか、を問題にしうる。給付の特定と間接強制の必要性・妥当性は、本来的には別の問題である[31)]から、理論的にはⓑが正当であるが、上記二つの問題は債務名義作成段階で結びついていることに鑑みると、実践的にはⓐが妥当と思われる。そこで、ⓐを基本にして、以下のような試論を示しておきたい。

---

29)　柴田・前掲注15) 3520頁以下、3524頁以下、3532頁。審判において、執行可能な程度に給付を特定することが可能であるにもかかわらず、これをしないという扱いの是非も問題としうるが、面会交流の性質に鑑み、このような扱いも首肯できよう。

30)　水野＝中野・前掲注5) 223頁、中野・前掲注22) 56頁は、審判・調停の段階で、間接強制を視野に入れるか検討すべき事案として、㋐すでに調停・和解または審判で面会交流が認められたものの、その条件では面会交流が実施できず、改めて調停・審判が申し立てられた場合、㋑面会交流を禁止・制限すべき事由が認められないのに、監護親が強く拒否している場合、㋒監護親が出頭しない場合や家裁調査官による調査に応じない場合を挙げる。

31)　こうした観点から、筆者は、かつて前掲大阪高決の態度を批判した（大濱しのぶ・リマークス39号（2009）125頁）が、この点は、本文のように改める。

面会交流を定める審判等は、①（頻度が○回程度と定められている場合、頻度のみを定め、他は協議に委ねる場合、頻度・時間のみを定め、子の引渡方法の定めを全く欠く場合等）給付内容を抽象的なものにとどめて、間接強制ができないことを明らかにしているもの、②（平成25年最決の事案のように）給付内容を詳しく具体的に明示し、間接強制が可能なことを明らかにしているもの、③上記①②以外の場合、すなわち、給付の具体性・明確性に疑義があり、間接強制の可否が明らかでないものに区別しうる。①では、黙示の定め（合意）を理由に給付の特定があるとする解釈は、債務名義の解釈の範囲を超え、許されない。一方、③では、債務名義作成段階で間接強制の可否がどう考えられたか、明らかでないことを踏まえ、債務者の態度を考慮して、強制の必要が高いと認められる場合に限り、黙示の定めを理由に給付の特定があると解することが許される。なお、この場合、黙示の定めを間接強制決定の中で明示することが許され、その方が望ましい。また、②の場合、給付の特定とは別に、特段の事情があるときは[32]、間接強制の必要性・妥当性がないとして、その発令をしないことが考えられる。

Ⅳ　福岡家審平成26年12月4日に関する考察

1　裁判の概要

福岡家審平成26年12月4日は、前述Ⅰのように、面会交流の義務の不履行の場合に、監護権を監護親に留保して親権者を変更した点が一般に注目されるが、間接強制類似の給付命令を発したものでもある。

事案は、簡単にいえば、次のようである。X（Aの父）とY（Aの母）は、長男A（平成19年生）の親権者をYとして、調停離婚した（前件調停）。この調停条項では、養育費を月額2万円とすること（同3項）、面会交流が実現しなかった月の養育費の支払を免除すること（同4項）が定められ、面会交流に

32）たとえば、前掲注14）で述べたような、子の拒絶の意思が強固なことが明らかで、子の年齢等を考慮し、履行の強制が子の利益に適わず不当となる場合が考えられる。ちなみに、子の年齢が高い場合の面会交流は、監護親に対し、子が非監護親と会うことを妨害してはならないという不作為義務として定め、または解釈することが提言されている（柴田・前掲注15）3532頁等）。不作為義務であれば、子が強固に拒絶する場合、違反のおそれがないとして、間接強制を否定することが想定されていると思われる（子の引渡しに関するが、東京高決平成23年3月23日家月63巻12号92頁参照）が、作為義務であっても、同様の調整ができるようにした方がよいのではないか。

関する詳細な取決め（頻度は毎月 1 回）がされていた。その後、X は、Y が A に X を拒絶するように仕向け、Y を親権者と指定する前提であった面会交流の実施が、全く実現されないとして、親権者の変更および A の引渡しを求めた。一方、Y は、調停条項 4 項の取消し等、面会交流に関する調停条項の一部の取消・変更を求めた。これらの事件は併合され、調停に付されたが、調停は不成立となり、審判手続に移行した。

本審判は、まず、A が X を強く拒絶する主たる原因は Y の言動にあると認定し、「Y が親権者と指定された前提が崩れていること、親権者変更以外に現状を改善する手段が見当たらないこと」、本件では「親権と監護権とを分属させる積極的な意義」があることを考慮し、「監護者を Y に指定することを前提として、子の福祉の観点から、親権者を Y から X に変更する必要」があるとした。

調停条項 4 項に関しては、本審判は、これを「Y は、X に対し、本審判の確定した月から A が 20 歳に達する月までの毎月（別紙面会交流要領の 1 項ないし 3 項を全て満たす面会交流が実施された月を除く。）、その末日限り、2 万円を支払え」と変更し、その理由について、平成 25 年最決を引用した上で、次のように述べた。

> 「面会交流の実施を確保するために特に必要がある場合においては、民法 766 条 1 項の『その他子の監護について必要な事項』として、面会交流が実施されなかった場合に相当な範囲で金銭を支払うよう合意することも許容されると解され、前件調停の成立に至る経緯に照らせば、その調停条項 4 項も面会交流の実施を確保する目的で合意されたと認められる」。「本件において、面会交流が実現しない主たる原因が Y の A に対する言動にあることは前記のとおりであるから、調停条項の 4 項の合意の趣旨を維持することが面会交流の実施を確保するために特に必要であるし、月額 2 万円という金額も相当な範囲内の金額といえる」。「もっとも、養育費を受働債権として相殺することが禁止されていること（民法 510 条、民事執行法 152 条 1 項 1 号）や、扶養請求権を事前に放棄することはできないと解されることに鑑みると、面会交流が実施されなかった場合に養育費の支払義務を免除するとの調停条項の定め方は相当でない」。「したがって、前件調停の調停条項 4 項に代えて、家事審判規則 53 条〔現・家事 154 条 3 項〕に基づき」上記主文のように命じるのが相当である。

また、本審判は、Aの負担を考慮して、面会交流の義務の内容を一部緩和すると共に、「面会交流が実施された場合には、Yが月額2万円の支払を免れることになるから、前件調停の調停条項……を変更し、面会交流の日時又は頻度、各回の面会交流時間の長さ、子の引き渡しの方法等について、別紙面会交流要領のとおり具体的に定めておくことが相当」とした。

2 考　察

(1) 序　本審判が監護権を監護親に留保して親権者を変更した点については、本稿では立ち入らないが、次の点を指摘しておく。このような親権者変更の措置は、実際上、監護親による面会交流の義務不履行に対する制裁の機能を有すると共に、監護親において今後も不履行を続ければ、監護者の変更もあり得ないことではないとの推測を生み、監護親に対し履行を強制する機能を有すると考えられる。

ここで取り上げるのは、本審判が給付命令（現・家事154条3項）として、監護親に対し、面会交流が実現されない月を除き、毎月2万円の支払を命じた点であり、これには、以下の理由から反対である[33]。本審判の理由（とくに平成25年最決の引用、同決定による給付の特定の要件を満たすように、調停条項を変更していること）からすると、上記給付命令は、実質的には間接強制決定をする意図で発せられたものとみられる。とはいえ、本来の間接強制決定であれば、面会交流の義務の履行を命じると共に「履行しないときは不履行1回につき2万円を支払え」と命じるところ、上記給付命令は、2万円の支払を命じ、面会交流が実施された月はこの支払を免除するとしており、この2万円の金銭の性質は、間接強制金に相当するものか否か、明らかでない。このような曖昧な金銭の支払命令は、混乱を招き、認めるべきではない。たとえば、上記給付命令の後、調停調書を債務名義として、本来の間接強制が申し立てられた場合の処理に問題を来たす。

(2) 給付命令による間接強制の発令　仮に、上記給付命令の主文が、本来の間接強制決定と同様であるとすれば、上記給付命令は、義務の履行を命じる裁判の中で、併せて、その義務の履行を確保するために間接強制を命じ

33） 梶村太市・リマークス53号（2016）65頁は賛成（ただし、根拠条文として民法766条1項を挙げることに反対）。山口・前掲注3）113頁は批判的。

るものとみることができる。義務の履行を命じる裁判の中で間接強制を命じることの可否については、仮処分命令の場合は肯定する立場が通説とされ、実務上も、例外的な場合に限られるが、認められている[34)]。判決の場合には、否定する裁判例として、東京地判平成11年7月1日（判時1694号94頁）がある[35)]。もっとも、同判決も、「間接強制としての金員の支払請求権を原告が有すると解すべき法律上の根拠は見出すことができない」ことを理由とするから、家事事件手続法154条3項に基づいて、間接強制決定に相当する給付命令をすることと相容れないものではない。筆者も、少なくとも立法論としては、間接強制の実効性強化および手続の簡素化を図る見地から、義務の履行を命じる裁判の中で間接強制を発令することを認めてよいと考えている。ただし、間接強制金の総額が過大とならないように、遡及的な減額が可能であること等が前提となる[36)]。

家事事件手続法154条3項の趣旨については、子の監護に関する処分の審判において、監護者の指定または変更・面会交流・監護費用の分担その他の子の監護について必要な事項を定める場合、「当事者間の法律関係を新たに形成する内容の審判にとどまるものとすると、当事者は、これらの審判によって形成された法律関係の実現を求めて、その給付等を求める訴え又は審判の申立てを改めてしなければならない」が、「それでは、手続として迂遠であり、家事審判の手続における迅速処理の要請に反する」ことが挙げられる[37)]。この立法趣旨からすると、執行処分たる間接強制は、給付命令の対象に含まれないとの解釈も可能であるが、規定の文言、上記仮処分命令の場合の扱い、家事審判手続の迅速処理の要請に鑑みると、給付命令による間接強制の発令は、否定せずとも、早期に間接強制の発令が必要となる特段の事情がある場合に限り、認めればよいと思う[38)]。もっとも、面会交流の事件では、

34)　上原敏夫「不作為を命ずる仮処分の諸問題」新・実務民事訴訟講座（14）（日本評論社・1982）242頁、瀬木比呂志・民事保全法［新訂版］（日本評論社・2014）311頁、実例として東京地決平成21年8月13日判時2055号99頁等。

35)　肯定する学説もある。たとえば、竹下守夫「不作為を命ずる仮処分」吉川大二郎博士還暦記念・保全処分の体系（下）（法律文化社・1966）606頁。

36)　大濱・前掲注17）アストラント499頁。

37)　金子修編著・逐条解説家事事件手続法（商事法務・2013）498頁、497頁。

38)　給付命令は、申立てを要しないと解される（金子編著・前掲注37）496頁、248頁）が、間接強制を発令する場合には、申立てを要すると解すべきである。

このような特段の事情が認められる場合は、実際にはほとんどなかろう[39]。

本審判が、間接強制類似の給付命令を発したのは、調停条項4項に起因し、Yの言動に鑑み、同条項の趣旨を維持するためとみられる。しかし、このようなことも、間接強制の早期発令が必要となる特段の事情には、該当しないとみるべきである。面会交流不実施の場合に養育費を免除する旨の調停条項は、本審判が挙げる理由（養育費債権を受働債権とする相殺禁止や扶養請求権の事前放棄不能）のみならず、養育費と面会交流を対価関係にあるものの如く直接結びつける点で、不当である[40]。故に、調停条項4項の趣旨を維持する必要はない。なお、本件では、監護権を監護親に留保した親権者の変更が認められており、これは上述のような事実上の制裁・強制機能を有することに鑑みても、更に給付命令により間接強制を発令することは、妥当ではない。

(3)　間接強制金債権による養育費債権の相殺　ところで、面会交流につき間接強制決定がされ、その義務が履行されなかった場合において、間接強制金債権を自働債権とし、（監護親の非監護親に対する）養育費債権を受働債権とする相殺は、許されるか。これは否定するのが一般といえようし、その旨を明言するものもある[41]。筆者も同旨を述べたことがある[42]が、その際は詳細に立ち入ることができなかったので、ここで改めて検討しておきたい。

本審判は、養育費債権を受働債権とする相殺禁止についての根拠規定として、民事執行法152条1項1号を挙げる。同項柱書によれば、差押えを禁止されるのは、支払期に受けるべき給付の4分の3に相当する部分（その額が標準的な世帯の必要生計費を勘案して政令で定める額を超えるときは、政令で定める額に相当する部分）である。その余の部分は、差押えが可能であり、この部分を受働債権とする相殺も可能と解されよう（民510条の反対解釈）。翻って、養育費

39）　たとえば、監護親の悪性が高い一方、非監護親が重病で余命少なく、早期の面会交流を強く望むケース等が考えられようか。

40）　同旨、棚村政行編著・面会交流と養育費の実務と展望（日本加除出版・2013）110頁〔榊原富士子〕。養育費と面会交流は、別の問題であり、直接結びつけるべきではないとするのが一般的理解である。於保不二雄＝中川淳編・新版注釈民法（25）［改訂版］（有斐閣・2004）740頁〔床谷文雄〕（別問題とするのが通説という）、秋武憲一監修・子の親権・監護の実務（青林書院・2015）178頁以下〔髙橋信幸〕、片山登志子＝村岡泰行編・代理人のための面会交流の実務（民事法研究会・2015）122頁等。もっとも、両者は実際上関連し（棚村編著・前掲書15頁〔棚村〕等）、その関連性を考慮すべき面もあろう。なお、養育費不請求合意に関し、於保＝中川編・前掲書820頁以下〔床谷〕、秋武監修・前掲書309頁〔髙橋〕等参照。

41）　片山＝村岡編・前掲注40）51頁。

42）　大濱・前掲注2）129頁。

債権の根拠を民法877条1項に求めるとすると、扶養請求権の処分を禁じる民法881条により、養育費債権の全額が差押禁止となり、これを受働債権とする相殺も禁止されるとの解釈も成り立つ。しかし、扶養請求権も、弁済期到来後は、処分可能と解しうる[43]から、養育費債権の根拠を上記のように考えても、弁済期到来後は、民法881条ではなく民事執行法152条1項1号が適用されると解し[44]、養育費債権の差押可能部分を受働債権とする相殺も可能と解しうる。

では、間接強制金債権を自働債権とし、養育費債権の差押可能部分を受働債権とする相殺は、許されるか。これは、許されると解する。間接強制金債権は、強制執行により取り立てなければならないものではなく、任意弁済も可能である。間接強制金債権を自働債権とする相殺も、否定する必要はなかろう。なお、養育費債権を自働債権とし、面会交流に関する間接強制金債権を受働債権とする相殺については、見解の対立がみられる[45]。否定説は、その理由について「間接強制金は、法定の違約金たる性質を有し、執行手段の方法として支払いを命ずるものである」ことを挙げる。筆者は、間接強制金の性質につき（間接強制決定に含まれる）履行命令違反に対する制裁と解する[46]が、この制裁は、民事上の債務の履行強制を目的とし、制裁金は債権者に帰属する特殊なものであり、刑罰・一般の秩序罰に比較すれば、公的性格は希薄であって、現実の支払をさせなければならないものではないと考える。故に、肯定説に賛成する。

上述のように、間接強制金債権による養育費債権の差押可能部分の相殺を

43)　弁済期到来後の扶養請求権は、権利者の意思により放棄・譲渡および相殺の自働債権とすることができるというのが通説とされる。我妻栄・親族法（有斐閣・1961）412頁（ただし、協議または審判により内容が具体的に確定した後も、差し押えることはできず、相殺の受働債権ともなしえないという）、於保＝中川編・前掲注40）816頁〔床谷〕、松川正毅＝窪田充見編・新基本法コンメンタール親族（日本評論社・2015）334頁〔冷水登紀代〕等。

44)　民法877条以下の扶養請求権に関する同法881条と民事執行法152条1項1号の関係につき、鈴木忠一＝三ケ月章編・注解民事執行法（4）（第一法規・1985）518頁〔五十部豊久〕は、扶養請求権に民事執行法152条1項1号の適用を認める。香川保一監修・注釈民事執行法（6）（金融財政事情研究会・1995）342頁〔宇佐見隆男〕は、民法881条により扶養請求権の全額が差押禁止となる（旧法下の見解であるが、同旨、石川明「差押禁止に関する契約」山木戸克己教授還暦記念・実体法と手続法の交錯（上）（有斐閣・1974）276頁等）が、一旦行使されて具体的な金銭債権となれば、民事執行法152条1項1号の適用を認める余地はあるとする。

45)　肯定、片山＝村岡編・前掲注40）51頁。否定、梶村・前掲注8）303頁。

46)　大濱・前掲注17）アストラント489頁。

認めることは、間接強制の実効性強化に資するものと思う。養育費の一部が現実には支払われなくなることから、子および監護親に酷との批判もあろうが、実際上、非監護親が支払うべき養育費の額から間接強制金の額を差し引く事態も生じているようなので[47]、相殺可能な部分を明確にすることは、子および監護親の保護につながる面もないわけではないように思われる。

V　結びに代えて

本稿では、平成25年最決後の二つの下級審裁判例、㋐東京高決平成26年3月13日および㋑福岡家審平成26年12月4日を取り上げ、①第三者機関が関与する面会交流についての間接強制も可能であること（Ⅲ2(2)）、②間接強制手続における給付の特定の判断の際に、債務者の態度（間接強制の必要性・妥当性）を考慮しうることおよびその類型化の試論（Ⅲ2(3)）、③面会交流が実施された月を除き、毎月一定額の金銭を債権者に支払うよう命じる形式の給付命令は認めるべきでないが、給付命令で間接強制を命じることも例外的には可能であること（Ⅳ2(1)(2)）、④間接強制金債権による養育費債権の差押可能部分の相殺も可能であること（Ⅳ2(3)）等を述べた。紙幅の関係もあり、不十分な点が多い。たとえば、㋐の子の拒絶に関する判断、①との関係で第三者の協力を要する債務の間接強制に関する問題についても論じるべきであったが、別の機会に譲る。とくに②等との関係で述べた間接強制の必要性・妥当性という概念に関する検討は、今後の課題としたい。

【付記】
徳田先生　古稀のお祝い申し上げます。民事訴訟法学会の拙い報告に際し、司会を賜り、それ以来、博士学位審査をはじめ、様々な御指導・御高配を賜りましたこと、そして暖かな御教示に幾度も心救われましたこと、あらためて深く御礼申し上げます。
なお、本稿は、民事訴訟法学会関西支部研究会の報告を基にしています。この場をお借りして、貴重な御教示を賜りました同研究会の皆様に御礼申し上げます。

---

47)　平成25年最決抗告理由（民集67巻3号874頁）参照。

形成訴訟における係争物の譲渡
──競売請求訴訟（区分所有法59条）と区分所有権の譲渡

日比野泰久

Ⅰ　はじめに

マンションの区分所有者が建物の管理または使用に関し区分所有者の共同の利益に反する行為（区分所有6条1項。以下、「共同利益背反行為」という）をした場合またはその行為をするおそれがある場合には、他の区分所有者の全員または管理組合法人は、共同の利益に反する行為の停止等を請求することができる（同57条1項）。そして、さらに、共同の利益に反する行為による区分所有者の共同生活上の障害が著しく、他の方法によってはその障害を除去して共用部分の利用の確保その他の区分所有者の共同生活の維持を図ることが困難であるときは、他の区分所有者の全員または管理組合法人は、集会の決議に基づき、訴えをもって、当該行為に係る区分所有者の区分所有権および敷地利用権（以下、「区分所有権等」という）の競売を請求することができる（同59条1項）。この競売請求訴訟において、被告たる区分所有者が自己の区分所有権等を第三者に譲渡した場合に、当該訴訟またはその訴訟の判決の効力が当該第三者（譲受人）との関係でどのような影響を及ぼすのかを検討することが、本稿の目的である。

以下の二つの場面が想定される。第1は、競売請求訴訟の係属中に区分所有権等が第三者に譲渡される場合である。この場合には、訴訟承継の可否が問題となる。第2は、競売請求訴訟の口頭弁論終結後に区分所有権等が第三者に譲渡される場合である。この場合には、譲受人に対して判決効が及ぶのかが問題となる。さらに、前記二つの場面で生ずる問題点を回避するために、仮処分による対応が可能かが問題となる。このうち、本稿で取り上げる問題は、第2の場面において当該訴訟の判決でもって譲受人に対する競売申立てができるのか（民事執行法181条3項準用の可否）の問題と、処分禁止の仮処分の利用の可否の問題である。訴訟承継の可否および既判力拡張の問題は関連する限度で言及するにとどまる。

II　判例の紹介

区分所有法59条1項による競売請求訴訟において区分所有権等の競売を認める判決が確定し、その訴訟の基準時以降にその区分所有者が自ら区分所有権等を第三者に譲渡した場合、この判決に基づいて譲受人である第三者に対して競売を申し立てることができるか。この問題を扱った近時の判例として、最高裁平成23年10月11日決定（判時2136号36頁、判タ1361号128頁、金法1939号100頁。以下、「平成23年最高裁決定」という）がある[1]。

原審の認定した事実関係は、以下のとおりである。

〔事案の概要〕　Aは、平成19年3月13日、マンション甲の一室を公売により取得した。本件物件の前所有者は、甲の管理組合法人に対し多額の未払管理費および遅延損害金等の支払債務を負っており、Aはこれらの支払債務を承継したが（区分所有8条）、その支払をしなかった。甲の管理組合法人は、Aを被告として未払管理費等の支払を求める訴訟を提起し、その認容判決を得て同判決は確定した。しかし、その後もAが未払管理費等の支払をしなかったため、管理組合法人は、平成21年、Aの区分所有建物の賃料債権を差し押さえたが、同差押えは不奏効に終わった。

マンション甲の区分所有者の一人であり、管理組合法人の副理事長である

1）　本決定の評釈等として、越山和広・新・判例Watch 11号（2012）125頁、丸山昌一・NBL977号（2012）82頁、藤井俊二・判時2145号（判評643号）（2012）156頁、高見進・民商146巻6号（2012）579頁、川嶋四郎・法セ697号（2013）132頁、内山衛次・リマークス46号（2013）130頁、下村眞美・平成24年度重判解131頁、畑宏樹・明治学院大学法律科学研究所年報29号（2013）245頁など、関連する論稿として、鎌野邦樹「区分所有権競売請求訴訟（区分所有法59条1項）の法的性質」市民と法79号（2013）2頁、花房博文「区分所有法59条競売と口頭弁論終結後の脱法的処分行為の防止」創価ロージャーナル6号（2013）69頁などがある。

Xは、所定の手続を経た上で、平成21年8月4日、Aに対し、区分所有法59条1項に基づく訴訟を提起したところ、平成22年1月26日、競売申立てを認める旨の判決（以下、「本件判決」という）の言渡しがあり、本件判決は確定した。しかし、Aは、本件判決の言渡し後確定前に、Yに対し、区分所有建物の持分5分の4を譲渡し、その旨の登記手続をした。なお、Yは、同訴訟提起後の平成21年8月28日に設立された会社であり、その代表者はAの弟、取締役はAで、他の役員は存在せず、その本店所在地はAを代表者とするC株式会社と同一であり、Yが事業活動を行なっている形跡は見当たらなかった。Xは、本件判決についてYを債務者とする承継執行文の付与を申し立てたが裁判所書記官に拒絶されたため、執行文付与の訴えを提起したが、区分所有法59条1項に基づく競売には民事執行法33条1項を準用する規定がないことを理由に同訴えも却下された。

Xは、平成22年8月6日、AおよびYに対し、本件判決に基づき、その区分所有建物の競売を申し立てたところ、原々審（執行裁判所）は、Aの持分5分の1については競売手続開始決定をしたが、Yの持分5分の4については申立てを却下した。Xが執行抗告を申し立てたところ、原審は、Yの持分について競売請求権を認めた確定判決等の提出がなく、また、区分所有権の譲渡があったのみでは競売請求権の債務者の地位が承継されたと解することはできないから、民事執行法181条3項にも民事訴訟法115条1項3号にも当たらないなどとして、抗告を棄却した。Xは、原決定を不服として、特別抗告および許可抗告を申し立て、許可抗告申立てが許可された。

本決定は、許可抗告申立てについて、次のように判示し、抗告を棄却した。

〔決定要旨〕「建物の区分所有等に関する法律59条1項の競売の請求は、特定区分所有者が、区分所有者の共同の利益に反する行為をし、又はその行為をするおそれがあることを原因として認められるものであるから、同項に基づく訴訟の口頭弁論終結後に被告であった区分所有者がその区分所有権及び敷地利用権を譲渡した場合に、その譲受人に対し同訴訟の判決に基づいて競売を申し立てることはできないと解すべきである。[2)]」

上記のように、平成23年最高裁決定は、区分所有権の譲渡が競売妨害目的でなされた可能性が高い事案であったにもかかわらず、前主に対する確定判決に基づいて口頭弁論終結後の譲受人に対して競売申立てをすることはで

2）　本決定には、田原睦夫裁判官の補足意見がある。

きないとしている。しかし、その論拠は必ずしも明確ではなく、むしろ譲受人に対する競売申立てを肯定すべき事案であったように思われる。そこで、以下では、平成23年最高裁決定を批判的に検討することにより、譲受人に対する競売申立てを肯定する立場からの立論を試みることにする。

Ⅲ　民事執行法181条3項準用の可否

1　競売請求認容判決の効力

平成23年最高裁決定は、Xが、Aに対する認容判決に基づいてYに対して直接、競売申立てをしたところ、申立てが却下された事案である。Xは当初、Yに対する承継執行（承継執行文の付与の申立て、執行文付与の訴え）を試みたが、いずれの方法も斥けられている。そこで次にXは、不動産担保権の実行としての競売においては、登記事項証明書等により現在の所有者を証明し、当該者に対して申立てをすればよいとされているのであるから、本件においても、民事執行法181条3項の例により、共有持分権の承継があったことを登記事項証明書により証明すれば、本件判決に基づき、現在の区分所有者であるYに対して競売の申立てをすることができると主張した。これに対して、原決定（東京高決平成23年1月7日判タ1363号203頁）は、以下のように述べてこの主張を排斥している。

「担保権の実行としての競売において、競売申立時の所有者に対して競売の申立てをすべきこととされているのは、実体法上の効力として、対抗力を有する担保権には追及効があり、担保権の目的である権利（所有権等）が第三取得者に譲渡されても、担保権者は当該担保権を当該第三取得者に対して対抗できるからである。……これに対し、区分所有法59条の競売請求権は、区分所有者の共同利益背反行為による共同生活上の障害が著しい場合に、当該区分所有者を区分所有者としての地位から排除するために認められるものであるから、区分所有権等が共同利益背反行為を行なった者以外の第三者に対して譲渡された場合には、当該第三者に対して前主に対する競売請求権を対抗できるものとは解されない（何ら公示されない競売請求権による競売の不利益を、第三取得者が甘受すべき理由も見当たらない。）。そうすると、競売請求の対象となる区分所有権の譲渡がされても、これに伴い競売請求権の債務者としての地位が譲受人に承継されたと解することはできず、『区分所有権の譲渡があった』ことをもって、民事執行法181条3項が定める『担保権について承継があった』ものと同視することはできないから、Xの主張は理由がない。」

競売請求訴訟は、区分所有者の共同の利益を侵害する行為を行なう特定の区分所有者を強制的に当該建物から排除することにより、円満な共同生活の維持・継続を図ることを目的とする訴訟である[3)]。その手続は、原告への給付を求める給付訴訟ではなく、原告の競売申立権を形成する形成訴訟として構成されている[4)]。すなわち、区分所有法59条の競売請求権は、実体上の要件が満たされたとしても訴えの方法をもってこれを行使することを要し、原告はその勝訴判決を得た後[5)]、執行裁判所に対し競売の申立てをすることが必要となる。その意味で、競売請求権は、裁判上行使を要する形成権であり、原告の勝訴判決の確定により、民事執行法による競売申立権が生ずるものとされる[6)]。形成訴訟における認容判決から生ずる判決効は形成力であるが、形成力の主観的範囲は、それぞれの形成訴訟を規律する実体法の規定によって定まる。実体法上法律関係の変更が相対的なものとされる場合には、当事者間で形成の効果が生じるにとどまる[7)]。競売請求訴訟における認容判決の形成力も当事者間限りで相対的に及ぶものと解するのが多数説のようである[8)]。

3）　法務省民事局参事官室編・新しいマンション法（商事法務研究会・1983）308頁、鎌野・前掲注1）5頁など。

4）　法務省民事局参事官室編・前掲注3）309頁、濱崎恭生・建物区分所有法の改正（法曹会・1989）361頁。学説は、形成の訴えの中でも「訴訟上の形成の訴え」に分類されるものとしている（越山・前掲注1）126頁、川嶋・前掲注1）132頁、下村・前掲注1）132頁）。しかし、競売請求訴訟は、訴訟法上の法律関係または地位について変動を生じさせることを目的とするものではなく、「訴訟法上の形成の訴え」に分類すべきものとは思われない。裁判上の行使を要する形成権についての「実体法上の形成の訴え」に分類すべきものと思われる。畑・前掲注1）257頁も、訴訟法上の形成の訴えと分類することに疑問が残るとする。もっとも、高橋宏志・重点講義民事訴訟法（上）［第2版補訂版］（有斐閣・2013）73頁は、形成の訴えの定義・分類にこだわることは生産的でないと指摘する。

5）　判決主文は、「原告は、被告の有する別紙目録記載の区分所有権及び敷地利用権について競売を申し立てることができる」となる（篠田省二編・現代民事裁判の課題6 借地・借家・区分所有（新日本法規出版・1990）807頁〔永井ユタカ〕参照）。

6）　法務省民事局参事官室編・前掲注3）309頁、稲本洋之助＝鎌野邦樹・コンメンタールマンション区分所有法［第3版］（日本評論社・2015）345頁、水本浩＝遠藤浩＝丸山英気編・基本法コンメンタールマンション法［第3版］（日本評論社・2006）107頁〔大西泰博〕など。

7）　三木浩一ほか・民事訴訟法［第2版］（有斐閣・2015）464頁〔垣内秀介〕。

8）　法務省民事局参事官室編・前掲注3）320頁、濱崎・前掲注4）362頁、川島武宜＝川井健編・新版注釈民法（7）物権（2）（有斐閣・2007）782頁〔濱崎恭生＝富澤賢一郎〕、越山・前掲注1）126頁、川嶋・前掲注1）132頁、下村・前掲注1）132頁。

このように、形成訴訟である競売請求訴訟の認容判決は、それ自身執行力を有するものではないから、執行力拡張の手段である承継執行そのものの問題ではない。しかし、競売請求訴訟の認容判決が確定すると競売申立権が形成され、原告は、判決確定から6ヶ月以内に競売を申し立てることができる(区分所有59条3項)。この競売申立権による競売は、民事執行法195条に規定する「その他の法律の規定による換価のための競売」である。いわゆる形式的競売のひとつであり、担保権の実行としての競売手続の例によることとなるので、担保執行の規定が所定の読替えや解釈上の修正・補充が行なわれたうえで準用される[9)]。そうすると、Xが主張するように、民事執行法181条3項の準用が考えられないわけではない。しかし、原審決定は、担保権の実行としての競売において競売申立時の所有者に対して競売の申立てをすべきとされているのは、対抗力を有する担保権には実体法上の効力として追及効が認められているからであり、競売請求権には追及効は認められないとしてXの主張を排斥している。たしかに、競売請求権に実体法上の効力としての追及効は認められないであろうが、競売請求訴訟の判決効たる形成力が第三者に拡張されることはまったく肯定され得ないのであろうか。

2　承継執行手続との類似性

民事執行法181条3項による承継人に対する担保権の実行手続は、債務名義の執行力の承継人への拡張を公証する承継執行文の付与手続（民執27条2項）に対応する簡易な手続であって、担保権を証する文書に承継を証する文書を添えて提出すれば、執行裁判所は承継人につき担保権の実行としての競売等を求め得ることを簡易に判断できることにしたものであると説明されている[10)]。形式的競売の場合においても同様の手続が考えられる。たとえば、共有物分割訴訟において競売を命ずる判決がなされた後（口頭弁論終結後）にその共有持分の全部または一部が譲渡された場合、競売申立人は、民事執行法181条3項により、持分移転登記のある不動産登記事項証明書を提出して競売を申し立てることができる[11)]。区分所有権の競売請求の場合にこれが応

9）　中野貞一郎＝下村正明・民事執行法（青林書院・2016）786頁、下村・前掲注1）132頁。
10）　中野貞一郎編・民事執行・保全法概説［第3版］（有斐閣・2006）291頁〔吉村徳重〕。
11）　東京地方裁判所民事執行センター実務研究会編・民事執行の実務 不動産執行編（下）［第3版］（金融財政事情研究会・2012）371頁。

用されるとすれば、原告は前主に対して競売申立権を認めた確定判決正本と承継を証する登記事項証明書を提出することによって、承継人に対する競売を申し立てることができる。しかし、その場合にも、基準時後のすべての譲受人にこのような簡易な手続による方法が認められるべきではないであろう。給付請求の場合に簡易な方法による承継執行（民執23条・27条2項）が認められるためには、承継執行文を付した債務名義の正本が、承継人についての請求権（執行債権）の表示の役割を果たしうる場合でなければならないとされている。すなわち、承継人について新たな給付の訴えを想定したときに、債務名義の表示に係る請求権の存在に承継の事実を加えて主張することによって、承継人についての請求が有理性を得る場合でなければならない[12)]。競売請求の場合に民事執行法181条3項を準用するときにも同様の要件が必要であろう。すなわち、譲受人に対する新たな競売請求訴訟を想定したときに、「前主に対する競売申立権の存在」に承継の事実を加えて主張することによって、譲受人に対する請求が有理性を得る場合でなければならないと解すべきである。

3 「前主に対する競売申立権の存在」の意味

ところで、形成訴訟の訴訟物は、形成を求める法的地位あるいは形成原因（特定の権利変動のための一定の法律要件。形成要件ともいう）の主張であり、形成判決が確定すれば、形成原因の存在を確認する判断に既判力が生じる[13)]。区分所有法59条1項によって競売請求が認められるための実体上の要件は、①区分所有者が区分所有法6条1項に規定する行為（共同利益背反行為）をしたこと、②当該行為による区分所有者の共同生活上の障害が著しいこと、③他の方法によっては、その障害を除去して共用部分の利用の確保その他の区分所有者の共同生活の維持を図ることが困難であること、である[14)]。したがって、前主たる区分所有者に対する競売請求訴訟の認容判決の既判力は、これらの形成原因の存在を確認する判断に生ずることになる。ただし、個々の

---

12)　中野＝下村・前掲注9）125頁。

13)　伊藤眞・民事訴訟法［第4版補訂版］（有斐閣・2014）160頁、中野貞一郎＝松浦馨＝鈴木正裕編・新民事訴訟法講義［第2版補訂2版］（有斐閣・2008）46頁〔徳田和幸〕など。なお、森勇「形成判決の既判力」髙橋宏志＝加藤新太郎編・実務民事訴訟講座［第3期］第3巻（日本評論社・2013）356頁。

14)　濱崎・前掲注4）359頁、稲本＝鎌野・前掲注6）341頁以下。

実体要件の存否の判断は判決理由中の判断であるので、既判力の対象となるのは個々の実体要件の存否ではなく、それらを総合した形成原因（ここでは、これを「共同利益侵害状態」という）の存否が既判力の対象となるものと思われる。そうであるとすれば、前訴確定判決に表示された「前主に対する競売申立権の存在」は、「前主による共同利益侵害状態の存在」を意味し、これに承継の事実（区分所有権の移転）を加えることによって、譲受人（承継人）に対する請求が有理性のあるものとなるかが、ここでの基準になる。これが認められるのであれば、承継人に対する形成力の拡張として、民事執行法 181 条 3 項の準用が肯定されるべきである。

4　承継人に対する手続保障

競売請求の場合に民事執行法 181 条 3 項を準用することに対しては手続的な側面からの批判もある。すなわち、民事執行法 181 条 3 項が準用されるとすると、譲受人は競売手続開始後になって執行抗告（民執 182 条参照。正確には執行異議であろう[15]）を申し立てることによって共同利益侵害状態が解消されていることを主張立証する途しかなく、しかも執行抗告（執行異議）の提起では競売手続は当然には停止しない（民執 183 条参照）から、譲受人の利益を大きく損なうとするものである[16]。もっとも、このような不利益・負担も承継執行（民執 23 条・27 条 2 項）の際に債務者側の承継人に起訴責任の転換が生ずることと類似している。民事執行法 181 条 3 項による承継人に対する担保権の実行手続が、承継執行に対応する簡易な手続であるとすれば、ここでも同様の根拠でもって譲受人（承継人）への起訴責任の転換を正当化できるであろう。承継執行の場合に、承継人への起訴責任の転換が許容されるのは、執行の迅速性および執行債権者と承継人との衡平の視点に基づくものである[17]。それゆえ、債務名義上の債権者の既得的地位を保護しつつ、承継人に自己の法的地位を主張する手続上の地位が保障されなければならない。競売請求の場合に民事執行法 181 条 3 項を準用するときにも承継人（譲受人）に

---

15)　内山・前掲注 1）132 頁、山本和彦ほか編・新基本法コンメンタール民事執行法（日本評論社・2014）445 頁〔杉山悦子〕参照。
16)　越山・前掲注 1）126 頁、川嶋・前掲注 1）132 頁。
17)　中野＝下村・前掲注 9）124 頁以下、伊藤・前掲注 13）574 頁。

は競売手続の完結前に、その承継に係る共同利益侵害状態の存在を争って不当執行を排除する手続が与えられなければならない。その手続は執行異議の申立て（民執182条）であるが、この場合の執行異議は、強制執行における請求異議の訴え（民執35条）に対応するものであり、より簡易に執行の排除を求めることができるものである[18]。その程度の起訴責任の負担を課すことが譲受人への過剰な負担となるのかがここでは検討されなければならない。

以下では、以上の二つの観点（請求の有理性と執行異議における譲受人の負担）を具体的な事案に当てはめて検討することにする。

5　競売請求が認容された裁判例

これまで、区分所有法59条1項の競売請求を認容したとされる裁判例で公刊された判例集等に登載されているものとしては、次のものがある。

【裁判例①】暴力団組事務所使用（札幌地判昭和61年2月18日判時1180号3頁）

区分所有者がマンションの専有部分を自己が最高幹部を務める暴力団の組事務所として使用し、暴力団員を常時出入りさせ、定期的に自己の組織の会合を開く一方、対立関係にある暴力団の組員数名が上記事務所に押しかけ乱闘・抗争事件が発生した事案について、「被告は、自己及びその配下の組員らの行動を介して当該マンションの保存、管理、使用に関し、区分所有者の共同の利益に反する行為をなし、これによる区分所有者らの共同生活上の障害は著しい程度に至っていると認めることができ、かつ使用禁止等の他の方法によっては、その障害を除去して共用部分の利用の確保その他の区分所有者らの平穏な共同生活の回復、維持を図ることが困難と認められる」として競売請求を認容した。

そのほかに、区分所有者が暴力団組事務所として自ら使用していた例として、京都地判平成4年10月22日（判時1455号130頁）があり、同じく暴力団組事務所として使用させるために貸与していた例として、名古屋地判昭和62年7月27日（判時1251号122頁）がある。

【裁判例②】近隣迷惑行為（東京地判平成17年9月13日判タ1213号163頁）

マンションの一室の区分所有者Aが長男Bを同室に居住（使用貸借）させていたところ、Bが同室内で条例が定める深夜の騒音基準を上回る騒音や振動を故意に昼夜継続的に発生させたり、特定の居住者らの悪口を叫んだりしていることにより、同マンションのほとんど全ての居室に深刻重大な被害を生じさせ、

18）山本ほか編・前掲注15）445頁〔杉山〕参照。

またＢが同室への管理業者等の立ち入りを拒絶して同室の保守管理が実現されていないとの事実等を認定し、これらの行為は、区分所有者の共同生活上の利益に反し、引っ越し以外の方法によってはその障害を除去して共同生活の維持を図ることが困難と評価し、被告Ａ・Ｂ間の使用貸借契約の解除請求および同室の引渡請求を認容するとともに、引渡請求を認容しただけでは被告Ａが被告Ｂを再度本件占有部分に居住させることが容易に予想されるとして、区分所有権等の競売請求についても認容した。

【裁判例③】総会決議不服従（横浜地判平成22年11月29日判タ1379号132頁）

マンションの管理組合Ａは、定期総会において、各戸への電気供給方式をＴ電力会社と個別に契約する方式からＦ社が高圧受電設備を設置して一括受電し、そこから各戸に電気を供給する方式に切り換えるとの決議をした。この決議の目的は、老朽化した幹線ケーブルの更新をするとともに高圧一括受電方式への切換えによって各住戸の電流容量の選択肢の幅を広げて利便性を高めるとともに、電気料金の低減を図るというものであった。ところが、Ｙのみが合理的な理由もなく、上記切換えに反対し、Ｆ社との契約締結を拒否しているため、他の住民は、上記の切換えを実行することができない状態に陥っていた。裁判所は、ＹがＦ社との契約を拒否している理由は、極めて主観的な危惧感の域を出ておらず、客観的な裏付けを伴うものとはいえないため正当なものとは認められず、しかも、Ｙは、事前説明会や定期総会など自己の見解を述べる機会があったにもかかわらず、これには出席せず、また、Ｙは、以前から他の住民と協調して住環境の保全を図ることを拒否することがしばしばあるなど、Ｙの行為は共同利益背反行為に該当すると認定し、競売請求を認容した。

【裁判例④】管理費等滞納（東京地判平成17年5月13日判タ1218号311頁）

マンションの区分所有者は、本件マンションの管理規約により、管理組合に対して、管理費、修繕積立費、専用庭使用料、専用駐車場使用料（以下、「管理費等」という）を支払うこととされていた。しかし、Ｙは、34ヶ月分の管理費等合計117万7420円を支払わなかった。管理組合Ｘは、Ｙに対し、管理会社を通じて、繰返し、未払管理費等を支払うように請求したが、Ｙは、管理費等を支払うことができない事情や支払を拒絶する理由を明らかにせず、未払管理費等を支払う気配をみせなかった。そのため、管理組合Ｘは、Ｙに対し、未払管理費等の支払を求める訴えを提起し、同訴訟については、Ｙが請求原因事実を認めたため、Ｘの請求を全部認容する判決が言い渡された。ところが、Ｙは、その後も未払管理費等を支払わなかったため、ＸはＹに対し、上記判決を債務名義としてＹの預金債権の差押えを申し立てたが、Ｙの預金口座に預金がなかったため、強制執行は不奏効に終わった。そこで、管理組合Ｘは、Ｙに対し競売請求訴訟を提起したところ、裁判所は、Ｙの管理費等の不払いは共同利益背反行為に該当し、これにより、「区分所有者の共同生活上の障害が著しく、他の方法によってはその障害を除去して共用部分の利用の確保その他の区分所有者の共同生活の維持を図ることが困難」な状態が生じていることは明らかとして、X の請求を認容した。

管理費等の滞納を理由として競売請求が認められた裁判例としては、他に、東京地判平成 19 年 11 月 14 日（判タ 1288 号 286 頁)、東京地判平成 22 年 11 月 17 日（判時 2107 号 127 頁）がある[19]。平成 23 年最高裁決定も管理費等滞納の事案である。

6　共同利益侵害状態の承継の有無

【裁判例②近隣迷惑行為】、【裁判例③総会決議不服従】の事案において共同利益背反行為とされているものは、いずれも当該区分所有者の個人的な事情（属人的な要素）に由来するものである。これらの場合に、区分所有権が譲渡されたときは、前主が共同利益背反行為をしていたことが認められたとしても、区分所有権の譲受人も共同利益背反行為者であるということにはならないであろう。前主が共同利益背反行為者であることは、譲受人が共同利益背反行為者であることの先決関係にあるわけではなく、譲受人が共同利益背反行為者であるかどうかは、まったく別個独立の問題であるからである。したがって、これらの場合には、前主による共同利益侵害状態の存在に承継の事実（区分所有権の移転）を加えたとしても、譲受人に対する請求が有理性を得ることにはならない。むしろ、区分所有者が近隣迷惑行為を繰り返す【裁判例②】とか、総会決議に従わず住環境の保全に非協力的である【裁判例③】といった共同利益背反行為が当該区分所有者の属人的な要素に依存するものである場合には、区分所有権が第三者に譲渡されることによって、当該区分所有者は区分所有関係から離脱し、それによって共同利益侵害状態が解消されるのが通常であろう。したがって、このような場合には、譲受人に対する競売申立てを民事執行法 181 条 3 項の準用によって認めることはできないと解される。譲受人に対して競売申立てをするには、譲受人にも共同利益背反行為があることを認定する必要があり、そのためには譲受人に対してあらためて競売請求訴訟を提起しなければならない。

他方、【裁判例④管理費等滞納】の事案のように、区分所有者が管理費や修

---

19)　区分所有法 59 条の要件を満たさないとして請求を棄却したものとして、東京地判平成 18 年 6 月 27 日判時 1961 号 65 頁がある。

繕積立金等を長期間支払っていないことが共同利益背反行為に該当するとされる場合にはどうであろうか。このような場合、当該区分所有者から区分所有権を譲り受けた者は、管理費等の未払債務も承継する（区分所有８条）。これは、譲受人が前主の債務と同一の債務を引き継いで負担する重畳的債務引受けであり、前主の債務と譲受人（承継人）の債務との関係は、不真正連帯債務の関係にあると解されている[20]。管理費等の未払の場合には、当該区分所有者が区分所有権を自ら第三者に譲渡したとしても、当該債務が譲受人に重畳的に引き継がれるだけであり、共同利益侵害状態（管理費等の未払）が解消されるわけではない[21]。したがって、このような場合には、前主による共同利益侵害状態の存在に承継の事実（区分所有権の移転）を加えれば、譲受人に対する請求が有理性を得るといいうるであろう。前主の共同利益背反行為の核心的な部分が管理費等の未払いにあることからすると、前主の作出した共同利益侵害状態は区分所有権の譲渡によって譲受人にも引き継がれているとみることができるからである。このような場合には、民事執行法181条３項を準用して譲受人に対する競売申立てが許されると解すべきである。競売手続が開始されると、譲受人は執行異議（民執182条参照）を申し立てて、共同利益侵害状態が解消されていることを主張立証しなければならないが、その負担はそれほど大きいものとも思われない。譲受人は自ら負担した管理費等の未払債務をすでに弁済した事実（あるいは同債務のための担保を提供した事実）を主張立証すれば、共同利益侵害状態の解消が認められるのであるから、その主張立証の負担が大きいものとは考えられないであろう[22]。

【裁判例①暴力団組事務所使用】の場合は、いささか微妙である。区分所有権が暴力団関係者ではない第三者に譲渡されれば、共同利益侵害状態は解消されるともいえそうである。しかし、区分所有権が第三者に譲渡されたとしてもそれによって暴力団組事務所の使用という共同利益侵害状態が即時に止むというわけではない。むしろ、区分所有者が替わったとしても暴力団組事

20）　法務省民事局参事官室編・前掲注３）61頁、稻本＝鎌野・前掲注６）66頁以下など。

21）　鎌野・前掲注１）６頁は、「共同利益背反（侵害）行為に係る区分所有者自らが、競売によることなく任意に第三者に当該区分所有権等を譲渡したからといって、客観的ないしは経験則一般からみて、直ちに共同利益背反（侵害）行為の結果（本件でいえば管理費等の滞納状態）ないしそのおそれが除去されるわけではない」と指摘する。

22）　鎌野・前掲注１）７頁。

務所としての使用が継続されるという懸念も大きい[23]。したがって、この場合にも前主による共同利益侵害状態の存在に承継の事実（区分所有権の移転）を加えれば、譲受人に対する請求の有理性が肯定されるものと思われる。民事執行法181条3項を準用して譲受人に対する競売申立てを認め、共同利益侵害状態の解消（暴力団組事務所として使用していないこと）を執行異議によって譲受人に主張・立証させるべきである[24]。このような主張・立証をさせることは譲受人に大きな負担・不利益を課すことにはならないであろう。

7　執行裁判所の判断の限界性

このように共同利益侵害状態の承継の有無によって民事執行法181条3項の準用の可否を判断することは、実務上可能であろうか。この点に関して、平成23年最高裁決定の原々審（東京地決平成22年10月28日判例集未登載）が次のように述べている[25]。

「民事執行手続においては、定型的に迅速かつ大量の事件処理を行なうことが図られていることに照らせば、執行裁判所としては、実体的な内容まで立ち入って審査、判断することについては謙抑的であるといえる。この考え方は、区分所有法59条に基づく競売の場合にも妥当するといえ、執行裁判所としては、競売権を認めた確定判決正本や登記事項証明書等の資料について形式的に審査し、実質的に判断することなく処理することが求められていると解する」。

これによれば、競売申立権を認めた確定判決正本における名宛人と登記事

23)　平成23年最高裁決定における田原睦夫裁判官の補足意見は、訴訟係属中に被告が区分所有権等を第三者に譲渡した場合には、原告は当該譲受人に対して訴訟引受けを申し立てることができるとし、その理由として、次のように述べている。「競売請求訴訟が係属していることは、譲受人が僅かな調査をすれば容易に判明する事実であり（例えば、区分所有者の共同の利益に反する行為が、暴力団事務所としての使用等その使用態様であるならば、当該区分所有建物を見れば一見して明らかであり、また本件のごとく管理費の未払であるならば、それは当然に譲受人に承継される（同法6条）ものである。）、譲受人は訴訟を引き受けることによって不測の損害を被るおそれはない。……原告は、譲受人に訴訟を引き受けさせることにより、従前の訴訟の経過を利用することができ訴訟経済に資することになる。」。高見・前掲注1）584頁は、田原補足意見は、そのような譲渡が行なわれる場合には、譲渡人の「共同利益侵害状態」と譲受人のそれとが重なり合うことが多いことを、暗々裡に前提としている、と指摘する。

24)　鎌野・前掲注1）7頁は、承継人が譲渡人たる当該区分所有者とは従前何らの関係もなく当該専有部分を一般の取引市場を通じて取得した事実を示せば足りる、とする。

25)　鎌野・前掲注1）4頁の引用による。

項証明書による現在の区分所有者の名前が異なれば、前訴確定判決に基づく競売申立ては認められないことになる。これに対しては、執行裁判所は、競売申立権を認めた確定判決正本と承継の事実を示す登記事項証明書等の資料については形式的に審査し、まずは一律に承継人に対する競売の申立てを認め、承継人の利益保護は承継人からの執行異議の申立てによって図られるべきであるとする見解がある[26)]。しかし、前主の共同利益背反行為が如何なるものであるかにかかわらず、一律に承継人に対する競売申立てを認めることは行き過ぎであるように思われる。ここでも、承継執行の場合と同様に、請求の有理性の審査が必要であると解される。承継執行の場合にはその判断は裁判所書記官がすることになるが、民事執行法181条3項の準用の場合には執行裁判所がこれを行なう。執行裁判所が行なうのであるから、判断能力という点では問題はなかろう。問題は、それが「定型的に迅速かつ大量の事件処理を行なうことが図られている」民事執行手続と適合的かということであろう。たしかに、このような判断においては形式的な審査では足りず、実質的な判断が必要となる。しかし、その判断基準は、区分所有権の移転によって共同利益侵害状態が解消されるのか、それとも共同利益侵害状態は継続されるのかというものであり、これまでの裁判例を検討する限りは、それほど複雑なものとは思われず、今後も裁判例の積み重ねによって類型化が可能なもののように思われる。ここで、結論だけを示せば、【裁判例②近隣迷惑行為】、【裁判例③総会決議不服従】のような共同利益背反行為の場合には、民事執行法181条3項準用による譲受人に対する競売申立ては許されず、【裁判例①暴力団組事務所使用】、【裁判例④管理費等滞納】のような共同利益背反行為の場合には、譲受人に対する競売申立てが許されるものと解される。

Ⅳ　処分禁止仮処分の可否

区分所有法59条1項に規定する競売を請求する権利を被保全権利として、民事保全法53条または55条に規定する方法により仮処分の執行を行なう処

26)　鎌野・前掲注1）7頁以下、畑・前掲注1）254頁。法人格の濫用の場合に限定して民事執行法181条3項によることを肯定する見解として、内山・前掲注1）133頁、藤井・前掲注1）156頁。

分禁止の仮処分を申し立てることができるか。これについては、以下のような最高裁決定がある。

1　最高裁平成28年3月18日決定（民集70巻3号937頁）

〔事案の概要〕　本件は、マンションの管理組合の管理者であるXが、同じマンションの区分所有者であるYが管理費や修繕積立金の滞納を続け、区分所有者の共同の利益に著しく反する行為をしていると主張して、区分所有法59条1項に基づく区分所有権の競売請求権を保全するため、本件不動産の処分禁止の仮処分を求める申立てをした事案である。第1審は、この申立てを認め、本件不動産について処分禁止の仮処分決定をした。これに対し、Yが保全異議を申し立てたところ、異議審は、区分所有法59条1項の競売請求権は、民事保全法53条所定の登記を保全執行の方法とする処分禁止の仮処分の被保全権利にならないと判断して、仮処分決定を取り消し、その申立てを却下した。Xがこれを不服として保全抗告を申し立てたが、抗告審も、Xが主張する権利は、処分禁止の仮処分における被保全権利としては認められないとして、保全抗告を棄却した。

これに対して、Xが、許可抗告を申し立てたところ、最高裁も、以下のように判示して、抗告を棄却した。

〔決定要旨〕「民事保全法53条は同条1項に規定する登記請求権を保全するための処分禁止の仮処分の執行方法について、同法55条は建物の収去及びその敷地の明渡しの請求権を保全するためのその建物の処分禁止の仮処分の執行方法についてそれぞれ規定しているところ、建物の区分所有等に関する法律59条1項の規定に基づき区分所有権及び敷地利用権の競売を請求する権利は、民事保全法53条又は55条に規定する上記の各請求権であるとはいえない。上記の競売を請求する権利は、特定の区分所有者が、区分所有者の共同の利益に反する行為をし、又はその行為をするおそれがあることを原因として、区分所有者の共同生活の維持を図るため、他の区分所有者等において、当該行為に係る区分所有者の区分所有権等を競売により強制的に処分させ、もって当該区分所有者を区分所有関係から排除しようとする趣旨のものである。このことからしても、当該区分所有者が任意にその区分所有権等を処分することは、上記趣旨に反するものとはいえず、これを禁止することは相当でない。」

2 検　討

本決定は、処分禁止の仮処分の申立てを被保全権利および保全の必要性の両要件とも満たさないとして却下している。すなわち、処分禁止の仮処分の被保全権利は、民事保全法53条に規定する登記請求権であるか、同法55条の規定する建物収去土地明渡請求権のいずれかであるところ、区分所有権の競売請求権はいずれの請求権にも該当しない。また、競売請求権は、共同利益背反行為者たる区分所有者を区分所有関係から排除することを目的とするものであり、当該区分所有者が任意に区分所有権を処分したとしても目的は達せられるのであるから、任意の処分を禁止する必要性もないとするのである。この点につき、学説は否定説[27]と肯定説[28]に分かれている。

たしかに、競売請求訴訟は、共同利益背反行為者たる区分所有者を区分所有関係から排除することを目的とするが、それは区分所有者の共同生活の維持を図るためであり、当該区分所有者がその区分所有権を譲渡すれば常に共同生活の平穏が回復されるとは限らない[29]。先にみたように、共同利益背反行為の種類によっては、任意の処分によっては回復が図られない場合もある。たとえば、共同利益背反行為が、騒音・振動等で近隣に迷惑を及ぼす行為である【裁判例②】とか、総会決議に正当な理由なく従わない【裁判例③】といった区分所有者の個人的な事情（属人的な要素）によるものであるときは、区分所有権が第三者に譲渡されることによって当該区分所有者が自ら区分所有関係から離脱すれば、共同生活の平穏が回復されよう。しかし、共同利益背反行為が、管理費等の滞納である場合【裁判例④】には、当該区分所有者が区分所有権を任意に処分したとしても管理費等の滞納という共同利益侵害状態が解消されるわけではなく、区分所有権の譲受人に引き継がれるにすぎない（区分所有8条）。また、共同利益背反行為が暴力団組事務所に使用されていたような場合【裁判例①】にも、区分所有権が任意に譲渡されたとしても、それによって暴力団組事務所としての使用という共同利益侵害状態が当然に解消されるとはいえないであろう。この場合には、第三者への譲渡が競

27）篠田編・前掲注5）815頁以下〔永井〕、越山・前掲注1）127頁、内山・前掲注1）133頁。
28）高柳輝雄・改正区分所有法の解説（ぎょうせい・1983）173頁、下村・前掲注1）132頁、花房・前掲注1）105頁。
29）鎌野・前掲注1）5頁以下が強調するところである。

売妨害目的でなされるおそれもある。また、管理費等の滞納事例にあっても、平成23年最高裁決定の事案にみられるように競売妨害目的で譲渡が行なわれることがある。これらの場合においては、競売請求訴訟の目的を達成するためには、区分所有権の譲渡による執行妨害を防止するためその処分を制限する必要性が認められる。したがって、保全の必要性は肯定されるものと思われる。

保全の必要性は認められるとして、被保全権利についてはどう考えればよいのであろうか。区分所有法59条の競売請求権は、民事保全法53条の登記請求権にも同法55条の建物収去土地明渡請求権にも該当しない。しかし、民事保全法は、登記請求権と建物収去土地明渡請求権の場合にしか処分禁止の仮処分を許容しないわけではない。民事保全法23条1項はこれ以外の権利・利益を被保全権利とする係争物に関する仮処分も認めていると解されている。たとえば、離婚に基づく財産分与請求権であるとか、共有物分割請求権を被保全権利とする処分禁止の仮処分が実務上許容されている[30)]。これらは、登記請求権を直接に被保全権利とするものではないが、前者は、債権者に特定の不動産の現物分与の可能性が高い場合、後者については、共有物分割の結果、債権者が特定の所有不動産の所有権を取得する可能性が高いことを理由に、処分禁止の仮処分が認められている。とりわけ、後者については、「潜在的な所有権移転登記請求権を有する」[31)]、あるいは「実質的に登記請求権に係る請求と同一視することができる」[32)]とみて、処分禁止の仮処分命令が発令される。競売請求権については、必ずしも債権者が当該区分所有権を取得する可能性が高いとはいえないであろうが[33)]、競売によって第三者がそれを取得することが予定されている。また、競売請求が認容されれば、その確定判決に基づいて競売が申し立てられ、差押えの登記がなされる。形式的競売における差押登記にも処分制限の効力を認めるべきであり[34)]、差押えの登記がなされた後の処分は競売手続に対抗することができないと解すべきで

---

30)　竹下守夫＝藤田耕三編・注解民事保全法（上）（青林書院・1996）223頁〔橘勝治〕、瀬木比呂志・民事保全法［新訂版］（日本評論社・2014）496頁。

31)　竹下＝藤田編・前掲注30）223頁〔橘〕。

32)　瀬木・前掲注30）496頁。

33)　もっとも、濱崎・前掲注4）361頁は、他の区分所有者または区分所有者の団体が未払の管理費等の負担を覚悟してあえて買い受けることによって、事態を解決することも考えられるとする。

34)　中野＝下村・前掲注9）787頁。

ある[35]。その意味では、「実質的に登記請求に係る請求と同一視することができる」ということができるのではなかろうか。競売請求権を被保全権利とする処分禁止仮処分も認められるべきであり、処分禁止仮処分命令が発せられた場合には、民事保全法53条を類推適用して処分禁止を登記し、これにより同法58条も類推適用されると解すべきである[36]。

第三者への譲渡による執行妨害に対処する方法として、平成23年最高裁決定の原審決定（東京高決平成23年1月7日判タ1363号203頁）は、次のように述べている。

> 「区分所有者が、競売申立てを妨害する目的で、自己が支配する法人に対して区分所有権の譲渡があったように仮装して登記簿上の所有名義を移転した場合、当該法人（第三者）と区分所有者との間の譲渡は無効であると解されるから（民法94条1項）、区分所有者は当該第三者に対して所有権移転登記の抹消登記請求をすることができる（大審院昭和16年8月30日判決参照）。そして、このような場合には、区分所有者に対する確定した競売請求判決を有する債権者は、当該区分所有者に代位して、当該第三者（登記名義人）に対して当該所有権移転登記の抹消登記手続を請求し、所有名義を当該区分所有者に回復した上で、競売開始の申立てをすることが可能であると考える。……そして、この方法によるならば、債権者は、上記代位により行使する抹消登記手続請求権を被保全債権として当該第三者（登記名義人）に対し、処分禁止の仮処分を申し立てることも可能となると考える。」

たしかに、このような方法によれば、民事保全法53条の規定する登記請求権を被保全権利と構成することができる。しかし、競売請求訴訟の判決確定後に別訴の提起を必要とし、しかも譲渡が仮装の場合に限られることになり、あまりに限定的かつ迂遠な方法といわざるを得ない[37]。訴訟係属中の譲渡の場合には訴訟引受けによって対処するしか方法がないと思われるが[38]、転々と譲渡された場合にはその都度訴訟引受けの申出をしなければならないことになろう。また、口頭弁論終結後に真実の譲渡があった場合も、たとえ

35）篠田編・前掲注5）808頁〔永井〕は、これに反対する。
36）下村・前掲注1）132頁。
37）畑・前掲注1）250頁。
38）平成23年最高裁決定の田原睦夫裁判官の補足意見参照。

共同利益侵害状態が継続していたとしても、平成23年最高裁決定に従う限り、あらためて譲受人に対して競売請求訴訟を提起しなければならないであろう。このような限定を付さずに、端的に処分禁止の仮処分を肯定すべきである。

V　おわりに

本稿では、「形成訴訟における係争物の譲渡」と題しながら、区分所有法59条に基づく競売請求訴訟における係争物の譲渡の一場面を検討したにすぎない。競売請求訴訟は、形成訴訟に分類されるとはいえ、権利の最終的な実現のためには判決を取得した後、執行手続（形式的競売）を経なければならないという点で、その手続構造は給付訴訟に近似している。それゆえ、給付訴訟における係争物の譲渡において論じられている承継執行や当事者恒定の仮処分の理論の応用が可能な訴訟類型であるように思われる。最高裁は、承継執行の応用としての民事執行法181条3項の準用も、当事者恒定の仮処分の応用としての処分禁止の仮処分の利用も否定したが、「係争物の譲渡」によってもたらされる訴訟承継主義の難点に対する対策は何ら示されていない。あるいは、平成23年最高裁決定の「補足意見」が示唆するように、本稿では検討することのできなかった訴訟承継や既判力の拡張によって解決されうる問題であると考えられているのかもしれない。この点については今後の課題としたい。

仮の地位仮処分における保全の必要性について

萩澤達彦

Ⅰ　仮の地位仮処分における保全の必要性の判断基準

仮の地位を定める仮処分は、争いがある権利関係について債権者に生ずる著しい損害または急迫の危険を避けるため、暫定的に法律状態（地位）を形成して権利関係を規制することを目的とするものである（民保 23 条 2 項）。本稿の目的は、その発令要件の一つである「保全の必要性」の判断基準を検討することにある。

仮の地位を定める仮処分において要求される「保全の必要性」とは、債権者の権利関係に争いがあるため、現に著しい損害や急迫の危険に直面しており、本案訴訟による権利関係の確定を待っていては、著しい損害や急迫の危険が実現してしまい、債権者の損害の回復が不可能または著しく困難になってしまうために、債務者に作為や不作為を命じ、暫定的に債権者の権利関係の内容に沿った法的状態や法的地位を定める必要性がある場合に認められる[1]。

この必要性があるかどうかの判断は、通常訴訟によることが間にあわぬ程損害発生のおそれが切迫しているかどうかと、その損害が発生してしまった場合に、その金銭賠償を債権者に受忍させることが社会通念上相当か、その

1）梶村太市＝西村博一＝井手良彦編・プラクティス民事保全法（青林書院・2014）33 頁〔井手〕。

損害が発生してしまった場合、金銭賠償が十分な救済方法となるか、という観点からなされるのが適当であるとされている[2)]。もっとも、仮の地位を定める仮処分における保全の必要性の有無を判断するにあたっての考慮事情は法文上必ずしも明らかではなく、法文上明確な根拠がないことから債務者が被る損害を考慮することができるかについては従来は争いがあった。しかし、仮の地位を定める仮処分は、債権者に生じる著しい損害等を避けるため、暫定的な地位を形成するものであるため、その内容は断行的な処分となることが多く、債務者に課される負担も甚大となるため、仮の地位を定める仮処分が認められるためには、少なくとも、仮処分が発令されることによって債務者が負担する不利益より、債権者が損害等を免れることによって得る利益のほうが相当程度大きいと認められることが必要とされるべきである。そこで、仮の地位仮処分の保全の必要性の具体的判断は、債権者の保全すべき権利または法律関係が疎明されることを前提として、本案判決を待つことにより債権者に生ずる著しい損害または急迫の危険と、当該仮処分によって債務者に与える不利益とを比較衡量し、その相関関係の中で具体的事案ごとに決せられるとする見解が妥当であり、通説となっている[3)]。次で紹介する最決平成16年8月30日（民集58巻6号1763頁）も同旨である。

本稿は、上記の見解を前提として、具体的な事件を例にとって、比較衡量の基準について考察を加えるものである。以下では、まず最決平成16年8月30日を紹介し、次に具体例として医薬品ネット販売の権利確認等請求事件における仮処分事件決定を検討することとする。

2）　野村秀敏・保全訴訟と本案訴訟（千倉書房・1981）245頁。

3）　竹下守夫＝藤田耕三編・注解民事保全法（上）（青林書院・1996）246頁〔橘勝治〕、三宅弘人ほか編・民事保全法の理論と実務（上）（ぎょうせい・1990）167頁〔佐賀義史〕、瀬木比呂志・民事保全法［新訂版］（日本評論社・2014）210頁、丹野達・民事保全手続の実務（酒井書店・1999）481頁、山崎潮編・民事保全の基礎知識（青林書院・2002）100頁〔小池晴彦〕、西山俊彦・新版保全処分概論（一粒社・1985）44頁、小川雅俊「判批」判タ1215号（平成17年度主判解）237頁（2006）、徳田和幸「判批」平成16年度重判解139頁、鈴木正裕「仮の地位を定める仮処分と保全の必要性」吉川大二郎博士還暦記念・保全処分の体系（上）（法律文化社・1965）227頁、梶村＝西村＝井手編・前掲注1）290頁〔堀田隆〕、戸根住夫・民事保全法要論（法律文化社・2015）39頁など。

Ⅱ　住友信託銀行対 UFJ ホールディングス事件

最決平成 16 年 8 月 30 日（民集 58 巻 6 号 1763 頁）は、社会的に大きな注目を集めた大型Ｍ＆Ａ（企業統合）に関する紛争につき、最高裁が判断したものである。

甲社と乙社らと協働事業化に関し基本合意があった。ところが、乙社らがＡグループとの間で経営統合に関する協議を開始した。そこで、甲社は、この協議は基本合意により甲社の有している独占交渉権を侵害すると主張して、乙社らが、甲社以外の第三者との間で情報提供または協議を行うことの差止めを求める仮処分命令を申立てた。第１審は、本件仮処分申立てを認めた。原審は、第１審決定を取消し、本件仮処分命令の申立てを却下した。そこで、甲社が抗告を申立てた。最高裁は、以下のように述べて、本件仮処分命令の申立ては保全の必要性を欠くとして、抗告を棄却した。

> 「乙社らが本件条項に違反することにより甲社が被る損害については、最終的な合意の成立により甲社が得られるはずの利益相当の損害とみるのは相当ではなく、甲社が第三者の介入を排除して有利な立場で乙社らと交渉を進めることにより、甲社と乙社らとの間で本件協働事業化に関する最終的な合意が成立するとの期待が侵害されることによる損害とみるべきである。甲社が被る損害の性質、内容が上記のようなものであり、事後の損害賠償によっては償えないほどのものとまではいえないこと、前記のとおり、甲社と乙社らとの間で、本件基本合意に基づく本件協働事業化に関する最終的な合意が成立する可能性は相当低いこと、しかるに、本件仮処分命令の申立ては、平成 18 年 3 月末日までの長期間にわたり、乙社らが甲社以外の第三者との間で前記情報提供又は協議を行うことの差止めを求めるものであり、これが認められた場合に乙社らの被る損害は、乙社らの現在置かれている状況からみて、相当大きなものと解されること等を総合的に考慮すると、本件仮処分命令により、暫定的に、乙社らが甲社以外の第三者との間で前記情報提供又は協議を行うことを差し止めなければ、甲社に著しい損害や急迫の危険が生ずるものとはいえず、本件仮処分命令の申立ては、上記要件を欠くものというべきである。」

上記最高裁決定は、仮の地位仮処分の保全の必要性の具体的判断は、本案判決を待つことにより債権者に生ずる著しい損害または急迫の危険と、当該仮処分によって債務者に与える不利益とを比較衡量している。もっとも、調査官解説が「債権者であるXが被る損害が事後の損害賠償によって償えるものかどうかを一事情としてしんしゃくしたことが注目されよう。」と指摘している[4)]ことからすると、上記最高裁決定では、債権者の損害が事後の損害賠償で償えるか否かが判断要素として重視されている。しかし、調査官解説は「上記の点は、飽くまで本件仮処分における保全の必要性を判断する際の一事情として挙げられているにすぎないのであって、一般論として、仮の地位を定める仮処分において債権者が被る損害が事後の損害賠償によって償えるものである場合にはそのことのみをもって直ちに保全の必要性が欠けることになるとまでいうものではないと推測される。」[5)]と指摘している。上記最高裁決定が、強調した点、すなわち、債権者の損害が事後の損害賠償で償えるか否かはあくまでも総合判断の考慮要素の一つにすぎず、上記最高裁決定と事案が異なれば、事後の損害賠償で償える場合であっても、保全の必要性が認められる余地があることになる。

Ⅲ　医薬品ネット販売の権利確認等請求事件における仮処分事件

1　事件の概要

薬事法の一部を改正する法律（平成18年法律第69号）の施行に伴い、厚生労働大臣は、平成21年2月6日に公布した厚生労働省令第10号（同年6月1日施行）により、薬事法施行規則を改正し、医薬品の店舗販売業者は、第一類・第二類医薬品について、薬局以外の場所にいる者に対する郵便その他の方法による医薬品の販売または授与を行うことができない旨の規定（(平成26年改正前）同規則142条、15条の4第1項1号)、第一類・第二類医薬品の販売または授与については、有資格者の対面により行わなければならない旨の規定（同規則159条の14)、第一類・第二類医薬品の情報提供については、有資格者の対面により行わなければならない旨の規定（同規則159条の15第1項1

4）志田原信三「判解」最判解民事篇平成16年度534頁。
5）志田原・前掲注4）534～535頁。

号、159条の16第1号、159条の17第1号、第2号）を設けた。これにより、医薬品の販売業者は、第一類・第二類医薬品について、従前は規制のなかったインターネット販売等の郵便等販売を行うことができなくなった。債権者X_1・X_2は、改正省令は、新薬事法の委任の範囲外の規制を定めるものであって違法であるなどと主張として、債権者X_1・X_2が第一類・第二類医薬品につき郵便等販売をすることができる権利の確認等を求めて、国を被告として東京地裁に訴えを提起した。東京地裁は、本件規制は、一般用医薬品の適切な選択および適正な使用を確保し、一般用医薬品の副作用による健康被害を防止する目的を達成するための規制手段としての必要性と合理性を認めることができ、立法機関の合理的裁量の範囲を超えるものではないとし、一部を却下、一部を棄却した（東京地判平成22年3月3日判時2096号9頁）。債権者X_1・X_2が控訴し、控訴審の東京高等裁判所は、本案事件において、債権者X_1・X_2が、医薬品の店舗販売業の許可を受けた者とみなされる既存一般販売業者として、平成21年厚生労働省令第10号による改正後の薬事法施行規則の規定にかかわらず、第一類医薬品および第二類医薬品につき店舗以外の場所にいる者に対する郵便その他の方法による販売をすることができる権利（地位）を有することの確認を求める債権者X_1・X_2の請求を認容する判決を言い渡した（東京高判平成24年4月26日判タ1381号105頁）。債務者は、この判決を不服として、上告受理の申立てをして認められた。

債権者X_1・X_2は、上記訴訟を本案として、本案判決が確定するまでの仮の地位を定める仮処分として、一般用医薬品のインターネット販売をすることができる地位を確認する申立てをした（以下、「本件申立て」と呼ぶ）。以下で紹介するように、東京高等裁判所は、債権者X_1・X_2の本件仮処分の申立ては、申立て自体が不適法であり、また、申立て自体は適法であるとしても、保全の必要性について疎明がないとして、この申立てを却下した（東京高決平成24年7月25日判時2182号49頁）。債権者X_1・X_2は、最高裁に許可抗告・特別抗告をした。東京高裁は抗告を許可した（東京高決平成24年8月16日平成24年（行ハ）第44号）が、最高裁より応答がないまま、放置され、最高裁において本案の勝訴判決がでて（最判平成25年1月11日民集67巻1号1頁）、許可抗告・特別抗告は失効した。本案で勝訴したにもかかわらず、債権者X_1は、主力商品の販売を3年半も禁止されたため経営悪化し、株を買収されて子会社化され、社長交代という事態に至った[6)]。

2　東京高決平成24年7月25日

東京高決平成24年7月25日（判時2182号49頁）（以下、本決定と呼ぶ）は、本件申立てを、以下のような理由で却下した。第1に、債権者X_1・X_2の本件申立ては、実質上は厚生労働大臣の省令制定行為あるいは改正省令の無効を前提として、改正省令の効力停止を求める実質を有するものであるから、本件申立てについては、行政事件訴訟法44条の規定が適用され、民事保全法上の仮処分を求めることはできない。第2に、仮に本件について、民事保全法上の仮処分を利用することができると解したとしても、以下(1)、(2)のとおり判断して、債権者X_1・X_2に生ずる著しい損害または急迫の危険という必要性の要件（民保23条2項）を欠く。

(1)　債権者X_1　「……債権者X_1は、改正省令の施行によって医薬品のインターネット販売に打撃を受け、売上高や粗利益が半減し、5億円を超える多額の営業損失や経常損失を抱えるなど、財務状況が厳しい状況にあるが、他方、企業経営が危殆に瀕しているとまでは認められず、しかも、赤字の要因はインターネット販売の落ち込みだけでなく様々な事情があって、インターネット販売が従前の状況に復したとしても、財務状況の悪化を脱することができるとまでは認めるに足りないものである。加えて、改正省令の施行がなかったとしても、債権者X_1の医薬品のインターネット販売について、従前の成長を保つことができたかどうかは疑わしい。

そうすると、本件申立てが本案事件の確定前に一定の法的権利（地位）を付与することを内容とする仮の地位を定める仮処分命令の申立てであり、保全の必要性については厳格に判断すべきものであることを考えれば、債権者X_1について保全の必要性があると認めることはできないというべきである。」

(2)　債権者X_2　「……債権者X_2は、改正省令の施行によって医薬品のインターネット販売に打撃を受け、その売上が半減したこともあって全体の売上高も減少し、施行後の決算において2期連続で赤字となったことなど、財務状況が極めて厳しい状況にあるといえるが、他方、企業経営が危殆に瀕しているとまでは認められず、しかも、赤字の原因をインターネット販売の落ち込みだけに帰するのは早計であるほか、改正省令による規制がなかったとしても、財務状況の悪化を脱することができるとは即断できないものである。

6）　阿部泰隆・行政法再入門（下）（信山社・2015）139頁。

そうすると、債権者 X_2 についても保全の必要性があると認めることはできないというべきである。」

3　本決定の判断枠組み

本決定は、一方では、債権者 X_1 についても、債権者 X_2 についても、改正省令の施行によって医薬品のインターネット販売に打撃を受け、売上高が半減していることは認めている。他方、①企業経営が危殆に瀕しているとまでは認められず、②赤字の原因をインターネット販売の落ち込みだけに帰するのは早計である、③改正省令による規制がなかったとしても、財務状況の悪化を脱することができるとは即断できないことを指摘し、保全の必要性の疎明が十分でないとしている（この点については、後述4で検討する）。その前提となっているのが、本件申立てが本案事件の確定前に一定の法的権利（地位）を付与することを内容とする仮の地位を定める仮処分命令の申立てであり、このような満足的仮処分においては、保全の必要性については厳格に判断すべきとの考え方である。

また、本決定は、債務者側の不利益については判断をしていない。これは、債権者側に、「著しい損害又は急迫の危険が生ずること」の疎明がなかった以上、債務者の不利益と比較衡量することは不要と考えたものであろう（この点については、後述5、6で検討する）。

4　債権者の著しい損害または急迫の危険についての検討

(1)　「企業経営が危殆に瀕しているとまでは認められ」ないことについて

上記最決平成16年8月30日も、甲社が、乙社らにおいてこの条項に違反したことなどを理由として、乙社らが第三者との間で上記営業の移転等に関する協議を行うことなどの差止めを求める仮処分命令の申立てをした場合において、「乙社らが本件条項に違反することにより甲社が被る損害については、最終的な合意の成立により甲社が得られるはずの利益相当の損害とみるのは相当ではなく、甲社が第三者の介入を排除して有利な立場で乙社らと交渉を進めることにより、甲社と乙社らとの間で本件協働事業化に関する最終的な合意が成立するとの期待が侵害されることによる損害とみるべきである。甲社が被る損害の性質、内容が上記のようなものであり、事後の損害賠償によっては償えないほどのものとまではいえない……」と述べている。すなわち、上記最高裁決定は、問題となった条項違反により生じる損害は、履行利益の損害ではなく信頼利益の損害にすぎないことをもって、「事後の損害賠償によっては償えないほどのものとまではいえない」として、保全の必要性を否定しているのである。もっとも、調査官解説[7]では上記最高裁決定のこの部分について、「債権者であるXが被る損害が事後の損害賠償によって償えるものかどうかを一事情としてしんしゃくしたことが注目されよう。ただし、上記の点は、飽くまで本件仮処分における保全の必要性を判断する際の一事情として挙げられているにすぎないのであって、一般論として、仮の地位を定める仮処分において債権者が被る損害が事後の損害賠償によって償えるものである場合にはそのことのみをもって直ちに保全の必要性が欠けることになるとまでいうものではないと推測される。」と解説している。この記述は、債権者の損害が事後の損害賠償で償えるか否かはあくまでも総合判断の考慮要素の一つにすぎず、上記最高裁決定と事案が異なれば、事後の損害賠償で償える場合であっても、保全の必要性が認められる余地があることを示唆している。そもそも、債権者の損害が事後の損害賠償によって償えないほどのものではないという事情をあまり重視するのは妥当ではない。なぜなら、これを広く解すれば保全の必要性が認められる場合はきわめて限られたものとなってしまい、仮の地位を定める仮処分の発令可能性がほとんどなくなるからである[8]。債権者の損害が事後の損害賠償で償えるか否かを含めて、あらゆる要素を総合判断して、保全の必要性を判断すべきことを示しているところに、上記最高裁決定の先例としての意義があるものと思われる。

本決定が「企業経営が危殆に瀕している」かどうかを保全の必要性の有無の判断基準にしているのは、債権者が被る損害が事後の損害賠償によって償えるかどうかということを過度に意識したものと思われる。たしかに、債権者の「企業経営が危殆に瀕している」事態に陥れば、債権者の損害が事後の損害賠償で償えなくなるのは当然のことである。しかし、本決定の考え方だと、「企業経営が危殆に瀕している」という場合にのみ、債権者が被る損害が事後の損害賠償によって償えないとして保全の必要性を認めるべきである

7）　志田原・前掲注4）534～535頁。
8）　瀬木・前掲注3）210頁。

ということになりかねない。しかし、それは、上記最高裁決定の趣旨を踏まえているとはいえないと思われる。「企業経営が危殆に瀕してい」なくても、債権者が被る損害が事後の損害賠償によって償えない場合は多々存在するはずである。本件事案のように、債権者の中核的事業につき大きな障害が生じていれば、企業としての成長の阻害や信用の失墜などが生じ、この事態を放置しておくと、仮に後の金銭填補の可能性があるとしても、その企業が成長し社会の信用を回復することは難しくなり、債権者の企業経営が危殆に瀕する可能性も十分ある。本決定の保全の必要性の判断は、企業経営が危殆に瀕することを防ぐための仮処分申立てへの途を閉ざしているものである。そもそも、企業経営が危殆に瀕してしまった時点では、債権者には、仮処分申立てなどの民事裁判や国家賠償請求する余力もなくなってしまうことが想定される。本件申立債権者 X_1・X_2 は、企業経営が危殆に瀕することになるか否かの岐路に立っており、事態の悪化を防ぐための仮処分が認められないとすると、企業経営が危殆に瀕することを防ぐ術が閉ざされてしまうことになる。本件事案では、「企業経営が危殆に瀕している」とまでいえなくても、回復不能な「不相当に大きな財産的損失を避けるために、仮処分が必要な場合」に該当すると思われる[9)]。したがって、本件では、企業経営が危殆に瀕することを防ぐという保全の必要性があると判断すべき場合であったと思われる。

また、本件の場合債務者は国であるから、事後の損害賠償額が巨額となったとしても十分な支払い能力を有するといえるが、そのことは、保全の必要性の判断要素としてはならないと思われる[10)]。

なお、本決定は、本案事件の確定前に一定の法的権利（地位）を付与することを内容とする仮の地位を定める仮処分命令の申立てにおいては、「保全の必要性については厳格に判断すべきものであること」と述べている。たしかに、仮の地位仮処分のなかで、満足的仮処分においては、「保全の必要性」は、他の仮処分と比べるとより強い・より高度なものが要求されると考えられてきた[11)]のは事実である。しかし、このことは、満足的仮処分においては、

9）　松本博之・民事執行保全法（弘文堂・2011）501頁。
10）　西山・前掲注3）44頁、瀬木比呂志監修・エッセンシャルコメンタール民事保全法（判例タイムズ社・2008）192頁。
11）　鈴木・前掲注3）211頁など。

債権者に生ずる著しい損害または急迫の危険と比較考量される、当該仮処分によって債務者に与える不利益が大きくなることが通常であり、両者の比較衡量の結果として、保全の必要性の判断が厳格化されることを意味しているにすぎないと思われる。満足的仮処分であるからといって、本決定のように「企業経営が危殆に瀕している」ことがなければ、債権者に生ずる著しい損害または急迫の危険がないというのは、厳格すぎる判断というべきであろう。

⑵　**赤字の原因をインターネット販売の落ち込みだけに帰することはできないこと**　本決定が、赤字の原因をインターネット販売の落ち込みだけに帰することはできないとした判断が正しいとしても、売上げが半減して、相当な損害が発生していることを本決定は認めている。インターネット販売の落ち込みを避ける必要性があることこそ、上記「不相当に大きな財産的損失を避けるために、仮処分が必要な場合」に該当する事態がすでに生じていることを示している。したがって、赤字の原因をインターネット販売の落ち込みだけに帰することはできないことを理由として、保全の必要性を否定した本決定の判断には賛成できない。

⑶　**改正省令による規制がなかったとしても、財務状況の悪化を脱することができるとは即断できないこと**　本決定は、改正省令による規制がなかったとしても、財務状況の悪化を脱することができるとは即断できないとして、保全の必要性の疎明がなかったとしている。しかし、債権者 X_1・X_2 の企業規模からすれば、改正省令の影響により債権者の中核的事業につき大きな損害が生じていれば、企業としての成長の阻害や信用の失墜など、不相当に大きな財産的損失を避けるために、仮処分が必要な状況がすでに生じていると判断することが妥当であると思われる。

5　債務者側の不利益

4で論じたように、債権者側には、現に法律状態を形成しないと債権者に著しい損害または急迫の危険が生じている。しかし、「保全の必要性」が認められるためには、上記最高裁平成 16 年 8 月 30 日決定や通説によれば、債務者側の不利益とも比較衡量しなければならない。

この点につき、債務者は、本件申立てが認容されることによって、本件各省令の規定により保護しようとしている「医薬品の副作用等による健康被害の防止を含む医薬品の安全性の確保」という公益的利益が損なわれるという不利益を被ると主張していた。その公益的利益のために、医薬品の流通にあたり、医薬品に関する販売方法や情報提供の方法を規制することが必要不可欠であるというのである。

ところで、債務者に与える不利益を比較衡量するのは、仮の地位を定める仮処分は、断行的処分を命ずる命令を求める場合が多いことから、かかる保全の必要性の判断においては、債権者側における必要性のほか、債務者側の影響についても慎重に考慮しければならないからであるとされている。したがって、仮処分によって債権者が受ける利益に比して債務者の受ける不利益が著しく大きい場合は、保全の必要性を欠くことになる[12)]。しかし、債権者が仮処分を得られない場合に被る不利益と債務者が仮処分によって被る不利益との単純な比較衡量から、後者が若干でも大きいと認められるときには、仮処分は常に許されないとまで解すべきではないであろう[13)]。

上記観点から本事案を分析すると、「医薬品の副作用等による健康被害の防止を含む医薬品の安全性の確保」は重要な価値であるにしても、ただちにその重要性から保全の必要性を欠くという判断がでてくることにはならない。現代の進んだ技術により、インターネットを通じて医薬品を販売する際に、「医薬品の副作用等による健康被害の防止を含む医薬品の安全性」を確保することは非常に困難というわけではないと思われる。しかも、債務者は、本件本案判決の示すように、インターネット販売による副作用を調査する必要がないとしている上に、債権者の主張するように、その副作用事例がないというのであれば、債務者の主張する不利益は具体的なものとはいえないと思われる。

したがって、本件仮処分申立ておいては、債務者の不利益を考慮したとしても「保全の必要性」が認められるべきであると思われる。

6　債務者の不利益との比較衡量の不存在

本決定は、債務者側の不利益については判断をしていない。これは、債権

12)　原井龍一郎＝河合伸一編著・実務民事保全法〔3訂版〕（商事法務・2011）89頁〔栗原良扶〕。
13)　竹下＝藤田編・前掲注3）246頁。山崎潮監修・注釈民事保全法（上）（民事法情報センター・1999）314～315頁〔近藤昌昭〕も同旨であると思われる。

者側に、「著しい損害又は急迫の危険が生ずること」の疎明がなかった以上、債務者の不利益と比較衡量することは不要と考えたものであろう。しかし、重要なのは、あくまでも、債権者の利益と債務者の不利益との比較なのである[14)]。上記５で検討しているように、債務者側の主張する不利益は具体的なものとはいえない。もし本件で、債権者側に生じる、「著しい損害又は急迫の危険」と債務者の不利益との比較衡量がなされたならば、債権者側に生じる、「著しい損害又は急迫の危険」は既に発生している具体的なものであるから、その疎明につきここまで厳格に判断されることはなかったと思われる。本決定には、債権者の利益と債務者の不利益との比較をしなかったという点で疑問がある。

Ⅳ　おわりに

本稿は、仮の地位仮処分の保全の必要性の判断基準として、本案判決を待つことにより債権者に生ずる著しい損害または急迫の危険と、当該仮処分によって債務者に与える不利益とを比較衡量し、その相関関係の中で具体的事案ごとに決せられるとする見解に立っている。そして、その比較衡量の具体例として、医薬品ネット販売の権利確認等請求事件に関する仮処分事件において下された、本決定の保全の必要性についての判断を批判的に検討した。その結果、債権者が被る損害が事後の損害賠償によって償えるものであるか否かは、債権者の利益と債務者の不利益の比較に際して決定的な判断要素ではなく、考慮される一要素にすぎず、事後の損害賠償によって償える場合であっても、不相当に大きな財産的損失を避けるために、保全の必要性が認められるべきであるとの結論が得られた。さらに、従来から認められてきていた満足的仮処分においては保全の必要性を厳格に判断すべきということも、この比較の結果にすぎず、独立の判断要素ではないとの結論も得られた。

---

14)　瀬木・前掲注３）210頁。

第　8　編

倒産手続

人事訴訟手続（離婚事件）と破産手続の開始
――財産分与を例に

山本克己

I はじめに

本稿は、離婚請求事件に附帯して財産分与の申立てがされた後に一方当事者が破産した場合における離婚訴訟手続の扱いについて検討することを通じて、附帯処分の申立てのあった人事訴訟手続（離婚事件）の一方当事者についての破産手続の開始が、人事訴訟の手続にどのような影響をもたらすかを検討することを目的とする。また、それに付随して、財産分与請求権の破産手続上の処遇についても検討を加える。

その際には、「家事審判手続と破産手続の開始」と題する別稿[1)]で、協議離婚後に申し立てられた財産分与の審判手続の一方当事者について破産手続が開始した場合（具体的には、財産分与の審判申立事件が係属中に、その申立人について破産手続が開始した場合である**【設例A】**と、相手方について破産手続が開始した場合である**【設例B】**）の検討結果を前提に議論を進める。別稿を本稿と併せてご参照いただければ幸いである。もっとも、財産分与の審判が離婚成立後に申し立てられるのに対して、財産分与の附帯処分の申立ては離婚請求事件の係属中、つまり、離婚の成立前にされる点で、別稿で扱った場合と、本稿

1） ケース研究238号（2017）掲載予定。

で検討する場合は、状況が異なる。この相違は財産分与請求権の破産手続上の扱いに差異をもたらす。そして、この差異は破産手続の開始が審判手続・人事訴訟手続に与える影響にも反映する可能性がある。

なお、財産分与請求権は、夫婦の実質的共有財産の清算、請求権者である一方配偶者の離婚後の扶養と慰謝料の3要素を併有した権利である（ただし、慰謝料については、必ず財産分与の審判や附帯処分による必要はなく、別途訴訟により請求することもできる[2]）とされることが通例である[3]。しかし、本稿では便宜上、まず、清算としての性格を念頭に置いて検討をし、その後で、扶養と慰謝料としての性格に関連する問題点を指摘する、という形で議論を進めることにしたい。

また、財産分与の附帯処分においては、裁判所が、申立人に対して相手方に対する財産分与に係る給付を命ずることができるか、という論点がある[4]。しかし、ここでは、行論の便宜上、裁判所の審判範囲が申立人に対する財産分与を相手方に命ずることの当否に限定される、という立場を前提に議論を進める。

Ⅱ　申立人についての破産手続の開始

1　清算としての側面の検討

離婚訴訟（配偶者の一方が原告である婚姻取消訴訟も、親権者指定を除いて、これに準ずる）の手続の係属中に、当事者の一方に破産手続が開始しても、離婚請求自体は破産者の財産的法律関係（より厳密にいうと破産財団）と関係しないので、破産手続開始の影響を被ることはない。また、離婚請求を認容する判決において判断することが必要的である、未成年子の親権者指定（民819条2項）もこれと同様である。更に、附帯処分の申立てができる事項のうち、非財産的なもの（未成年子の監護権者の指定など）も同様である。しかし、附帯処分の申立てができる事項の中には、配偶者の財産関係に関わるものもある。

2）　最判昭和46年7月23日民集25巻5号805頁。

3）　最判昭和58年12月19日民集37巻10号1532頁。これに対して、学説においては、慰謝料を財産分与に取り込むことに懐疑的な見解も多いように見受けられる。例えば、大村敦志・家族法［第3版］（有斐閣・2010）161頁以下、窪田充見・家族法［第2版］（有斐閣・2013）116頁以下。

4）　高田裕成編著・家事事件手続法（有斐閣・2014）304頁以下参照。

この配偶者の財産関係に関わる附帯処分事項のうち、本稿では、既に述べたように、財産分与を検討の俎上に載せることにするが、まず、その清算としての側面に視野を限定した考察を試みる。

ここで検討するのは、離婚請求に係る人事訴訟手続（離婚訴訟手続）の係属中に、当事者の一方が財産分与の附帯処分を申し立てた後に、申立人について破産手続が開始したという**【設例C】**である（ただし、破産手続開始前に判決によらずに離婚が成立し、人事訴訟法36条により附帯処分についてのみ審理・裁判が必要である場合は度外視する）。この**【設例C】**が別稿で検討した**【設例A】**と決定的に異なるのは、既に述べたように、破産手続開始時において離婚が成立していないことにあるが[5]、それとともに、離婚請求を認容する判決（離婚判決）の確定と同時に、具体的な財産分与を命ずるか、それとも、財産分与の附帯処分の申立てを却下する裁判（本稿では理由がないとして却下する裁判のみを想定している）が確定することも、重要な相違点である。

さて、判例によれば、財産分与請求権の内容が具体化するのは、家事調停を含む協議の成立や審判の確定の時である。財産分与請求権が債権者代位の被保全権利となるかどうかについて判示した、最判昭和55年7月11日（民集34巻4号628頁）は、「離婚によつて生ずることあるべき財産分与請求権は、一個の私権たる性格を有するものではあるが、協議あるいは審判等によつて具体的内容が形成されるまでは、その範囲及び内容が不確定・不明確である」と述べている。つまり、離婚の成立によって抽象的な（給付の内容が定まっていない）財産分与請求権が成立し、財産分与の協議の成立や財産分与を命ずる審判の確定などによって、給付の内容が定まった具体的な財産分与請求権が成立するが、財産分与請求権は具体化の前後で同一性を有する、というのである。

しかし、**【設例C】**では、離婚判決の確定と同時に、具体的な財産分与を命ずるか、財産分与の附帯処分の申立てを却下する裁判も確定する。しかし、このことは、抽象的な財産分与請求権を観念できる時期がないことを意味す

5）　島岡大雄「非訟事件の当事者につき倒産手続が開始された場合の非訟事件の帰趨」島岡大雄ほか編・倒産と訴訟（商事法務・2013）199頁以下は**【設例C】**を論じているが、人事訴訟手続が中断するかどうかに触れるところがないほか、破産手続開始時において離婚が成立していないことを看過しているように思われる。

るわけではない。というのも、離婚請求を認容したうえで財産分与を命ずる判決が確定した場合には、確かに財産分与請求権は発生と同時に具体化する（もっとも、この場合も、すぐ後に紹介する最高裁判例によれば、財産分与請求権の存在が既判力をもって確定するわけではない）。しかしながら、離婚請求を認容したうえで財産分与の申立てを却下する判決は、財産分与の申立てを却下する限度で実質的には家事審判であるので、以下で紹介する最高裁判例によれば、抽象的な財産分与請求権の不存在を既判力をもって確定するわけではないからである[6]。

家事審判手続が非公開で行われることの合憲性との関係で、夫婦同居の審判に関する最（大）決昭和40年6月30日（民集19巻4号1089頁）と、婚姻費用分担の審判に関する最（大）決昭和40年6月30日（民集19巻4号1114頁）は、周知のように、権利・義務の存否とその内容を区別し、同居義務や婚姻費用分担請求権の具体的内容の形成は審判の役割であるが、同居義務や婚姻費用分担請求権の存否については、審判（申立てを却下する審判を含む）の確定後であっても、当事者は別途訴訟手続で争うことができると判示している。前掲の昭和55年最高裁判決は、別のコンテクストにおいて上記のように判示したのであるが、財産分与請求権について同様のことが妥当することを前提としていると考えられる。

ともあれ、財産分与請求権が発生するのは離婚判決確定時であるから、その時点までに財産分与に関して申立人が有する権利として観念できるのは、財産分与の期待権に止まる（このような期待権は、進行中の離婚協議や係属中の離婚訴訟の有無にかかわらず、婚姻中のあらゆる者が有していることに注意が必要である）。しかし、このような期待権は財産権としての内容があまりにも希薄であり、その一身専属性の有無を検討するまでもなく、金銭執行における差押えの対象財産にならないと考えられる。したがって、かかる期待権は破産財団を構

6）旧人事訴訟手続法下で執筆した、山本克己「判批」民商105巻2号（1991）213頁では、訴訟と非訟に関する最高裁判例を前提としたとしても、附帯処分に関する裁判には既判力があると解する余地がある旨を述べた。しかし、この議論は、旧法下では附帯処分に関する審理の全体が口頭弁論手続で行われることを前提としており、附帯処分に関する審理について事実調査の余地を認めている現行人事訴訟法（33条・34条）下では成り立たない。現行人事訴訟法下での附帯処分に関する審理については、本間靖規「人事訴訟手続の審理構造」谷口安平先生古稀祝賀・現代民事司法の諸相（成文堂・2005）316頁以下、松本博之・人事訴訟法［第3版］（弘文堂・2012）334頁以下、梶村太市＝徳田和幸編著・家事事件手続法［第3版］（有斐閣・2016）662頁以下〔若林昌子〕を参照。

成する財産となり得ないと解すべきである[7]。

もっとも、この点については、清算としての性格に視野を限定しても、留保が必要である。というのも、最判昭和53年11月14日（民集32巻8号1529頁）は、「離婚訴訟において裁判所が財産分与の額及び方法を定めるについては当事者双方の一切の事情を考慮すべきものであることは民法771条、768条3項の規定上明らかであるところ、婚姻継続中における過去の婚姻費用の分担の態様は右事情のひとつにほかならないから、裁判所は、当事者の一方が過当に負担した婚姻費用の清算のための給付をも含めて財産分与の額及び方法を定めることができる」と判示し、未清算の婚姻費用の分担を財産分与の中に含めることができるとしているのである。これを前提とすると、財産分与請求権のうち、婚姻費用の分担に相当する部分は、離婚成立前において、抽象的な権利（抽象的な婚姻費用分担請求権）として成立している（破産法34条1項に該当する）と解する余地があることになる。しかし、この点については**3**まで検討を留保し、以下では、離婚成立前に期待権しか存在しない場合を念頭に置いて議論を進める。

まず、破産手続の進行中に、離婚請求を認容するとともに、申立人に対する財産分与を命ずる判決が確定した場合を検討する。清算としての性格に視野を限定したとき、**【設例C】**において、具体的な財産分与請求権は、破産法34条2項の適用ないし類推適用により、破産財団に帰属するのであろうか。しかし、前述したように、離婚請求を認容する判決の確定までは、抽象的な財産分与請求権すら発生せず、附帯処分の申立てをした当事者は期待権しか有しないのであるから、破産手続開始時において抽象的な財産分与請求権は未発生であり、同項を適用ないし類推適用する余地はない。つまり、財産分与請求権の行使上の一身専属性を論ずるまでもなく、その破産財団帰属性が否定され、同請求権は自由財産に属するのである。そして、財産分与請求権が発生した時点では離婚訴訟の手続が既に終了しているので、この手続に対して破産手続の開始が影響を及ぼす余地はない。

次に、破産手続の進行中に、離婚請求を認容するとともに、財産分与の附

7）　森宏司「家事調停・審判手続中の当事者破産」伊藤眞先生古稀祝賀・民事手続の現代的使命（有斐閣・2015）1175頁。

帯処分の申立てを却下する判決が確定した場合を検討する。附帯処分の申立てを却下する判決が確定しても、財産分与の申立てを理由がないとして却下する審判が確定した場合と同視されるから、抽象的な財産分与請求権の不存在について既判力が生ずるわけではない。しかし、抽象的な財産分与請求権が発生するのは、離婚判決の確定時であるから、それに先立つ破産手続の開始の時点においては期待権しか存在しないので、やはり、抽象的財産分与請求権が破産財団に属することはない。そして、抽象的な財産分与請求権が発生した時点では離婚訴訟の手続が既に終了しているので、この手続に対して破産手続の開始が影響を及ぼす余地はない。

2　扶養・慰謝料としての側面の検討

扶養権利者について破産手続が開始した場合、扶養料請求権のうち破産手続開始後の期間に係る部分は、破産手続開始時以降の時間の経過により発生するので、破産法34条2項の適用を受けず、自由財産に属すると考えられる。したがって、破産手続開始後に離婚が成立した場合、財産分与請求権のうち離婚後の扶養としての性格を有する部分は、自由財産に属すると考えられる[8]。したがって、**【設例C】**において、財産分与請求権のうちの扶養としての性格を有する部分については、破産手続開始時において破産財団に属する請求権がないという点では同じであるから、1で検討した清算としての性格を有する部分（未清算の婚姻費用に関する部分を除く）と同様に扱われるべきである。

では、慰謝料としての性格を有する部分はどうであろうか。この点については、不法行為に基づく損害賠償請求権一般と同様に扱われるべきである。つまり、慰謝料発生の原因となった行為が破産手続開始前のものである場合には、抽象的な慰謝料請求権が行為の時点において発生するので、財産分与請求権のうち慰謝料に関する部分は、破産法34条1項に該当すると考えられる[9]。

8）　木内道祥「破産と離婚」日本弁護士連合会倒産法制等検討委員会編・個人の破産・再生手続（金融財政事情研究会・2011）98頁。

9）　木内・前掲注8）100頁を参照。

3　破産法34条1項に該当する部分の扱い

1・2での検討において、**【設例C】**において、財産分与請求権が認められる場合、破産法34条1項に該当する部分と同条1項にも2項にも該当しない部分があることが明らかになった。同条1項に該当する部分は、清算としての性格を有する部分のうち破産手続開始前に支出された婚姻費用の分担に関する部分（部分a）と、慰謝料としての性格を有する部分のうち慰謝料の原因である行為が破産手続開始前にされた部分（部分b）である。

この二つは、婚姻費用分担という財産分与とは別の種類の審判事項と、慰謝料という訴訟事項であるにもかかわらず、判例により、財産分与の審判や財産分与の附帯処分の申立てに係る判決（ただし、前掲の昭和53年最高裁判決が直接の対象としているのは、後者の判決だけである）において財産分与に含めることができるとされる事項である。したがって、判例が言うように、財産分与の審判等において具体化できるとしても、判例とは異なって、これらの事項に係る請求権が財産分与請求権とは別個の請求権を構成する、と解することにも相当の合理性があるように思われる。しかし、以下では、判例を前提とする場合に生ずる問題点を検討する。

まず、これらの部分が破産財団に帰属するかどうかを検討する。これらの部分は、破産法34条1項に該当する（ただし、具体化を法定停止条件と同視して、同条2項の類推適用を認める見解もあり得るところである[10)]）が、それだけでは破産財団帰属性を肯定することができない。というのも、一身専属性がある請求権の破産財団帰属性の問題が残されているからである（詳しくは別稿を参照されたい）。というのも、一身専属性がある請求権は、差押えや債権者代位（民423条1項但書）の対象とならないところ、破産法34条3項2号の類推適用により、破産手続開始時に存在したとしても、破産財団に帰属しないからである。別稿で述べたように、財産分与請求権は行使上の一身専属性を有するとされることがあり、また、婚姻費用分担請求権も慰謝料請求権も同様である。

最判昭和58年10月6日（民集37巻8号1041頁）は、破産者が破産手続開始前に受けた名誉侵害を原因とする不法行為上の慰謝料請求権が破産財団に

10)　森・前掲注7）1167頁を参照。

帰属するかどうかが問題になった事案について、名誉の侵害を原因とする慰謝料請求権は、行使上の一身専属権であるが、その一身専属性は合意または確定判決において具体的な金額が確定する（具体化する）ことで失われると判示した。他方、最判平成13年11月22日（民集55巻6号1033頁）は、遺留分減殺請求権は債権者代位の対象とならない一身専属的な権利であるが、その一身専属性は権利行使の確定的意思を外部に表示した時に消滅する旨を判示している。

このように、行使上の一身専属性を有する請求権が一身専属性を失う時期は、一様でないことが判例により認められている。そこで、別稿では、財産分与請求権が一身専属性を失う時期について、①請求権者が行使の確定的な意思を表明した時に一身専属性が失われる、②請求権の具体的な内容が確定した時に一身専属性が失われる、③請求権者が履行を受けて請求権が消滅するまで一身専属性は失われない、の三つの可能性を想定して、そのそれぞれについて検討した。そして、清算としての側面に関する限り、財産分与請求権について採用できるのは、①か、それとも、前掲最判昭和58年が名誉侵害を原因とする損害賠償請求権について採用した、破産手続開始の時点で抽象的な請求権が破産財団に帰属することはないが、その後に請求権の内容が具体化した時に破産財団に帰属するという②-1の考え方（ちなみに、②-2は、破産手続開始時点において破産財団に帰属していなかった以上、具体化しても破産財団に帰属することはない、という考え方である）として、この二つの選択肢が**【設例A】**においてどのような帰結をもたらすかを検討した。

ここでは、財産分与請求権のうち、部分aと部分bについて、一身専属性の有無と一身専属性を失う時期を考察する必要があるが、その前に、一個の財産分与請求権を複数の部分に分解して、それぞれの部分について一身専属性の有無やそれを失う時期を各別に論ずることができるかどうか、を問題にする必要がある。民事執行法152条は、一個の債権の一部が差押禁止債権となることを認めているので、このような分解的な思考方法を直ちに否定し去ることはできない。しかしながら、仮にこのような分解的思考が一概に排除できないとしても、財産分与請求権の場合には、その特質として、一個の具体化された財産分与請求権のうち、清算、扶養と慰謝料のそれぞれに相当する金額を特定できるかどうか、という根本的な問題が残されている（特に調停を含む協議により具体化された場合がそうである)。既に具体化された請求権については、回顧的に特定することが不可能ないし非常に困難であると言わざるを得ないが、これから具体化の裁判を行う際には、個々の部分（部分ａと部分ｂを含む）を分別して裁判することが可能であると考えられる[11)]。

さて、財産分与請求権について分解的な思考が可能であるとして、部分ａと部分ｂが一身専属性を有するかどうかが問題になる。婚姻費用分担請求権と慰謝料請求権については、行使上の一身専属性を肯定することが一般的であるように見受けられるので、これを前提にすると、部分ａと部分ｂについても行使上の一身専属性が肯定されることになろう。行使上の一身専属性があるとして、それが失われる時期については、別稿と同様に、①と②-1が成立可能であるとの立場から、議論を進めることにする。なお、部分ｂについて①を採用することは、前掲最判昭和58年に反するという指摘もあろうが、同判決は「名誉を侵害されたことを理由とする被害者の加害者に対する慰藉料請求権は、……名誉という被害者の人格的価値を毀損せられたことによる損害の回復の方法として、被害者が受けた精神的苦痛を金銭に見積つてこれを加害者に支払わせることを目的とする」という具合に、被侵害法益が名誉である場合に限定した射程しか有しないとも解し得る判示をしており、部分ｂについて①の可能性を排除することはできないと考えられる。

①を採用した場合には、財産分与の附帯処分の申立ては、財産分与請求権を行使する確定的な意思を外部に表明する行為であるので、附帯処分の申立ての効果として、部分ａのうち申立前に支出された婚姻費用に係る部分と、部分ｂのうち申立前の不法行為に係る部分は、行使上の一身専属性を失う。そして、部分ａのうち附帯申立以後（破産手続開始時前）に支出された婚姻費用に係る部分は、附帯処分の申立ての範囲に含まれるので、支出と同時に一身専属性を失う。部分ｂのうち附帯申立以後（破産手続開始前）の行為を原因とする部分も同様である。つまり、**【設例Ｃ】**において、部分ａと部分ｂは、破産手続開始時において既に行使上の一身専属性を失っており、破産財団に属することになる。

このような説明に対しては、申立人が婚姻費用の分担または慰謝料を附帯

11)　木内・前掲注8）99頁もこれを肯定する。

処分の申立てに含ませていない場合を留保しておくことが必要ではないか、という疑問が提起されるかもしれない。しかし、附帯処分の申立てについては民事訴訟法246条の適用がないと考えられており[12]、また、離婚請求と同様に附帯処分の申立てがされた事項についても職権探知主義が妥当するので、財産分与の附帯処分の申立てさえされれば、裁判所は、財産分与の範囲に含まれるあらゆる事情を斟酌して財産分与請求権を具体化する権限を有する。したがって、財産分与の附帯処分の申立ての趣旨がいかなるものであっても、部分aも部分bも附帯処分の申立てに係る審判物に含まれると言わなければならない。

このように、①の考え方を採用すると、**【設例C】**においては、申立人についての破産手続の開始により、部分aと部分bは破産財団に属するのであるから、これらの部分の管理処分権限は破産管財人にあることになる。そうなると、破産法44条1項の適用の有無を検討する必要がある。人事訴訟手続は中断の制度を知っている（人訴19条、26条2項、43条3項参照）ので、疑問の余地なく破産法44条1項の適用が肯定されるべきである。そして、離婚請求と財産分与の申立てについて、手続の分離や一部判決をすることができないのであるから、訴訟手続全体の中断が生ずると解すべきである。この中断は、部分aと部分bについて破産管財人が受け継ぐ（同条2項）ことにより解消する。そして、裁判所は財産分与を命ずる場合、部分aと部分bについては破産管財人に対する給付が、その余の部分については申立人に対する給付が、それぞれ命じられることになる[13]。

これに対して、②-1の考え方を採用すると、部分aと部分bについても、離婚請求を認容しかつ財産分与を命ずる判決の確定によって、請求権として

12）　最判昭和41年7月15日民集20巻6号119頁、最判平成2年7月20日民集44巻5号975頁。なお、旧人事訴訟手続法（したがって、旧家事審判法）下で執筆した、山本・前掲注6）215頁以下で、筆者は、財産分与の附帯申立てについて民事訴訟法246条（正確には旧民事訴訟法186条）の類推適用がある旨を述べた。しかし、本文ではこれを否定する立場を前提に議論を進める。その理由の一つは、現行家事事件手続法において以前の見解を維持できることに自信がもてないことにある（高田編著・前掲注4）306頁から307頁にかけての筆者の発言を参照）が、一般的見解を前提とした方が、本稿の目的に沿うのではないかと考えたことも、その理由である。

13）　木内・前掲注8）101頁は、①を前提にして（同98頁）、財産分与の附帯処分の申立てがされた離婚訴訟の係属中に、申立ての相手方に破産手続が開始した場合に、中断が生じるとともに、破産管財人が受継すべきであると説く。ただし、破産管財人が当事者となるべき審判物の範囲は必ずしも明確にされていない（前掲注11）も参照）。

の具体化が生ずるのであるから、部分ａと部分ｂが離婚訴訟手続係属中に破産財団に属することはないので、**【設例Ｃ】**において破産手続の開始が離婚訴訟手続に影響することはない。

次に、離婚請求を認容し財産分与の附帯処分の申立てを却下する判決が、破産手続進行中に確定した場合も検討しておく。①の考え方を採用する場合には、破産手続開始時において、抽象的な財産分与請求権のうち部分ａと部分ｂは、行使上の一身専属性を失うので、破産管財人はこれらの部分の存在の確認を求める訴えの原告適格を有する（部分ｂについては、単なる確認ではなく、給付の訴えを提起することができると解する余地がある）。これに対して、②-1の考え方においては、これらの部分の破産財団帰属性がないので、訴え提起の権限（原告適格）は破産者にある。

なお、以上では、部分ａと部分ｂの双方に①の考え方を採用した場合と、双方に②-1の考え方を採用した場合を検討した。しかし、一方について①の考え方を、他方について②-1の考え方を採用した場合についての検討は省略する。

Ⅲ　申立ての相手方についての破産手続の開始

1　財産分与請求権の破産債権性

ここでは、離婚訴訟手続の係属中に当事者の一方が財産分与の附帯処分を申し立てた後に、申立人の相手方である他方当事者について破産手続が開始した、という**【設例Ｄ】**を検討する（ただし、破産手続開始前に判決によらずに離婚が成立し、人事訴訟法36条により附帯処分についてのみ審理・裁判が必要である場合を除く）。

【設例Ｄ】が別稿で検討した**【設例Ｂ】**と決定的に異なるのは、破産手続開始時において、離婚が成立していないことであるとともに、離婚判決の確定と同時に、具体的な財産分与を命ずるか、それとも、財産分与の附帯処分の申立てを棄却する裁判が確定することである。しかし、Ⅱ1で述べたように、このことは抽象的な財産分与請求権を観念できる時期がないことを意味するわけではない。

Ⅱ1・2において検討したように、**【設例Ｄ】**において、相手方についての破産手続開始時に離婚は成立していないので、申立人が破産手続開始時において有するのは、原則として財産分与の期待権に過ぎない。かかる期待権は権利としての実質が希薄であるので、破産債権として認めることはできない[14]。したがって、離婚訴訟に破産法44条1項を適用する余地はない。

しかし、Ⅱ3で検討した、清算としての性格を有する部分のうち破産手続の開始前に支出された婚姻費用の分担に関する部分（部分a）と、慰謝料としての性格を有する部分のうち原因である行為が破産手続開始前にされた部分（部分b）については、破産手続開始時において抽象的な財産分与請求権が成立していると解する余地が十分にある[15]。そして、そのような抽象的な財産分与請求権は、破産債権たる性質を有すると考えられる。

2　破産債権である財産分与請求権の破産手続上の扱い

別稿では、**【設例B】**において、抽象的な財産分与請求権の全体が破産債権であることを前提に、破産手続上の届出・調査・確定においてどのように扱われるかを論じた。そこでの結論を要約すると、次のようになる。

すなわち、抽象的な財産分与請求権を届け出る際には、「額」（破産111条1項1号）の記載は「未定」とすべきであるが、「額未定」の段階では、当該請求権についての調査は実施されない。財産分与の審判手続は、既判力をもって財産分与請求権の存否の判断を下すものではないので、債権確定の手続とみることはできない（同法124条3項、131条1項参照）。この審判手続には、同法44条1項・2項が類推適用され、破産手続の開始により中断し、破産管財人により受継される。しかし、財産分与を肯定する審判（この審判においては、請求権の具体化のための形成的裁判はできるが、給付を命ずることはできない）が確定した後に、申立人は届出事項の変更（同法112条）として、審判によって形成された「額」を届け出ることができ、「額」の届出の後に調査の手続が実施される。もっとも、この調査手続において異議等ができるのは存否につ

14）　島岡・前掲注5）205頁以下は、**【設例D】**における破産債権たる財産分与請求権の確定のための裁判手続が、附帯処分申立てがあった人事訴訟手続である旨を説く（ただし、人事訴訟手続が中断するかどうかに触れるところはない）が、離婚の成立前に財産分与請求権の全体が発生していることを肯定することが前提になっているようであり、疑問である（前掲注5）も参照）。

15）　破産債権である部分と非破産債権である部分を区別すべきことは、木内・前掲注8）103頁も肯定している。

いてだけであり、「額」についてはできない。存否についての異議者等は、確定のための裁判手続として、財産分与請求権の不存在確認の訴えを提起できる、と。

この別稿での結論は、部分ａと部分ｂの限度で、**【設例Ｃ】**における抽象的な財産分与請求権の届出・調査・確定、そして、離婚訴訟の手続への破産手続開始の影響について妥当する。そのような次第であるので、詳細は別稿を参照していただきたい。しかし、念のために、後者の点について一言だけしておくと、破産手続の開始によって離婚訴訟の手続は中断し[16]、部分ａとｂの限度で破産管財人により受継されるほか、裁判所は、部分ａまたは部分ｂを財産分与に含めるのが相当であると判断する場合、当該部分については給付を命ずることはできず、当該部分の金額（相手方についての破産手続の開始により、部分ａと部分ｂについて金銭化が生じているので、金銭給付以外の給付を形成することはできない）を具体化する形成的な裁判をするに止めなければならない。

Ⅳ　おわりに

以上の本論でもっとも論じたかったことは、様々な要素を財産分与請求権という一つの器に盛ることが、破産手続との関係で困難な問題を生ずることである。かつて筆者は別のコンテクストにおいて、中途半端ながらも、このような財産分与請求権のあり方に批判的な見解を述べたが[17]、別稿と本稿を執筆してみて、更に意を強くした次第である。

本稿では、これから具体化のための裁判をする場合においては、裁判所が、破産財団に属する部分とそうでない部分、あるいは、破産債権として扱われる部分とそうでない部分を、分別して裁判することができるという前提に立って議論を進めた。この前提自体が、家庭裁判所の実務にとっては受け入れ難いものであろうことは自覚している[18]。にもかかわらず、このような前提

---

16)　木内・前掲注８）103頁以下は、私見と同様に破産法44条１項による中断を認めるが、同条２項との関係では、離婚訴訟の手続が「破産債権に関するもの」として扱われる旨を説く。

17)　山本・前掲注６）218頁で、財産分与を命ずる裁判において、清算、扶養と慰謝料の３要素に係る部分を各別の主文に記載する方向性を示唆した。

18)　ともに現役の裁判官の著作である、島岡・前掲注５）199頁、205頁、森・前掲注７）1163頁が、別稿および本稿で扱った問題との関係で、３要素からなる財産分与請求権を一体的なものとして扱うべき旨を説いていることは示唆的である。

を採用したのは、破産財団帰属性や破産債権性といった責任財産秩序に関わる問題点において、様々な要素を一つの器に詰め込んだ財産分与請求権が異物であることを明らかにしたかったからである。

破産手続の外に目を向けても、支払済みの婚姻費用の清算や慰謝料を財産分与に含めることは、財産分与の附帯処分の申立てがされた離婚訴訟係属中に、婚姻費用分担の審判が申し立てられた場合や、慰謝料請求の別訴が提起された場合に、手続の重複の有無との関係で困難な問題を生ずる。また、かかる離婚訴訟が離婚請求を認容しかつ財産分与を命ずる判決の確定によって終了した後に、婚姻費用分担の審判が申し立てられたり、慰謝料請求訴訟が提起された場合にも、同一給付を内容とする債務名義の二重化の可能性という困難な問題を生ずる。

ともあれ、別稿とともに本稿が、財産分与請求権の手続法上の扱いについての議論の深化に寄与することを祈念して、本稿を閉じることとする。

破産債権の概念について
――「将来の請求権」の再定義の試み

山本和彦

I 問題意識

本稿は、近時の判例等を契機に破産債権の概念につき若干の検討を加えることを目的とする。破産債権は、「破産者に対し破産手続開始前の原因に基づいて生じた財産上の請求権」と定義されている（破産2条5項）[1]。本稿では、このうち、「破産手続開始前の原因」の意義につき検討し、「将来の請求権」の概念の再定義を試みるものである。

このような作業を行うに当たり、まず理論的な関心として、破産債権の概念に関する通説である一部具備説と「停止条件付債権」ないし「将来の請求権」との関係が必ずしも明確でないという問題意識をかねて有していた。すなわち、一部具備説によれば、法律要件の一部を具備しないもの（その意味で未だ「債権」とはいえないもの）も破産債権に含まれるが、それらは（期限付債権を除き）これらいずれかの概念に含まれると理解してよいか、あるいはそれ以外の「第3の債権」というものがあるのかという疑問である。換言すれば、将来の請求権＝法定停止条件付債権という一般の説明からすれば、請求権の成立要件が一部具備していない場合は、条件付の場合だけに限られないように思われるが、そのような債権は一体どのように位置づけられるのかと

1） このような定義は、他の倒産手続でも基本的に同様であり（民再84条1項、会更2条8項）、以下の分析は他の倒産手続についても基本的に妥当する。

いうのが筆者の年来の疑問であった。

また現実的な関心として、近時のいくつかの判例に顕れた破産債権の概念に対する興味がある。すなわち、最判平成24年5月28日（民集66巻7号3123頁）は、保証人が主債務者の破産手続開始前にその委託を受けないで締結した保証契約に基づき同手続開始後に弁済をした場合、保証人が主債務者である破産者に対して取得する求償権は破産債権であるとした。また、最判平成25年7月18日（判時2201号48頁）は、仮執行宣言に基づく給付の返還や損害の賠償を民事訴訟法260条2項により求める請求権は破産債権であるとした。さらに、最決平成25年11月13日（民集67巻8号1483頁）は、（会社更生手続において）更生債権に関する訴訟が更生手続開始前に係属した場合において、当該訴訟が更生手続開始後受継されることなく終了したときは、当該訴訟に係る訴訟費用請求権は更生債権であるとした。そこで、これらの債権を破産債権（または更生債権）とする判示は正当か、その場合それは理論的にどのように位置づけられるのか、将来の請求権として位置づけられるのかという疑問が生じる。このような疑問を解明するためには、基本に立ち戻り、破産債権や停止条件・将来の請求権の概念内容を精査する必要があるという問題意識をもつに至ったものである。

本稿は、以上のような問題意識に基づき、一部具備説および将来の請求権概念の形成の歴史を簡単にたどり（Ⅱ参照）、一部具備説の正当性を確認しながら将来の請求権概念の再定義を試みた上で（Ⅲ参照）、上記判例に関する簡単な検討を行うものである（Ⅳ参照）。結論的には、「将来の請求権」は、法定停止条件付債権と定義するのは必ずしも適切でなく、「主たる発生原因が破産手続開始前に存在しているが、その発生原因の一部が存在していない債権のうち、停止条件付債権を除くもの」として理解し（控除説）、近時の判例で問題となった上記請求権はいずれもそのような意味での「将来の請求権」として理解しうることを論証したい。

Ⅱ　一部具備説と「将来の請求権」概念

1　現在の一般的理解

(1)　破産債権に係る通説としての一部具備説　　まず、破産債権に関する現在の通説的理解を確認する。現在の代表的な見解として、例えば、伊藤眞教授は、「開始決定前の原因の意義については、一部具備説と全部具備説とが対立しているが、現在ではほぼ前者に統一されている。一部具備説の下では、破産債権の発生原因の全部が開始決定前に備わっている必要はなく、主たる発生原因が備わっていれば足りる」とされる[2)]。まさに、このような意味での一部具備説にはほぼ異論がない状態にあり[3)]、現在の通説と解される[4)]。

また、一部具備説を明示する判例は見当たらないが、下級審裁判例として、東京地判平成17年4月15日（判時1912号70頁）は、租税保証に基づく求償権の事例において、民事再生法84条1項の要件具備につき「請求権自体は再生手続開始の時点で既に成立していることは必要ではなく、請求権の基礎となる発生原因事実が手続開始前に生じていれば足りる」とし、「再生債権の範囲を確定する趣旨が、通常の配当手続に預かることのできる債権を、再生手続開始時点において配当の期待を有している者の有する債権、すなわち既発生の請求権に限定しようとする点にあることに照らせば、請求権の発生原因事実の全部が再生手続開始前に備わっている必要はなく、その主たる原因事実が備わっていれば足りると解すべきである」とする。この点は、実務でも一般的な理解になっているものと思われる。

(2)　「将来の請求権」に係る法定停止条件付債権説　　次に、将来の請求権の概念について、やはり現在の到達点を確認する。現在の代表的な見解として、やはり伊藤教授は、「保証人の求償権など、法定の停止条件にかかる債権を将来の請求権と呼ぶ」とし、「将来の請求権の例としては、保証人や連帯債務者の求償権が挙げられる」とする[5)]。このように、将来の請求権を法

2）　伊藤眞・破産法・民事再生法［第3版］（有斐閣・2014）261頁参照。

3）　全部具備説を明示的に支持する見解は、後述の菊井説（4参照）以来、半世紀以上にわたり存在しないように見受けられる。

4）　他に一部具備説を相当とする見解として、伊藤眞ほか・条解破産法［第2版］（弘文堂・2014）34頁など参照。竹下守夫編集代表・大コンメンタール破産法（青林書院・2007）20頁〔小川秀樹〕もこれを現在の通説と評価する。

5）　伊藤・前掲注2）268頁参照。ただ、伊藤説の一貫性には若干の疑問もある。例えば、同書261頁注54）では、「建築物の注文者が目的物の瑕疵が顕在化したときに有する瑕疵修補に代わる損害賠償請求権も将来の請求権としての性質を持つ」とするが、これが法定の停止条件といえるか、疑問もある（瑕疵の顕在化が法定条件というよりは、瑕疵の有無が現段階では不明で要件具備が確認できない状況ともみられる）。その意味で、伊藤教授が実質的にはより広くこの概念を捉えている可能性を示唆するものとして、興味深い。

定の停止条件付債権と理解する見解は、通説的なものといえる[6]。将来の請求権の例としては、伊藤説のように、求償権のみを挙げる見解が多数であるが、他の例として、取締役が会社に対して有する取締役会の承認を要する債権（旧商265条）、総会の決議を要する会社に対する営業譲渡請求権（旧商245条）、知事の許可に係る農地の買主の権利（農地3条）を例示するものがある[7]。

以上のように、破産債権についても将来の請求権についても現在一定の共通理解があるが、本稿の仮説は、このような通説が形成されてきた経緯に問題があったのではないかというものである。そこで、現在の通説の形成に大きな影響を与えたと考えられる大正末から昭和初期における斎藤＝井上論争を振り返るところから、本稿の検討作業を開始したい。

2　斎藤常三郎説――全部具備説と法定停止条件付債権としての「将来の請求権」

破産債権および将来の請求権の概念について最初にまとまった論述を加えた見解として、斎藤博士のものがある[8]。この見解こそが現在に繋がるこの問題の検討の出発点となったものと考えられる[9]。

まず、斎藤博士は破産債権の意義につき全部具備説（斎藤博士の表現では「全部完備説」）を採用する。すなわち、「請求権の発生原因の総てが破産宣告

6）　同旨として、伊藤ほか・前掲注4）761頁は「将来の請求権は、その権利が将来の不確実な事実の発生に係るという点で、停止条件付債権と同質のものであるが、条件が当事者の法律行為の付款ではなく、法定のものであるという点で区別される」とするし、山本和彦ほか・倒産法概説［第2版補訂版］（弘文堂・2015）56頁〔沖野眞已〕も「将来の請求権」について括弧書で「実体法で『将来の債権』という場合には、将来にわたる医師の診療報酬債権のように発生の不確実なものを指すことも少なくないが、倒産法における『将来の請求権』は限定された意味で用いられており、一般に、保証人の事後求償権など『法定の停止条件付債権』が想定されている」と説明される。さらに、山本克己＝小久保孝雄＝中井康之編・新基本法コンメンタール破産法（日本評論社・2014）17頁〔山本克己〕も「将来の請求権とはいわゆる法定停止条件に係る請求権である」とする。

7）　斎藤秀夫＝麻上正信＝林屋礼二編・注解破産法［第3版］（上）（青林書院・1998）141頁〔石川明＝三上威彦〕、竹下編集代表・前掲注4）438頁〔堂薗幹一郎〕など参照。この叙述のもとは、兼子一監修・条解会社更生法（中）（弘文堂・1973）425頁とみられ、それによれば、これらは法定条件として実体法上議論され、判例等で認められている例ということになる。

8）　斎藤常三郎「破産債権の意義を論ず」破産法及和議法研究（1）（弘文堂・1926）79頁以下〔初出、国民経済雑誌40巻1＝3号（1926）〕参照。

9）　それ以前の見解として、竹野竹三郎・破産法原論（上）（巌松堂書店・1923）がある。ただ、竹野説は、将来の請求権を「法定条件に繋るもの」で「停止条件付債権と趣を異にす」としながら、「厳密に論ずれば破産債権たることを得ざるべきものならんも」「法律は特別規定を以て破産債権となす例外を認めたるもの」とする。その意味で、これは斎藤説とは異なり、将来の請求権につき破産宣告前の原因を認めず、例外的に法が破産債権性を認めたものと位置付ける見解ということになる。

前にあり且請求権自体も亦破産宣告前に成立したるものなることを要する」との考え方を正当とされる[10]。その理由は、①一部の具備でよいとする趣旨が法文上明確でないこと、②一部具備説は破産宣告当時の権利義務関係を明白にするという破産手続の根本目的に反すること[11]、③同説は破産宣告後の破産者の行為をもって破産債権者に対抗できない（旧破産53条など）と定めた精神に反することにある[12]。

次に、そのような観点から、停止条件付債権が何故破産債権に含まれるかについての説明がされる[13]。そこでは、停止条件の成就により将来取得されるべき目的である権利としてそれが既に破産手続開始時に成立しているものとの理解に立ち、全部具備説でも矛盾はないと説明する。すなわち、停止条件付権利は「停止条件の成就に因って将来権利を取得すべき相手方の利益」、すなわち「期得権」として理解され、「停止条件付債権は破産宣告の当時に於て已に期得権として成立し居るが故に破産債権たることこれ又疑はないこととなる」とされる[14]。全部具備説からは、それを破産債権とするにはこのような権利としての既存を前提にせざるを得ないが、この点が将来の請求権についても法定停止条件付権利（権利（期得権）として既に成立しているもの）と解する前提となっているものとみられる。

そして、「将来の請求権」の意義につき、斎藤博士は「破産宣告前の原因たる法律要件に基き破産宣告後に於ける一定の事実を条件として将来生ずることあるべき請求権」とし、「破産法に所謂条件付債権の条件とは当事者が任意に法律行為中に包含せしめたる約款（任意条件）を指すのみならず法律の規定に依り定められたる法律行為の効力発生若くは消滅の要件（所謂法定条件 ondicio juris）をも指すものであるので所謂将来の請求権とは保証人に債

10） 斎藤・前掲注8）132頁参照。

11） この趣旨は必ずしも明確ではないが、同旨を説く岩本勇次郎・破産法和議法概論（厳松堂書店・1926）20頁は「破産財団より満足を受くべき債権の範囲は常に不定の状態に在りて破産手続の煩雑を来す」とされるが、これと同旨ではないかと思われる。なお、岩本氏は、これに加えて、斎藤博士の上記③を全部具備説の根拠とされる。

12） なお、斎藤博士によると、この点はドイツ法でも不明確であり、オーストリア法のようにその点を明確にする規律（「その破産者に対する財産上の請求権が破産手続開始時に帰属する債権者」として破産債権者を定義する方法）が正しいとされる。

13） 斎藤・前掲注8）136頁以下参照。極めて詳細な説明がされており、この点が全部具備説の問題点であるとの斎藤博士の認識が垣間みえる。

14） 斎藤・前掲注8）142頁参照。

務履行たる法定条件の成就に依って生ずべき権利であるから停止条件付権利と云ふべきである」として、法定条件説を採用する[15]。そのような前提で、前述のような「期得権」として全部具備を認めるものである。

以上から明らかなように、斎藤説においては、全部具備説と将来の請求権＝法定停止条件説とが密接な関係をもって成立していたことが確認できる。けだし、法定停止条件説によって初めて、将来の請求権が「期得権」として全部具備が認められ、破産債権として位置づけられる前提となるからである[16]。

3　井上直三郎説――一部具備説と法律要件未完成債権としての「将来の請求権」

以上のような斎藤説に対して、正面から論戦を挑んだのが井上直三郎博士であった[17]。井上博士は、破産債権の意義についても将来の請求権の概念についても、斎藤説とは異なる立場を提示した。

まず、破産債権の意義については、破産手続開始前に必要とされる原因とは何かに関して、一部具備説（井上博士の言葉では「一部原因説」）を採用する[18]。そして、ある要素が原因かそうでないかは「清算的仕組に於ける要否」で区別するとの理解をとる[19]。すなわち、「清算的仕組に於て決済せらるる請求権」に当たるのは、「債務者の財産に付き無視す可らざる利益を有したるを要する」ものであり、つまりそれは「将来に於ける債務者の財産的利益の割譲に対する期待に外ならぬ」とし、「必至的又は未必的に請求権の発生することが、既に一の法律関係として現存すること」を意味するとされる。それを一言でいうと「負責要件」ということになる。

例えば、保証人の求償権の場合、「主たる債務者が其の求償を受くるに至

---

15)　斎藤・前掲注８）155頁参照。ただ、立法論としては、「我破産法は将来の請求権を以て条件付債権に準ずるものとしたのは誤りでないにしても正当を欠くので法文に表はすならば寧ろ条件付債権とすと為すべきが至当でありしと思はる」とされる。

16)　なお、斎藤博士は、後述の井上説による反論後も、全部具備説を維持された。斎藤常三郎・日本破産法（弘文堂書房・1933）138頁は「破産債権の発生原因とは、債権の発生に必要なる一切の事実を云ふものにして、即ち法律要件（Juristische Tatbestand）を構成する各要素が、破産宣告前に存することを要す（全部完備説）」とされる。

17)　井上直三郎「破産債権の要件に関する二三の問題」破産・訴訟の基本問題（有斐閣・1971）204頁以下〔初出、法学論叢17巻3＝4号（1927）〕参照。

18)　井上・前掲注17）235頁参照。

19)　井上・前掲注17）232頁以下参照。

るべき拘束は、保証人と主たる債務者間の法律関係として既に存在したるが故に、保証人の出捐に因る主たる債務者の免責は、其の求償権の発生に於ける負責要件を成すのでなく、従ってその原因に属しない」とし、単なる第三者弁済において「発生することある出捐者の請求権は、単なる不当利得の返還請求であり得ても、保証人の求償権ではあり得ざることに着眼せば、想像せらるる反対説の理由なきことは、蓋し自ら明かであらう」として、保証契約を「負責要件」として理解し、原因の存在を認める。

そして、このような理解に基づき、将来の請求権の概念について整理がされる[20]。それによれば、「負責要件の成立と、請求権の発生とが、時を異にする場合」が存在するが、その場合、「請求権の法律要件が未だ完成せざる場合と、完成せる法律要件の効果の発生が停止せらるる場合」とを区別する必要があり、前者は本来の条件ではないはずであるとする[21]。ただ、破産法の「将来の請求権」という用語は「一方に於て民法の用例に順応する」もので、他方では「共同債務者間の求償権の如きが、将来発生すべき請求権として破産債権たり得ることを、特に明確ならしむるの用意に出たのであらう」とする。その意味で、負責要件（原因）は発生しているが、請求権の法律要件が未完成の場合を捉えて「将来の請求権」を定義付ける見解であり、明らかに法定の停止条件とは異なる理解を採用されている。

以上から明らかなように、井上説は、破産債権の意義につき一部具備説を前提にし、破産手続開始前に「負責要件」が存在する場合には破産債権と認められるとして、そこにいう「負責要件」以外の要件を未だ具備していない請求権（そこから期限付・条件付債権を除くもの）を広く将来の請求権として定義付けるものである。その意味で、一部具備説からは極めて自然な理解を示す見解といえよう。

4　斎藤＝井上論争後の学説の展開

以上のような斎藤＝井上論争[22]を受けて、学説はどのように展開していっ

---

20)　井上・前掲注17) 240頁参照。

21)　ただ、前者をも包含する意味で、「条件なる言葉を広義に用ゐることも、強ち妨ぐべき理由はない」ともし、これは「畢竟条件なる言葉の用法の差に過ぎぬ」と論じる。

22)　井上論文はまさに、斎藤論文に対する批判を目的に執筆されたものである。すなわち、井上論文のまえがきでは、斎藤論文に関し「筆者もこの一篇は特に精読した。そして、それが筆者の心を

たであろうか。まず、斎藤説を比較的忠実に継承し、破産債権に関する全部具備説および将来の請求権に関する法定条件説を支持するものとして、菊井維大教授の見解がある[23]。菊井教授は、「破産宣告当時における破産者の権利義務を明白にしようとすることを目的とすることや、53条の趣旨を考えると」全部具備説を相当とする一方[24]、将来の請求権は「破産宣告後法定条件の発生によって行うことができる請求権をいい、一種の停止条件付債権である」とされる[25]。

他方、井上説に比較的近く、破産債権に関する一部具備説および将来の請求権に関する不完備要件説を支持するものとして、小野木教授の見解がある[26]。小野木教授は、破産債権の意義に関し「必ずしも、債権発生に必要な一切の事実が完備する必要はない」としながら、将来の請求権については「破産宣告の当時に、法律上、全く予想できないものではなくて、その当時すでに、なんらかの事実が存在し、こういう事実に、将来、すなわち、破産宣告後、ある事実が加わったならば、発生するような権利を意味するもの」とされる[27]。

その後の展開としては、現在の通説に向かい、破産債権の意義につき一部具備説が通説化する一方、将来の請求権については法定条件説による見解が増加していく。例えば、法定条件の表現として、兼子教授[28]や中田教授[29]の論稿があるが、両者を明確化したものとして特に山木戸教授の見解が注目さ

唆って、本稿の筆を執らしめた。初め本稿の筆を起す時には、斎藤博士の所論に対する疑問を主眼とする考へであったが、問題の考へ方に差異が多く、どうも議論が混雑して来るので、本稿では一先づ卒直に私見を述べることを主眼とした。それでも、博士の所論に触れることには、充分に努めた積りである」と注記されている。井上・前掲注17) 204頁参照。

23)　なお、他に全部具備説として、恒田文次・破産法和議法（法文社・1954）46頁参照。

24)　菊井維大・破産法概要（弘文堂・1952）55頁参照。

25)　菊井・前掲注24) 56頁参照。

26)　小野木常・新版破産法（有信堂・1952）154頁参照。

27)　また、小野木常＝中野貞一郎・強制執行法・破産法講義（有斐閣・1957）204頁も、「破産債権の原因は負責要件すなわち請求権発生の基礎的法律関係を構成する事実を意味すると解するいわゆる一部関係説または負責要件説を正当とする」とし、「負責要件」という用語により、井上説の影響が顕著である。

28)　兼子一＝恒田文次・破産・和議（青林書院・1955）165頁（「法はその条件が法定条件である場合を将来の請求権と呼ぶ」）、兼子一編・法律学演習講座破産法（青林書院・1956）29頁（「保証人の求償権のような行使が法律上一定の条件に懸っているような将来の請求権も破産債権となる」）参照。

29)　中田淳一・破産法・和議法（有斐閣・1959）193頁（「その条件が法定条件である場合を、破産法はとくに『将来の請求権』と呼んでいる」）参照。

れる[30]。すなわち、「破産宣告前の原因に基づいて生じた請求権とは、請求権自体は破産宣告の当時すでに成立していることを要しないで、その基礎である発生原因が破産宣告前に生じておれば足る」として一部具備説を採用するとともに[31]、「将来の請求権（法定の停止条件付債権をいう。たとえば保証人や連帯債務者の求償権など）も、すべて破産債権である」として、法定停止条件説を明言される[32]。ただ、これらの見解においては、斎藤説（全部具備説）において法定条件説が必須であったのとは異なり、何故に将来の請求権を法定条件として説明しなければならないのか、逆にいえば、井上説のような不完備要件説を排斥する問題意識は希薄である。率直にいえば、斎藤説と井上説を（目的意識なしに）部分的に融合させてしまったのではないかという疑念を禁じ得ない[33]。しかし、斎藤＝井上論争時の問題意識はその後の学説には現れず、結局、山木戸説的な説明が定着し[34]、最初にみた今日の通説が形成されていくことになる。

5 小　括

以上のように、破産債権の意義と将来の請求権の定義の関係については、議論の当初は、全部具備説＋法定停止条件説（斎藤説）と一部具備説＋法律要件不完備説（井上説）という対立状況だったのではないかと思われる。そして、それぞれの立場がそのような組み合わせで議論することには十分な関

30） 山木戸克己・破産法（青林書院新社・1974）90頁参照。
31） なお、「この点見解が分かれ」全部完備説と一部具備説とが「対立している」としながら後者を採ることを明言されており、この当時は未だ後者が通説化していなかった事情を示唆している。
32） その意味で、現在の通説的説明の嚆矢になった見解は山木戸説であった可能性が高いように思われる。
33） ただ、この当時はまだ若干の異説が存在した。例えば、兼子監修・前掲注7）は、更生債権につき一部具備説をとりながら（同書283頁参照）、将来の請求権について興味深い叙述をする（同書426頁参照）。すなわち、法定停止条件説に対し、保証人の求償権等は「法定条件とされる場合の一部にすぎず、すべての法定条件付債権を将来の請求権と考えていたのかは疑問であるし、また、本条が法定条件付債権につき、何故に一般の条件付債権と別に規定したのか、その理由も明らかになされていなかった」との正当な疑問を前提に、「将来の請求権を法定条件と結びつける説明をやめ、通説とは異なるが、条件付きの権利の予備的届出という二重の不確定要素に着目した特殊な範疇として理解すべきである」とする。すなわち、法定条件も停止条件で説明し、求償権を例外的に取り出す考え方であり、停止条件の中の線の引き方を問題にするものである（ただ、同書283頁によれば、「将来の求償権のごとく、構成要件の付加的一部についての該当事実がまだ存在していない、将来の請求権でもよい」という表現もされ、井上説に近い広い位置づけを内包するようにもみえる）。
34） 谷口安平・倒産処理法［第2版］（筑摩書房・1982）154頁、霜島甲一・倒産法体系（勁草書房・1990）199頁など参照。

連性・必然性が存在した。しかし、その後、前者について一部具備説（井上説）、後者について法定停止条件説（斎藤説）が通説化し、両者が単純に組み合わされて論じられるようになったようにみえる[35]。

しかし、以上のような仮説が正しいとすれば、そのような学説の発展には必然性がなく、むしろ誤解を招くものであったおそれがある。すなわち、合意または法定の条件が付されたものだけが破産債権であり、手続開始時に「債権」といえるようなものでなければ、破産債権とはなりえないという理解に至り、それは一部具備説の本質を歪める懸念があるからである。このような理解は現在の通説を素直に解すれば十分あり得るものといえるが、それはむしろ通説の形成自体に問題があったのではないかというのが筆者の理解である。以下では、以上のような筆者の理解を敷衍していきたい。

Ⅲ　破産債権の定義と「将来の請求権」の再定義

1　破産債権の定義——一部具備説の正当性

破産債権の意義を考えるについては、いかなる債権を破産債権として、破産手続の起動ないし参加の権利を認めるのが相当かという観点が重要である。したがって、基本的な考え方としては、債務者が経済的危機状態にある場合に、当該「債権」がどのような状態にあれば、債務者の財産の清算を求め、そこから配当を受けうる地位（そして債務者の信用リスクを負担すべき地位）が認められるのか、そのための要件は何であるかを考える発想が基本となるべきである。なお、その際には、未完成の債権（停止条件付債権または将来の請求権）は、最後配当の除斥期間内に当該債権が実現しないと、現実には配当に与ることはできないのであり、その意味で、一種の猶予期間が付与される効果[36]が認められるに止まり、最後まで要件不完備のまま配当が認められるわけではない点に注意を要する。

この点で、「対人債権性（債務者との法律関係または債務者の意思や行為の関与が

35）　そのような「無反省」の背後には、法定条件という概念が曖昧であるという事情があった可能性があるが、この点については後述Ⅲ1参照。

36）　仮にそれが破産債権でないとすると、手続開始時に実現していないと配当から除外されることになるのと相違する。

認められる)」を破産債権概念として要求する見解（東畠説）がある[37]。そこでは、実体法体系からの乖離を防止することが根拠とされる。しかし、上記のような地位にある権利であれば、破産手続開始の時点では実体法上の「債権」とはいえなくても、破産債権として手続上の地位を認めるべきである。その意味では、破産者との関係でも既に債権として実在している必要は必ずしもなく、除斥期間内に破産者に対する債権として成立すれば足りるものと解される。あくまでも破産手続への参加の許容の当否という観点が重要である（この点についてはさらに、後述Ⅳ1参照）。

以上のように一部具備説を機能的に把握するとすれば、（約定・法定の）条件付債権以外にも、条件とはいえないが、請求権の法律要件の一部が具備していないような債権も破産債権として認めるべき場合があることになる。ただ、この点は法定条件の定義に関わる[38]。法定条件を広く捉え、法律要件が完成していない場合をすべて法定条件と解する見解に立てば、一部具備説との抵触は生じない。その意味で、これは実体法の法定条件概念の理解に関係する。法定条件に関して詳細に論ずる金山教授は、それを効力発生要件一般として広く捉える見解と条件概念の類推適用が可能な範囲に限定して捉える見解とが存在すると整理される[39]。そして、このようなニュアンスの違いは現在でも残っているようにみえる。例えば、石田教授は「法律が法律行為の効力を将来生じるかどうか不確実な事実に係らせる場合」と定義し[40]、前者に近いが[41]、河上教授は「法律で定められた条件を『法定条件』という」と定義し、条件に引き付けた理解を示され、後者に近い[42]。むしろ最近の教科書はそもそも法定条件概念にふれないものも多い[43]。前者のように理解すれ

37）　東畠敏明「『破産債権』『将来の請求権』概念についての民事実体法からのアプローチ（下）」銀行法務773号（2014）32頁参照。無委託保証の判例との関係での論述である。

38）　井上説もこの点を的確に認識していた。前掲注21）参照。

39）　於保不二雄編・注釈民法（4）（有斐閣・1967）302頁以下〔金山正信〕参照。なお、判例は官公庁の許可に関するものが中心で、いずれの見解からも説明可能である。

40）「法定条件とは、法律行為が効力を生じるための法律上の要件にほかならず」とされる。

41）　石田穣・民法総則（信山社・2014）945頁参照。

42）　河上正二・民法総則講義（日本評論社・2007）508頁参照。

43）　我妻栄・新訂民法総則（岩波書店・1965）409頁も「ある法律行為が効力を発生するために当然必要な条件として法律の規定するものは、法定条件と呼ばれることがあるけれども、ここにいう条件ではない」とし、積極的に法定条件概念を肯定するものとはいい難い。

ば、将来の請求権に係る法定条件説も不当ではないかもしれない[44]。しかし、後者のような限定的理解もありうるし、実体法上必ずしも安定した理解が確立しているようにもみえない。しかるに、そのような概念に依拠して破産債権の外延を画する将来の請求権概念を構築することは破産債権概念を不安定にし、誤解を生じるおそれがあり、望ましくないのではないかとの印象を禁じ得ない[45]。

以上のように考えると、破産債権となる「債権」のメルクマールは、①当該債権につき債務者の経済的破綻時の配当受領権等を享受する地位が認められるべきと考えられれば原則として破産債権となるが、②当該債権の発生要件のうち重要なものが未だ発生していなければ（手続開始前に原因があるとはいえず）破産債権性が否定されると解される[46]。そのような意味での一部具備説の前提に立って、将来の請求権概念が再検討されるべきである。

2 「将来の請求権」概念の再構成――「控除説」の採用

まず、本稿が前提とする考え方は、破産債権は、期限付債権を除けば、停止条件付債権か将来の請求権のいずれかに分類される必要があり、第3のカテゴリーの債権は解釈上認める余地はないというものである[47]。けだし、これらの債権には実定法上特別の扱いが認められている（相殺に関する保護（破産70条）、配当額の寄託（破産214条1項4号）、最後配当からの除斥（破産198条2項）

44） ただ、一般に法律行為に限定されている点でなお問題が残る。後述の判例の事案などでは債権の発生原因が法律行為でないものも多く、それが法定条件ではなく、将来の請求権性を否定されるとすれば問題であろう。

45） なお、実際に将来の請求権の例として挙げられるものは、法定条件として論じられているものに限定される傾向があり（前掲注7）参照）、実際に議論に歪みが生じている可能性も否定できない。

46） ①と②の関係は、通常①があれば②も同時に満たされていると考えられる。そこに例外があるかどうかは明らかでない（例外が完全になければ①の要件だけで十分である）ので、②は、①の検証としての意味をもった要件と理解される。なお、以上のような形で破産債権を定義すると、これが破産財団に帰属する債権の範囲（破産34条2項）と完全にパラレルなものになりうるのかが問題となる。結論的には同様の範囲になるのではないかと予測するが、この点の精査は筆者の今後の課題であり、近時の生命保険金債権に関する判例（最判平成28年4月28日民集70巻4号1099頁）なども含めて改めて検討の機会をもちたい。

47） 山本＝小久保＝中井編・前掲注6）17頁〔山本〕は「破産手続開始前の原因に基づいてはいるが、まだ生じて（現実化して）いない請求権は、停止条件付債権と将来の請求権と呼ばれている」とし、未だ現実化していない請求権は停止条件付か将来の請求権か、いずれかに分類されることを前提とする。その意味で、正当な理解であるが、停止条件付以外のものはすべて法定条件で括れるのかという疑問を生じさせる意味で、興味深い。

等）ところ、仮に第3の債権を認めるとしても、（手続開始時に実現していない以上）同一の規律にならざるを得ないとすれば、あえて破産法に存在しない概念を類推適用として認める必要はないからである。その意味で、破産法は（実体法に同一の概念が存在しない[48]）将来の請求権概念ですべて受け止めるとの前提に立つものと解釈すべきであろう。

以上のように、「将来の請求権」は破産法固有の概念として様々な解釈の可能性に対して開かれているものであり、ここで残余の破産債権をすべて引き受けるほかはない。そこで、論理的可能性としては、①法定条件も含めて停止条件はすべて停止条件概念に委ね、法律要件が未完成のものだけを「将来の請求権」と捉える見解（井上説の復活）か、②約定停止条件のみを停止条件として整理し、それ以外のもの（法定停止条件や法律要件未完成）を広く「将来の請求権」と捉える見解とがありうる。おそらくは①が論理的には最も整合的であるが、第1に、このような理解は、特に保証人の事後求償権を将来の請求権の典型例としてきた通説的理解と大きく乖離する点、第2に、実体法においても法定条件の概念が必ずしも停止条件の一種として共有されていない状況にある点[49]などを考慮すると、解釈論としては、②が相当ではないかと思われる。

以上から、1で述べたような一部具備説を前提にして、「将来の請求権」概念については、以下のような定義を相当と解する。すなわち、「主たる発生原因が破産手続開始前に存在しているが、その発生原因の一部が存在していない債権のうち、停止条件付債権を除くもの」として理解する考え方（控除説）を提唱したい。

Ⅳ　近時の判例に関する若干の検討

以上のような破産債権概念（一部具備説）および将来の請求権概念（控除説）を前提としたとき、最初に提示した近時の判例はどのように理解・評価されることになるか。最後に、この点を確認的に検討しておく。

48）　停止条件概念は基本的に実体法に依存するものであり、実体法に従って定まる。その意味で、これは当事者の意思に基づく付款であり、付款ではないものや当事者の意思によらないものはその対象外になると解される。

49）　我妻説（前掲注43）参照）を代表に、それを正面から否定する見解も多い。

1　無委託保証人の求償権

まず、無委託保証の場合の保証人の破産手続開始後の弁済に基づく事後求償権について、前掲最判平成24年5月28日は、「無委託保証人が弁済をすれば、法律の規定に従って求償権が発生する以上、保証人の弁済が破産手続開始後にされても、保証契約が主たる債務者の破産手続開始前に締結されていれば、当該求償権の発生の基礎となる保証関係は、その破産手続開始前に発生しているということができるから、当該求償権は、『破産手続開始前の原因に基づいて生じた財産上の請求権』(破産法2条5項)に当たる」として、当該求償権は「破産債権であると解するのが相当である」とする。

このような判例の理解に対しては、手続開始後の事後求償権を非破産債権とする立場から強い批判がある[50)]。例えば、東畠弁護士は、①事後求償権については対人債権性が存在しないこと、②破産債権性を認めなくても、弁済による代位で主債務に係る債権を取得できれば保証人の保護として十分であること(事後弁済によるリスクは自己責任であること)などを根拠に破産債権性を否定される[51)]。一定の説得力を有する見解ではあるが、筆者は、前述のような理解を前提にして、やはり破産債権と考えるべきであり、判例は支持できると解する。

すなわち、事後求償権は、民法上、無委託保証人の場合も、ⓐ保証契約＋ⓑ弁済によって発生が認められた権利であり(民462条1項)、破産手続開始時に、ⓐだけの要件具備で破産債権となるかという問題である。前述のメルクマールに従って考えてみると、まず、ⓐのみの状態で債務者が破産した場合、保証人に配当に与るべき地位が認められるかであるが、これは肯定してよいと思われる。東畠弁護士が指摘されるとおり、多くの場合は主債務に係る債権を承継できれば問題ないが、当該債権につき債権者が破産債権の届出をしておらず、かつ、保証人が破産債権調査期日までは資金繰りが付かず弁済できないような場合は、保証人が破産配当を受けられなくなるおそれが残る[52)]。しかし、この場合、除斥期間内に弁済して求償権を取得できるのであ

---

50)　例えば、伊藤・前掲注2)262頁注55)、栗田隆「主債務者の破産と保証人の求償権」関西大学法学論集60巻3号(2010)65頁以下など参照。

51)　東畠・前掲注37)32頁参照。

52)　この場合、原債権は自己の債権ではないので、債権届出ができないからである。

れば、保証人には破産配当を得られる地位が認められてよい（信用リスクも負担すべき[53]）ように思われる。これを保証人の自己責任として捨象するのは、事後求償権を（弁済による代位とは独立に）認める実体法の趣旨にそぐわないようにみえる。

また、法的にみても、前記ⓐとⓑの要件のうち、ⓐを満たしていれば、債権発生の原因はあると考えてよい。ⓐがあれば保証人は債権者の請求に応じて、やがてⓑを必然的に求められ、それが発生する蓋然性が高い[54]。その意味で、ⓐは重要な要件と考えられるからである[55]。

以上から、保証契約を「原因」と解した判例の結論は正当と評価できる。そして、この場合、法定停止条件という説明は不要であり、債権は（停止条件付としても）未だ発生していないという理解の方がむしろ相当であるが[56]、債権成立の一部要件を欠いていても、上記のような意味で原因が認められるので、将来の請求権として破産債権になると考えれば足りるものと解される。

2　仮執行に基づく損害賠償請求権

次に、仮執行宣言に基づく給付の返還や損害の賠償を民事訴訟法 260 条 2 項により求める請求権について、前掲最判平成 25 年 7 月 18 日は、「民訴法 260 条 2 項の裁判を求める申立ての相手方が破産手続開始の決定を受けた場合、上記申立てに係る請求権は、破産者に対し破産手続開始前の原因に基づいて生じた財産上の請求権であって、財団債権に該当しない。したがって、上記申立てに係る請求権は、破産債権であるというべきである」とする。

53）非破産債権説によると、債務者が個人の場合には、免責の対象にもならず、破産手続終了後の求償権の追及も認めることになるが、相当とは思われない。この点、東畠説は免責を例外的に排除するが（東畠・前掲注 37）34 頁参照）、それが非破産債権説と整合的か、やはり疑問を否めない（破産財団からも債務者の将来財産からも配当を認められない権利は、「権利」の名に値するであろうか。破産法が戦後、手続開始後の利息等を免責の対象とするために破産債権とした歴史とも整合しないように思われる）。

54）井上説のいうように、「其の求償を受くるに至るべき拘束は、保証人と主たる債務者間の法律関係として既に存在したる」といえよう。

55）前述の東畠説に即していえば、①当該債権は対人債権として発生している必要はないし（Ⅳ1 参照）、②原債権の届出がない場合は弁済による代位では不十分である。そもそも弁済による代位のみで対応可能だとすれば、第三者弁済一般の規律に委ねれば足り、民法があえてそれとは別に事後求償権を認めた理由を失わせることにもなろう。

56）この点で、東畠説など非破産債権説は説得的であるが、その点を将来の請求権性（破産債権性）を否定する根拠にするのだとすれば、やはり法定条件説自体に問題があるといえる。その意味で、上記定義の再構成が不可欠である旨を例証しているとみることができよう。

民事訴訟法260条2項の請求権の法的性質については、①本案判決の変更は請求権発生のための要件自体ではなく、単にその前提にすぎないとする見解（民法上の請求権と解する見解）、②本案判決の変更自体が請求権発生の要件であるとする見解（訴訟法が認めた特殊な請求権と解する見解）に分かれている[57]。ここでは、これらの見解の当否には立ち入らないが、仮に①説を採れば、同項の裁判の前に債務者が破産した場合、当該請求権は当然に破産債権となる[58]。

問題は、仮に②説を採る場合である。この場合、仮執行を終えた当事者が破産した場合、相手方は、将来の勝訴判決取得の際には、当然破産配当に参加することができる地位に立つと考えられる。そして、除斥期間内に勝訴判決を取得して民事訴訟法260条2項による確定判決を得る必要はあるが、それが得られれば当然配当を受けられるべきである。その意味で、破産債権として処遇される実質が認められよう。また、請求権の成立要件として、ⓐ仮執行による損害等の発生（無過失責任）、ⓑ民事訴訟法260条2項の判決の確定が必要であるが、ⓐは本請求権にとって重要な要件として理解される。そうだとすれば、上記②説に立ったとしても、本債権は破産債権として扱われるべきものである。

以上から、上記いずれの見解によるかを明確にせず、破産債権性を認めた判例の結論は正当と評価できる。この場合、①説を採れば本債権は既に実現しているが、②説による場合、本債権は未だ実現しておらず、かつ、明らかに停止条件付債権ではないので、将来の請求権として把握されるべきことになろう。その場合、民事訴訟法260条2項の裁判が法定停止条件といえるかどうかは必ずしも明らかでないが、本稿の立場からすれば、その点は特に問題とならず、請求権の成立要件が未だ不完備であるところから、将来の請求権と考えれば足りることになる。

---

57)　学説の状況については、本間靖規「仮執行と給付物返還・損害賠償」中野貞一郎先生古稀祝賀・判例民事訴訟法の理論（下）（有斐閣・1995）68頁以下、鈴木正裕「判決の法律要件的効力」山木戸克己教授還暦記念・実体法と手続法の交錯（下）（有斐閣・1978）169頁など参照。

58)　この見解によれば、請求権自体は既に手続開始前に完全に実現しているので、全部具備説であっても同じ帰結となる。

3　受継されない訴訟手続に係る訴訟費用請求権

最後に、更生債権に関する訴訟が更生手続開始前に係属していたが、当該訴訟が会社更生法156条または158条により受継されずに終了した場合の訴訟費用償還請求権について、前掲最決平成25年11月13日は、「訴訟の当事者に生じた訴訟費用については、民訴法に規定する要件及び手続に従って相手方当事者に対する請求権が発生するものとされている以上、その具体的な内容が更生手続開始後に当該訴訟が完結してから確定されることになるとしても、更生手続開始前にその訴訟費用が生じていれば、当該請求権の発生の基礎となる事実関係はその更生手続開始前に発生しているということができる。そうすると、当該請求権は、『更生手続開始前の原因に基づいて生じた財産上の請求権』（会社更生法2条8項）に当たる」として、当該訴訟費用償還請求権は「更生債権に当たると解するのが相当である」とした。

判決前の訴訟費用償還請求権の位置づけについては、一般に期待権ないし期待利益と解する見解が有力である。例えば、菊井＝村松原著のコンメンタールでは、「訴訟費用償還請求権は、費用の負担を命じる裁判によって生じるから、その裁判のあるまでは、当事者が支出した費用について、当事者は期待利益を有するにすぎない」とし、「費用の裁判があれば条件付権利となり、その裁判の確定により無条件の権利となる」と説明される[59]。これに対し、訴訟費用償還請求権は、訴訟係属時に既に発生し、訴訟費用の負担を命じる裁判を停止条件とする（裁判の言渡しによりその取消しを解除条件とする）ものと解する見解があり、これがドイツの通説とされる[60]。そして、このようなドイツの議論は、「破産のときに破産債権」となることを「法技術的に説明しようとしたからである」ともされている[61]。

ここでも、この両説の当否自体は議論の対象ではないが、破産手続との関係では、仮に（ドイツの通説のように）停止条件付権利とすれば、破産債権になることは明らかである[62]。他方、「期待利益」ないし「期待権」と考える

59）　秋山幹男ほか・コンメンタール民事訴訟法Ⅱ［第2版］（日本評論社・2006）14頁参照。同旨、斎藤秀夫編著・注解民事訴訟法（3）（第一法規・1973）21頁〔小室直人＝宮本聖司〕など参照。

60）　斎藤編著・前掲注59）24頁注3）参照。

61）　斎藤編著・前掲注59）21頁参照。ただ、同書は、結論として、期待権と解しても、「確実な基礎を有する期待権」として、同様の帰結を導くことは可能と考えているようである。

62）　ただし、これが法律行為に基づく債権でないとすれば、そもそも停止条件という位置づけは可能か、という問題もある。前掲注44）も参照。

（日本における）多数説の立場に立つ場合はどうであろうか。やはり上記のメルクマールに即して考えてみる。

このような債権者は、既に当該訴訟において訴訟費用を支出しており、相手方に破産手続が開始すると、（実際の出捐行為は既に終わっている以上）勝訴した場合には、それを償還してもらう権利があると考えられる。その意味で、破産手続において（除斥期間内に費用負担の裁判を取得できれば）、配当を受けるべき地位にある。また、費用償還請求権の発生要件は、ⓐ当事者による訴訟費用の支出と、ⓑそれを相手方の負担とする裁判の確定であるが、ⓐは重要な前提要件であり、それが具備していれば保護に値するものと解される。その意味で、仮に期待権や期待利益という表現が採られていても、その実質に鑑みれば、破産手続における配当を受け得る地位にあると考えられよう[63]。

以上から、訴訟費用償還請求権の法的性質を論じずに破産債権性を認めた判例の結論は正当と評価できる。この場合、仮に上記のような（多数説である）実体法的理解を前提にすれば、（裁判の前は）停止条件付債権に該当しないとしても、将来の請求権として位置づけられるべきものと解される[64]。その場合、訴訟費用に係る裁判を法定の停止条件と理解できるかについては、訴訟費用の負担につき裁判所に一定の裁量権が認められることを前提にすると、既に債権自体は発生しており、ただ（法定の）停止条件が付いているだけと考えるのは相当に無理があるように思われる。その意味で、これは、本稿のような考え方の有効性を示す一例ということもできよう。

V　おわりに

以上、近時の学説の展開や判例に刺激されて、破産債権の意義および「将来の請求権」の定義について再考してきた。本稿における学説の展開の理解

63）なお、同じ「期待利益」「期待権」という言葉が使われていても、相続人の相続分に対する利益や受遺者の遺贈者死亡前の利益とは、その意味で相当に異なるものである。これらの場合には、権利発生にとって被相続人や遺贈者の死亡が決定的なものであり、その前にその者の倒産手続から配分を受けるべき地位は存しないので、破産債権性は否定されるべきである（斎藤編著・前掲注59）21頁の「確実な基礎を有する期待権」という表現（前掲注61）参照）はこのような趣旨を表わすものであろうか）。

64）なお、兼子一ほか・条解民事訴訟法［第2版］（弘文堂・2011）307頁〔新堂幸司＝高橋宏志＝高田裕成〕が訴訟費用の裁判前の費用償還請求権を「将来の請求権にすぎない」と評価している点も注目されよう。

は、全部具備説と必然的に結び付いた形で生じた（やや無理のある）「将来の請求権」の法定停止条件説に対し、一部具備説によれば、自然に「要件不完備債権説」が採用されるべきところ、ある時期から、一部具備説が通説化する一方で、何故か法定停止条件説が採用されて、そのまま定着したが、そこには必然性はなかったというものである。そして、法定条件という概念が実体法上も明確ではないこととも相俟って、「将来の請求権」について誤解を生じうる契機となっていると考えられる。

そこから、筆者の考え方としては、一部具備説を正当としながら、破産債権の意義につき、①配当受領権を承認するに値する法的地位が破産手続開始前に形成されているかを中心に、②当該請求権の発生要件の重要なものが具備されているかを検証し、これらをメルクマールにその該当性を検討するというものである。そして、破産債権として認められる場合、それが（期限付ないし）停止条件付の債権でないとすれば、将来の請求権に該当するものと理解される。換言すれば、将来の請求権は、法定条件と呼ばれるものも含まれうるが、さらに一般的に、当該請求権発生の要件の一部が未だ具備していない場合を広く含む概念と捉える見解（控除説）を提唱するものである。以上のような考え方を採れば、近時の判例の判旨はいずれも肯定できるし、その対象とされた債権は（法定停止条件といえるかどうかはともかく）将来の請求権として理解しうるものと解される。

本稿における上記のような新たな提案は、既に確立した通説に対してあえて蟷螂の斧を振りかざすものであるかもしれないが、かねてから疑問に感じていた問題について若干の存念を述べてみた。大方のご批判を受けてさらに考えてみたい。

【付記】

本稿は、徳田和幸先生の古稀のお祝いに献呈されるものである。徳田先生は、筆者にとって数少ないフランス民訴法の先達であり、筆者のフランス法研究の導き手でもあった[65]。徳田先生の議論は、常にその重厚な歴史的研究に基づき

65）筆者の最初の論文のテーマである法律問題指摘義務の議論（山本和彦・民事訴訟審理構造論（信山社・1995）17頁以下）は、徳田先生のフランス法に関する論稿（徳田和幸「防御権と法適用」「法領域における手続権保障」フランス民事訴訟法の基礎理論（信山社・1994）58頁以下、86頁以下参照）に強く影響を受けたものであった。

鋭い問題提起を展開されるものであり、筆者の研究にとって変わらぬ貴重な刺激となり続けてきた。そのような学恩大きい「あらまほしき先達」のお祝いに捧げるには、本稿は不十分な論稿に止まったが、筆者の祝意のみお受け取りいただければ幸甚である。

優先権の代位と倒産手続再考
──裁判例から考える残された問題点

杉本純子

Ⅰ　はじめに

倒産手続は、債権者平等の原則が明瞭に現れる手続だといわれる。債権者平等の原則とは、すなわち、同質の債権については平等の効力をもって並存し、互いに他の債権に優越することがないことを意味する[1)]。倒産手続においては、倒産手続開始決定前の原因に基づいて生じた債権は原則的に倒産債権となり、倒産債権は各手続の中で平等に配当ないし弁済を受ける。厳格に債権者平等の原則を貫くのであれば、同質の債権間に優劣はないのであるから、倒産法上の別除権や倒産手続開始決定後の手続費用等の請求権等（共益性ある財団債権）を除くその他の倒産債権は、すべて債務者財産から平等に配当ないし弁済を受けることとなるはずである。しかし、倒産手続は、形式的債権者平等を貫徹するのではなく、債権者間の公正・衡平の観点から、一定の倒産債権に優先権を与え、倒産債権に優先順位（プライオリティ）を設けて実質的債権者平等の実現を目指している。また、公正・衡平の観点とは異なるものの、租税債権や労働債権は、政策的観点から優先権が与えられ、優先的に取り扱われている。優先権が与えられる倒産債権が多くなればなるほど、その他の倒産債権への配当・弁済は減少していく。つまり、優先権は一般の

1）　中田裕康「債権者平等の原則の意義─債権者の平等と債権の平等性」法時54巻5号（2002）1283頁。

倒産債権者の負担の下に与えられている。したがって、倒産手続における債権のプライオリティの問題は、形式的債権者平等と実質的債権者平等の要請をいかに調和させるかという問題につながっていく[2)]。倒産手続全体のバランスの中で、倒産債権者間の公正・衡平はどこまで考慮すべきなのか。また、倒産法上の債権のプライオリティは絶対的なものなのか、もしくは公正・衡平の観点から柔軟に考えて良いものなのか。

倒産手続と代位弁済による優先権の承継については、その可否をめぐって、裁判例や学説において議論がなされてきたところであるが[3)]、最三小判平成23年11月22日（民集65巻8号3165頁。以下、「平成23年最高裁判決」という）において、破産手続における財団債権性の承継を肯定することを最高裁として初めて明確にし、また、類似の争点を有する最一小判平成23年11月24日（民集65巻8号3213頁）[4)]も再生手続における共益債権性の承継を肯定したことから、両判決をもって、これまで見解が分かれていた代位弁済による優先権承継の可否に対して、最高裁が肯定説に立つことが明らかとなったのは広く知られているところである。その後、類似裁判例についてあまり目にする機会がなかったのであるが、東京地判平成27年11月26日（金判1482号50頁）において、租税債権の代位弁済に関する新たな裁判例に接した。詳細は後述するが、結論としては従来の類似判例と同様に、優先権の承継を否定するものであった。

このテーマについては既に拙稿を公表しているが[5)]、当時は東京高判平成

2）　中西正「債権の優先順位」ジュリ1273号（2004）73頁。杉本純子「倒産手続における債権者平等原則」松嶋英機＝伊藤眞＝園尾隆司編・専門訴訟講座8 倒産・再生訴訟（民事法研究会・2014）314頁。

3）　代位弁済による財団債権性の承継につき、肯定説としては、高橋眞「自己の権利に基づいて求償することができる範囲（民法501条柱書）と民事再生手続」金法1885号（2009）10頁、高木多喜男「民事再生手続中における共益債権への弁済と再生債権である求償権の関係」金法1890号（2010）20頁、伊藤眞「財団債権（共益債権）の地位再考」金法1897号（2010）12頁、上原敏夫「判評」判時2078号（2010）618頁、松下淳一「共益債権を被担保債権とする保証の履行と弁済による代位の効果」金法1912号（2010）20頁、中西正「財団債権性・優先的倒産債権性の継承可能性」銀行法務727号（2010）38頁等。否定説としては、山本和彦「労働債権の立替払いと財団債権」判タ1314号（2010）5頁、熊田裕之「判例評釈」白山法学6号（2010）115頁、長谷部由起子「弁済による代位（民法501条）と倒産手続」学習院大学法学会雑誌46巻2号（2011）223頁、杉本純子・速報判例解説9号（2011）199頁等。

4）　民事再生法49条1項に基づく請負契約の解除に伴う共益債権たる前渡金返還請求権の共益債権性承継の可否が争われた事案。これに対し、最高裁は最三小判平成23年11月22日と同様の判旨を述べ、代位弁済者の共益債権性の承継を認めた。

5）　杉本純子「優先権の代位と倒産手続―日米の比較による一考察」同法59巻1号（2007）181頁。

17年6月30日（金判1220号2頁）を主とする租税債権の代位弁済に関する裁判例が出されていたのみであり、後に平成23年最高裁判決にてこの問題が大きく論じられるとは思いもせず、自分なりの検討を試みていた。時を経て、大学院時代に関心を抱いたきっかけとなった租税債権の代位弁済に関する新しい裁判例に接し、改めて優先権の承継に関するこれまでの議論を学び、残された問題点について再び検討を試みたいと思った。

本稿では、特に、実体法上ないし政策上の理由により倒産手続において優先的に取り扱われている租税債権と労働債権の優先権の性質に着目し、それらの承継に関して残された問題はないか再考を試みることとしたい。

Ⅱ　裁判例紹介

まず初めに、租税債権と労働債権に関して、これまで代位弁済に基づく優先権承継の可否が争われた裁判例を簡潔に紹介する。

1　租税債権の代位弁済

(1)　**従来の裁判例**　これまでに代位弁済に基づく優先権承継の可否が争われてきた事案として、まず、租税債権の代位弁済が挙げられる。代表的な裁判例として、東京高判平成17年6月30日（金判1220号2頁[6]。以下、裁判例①という）、東京地判平成17年4月15日（判時1912号70頁[7]。以下、裁判例②という）がある。これらはいずれも、主債務者の倒産手続開始決定後（裁判例①については破産手続、裁判例②については民事再生手続）に保証人が租税債権（関税）を代位弁済した場合、優先権（裁判例①は財団債権、裁判例②は一般優先債権）ある租税債権を代位取得した保証人は、当該租税債権を行使できるのかが争われた事案である[8]。

6）本件の判例評釈として、濱田芳貴「判批」金判1245号（2006）12頁、石毛和夫「判批」増刊銀行法務658号（2006）61頁、佐々木修「破産手続において租税優先性の代位を否定した事例に関する問題点」銀行法務676号（2007）56頁がある。

7）裁判例②の控訴審として、東京高判平成17年8月25日（公刊物未登載）があり、杉本・前掲注5）181頁に引用しているので参考にされたい。

8）この論点に関する文献等として、伊藤眞・破産法・民事再生法［第2版］（有斐閣・2009）227頁注106)、上原敏夫「納税義務者の民事再生手続における租税保証人の地位についての覚書」新堂幸司＝山本和彦編・民事手続法と商事法務（商事法務・2006）199頁がある。

これについて裁判例①は、租税債権に優先権が付与されているのは、租税を公平、確実に徴収すべきであるという公益的な要請によるものであるから、その優先的効力は、「租税債権の内在的なものとして保有する固有の権利内容ではなく、各倒産手続法の立法政策上の判断によって創設的に付与されたものと解すべきである。そうすると、……私人が民法501条の弁済による代位によって租税債権を取得した場合には、もはや当該私人にまで租税債権としての優先的な効力を付与すべき理由がなくなる」と述べた上で、当該保証人の求償権は、「優先性のない事後求償権であり、……破産債権としてしか行使できない抗弁が附着したものである。そうすると、……民法501条の弁済による代位によって取得したと主張する本件租税債権も、破産債権である求償権の限度でのみ効力を認めれば足りる」として、原債権たる租税債権の行使を否定した。

他方、裁判例②は、保証人の求償権が再生債権であることを確認した上で、租税債権に優先権が付与されている趣旨は租税収入の確保を図るという点にあるものとし、そうであるならば、保証人の代位弁済により、「税関において、その租税収入の確保を図ることができた以上、租税債権を一般優先債権とした趣旨は既に達成されており、それ以上になおも本件代位債権を、一般優先債権として扱う必要性は、もはやないといわざるを得ない」と示した。加えて、「本件代位債権が一般優先債権であるか否かは、再生債権者である原告と、他の再生債権者との関係において、債権者平等原則の例外を認めるべきか否かという観点から判断されるべきであ」るとも述べ、本件代位債権については、債権者平等原則の例外を認め、一般優先債権とするべきであるということはできないとした。

また、同様の事案において租税債権の立替金返還請求権が民事再生法122条1項所定の一般優先債権に該当するかが争われた裁判例として、東京地判平成18年9月12日（金法1810号125頁。以下、裁判例③という）がある。裁判例③では、「一般優先債権である租税債権が立替払いにより消滅する代わりに原告の被告に対する租税の立替金返還請求権が一般優先債権になるとすれば、その立替払いは原告以外の債権者にとって利益になるものではないから、各債権者の共同利益のための行為とも言えない」と示し、立替金返還請求権は一般優先債権には該当しないとした。

(2) 東京地判平成27年11月26日 平成27年に租税債権の代位弁済に関する新たな裁判例が出された（以下、裁判例④とする）。事案がこれまでの裁判例と若干異なるため事案から紹介する。

原告X_1・X_2・X_3（以下、「Xら」という）は経営コンサルティング、経理・総務事務の受託・代行業務等を行う株式会社であり、Aは訴外B株式会社の代表取締役であった。Aは平成21年4月21日にB社が破産手続開始決定を受けたことに伴い、債権者から破産手続開始申立てがなされ、同年6月4日、破産手続開始決定を受け、YがAの破産管財人に選任された。Xらは、平成21年1月30日、国との間で、Aのために、Aの国に対する租税債務（納期限が平成20年9月30日のもの）の支払いを担保するため、Xらが所有する土地建物（以下、「本件不動産」という）について抵当権設定契約を締結し、登記を経由した。国は、同年6月17日、本件抵当権設定契約に基づいて、本件不動産について抵当権を実行し、本件不動産は公売され、X_1から7億2700万円余の、X_2から6億3100万円余の配当を得た。Xらは、Aの国に対する租税債務を第三者弁済したことにより、国がAに対して有する租税債権のうち破産法148条1項3号に該当する財団債権について弁済による代位が生じたとして、Yに対し、各立替払金および遅延損害金の支払いを求めた[9)]。

これに対し裁判所は、「弁済による代位（民法500条）は、弁済者が債務者に対して取得する求償権を確保するために、債権者の債務者に対する債権（以下、「原債権」という。）及びその担保権を弁済者に移転させるものであるが

9） なお、本件には、Xは第三者弁済により、Aに対する求償権を取得するとともに、国のAに対する租税債権について弁済による代位が生じたとして、破産法148条1項3号に該当する財団債権を除く租税債権について、破産管財人Yに対して合計12億円余の優先的破産債権が存在することの確認を求めて、破産法100条1項の権利行使該当性が争われた別事件がある（東京地判平成27年11月12日金判1482号50頁参照）。これに対し、裁判所は「破産法は、債権者その他の利害関係人の利害及び債務者と債権者との間の権利関係を適切に調整し、もって債務者の財産等の適正かつ公平な清算を図るとともに、債務者について経済生活の再生の機会の確保を図ることを目的とし（破産法1条）、破産法100条1項は、基準時である破産手続開始時の債務者の総資産と総負債を破産管財人により清算し、債務者の財産等の適正かつ公平な清算を図るという上記破産制度の目的を実現するため、破産債権者による個別的権利行使を抑止し、破産財団からの配当に権利の実現を委ねるべく、破産手続外での権利行使を禁止した規定であると解される。そうすると、破産債権の行使については、法律に特別な定めがある場合を除き、当該債権の満足を求めるすべての法律上及び事実上の行為は破産手続によらずにすることはできないのであり、債務名義に基づく強制執行や保全執行のみならず、給付訴訟や積極的確認訴訟も破産債権の行使として許されないというべきである」と判示した。

……、債権の性質上譲渡することが許されない債権については、弁済による代位が否定されることになるべきである（民法466条1項ただし書参照）。ところで、租税債権は課税要件を満たす事実関係が存在する場合に発生する法定債権であるが（国税通則法15条）、その具体的な税額の確定については、納税義務者の申告によるほか税務署長による更生処分、決定処分、賦課処分などの行政処分によるべき場合があること（同法24条、25条）、納税義務者が納期限までに納付しない場合、租税義務の履行を実現するには裁判手続によるのではなく行政処分として財産の差押えをし（国税徴収法47条1項）、公売に付し（同法94条1項）換価手続をしなければならず、私法上の債権のように債権自体の譲渡による換価は認められていない。また、租税債権には、税負担の公平の観点から、租税の減免、不徴収、和解をすることも認められていないという私法上の債権とは異なる特色がある。これらの性質に照らすと、租税債権は、公法上の債権として、私人間でこれを直接行使することが予定されていないというべきである。そうすると、租税債権は、当事者の意思が尊重される私人間の債権債務関係と同様に論ずることはできず、権利の性質上、私人に対する譲渡が許されない債権であると解するのが相当である」とした。

結論としては租税債権の優先権の承継を否定しており、これまでの裁判例と同様の判断を示したものであるが、租税債権の性質について詳細な検討がなされており、私人間の債権債務関係との相違を明確にしている点が特徴的である。

2　労働債権の立替払い

次に、労働債権の立替払いによる優先権の承継が争われた事例として、横浜地川崎支判平成22年4月23日（金判1342号14頁。以下、裁判例⑤という）、前掲最三小判平成23年11月22日（以下、裁判例⑥という）を紹介する[10]。

裁判例⑤は、破産手続開始決定後に、賃金の支払の確保等に関する法律（以下、「賃確法」という）7条に基づいて労働者健康福祉機構が未払賃料を立替払いした場合に、当機構は財団債権たる労働債権を行使することが認められるのかが争われた事例である。これに対し、裁判所は、代位弁済において

10）　この論点に関する文献として、山本・前掲注3）5頁。

「原債権はその性質を保ったまま代位弁済者に移転すると解するのが相当であり、……本件代位債権も労働者の未払給料債権という性質は失わないものというべきである」とし、労働者健康福祉機構による賃金の立替払いは、法律上義務付けられているものであるから、「事業者の信用不安に関するリスク回避を講じることは予定されておらず」、未払賃金を早期に支払うという意味で労働者保護の目的に合致しているものといえるとした。また、当機構が立替払いにより取得する求償権は、破産法148条1項5号による倒産手続開始後の事務管理または不当利得に基づく請求権として財団債権といえ、代位債権たる労働債権の行使が求償権の性質による制約を受けることはないと述べた。

裁判例⑥は、破産手続開始申立て後開始決定前に、第三者Xが破産会社の従業員の給料を立替払いした場合に、Xが代位取得した財団債権たる労働債権を行使できるかが争われた事案である[11]。第1審（大阪地判平成21年3月12日金判1380号23頁）は、Xの請求を認容した。これに対し、Yが控訴したところ、原審（大阪高判平成21年10月16日金判1380号19頁）は、破産法149条1項は「労働債権の保護という政策的配慮に基づき創設的に付与された財団債権であるが、第三者が破産手続開始前の使用人の給料を立替払いした場合には、労働者保護の必要性という上記政策目的は既に達成されていることになる。この場合に、労働者でない第三者が弁済による代位によって取得した原債権をも財団債権として扱うことは、……政策目的を超えて、総破産債権者らの負担において保護することに他ならない」と判示して、第1審判決を取り消して、訴えを却下したため、Xが上告受理申立てを行った。

最高裁は、「弁済による代位の制度は、代位弁済者が債務者に対して取得する求償権を確保するために、法の規定により弁済によって消滅すべきはずの原債権及びその担保権を代位弁済者に移転させ、代位弁済者がその求償権の範囲内で原債権及びその担保権を行使することを認める制度であり（最高裁昭和……59年5月29日第三小法廷判決・民集38巻7号885頁、同昭和……61年2月20日第一小法廷判決・民集40巻1号43頁参照）、原債権を求償権を確保するため

11）評釈として、山本和彦「判批」金法1953号（2012）52頁、榎本光宏「判批」ジュリ1444号（2012）92頁、野村秀敏「判批」金判1394号（2012）8頁、八田卓也「判批」金法1967号（2013）35頁等。

の一種の担保として機能させることをその趣旨とするものである。この制度趣旨に鑑みれば、求償権を実体法上行使し得る限り、これを確保するために原債権を行使することができ、求償権の行使が倒産手続による制約を受けるとしても、当該手続における原債権の行使自体が制約されていない以上、原債権の行使が求償権と同様の制約を受けるものではないと解するのが相当である。そうであれば、弁済による代位により財団債権を取得した者は、同人が破産者に対して取得した求償権が破産債権にすぎない場合であっても、破産手続によらないで上記財団債権を行使することができるというべきである。このように解したとしても、他の破産債権者は、もともと原債権者による上記財団債権の行使を甘受せざるを得ない立場にあったのであるから、不当に不利益を被るということはできない。以上のことは、上記財団債権が労働債権であるとしても何ら異なるものではない。」として、X は、「破産手続によらないで本件給料債権を行使することができるというべきである。」と判示して財団債権性の承継を認めた。

3　小　括

以上の裁判例は、それぞれ代位取得する債権は租税債権と労働債権とで異なるものの、主債務者の倒産手続開始決定後に優先権ある倒産債権を代位弁済や立替払いによって取得した場合に、その優先権を倒産手続外で行使できるのかが争われた事案であることは共通している。結論のみをまとめると、租税債権の代位弁済の事案については、裁判例はすべて優先権承継を否定している。他方、労働債権の立替払いの事案においては、平成 23 年最高裁判決の原審において第三者による立替払いの事案では優先権承継を否定したものの、その後最高裁において肯定に覆り、労働者健康福祉機構による立替払いについても肯定しているため、労働債権の弁済による代位についてはすべて優先権承継を肯定したこととなる。

なお、本稿では特に取り上げていないが、双方未履行双務契約の解除に伴う原状回復請求権の共益債権性承継についても、前掲平成 23 年 11 月 24 日最高裁判決が優先権承継を肯定している。したがって、これまで争われてきた代位弁済と優先権承継に関する裁判例のうち、一貫して優先権承継を否定しているのは、租税債権の代位弁済事例のみということになる。

Ⅲ　裁判例の分析

1　租税債権の代位弁済

租税債権の代位弁済に関する裁判例①～④は全て優先権承継を否定している。その理由として裁判例①～③は、租税債権が倒産手続上優先的に取り扱われているのは、租税収入の確保という政策的理由によるものであり、その趣旨が代位弁済によって達成された以上、もはや代位取得した原債権を優先する必要はないことをあげる。この点、新たに出された平成27年の裁判例④は、租税債権の公法上の債権たる性質に焦点をあて、そもそも租税債権は私人間の債権債務関係とは全く異なる債権であることを強調する。さらに、これらの裁判例はすべて優先権承継を否定するものの、その法律構成として、弁済による代位によってそもそも原債権すら代位弁済者に移転しないのか、あるいは弁済による代位による原債権の移転はするがその優先権を行使できないのかについては判断が分かれている[12)]。すなわち、裁判例①は原債権たる租税債権を取得することについては認めているが、裁判例②はその点について明確には言及していない。裁判例③は租税債権の優先権を行使せず、立替金返還請求権が一般優先債権であると主張しているため、同じ一般優先債権とはいえ争点が異なっている。そして、裁判例④は租税債権の公債権としての性質上、租税債権は譲渡することができず、そのような債権は弁済による代位も否定されるということになるべきである（民466条1項ただし書参照）と述べ、「租税債権は、当事者の意思が尊重される私人間の債権債務関係と同様に論ずることはできず、権利の性質上、私人に対する譲渡が許されない債権であると解するのが相当である」として租税債権の譲渡を否定することで弁済による代位自体も否定しており、従来の裁判例とは異なる解釈を採っていると思われる。また、裁判例④はこれまでの類似裁判例とは違って、保証人の保証債務の履行等によって弁済による代位が生じたのではなく、第三者の不動産に対して破産者の租税債権を被担保債権とする抵当権を設定した物上保証人による第三者弁済の事案であった点にも留意したい。

---

12)　この点については、杉本・前掲注3）188頁以下でも検討しているので参照されたい。

なお、裁判例①では、本件求償権は「破産債権としてしか行使できない抗弁が附着したものである」として原債権も破産債権である求償権の限度でのみ認めれば足りると述べている。この点は、求償権は破産債権（再生債権）であり、破産手続（再生手続）外では行使することができないという手続的制約が代位取得した原債権にも及ぶのかという民法501条柱書の理解に対する判示であるが、裁判例①における「破産債権である求償権の限度」が手続的制約を意味しているのかは判旨からは明らかではない[13)]。

2　労働債権の代位弁済

労働債権の代位弁済に関する裁判例⑤⑥は立替払いを行った主体が異なる。裁判例⑤は公的機関である労働者健康福祉機構が労働債権を立替払いし、判例⑥は私人である第三者が立替払いを行っている。租税債権の裁判例は、公法上の債権を私人が代位弁済していたが、裁判例⑤では私法上の債権を公的機関が立替払いしている。

裁判例⑤は労働者健康福祉機構による立替払いが法律上の義務によるものであって保証人のようにリスク回避を行っていないことに加えて、当機構が立替払いにより取得する求償権は倒産手続開始後の事務管理または不当利得に基づく請求権としての財団債権であり、求償権自体を財団債権と解し、原債権の行使に制約を課さない判断を下した。確かに、求償権自体を財団債権

---

13)　なお、この論点については最一小判平成23年11月24日の第1審（大阪地判平成21年9月4日金判1332号58頁）では、民法501条柱書について「求償権の存在や額を行使の上限とする趣旨にとどまらず、求償権の行使に実体法上又は手続法上の制約が存する場合には、原債権がその制約に服することをも意味しているものと解すべきである」とし、「本件求償権には、再生債権として、民事再生手続開始後は、原則として再生計画の定めるところによらなければ弁済等が許されない（民事再生法85条1項）という行使についての手続法上の制約が存するのであるから、原債権を求償権と独立して行使することができない以上、原債権たる本件請求権の行使については、再生債権と同様の制約に服することになる」と示した。これに対し、原審（大阪高判平成22年5月21日金判1343号12頁）は、「求償権が存する場合にその求償できる上限の額の範囲内……、すなわち実体法上の制約の範囲内を意味していると解すべきであり、……民法501条柱書の解釈として、債務者が原債権を行使する代位弁済者に対し、求償権の行使に手続法上の制約が存することをもって対抗できると解するのは相当でない」として、Xは再生手続によらなければ本件請求権を行使することはできないとした第1審を取り消して、本件を第1審に差し戻したが、最高裁では求償権と原債権との関係については言及せず、弁済による代位の機能面から財団債権性の承継を肯定している。ただし、最一小判平成23年11月24日における金築補足意見ではこの点について言及されている。本件第1審の評釈として、高橋・前掲注3）10頁、高木・前掲注3）20頁、高部眞規子「判批」金法1897号（2010）26頁、上原・前掲注3）173頁等。また、本件をもとに書かれた論稿として、伊藤・前掲注3）12頁。原審の評釈として、松下淳一「共益債権を被担保債権とする保証の履行と弁済による代位の効果」金法1912号（2010）20頁参照。

等と解すると優先権承継を肯定しやすくなるが、当該求償権を事務管理または不当利得に基づく請求権とみなすことには疑問を覚えるところである。

裁判例⑥は、破産手続における財団債権性の承継を肯定することを最高裁として初めて明確にしたものであり、その点において重要な意義を有する。前述のとおり、裁判例⑥類似の争点を有する前掲最一小判平成23年11月24日も再生手続における共益債権性の承継を肯定し、両判決をもって、これまで見解が分かれていた代位弁済による優先権承継の可否に対して、最高裁が肯定説に立つことが明らかとなった[14]。

Ⅳ 残された問題点の抽出と検討

1 租税債権の代位弁済

(1) **租税債権の特異性** これまで述べてきたとおり、平成23年最高裁判決により、租税債権を除いて、優先権を有する債権が代位弁済された場合には、弁済による代位による財団債権性ないし共益債権性の承継が肯定されることが明らかとなった。したがって、これまで裁判例で争われてきた労働債権、双方未履行双務契約の解除に伴う原状回復請求権が有する優先権等は求償権者に承継され、求償権者は当該優先権を倒産手続によらずに行使することができることとなる。ただし、平成23年最高裁判決の射程が、原債権が租税債権の場合にも及ぶのかについては慎重になるべきだと解されており、平成23年最高裁判決における田原補足意見においても、租税債権の場合には弁済による代位自体がその債権の性質上生じないと述べられている。

そのような中、上記裁判例④は平成23年最高裁判決以後に出された裁判例であり、下級審判例ではあるが、やはり租税債権の優先権の承継を否定した。結論はこれまでの租税債権の代位弁済に関する裁判例と変わらないので

14) 従来、判例における弁済による代位の制度は、両判決でも引用されている最三小判昭和59年5月29日（民集38巻7号885頁。以下、「昭和59年判決」という）・最一小判昭和61年2月20日（民集40巻1号43頁。以下、「昭和61年判決」という）が示すように、代位弁済者が債務者に対して取得する求償権を確保するために、原債権の移転および行使を認める制度と理解されてきたところ、平成23年最高裁判決では、そこからさらに、弁済による代位の制度趣旨を「原債権を求償権を確保するための一種の担保として機能させること」として、弁済による代位の制度の担保的機能に言及した点にも注目すべきである（高木・前掲注3）22頁、杉本和士「代位弁済者が原債権を財団債権・共益債権として破産手続・再生手続外で行使することの可否」金判1387号（2012）4頁参照）。

あるが、裁判例④はこれまでとは異なり、なぜ租税債権は他の債権のように優先権が承継され得ないのかについて従来よりも詳細な理由付けを行っている点が興味深い。すなわち、租税債権の具体的な税額の確定については、納税義務者の申告によるほか税務署長による更生処分、決定処分、賦課処分などの行政処分によるべき場合があること（国税通則法24条、25条）、納税義務者が納期限までに納付しない場合には租税義務の履行を実現するには裁判手続によるのではなく行政処分として財産の差押えをして（国税徴収法47条1項）、公売に付し（同法94条1項）換価手続をしなければならず、私法上の債権のように債権自体の譲渡による換価は認められていないこと、さらに、租税債権には税負担の公平の観点から、租税の減免、不徴収、和解をすることも認められていないという私法上の債権とは異なる特色があることを具体的に列挙している。

確かに、租税債権は私法上の債権とはその性質が異なるため、弁済による代位を認めると私人が公法上の権利を行使できることになり妥当ではないとも思われる。しかし、租税債務について第三者納付が認められており（国税通則法41条1項）、今やクレジットカード決済によって税金[15]を納付することも可能となっている時代に、租税債権の立替払いを行っても原債権を代位取得できず、納付義務者に倒産手続が開始された場合に優先的回収が不可能であるとなれば、租税債務について立替払いを引き受ける者は現れなくなるのではないだろうか。特に昨今活用されている税金のクレジットカード決済は、自治体自身がクレジットカード利用による税金納付を認めているのであるから、立替払いによってリスクを引き受ける者を保護する途を確保すべきではないだろうか。

(2)　代位と譲渡　裁判例④は、私人による租税債務の弁済による代位を否定する根拠として、民法466条1項の「債権は譲り渡すことができる。ただし、その性質がこれを許さないときは、この限りではない」との条文を参照し、租税債権は同条ただし書に該当するため譲渡の対象とならず、したがって代位することもできない、と述べる。同項ただし書における債権の性質

15)　現在、東京都においては自動車税、固定資産税・都市計画税（23区内のみ）、固定資産税（償却資産）（23区内のみ）、個人事業税、不動産取得税をクレジットカード決済にて納付することが可能である（https://zei.tokyo/#innerlink1（2016年12月20日確認））。

が譲渡を許さないというのは、「給付の性質上、原債権者だけに給付すべきものと認められる債権をいう[16]」とされており、租税債権はこの定義に該当していると思われるため、租税債権は確かに譲渡の対象とならないと思われる。しかし、それをそのまま弁済による代位に当てはめることが妥当であるかは検討の余地があろう。アメリカ連邦倒産法では、代位弁済による優先権の承継と債権譲渡による優先権の承継を明確に区別し、代位弁済による優先権の承継を明文によって禁止し（アメリカ連邦倒産法507条（d））、債権譲渡による優先権の承継は認めている[17]。

2　労働債権の代位弁済

労働債権の代位弁済については、平成23年最高裁判決においてその優先権の承継が肯定されたが、労働者健康福祉機構による未払賃金立替払制度[18]による優先権の承継についてもその射程が及ぶのかについては議論がある。以下、主に未払賃金立替払制度と優先権の承継に関して残された問題点を検討する。

未払賃金立替払制度において、労働者健康福祉機構の倒産手続における労

16）我妻栄＝有泉亨・コンメンタール民法総則・物権・債権［第3版］（日本評論社・2013）853頁。

17）アメリカ連邦倒産法における代位と譲渡に関する議論については、杉本・前掲注5）211頁以下。

18）未払賃金立替払制度とは、賃確法に基づき、「企業が倒産したために、賃金が支払われないまま退職した労働者に対して、その生活の安定に資することを目的として、その未払賃金の一定範囲について、公的機関（労働者健康福祉機構）が事業主に代わって支払う制度」である（全国労働基準関係団体連合会「諸外国における未払賃金救済措置及び労働債権の優先順位に関する調査研究」（1999）12頁）。

立替払いを受けるための要件は以下のとおりである（吉田清弘＝野村剛司・未払賃金立替払制度実務ハンドブック（きんざい・2013）10頁参照）。

⑴　対象企業：労災保険の適用対象企業で、1年以上にわたって事業活動を行ってきた企業。

⑵　事業主の倒産：①法律上の倒産に該当する場合。あるいは、②事実上の倒産（事業活動が停止し、再開する見込みがなく、かつ、賃金支払能力がないことについての労働基準監督署長の認定を受けた場合）に該当した場合。ただし、事実上の倒産は中小企業事業主（資本金の額1億円以下または労働者数が300人以下など）に限られる。

⑶　立替払の対象となる労働者：⑴の対象企業に労働者として雇用されてきて、企業の倒産に伴い、裁判所に対する破産等の申立日（法律上の倒産の場合）または労働基準監督署長に対する倒産の事実についての認定申請日（事実上の倒産の場合）の6ヶ月前から2年の間に当該企業を退職し、未払賃金が残っている人（ただし、未払賃金の総額が2万円未満の場合を除く）。また、家内労働者は該当しない。

⑷　立替払の対象となる賃金：退職日の6ヶ月前から立替払請求日の前日までに支払期日が到来している、未払の定期給与と退職金（ボーナスは含まれない）。

⑸　立替払の上限額：未払賃金の8割を限度とする。ただし、本人の退職日の年齢に応じて、未払賃金総額の限度額が決まっており、45歳以上は370万円、30歳以上45歳未満は220万円、30歳未満は110万円が限度である。

働債権の優先性の承継の可否についての見解は、肯定説と否定説に分かれている。肯定説は、財団債権等の趣旨から優先権の承継を否定するのは、財団債権等の趣旨と財団債権等の地位とを区別しないために生ずる結果であるとし、仮に原債権の財団債権性等を否定した場合、それによって保護されるのは、その他の一般の破産債権者等の利益となるが、その他の破産債権者等としては、原債権を本来通り原債権者が行使した場合には財団債権等としての負担を受忍せざるを得なかったものを、代位弁済がなされたという偶然の事実に基づいて「棚ぼた」的に自分たちの配当原資とするべき利益は認められないと主張する[19]。一方、否定説は、労働債権は労働者保護という政策的理由から財団債権等としたものであるから、「この種の財団債権等は、債権自体の性質のみならず、債権者の性質から特別の保護が認められたものであ[20]」り、それゆえ当該債権が譲渡等により移転して、異なる債権者に帰属した場合には、債権としての同一性は維持されていても、前記のような特別の要保護性はもはや認められず、その場合には、倒産手続上、財団債権等という特別扱いを例外的に認める根拠は失われ、本来の性質たる破産債権等として取扱いがなされれば足りるとする[21]。

確かに、労働者健康福祉機構による未払賃金立替払いによって、労働者保護は実現され、労働債権が優先的に取り扱われる趣旨は果たされているため、もはや労働債権を代位取得した機構には優先権行使を認める必要はないとも考えられる。ただ、労働者健康福祉機構による立替払いは事前に事業主の委託等の行為は必要とされず、要件さえ満たせば立替払いの請求に応じなければならないこと、未払賃金立替払制度の目的は決して事業主の賃金の支払義務を緩和することではないところ、機構の優先性の承継を否定してしまうと、立替払いした金額分だけ債務者たる事業主の財団が増殖するため（一般の倒産債権として配当等される金額は除く）、倒産手続開始時に未払賃金が多ければ多いほど財団が増殖する可能性があり、事業主の賃金未払いを促すおそれがある。したがって、優先性の承継については、平成23年最高裁判決に従い労働者健康福祉機構における立替払いについても肯定して良いように思われる

19）伊藤・前掲注3）24頁。
20）山本・前掲注3）7頁。
21）山本・前掲注3）8頁。

が、賃確法にて明文の根拠を設ける必要があろう。

もっとも、平成23年最高裁判決と未払賃金立替払制度には大きな相違点があることに留意しなければならない。平成23年最高裁判決をはじめとする代位弁済による優先権承継の可否が争われた裁判例は、代位弁済者が全額弁済した全部代位の事例であった。それゆえ、弁済による代位の効果（民501条）として、財団債権たる原債権が求償権確保のために代位弁済者に移転し、それを行使することが認められる。一方で、未払賃金立替払制度における機構の立替払いは、立替払いされる金額に上限がある[22)]。すなわち、退職日の6ヶ月前から立替払請求日の前日までに支払期日が到来している未払の定期給与と退職金（ボーナスは含まれない）のうち、立替払いされるのはその8割が限度である。さらに、本人の退職日の年齢に応じて、未払賃金総額の限度額も決まっている[23)]。したがって、機構による未払賃金の立替払いは未払賃金総額の8割を限度とした一部弁済なのであり、それゆえ立替払いによる代位も一部代位となり、残った未払賃金債権は労働者が有することになる。この点において、平成23年最高裁判決をはじめとする全部代位の事例とは大きく異なるのであり、平成23年最高裁判決は、一部弁済による一部代位の場合については何も言及していない[24)]。

さらに、特に破産法においては、労働債権の一部が財団債権となり（破産149条）、その他が優先的破産債権となるため、一部代位により代位取得した債権の優先性が承継されたとしても、当該債権が有する財団債権部分と優先的破産債権部分を求償権の範囲内でどのように代位するのかがさらなる問題として生じてくる[25)]。

V　おわりに

平成23年最高裁判決により、租税債権を除き、私法上の債権について、倒産手続における代位弁済による優先権の承継は肯定されることとなったと

22）　吉田＝野村・前掲注18）10頁、64頁以下参照。
23）　前掲注18）。
24）「倒産と労働」実務研究会編・概説 倒産と労働（商事法務・2012）18頁〔岡伸浩発言〕。
25）　この点について場合分けをして詳細な検討を行ったものとして、杉本純子「代位弁済と財団債権性」「倒産と労働」実務研究会編・詳説 倒産と労働（商事法務・2013）84頁以下。

解される。したがって、労働債権の代位弁済による財団債権性・共益債権性の承継も肯定されることとなった。しかし、租税債権については、下級審判例ではあるがその後も新たな裁判例が出ており、優先権の承継を否定する法律構成や理由付けも従来と異なっている。租税債権の性質すべての承継を私人に肯定することは、公法上の性質ゆえに否定されるべきだと考えるが、時代を経て租税債務が様々な方式で納付できるように発展している現状をふまえ、納付義務者に倒産手続が開始された場合には、立替払いをした第三者に財団債権性・共益債権性の承継のみ肯定して、倒産手続において優先的取扱いを受けるという点において保護を図るべきだと考える。そうすることで租税債務の立替払いに対する萎縮効果を回避でき、それは結果的に租税の確実な徴収へとつながるのではないだろうか。

一方で、労働者健康福祉機構による未払賃金立替払制度にもいまだ理論的には矛盾を生じる取扱いがなされている。本来であれば、租税債権と同様に労働債権の優先権は労働者保護のために付与されているのであり、機構による立替払いがなされれば、その趣旨は実現され、もはや労働債権の優先権を機構が代位する理由はないはずである。にもかかわらず、租税債権の場合とは逆に、機構では労働債権の優先権を承継する実務が運用されている。機構の立替払いによる一部代位とその優先権承継部分に関しても、まだ議論は尽くされておらず、早急な検討が必要である。代位弁済と優先権承継の問題は、平成23年最高裁判決によって落着したように思われるかもしれないが、まだ残された問題点は多いと考える。さらなる検討を続けていきたい。

【付記】

最初にこのテーマに取り組んでいた同志社大学大学院在籍時、徳田和幸先生の倒産法を受講させて頂きました。徳田先生に倒産法を学ぶ魅力を教えて頂いたことに、改めて感謝申し上げます。

破産財団と自由財産をめぐる立法政策と課題

佐藤鉄男

Ⅰ　はじめに――問題提起

平常時において債権者の引当財産となる債務者の責任財産は、破産時には破産財団に転化し破産配当の財源となる。しかし、支払不能、債務超過に陥った破産者の下に残っている財産は潤沢であるはずもなく、いうまでもなく破産配当は通常わずかにとどまる。しかし、赤字を続ける非効率企業や多重債務に喘ぐ個人をそのままにしておくことは社会的に好ましいことではないので、時間的な限界を画して債権債務を清算することで信用取引のけりを付けるのが破産制度である。債務者が法人である場合は、法人は破産を経て消滅するが、その過程で資源が再配分され新たな活用の場へとつながる[1]。これに対して債務者が個人の場合は、破産に接続する免責制度によって、債務者は経済的に再スタートを切ることができる。

消滅が予定される法人の場合は当該破産者の次なるステージを考える必要はないが、個人の場合は破産の前後で経済的主体性が一新されるとはいっても法的な擬制であり、生身の人間としては同一であるので、破産後のステー

1）　破産財団の換価に伴い、たとえば、不動産や知的財産権は新たな買い手の下で活用される。また、従業員は転職先でその能力を発揮する。

ジはきわめて切実な問題である。現に破産法は、個人破産を念頭に「債務者について経済生活の再生」を目的の一つとして掲げており（破産1条）、この点への目配りを様々な形で体現している。たとえば、破産の場面においても差押禁止財産を残し、破産手続開始決定後の新得財産と合わせて破産者の自由財産[2)]として新たな経済生活の元手となることが想定されるのはその典型である。これ自体は疑いの余地のない正当な発想であると思われるが、自由財産は破産配当に寄与しない財産を意味するだけに、具体的な個別財産が破産財団に属するか自由財産に属するかは破産者と破産管財人ひいては破産債権者の間で利害が背反する関係に立つことがわかる。比較的金額の大きなものとしては、退職金、保険金、損害賠償金といったものが挙げられるが、なかでも退職金をめぐる攻防は重要判例を生み出し、ある程度扱いが固まってきている[3)]。これに対し、保険金や損害賠償金については必ずしも固まっていないようで、時折問題が生じている。そこで本稿では、基本的な考え方と問題の位置関係を確認した上で、解決の方向性を探ってみたいと思う。

ささやかな考察であるが、これをもって徳田和幸先生の古稀のお祝いに参画させていただくことをお許しいただきたい。

Ⅱ　破産財団に関する立法主義

破産手続において破産者の財産の多くは破産財団となり破産管財人の管理処分権に服しいずれ破産配当に供される（破産2条14項）。そこに属すべき財産の範囲は法によって明確にされているに越したことはない。しかし、どのように財産を破産財団と自由財産に切り分けるかは、前述の背反する利害に絡むことになるので、問題は単純ではない。わが国の破産法では、幾つかの

2）そのほか、破産管財人が破産財団から放棄した財産（破産78条2項12号）や破産者からの申立てまたは裁判所の職権により自由財産が拡張されることもある（破産34条4項）。

3）判例として、退職金が特定の債権者にわたる場合と否認権について、最判平成2年7月19日民集44巻5号837頁、同日同号853頁、最判平成2年11月26日民集44巻8号1085頁、自由財産からの弁済と不当利得について、最判平成18年1月23日民集60巻1号228頁。退職金は賃金の後払いである一方で退職しないと発生しない将来債権であるので、実務では、退職金債権の価値を差押可能部分（民執152条2項により4分の1）の半額と評価し（つまり8分の1）、相当額を自由財産から組み入れることを条件に退職金債権を破産財団から放棄する扱いが定着している。東京地裁破産再生実務研究会編著・破産・民事再生の実務［第3版］破産編（きんざい・2014）256頁。

考え方が示されその当てはめによって個々の財産の切り分けが導けるようになっている。ただ、あくまで基本的な立法主義ゆえに解釈の余地のあるものであり、切実で微妙な問題を引き起こしている。

1　固定主義

破産財団の範囲を時間軸で区切るのが固定主義である。すなわち、現行破産法は「破産者が破産手続開始の時において有する一切の財産」を破産財団にするとしている（破産34条1項）。これは、破産手続における諸々の処理に時間を要しその間手続が進行するところ、開始後に取得する財産（これを新得財産という）を破産財団に加える膨張主義と対比される立法主義である。わが国は、旧破産法の時代から固定主義を採用しており[4)]、固定主義は、①破産配当にあずかる破産債権を画する基準（破産2条5項）との整合、②新得財産による破産者の更生、③破産手続開始決定後の新債権者の責任財産の確保、④開始時で区切ることによる処理の迅速確保（膨張主義では際限がないため遅延につながりやすい）、といった点で、膨張主義のメリット（破産財団の増加）を上回ると説かれてきた[5)]。とりわけ、個人の新得財産の典型は給料であり、これが自由財産になるとすれば更生のインセンティブにつながることは間違いない。しかし、諸外国では、膨張主義を採る国も多く[6)]、その一長一短は微妙な問題である[7)]。

固定主義を宣明する上記の規定は、一見きわめて合理的で明快なように思えるが、「破産手続開始前に生じた原因に基づいて行うことがある将来の請

4）　旧商法第3編破産は、破産手続開始後に得た遺産を破産財団に含めるとの規定（1000条）があり膨張主義であったが、大正11年の旧破産法では当時のドイツ破産法に倣い固定主義に改めた。しかし、1994年のドイツ倒産法では膨張主義に改められた（InsO§34）。

5）　両主義の比較については、佐々木平五郎「固定主義と膨張主義」斎藤秀夫＝伊東乾編・演習破産法（青林書院新社・1973）189頁。

6）　比較的最近になって固定主義から膨張主義に改められたドイツを除くと、オーストリア、中国の倒産法は膨張主義を宣明し、フランスは従来から膨張主義の扱いであり、アメリカ、イギリスの倒産法には、新得財産も破産配当に供すべき旨の規定が存する。

7）　もっとも、固定主義か膨張主義かという問題は、個人の破産においてのみ意味を有する立法主義である。法人の場合は、清算を兼ねる破産手続では開始後に得た財産も含めて破産財団が形成されることになるからである。もっとも、そのことが法人の破産において自由財産を想定しえないことを意味するものではない。法人に差押禁止財産の考えを適用する必要はないが（最判昭和60年11月15日民集39巻7号1487頁）、破産財団から財産が放棄される場合がある（最決平成16年10月1日判時1877号70頁）。

求権は、破産財団に属する」(破産34条2項) という具合に、基準時たる破産手続開始の時点では現実化していない将来の請求権も破産財団に入るとして、ある意味で例外を設け、「前に生じた原因」という解釈の余地の広い文言[8]が用いられていることに注意しなければならない。本稿で具体的なトピックとして取り上げる問題もこの点にかかるものである。通常、破産債権者はきわめて少ない破産配当に甘んじることになるのであり、破産財団の範囲はまさに破産者と破産債権者との利害が背反する問題ということになる。

2　差押禁止財産

債務者が破産に至ったということは、債権者にとっての不利益が現実に迫ることを意味するにしても、不利益は少ないに越したことはない。もともとはすべての財産を債権者に差し出すことで残債務の追求を免じてもらうということが破産制度の狙いであったが、文字どおりすべてを差し出しては債務者の生活が立ち行かなくなってしまう。債務者といえども最低限度の生活を保障するのが現代福祉国家の面目である。わが国において、差押禁止財産の制度は民事執行法にその基本が定められているとともに (動産：民執131条、債権：民執152条)、各種の法律で特別の差押禁止財産の定めがおかれ[9]、また実体法上の性質から差押えの許されない財産も認められている[10]。

こうした差押禁止財産の趣旨は、民事執行の場面だけでなく破産の場面でも同じく妥当すべきものであり、現在ではほとんどの国で共有される考え方である。わが国の破産法も同様であるが、民事執行法のそれとは一部異なっている。すなわち、現金は99万円まで破産者に残すこととしている (破産34条3項1号) 点である。また、事案に応じた差押禁止財産の範囲の変更が民事執行の場合に比べ破産において債務者寄りに強化されている (破産34条

8)「前に生じた原因」は、破産債権 (破産2条5項)、相殺禁止の例外 (破産71条・72条で共通する2項2号・3号) でも問題になるところである。

9) たとえば、生活保護法58条、国民年金法24条、国民健康保険法67条、雇用保険法11条、自動車損害賠償保険法18条、児童手当法15条、等々多岐にわたる。

10) すなわち、帰属上または行使上の一身専属的な権利も差押えできないとされる。前者の例として、親族の扶養請求権 (民881条)、後者の例として、離婚に伴う財産分与請求権 (民768条)。なお、破産の事例で、慰謝料請求権について、行使上の一身専属性を肯定しつつ、金額が確定するなどした場合は一身専属性を失うことを示唆したものがある (最判昭和58年10月6日民集37巻8号1041頁)。

4項)[11]。破産者の最低生活の保障が差押禁止財産の基本であるとしても、特別法を含めると雑多なものがあり、破産の場面で何が破産者に残され何が破産財団に取り込まれるか、線引きはかなり微妙なところがある。

3 破産財団の所在地（普及主義）

普及主義は財産の所在と破産財団に関する立法主義である。すなわち、旧破産法では、その3条において、わが国の破産は破産者の財産のうち日本にあるものについてのみ効力を有し、外国の破産は日本にある財産には効力がないと、両面にわたって破産を属地的なものとする属地主義が採用されていた。この点は、いわゆる国際倒産が稀な時代には大きな問題は生じなかったが、ボーダーレス化が進み倒産事件に国際的な要素が加わると支障が生じるようになった。たとえば、わが国の破産者の海外財産に破産の効力が及ばないので[12]、奪い合いとなることが避けられなかったのである。

平成の倒産法改正では、国際倒産への対応も課題の一つとされ、種々の実りある成果が生み出されたが、この点もその一環である。属地主義、これに対するところの普及主義という立法主義は、財産の所在に限らず、倒産手続の効力全般にかかる意義を有するものであるが、財産の所在はその差が最も象徴的に現れるものである。わが国の倒産法は180度の転換を決断し、「財産（日本国内にあるかどうかを問わない）」（破産34条1項、民再38条1項、会更72条1項）」と括弧書きの形で、国際的な効力を宣言したのである。もっとも、財産所在地国が、わが国のこの効力を当然に認めるかどうかは別問題ではある。しかし、債務者の財産を世界レベルで構想する意義は小さくない。

ただ、個人のケースでこの点が問題になることは稀であろう。

4 自由財産の調整

従来から、固定主義との関係による新得財産、そして差押禁止財産を破産財団に含めない関係で、こうした財産を破産者の自由財産と呼んできた。合

---

11) 民事執行法では差押禁止財産の範囲の変更として、範囲の拡張と縮小の両方の可能性があるが（民執132条）、破産の場合はもっぱら禁止範囲の拡張となっている。

12) 当時アメリカの統治下にあった沖縄所在の財産に効力が及ばず破産財団に属さないとされた例として、東京高決昭和34年1月12日下民10巻1号1頁。

わせて破産者の更生の元手となり、新債権者の責任財産となる。このほか、管財人が裁判所の許可を得て放棄した財産も（破産78条2項12号)、破産者が個人の場合は自由財産に属することになる[13]。これに加え、現行法は柔軟に自由財産を調整しうるようにしている。

破産法34条4項以下の規定がそれである。これは、具体的な状況に応じて差押禁止の範囲を拡張するものであるが、民事執行法の同趣旨の制度が差押禁止の範囲を拡張したり逆に縮小したり両面を想定しているのに対し（民執132条・153条)、破産法はもっぱら拡張のみを想定している違いがある。破産法34条4項に拡張の要件・手続が定められている。すなわち、破産者の生活状況、自由財産の状況、収入見込みなどが考慮され、破産者の申立てまたは職権により裁判所の決定で判断される（後述参照)。

5　法定財団と現有財団

何が破産財団に属するかは、上記の諸原則により、建前上は明らかにされている。法で示されたあるべき破産財団という意味で、これを講学上、法定財団と呼んでいる。しかし、破産事件の現場で直ちに法定財団が認識できるとは限らない。破産管財人は、差し当たり破産者名義の登記や占有といった外観をもとに暫定的に破産財団の管理に着手する（破産79条)。この状態の破産財団を現有財団と呼んでいる。他人の財産が混じっていれば取戻権の主張に応じ、また否認権の行使で破産財団を回復することもあり、徐々に現有財団と法定財団のギャップが埋まり、ここから財団債権の支払をまかない、配当が可能になる。この段階の破産財団を配当財団と呼んでいる。

いずれにせよさほど潤沢ではない破産者の財産は、一方で自由財産として破産者の手元に残り、他方で破産財団として破産管財人の管理に服しいずれ破産配当に供される。その切り分けは抽象的には決まっているが、現実に破産者がもっている財産には様々なものがありうる。その具体的な切り分けは

13)　放棄には種々の事情が考えられる。多くの場合、破産財団として換価価値に乏しいという意味で破産債権者にとって大きな問題ではないが、退職金請求権の処理など（前掲注3))、破産者個人にとっては意味のある場合がありうる。自由財産の意義に照らし、これが破産債権への任意弁済に供されることには慎重であるべきことについては、前掲注3）最判平成18年1月23日参照。

切実な問題となって現れることがある。

Ⅲ　保険、交通事故と破産

妙な取り合わせであり、破産事件と保険、交通事故の関わりは必ずしも必然ではない。したがって、関わりがある場合の取扱いが自明となっているはずもない。ところが、保険や交通事故に関係して動くお金は小さくないことも多いので、これが破産財団に属するか自由財団に属するかによって、関係者に極端な違いが現れることになる。

1　検討設例

問題の所在を浮き彫りにする意味で、事例を想定してみよう。

Aはかつて商売をしていたことがあり金銭面の浮き沈みが激しく、遂にB弁護士に依頼し破産申立てに至り（平成28年2月5日）、同時廃止ではなく管財事件となり、C弁護士が破産管財人に選任された（同月12日）。その前後に、以下のような事情があった。

Aは、平成25年3月に、自らを被保険者とする入院特約・高度障害特約付生命保険（甲保険）と妻を被保険者とし自分を受取人とする生命保険（乙保険）に入り、毎月保険料（毎月各2万円）を払っていた。破産に先立つ平成27年12月、Aは歩行中にDの運転する車と衝突し重傷を負った。AはB弁護士に、Dおよびその加入する自動車保険会社（丙保険）に対する当該交通事故の賠償請求を依頼するとともに、これを機に破産を決断した。

Dおよび丙保険会社とは示談が成立し、平成28年1月5日、800万円の損害保険金が払われることになり、B弁護士の預かり金口座に入金され分別管理されていた。また、Aの入院は長きにわたることになり、事故直後から破産手続開始決定をはさみ3月3日まで及んだ。両眼を負傷し数度手術したが、右眼は視力を失い左眼の視力も極端に落ちた（後遺障害8級相当）。さらに不幸は重なり、同年3月25日に、Aの妻が突然の心不全で還らぬ人となった。甲保険から出た入院保険金（40万円）と高度障害保険金（800万円）もB弁護士の預かり金口座に入金されこれも分別管理されていた。これに対し、乙保険からの死亡保険金（2000万円）は、A自身の預金口座に振り込まれた。

破産管財人となったＣ弁護士は、把握できた破産財団に比べ負債額が多いこともあり、Ａをめぐる上記の保険や交通事故の事情が確認できた段階で、これらの保険金相当額は破産財団に属するとして、Ｂ弁護士そしてＡ自身に引渡しを求めたところ、破産財団には属さないと拒否された。どちらの言い分が支持されるのだろうか。

2　損害賠償金の破産財団所属の可否

上記の設例は、実際にあった事件を組み合わせたものである。問題は密接に絡み合ったものであるが、ほぐして考えてみよう。

交通事故をめぐるＤおよび丙保険との関係で破産財団所属性の如何が問題になるのは、交通事故に起因する損害賠償そしてこれをカバーする保険金の性質ということになる。仮にＡが無過失でもっぱらＤに過失のある交通事故であったとした場合、その損害賠償はＡの身体への侵害に対する慰謝料という名目が大きな比重を占めると思われる。慰謝料請求権は、行使上の一身専属性が認められる権利であるので、その請求権の状態であれば差押えが禁止され、したがって破産財団に属さないとの結論が導かれそうである。名誉毀損に基づく慰謝料請求権につき、金額の確定前は一身専属性を失わないとした破産判例がある[14)]。

しかし、示談が成立し慰謝料額が決まり、それを前提に保険金が支払われるとどうか。おそらく、慰謝料請求権を行使上の一身専属権とする理解は、金額が確定した際にはその性質を失う、つまり帰属上の一身専属性はないという含みがあった。裁判例でも、破産前の交通事故で示談が成立し保険会社から支払われた慰謝料込みの損害保険金が代理人弁護士の預かり金口座にあった分につき破産財団に含まれるとされた例がある[15)]。

3　特約保険金の破産財団所属の可否

入院保険金、高度障害保険金といった特約タイプの保険金はどうか。これ

---

14)　前掲注 10）最判昭和 58 年 10 月 6 日である。

15)　大阪高判平成 26 年 3 月 20 日事業再生と債権管理 145 号 97 頁である。その判批として、伊藤眞「固定主義再考」事業再生と債権管理 145 号（2014）88 頁。

らの破産財団所属の可否は、これを画する時期との関係が問題となってくる。一見すると、破産手続が開始された後にAは甲保険から保険金を受け取っており、新得財産の外観を呈している。ところが、そもそもこうした入院保険金や高度障害保険金が何に起因したかというと、破産前の交通事故であり、さらにはあらかじめ保険に加入し保険料を払い込んできたことに由来する。

問題は、破産財団を画する固定主義とこれに関する「開始前に生じた原因に基づいて行うことがある将来の請求権」との関係で、これらの保険金をどうみるかである。

破産前に保険契約を結び保険料を払い込んだ状態があれば、破産時には確かに保険関係は契約者に財産権を導くといえる。少なくとも解約返戻金相当額は確実であるし、保険事故が発生していれば、保険金請求権も抽象的なものから具体的なものへと転化しつつあるといえる。もっとも、交通事故と保険事故とは必ずしも一致するものではない。すなわち、保険を抜きにした損害賠償レベルで考えれば、同一事故により生じた損害は費目を異にした場合も一個の訴訟物と扱われ[16]、事故の事実が決定的になる。しかし、設例では甲保険は加害者の保険ではなく破産したA自身の保険である。したがって、交通事故に起因するとはいえ、入院や高度障害という事実に対し支払われる保険金である。設例では、入院は破産の前後にわたり、眼の負傷は治療の甲斐なく症状が固定したという意味で破産後に判明した後遺障害といえる。もともとの原因である交通事故が破産前に起きたことを重視すれば保険金は破産財団に帰属するとの解釈が導けるが、破産後の入院分に応じた保険金や破産後に症状が固定した高度障害については、破産財団に入れるよりは新得財産に入れるほうが好ましいようにも思える[17]。要は何を保険事故と考え、それが破産の前か後かである[18]。

しかし、裁判例ではこの種の特約保険金について、むしろ破産財団に入れる傾向が窺われる。たとえば、破産後に入院したケースでも、「保険金請求

16）　最判昭和48年4月5日民集27巻3号419頁である。

17）　後遺障害に基づく損害賠償請求権について、当初の不法行為に基づく損害賠償請求権と請求権としては一個ではあるが、一部請求の理論で追加請求を認めた判例が参考になりうる（最判昭和42年7月18日民集21巻6号1559頁）。

18）　契約者の破産事案で、障害保険の保険金請求権の発生時期がいつか、その内容に応じた捉え方を示した裁判例として、大阪高判平成2年11月27日判タ752号216頁がある。その判批として、倉部真由美・保険法判例百選（2010）102事件。

権は、保険契約締結とともに、保険事故の発生を停止条件として発生しており、保険事故発生前における保険金請求権（「抽象的保険金請求権」）は、差押えや処分が可能である」として、契約者たる破産者の管財人の請求を認容した例がある[19)]。また、設例でいう高度障害保険金と特定介護年金が障害に応じ将来にわたる介護費用に充てられる実質があっても、破産前に支払われていた関係もあり破産財団に帰属すると判断されている[20)]。

4　生命保険金の破産財団所属の可否

これは設例でいう乙保険をめぐる問題である。命と引換えに支払われる生命保険金が、債権者の引当財産となる債務者の責任財産になってしまうのは感情的には抵抗があるところであり、かつての簡易生命保険法では広く差押禁止財産となっていた。しかし、民営化したかんぽ生命はもちろん民間の生命保険会社の生命保険金にはそのような扱いはそもそもない。

そうすると、破産財団か自由財産かは、固定主義との関係が問題となることになり、裁判例では、前述の抽象的保険金請求権の論理がこれについても働く。すなわち、破産手続開始決定前に成立した抽象的保険金請求権が破産法34条2項でいう将来の請求権となり、破産後の具体的な死亡保険金についても、破産した保険契約者・受取人の破産財団に属すると判断された例がある[21)]。

しかし、当該事案は、破産手続開始決定から1ヶ月あまりしたところで、被保険者である長男が死亡しその保険金が2400万円にものぼるものであった。つまり、破産後に保険事故が生じたため具体的な保険金が跳ね上がり、破産手続開始決定時の抽象的保険金請求権とは大きなギャップが生じた事件といえる。しかし、入院保険金などと同様に、契約締結時に保険事故を停止条件として発生しているという理屈を当てはめる限り、確かに新得財産とはいいにくいのは事実である。とはいえ、受取人が別の人間であったり、そもそも破産手続係属中に保険事故が生じなかったとしたら、破産財団にこのよ

---

19)　札幌地判平成24年3月29日判時2152号58頁である。

20)　これは、前掲注15）の大阪高判平成26年3月20日における判断である。

21)　東京高決平成24年9月12日判時2172号44頁である。破産者が受け取って保管したところ、管財人から破産者に引き渡すよう求めた（破産156条1項）事案である。

うな大金が入ることもないはずであり、落差の大きさが気になる。

Ⅳ　破産における保険金をめぐる解釈と運用

Ⅲの検討設例からすると、解釈論的には、破産者に支払われる保険金は破産財団に入る扱いとなり、破産者の自由財産に属する余地は乏しいようにも思える。しかし、保険は保険事故という不意に訪れる不幸への備えであり、その必要性は破産とは次元を異にした問題である。見方を変えれば、保険契約者の債権者からすれば引当財産として確実性のあるものという認識はしていないものと思われる。ではどういう形で破産者の自由財産とすることが可能なのだろうか。

1　保険契約者の破産

保険者たる保険会社が倒産した場合、現在では破綻処理の仕組みが整い、契約者の権利保護には保険契約者保護機構といったセイフティ・ネットが機能を発揮する。そして、保険会社に破産手続が開始された場合は、保険契約者は将来に向かって契約を解除することができるし、自ら解除しなくても開始決定から3ヶ月を経過すれば契約は失効するといった明文規定もある（保険96条）。これに対し、保険契約者が破産した場合に関しては特別な規定はない。保険契約は、保険料の支払いと保険金の支払いが特殊な形[22)]であるが対価関係にあるといえるので双務契約である。基本的に保険契約者が契約を解約することはいつでも可能であるし（保険27条・54条・83条）、破産との関係でいえば、保険料が全額前払いされている場合は別として、双方未履行の双務契約となって現れるのが普通である。

破産財団を固定させる破産手続開始決定を文字通り点でとらえれば、保険契約で破産財団に所属するのは、保険事故が発生していない限りは抽象的保険金請求権にほかならない。検討設例でいえば、乙保険がまさにこれに当たる。これに対し、甲保険に関しては、保険事故と破産との前後が微妙である

22)　多数の契約を前提に大数の法則の下に成り立つものであり、保険料と保険金は個々の契約者ベースでは等価とはいえない。保険事故が発生した者には多額の保険金が支払われる一方で、無事に保険期間が過ぎれば保険料は掛け捨てで目的を果たし終える。

が、保険事故が破産前に発生している分については具体的な保険金請求権が破産財団に所属すると考えてよい。それと比べると、保険事故が破産後の乙保険に関して、死亡保険金が全額破産財団に入るのは違和感を覚える。ここで比較したいのは保険事故が発生しない場合である。抽象的保険金請求権が破産財団に属しているといわれてもそのままでは破産事件処理の足しにはならないであろう。何らかの形で具体化が試みられる必要があり、最も端的な方法は、保険契約者の管財人が解除ないし解約の申入れを行うことで、解約返戻金という形で具体的な金額を手に入れるというものであろう。通常、払い込んだ保険料と比べるとかなり少ないが、保険事故が発生していない以上、そういうものであろう。さらに、それが現実であるので、特に生命保険で被保険者の年齢や病気の関係で同等の条件では新たな契約の締結が難しいといった場合には、解約返戻金相当額を破産財団に組み入れることを条件に保険契約者の地位を破産財団から放棄し契約を本人に開放することが行われている[23]。いずれにしても、破産財団に大枚の保険金が入ることは想定されていないように思われる。

2　固定主義と将来の請求権

それでは、破産債権者がわずかな破産配当に甘んじる一方で、破産財団から保険契約が放棄され破産者に開放されたところ、直後に保険事故が発生し設例のように大金が破産者の自由財産になると、今度は破産債権者が違和感を覚えるかもしれない。

それは、破産手続開始決定が破産財団を固定させる基準時となっていても、破産手続にはプロセスがあり、つまり点ではなく線になっていることと無関係ではない。あたかも固定主義は基準時である破産手続開始決定時で破産財団をフィックスさせるかの印象を与えるが、旧破産法も現行破産法も破産前に原因のある将来の請求権をも破産財団に含めるとしてきている（旧破産6条2項、破産34条2項)。その限りでは、開始後に現実化した将来の請求権が破産配当を増やすことを想定していると解され、一種の膨張主義的現象がみて取れる。しかし、将来の請求権は、それだけでは必ずしも現実化のめどが

23)　こうした扱いについては、東京地裁破産再生実務研究会編著・前掲注3）250頁。

明確ではないものの存在も考えられるところ、いつまでも破産手続を引っ張るわけにもいくまい。もとより、諸外国の膨張主義もいつまでも新得財産を取り込もうとするのではなく、破産手続係属中に得た財産という具合に時期を画していることが多い[24)]。破産財団固定の時期が繰り下げられただけで両方の立法主義の差は実は小さい。破産管財人は、それが破産財団に所属している以上は、将来の請求権を何らかの形で現実化し破産配当に供していると思われる。退職金、保険解約返戻金、敷金返還請求権等でこうした扱いがなされている[25)]。

この点で、破産債権における将来の請求権の扱いが参考になるかもしれない。すなわち、条件付債権や将来の請求権も破産手続への参加が認められるとされているが（破産103条4項）、その額が不確定であるものについては、破産手続開始の時における評価額をもって参加するとの規定がある（破産103条2項1号ロ）。これは線で存在する将来の請求権を点で体現する工夫といえる。翻って考えると、保険事故発生前の抽象的保険金請求権が破産財団に所属していたとしたら、フィクションでこれを具現化させたもの、つまり開始の時における評価額[26)]を組み入れると破産債権の側とバランスが取れる。

もしこれを偶然に保険事故が破産手続継続中に発生したからといって具体的な保険金全部を破産財団に入れてしまっては、破産財団固定の時期を繰り下げた形に近い。そのような意味での修正固定主義がわが国の破産法の立場であると解する余地もあり、もともと厳格な固定主義を採っていないのかもしれない。

しかし、持続する時間軸の中で個人破産者の債権債務関係を破産手続によって一新するからにはどこかでこれをフィックスする必要があることは確かであり、それがどこなのかは改めて議論すべき論点であると思われる。この点は、差押禁止財産でも破産手続開始後に差し押さえることができるようになったものは破産財団に属することになるとの規定（破産34条3項2号ただし書）にもいえることである。すなわち、破産財団の帰属をめぐる基準点のず

24）　ドイツ倒産法35条1項、オーストリア破産法1条、中国破産法30条。

25）　伊藤眞ほか・条解破産法［第2版］（弘文堂・2014）306〜309頁。

26）　破産手続においても管財人は破産財団に属する財産を破産手続開始時を基準時として評定すべきものとされている（破産153条1項）。もっとも、計画による権利変更につながる更生、再生と異なり、破産には評定の基準への言及はない（会更83条2項、民再124条・民再規56条参照）。

れが明言されていることになるが、実は終期が明確ではない。合理的に考えて、そのような財産の性質転換があったら永久に追加配当をするものであるとは考えにくいので、遅くとも破産手続係属中であろう[27]。いわゆる膨張主義もどこかで期限を区切る必要があるのであり、二つの立法主義をめぐる議論はもはや対立が解消され、フィックスの基準点をどこに置くかという連続性の中にあるのかもしれない。

3　自由財産の拡張

設例の如き保険金については、実務の傾向としては破産財団に含まれる公算が強い。しかし、交通事故の被害者が破産した場合にはその結論がいささか酷であること、とりわけ後遺障害が残ったようなケースについて契約者（受取人）を何らかの形で保護できないかという問題意識はこれまで再三表明されてきている[28]。もっとも、設例との関係でいえば、甲乙丙の各保険では事情が微妙に異なっている。当然、問題のもつ意味も同じではない。丙保険の保険金に関しては、大元になっている加害者に対する損害賠償金の位置づけ、甲保険・乙保険の保険金に関しては、ともに固定主義との関係が問題になるが、甲保険に関しては保険事故の捉え方も問題となる。

ところで、破産者を取り巻く事情は千差万別であり、破産時にいかなる財産を有し、また生活再建の展望がどうであるかも様々である。規定による破産財団と自由財産の切り分けのほか、現行破産法は柔軟にこれを調整する規定を設けている。これは、強制執行の場面に存在する制度である差押禁止財産の範囲の変更（動産につき、民執132条、債権につき、同153条）の破産バージョン（破産34条4項）といえるものである。すなわち、申立てに基づき個別の事情に応じて裁判所が個々の財産の扱いの変更をするという点で共通するが、違いもある。最も大きな点は、民事執行法上の制度では、債務者側・債

27）　名誉毀損による慰謝料請求権につき、金額が確定するなどして行使上の一身専属性を失ったのが破産手続終結後である場合は破産財団に帰属する余地はないことを説くのは、前掲注10）最判昭和58年10月6日。

28）　遠山優治「生命保険金請求権と保険金受取人の破産」文研論集123号（1998）220頁、大橋眞弓「新保険法と生命保険契約者の破産」明治大学法科大学院論集7号（2010）338頁、小野瀬昭「交通事故の当事者につき破産手続開始決定がされた場合の問題点について」判タ1326号（2010）54頁、山田尚武「交通事故の被害者の破産」日本弁護士連合会倒産法制等検討委員会編・個人の破産・再生手続（金融財政事情研究会・2011）85頁、前掲注20）の伊藤眞による判批参照。

権者側双方の事情に照らし差押えを取り消したり逆に差押禁止となっている物の差押えを許したりと拡大・縮減の両面があるのに対し、破産では、破産者の申立てまたは職権によりもっぱら差押禁止の範囲を広げる、片面的拡張の制度となっていることである。考慮要素を①破産者の生活状況、②破産者が有していた財産の種類・額、③収入を得る見込み、④その他の事情、として、条文上は裁判所の裁量で柔軟に調整されるようになっている。固定主義や差押禁止財産の定めにより破産財団の範囲が画一的に決まってしまうことが多いので、本制度に個別事情による調整が委ねられたようにも思える。入院保険金や死亡保険金が破産財団に帰属すると判断した裁判例では、そのような口吻も示している。

確かに、この自由財産拡張制度はある程度柔軟な調整が可能であり、実務上の意義が認められるものである[29)]。ただ、これまでの運用では、個人破産者の現実としてはありえない差押禁止現金基準である99万円（破産34条3項1号）が拡張の上限とされている状況にあるようであり、足枷が伴っている状況にある[30)]。実際、自由財産の拡張は現実の利害関係としては破産者と破産債権者とでゼロサム関係に立つにもかかわらず、破産者側からの片面的拡張しか認めず、破産債権者の当事者性を想定しない制度とあっては[31)]、大胆な調整を託すべきではないのかもしれない。

V　設例への対処——試論

本稿は、現在の実務では設例のような成り行きの保険金がすべて破産財団に含まれる可能性が高いことに違和感を感じたことが始まりである。つまり、判例・実務に現れた解釈論・運用には疑問を感じるということであるが、事

29）　自由財産拡張制度について詳細な活用マニュアルを展開するものとして、野村剛司＝石川貴康＝新宅正人・破産管財実践マニュアル［第2版］（青林書院・2013）274～304頁。

30）　自由財産現金の上限たる99万円を確保した破産者が破産の半年前に職場を退職して得た退職金について拡張を求めたケースで、拡張の必要性はないとされた裁判例として、福岡高決平成18年5月18日判タ1223号298頁。ただし、東日本大震災の被災者の破産事案では99万円以内での拡張という限界は設定していないようである。

31）　破産債権者には縮小の申立権もなく、拡張について意見を述べる機会もなく、不服申立ての資格もない。破産管財人の意見聴取で代替されている（破産34条5項）。こうした問題点については、山田文「自由財産の範囲」山本克己＝山本和彦＝瀬戸英雄編・新破産法の理論と実務（判例タイムズ社・2008）160頁。

柄は個性的な現れ方をする問題なので、一般性をもつ立法論の展開に適したものでもない。となると、解釈論でどこまで抵抗できるか、考えうる異説を試みておくことも必要であろう。

1　破産後の死亡保険金

最も結論の落差が大きいゼロサム関係になるのが設例の乙保険にかかる妻死亡による保険金である。こういうタイミングの死亡保険金は破産者も債権者も予期していないだろうから全額破産財団に入るのも自由財産になるのも釈然としない。極端な喩えを出すなら、破産前に購入した宝くじがあったとして、破産後に抽選があり当たった場合と状況は同じであろう。購入しないことには当たらないのが宝くじであり、ほとんどが外れるとしても購入によって抽象的請求権が発生しているので、破産後に当選すれば破産財団に帰属すべきことになるであろうが、めったに当たらないので破産者に所持させ(事実上の放棄)、仮に当たっても少額なら新得財産の扱いで債権者も文句はいわないだろう。

膨張主義ないし破産財団固定の時期を遅らせることを是としない限り、被保険者の死亡が破産後であるようなケースでは、抽象的保険金請求権の評価額という意味で、開始時における解約返戻金相当額のみが破産財団に属するということでよいのではなかろうか。さもないと、保険金を当て込んだ事件や自殺を誘発しかねない[32)]。仮に破産手続係属中で破産配当がわずかとなりそうな一方で、被保険者の死亡があり相当額の死亡保険金が現実化したとしても、それだけの不幸が新たにあったのであるから破産者の自由財産とするのでよいのではなかろうか。

2　特約（入院、後遺障害）保険金

設例の甲保険、すなわち加害者の保険ではなく破産者自らの生命保険から出る入院保険金、後遺障害保険金である。この場合も、破産者がそれまでに保険料を払い込んでいたので、抽象的保険金請求権が発生していることは確かであるとともに、交通事故による負傷という事実が破産前にあるので具体

32)　旧破産法下で、免責手続中の強制執行を是とした最判平成2年3月20日民集44巻2号416頁があるが、保険金を当て込んだ交通事故が疑われなくもないものであった。

的保険金請求権への転化もみてとれる。入院も後遺障害も破産前に完全に確定している場合は、それが分別管理されていても破産財団に入ると考えるほかは差し当たりない。

しかし、設例のように、入院が破産の前後にわたり、後遺障害が数度の手術の甲斐なく破産後に確定的になったという場合も同じに解さなければならないだろうか。このうち、入院保険金は入院日数に応じて1日につき○○円と割り出されるものであり、入院が破産の前後にわたるような場合は、対応日数に応じて破産財団と新得財産とをはっきり切り分けるのが妥当なように思われる。これに対し、後遺障害保険金は微妙である。確かに、後遺障害の原因たる事実は破産前に発生しているので、前述の死亡保険金とは異なる面がある。この点、損害賠償で後遺症分を請求する場合の理屈によれば、同一事故による損害賠償として一個の訴訟物に包含されるが一部請求の法理で追加請求が肯定されているので、やはり後遺障害としての症状の判明こそが当該保険金の保険事故であり、被害者のその後の生活を考えても新得財産として破産者に委ねうると考えたいがいかがであろうか[33)]。

3　損害賠償保険金

設例の丙保険、すなわち、交通事故に起因する加害者Dとその加入する自動車保険会社との関係に基づく保険金についてである。これは、加害者Dが被害者Aに不法行為に基づく損害賠償義務（ここでは、単純化する意味で、全額が身体傷害慰謝料であるとする）を負い、丙保険がDのこの責任を塡補するという保険関係であるが、自動車損害賠償補償法では被害者の直接請求権を認め、この請求権については差押禁止の定めがある（自賠18条）。そして、この場合に金額が確定して保険金が支払われた際も、性質としては慰謝料と同視しうることには大方の理解が得られよう。したがって、これを行使上の一身専属権と位置づけうることも異論は少ないだろう。問題は破産前に既に示談交渉が済み保険金が支払われてしまっている場合である。慰謝料請求権の被害者要保護性を強調して帰属上の一身専属権と説くことで破産した被害者の自由財産と解する途が全く閉ざされているわけではないが、それにはよ

33)　実体法上の請求権として一個であっても、合理的な基準で区別できる限り別扱いとして新得財産とできるとするのは、伊藤・前掲注15) 96頁。

り根本的な議論が必要となる。

差し当たり示談交渉が済んで保険金が支払われたことで行使上の一身専属性は失われることを前提に考えておきたい。ということは、保険金の支払が破産開始後である場合もその時点で破産財団に組み込まれる可能性があることも意味する（破産34条3項2号ただし書）。そこで、慰謝料請求権の性質による解決ではなく、慰謝料の内実と設例に現れた分別管理の意義から考えてみたい。Aの負傷の程度から明らかなように、この場合の慰謝料は一時金として支払われてはいても、長期の入院加療そして後遺障害とその後に続きうる苦痛を見込んでのものであることは明らかといえる。その意味では、特約保険金に関して述べたことをここにも援用することができるのではなかろうか。つまり、破産手続後も負傷による苦痛は日々続くので、慰謝料はそれを緩和するものとして日々必要なものである。被害者に直接支払われ責任財産に混入してしまった場合はさらに別の議論が必要になるであろうが[34)]、代理人弁護士の下で分別管理されている限り、固定主義の帰結として、受領済みの保険金を破産の前後で切り分けることが許されるべきではないかと考える。

Ⅵ　結びにかえて

以上で拙い考察を終えるが、交通事故の被害者に同情するあまり破産法の解釈が歪んだものになっていないかの自戒は忘れていないつもりである。破産者が有する個々の財産が破産財団に属するか自由財産に属するかは、破産者と破産債権者でゼロサムの関係に立つセンシティブな問題である。差押禁止財産は債務者（破産者）の最低限度の生活を保障する民事執行法、破産法に共通する法理であり、これを個別的に調整する場合もその幅は本来的にそれほど大きなものではない。これに対し、破産財団か自由財産かを切り分ける基準としての固定主義は破産法特有の立法主義であり、その影響力は大きい。わが破産法は基本的に開始時を破産財団はもちろん破産債権に関しての

34)　この点は、給料や各種の差押禁止債権が銀行振込により預金に混入した際に、どこまで元の差押禁止の属性が引き継がれるかという問題となる。年金につき、最判平成10年2月10日金法1535号64頁は否定的である。この問題については、梶山玉香「預金債権の差押えと債務者保護―預金債権化した差押禁止債権の扱いをめぐって」同志社法学62巻6号（2011）1775頁。

基準時ともしている。つまり、時間軸での割り切りをしているので、これを境に明暗を分かつことも当然出てくるだろう。ただし、割り切りの時期をどこにおくか、それは膨張主義と連続性をもった立法政策としてそれ自体大きな問題である。しかし、個人再生という選択肢もある中で、破産が決断されている現実を考えれば[35)]、開始時という基準は合理性、明確性をもったものであると思う。そして、この基準時をできるだけ点として捉えるのがその含意と考え、その趣旨に沿った試みとして展開したのが本稿である。

最後に、改めて徳田和幸先生の古稀をお慶び申し上げたい。

【付記】

脱稿後校正までの間に、本稿テーマに関係する最判平成28年4月28日民集70巻4号1099頁が現れた。事案を簡単に示すと、父親の破産手続が開始された直後に、その長男が病気で死亡し、父親が死亡保険金の受取人として指定されていたというケースにおいて、この保険金が破産者の新得財産か破産財団に属するかが問題となったものである。最高裁は、第1審、控訴審の判断を支持し、破産財団に属するとした。破産手続開始前に成立した保険契約にかかる保険金請求権は、破産法34条2項にいう将来の請求権に該当するものとして破産財団に属する、というのが理由である。最高裁としては初めての判断であるが、考え方としては、本稿で紹介した裁判例（前掲注19)、前掲注21）参照）と同趣旨のものである。結果的に、解釈論としての決着を最高裁がつけた形であるが、なおも調整の試みが必要な問題であるとの筆者の認識に変わりはない。

なお、再校の段階で、上記最判平成28年4月28日の田頭章一教授による「判批」（金法2053号16頁）に接した。

35）破産の決断がどのような意味をもつかは、認識の分かれるところであろう。持ち家たる不動産もなく、職業制限にかかる職にもない債務者にとって、制裁的・懲戒的色彩の薄いわが国の破産制度では、破産によって失うものはほとんどないといえなくもない。しかし、破産者に対する世間の目がなお冷ややかであることも現実であり、やはり破産は覚悟を決めた決断であろう。

対抗要件を欠く担保権の実行と偏頗行為危機否認

中西　正

Ⅰ　問題の所在

1　はじめに

本稿は、以下の設例について、検討を行うものである。

【設例】　BはAに普通自動車（以下、「甲」という）を売り渡した。Aが代金債務（本稿ではBのAに対する債権を「B・A債権」という）を全額弁済するまで、Bは甲の所有権を留保することとされ、甲はBを所有者・Aを使用者として新規登録された。

A・B・Cは三者契約（立替払契約・オートローン契約）を締結し[1)]、①CはB・A債権を立替払いすること、②立替払いすればBの留保所有権はCに移転すること、③Aが立替払契約に係る債務（以下、「C・A債権」という）を完済するまで、甲上の留保所有権は、C・A債権を被担保債権として、Cに帰属し、その間甲の登録名義をCとなし得ること等が、約定された。そして、Cは、Bに、B・A債権を立替払いした。

Aは、C・A債権を全額弁済しないうちに、支払を停止した。Cは、これを知り、Aが期限の利益を喪失し、担保権実行の要件が備わったことから、留保所有権を実行し、Aより甲の引渡しを受けて、これを売却し、売却代金をC・A債権の弁済に充当した。

1）　オートローン契約に関しては、田高寛貴「多数当事者間契約による自動車の所有権留保」金法1950号（2012）48頁を参照。

その後、Aは破産手続開始決定を受け、Xが破産管財人に選任された。Xは、Cが甲の売却代金をC・A債権に充当した行為を、破産法162条1項1号により否認した。

Xの否認権行使は、認められるだろうか。

なお、所有権留保の法的性質には見解の対立があるが[2]、本稿では、①留保所有権は担保権であり、破産手続において別除権を付与されること、②Bは売主として履行を完了しており、B・A間の売買契約に破産法53条（双方未履行双務契約）は適用されないことを前提に、Bが、甲上の留保所有権を、B・A債権を被担保債権として有していたが、この留保所有権が、A・B・C間の三者契約とCのBへの立替払いにより、BからCに、C・A債権を被担保債権として、移転したとの法律構成の下で、検討を行うことにする。

2　平成22年判決と偏頗行為危機否認肯定説

(1)　**平成22年判決**　　最判平成22年6月4日（民集64巻4号1107頁。本稿では、「平成22年判決」で引用する）は、設例と同じ事実関係の下でAに民事再生手続が開始された事案であるが、「本件自動車につき、再生手続開始の時点で被上告人を所有者とする登録がされていない限り、販売会社を所有者とする登録がされていても、被上告人が、本件立替金等債権を担保するために本件三者契約に基づき留保した所有権を別除権として行使することは許されない。」と判示した。

この平成22年判決のルールは、破産手続にも妥当すると解されるが[3]、設例に当てはめれば、以下のようになろう。Cが、Aの破産手続において、甲上の留保所有権につき、別除権を主張するには、破産手続開始時に、甲につきCを所有者とした登録のあることが、必要である。Bを所有者とする登録がされていても、別除権の行使は許されない。

2）　所有権留保の法的性質に関しては、田村耕一・所有権留保の法理（信山社・2012）269頁以下、田髙寛貴「譲渡担保と所有権留保」法教424号（2016）81頁を、参照。

3）　小林明彦「判批」金法1910号（2010）11頁、田頭章一「判批」リマークス43号（2011）134頁、田髙・前掲注2）48頁、印藤弘二「所有権留保と倒産手続」金法1951号（2012）67頁、小山泰史「判批」金法1929号（2011）59頁、関武志「民事再生手続におけるクレジット会社の法的地位（上）（下）―最判平成22・6・4民集64巻4号110頁の事件を素材にして」判時2173号3頁、2174号3頁（2013）。

(2) **偏頗行為危機否認肯定説** 平成22年判決を受け、本設例と同じ事実関係（ただし、Cは、甲の引渡しを受けた後、その評価額と同額でC・A債権を消滅させている）の下で、CがC・A債権につき甲より満足を得た行為は、偏頗行為危機否認（破産162条1項1号）に服すると解する、次のような見解が、主張されるに至った（本稿では、「偏頗行為危機否認肯定説」で引用する）[4]。Cが、Aの支払不能を知りつつ、甲を引き上げ、その評価額と同額でC・A債権を消滅させた場合、偏頗的代物弁済がなされたものとして、破産法162条1項1号の適用を受けると解すべきである。確かに、Cが、担保権実行の要件が備わった後に、甲を引き上げる行為は、適法な担保権の実行である。しかし、甲上の留保所有権は、対抗要件を備えておらず、Aの破産手続において別除権を付与されない。したがって、Cが甲を引き上げて満足を得た後に、Aに対して破産手続開始決定がなされた場合、当該破産手続でCを他の債権者に優先して取り扱う根拠はなく、債権者平等原則に従い、Cが得た満足を偏頗行為危機否認に服せしめるべきである。適法な強制執行による本旨弁済であっても後に否認されることとの均衡からも（破産165条）、この結論は支持されよう。

(3) **昭和46年判決** これに先立ち、最判昭和46年7月16日（民集25巻5号779頁。本稿では、「昭和46年判決」で引用する）は、債務者が、債権者（債務者が有する甲地につき抵当権の設定を受けていたが、抵当権設定登記はなされていなかった）と通謀し、この債権者に優先的な満足を得させる目的で、甲地（債務者の唯一の資産であった）を、売買代金債権と被担保債権とを相殺する約定の下で、この債権者に売却した場合、たとえ売買価格が適正であっても、当該売買契約は旧破産法（大正11年4月25日法律71号）72条1号[5]所定の詐害行為とし

4） 福田修久「破産手続・民事再生手続における否認権等の法律問題」曹時64巻6号（2012）1頁、12頁以下。このほか、坂本隆一「倒産実務における自動車の（第三者）所有権留保に係る問題点の整理と今後の課題についての一考察」金法2042号（2016）26頁以下、野上誠一「所有者の登録名義を有していない自動車の留保所有権者が自動車を引き上げて債権の満足を受けた場合の否認可能性」判タ1424号（2016）5頁以下、「神戸地判平成27年8月18日の判批」金法2042号（2016）91頁以下も、参照。また、神戸地判平成27年8月18日、宇都宮地判平成27年11月4日（いずれも控訴審で和解）は、偏頗行為危機否認肯定説に立つ。

5） 旧破産法第72条は、以下のように規定する。
左ニ掲クル行為ハ破産財団ノ為之ヲ否認スルコトヲ得
一 破産者カ破産債権者ヲ害スルコトヲ知リテ為シタル行為 但シ之ニ因リテ利益ヲ受ケタル者カ其ノ行為ノ当時破産債権者ヲ害スヘキ事実ヲ知ラサリシトキハ此ノ限ニ在ラス
二 破産者カ支払ノ停止又ハ破産ノ申立アリタル後ニ為シタル担保ノ供与、債務ノ消滅ニ関ス

て否認権行使の対象となる旨、判示した[6]。

この判決で、最高裁は、以下のように述べて、抵当権が設定されていた以上、甲地は債権者の共同担保ではなく、甲地を売却する行為に有害性はないという主張を、退けている。「抵当権の設定を受けた者であつても、その登記を経ない間に設定者が破産手続開始決定を受けた場合には、右抵当権設定をもつて破産債権者に対抗することができないものと解すべきであるから、このような未登記抵当権者は、他の破産債権者に優先して当該担保物件から被担保債権の弁済を受けることはできないのであつて、右の被担保債権額の如何にかかわらず、目的不動産は、その全価額について破産債権者の共同担保となるものと解すべきである」[7]。

3　検　　討

(1)　**担保権の実行と有害性**　　本設例で、Cは、C・A債権につき、甲上に、留保所有権を有している。

仮に、甲がCを所有者として登録されており、Cが、Aの支払停止後、これを知りつつ、甲上の留保所有権を実行して（甲を引き上げ・売却して）、その売却代金をC・A債権の弁済に充当した場合、当該売却代金充当行為は、偏頗行為危機否認の対象にはならない。甲上の留保所有権が別除権として破産手続で尊重される以上、甲は別除権が把握する価値の限度で破産財団を構成しないため、否認の一般的要件である有害性が生じないからである[8]。

(2)　**対抗要件を欠く担保権**　　(a)　原則的ルール　　本設例を一部変更して、甲が登録されておらず、甲上の留保所有権が対抗要件を充足していない場合はどうであろう。

破産手続開始決定があると、甲の上に、破産債権者全体のため差押債権者

ル行為其ノ他破産債権者ヲ害スル行為　但シ之ニ因リテ利益ヲ受ケタル者カ其ノ行為ノ当時支払ノ停止又ハ破産ノ申立アリタルコトヲ知リタルトキニ限ル

三乃至五　（省略）

6）　なお、昭和46年判決に先立ち、大判昭和11年7月3日民集15巻1587頁は、詐害行為取消訴訟において、対抗要件を具備しない抵当権者に、債権の弁済をする目的で当該不動産を売り渡す行為は、債権者の一般担保権を減少させると、判示している。

7）　宇野栄一郎「判解」最判解民事篇昭和46年度359頁以下。金法624号（1971）27頁以下、金判278号（1971）2頁以下の解説も、参照。

8）　竹下守夫ほか・大コンメンタール破産法（青林書院・2007）651頁以下、伊藤眞ほか・条解破産法［第2版］（弘文堂・2014）1062頁以下。

の地位が成立し、破産管財人がこれを行使する[9]。差押債権者には対抗要件の欠缺を主張する正当な利益が認められているので、破産管財人にも同様の地位が認められる[10]。そして、CがXに対して甲上の留保所有権を主張すると、XはCに対し対抗要件欠缺の抗弁を対抗する。Cは、再抗弁として、対抗要件の充足を主張できない。その結果、Cは、甲上の留保所有権を、担保権＝別除権として破産財団に対抗できない。

では、Aが支払を停止してから破産手続開始決定を受けるまでに、Cが甲上の留保所有権を実行した場合は、どうであろう。

破産債権者全体のための差押債権者の地位は、甲の上に、破産手続開始決定によって成立し、Aが支払不能に陥ってから破産手続開始決定を受けるまでの間は、まだ成立していない。担保権は、その欠缺を主張する正当な利益を有する第三者に対してでなければ、対抗要件がなくても、有効である。このような意味で、本設例では、甲上の留保所有権は、対抗要件がなくても、BとAの間では有効であり、CとAの間でも同様であろう。

したがって、Cが、C・A債権につき、甲の換価金から満足を得たとしても、否認の一般的要件である有害性が生じていないため、偏頗行為危機否認は成立しないと解される。

(b)　平成22年判決下のルール　　以上の結論は、平成22年判決のルールを前提としても変わらないと、思われる。

平成22年判決のルールは、理論的には、以下のように説明されよう。破産手続開始決定があると、甲の上に、破産債権者全体のため差押債権者の地位が成立し、破産管財人がこれを行使する。差押債権者には対抗要件の欠缺を主張する正当な利益が認められているので、破産管財人にも同様の地位が認められる。そして、設例で、CがXに対して甲上の留保所有権を主張すると、XはCに対し対抗要件欠缺の抗弁を対抗する。再抗弁として、Cが、Xに、甲につきBを所有者とする登録が破産手続開始決定時より存在する事実を主張しても、有理性に欠け、主張自体失当であるため、対抗要件の充

9）　伊藤ほか・前掲注8）577頁以下。宇野・前掲注7）359頁以下、中西正「破産管財人の実体法上の地位」田原睦夫先生古稀・最高裁判事退官記念・現代民事法の実務と理論（下）（金融財政事情研究会・2013）399頁以下も、参照。

10）　瀬川卓男「破産管財人の第三者的地位」園尾隆司＝中島肇編・新・裁判実務体系10 破産法（青林書院・2000）71頁以下。

足は認められない。その結果、Cは、甲上の留保所有権を、担保権＝別除権として破産財団に対抗できない。

したがって、本設例のように、甲がB名義で登録されており、甲上の留保所有権が対抗要件を充足しない場合でも、破産手続開始決定があり、甲上に差押債権者の地位が成立したときは、Cは、甲上の留保所有権をXに対抗できないし、破産手続開始決定前で、甲上にまだ差押債権者の地位が成立していないときは、甲上の留保所有権はC・Aの間では有効なので、CがC・A債権につき甲の換価金から満足を得たとしても、否認の一般的要件である有害性が欠け、偏頗行為危機否認は成立しないと解される。

⑶　**偏頗行為危機否認肯定説の論拠**　ところが、偏頗行為危機否認肯定説は、甲上の留保所有権は、適法な対抗要件を備えておらず、Aの破産手続において別除権を付与されない以上、その実行により消滅した後、Aが破産手続開始決定を受けた場合であっても、遡及的に効力を有していなかったと取り扱われるべきであるとして、甲の売却代金をC・A債権の弁済に充当した行為に、有害性を認めていると、思われる。この点については、昭和46年判決も同様であろう。

以上のように、偏頗行為危機否認肯定説は、昭和46年判決と共に、大胆にも、対抗要件制度から導かれる当然の帰結と正反対の結論を、特段の論証を行うこともなく[11)]、導いている。それだけに、昭和46年判決や、偏頗行為危機否認肯定説には、その結論を正当化するだけの論拠があるか否かが問題になると、いわざるを得ないであろう[12)]。

4　本稿の目的

本稿は、昭和46年判決ならびに偏頗行為危機否認肯定説を正当化する論拠を検討した上で、設例におけるXによる否認権行使は認められない旨を論じるものである。

具体的には、以下のとおりである。

⑴　昭和46年判決、偏頗行為危機否認肯定説を正当化するには、偏頗行

11)　前掲注4）の各文献、ならびに、宇野・前掲注7）360頁を、参照。

12)　偏頗行為危機否認肯定説は実務に多大の影響を与えた。詳細は、舘脇幸子＝木下清午「神戸地判平成27年8月18日の判批」新・判例解説19号（2016）239頁。

為危機否認が適用される場面で、破産債権者全体の利益のための差押債権者の地位を、否認される行為がなされた時点まで遡及させ、それに対抗要件の欠缺を主張する正当な利益を付与する理論構成が、必要であると思われるが、この理論構成は、対抗要件主義に反し、対抗要件否認制度とも矛盾するため、解釈論としては、成り立たない。Ⅱを参照。

(2)　対抗要件否認を拡張するルールが成り立つなら、昭和46年判決、偏頗行為危機否認肯定説を、対抗要件主義や対抗要件否認制度と矛盾しない形に変更した上で、維持する可能性も、生じてくる。Ⅲを参照。

(3)　しかし、対抗要件否認拡張ルールの下でも、設例の場合、Xによる否認権行使は、認められるべきではない。Ⅳを参照。

Ⅱ　差押債権者の地位と対抗要件欠缺を主張する正当な利益の遡及

1　はじめに

偏頗行為危機否認が適用される場合、債務者が支払不能となり、債権者（債務者の責任財産上に担保権を有しているとする）がそれを知った時点で、当該担保目的物上に、破産債権者全体の利益のため、差押債権者の地位が成立し、それに対抗要件の欠缺を主張する正当な利益が付与されるので、当該担保権は破産管財人に対抗できなくなる。以上のような理論構成が成り立つなら、本設例で、Cは、優先的満足を得る正当な権利なくして、甲を引き上げ、売却し、売却代金をC・A債権の弁済に充当したという理由で、当該弁済充当行為を、偏頗行為の危機否認の対象とする可能性が、生じてこよう。

たしかに、債務者が支払不能に陥っても、破産手続開始決定がなされていない以上、債務者の責任財産上に、破産債権者全体のため、差押債権者の地位が成立することはない。しかし、沿革的にみれば、危機否認は、破産手続開始決定により、破産財団財産上に、破産債権者全体のための差押債権者の地位（以下では、原則として「差押債権者の地位」と略称する）が成立するというルールを、債務者が支払不能に陥り相手方がそれを知った時点まで遡及させる制度であると、理解することも、不可能ではない。

以下では、危機否認の制度趣旨を概観した上で、差押債権者の地位の遡及と、対抗要件欠缺を主張する正当な利益の遡及の可能性について、検討する。

2　ドイツ破産法における危機否認の制度趣旨

破産法162条1項1号は、旧破産法72条2号（前掲注5）を参照）に由来するが、旧破産法72条2号は、1877年のドイツ破産法30条1号後段に由来する[13)]。そして、ドイツ破産法の危機否認の制度趣旨は、以下のように要約できよう[14)]。

ある債務者が支払不能に陥ったことが明らかとなった場合、法は、破産債権者が破産手続において得るべき満足が、財産の廉売、新たな債務負担、偏頗行為などによって侵害されぬよう、保護せねばならない。

そこで、法は、債務者が支払不能になれば、破産手続において、全ての破産債権者に対して行なわれる配当のために、債務者の全ての責任財産が利用されることを求める法律上の請求権（破産請求権）を[15)]、各債権者に生ぜしめる。

破産請求権の成立によって、破産者の全財産はそれが存在するままに差し押えられ、未履行債務を個々の債権者の利益のために履行することは許されなくなり、財団の有する全ての価値は破産手続に参加する全債権者のために

---

13)　ドイツ旧破産法（Konkursordnung vom 10. Februar 1877 in der Fassung der Bekanntmachung vom 20. Mai 1898）30条1項は、以下のように規定する。

以下に掲げた行為は、これを否認することができる。

一　破産者が支払停止又は破産開始の申立のあった後に為した法律行為で、その成立により破産債権者を害し且相手方がそれを為す時支払停止又は破産開始の申立のあったことを知っていたもの　並びに支払停止又は破産開始の申立のあった後になされた法律的行為で、或る破産債権者に担保を供与しもしくは弁済を為し且その債権者がそれが為された時支払停止又は破産開始の申立のあったことを知っていたもの。

二以下　（省略）

14)　中西正「危機否認の根拠と限界（1）」民商93巻3号（1985）48頁以下。

15)　この請求権は「破産請求権」（Konkursanspruch）と呼ばれた。Konkursanspruchは、本文で述べたとおり、破産債権者に対して行なわれる配当のために、債務者の全ての責任財産が利用されることを求める法律上の請求権であるが、個々の破産債権者が債務者の財産に対して有する権利であると、構成されている。そして、破産手続開始前は債務的効力しか有さないが（破産請求権の存在を知る者＝債務者の支払不能を知る者に対してのみ効力を有する）、破産手続開始後は物権的効力を有する（破産手続開始決定を知っていたか否かにかかわらずその者に対して効力を有する）と構成された。

「債権者が債務者財産に対してもつ権利」であることに鑑みれば、破産請求権とは、①破産手続開始後は破産債権者全体のための差押債権者の地位であり、②債務者の支払不能発生から破産手続開始までの間は、債務者の支払不能を知る者に対してのみ有効な、破産債権者全体のための差押債権者の地位であるとみることも、可能であると思われる。

以上については、中西・前掲注14）364頁以下、373頁以下を、参照。

実現されなければならなくなる、という効果が発生する。

そのため、破産手続開始決定の後に破産者が行なった行為は、破産債権者全体に対して効力を欠く。破産債権者も破産手続によらねば満足を得ることができなくなる。

また、破産請求権が成立した後、破産手続開始決定がなされる前に、破産請求権を侵害しつつ行なわれた行為は、否認に服する。すなわち、破産請求権より、①債務者はもはや自分の財産を自由に管理・処分してはならず、いわば自分の財産の管財人を自認せねばならないという義務と、②各債権者は個別的な満足や優先弁済を受ける地位を取得してはならないという義務が発生し、これらの義務に反する法的行為を行ない、破産債権者を害する結果を生ぜしめれば、否認権が発生する。

以上で紹介した危機否認の立法趣旨は、その骨子につき、その後の学説や判例に受け継がれたといえよう。例えば、連邦通常裁判所は、「ドイツ破産法30条の危機否認は、危機の現われた時点（支払停止または破産申立て）から、債務者の財産はその無担保債権者全体に対して拘束されるという思想に基づいている（イェーガー＝レント破産法［第8版］30条前注参照）。法律の目的は、危機の現われた時点以降に個々の債権者が弁済や担保を得ることによって、債権者平等原則が骨抜きにされることを、阻止することにある。」と判示している[16]。

3　偏頗行為危機否認と差押債権者の地位の遡及

(1)　**危機否認の制度趣旨**　債務者が支払不能になると、破産債権者が破産手続において得るべき満足が、財産減少行為、偏頗行為などによって減少させられないよう、破産財団は「拘束」される。この「拘束」は、債務者の支払不能を原因として発生する実体的な効果であり、債務者の支払不能発生から破産手続終結に至るまで一体的であるが、①支払不能発生から破産手続

---

16)　中西正「危機否認の根拠と限界（2）」民商93巻4号（1986）518頁以下を、参照。
　なお、BGHZ 58, 240. で引用されているイェーガー＝レント破産法［第8版］30条前注は、以下のように述べている。「危機否認は、支払不能の発生後、債務者の財産は、共同的・平等的満足という目的のため、破産債権者に対して拘束される（verfangen）という思想に、基づいている。ただし、取引の安全のため、破産原因の存在につき善意の者は保護されねばならない。それゆえ、破産原因の存在とその認識が、危機否認を正当化するのである」。中西・前掲518頁以下を、参照。

開始に至るまでは、債務者の支払不能を知る者に対してのみ効力が及び、②破産手続開始から終結までは、支払不能や破産手続開始決定を知るか否かにかかわらず、全ての利害関係人に対して効力を有する。

①は、危機否認（破産160条1項2号、162条1項1号）、相殺禁止（破産71条1項2号・3号、72条1項2号・3号）の基礎であり、②は、破産手続開始後の法律行為の効力および権利取得の効力（破産47条1項、48条1項、71条1項、72条1項）の基礎である。

わが国の破産法上の危機否認の位置づけならびに趣旨は、以上のように理解すべきである[17]。

(2)　財産「拘束」と差押債権者の地位　破産手続開始後は、「拘束」とは、ⓐ破産者が破産財団財産を処分できないこと、およびⓑ特定の債権者に対する破産財団財産からの優先的満足を許さないことを意味するので、破産手続開始決定により、破産財団財産上に、破産債権者全体の利益のため、差押債権者の地位が成立し、処分禁止効を生ぜしめていると理論構成することが、可能であろう。

では、債務者が支払不能に陥り、相手方がそれを知ると、その相手方に遡及する、「拘束」については、どうであろう。遡及を実現する法的手段は危機否認であるから、以下では、財産減少行為危機否認（破産160条1項2号）と、偏頗行為危機否認（破産162条1項1号）について、検討することにしたい。

財産減少行為危機否認においては、債務者が支払不能に陥り相手方がそれを知ったとき、債務者が行った法律行為は、当然に無効となるのではなく、財産減少行為に該当すれば否認により取り消される。ここでは、「拘束」は、処分禁止ではなく、財産減少行為の禁止という形に修正されていると、理解せざるを得ない[18]。

---

17)　中西・前掲注16）538頁以下、中西正「ドイツ破産法における財産分配の基準（1）」法と政治43巻2号443頁以下、同「ドイツ破産法における財産分配の基準（2・完）」法と政治43巻3号656頁（1992）以下を、参照。

18)　債務者が支払不能になった時点で債務者財産を「拘束」するという法政策を実現するには、債務者が支払不能に陥り相手方がそれを知った時点で、債務者の責任財産上に差押債権者の地位を成立せしめなければならない。そして、そうであるなら、処分禁止効が生じているので、ⓐ破産債権者全体の利益のため債務者の処分行為を無効とすべきことになる。しかし、他方、ⓑ破産手続が開始されていない以上、自らの事業の継続・再生のため、債務者に管理処分の自由を保障する必要もある。財産減少行為の禁止は、これらⓐ・ⓑの要請を調和させた結果であると理解すべきである。

これに対して、偏頗行為危機否認の下では、債務者Aが支払不能に陥り、債権者Bがそれを知った後は、Bが、B・A債権につき、Aの責任財産から弁済を受けたり、Aの責任財産上に担保権を取得したりすることは許されない。したがって、偏頗行為危機否認との関係では、Aが支払不能に陥りBがそれを知った時点で、Aの責任財産上に、破産債権者全体の利益のため、差押債権者の地位が成立し、処分禁止効を生じていると、理論構成できると思われる[19)]。ここでは、差押債権者の地位に基づく処分禁止効は、否認権を行使して弁済や担保供与を取り消す点に現れる。

4　偏頗行為危機否認と対抗要件の欠缺を主張する正当な利益の遡及

(1)　**総説**　以上のように、偏頗行為危機否認の下では、債務者が支払不能に陥り債権者がそれを知った時点で、債務者の責任財産上に差押債権者の地位が成立すると解することができると思われる。そして、差押債権者に対抗要件の欠缺を主張する正当な利益を認め、これとの均衡上、同様の利益を、差押債権者の地位を行使する破産管財人にも認めるのが、判例のルールである。とするなら、偏頗行為危機否認の下で、遡及せしめられた差押債権者の地位に、対抗要件の欠缺を主張する正当な利益を付与することも、不可能ではないように思われる。すなわち、対抗要件を欠く担保権の実行による満足の取得につき偏頗行為危機否認を行使する際、まず、対抗要件の欠缺を主張して担保権を排斥した上で、担保目的物の換価代金を被担保債権に充当する行為自体を否認することも可能なのではないかと、思われる。

しかし、これは、解釈論としては成り立たないと、いうべきである。上述の如く、わが国の危機否認の制度はドイツ法に倣って制定されたが、わが国と異なり、ドイツ法では、担保権の公示は対抗要件ではなく、効力発生要件であり、偏頗行為危機否認の下で対抗要件欠缺を主張する地位を遡及させるルールは、想定されていない。対抗要件の欠缺を主張する正当な利益の遡及は、わが国では、対抗要件否認の制度により実現される。そのため、上述のような解釈をすれば、対抗要件主義や対抗要件否認の制度と矛盾を来すことになるからである。

19)　中西正「民事手続法における相殺期待の保護（上）」NBL1046号（2015）44頁以下も、参照。

以下で、この問題を検討する。

(2)　対抗要件否認の制度　わが国の倒産法制において、差押債権者の対抗要件の欠缺を主張する正当な利益を遡及させるのは、同じく対抗要件主義に立つフランス法やアメリカ法を参考にして制定された、対抗要件否認である[20)]。

Aが、Bに対し、B・A債権を被担保債権とし、自らが所有する乙地につき抵当権を設定したが、抵当権設定登記は留保していたところ、Aは支払を停止し、それを知ったBは抵当権設定登記をし、Aに対して破産手続開始決定がされ、Xが破産管財人に選任された、とする。Xによる本件抵当権設定行為の否認が認められた場合、Bの抵当権は破産手続開始時に対抗要件を備えていなかったことになるので、Xは差押債権者の対抗要件の欠缺を主張する正当な利益に依拠して、Bの抵当権を排斥することになる。

以上から明らかなように、対抗要件否認は、実質的に、Aが支払を停止し、Bがそれを知った時点まで、差押債権者の対抗要件の欠缺を主張する正当な利益を遡及させる機能を有している。そして、倒産法上、このような機能を付与された制度は、対抗要件否認以外に存在しない。

(3)　偏頗行為危機否認肯定説と対抗要件否認　このような制度の下、Aが支払不能に陥り、Bがそれを知った時点で、Aの責任財産上に差押債権者の地位を成立せしめ、これに対抗要件の欠缺を主張する正当な利益を付与して、偏頗行為危機否認肯定説をとるなら、現行法上の基本的な原則と矛盾を来し、不当な結果を生ぜしめることにもなる。

まず、第1に、担保物権の設定等につき、対抗要件主義を、効力要件主義に変更することになる。本設例で、Xは、偏頗行為危機否認を行使する際、まず、対抗要件の欠缺を主張し、Cの留保所有権を排斥した上で、Cが甲の売却代金をC・A債権に充当した行為を否認せねばならないが、「Xが対抗要件の欠缺を主張しCの留保所有権を排斥する」という法律構成は、不可能であろう。消滅してしまった留保所有権に対する対抗要件欠缺の抗弁など

---

20)　加藤正治・破産法講義［第9版］（有斐閣書房・1921）246頁以下（旧破産法の草案の解説）、同・破産法要論［第16版］（有斐閣・1952）164頁以下。遠藤武治・破産法（巌松堂書店・1922）114頁、青木徹二・破産法説明（巌松堂書店・1923）187頁など、他の立法関与者の説明も、同様である。

あり得ないからである。偏頗行為危機否認肯定説は、解釈により対抗要件主義を効力要件主義に変更していると、いわざるを得ない。

第2に、偏頗行為危機否認肯定説に立てば、対抗要件否認制度はその存在の理由を失うことになる。なぜなら、債務者Aが支払不能に陥り、債権者Bがそれを知ると、対抗要件を備えていない、B・A債権を被担保債権とする、Aの責任財産上の担保権は、効力を失うことになるので、その後この担保権につきなされる対抗要件充足行為を否認する実益は、なくなってしまうからである。

そして、第3に、偏頗行為危機否認肯定説は、対抗要件否認における、①15日間を猶予期間として保障すること、②時的限界が支払停止であること[21]、③支払停止を知って1年経過しても破産申立てがなければ当該担保権は効力を尊重されること等のルールをも、実質的に失効せしめることになる。

以上のように考えるなら、偏頗行為危機否認肯定説は、現行法の基本的な構造と矛盾し、解釈論としては成立し難いと、いわざるを得ない。

Ⅲ　対抗要件否認を拡張するルール

1　はじめに

では、偏頗行為危機否認肯定説を解釈論としては成り立たないと批判すれば、公平で合理的な結果が実現されるのだろうか。

【事例1】　債務者Aは支払不能に陥っていた。B（BはB・A債権につきAの責任財産上に担保権を有していたとする）は、担保権の登記を留保し、その隠蔽に協力していたが、やがて隠し切れなくなり、Aの支払不能は外部に発覚した。登記を留保する実益がなくなり、債務者が破産手続開始決定を受ける蓋然性が高まったため、Bは自らの権利を保全しようとした。

〈シナリオ1〉そこで、Bは、対抗要件を充足することなく、担保権を実行した。対抗要件否認を回避するためである。

〈シナリオ2〉そこで、Bは、対抗要件を充足した後、直ちに担保権を実行し

21）　なお、破産法164条1項の「支払停止」を「支払不能」に法改正すべきであるとする、有力な見解がある。畑瑞穂「対抗要件否認に関する覚書」井上治典先生追悼・民事紛争と手続理論の現在（法律文化社・2008）554頁以下。

た。対抗要件否認を回避するためである。

〈シナリオ3〉そこで、BはAより被担保債権につき完全な弁済を受けた。担保権を実行するには対抗要件充足が必要で、そうすれば対抗要件否認に服するからである。

以下では、まず、対抗要件否認の制度趣旨を説明し、この制度趣旨にシナリオ1、2、3の結果は反していることを明らかにし、問題を解決する手段として対抗要件否認拡張ルール1、2、3を提案した上で、これらのルールの当否をより広い観点から検討することにしたい。

2　対抗要件否認の制度趣旨[22)]

破産法は、支払不能に陥った時点での債務者財産を拘束し、その価値を破産債権者への配当にあてることを、目的の一つとしている。そのため、債務者が支払不能に陥れば直ちに破産申立をすることができ、破産申立が遅れ、債務者が支払不能に陥って一定の期間が経過した後、初めて破産手続開始決定がなされた場合でも、危機否認や相殺禁止の制度により、破産財団の価値は可及的に支払不能に陥った時点での債務者財産のそれに回復されることになっている（以下、これらを「破産債権者保護のシステム」という）。

しかし、債務者の財務状況が外部に対して明らかでなければ、破産債権者保護のシステムは十分に機能しない。すなわち、支払不能となった債務者の財務状況を認識することが困難であれば、債務者が支払不能となった後も信用供与は続けられ、支払不能が支払停止などの形で外部に明らかとなる時期や、それに応じて破産申立などが行われる時期は、引き延ばされることになる。その結果、債務者の支払不能が明らかとなり、手続が開始されたときには、もはや十分な財産は残されていないことになる。この場合、債務者の支払不能の発覚が遅れたことにより、危機否認や相殺禁止が機能を開始する時期も遅れているため、破産財団の回復も十分には行われない。

そこで、債務者の財務状況を外部に明らかにする手段が問題となるが、主要な手段は、有価証券報告書または決算公告による貸借対照表等またはその

22)　中西正「対抗要件否認の再構成―米国連邦倒産法における Strong Arm Clause と Perfection Rule」新堂幸司先生古稀祝賀・民事訴訟法理論の新たな構築（有斐閣・2001）694頁以下、伊藤ほか・前掲注8）1105頁以下。

要旨の開示であろう[23]。しかし、これに加え、債務者財産上の担保権が公示されていることも、補完的な手段としてではあるが、依然として重要であると、思われる[24]。

そこで、問題は、どのような手段により、担保権の公示を徹底させるかである。

対抗要件を欠く権利は差押債権者に対抗できないという法理や、破産管財人は差押債権者と同等の地位を有し、対抗要件を欠く権利は破産管財人に対抗できないという法理は、一般に担保権の公示を促すことになる。このことに異論はないであろう。しかし、破産債権者保護のシステムの構造に鑑みれば、これらの法理だけでは不十分である。

担保権を債務者の支払不能が外部に明らかとなるまで公示せず、支払停止などによりこれが明らかとなって初めて公示した場合を、想定しよう。この場合、当該担保権は、債務者の支払不能の隠蔽、そして破産債権者保護のシステムの機能不全に、寄与している。担保権の公示は、支払不能の発生を取引界一般に知らしめる役割を与えられている以上、支払不能の発生が明らかになるまでになされねば、意味がない。破産債権者保護のシステムを機能不全にするという点では、支払不能が明らかとなって以後の公示は、全く公示されないことと価値的には同等なのである。このような場合、担保権者は、まさに公示が必要とされる時に公示せず、債務者の支払不能を隠蔽し、破産債権者保護のシステムが機能を始める時点を可能な限り遅らせ、隠蔽がもはや不可能となり、支払不能が支払停止などの形で外部に明らかになったとき、公示せずにおく実益がなくなり、自らの地位を保全する必要が生じたため、対抗要件を具備しているわけである。

そこで、担保権の公示を差し控え、債務者が支払を停止した後、それを知って、対抗要件を充足した場合、当該対抗要件充足行為は否認に服すること

23)　すなわち、上場会社については、貸借対照表や損益計算書などの財務諸表が有価証券報告書により開示される（金商24条1項）。また、上場会社以外の株式会社についても、大会社以外の株式会社は貸借対照表を、大会社たる株式会社は貸借対照表および損益計算書を、それぞれ公告することが義務付けられている（会社440条1項）。ただし、官報または日刊新聞への掲載による公告の場合には、その要旨で足りる（同条2項）。

24)　このことを示す一例として「林原事件」を挙げることができよう。森倫洋ほか「特集・林原グループの会社更生事件」金法1952号（2012）6頁以下、とりわけ、高橋洋行ほか「林原グループ案件における否認請求等」同24頁以下を、参照されたい。

とされた。否認の対象が、権利の設定等があった日から15日を経過してなされた対抗要件充足行為に限られたのは、担保権の設定から対抗要件充足までは通常一定の期間を要する点を考慮したためである。

【補説1】 対抗要件具備行為を否認する意味

(1) **担保権の登記・登録の機能**　債務者の責任財産上の担保権の登記・登録には、二つの機能がある[25]。一つは、①責任財産上の担保権を公示する機能（以下、「権利公示機能」という）であり、他の一つは、②当該責任財産について競合する複数の権利（担保権・用益権・差押債権者の地位など）の間のプライオリティーを決定する機能（以下、「プライオリティー決定機能」という）である。

また、権利公示機能は、さらに、二つに分析できる。一つは、ⓐ債務者に担保信用の供与を行おうと考えている者に対する機能で、新たな担保取引を行う機会のあることを示し（無担保または担保余剰ある財産の公示は、新たな担保信用取引の機会を生ぜしめる）、担保信用取引を促進する機能である。他の一つは、ⓑ無担保債権者に対する機能で、債務者のある財産につき、担保権が設定されている、あるいは設定されていないという事実から、その債務者の財務状況を推測させる機能である。

(2) **対抗要件の欠缺を主張する正当な利益を付与する趣旨**　では、差押債権者の地位に、対抗要件の欠缺を主張する正当な利益を付与する趣旨は、何であろう。

破産手続開始決定により破産財団財産上に成立する差押債権者の地位に、対抗要件の欠缺を主張する正当な利益を付与する趣旨は、プライオリティー決定機能ならびに権利公示機能を実効あらしめるためであると、考えられる。

すなわち、差押債権者の地位は、破産手続開始決定の時点を基準として、登記・登録がなされている担保権には劣後し、そうでない担保権には優先する（これがプライオリティーを決定するルールである）。このルールを実効あらしめるため、差押債権者の地位に対抗要件の欠缺を主張する正当な利益が付与されていると、考えられる。

また、このルールを実効あらしめれば、自らの担保権につき登記・登録するよう担保権者を促すことになる。

他方、債務者が支払不能に陥り相手方がそれを知った時点で、債務者の責任財産上に破産債権者全体のため差押債権者の地位を成立せしめ、これに対抗要件の欠缺を主張する正当な利益を付与する趣旨（公示されない担保権を破産手続から排斥する直接の根拠は、破産手続開始決定により成立した差押債権者の地位であ

---

25) この問題については、中西・前掲注22) 694頁を、参照。さらに、森田修・アメリカ倒産担保法―「初期融資者の優越」の法理（商事法務・2005）73頁以下も、参照。

るが、全体としてみれば、債務者の危機が公然化した（債務者が支払を停止した）時点まで遡って、対抗要件の欠缺を主張する正当な利益を付与したことと、実質的には同じであると、みることが許されよう）は、利害関係人の権利の優先劣後を決定する基準時が破産手続開始決定時である以上、権利公示機能（対抗要件否認の趣旨からすれば主としてⓑの機能）を実効あらしめるためである。

すなわち、債務者の責任財産上の担保権が、危機が公然化した後で初めて公示された場合に、今後、社会一般において、このように後れて担保権が公示されることを阻止するため、当該対抗要件具備行為を否認し、対抗要件を欠く担保権として、その担保権を破産手続から排斥する、つまり担保権者より担保権を奪うわけである。その結果、破産債権者全体は、当該担保権の価値を反射的に取得することになる。

以上のように、対抗要件の欠缺を主張する正当な利益を付与する趣旨は、破産手続開始決定により成立する差押債権者の地位の場合と、債務者が支払不能に陥り相手方がそれを知った時点で成立する差押債権者の地位の場合とでは、異なるというべきである。

⑶　**対抗要件否認の「有害性」**　仮に破産法164条の対抗要件否認も「有害性」を要件とするとしても、それは、否認の一般的要件である「有害性」（破産債権者への配当を減らす債務者財産の減少）ではなく、破産債権者保護のシステムの機能不全の可能性という抽象的危険であると、解される。このことは、対抗要件否認拡張ルール1、2、3についても妥当しよう。

3　対抗要件否認拡張ルール

以上のように、対抗要件否認は、担保権の公示を差し控えることにより、債務者の支払不能が外部に明らかとなるのが遅れ、破産債権者保護のシステムが機能不全に陥ることを、回避するための制度である。

そうすると、支払不能が隠蔽し切れず外部に発覚した後で、担保権が、①初めて公示された場合（対抗要件否認の場合）と、②公示されずに直ちに実行された場合（シナリオ1）、③公示された後直ちに実行された場合（シナリオ2）、および④公示されずに実行されたに等しい場合（被担保債権につき弁済がなされ、担保権が把握する価値の限度で有害性が存在しないという理論により、偏頗行為否認が否定されるなら、このような弁済は担保権の実行に等しいとみるべきであろう。シナリオ3）では、対抗要件否認を発動する必要性は変わらないと、いうこともできよう。

対抗要件否認の制度趣旨からすれば、「権利の設定、移転又は変更をもって第三者に対抗するために必要な行為」と、②ないし④の、担保権実行行為、担保権実行に等しい行為は、等価値であるといえるのである。

以上のように考えるなら、対抗要件否認を拡張して、ルール1、2、3を導くことができる。

〈ルール1〉支払の停止等の後になされた、対抗要件を欠く担保権の実行は、担保権が設定された日から15日を経過した後、担保権者が支払の停止等を知って行われた場合には、否認に服する。

〈ルール2〉対抗要件を具備した担保権の実行は、その対抗要件の具備が対抗要件否認に服する場合には、否認により取り消される。

〈ルール3〉支払の停止等の後になされた、対抗要件を欠く担保権を有する債権者に対する弁済は、それが、担保権が設定された日から15日を経過した後に、担保権者が支払の停止等を知って行われた場合には、有害性が生じているとみて、否認に服する。

ルール1、3の場合、否認の結果、当該担保権が復活すれば、それは破産手続開始の時点で対抗要件を欠く担保権となり、破産管財人により主張される差押債権者の地位により、破産手続より排斥される。

ルール2の場合、否認の結果、当該担保権が復活すれば、対抗要件を否認し、それを破産手続開始時に対抗要件を欠く担保権とした上で、破産管財人により主張される差押債権者の地位により、破産手続より排斥する。

何れにおいても、破産法166条が準用される。

なお、15日の猶予期間は、対抗要件充足のための準備期間なので、対抗要件充足のない場面では保障する必要はないという見解も、成り立とう。本稿では、差し当たり、猶予期間内に、対抗要件を充足して担保権を保全するか、担保権自体を実行してしまうかは、担保権者の自由であるとの前提で、議論を行った。

ルール1、2は、偏頗行為危機否認肯定説に対応し、ルール3は、昭和46年判決と偏頗行為危機否認肯定説に対応しようか[26)]。

---

26)　福田・前掲注4）は、担保目的物による代物弁済を対象とするので、ルール3に対応するとみることができる。

4 検　討

(1) 問題の所在　上述3で検討したように、対抗要件否認の制度趣旨の潜脱を防ぎ、その立法目的をより完璧に達成するには、対抗要件否認拡張ルール1、2、3が必要となる。

他方、対抗要件否認のルールだけでなく、対抗要件否認拡張ルール1、2、3が適用されれば、担保権者は公示されない担保権を失い（4では対抗要件を欠く担保権を「公示されない担保権」と呼ぶ）、失われた利益は、反射的に、破産債権者全体に帰属することになる。対抗要件否認の目的達成のため、担保権者から公示されない担保権を奪い、破産債権者全体に再分配する結果となるわけである（「担保的利益の再分配」）。

公示されない担保権の設定を詐害行為とみるなら、ある債務者の責任財産上に公示されない担保権をもつ債権者は、同じ責任財産を引き当てとする無担保債権者に対して、自らの権利を主張することは許されないというべきであり、この結果は当然であろう。

しかし、現在では、そのように解する理由は存在しないと思われる（後述・**【補説2】**を参照）。むしろ、公示されない担保権の権利者も、債務者との交渉により、経済的な対価を支払って、担保権を取得している以上、担保目的物に関しては、原則として無担保債権者よりも強く保護されるべきであると、考えられる。

そこで、対抗要件否認の立法目的をより完璧に達成しなければならないという要請は、上述の「担保的利益の再分配」を、どの程度まで正当化するのかが、問われるべきである。例えば、公示されない担保権の権利者と無担保債権者の公平を考慮するなら、対抗要件否認のルールまでが限度であり、これに、更に担保権者の権利を制限する拡張ルールを加えることは、正当な政策のためとはいえ、担保権者の利益を過度に制限する結果となり、正当化根拠を欠くという見解も、成り立ち得るのである。

(2) 基本的な考え方　対抗要件否認のルールも、対抗要件否認拡張ルール1、2、3も、その目的は、債務者の財務状況の開示、すなわち、債務者の責任財産上の担保権の登記・登録の権利公示機能（立法趣旨からすれば権利公示機能ⓑである。上述・**【補説1】**を参照）を実効あらしめる点にある。

そこで、登記・登録の権利公示機能が債務者の財務状況の開示にどれほど貢献するのか、言い換えるなら、信用供与実務において、債務者の支払能力を判断するに際し、債務者の個々の財産上の担保権の登記・登録は、どの程度に重要な判断要素なのかが、問題となろう。現代の信用供与実務において、債務者の財務状況を明らかにするため、担保権者に「担保的利益の再分配」という犠牲を強いてまで、対抗要件否認のルールだけでなく、対抗要件否認拡張ルール1、2、3を妥当させ、危機時期における債務者財産上の担保権の公示を徹底させる必要があるのかが、問われるわけである。

より具体的には、以下のとおりである。

対抗要件否認拡張ルール1、2、3を認めるべきか否かは、基本的には、信用供与実務において、債務者の支払能力を判断するに際し、債務者の個々の財産上の担保権の公示がどの程度に重要な判断要素とされているかにより、決定されるべきである。

例えば、わが国では、債務者が支払不能であることは「債務者の財務状況を開示するシステム」から容易に判断でき、個々の財産上の担保権の公示には全く意味がないといえるのであれば、対抗要件否認拡張ルール1、2、3は認めるべきでないことになる。この場合には、対抗要件否認の存在自体が問題とされよう。

他方、わが国では「債務者の財務状況を開示するシステム」は脆弱である上[27]、債務者が支払不能であるか否かは様々な要素を考慮しなければ判断できないのであれば[28]、このような判断の際の債務者財産上の担保権の公示の重要性次第で、対抗要件否認拡張ルール1、2、3を妥当させる必要性も出てこよう。

この問題については、これまで十分な議論はなされてこなかったように思

---

27)　上場企業等の有価証券報告書の開示には一定の信頼が寄せられているが、多くの非上場企業は決算公告を行っていない点を考慮すれば、そもそも「債務者の財産開示システム」なるものが存在するかについて疑問があろう。

28)　「支払不能」は、貸借対照表や損益計算書のみでは判断できず、流動資産と流動負債のサイトや金融債務の期限猶予の有無、固定資産の早期換価可能性など、個別のヒアリングなどもしなければ判断できないと思われる。さらに、上場・非上場等の債務者の属性のみならず、メインバンク・非メイン・大口仕入先・通常仕入先といった債権者の属性によっても、債務者の財務状況へのアクセスの容易さは異なると思われる。メインバンクであれば、力関係が強いので、債務者の財産・負債に関する詳細な資料を入手できる一方、通常仕入先であれば、債務者から財務状況に関する資料を入手するのは困難なので、信用調査会社に費用を払って、債務者の企業信用情報を得ている。以上については、養毛良和弁護士から詳細なご教示を賜った（注27の記述についても同様である）。

われる。そこで、以下では、不動産など重要な財産上の担保権の公示は、債務者の支払不能を判断する際に参考とされている（一定の役割を果たしている）との仮定に基づき、検討を試みることにしたい。

(3)　**対抗要件否認拡張ルール1、2、3の当否**　(a)　担保権の公示が、債務者の支払能力を判断する資料として、一定の役割を果たしているなら、対抗要件否認拡張ルール1、2、3の妥当性を、個別具体的に検討すべきこととなる。

(b)　対抗要件否認拡張ルール1は、解釈論としては成り立たないと思われる。対抗要件否認の対象である対抗要件充足行為は、それ自体も偏頗行為と捉えることができ、その効力を否定する正当化根拠は既に十分に備わっている。これに対して、担保物権の実行は正当な権利行使であり、その効力を否定するためには法律の明文規定が必要であると、考えられるからである。

立法論としてルール1が正当か否か（偏頗行為危機否認肯定説は対抗要件主義・対抗要件否認制度と調和する形で存在し得るのか）は、難しい問題である。

事例1・シナリオ1（上述Ⅲ1を参照）は、明らかに対抗要件否認の趣旨を潜脱している。この点に鑑みれば、ルール1の立法化は正当であると思われる。しかし、債務者財産上の担保権の登記・登録が債務者の支払能力を判断する上で極めて重要な要素であった時代ですら、担保権者に後れた公示をさせない手段は、対抗要件否認のみであった（後述・**【補説2】**を参照）。それだけに、債務者の支払能力が、有価証券報告書や決算公告により開示される貸借対照表ほか様々な要素を複合的に考慮して判断されるようになった、言い換えれば、登記・登録の相対的重要性が著しく低下した今日において、後れた担保権の公示を阻止して登記・登録の機能を向上させるため、「担保的利益の再分配」を伴うルール1を追加するという立法の合理性については、疑問を払拭することができないと思われるのである。

仮に、重要な財産上の担保権については、その実行に当たり事実上対抗要件具備が要求されるため、重要な案件はシナリオ2・ルール2によって解決可能であるとするなら、ルール1の立法化は避けるべきである。

(c)　対抗要件否認拡張ルール2は、債権者が否認の対象となる担保権を実行し満足を得た後、債務者が破産手続開始決定を受けた場合でも、当該担保権の設定行為を否認できる（その前提として担保権実行行為も否定されていることになる）こととの均衡上、解釈論として成立し得ると思われる。抵当権などは実行のため事実上登記を要求されるので、ルール2が解釈論として認められるなら、多くの事例で問題が解決されよう。

(d)　対抗要件否認拡張ルール3は、立法論であると思われる。有害性は客観的・画一的な概念であるだけに、担保権の対象となる財産からの弁済は当該担保権が把握する価値の限度で有害性を欠くというルールが、支払の停止等の後になされた、対抗要件を欠く担保権を有する債権者に対する弁済で、担保権が設定された日から15日を経過した後に、担保権者が支払の停止等を知って行われたものには適用されないという結論を、解釈論として導き出すことは、困難だと思われるからである。

事例1・シナリオ3は、担保権の実行につき（事実上）対抗要件の充足が要求される場合に、それを「潜脱」しようとする点で、事例1・シナリオ2よりも悪質である。他方、債務者の財務状況開示の点で担保権の公示が決定的な重要性をもつとまではいえないなら、このような弁済を正当化する客観的事情も認められよう。このように考えるなら、ルール3を破産法160条1項1号（財産減少行為の故意否認）を介して実現することが、検討されるべきであると思われる。以下、事例を示した上で、説明したい。

【事例2】　BはAに対して1億円の金銭債権（以下、「B・A債権」という）を有しており、B・A債権を被担保債権として、Aが所有する甲地（時価1億円）に抵当権が設定されていたが、抵当権設定登記はなされていなかった。Aが支払を停止しBがそれを知った後、AとBは甲地をB・A債権の代物弁済に供することとし、AからBへの所有権移転登記も行った。①甲地上の抵当権を実行するには抵当権設定登記が求められるが、抵当権設定登記をすると対抗要件否認に服する可能性があること、②甲地の価値と被担保債権の額は均衡しているので、A・B間の代物弁済契約が破産法160条2項に服するおそれはないこと、③B・A債権につき甲地上に抵当権が設定されており、甲地の全価値が把握されているので、甲地をB・A債権の代物弁済に供しても有害性は生じないことが、本件代物弁済契約を締結した理由である。その後、Aは破産手続開始決定を受け、破産管財人に選任されたXは、B・A間の本件代物弁済を否認した。

甲地上の抵当権がAの破産手続で尊重されるには対抗要件の充足が必要

であり、破産手続開始決定までに抵当権を実行するにも対抗要件の充足が事実上必要とされよう。ところが、本事例で、AからBに抵当権設定登記がなされると、それは対抗要件否認に服し、Bは抵当権を失う結果となる。そこで、BとAは、ⓐ消滅した債権の額と代物弁済の目的物の価額が均衡していれば財産減少行為否認に服さないというルール（破産160条2項）や、ⓑ担保権の対象となる財産からの弁済は当該担保権が把握する価値の限度で有害性を欠くため偏頗行為危機否認に服さないというルールを利用して、「否認に服さない」代物弁済契約を作出することにより、対抗要件否認の適用を回避しようとしたわけである。

これは、意図的に、ⓐやⓑのルールを利用して（不当な目的に基づくので「濫用」というべきであろう）、否認に服さない行為の外形（抵当権の目的物に関するA・B間の代物弁済契約）を作出し、破産法が保護しようとする重要な利益（対抗要件否認の制度趣旨である破産債権者保護のシステムの保全）の犠牲の下に、債権者その他の第三者（本事例ではB）に不当な利益を得させようとしたのであり、詐害行為、つまり「破産者が破産債権者を害することを知ってした行為」（破産160条1項1号）に該当すると解すべきである[29)]。B・A間の代物弁済契約が同条1項1号により否認され、権利関係が原状に復すると、Xは、差押債権者の地位に依拠して、Bの抵当権を破産手続から排斥することになる。

昭和46年判決のルールは、以上のような観点から、正当化できると思われる。

破産法160条1項柱書は「担保の提供又は債務の消滅に関する行為」を否認の対象から除外してはいるが、代物弁済は財産減少行為否認にも服する点に鑑みれば（同条2項参照）、このような解釈も成り立つ余地があろう。

Aが甲地を必要とするためBに1億円を支払って甲地を受け戻した場合、甲地を任意売却するためAがBに1億円を支払いBが抵当権を放棄した場合などはともかく、抵当権を実行するため対抗要件の充足が事実上必要とされることを考慮して受戻しをしたような場合には、理論上は、同様の処理が可能であると思われる。ただし、破産法160条1項柱書の括弧書きにより、解釈論としては不可能である。

29） 本文の見解が前提とする、故意否認の根拠に関しては、山本克己ほか・新基本法コンメンタール破産法（日本評論社・2014）327頁以下〔中西正〕を、参照。

【補説２】　歴史的アプローチ30)

(1)　対抗要件否認の原型が創られた時代、公示されない担保権の設定は、fraud（詐害行為）だとみられていた。当時は、デフォルトの場合、債務者の特定の財産から満足を得ようと期待して、無担保信用が供与されていたのではないかと推測される（対応関係は必ずしも明らかでないが、債務を負担すれば債務者財産は当該債権者との関係で信託的財産となるという法理も存在した）。このような場合、ある財産に担保権は設定されていないという外観で、相手方に無担保信用の供与を決定させ、その後強制執行や破産手続が開始されてから、実は当該財産には既に担保権が設定されていた事実が判明し、その担保権が有効と扱われるのなら、公示されない担保権の設定は詐害行為（詐欺的行為）となる。

このような時代であれば、対抗要件否認や、対抗要件否認拡張ルールは、詐害行為を除去する手段であると、位置づけられることになろう。

しかし、債務を負担した後も債務者はその財産を自由に管理処分できるとする制度の下では、以上の考え方は成り立たない。

(2)　その後、債務者の支払能力を判断して、無担保信用を供与するか否かが決定されるようになる。そして、当初、支払能力は、債務者の個々の財産を調査し、さらに当該財産に担保権が設定されているか否かを調査して、決定されていたようである。このような実務の下では、担保権の登記・登録は、債務者の支払い能力を判断する上で、極めて重要な判断要素であったと思われる。

対抗要件否認（連邦倒産法上のパーフェクション・ルール）が最も重要視されたのは、この時代であろう。

(3)　しかし、上述の如く、現代の信用供与実務において、債務者の支払能力の判断は、債務者の有価証券報告書や決算公告により開示される貸借対照表等またはその要旨のほか、様々な要素を複合的に考慮して行われており、債務者の個々の財産はその中の一要素に過ぎないと思われる。

このような実務の下では、債務者の支払能力を判断する要素として、担保権の登記・登録がその重要性を失っていけばいくほど、公示されない担保権の要保護性は増大し、対抗要件否認（アメリカ合衆国連邦倒産法のパーフェクション・ルール）の重要性は低下していくと思われる。連邦倒産法の下では、パーフェクション・ルールは緩和される方向にあるとみられるし（例、猶予期間は当初の10日から30日に拡大されている）、廃止論も主張されている。

(4)　以上のような歴史の流れの中で、そしてわが国の今日の信用供与実務の下で、公示されない担保権の要保護性、対抗要件否認、対抗要件否認拡張ルールをどう考えるのか。問題の本質は以上の点にあろう。

---

30)　中西・前掲注22) 674頁以下を、参照。

Ⅳ　本設例の検討

以上で検討したところによれば、本設例においてＸの否認は認められないと解される。その理由は、以下のとおりである。

担保権は、その欠缺を主張する正当な利益を有する第三者に対してでなければ、対抗要件がなくても、有効である。甲上の留保所有権は、対抗要件がなくても、ＢとＡとの間では有効であり、ＣとＡとの間でも同様である。したがって、Ｃが、Ｃ・Ａ債権につき、甲の換価金から満足を得たとしても、否認の一般的要件である有害性が生じていないため、偏頗行為危機否認は成立しないと解される。

偏頗行為危機否認が適用される場合、Ａが支払不能となり、Ｃがそれを知った時点で、甲の上に、破産債権者全体の利益のため、差押債権者の地位が成立し、それに対抗要件の欠缺を主張する正当な利益が付与されると解することできるなら、甲上の留保所有権は無効となるため、有害性の発生を認めることもできようが、このように解することはできない。

仮に対抗要件否認拡張ルールを解釈論としても正当であるとみるなら、債務者の支払停止後になされた、公示されない担保権の実行は、否認に服し、公示されない担保権の被担保債権への弁済も、偏頗行為危機否認に服することになる。

しかし、対抗要件否認の趣旨は、公示されない担保権が破産債権者保護のシステムを機能不全にするという弊害を、除去することである。本設例のように、担保権（甲上の留保所有権）の存在自体は公示されており、支払不能の隠蔽に寄与しない事例に（破産法164条の有害性が存在しないということもできる。上述・**【補説１】**(3)を参照)、対抗要件否認拡張ルールを適用することは、制度の趣旨を逸脱して、正当な根拠なく担保権者の権利を制約することになり、許されないと、いうべきである。倒産手続において、正当に成立した担保権を尊重することは、当事者間の公平を図る上でも、担保制度という極めて重要な社会経済的インフラストラクチャーを維持する上でも、必要不可欠だからである[31)]。

31）担保権は、担保目的物の価値から優先的に満足を得る権能を有しているため、以下のような、

このように解するなら、破産手続開始決定により成立する差押債権者の地位に対抗するための登記・登録と、債務者の支払不能を知ったことにより成立する差押債権者の地位に対抗するためのそれとは、内容が異なることになる。しかし、これは、それぞれの差押債権者の地位に対抗要件欠缺を主張する正当な利益を付与した趣旨が異なることに起因するのであり（上述・**【補説1】**を参照）、問題はない。破産債権者全体との競争に勝つための登記・登録と、担保権を公示せず支払不能を隠蔽したと非難されないための登記・登録は、内容が異なるのだと、いうことも可能であろう。

以上の理由から、本設例においては、Xの否認は認められないと解すべきである。

【付記】

本稿は、平成25年度科学研究費基盤研究（c）25380105の助成による研究成果の一部である。

本稿の執筆に当たっては、舘脇幸子弁護士ほか、仙台オートローン問題研究会の先生方に、ご協力を頂きました。また、蓑毛良和弁護士（東京弁護士会）からも有益なコメントをいただきました。皆様に、この場をお借りして、厚くお礼を申し上げます。

経済社会において必要不可欠な機能を、果たしている。①担保信用は、信用供与のコスト（利息・遅延損害金など）を、より低くすることを、可能とする。②担保信用は、信用力の低い債務者に対する与信を可能にする。③担保信用は、長期に渡る与信を可能にする。以上の機能は、担保権がもつ担保目的物からの優先弁済権能に依拠しているので、これを維持するためには、担保権の優先弁済権能を尊重しなければならない。

債務者が倒産した場合に担保権の優先弁済権能を尊重しないことは、当該事例において、①ないし③のような信用を供与した、担保権者に不公平なだけでなく、当該事例を超えて、担保信用が果たす重要な機能を喪失せしめる点で、不合理なのである。小川秀樹＝松下淳一編・破産法大系第II巻 破産実体法（青林書院・2015）141頁以下〔中西正〕を参照。

個人再生手続における清算価値の基準時

高田賢治

Ⅰ　はじめに

1　民事再生法における清算価値保障原則

本稿の目的は、小規模個人再生および給与所得者等再生（以下では、個人再生という）における清算価値保障原則の基準時を検討することにある。

民事再生法は、再生計画の不認可事由の一つとして、「再生計画の決議が再生債権者の一般の利益に反するとき」を定める（民再174条2項4号）。同号は、清算価値保障原則を定めたものであり、「再生債権者の一般の利益に反するとき」とは、清算価値保障原則に反するとき、すなわち、債権者が得られる配当が再生計画によるよりも破産・清算による方が多いと見込まれるときであると解する見解が有力である[1)]。同号における「再生債権者の一般の利益」を再生債権者全体としての利益と解する見解も多いが、その典型例としては、清算価値保障原則を挙げるにとどまる[2)]。それゆえ、「再生債権者

1）　山本和彦ほか・倒産法概説［第2版補訂版］（弘文堂・2015）417頁、453頁〔笠井正俊〕、山本克己＝小久保孝雄＝中井康之編・新基本法コンメンタール民事再生法（日本評論社・2015）439頁〔田邊誠〕、松下淳一・民事再生法入門［第2版］（有斐閣・2014）151頁。

2）　園尾隆司＝小林秀之編・条解民事再生法［第3版］（弘文堂・2013）922頁〔三木浩一〕、深山卓也ほか・一問一答民事再生法（商事法務研究会・2000）235頁、全国倒産処理弁護士ネットワーク編・新注釈民事再生法（下）［第2版］（金融財政事情研究会・2010）112頁〔須藤力〕など。

の一般の利益」とは、清算価値保障原則と同義か、ほぼ同義ととらえるのが一般的な見解といえる[3)]。

有力説に立つ山本和彦教授は、清算価値保障原則に関する先行研究において、清算価値保障原則について債権者に与えられる計画弁済として、債権者全体に対する総弁済額を基準に考えるのか（総弁済基準説）、各債権者に対する個別の弁済額を基準に考えるのか（個別弁済基準説）という問題を設定して、個別弁済基準説が多数説であり、相当であると指摘する[4)]。

個別弁済基準説は、清算価値保障原則の趣旨が計画案の決議に反対する少数債権者の保護にあることを前提とする見解であると思われるが[5)]、本稿のテーマとの関係で注目すべき点は、個別弁済基準説（その前提としての清算価値保障原則）の実定法上の根拠として民事再生法236条を挙げる点である[6)]。

2　個人再生手続における清算価値保障原則

民事再生法236条は、「小規模個人再生において再生計画認可の決定が確定した場合には、計画弁済総額が、再生計画認可の決定があった時点で再生債務者につき破産手続が行われた場合における基準債権に対する配当の総額を下回ることが明らかになったときも、裁判所は、再生債権者の申立てにより、再生計画取消しの決定をすることができる。」と定めている。

民事再生法236条は、一般の再生手続（以下、通常再生という）における再生計画の取消事由である①不正の方法による再生計画の成立、②再生計画の履行を怠ったこと、③許可・同意を得ないで要許可行為・要同意行為をした

3）倒産法における「債権者の一般の利益」概念の多義性を探究する近時の研究としては、佐藤鉄男「倒産法における債権者の一般の利益」伊藤眞先生古稀祝賀・民事手続の現代的使命（有斐閣・2015）861頁、高田賢治「倒産法における債権者の一般の利益」今中利昭先生傘寿記念・会社法・倒産法の現代的展開（民事法研究会・2015）486頁、田頭章一・講義破産法・民事再生法（有斐閣・2016）248～249頁がある。

また、伊藤眞・破産法・民事再生法［第3版］（有斐閣・2014）1015頁注82）も、「再生債権者の一般の利益に反するとき」としては、再生計画の内容が清算価値保障原則に反する場合のみではなく、再生計画案の基礎たる事実が再生債権者に対して十分に開示されず、可決の決議が再生債権者の合理的な意思決定の結果とはみなされないような場合も含まれようが、そのような事情が不正の方法による決議成立と評価されることも考えられる、として多義性の余地を残す。

4）山本和彦・倒産法制の現代的課題（有斐閣・2014〔初出2009〕）64～67頁。

5）山本（和）・前掲注4）63頁。

6）山本（和）・前掲注4）66頁。山本和彦教授は、同条を認可要件としての清算価値保障原則を補足するものと述べ、同条の「計画弁済総額」とは、「その定義上各債権者に対する弁済額を指すもの」と考えられる（民再231条2項3号参照）として個別弁済基準説を根拠づける。

こと（民再189条1項各号）に追加して、小規模個人再生に独自の取消事由を定めた規定である。民事再生法236条と同様の取消事由を定めた規定としては、給与所得者等再生についての同法242条がある。

民事再生法236条および242条は、清算価値保障原則を定めたものと解されている[7]。同法236条および242条は、再生計画の計画弁済総額が破産における配当総額を下回ることが明らかであるときを計画の取消事由と明確に定めていることから、少なくとも個人再生においては、清算価値保障原則が妥当すると考える[8]。

3　清算価値の二つの基準時

法人の通常再生における清算価値の基準時については、①開始時説、②認可時説[9]、③原則として開始時であるが認可時までに違法でない事情により資産が減少したときはその基準時を計画提出時もしくは認可時まで繰り下げることができるとする折衷説[10]、④その時々に清算価値が保障されなければならないとする判断時説[11]などがある[12]。

東京地裁の実務は、通常再生において開始時説に立ちつつ、個人再生において認可時説に立つ。なぜ、通常再生と個人再生とで清算価値の基準時が異なるのであろうか。開始時説と認可時説とでは、どのような場合に具体的な結論が異なるのであろうか。清算価値の基準時について認可時説に立つことに、合理的な根拠があるのであろうか。

本稿は、個人再生における清算価値保障原則に関する諸問題のうち、清算

7）　伊藤・前掲注3）1113頁、1127頁、全国倒産処理弁護士ネットワーク編・前掲注2）508頁〔佐藤昌巳〕、545頁〔白﨑識隆〕、園尾＝小林編・前掲注2）1210頁〔佐藤鉄男〕、1238頁〔田頭章一〕、山本（克）＝小久保＝中井編・前掲注1）580頁〔野村剛司〕、596頁〔山田尚武〕参照。

8）　小規模個人再生において清算価値保障原則を肯定する裁判例としては、東京高決平成22年10月22日判タ1343号244頁がある。

法人債務者の通常再生における清算価値保障原則の議論については、高田賢治「清算価値保障原則の再構成」前掲注3）伊藤眞先生古稀祝賀891頁以下参照。民事再生法236条および242条について、清算価値保障原則違反がある場合に、取消申立てを裁量で棄却することができると解する場合、清算価値保障原則を少数派債権者保護の趣旨と位置づけることとの整合性が問題となりうるが、この点は、本稿では扱わず、今後の課題とする。

9）　伊藤眞ほか編・注釈民事再生法（上）［新版］（金融財政事情研究会・2002）389頁〔阿多博文〕。

10）　園尾隆司「東京地裁における民事再生実務の新展開と法的諸問題」債権管理92号（2001）20頁。

11）　中井康之「財産評定をめぐる2、3の問題」事業再生と債権管理105号（2004）94頁。

12）　全国倒産処理弁護士ネットワーク編・新注釈民事再生法（上）［第2版］（金融財政事情研究会・2010）690〜691頁〔服部敬〕。

価値の基準時について検討するものである。検討の順序としては、現在の個人再生の実務である認可時説の根拠を紹介・検討し、退職金請求権の扱いを紹介した上で、固定主義の観点から個人再生における清算価値の基準時の意義を検討する。

Ⅱ　個人再生手続における清算価値の基準時

1　財産目録提出の実務

再生債務者は、再生手続開始後、財産目録および報告書を作成し、裁判所に提出しなければならない（民再 124 条 2 項、125 条 1 項）。清算価値保障原則の前提として債務者の財産を把握するために財産目録等の作成・提出が必要と考えられている[13]。財産目録については、再生手続の申立時に申立書の添付書類として提出する必要がある（民再規 14 条 1 項 4 号）。もっとも、個人再生においては、申立時に提出された財産目録の記載を手続開始後の財産目録（民再 124 条 2 項）に引用することができるとされている（民再規 128 条、140 条）。

東京地裁の個人再生実務においては、再生手続開始決定から 6 週間以内に財産目録・報告書の提出を求めているが、これに先立ち、再生手続の申立後すみやかに財産目録の提出を求めており、それが申立後すみやかに提出されていることから、財産の内容に変更のない場合は、上記報告書に申立後に提出した財産目録を引用する旨記載すれば足り、改めて財産目録を作成して提出する必要はないという扱いとなっている[14]。

債務者の財産の清算価値は、裁判所の採用する個人破産事件の換価基準により判断すべきであるとされ、破産手続に自由財産の範囲拡張の制度があることを前提として清算価値を算定することは相当でないと考えられている。東京地裁の個人破産事件の換価基準は、法定の自由財産（99 万円までの現金等）のほか、換価を要しない財産として、①20 万円以下の預貯金、②見込額が 20 万円以下の保険契約の解約返戻金、③20 万円以下の自動車、④居住用家屋の敷金債権、⑤電話加入権、⑥支給見込額 8 分の 1 相当額が 20 万円以

13）東京地裁破産再生実務研究会編・破産・民事再生の実務［第 3 版］民事再生・個人再生編（金融財政事情研究会・2014）411 頁。
14）東京地裁破産再生実務研究会編・前掲注 13）411 頁。

下である退職金債権、⑦支給見込額8分の1相当額が20万円を超える退職金債権の8分の7、⑧家財道具としている。東京地裁では、上記換価基準をもとに、個人再生委員の意見をふまえて、清算価値の判断をしているという[15]。

以上の東京地裁における財産目録の提出・引用の実務をみる限り、開始時（もしくはその前後）の財産目録に基づいて、破産事件の換価基準を適用して清算価値を算定するのが実務であるかのようにみえる。実際、東京地裁における通常再生の実務では、民事再生法124条1項において財産評定を「再生手続開始の時における価額を評定」とされていることを根拠に、清算価値の基準時を開始時としている[16]。

2　認可時説の根拠

ところが、東京地裁は、個人再生の場合、清算価値の基準時を認可時として運用する。

なぜ、東京地裁は、清算価値の基準時について通常再生では開始時説に立ちつつ、個人再生では認可時説に立つのであろうか。東京地裁が個人再生において清算価値の基準時を認可時とする根拠について、参照文献を挙げる次の見解が注目される。

個人再生の取消事由を定めた民事再生法236条、242条は、「再生計画認可の決定があった時点」と規定していることから、個人再生手続においては、清算価値把握の基準時は再生計画認可時と考えるのが一般的と解され、東京地裁破産再生部では、個人再生手続については、これまで基本的に再生計画認可時を基準に清算価値を把握する扱いとしているという[17]。

しかし、「清算価値の基準時は再生計画認可時と考えるのが一般的」という点について参照文献として挙げられているのは、じつは、個人再生を定めた民事再生法等の一部を改正する法律（平成12年法律128号）の施行される平

---

15)　東京地裁破産再生実務研究会編・前掲注13）412頁。個人再生委員の制度趣旨と職務について、徳田和幸「DIP型手続・再生債務者の地位」高木新二郎＝伊藤眞編集代表・講座倒産の法システム（第3巻）再建型倒産処理手続（日本評論社・2010）292〜295頁参照。

16)　鹿子木康＝島岡大雄編・個人再生の手引（判例タイムズ社・2011）208頁〔石田憲一〕、東京地裁破産再生実務研究会編・前掲注13）238頁、412頁。

17)　東京地裁破産再生実務研究会編・前掲注13）413頁。

成13年4月1日よりも前である平成12年12月10日に開催された座談会における立案担当者の発言である[18)]。しかも、その発言の骨子は、こうである。

清算価値保障原則が和議法時代に不認可事由として定められ、これと同じ規定が民事再生法174条2項4号に定められたことから、その解釈として和議法時代と同じく認可時を基準と解することになり、さらに236条で、それをはっきりと定めた。

以上の立案担当者の発言は、法人債務者の通常再生と個人再生との相違に着目した見解でないことは明らかであり、法人・個人を問わずに和議法における不認可事由の清算価値保障原則の清算価値の基準時を認可時ととらえつつ、民事再生法でも和議法と同じであるということを述べた発言にすぎない。少なくとも個人再生の立案担当者は、通常再生の清算価値の基準時（民再174条2項4号）と異なる基準時とするためにわざわざ個人再生において236条を特別に定めたという説明をしていない。

仮に前記座談会の発言に依拠して清算価値の基準時の実務を一貫させるというのであれば、通常再生においても認可時説を採用することになるはずであるが、そうなっていない。通常再生において開始時説を採用しつつ、個人再生において認可時説を採用し、前記座談会の発言を参照するのは、不適切と思われる。

結局のところ、現時点においては、個人再生において清算価値の基準時として認可時説を採用する根拠として最も有力なものは、個人再生の取消事由を定めた民事再生法236条および242条の文言のみであるといってよいであろう[19)]。

18)　高橋宏志ほか「(座談会) 個人債務者の再生手続と司法書士業務（下)」登記情報472号（2001）20頁〔始関正光発言〕参照。

19)　個人再生に限定する見解ではないと思われるが、学説においては、清算価値評価の基準時について、「一般的には、開始決定時ではなく認可決定時……とする見解が有力になっていると解されるが、……この原則を体現するとされる民事再生法236条の規定などに鑑み、このような見解を支持する」という見解が有力である。山本和彦「個人再生手続の現状と課題」高木新二郎＝伊藤眞編集代表・講座倒産の法システム（第2巻）清算型倒産処理手続・個人再生手続（日本評論社・2010）285頁。

Ⅲ　退職金請求権の扱い

1　東京地方裁判所の実務

実務上、開始時説と認可時説との相違が問題となる事例として、退職金請求権の扱いが挙げられる。

東京地裁では、破産手続において、将来の退職金請求権の一部が破産財団に帰属するものと扱われる[20]（破産34条2項、3項2号、民執152条2項）。これとの均衡上、個人再生においても退職金請求権の一部を清算価値の算定対象に含める扱いがされている。以上を前提に、清算価値の基準時を原則として認可時とする運用によって、退職時と再生計画認可時との前後関係によって、以下のように扱われている[21]。

(1)　**計画認可時に退職することが未確定の場合**　将来の退職金請求権が現実化しておらず、退職金が支給されるか否か不確定な要素があることから、破産手続開始時に退職した場合の退職金の4分の1（民執152条2項）に2分の1を乗じた8分の1相当額を破産財団に属する財産として扱うこととの均衡上、個人再生においても認可時の退職金請求権の8分の1相当額が清算価値に組み入れられている。ただし、退職金請求権の8分の1相当額が20万円以下の場合、破産手続において換価不要とされていることとの均衡上、個人再生においても清算価値に算入しない扱いである。

(2)　**計画認可時に退職済み（または退職が確定済み）であるが退職金未受領の場合**　退職金請求権が現実に発生していることから、4分の1が破産財団に組み入れられることとの均衡上、個人再生においても退職金請求権の4分の1相当額が清算価値に組み入れられる。ただし、退職金請求権の4分の1が20万円以下の場合、破産手続との均衡上、個人再生においても清算価値に算入しない点は、前記(1)と同様である。

(3)　**計画認可時に退職金を現に受領している場合**　原則として、受領した

20）　将来の退職金請求権の破産財団帰属性は、事実上執行可能性がないことから、否定すべきである。山本克己「破産財団の意義」山本克己＝山本和彦＝瀬戸英雄編・新破産法の理論と実務（判例タイムズ社・2008）157頁。しかし、実務を前提とした分析をするため、本稿では、さしあたり、将来の退職金請求権が破産財団に帰属することを前提としている。

21）　鹿子木＝島岡編・前掲注16）216～217頁〔石井芳明＝石田憲一〕。

退職金は、その態様に応じて扱いが異なり、現金で受領したのであれば、破産において99万円を超える額が破産財団に入ることとの均衡上、個人再生においても退職金のうち99万円を超える額が清算価値に組み入れられる。退職金を預金で受領する場合、破産において他の預金と合わせて20万円を超える場合に全額が破産財団に入ることとの均衡上、個人再生においても退職金が振り込まれた預金が他の預金と合わせて20万円を超える場合に全額が清算価値に算入されることになる。

このように、再生手続開始時に退職していない場合であっても、計画認可時に退職金が債務者の預金口座に振り込まれている場合は、その退職金額が他の預金と合わせて20万円を超える場合は、全額が清算価値に算入されることになる。

以上より、認可時説は、認可時を仮定的な破産手続開始時とする見解であることがわかる。

なお、東京地裁の破産実務では、預金について、現金と異なった扱いをしており、破産手続開始後の自由財産の範囲拡張の裁判の制度を利用することによって、預金が自由財産となる。範囲拡張後の自由財産を基準とすると清算価値から99万円を控除することができることになるはずであるが、東京地裁の個人再生実務においては、破産手続における自由財産の範囲拡張の裁判の制度では破産管財人の意見を聴かなければならないとされているところ(破産34条5項)、そのような機関のない個人再生においては、自由財産の範囲拡張の裁判がされることを前提として清算価値を算定することは相当でないとの理由により、清算価値の算定において預金を現金と異なる扱いとしている[22)]。

ただし、破産手続において自由財産の範囲拡張がされる蓋然性も考慮して清算価値を把握すべき場合も個別事案としてはあり得るとする記述がある[23)]。また、退職金との関係で注目すべき運用としては、手続開始後から計画認可

22)　鹿子木＝島岡編・前掲注16) 211頁〔石田〕。これに対する批判として、野村剛司「個人再生における清算価値保障原則の再検討」日本弁護士連合会倒産法制等検討委員会編・個人の破産・再生手続—実務の到達点と課題（金融財政事情研究会・2011）135頁、138頁、139頁。

23)　鹿子木＝島岡編・前掲注16) 211頁〔石田〕。

時までに退職金が支給された事案（前記（3）に該当するケース）において、個人再生委員が「破産手続との比較や債務者の生活状況をも考慮して退職金の3分の1を清算価値とすべき」との意見書を添付して債権者の書面決議に付したところ、債権者1名から不同意の意見が出たものの、否決要件を満たさず、認可され確定したという事案の紹介がある[24]。

以上より、東京地裁の個人再生実務は、財産目録提出段階では、開始時説に近い運用をする一方、退職金など大幅な財産の変動について認可時説を採用しつつも、個人再生委員の意見書によって認可時説によって生じる不都合を調整するという扱いのように思われる[25]。東京以外の地方裁判所において、東京地裁における前記基準を採用しつつ、原則として個人再生委員を選任しない運用の場合は、認可時説によって生じる不都合の調整をどのように図るかが課題となっているはずである。

2　大阪地方裁判所の実務

大阪地裁においても、東京地裁と同様、個人再生については、民事再生法236条および242条を根拠として、清算価値の基準時を認可時とする（認可時説）。そのことから、退職金についても、次の通り、退職金の受領時期によって清算価値への組み入れ額が異なる扱いとなる[26]。

（1）　計画認可時に退職金請求権のままの場合（退職金未受領の場合）　破産手続開始時に退職金を未受領で退職金請求権のままである場合、退職金請求権の4分の1相当額が破産財団に入ることとの均衡上、個人再生において認可時の退職金請求権の4分の1相当額が清算価値に組み入れられる。

（2）　計画認可時に退職金を現に受領している場合　破産手続開始時に債務者が退職金を現金または預金で受領済みの場合、退職金相当額の財産を現金または預金として保有することとなる。大阪地裁の破産実務においては、普通預金・通常貯金が現金に準じて扱われることから、破産手続において現金と預金の合計額から99万円を控除した額が破産財団に入る。このこととの

24）　全国倒産処理弁護士ネットワーク編・個人再生の実務Q&A100問（金融財政事情研究会・2008）90頁〔兼光弘幸〕。
25）　全国倒産処理弁護士ネットワーク編・前掲注24）81頁〔木内道祥〕、104頁〔小向俊和〕。
26）　森純子ほか編・はい6民です お答えします（大阪弁護士協同組合・2015）442頁。

均衡上、個人再生においても退職金が認可前に普通預金・通常貯金の口座に振り込まれた場合、預金と現金の合計額から99万円を控除した金額が清算価値に組み入れられることになると思われる[27]。

ところで、大阪地裁の個人再生実務においては、履行可能性の審査のために手続開始後に積立口座に積み立てた預金は、清算価値に計上されない[28]。そうすると、大阪地裁においても、退職金の扱いについて認可時説を採用しつつも、あらゆる局面で認可時説を貫いているわけではなさそうである。なお、大阪地裁においても、範囲拡張後の自由財産は考慮されない扱いのようであるが[29]、預金を現金に準じて扱うことから、東京地裁よりもその影響が小さいと思われる。その反面、大阪地裁では、原則として個人再生委員を選任しない運用であることから[30]、自由財産の範囲拡張に類する柔軟な対応が困難になるケースが東京地裁よりも多いかもしれない。

Ⅳ　固定主義からみた清算価値の基準時

1　個人と法人の破産財団の範囲

清算価値を算定する基礎となる破産財団[31]の範囲は、債務者が個人か法人かによって大きく異なる。個人破産の場合、破産財団の範囲は、破産者が破産手続開始時に有する財産に限定される（固定主義。破産34条1項）。破産法における固定主義の趣旨は、①破産債権の範囲が破産手続開始前の原因に基づいて生じたものに限定されること（破産2条5項）との調和、②破産債権者と破産手続開始後の債権者との間の公平、③破産手続の迅速性、④破産手続開始後に取得した財産（新得財産）を基礎とした債務者の再起更生などの点を考慮したものである[32]。

27）　森ほか編・前掲注26）438頁参照。
28）　森ほか編・前掲注26）450頁。
29）　野村・前掲注22）138～139頁参照。
30）　徳田・前掲注15）296～297頁、全国倒産処理弁護士ネットワーク編・前掲注24）215頁〔野村剛司〕。
31）　本稿では、法で定められるあるべき姿の破産財団（法定財団）をいう。法定財団、現有財団、配当財団の区別について、徳田和幸・プレップ破産法［第6版］（弘文堂・2015）68～69頁参照。
32）　徳田・前掲注31）70～71頁。生活保障の観点から、新得財産に加え、差押禁止財産、放棄された財産、自由財産の範囲拡張の裁判による財産も自由財産とされる（破産34条3項、4項）。

破産法における固定主義の考え方は、学説・判例において、和議法における債権者の一般の利益の解釈においても考慮されていた。学説は、和議の不認可事由を定めた和議法51条4号の「和議ノ決議カ和議債権者ノ一般ノ利益ニ反スルトキ」を和議開始の申立ての必要的棄却事由である和議法18条5号の「和議ノ条件カ和議債権者ノ一般ノ利益ニ反スルトキ」と同趣旨の規定であると解しており、和議法18条5号の解釈として、債務者が将来取得すべき収入は考慮に入れるべきではないと解していた[33]。判例も、個人債務者である医師の事案において、破産において固定主義が妥当するため、将来の収入を清算価値に含めるべきではないとする（大決昭和14年12月22日判決全集7輯4号16頁）[34]。

個人債務者の場合、差押禁止財産等の自由財産を除く現有財産を処分して一括配当するのが破産手続であり、将来の収入を原資として分割弁済するのが民事再生である。それぞれ原資が異なるため、債務者が現有財産を購入して、その購入代金を将来の収入から分割弁済する手続を利用するには、清算価値以上の価格[35]で現有財産を購入せよと要求するのが清算価値保障原則であると位置づけることができる。

これに対して、法人破産の場合、法人の総財産が破産財団に含まれる。法人に自由財産を認めるべきではないというのが多数説であり[36]、事業継続によって発生する将来の収益は、破産財団に含まれると解されている[37]。

法人債務者の場合、総財産の処分価値（または事業譲渡価値の現在価値）を一括配当するのが破産手続であり、総財産を用いて事業継続し、将来の収益から分割弁済するのが再生手続である。清算価値の評価対象財産の範囲と将来の収益による弁済総額を算出する基礎となる財産の範囲とが一致する[38]。

---

33)　麻上正信＝谷口安平編・注解和議法（青林書院・1993）139頁〔福永有利〕。

34)　和議条件による利益と破産配当との比較という考え方は、個人債務者の事案であるこの判例に由来する。

35)　厳密には、この価格は、清算価値のみならず、小規模個人再生であれば最低弁済額要件（民再231条2項3号、4号）を満たす必要があり、給与所得者等再生であれば最低弁済額要件（民再241条2項5号）および可処分所得要件（民再241条2項7号）を満たす必要がある。

36)　伊藤・前掲注3）237頁、竹下守夫編集代表・大コンメンタール破産法（青林書院・2007）140頁〔高山崇彦〕、山本（克）・前掲注20）158頁など。

37)　伊藤眞ほか・条解破産法［第2版］（弘文堂・2014）303頁。

38)　詳細は、高田・前掲注8）908頁参照。

2　清算価値の基準時の二つの意義

個人破産と法人破産との間の破産財団の範囲の相違を前提とすると、清算価値の基準時についての議論は、法人の場合と個人の場合とで、異なる意義をもつことになる。

すなわち、法人の民事再生における清算価値の基準時の議論は、再生債務者の総財産を清算価値で評価する時点をいつにするかという意義をもつ。清算価値の評価の基準時が開始時であろうが認可時であろうが、清算価値の評価対象財産の範囲が債務者の総財産であることに変わりはない（当然のことながら、事業の継続によって在庫が売掛債権・現預金へと変化するなど財産の種類等が刻々と変動することはいうまでもない）。

これに対して、個人の民事再生においては、清算価値の基準時が開始時であるか認可時であるかという議論のもつ意味は、個人破産における固定主義の影響を受けて、清算価値の評価対象財産の範囲をも左右する議論となる。いいかえると、個人の民事再生における清算価値の基準時の議論は、仮定的な破産手続開始時が開始時であるのか認可時であるのかという意味をも含んでいる。つまり、清算価値評価の時点がいつかという意味に加えて、どの基準時で清算価値の評価対象財産の範囲を決定すべきであるかという意味をも含んだ議論となる。

そこで、個人再生においては、①評価対象財産の範囲の基準時と②清算価値の評価の基準時とをそれぞれ分けて検討すべきであると考える。

(1)　**評価対象財産の範囲の基準時**　　評価対象財産の範囲を決める時点としては、いつが妥当であろうか。

破産法における固定主義が、和議法下の判例において仮定的な破産財団に属する財産の範囲に適用されてきたことをふまえると、基本的には開始時を基準に決定すべきであろう。再生債権の範囲は、開始時を基準に決められるからである（民再84条1項）。

民事再生法は、債務者の事業または経済生活の再生を図ることを目的とするところ（民再1条）、その趣旨は、債務者が非事業者である個人の場合、その過重な債務を処理して、窮境にある経済生活を平常の状態に戻すことが再生の内容となる[39]。つまり、債務者の経済生活を最低限度におくことを目的とするのではなく、平常の経済生活に戻すことに民事再生法の目的がある。

個人再生における清算価値評価の場面において膨張主義的な考慮をすることは、平常の経済生活に戻すという観点からも妥当でない。

個人再生における計画弁済総額のハードルとしては、清算価値基準のみが採用されているのではない。将来の収入を原資とする膨張主義的な基準として、小規模個人再生であれば最低弁済額要件（民再231条2項3号、4号）があり、給与所得者等再生であれば最低弁済額要件（民再241条2項5号、231条2項3号、4号）および可処分所得要件（民再241条2項7号）がある。このような制度設計からみても、清算価値の評価対象財産の範囲について膨張主義的な考慮をする必要性はないであろう。かりに最低弁済額要件が低すぎるという批判が背景にあるとしても、それは、立法論上の課題とすべきである。

したがって、清算価値保障原則を審査するための評価対象財産の範囲を決める基準時としては、認可時は適切ではなく、破産法における固定主義と民事再生法の目的を尊重するならば、開始時を基準とすべきである。評価対象財産の範囲の基準時を開始時とすることは、債務者が破産か個人再生かの手続選択における予見可能性を確保し（民再221条2項、239条2項参照）、ひいては申立代理人の債務者に対する手続選択の助言内容の正確性を向上させることにつながるという観点からも望ましいと考えられる。

(2)　清算価値の評価の基準時　　評価対象財産の範囲（仮定的な破産財団の範囲）を決める基準を開始時にするとして、どの時点の清算価値によって評価対象財産を評価すべきであるかという問題がある。個人再生における清算価値の評価の基準時については、民事再生法236条および242条の文言があることから、認可時と解するほかあるまい[40]。

具体的には手続開始時に原因が存在する将来の請求権について、手続開始後に現在化または現預金化するなど、手続開始時の対象財産について現実化や換価等の変動があった場合は、裁判所の認可決定時の評価額で清算価値を評価することになると解される。

---

39)　園尾＝小林編・前掲注2）3頁〔徳田和幸〕。

40)　ただし、実際は、小規模個人再生では遅くとも付議決定時（民再230条2項、174条2項4号、202条2項1号）、給与所得者等再生では遅くとも届出再生債権者の意見聴取決定時（民再240条1項1号、241条2項2号）を基準として清算価値を評価しなければ、債務者にとって予測可能性を欠くことになるという問題がある。

V　おわりに

本稿では、個人再生における清算価値保障原則について、清算価値の基準時を中心に検討した。個人再生の実務では、民事再生法236条および242条の取消事由の規定を根拠に、清算価値の基準時を認可時としている。そのため、個人再生の場合、認可前に退職金が支給された場合、差押禁止部分も含めて原則として全額が清算価値に組み入れられる運用がされている。

しかし、個人債務者と法人債務者とでは、清算価値保障原則のもつ意義が異なることを前提とすると、個人再生の清算価値の基準時には、どの時点を基準として評価対象財産の範囲（仮定的な破産財団に属する財産の範囲）を決定するかという意義と当該財産の清算価値についてどの時点を基準として評価するかという意義の二つが含まれる。

破産法における固定主義を尊重した和議法における判例と学説、民事再生法の目的、債務者の手続選択における予見可能性を考慮すると、評価対象財産の範囲を決める基準時は、開始時とすべきである。一方、清算価値によって評価する基準時については、民事再生法236条および242条の明文の規定があることから、認可時と解するほかあるまい。

本稿の結論を退職金の扱いにあてはめると、以下のようになる。

(1)　手続開始時から計画認可時まで退職することが未確定の場合、認可時説をとる現在の実務と差異が生じない。将来の退職金請求権についての破産における扱いが基準となる。すなわち、東京地裁であれば退職金相当額の8分の1（大阪地裁であれば4分の1）が清算価値に組み入れられよう。

(2)　計画認可時に退職済み（または退職確定済み）であるが退職金未受領の場合、開始時の将来の請求権が認可時に現在の請求権となっていることから、現在の退職金請求権として認可時に清算価値評価をする結果、退職金相当額の4分の1が清算価値に組み入れられる（反対に、懲戒免職など退職金不支給が認可時に決まっていればゼロ評価となる）。

ただし、本稿の立場では、ここでの退職金相当額とは、開始時に退職していれば得られた額を意味することになるから、開始後の労働の対価に相当する退職金増加分を含まないことになる。それゆえ、厳密には認可時説より若干の減額がされるであろう。

(3)　計画認可時に退職金を現に受領している場合でも、開始時において退職金が将来または現在の請求権であった場合は、退職金請求権のうち差押可能部分である4分の1が評価対象財産の範囲となる（開始時説）。そして、評価対象財産である退職金支給額の4分の1が認可前に換価されたといえることから、退職金支給額の4分の1に相当する現金または預金のみが清算価値に組み入れられる。ただし、ここでも退職金支給額とは、開始時における退職金見込額に相当する部分の支給額を意味する。

以上より、本稿の結論は、現在の個人再生実務と比較すると、とくに(3)の場面において退職金の清算価値について大きく異なる結果を導くものであると考える。

オーストラリアにおける個人倒産手続の枠組みと近時の改正の動向について

金　春

Ⅰ　はじめに

本稿は、オーストラリアの現行の個人倒産手続の枠組みと近時の改正の動向について考察するものである。

オーストラリアの法制度は、イギリスに起源を有しており、倒産法制を含めて典型的なコモンロー系に属している[1)]。倒産手続は、企業（会社およびその他の法人）と個人とでそれぞれ異なる法律で規律されている。現行の企業倒産手続は連邦法である2001年会社法（Corporations Act 2001 (Cth)）によって規律されている[2)]。これに対して、個人の倒産手続は破産（Bankruptcy）と通称され、同じく連邦法である1966年破産法（Bankruptcy Act 1966 (Cth)）によって統一的に規律されている[3)]。

1）　オーストラリアは、連邦制の国家として六つの州と二つの連邦地域（首都特別区と北部準州）からなっている。

2）　オーストラリアにおける企業倒産手続については、金春「オーストラリアにおける結合企業の倒産処理について（1）―2007年改正会社法（倒産部分）において導入された清算手続におけるプーリングシステム（実体的併合制度）を契機として」民商143巻6号（2011）651頁以下、同「オーストラリアの企業再生手続における裁判所の関与のあり方について―私的整理と法的整理の中間型モデルへのアプローチ」NBL1037号（2014）55頁以下。

3）　イギリス植民地時代のオーストラリアにおいては、既に19世紀終わりごろから、州ごとにイギ

個人倒産手続の関係では、オーストラリア法は、自己破産の場合と合意による債務整理手続について法務長官傘下の行政機関たる金融保護局が管轄権を有すること、破産手続開始時から一定の期間（原則として3年）を経過すると無審査で自動的に免責されるいわゆる自動制度が採用されていること、および自動免責に至るまで将来の収入の一部を財団に組み入れる膨張主義が採用されていること等、比較法的に注目に値する特徴がある。

ところで、オーストラリアでは、現在、25年ぶりの大規模な倒産法改正が進められている。その改正の一つの柱となっているのが、個人破産免責制度の見直しである。本稿では、この見直しの動向についても詳しく紹介し、その背景から現れる個人破産制度や免責制度のあり方等日本法からみても興味深い点等について考察する。

Ⅱ　現行の個人倒産手続の枠組み

オーストラリアにおいて個人倒産法の根拠法である1966年破産法は、1968年4月から施行されており、これまで数度の改正を経ている[4)]。1966年破産法（以下、「破産」という）下での個人債務者のための債務整理手続としては、主として、破産手続（bankruptcy. 破産第Ⅳ～Ⅶ章）、個人倒産合意手続（Personal Insolvency Agreements. 破産第Ⅹ章）および債務合意手続（debt agreements. 破産第Ⅸ章）の三つがある。個人倒産合意手続と債務合意手続は破産を回避し、債務者と債権者との合意によって債務整理を図る手続として、それぞれ2004年破産法改正法（The Bankruptcy Legislation Amendment Act 2004

リス法を範とした個人に関する破産法が存在していた。その後1901年に発効した連邦憲法により、破産および倒産（bankruptcy and insolvency）に関する立法権が連邦議会に委ねられ、これをもとに1924年に同議会が連邦破産法を制定したため、各州において個人破産に関する法規が矛盾する状態が解消された。1966年破産法は、1924年破産法を改正した上成立したものである。オーストラリアにおける個人破産手続について紹介する早期の邦語文献として、田頭章一「オーストラリアの個人破産・会社清算手続（上）（下）」NBL706号35頁、707号68頁（2001）以下。英語文献として、David Morrison & Rachel Lee, *Trends in Personal Insolvency in Australia*-An Update（http://papers.ssrn.com/sol3/papers.cfm?abstract_id=1995175）.

4）　重要な改正として、1996年破産法改正法（The Bankruptcy Legislation Amendment Act 1996 (Cth)）、2002年破産法改正法（The Bankruptcy Legislation Amendment Act 2002 (Cth)）および2004年破産法改正法（The Bankruptcy Legislation Amendment Act 2006 (Cth)）がある。詳しくは、田頭・前掲注3）（上）31頁以下、Michael Murray & Jason Harris, *Keay's insolvency: personal and corporate law and practice*, 9th Edition, Lawbook Co, Pyrmont, 2016, p. 12.

(Cth)）および1996年破産法改正法（The Bankruptcy Legislation Amendment Act 1996 (Cth)）によって導入されたものであり、後者は前者の簡易手続として位置づけられている。

1　管　　轄

オーストラリアの個人倒産手続の大きな特徴の一つは、債務者による申立てと債権者による申立てとでその管轄が異なる点である。具体的には、債務者による自己破産のケースおよび破産に代わる合意による債務整理手続については、法務長官（Attorney-General）傘下の行政機関たる金融保護局（Australian Financial Security Authority）が管轄している（後述）。これに対して、債権者による申立てのケースについては、債務者の利益を保護する趣旨から連邦裁判所（The Federal Court of Australia）が管轄権を有するとされており（破産27条、35A条等）[5]、例えばビクトリア州では連邦裁判所の第1審に当たる連邦巡回裁判所（Federal Circuit Court of Australia）が管轄している[6]。ただし、債務者申立ての場合でも、否認権や取戻権の行使等実体的判断をめぐって紛議が生じた場合はやはり裁判所の管轄事項となる。

2　金融保護局

実務では、債務者による自己破産のケースが個人破産事件全体の約9割を占めているようであり[7]、金融保護局の役割は重要である。金融保護局の機能は、従来、オーストラリア倒産・管財人サービス機構（Insolvency and Trus-

---

5）連邦の裁判所には、連邦最高裁判所（The High Court of Australia）、連邦裁判所（The Federal Court of Australia）、連邦簡易裁判所（The Federal Magistrates Court of Australia）および連邦家庭裁判所（The Family Court of Australia）がある。州（準州）の裁判所には、州ごとに若干異なるが、概ね、州（準州）の最高裁判所（The State and Territory Supreme Courts）、州地域裁判所・地方裁判所（The District Court・The Local Court）および州簡易裁判所（The Magistrates Court）がある。連邦裁判所、州最高裁判所は、さらに1審に当たる単独体法廷と控訴審に当たる合議体法廷からなる。なお、企業の倒産事件については、原則として、連邦裁判所または州（準州）の最高裁判所が管轄権を有する（当事者は、連邦と州の裁判所を選ぶことができる（2001年会社法1337B条1および2、459A条)。州最高裁判所が下した判断についても、連邦最高裁判所に上訴することができる場合がある)。

6）ただし、連邦巡回裁判所では裁判官の多くの権限を弁護士等から選任した行政官（Registrar）に委託している。

7）生産力委員会「調査報告書」(http://www.pc.gov.au/inquiries/completed/business/report) 340頁。

tee Service Australia. ITSA と略称されている）が担っていた。同機構は、支払不能に陥った個人債務者の債務整理（自己破産、債務合意手続等）、管財人等個人倒産実務家の管理ないし規制等を行う総合的なサービス（one stop service）機構として、1996 年破産法改正法によって導入された。そして、2009 年動産担保法（The Personal Property Securities Act 2009）の制定（2011 年 5 月施行）に伴う 2010 年会社法およびその他の法改正（The Personal Property Securities (Corporations and Other Amendments) Act 2010）が実現されて以降、その業務に動産債権譲渡担保の登記および管理業務も加わったこと等から、2013 年 8 月 15 日から個人の金融財政保護全般にスポットを当てた金融保護局として改組され、従来の倒産・管財サービスはその四つの部門の一つに吸収された。

金融保護局の機能に関して注目されるのは、破産に関するデータベースとして、個人倒産に関する情報が永久保存されるインデックス（National Personal Insolvency Index. 以下、「NPII」と略称する）が設けられている点である。同局の行政官である公認レシーバーを通じて NPII に破産法の適用を受けた個人倒産者の情報（氏名、生年月日、住所、職業、破産手続および債務合意手続等の開始日と終結日）、現在係属中の手続に関する重要な情報等が記録され、外部者は一定の手数料を払えばそれらの情報を取得することができる仕組みとなっている[8]。

Ⅲ　個人破産手続

1　手続の開始

債務者が破産申立てをするには、金融保護局を通じて公認レシーバー（Official Receiver）に申立書および財産、負債等に関する事情説明書（statement of affairs）を提出しなければならない（破産 55 条）（Voluntary Bankruptcy）。公認レシーバーは法務長官によって任命された行政官であり、NPII や個人倒産実務家の管理および破産手続に関わる法定の書類の発行、受領等を通じて管財人の職務に協力し、監督する等の権限を有する（破産 18 条 (8)）。なお、同じく法務長官によって任命され、金融保護局を統括する監察長官

8）https://www.afsa.gov.au/online-services/bankruptcy-register-search/what-is-the-npii. なお、田頭・前掲注 3）（上）31 頁。

(Inspector-General) は、公認レシーバーの決定について審査する等の権限に加えて、法務大臣が命じる事項および自らの裁量で一定の事項について調査する権限を行使する (破産 12 条)。公認レシーバーが、債権者からの破産申立てが係属していないこと等の条件を満たしているとして申立てを受理することによって、債務者は破産者となる (破産 55 (4A) 条、5 条 (1))。

債権者 (5000 オーストラリアドル以上の債権額を有する必要がある) が破産申立てをするには、裁判所に対して管理命令 (sequestration order) を申し立てなければならない (Compulsory Bankruptcy)。この場合、債権者は債務者の破産行為 (破産 40 条 1 項) (acts of bankruptcy) を立証しなければならないが、通常は申立て 6 ヶ月前に債権者が公認レシーバーを通じて債務者に送達した破産予告 (bankruptcy notice) に債務者が対応しなかったことによって立証される。裁判官が管理命令を発することによって、債務者は破産者となる (破産 5 条 (1))。

債務者が破産者となった場合、管財人が選任され、破産者の財産管理処分権は管財人に移る。管財人となり得るのは、登録管財人 (Registered Trustee) と管財官 (Official Trustee) である。登録管財人は、金融保護局から資格を付与され、NPII に登録された者であり、ほとんどは公認会計士である。管財官は、破産法によって創設された永続性のある単独団体 (corporation sole) であり、実質的には、行政官たる公認レシーバーまたは監察長官が管財官の名で職務を行う (破産 18 条)。登録管財人が管財人となることに同意しなければ、管財官が自動的に管財人となる (破産 156A 条、160 条)。個人破産事件の多くは財産が乏しいか全くない事案であるため、実務では管財官が管財人として選任されるケースが 80% 以上を占めているようである[9]。

2　配当原資となる財団の範囲――膨張主義

配当原資となる財団の範囲に関しては、破産法 116 条において詳細に定められている[10]。それによれば債務者の生活に必要な一定の財産、例えば家庭

9）*See* Murray & Harris, *supra* note 4, p. 50.

10）詳しくは、田頭・前掲注 3）(下) 64 頁。財団の時的基準時となる破産の実質的開始時点は、例えば債権者申立ての場合は申立て前 6 ヶ月以内で最も早期になされた破産行為等を基準とする (破産 115 条)。

用家具、一定の動産、収入のうちの定額の生活費、自動車およびその他の主な交通手段で一定の価格以下のもの、生活保障手当、一定の年金等の財産（破産116条（2））は、配当原資となる財団の範囲から除外され、自由財産となる。

日本法と大きく異なるのは、配当原資となる財団の範囲との関係で膨張主義が採られている点である。すなわち、破産者になった日から免責される日までの期間における破産者の新得財産は配当原資となる財団の範囲に属する。中でも重要なのは破産者の収入である。具体的には、破産の日からいわゆる単位期間（contribution assessment period）における税引き収入から現実的最低収入額（actual income threshold amount）を超える額の半分が管財人に引き渡され、債権者の配当に充てられる（破産139S、K条）。現実的な最低収入額は、社会保障法の規定をもとに扶養家族の人数等をベースとして決定されており（破産139K条）、インフレ値によって年に2回金融保護局により変更されている。単位期間とは破産者になった日から免責等がされる日までの期間を指しているので（同条）、後述のように、原則的な免責期間たる3年間は継続される。なお、管財人が破産者の雇用先から直接取り立てることによって、制度の実効性が確保されている（破産139Z、J条）。

3　免　責

免責制度に関するオーストラリア法の特徴は、破産手続の終了と免責を直結させている点である。オーストラリアでは、自己破産の申立てか債権者による破産の申立てかを問わず、破産者は別個に免責の申立てをする必要はなく、免責許否の審査も要さず、事情説明書を提出してから一定の期間が経過すると破産手続から解放され、自動的に免責の効果が生ずるとされており（この期間のことを免責期間（bankruptcy period）という）[11]、現行法ではその期間は原則として3年とされている（破産149条）[12]。すなわち、イギリスと同じくいわゆる自動免責制度が採用されている[13]。

11）　このほか、すべての債務が支払われるか、債権者申立ての場合において何らかの重要な手続上あるいはその他の不備のため管理命令をしてはいけなかったようなときに、裁判所の命令によって取消されることによって、破産から免責されることがある（破産153条）。

12）　非免責債権については、破産153（2）条参照。

13）　イギリスの免責制度については、高田賢治「現行免責制度の比較法的検討Ⅰ：英米法系諸国—

ただし、破産者が免責される前に、管財人または公認レシーバーから異議の通知があったときは、異議事由に応じて、免責期間は5年または8年に延長される（破産149A条）。もっとも、この異議制度も免責の許否の審査をするものでなく、免責期間を延ばすものであり、その期間が経過すればやはり自動的に免責されるという自動的免責の枠組み自体は変わらない。8年間に延長すべき異議事由は、故意否認対象行為等があったこと、財産および収入等財産関係についての情報提供義務を怠ったこと、破産後に管財人の許可を得ることなく無断でオーストラリアを出国したこと、収入の財団への組み入れを拒否したこと等（同条（2）(a)(i)）である。これに対して、5年間に延長すべき異議事由は広範であり、偏頗否認対象行為、破産後において一定額以上に関わる不正行為（misleading contact）を行ったこと等（同条（2）(a)(ii)）である。管財人等による異議は、NPII に登録されることのみによって効力が生ずる（破産149G条）。管財人等は、免責される前に異議を停止するか（cease）（破産149H条）、取り下げる（withdraw）ことができる（破産149J条）。他方、監察長官は異議通知を知ったときから60日以内に破産者が申立てをしたとき、または職権で、管財人等の異議について審査することができる（破産149K条）。債権者その他の利害関係人は免責異議を申し立てる権限はないが、債権者その他の利害関係人および破産者は、管財人等の異議に対する監察長官の審査または不審査の判断に対して、行政不服審判裁判所（Administrative Appeals Tribunal）に再審査（review）を求めることができる（破産149Q条）。

実務では、免責に対する異議事由のほとんどは管財人の調査や手続遂行に関して破産者が協力義務を怠ったことに関わるものである。もっとも、管財人等の異議に基づいて最終的に免責期間が延長されたケースは少ない。例えば、2014〜15年度では、全体の破産事件の3割以上を占める約700件について免責異議通知[14)]がされたが、その後破産者が異議事由となる協力義務を履行したこと等によってほとんどの異議は取り下げられた（破産149J条）[15)]。そして、2014〜15年度では、異議によって最終的に免責期間が延長された

無審査免責による免責制度の簡素化について」河野正憲＝中島弘雅編・倒産法大系―倒産法と市民保護の法理（弘文堂・2001）457頁、同・破産管財人制度論（有斐閣・2012）51頁以下。

14）うち約570件の異議通知は、登録管財人によってされたものであり、私人専門家たる登録管財人が選任されたケースのほうが異議提出に積極的であったことがわかる。

15）*See* Murray & Harris, *supra* note 4, p. 250.

事件は全体の4.5%を占めているとされる[16)]。そのうち、免責期間が延長されたケースは、事件全体の大半を占めている自己破産の申立ての場合において3.4%、債権者申立ての場合においては16.8%であり、債務者申立の場合において債務者がより手続に協力したため、異議事由に該当する義務違反行為が少なかったことが分かる[17)]。

ところで、従来、事情説明書の提出から6ヶ月を経過した時点で、破産者は、配当原資となる財団の不存在、前述の「現実的最低収入額」を超える収入の不存在および否認対象行為の不存在等を理由として、書面で管財人に対して早期免責の申立てをすることができるという制度があった（破産旧149条）[18)]。しかし、債務者が破産制度を悪用することによって、安易に債務の免除を受けることができるとの危惧からこの早期免責制度は、2002年破産法改正（Bankruptcy Legislation Amendment Act 2002 (Cth)）によって廃止された。

4　資格制限等

破産者になると免責がされるまでに、債権者および社会全体の利益保護の観点から、破産者に資格制限等種々の制限が課される。

(1)　**信用取引の制限**　信用取引の制限はいくつかの事情に基づく。まず、破産者は、免責されるまでの間、一定の金額以上の信用供与を受けるに当たって破産の事実について申告する義務がある（破産269条、具体的な数字については304A参照[19)]）。次に、個人倒産の事実についてはNPIIに登録され、その情報が公開されているので、信用供与側は貸出し等をする前に債務者の信用状態をチェックすることができる。さらに、免責された日から2年間、または破産日から最長5年間（なお、破産日は事実上破たん状態にあった時までさかのぼることができる）、債務者の破産の事実は信用情報機関に登録されている。これらの事情から、破産者は破産日から免責後も、さらに信用情報機関に登録された情報が抹消されるまでの数年間新たに信用供与を受けることが困難な状況にある。

---

16)　生産力委員会・前掲注7）「調査報告書」338頁。
17)　生産力委員会・前掲注7）「調査報告書」338頁。
18)　田頭・前掲注3）（下）65頁。
19)　例えば2015年7月統計では5447オーストラリアドルが基準額である。

(2)　資格制限　債務者は免責されるまでに、特定の職業に従事することができない。破産法自体は個人破産者の就業にかかわる資格制限について明文の規定を設けていない。しかし、例えば、会社法（Corporations Act 2001）は、破産者は会社の経営に関与できないとされており（同法206B条（3））、これによって破産者は会社の取締役のみでなく、その他の会社の経営管理業務から退かざるを得なくなる（破産206A条）。このほか、多くの業界団体（professional associations）および免許交付当局（licensing authorities）のルールでは、そのメンバーや新たな申請者に対し、一定の条件や制限を課している。例えば、破産者は弁護士、公認会計士、金融ブローカー等になることはできない[20]。また、ニューサウスウェールズ州（New South Wales）では3年間の免責期間において、破産者に対して建築ライセンスの許可または更新の認容はできないとされており、議会のメンバーになることもできないとされている。

(3)　海外渡航に関する制限　個人破産者は管財人の求めがあったときは、パスポートを管財人に渡さなければならず（破産77条(1)(a)(ii)）、海外に渡航する場合は、事前に管財人の書面の許可を得なければならない（破産272条(1)(c)）。管財官が管財人として選任されたケースでは、破産者は許可申請のための費用を支払わなければならない。管財人は破産者の海外渡航を許可した場合でも、指定した期間内に帰国すべきこと等一定の条件を付することができる（破産272条(2)）。同義務違反は、前述のように、免責期間の延長の理由となり得る（破産272条、149A条(2)(a)(i)）。

Ⅳ　合意による個人債務整理手続

1　個人倒産合意手続（破産第Ⅹ章）

破産法第Ⅹ章個人倒産合意手続（Personal Insolvency Agreements）は、支払不能（insolvent）に陥った債務者（破産187条(1)および(1A)、5条）[21]が公認会計士たる登録管財人（registered trustee）から支配管財人（controlling trustee）を選任し、財務事情説明書（statement of affairs）および債務整理のための合意案

20)　https://www.afsa.gov.au/debtors/bankruptcy/bankruptcy-overview/employment-restrictions.

21)　なお、当該債務者はオーストラリア国内において居住している者またはビジネスに従事している者等、オーストラリアと一定の関連性をもっている者でなければならない（破産188（1）条）。

提出の権限（proposal for authority）を与えることによって開始される（破産188条）[22]。登録管財人は2営業日以内に金融保護局の管財官に財務事情説明書等を送付しなければならず（同条(5)）、これをもってNPIIに登録される。支配管財人は選任された後、直ちに債務者の財産の管理に着手し、債務者の財産および収入を調査した上、債権者に開示するための報告書を作成しなければならず（破産190条(2)条、189A条）、この間債権者の個別的権利行使は禁止される（破産189AA条）。支配管財人は、原則として債務者から合意案提出の権限を与えられた日から25営業日以内に債権者集会を開催しなければならない（破産194条）。合意案（personal insolvency agreement）は、財産または収入から債務の全部または一部を一括または分割払いによって支払うこと等を定める内容を含む（破産188A条(2)）[23]。債権者集会に出席し、または電話で投票した債権者の過半数で、債権額の75%以上を有している債権者の同意があれば、合意案は可決される（破産5条(1)）。その後、債務者と管財人との間で合意案につきサインすれば、合意案はその効力を生じ、債務者と債権者全員を拘束する（破産268条(2)、229条(1)）。債務者が合意案通り債務を履行した後は、手続は終了し、債務者は免責される（破産222D条）。これに対して履行しなかった場合等においては、合意案は取り消され（termination）（破産222C条）、破産手続に移行することがある（同条(5)）。

なお、債権者により破産の申立てがあった場合であっても個人倒産合意の利用は可能であり、その場合破産手続は中止される（破産189AAA条）[24]。

この個人倒産合意手続は2004年破産法改正法によって新たに導入されたものであるが、その原型は改正前の破産法旧第X章手続（Arrangements with Creditors Without Sequestration）として既に存在していた[25]。しかし、破産法旧第X章手続は、支配管財人の中立性、債権者に対する情報提供（報告書の内

22）管財官、資格を有する弁護士も支配管財人として選任され得るが（破産188条）、実務では、登録管財人が支配管財人として選任されるのが一般である。*See* Murray & Harris, *supra* note 4, p. 274.

23）2004年破産法改正前は、合意の方法として、①譲渡証書（deeds of assignment）（財産を支配管財人に譲渡した上、破産と同じく配当を行う）、②和議（compositions）（債務の減免、期限猶予等についての合意）、③整理証書（deeds of arrangement）（①および②以外の方法で財産管理、債権者の支払方法を定めること）の三つが認められていたが（田頭・前掲注3）（下）66頁）、制度の簡易化を図る趣旨から2004年破産法改正法によって本文のように一本化された。

24）*See Pascoe v Leite* [2005] FMCA 334.

25）田頭・前掲注3）（下）66頁。

容等)、財産調査、債権者集会のあり方等に不備が多く、また債権者集会の決議成立を図るために債務者が債権者の数を操作する（近親者等への融資等）等制度の悪用が多かったことから、個人倒産合意手続によって代替された[26]。

債務者が個人倒産合意手続を望むのは破産がもたらす資格制限等後述の種々の制限を回避し、短期間で免責を得るためであり、他方、債権者が合意案に同意するのは、破産の場合よりも短期間でかつより多くの弁済を受けることができるためである[27]。実際、個人倒産合意手続が利用されたケースの大半では、破産手続を適用したならば現れない第三者（債務者の近親者や友人等）からの資金提供や破産法上の自由財産または収入からの弁済等の事情がみられた[28]。なお、実務では、個人倒産合意手続を利用した個人債務者は既に支払不能に陥り支配管財人の管理下にあった者であることを理由に、破産者でないにもかかわらず、会社の取締役の資格等をはく奪される現象がしばしばあるとされている[29]。

2　債務合意手続（破産第 IX 章）

破産法第 IX 章債務合意手続（debt agreements）は、財産および収入ならびに負債がともに少ない債務者について、低コストでかつ簡易な手続のもと、債権者との合意によって債務整理をするための制度として、1996 年破産法改正法によって導入された[30]。その後制度を利用しやすいものとし、他方では手続の実効性を強化する趣旨から 2007 年破産法（債務合意手続）改正法（Bankruptcy Legislation Amendment (Debt Agreements) Act 2007 (Cth)）によって改正されており、後述のように、改正後確実に利用率が上がっている。

債務合意手続は個人倒産合意手続の特則的な意味合いをもっており、債務合意手続を利用するためには、次のような特別な要件を満たす必要がある。第 1 に、過去 10 年間、債務合意または個人倒産合意を締結したことがないこと、または破産者になったことがないこと、第 2 に、無担保債務が一定額

---

26)　*See* Murray & Harris, *supra* note 4, p. 268; Bankrupt legislation amendment Bill 2004. (http://www.aph.gov. au/Parliamentary_Business/Bills_Legislation/bd/bd0304/04bd125)

27)　*See* Murray & Harris, *supra* note 4, p. 272.

28)　*See* Murray & Harris, *supra* note 4, p. 272; Bankruptcy Legislation Amendment Bill 2004, *supra* note 26.

29)　*See* Murray & Harris, *supra* note 4, p. 272.

30)　1996 年破産法改正法のもとでの債務合意手続については、田頭・前掲注 3）（下）66 頁。

(10万9036.20オーストラリアドル）を超えていないこと（破産185C条(4)(b)、(c)、(5))、第3に、財産の時価が一定額（10万9036.20オーストラリアドル）を超えていないこと（同条(4)(b)、(c)、(5))、第4に、税引き後の年収が一定額（8万1777.15オーストラリアドル）を超えていないことである（同条(4)(d)、(5))[31]。

上記の要件を満たす債務者が債務合意手続を利用するに当たっては、通常、登録管財人等から登録管理人（registered debt agreement administrator. 破産186A条）を選任する（破産185C (2) 条)。登録管理人は個人倒産合意手続における支配管財人と異なり、債務者の財産の管理処分権を行使する権限はなく、債務者による債務合意案の策定に協力する等債務者に一定のアドバイスをするに過ぎない。

債務者は、まず、債務合意案を定式フォームに記入し、財務事情説明書とともに金融保護局の公認レシーバーに提出しなければならない（破産185C、D条)。前述の要件を満たせば公認レシーバーは正式に手続を受理し、これをNPIIへ登録し、これによって個別執行手続禁止の効力が生ずる（破産185D、F条)。その後、公認レシーバーが債権者に手続の内容、事情の説明等を含む書面を送付し、債権者は債務合意案につき投票する（破産185E条)。投票債権者の債権額の半分以上を有する債権者の同意が得られたときは、NPIIに登録されることによって債務合意は成立する（破産185E、C (1) 条)。

なお、債務合意手続は、債務合意案の受理前に債務合意手続の内容について、金融保護局が一定のアドバイスをすることになっていること（破産185E (1) 条)、その場合手数料が無料となっていることなども特徴的である。

V　各種手続の利用状況

次頁の図からも分かるように、破産、個人倒産合意および債務合意事件を含む個人倒産事件総数は、2009～10年度において約3万5000件に上ったのをピークにその後は若干減少の傾向にあるが、最近数年間は、概ね3万件前後で推移している。2015～16年度の個人倒産事件総数は2014～15年度と比べて4.4%上昇の2万9527件であり、2009～10年度以来前年度と比べて初

31） 具体的な金額は、インフレ値を基準に、年に2回金融保護局にアップデートされている（上記の金額は2016年8月の時点で公開されたものである)。

図 予算年度ごとの個人倒産事件総数の推移

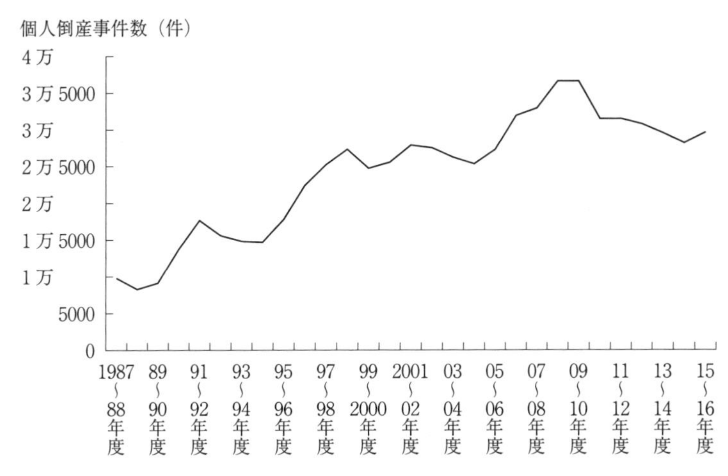

出典：オーストラリア金融保護局のホームページ（注32）をもとに作成．
横軸は予算年度、縦軸は個人倒産事件数を示している。

めて上昇した。

2015〜16年度の個人倒産事件の内訳をみると、破産事件が1万7202件、債務合意事件が1万2150件、個人倒産合意事件は175件である[32]。配当率は、現時点で公開されている2014〜15年度の統計からすると、概ね個人破産が平均1.7〜2.2%、個人倒産合意手続事件が1.1〜5.3%であり、債務合意事件は、2013〜14年度統計では58.9%である[33]。

したがって、破産者に資格制限等種々の制限が生じ、債権者の弁済率も低い個人破産事件が全体の6割と多数を占めている状況にあるといえる。もっとも、個人破産事件は、2008〜09年度以降毎年4〜16%減少の傾向にあり、2015〜16年度は前年度に比べてわずか0.2%上昇したに過ぎない。これに対して債務合意事件は2007年破産法改正以降毎年大幅に増加傾向にあり[34]、2015〜16年度は前年度と比べて11.4%上昇し、これはこれまでで最大の上

32） https://www.afsa.gov.au/resources/statistics/provisional-bankruptcy-and-personal-insolvency-statistics/annual-statistics.

33） 生産力委員会・前掲注7）「調査報告書」325頁。

34） *See* Murray & Harris, *supra* note 4, p. 300.

昇率であり、また1万2150件の事件数は制度導入以来の最大値である[35]。他方、個人倒産合意事件は2010～11年度以降毎年400件前後しかなく、かつ、毎年減少しつつある。個人倒産合意事件と比べて債務合意事件がはるかに多い理由としては、次のような点が挙げられている。まず、支払不能に陥った個人債務者のうち、その大半が財産および収入とともに負債が少ない債務者であったため、債務合意事件の適用要件を満たしていたことである。次に、債権者の決議成立の要件が個人倒産合意事件（債権額で75%、頭数で50%）と比べて債務合意事件（債権額要件で50%）のほうが緩やかである等2007年破産法改正によって改正されて以降債務合意事件が利用者にとって利用しやすい仕組みとなっていることである[36]。さらに、2004年破産法改正法以降個人倒産合意事件において債権者に対する情報提供義務等が強化された結果、手続のコスト増加と長期化を招いた点等である[37]。

債務合意事件は、今後さらなる事件増加が見込まれている[38]。これに対して、個人倒産合意事件については、事件増加は見込まれていないが、一部の高収入の債務者にとっては、破産を回避でき、より高い弁済率を実現できる手段であるため、同制度の存在意義はなお否定されていない[39]。

また、統計によると、2013～14年度の個人倒産事件数2万4438件のうち、個人事業者は5857件で、全体の19%を占めている[40]。このうち、7割は経済環境その他のビジネス環境の理由が倒産の原因であったものであり、決して主観的な企業活動の失敗によるものでない。他方、全体の個人倒産事件数の81%（2万4438件）は非事業者であるが、その大半は、失業者または低所得者、クレジットカードの使用者[41]であった。

---

35) https://www.afsa.gov.au/resources/statistics/provisional-bankruptcy-and-personal-insolvency-statistics/annual-statistics.

36) 生産力委員会・前掲注7）332頁。

37) *See* Murray & Harris, *supra* note 4, p. 268.

38) *See* Murray & Harris, *supra* note 4, p. 297.

39) *See* Murray & Harris, *supra* note 4, p. 315.

40) ちなみに2012～13年度において21%、2008～09年度において12%であった。https://www.afsa.gov.au/resources/statistics/provisional-business-and-non-business-personal-insolvency-statistics.

41) https://www.afsa.gov.au/resources/statistics/provisional-business-and-non-business-personal-insolvency-statistics.

Ⅵ　近時の改正の動向

1　改正の経緯

オーストラリアでは、現在、25年ぶりの大規模な倒産法改正が進められており、その多くは、会社と個人倒産の重要な内容に関わる改正を伴うものであるため、広く注目されている[42]。これまでの成果として、2015年12月7日に政府の独立諮問機関である生産力委員会（Productivity Commission）[43]より長年の調査を経た「調査報告書」（Inquiry Report on 'Business Set-up, Transfer and Closure'）[44]が公表されている。その中では、改正の課題として、主として、①取締役の倒産取引禁止義務（insolvent trading）に関連してセーフハーバー条項（safe harbour）を導入すること[45]、②倒産解除特約（ipso facto clauses）の効力制限に関する明文規定を設けること、③法的な企業再生手続が開始される前に既に契約した財産の買受先（Pre-positioned sales）等スポンサーの保護、④簡易な企業清算手続の導入、および⑤個人破産免責制度の見直し等が挙げられている[46]。このうち、①、②および⑤については、Turnbull首相の新政権が目玉政策として発表した「国の革新と科学に関するアジェンダ」（National Innovation and Science Agenda）[47]において、その早期の改正の必要性が示された。そして、2016年4月29日に、オーストラリア政府により公表された「個人と会社倒産の改正に関する提案書」（*a Proposals Paper: Improving*

42)　改革は概ね2段階に分かれていた。第1の段階は倒産実務家の規制に関する整備であり、主として会社倒産と個人倒産との間でその根拠法が異なっていたため長年存在していた倒産実務家の規制に関する相違点を解消するものであった。この段階の改正については、既にその成果として「2016年倒産法改正法」（Insolvency Law Reform Act 2016）（https://www.legislation.gov.au/Details/C2016A00011/CanPrint）が成立しており、2017年3月1日より施行される予定である。現在進行中であるものは、第2段階といえよう。

43)　生産力委員会はオーストラリア政府の独立した諮問機関であり、経済、社会および環境等重要な分野に関する問題について研究し、長期的な観点から政府に政策的な提言を行う機能を有する。

44)　生産力委員会・前掲注7）。

45)　具体的には、倒産実務家等専門家を選任し、そのアドバイスの下で行った倒産取引については、同義務に反しないとの規定を設けることである。

46)　なお、個人倒産と企業倒産に関する法律を一本化すべきか否かの問題についても盛んに議論されていたところ、生産力委員会の「調査報告書」では結論的に否定の立場が示されている。生産力委員会・前掲注7）333頁。

47)　同アジェンダの背後には、産業革命と企業家精神こそが一国の経済発展、仕事の創造と未来の繁栄のための根幹であるという発想がみられる。http://www.innovation.gov.au/.

Bankruptcy and Insolvency Laws)[48]（以下では、「改正提案書」と略する）において、具体的な提案が示され、パブリックコメントの募集が行われた。

2　改正の背景

政府の前記アジェンダと「改正提案書」は、「企業家は成功するに至るまで数度の失敗を経験することが一般であるところ、現行の個人破産法は、ペナルティに重点を置いている」という点について認識を共有しており、改正の背景には特に企業活動促進の観点がうかがえる[49]。

具体的には、前述のように、破産法においては、3年間の原則的な免責期間またはその後の一定期間において、新たな信用供与の獲得、海外渡航および就業に対する資格制限等種々の制限が課されている。そして、これらの制限の趣旨としては、破産者の義務逸脱の防止（海外渡航の制限）、債務増加の回避（信用供与の獲得の制限）および取引相手が破産者またはそれに準ずる者からの被害にさらさないように保護すること（資格制限）等を通じて、債権者および社会全体の利益を保護するところにあるとされる。しかし、これらの種々の制限は起業の増進と事業活動を著しく阻害している[50]。また、前述のように、個人破産の多くは、企業活動の失敗によるものでなく、個人的な理由または消費に関わる理由で破産に陥ったものであり、会社経営に不適格と判断された取締役と同視して会社の経営管理等から一切外すのは適切でないとの批判があった[51]。もっとも、会社法（Corporation Act 2001（Cth）206GA条）では、裁判所の許可があれば破産者であっても取締役の地位をはく奪されることはない等一定の対処がされているので、制度の当初の趣旨を考慮すると現行法における就業制限自体を完全に撤廃することは当面は困難であるという見解も有力であり[52]、生産力委員会の「調査報告書」も概ね同見解に賛同していた。

しかし、生産力委員会の「調査報告書」では、長期間の免責期間にわたる

48）http://www.treasury.gov.au/ConsultationsandReviews/Consultations/2016/Improving-bankruptcy-and-insolvency-laws.

49）Stephen Mullette, *'A nation of failures?'*, Insolvency Law Bulletin, Vol 17 No 5, 2016, p. 78.

50）生産力委員会・前掲注7）「調査報告書」334頁。

51）生産力委員会・前掲注7）「調査報告書」335頁。この点は、特に倒産再建協会（ARITA）より従来から指摘されていた。

52）生産力委員会・前掲注7）「調査報告書」335頁。

種々の制限はやはり問題であり、同期間における制裁と破産の烙印を嫌う結果、事業者となるべき個人の起業意欲が阻害される等その波及的な悪影響が大きいことが指摘されていた。加えて、オーストラリアの倒産再建協会（ARITA）は、非事業者たる個人破産者についてもその種々の制限を最小限のものとし、早急な更生によって消費活動を刺激することが社会全体の利益にかなうと指摘していた。そこで、生産力委員会の「調査報告書」では、免責期間を原則的に短縮し、例外的な場合にだけその延長を認める制度的な枠組みを導入すべきことを提案していた。なお、これらの提案に当たっては、比較法的にはイギリスの2002年エンタープライズ法による個人倒産制度の改正やアイルランドの2015年個人倒産法改正の動きも参考にされた[53)]。

これらの「調査報告書」の提案を概ね承継する形で、政府の「改正提案書」では、以下のような改正案が示されている[54)]。

3　政府の「改正提案書」の大枠

(1)　免責期間　(a)　原則的な免責期間および各種資格制限の期間の短縮

「改正提案書」は、個人事業者の起業活動を促し、破産によって債務者が被る烙印や不評を軽減するために、原則的な免責期間を現行の3年から1年に短縮することを提案するとともに、破産による債務者の資格制限等についても附帯して以下の三つの改正を提案している。

①信用取引の制限　第1に、信用取引の制限に関する改正である。すなわち、個人破産者が新たな信用供与を受けるに当たっての制限を原則1年とするとともに、不正行為があった場合は期間の延長を認めることが提案されている（Proposal 1. 3. 1a）。ただし、金融保護局のNPIIにおける永久的な事故登録制度は維持するとされる（Proposal 1. 3. 1a）。この事故登録制度は、誠実な債務者とそうでない破産者、不正行為がある破産者とそうでない破産者を区別し、信用供与側のリスク削減において特に重要な意味を有するためであ

53)　生産力委員会・前掲注7）「調査報告書」337頁。イギリスの2002年エンタープライズ法の改正およびその後の個人倒産制度については、倉部真由美「イギリスにおける倒産文化のアメリカ化」福永有利先生古稀記念・企業紛争と民事手続法理論（商事法務・2005）629頁以下、高田・前掲注13）破産管財人制度論51頁以下。
54)　以下の内容については、前掲注48）「改正提案書」p. 6.

る[55]。

②海外渡航制限　第2に、破産者の海外渡航制限期間を原則1年とするとともに、不正行為（misconduct）があった場合は期間の延長を認めることが提案されている（Proposal 1. 3. 2）。

③資格制限　第3は、現行の州（準州）の業界団体やライセンス許可当局の個人破産者に対する資格制限は、原則的な免責期間の短縮によって自動的にその期限が短縮されるが、そのほかの業界団体やライセンス許可者は資格制限の対象を破産者に限定していないので、免責期間が終わった後も資格制限が継続され得る。したがって、政府は、各種団体に対して、原則的な免責期間の短縮に応じて、各種の就業資格制限を原則1年に短縮するよう働きかけることを提案するとされている（Proposal 1. 3. 3）。

なお、会社の取締役または議会の議員に関わる資格制限等連邦法上明文の規定がある場合は、1年の原則期間に変更するとされている。

(b)　免責期間の例外的な延長――管財人等の免責異議　原則的な免責期間を1年に短縮した場合は、不正行為（misconduct）がある破産者に対処するために、免責に対する管財人等の異議制度がより重要な意味をもつこととなる。そこで、現行法における管財人等の異議によって免責期間を最長8年まで延長できる制度を維持すべきことが提案されている（Proposal 1. 1）。

ところで、異議の事由はこれまで債務者の情報提供義務の違反等債務者の手続の協力義務違反の存在等が多かったが、原則的な免責期間を1年に短縮する場合、免責に対する管財人等の異議を基礎づける事由を支える証拠を集めることが実際上一層困難となり得る。現行法の下では、裁判所は異議ないし職権で免責期間を延長する権限を有していない。しかし、利害関係人は裁判所に対して管財人の決定について上訴をすることができるとされているので（破産178条）、破産者、債権者等利害関係人は管財人の免責異議または免責異議を提出しないとする判断について裁判所の判断を仰ぐことができる。

異議制度の実効性を高めるために、異議事由ないし異議事由を支える証拠の収集方法について意見公募を行うとされている（at para 1. 1 (Query 1. 1)）。

(2)　収入の財団組み入れの義務等　(a)　収入の財団組み入れの義務　現

55)　生産力委員会・前掲注7)「調査報告書」340頁。

行法の下では、破産者になった日から免責等がされる日までの期間は、破産者の収入の一部は配当原資となる財団に組み入れられるとされている（破産139K条）。したがって、原則的な免責期間が1年に短縮される場合は別途の規定がない限り、その1年間に限って収入の一部が財団に組み入れられることとなる。しかし、これでは、財産として一定の収入のみがある債務者が免責を受けるために破産手続を「悪用」する（“easy option”）ことを助長してしまう[56)]。債務者と債権者の利益を適切に調整するためには、原則的な免責期間および資格制限等種々の制限の問題と収入組み入れの問題とを切り離して、破産者の早期就職等を促す一方で、より多くの収入を財団に組み入れることを可能にすべきである[57)]。このようなスタンスは、2004年のイギリス個人倒産法の改正の方向性とも一致する。

以上の背景を踏まえて、「改正提案書」では、原則的な免責期間と収入の財団組み入れ義務の期間を切り離して、原則的な免責期間が1年に短縮された場合でも、現行法と同じく原則として3年間は収入の一部を財団に組み入れるべきであること、ただし、免責期間が5年または8年に延長される場合は、収入組み入れ期間もそれに服するという規定を設けることを提案している（proposal 1. 2. 2）。

(b)　管財人への協力の義務　　現行法の下では、破産者は免責された後も財団に属する財産の換価および配当に関連して管財人に協力する義務を負うとされている（破産152条）。同義務は免責後も管財人の管理業務、具体的には、財産の調査および換価を継続する必要がある場合においてその業務の円滑化のために必要不可欠である。

ところで、原則的な免責期間を1年に短縮すると、破産者に上述の協力義務を課すことはより重要な意味を有することとなる。そこで、政府の「改正提案書」は、免責された後も管財人の管理業務への破産者の協力義務をより実効的なものとするための何らかの法改正をすべきであると提案するとともに（proposal 1. 2. 1）、義務の具体的な内容およびその履行を確保するための具

56)　Attorney-General's Department in 2009, pp. 2-3.
57)　生産力委員会・前掲注7）「調査報告書」342頁。なお、「調査報告書」によると、the ABA は、個人破産者の大半は非事業者であり、将来の収入が見込めないことを理由に、原則的な免責期間と収入の財団組み入れの期間を切り離すことについて、反対しているとされている。

体的な措置について意見公募を行うことを提案している（Query 1. 2. 1a（Query 1. 2. 1b））。

Ⅶ　おわりに

本稿は、オーストラリアの個人倒産手続の枠組みについて近時の改正の動向を含めて考察したものである。

そのうち個人破産制度に焦点を当てると、オーストラリアでは、債権者による破産申立ての場合も含めて債務者の免責申立ての有無を問わず、かつ事由を問わず、破産手続開始後一定期間経過すれば破産者は自動的に免責され、例外的に管財人の異議に基づいて（債権者には異議を述べる権利がない）免責期間が延長される枠組みが採用されている点では、日本法と異なる。もっとも、オーストラリアでも日本でも大半の事件において破産者は免責されるのが実情であり、免責制度の基本的な機能の面では両国では大きな差異はみられないともいえる。

ところで、個人破産制度に関するオーストラリアの近時の改正は、その大きな方向性からすると、自動免責に至るまでの期間を現行法より短縮することによって、破産に伴う信用取引制限、資格制限等を最小化する等債務者更生に寛大な破産法への転換がみられる一方、免責後も一定期間収入の一部を財団に組み入れることを可能にする等債権者の利益保護への配慮が伺える。

破産によって制限を受ける資格の類型は、日本でも多岐に及んでいる。破産法自身は破産者に懲罰的効果を及ぼすことを避けているが、各種の法令は、破産者に対する人格不信等の理由から、それぞれの政策的目的に基づいて破産者に対して資格制限を設けている。しかし、この点については、従来から、破産を理由とする資格制限を整理縮小する方向で抜本的検討が必要であると指摘されており[58]、その背景と理由に関しては日本とオーストラリアでは共通のものがみて取れる。なお、株式会社の取締役については、従来破産をそ

58）宮川知法・消費者更生の法理論―債務者更生法構想・各論Ⅰ（信山社・1997）191頁以下は、債務者の経済的再生とそのための職業保証という視点から、資格制限について廃止すべきことを主張している。また全面廃止が困難な場合は必要最低限のものに限定すべきであるものとして、西澤宗英「倒産者の地位」ジュリ1111号（1997）169頁以下。

の欠格事由と定める規定があったが（商旧254条ノ2第2号）、現在では削除されており（会社331条参照）、株主総会の判断に任せられるに至っている。

信用取引の制限に関しては、日本でも破産者の破産事実について金融機関が信用情報機関に事故情報を登録し、破産手続終了後も5〜10年間記録は抹消されないので、破産者は破産後新しい借入れやクレジットカードの新規発行がその期間はできなくなる。しかし、この点は、「個人版私的整理ガイドライン」の策定の最も重要な背景的理由となったものであり、信用取引制限の縮小は今後検討を要する問題ではないかと思われる。

オーストラリアの法改正のもう一つの重要な課題として挙げられている破産手続開始後の一定期間における収入の財団組み入れの問題は、日本では、個人再生手続（小規模個人再生・給与所得者等再生）と破産・免責手続との関係の議論に関わっているといえる。すなわち、現行法では、債務者のみが個人再生手続申立て権を有し、債務者は自由に個人再生手続か破産・免責手続かを選択できる仕組みであるが、高収入の債務者が安易に破産・免責手続を利用するのは、債権者からすると疑問視されるところである。立法過程では、一つの案として破産手続において最低弁済額要件または可処分所得要件のいずれか多い金額まで配当または弁済しなければ免責を受けられないとの選択肢が提案され[59]、最終的に採用されなかったものの、なお検討の余地がある問題である[60]。

いずれにしても、破産という現象は今日では経済状況の変動に基づく不可避的なものであり、破産によって長期間にわたって広範な資格制限および信用取引制限等を受けることは両国の破産制度にとって望ましいところではない。経営者の再起および起業の増進という立法政策的観点に中枢を置き、かつ債務者更生と債権者の利益保護のバランスの適切な均衡をも視野に入れているオーストラリアにおける個人倒産法改正の今後の動向が注目されるところである。

59）　松下淳一・民事再生法入門［第2版］（有斐閣・2014）207頁以下。

60）　積極説と消極説の対立については、長島良成「免責」東京弁護士会倒産法部編・倒産法改正展望（商事法務・2012）566頁以下。

【付記】

徳田和幸教授には、京都大学大学院法学研究科修士課程に在籍して以来今日まできめ細かい指導と厚愛をいただいた。「比較法は双方向である」という教授のお言葉を今後の研究の変わらぬ指針としていきたい。

ESUGによるドイツ倒産法の改正とドイツ法からみた私的整理の多数決化

水元宏典

Ⅰ　はじめに

現行のドイツ倒産法（Insolvenzordnung vom 5. Oktober 1994（BGBl. I S. 2866））は、1994年に成立したものであり、その後、数次の改正を経ている。近時の改正のうち企業倒産に関するもので、とくに重要なのは、2011年の「企業再建簡易化法（Gesetz zur weiteren Erleichterung der Sanierung von Unternehmen vom 7. 12. 2011（BGBl. I S. 2582; berichtigt S. 2800））（以下、「ESUG」という）」による改正である（2012年施行）[1]。

1）ESUGに関する邦語文献としては、海外情報「ドイツにおける倒産法改正の動き」商事法務1914号（2010）46頁、ペーター・オー・ミュルベルト（神作裕之仮訳）「ドイツ株式法、債務証券法および倒産法におけるデット・エクイティ・スワップとデット・デット・スワップ」金融商事法ワーキング・ペーパーシリーズ2014-4（2013）1頁、久保寛展「ドイツ企業再建法における企業再建手法としてのデット・エクイティ・スワップ」福岡大学法学論叢58巻1号（2013）255頁、谷口哲也「ドイツ倒産法の改正」中央大学大学院研究年報43号（2014）39頁参照。なお、企業倒産に関してはさらに、結合企業の倒産処理に関する立法も予定されている。詳細は、久保寛展「企業結合関係における倒産処理」福岡大学法学論叢58巻4号（2014）941頁、萩原佐織「同一企業グループに属する複数会社の倒産手続が並行して開始される場合における統一的倒産手続創設の要否」摂南法学48号（2014）1頁参照。また、個人倒産に関しては、Gesetz zur Verkürzung des Restschuldbefreiungsverfahrens und zur Stärkung der Gläubigerrechte vom 15. 07. 2013（BGBl. I S. 2379）が近時の改正として重要である。同法については、三上威彦「ドイツにおける消費者倒産規定の最近の改正について」石川明＝三木浩一編・民事手続法の現代的機能（信山社・2014）457頁のほか、改正に至らなかったライセンス契約の問題を中心とするが、萩原佐織「『ライセンサー倒産におけるライセンシーの保護』に関するドイツ倒産法改正の経緯」摂南法学47号（2013）1頁参照。なお、ESUGに関しては、脱稿後、松村和徳ほか「ドイツ倒産法制の改正動向（1）（2）」比較法学49巻2号（2015）267頁、同3号（2016）227頁に接した。現在のところ、最も詳細かつ包括

本稿は、かかるESUGの検討を通じて、わが国の倒産法制に対し示唆の抽出を試みるものである。ところで、企業倒産に関しては、わが国では近時、私的整理の多数決化が議論されている[2)]。そこで、かかる議論との関係においても、示唆の抽出を試みたい。

Ⅱ　ESUGによる倒産法の改正

1　改正の背景および目的

ESUGの理由書によれば、今般の倒産法改正の背景および目的は、次のとおりである。

「現行法の下では、倒産のおそれがある企業を早期に再建しようにも、多くの障碍がある。かつて、ある企業は、英国の企業再建法に準拠して倒産手続を開始させた方が事業経営と主要債権者にとって都合がよいと考えて、自らその本拠地を英国に移したこともあった。このような例は、たとえ個別案件にとどまったとしても、ドイツを再建の拠点とすることについて専門家による包括的な検討の契機をもたらし、現行ドイツ法の弱点を浮き彫りにした。とりわけ外国の投資家がドイツの法制度を再建に不向きだと考える理由の一つとしてまず指摘するのは、ドイツの倒産手続を利用した場合の展開が債務者および債権者にとって予測不能であり、就中、倒産管財人の選任にほとんど影響を与えることができないことである。また、ドイツの倒産手続では、債務を株式に転換する可能性がないことに加えて、倒産処理計画の発効が単独債権者の上訴によって数ヶ月から場合によっては数年も遅延することがあり得るために、企業の再建を目指す倒産手続がどのくらいの時間を要するのか、ほとんど見当がつかない、といったことも指摘されている。

債務者が手続開始後も財産の管理処分を継続できる可能性を開いた自己管理の制度についても、従来の実務においては、ほとんどその機能が果たされていない。多くの裁判所は、自己管理の可能性を活用することに極めて消極的だからである。債務者が支払不能のおそれの段階で倒産手続の開始申立てを行い、かつ、債権者の協力を期待できると考えているときでさえも、裁判所が自己管

的である。また、IP研（座長：佐藤鉄男先生）（科研・基盤研究（B）（25285028））においても、ESUGに関する研究報告に接した。とくに、その研究会の成果として、玉井裕貴「ドイツ倒産法における自己管理手続の展開と『DIP型』再建手続定着への模索」佐藤鉄男＝中西正編・倒産処理プレーヤーの役割（仮）（近刊）が注目される。

2）　たとえば、山本和彦「多数決による事業再生ADR」NBL1059号（2015）31頁。

理を許可する保証は全くないのである。

以上のような現行法の弱点および個別事案における裁判所の運用の不確実性によって、企業の再建を目指して倒産手続の開始が早期に申し立てられることは、旧法下と変わらず非常に例外的である。通常は、債務者財産が残余なく費消され、再建のチャンスがもはやなくなった段階で初めて倒産手続の開始が申し立てられる。かくして、本草案の目的は、再建機会の改善のために、債務者と債権者が倒産手続の機関の選任に関与し、すべての関係人が手続の展開についてより確かな見通しを確保できるようにするとともに、倒産処理計画による再建可能性を拡大し、それを妨げる要素を除去することにある。」[3)]

要するに、改正の目的は、再建機会の改善であり、また、その背景ないし立法事実としては、ドイツ倒産法が企業の再建には不向きであるために、一種のフォーラム・ショッピング（英国への逃避）すら起きていた、ということである。

2　改正の三本柱

ESUG は、その目的である再建機会の改善を図るための方策として、①債権者自治の強化、②倒産処理計画の強化、③自己管理の強化、を改正の三本柱とする[4)]。

まず、①債権者自治の強化については、次の改正が注目される。第 1 は、仮債権者委員会制度の新設である。すなわち、改正法の下では、倒産裁判所は、倒産保全処分の一つとして、仮債権者委員会を設置することができ（InsO§21 II 1a）、また、債務者企業が一定規模以上の場合には、所定の要件の下で、その設置が必要的となった（InsO§22a）。第 2 は、仮債権者委員会による倒産管財人の指名である。すなわち、仮債権者委員会の重要な任務は、倒産管財人の人選への関与であり、仮債権者委員会は、裁判所が開始決定において倒産管財人を選任するのに先立って、その人選について意見を述べる機会が与えられるほか、裁判所は、仮債権者委員会の全員一致の指名に原則と

3）　Gesetzentwurf der Bundesresierung（BT-Drucksache 17/5712）vom 04. 05. 2011., S. 17. なお、本草案については、*Hirte/Knof/Mock,* Das neue Insolvenzrecht nach dem ESUG（2012）, S. 125 ff. にも転載されている。また、同書は、他の立法資料も転載しており、有益である。

4）　以下、ESUG の概要については、前掲注 1）の邦語文献のほか、とくに、*Haas,* Das neue Insolvenzrecht（2012）, S. 21 ff. を参照した。

して拘束されることが規定された（InsO§56a）。第3は、倒産管財人の適格要件の緩和である。すなわち、従来、倒産管財人の法定適格要件の一つに、債務者および債権者からの独立性という要件があったが、改正法は、独立性が否定されない場合として、ⓐ債務者または債権者が推薦する者、ⓑ開始申立前に債務者に対して倒産手続に関する一般的な助言をした者、を明示した（InsO§56 I ①②）。

次に、②倒産処理計画の強化については、次の改正が注目される。第1は、倒産処理計画によるDES（デット・エクイティ・スワップ）の導入である[5]。すなわち、従来、倒産処理計画では株主の権利は変更できなかったため、DESを通じた再建に必要な増減資等については、会社法（AktG等）に基づいて株主総会における特別決議が必要であった（AktG§§183・182 I 等）。しかし、改正法の下では、倒産処理計画が株主の権利についても権利変更の対象に含める場合、株主も倒産処理計画の手続において独自の組を形成し（InsO§222 I ④）、その頭数と出資額の過半数による決議（InsO§244 III）を通じて増減資等を行うことが可能となった（InsO§§225a II・254a）。しかも、いわゆるクラムダウン（妨害禁止）が認められ、株主の組がたとえ反対したとしても、過半数の組において同意が調達された場合には、ⓐ計画がない状態と比べて不利にならず、ⓑ債権者が満額を超える価値に与らず、かつ、ⓒ株主間に不平等がない限り、株主の組の同意は擬制されるものとされた（InsO§245 I III）。もっとも、債権者においては、DESの強制はなく、同意した債権者との関係でのみ実施されることになる（InsO§225a II 第2文）。なお、DESの実施においては、経営支配権の変更を原因として契約相手方が契約の解除を主張することが問題となるところ、DESは解除を基礎づけないものと規定され、また、いわゆるチェンジ・オブ・コントロール条項についても、その無効が規定された（InsO§225a IV）。第2は、計画認可に対する即時抗告の規制である。すなわち、即時抗告の要件として新たに、ⓐ投票前の異議、ⓑ反対投票、ⓒ計画がない状態と比べて著しく不利になるにもかかわらずその補償がないことの疎明、が付加された（InsO§253 II）。そのうえで、従来は倒産裁判所（原

5）　商法学の視点による改正の詳細については、ミュルベルト・前掲注1）8頁以下、久保・前掲注1）「ドイツ企業再建法における企業再建手法としてのデット・エクイティ・スワップ」267頁以下、松村ほか・前掲注1）「ドイツ倒産法制の改正動向（1）」274頁以下参照。

裁判所）または抗告裁判所のいずれに対しても認められていた即時抗告の提起について、改正法の下では抗告裁判所に対しては認められないこととなり（InsO§6 I 第2文）、倒産裁判所における再度の考案が保障されることになった（ZPO§572 I）。さらに、即時抗告の裁判に対する法律抗告については、従来は権利抗告が可能であったが（改正前 InsO§7）、改正法の下では許可抗告によるものとされた（InsO§4、ZPO§574）。

最後に、③自己管理の強化については、次の改正が注目される。第1は、自己管理命令の発令要件の緩和である。すなわち、従来、その発令要件は、ⓐ債務者による自己管理の申立て、ⓑ倒産手続の開始申立てが債権者申立てのときは当該債権者の同意、ⓒ自己管理によって債権者に不利益が生じないことの予見、であったが（改正前 InsO§270 II ①②③）、改正法の下では、まず、ⓑの要件が削除されている。また、ⓒの要件についても、債権者の不利益を予見させる具体的な事情が認められないこと、と文言が変更されたことで、不利益か否かが真偽不明のときは発令されるものとされ（InsO§270 II ②）、しかも、発令に賛成する仮債権者委員会の全員一致の決議があれば、債権者に不利益でないものとみなされると規定された（InsO§270 III 第2文）。第2は、再建準備期間、いわゆる「保護の傘手続（Schutzschirmverfahren）」の導入である。すなわち、改正法の下では、債務者は、自己管理の申立において、支払不能ではなく、かつ、再建の見込みが明らかにない場合でないことについて、会計士等による証明文書を提出し、裁判所に対して、開始決定までの間、計画案策定のために最大3ヶ月の猶予期間の設定を求めることができるようになり（InsO§270b I）、一方では倒産保全処分の利用（同 II 第3文）、他方では取引債権等の財団債権化（同 III）による保護の傘の下で再建の準備が可能となった。

3　二三の検討

わが国においても、再建機会の改善を図ることは、倒産法制の重要な課題といえるところ、ESUGは、そのための方策を具体的な立法として提示している。したがって、その検討は、わが国の倒産法制に対して一定の示唆をもたらすものと思われる。

そこで、まずESUGによる改正の三本柱（①債権者自治の強化、②倒産処理計画の強化、③自己管理の強化）について検討すれば、以下のとおりである。

第1に、債権者自治の強化については、その改正の趣旨は、倒産管財人の選任によって従前の私的整理との間で断絶が生じるリスクを回避する点にあるとみられる。すなわち、私的整理が一部債権者の反対によって挫折し、倒産手続へ移行する場合を想定すると、倒産管財人の選任に債権者自治が及ぶこと、とりわけ多数派の債権者（ないし仮債権者委員会）が従前の私的整理に理解のある者を倒産管財人に指名できることは、その移行を円滑化し、再建機会の改善に資するものといえる。なぜなら、倒産管財人の選任に債権者自治が及ばずに、従前の私的整理に理解を示さない倒産管財人が選任されるならば、従前のアレンジメントが反故にされ、再建が振り出しに戻る危険が高まるからである。そうすると、事前の段階でも、先行きが不透明となり、再建への協力は確保できなくなる。たしかに、ドイツ法内在的には、従来も、第1回債権者集会において倒産管財人の更迭は可能であった（InsO§57）。しかし、数週間の断絶に伴う時間と費用の浪費は大きな問題であり、実際の例も乏しかった、と指摘されている[6)]。

わが国においても、私的整理から法的再建手続への移行を円滑化することの必要性は、すでに認識されている[7)]。もっとも、管財人の選任に債権者自治を及ぼすという視点は、移行の円滑化という文脈においては、これまで議論が乏しかったように思われる。たしかに、わが国の再建型手続の一般法である民事再生法の下では、管財人の選任は例外的であるから、かかる議論が乏しかったことも不思議ではない。しかし、更生手続では問題は顕在化しうるし、いわゆるDIP型会社更生に対する新たな評価視点にもなりうる[8)]。

第2に、倒産処理計画の強化について検討すると、その趣旨は、再建手段としての倒産処理計画の魅力回復にあるとみられる。しかし、かかる改正については、一般論としては、更生手続と再生手続の併存と棲み分けを認めるわが国の方が先に進んでいるとの評価も可能である。すなわち、倒産処理計画によるDESについていえば、今般のドイツ倒産法の改正は米国倒産法第

6）　BT-Drucksache 17/5712, S. 17.

7）　さしあたり、水元宏典「倒産処理における法的および非法的紛争解決システムの連携とその限界」吉田勇編・紛争解決システムの新展開（成文堂・2009）220頁。

8）　かかる視点から「債権者主導型」会社更生の運用を提言する、注目すべき見解として、高田賢治「裁判所・裁判官」民訴61号（2015）89頁、96頁以下。

11 章手続を範にしたと説かれているが[9]、そもそもわが国の会社更生法は当該米国法の前身を継受したものであって、DES もすでに可能である（会更 175 条 2 号参照）。また、抗告規制についても、原裁判所への抗告提起（民訴 331 条・286 条）や許可抗告の制度（民訴 337 条）は、平成 8 年の民訴改正においてすでに実現している（民再 18 条、会更 13 条参照）。もっとも、個別問題に着眼すれば、たとえば DES におけるチェンジ・オブ・コントロール条項の扱いについては、参考に値する。

第 3 に、自己管理の強化について検討すると、その趣旨は、早期事業再生の促進にあるとみられる。債務者にとって自己管理という DIP 型の手続が利用しやすくなることは、早期着手の誘因となるからである。加えて、民事再生法の制定においても強調されたように、DIP 型には、中小企業の利用促進というメリットもある[10]。もっとも、債務者に対して手続開始前に最大 3 ヶ月の再建準備期間が与えられるという、保護の傘構想については、おそらくわが国では、評価が分かれうる。すなわち、一方では、倒産保全処分のつまみ食いとみなされ、開始申立ての取下規制（民再 32 条、会更 23 条）の趣旨に反するものとして、否定的な評価が成立しうる。他方で、保護の傘構想は、わが国の「早期事業再生ガイドライン」が倒産法制の戦略的活用としてプレパッケージ型の事業再生を推奨していた[11]ことと通底するため、肯定的な評価も可能である。というのも、保護の傘の下で行われるのは結局のところ、計画案を策定し、同意調達を試みた上で、反対債権者を拘束するために倒産手続を活用するということであり、一種のプレパッケージ型の事業再生と理解できるからである。しかも、申立てから開始までの間に私的整理が試みられる結果、倒産手続の開始というスティグマを回避しながら、一方では倒産保全処分によって債権者の追及をかわし、他方では財団債権化によって新規信用を獲得できるという利点もあり、新たな私的整理スキームのあり方としても示唆に富む[12]。

9）　BT-Drucksache 17/5712, S. 18.

10）　深山卓也ほか・一問一答民事再生法（商事法務研究会・2000）7 頁、花村良一・民事再生法要説（商事法務研究会・2000）16～17 頁。

11）　高木新二郎＝早期事業再生研究会編・早期事業再生のすすめ（商事法務・2003）277 頁、289 頁以下。

12）　たとえば、*Braun,* Die vorinsolvenzliche Sanierung von Unternehmen (2015), S. 74ff. は、保護の傘手続を基礎として、英国の SA 類似の倒産前再建手続の導入を検討する。

以上、極めて簡単ではあるが、改正の三本柱を検討し、示唆の抽出を試みた。

他方で、改正が見送られた事項からも示唆は抽出しうる。というのも、改正が見送られた事項は、一般に何らかの理論的・実践的な問題を包含していることが多く、同様の事項がわが国でも議論されるときには、慎重な検討のための材料を提供するからである。ESUGにおいても改正が見送られた事項があり、その中でも特に注目されるのは、「倒産前再建手続（vorinsolvenzliches Sanierungverfahren）」である。その導入が見送られた理由は、結局のところ、前記の三本柱、とりわけ保護の傘手続の導入で足りるということのようである。すなわち、ESUGの付帯決議は、施行から5年後の検証事項の一つとして、保護の傘手続を挙げて、こう説く。

> 「新270条bによる保護の傘手続は期待に沿うことができているか、とりわけ、早期の申立てと自己管理の強化をもたらしたか。新270条bが創設されたにもかかわらず、なお倒産前再建手続の必要はあるのか。」[13)]

翻って、多くの諸外国では、再建機会の改善のために、倒産前再建手続が導入されており、裁判所の関与を前提としないか、前提としても緩い関与の下で、債権者の多数決によって成立した再建計画に反対債権者も拘束される制度が存在している。たとえば、フランスの迅速金融再生手続[14)]、英国の会社任意整理手続（CVA）・会社整理計画（SA）[15)]、豪州の任意管理手続（VA）・会社整理計画（DCA）[16)]などがその例である。とりわけ、アジア諸国では、韓国の企業構造調整促進法[17)]など、そのような立法例も多いという[18)]。これ

---

13)　Beschlussempfehlung und Bericht des Rechtsausschusses（BT-Drucksache 17/7511）vom 26. 10. 2011., S. 5.

14)　山本・前掲注2）2頁以下、同「フランス倒産法制の近時の展開」河野正憲先生古稀記念・民事手続法の比較法的・歴史的研究（慈学社出版・2014）501頁。

15)　中島弘雅「近時のイギリスにおける事業再生の枠組みについて」青山善充先生古稀祝賀・民事手続法学の新たな地平（有斐閣・2009）795頁、同「イギリスの事業再生手法としての『会社整理計画』」伊藤眞先生古稀祝賀・民事手続の現代的使命（有斐閣・2015）947頁。

16)　金春「オーストラリアの企業再生手続における裁判所の関与のあり方について」NBL1037号（2015）55頁。

17)　呉守根「韓国における企業構造調整促進法」前掲注15）伊藤眞先生古稀祝賀731頁、金炳学「韓国における再建型倒産処理手続の概要」福島大学行政社会論集28巻2号（2016）1頁、28頁以下。

に対して、あくまでも法的倒産手続における多数決による解決を前提として、プレパッケージ型・プレアレンジ型の手続利用によって再建機会の改善を目指す立法例も存在する。典型的には、米国倒産法（11USC§1126（b）参照）がその例である。ESUGは、前者の例すなわち倒産前再建手続の導入という途を選択せず、後者の例すなわち保護の傘手続によってプレパッケージ型・プレアレンジ型の手続利用を促進する途を選択したものと位置づけられる。

冒頭で指摘したように、わが国では近時、私的整理の多数決化が議論されている。私的整理の多数決化といっても、モデル・イメージは複数ありうるが、いずれにおいても再建機会の改善を企図したものといえる。かかるモデルのうち将来の課題として最も理論的な検討を要すると考えられているのは、私的整理における一定多数の債権者の同意と裁判所の認可決定によって少数反対債権者を拘束するモデルである（いわゆる「裁判所による認可モデル」）[19]。そこで、本稿でも、私的整理の多数決化といった場合には、かかるモデルを想定する。問題は、そのような私的整理の多数決化とESUGが見送った倒産前再建手続との関係である。もちろん両者の概念は一致しないが、私的整理の多数決化は、倒産前に行われることを想定した再建のための手続であるから、倒産前再建手続の外延の一つに含まれるように思われる。そうすると、ESUGが倒産前再建手続の導入を見送ったことは、ドイツ倒産法が私的整理の多数決化に対しても消極的であることを示唆している。しかし、ドイツ倒産法の視点からみた私的整理の多数決化の問題点、あるいは、ドイツ倒産法が私的整理の多数決化に消極的な理由そのものについては、今般の改正資料からは有意な示唆を得ることはできなかった。とはいえ、仮説の提示は可能である。節を改めて論じることとする[20]。

18） 第15回事業再生実務家協会シンポジウム「多数決による事業再生ADR」（2015）資料9頁、13頁〔高木新二郎〕。

19） 山本・前掲注2）35頁。

20） 以下は、「事業再生に関する紛争解決手続のさらなる円滑化に関する検討会」報告書（商事法務研究会・2015・非売品）5～6頁（筆者もそのメンバーの一人である）および第15回事業再生実務家協会シンポジウム「多数決による事業再生ADR」（2015年7月22日一橋講堂）における筆者の口頭報告の基になった研究の成果である。もとより、個人の見解であり、同検討会を代表するものではない。なお、本稿では捨象しているが、私的整理の多数決化については、憲法問題もあり、そちらの方が重要かもしれない。

Ⅲ　1877年のドイツ破産法理由書と2005年の連邦最高裁判決

ドイツ倒産法が私的整理の多数決化に消極的な理由について、一つの仮説を提示すれば、こうである。すなわち、「私的整理は、倒産原因の発生前にも行われ得るところ、倒産手続開始前の段階では、債権者の団体性が基礎づけられず、よって多数決原理がそもそも妥当しない」という考え方である（仮説①）。以下、順を追って説明する。

まず、法的倒産手続では、なぜ少数反対債権者が拘束されるのかについて、1877年のドイツ破産法の立法理由書は、こう説く。

> 「〔債権者は団体として法主体性を獲得しない。〕しかし、債権者は、法律上、一つの偶然的共同関係（communio incidens）に入る。なぜなら、たとえ破産手続への参加が任意であっても、他の債権の存在、債務者の支払不能および全債権者の競合によって、債権者の間には、個々の債権者の意思によらない、法定の共同関係が生じるからである。破産債権者の相互関係、および、破産手続と他の配当手続との異質性を特徴づけているのが、まさにこの共同関係である。個々の債権者の満足権は、債権者に破産請求権が成立することによって、法的な制限を受ける。かかる共同関係は、破産者の不十分な全財産から満足を受ける各債権者の満足権を根拠ないし要件とし、この財産から全債権者への共同的な満足を目的ないし内容とする。したがって、いかなる債権者も他の債権者を無視して債務者に対して個別的な満足権を追及することは許されず、ゆえに個別債権者の利益のためにする強制執行は認められない。……さらに、個々の債権者が形式的な権利に基づいて自己の利益を利己的かつ頑迷に貫徹できるならば、全債権者の共同の権利は著しく害されるから、多数者の決議が少数者を拘束しなければならない。これがとりわけ強制和議の根拠と限界である。」[21]
> （〔　〕内は筆者による）

要するに、債務者の支払不能によって、債権者は、その意思に基づかずに法律上当然に団体性を獲得するから、多数決原理が妥当するに至り、少数反対債権者が拘束されるという。換言すれば、少数反対債権者が和議に拘束される理論的根拠は、債権者の団体性と多数決原理ということになる。

21）*Hahn (Hrsg.)*, Die gesammten Materialien zu den Reichs-Justizgesetzen, Band 4, Materialien zur Konkursordnung (1881/Neudruck 1983), S. 18.

破産法理由書にいう「偶然的共同関係」とは、典型的には附合・混和によって成立する共有のように、契約や意思に基づかない共有・準共有における法律関係をいう[22]。支払不能によって債権者が何を（準）共有することになるのかについて、理由書は、訴権に匹敵するところの破産請求権（債務者の財産から排他的かつ共同的な満足を求める権利）を想定しているが、学説は、差押質権や債務者財産の管理処分権（一種の制限物権）を想定するなど、諸説がある[23]。また、理由書は、債権者団体の法的性質について、これを偶然的共同関係と理解するが、学説は、法人としての債権者団体、権利能力なき社団としての債権者団体、組合関係としての債権者団体と理解するなど、これもまた諸説がある[24]。

いずれにおいても、少数反対債権者の拘束の根拠を債権者の団体性と多数決原理に求める立場は、和議の性質論として、和議が債務者と債権者団体との和解ないしその他の契約であると説く、契約説と親和的である。契約説のもとでは、和議の認可決定は、債権者を拘束する根拠ではなく、和議という法律行為の公証ないし停止条件と位置づけられる。かかる契約説は、ドイツ破産法・和議法における支配的見解であった[25]。

ところが、1994年の現行ドイツ倒産法は、和議とは異なる制度として倒産処理計画の制度を構想しているため、倒産処理計画の性質論については、和議の性質論を無批判に持ち込むことはできないといわれている[26]。しかし、それでも連邦最高裁は、少数反対債権者の拘束の根拠を、債権者の団体性と多数決原理に求めており、その限りでは、一貫している。すなわち、2005年10月6日の連邦最高裁判決は、倒産処理計画に設けられた条項の解釈が争点となった事案において、次のように判示した。

22） 鶴田滋・共有者の共同訴訟の必要性（有斐閣・2009）126〜127頁参照。

23） 小野木常・和議制度の研究（有斐閣・1941）29〜30頁、*Happe,* Die Rechtsnature des Insolvenzplans (2004), S. 131ff.

24） 小野木・前掲注23）23〜24頁、*Happe,* a. a. O. (Anm. 23), S. 125ff.

25） 以上、契約説については、小野木・前掲注23）23〜31頁、*Happe,* a. a. O. (Anm. 23), S. 6ff.

26） *Kirchhof/Eidenmüller/Stürner (Hrsg.)*, Münchener Kommentar zur Insolvenzordnung 3 Aufl. (2014), §217 RdNr. 6 [Eidenmüller]. 倒産処理計画の性質論に関する邦語文献として、ディーター・ライポルト（野村秀敏訳）「ドイツ新倒産法における倒産処理計画の成立と法的性質」竹下守夫先生古稀祝賀・権利実現過程の基本構造（有斐閣・2002）847頁。

「学説は、それ〔倒産処理計画の本質〕について、民法779条の意味における和解や一種の私法上の契約と理解したり、あるいは、実体法上の契約と訴訟法上の契約の混合として両性的性質を認めている。いずれにおいても、民法133条および157条の適用が認められるという。この点について、最上級審の判例は未だ存在しない。

立法資料によると、倒産処理計画は、和議ではなく、むしろ『関係人の権利の価値を完全に保障したうえで、債務者の責任財産の換価について、共同決定権のある関係人が私的自治に基づいてする、法規に相当する合意である』という。

当法廷の見解によれば、倒産処理計画は、債権者集団が組織的に債務者財産から満足を得る際に用いる、特別の倒産法上の手段である。債権者の共同関係は、その自由意思によって成立したものではなく、むしろ、債務者財産に倒産手続が開始することによって結びつけられた、運命共同体（Schicksalsgemeinschaft）である。個別債権者の意思は、多数決によって乗り越えられることになる（§§244 ff InsO)。このことは、倒産処理計画が、たとえ多数の関係人の意思の合致によって承諾されたときでも、伝統的な意味における契約ではないことを示している。」[27]（〔　〕内は筆者による。また、コンメンタール等の文献引用箇所は省略した。）

本判決と破産法理由書を比較すると、まず第1に、債権者団体の性質を運命共同体とみるか偶然的共同関係とみるかについて相違がある。しかし、いずれも意思に基づかない団体という意味では共通しており、その相違は表面的なものと考えられる。第2に、かかる団体成立の契機が倒産手続の開始か支払不能かという相違がある。しかし、支払不能も開始決定によって確認され、有限責任会社等については債務超過もまた開始原因となるから、破産法理由書の読み方として、開始決定によって偶然的共同関係が成立すると理解することも可能である（その上で、偶然的共同関係の実体法的効果の一つである偏頗行為規制は、否認権によって支払不能時まで遡及すべきものと理解することも可能である)。そうすると、本判決と破産法理由書の基本的な理解は共通するものと考えられる。すなわち、債権者は、倒産手続開始によって団体性を獲得することで、多数決原理が妥当するに至り、少数反対債権者の拘束が正当化される、という理解である。ここから、前掲の仮説①が導出されるわけである。

27） BGH, Urteil vom 06. October 2005-IX ZR 36/02-, juris.

なお、付言すると、和議の性質論としては、契約説の対極に判決説があり、判決説もまた有力であった。判決説においては、債務者による和議の提供は、全債権者を共同被告とする訴えの提起に相当し、和議認可決定は、その訴えに対する判決と理解される。しかも、そこにいう判決は、あるべき法律関係（債権の態様）を当事者間に形成する形成判決と構成され、反対債権者を含めて債権者が和議に拘束される根拠は、和議認可決定の形成力に求められる。他方において、和議の決議自体は、かかる形成判決のための審理の1資料と位置づけられ、拘束力の根拠とはされない[28]。

このような判決説においても、私的整理の多数決化を正当化することは困難であるように思われる。というのも、判決説においては、和議の提供から決議を経て認可決定に至る手続は全体として一体であり、その手続全体を通じた裁判所の関与と当事者の手続保障が認可決定の形成力を根拠づけているからである。つまり、認可決定の手続だけを括り出して、裁判所の関与の下で行っても、当事者の手続保障としては不十分となろう。特に問題となるのは、私的整理に参加しなかった債権者の手続保障である。というのも、和議のような裁判上の手続であれば、手続参加について、いわゆるLast（責任）を観念できるため、参加の機会があった以上は不参加でも手続保障は満たされたと擬制できるのに対して、私的整理は、あくまでも任意の手続であるため、かかるLastはもちろん、参加強制の観念に馴染まないからである[29]。

そうすると、ドイツ倒産法が私的整理の多数決化に消極的な理由については、仮に判決説に依拠したとしても、なお提示可能ということになる。すなわち、「私的整理は、参加について強制の契機を欠くため、不参加債権者について、手続保障の充足が擬制できず、よって、裁判所が認可決定をしても、その形成力が正当化できない」という考え方である（仮説②）。なお、契約説と判決説が両立しないとすれば、前掲の仮説①は主位の仮説となり、この仮

28）　以上、判決説については、小野木・前掲注23）13〜23頁。なお、*Happe*, a. a. O. (Anm. 23), S. 6によると、判決説の内部では、確認判決説もあるという。しかし、少なくとも判決説の創始者（Schultze）は、形成判決と理解している。小野木・前掲注23）14〜15頁参照。

29）　REVIC法64条以下は、公的機関や一定の金融機関に対して協力義務を規定しているが、同義務については、努力義務にとどまること、金融行政における公法関係を基礎としていること、といった特質があるように見受けられる。かかる義務を超えて、立法が特定の私的整理について債権者の参加を強制する場合、当該私的整理は、むしろ法的整理と呼ぶべきものに変質したと評価できよう。

説②は予備的な仮説ということになろう。

Ⅳ おわりに

本稿は、近時のドイツ倒産法の改正論議から示唆の抽出を試みたものである。とりわけ、今般の改正が再建機会の改善を目指しながら、倒産前再建手続の導入を見送ったことに注目し、仮説として、ドイツ倒産法が私的整理の多数決化に消極的な理由を提示した。

ところで、欧州委員会は、2014年3月12日の勧告において、EU加盟国に対し、倒産前再建手続の導入を提言し、そのミニマムスタンダードを用意した[30]。それを受けて、欧州倒産規則も2015年に改正（2017年に施行）され、その適用対象が倒産前再建手続にも及ぶように拡大された（同Article 1 (1)）[31]。このような状況の中、今後、ドイツにおいても、倒産前再建手続が導入されることはあり得ないわけではない。しかし、本稿において提示した仮説が正しいとすれば、ドイツにおいて導入されうる倒産前再建手続は、私的整理の多数決化ではないはずである。むしろ、緩和されたものであるとしても一定の倒産原因と開始決定を前提としたり（仮説①参照）、簡易なものであっても裁判上の手続として構想されるはずである（仮説②参照）。今後の展開が注目される。

【付記】

徳田和幸先生には、筆者の学会デビュー報告の際に司会の労をおとり下さる等、懇篤な御指導をいただきました。本稿は、先生から頂戴したこれまでの学恩に感謝し、古稀をお祝いするものとしては、あまりにも拙いものですが、感謝とお祝いの気持ちのみをおくみ取りいただければ幸いです。

---

30) COMMISSION RECOMENDATION of 12 March 2014 on a new approach to business failure and insolvency, 57 Official Journal of the European Union 65 (2014).

31) REGULATION (EU) 2015/848 OF THE EUROPEAN PARLIAMENT AND OF THE COUNCIL of 20 May 2015 on insolvency proceedings, 58 Official Journal of the European Union 19 (2015).

徳田和幸先生　経歴・著作目録

略　　歴

1947 年 1 月 21 日　愛媛県宇和島市に生まれる
1965 年 3 月　愛媛県立宇和島東高等学校卒業
1965 年 4 月　神戸大学法学部法律学科入学
1969 年 3 月　神戸大学法学部法律学科卒業
1969 年 4 月　神戸大学大学院法学研究科修士課程入学
1970 年 9 月　司法試験第二次試験合格
1971 年 3 月　神戸大学大学院法学研究科修士課程修了
1971 年 4 月　神戸大学大学院法学研究科博士課程進学
1974 年 3 月　神戸大学大学院法学研究科博士課程単位取得退学
1990 年10月　文部省在外研究員（フランス・エクス・マルセイユ第三大学）（1992 年 9 月まで）

職　　歴

1971 年 4 月　神戸学院大学法学部助手
1973 年 4 月　神戸学院大学法学部専任講師
1975 年 4 月　神戸学院大学法学部助教授
1979 年 4 月　愛媛大学法文学部助教授
1983 年 4 月　名古屋大学法学部助教授
1985 年 4 月　名古屋大学法学部教授
1987 年 4 月　名古屋大学評議員併任（1989 年 3 月まで）
1999 年 4 月　京都大学大学院法学研究科教授
2009 年 4 月　京都大学名誉教授
2009 年 4 月　同志社大学大学院司法研究科教授

所属学会

日本民事訴訟法学会
日本私法学会
日仏法学会
仲裁 ADR 法学会

学外活動

1986年6月	名古屋弁護士会懲戒委員会委員（1990年5月まで）
1990年2月	学術審議会専門委員（科学研究費分科会）（1991年2月まで）
1993年1月	司法試験第二次試験考査委員（破産法担当）（1995年12月まで）
1996年1月	司法試験第二次試験考査委員（民事訴訟法担当）（1997年12月まで）
1996年6月	愛知県収用委員会委員（1999年5月まで）
1996年10月	法制審議会幹事（民事訴訟法部会、倒産法部会）（1998年7月まで）
1998年7月	法制審議会臨時委員（民事・人事訴訟法部会、民事訴訟・民事執行法部会、民事訴訟法部会、倒産法部会）（2007年4月まで）
2000年1月	司法試験第二次試験考査委員（民事訴訟法担当）（2003年12月まで）
2007年6月	財団法人（現在は公益財団法人）民事紛争処理研究基金理事（現在に至る）
2007年	文部科学省「専門職大学院等教育推進プログラム」ペーパーレフェリー
2008年5月	独立行政法人大学評価・学位授与機構法科大学院認証評価委員会専門委員（2010年5月まで）
2016年12月	平成29年司法試験考査委員（倒産法担当）（2017年11月まで）

著作目録

1. 単　　著

『フランス民事訴訟法の基礎理論』　1994年　信山社
『プレップ破産法』　1997年　弘文堂
『プレップ破産法〔第2版〕』　2002年　弘文堂
『プレップ破産法〔第3版〕』　2005年　弘文堂
『プレップ破産法〔第4版〕』　2008年　弘文堂
『複雑訴訟の基礎理論』　2008年　信山社
『プレップ破産法〔第5版〕』　2012年　弘文堂
『プレップ破産法〔第6版〕』　2015年　弘文堂

2. 編著・共編著

『日本立法資料全集10～14・民事訴訟法〔大正改正編〕(1)～(5)』
　(河野正憲・松本博之と共編著)　1993年　信山社
『日本立法資料全集43～46・民事訴訟法〔明治36年草案〕(1)～(4)』
　(河野正憲・松本博之と共編著)　1994～1995年　信山社
『日本立法資料全集15・民事訴訟法〔大正改正編〕総索引』
　(河野正憲・松本博之と共編著)　1996年　信山社
『講座新民事訴訟法III』(伊藤眞と共編著)　1998年　弘文堂
『私法判例リマークス20号～53号』(椿寿夫・奥田昌道・川又良也・國井和郎・櫻田嘉章・

森本滋と共編。号によって共編者が一部異なる）　2000〜2016年　日本評論社
『民事訴訟法の史的展開――鈴木正裕先生古稀祝賀』（福永有利・井上治典・伊藤眞・松本博之・高橋宏志・高田裕成・山本克己と共編著）　2002年　有斐閣
『家事事件手続法』（梶村太市と共編著）　2005年　有斐閣
『現代民事司法の諸相――谷口安平先生古稀祝賀』（田原睦夫・田邊誠・中西正・山本克己・笠井正俊と共編著）　2005年　成文堂
『民事手続法研究創刊第1号』（松本博之と共編）　2005年　信山社
『民事手続法研究第2号』（松本博之と共編著）　2006年　信山社
『家事事件手続法〔第2版〕』（梶村太市と共編著）　2007年　有斐閣
『日本立法資料全集191〜193・民事訴訟法〔明治編〕(1)〜(3)テヒョー草案I〜III』（松本博之と共編著）　2008年　信山社
『家事事件手続法裁判例集』（梶村太市と共編著）　2011年　有斐閣
『日本立法資料全集194〜198・民事訴訟法〔明治23年〕(1)〜(5)』（松本博之と共編著）　2014〜2015年　信山社
『民事手続法制の展開と手続原則――松本博之先生古稀祝賀論文集』（上野㤗男・本間靖規・高田裕成・髙田昌宏と共編著）　2016年　弘文堂
『家事事件手続法〔第3版〕』（梶村太市と共編著）　2016年　有斐閣

3. 論　文

1973年

「詐害訴訟防止についての考察――仮装訴訟との交錯を中心として」
　神戸学院法学3巻4号（『複雑訴訟の基礎理論』所収）

1977年

「フランス民事訴訟における防禦権理論――最近のフランス民事訴訟法改正の一断面(1)・(2・完)」
　民商法雑誌75巻6号、76巻1号（『フランス民事訴訟法の基礎理論』所収）

1978年

「弁論権の内在的制約について――フランス法における防禦権理論を手がかりとして」
　民商法雑誌78巻臨時増刊3号・『末川先生追悼論集――法と権利3』（『フランス民事訴訟法の基礎理論』所収）

「フランス法における Tierce - Opposition の機能と判決効」
　『実体法と手続法の交錯――山木戸克己教授還暦記念（下）』（有斐閣）（『フランス民事訴訟法の基礎理論』所収）

1980年

「フランス民訴における控訴の移審的効果について」
　『裁判と上訴――小室直人＝小山昇先生還暦記念（上）』（有斐閣）（『フランス民事訴訟法の基礎理論』所収）

「フランス民事訴訟における防禦権と法適用」
　民事訴訟雑誌26号（『フランス民事訴訟法の基礎理論』所収）

「法領域における手続権保障」

『手続法の理論と実践――吉川大二郎博士追悼論集（上）』（法律文化社）（『フランス民事訴訟法の基礎理論』所収）

1982年

「補助参加と訴訟告知」

木川統一郎ほか編『新・実務民事訴訟講座3』（日本評論社）（『複雑訴訟の基礎理論』所収）

1984年

「通常共同訴訟と必要的共同訴訟」

上田徹一郎＝福永有利編『講座民事訴訟3』（弘文堂）（『複雑訴訟の基礎理論』所収）

1988年

「和議手続の国際的効力について」

『国際取引と法――山田鐐一教授退官記念論文集』（名古屋大学出版会）

「フランス民事訴訟法改正と訴訟促進・審理の充実」

ジュリスト914号（『フランス民事訴訟法の基礎理論』所収）

「フランス法における書証優先主義」

比較法研究50号（加筆・修正して『フランス民事訴訟法の基礎理論』所収）

1989年

「名古屋地裁における仮差押え・仮処分の実態(1)・(2·完)」（太田勝造・日比野泰久と共著）

判例タイムズ702号、704号

「仮差押え・仮処分法上の諸問題に関する実態調査レポート（その2）――名古屋・大阪・那覇の地裁・法務局での調査(1)・(2·完)」（上野桊男・玉城勲と共著）

民商法雑誌101巻2号、3号

1991年

「訴訟参加制度の継受と変容――本人指名参加の廃止を中心として」

民事訴訟雑誌37号（『複雑訴訟の基礎理論』所収）

1993年

「フランス民事訴訟における独立参加について」

名古屋大学法政論集147号（『フランス民事訴訟法の基礎理論』所収）

「管轄に対する当事者支配とその規制」

ジュリスト1028号

1995年

「フランス民事執行法の改正について」

日仏法学19号

「倒産処理と動産売買先取特権」

『現代倒産法・会社法をめぐる諸問題――今中利昭先生還暦記念論文集』（民事法研究会）

「共同所有形態と訴訟形態」

『判例民事訴訟法の理論――中野貞一郎先生古稀祝賀（上）』（有斐閣）（『複雑訴訟の基礎理論』所収）

1996年
「株主代表訴訟と会社の訴訟参加」
　法曹時報48巻8号（『複雑訴訟の基礎理論』所収）
1997年
「株主代表訴訟における会社の地位」
　民商法雑誌115巻4＝5号（『複雑訴訟の基礎理論』所収）
「新種契約の倒産法への取込み――ライセンス・フランチャイズ契約、デリバティブ等」
　ジュリスト1111号
1998年
「最高裁判所に対する上訴制度」
　伊藤眞＝徳田和幸編『講座新民事訴訟法III』（弘文堂）
1999年
「保全管理人の地位と権限」
　松浦馨＝伊藤眞編『倒産手続と保全処分』（有斐閣）
2000年
「民事手続法の改正と司法制度改革」
　ジュリスト1170号
「複数住民の提起した住民訴訟と上訴」
　『改革期の民事手続法――原井龍一郎先生古稀祝賀』（法律文化社）（『複雑訴訟の基礎理論』所収）
「同時審判申出共同訴訟と共同訴訟人独立の原則」
　『民事紛争の解決と手続――佐々木吉男先生追悼論集』（信山社）（『複雑訴訟の基礎理論』所収）
2001年
「家事審判の効力と関連紛争――遺産分割審判を中心に」
　法學論叢148巻3＝4号（鈴木茂嗣教授還暦祝賀記念号）（『複雑訴訟の基礎理論』所収）
「給与所得者等再生制度の特色と手続の概要」
　河野正憲＝中島弘雅編『倒産法大系――倒産法と市民保護の法理』（弘文堂）
「独立当事者参加における請求の定立について――詐害防止参加の沿革を中心として」
　『民事訴訟法理論の新たな構築――新堂幸司先生古稀祝賀（上）』（有斐閣）（『複雑訴訟の基礎理論』所収）
「総論――会社更生法改正への動向」
　ジュリスト1212号
「民事再生法上の監督委員と否認権限の付与」
　『倒産法学の軌跡と展望――櫻井孝一先生古稀祝賀』（成文堂）
2002年
「上告制度略史――上告制限・『上告の目的』論を考える一材料として」
　『民事訴訟法の史的展開――鈴木正裕先生古稀祝賀』（有斐閣）
「遺産確認の訴えの特質に関する一考察」
　『現代社会における民事手続法の展開――石川明先生古稀祝賀（上）』（商事法務）（『複

雑訴訟の基礎理論』所収）

「不動産引渡命令の制度的限界について」

『権利実現過程の基本構造――竹下守夫先生古稀祝賀』（有斐閣）

「人事訴訟手続法改正の意味と目的」

ジュリスト 1230 号

「手続関与者と審理原則（人事訴訟手続の改革 2）」

法律時報 74 巻 11 号

2003 年

「新会社更生法のあらましと残された課題」

ジュリスト 1241 号

2004 年

「倒産処理手続の新たな展開」

民事訴訟雑誌 50 号

「個人の破産手続に関する特則（自由財産・免責）」

ジュリスト 1273 号

2005 年

「必要的共同訴訟における非上訴者の地位」

法學論叢 156 巻 5 = 6 号（田中成明教授還暦祝賀記念号）（『複雑訴訟の基礎理論』所収）

「破産手続における動産売買先取特権の処遇」

『最新 倒産法・会社法をめぐる実務上の諸問題――今中利昭先生古稀記念』（民事法研究会）

「給付訴訟における当事者適格の機能について」

『企業紛争と民事手続法理論――福永有利先生古稀記念』（商事法務）（『複雑訴訟の基礎理論』所収）

「民事再生法上の担保権消滅請求とファイナンス・リース契約」

法曹時報 57 巻 6 号

「家事審判手続における利害関係人の参加と即時抗告――推定相続人廃除審判を中心に」

『現代民事司法の諸相――谷口安平先生古稀祝賀』（成文堂）（『複雑訴訟の基礎理論』所収）

2006 年

「上訴（控訴）不可分の原則の根拠と妥当範囲」

松本博之 = 徳田和幸編『民事手続法研究第 2 号』（信山社）（『複雑訴訟の基礎理論』所収）

2009 年

「請求の併合と判決の個数」

大阪市立大学法学雑誌 55 巻 3 = 4 号

「多数当事者訴訟と上訴」

『民事手続法学の新たな地平――青山善充先生古稀祝賀論文集』（有斐閣）

2010 年

「DIP 型手続・再生債務者の地位」

　　高木新二郎＝伊藤眞編『講座倒産の法システム第3巻』（日本評論社）
2011年
「条件付き権利と確認の利益」
　　同志社法学62巻6号
「非訟事件手続・家事事件手続における当事者等の手続保障」
　　法律時報83巻11号
2014年
「法曹養成の一つのあり方――フランスの場合」
　　高橋宏志＝加藤新太郎編『実務民事訴訟講座〔第3期〕第1巻』（日本評論社）
「民事執行法と形式的競売――共有物分割のための競売を中心として」
　　石川明＝三木浩一編『民事手続法の現代的機能』（信山社）
2016年
「民事裁判における『手続的正義』の意義と機能――若干の最高裁判例から」
　　『民事手続法制の展開と手続原則――松本博之先生古稀祝賀論文集』（弘文堂）

4. 判例批評等

1972年
「破産債権確定訴訟における補助参加申立の許否（名古屋高決昭和45年2月13日）」
　　民商法雑誌66巻3号（『複雑訴訟の基礎理論』所収）
1975年
「独立当事者参加における敗訴者の1人のみの上訴（最判昭和50年3月13日）」
　　判例タイムズ326号（『複雑訴訟の基礎理論』所収）
1976年
「対抗要件の否認(1)――債務者の承諾（最判昭和40年3月9日）」
　　新堂幸司＝霜島甲一＝青山善充編『倒産判例百選』
1977年
「債務者の代理人が本人としてした作成嘱託及び執行受諾に基づき作成された公正証書（最判昭和51年10月12日）」
　　判例タイムズ346号
1978年
「権利濫用の判断と主張の要否（名古屋高判昭和52年3月28日）」
　　判例タイムズ364号
1979年
「第三者たる医療機関の所持する原告（患者）の診療録についての提出命令申立に対し民訴法312条3号前段・後段の適用が認められなかった事例（大阪高決昭和53年5月17日、同昭和53年6月20日）」
　　判例評論242号（判例時報916号）
1980年
「民事訴訟法32条にいう『移送ヲ受ケタル』とは、訴訟係属前に移送を受けた場合を含まないものと解するのが相当である（福岡地小倉支決昭和54年7月6日）」

判例評論 257 号（判例時報 963 号）

1981 年

「控訴期間の不遵守が控訴代理人の責に帰すべからざる事由によるかどうかにつき職権調査を尽くさなかったことが違法とされた事例（最判昭和 55 年 10 月 28 日）」

判例評論 269 号（判例時報 1001 号）

1982 年

「管轄の合意（札幌高決昭和 45 年 4 月 20 日）」

新堂幸司 = 青山善充編『民事訴訟法判例百選〔第 2 版〕』

1983 年

「訴訟承継（引受承継）に関する事件（最判昭和 41 年 3 月 22 日）」、「弁護士法 25 条 1 号違反事件（最判昭和 38 年 10 月 30 日）」

中川淳編『判例辞典』（六法出版社）

1984 年

「共有の性質を有する入会権確認の訴えと合一確定の必要（最判昭和 58 年 2 月 8 日）」

民商法雑誌 90 巻 1 号（『複雑訴訟の基礎理論』所収）

1986 年

「訴えの主観的追加的併合の許容性（東京高判昭和 59 年 8 月 16 日）」

『昭和 60 年度重要判例解説（ジュリスト 862 号）』（『複雑訴訟の基礎理論』所収）

1988 年

「破産管財人が動産売買先取特権者の同意を得ずに先取特権の目的物を任意売却した場合に不当利得となるか（消極）等（名古屋地判昭和 61 年 11 月 17 日）」

判例評論 347 号（判例時報 1253 号）

1989 年

「債権回収の目的をもってなされた転貸借権に基づく占有者に対して不動産引渡命令の発付が否定された事例（仙台高決昭和 63 年 4 月 28 日）」

判例評論 364 号（判例時報 1306 号）

1990 年

「相殺禁止規定に違反した相殺を有効とする合意（最判昭和 52 年 12 月 6 日）」

新堂幸司 = 霜島甲一 = 青山善充編『新倒産判例百選』

「共同相続人間における遺産確認の訴えと固有必要的共同訴訟（最判平成元年 3 月 28 日）」

判例評論 373 号（判例時報 1333 号）（『複雑訴訟の基礎理論』所収）

「処分禁止の仮処分と差押・転付命令の競合した場合の供託（昭和 32 年 12 月 23 日民事甲 2737 号民事局長通達）」

遠藤浩 = 宮脇幸彦 = 柳田幸三編『供託先例判例百選』

「動産売買先取特権者に差押承諾請求権を認めた例（東京高判平成元年 4 月 17 日）」

私法判例リマークス 1 号

「配当期日前の被担保債権消滅と配当異議の訴えの原因（最判平成元年 6 月 1 日）」

民商法雑誌 102 巻 6 号

1994 年

「遺産確認の訴えは、これを提起した相続人の 1 人に前訴の既判力により被告に対し相続に基づく共有持分権を主張することができない者がいても適法である（東京高判平成4年12月17日）」
　判例評論420号（判例時報1476号）（『複雑訴訟の基礎理論』所収）
「差押えの競合(3)――第三債務者の供託（最判昭和60年7月19日）」
　竹下守夫＝伊藤眞編『民事執行法判例百選』
「民事執行法184条が適用されるための条件（最判平成5年12月17日）」
　『平成5年度重要判例解説（ジュリスト1046号）』
「動産売買先取特権に基づく物上代位と一般債権者の差押えの優劣（最判平成5年3月30日）」
　私法判例リマークス9号
「固有必要的共同訴訟における訴えの一部取下げの効力（最判平成6年1月25日）」
　民商法雑誌111巻2号（『複雑訴訟の基礎理論』所収）
1995年
「固有必要的共同訴訟（共同訴訟人間における遺産確認の訴え）の弁論を分離して複数の判決がされた場合における共同訴訟人の一部の者がした上訴の効力（東京高判平成6年6月29日）」
　判例評論436号（判例時報1524号）（『複雑訴訟の基礎理論』所収）
1997年
「抵当権者は抵当建物の転貸賃料に対し物上代位権を行使できるか（消極）等（大阪高決平成7年5月29日、同平成7年6月20日）」
　判例評論456号（判例時報1585号）
1998年
「土地の共有者が隣地との境界確定を求める場合において共有者中に訴え提起に同調しない者があるときの処置（大阪高判平成9年2月13日）」
　判例評論469号（判例時報1625号）（『複雑訴訟の基礎理論』所収）
「物上保証を受けた債務者による配当異議の訴えの可否（最判平成9年2月25日）」
　『平成9年度重要判例解説（ジュリスト1135号）』
「類似必要的共同訴訟人の一部の者が上訴した場合と上訴しなかった者の地位（最判平成9年4月2日）」
　私法判例リマークス17号（『複雑訴訟の基礎理論』所収）
1999年
「債権について一般債権者の差押えと抵当権者の物上代位権に基づく差押えが競合した場合における両者の優劣の判断基準（最判平成10年3月26日）」
　判例評論480号（判例時報1658号）
2000年
「動産譲渡担保権に基づく物上代位権の行使が認められた事例等（最決平成11年5月17日）」
　判例評論493号（判例時報1697号）
「競売の対象とされた土地上に競売対象外の建物等が存在する場合に右土地の引渡命令を発付することの許否（最決平成11年10月26日）」

判例評論 501 号（判例時報 1721 号）
「土地の共有者のうちに境界確定の訴えを提起することに同調しない者がいる場合にその余の共有者が右の者を被告にして右の訴えを提起することの許否――不動産引渡命令に対する執行抗告棄却決定に対する許可抗告事件（最判平成 11 年 11 月 9 日）」
民商法雑誌 123 巻 3 号（『複雑訴訟の基礎理論』所収）
2001 年
「株主代表訴訟における被告側への会社の補助参加（最決平成 13 年 1 月 30 日）」
民商法雑誌 125 巻 3 号（『複雑訴訟の基礎理論』所収）
「処分禁止の仮処分と差押・転付命令の競合した場合の供託（昭和 32 年 12 月 23 日民事甲 2737 号民事局長通達）」
遠藤浩 = 柳田幸三編『供託先例判例百選〔第 2 版〕』
2002 年
「民事再生債務者がリース会社に対し、リース物件に設定された所有権留保権を消滅させるため求めた担保権消滅許可の申立が棄却された事例（大阪地決平成 13 年 7 月 19 日）」
判例評論 523 号（判例時報 1788 号）
「破産財団から放棄された財産を目的とする別除権の放棄の意思表示をする相手方（最決平成 12 年 4 月 28 日）」、「相殺禁止規定に違反した相殺を有効とする合意（最判昭和 52 年 12 月 6 日）」
青山善充 = 伊藤眞 = 松下淳一編『倒産判例百選〔第 3 版〕』
2003 年
「遺言者生存中に提起された遺言無効確認の訴え（最判平成 11 年 6 月 11 日）」
伊藤眞 = 高橋宏志 = 高田裕成編『民事訴訟法判例百選〔第 3 版〕』
「独立当事者参加における敗訴者の 1 人による上訴（最判昭和 48 年 7 月 20 日）」
伊藤眞 = 高橋宏志 = 高田裕成編『民事訴訟法判例百選〔第 3 版〕』（『複雑訴訟の基礎理論』所収）
2004 年
「遺言執行者による推定相続人の廃除の申立てを却下する審判に対し他の推定相続人である参加人が即時抗告をすることの許否（最決平成 14 年 7 月 12 日）」
私法判例リマークス 28 号
「債務者に対する破産宣告後に物上保証人から届出債権の一部の弁済を受けた破産債権者が権利を行使し得る範囲（最判平成 14 年 9 月 24 日）」
民商法雑誌 131 巻 2 号
2005 年
「不正競争防止法 3 条 1 項に基づく差止めを求める訴え及び差止請求権の不存在確認を求める訴えと民訴法 5 条 9 号（最決平成 16 年 4 月 8 日）」
判例評論 555 号（判例時報 1885 号）
「仮の地位を定める仮処分における保全の必要性の判断（最決平成 16 年 8 月 30 日）」
『平成 16 年度重要判例解説（ジュリスト 1291 号）』
「差押えの競合(2)――第三債務者の供託権能（最判昭和 60 年 7 月 19 日）」
伊藤眞 = 上原敏夫 = 長谷部由起子編『民事執行・保全判例百選』

2006年
「相殺禁止規定に違反した相殺を有効とする合意（最判昭和52年12月6日）」
　　青山善充＝伊藤眞＝松下淳一編『倒産判例百選〔第4版〕』
2007年
「反訴請求債権を自働債権とし本訴請求債権を受働債権とする相殺の抗弁の許否（積極）（最判平成18年4月14日）」
　　判例評論584号（判例時報1974号）
2010年
「遺留分減殺請求により弁償すべき額の確認の利益（最判平成21年12月18日）」
　　民商法雑誌142巻2号
「婚姻費用分担審判の合憲性（最判昭和40年6月30日）」
　　松本恒雄＝潮見佳男編『判例プラクティス民法III 親族・相続』（信山社）
「法人の内部紛争(1)――原告適格（最判平成7年2月21日）」
　　高橋宏志＝高田裕成＝畑瑞穂編『民事訴訟法判例百選〔第4版〕』
2012年
「差押えの競合――第三者の供託権能（最判昭和60年7月19日）」
　　上原敏夫＝長谷部由起子＝山本和彦編『民事執行・保全判例百選〔第2版〕』
2013年
「再生計画の認可要件(2)――不正の方法による決議の成立（最決平成20年3月13日）」
　　伊藤眞＝松下淳一編『倒産判例百選〔第5版〕』
2014年
「会社解散判決に対する第三者再審と独立当事者参加（最判平成26年7月10日）」
　　民商法雑誌150巻6号
2015年
「法人の内部紛争(1)――原告適格（最判平成7年2月21日）」
　　高橋宏志＝高田裕成＝畑瑞穂編『民事訴訟法判例百選〔第5版〕』

5. シンポジウム・座談会・講演

1983年
講演「補助参加論の課題と展望――訴訟告知との関係を中心として」
　　全国書協会報85号（1984年）
1985年
座談会・松浦馨ほか「仮差押え・仮処分制度の実情と問題点――実務法曹をかこんで」
　　判例タイムズ563号（1985年）
1987年～1988年
研究会・松浦馨ほか「仮差押・仮処分制度の改正と利用者の立場(1)～(6･完)」
　　NBL387号、394号、396号、400号、410号、413号
1987年
ミニ・シンポジウム（報告「改正試案に対する意見（その4）審理手続その他について」）
松浦馨（司会）・山崎潮・橘勝治・原井龍一郎・上北武男・徳田和幸「仮差押えおよび仮処

分制度の改正について」
　民事訴訟雑誌 34 号（1988 年）
1995 年
ミニ・シンポジウム（報告「株主代表訴訟における会社の地位」）高橋宏志（司会）・中島弘雅・高田裕成・徳田和幸「株主代表訴訟の手続法上の諸問題」
　民事訴訟雑誌 42 号（1996 年）
1996 年
座談会・山本克己（司会）・高田裕成・谷口安平・徳田和幸・中島弘雅・中村直人・福永有利・前田雅弘「株主代表訴訟の手続法上の問題点」
　民商法雑誌 115 巻 6 号
シンポジウム「1990 年代における民主化の諸相」
　名古屋大学法学部アジア・太平洋地域研究プロジェクト企画委員会編『国際シンポジウム報告集』（名古屋大学法学部）
1998 年
座談会・鈴木正裕（司会）・小島武司・青山善充・徳田和幸・高橋宏志・福田剛久・三木浩一・山本克己「日本民事訴訟法学会 50 周年記念――比較のなかのわが国の民事訴訟法」
　民事訴訟雑誌 45 号（1999 年）
2000 年
ミニ・シンポジウム（報告「家事審判の効力と関連紛争――遺産分割を中心に」）佐上善和（司会）・西岡清一郎・髙田昌宏・本間靖規・徳田和幸「人事訴訟・家事審判の手続的諸問題」
　民事訴訟雑誌 47 号（2001 年）
2006 年
ミニ・シンポジウム（報告「総論――上訴（控訴）不可分の原則の根拠・妥当範囲」）河野正憲（司会）・徳田和幸・勅使川原和彦・上野泰男・加波眞一「上訴の理論的再検討」
　民事訴訟雑誌 53 号（2007 年）
2013 年
シンポジウム・徳田和幸（司会）・山田文・和田直人・渡部美由紀・垣内秀介・濱田陽子「ADR 法の改正課題」
　仲裁と ADR 9 号（2014 年）

6. 解説・注釈・分担執筆

1975 年
「併合請求の裁判籍」、「事物管轄」、「合意・応訴管轄」、「管轄の恒定」、「訴えの予備的併合」、「独立当事者参加」
　斎藤秀夫＝小室直人編『民事訴訟法の基礎』（青林書院新社）
1976 年
「民事訴訟法 323 条～332 条」
　村松俊夫＝小山昇＝中野貞一郎＝倉田卓次＝賀集唱編『判例コンメンタール民事訴訟法 III』（三省堂）

1977年
「特別事情による仮処分の取消」、「移執行」
　中野貞一郎＝宮崎富哉編『仮差押・仮処分の基礎』（青林書院新社）
「合意管轄」
　竹下守夫＝谷口安平編『民事訴訟法を学ぶ』（有斐閣）
1979年
「管轄の合意の要件と効力」
　三ケ月章＝青山善充編『民事訴訟法の争点』（ジュリスト増刊）
「独立当事者参加の要件について」
　LAW SCHOOL 2巻11号
1980年
「訴訟当事者間の権利・義務」、「既判力・執行力の主観的範囲」、「訴訟参加」
　住吉博＝桜井孝一編『司法試験シリーズ5・民事訴訟法』（法学セミナー別冊）
「民事執行法のあらまし」
　法学セミナー4月号
「裁判権の及ばぬ者を被告とする訴」、「併合請求の裁判籍」、「住民訴訟の訴訟物の価額」、「専属管轄の合意」、「擬制自白の効力」、「擬制自白と弁論の全趣旨」
　石川明編『基本判例双書民事訴訟法』（同文舘）
1981年
「請求異議の訴え（債務者の救済）」、「債権者の救済」、「執行の停止・取消」
　斎藤秀夫編『講義民事執行法』（青林書院）
「合意管轄」
　竹下守夫＝谷口安平編『民事訴訟法を学ぶ〔第2版〕』（有斐閣）
1982年
「別除権」
　斎藤秀夫編『講義破産法』（青林書院）
1983年
「会社更生」等
　河本一郎＝中野貞一郎編『法学用語小辞典』（有斐閣）
「不動産引渡命令」
　新堂幸司＝竹下守夫編『基本判例から見た民事執行法』（有斐閣）
「不動産の競売と売却条件」
　三ケ月章＝中野貞一郎＝竹下守夫編『民事訴訟法演習2〔新版〕』（有斐閣）
「手形・小切手の換価手続」、「執行停止後の第三債務者の供託と配当要求の終期」
　藤田耕三＝河村卓哉＝林屋礼二編『民事執行法の基礎〔実用編〕』（青林書院新社）
1984年
「挙証責任」、「挙証責任の転換」等
　大隅健一郎＝星川長七＝吉永榮助編集代表『会社法務大辞典』（中央経済社）
1985年
「第1章　訴えの提起」

中野貞一郎編『現代民事訴訟法入門』(法律文化社)
「和議法 9 条～11 条」
麻上正信 = 谷口安平編『注解和議法』(青林書院)
「調停組織上の瑕疵と調停無効」
石川明 = 梶村太市編『民事調停法』(青林書院)
「間接反証」
林屋礼二 = 小島武司編『民事訴訟法ゼミナール』(有斐閣)
1986 年
「引渡命令」
大石忠生 = 岡田潤 = 黒田直行編『裁判実務大系 7 民事執行訴訟法』(青林書院)
1987 年
「第 11 章　強制和議と和議法上の和議」
谷口安平編『現代倒産法入門』(法律文化社)
「保全処分の申立てと管轄」
判例タイムズ 639 号
「人事訴訟手続法 29 条、30 条」
岡垣学 = 吉村徳重『注解人事訴訟手続法』(青林書院)
1988 年
「通常共同訴訟と必要的共同訴訟の境界」
三ケ月章 = 青山善充編『民事訴訟法の争点〔新版〕』(ジュリスト増刊)
1989 年
「破産法 15 条～23 条」
中野貞一郎 = 道下徹編『基本法コンメンタール破産法』(日本評論社)
1990 年
「通常共同訴訟・必要的共同訴訟」、「当事者参加・補助参加」
法学教室 112 号
1990 年
「比較法的にみた日本民事保全法」
ジュリスト 969 号
1991 年
「民事執行法 80 条」
石川明 = 小島武司 = 佐藤歳二編『注解民事執行法(上)』(青林書院)
「民事訴訟法 47 条、48 条」
新堂幸司 = 小島武司編『注釈民事訴訟法(1)』(有斐閣)
1992 年
「民事訴訟法 60 条～63 条」
上田徹一郎 = 井上治典編『注釈民事訴訟法(2)』(有斐閣)
1993 年
「会社更生」等
河本一郎 = 中野貞一郎編『法学用語小辞典〔新版〕』(有斐閣)

「和議法 9 条～11 条」
　　麻上正信＝谷口安平編『注解和議法〔改訂版〕』（青林書院）
「人事訴訟手続法 29 条、30 条」
　　吉村徳重＝牧山市治編『注解人事訴訟手続法〔改訂版〕』（青林書院）
1994 年
「危機否認」、「相殺の要件（相殺権の拡張と制限）」、「免責不許可事由としての詐術を用いた信用取引による財産の取得」
　　判例タイムズ 830 号
「民事訴訟法 257 条～259 条」
　　谷口安平＝井上治典編『新・判例コンメンタール民事訴訟法 5』（三省堂）
1994 年～1995 年
「演習・民事訴訟法」
　　法学教室 163 号～174 号
1995 年
「訴訟当事者間の権利・義務」、「既判力・執行力の主観的範囲」、「訴訟参加」
　　鈴木重勝＝井上治典編『司法試験シリーズ民事訴訟法Ⅰ・Ⅱ〔第 3 版〕』（日本評論社）
「更生計画認可決定と更生計画の効力」
　　判例タイムズ 866 号
1996 年
「会社更生」等
　　河本一郎＝中野貞一郎編『法学用語小辞典〔新版増補版〕』（有斐閣）
1997 年
「民事訴訟法 40 条、41 条」
　　小室直人＝賀集唱＝松本博之＝加藤新太郎編『基本法コンメンタール新民事訴訟法 1』（日本評論社）
「破産法 15 条～23 条」
　　中野貞一郎＝道下徹編『基本コンメンタール破産法〔第 2 版〕』（日本評論社）
1998 年
「第 1 章　訴えの提起」
　　中野貞一郎編『現代民事訴訟法入門〔新版〕』（法律文化社）
「第 2 編　第 1 章　訴えの提起」
　　中野貞一郎＝松浦馨＝鈴木正裕編『新民事訴訟法講義』（有斐閣）
「現代型訴訟の役割と特質」、「独立当事者参加の要件と訴訟構造」
　　青山善充＝伊藤眞編『民事訴訟法の争点〔第 3 版〕』（ジュリスト増刊）（『複雑訴訟の基礎理論』所収）
1999 年
「弁論主義と新民事訴訟法」
　　法学教室 223 号
「清算型倒産処理手続」、「支払不能」
　　高木新二郎＝山崎潮＝伊藤眞編『倒産法実務事典』（金融財政事情研究会）

2000年
「債権者の関与」
『民事再生法――理論と実務』(金融・商事判例1086号増刊)
「否認権の行使権者」
三宅省三＝池田靖編『実務解説一問一答民事再生法』(青林書院)
2001年
「給与所得者等再生（サラリーマン再生)」
ジュリスト1194号
(共編) 国井和郎＝三井誠編集代表『ベイシック法学用語辞典』(有斐閣) 365頁
2002年
「特別の事情による仮処分の取消し」、「移執行」
山崎潮編『民事保全の基礎知識』(青林書院)
「共同訴訟［前注]、民事訴訟法38条～41条」
塩崎勤編『注解民事訴訟法I』(青林書院)
「家事審判の既判力」
野田愛子＝若林昌子＝梶村太市＝松原正明編『家事関係裁判例と実務245題』(判例タイムズ臨時増刊1100号)
2003年
「民事再生法1条、2条」
園尾隆司＝小林秀之編『条解民事再生法』(弘文堂)
「民事訴訟法40条、41条」
小室直人＝賀集唱＝松本博之＝加藤新太郎編『基本法コンメンタール新民事訴訟法1〔第2版〕』(日本評論社)
「更生手続開始条件」
判例タイムズ1132号
2004年
「既判力総論、時的限界」
法学教室282号
「第2編　第1章　訴えの提起」
中野貞一郎＝松浦馨＝鈴木正裕編『新民事訴訟法講義〔第2版〕』(有斐閣)
2005年
「第2章　訴えの提起」
池田辰夫編『新現代民事訴訟法入門』(法律文化社)
「共同相続人間の民事訴訟と固有必要的共同訴訟」
みんけん（民事研修）579号
2006年
「第2編　第1章　訴えの提起」
中野貞一郎＝松浦馨＝鈴木正裕編『新民事訴訟法講義〔第2版補訂版〕』(有斐閣)
「各倒産手続における相殺権一般」
櫻井孝一＝加藤哲夫＝西口元編『倒産処理法制の理論と実務』(別冊金融・商事判例)

「父子の証明」
　伊藤眞＝加藤新太郎編『[判例から学ぶ] 民事事実認定』（ジュリスト増刊）
2007年
「民事再生法1条、2条」
　園尾隆司＝小林秀之編『条解民事再生法〔第2版〕』（弘文堂）
2008年
「第2編　第1章　訴えの提起」
　中野貞一郎＝松浦馨＝鈴木正裕編『新民事訴訟法講義〔第2版補訂2版〕』（有斐閣）
「免責不許可事由」、「免責の効力」
　山本克己＝山本和彦＝瀬戸英雄編『新破産法の理論と実務』（判例タイムズ社）
「民事訴訟法40条、41条」
　賀集唱＝松本博之＝加藤新太郎編『基本法コンメンタール民事訴訟法1〔第3版〕』（日本評論社）
2009年
「既判力の本質と作用」
　伊藤眞＝山本和彦編『民事訴訟法の争点』（ジュリスト増刊）
「継続中の私法的法律関係の取扱い」、「取戻権」、「相殺権」
　福永有利監修『詳解民事再生法――理論と実務の交錯〔第2版〕』（民事法研究会）
2012年
「民事訴訟法40条、41条」
　賀集唱＝松本博之＝加藤新太郎編『基本法コンメンタール民事訴訟法1〔第3版追補版〕』（日本評論社）
「第5章　訴えの提起」
　池田辰夫編『アクチュアル民事訴訟法』（法律文化社）

7. 翻　　訳

1976年
「モトゥルスキ『将来の民事訴訟法典のための序説・1971年9月9日デクレによる民事訴訟の指導原則の容認』」
　民商法雑誌73巻5号（『フランス民事訴訟法の基礎理論』所収）
1978年
『注釈フランス新民事訴訟法典』（法務大臣官房司法法制調査部編、谷口安平・若林安雄・上北武男と共訳）（法曹会）
1981年
「フランス1979年11月7日デクレ第941号――民事破毀手続に関する新規定」
　法曹時報33巻6号
2016年
『注釈フランス民事訴訟法典――特別訴訟・仲裁編』（町村泰貴と共編）（信山社）

8. 書評・紹介等

1979年

紹介「Jacques MIGUET; Immutabilite et evolution du litige, (L.G.D.J.), 1977」

民事訴訟雑誌25号（『フランス民事訴訟法の基礎理論』所収）

1982年

要約「P・テリー『フランスにおける正義へのアクセス』」、「E・ベスコビ『ウルグァイにおける正義へのアクセス』」

マウロ・カペレッティ編（小島武司＝谷口安平編訳）『裁判・紛争処理の比較研究――アクセス・トゥ・ジャスティス・プロジェクト（上）』（中央大学出版部）（『フランス民事訴訟法の基礎理論』所収）

1984年

書評「新堂幸司ほか『民事紛争過程の実態研究』」

季刊実務民事法5号

1994年

書評「井上治典＝高橋宏志編『エキサイティング民事訴訟法』」

法学教室161号

1996年

書評「小林秀之＝原強『株主代表訴訟――全判例と理論を知る』」

ジュリスト1098号

1996年～1998年

学界回顧「民事訴訟法」

法律時報68巻13号（萩澤達彦・岡田幸宏と共著）

法律時報69巻13号（萩澤達彦・岡田幸宏と共著）

法律時報70巻13号（萩澤達彦・日比野泰久と共著）

2000年

紹介「吉川大二郎著『仮処分の諸問題』（1958年刊）」

書斎の窓500号

2004年

書評「井上治典著『民事手続の実践と理論』」

ジュリスト1279号

〔編者〕
山本克己　京都大学大学院法学研究科教授
笠井正俊　京都大学大学院法学研究科教授
山田　文　京都大学大学院法学研究科教授

民事手続法の現代的課題と理論的解明
―徳田和幸先生古稀祝賀論文集

2017（平成29）年2月28日　初版1刷発行

編　者　山本克己・笠井正俊・山田文
発行者　鯉渕友南
発行所　株式会社　弘文堂　101-0062　東京都千代田区神田駿河台1の7
TEL 03(3294)4801　振替 00120-6-53909
http://www.koubundou.co.jp

装　丁　笠井亞子
印　刷　三陽社
製　本　牧製本印刷

ISBN 978-4-335-35686-5